THE
OXFORD-DUDEN
PICTORIAL
PORTUGUESE-ENGLISH
DICTIONARY

THE
OXFORD-DUDEN
PICTORIAL
PORTUGUESE-ENGLISH
DICTIONARY

CLARENDON PRESS · OXFORD
1992

Oxford University Press, Walton Street, Oxford OX2 6DP

Oxford New York Toronto
Delhi Bombay Calcutta Madras Karachi
Petaling Jaya Singapore Hong Kong Tokyo
Nairobi Dar es Salaam Cape Town
Melbourne Auckland

and associated companies in
Berlin Ibadan

Oxford is a trade mark of Oxford University Press

Published by Oxford University Press

British Library Cataloguing in Publication Data
ISBN 0–19–864172–9
IBSN 0–19–864182–6 pb.

Data available

Library of Congress Cataloging in Publication Data

Data available

Portuguese text edited by Helena Monteira Furtado with the assistance
of Maria Livia Meyer, Vera Whateley, and Clive Willis

English text edited by John Pheby, with the assistance of
Roland Breitsprecher, Michael Clark, Judith Cunningham,
Derek Jordan, and Werner Scholze-Stubenrecht

Illustrations by Jochen Schmidt
Printed in Hong Kong

Prefácio

Este Dicionário Ilustrado Inglês e Português tem por base a edição inglesa do *Oxford-Duden Bildwörterbuch Deutsch Englisch.* O texto em inglês foi elaborado pelo Departamento de Dicionários da Editora da Universidade de Oxford, com a cooperação de inúmeras empresas, instituições e especialistas técnicos ingleses. O texto em português foi coordenado por Helena Monteiro Furtado, com a colaboração de especialistas, técnicos e profissionais de diversas áreas.

Certas informações podem ser transmitidas mais rapidamente e com maior clareza através de imagens do que por descrições e explicações. Nestes casos, uma ilustração reforça ou até substitui um texto, ajudando o leitor a visualizar o objeto designado por determinada palavra. Isto se aplica tanto a vocabulários técnicos a serem consultados por leigos, como a traduções de nomes de objetos de uso diário. É neste princípio que se baseia o presente dicionário.

A cada duas páginas geminadas, uma prancha com figuras desenhadas ilustra o vocabulário completo de um determinado assunto. As figuras são numeradas e uma lista com a palavra exata em inglês e sua correspondente tradução para o português acompanha cada prancha, seguindo a numeração. O leitor poderá verificar que o gênero dos substantivos portugueses é identificado *ou* pelo uso adequado dos artigos definido e indefinido bem como por meio de construções contendo adjetivo e substantivo em concordância genérica *ou*, na ausência de tais indicações, pelo uso apropriado das abreviaturas *m* e *f*, colocadas *imediatamente* depois do substantivo em questão.

A disposição do texto e a presença de índices alfabéticos em inglês e português no final do volume permitem a utilização do dicionário nos dois sentidos: inglês-português e português-inglês. Isto, associado à amplitude do vocabulário, que inclui grande quantidade de palavras especializadas e termos técnicos, torna este dicionário ilustrado uma fonte de consulta indispensável para os dois idiomas.

Foreword

This English-Portuguese pictorial dictionary is based on the third, completely revised edition of the German *Bildwörterbuch* published as Volume 3 of the ten-volume *Duden* series of monolingual German dictionaries. The English text represents a direct translation of the German original and follows the original layout and style as closely as possible. It was produced by the German Section of the Oxford University Press Dictionary Department in cooperation with the Dudenredaktion of the Bibliographisches Institut and with the assistance of numerous British companies, institutions, and technical experts. The Portuguese language text was prepared by a group of specialists coordinated by Maria Helena Furtado.

There are certain kinds of information which can be conveyed more readily and clearly by pictures than by descriptions and explanations, and an illustration will support the simple translation by helping the reader to visualize the object denoted by a given word. This applies both to technical vocabulary sought by the layman and to everyday objects foreign to the general user. On this rationale the celebrated series of Duden Pictorial Dictionaries is based.

Each double page contains a plate illustrating the vocabulary of a whole subject, together with the exact English names and their correct Portuguese translations. The reader will find that the gender of Portuguese nouns is identified *either* by the appropriate use of definite articles, indefinite articles and gendered adjectives, *or*, in the absence of such indicators, by the appropriate use of the abbreviations *m* and *f*, placed *immediately* after the noun in question.

The arrangement of the text and the presence of alphabetical indexes in English and Portuguese allow the dictionary to be used either way: as a Portuguese-English or an English-Portuguese dictionary. This, together with the wide range of vocabulary, which includes a large proportion of specialized words and technical terms, makes the Oxford-Duden Pictorial Dictionary an indispensable supplement to any Portuguese-English or English-Portuguese dictionary.

We should like to thank the following individuals and organizations for their help and advice during the preparation of the English text: Mr. N.K. Bowley; British Northrop Ltd.; British Rail, Oxford Region (Area Civil Engineer & Signals Supervisor); The Brush and Compass (Hunts Office Equipment Ltd.); The Careers Information Service of the Army, the Royal Air Force and the Royal Navy; Dr. R. Clark; Mr. G. R. Cunningham; Dentons Cycles Ltd.; Eadie Boyd Ltd.; Mr. P. East; Mr. G. Gilmour, Assistant Librarian, Oxford Polytechnic Library; Greenaway Morris Ltd.; Mr. A.J. Hall, B. Sc., F.R.I.C., F.T.I., F.S.D.C.; George Hattersley & Sons Ltd.; Heel-A-Mat Ltd.; Mr. Simon Howe; Mr. Heinz E. Kiewe, Art Needlework Industries Ltd.; Mather & Platt Ltd.; Melson Wingate Ltd.; Motorworld Garages Ltd.; Mr. W. Napper; Oxfordshire Fire Service (Divisional Headquarters, B Division); Perschke Price Service Organization Ltd.; Rowell & Son; Mr. Robert Sephton, Librarian, Oxford College of Further Education; Mr. W. Slater, Platt, Saco, Lowell Ltd.; Stanton King Organization; Mr. M.J. Trafford; Messrs. R.E. and S.J. Wiblin, Markertow Ltd.

We should also like to extend our thanks to the English staff of the Oxford Dictionaries, in particular Mr. D.J. Edmonds, Dr. D.R. Howlett, Mr. A.M. Hughes, Mr. G. Murray, and Miss S. Raphael.

Abreviações usadas no texto em português

Am.	*uso americano*
c.	*castrado (animal)*
coll.	*coloquial*
f.	*feminino*
form.	*anteriormente*
joc.	*jocoso*
m.	*masculino*
poet.	*poético*
Pt.	*variação lusitana*
sg.	*singular*
sim.	*similar*
j.	*jovem*

Outras abreviações encontradas no texto são as usadas habitualmente nas publicações em língua portuguesa.

Abbreviations used in the English text

Am.	*American usage*
c.	*castrated (animal)*
coll.	*colloquial*
f.	*female (animal)*
form.	*formerly*
joc.	*jocular*
m.	*male (animal)*
poet.	*poetic*
Pt.	*Lusitanian variant*
sg.	*singular*
sim.	*similar*
y.	*young (animal)*

Conteúdo/Contents

1-8 atom models
- *modelos m de átomos*

1 model of the hydrogen (H) atom
- *o modelo do átomo de hidrogênio m (H)*

2 atomic nucleus, a proton
- *o núcleo atômico, um próton*

3 electron
- *o elétron (Pt. o Eletrão)*

4 electron spin
- *o spin do elétron (Pt. do eletrão)*

5 model of the helium (He) atom
- *o modelo do átomo de hélio m (He)*

7 Pauli exclusion principle (exclusion principle, Pauli principle)
- *o princípio de exclusão f de Pauli (o princípio de exclusão, o princípio de Pauli)*

8 complete electron shell of the Na atom (sodium atom)
- *a órbita eletrônica do átomo de Na (do átomo de sódio m)*

9-14 molecular structures (lattice structures)
- *as estruturas moleculares (as estruturas de reticulado m)*

9 crystal of sodium chloride (of common salt)
- *o cristal de cloreto m de sódio m (o sal de cozinha f)*

10 chlorine ion
- *o íon (Pt. o ião) de cloro m*

11 sodium ion
- *o íon (Pt. o ião) de sódio m*

12 crystal of cristobalite
- *o cristal de cristobalita f*

13 oxygen atom
- *o átomo de oxigênio m*

14 silicon atom
- *o átomo de silício m*

15 **energy levels** (possible quantum jumps) of the hydrogen atom
- *a escala de energia f (os saltos quânticos possíveis) do átomo de hidrogênio m*

16 atomic nucleus (proton)
- *o núcleo atômico (o próton)*

17 electron
- *o elétron (Pt. o eletrão*

18 ground state level
- *o nível de estado m fundamental*

19 excited state
- *o estado excitado*

20-25 quantum jumps (quantum transitions)
- *os saltos quânticos*

20 Lyman series
- *a série de Lyman*

21 Balmer series
- *a série de Balmer*

22 Paschen series
- *a série de Paschen*

23 Brackett series
- *a série de Brackett*

24 Pfund series
- *a série de Pfund*

25 free electron
- *o elétron livre*

26 Bohr-Sommerfeld model of the H atom
- *o modelo atômico de Bohr-Sommerfeld do átomo de H m*

27 energy levels of the electron
- *os níveis energéticos do elétron (Pt. do eletrão)*

28 **spontaneous decay** of radioactive material
- *a desintegração ou o decaimento espontâneo de uma matéria radioativa*

29 atomic nucleus
- *o núcleo atômico*

30-31 alpha particle (α, alpha radiation, helium nucleus)
- *a partícula alfa (α, a radiação alfa, o núcleo de hélio m)*

30 neutron
- *o nêutron (Pt. o neutrão)*

31 proton
- *o próton (Pt. o protão)*

32 beta particle (β, beta radiation, electron)
- *a partícula beta (β, a radiação beta, o elétron)*

33 gamma radiation (γ, a hard X-radiation)
- *a radiação gama (γ, um raio X duro)*

34 **nuclear fission:**
- *a fissão nuclear:*

35 heavy atomic nucleus
- *o núcleo atômico pesado*

36 neutron bombardment
- *o bombardeio de nêutrons (Pt. de neutrões) m*

37-38 fission fragments
- *os fragmentos de fissão f*

39 released neutron
- *o nêutron liberado*

40 gamma radiation (γ)
- *a radiação gama (γ)*

41 **chain reaction**
- *a reação em cadeia f*

42 incident neutron
- *o nêutron (Pt. o neutrão) desintegrador do núcleo*

43 nucleus prior to fission
- *o núcleo antes da fissão*

44 fission fragment
- *o fragmento de fissão f*

45 released neutron
- *o nêutron (Pt. o neutrão) liberado*

46 repeated fission
- *a fissão repetida*

47 fission fragment
- *o fragmento de fissão f*

48 **controlled chain reaction in a nuclear reactor**
- *a reação em cadeia f controlada em um reator atômico*

49 atomic nucleus of a fissionable element
- *o núcleo atômico de um elemento físsil*

50 neutron bombardment
- *o bombardeio de nêutron (Pt. de neutrões) m*

51 fission fragment (new atomic nucleus)
- *o fragmento de fissão f (novo núcleo atômico)*

52 released neutron
- *o nêutron (Pt. o neutrão) liberado*

53 absorbed neutrons
- *os nêutrons (Pt. os neutrões) absorvidos*

54 moderator, a retarding layer of graphite
- *o moderador, uma camada retardadora de grafite f*

55 extraction of heat (production of energy)
- *a extração de calor m (a produção de energia f)*

56 X-radiation
- *os raios X*

57 concrete and lead shield
- *o edifício de contenção f do reator, feito de chumbo m e concreto m (Pt. e betão m)*

58 **bubble chamber** for showing the tracks of high-energy ionizing particles
- *câmara de bolhas f para mostrar as trajetórias das partículas ionizantes de alta energia*

59 light source
- *a fonte luminosa*

60 camera
- *a câmara fotográfica*

61 expansion line
- *a linha de expansão f*

62 path of light rays
- *a trajetória dos raios luminosos*

63 magnet
- *o ímã (Pt. o íman)*

64 beam entry point
- *a incidência da radiação*

65 reflector
- *o espelho*

66 chamber
- *a câmara*

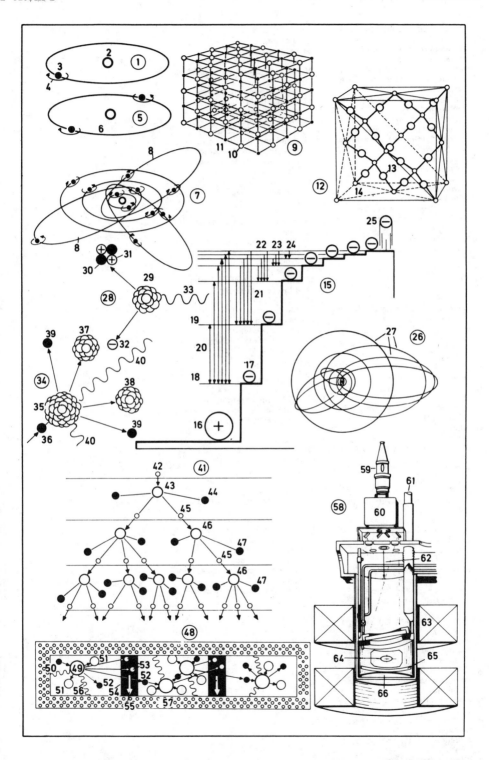

1-23 radiation detectors (radiation meters)
- *os detectores de radiação* f
1 radiation monitor
- *o monitor de radiação* f
2 ionization chamber (ion chamber)
- *a câmara de ionização* f
3 central electrode
- *o eletrodo central*
4 measurement range selector
- *o seletor de faixa* f *de medição* f, *escala* f
5 instrument housing
- *a caixa do aparelho*
6 meter
- *o mostrador*
7 zero adjustment
- *o ajustamento em ponto zero* m
8-23 dosimeter (dosemeter)
- *o dosímetro*
8 film dosimeter
- *o dosímetro de filme* m
9 filter
- *o filtro*
10 film
- *o filme*
11 film-ring dosimeter
- *o dosímetro de filme* m *em forma* f *de anel* m
12 filter
- *o filtro*
13 film
- *o filme*
14 cover with filter
- *a tampa com filtro* m
15 pocket meter (pen meter, pocket chamber)
- *o medidor de bolso* m *(em forma de caneta* f*)*
16 window
- *o visor*
17 ionization chamber (ion chamber)
- *a câmara de ionização* f
18 clip (pen clip)
- *o clipe*
19 geiger counter (Geiger - Müller counter)
- *o contador Geiger*
20 counter tube casing
- *a caixa do tubo do contador*
21 counter tube
- *o tubo do contador*
22 instrument housing
- *a caixa do aparelho*
23 measurement range selector
- *o seletor de faixa* f *de medição* f
24 Wilson cloud chamber (Wilson chamber)
- *a câmara de neblina* f *de Wilson*
25 compression plate
- *a chapa de compressão* f
26 cloud chamber photograph
- *a imagem da câmara de neblina* f *de Wilson*
27 cloud chamber track of an alpha particle
- *o rastro de névoa* f *de uma partícula alfa*
28 telecobalt unit (coll. cobalt bomb)
- *a bomba de cobalto* m

29 pillar stand
- *a coluna*
30 support cables
- *os cabos de sustentação* f
31 radiation shield (radiation shielding)
- *a blindagem anti-radiação* f
32 sliding shield
- *a tampa corrediça*
33 bladed diaphragm
- *o diafragma de lâminas* f
34 light-beam positioning device
- *o posicionador luminoso*
35 pendulum device (pendulum)
- *o pêndulo*
36 irradiation table
- *a mesa de radiação* f
37 rail track
- *o trilho*
38 manipulator with sphere unit (manipulator)
- *o manipulador com articulações esféricas*
39 handle
- *a manípula*
40 safety catch (locking lever)
- *o travamento de segurança* f
41 wrist joint
- *a articulação*
42 master arm
- *a barra condutora*
43 clamping device (clamp)
- *o grampo*
44 tongs
- *a pinça*
45 slotted board
- *a placa com fendas* f
46 radiation shield (protective shield, protective shielding), a lead shielding wall [section]
- *a blindagem de chumbo* m *anti-radiação* f, *parede* f *[corte]*
47 grasping arm of a pair of manipulators (of a master/slave manipulator)
- *a garra de manipulador* m
48 dust shield
- *a proteção contra poeira* f
49 cyclotron
- *o ciclotron* (Pt. *o ciclotrão*)
50 danger zone
- *a zona de perigo* m
51 magnet
- *o ímã* (Pt. *o íman*)
52 pumps for emptying the vacuum chamber
- *as bombas da câmara de vácuo* m

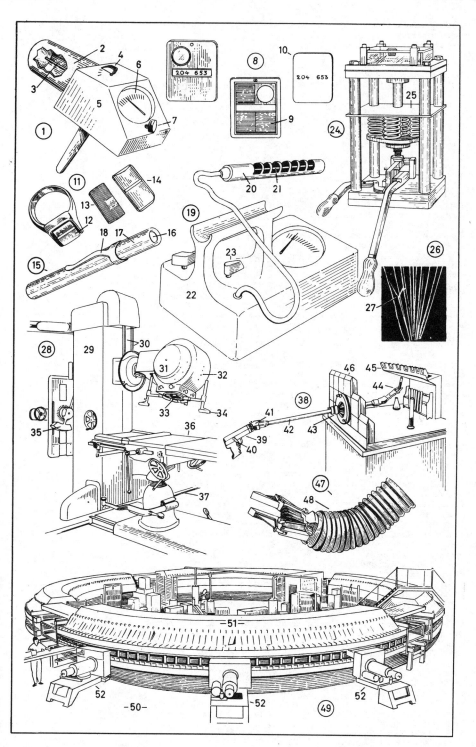

1-35 star map of the northern sky (northern hemisphere)
- *a carta celeste hemisfério do norte*
1-8 divisions of the sky
- *as divisões do céu*
1 celestial pole with the Pole Star (Polaris, the North Star)
- *o pólo celeste com a estrela Polar*
2 ecliptic (apparent annual path of the sun)
- *a eclíptica (trajeto* m *aparente descrito anualmente pelo Sol)*
3 celestial equator (equinoctial line)
- *o equador celeste (a linha equinocial)*
4 tropic of Cancer
- *o trópico de Câncer*
5 circle enclosing circumpolar stars
- *o círculo que envolve as estrelas circumpolares*
6-7 equinoctial points (equinoxes)
- *os pontos equinociais (os equinócios)*
6 vernal equinoctial point (first point of Aries)
- *o ponto do equinócio vernal*
7 autumnal equinoctial point
- *o ponto equinocial do outono*
8 summer solstice (solstice)
- *o solstício de verão*
9-48 constellations (grouping of fixed stars into figures) and names of stars
- **constelações** f *(grupo* m *de estrelas fixas apresentando determinadas figuras convencionais) e* **nomes** m *das estrelas*
9 Aquila (the Eagle) with Altair the principal star (the brightest star)
- *Águia* f *com Altair, a estrela principal (a estrela mais brilhante)*
10 Pegasus (the Winged Horse)
- *Pégaso (o cavalo alado)*
11 Cetus (the Whale) with Mira, a variable star
- *Cétus (a baleia), com Mira (uma estrela variável)*
12 Eridamus (the Celestial River)
- *Erídamo (o Rio Celeste)*
13 Orion (the Hunter) with Rigel, Betelgeuse and Bellatrix
- *Órion (o Caçador) com Rígel, Betelgeuse e Bellatrix*
14 Canis Major (the Great Dog, the Greater Dog) with Sirius (the Dog Star), a star of the first magnitude
- *o Cão Maior, com Sírio, uma estrela de primeira grandeza*
15 Canis Minor (the Little Dog, the Lesser Dog) with Procyon
- *o Cão Menor, com Prócion*
16 Hydra (the Water Snake, the Sea Serpent)
- *a Hidra (a serpente marinha)*
17 Leo (the Lion)
- *o Leão*
18 Virgo (the Virgin) with Spica
- *a Virgem com Spica*
19 Libra (the Balance, the Scales)
- *Libra (a Balança)*

20 Serpens (the Serpent)
- *a Serpente*
21 Hercules
- *Hércules*
22 Lyra (the Lyre) with Vega
- *a Lira com Vega*
23 Cygnus (the Swan, the Northern Cross) with Deneb
- *o Cisne com Deneb*
24 Andromeda
- *Andrômeda*
25 Taurus (the Bull) with Aldebaran
- *o Touro com Aldebarã*
26 The Pleiades (Pleiads, the Seven Sisters) an open cluster of stars
- *as Plêiades, um grupamento aberto de estrelas* f
27 Auriga (the Wagoner, the Charioteer)
- *Auriga (Carruagem)*
28 Gemini (the Twins) with Castor and Pollux
- *os Gêmeos com Castor e Pólux*
29 Ursa Major (the Great Bear, the Greater Bear, the Plough, Charles's Wain, *Am.* **the Big Dipper) with the double star (binary star) Mizar and Alcor**
- *a Ursa Maior com a estrela dupla (estrela binária) Mizar e Alcor*
30 Boötes (the Herdsman)
- *o Boieiro*
31 Corona Borealis (the Northern Crown)
- *a Coroa Boreal (a Coroa do Norte)*
32 Draco (the Dragon)
- *o Dragão*
33 Cassiopeia
- *Cassiopéia*
34 Ursa Minor (the Little Bear, Lesser Bear, *Am.* **Little Dipper) with the Pole Star (Polaris, the North Star)**
- *a Ursa Menor com a estrela Polar (a estrela do Norte)*
35 the Milky Way (the Galaxy)
- *a Via Láctea (a galáxia)*
36-48 the southern sky
- *o firmamento do hemisfério sul* in
36 Capricorn (the Goat, the Sea Goat)
- *o Capricórnio*
37 Sagittarius (the Archer)
- *o Sagitário*
38 Scorpio (the Scorpion)
- *o Escorpião*
39 Centaurus (the Centaur)
- *o Centauro*
40 Triangulum Australe (the Southern Triangle)
- *o Triângulo Austral*
41 Pavo (the Peacock)
- *o Pavão*
42 Grus (the Crane)
- *a Grua*
43 Octans (the Octant)
- *o Octante*
44 Crux (the Southern Cross, the Cross)
- *o Cruzeiro do Sul*

45 Argo (the Celestial Ship)
- *Argo (o Navio Celeste)*
46 Carina (the Keel)
- *a Carena*
47 Pictor (the Painter)
- *o Pintor*
48 Reticulum (the Net)
- *a Retícula*

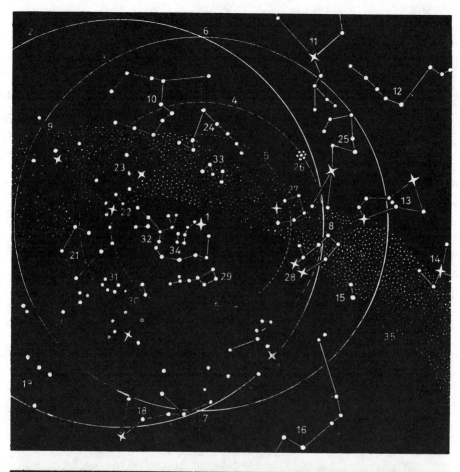

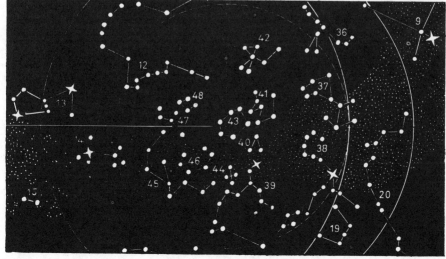

1-9 the moon
- *a Lua*
1 moon's path (moon's orbit round the earth)
- *a órbita lunar*
2-7 lunar phases (moon's phases, lunation)
- *as fases da Lua (a lunação)*
2 new moon
- *a Lua nova*
3 crescent (crescent moon, waxing moon)
- *o quarto crescente*
4 half-moon (first quarter)
- *a meia Lua (primeiro quarto m)*
5 full moon
- *a Lua cheia*
6 half-moon (last quarter, third quarter)
- *a meia Lua (último quarto m, terceiro quarto m)*
7 crescent (crescent moon, waning moon)
- *o quarto minguante*
8 the earth (terrestrial globe)
- *a Terra (o globo terrestre)*
9 direction of the sun's rays
- *a direção dos raios solares*
10-21 apparent path of the sun at the beginning of the seasons
- *o percurso aparente do Sol no início das estações*
10 celestial axis
- *o eixo celeste*
11 zenith
- *o zênite (o apogeu)*
12 horizontal plane
- *o plano horizontal*
13 nadir
- *o nadir*
14 east point
- *o ponto leste*
15 west point
- *o ponto oeste*
16 north point
- *o ponto norte*
17 south point
- *o ponto sul*
18 apparent path of the sun on 21 December
- *o percurso aparente do Sol a 21 de dezembro*
19 apparent path of the sun on 21 March and 23 September
- *o percurso aparente do Sol a 21 de março e a 23 de setembro*
20 apparent path of the sun on 21 June
- *o percurso aparente do Sol a 21 de junho*
21 border of the twilight area
- *a zona limite do crepúsculo*
22-28 rotary motions of the earth's axis
- *os movimentos rotativos do eixo da Terra*
22 axis of the ecliptic
- *o eixo da eclíptica*
23 celestial sphere
- *a esfera celeste*
24 path of the celestial pole (precession and nutation)
- *o trajeto do pólo celeste (precessão f e nutação f)*

25 instantaneous axis of rotation
- *o eixo instantâneo de rotação f*
26 celestial pole
- *o pólo celeste*
27 mean axis of rotation
- *o eixo médio de rotação f*
28 polhode
- *a polodia*
29-35 solar and lunar eclipse [not to scale]
- *o eclipse solar e lunar [fora de escala]*
29 the sun
- *o Sol*
30 the earth
- *a Terra*
31 the moon
- *a Lua*
32 solar eclipse
- *o eclipse solar*
33 area of the earth in which the eclipse appears total
- *a área da Terra onde a eclipse total é visível*
34-35 lunar eclipse
- *o eclipse lunar*
34 penumbra (partial shadow)
- *a penumbra (sombra f parcial)*
35 umbra (total shadow)
- *a sombra total*
36-41 the sun
- *o Sol*
36 solar disc (disk) (solar globe, solar sphere)
- *o disco solar*
37 sunspots
- *as manchas solares*
38 cyclones in the area of sunspots
- *os ciclones na área das manchas solares*
39 corona (solar corona), observable during total solar eclipse or by means of special instruments
- *a coroa solar, visível durante o eclipse solar total ou através de instrumentos m especiais*
40 prominences (solar prominences)
- *as protuberâncias solares*
41 moon's limb during a total solar eclipse
- *a borda da Lua durante o eclipse solar total*
42-52 **planets** (planetary system, solar system) [not to scale] and planet symbols
- *os **planetas** (sistema planetário, sistema solar) [fora de escala] e símbolos m dos planetas*
42 the sun
- *o Sol*
43 Mercury
- *Mercúrio*
44 Venus
- *Vênus*
45 Earth, with the moon, a satellite
- *a Terra com seu satélite, a Lua*
46 Mars, with two moons (satellites)
- *Marte com seus dois satélites (luas f)*
47 asteroids (minor planets)
- *os asteróides*

48 Jupiter, with 14 moons (satellites)
- *Júpiter com seus 14 satélites (luas f)*
49 Saturn, with 10 moons (satellites)
- *Saturno com seus 10 satélites (luas f)*
50 Uranus, with five moons (satellites)
- *Urano com seus cinco satélites (luas f)*
51 Neptune, with two moons (satellites)
- *Netuno com seus dois satélites (luas f)*
52 Pluto
- *Plutão*
53-64 signs of the zodiac (zodiacal signs)
- *os signos do zodíaco*
53 Aries (the Ram)
- *Áries (o Carneiro)*
54 Taurus (the Bull)
- *o Touro*
55 Gemini (the Twins)
- *os Gêmeos*
56 Cancer (the Crab)
- *Câncer (o Caranguejo)*
57 Leo (the Lion)
- *o Leão*
58 Virgo (the Virgin)
- *a Virgem*
59 Libra (the Balance, the Scales)
- *Libra (a Balança)*
60 Scorpio (the Scorpion)
- *o Escorpião*
61 Sagittarius (the Archer)
- *Sagitário*
62 Capricorn (the Goat, the Sea Goat)
- *Capricórnio*
63 Aquarius (the Water Carrier, the Water Bearer)
- *Aquário*
64 Pisces (the Fish)
- *os Peixes*

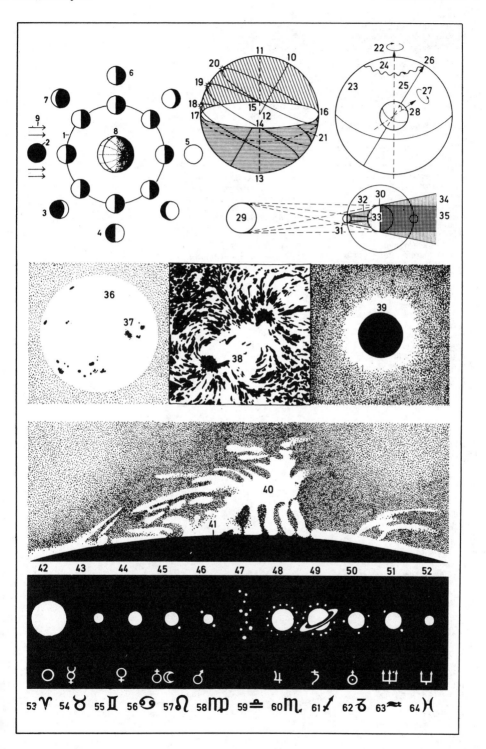

1-16 the European Southern Observatory (ESO) on Cerro la Silla, Chile, an observatory [section]
– *o Observatório Meridional Europeu (ESO) em Cerro la Silla, Chile [corte]*
1 primary mirror (main mirror) with a diameter of 3.6 m (144 inches)
– *o espelho principal com diâmetro m de 3,6m*
2 prime focus cage with mounting for secondary mirrors
– *o foco principal com dispositivo m para espelhos secundários*
3 flat mirror for the coudé ray path
– *o espelho plano para observação f do raio Coudé*
4 Cassegrain cage
– *o tubo Cassegrain*
5 grating spectrograph
– *o espectrógrafo (Pt. o espetrógrafo) reticular*
6 spectrographic camera
– *a câmara espectrográfica* (Pt. *espetrográfica*)
7 hour axis drive
– *o mecanismo do eixo horário*
8 hour axis
– *o eixo horário*
9 horseshoe mounting
– *a base em ferradura* f
10 hydrostatic bearing
– *o suporte hidrostático*
11 primary and secondary focusing devices
– *as objetivas principal e secundária*
12 observatory dome (revolving dome)
– *a cúpula (giratória) do observatório*
13 observation opening
– *a abertura para observação* f
14 vertically movable dome shutter
– *a coberta móvel de movimentação* f *vertical*
15 wind screen
– *o pára-vento*
16 siderostat
– *o sideróstato*
17-28 the Stuttgart Planetarium [section]
– *o planetário de Stuttgart [corte]*
17 administration, workshop, and store area
– *a administração, as salas de pesquisa* f *e a área de estocagem* f
18 steel scaffold
– *a armação metálica*
19 glass pyramid
– *a pirâmide de vidro* m
20 revolving arched ladder
– *a escada giratória abobadada*
21 projection dome
– *a cúpula de projeção* f
22 light stop
– *o diafragma*
23 planetarium projector
– *o projetor do planetário*
24 well
– *o poço*
25 foyer
– *o vestíbulo*
26 theater
– *a sala de projeções* f
27 projection booth
– *a cabine de projeção* f
28 foundation pile
– *a pilastra da fundação*
29-33 the *Kitt Peak* solar observatory near Tucson, Ariz. [section]
– *o observatório solar de Kitt Peak, próximo a Tucson, Arizona [corte]*
29 heliostat
– *o helióstato*
30 sunken observation shaft
– *o poço de observação* f *semi-subterrâneo*
31 water-cooled windshield
– *o pára-vento refrigerado a água* f
32 concave mirror
– *o espelho côncavo*
33 observation room housing the spectrograph
– *a sala de observação* f *com espectrógrafo* (Pt. *espetrógrafo*) m

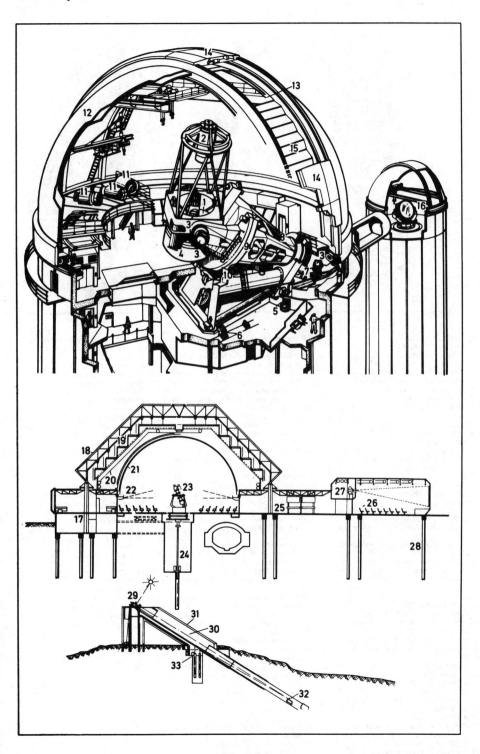

1 Apollo spacecraft
 - *a espaçonave Apolo*
2 service module (SM)
 - *o módulo de serviço* m *(MS)*
3 nozzle of the main rocket engine
 - *o difusor do propulsor principal*
4 directional antenna
 - *a antena direcional*
5 manoeuvring (*Am.* maneuvering)
 rockets
 - *os foguetes de manobra* f
6 oxygen and hydrogen tanks for the
 spacecraft's energy system
 - *os tanques de oxigênio* m *e hidrogênio*
 m *para o sistema de geradores* m *de
 energia* f *da espaçonave*
7 fuel tank
 - *o tanque de combustível* m
8 radiators of the spacecraft's energy
 system
 - *os radiadores do sistema de geração*
 f *de energia* f *da espaçonave*
9 command module (Apollo space capsule)
 - *o módulo de comando* m *(a cápsula
 espacial Apolo)*
10 entry hatch of the space capsule
 - *a escotilha de entrada* f *da cápsula espacial*
11 astronaut
 - *o astronauta*
12 lunar module (LM)
 - *o módulo lunar (ML)*
13 moon's surface (lunar surface), a
 dust-covered surface
 - *a superfície da Lua (a superfície lunar),
 uma superfície coberta de poeira* f
14 lunar dust
 - *a poeira lunar*
15 piece of rock
 - *o pedaço de rocha* f
16 meteorite crater
 - *a cratera feita por meteorito* m
17 the Earth
 - *a Terra*
18-27 space suit (extra-vehicular suit)
 - *a roupa espacial (a roupa para uso
 m fora do veículo espacial)*
18 emergency oxygen apparatus
 - *o aparelho de oxigênio* m *de emergência* f

19 sunglass pocket [with sunglasses for
 use on board]
 - *o bolso para óculos* m *de sol* m *[com
 óculos* m *para uso* m *a bordo* m]
20 life support system (life support
 pack), a backpack unit
 - *o equipamento de sobrevivência* f
 (o equipamento portátil), uma mochila
21 access flap
 - *a aba de acesso* m
22 space suit helmet with sun filters
 - *o capacete espacial com filtros* m *solares*
23 control box of the life support pack
 - *a caixa de controle* m *do equipamento
 portátil de sobrevivência* f
24 penlight pocket
 - *o bolso para a lanterna* f
25 access flap for the purge valve
 - *a aba de acesso* m *à válvula de purificação* f
26 tube and cable connections for the radio, ventilation and water cooling systems.
 - *as conexões de tubos* m *e cabos* m *para
 os sistemas de rádio* m, *ventilação* f
 e resfriamento m *de água* f
27 pocket for pens, tools, etc.
 - *o bolso para canetas* f, *ferramentas* f
 etc.
28-36 descent stage
 - *o estágio de descida* f
28 connector
 - *o conector*
29 fuel tank
 - *o tanque de combustível* m
30 engine
 - *o motor*
31 mechanism for unfolding the legs
 - *o mecanismo de distensão* f *do trem
 de aterragem* f
32 main shock absorber
 - *o amortecedor principal*
33 landing pad
 - *a sapata*
34 ingress/egress platform (hatch platform)
 - *a plataforma de entrada* f/saída f *(a
 plataforma de escotilha* f)

35 ladder to platform and hatch
 - *a escada para plataforma* f *e escotilha*
 f
36 cardan mount for engine
 - *o eixo cardan do motor*
37-47 ascent stage
 - *o estágio de subida* f
37 fuel tank
 - *o tanque de combustível* m
38 ingress/egress hatch (entry/exit hatch)
 - *a escotilha de ingresso* m/saída f
39 LM manoeuvring (*Am* maneuvering)
 rockets
 - *os foguetes de manobra* f *do módulo
 lunar*
40 window
 - *a janela*
41 crew compartment
 - *o compartimento da tripulação*
42 rendezvous radar antenna
 - *a antena do radar de acoplamento* m
43 inertial measurement unit
 - *a unidade de medida* f *inercial*
44 directional antenna for ground control
 - *a antena direcional para controle* m
 com a estação de terra f
45 upper hatch (docking hatch)
 - *a escotilha superior (a escotilha do topo)*
46 inflight antenna
 - *a antena de voo* m
47 docking target recess
 - *os encaixes de acoplamento* m *da parte
 superior*

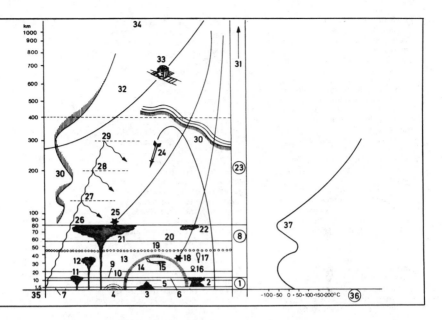

1 the troposphere
- *a troposfera*
2 thunderclouds
- *as nuvens de trovoada* f
3 the highest mountain, *Mount Everest* [8,882 m]
- *o ponto culminante da terra, o monte Evereste* [8.882 m]
4 rainbow
- *o arco-íris*
5 jet stream level
- *o nível das correntes de jato* m (jet-stream)
6 zero level (inversion of vertical air movement)
- *o nível zero (inversão* f *dos movimentos verticais do ar)*
7 ground layer (surface boundary layer)
- *a camada de superfície* f *(a camada limite de superfície)*
8 the stratosphere
- *a estratosfera*
9 tropopause
- *a tropopausa*
10 separating layer (layer of weaker air movement)
- *a camada intermediária (a camada com deslocamento* m *de ar mais fraco)*
11 atomic explosion
- *a explosão atômica*
12 hydrogen bomb explosion
- *a explosão de uma bomba de hidrogênio* m
13 ozone layer
- *a camada de ozônio* m *(de ozono* m)
14 range of sound wave propagation
- *a faixa de propagação* f *das ondas sonoras*
15 stratosphere aircraft
- *o avião estratosférico*

16 manned balloon
- *o balão meteorológico tripulado*
17 sounding balloon
- *o balão-sonda*
18 meteor
- *o meteoro*
19 upper limit of ozone layer
- *o limite superior da camada de ozônio* m *(de ozono* m)
20 zero level
- *a camada D*
21 eruption of Krakatoa
- *a erupção do Krakatoa*
22 luminour clouds (noctilucent clouds).
- *as nuvens reluzentes (as nuvens noctilucentes)*
23 the ionosphere
- *a ionosfera*
24 range of research rockets
- *a faixa dos foguetes de exploração* f
25 shooting star
- *a estrela cadente*
26 short wave (high frequency)
- *as ondas curtas (alta frequência)*
27 E-Layer (Heaviside-Kennelly Layer)
- *a camada E (as camadas de Heaviside-Kennelly)*
28 F₁-layer
- *a camada F₁*
29 F₂-Layer
- *a camada F 2*
30 aurora (polar light)
- *a aurora boreal*
31 the exosphere
- *a exosfera*
32 atom layer
- *a camada atômica*

33 range of satellite sounding
- *a faixa de exploração* f *por satélite* m
34 fringe region
- *a região limite*
35 altitude scale
- *a escala de altitude* f
36 temperature scale (thermometric scale)
- *a escala de temperatura* f *(a escala termométrica)*
37 temperature graph
- *o gráfico de temperatura* f

1-19 clouds and weather
- *as nuvens e o tempo*
1 cumulus (woolpack cloud, cumulus humilis, fair-weather cumulus), a heap cloud (flat-based heap cloud)
- *o cúmulus (nuvem f fardo-de-lã, cúmulo de bom tempo), nuvem acumulada (nuvem de desenvolvimento m vertical de base plana)*
1-4 clouds found in homogeneous air masses
- *as nuvens encontradas em massas homogêneas de ar m*
2 cumulus congestus, a heap cloud with more marked vertical development
- *o cúmulus congestus, nuvem f acumulada com desenvolvimento m vertical mais acentuado*
3 stratocumulus, a layer cloud (sheet cloud) arranged in heavy masses
- *o estratocúmulo (stratocumulus), nuvem f de camadas f disposta em massas pesadas*
4 stratus (high fog), a thick, uniform layer cloud (sheet cloud)
- *o estrato (stratus), nevoeiro alto, nuvem espessa e uniforme em camadas f*
5-12 clouds found at warm fronts
- *as nuvens encontradas em frentes f quentes*
5 warm front
- *a frente quente*
6 cirrus, a high to very high ice-crystal cloud, thin and assuming a wide variety of forms
- *o cirro (cirrus), nuvem f de cristais m de gelo m situada em altitude elevada ou muito elevada, composta de pequenos filamentos de formas f variáveis.*
7 cirrostratus, an ice-crystal cloud veil
- *os cirros-estratos (cirrostratus), nuvem f de cristal m de gelo m em véu m*
8 altostratus, a layer cloud (sheet cloud) of medium height
- *o alto-estrato (altostratus), nuvem f de camadas f de altitude média*
9 altostratus praecipitans, a layer cloud (sheet cloud) with precipitation in its upper parts
- *o altostratus precipitans, nuvem f de camadas f com precipitações f em suas camadas superiores*
10 nimbostratus, a rain cloud, a layer cloud (sheet cloud) of very large vertical extent which produces precipitation (rain or snow)
- *o nimbo-estrato (nimbostratus), nuvem f de chuva f em camadas f que apresenta grande extensão f vertical e produz precipitação f (chuva f ou neve f)*
11 fractostratus, a ragged cloud occuring beneath nimbostratus
- *o frato-estrato (fractostratus), nuvem f irregular que ocorre abaixo do nimbo-estrato*

12 fractocumulus, a ragged cloud like 11 but with billowing shapes
- *o frato-cúmulo (fractocumulus), nuvem f irregular como a 11, porém ondeada*
13-17 clouds at cold fronts
- *as nuvens de frente frias*
13 cold front
- *a frente fria*
14 cirrocumulus, thin fleecy cloud in the form of globular masses; covering the sky: mackerel sky
- *o cirro-cúmulo (cirrocumulus): nuvem f com aspecto m de grânulos dispostos em fiadas f; céu encarneirado [cobre o céu]*
15 altocumulus, a cloud in the form of large globular masses
- *o alto-cúmulo (altocumulus) nuvem f em forma f de grandes massas f globulares*
16 altocumulus castellanus and altocumulus floccus, species of 15
- *o altocumulus castellanus e o altocumulus floccus, espécies f de 15*
17 cumulonimbus, a heap cloud of very large vertical extent, to be classified under 1-4 in the case of tropical storms
- *o cúmulo-nimbo (cumulo-nimbus), nuvem acumulada de formação f vertical, muito grande, classificada como 1-4 nas tempestades tropicais*
18-19 types of precipitation
- *os tipos de precipitação f*
18 steady rain or snow covering a large area, precipitation of uniform intensity
- *a chuva ou neve f uniforme cobrindo uma grande área; precipitação f de intensidade uniforme*
19 shower, scattered precipitation
- *a pancada de água, precipitação f intermitente*

black arrow = cold air
- *seta f preta = ar m frio*
rom = warm air
- *seta f branca = ar m quente*

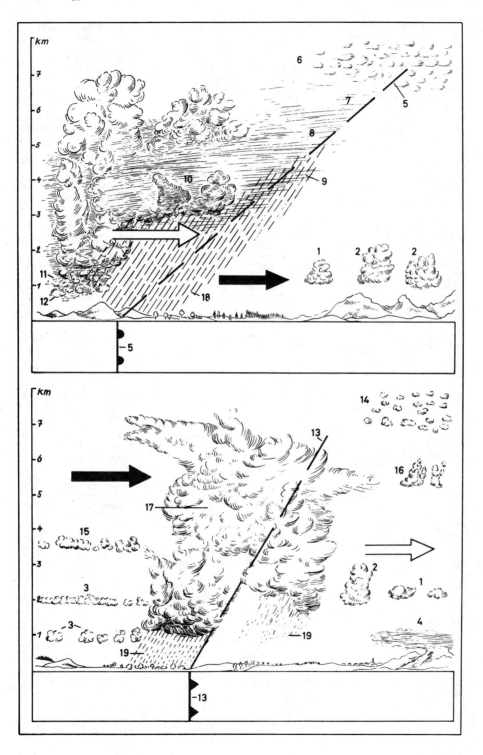

1-39 weather chart (weather map, surface chart, surface synoptic chart)
- *a carta de tempo (mapa m meteorológico, carta f de superfície f, carta sinóptica)*
1 isobar (line of equal or constant atmospheric or barometric pressure at sea level)
- *a isóbara (linha f de pressão atmosférica ou barométrica constante ao nível do mar)*
2 pleiobar (isobar of over 1,000 mb)
- *a pleióbare (isóbare f de mais de 1.000 mb)*
3 meiobar (isobar of under 1,000 mb)
- *a meióbare (isóbare f inferior a 1.000 mbs)*
4 atmospheric (barometric) pressure given in milibars
- *a pressão atmosférica (barométrica) dada em milibares m*
5 low-pressure area (low, cyclone, depression)
- *a área de baixa pressão (o ciclone, a depressão)*
6 high-pressure area (high, anticyclone)
- *a área de alta pressão (o anticiclone)*
7 observatory (meteorological watch office, weather station) or ocean station vessel (weather ship)
- *o observatório meteorológico (centro meteorológico de vigilância f CVM, posto meteorológico) ou navio m de estação oceânica (navio meteorológico)*
8 temperature
- *a temperatura*
9-19 means of representing wind direction (wind-direction symbols)
- *a representação da direção do vento*
9 wind-direction shaft (wind arrow)
- *a flecha da direção do vento*
10 wind-speed barb (wind-speed feather) indicating wind speed
- *a rebarba (barbela) indicadora da velocidade do vento*
11 calm
- *a calmaria*
12 1-2 knots (1 knot = 1.852 km/h)
- *1-2 nós m (1 nó = 1,852 km/h)*
13 3-7 knots
- *3-7 nós m*
14 8-12 knots
- *8-12 nós m*
15 13-17 knots
- *13-17 nós m*
16 18-22 knots
- *18-22 nós m*
17 23-27 knots
- *23-27 nós m*
18 28-32 knots
- *28-32 nós m*
19 58-62 knots
- *58-62 nós m*

20-24 state of the sky (distribution of the cloud cover)
- *o estado do céu (distribuição f da cobertura de nuvens f)*
20 clear (cloudless)
- *o céu claro (sem nuvens f)*
21 fair
- *bom* m
22 partly cloudy
- *parcialmente encoberto*
23 cloudy
- *nublado*
24 overcast (sky mostly or completely covered)
- *encoberto (céu coberto em sua maior parte ou por completo)*
25-29 fronts and air currents
- *as correntes e frentes f de ar m*
25 occlusion (occluded front)
- *a frente oclusa*
26 warm front
- *a frente quente*
27 cold front
- *a frente fria*
28 warm airstream (warm current)
- *a corrente de ar m quente*
29 cold airstream (cold current)
- *a corrente de ar frio*
30-39 meteorological phenomena
- *os fenômenos meteorológicos*
30 precipitation area
- *a área de precipitação f*
31 fog
- *o nevoeiro*
32 rain
- *a chuva*
33 drizzle
- *a garoa*
34 snow
- *a neve*
35 ice pellets (graupel, soft hail)
- *os grânulos de gelo m (granizo m)*
36 hail
- *a chuva de pedra f*
37 shower
- *a pancada d'água f*
38 thunderstorm
- *a tempestade*
39 lightning
- *os relâmpagos*
40-58 climatic map
- *o mapa climático*
40 isotherm (line connecting points having equal mean temperature)
- *a isoterma (linha f que liga os pontos que apresentam a mesma temperatura média)*
41 0°C (zero) isotherm (line connecting points having a mean annual temperature of 0°C)
- *a isoterma de 0°C (linha f que liga os pontos que apresentam temperatura média anual de 0°C)*
42 isocheim (line connecting points having equal mean winter temperature)
- *a isoquímena (linha f que liga os pontos que apresentam temperatura média no inverno)*

43 isothere (line connecting points having equal mean summer temperature)
- *a isótera (linha f que liga os pontos que apresentam a mesma temperatura média no verão)*
44 esohel (line connecting points having equal duration of sunshine)
- *a isoélia (linha f que liga os pontos que apresentam a mesma duração de luz f solar)*
45 isohyet (line connecting points having equal amounts of precipitation)
- *a isoieta (linha f que liga os pontos que apresentam a mesma quantidade de precipitação f)*
46-52 atmospheric circulation (wind systems)
- *a circulação atmosférica (regime m de ventos m)*
46-47 calm belts
- *os cinturões de calmaria f*
46 equatorial trough (equatorial calms, doldrums)
- *o cinturão de calmarias f equatoriais (calmas f equatoriais, doldrames m)*
47 subtropical high-pressure belts (horse latitudes)
- *os cinturões de calmarias f subtropicais (latitudes f de cavalo m)*
48 north-east trade winds (north-east trades, tropical easterlies)
- *os alíseos de nordeste m*
49 south-east trade winds (south-east trades, tropical easterlies)
- *os alíseos de sudeste m*
50 zones of the variable westerlies
- *as zonas de ventos m de oeste m variáveis*
51 polar wind zones
- *as zonas de vento m polar*
52 summer monsoon
- *a monção de verão m*
53-58 earth's climates
- *os climas da terra*
53 equatorial climate; tropical zone (tropical rain zone)
- *o clima equatorial; a zona tropical (a zona de chuvas f tropicais)*
54 the two arid zones (equatorial dry zones); desert and steppe-zones
- *as duas zonas áridas das regiões equatoriais: o deserto e a estepe*
55 the two temperate rain zones
- *as duas zonas temperadas chuvosas*
56 boreal climate (snow forest climate)
- *a chuva boreal (clima m de floresta nevada, de floresta de coníferas f)*
57-58 polar climates
- *os climas polares*
57 tundra climate
- *o clima da tundra*
58 perpetual frost climate
- *o clima dos gelos eternos*

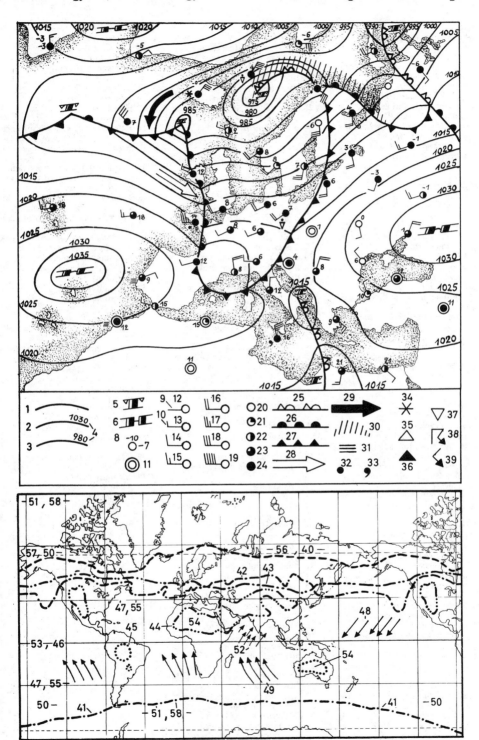

1 mercury barometer, a siphon barometer, a liquid-column barometer
- *o barômetro de mercúrio* m, *um barômetro de sifão* m, *um barômetro de coluna líquida*
2 mercury column
- *a coluna de mercúrio* m
3 millibar scale (millimetre, *Am* millimeter, scale)
- *a escala em milibares* m *(a escala em milímetros* m*)*
4 barograph, a self-registering aneroid barometer
- *o barógrafo, um barômetro aneróide*
5 drum (recording drum)
- *o cilindro de relojoaria* f
6 bank of aneroid capsules (aneroid boxes)
- *a série de cápsulas* f *aneróides (de cápsulas barométricas)*
7 recording arm
- *o braço do registrador* (Pt. *registador)*
8 hygrograph
- *o higrógrafo*
9 hygrometer element (hair element)
- *o conjunto de cabelo* m *do higrômetro*
10 reading adjustment
- *o botão de ajuste* m *de leitura* f
11 amplitude adjustment
- *o botão de amplitude* f
12 recording arm
- *o braço do registrador* (Pt. *registador)*
13 recording pen
- *a pena do registrador* (Pt. *registador)*
14 change gears for the clockwork drive
- *a engrenagem de mudança* f *de velocidade* f *do mecanismo de relojoaria* f
15 off switch for the recording arm
- *a alavanca de afastamento* m *do braço*
16 drum recording
- *o cilindro de relojoaria* f
17 time scale
- *a escala de horas* f
18 case (housing)
- *a caixa*
19 thermograph
- *o termógrafo*
20 drum (recording drum)
- *o cilindro de relojoaria* f
21 recording arm
- *o braço da pena do registrador* (Pt. *registador)*
22 sensing element
- *o elemento sensor de temperatura* f
23 silver-disc (silver-disk) pyrheliometer, an instrument for measuring the sun's radiant energy
- *o pireliômetro de disco* m *de prata* f, *um instrumento para medir radiação solar direta*
24 silver-disc (disk)
- *o disco de prata* f

25 thermometer
- *o termômetro*
26 wooden insulating casing
- *a caixa de isolamento térmico feita de madeira* f
27 tube with diaphragm (diaphragmed tube)
- *o tubo com diafragmas* m
28 wind gauge (*Am.* gage) (Anemometer)
- *o anemômetro*
29 wind-speed indicator (wind-speed meter)
- *o painel indicador da velocidade do vento*
30 cross arms with hemispherical cups
- *o rotor de três conchas* f
31 wind-direction indicator
- *o painel indicador da direção do vento*
32 wind vane
- *o cata-vento*
33 aspiration psychrometer
- *o psicrômetro e aspiração* f
34 dry bulb thermometer
- *o termômetro de bulbo seco*
35 wet bulb thermometer
- *o termômetro de bulbo úmido*
36 solar radiation shielding
- *o protetor de radiação* f *solar*
37 suction tube
- *o tubo de sucção* f
38 recording rain gauge (*Am.* gage)
- *o pluviógrafo*
39 protective housing (protective case)
- *a caixa protetora*
40 collecting vessel
- *o coletor de precipitação* f
41 rain cover
- *a aba de proteção* f *contra chuva* f
42 recording mechanism
- *o mecanismo de registro* (Pt. *registo)* m
43 siphon tube
- *o sifão*
44 precipitation gauge (*Am.* gage)
- *o pluviômetro*
45 collecting vessel
- *o coletor*
46 storage vessel
- *a vasilha receptora*
47 measuring glass
- *a proveta graduada*
48 insert for measuring snowfall
- *o medidor de altura* f *da neve*
49 thermometer screen (thermometer shelter)
- *o abrigo meteorológico*
50 hygrograph
- *o higrógrafo*
51 thermograph
- *o termógrafo*
52 psychrometer (wet and dry bulb thermometer)
- *o psicrômetro (o termômetro de bulbo seco e úmido)*
53-54 thermometers for measuring extremes of temperature
- *os termômetros para medir as temperaturas extremas*

53 maximum thermometer
- *o termômetro de máximas* f
54 minimum thermometer
- *o termômetro de mínimas* f
55 radiosonde assembly
- *a radiossonda*
56 hydrogen balloon
- *o balão de hidrogênio* m
57 parachute
- *o pára-quedas*
58 radar reflector with spacing lines
- *o refletor de sinais* m *de radar* m *com linhas* f *de espaçamento* m
59 instrument housing with radiosonde (a short-wave transmitter) and antenna
- *a caixa contendo sensores,* m, *antenas* f *e transmissor* m
60 transmissometer, an instrument for measuring visibility
- *o visibilômetro, um aparelho para medir a visibilidade*
61 recording instrument (recorder)
- *o painel de registro* m (Pt. *de registo* m)
62 transmitter
- *o transmissor*
63 receiver
- *o receptor* (Pt. *o recetor)*
64 weather satellite (ITOS satellite)
- *o satélite meteorológico (satélite ITOS)*
65 temperature regulation flaps
- *as aletas para regulagem* f *de temperatura* f
66 solar panel
- *o painel solar*
67 television camera
- *a câmara de televisão* f
68 antenna
- *a antena*
69 solar sensor (sun sensor)
- *o sensor solar (sensor do sol)*
70 telemetry antenna
- *a antena de telemetria* f
71 radiometer
- *o radiômetro*

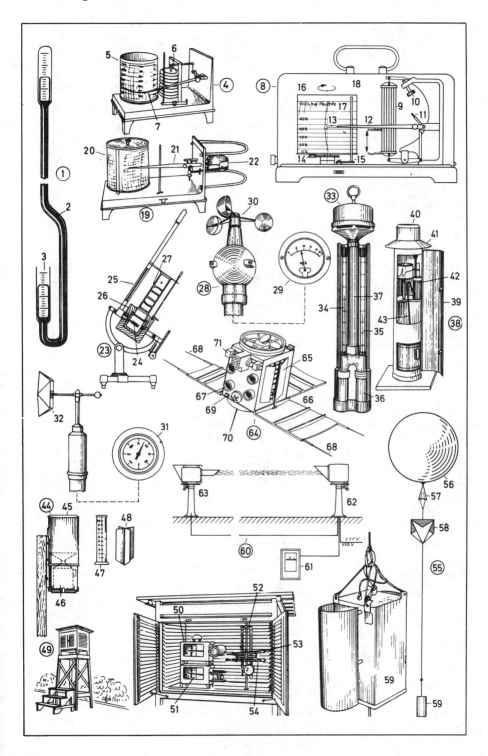

1-5 layered structure of the earth
- *a estratificação da Terra*
1 earth's crust (outer crust of the earth, lithosphere, oxysphere)
- *a crosta terrestre (a crosta externa, a litosfera)*
2 hydrosphere
- *a hidrosfera*
3 mantle
- *o manto*
4 sima (intermediate layer)
- *o sima (a camada intermediária)*
5 core (earth core, centrosphere, barysphere)
- *o núcleo (a centrosfera, a barisfera)*
6-12 hypsographic curve of the earth's surface
- ***a curva hipsográfica da superfície terrestre***
6 peak
- *o pico*
7 continental mass
- *a massa continental*
8 continental shelf (continental platform, shelf)
- *a plataforma continental*
9 continental slope
- *o talude continental*
10 deep sea floor
- *a região pelágica*
11 sea level
- *a superfície (o nível) do mar*
12 deep sea trench
- *a fossa submarina (a região abissal)*
13-28 volcanism (vulcanicity)
- ***o vulcanismo***
13 shield volcano
- *o escudo vulcânico*
14 lava plateau
- *o platô (Pt. o planalto) de lava f*
15 active volcano, a stratovolcano (composite volcano)
- *o vulcão ativo*
16 volcanic crater (crater)
- *a cratera*
17 volcanic vent
- *a chaminé*
18 lava stream
- *a corrente de lava f*
19 tuff (fragmented volcanic material)
- *o tufo vulcânico (o material vulcânico fragmentado)*
20 subterranean volcano
- *a bolsa vulcânica não-aflorada*
21 geyser
- *o gêiser*
22 jet of hot water and steam
- *o esguicho de água f quente e vapor m*
23 sinter terraces (silliceous sinter terraces, fiorite terraces, pearl sinter terraces)
- *o terraço de sedimentos silicosos*
24 cone
- *o cone*
25 maar (extinct volcano)
- *o maar (o vulcão extinto)*
26 tuff deposit
- *o depósito de tufo m*
27 breccia
- *a brecha*

28 vent of extinct volcano
- *a chaminé do vulcão extinto*
29-31 plutonic magmatism
- ***o magmatismo plutônico***
29 batholite (massive protrusion)
- *os batólitos*
30 lacolith, an intrusion
- *o lacolito*
31 sill, an ore deposit
- *sill; depósito m mineral*
32-38 earthquake (kinds: tectonic quake, volcanic quake) **and seismology**
- *o terremoto (os tipos: tremor tectônico, tremor vulcânico) e sismologia f*
32 earthquake focus (seismic focus, hypocentre, *Am.* hypocenter)
- *o hipocentro*
33 epicentre (*Am.* epicenter), point on the earth's surface directly above the focus
- *o epicentro: o ponto da superfície terrestre diretamente acima do foco*
34 depth of focus
- *a profundidade do foco m*
35 shock wave
- *a onda de choque m*
36 surface waves (seismic waves)
- *as ondas sísmicas*
37 isoseismal (line connecting points of equal intensity of earthquake shock)
- *a isossista (a linha que liga os pontos de igual intensidade sísmica)*
38 epicentral area (area of macroseismic vibration)
- *a área do epicentro (a área de maior vibração sísmica)*
39 horizontal seismograph (seismometer)
- *o sismógrafo horizontal*
40 electromagnetic damper
- *o amortecedor eletromagnético*
41 adjustment knob for the period of free oscillation of the pendulum
- *o botão de ajuste m ao período de oscilação f livre do pêndulo*
42 spring attachment for the suspension of the pendulum
- *a mola adaptada para suspensão f do pêndulo*
43 mass
- *a massa estacionária*
44 induction coils for recording the voltage of the galvanometer
- *a bobina de indução f para o registro da voltagem do galvanômetro*
45-54 effects of earthquakes
- ***o terremoto e seus efeitos***
45 waterfall (cataract, falls)
- *a cachoeira (a queda d'água, a catarata, a cascata)*
46 landslide (rockslide, landslip, *Am.* rock slip)
- *o deslizamento de massa f*
47 talus (rubble, scree)
- *o tálus (o cascalho, o entulho)*
48 scar (scaur, scaw)
- *a superfície do deslizamento, a concavidade*

49 sink (sinkhole, swallowhole)
- *a dolina (a depressão fechada)*
50 dislocation (displacent)
- *o deslocamento de terreno m*
51 solifluction lobe (solifluction tongue)
- *o material de solifluxão f*
52 fissure
- *a fissura (a fratura)*
53 tsunami (seismic sea wave) produced by seaquake (submarine earthquake)
- *o tsunami: a onda sísmica provocada por maremoto m*
54 raised beach
- *as praias elevadas (as praias fósseis)*

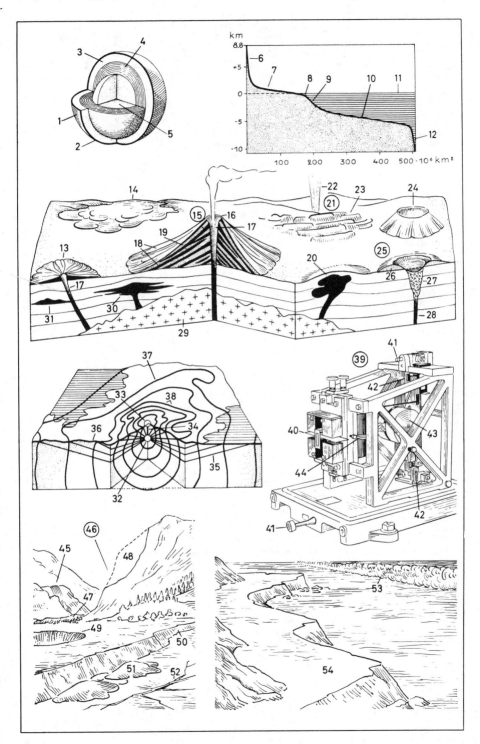

1-33 geology
- *geologia* f
1 stratification of sedimentary rock
- *a estratificação de rocha* f *sedimentar*
2 strike
- *a direção*
3 dip (angle of dip, true dip)
- *o mergulho (o ângulo de mergulho)*
4-20 orogeny (orogenis, tectogenis, deformation of rocks by folding and faulting)
- *a orogenia (tectônia* f, *deformação de rochas* f *por dobras* f *e faltas* f)
4-11 fault-block mountains (block mountains)
- *os blocos falhados*
4 fault
- *a falha*
5 fault line (fault trace)
- *o plano de falha* f *(o traçado de falha)*
6 fault throw
- *o rejeito*
7 normal fault (gravity fault, normal slip fault, slump fault)
- *a falha encavalada*
8-11 complex faults
- *as falhas complexas*
8 step fault (distributive fault, multiple fault)
- *a falha em degraus* m
9 tilt block
- *a falha inclinada*
10 horst
- *o pilar*
11 graben
- *a fossa tectônica*
12-20 range of fold mountains (folded mountains)
- *as montanhas de falhas* f
12 symmetrical fold (normal fold)
- *a dobra vertical (a dobra normal)*
13 asymmetrical fold
- *a dobra inclinada (a dobra oblíqua)*
14 overfold
- *a dobra encurvada (a dobra com deslizamento* m)
15 recumbent fold (reclined fold)
- *a dobra deitada*
16 saddle (anticline)
- *o anticlinal*
17 anticlinal axis
- *o eixo do anticlinal*
18 trough (syncline)
- *o sinclinal*
19 trough surface (trough plane, synclinal axis)
- *o eixo do sinclinal*
20 anticlinorium
- *o anticlinório*
21 groundwater under pressure (artesian water)
- *o lençol de água artesiana*
22 water-bearing stratum (aquifer, aquafer)
- *o lençol freático*
23 impervious rock (impermeable rock)
- *a rocha impermeável*

24 drainage basin (catchment area)
- *a bacia de drenagem* f *(a área de captação)*
25 artesian well
- *o poço artesiano*
26 rising water, an artesian spring
- *a nascente, uma nascente artesiana*
27 petroleum reservoir in an anticline
- *o depósito de petróleo* m *em um anticlinal*
28 impervious stratum (impermeable stratum)
- *a camada impermeável*
29 porous stratum acting as reservoir rock
- *a camada porosa que age como rocha* f *reservatório* m
30 natural gas, a gas cap
- *o gás natural*
31 petroleum (crude oil)
- *o petróleo*
32 underlying water
- *a água subjacente*
33 derrick
- *a torre de perfuração* f
34 mountainous area
- *as montanhas centrais (médias)*
35 rounded mountain top
- *o domo montanhoso*
36 mountain ridge (ridge)
- *a serra*
37 mountain slope
- *a vertente*
38 hillside spring
- *a nascente em vertente* f
39-47 high-mountain region
- *a alta montanha*
39 mountain range, a massif
- *a cadeia de montanhas* f, *um maciço*
40 summit (peak, top of the mountain)
- *o cume (o pico, o cimo da montanha)*
41 shoulder
- *o esporão (o contraforte)*
42 saddle
- *a sela*
43 rock face (steep face)
- *a escarpa*
44 gully
- *a garganta (o passo, o desfiladeiro*, Nord. *o boqueirão)*
45 talus (scree, detritus)
- *o talude*
46 bridle path
- *o caminho de tropa* f
47 pass (col)
- *o colo*
48-56 glacial ice
- *a geleira*
48 firn field (firn basin, névé)
- *os campos de neve* f *(a região nevada)*
49 valley glacier
- *a geleira de montanha* f
50 crevasse
- *a fenda (crevasse* f)
51 glacier snout
- *o terreno não coberto por geleira* f

52 subglacial stream
- *a torrente glaciária*
53 lateral moraine
- *a moraina lateral*
54 medial moraine
- *a moraina central*
55 end moraine
- *a moraina terminal (a moraina frontal)*
56 glacier table
- *a mesa de geleira* f

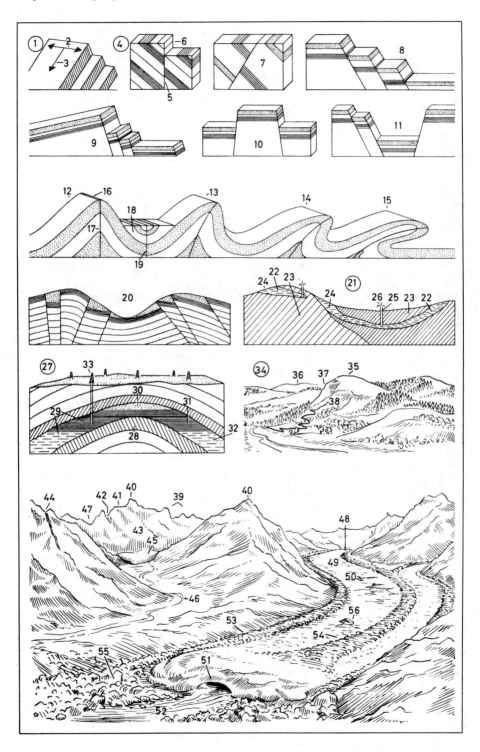

1-13 fluvial topography
- *a paisagem fluvial*
1 river mouth, a delta
- *a foz, a embocadura, um delta*
2 distributary (distributary channel), a river branch (river arm)
- *o braço de rio* m, (Amaz.) *o paraná*
3 lake
- *o lago*
4 bank
- *a margem*
5 peninsula (spit)
- *a península*
6 island
- *a ilha*
7 bay (cove)
- *a baía (a enseada)*
8 stream (brook, rivulet, creek)
- *o riacho, o córrego, (Amaz.) o igarapé, (RS) o arroio*
9 levee
- *o cone aluvial*
10 alluvial plain
- *a planície aluvial*
11 meander (river bend)
- *o meandro (a curva do rio)*
12 meander core (rock island)
- *o centro do meandro (a ilha rochosa)*
13 meadow
- *a pradaria (o prado)*
14-24 bog (marsh)
- *o pântano (o charco, a turfeira)*
14 low-moor bog
- *a charneca*
15 layer of decayed vegetable matter
- *as camadas de matéria* f *vegetal decomposta*
16 entrapped water
- *a água empoçada*
17 fen peat (consisting of rush and sedge) ·
- *a turfeira de vegetais* m *(constituída por junco* m *e carriço* m*)*
18 alder-swamp peat
- *a turfeira de amieiros* m
19 high-moor bog
- *a turfeira de montanha* f
20 layer of recent sphagnum mosses
- *as camadas recentes de musgo* m
21 boundary between layers (horizons)
- *o plano de estratificação* f
22 layer of older sphagnum mosses
- *as camadas antigas de musgo* m
23 bog pool
- *a poça de turfeira* f
24 swamp
- *o pântano (o brejo)*
25-31 cliffline (cliffs)
- *a costa montanhosa (a costa elevada, a costa escarpada, a costa de falésias* f*)*
25 rock
- *os escolhos*
26 sea (ocean)
- *o mar*
27 surf
- *a rebentação*
28 cliff (cliff face, steep rock face)
- *a falésia*

29 scree
- *os seixos de praia* f
30 [wave-cut] notch
- *o entalhe (a canelura)*
31 abrasion platform (wave-cut platform)
- *a plataforma de abrasão* f
32 atoll (ring-shaped coral reef), a coral reef
- *o atol (o recife de coral* m *em forma* f *de anel* m*)*
33 lagoon
- *a laguna*
34 breach (hole)
- *a vala de arrebentação* f
35-44 beach
- *a praia*
35 high-water line (high-water mark, tidemark)
- *o limite das marés*
36 waves breaking on the shore
- *as ondas de praia* f
37 groyne (*Am.* groin)
- *o quebra-mar*
38 groyne (*Am.* groin) head
- *a cabeça de quebra-mar* m
39 wandering dune (migratory dune, travelling, *Am.* traveling, dune), a dune
- *a duna (a duna migratória, a duna movediça, a duna viva)*
40 barchan (barchane, barkhan, crescentic dune)
- *a duna em forma* f *de crescente* m *(a barcana)*
41 ripple marks
- *as pequenas ondulações de areia* f *em águas pouco profundas*
42 hummock
- *a forma de erosão eólica*
43 wind cripple
- *a árvore inclinada pelo vento*
44 coastal lake
- *o lago costeiro (o lago de barragem* f*)*
45 canyon (cañon, coulee)
- *a garganta*
46 plateau (tableland)
- *o platô (Pt. o planalto)*
47 rock terrace
- *o terraço de rocha* f
48 sedimentary rock (stratified rock)
- *a rocha estratificada*
49 river terrace (bed)
- *o terraço fluvial*
50 joint
- *a falha*
51 canyon river
- *o rio de canyon* m
52-56 types of valley [cross section]
- *as formas de vales* m *[corte transversal]*
52 gorge (ravine)
- *o desfiladeiro (a ravina)*
53 V-shaped valley (V-valley)
- *o vale em V* m
54 widened V-shaped valley
- *o vale em V* m *aberto*
55 U-shaped valley (U-valley, trough valley)
- *o vale em U* m *(o vale em cocho* m*)*
56 synclinal valley
- *o vale de sinclinal* m

57-70 river valley (valleyside)
- *o vale fluvial*
57 scarp (escarpment)
- *o lobo convexo (côncavo) de um meandro*
58 slip-off slope
- *a vertente de deslizamento* m
59 mesa
- *a mesa (a meseta)*
60 ridge
- *a linha de cristas* f
61 river
- *o rio*
62 flood plain
- *a planície aluvial (a várzea)*
63 river terrace
- *o terraço rochoso*
64 terracette
- *o terraço pequeno de calhaus* m
65 pediment
- *o pedimento (a rampa)*
66 hill
- *a colina*
67 valley floor (valley bottom)
- *o fundo do vale*
68 riverbed
- *o leito do rio*
69 sediment
- *o sedimento*
70 bedrock
- *o escudo rochoso*
71-83 karst formation in limestone
- *as formações cársticas*
71 dolina, a sink (sinkhole, swallowhole)
- *a dolina*
72 polje
- *o polje (uma depressão alongada feita pela coalescência* f *de dolinas* f*)*
73 percolation of a river
- *a zona de percolação* f
74 karst spring
- *a nascente cárstica*
75 dry valley
- *o vale seco (o vale morto)*
76 system of caverns (system of caves)
- *o sistema de cavernas* f
77 water level (water table) in a karst formation
- *o nível de lençol* m *de água* f *em formação cárstica*
78 impervious rock (impermeable rock)
- *a rocha impermeável*
79 limestone cave (dripstone cave)
- *a furna calcárea (a gruta calcárea)*
80-81 speleothems (cave formations)
- *as concreções calcáreas*
80 stalactite (dripstone)
- *a estalactite*
81 stalagmite
- *a estalagmite*
82 linked-up stalagmite and stalactite
- *as colunas de concreção calcárea*
83 subterranean river
- *o rio subterrâneo*

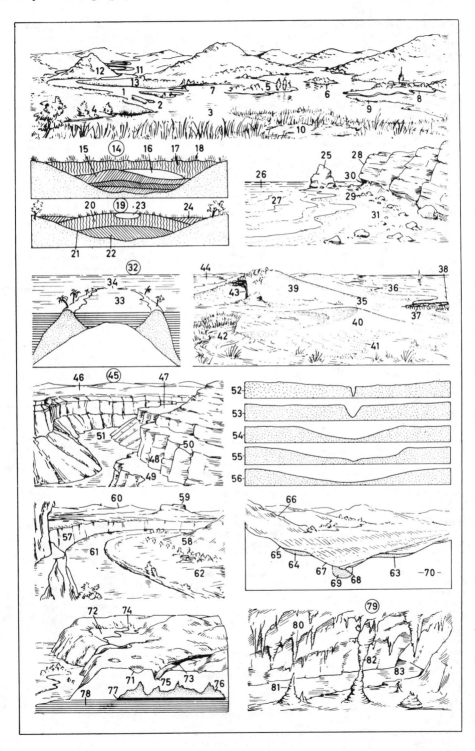

14 Map I

1-7 **graticule of the earth** (network of meridians and parallels on the earth's surface)
- **a gratícula geográfica** *(a rede de meridianos m e paralelos m da superfície terrestre)*
1 equator
- *o equador*
2 line of latitude (parallel of latitude, parallel)
- *a linha de latitude f (o paralelo)*
3 pole (North Pole or South Pole), a terrestrial pole (geographical pole)
- *o pólo (o pólo Norte ou o pólo Sul); o pólo terrestre (o pólo geográfico)*
4 line of longitude (meridian of longitude, meridian, terrestrial meridian)
- *a linha de longitude f (o meridiano de longitude, o meridiano, o meridiano terrestre)*
5 standard meridian (Prime meridian, Greenwich meridian, meridian of Greenwich)
- *o meridiano padrão (o meridiano de origem f, o meridiano de Greenwich)*
6 latitude
- *a latitude*
7 longitude
- *a longitude*
8-9 **map projections**
- *as projeções cartográficas*
8 conical (conic) projection
- *a projeção cônica*
9 cylindrical projection (Mercator projection, Mercator's projection)
- *a projeção cilíndrica (a projeção de Mercator)*
10-45 **map of the world**
- *o planisfério*
10 tropics
- *os trópicos*
11 polar circles
- *os círculos polares*
12-18 **continents**
- *os continentes*
12-13 America
- *a América*
12 North America
- *América f do Norte*
13 South America
- *América f do Sul*
14 Africa
- *África f*
15-16 Europe and Asia
- *Europe f e Ásia f(Eurásia f)*
15 Europe
- *Europa f*
16 Asia
- *Ásia f*
17 Australia
- *Austrália f*
18 Antarctica (Antarctic Continent)
- *Antártica f (o continente antártico)*
19-26 **ocean (sea)**
- *os oceanos e os mares*
19 Pacific Ocean
- *o oceano Pacífico*

20 Atlantic Ocean
- *o oceano Atlântico*
21 Arctic Ocean
- *o oceano Glacial Ártico*
22 Antarctic Ocean (Southern Ocean)
- *o oceano Glacial Antártico*
23 Indian Ocean
- *o oceano Índico*
24 Strait of Gibraltar, a sea strait
- *o estreito de Gibraltar*
25 Mediterranean (Mediterranean Sea, European Mediterranean)
- *o Mediterrâneo (o mar Mediterrâneo)*
26 North Sea, a marginal sea (epeiric sea, epicontinental sea)
- *o mar do Norte (um mar epicontinental)*
27-29 **key (explanation of map symbols)**
- *a legenda (a explicação dos símbolos)*
27 cold ocean current
- *a corrente oceânica fria*
28 warm ocean current
- *a corrente oceânica quente*
29 scale
- *a escala gráfica*
30-45 **ocean (oceanic) currents** (ocean drifts)
- *as correntes e derivas f oceânicas*
30 Gulf Stream (North Atlantic Drift)
- *o Gulf Stream (a corrente do Golfo)*
31 Kuroshio (Kuro Siwo, Japan Current)
- *a corrente Kuroshio (a corrente do Japão)*
32 North Equatorial Current
- *a corrente norte-equatorial*
33 Equatorial Countercurrent
- *a contracorrente equatorial*
34 South Equatorial Current
- *a corrente sul-equatorial*
35 Brazil Current
- *a corrente do Brasil*
36 Somali Current
- *a corrente da Somália*
37 Agulhas Current
- *a corrente de Agulhas*
38 East Australian Current
- *a corrente da Austrália Oriental*
39 California Current
- *a corrente da Califórnia*
40 Labrador Current
- *a corrente do Labrador (Pt. Labrador)*
41 Canary Current
- *a corrente das Canárias*
42 Peru Current
- *a corrente do Peru*
43 Benguela (Benguella) Current
- *a corrente de Benguela*
44 West Wind Drift (Antarctic Circumpolar Drift)
- *a corrente Antártica*
45 West Australian Current
- *a corrente da Austrália Ocidental*
46-62 **surveying** (land surveying, geodetic surveying, geodesy)

- *o levantamento (levantamento topográfico, levantamento geodésico, geodésia f)*
46 levelling (*Am.* leveling) (geometrical measurement of height)
- *o nivelamento geométrico (medidas geométricas de altitude f)*
47 graduated measuring rod (leveling, *Am.* leveling, staff)
- *a mira*
48 level (surveying level, surveyor's level) a surveyor's telescope
- *o nível, um instrumento usado em levantamento altimétrico*
49 triangulation station (triangulation point)
- *a torre (o ponto) de triangulação f*
50 supporting scaffold
- *a armação*
51 signal tower (signal mast)
- *a torre de medição f*
52-62 **theodolite, an instrument for measuring angles**
- *o teodolito, um instrumento para medição f de ângulos m*
52 micrometer head
- *a cabeça do micrômetro*
53 micrometer eyepiece
- *a ocular*
54 vertical tangent screw
- *o parafuso de ângulos m verticais*
55 vertical clamp
- *a trava de fixação f vertical*
56 tangent screw
- *o parafuso de ângulos m horizontais*
57 horizontal clamp
- *a trava de rotação f horizontal*
58 adjustment for the illuminating mirror
- *o ajuste do espelho*
59 illuminating mirror
- *o espelho*
60 telescope
- *a luneta*
61 spirit level
- *o nível de bolha f de ar m*
62 circular adjustment
- *o ajuste circular*
63-66 **photogrammetry** (phototopography)
- *a fotogrametria*
63 air survey camera for producing overlapping series of pictures
- *a câmara aerofotogramétrica (destinada à obtenção de fotos superpostas)*
64 stereoscope
- *o estereoscópio*
65 pantograph
- *o pantógrafo*
66 stereoplanigraph
- *o estereoplanígrafo*

No Brasil não há convenção específica. É adotado este modelo genérico, embora titulares dos serviços de cartografia e afins estejam tentando fazer aprovar um modelo brasileiro

1-114 map signs (map symbols, conventional signs) on a 1:25,000 map
- *os símbolos cartográficos (convenções cartográficas) em escala* f *1:25.000*

1 coniferous wood (coniferous trees)
- *a floresta de coníferas* f

2 clearing
- *a clareira*

3 forestry office [*no symbol*]
- *a guarita do serviço florestal* [sem símbolo]

4 deciduous wood (non-coniferous trees)
- *a floresta decídua (de árvores não coníferas)*

5 heath (rough grassland, rough pasture, heath and moor, bracken)
- *os campos inundáveis (pasto* m *natural, urze* f, *charneca* f, *tojal* m)

6 sand (sand hills)
- *o areal (as dunas de areia* f)

7 beach grass [*no symbol*]
- *a vegetação de dunas* f [sem símbolo]

8 lighthouse
- *o farol*

9 mean low water
- *as águas rasas (esteirão* m)

10 beacon
- *a bóia luminosa*

11 submarine contours [*no symbol*]
- *as curvas (linhas* f) *batimétricas* [sem símbolo]

12 train ferry [*no symbol*]
- *o ferry boat, a balsa* [sem símbolo m]

13 lightship
- *o farol flutuante*

14 mixed wood (mixed trees)
- *a floresta mista*

15 brushwood
- *a capoeira*

16 motorway with slip road (Am. freeway with onramp, freeway with acceleration lane)
- *a auto-estrada com alças* f *(rampas* f) *de acesso* m

17 trunk road
- *a estrada federal*

18 grassland [*no symbol*]
- *o campo* [sem símbolo]

19 marshy grassland [*no symbol*]
- *o pântano* [sem símbolo]

20 marsh
- *o pântano com vegetação* f *(campos* m *inundáveis)*

21 main line railway (Am. trunk line) [*no symbol*]
- *a linha principal* [sem símbolo]

22 road over railway
- *o viaduto sobre linha* f *férrea*

23 branch line [*no symbol*]
- *o ramal (linha* f *auxiliar)* [sem símbolo]

24 signal box (Am. switch tower) [no symbol]

- *a cabine de sinaleiro* m [sem símbolo]

25 local line [*no symbol*]
- *a ferrovia local* [sem símbolo]

26 level crossing
- *a passagem de nível* m

27 halt [*no symbol*]
- *a parada* (Pt. *a paragem)* [sem símbolo]

28 residential area [*no symbol*]
- *a área residencial* [sem símbolo]

29 water gauge (*Am.* gage) [*no symbol*]
- *o marégrafo* [sem símbolo]

30 good, metalled road
- *a estrada vicinal*

31 windmill *(labelled:* Mill*)*
- *o moinho de vento* m

32 thorn house (graduation house, salina, salt-works) [*no symbol*]
- *a salina (a mina de sal* m) [sem símbolo]

33 broadcasting station (wireless or television mast) [*no symbol*]
- *a estação de rádio* m *(antena* f *de radiotelegrafia* f *ou televisão* f) [sem símbolo]

34 mine *(labelled:* Mine*)*
- *a mina*

35 disused mine [*labelled:* Mine (Disused)]
- *a mina abandonada*

36 secondary road (B road)
- *a estrada secundária*

37 works [*labelled:* Works]
- *a fábrica*

38 chimney
- *a chaminé*

39 wire fence [*no symbol*]
- *a cerca de arame* m [sem símbolo]

40 bridge over railway
- *o viaduto sobre ferrovia* f

41 railway station (*Am.* railroad station)
- *a estação ferroviária*

42 bridge under railway
- *a passagem sob leito* m

43 footpath
- *o caminho para pedestres* m

44 bridge for footpath under railway [*no symbol*]
  a passagem de pedestres m *sob leito* m [sem símbolo]

45 navigable river [*no symbol*]
- *o rio navegável* [sem símbolo]

46 pontoon bridge [*no symbol*]
- *a ponte flutuante* [sem símbolo]

47 vehicle ferry
- *a barcaça*

48 mole [*no symbol*]
- *o molhe* [sem símbolo]

49 beacon
- *a bóia luminosa*

50 stone bridge
- *a ponte de pedras* f

51 town (city)
- *a cidade*

52 market place (market square)
- *a praça do mercado*

53 large church with two towers [*no symbol*]
- *a igreja com duas torres* f [sem símbolo]

54 public building
- *o prédio público*

55 road bridge
- *a ponte*

56 iron bridge
- *a ponte de ferro* m

57 canal
- *o canal*

58 lock
- *a eclusa*

59 jetty
- *o cais de acostamento* m

60 foot ferry (foot passenger ferry)
- *a barca*

61 chapel (church) without tower or spire
- *a igreja sem torre* f *ou agulha* f

62 contours
- *as curvas de nível* m

63 monastery (convent) [*named*]
- *o mosteiro (o convento)* [acompanhado do nome]

64 church landmark [*no symbol*]
- *a igreja que serve de marco* m [sem símbolo]

65 vineyard [*no symbol*]
- *o vinhedo* [sem símbolo]

66 weir
- *a represa*

67 aerial ropeway
- *o teleférico*

68 view point [*tower*]
- *a torre de observação* f

69 dam
- *a barragem*

70 tunnel
- *o túnel*

71 triangulation station (triangulation point)
- *o ponto (o marco) trigonométrico*

72 remains of a building
- *as ruínas*

73 wind pump
- *a roda de vento* m

74 fortress [*castle*]
- *o forte* [a fortaleza, o castelo]

75 ox-bow lake
- *o meandro isolado (o meandro abandonado)*

76 river
- *o rio*

77 watermill [*labelled:* Mill]
- *o moinho de água* f

78 footbridge
- *a pinguela*

79 pond
- *o lago*

80 stream (brook, rivulet, creek)
- *o curso de água* f *(o riacho, o córrego, o arroio)*

81 water tower [*labelled*]
- *a torre de água* f

82 spring
- *a nascente*

83 main road (A road)
- *a estrada principal*

84 cutting
- *o corte*

85 cave [*labelled:* Cave]
- *a gruta*

86 lime kiln [*labelled:* Lime Works]
- *a caieira*

87 quarry
- *a pedreira*

88 clay pit
- *o depósito de argila* f

89 brickworks [*labelled:* Brickworks]
- *a olaria*

90 narrow-gauge (*Am.* narrow-gage) railway
- *a ferrovia de bitola estreita*

91 goods depot (freight depot)
- *o pátio de descarga* f

92 monument
- *o monumento*

93 site of battle
- *o campo de batalha* f

94 country estate, a demesne
- *a casa de fazenda* f

95 wall [*no symbol*]
- *o muro* [sem símbolo]

96 stately home
- *o castelo*

97 park
- *o parque*

98 hedge [*no symbol*]
- *a cerca viva (a sebe)* [sem símbolo]

99 poor or unmetalled road
- *a estrada carroçável*

100 well
- *o poço*

101 farm [*named*]
- *a fazenda* [acompanhada do nome]

102 unfenced path (unfenced track)
- *o caminho do campo (do bosque)*

103 district boundary
- *a demarcação de distrito* m

104 embankment
- *o aterro*

105 village
- *o povoado*

106 cemetery [*labelled:* Cemy]
- *o cemitério*

107 church (chapel) with spire
- *a igreja (capela)* f *com agulha* f

108 orchard
- *o pomar*

109 milestone
- *o marco miliar, marco quilométrico*

110 guide post
- *a placa de indicação* f

111 tree nursery [*no symbol*]
- *a sementeira* [sem símbolo]

112 ride (aisle, lane, section line) [no symbol]
- *a picada, a vereda, a senda* [sem símbolo]

113 electricity transmission line
- *a linha de alta tensão* f

114 hop garden [*no symbol*]
- *a plantação de lúpulo* m [sem símbolo]

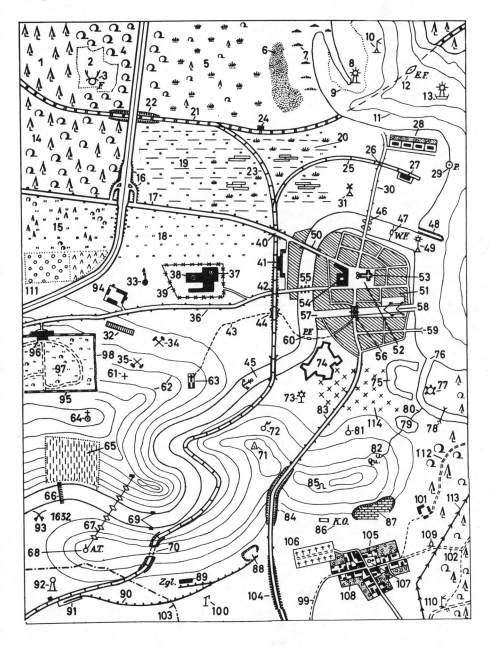

1-54 the human body
- *o corpo humano*
1-18 head
- *a cabeça*
1 vertex (crown of the heap, top of the head)
- *o vértice (o topo da cabeça)*
2 occiput (back of the head)
- *o occipúcio (o dorso da cabeça)*
3 hair
- *o cabelo*
4-17 face
- *o rosto*
4-5 forehead
- *a fronte*
4 frontal eminence (frontal protuberance)
- *a eminência frontal*
5 superciliary arch
- *o arco superciliar (a arcada supra-orbitária)*
6 temple
- *a têmpora*
7 eye
- *o olho*
8 zygomatic bone (malar bone, jugal bone, cheekbone)
- *o osso zigomático (o osso malar, o osso jugal, o osso da face)*
9 cheek
- *a face*
10 nose
- *o nariz*
11 nasolabial fold
- *a prega nasolabial*
12 philtrum
- *a depressão infranasal*
13 mouth
- *a boca*
14 angle of the mouth (labial commissure)
- *o ângulo da boca (a comissura labial)*
15 chin
- *o queixo*
16 dimple (fossette) in the chin
- *o sulco mentoniano*
17 jaw
- *a mandíbula*
18 ear
- *a orelha*
19-21 neck
- *o pescoço*
19 throat
- *a garganta*
20 hollow of the throat
- *a fossa jugular*
21 nape of the neck
- *a nuca*
22-41 trunk
- *o tronco*
22-25 back
- *as costas*
22 shoulder
- *o ombro*
23 shoulderblade (scapula)
- *a omoplata (a escápula)*
24 loins
- *a região lombar*
25 small of the back
- *a região sacra*
26 armpit
- *a axila*
27 armpit hair
- *os pêlos axilares*

28-30 thorax (chest)
- *o tórax*
28-29 breasts (breast, mamma)
- *o seio (a mama)*
28 nipple
- *o mamilo*
29 areola
- *a aréola da mama*
30 bosom
- *o peito*
31 waist
- *a cintura*
32 flank (side)
- *o flanco*
33 hip
- *o quadril*
34 navel
- *o umbigo*
35-37 abdomen (stomach)
- *o abdômen*
35 upper abdomen
- *o epigástrio*
36 abdomen
- *o abdômen*
37 lower abdomen
- *o hipogástrio*
38 groin
- *a virilha*
39 pudenda (vulva)
- *a vulva*
40 seat (backside, *coll.* bottom)
- *a nádega*
41 anal groove (anal cleft)
- *o sulco anal (a fissura anal)*
42 gluteal fold (gluteal furrow)
- *a prega glútea (o sulco glúteo)*
43-54 limbs
- *os membros*
43-48 arm
- *o membro superior*
43 upper arm
- *o braço*
44 crook of the arm
- *a prega do cotovelo*
45 elbow
- *o cotovelo*
46 forearm
- *o antebraço*
47 hand
- *a mão*
48 fist (clenched fist, clenched hand)
- *o punho*
49-54 leg
- *a perna*
49 thigh
- *a coxa*
50 knee
- *o joelho*
51 popliteal space
- *o oco poplíteo*
52 shank
- *a canela*
53 calf
- *a panturrilha (a barriga da perna)*
54 foot
- *o pé*

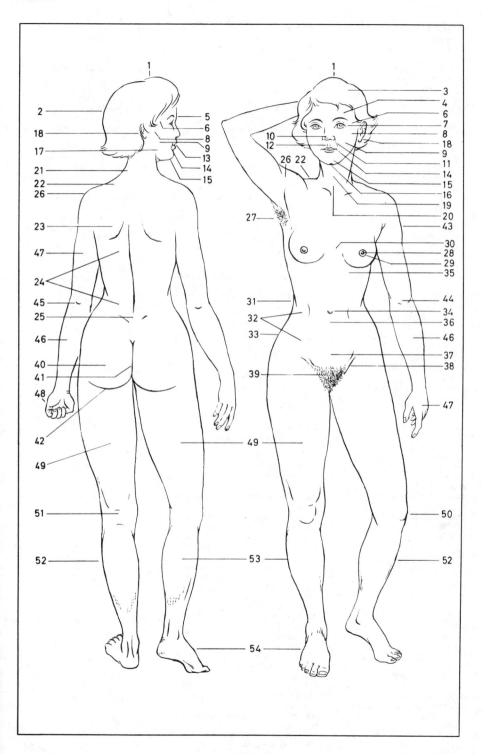

1-29 **skeleton** (bones)
- *o esqueleto (os ossos)*
1 skull
- *o crânio*
2-5 **vertebral column** (spinal column, spine, backbone)
- *a coluna vertebral (a espinha dorsal, o espinhaço)*
2 cervical vertebra
- *as vértebras cervicais*
3 dorsal vertebra (thoracic vertebra)
- *as vértebras dorsais (torácicas)*
4 lumbar vertebra
- *as vértebras lombares*
5 coccyx (coccygeal vertebra)
- *o cóccix*
6-7 **shoulder girdle**
- *a cintura escapular*
6 collarbone (clavicle)
- *a clavícula*
7 shoulderblade (scapula)
- *a omoplata (escápula* f)
8-11 **thorax** (chest)
- *o tórax*
8 breastbone (sternum)
- *o esterno*
9 true ribs
- *as costelas verdadeiras (as costelas esternovertebrais)*
10 false ribs
- *as costelas falsas (costelas condrovertebrais)*
11 costal cartilage
- *a cartilagem costal*
12-14 **arm**
- *o braço (o membro superior)*
12 humerus
- *o úmero*
13 radius
- *o rádio*
14 ulna
- *o cúbito (ulna* f)
15-17 **hand**
- *a mão*
15 carpus
- *o carpo*
16 metacarpal bone (metacarpal)
- *o metacarpo*
17 phalanx (phalange)
- *a falange*
18-21 **pelvis**
- *a pélvis (a bacia)*
18 ilium (hip bone)
- *o ílio (osso* m *ilíaco)*
19 ischium
- *o ciático*
20 pubis
- *o púbis*
21 sacrum
- *o sacro*
22-25 **leg**
- *a perna (o membro inferior)*
22 femur (thigh bone, thigh)
- *o fêmur (o osso da coxa)*
23 patella (kneecap)
- *a patela (a rótula)*
24 fibula (splint bone)
- *a fíbula (o perônio)*
25 tibia (shinbone)
- *a tíbia*
26-29 **foot**
- *o pé*
26 tarsal bones (tarsus)
- *os ossos do tarso (o tarso)*

27 calcaneum (heelbone)
- *o calcâneo*
28 metatarsus
- *o metatarso*
29 phalanges
- *as falanges*
30-41 **skull**
- *o crânio*
30 frontal bone
- *o osso frontal*
31 left parietal bone
- *o parietal esquerdo*
32 occipital bone
- *o occipital*
33 temporal bone
- *o temporal*
34 external auditory canal
- *o meato acústico (canal* m *auditivo externo)*
35 lower jawbone (lower jaw, mandible)
- *a mandíbula*
36 upper jawbone (upper jaw, maxilla)
- *o maxilar*
37 zygomatic bone (cheekbone)
- *o osso zigomático (osso da face)*
38 sphenoid bone (sphenoid)
- *o esfenóide*
39 ethmoid bone (ethmoid)
- *o etmóide*
40 lachrimal (lacrimal) bone
- *o osso lacrimal*
41 nasal bone
- *o osso nasal*
42-55 **head** [section]
- *a cabeça [corte]*
42 cerebrum (great brain)
- *o cérebro*
43 pituitary gland (pituitary body, hypophysis cerebri)
- *a glândula pituitária (a hipófise cerebral)*
44 corpus callosum
- *o corpo caloso*
45 cerebellum (little brain)
- *o cerebelo*
46 pons (pons cerebri, pons cerebelli)
- *a ponte de cerebelo (protuberância* f *cerebral)*
47 medulla oblongata (brain-stem)
- *a medula oblonga (o bulbo)*
48 spinal cord
- *o cordão espinhal (a medula)*
49 oesophagus (esophagus, gullet)
- *o esôfago*
50 trachea (windpipe)
- *a traquéia*
51 epiglottis
- *a epiglote*
52 tongue
- *a língua*
53 nasal cavity
- *a cavidade nasal*
54 sphenoidal sinus
- *o seio esfenóide*
55 frontal sinus
- *o seio frontal*
56-65 **organ of equilibrium and hearing**
- *o órgão do equilíbrio e da audição*
56-58 **external ear**
- *o ouvido externo*

56 auricle
- *o pavilhão*
57 ear lobe
- *o lóbulo da orelha*
58 external auditory canal
- *o meato acústico (canal* m *auditivo externo)*
59-61 **middle ear**
- *o ouvido médio*
59 tympanic membrane
- *a membrana timpânica (o tímpano)*
60 tympanic cavity
- *a cavidade timpânica*
61 auditory ossicles: hammer, anvil and stirrup (malleus, incus, and stapes)
- *os ossículos da audição: o martelo, a bigorna e o estribo*
62-64 **inner ear** (internal ear)
- *o ouvido interno*
62 labyrinth
- *o labirinto*
63 cochlea
- *a cóclea*
64 auditory nerve
- *o nervo auditivo*
65 eustachian tube
- *a trompa de Eustáquio*

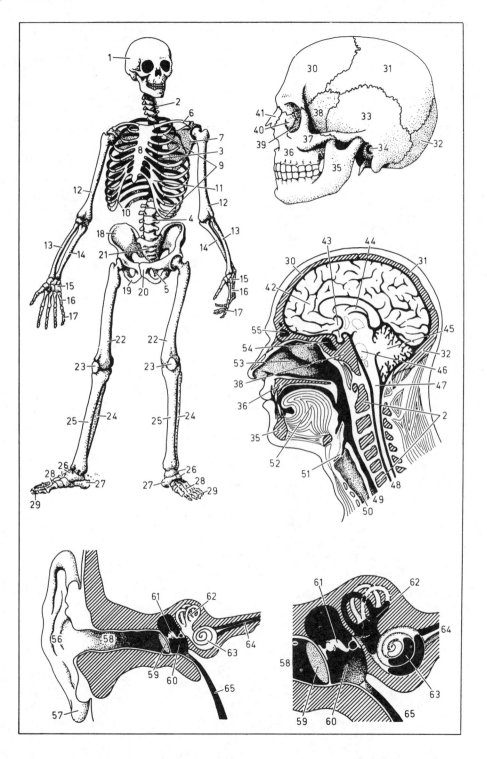

1-21 blood circulation (circulatory system)
- *a circulação sanguínea (o aparelho circulatório)*
1 common carotid artery, an artery
- *a carótida, uma artéria*
2 jugular vein, a vein
- *a veia jugular*
3 temporal artery
- *a artéria temporal*
4 temporal vein
- *a veia temporal*
5 frontal artery
- *a artéria frontal*
6 frontal vein
- *a veia frontal*
7 subclavian artery
- *a artéria subclávia*
8 subclavian vein
- *a veia subclávia*
9 superior vena cava
- *a veia cava superior*
10 arch of the aorta (aorta)
- *o arco da aorta (a aorta)*
11 pulmonary artery [with venous blood]
- *a artéria pulmonar [com sangue venoso]*
12 pulmonary vein [with arterial blood]
- *a veia pulmonar [com sangue m arterial]*
13 lungs
- *os pulmões*
14 heart
- *o coração*
15 inferior vena cava
- *a veia cava inferior*
16 abdominal aorta (descending portion of the aorta)
- *a aorta abdominal (a aorta descendente)*
17 iliac artery
- *a artéria ilíaca*
18 iliac vein
- *a veia ilíaca*
19 femoral artery
- *a artéria femoral*
20 tibial artery
- *a artéria tibial*
21 radial artery
- *a artéria radial*
22-33 nervous system
- *o sistema nervoso*
22 cerebrum (great brain)
- *o cérebro*
23 cerebellum (little brain)
- *o cerebelo*
24 medulla oblongata (brain-stem)
- *a medula oblonga (o bulbo)*
25 spinal cord
- *o cordão espinhal*
26 thoracic nerves
- *os nervos torácicos*
27 brachial plexus
- *o plexo braquial*
28 radial nerve
- *o nervo radial*
29 ulnar nerve
- *o nervo ulnar*
30 great sciatic nerve (lying posteriorly)
- *o nervo ciático (atrás)*

31 femoral nerve (anterior crural nerve)
- *o nervo femoral (o nervo crural anterior)*
32 tibial nerve
- *o nervo poplíteo medial*
33 peroneal nerve
- *o nervo peroneal*
34-64 musculature (muscular system)
- *a musculatura (o sistema muscular)*
34 sternocleidomastoid muscle (sternomastoid muscle)
- *o músculo esternoclidomastóideo*
35 deltoid muscle
- *o deltóide*
36 pectoralis major (greater pectoralis muscle, greater pectoralis)
- *o peitoral maior*
37 biceps brachii (biceps of the arm)
- *o bíceps braqueal*
38 triceps brachii (triceps of the arm)
- *o tríceps braquial*
39 brachioradialis
- *o braquio-radial*
40 flexor carpi radialis (radial flexor of the wrist)
- *o flexor radial do carpo*
41 thenar muscle
- *o músculo tenar*
42 serratus anterior
- *o serrátil anterior*
43 obliquus externus abdominis (external oblique)
- *o músculo oblíquo externo do abdômen*
44 rectus abdominis
- *o músculo reto do abdômen*
45 sartorius
- *o sartório (o costureiro)*
46 vastus lateralis and vastus medialis
- *o vasto lateral e o vasto medial*
47 tibialis anterior
- *o músculo tibial anterior*
48 tendo calcanaeus (Achilles' tendon)
- *o tendão calcâneo (tendão de Aquiles)*
49 abductor hallucis (abductor of the hallux), a foot muscle
- *o abdutor do hálux (músculo m do pé)*
50 occipitalis
- *o músculo occipital*
51 splenius of the neck
- *o esplênio (músculo m do pescoço)*
52 trapezius
- *o trapézio*
53 infraspinatus
- *o músculo infra-espinhal*
54 teres minor (lesser teres)
- *o pequeno redondo*
55 teres major (greater teres)
- *o grande redondo*
56 extensor carpi radialis longus (long radial extensor of the wrist)
- *o extensor longo radial do carpo*

57 extensor communis digitorum (common extensor of the digits)
- *o extensor comum dos dedos*
58 flexor carpi ulnaris (ulnar flexor of the wrist)
- *o flexor ulnar do carpo*
59 latissimus dorsi
- *o grande dorsal*
60 gluteus maximus
- *o glúteo máximo*
61 biceps femoris (biceps of the thigh)
- *o bíceps femoral*
62 gastrocnemius, medial and lateral heads
- *o gastrocnêmico (cabeça f lateral e cabeça medial)*
63 extensor communis digitorum (common extensor of the digits)
- *o extensor comum dos dedos*
64 peroneus longus (long peroneus)
- *o músculo longo da fíbula*

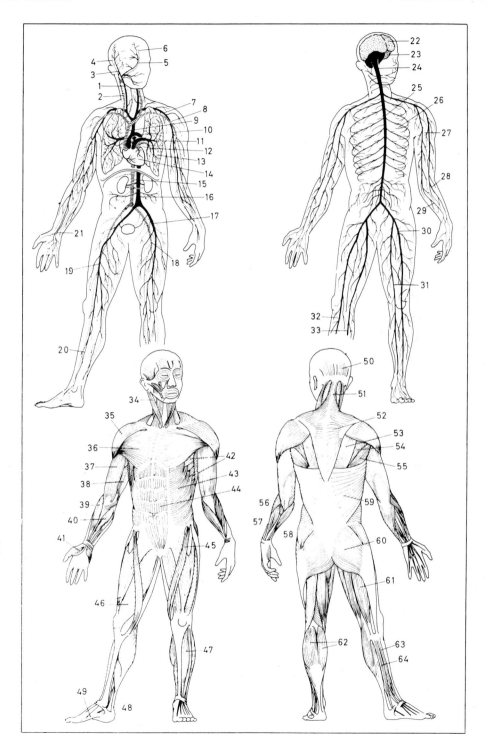

1-13 head and neck
- *a cabeça e o pescoço*

1 sternocleidomastoid muscle (sternomastoid muscle)
- *o músculo esternoclidomastóideo*

2 occipitalis
- *o músculo occipital*

3 temporalis (temporal, temporal muscle)
- *o músculo temporal*

4 occipito frontalis (frontalis)
- *o músculo occipitofrontal*

5 orbicularis oculi
- *o orbicular das pálpebras*

6 muscles of facial expression
- *os músculos de expressão* f *facial*

7 masseter
- *o músculo masseter*

8 orbicularis oris
- *o músculo orbicular dos lábios*

9 parotid gland
- *a glândula parótida*

10 lymph node (submandibular lymph gland)
- *o linfonodo (os gânglios linfáticos submandibulares)*

11 submandibular gland (submaxillary gland)
- *a glândula submandibular (a glândula submaxilar)*

12 muscles of the neck
- *os músculos do pescoço*

13 Adam's apple (laryngeal prominence) [in men only]
- *o pomo de Adão (proeminência laríngea) [em homens apenas]*

14-37 mouth and throat
- *a boca e a garganta*

14 upper lip
- *o lábio superior*

15 gum
- *a gengiva*

16-18 teeth (set of teeth)
- *os dentes (a arcada dentária)*

16 incisors
- *os incisivos*

17 canine tooth (canine)
- *o canino*

18 premolar (bicuspid) and molar teeth (premolars and molars)
- *os pré-molares (bicúspides) e os molares*

19 angle of the mouth (labial commissure)
- *o ângulo da boca (a comissura labial)*

20 hard palate
- *o palato duro*

21 soft palate (velum palati, velum)
- *o palato mole (o véu palatino)*

22 uvula
- *a úvula (a campainha)*

23 palatine tonsil (tonsil)
- *a amígdala (a tonsila) palatina*

24 pharyngeal opening (pharynx, throat)
- *a faringe*

25 tongue
- *a língua*

26 lower lip
- *o lábio inferior*

27 upper jaw (maxilla)
- *o maxilar superior*

28-37 tooth
- *o dente*

28 periodontal membrane (periodontium, pericementum)
- *a membrana periodontal (peridental, pericemental)*

29 cement (dental cementum, crusta petrosa)
- *o cemento*

30 enamel
- *o esmalte*

31 dentine (dentin)
- *a dentina*

32 dental pulp (tooth pulp, pulp)
- *a polpa dentária (polpa)*

33 nerves and blood vessels
- *os nervos e os vasos sanguíneos*

34 incisor
- *o incisivo*

35 molar tooth (molar)
- *o molar*

36 root (fang)
- *a raiz*

37 crown
- *a coroa*

38-51 eye
- *o olho*

38 eyebrow (supercilium)
- *a sobrancelha*

39 upper eyelid (upper palpebra)
- *a pálpebra superior*

40 lower eyelid (lower palpebra)
- *a pálpebra inferior*

41 eyelash (cilium)
- *o cílio*

42 iris
- *a íris*

43 pupil
- *a pupila*

44 eye muscles (ocular muscles)
- *os músculos oculares*

45 eyeball
- *o globo ocular*

46 vitreous body
- *o humor vítreo*

47 cornea
- *a córnea*

48 lens
- *o cristalino*

49 retina
- *a retina*

50 blind spot
- *o ponto cego*

51 optic nerve
- *o nervo óptico*

52-63 foot
- *o pé*

52 big toe (great toe, first toe, hallux, digitus I)
- *o pododáctilo I (o dedo grande do pé, o hálux, pop. o dedão)*

53 second toe (digitus II)
- *o pododáctilo II*

54 third toe (digitus III)
- *o pododáctilo III*

55 fourth toe (digitus IV)
- *o pododáctilo IV*

56 little toe (digitus minimus, digitus V)
- *o pododáctilo V*

57 toenail
- *a unha*

58 ball of the foot
- *a eminência da articulação do metatarso com a falange*

59 lateral malleolus (external malleolus, outer malleolus, malleolus fibulae)
- *o maléolo lateral (o extramaléolo, o maléolo externo ou exterior)*

60 medial malleolus (internal malleolus, inner malleolus, malleolus tibulae, malleolus medialis)
- *o meléolo medial (o maléolo interno ou interior)*

61 instep (medial longitudinal arch, dorsum of the foot, dorsum pedis)
- *o dorso do pé (o arco longitudinal medial, o peito do pé)*

62 sole of the foot
- *a planta do pé (a sola do pé)*

63 heel
- *o calcanhar*

64-83 hand
- *a mão*

64 thumb (pollex, digitus I)
- *o polegar*

65 index finger (forefinger, second finger, digitus II)
- *o indicador (o índice)*

66 middle finger (third finger, digitus medius, digitus III)
- *o médio (o dedo médio, o terceiro dedo)*

67 ring finger (fourth finger, digitus anularis, digitus IV)
- *o anular (o dedo anelar, o quarto dedo)*

68 little finger (fifth finger, digitus minimus, digitus V)
- *o mínimo (o dedo mínimo, o quinto dedo, o auricular)*

69 radial side of the hand
- *o lado do nervo radial da mão*

70 ulnar side of the hand
- *o lado do nervo ulnar da mão*

71 palm of the hand (palma manus)
- *a palma da mão*

72-74 lines of the hand
- *as linhas da mão*

72 life line (line of life)
- *a linha da vida*

73 head line (line of the head)
- *a linha da cabeça*

74 heart line (line of the heart)
- *a linha do coração*

75 ball of the thumb (thenar eminence)
- *a eminência tenar*

76 wrist (carpus)
- *o punho (carpo)*

77 phalanx (phalange)
- *a falange*

78 finger pad
- *a polpa digital*

79 fingertip
- *a ponta do dedo*

80 fingernail (nail)
- *a unha*

81 lunule (lunula) of the nail
- *a lúnula*

82 knuckle
- *o nó do dedo*

83 back of the hand (dorsum of the hand, dorsum manus)
- *o dorso da mão*

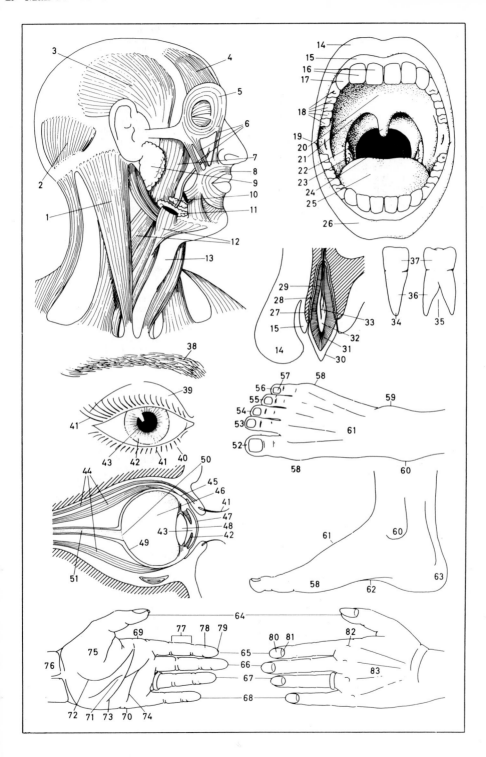

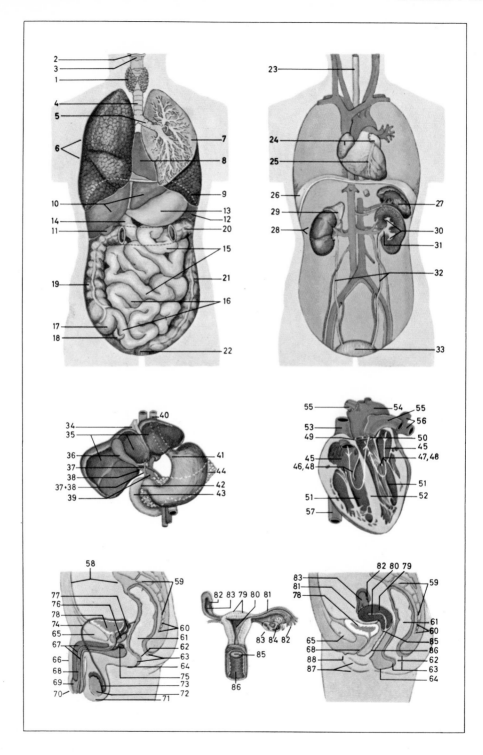

1-57 internal organs [front view]
- *os órgãos internos [de frente]*
1 thyroid gland
- *a glândula tireóide*
2-3 larynx
- *a laringe*
2 hyoid bone (hyoid)
- *o osso hióide*
3 thyroid cartilage
- *a cartilagem tireóide*
4 trachea (windpipe)
- *a traquéia*
5 bronchus
- *os brônquios*
6-7 lung
- *os pulmões*
6 right lung
- *o pulmão direito*
7 upper pulmonary lobe (upper lobe of the lung) [section]
- *o lóbulo superior do pulmão [corte]*
8 heart
- *o coração*
9 diaphragm
- *o diafragma*
10 liver
- *o fígado*
11 gall bladder
- *a vesícula biliar*
12 spleen
- *o baço*
13 stomach
- *o estômago*
14-22 intestines (bowels)
- *os intestinos*
14-16 small intestine (intestinum tenue)
- *o intestino delgado*
14 duodenum
- *o duodeno*
15 jejunum
- *o jejuno*
16 ileum
- *o íleo*
17-22 large intestine (intestinum crassum)
- *o intestino grosso*
17 caecum (cecum)
- *o ceco*
18 appendix (vermiform appendix)
- *o apêndice cecal*
19 ascending colon
- *o cólon ascendente*
20 transverse colon
- *o cólon transverso*
21 descending colon
- *o cólon descendente*
22 rectum
- *o reto*
23 oesophagus (esophagus, gullet)
- *o esôfago*
24-25 heart
- *o coração*
24 auricle
- *a aurícula*
25 anterior longitudinal cardiac sulcus
- *o sulco cardíaco longitudinal anterior*
26 diaphragm
- *o diafragma*
27 spleen
- *o baço*
28 right kidney
- *o rim direito*
29 suprarenal gland
- *a glândula supra-renal*
30-31 left kidney [longitudinal section]
- *o rim esquerdo [corte longitudinal]*
30 calyx (renal calyx)
- *o cálice renal*
31 renal pelvis
- *o bacinete (a pelve renal)*
32 ureter
- *o ureter*
33 bladder
- *a bexiga*
34-35 liver [from behind]
- *o fígado [visto de trás]*

34 falciform ligament of the liver
- *o ligamento falciforme do fígado*
35 lobe of the liver
- *o lóbulo do fígado*
36 gall bladder
- *a vesícula biliar*
37-38 common bile duct
- *o canal colédoco (o duto biliar comum)*
37 hepatic duct (common hepatic duct)
- *o canal hepático (o duto hepático comum)*
38 cystic duct
- *o canal cístico*
39 portal vein (hepatic portal vein)
- *a veia porta do fígado*
40 oesophagus (esophagus, gullet)
- *o esôfago*
41-42 stomach
- *o estômago*
41 cardiac orifice
- *a cárdia*
42 pylorus
- *o piloro*
43 duodenum
- *o duodeno*
44 pancreas
- *o pâncreas*
45-57 heart [longitudinal section]
- *o coração [corte longitudinal]*
45 atrium
- *o átrio*
46-47 valves of the heart
- *as válvulas do coração*
46 tricuspid valve (right atrioventricular valve)
- *a válvula tricúspide (a válvula atrioventricular direita)*
47 bicuspid valve (mitral valve, left atrioventricular valve)
- *a válvula mitral (a válvula bicúspide, a válvula atrioventricular esquerda)*
48 cusp
- *a cúspide*
49 aortic valve
- *a válvula aórtica*
50 pulmonary valve
- *a válvula da artéria pulmonar*
51 ventricle
- *o ventrículo*
52 ventricular septum (interventricular septum)
- *o septo ventricular (o septo interventricular)*
53 superior vena cava
- *a veia cava superior*
54 aorta
- *a aorta*
55 pulmonary artery
- *a artéria pulmonar*
56 pulmonary vein
- *a veia pulmonar*
57 inferior vena cava
- *a veia cava inferior*
58 peritoneum
- *o peritônio*
59 sacrum
- *o sacro*
60 coccyx (coccygeal vertebra)
- *o cóccix (as vértebras coccígeas)*
61 rectum
- *o reto*
62 anus
- *o ânus*
63 anal sphincter
- *o esfíncter anal*
64 perineum
- *o períneo*
65 pubic symphisis (symphisis pubis)
- *a sínfise púbica*
66-77 male sex organs [longitudinal section]
- *os órgãos sexuais masculinos [corte longitudinal]*
66 penis
- *o pênis*

67 corpus cavernosum and spongiosum of the penis (erectile tissue of the penis)
- *os corpos cavernosos e esponjosos do pênis (o tecido erétil do pênis)*
68 urethra
- *a uretra*
69 glans penis
- *a glande*
70 prepuce (foreskin)
- *o prepúcio*
71 scrotum
- *o escroto (o saco escrotal)*
72 right testicle (testis)
- *o testículo direito*
73 epididymis
- *o epidídimo*
74 spermatic duct (vas deferens)
- *o duto espermático (o canal deferente)*
75 Cowper's gland (bulbourethral gland)
- *a glândula de Cowper (a glândula bulbo-uretral)*
76 prostate (prostate gland)
- *a próstata (a glândula prostática)*
77 seminal vesicle
- *a vesícula seminal*
78 bladder
- *a bexiga*
79-88 female sex organs [longitudinal section]
- *os órgãos sexuais femininos [corte longitudinal]*
79 uterus (matrix, womb)
- *o útero*
80 cavity of the uterus
- *a cavidade uterina (o endométrio)*
81 fallopian tube (uterine tube, oviduct)
- *a trompa de Falópio (a tuba uterina, o oviduto)*
82 fimbria (fimbriated extremity)
- *a fímbria*
83 ovary
- *o ovário*
84 follicle with ovum (egg)
- *o folículo com o óvulo*
85 os uteri externum
- *o colo do útero*
86 vagina
- *a vagina*
87 lip of the pudendum (lip of the vulva)
- *os lábios da vulva*
88 clitoris
- *o clitóris*

1-13 emergency bandages
- *atendimentos* m *de emergência* f
1 arm bandage
- *a bandagem (Pt. o penso) do braço*
2 triangular cloth used as a sling (an arm sling)
- *a tipóia (Pt. a charpa)*
3 head bandage (capeline)
- *a bandagem (Pt. o penso) da cabeça (a capelina)*
4 first aid kit
- *o estojo de primeiros socorros*
5 first aid dressing
- o band-aid *(o curativo adesivo)*
6 sterile gauze dressing
- *a gaze esterilizada*
7 adhesive plaster (sticking plaster)
- *o esparadrapo*
8 wound
- *o ferimento*
9 bandage
- *a atadura de gaze* f
10 emergency splint for a limb (fractured limb)
- *a tala improvisada para vítima f de fratura* f
11 fractured leg (broken leg)
- *a perna fraturada*
12 splint
- *a tala*
13 headrest
- *o apoio para a cabeça*
14-17 measures for stanching the blood flow (tying up of, ligature of, a blood vessel)
- *medidas* f *para estancar hemorragias* f *(a ligadura de vasos sanguíneos)*
14 pressure points of the arteries
- *os pontos de pressão* f *das artérias*
15 emergency tourniquet on the thigh
- *o torniquete de emergência* f *na coxa*
16 walking stick used as a screw
- *a bengala como tala improvisada*
17 compression bandage
- *a bandagem (Pt. a atadura) por compressão* f *(o garrote)*
18-23 rescue and transport of an injured person
- *o socorro e o transporte de um acidentado*
18 Rautek grip (for rescue of victim of a car accident)
- *a sustentação por trás (em socorro* m *a vítima* f *de acidente automobilístico)*
19 helper
- *a pessoa que socorre*
20 injured person (casualty)
- *o acidentado*
21 chair grip
- *a "cadeirinha"*
22 carrying grip
- *a "caminha"*
23 emergency stretcher of sticks and a jacket
- *a padiola de emergência* f *confeccionada com varas* f *e paletó* m

24-27 positioning of an unconscious person and artificial respiration (resuscitation)
- *a acomodação de pessoa* f *em estado* m *insconsciente e respiração* f *artificial*
24 coma position
- *a posição lateral de segurança* f
25 unconscious person
- *a pessoa em estado* m *de inconsciência* f
26 mouth-to-mouth resuscitation (variation: mouth-to-nose resuscitation)
- *a respiração boca-a-boca* f
27 resuscitator (respiratory apparatus, resuscitation apparatus), a respirator (artificial breathing device)
- *o ressuscitador*
28-33 methods of rescue in ice accidents
- *métodos* m *de salvamento* m *em acidentes* m *no gelo*
28 person who has fallen through the ice
- *o acidentado por rompimento* m *de camada* f *de gelo* m
29 rescuer
- *a pessoa que socorre*
30 rope
- *a corda*
31 table (or similar device)
- *a mesa (ou objeto* m *semelhante)*
32 ladder
- *a escada*
33 self-rescue
- *o auto-salvamento*
34-38 rescue of a drowning person
- *o salvamento de afogado* m
34 method of release (release grip, release) to free rescuer from the clutch of a drowning person
- *o método de impedir o afogado de agarrar-se a quem lhe presta socorro* m
35 drowning person
- *o afogado*
36 lifesaver
- *o salva-vidas*
37 chest grip, a towing grip
- *o método axilar*
38 tired swimmer grip (hip grip)
- *o método para socorro* m *em estado* m *de fadiga* f

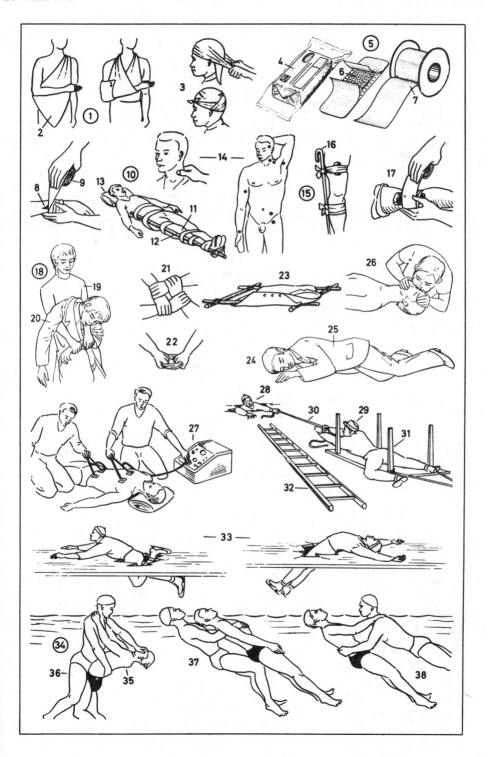

1-74 general practice (*Am.* physician's office)
- *a clínica geral* (o consultório médico)
1 waiting room
- *a sala de espera* f
2 patient
- *o cliente (o paciente)*
3 patients with appointments (for a routine checkup or renewal of prescription)
- *os clientes com hora marcada (para exame* m *de rotina* f *ou renovação* f *de receita* f*)*
4 magazines [for waiting patients]
- *as revistas*
5 reception
- *a recepção* (Pt. *a receção*)
6 patients file
- *o fichário* (Pt. *o ficheiro) de clientes* m
7 eliminated index cards
- *o fichário* (Pt. *o ficheiro) morto*
8 medical record (medical card)
- *a ficha médica*
9 health insurance certificate
- *a ficha de seguro-saúde* m
10 advertising calendar (publicity calendar)
- *o calendário (de propaganda)* f*)*
11 appointments book
- *a agenda*
12 correspondence file
- *o arquivo de correspondência* f

13 automatic telephone answering and recording set (telephone answering device)
- *a secretária eletrônica*
14 radiophone
- *o radiofone*
15 microphone
- *o microfone*
16 illustrated chart
- *o mapa de parede* f *(ilustrado)*
17 wall calendar
- *o calendário de parede* f
18 telephone
- *o telefone*
19 [doctor's] assistant
- *a assistente (a enfermeira)*
20 prescripton
- *a receita*
21 telephone index
- *a agenda de telefones* m
22 medical dictionary
- *o dicionário médico*
23 pharmacopoeia (list of registered medicines)
- *a famacopéia (a lista de medicamentos* m*)*
24 franking machine (*Am.* postage meter)
- *a máquina de franquia* f *postal*
25 stapler
- *o grampeador* (Pt. *o agrafador)*
26 diabetics file
- *o fichário* (Pt. *o ficheiro) de diabéticos* m

27 dictating machine
- *o ditafone*
28 paper punch
- *o furador de papel* m
29 doctor's stamp
- *o carimbo do médico*
30 ink pad
- *a almofada de carimbo* m
31 pencil holder
- *o porta-lápis*
32-74 surgery
- *a sala de exames* m
32 chart of eyegrounds
- *o mapa de caracteres* m *para determinação* f *de grau* m *visual*
33 doctor's bag (doctor's case)
- *a valise* (Pt. *a mala) do médico*
34 intercom
- *o interfone* (Pt. *a linha interna)*
35 medicine cupboard
- *o armário de remédios* m
36 swab dispenser
- *a caixa de mechas* f *de algodão* m

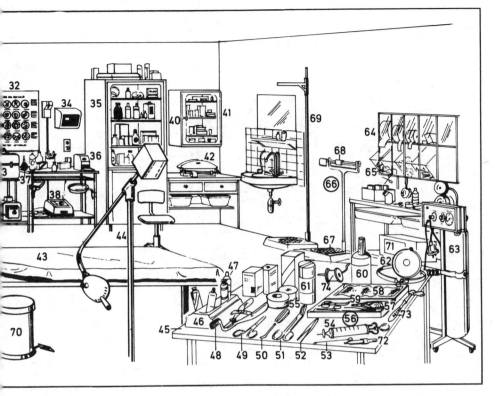

37 inflator (Politzer bag)
- *a seringa de borracha* f
38 electrotome
- *o eletrótomo*
39 steam sterilizer
- *o esterilizador a vapor* m
40 cabinet
- *o armário*
41 medicine samples (from the pharmaceutical industry)
- *as amostras de remédio* m *(fornecidas pelos laboratórios* m*)*
42 baby scales
- *a balança de bebê* (Pt. *bebé*) m
43 examination couch
- *a mesa de exames* m
44 directional lamp
- *o foco*
45 instrument table
- *a mesa do instrumental*
46 tube holder
- *o porta-bisnagas*
47 tube of ointment
- *a bisnaga de pomada* f
48-50 instruments for minor surgery
- *os instrumentos para pequenas cirurgias* f
48 mouth gag
- *o abridor de boca* f
49 Kocher's forceps
- *a pinça hemostática Kocher*
50 scoop (curette)
- *a cureta*
51 angled scissors
- *a tesoura angular*

52 tweezers
- *a pinça de dissecção* f
53 olive-pointed (bulb-headed) probe
- *a pinça para biópsias* f
54 syringe for irrigations of the ear or bladder
- *a seringa vesical*
55 adhesive plaster (sticking plaster)
- *o esparadrapo*
56 surgical suture material
- *o material de sutura* f *cirúrgica*
57 curved surgical needle
- *a agulha curva*
58 sterile gauze
- *a gaze esterilizada*
59 needle holder
- *o porta-agulhas*
60 spray for disinfecting the skin
- *o agente químico de esterilização* f
61 thread container
- *o cilindro de linha* f *para sutura* f
62 ophthalmoscope
- *o oftalmoscópio*
63 freezer for cryosurgery
- *o aparelho de criocirurgia* f
64 dispenser for plasters and small pieces of equipment
- *o escaninho para esparadrapo* m *e pequenos objetos*

65 disposable hypodermic needles and syringes
- *as agulhas e as seringas hipodérmicas descartáveis*
66 scale, sliding-weight scales
- *a balança, uma balança de cursor*
67 weighing platform
- *a plataforma da balança*
68 sliding weight (jockey)
- *o cursor*
69 height gauge (*Am.* gage)
- *a craveira*
70 waste bin (*Am.* trash bin)
- *a cesta de lixo* m
71 hot-air sterilizer
- *a estufa*
72 pipette
- *o conta-gotas*
73 percussor
- *o martelo*
74 aural speculum (auriscope, aural syringe)
- *o espéculo auricular*

1 consulting room
- *o consultório médico*
2 general practitioner
- *o clínico geral*
3-21 **instruments for gynecological and proctological examinations**
- *os instrumentos para exames* m *ginecológicos e proctológicos*
3 warming the instruments up to body temperature
- *o aquecimento dos instrumentos à temperatura do corpo*
4 examination couch
- *a mesa de exames* m
5 colposcope
- *o colposcópio*
6 binocular eyepiece
- *o binocular*
7 miniature camera
- *a máquina fotográfica (a câmara) miniatura*
8 cold light source
- *a fonte de luz fria*
9 cable release
- *o disparador*
10 bracket for the leg support
- *a haste de fixação* f *das perneiras*
11 leg support (leg holder)
- *o suporte para a perna (a perneira)*
12 holding forceps (sponge holder)
- *a pinça para curativos* m
13 vaginal speculum
- *o espéculo vaginal*

14 lower blade of the vaginal speculum
- *a espátula*
15 platinum loop (for smears)
- *a lâmina (para esfregaço* m)
16 rectoscope
- *o retoscópio*
17 biopsy forceps used with the rectoscope (proctoscope)
- *as pinças para biópsias* f *(usadas com o retoscópio)*
18 insufflator for proctoscopy (rectoscopy)
- *o insuflador de ar* m *do retoscópio*
19 proctoscope (rectal speculum)
- *o espéculo retal*
20 urethroscope
- *o uretroscópio, o cistoscópio*
21 guide for inserting the proctoscope
- *o mandril do espéculo retal*
22 diathermy unit (short-wave therapy apparatus)
- *o aparelho de diatermia* f *(o aparelho de ondas curtas)*
23 radiator
- *o radiador*
24 inhaling apparatus (inhalator)
- *o aparelho de inalação* f
25 basin (for sputum)
- *a escarradeira, a pia*
26-31 **ergometry**
- *a ergometria*

26 bicycle ergometer
- *a bicicleta ergométrica*
27 monitor (visual display of the ECG and of pulse and respiratory rates when performing work)
- *o monitor (para eletrocardiograma* m *e para a frequência cardíaca e respiratória durante o esforço)*
28 ECG (electrocardiograph)
- *o eletrocardiógrafo (ECG)*
29 suction electrodes
- *os eletrodos de sucção* f

30 strap-on electrodes for the limbs
- *as correias que prendem os eletrodos aos membros do paciente*
31 spirometer (for measuring respiratory functions)
- *o espirômetro (um aparelho para medir as funções respiratórias)*
32 measuring the blood pressure
- *a tomada da pressão sangüínea*
33 sphygmomanometer
- *o aparelho de pressão f (o esfigmomanômetro)*
34 inflatable cuff
- *o bracelete, o manguito*
35 stethoscope
- *o estetoscópio*
36 microwave treatment unit
- *o aparelho de tratamento m por micro-ondas f*
37 faradization unit (application of low-frequency currents with different pulse shapes)
- *o aparelho de faradização f (aplicação f de correntes f de baixa freqüência com diversas formas de impulsos m)*
38 automatic tuner
- *o sintonizador automático*
39 short-wave therapy apparatus
- *o aparelho de tratamento m por ondas curtas*
40 timer
- *o cronômetro*

41-59 laboratory
- *o laboratório*
41 medical laboratory technician
- *o técnico de laboratório m, o laboratorista*
42 capillary tube stand for blood sedimentation
- *o suporte dos tubos capilares para medir a velocidade de hemossedimentação f*
43 measuring cylinder
- *a proveta*
44 automatic pipette
- *a pipeta automática*
45 kidney dish
- *a cuba em forma f de rim m*
46 portable ECG machine for emergency use
- *o aparelho de eletrocardiograma m portátil para emergências f*
47 automatic pipetting device
- *o titulômetro automático*
48 constant temperature water bath
- *o banho-maria com termostato m*
49 tap with water jet pump
- *a trompa de água f para vácuo m*
50 staining dish (for staining blood smears, sediments, and other smears)
- *a cuba para coloração f de lâminas f*

51 binocular research microscope
- *o microscópio binocular*
52 pipette stand for photometry
- *o porta-tubos para fotometria f*
53 computer and analyser for photometry
- *a calculadora e analisadora f para fotometria f*
54 photometer
- *o fotômetro*
55 potentiometric recorder
- *o registrador potenciométrico*
56 transforming section
- *o transformador*
57 laboratory apparatus (laboratory equipment)
- *o material de laboratório m*
58 urine sediment chart
- *o quadro dos sedimentos urinários*
59 centrifuge
- *a centrífuga*

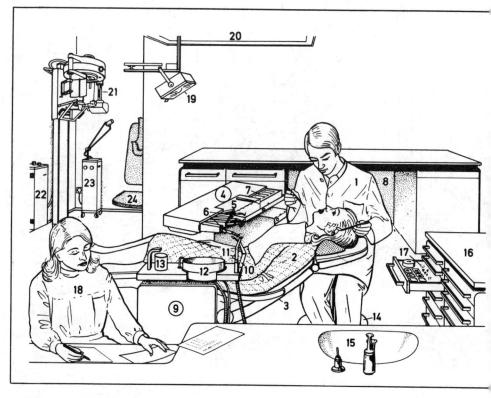

1 dentist (dental surgeon)
- *o dentista (o cirurgião-dentista)*
2 patient
- *o paciente*
3 dentist's chair
- *a cadeira de dentista m*
4 dental instruments
- *os instrumentos dentais*
5 instrument tray
- *a bandeja de instrumentos m*
6 drills with different handpieces
- *as brocas com peças manuais diversas*
7 medicine case
- *a caixa de medicamentos m*
8 storage unit (for dental instruments)
- *o armário para guardar instrumentos m dentários*
9 assistant's unit
- *a unidade de assistência*
10 multi-purpose syringe (for cold and warm water, spray or air)
- *a seringa de usos múltiplos (para água fria e quente, para spray ou ar m)*
11 suction apparatus
- *o sugador de saliva f, o salivador m*
12 basin
- *a cuspideira*
13 water glass, filled automatically
- *o copo de água f com enchimento automático*
14 stool
- *a banqueta*
15 washbasin
- *a pia*
16 instrument cabinet
- *o armário do instrumental*
17 drawer for drills
- *a gaveta porta-brocas*
18 dentist's assistant
- *o/a auxiliar do dentista*
19 dentist's lamp
- *o refletor*
20 ceiling light
- *a iluminação indireta*
21 X-ray apparatus for panoramic pictures
- *o aparelho de raios X m para chapas panorâmicas*
22 X-ray generator
- *o gerador de raios X m*
23 microwave treatment unit, a radiation unit
- *o aparelho para tratamento m com micro-ondas, uma unidade de radiação f*
24 seat
- *o assento*

25 denture (set of false teeth)
– *a dentadura (a prótese total)*
26 bridge (dental bridge)
– *a ponte*
27 prepared stump of the tooth
– *o coto preparado*
28 crown (kinds: gold crown, jacket crown)
– *a coroa (tipos: a coroa de ouro m, a coroa de jaqueta f)*
29 porcelain tooth (porcelain pontic)
– *o dente de porcelana f*
30 filling
– *a obturação (restauração f)*
31 post crown
– *o pivô completo*
32 facing
– *a face*
33 diaphragm
– *a coroa*
34 post
– *a base do pivô*
35 carborundum disc (disk)
– *o disco de carborundo m*
36 grinding wheel
– *o esmeril*
37 burs
– *as brocas para o preparo de cavidades f*
38 flame-shaped finishing bur
– *a broca em forma f de chama f*
39 fissure burs
– *as brocas fissuradas*
40 diamond point
– *a broca com ponta f de diamante m*
41 mouth mirror
– *o espelho bucal*
42 mouth lamp
– *a lâmpada bucal*
43 cautery
– *o cauterizador*
44 platinum-iridium electrode
– *o eletrodo de platina f iridiada*
45 tooth scalers
– *os instrumentos para limpeza f dos dentes*
46 probe
– *a sonda*
47 extraction forceps
– *o boticão (o fórceps)*
48 tooth-root elevator
– *a alavanca*
49 bone chisel
– *o cinzel*
50 spatula
– *a espátula*
51 mixer for filling material
– *o amalgamador*
52 synchronous timer
– *o sincronizador*
53 hypodermic syringe for injection of local anaesthetic
– *a seringa hipodérmica para anestesia f local*
54 hypodermic needle
– *a agulha hipodérmica*
55 matrix holder
– *a pinça porta-matriz*
56 impression tray
– *a moldeira*
57 spirit lamp
– *a lâmpada a álcool m*

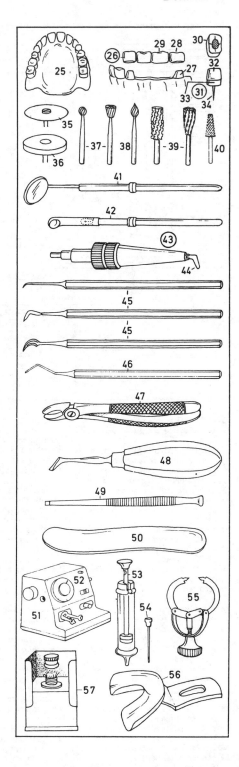

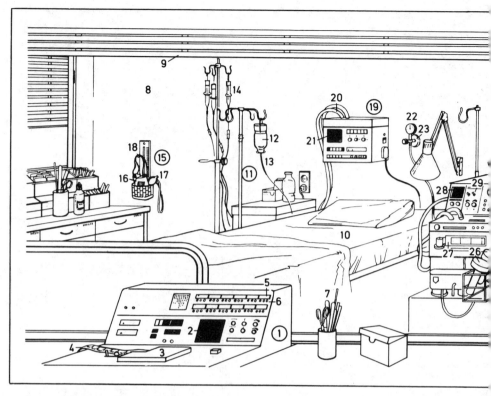

1-30 intensive care unit
- *a unidade de terapia* f *intensiva (U.T.I.)*
1 central control unit for monitoring heart rhythm (cardiac rhythm) and blood pressure
- *a mesa-painel de controle* m *de terapia intensiva; a unidade central de controle para monitores* m, *ritmo cardíaco e pressão* f *arterial*
1-9 control room
- *a sala de controle* m
2 electrocardiogram monitor (ECG monitor)
- *o monitor de eletrocardiograma* m *(o monitor de ECG)*
3 recorder
- *o registro* (Pt. *o registo*)
4 recording paper
- *o papel de registro* m
5 patient's card
- *a ficha do paciente*
6 indicator lights (with call buttons for each patient)
- *o indicador luminoso para cada leito* m *ou paciente* m
7 spatula
- *as espátulas*
8 window (observation window, glass partition)
- *a divisória de vidro* m, *o visor*
9 blind
- *a veneziana, a persiana*
10 bed (hospital bed)
- *o leito hospitalar*

11 stand for infusion apparatus
- *o suporte para soro* m *ou plasma* m *(o equipo do soro)*
12 infusion bottle
- *o soro*
13 tube for intravenous drips
- *o tubo*
14 infusion device for water-soluble medicaments
- *o equipo* (Pt. *o dispositivo) para medicamentos diversos*
15 sphygmomanometer
- *o aparelho de pressão* f
16 cuff
- *o bracelete, o manguito*
17 inflating bulb
- *a pêra de borracha* f
18 mercury manometer
- *o manômetro de mercúrio* m
19 bed monitor
- *o monitor de cabeceira* f
20 connecting lead to the central control unit
- *o tubo de conexão* f *à unidade de controle* m *central*
21 electrocardiogram monitor (ECG monitor)
- *o monitor de eletrocardiograma* m *(o monitor de ECG)*
22 manometer for the oxygen supply
- *o manômetro de oxigênio* m
23 wall connection for oxygen treatment
- *a válvula de oxigênio* m

24 mobile monitoring unit
- *a unidade móvel de monitorização* f
25 electrode lead to the short-term pacemaker
- *os eletrodos de marca-passo* m
26 electrodes for shock treatment
- *os eletrodos para tratamento* m *de choque* m
27 ECG recording unit
- *o registro* (Pt. *o registo) de eletrocardiograma* m
28 electrocardiogram monitor (ECG monitor)
- *o monitor de eletrocardiograma* m *(o monitor de ECG)*
29 control switches and knobs (controls) for adjusting the monitor
- *os botões de ajuste* m *do monitor*
30 control buttons for the pacemaker unit
- *os botões de controle* m *de marca-passo*
31 pacemaker (cardiac pacemaker)
- *o marca-passo*
32 mercury battery
- *a bateria (a pilha) de mercúrio* m

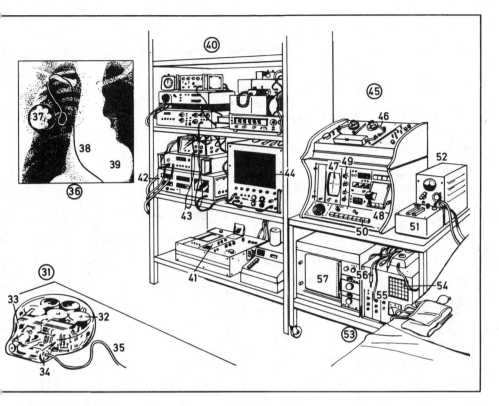

33 programmed impulse generator
 – *o gerador programado*
34 electrode exit point
 – *o ponto de saída* f *do eletrodo*
35 electrode
 – *o eletrodo*
36 implantation of the pacemaker
 – *a implantação do marca-passo*
37 internal cardiac pacemaker (internal pacemaker, pacemaker)
 – *o marca-passo de região interna cardíaca*
38 electrode inserted through the vein
 – *o eletrodo inserido através da veia (o cateterismo)*
39 cardiac silhouette on the X-ray
 – *a silhueta cardíaca vista no aparelho de raios X* m
40 pacemaker control unit
 – *a unidade de controle* m *do marca-passo*
41 electrocardiograph (ECG recorder)
 – *o registrador (Pt. o registador) de eletrocardiograma* m *(o registrador de ECG)*
42 automatic impulse meter
 – *o impulsionador automático*
43 ECG lead to the patient
 – *as derivações de ECG* m *do paciente*
44 monitor unit for visual monitoring of the pacemaker impulses
 – *o monitor para controle* m *visual dos impulsos do marca-passo*

45 long-term ECG analyser
 – *o analisador do eletrocardiograma*
46 magnetic tape for recording the ECG impulses during analysis
 – *a fita magnética para registro (Pt. registo)* m *dos impulsos durante a análise do ECG*
47 ECG monitor
 – *o monitor de eletrocardiograma* m *(o monitor de ECG)*
48 automatic analysis on paper of the ECG rhythm
 – *a análise automática do ritmo do ECG no papel*
49 control knob for the ECG amplitude
 – *o botão de controle* m *para amplitude* f *do ECG*
50 program selector switches for the ECG analysis
 – *o seletor (o alterador) para análise* f *do ECG*
51 charger for the pacemaker batteries
 – *a carga para as baterias do marca-passo*
52 l attery tester
 – *o testador das baterias (das pilhas)*
53 pressure gauge (*Am.* gage) for the right cardiac catheter
 – *o amplificador de pressão* f *para cateter cardíaco direito*

54 trace monitor
 – *a tela, o monitor de controle* m *de curvas* f
55 pressure indicator
 – *o indicador de pressão* f
56 connecting lead to the paper recorder
 – *o conector das derivações ao papel de registro* m
57 paper recorder for pressure traces
 – *o papel de registro* m *das curvas de pressão* f

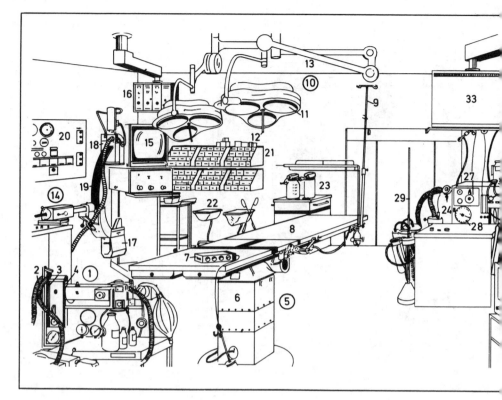

1-54 surgical unit
- *a unidade cirúrgica*

1-33 operating theatre (*Am.* theater)
- *a sala de operação* f *a sala de cirurgia* f

1 anaesthesia and breathing apparatus (respiratory machine)
- *o aparelho de anestesia* f *e o respirador*

2 inhalers (inhaling tubes)
- *os tubos corrugados*

3 flowmeter for nitrous oxide
- *o fluxômetro (para protóxido* m *de azoto* m)

4 oxygen flow meter
- *o fluxômetro de oxigênio* m

5 pedestal operating table
- *a mesa de operação* f *(a mesa cirúrgica) com pedestal* m

6 table pedestal
- *o pedestal*

7 control device (control unit)
- *o controle remoto*

8 adjustable top of the operating table
- *a superfície articulável da mesa de operação* f

9 stand for intravenous drips
- *o suporte para colocação* f *de soro* m *e plasma* m *(o equipo do soro)*

10 swivel-mounted shadow-free operating lamp
- *o foco direcional (sem sombras)*

11 individual lamp
- *a lâmpada*

12 handle
- *o cabo*

13 swivel arm
- *o braço (giratório)*

14 mobile fluoroscope
- *o fluoroscópio móvel*

15 monitor of the image converter
- *a tela de tv* f

16 monitor (back)
- *o monitor (visto por trás)*

17 tube
- *o tubo de imagem* f

18 image converter
- *o conversor de imagem* f

19 C-shaped frame
- *o arco em C* m *do fluoroscópio*

20 control panel for the air-conditioning
- *o painel de controle* m *do ar condicionado*

21 surgical suture material
- *o material de sutura* f *cirúrgica*

22 mobile waste tray
- *a bandeja móvel de curativos usados*

23 containers for unsterile (unsterilized) pads
- *o recipiente para compressas não esterilizadas*

24 anaesthesia and respiratory apparatus
- *o aparelho de anestesia* f *e respirador* m

25 respirator
- *o respirador*

26 fluothane container (halothane container)
- *o vaporizador de fluotano* m

27 ventilation control knob
- *o botão de controle* m *da ventilação*

28 indicator with pointer for respiratory volume
- *o indicador de volume respiratório*

29 stand with inhalers (inhaling tubes) and pressure gauges (*Am.* gages)
- *o suporte com inaladores* m *e manômetros* m

30 catheter holder
- *o porta-sonda*

31 catheter in sterile packing
- *o cateter em recipiente esterilizado*

32 sphygmograph
- *o aparelho de pressão (o esfigmógrafo)*

33 monitor
- *o monitor*

34-54 preparation and sterilization room
- *a sala de preparação* f *e esterilização* f

34 dressing material
- *o material cirúrgico*

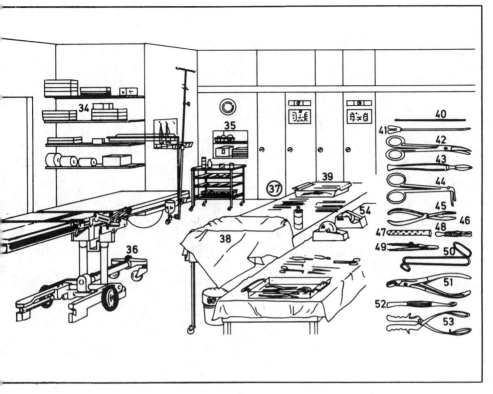

35 small sterilizer
- *o pequeno esterilizador (Cham-berland)*
36 carriage of the operating table
- *o carro da mesa de operação* f
37 mobile instrument table
- *a mesa com instrumental cirúrgico*
38 sterile cloth
- *o campo esterilizado*
39 instrument tray
- *a bandeja de instrumental* m
40-53 **surgical instruments**
- *os instrumentos cirúrgicos*
40 olive-pointed (bulb-headed) probe
- *a sonda metálica*
41 hollow probe
- *a tenta-cânula*
42 curved scissors
- *a tesoura curva*
43 scalpel (surgical knife)
- *o bisturi*
44 ligature-holding forceps
- *a pinça hemostática*
45 sequestrum forceps
- *a pinça de dissecção* f, *pinça anatômica*
46 jaw
- *as pontas da pinça*
47 drainage tube
- *o dreno*
48 surgeon's tourniquet (torcular)
- *o torniquete*

49 artery forceps
- *a pinça arterial*
50 blunt hook
- *o afastador de pulmão* m
51 bone nippers (bone-cutting forceps)
- *a cisalha*
52 scoop (curette) for erasion (curettage)
- *a cureta para a curetagem*
53 obstetrical forceps
- *o fórceps*
54 roll of plaster
- *o rolo de esparadrapo* m

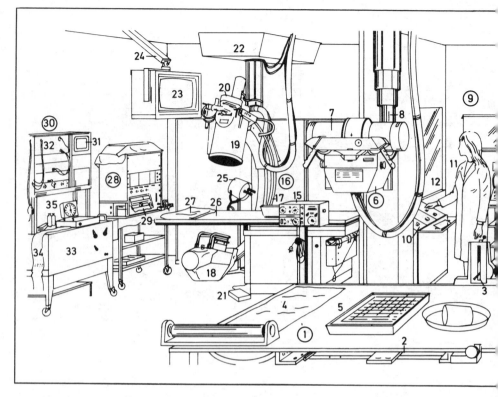

1-35 X-ray unit
- *o serviço de radiologia* f
1 X-ray examination table
- *a mesa de exame radiológico*
2 support for X-ray cassettes
- *o suporte para as chapas de raios X* m
3 height adjustment of the central beam for lateral views
- *o planígrafo (a escala vertical para corte tomográfico)*
4 compress for pyelography and cholecystography
- *o compressor para a pielografia e a colecistografia*
5 instrument basin
- *a bandeja de instrumentos* m
6 X-ray apparatus for pyelograms
- *o colimador de raios X* m *(o diafragma luminoso)*
7 X-ray tube
- *o tubo de raios X* m
8 telescopic X-ray support
- *o suporte telescópico*
9 central X-ray control unit
- *a sala de comando* m *de radiografia* f
10 control panel (control desk)
- *a mesa de comando* m
11 radiographer (X-ray technician)
- *o radiologista, o técnico de raios X* m
12 window to the angiography room
- *o visor da sala de raios X* m

13 oxymeter
- *o oxímetro*
14 pyelogram cassettes
- *as chapas para urografia* f
15 contrast medium injector
- *a injetora de meios* m *de contraste* m
16 X-ray image intensifier
- *o amplificador de brilho* m
17 C-shaped frame
- *o braço em C*
18 X-ray head with X-ray tube
- *o tubo de raios X* m
19 image converter with converter tube
- *o intensificador de imagem* f
20 film camera
- *a câmera (Pt. a câmara cinematográfica)*
21 foot switch
- *o disparador de pedal* m
22 mobile mounting
- *o suporte móvel*
23 monitor
- *o monitor de tv* f
24 swivel-mounted monitor support
- *o braço do monitor*
25 operating lamp
- *o foco*
26 angiographic examination table
- *a mesa de angiografia* f
27 pillow
- *o coxim (Pt. a almofada)*
28 eight-channel recorder

- *o monitor de oito canais* m
29 recording paper
- *o papel de registro* m
30 catheter gauge (*Am.* gage) unit for catheterization of the heart
- *o ponto de registro* m *para cateterismo cardíaco*
31 six-channel monitor for pressure graphs and ECG
- *o monitor de seis canais* m *para curva* f *de pressão* f *e ECG* m
32 slide-in units of the pressure transducer
- *as gavetas do transdutor de pressão* f
33 paper recorder unit with developer for photographic recording
- *o revelador para registro (Pt. para registo) fotográfico*
34 recording paper
- *o papel de registro* m *(Pt. de registo* m*)*
35 timer
- *o cronômetro*
36-50 spirometry
- *a espirometria*
36 spirograph for pulmonary function tests
- *o espirômetro para o exame da função respiratória*
37 breathing tube
- *o tubo respiratório*
38 mouthpiece
- *o bocal*

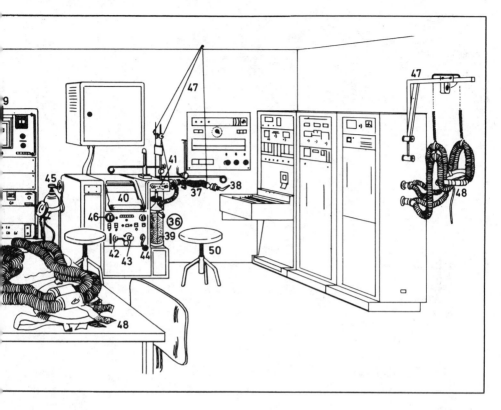

39 soda-lime absorber
 – *o absorvedor de cal sodada*
40 recording paper
 – *o papel de registro* m
41 control knobs for gas supply
 – *os botões para a regulagem do
 gás*
42 O_2 stabilizer
 – *o estabilizador de O_2* m
43 throttle valve
 – *a torneira do absorvedor*
44 absorber attachment
 – *o acessório do absorvedor*
45 oxygen cylinder
 – *a bala de oxigênio* m
46 water supply
 – *a alimentação de água* f
47 tube support
 – *o suporte flexível*
48 mask
 – *a máscara*
49 CO_2 consumption meter
 – *o posto de medida* f *do consumo
 de CO_2* m
50 stool for the patient
 – *o banco para o paciente*

1 collapsible cot
- *o berço desmontável*
2 bouncing cradle
- *o colinho (bebê-conforto* m; Pt.
  o balanço de bebé)
3 baby bath
- *a banheira*
4 changing top
- *o trocador de fraldas* f
5 baby (new-born baby)
- *o bebê (recém-nascido* m); Pt.
  o bebé
6 mother
- *a mãe*
7 hairbrush
- *a escova de cabelo* m
8 comb
- *o pente*
9 hand towel
- *a toalha de mão*
10 toy duck
- *o patinho*
11 changing unit
- *a cômoda*
12 teething ring
- *o mordedor*
13 cream jar
- *o pote de creme* m
14 box of baby powder
- *a lata de talco* m
15 dummy
- *a chupeta*
16 ball
- *a bola*
17 sleeping bag
- *o saco de dormir*

18 layette box
- *a cesta de toalete*
19 feeding bottle
- *a mamadeira*
20 teat
- *o bico da mamadeira*
21 bottle warmer
- *o esterilizador de mamadeiras* f
22 rubber baby pants for disposable nappies (*Am.* diapers)
- *a calça plástica* (Pt. *as cuecas de
  plástico* m) *para uso com fraldas
  f descartáveis*
23 vest
- *a camiseta* (Pt. *a camisola*)
24 leggings
- *o culote*
25 baby's jacket
- *o casaquinho*
26 hood
- *o capuz (o gorro, a touca)*
27 baby's cup
- *a caneca*
28 baby's plate, a stay-warm plate
- *o prato térmico*

29 thermometer
– *o termômetro*
30 bassinet, a wicker pram
– *o berço móvel de vime* m
31 set of bassinet covers
– *a colcha do berço*
32 canopy
– *o cortinado (mosquiteiro* m*)*
33 baby's high chair, a folding chair
– *a cadeira de refeição* f *(cadeirinha* f *do neném* m*)*
34 pram (baby-carriage) [with windows]
– *o carrinho panorâmico*
35 folding hood
– *a capota dobrável*
36 window
– *a janela*
37 pushchair (*Am.* stroller)
– *o carrinho de passeio* m
38 foot-muff (*Am.* foot-bag)
– *o apoio para os pés*
39 play pen
– *o cercado*
40 floor of the play pen
– *o chão do cercado*
41 building blocks (building bricks)
– *os cubos de armar*
42 small child
– *a criança pequena*
43 bib
– *o babador* (Pt. *o babadouro)*
44 rattle (baby's rattle)
– *o chocalho*
45 bootees
– *as botinhas*

46 teddy bear
– *o ursinho de pelúcia* f
47 potty (baby's pot)
– *o penico (o "trono", o "troninho")*
48 carrycot
– *o moisés (o porta-bebê)*
49 window
– *a janela*
50 handles
– *as alças*

1-12 baby clothes
- *as roupas de bebês* m (Pt. *de bebés* m)
1 pram suit
- *o conjunto*
2 hood
- *o capuz (a touca)*
3 pram jacket (matinée coat)
- *o casaquinho*
4 pompom (bobble)
- *o pompom*
5 bootees
- *os sapatinhos (de lã* f)
6 sleeveless vest
- *a camiseta* (Pt. *a camisola)*
7 envelope-neck vest
- *a camiseta de manga* f (Pt. *a camisola de mangas curtas)*
8 wrapover vest
- *a camisa de pagão* m
9 baby's jacket
- *o casaquinho* m
10 rubber baby pants
- *a calça plástica* (Pt. *as calças de plástico* m)
11 playsuit
- *o macacão* (Pt. *o fato-macaco)*
12 two-piece suit
- *o conjunto de duas peças*
13-30 infant's wear
- *as roupas de crianças* f
13 child's sundress, a pinafore dress
- *o vestidinho de verão* m *com alças* f
14 frilled shoulder strap
- *a alça com babado* m (Pt. *com folho* m)
15 shirred top
- *o corpete franzido*
16 sun hat
- *o chapeuzinho de verão* m
17 one-piece jersey suit
- *o macacão* (*Pt. o fato-macaco) de malha* f (*tipo* m *marinheiro* m)
18 front zip
- *o fecho ecler* (Pt. *o fecho éclair*), *o zíper*
19 catsuit (playsuit)
- *o macacão* (Pt. *o fato-macaco) tipo* m *jardineira* f
20 motif (appliqué)
- *a aplicação*
21 romper
- *o banho-de-sol (a jardineira curta)*
22 playsuit (romper suit)
- *o macaquinho (o macacão curto*, Pt. *o fato-macaco curto)*
23 coverall (sleeper and strampler)
- *o macacão de dormir* (Pt. *o pijama inteiro)*
24 dressing gown (bath robe)
- *o roupão* (Pt. *o robe)*
25 children's shorts
- *as calças curtas*
26 braces (*Am.* suspenders)
- *os suspensórios*
27 children's T-shirt
- *a camiseta* (Pt. *a T-shirt)*
28 jersey dress (knitted dress)
- *o vestido de malha* f
29 embroidery
- *o bordado*

30 children's ankle socks
- *as meias soquetes* (Pt. *as peúgas de criança)*
31-47 school children's wear
- *o vestuário escolar*
31 raincoat (loden coat)
- *a capa de chuva* f *(Pt. o impermeável)*
32 leather shorts (lederhosen)
- *as calças curtas de couro* m
33 staghorn button
- *o botão de chifre* m
34 braces (*Am.* suspenders)
- *os suspensórios*
35 flap
- *a pala* (Pt. *a braguilha)*
36 girl's dirndl
- *o vestido estilo* m *camponesa* f
37 cross lacing
- *os ilhoses com cadarço* m *(Pt. os ilhós com fita)*
38 snow suit (quilted suit)
- *o macacão* (Pt. *o fato-macaco) para a neve* f
39 quilt stitching (quilting)
- *o acolchoado*
40 dungarees (bib and brace)
- *a jardineira*
41 bib skirt (bib top pinafore)
- *a saia com peitilho* m
42 tights (pantie-hose)
- *a meia-calça* (Pt. *os* collants)
43 sweater (jumper)
- *o suéter (Pt. a camisola de lã* f)
44 pile jacket
- *o casaquinho de pelúcia* f
45 leggings
- *as perneiras (as polainas)*
46 girl's skirt
- *a saia*
47 child's jumper
- *a blusa de malha*
48-68 teenagers' clothes
- *as roupas de adolescentes* m
48 girl's overblouse (overtop)
- *o blusão*
49 slacks
- *as calças compridas*
50 girl's skirt suit
- *o conjunto de saia* f *e jaqueta* f
51 jacket
- *a jaqueta*
52 skirt
- *a saia*
53 knee-length socks
- *as meias três-quartos* (Pt. *as peúgas compridas)*
54 girl's coat
- *o mantô* (Pt. *o sobretudo)*
55 tie belt
- *o cinto de amarrar*
56 girl's bag
- *a bolsa a tiracolo* m
57 woollen (*Am.* woolen) hat
- *a boina*
58 girl's blouse
- *a blusa*
59 culottes
- *a saia-calça*
60 boy's trousers
- *as calças compridas*
61 boy's shirt
- *a camisa*

62 anorak
- *o anoraque*
63 inset pockets
- *os bolsos embutidos*
64 hood drawstring (drawstring)
- *o cadarço do capuz (Pt. a fita do capuz)*
65 knitted welt
- *a barra sanfonada* (Pt. *os punhos de ponto* m)
66 parka coat (parka)
- *a japona*
67 drawstring (draw cord)
- *o cordão*
68 patch pockets
- *os bolsos-envelope*

1 mink jacket
- *a jaqueta de vison* m
2 cowl neck jumper
- *o pulôver de gola* f *rulê*
3 cowl collar
- *a gola rulê*
4 knitted overtop
- *o blusão à marinheira*
5 turndown collar
- *a gola à marinheira*
6 turn-up (turnover) sleeve
- *o punho*
7 polo neck jumper
- *a camisa olímpica*
8 pinafore dress
- *a veste*
9 blouse (with revers collar)
- *a blusa chemisier*
10 shirt-waister dress, a button-through dress
- *o vestido chemisier*
11 belt
- *o cinto*
12 winter dress
- *o vestido de inverno* m
13 piping
- *o debrum*
14 cuff
- *o punho*
15 long sleeve
- *a manga comprida*
16 quilted waistcoat
- *o colete acolchoado (matelassé)*
17 quilt stiching (quilting)
- *o pesponto*
18 leather trimming
- *o debrum de couro* m
19 winter slacks
- *as calças compridas*
20 striped polo jumper
- *o suéter listrado* (Pt. *a camisola listrada)*
21 boiler suit (dungarees, bib and brace)
- *a jardineira*
22 patch pocket
- *o bolso americano*
23 front pocket
- *o bolso do peito*
24 bib
- *o peitilho*
25 wrapover dress (wrap-around dress)
- *o vestido traspassado*
26 shirt
- *a blusa pólo* m
27 peasant-style dress
- *o vestido estilo* m *camponesa* f
28 floral braid
- *o galão florido*
29 tunic (tunic top, tunic dress)
- *a túnica*
30 ribbed cuff
- *o punho com nervuras*
31 quilted disign
- *os pespontos*
32 pleated skirt
- *a saia pregueada*
33 two-piece knitted dress
- *o vestido de duas peças de malha* f
34 boat neck, a neckline
- *o decote canoa (bateau)*
35 turn-up
- *o punho dobrado*

36 kimono sleeve
- *a manga quimono* m
37 knitted design
- *o motivo*
38 lumber-jacket
- *a jaqueta de couro* m *ou lã* f
39 cable pattern
- *o ponto de trança* f
40 shirt-blouse
- *a camisa*
41 loop fastening
- *a alça*
42 embroidery
- *o bordado*
43 stand-up collar
- *a gola alta (gola chinesa, gola de padre)*
44 cossack trousers
- *as calças bombachas*
45 two-piece combination (shirt top and long skirt)
- *o conjunto (a túnica e a saia longa)*
46 tie (bow)
- *o laço*
47 decorative facing
- *o recorte*
48 cuff slit
- *a manga com fenda* f
49 side slit
- *a abertura lateral*
50 tabard
- *a casula*
51 inverted pleat skirt
- *a saia com fenda* f *lateral*
52 godet
- *a prega lateral enviesada*
53 evening gown
- *o vestido de noite* f
54 pleated bell sleeve
- *a manga-sino plissada*
55 party blouse
- *a blusa habillée*
56 party skirt
- *a saia habillée*
57 trouser suit (slack suit)
- *o conjunto esporte (casaco* m *e calças compridas)*; Pt. *o conjunto desportivo*
58 suede jacket
- *a jaqueta de camurça* f
59 fur trimming
- *o acabamento de pele* f
60 fur coat (kinds: Persian lamb, broadtail, mink, sable)
- *o casaco de peles* f *(tipos* m *o astracã, o carneiro persa, o vison, a zibelina)*
61 winter coat (cloth coat)
- *o mantô* (Pt. *o sobretudo)*
62 fur cuff (fur-trimmed cuff)
- *o punho de pele*
63 fur collar (fur-trimmed collar)
- *a gola de pele*
64 loden coat
- loden *(a capa impermeável)* [*inexistente no Brasil*]
65 cape
- *a pelerine*
66 toggle fastenings
- *os botões-cavilha*
67 loden skirt
- *a saia de* loden [*inexistente no Brasil*]

68 poncho-style coat
- *a capa*
69 hood
- *o capuz*

1 skirt suit
- *o costume* (tailleur m)
2 jacket
- *a jaqueta*
3 skirt
- *a saia*
4 inset pocket
- *o bolso embutido*
5 decorative stitching
- *o pesponto*
6 dress and jacket combination
- *o conjunto de vestido* m *e casaco* m (blazer)
7 piping
- *o debrum*
8 pinafore dress
- *o vestido de alças* f
9 summer dress
- *o vestido de verão* m
10 belt
- *o cinto*
11 two-piece dress
- *o conjunto duas-peças*
12 belt buckle
- *a fivela*
13 wrapover (wrap-around) skirt
- *a saia-envelope*
14 pencil silhouette
- *a saia reta*
15 shoulder buttons
- *o abotoamento pelo ombro*
16 batwing sleeve
- *a manga-morcego*
17 overdress
- *o vestido de manga japonesa* (housse)
18 kimono yoke
- *a pala, a ombreira*
19 tie belt
- *o cinto com nó* m
20 summer coat
- *o mantô* (Pt. *o sobretudo) de verão* m
21 detachable hood
- *o capuz destacável*
22 summer blouse
- *a blusa de manga curta*
23 lapel
- *a gola* chemisier
24 skirt
- *a saia*
25 front pleat
- *o macho, a prega dianteira*
26 dirndl (dirndl dress)
- *o vestido estilo* m *camponesa* f
27 puffed sleeve
- *a manga bufante*
28 dirndl necklace
- *a gargantilha*
29 dirndl blouse
- *a blusa estilo* m *camponesa* f
30 bodice
- *o corpete*
31 dirndl apron
- *o avental*
32 lace trimming (lace), cotton lace
- *o arremate de renda* f
33 frilled apron
- *o avental com babado* m *(*Pt. *com folho* m*)*
34 frill
- *o babado* (Pt. *o folho)*
35 smock overall
- *a túnica*

36 house frock (house dress)
- *o vestido caseiro*
37 poplin jacket
- *o casaco de popelina* f
38 T-shirt
- *a camiseta* (Pt. *a T-shirt)*
39 ladies' shorts
- *o short* (Pt. *os calções)*
40 trouser turn-up
- *a bainha*
41 waistband
- *o cós*
42 bomber jacket
- *o blusão (a jaqueta)*
43 stretch welt
- *a barra de sanfona* f (Pt. *a cintura elástica)*
44 Bermuda shorts
- *a bermuda*
45 saddle stitching
- *o pesponto duplo*
46 frill collar
- *a gola de babado* m (Pt. *de folho* m*)*
47 knot
- *o nó*
48 culotte
- *a saia-calça*
49 twin set
- *o conjunto de suéter* m (Pt. *de camisola* f*) e casaco* m *de malha* f*)*
50 cardigan
- *o casaco abotoado de malha* f *de lã* f
51 sweater
- *o suéter* (Pt. *a camisola de lã)*
52 summer (lightweight) slacks
- *as calças compridas*
53 jumpsuit
- *o macacão* (Pt. *o fato-macaco)*
54 turn-up
- *o punho*
55 zip
- *o fecho ecler* (Pt. *o fecho éclair),* *zíper* m
56 patch pocket
- *o bolso-envelope*
57 scarf (neckerchief)
- *o lenço de pescoço* m
58 denim suit
- *o conjunto de* jeans *(de zuarte* m*)*
59 denim waistcoat
- *o colete de* jeans *(de zuarte* m*)*
60 jeans (denims)
- *o* jeans, a(s) *calça(s)* jeans, a(s) *calça(s) de zuarte* m
61 overblouse
- *o blusão*
62 turned-up sleeve
- *a manga enrolada*
63 stretch belt
- *o cinto elástico*
64 halter top
- *a frente-única*
65 knitted overtop
- *o blusão de malha* f
66 drawstring waist
- *o cinto embutido*
67 short-sleeved jumper
- *a blusa de malha* f
68 V-neck (vee-neck)
- *o decote em V*

69 turndown collar
- *a gola batida*
70 knitted welt
- *a barra sanfonada* (Pt. *a barra elástica de ponto* m*)*
71 shawl
- *o chale*

1-15 ladies' underwear (ladies' underclothes, lingerie)
- *as roupas de baixo femininas* (lingerie f)
1 brassière (bra)
- *o sutiã (o porta-seios)*
2 pantie-girdle
- *a cinta-calça*
3 pantie-corselette
- *o modelador*
4 longline brassière (longline bra)
- *o sutiã de corpo inteiro (o sutiã-colete)*
5 stretch girdle
- *a cinta-luva*
6 suspender
- *a liga*
7 vest
- *a minicombinação*
8 pantie briefs
- *a calcinha* (Pt. *as calcinhas*)
9 ladies' knee-high stocking
- *a meia* (Pt. *a peúga*) *de cano* m *longo (a meia três-quartos)*
10 long-legged (long leg) panties
- *a cinta-calça com perna* f
11 long pants
- *a malha de ginástica* f
12 tights (pantie-hose)
- *a meia-calça* (Pt. *os collants*)
13 slip
- *a combinação*
14 waist slip
- *a anágua*
15 bikini briefs
- *o biquini* (Pt. *o slip*)
16-21 ladies' nightwear
- *as roupas de dormir femininas*
16 nightdress (nightgown, nightie)
- *a camisola* (Pt. *a camisa de noite*)
17 pyjamas (*Am.* pajamas)
- *o pijama*
18 pyjama top
- *a blusa do pijama*
19 pyjama trousers
- *as calças do pijama*
20 housecoat
- *o penhoar (o robe, o* negligé*)*
21 vest and shorts set [for leisure wear and as nightwear]
- *o baby doll*
22-29 men's underwear (men's underclothes)
- *as roupas de baixo masculinas*
22 string vest
- *a camiseta* (Pt. *a camisola*) *de malha* f *"arrastão"*
23 string briefs
- *a cueca* (Pt. *as cuecas*) *de malha* f *"arrastão"*
24 front panel
- *a braguilha forrada*
25 sleeveless vest
- *a camiseta* (Pt. *a camisola*)
26 briefs
- *a cueca* (Pt. *as cuecas*)
27 trunks
- *as cuecas de perna* f
28 short-sleeved vest
- *a camiseta de manga* f (Pt. *a T-shirt*)
29 long johns
- *as ceroulas*

30 braces (*Am.* suspenders)
- *os suspensórios*
31 braces clip
- *a presilha*
32-34 men's socks
- *as meias* (Pt. *as peúgas*) *masculinas*
32 Knee-length sock
- *a meia* (Pt. *a peúga*) *de cano longo (a meia três-quartos)*
33 elasticated top
- *a barra elástica*
34 long sock
- *a meia curta* (Pt. *a peúga*)
35-37 men's nightwear
- *as roupas de dormir masculinas*
35 dressing gown
- *o roupão (o robe)*
36 pyjamas (*Am.* pajamas)
- *o pijama*
37 nightshirt
- *o pijama com cinto* m
38-47 men's shirts
- *as camisas*
38 casual shirt
- *a camisa-esporte* (Pt. *a camisa desportiva) de manga comprida*
39 belt
- *o cinto*
40 cravat
- *o cachecol, o fular*
41 tie
- *a gravata*
42 knot
- *o nó*
43 dress shirt
- *a camisa de smoking* m
44 frill (frill front)
- *o peitilho plissado*
45 cuff
- *o punho*
46 cuff link
- *a abotoadura*
47 bow-tie
- *a gravata-borboleta*

1-67 men's fashion
- *a moda masculina*
1 single-breasted suit, a men's suit
- *o terno* (Pt. *o fato, o completo*)
2 jacket (coat)
- *o paletó* (Pt. *o casaco*)
3 suit trousers
- *as calças*
4 waistcoat (vest)
- *o colete*
5 lapel
- *a lapela*
6 trouser leg with crease
- *a perna das calças com vinco* m
7 dinner dress, an evening suit
- *o smoking, um traje a rigor* m
8 silk lapel
- *a lapela de seda* f
9 breast pocket
- *o bolso do peito*
10 dress handkerchief
- *o lenço*
11 bow-tie
- *a gravata-borboleta*
12 side pocket
- *o bolso lateral*
13 tailcoat (tails), evening dress
- *a casaca, um traje de gala* f
14 coat-tail
- *o rabo*
15 white waistcoat (vest)
- *o colete branco*
16 white bow-tie
- *a gravata-borboleta branca*
17 casual suit
- *o traje informal*
18 pocket flap
- *a vira (a virola, a aba, a portinhola) do bolso*
19 front yoke
- *a pala dianteira*
20 denim suit
- *o conjunto de zuarte* m (Pt. *de
ganga* f)
21 denim jacket
- *o blusão (a jaqueta) de zuarte*
m *(Pt. de ganga* f)
22 jeans (denims)
- *os jeans, as calças jeans, as calças de zuarte* m (Pt. *as calças
de ganga* f)
23 waistband
- *o cinto*
24 beach suit
- *o conjunto de praia* f
25 shorts
- *os shorts*
26 short-sleeved jacket
- *o blusão (a jaqueta) de manga
curta*
27 tracksuit
- *o training (o abrigo, o agasalho,
Pt. o fato desportivo)*
28 tracksuit top with zip
- *o blusão com zíper* m (Pt. *com
fecho-éclair* m)
29 tracksuit bottoms
- *as calças do training* (Pt. *do fato
desportivo*)
30 cardigan
- *o casaco de malha* f *de lã* f
31 knitted collar
- *a gola de tricô* m
32 men's short-sleeved pullover
(men's short-sleeved sweater)

- *(o pulôver) o suéter de manga*
f *curta*
33 short-sleeved shirt
- *a camisa-esporte* (Pt. *a camisa
desportiva) de manga curta*
34 shirt button
- *o botão da camisa*
35 turn-up
- *a dobra, a vira*
36 knitted shirt
- *a camisa de malha* f
37 casual shirt
- *a camisa-esporte* (Pt. *a camisa
desportiva) de manga comprida*
38 patch-pocket
- *o bolso-envelope (um bolso cha-
pado)*
39 casual jacket
- *o blusão (a jaqueta) esporte* m
(Pt. *o casaco de folga*)
40 knee-breeches
- *as calças três-quartos*
41 knee strap
- *o cós da boca da perna*
42 knee-length sock
- *a meia* (Pt. *a peúga) de cano longo (a meia três-quartos)*
43 leather jacket
- *o blusão de couro* m
44 bib and brace overalls
- *o macacão (a jardineira,* Pt. *o
fato-macaco)*
45 adjustable braces (*Am.* suspenders)
- *os suspensórios reguláveis*
46 front pocket
- *o bolso do peito (embutido)*
47 trouser pocket
- *o bolso americano*
48 fly
- *a braguilha*
49 rule pocket
- *o bolso-faca*
50 check shirt
- *a camisa-esporte de xadrez* m
(Pt. *a camisa de xadrezinhos* m)
51 men's pullover
- *o suéter (o pulôver)*
52 heavy pullover
- *o suéter* (Pt. *a camisola) de lã*
f *grossa*
53 knitted waistcoat (vest)
- *o colete de malha* f
54 blazer
- *o blazer*
55 jacket button
- *o botão do blusão (da jaqueta)*
56 overall
- *o jaleco, o guarda-pó*
57 trenchcoat
- *a capa de chuva* f (Pt. *o impermeável*)
58 coat collar
- *a gola do casaco*
59 coat belt
- *o cinto do casaco*
60 poplin coat
- *a capa de chuva* f *de popelina*
f
61 coat pocket
- *o bolso do casaco*
62 fly front
- *a abertura com o abotoamento
invisível*

63 car coat
- *a japona*
64 coat button
- *o botão do casaco*
65 scarf
- *o cachecol, a echarpe*
66 cloth coat
- *o sobretudo*
67 glove
- *a luva*

1-25 men's beards and hairstyles (haircuts)
- *as barbas e os cortes de cabelo m de homem m*
1 long hair worn loose
- *os cabelos longos e soltos*
2 allonge periwig (full-bottomed wig), a wig; shorter and smoother: bob wig, toupet
- *a peruca inteira (a peruca) e a meia peruca*
3 curls
- *os cachos, os rolos*
4 bag wig (purse wig)
- *a peruca redonda sem rabicho m*
5 pigtail wig
- *a peruca de rabicho m*
6 queue (pigtail)
- *o rabicho*
7 bow (ribbon)
- *o laço de fita f*
8 handlebars (handlebar moustache, *Am.* mustache)
- *o bigode*
9 centre (*Am.* center) parting
- *o cabelo repartido no meio*
10 goatee (goatee beard), chintuft
- *a barba em ponta f, a barbicha, o cavanhaque*
11 closely-cropped head of hair (crew cut)
- *o cabelo à escovinha f (a cadete m)*
12 whiskers
- *as suíças*
13 Vandyke beard (stiletto beard, bodkin beard), with waxed moustache (*Am.* mustache)
- *a barba imperial (a barba pontiaguda), com bigodes torcidos*
14 side parting
- *a risca de lado m (o cabelo repartido de lado)*
15 full beard (circular beard, round beard)
- *a barba comprida (a barba circular, a barba redonda)*
16 tile beard
- *a barba quadrada*
17 shadow
- *a mosca, a pêra*
18 head of curly hair
- *a cabeleira anelada*
19 military moustache (*Am.* mustache) (English-style moustache)
- *o bigode à escovinha f*
20 partly bald head
- *a cabeça parcialmente calva*
21 bald patch
- *a calva parcial*
22 bald head
- *a calva (a careca)*
23 stubble beard (stubble, short beard bristles)
- *a barba hirsuta (a barba por fazer)*
24 side-whiskers (sideboards, sideburns)
- *as costeletas*
25 clean shave
- *o rosto escanhoado*

26 Afro look (for men and women)
- *o estilo Afro (em homem m ou mulher f)*
27-38 ladies' hairstyles (coiffures, women's and girls' hairstyles)
- *os cortes de cabelo e os penteados femininos*
27 ponytail
- *o rabo de cavalo m*
28 swept-back hair (swept-up hair, pinned-up hair)
- *o cabelo penteado para trás, o cabelo preso*
29 bun (chignon)
- *o coque*
30 plaits (bunches)
- *as tranças*
31 chaplet hairstyle (Gretchen style)
- *o penteado em coroa f (estilo eslavo)*
32 chaplet (coiled plaits)
- *a coroa*
33 curled hair
- *o cabelo ondulado*
34 shingle (shingled hair, bobbed hair)
- *o cabelo* à la garçonne (à la homme)
35 pageboy style
- *o estilo pajem m*
36 fringe (*Am.* bangs)
- *a franja*
37 earphones
- *os bandós*
38 earphone (coiled plait)
- *o bandó de trança f*

1-21 ladies' hats and caps
- *os chapéus e os bonés femininos*
1 milliner making a hat
- *a chapeleira confeccionando um chapéu*
2 hood
- *a carapuça*
3 block
- *a forma*
4 decorative pieces
- *os enfeites*
5 sombrero
- *o sombreiro (o chapéu mexicano)*
6 mohair hat with feathers
- *o chapéu de mohair m com enfeite m de penas f*
7 model hat with fancy appliqué
- *o chapéu estilo m peruano com arranjo m de flores f*
8 linen cap (jockey cap)
- *o boné de linho m (estilo m jóquei m)*
9 hat made of thick candlewick yarn
- *o gorro de lã grossa ou fio m de algodão m*
10 woollen (*Am.* woolen) hat (knitted hat)
- *o gorro de malha f*
11 mohair hat
- *o turbante de mohair m*
12 cloche with feathers
- *o chapéu com penas*

13 large men's hat made of sisal with corded ribbon
- *o chapéu de sisal m estilo masculino com fita f de gorgorão f*
14 trilby-style hat with fancy ribbon
- *o chapéu estilo masculino com fita f de fantasia f*
15 soft felt hat
- *o chapéu de feltro m*
16 Panama hat with scarf
- *o chapéu panamá (com lenço m)*
17 peaked mink cap
- *o boné de vison m*
18 mink hat
- *o chapéu de vison m*
19 fox hat with leather top
- *o gorro de pêlo m de raposa f com copa f de couro m*
20 mink cap
- *o gorro de vison m (de pele f de manta)*
21 slouch hat trimmed with flowers
- *a capeline ornamentada com flores f*

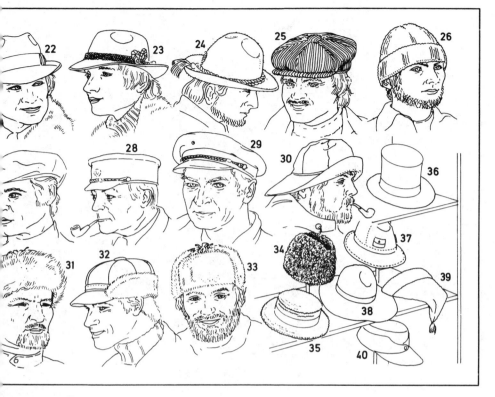

22-40 men's hats and caps
- *os chapéus e os bonés masculinos*
22 trilby hat (trilby)
- *o chapéu de feltro* m
23 loden hat (alpine hat)
- *o chapéu estilo alpino*
24 felt hat with tassels (Tyrolean hat, Tyrolese hat)
- *o chapéu de feltro* m *com borlas* f *(estilo alpino)*
25 corduroy cap
- *o boné de veludo* m *cotelê*
26 woollen (*Am.* woolen) hat
- *o gorro de lã* f
27 beret
- *a boina*
28 German sailor's cap ('Prinz Heinrich' cap)
- *o boné de marinheiro* m
29 peaked cap (yachting cap)
- *o boné de marinheiro com viseira* f
30 sou'wester (southwester)
- *o sueste*
31 fox cap with earflaps
- *o boné de pêlo* m *de raposa* f *com aletas* f
32 leather cap with fur flaps
- *o boné de couro* m *com aletas* f *de pêlo* m
33 musquash cap
- *o casquete russo de pele* f
34 astrakhan cap, a real or imitation astrakhan cap
- *o gorro de astracã* m, *natural ou sintético*

35 boater
- *a palheta*
36 (grey, *Am.* gray, or black) top hat made of silk taffeta; collapsible: crush hat (opera hat, claque)
- *a cartola de tafetá* m *de seda (cinza ou preta); retrátil: o claque*
37 sun hat (lightweight hat) made of cloth with small patch pocket
- *o chapéu esporte* (Pt. *o chapéu desportivo) de verão* m *confeccionado com bolso* m
38 wide-brimmed hat
- *o chapéu de abas largas*
39 toboggan cap (skiing cap, ski cap)
- *o gorro com borla* f
40 workman's cap (for farmers, foresters, craftsmen)
- *o boné de operário* m *(para fazendeiros* m, *guardas-florestais* m, *artesãos* m*)*

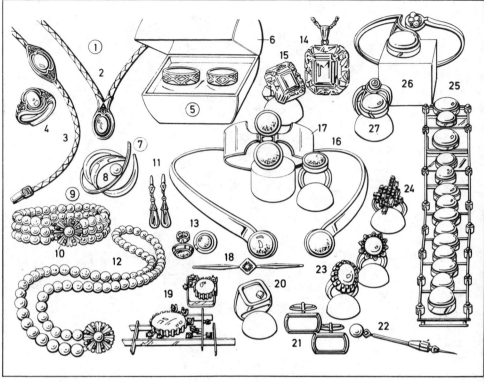

1 set of jewellery (*Am.* jewelry)
– *as jóias e os adereços*
2 necklace
– *o colar*
3 bracelet
– *a pulseira, o bracelete*
4 ring
– *o anel*
5 wedding rings
– *as alianças*
6 wedding ring box
– *o porta-alianças*
7 brooch, a pearl brooch
– *o broche, um broche de pérola*
8 pearl
– *a pérola*
9 cultured pearl bracelet
– *a pulseira de pérolas* f *cultivadas*
10 clasp, a white gold clasp
– *o fecho, um fecho de ouro* m *branco*
11 pendant earrings (drop earrings)
– *os brincos de pingente* m
12 cultured pearl necklace
– *o colar de pérolas* f *cultivadas*
13 earrings
– *os brincos*
14 gemstone pendant
– *a pedra preciosa montada em pendentif* m *(o pendentif de pedra preciosa)*
15 gemstone ring
– *o anel de pedra preciosa*
16 choker (collar, neckband)
– *a gargantilha*

17 bangle
– *o bracelete*
18 diamond pin
– *o alfinete com forma* f *de barra* f*, com brilhante* m
19 modern-style brooches
– *o broche. estilo moderno*
20 man's ring
– *o anel de homem* m
21 cuff links
– *as abotoaduras*
22 tiepin
– *o alfinete de gravata* f
23 diamond ring with pearl
– *o anel cravejado de brilhantes* m *com pérola* f
24 modern-style diamond ring
– *o anel de brilhantes* m*, estilo moderno*
25 gemstone bracelet
– *o bracelete com pedras preciosas*
26 asymmetrical bangle
– *a pulseira assimétrica*
27 asymmetrical ring
– *o anel assimétrico*
28 ivory necklace
– *o colar de marfim* m
29 ivory rose
– *a rosa de marfim* m
30 ivory brooch
– *o broche de marfim* m
31 jewel box (jewel case)
– *o cofre de jóias* f
32 pearl necklace
– *o colar de pérolas* f

33 bracelet watch
– *o relógio-pulseira (o relógio de pulso* m*)*
34 coral necklace
– *o colar de coral* m
35 charms
– *os berloques*
36 coin bracelet
– *a pulseira com moeda* f
37 gold coin
– *a moeda de ouro* m
38 coin setting
– *a cravação da moeda* f
39 link
– *o elo*
40 signet ring
– *o anel de sinete* m
41 engraving (monogram)
– *a gravação (o monograma)*
42-86 cuts and forms
– *os cortes de pedras* f
42-71 faceted stones
– *as pedras facetadas*
42-43 standard round cut
– *o corte redondo, a lapidação redonda normal*
44 brilliant cut
– *a lapidação (o corte) brilhante*
45 rose cut
– *a lapidação de base plana com 12 ou 24 facetas* f *triangulares usada para diamantes pequenos*
46 flat table
– *a mesa plana*

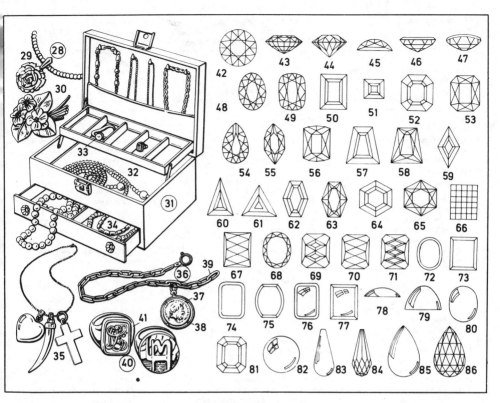

47 table en cabochon
– *o cabochão*
48 standard cut
– *o corte oval padrão*
49 standard antique cut
– *o corte oval antigo*
50 rectangular step-cut
– *o corte retangular*
51 square step-cut
– *o corte quadrado*
52 octagonal step-cut
– *a lapidação esmeralda* f
53 octagonal cross-cut
– *o corte esmeralda* f *cruzado*
54 standard pear-shape (pendeloque)
– *o corte gota* f
55 marquise (navette)
– *a marquise (a navette)*
56 standard barrel-shape
– *o corte barril* m
57 trapezium step-cut
– *o corte trapézio* m
58 trapezium cross-cut
– *o corte trapézio* m *com facetas cruzadas*
59 rhombus step-cut
– *o corte losango* m
60-61 triangular step-cut
– *os cortes triangulares*
62 hexagonal step-cut
– *o corte hexagonal*
63 oval hexagonal cross-cut
– *o corte hexagonal ovalado*
64 round hexagonal step-cut
– *o corte hexagonal arredondado*

65 round hexagonal cross-cut
– *o corte hexagonal arredondado com facetas cruzadas*
66 chequer-board cut
– *o corte tabuleiro* m
67 triangle cut
– *o corte triangular (interno)*
68-71 fancy cuts
– *os cortes fantasia* f
72-77 ring gemstones
– *as pedras preciosas para anéis* m
72 oval flat table
– *a mesa plana oval*
73 rectangular flat table
– *a mesa plana retangular*
74 octagonal flat table
– *a mesa plana octogonal*
75 barrel-shape
– *a forma em barril* m
76 antique table en cabochon
– *a mesa oval à moda antiga (ondulada em cabochão* m)
77 rectangular table en cabochon
– *a mesa retangular (ondulada em cabochão* m)
78-81 cabochons
– *os cortes em cabochão* m
78 round cabochon (simple cabochon)
– *o cabochão redondo (cabochão simples)*
79 high dome (high cabochon)
– *o cabochão alto*
80 oval cabochon
– *o cabochão oval*

81 octagonal cabochon
– *o cabochão octogonal*
82-86 spheres and pear-shapes
– *os cortes em esfera* f *e pêra* f
82 plain sphere
– *a esfera lisa*
83 plain pear-shape
– *o corte pêra-lisa*
84 faceted pear-shape
– *o corte pêra* f *facetado*
85 plain drop
– *o corte gota* f *lisa*
86 faceted briolette
– *o briolete facetado*

1-53 detached house
- *a casa*
1 basement
- *o porão* (Pt. *a cave*)
2 ground floor (*Am.* first floor)
- *o andar térreo* (Pt. *o rés-do-chão* m)
3 upper floor (first floor, *Am.* second floor)
- *o andar superior, o segundo pavimento* (Pt. *o andar de cima* f)
4 loft
- *o sótão*
5 roof, a gable roof (saddle roof, saddleback roof)
- *o telhado, um telhado de duas águas*
6 gutter
- *a calha*
7 ridge
- *a cumeeira*
8 verge with bargeboards
- *o beiral com tábuas* f
9 eaves, rafter-supported eaves
- *o beiral de baixo*
10 chimney
- *a chaminé*
11 gutter
- *a calha*
12 swan's neck (swan-neck)
- *a mão francesa*
13 rainwater pipe (downpipe, *Am.* downspout, leader)
- *o condutor de águas* f *pluviais*
14 vertical pipe, a cast-iron pipe
- *o tubo de queda* i
15 gable (gable end)
- *a empena*
16 glass wall
- *o tabique, a vidraça*
17 base course (plinth)
- *o embasamento*
18 balcony
- *a varanda*
19 parapet
- *a balaustrada*
20 flower box
- *a jardineira*
21 French window (French windows) opening on to the balcony
- *a porta-janela, a porta de dois batentes (abrindo para a varanda)*
22 double casement window
- *a janela de dois batentes*
23 single casement window
- *a janela de batente único*
24 window breast with window sill
- *o peitoril da janela*
25 lintel (window head)
- *a verga*
26 reveal
- *o vão*
27 cellar window (basement window)
- *o respiradouro*
28 rolling shutter
- *a persiana (o estore)*
29 rolling shutter frame
- *a armação da persiana*
30 window shutter (folding shutter)
- *a persiana (a gelosia, a rótula)*
31 shutter catch
- *o prendedor*
32 garage with tool shed
- *a garagem com espaços* m *para ferramentas* f *e despejo* m
33 espalier
- *a latada*

34 batten door (ledged door)
- *a porta de frisos* m
35 fanlight with mullion and transom
- *a bandeira com pinázio* m *e travessa* f
36 terrace
- *o pátio*
37 garden wall with coping stones
- *o muro do jardim com pedras* f *de remate* m
38 garden light
- *o lampião*
39 steps
- *os degraus*
40 rockery (rock garden)
- *o jardim de pedras* f
41 outside tap (*Am.* faucet) for the hose
- *a bica da mangueira*
42 garden hose
- *a mangueira*
43 lawn sprinkler
- *o esguicho*
44 paddling pool
- *o laguinho*
45 stepping stones
- *o caminho de lajotas* f
46 sunbathing area (lawn)
- *a área para banho* m *de sol* m *(o gramado,* Pt. *o relvado)*
47 deck-chair
- *a espreguiçadeira*
48 sunshade (garden parasol)
- *o guarda-sol*
49 garden chair
- *a cadeira de jardim* m
50 garden table
- *a mesa de jardim* m
51 frame for beating carpets
- *a armação para bater tapetes* m
52 garage driveway
- *a entrada da garagem*
53 fence, a wooden fence
- *a cerca, uma cerca de estacas* f
54-57 housing estate (housing development)
- *o conjunto habitacional*
54 house on a housing estate (on a housing development)
- *a casa do conjunto*
55 pent roof (penthouse roof)
- *o alpendre*
56 dormer (dormer window)
- *a água-furtada, a mansarda*
57 garden
- *o jardim*
58-63 terraced house [one of a row of terraced houses], **stepped**
- *a série de casas iguais, escalonadas*
58 front garden
- *o jardim*
59 hedge
- *a sebe (a cerca viva)*
60 pavement (*Am.* sidewalk, walkway)
- *a calçada*
61 street (road)
- *a rua*
62 street lamp (street light)
- *o poste de luz* m *da rua*
63 litter bin (*Am.* litter basket)
- *a lata de lixo*
64-68 house divided into two flats (*Am.* house divided into two apartments, duplex house
- *a casa de dois andares dividida em dois apartamentos*

64 hip (hipped) roof
- *o telhado de quatro águas*
65 front door
- *a porta de entrada* f
66 front steps
- *os degraus*
67 canopy
- *a marquise*
68 flower window (window for house plants)
- *a jardineira*
69-71 pair of semi-detached houses divided into four flats (*Am.* apartments)
- *o edifício com quatro apartamentos* m
69 balcony
- *a sacada*
70 sun lounge (*Am.* sun parlor)
- *o jardim de inverno* m
71 awning (sun blind, sunshade)
- *o toldo*
72-76 block of flats (*Am.* apartment building, apartment house) with access balconies
- *o edifício de apartamentos* m
72 staircase
- *as escadas*
73 balcony
- *a varanda*
74 studio flat (*Am.* studio apartment)
- *o apartamento tipo estúdio* m
75 sun roof, a sun terrace
- *o terraço* (Pt. *a açoteia),* um solário
76 open space
- *a área verde*
77-81 multi-storey block of flats (*Am.* multistory apartment building, multistory apartment house)
- *o edifício de apartamentos* m *com diversos andares*
77 flat roof
- *a cobertura plana*
78 pent roof (shed roof, lean-to roof)
- *o telheiro, a meia-água*
79 garage
- *a garagem*
80 pergola
- *a pérgula*
81 staircase window
- *a janela da escadaria*
82 high-rise block of flats (*Am.* high-rise apartment building, high-rise apartment house)
- *o edifício de apartamentos* m *com muitos andares, a torre*
83 penthouse
- *a cobertura*
84-86 weekend house, a timber house
- *a casa de veraneio* m, *uma casa de madeira* f
84 horizontal boarding
- *as tábuas horizontais*
85 natural stone base course (natural stone plinth)
- *o embasamento de pedras* f *de cantaria* f
86 strip windows (ribbon windows)
- *a fila de janelas* f

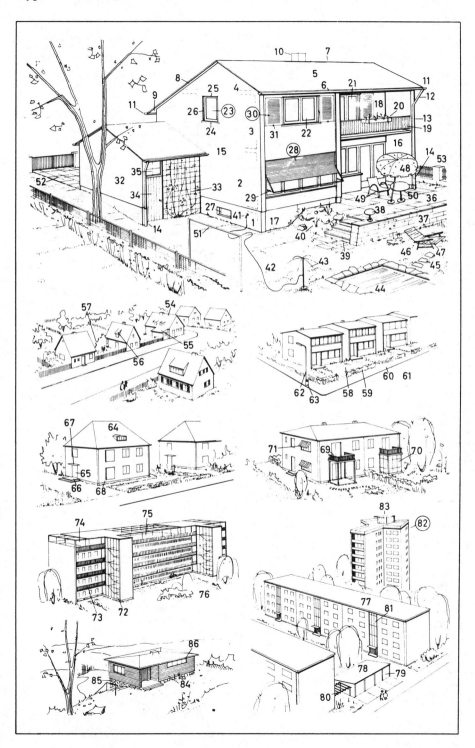

1-29 attic
- *o ático, o sótão*
1 roof cladding (roof covering)
- *a cobertura de telhas* f
2 skylight
- *a clarabóia*
3 gangway
- *o andaime*
4 cat ladder (roof ladder)
- *a escada*
5 chimney
- *a chaminé*
6 roof hook
- *o gancho*
7 dormer window (dormer)
- *a janela de água-furtada* f
8 snow guard (roof guard)
- *o guarda-neve*
9 gutter
- *a calha*
10 rainwater pipe (downpipe, *Am.* downspout, leader)
- *o condutor de águas* f *pluviais (o barbará)*
11 eaves
- *o beiral*
12 pitched roof
- *a empena*
13 trapdoor
- *o alçapão*
14 hatch
- *o postigo*
15 ladder
- *a escada*
16 stile
- *o montante*
17 rung
- *o degrau*
18 loft (attic)
- *o sótão (o ático)*
19 wooden partition
- *o tabique*
20 lumber room door (boxroom door)
- *a porta da mansarda*
21 padlock
- *o cadeado*
22 hook [for washing line]
- *o gancho do estendedor de roupas* f
23 clothes line (washing line)
- *a corda (o varal)*
24 expansion tank for boiler
- *o tanque para a caldeira*
25 wooden steps and balustrade
- *a escada de madeira* f *e o corrimão*
26 string (*Am.* stringer)
- *ò montante*
27 step
- *o degrau*
28 handrail (guard rail)
- *o corrimão*
29 baluster
- *o balaústre*
30 lightning conductor (lightning rod)
- *o pára-raios*
31 **chimney sweep** (*Am.* chimney sweeper)
- *o limpador de chaminés* f
32 brush with weight
- *a escova e o peso*
33 shoulder iron
- *a ombreira*

34 sack for soot
- *o saco de fuligem* f
35 flue brush
- *a escova de arame* m
36 broom (besom)
- *a vassoura*
37 broomstick (broom handle)
- *o cabo da vassoura*
38-81 hot-water heating system, full central heating
- *a instalação de aquecimento* m *de água* f*, o aquecimento central*
38-43 boiler room
- *a sala da caldeira*
38 coke-fired central heating system
- *o aquecedor central a coque* m
39 ash box door (*Am.* cleanout door)
- *a porta da fornalha*
40 flueblock
- *a caixa de fumaça* f
41 poker
- *o atiçador*
42 rake
- *o esborralhador*
43 coal shovel
- *a pá de carvão* m
44-60 oil-fired central heating system
- *o aquecedor central a óleo* m *combustível*
44 oil tank
- *o tanque de óleo* m
45 manhole
- *o poço de limpeza* f*, a porta de inspeção* f
46 manhole cover
- *a tampa*
47 tank inlet
- *a entrada do tanque*
48 dome cover
- *a cobertura do cilindro*
49 tank bottom valve
- *a válvula do fundo*
50 fuel oil (heating oil)
- *o óleo combustível*
51 air-bleed duct
- *o cano de ventilação* f
52 air vent cap
- *a tampa*
53 oil level pipe
- *o cano do nível do óleo*
54 oil gauge (*Am.* gage)
- *o indicador do nível do óleo*
55 suction pipe
- *o tubo de sucção* f
56 return pipe
- *o cano do ladrão*
57 central heating furnace (oil heating furnace)
- *o forno de aquecimento* m *central a óleo* m
58-60 oil burner
- *o queimador de óleo* m
58 fan
- *a ventoinha*
59 electric motor
- *o motor elétrico*
60 covered pilot light
- *o piloto com cobertura* f
61 charging door
- *a porta de carga* f
62 inspection window
- *a janela de inspeção* f

63 water gauge (*Am.* gage)
- *o medidor de água* f
64 furnace thermometer
- *o termômetro da fornalha*
65 bleeder
- *a torneira de sangria* f
66 furnace bed
- *a base da fornalha*
67 control panel
- *o painel de controle* m
68 hot water tank (boiler)
- *o tanque de água* f *quente (a caldeira)*
69 overflow pipe (overflow)
- *a canalização do ladrão*
70 safety valve
- *a válvula de segurança* f
71 main distribution pipe
- *o cano distribuidor*
72 lagging
- *o isolamento térmico*
73 valve
- *a válvula de fechamento* m
74 flow pipe
- *o tubo de saída* f
75 regulating valve
- *a válvula reguladora*
76 radiator
- *o radiador*
77 radiator rib
- *o elemento do radiador*
78 room thermostat
- *o termostato*
79 return pipe (return)
- *o cano de retorno* m
80 return pipe [in two-pipe system]
- *o cano de retorno* m [*em sistema* f *de encanamento duplo*]
81 smoke outlet (smoke extract)
- *a saída (da fumaça)*

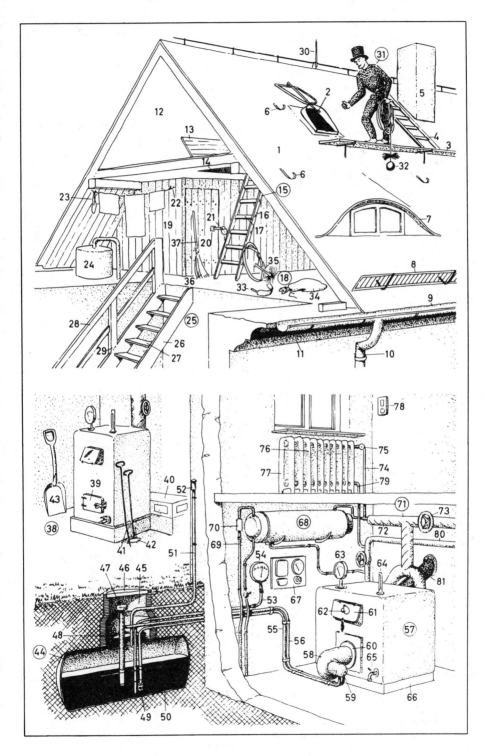

1 housewife	**16** kettle (whistling kettle)	**32** spice jar
– *a dona-de-casa* f	– *a chaleira (a chaleira de apito*	– *o recipiente de temperos* m
2 refrigerator (fridge, *Am.* ice-box)	m*)*	**33-36 sink unit**
	17 cooker hood	– *a pia, unidade* f *completa*
– *a geladeira* (Pt. *o frigorífico)*	– *a coifa*	**33** dish drainer
3 refrigerator shelf	**18** pot holder	– *o secador de pratos* m *(o escor-*
– *a prateleira*	– *o pegador de panela* f	*redor)*
4 salad drawer	**19** pot holder rack	**34** tea plate
– *a gaveta de legumes* m	– *o suporte para pegadores* m *de*	– *o prato de sobremesa* f
5 cooling aggregate	*panela* f	**35** sink
– *o compartimento congelador*	**20** kitchen clock	– *a pia*
6 bottle rack (in storage door)	– *o relógio*	**36** water tap (*Am.* faucet); mixer
– *o porta-garrafas* f	**21** timer	tap (*Am.* mixing faucet)
7 upright freezer	– *o minuteiro*	– *o misturador*
– *o congelador vertical*	**22** hand mixer	**37** pot plant, a foliage plant
8 wall cupboard, a kitchen cup-board	– *a batedeira manual*	– *o vaso de planta* f
	23 whisk	**38** coffee maker
– *o armário de cozinha* f	– *o batedor (a haste)*	– *a cafeteira elétrica*
9 base unit	**24** electric coffee grinder (with rotat-ing blades)	**39** kitchen lamp
– *o gabinete*		– *a luminária*
10 cutlery drawer	– *o moedor elétrico de café* m *(com*	**40** dishwasher (dishwashing ma-chine)
– *a gaveta de talheres* m	*lâminas rotativas)*	
11 working top	**25** lead	– *a máquina de lavar louça* f (Pt.
– *a bancada*	– *o fio*	*o lava-louça)*
12-17 cooker unit	**26** wall socket	**41** dish rack
– *o conjunto de fogão* m *e coifa* f	– *a tomada*	– *a gaveta de louças* f
12 electric cooker (also: gas coo-ker)	**27** corner unit	**42** dinner plate
	– *o gabinete de canto* m	– *o prato raso*
– *o fogão elétrico (também fogão*	**28** revolving shelf	**43** kitchen chair
m *a gás* m*)*	– *a prateleira giratória*	– *a cadeira da cozinha*
13 oven	**29** pot (cooking pot)	**44** kitchen table
– *o forno*	– *a panela*	– *a mesa da cozinha*
14 oven window	**30** jug	
– *o visor, o óculo*	– *a cafeteira*	
15 hotplate (automatic high-speed plate)	**31** spice rack	
	– *a prateleira para temperos* m	
– *a chapa*		

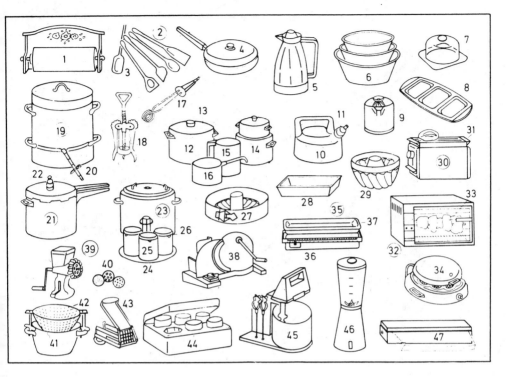

1 general-purpose roll holder with
  kitchen roll (paper towels)
 – *o suporte para toalhas* f *de papel*
  m (Pt. *para rolos* m *de cozinha*
  f)
2 set of wooden spoons
 – *o jogo de colheres* f *de pau* m
3 mixing spoon
 – *a colher de pau* m
4 frying pan
 – *a frigideira*
5 thermos jug
 – *a garrafa térmica*
6 set of bowls
 – *o jogo de tigelas* f
7 cheese dish with glass cover
 – *a queijeira com redoma* f *de vidro* m
8 three-compartment dish
 – *a bandeja para aperitivos* m
9 lemon squeezer
 – *o espremedor*
10 whistling kettle
 – *a chaleira de apito* m
11 whistle
 – *o apito*
12-16 pan set
 – *o conjunto de panelas* f (*bateria*
  f *de cozinha* f)
12 pot (cooking pot)
 – *a panela*
13 lid
 – *a tampa*
14 casserole dish
 – *a panela de banho-maria* m
15 milk pot
 – *a leiteira*

16 saucepan
 – *a caçarola*
17 immersion heater
 – *o aquecedor, a resistência de
  imersão* f
18 corkscrew [with levers]
 – *o saca-rolhas (com alavancas* f)
19 juice extractor
 – *a máquina de fazer suco* m (*a
  centrífuga*)
20 tube clamp (tube clip)
 – *o grampo para prender o tubo*
  m
21 pressure cooker
 – *a panela de pressão* f
22 pressure valve
 – *a válvula*
23 fruit preserver
 – *o esterilizador para conservas* f
24 removable rack
 – *o suporte móvel para potes* m
  de conserva f
25 preserving jar
 – *os potes de conserva* f
26 rubber ring
 – *o vedador*
27 spring form
 – *a fôrma com aro* m
28 cake tin
 – *a fôrma de bolo* m *inglês*
29 cake tin
 – *a fôrma de bolo* m
30 toaster
 – *a torradeira elétrica*
31 rack for rolls
 – *a grelha para pãezinhos* m

32 rotisserie
 – *a churrasqueira elétrica*
33 spit
 – *o espeto*
34 electric waffle iron
 – *a máquina de 'waffle'*
35 sliding-weight scales
 – *a balança de cozinha* f
36 sliding weight
 – *o cursor*
37 scale pan
 – *o prato da balança*
38 food slicer
 – *a máquina de cortar frios* m
39 mincer (*Am.* meat chopper)
 – *o moedor (o picador) de carne*
  f
40 blades
 – *as lâminas*
41 chip pan
 – *a frigideira para batatas fritas*
42 basket
 – *a cesta*
43 potato chipper
 – *o cortador de batata* f
44 yoghurt maker
 – *a iogurteira*
45 mixer
 – *a batedeira elétrica*
46 blender
 – *o liquidificador*
47 bag sealer
 – *o aparelho de vedação* f *de sacos
  plásticos para alimentos* m

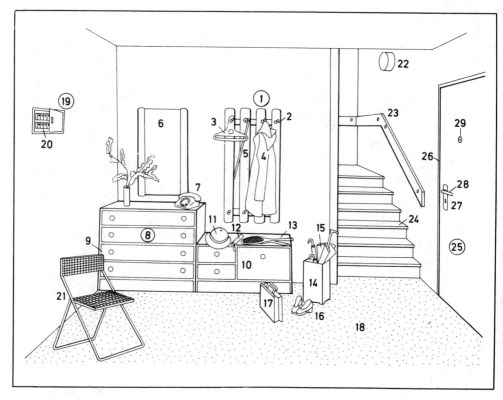

1-29 hall (entrance hall)
- *o vestíbulo, a entrada*
1 coat rack
- *o cabideiro* (Pt. *o cabide*)
2 coat hook
- *o gancho*
3 coat hanger
- *o cabide, a cruzeta*
4 rain cape
- *a capa* (Pt. *o impermeável*)
5 walking stick
- *a bengala*
6 hall mirror
- *o espelho*
7 telephone
- *o telefone*
8 chest of drawers for shoes etc.
- *a cômoda*
9 drawer
- *a gaveta*
10 seat
- *o banco*
11 ladies' hat
- *o chapéu de senhora* f
12 telescopic umbrella
- *o guarda-chuva dobrável*
13 tennis rackets (tennis racquets)
- *as raquetes de tênis* m
14 umbrella stand
- *o porta-guarda-chuva*
15 umbrella
- *o guarda-chuva*
16 shoes
- *o sapato*
17 briefcase
- *a pasta*

18 fitted carpet
- *o carpete*
19 fuse box
- *a caixa de fusíveis* m
20 miniature circuit breaker
- *o disjuntor*
21 tubular steel chair
- *a cadeira de aço* m *tubular*
22 stair light
- *a aplique de luz* f *da escada*
23 handrail
- *o corrimão*
24 step
- *o degrau*
25 front door
- *a porta de entrada* f *(a porta da frente, a entrada social)*
26 door frame
- *o batente*
27 door lock
- *a fechadura*
28 door handle
- *a maçaneta*
29 spyhole
- *o olho-mágico*

1 wall units
 – *o móvel modulado*
2 side wall
 – *a lateral*
3 bookshelf
 – *a prateleira de livros* m
4 row of books
 – *a fileira de livros* m
5 display cabinet unit
 – *a vitrine*
6 cupboard base unit
 – *o armário (compartimento* m *inferior)*
7 cupboard unit
 – *o armário (compartimento* m *superior)*
8 television set (TV set)
 – *o aparelho de televisão* f, *o televisor*
9 stereo system (stereo equipment)
 – *o equipamento estéreo*
10 speaker (loudspeaker)
 – *a caixa acústica*
11 pipe rack
 – *o porta-cachimbos*
12 pipe
 – *o cachimbo*
13 globe
 – *o globo*
14 brass kettle
 – *a chaleira de latão* m
15 telescope
 – *o telescópio*

16 mantle clock
 – *o relógio de mesa* f
17 bust
 – *o busto*
18 encyclopaedia (in several volumes)
 – *a enciclopédia (em vários volumes* m)
19 room divider
 – *a divisória de ambiente* m
20 drinks cupboard
 – *o bar*
21-26 upholstered suite (seating group)
 – *o grupo estofado*
21 armchair
 – *a poltrona*
22 arm
 – *o braço da poltrona* f
23 seat cushion (cushion)
 – *a almofada de assento*
24 settee
 – *o sofá*
25 back cushion
 – *a almofada do encosto*
26 (round) corner section
 – *o módulo de canto* m
27 scatter cushion
 – *a almofada*
28 coffee table
 – *a mesa de centro* m
29 ashtray
 – *o cinzeiro*

30 tray
 – *a bandeja*
31 whisky (whiskey) bottle
 – *a garrafa de uísque* m (Pt. *de whisky* m)
32 soda water bottle (soda bottle)
 – *o sifão*
33-34 dining set
 – *o conjunto da sala de jantar* m *(a mobília da sala de jantar)*
33 dining table
 – *a mesa*
34 chair
 – *a cadeira*
35 net curtain
 – *a cortina de* voile m
36 indoor plants (houseplants)
 – *as plantas de interior* m

1 wardrobe (*Am.* clothes closet)
– *o guarda-roupa*
2 linen shelf
– *a prateleira de roupa* f *branca*
3 cane chair
– *a cadeira de vime* m
4-13 double bed (sim.: double divan)
– *a cama de casal* m
4-6 bedstead
– *o enxergão*
4 foot of the bed
– *o pé da cama* f
5 bed frame
– *o estrado*
6 headboard
– *a cabeceira, a guarda*
7 bedspread
– *a colcha*
8 duvet, a quilted duvet
– *o edredom*
9 sheet, a linen sheet
– *o lençol, o lençol de linho* m
10 mattress, a foam mattress with drill tick
– *o colchão, um colchão de espuma* f *revestido de tecido* m
11 [wedge-shaped] bolster
– *o recosto* (Pt. *o travesseiro*)
12-13 pillow
– *o travesseiro* (Pt. *a almofada*)
12 pillowcase (pillowslip)
– *a fronha*
13 tick
– *o forro do travesseiro* (Pt. *da almofada*)

14 bookshelf (attached to the headboard)
– *a estante para livros* m *(acoplada à cabeceira da cama)*
15 reading lamp
– *a lâmpada para leitura, a lâmpada de cabeceira* f
16 electric alarm clock
– *o relógio digital*
17 bedside cabinet
– *o criado-mudo, a mesa de cabeceira* f
18 drawer
– *a gaveta*
19 bedroom lamp
– *a arandela, o aplique*
20 picture
– *o quadro*
21 picture frame
– *a moldura*
22 bedside rug
– *o tapete lateral*
23 fitted carpet
– *o carpete*
24 dressing stool
– *a banqueta*
25 dressing table
– *a penteadeira* (Pt. *o toucador*)
26 perfume spray
– *o atomizador*
27 perfume bottle
– *o frasco de perfume*
28 powder box
– *a caixa de pó-de-arroz* m

29 dressing-table mirror (mirror)
– *o espelho*

1-11 dining set
- *a mobília de sala* f *de jantar* m
1 dining table
- *a mesa*
2 table leg
- *a perna da mesa* f
3 table top
- *o tampo da mesa* f
4 place mat
- *o descanso, a esteirinha* (Pt. *a base*)
5 place (place setting, cover)
- *o talher*
6 soup plate (deep plate)
- *o prato de sopa* f *(o prato fundo)*
7 dinner plate
- *o prato raso*
8 soup tureen
- *a sopeira*
9 wineglass
- *o cálice de vinho* m
10 dining chair
- *a cadeira*
11 seat
- *o assento*
12 lamp (pendant lamp)
- *a luminária (de suspensão* f)
13 curtains
- *a cortina*
14 net curtain
- *a cortina de* voile
15 curtain rail
- *o trilho*
16 carpet
- *o tapete*
17 wall unit

- *o armário de parede* f
18 glass door
- *a porta de vidro* m
19 shelf
- *a prateleira*
20 sideboard
- *o aparador (o bufê;* Pt. *o bufete)*
21 cutlery drawer
- *a gaveta de talheres* m
22 linen drawer
- *a gaveta para guarnições* f *de mesa* f *(para roupa* f *de mesa)*
23 base
- *a base*
24 round tray
- *a bandeja redonda*
25 pot plant
- *o vaso de planta* f
26 china cabinet (display cabinet)
- *a cristaleira*
27 coffee set (coffee service)
- *o aparelho (o· serviço) de café* m
28 coffee pot
- *o bule de café* m, *a cafeteira*
29 coffee cup
- *a xícara* (Pt. *a chávena) de café* m
30 saucer
- *o pires*
31 milk jug
- *a leiteira*
32 sugar bowl
- *o açucareiro*
33 dinner set (dinner service)
- *o aparelho (o serviço) de jantar* m

1 dining table
- *a mesa de jantar* m
2 tablecloth, a damask cloth
- *a toalha de mesa* f; *toalha adamascada*
3-12 place (place setting, cover)
- *a mesa posta*
3 bottom plate
- *o descanso, a esteirinha* (Pt. *a base*)
4 dinner plate
- *o prato raso*
5 deep plate (soup plate)
- *o prato fundo (o prato de sopa* f)
6 dessert plate (dessert bowl)
- *o prato de sobremesa* f
7 knife and fork
- *a faca e o garfo*
8 fish knife and fork
- *o talher de peixe* m
9 serviette (napkin, table napkin)
- *o guardanapo*
10 serviette ring (napkin ring)
- *o porta-guardanapo*
11 knife rest
- *o descanso de faca* f
12 wineglasses
- *os copos de vinho* m
13 place card
- *o cartão de mesa* f
14 soup ladle
- *a concha*
15 soup tureen (tureen)
- *a sopeira (a terrina)*
16 candelabra
- *o candelabro*

17 sauceboat (gravy boat)
- *a molheira*
18 sauce ladle (gravy ladle)
- *a concha de molho* m
19 table decoration
- *o enfeite de mesa* f
20 bread basket
- *a cesta de pão* m
21 roll
- *o pãozinho*
22 slice of bread
-- *a fatia de pão* m
23 salad bowl
- *a saladeira*
24 salad servers
- *o talher de salada* f
25 vegetable dish
- *a legumeira*
26 meat plate (*Am.* meat platter)
- *a travessa de carne* f
27 roast meat (roast)
- *a carne assada*
28 fruit dish
- *a compoteira*
29 fruit bowl
- *a taça de compota* f
30 fruit (stewed fruit)
- *a compota*
31 potato dish
- *a legumeira (com tampa* f)
32 serving trolley
- *o carrinho*
33 vegetable plate (*Am.* vegetable platter)
- *a travessa de legumes* m

34 toast
- *a torrada*
35 cheeseboard
- *a bandeja de queijos* m
36 butter dish
- *a manteigueira*
37 open sandwich
- *o canapé*
38 filling
- *a pasta*
39 sandwich
- *o sanduíche* (Pt. *a sandes*)
40 fruit bowl
- *a fruteira*
41 almonds (*also:* potato crisps, peanuts)
- *as amêndoas (*tb:*batatas* f *chips,* Pt. *batatinhas fritas, amendoins* m*)*
42 oil and vinegar bottle
- *o galheteiro*
43 ketchup (catchup, catsup)
- *o molho de tomate temperado*
44 sideboard
- *o aparador*
45 electric hotplate
- *a estufa elétrica*
46 corkscrew
- *o saca-rolhas*
47 crown cork bottle-opener (crown cork opener), a bottle-opener
- *o abridor de garrafas* f
48 liqueur decanter
- *o licoreiro*

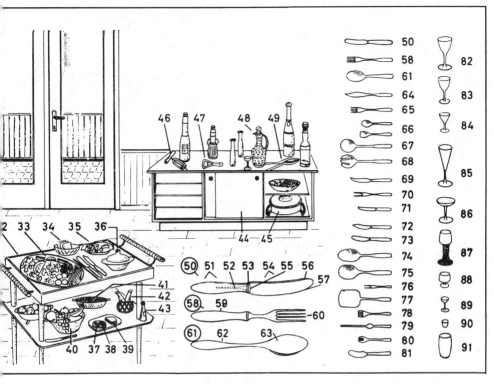

49 nutcrackers (nutcracker)
- *o quebra-nozes*
50 knife
- *a faca*
51 handle
- *o cabo*
52 tang (tongue)
- *a espiga*
53 ferrule
- *a virola*
54 blade
- *a lâmina*
55 bolster
- *a lingüeta*
56 back
- *as costas*
57 edge (cutting edge)
- *o fio (o corte)*
58 fork
- *o garfo*
59 handle
- *o cabo*
60 prong (tang, tine)
- *os dentes*
61 spoon (dessert spoon, soup spoon)
- *a colher (de sopa f, de sobremesa f)*
62 handle
- *o cabo*
63 bowl
- *a concha*
64 fish knife
- *a faca de peixe m*
65 fish fork
- *o garfo de peixe m*

66 dessert spoon (fruit spoon)
- *a colher de sobremesa f*
67 salad spoon
- *a colher de salada f*
68 salad fork
- *o garfo de salada f*
69-70 carving set (serving cutlery)
- *o talher de servir*
69 carving knife
- *o trinchante*
70 serving fork
- *o garfo de servir*
71 fruit knife
- *a faca de sobremesa f*
72 cheese knife
- *a faca de queijo m*
73 butter knife
- *a faca de manteiga f*
74 vegetable spoon, a serving spoon
- *a colher de servir*
75 potato server (serving spoon for potatoes)
- *a colher de servir batatas f*
76 cocktail fork
- *o garfo de coquetel (o espetinho)*
77 asparagus server (asparagus slice)
- *a espátula de servir aspargos m*
78 sardine server
- *o garfo de sardinha f*
79 lobster fork
- *o garfo de lagosta f*
80 oyster fork
- *o garfo de ostra f*

81 caviare knife
- *a faca de caviar m*
82 white wine glass
- *cálice de vinho branco*
83 red wine glass
- *o cálice de vinho tinto*
84 sherry glass (madeira glass)
- *o cálice de xerez m*
85-86 champagne glasses
- *as taças de champanha m*
85 tapered glass
- *a tulipa de champanhe m*
86 champagne glass, a crystal glass
- *a taça de cristal m*
87 rummer
- *o cálice de vinho m do Reno*
88 brandy glass
- *o cálice de conhaque m*
89 liqueur glass
- *o cálice de licor m*
90 spirit glass
- *o copinho de aguardente m*
91 beer glass
- *o copo de cerveja f*

1 wall units (shelf units)
- *o armário modulado*
2 wardrobe door (*Am.* clothes closet door)
- *a porta do guarda-roupa*
3 body
- *a divisória*
4 side wall
- *a parede lateral*
5 trim
- *a prateleira de cima*
6 two-door cupboard unit
- *o compartimento de armário* m *com duas portas*
7 bookshelf unit (bookcase unit)
- *a estante de livros* m
8 books
- *os livros*
9 display cabinet
- *a vitrine*
10 card index boxes
- *os fichários* (Pt. *os ficheiros*)
11 drawer
- *o gaveteiro*
12 decorative biscuit tin
- *a caixa decorativa para bombons* m (*a bonbonnière*)
13 soft toy animal
- *o bicho de pano* m
14 television set (TV set)
- *o aparelho de televisão* f, *o televisor*
15 records (discs)
- *os discos*
16 bed unit
- *a cama*

17 scatter cushion
- *as almofadas*
18 bed unit drawer
- *as gavetas da cama*
19 bed unit shelf
- *a prateleira da cama*
20 magazines
- *as revistas*
21 desk unit (writing unit)
- *o nicho da escrivaninha*
22 desk
- *a escrivaninha*
23 desk mat (blotter)
- *o borrador*
24 table lamp
- *o abajur* (Pt. *a pantalha*)
25 wastepaper basket
- *a cesta de papéis* m
26 desk drawer
- *a gaveta*
27 desk chair
- *a cadeira*
28 arm
- *o braço da cadeira*
29 kitchen unit
- *a quitinete* (Pt. *o compartimento da cozinha*)
30 wall cupboard
- *o armário de parede* f
31 cooker hood
- *a coifa*
32 electric cooker
- *o fogão elétrico*
33 refrigerator (fridge, *Am.* icebox)
- *a geladeira* (Pt. *o frigorífico*)

34 dining table
- *a mesa de jantar* m
35 table runner
- *o caminho (a tira) de mesa* f
36 oriental carpet
- *o tapete persa, tapete original*
37 standard lamp
- *o abajur* (Pt. *o candeeiro*) *de pé* m

1 children's bed, a bunk bed
- *a cama-beliche*
2 storage box
- *o gavetão*
3 mattress
- *o colchão*
4 pillow
- *o travesseiro* (Pt. *a almofada*)
5 ladder
- *a escada*
6 soft toy elephant, a cuddly toy animal
- *o elefante de pelúcia* f, *um bichinho de pelúcia*
7 soft toy dog
- *o cachorrinho de pelúcia* f
8 cushion
- *o assento acolchoado (o pufe)*
9 fashion doll
- *a boneca de vestir*
10 doll's pram
- *o bercinho de boneca* f
11 sleeping doll
- *a boneca que dorme*
12 canopy
- *o cortinado*
13 blackboard
- *o quadro-negro*
14 counting beads
- *o ábaco*
15 toy horse for rocking and pulling
- *o cavalinho de balanço* m
16 rockers
- *a embaladeira*

17 children's book
- *o livro*
18 compendium of games
- *a seleção de jogos* m
19 ludo
- *o ludo*
20 chessboard
- *o tabuleiro de xadrez* m
21 children's cupboard
- *o armário*
22 linen drawer
- *a gaveta de roupa* f *branca*
23 drop-flat writing surface
- *o tampo escamoteável*
24 notebook (exercise book)
- *o caderno*
25 school books
- *os livros escolares*
26 pencil (*also:* crayon, felt tip pen, ballpoint pen)
- *o lápis* (tb: *o creiom, a caneta hidrográfica, a esferográfica*)
27 toy shop
- *a lojinha de brinquedo* m
28 counter
- *o balcão*
29 spice rack
- *o porta-tempero*
30 display
- *a exposição*
31 assortment of sweets (*Am.* candies)
- *o sortimento de balas* f

32 bag of sweets (*Am.* candies)
- *o saquinho de balas* f
33 scales
- *a balança*
34 cash register
- *a caixa registradora* (Pt. *registadora*)
35 toy telephone
- *o telefone de brinquedo* m
36 shop shelves (goods shelves)
- *as prateleiras de mercadorias* f
37 wooden train set
- *o trenzinho* (Pt. *o comboiozinho*) *de madeira* f
38 dump truck, a toy lorry (toy truck)
- *o caminhão* (Pt. *o camião*) *basculante*
39 tower crane
- *o guindaste*
40 concrete mixer
- *a betoneira*
41 large soft toy dog
- *o cão de pelúcia* f
42 dice cup
- *o copo dos dados*

1-20 pre-school education (nursery education)
- *a educação pré-escolar*
1 nursery teacher
- *a professora*
2 nursery child
- *o aluno*
3 handicraft
- *o trabalho manual*
4 glue
- *a cola*
5 watercolour (*Am.* watercolor) painting
- *a aquarela*
6 paintbox
- *a caixa de tintas* f
7 paintbrush
- *o pincel*
8 glass of water
- *a vasilha com água* f
9 jigsaw puzzle (puzzle)
- *o quebra-cabeça*
10 jigsaw puzzle piece
- *a cabeça do quebra-cabeça*
11 coloured (*Am.* colored) pencils (wax crayons)
- *o lápis de cera* f
12 modelling (*Am.* modeling) clay (plasticine)
- *a massa para modelagem* f
13 clay figures (plasticine figures)
- *as figuras modeladas*
14 modelling (*Am.* modeling) board
- *a prancha de modelagem* f
15 chalk (blackboard chalk)
- *o giz*

16 blackboard
- *o quadro-negro*
17 counting blocks
- *o ábaco*
18 felt pen (felt tip pen)
- *a caneta hidrográfica*
19 shapes game
- *o jogo de identificação* f *de formas* f
20 group of players
- *as crianças jogando*
21-32 toys
- *os brinquedos*
21 building and filling cubes
- *os cubos de armar*
22 construction set
- *os módulos*
23 children's books
- *os livros infantis*
24 doll's pram, a wicker pram
- *o bercinho de boneca* f, *um bercinho de vime* m
25 baby doll
- *a boneca*
26 canopy
- *o cortinado*
27 building bricks (building blocks)
- *os cubos de armar (os blocos de armar)*
28 wooden model building
- *a casinha de armar*
29 wooden train set
- *o trenzinho* (Pt. *o comboiozinho*)
30 rocking teddy bear
- *o ursinho de balanço* m

31 doll's pushchair
- *o carrinho de boneca* f
32 fashion doll
- *a boneca de vestir*
33 child of nursery school age
- *a criança em idade* f *pré-escolar*
34 cloakroom
- *o vestiário*

1 bath	17 flushing lever	34 drawer
– *a banheira*	– *a alavanca de descarga* f	– *a gaveta*
2 mixer tap (*Am.* mixing faucet)	18 pedestal mat	35 powder box
for hot and cold water	– *o tapete do vaso* (Pt. *da sanita*)	– *a lata de talco* m
– *o misturador (de água quente e*	19 tile	36 mouthwash
fria)	– *o azulejo*	– *o dentifrício líquido*
3 foam bath (bubble bath)	20 ventilator (extraction vent)	37 electric shaver
– *o banho de espuma* f	– *o respiradouro (a ventilação, o*	– *o barbeador elétrico* (Pt. *a má-*
4 toy duck	*suspiro)*	*quina elétrica de barbear)*
– *o patinho*	21 soap dish	38 aftershave lotion
5 bath additive	– *a saboneteira*	– *a loção após a barba*
– *os sais de banho* m	22 soap	39 shower cubicle
6 bath sponge (sponge)	– *o sabonete*	– *o boxe* (Pt. *o compartimento do*
– *a esponja*	23 hand towel	*chuveiro)*
7 bidet	– *a toalha de mão* f	40 shower curtain
– *o bidê* (Pt. *o bidé*)	24 washbasin	– *a cortina do boxe* (Pt. *o corti-*
8 towel rail	– *o lavatório*	*nado do chuveiro)*
– *o toalheiro (o porta-toalhas)*	25 overflow	41 adjustable shoer head
9 terry towel	– *o ladrão*	– *a ducha* (Pt. *o duche*) *com po-*
– *a toalha felpuda*	26 hot and cold water tap	*sicionador* m *articulável*
10 toilet roll holder (*Am.* bath-	– *o misturador*	42 shower nozzle
room tissue holder)	27 washbasin pedestal with trap	– *o crivo*
– *o porta-papel*	(anti-syphon trap)	43 shower adjustment rail
11 toilet paper (*coll.* loo paper,	– *a coluna com sifão* m	– *a barra deslizante*
Am. bathroom tissue), a roll of	28 tooth glass (tooth mug)	44 shower base
crepe paper	– *o copo (para higiene* f *bucal)*	– *o rodapé*
– *o papel higiênico*	29 electric toothbursh	45 waste pipe (overflow)
12 toilet (lavatory, W. C., *coll.* loo)	– *a escova de dentes* m *elétrica*	– *o ralo*
– *o vaso sanitário (a privada, a la-*	30 detachable brush heads	46 bathroom mule
trina, Pt. *a sanita*)	– *as extremidades desmontáveis*	– *o chinelo*
13 toilet pan (toilet bowl)	*das escovas*	47 bathroom scales
– *a bacia*	31 mirrored bathroom cabinet	– *a balança*
14 toilet lid with terry cover	– *o armário com espelho* m	48 bath mat
– *o tampo com cobertura felpuda*	32 fluorescent lamp	– *o tapete do banheiro*
15 toilet seat	– *a lâmpada fluorescente*	49 medicine cabinet
– *o assento*	33 mirror	– *o armário de remédios* m
16 cistern	– *o espelho*	
– *a caixa de descarga* f		

1-20 irons
- *a máquina, os ferros de passar e os acessórios*
1 electric ironing machine
- *a máquina de passar elétrica (a passadeira)*
2 electric foot switch
- *o pedal de comando* m
3 roller covering
- *o cilindro rotativo*
4 ironing head
- *a chapa de aquecimento* m
5 sheet
- *o lençol*
6 electric iron (light-weight iron)
- *o ferro elétrico*
7 sole-plate
- *a sola*
8 temperature selector
- *o termostato*
9 handle (iron handle)
- *o cabo*
10 pilot light
- *a luz-piloto*
11 steam, spray, and dry iron
- *o ferro a vapor* m
12 filling inlet
- *o abastecedor (de água* f*)*
13 spray nozzle for damping the washing
- *o esguicho*
14 steam hole (steam slit)
- *as ranhuras de vaporização* f
15 ironing table
- *a tábua de passar*
16 ironing board (ironing surface)
- *a tábua de passar (a superfície)*
17 ironing-board cover
- *a capa*
18 iron well
- *o descanso do ferro*
19 aluminium (*Am.* aluminum) frame
- *a armação de alumínio* m
20 sleeve board
- *a tábua para passar mangas* f
21 linen bin
- *a cesta de roupa* f
22 dirty linen
- *a roupa suja*
23-34 washing machines and driers
- *as máquinas de lavar e as secadoras*
23 washing machine (automatic washing machine)
- *a lavadora automática*
24 washing drum
- *o tambor*
25 safety latch (safety catch)
- *o trinco*
26 program selector control
- *o seletor de função* f
27 front soap dispenser [with several compartments]
- *a entrada de sabão líquido [com diversos compartimentos]*
28 tumble drier
- *a secadora (por centrifugação* f*)*
29 drum
- *o tambor*
30 front door with ventilation slits
- *a porta com fendas* f *de ventilação* f

31 work top
- *a tampa*
32 airer
- *o secador de roupa* f
33 clothes line (washing line)
- *a corda para estender a roupa*
34 extending airer
- *o secador "vaivém"*
35 stepladder (steps), an aluminium (*Am.* aluminum) ladder
- *a escada portátil metálica, o escadote*
36 stile
- *o montante*
37 prop
- *a haste de apoio* m
38 tread (rung)
- *o degrau*
39-43 shoe care utensils
- *os produtos para a limpeza de calçados* m
39 tin of shoe polish
- *a latinha de graxa* f
40 shoe spray, an impregnating spray
- *o spray (o pulverizador) para sapatos* m
41 shoe brush
- *a escova de sapato (Pt. de calçado)* m
42 brush for applying polish
- *a escova para graxa* f
43 tube of shoe polish
- *o tubo de graxa* f
44 clothes brush
- *a escova de roupa* f
45 carpet brush
- *a escova de tapete* m
46 broom
- *a vassoura*
47 bristles
- *os pêlos da vassoura*
48 broom head
- *a barra da vassoura*
49 broomstick (broom handle)
- *o cabo da vassoura*
50 screw thread
- *a rosca*
51 washing-up brush
- *a escova de cozinha* f
52 pan (dust pan)
- *a pá de lixo* m
53-86 floor and carpet cleaning
- *a limpeza do soalho e do tapete*
53 brush
- *a escova*
54 bucket (pail)
- *o balde*
55 floor cloth (cleaning rag)
- *o pano de chão* m*, o esfregão*
56 scrubbing brush
- *a escova de chão* m
57 carpet sweeper
- *a escova aspiradora*
58 upright vacuum cleaner
- *o aspirador de pó* m *vertical*
59 changeover switch
- *o seletor de posição* f
60 swivel head
- *a rótula*
61 bag-full indicator
- *o indicador do saco de pó* m

62 dust bag container
- *o saco de pó* m
63 handle
- *a alça*
64 tubular handle
- *o tubo*
65 flex hook
- *o gancho*
66 wound-up flex
- *o fio enrolado*
67 all-purpose nozzle
- *o bocal*
68 cylinder vacuum cleaner
- *o aspirador de pó* m
69 swivel coupling
- *a conexão*
70 extension tube
- *o tubo*
71 floor nozzle (*sim.:* carpet beater nozzle)
- *o bocal*
72 suction control
- *o controle da aspiração*
73 bag-full indicator
- *o indicador do saco de pó* m
74 sliding fingertip suction control
- *o botão de controle* m *da aspiração*
75 hose (suction hose)
- *a mangueira*
76 combined carpet sweeper and shampooer
- *o aspirador e lavador* m *de tapetes* m
77 electric lead (flex)
- *o fio elétrico*
78 plug socket
- *a tomada de corrente* f
79 carpet beater head (*sim.:* shampooing head, brush head)
- *o capuz (o envoltório) do recipiente de xampu* m
80 all-purpose vacuum cleaner (dry and wet operation)
- *o aspirador de pó* m *tipo* m *industrial*
81 castor
- *o rodízio*
82 motor unit
- *o motor*
83 lid clip
- *a presilha da tampa*
84 coarse dirt hose
- *a mangueira para resíduos* m *maiores*
85 special accessory (special attachment) for coarse dirt
- *o tubo para resíduos* m *maiores*
86 dust container
- *o recipiente do pó*
87 shopper (shopping trolley)
- *o carrinho de compras* f

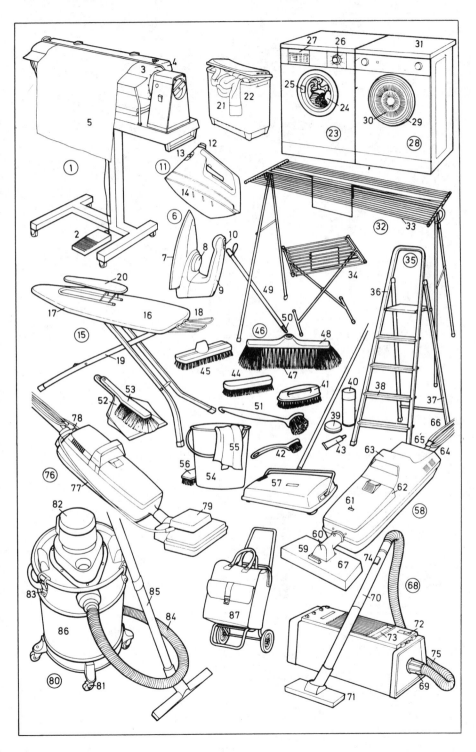

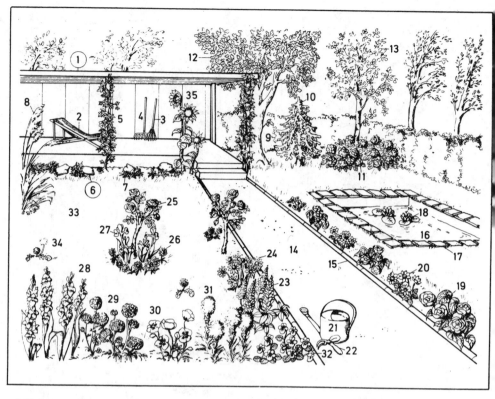

1-32 **allotment** (fruit and vegetable garden)
- *o pomar e a horta*

1, 2, 16, 17, 29 dwarf fruit trees (espaliers, espalier fruit trees)
- *as árvores educadas, as espaldeiras*

1 quadruple cordon, a wall espalier
- *a espaldeira em U*

2 vertical cordon
- *o arame vertical*

3 tool shed (garden shed)
- *o depósito de ferramentas f*

4 water butt (water barrel)
- *a pipa*

5 climbing plant (climber, creeper, rambler)
- *a trepadeira, a liana*

6 compost heap
- *o monte de terriço m*

7 sunflower
- *o girassol*

8 garden ladder (ladder)
- *a escada*

9 perennial (flowering perennial)
- *as plantas perenes*

10 garden fence (paling fence, paling)
- *a cerca*

11 standard berry tree
- *o arbusto de bagas f*

12 climbing rose (rambling rose) on the trellis arch
- *a roseira escandente (em latada f sobre arco m)*

13 bush rose (standard rose tree)
- *a roseira anã*

14 summerhouse (garden house)
- *o pavilhão de jardim m*

15 Chinese lantern, (paper lantern)
- *as lanternas chinesas (as lanterninhas de papel m)*

16 pyramid tree (pyramidal tree, pyramid), a free-standing espalier
- *a árvore talhada em pirâmide f (sem apoio m)*

17 double horizontal cordon
- *o arame horizontal duplo*

18 flower bed, a border
- *a platibanda (um canteiro de flores f servindo de bordadura)*

19 berry bush (gooseberry bush, currant bush)
- *o arbusto frutífero (a uva-espim, a groselha negra)*

20 concrete edging
- *o bordo de cimento m*

21 standard rose (standard rose tree)
- *a roseira*

22 border with perennials
- *a bordadura de plantas f perenes*

23 garden path
- *a aléia*

24 allotment holder
- *o hortelão*

25 asparagus patch (asparagus bed)
o canteiro de aspargos (Pt. *espargos*) m

26 vegetable patch (vegetable plot)
- *o canteiro de aspargos* m

27 scarecrow
- *o espantalho*

28 runner bean (*Am.* scarlet runner), a bean plant on poles (bean poles)
- *o feijão trepador (em estacas f)*

29 horizontal cordon
- *o arame horizontal simples*

30 standard fruit tree
- *a árvore frutífera*

31 tree stake
- *o tutor*

32 hedge
- *a sebe (uma cerca viva)*

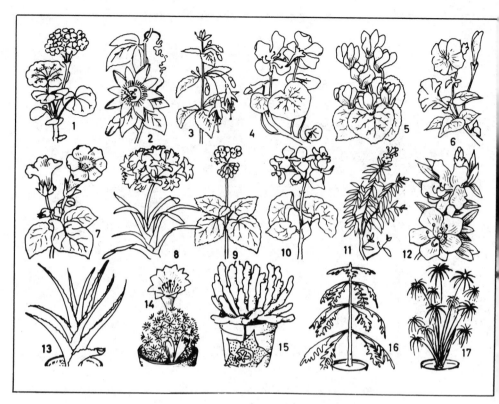

1 pelargonium, a geranium
 – *o pelargônio* (Pt. *o gerânio*),
 uma geraniácea
2 passion flower (Passiflora), a
 climbing plant (climber,
 creeper)
 – *a flor de maracujá, a flor-da-pai-*
 xão, uma trepadeira
3 fuchsia, an anagraceous plant
 – *a fúcsia (o brinco-de-princesa),*
 uma onagrácea
4 nasturtium (Indian cress, tro-
 . paeolum)
 – *as chagas, a capuchinha, uma*
 tropeolácea
5 cyclamen, a primulaceous herb
 – *o ciclame, uma primulácea*
6 petunia, a solanaceous herb
 – *a petúnia, uma solanácea*
7 gloxinia (Sinningia), a gesneria-
 ceous plant
 – *a gloxínia, uma gesneriácea*
8 Clivia minata, an amaryllis (narcissus)
 – *a clívia, uma amarilidácea*
9 African hemp (Sparmannia), a
 tiliaceous plant, a linden plant
 – *a sparmannia, uma tiliácea*
10 begonia
 – *a begônia, uma begoniácea*
11 myrtle (common myrtle, Myr-
 tus)
 – *a murta, uma mirtácea*
12 azalea, an ericaceous plant
 – *a azaléia, uma ericácea*

13 aloe, a liliaceous plant
 – *a babosa, o aloés, uma liliácea*
14 globe thistle (Echinops)
 – *o equinope*
15 stapelia (carrion flower), an as-
 clepiadaceous plant
 – *a estapélia, uma asclepiadácea*
16 Norfolk Island pine (an arauca-
 ria, grown as an ornamental)
 – *a araucária excelsa (cultivada*
 como planta f ornamental)
17 galingale, a cyperacious plant of
 the sedge family
 – *a junça (uma ciperácea da famí-*
 lia dos carriços)

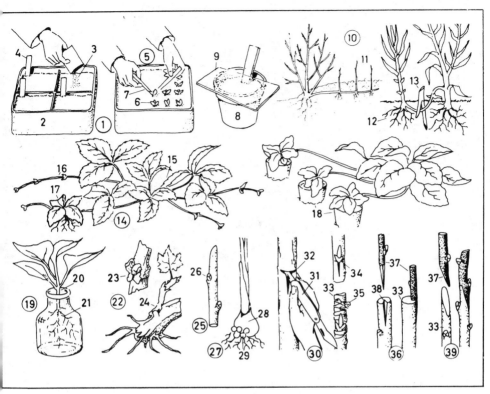

1 seed sowing (sowing)
- *a semeadura*
2 seed pan
- *a sementeira*
3 seed
- *a semente*
4 label
- *a plaquinha*
5 pricking out (pricking off, transplanting)
- *a repicagem*
6 seedling (seedling plant)
- *a plântula*
7 dibber (dibble)
- *o plantador*
8 flower pot (pot)
- *o vaso de flores* f
9 sheet of glass
- *a placa de vidro* m
10 propagation by layering
- *a multiplicação por mergulhia* f
11 layer
- *o mergulhão*
12 layer with roots
- *o mergulhão com raízes* f
13 forked stick used for fastening
- *a forquilha*
14 propagation by runners
- *a propagação por estolhos* m
15 parent (parent plant)
- *a matriz*
16 runner
- *o estolho*
17 small rooted leaf cluster
- *o propágulo*

18 settings in pots
- *as mudas em vasos* m
19 cutting in water
- *a muda na água*
20 cutting (slip, set)
- *a muda*
21 root
- *a raiz*
22 bud cutting on vine tendril
- *a muda em estaca* f
23 scion bud, a bud
- *o botão, o gomo*
24 sprouting (shooting) cutting
- *a muda brotando*
25 stem cutting (hardwood cutting)
- *a estaca de caule* m *para muda*
f
26 bud
- *o broto, a borbulha, o gomo*
27 propagation by bulbils (brood
bud bulblets)
- *a multiplicação por bulbilhos* m
28 old bulb
- *o bulbo antigo*
29 bulbil (brood bud bulblet)
- *o bulbilho*
30-39 **grafting** (graftage)
- *a enxertia*
30 budding (shield budding)
- *a borbulhia*
31 budding knife
- *o canivete*
32 T-cut
- *a incisão em T*

33 support (stock, rootstock)
- *o porta-enxerto (o "cavalo")*
34 inserted scion bud
- *a borbulha enxertada*
35 raffia layer (bast layer)
- *a embira*
36 side grafting
- *a garfagem em meia fenda esva-
ziada*
37 scion (shoot)
- *o enxerto*
38 wedge-shaped notch
- *a fenda cuneiforme*
39 splice graft (splice grafting)
- *a garfagem tipo inglês simples*

1-51 market garden (*Am.* truck garden, truck farm)
– *a horta*
1 tool shed
– *o depósito de ferramentas* f
2 water tower (water tank)
– *a caixa de água*
3 market garden (*Am.* truck garden, truck farm), a tree nursery
– *o viveiro*
4 hothouse (forcing house, warm house)
– *a estufa*
5 glass roof
– *o telhado de vidro* m
6 [roll of] matting (straw matting, reed matting, shading)
– *a esteira (a esteira de palha* f, *a esteira de junco* m, *o sombreamento)*
7 boiler room (boiler house)
– *a caldeira*
8 heating pipe (pressure pipe)
– *o tubo de calefação* f
9 shading panel (shutter)
– *a cobertura de tábuas* f
10-11 ventilators (vents)
– *a ventilação*
10 ventilation window (window vent, hinged ventilator)
– *a janela de ventilação* f
11 ridge vent
– *a ventilação superior*
12 potting table (potting bench)
– *a bancada de envasamento* m

13 riddle (sieve, garden sieve, upright sieve)
– *a ciranda (a peneira)*
14 garden shovel (shovel)
– *a pá*
15 heap of earth (composted earth, prepared earth, garden mould, *Am.* mold)
– *o monte de terriço* m
16 hotbed (forcing bed, heated frame)
– *o estufim*
17 hotbed vent (frame vent)
– *a tampa*
18 vent prop
– *o calço*
19 sprinkler (sprinkling device)
– *o aspersor*
20 gardener (nursery gardener, grower, commercial grower)
– *o horticultor*
21 cultivator (hand cultivator, grubber)
– *o tridente, o escarificador*
22 plank
– *a prancha*
23 pricked-out seedlings (pricked-off seedlings)
– *as mudas repicadas*
24 forced flowers (forcing)
– *as flores precoces*
25 potted plants (plants in pots, pot plants)

– *as plantas em vasos* m
26 watering can (*Am.* sprinkling can)
– *o regador*
27 handle
– *a alça*
28 rose
– *o crivo*
29 water tank
– *o tanque de água* f
30 water pipe
– *o cano*
31 bale of peat
– *o fardo de turfa* f
32 warm house (heated greenhouse)
– *a estufa aquecida*
33 cold house (unheated greenhouse)
– *a estufa fria*
34 wind generator
– *o aerogerador (Pt. o moinho eólio)*
35 wind wheel
– *a roda de vento* m
36 wind vane
– *o cata-vento*
37 shrub bed, a flower bed
– *o canteiro de flores* f
38 hoop edging
– *o bordo em arcos* m
39 vegetable plot
– *o canteiro de legumes* m

40 plastic tunnel (polythene green-
     house)
  – *a estufa (de politênio* m*)*
41 ventilation flap
  – *o basculante (para ventilação* f*)*
42 central path
  – *a aléia central*
43 vegetable crate
  – *o caixote de legumes* m
44 tomato plant
  – *o tomateiro*
45 nursery hand
  – *o ajudante de horticultor* m
46 nursery hand
  – *a ajudante de horticultor* m
47 tub plant
  – *a planta de selha* f
48 tub
  – *a selha*
49 orange tree
  – *a laranjeira*
50 wire basket
  – *o cesto de arame* m
51 seedling box
  – *o caixote com plântulas* f

1 dibber (dibble)
- *o plantador*
2 spade
- *a pá*
3 lawn rake (wire-tooth rake)
- *a vassoura para gramado* m (Pt. *para relvado* m)
4 rake
- *o ancinho (o rastelo)*
5 ridging hoe
- *o sulcador*
6 trowel
- *a colher de transplante* m
7 combined hoe and fork
- *a enxadinha com sacho* m
8 sickle
- *a foice*
9 gardener's knife (pruning knife, billhook)
- *o podão*
10 asparagus cutter (asparagus knife)
- *a faca de cortar aspargos* (Pt. *espargos*) m
11 tree pruner (long-handled pruner)
- *a podadeira*
12 semi-automatic spade
- *a pá quadrada semi-automática*
13 three-pronged cultivator
- *o escarificador*
14 tree scraper (bark scraper)
- *o raspador de árvore* f
15 lawn aerator (aerator)
- *a capinadeira, o rastelo*
16 pruning saw (saw for cutting branches)
- *o arco de serra* f
17 battery-operated hedge trimmer
- *a serra a bateria* f
18 motor cultivator
- *o cultivador a motor* m
19 electric drill
- *o dispositivo elétrico de perfuração* f
20 gear
- *a engrenagem*
21 cultivator attachment
- *os acessórios*
22 fruit picker
- *o apanhador de frutas* f
23 tree brush (bark brush)
- *a escova de árvore* f
24 sprayer for pest control
- *o pulverizador (de inseticida* f)
25 lance
- *a lança de aspersão* f
26 hose reel (reel and carrying cart)
- *a enroladeira*
27 garden hose
- *a mangueira*
28 motor lawn mower (motor mower)
- *o cortador de grama* f (Pt. *de relva* f) *a motor* m
29 grassbox
- *o recolhedor*
30 two-stroke motor
- *o motor de dois tempos* m
31 electric lawn mower (electric mower)
- *o cortador de grama* f (Pt. *de relva* f) *elétrico*
32 electric lead (electric cable)
- *o fio elétrico*

33 cutting unit
- *a unidade de corte* m
34 hand mower
- *o cortador de grama* f (Pt. *de relva* f) *manual*
35 cutting cylinder
- *o cilindro com lâminas* f *de corte* m
36 blade
- *a lâmina*
37 riding mower
- *o microtrator*
38 brake lock
- *a alavanca do freio* (Pt. *do travão*)
39 electric starter
- *o arranque*
40 brake pedal
- *o pedal do freio* (Pt. *do travão*)
41 cutting unit
- *a unidade de corte* m
42 tip-up trailer
- *o reboque*
43 revolving sprinkler, a lawn sprinkler
- *o aspersor, o esguicho*
44 revolving nozzle
- *o bocal giratório*
45 hose connector
- *a conexão (com rosca* f)
46 oscillating sprinkler
- *o aspersor oscilante*
47 wheelbarrow
- *o carrinho-de-mão*
48 grass shears
- *a tesoura de grama* f (Pt. *de relva* f)
49 hedge shears
- *a tesoura de sebe* f
50 secateurs (pruning shears)
- *a tesoura de poda* f, *a decotadeira*

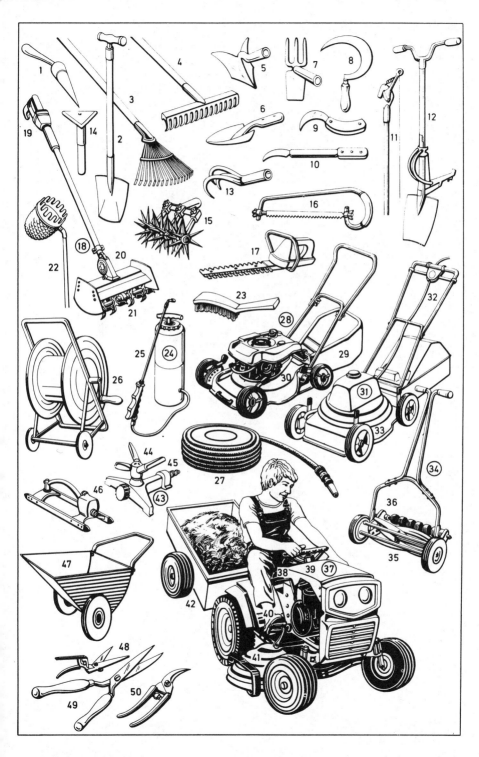

1-11 leguminous plants (Legumi-
nosae)
- *as leguminosas*
1 pea, a plant with a papiliona-
ceous corolla
- *a ervilha, uma papilionácea*
2 pea flower
- *a flor de ervilha* f
3 pinnate leaf
- *a folha pinulada*
4 pea tendril, a leaf tendril
- *a gavinha*
5 stipule
- *a estípula*
6 legume (pod), a seed vessel (pe-
ricarp, legume)
- *a vagem, um legume*
7 pea (seed)
- *a ervilha (o grão)*
8 bean plant (bean, a climbing
plant (climber, creeper); *varieties:* broad bean (runner bean,
Am. scarlet runner), climbing
bean (climber, pole bean), scarlet runner bean; *smaller:* dwarf
French bean (bush bean)
- *o feijoeiro (uma trepadeira); variedades: o feijão-flor, o feijão
trepador, o feijão verde miúdo*
9 bean flower
- *a flor de feijão* m
10 twining beanstalk
- *o caule escandente*
11 bean [pod with seeds]
- *o feijão [uma vagem com grãos
m]*
12 tomato
- *o tomate*
13 cucumber
- *o pepino*
14 asparagus
- *o aspargo* (Pt. *o espargo*)
15 radish
- *o rabanete, uma variedade radícula*
16 white radish
- *o rabanete branco*
17 carrot
- *a cenoura*
18 stump-rooted carrot
- *a cenoura arredondada (uma variação européia)*
19 parsley
- *a salsa*
20 horse-radish
- *a raiz-forte* (Pt. *o rábano*)
21 leeks
- *o alho-porro* (Pt. *o alho francês*)
22 chives
- *a ceboleta, a cebolinha-francesa*
23 pumpkin (*Am.* squash); *sim.:*
melon
- *a abóbora*
24 onion
- *a cebola*
25 onion skin
- *a casca da cebola*
26 kohlrabi
- *a couve-rábano*
27 celeriac
- *o aipo-rábano (o salsão)*
28-34 brassicas (leaf vegetables)
- *as crucíferas (hortaliças folhosas)*

28 chard (Swiss chard, seakale
beet)
- *a acelga*
29 spinach
- *o espinafre*
30 Brussels sprouts (sprouts)
- *a couve-de-bruxelas*
31 cauliflower
- *a couve-flor*
32 cabbage (round cabbage, head
of cabbage), a brassica; *cultiva-
ted races (cultivars):* green cabbage, red cabbage
- *o repolho, a couve, uma crucí-
fera;* variedades:*branco e roxo*
33 savoy (savoy cabbage)
- *a couve crespa, a couve-de-mi-
lão* (Pt. *a lombarda*)
34 kale (curly kale, kail), a winter
green
- *a couve (tipo* m *forrageiro)*
35 scorzonera (black salsify)
- *a escorcioneira (o salsifi-negro)*
36-40 salad plants
- *as hortaliças para saladas* f
36 lettuce (cabbage lettuce, head of
lettuce)
- *a alface*
37 lettuce leaf
- *a folha de alface* f
38 corn salad (lamb's lettuce)
- *o rapúncio*
39 endive (endive leaves)
- *a endívia*
40 chicory (succory, salad chicory)
- *a chicória (a escarola)*
41 globe artichoke
- *a alcachofra*
42 sweet pepper (Spanish paprika)
- *o pimentão*

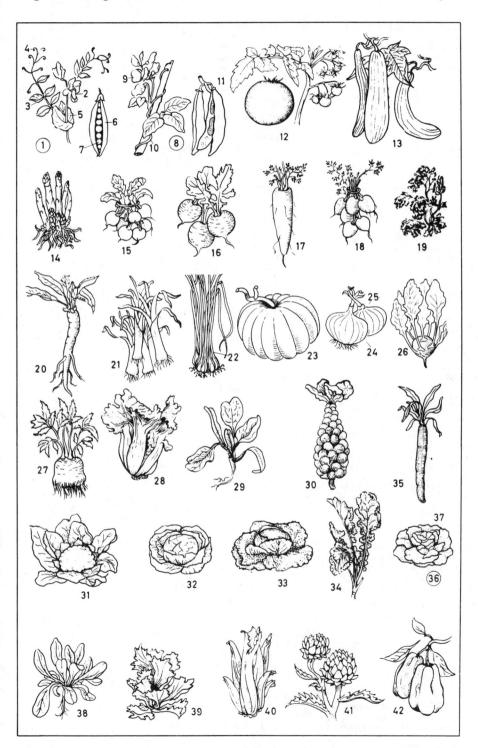

1-30 **soft fruit** (berry bushes)
- *as bagas*
1-15 **Ribes**
- *os arbustos de frutos múltiplos*
1 gooseberry bush
- *a groselheira espinhosa*
2 flowering gooseberry cane
- *o ramo de groselheira espinhosa em flor f*
3 leaf
- *a folha*
4 flower
- *a flor*
5 magpie moth larva
- *a lagarta (a larva de mariposa f)*
6 gooseberry flower
- *a flor da groselheira espinhosa*
7 epigynous ovary
- *o ovário ínfero*
8 calyx (sepals)
- *o cálice (as sépalas)*
9 gooseberry, a berry
- *a groselha (uma baga)*
10 currant bush
- *a groselheira*
11 cluster of berries
- *o cacho de groselha f*
12 currant
- *a groselha*
13 stalk
- *o talo*
14 flowering cane of the currant
- *o ramo em flor f da groselheira de cacho m*
15 raceme
- *o racemo, o cacho*
16 strawberry plant; *varieties:* wild strawberry (woodland strawberry), garden strawberry, alpine strawberry
- *o morangueiro;* var.: *o morangueiro silvestre, o morangueiro perene, o morangueiro alpino*
17 flowering and fruit-bearing plant
- *o morangueiro com flores f e frutos m*
18 rhizome
- *o rizoma*
19 ternate leaf (trifoliate leaf)
- *a folha trifoliolada*
20 runner (prostrate stem)
- *o estolho (um talo rasteiro)*
21 strawberry, a pseudocarp
- *o morango, um fruto múltiplo*
22 epicalyx
- *o calículo*
23 achene (seed)
- *o aquênio (a semente)*
24 flesh (pulp)
- *a polpa*
25 raspberry bush
- *a framboeseira*
26 raspberry flower
- *a flor da framboeseira*
27 flower bud (bud)
- *o botão de flor f*
28 fruit (raspberry), an aggregate fruit (compound fruit)
- *a framboesa, um fruto múltiplo*
29 blackberry
- *a amora-preta*

30 thorny tendril
- *a gavinha espinhosa*
31-61 **pomiferous plants**
- *as plantas pomíferas*
31 pear tree; *wild:* wild pear tree
- *a pereira, a pereira silvestre*
32 flowering branch of the pear tree
- *o galho de pereira f em flor f*
33 pear [longitudinal section]
- *a pêra [corte longitudinal]*
34 pear stalk (stalk)
- *o pedúnculo da pêra (pedúnculo)*
35 flesh (pulp)
- *a polpa*
36 core (carpels)
- *o coração, o endocarpo*
37 pear pip (seed), a fruit pip
- *a pevide, a semente de pêra f, uma pevide de fruta f*
38 pear blossom
- *a flor de pêra*
39 ovules
- *os óvulos*
40 ovary
- *o ovário*
41 stigma
- *o estigma*
42 style
- *o estilete*
43 petal
- *a pétala*
44 sepal
- *a sépala*
45 stamen (anther)
- *o estame (a antera)*
46 quince tree
- *o marmeleiro*
47 quince leaf
- *a folha de marmeleiro m*
48 stipule
- *a estípula*
49 apple-shaped quince [longitudinal section]
- *o marmelo maliforme [corte longitudinal]*
50 pear-shaped quince [longitudinal section]
- *o marmelo piriforme [corte longitudinal]*
51 apple tree; *wild:* crab apple tree
- *a macieira;* var.: *a macieira silvestre*
52 flowering branch of the apple tree
- *o galho de macieira f em flor f*
53 leaf
- *a folha*
54 apple blossom
- *a flor de maçã f*
55 withered flower
- *a flor murcha*
56 apple [longitudinal section]
- *a maçã [corte longitudinal]*
57 apple skin
- *a casca de maçã*
58 flesh (pulp)
- *a polpa*
59 core (apple core, carpels)
- *o coração da maçã, o endocarpo*

60 apple pip, a fruit pip
- *a pevide de maçã f, a pevide de fruta f*
61 apple stalk (stalk)
- *o pedúnculo da maçã (o pedúnculo)*
62 codling moth (codlin moth)
- *a Carpocapsa pomonella (pequena mariposa f cuja lagarta destrói a maçã)*
63 burrow (tunnel)
- *a galeria*
64 larva (grub, caterpillar) of a small moth
- *a larva de mariposa f (a lagarta)*
65 wormhole
- *o furo da lagarta*

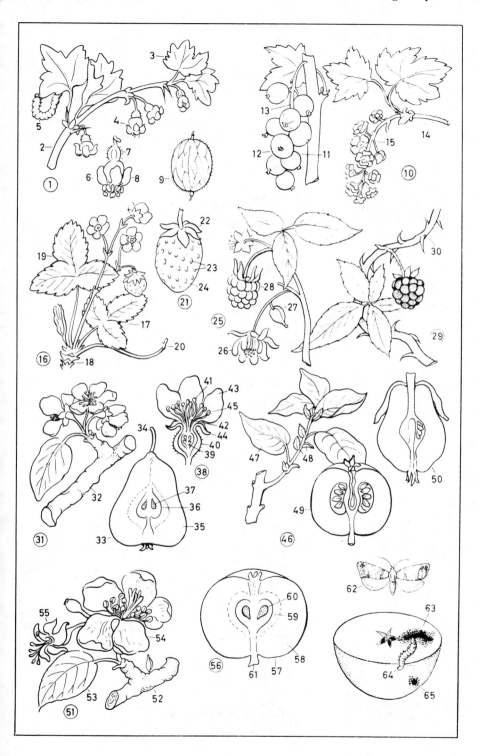

1-36 drupes (drupaceous plants)
- *as drupas* (plantas f *drupáceas)*
1-18 cherry tree
- *a cerejeira*
1 flowering branch of the cherry tree (branch of the cherry tree in blossom)
- *a floração de um galho de cerejeira* f *(o galho de cerejeira em flor* f*)*
2 cherry leaf
- *a folha de cerejeira* f
3 cherry flower (cherry blossom)
- *a flor de cerejeira* f
4 peduncle (pedicel, flower stalk)
- *o pedúnculo (o pedicelo, a haste de flor* f*)*
5 cherry; *varieties:* sweet cherry (heart cherry); wild cherry (bird cherry), sour cherry, morello cherry (morello)
- *a cereja;* var.: *a cereja doce; a ginja*
6-8 cherry (cherry fruit) [cross section]
- *a cereja* [*corte*]
6 flesh (pulp)
- *a polpa*
7 cherry stone
- *o caroço de cereja* f
8 seed
- *a semente*
9 flower (blossom) [cross section]
- *a flor* [*corte*]
10 stamen (anther)
- *o estame (a antera)*
11 corolla (petals)
- *a corola (a pétala)*
12 sepal
- *a sépala (o cálice)*
13 carpel (pistil)
- *o carpelo (o pistilo)*
14 ovule enclosed in perigynous ovary
- *o óvulo encerrado em ovário* m *perígino*
15 style
- *o estilete*
16 stigma
- *o estigma*
17 leaf
- *a folha*
18 nectary (honey gland)
- *o nectário (a glândula do néctar)*
19-23 plum tree
- *a ameixeira*
19 fruit-bearing branch
- *o galho com o fruto*
20 oval, black-skinned plum
- *a ameixa-preta*
21 plum leaf
- *a folha de ameixa* f
22 bud
- *o botão*
23 plum stone
- *o caroço de ameixa* f
24 greengage
- *a rainha-cláudia*
25 mirabelle (transparent gage), a plum
- *a mirabela (uma ameixa)*
26-32 peach tree
- *o pessegueiro*

26 flowering branch (branch in blossom)
- *o galho florido (o galho em flor* f*)*
27 peach flower (peach blossom)
- *a flor de pêssego* m
28 flower shoot
- *o broto, o rebento da flor*
29 young leaf (sprouting leaf)
- *a folha nova (o broto)*
30 fruiting branch
- *o galho com fruto* m
31 peach
- *o pêssego*
32 peach leaf
- *a folha de pêssego* m
33-36 apricot tree
- *o damasqueiro*
33 flowering apricot branch (apricot branch in blossom)
- *o galho de damasqueiro* m *em flor* f
34 apricot flower (apricot blossom)
- *a flor de damasco* m
35 apricot
- *o damasco*
36 apricot leaf
- *a folha de damasco* m
37-51 nuts
- *os frutos secos (deiscentes)*
37-43 walnut tree
- *a nogueira*
37 flowering branch of the walnut tree
- *o galho de nogueira* f *em flor* f
38 female flower
- *a flor fêmea*
39 male inflorescence (male flowers, catkins with stamens)
- *a inflorescência macho (flores* f *machos, amentilhas* f *com estames* m*)*
40 alternate pinnate leaf
- *a folha imparipenada da nogueira*
41 walnut, a drupe (stone fruit)
- *a noz, uma drupa deiscente*
42 soft shell (cupule)
- *o pericarpo da noz*
43 walnut, a drupe (stone fruit)
- *a noz, uma drupa deiscente*
44-51 hazel tree (hazel bush), an anemophilous shrub (a wind-pollinating shrub)
- *a aveleira, um arbusto anemófilo (polinizado pelo vento)*
44 flowering hazel branch
- *o galho de aveleira* f *em flor* f
45 male catkin
- *o amento macho*
46 female inflorescence
- *a inflorescência fêmea*
47 leaf bud
- *o broto de folha* f
48 fruit-bearing branch
- *o ramo com frutos* m
49 hazelnut (hazel, cobnut, cob), a drupe (stone fruit)
- *a avelã, uma núcula (variedade de aquênio* m*)*
50 involucre (husk)
- *o involucelo*

51 hazel leaf
- *a folha de aveleira* f

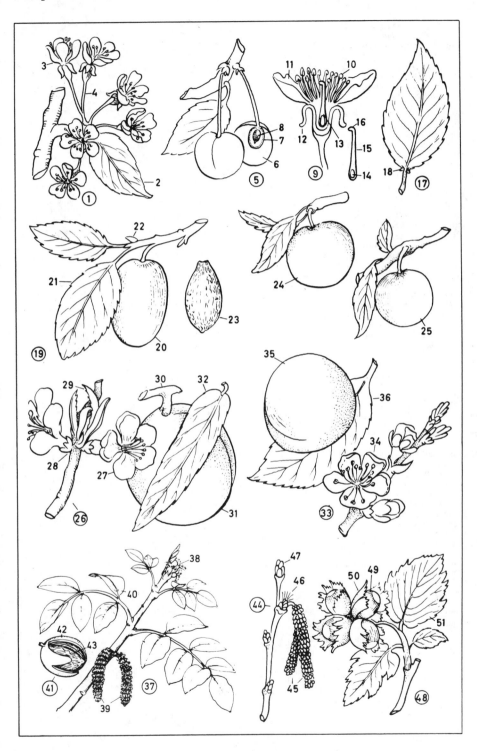

1 snowdrop (spring snowflake)
- *a fura-neve, o galanto*
2 garden pansy (heartsease pansy), a pansy
- *o amor-perfeito*
3 trumpet narcissus (trumpet daffodil, Lent lily), a narcissus
- *o junquilho, um narciso*
4 poet's narcissus (pheasant's eye, poet's daffodil); *sim.*: polyanthus narcissus
- *o narciso branco*
5 bleeding heart (lyre flower), a fumariaceous flower
- *o coração-de-maria, a dicentra*
6 sweet william (bunch pink), a carnation
- *a cravina, uma variedade de cravo* m
7 gillyflower (gilliflower, clove pink, clove carnation)
- *o cravo*
8 yellow flag (yellow water flag, yellow iris), an iris
- *a íris*
9 tuberose
- *a angélica*
10 columbine (aquilegia)
- *a aquilégia, o ranúnculo, a esporinha*
11 gladiolus (sword lily)
- *o gladíolo, a palma-de-santa-rita*
12 Madonna lily (Annunciation lily, Lent lily), a lily
- *o lírio branco*
13 larkspur (delphinium), a ranunculaceous plant
- *a espora, uma planta ranunculácea*
14 moss pink (moss phlox), a phlox
- *o flox*
15 garden rose (China rose)
- *a rosa*
16 rosebud, a bud
- *o botão de rosa* f, *um botão*
17 double rose
- *a rosa dobrada*
18 rose thorn, a thorn
- *o espinho de rosa* f, *um espinho*
19 gaillardia
- *a gailárdia (gênero* m *de plantas* f *carduáceas)*
20 African marigold (tagetes)
- *a tagetes, o cravo-de-defunto*
21 love-lies-bleeding, an amaranthine flower
- *o amaranto*
22 zinnia
- *a zínia*
23 pompon dahlia, a dahlia
- *a dália*

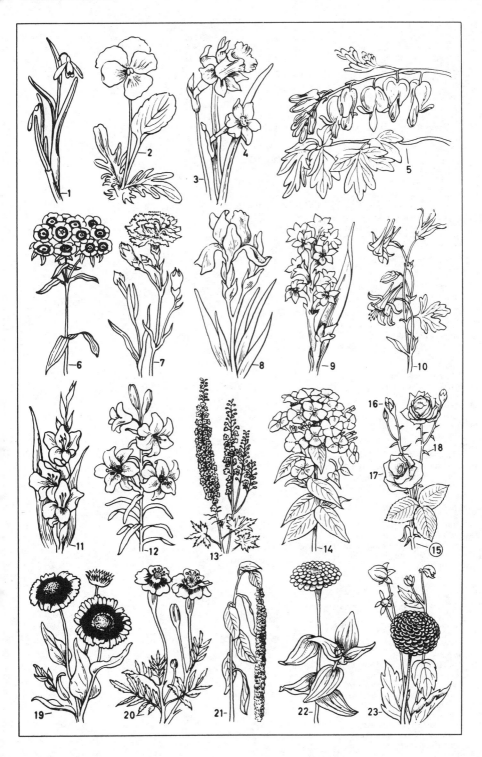

1 corn flower (bluebottle), a centaury
- *a centáurea-azul, uma centáurea*
2 corn poppy (field poppy), a poppy
- *a papoula-rubra, uma papoula*
3 bud
- *o botão*
4 poppy flower
- *a flor da papoula*
5 seed capsule containing poppy seeds
- *a cápsula com sementes f de papoula* f
6 corn cockle (corn campion, crown-of-the-field)
- *a nigela-dos-trigos*
7 corn marigold (field marigold), a chrysanthemum
- *a estrela-de-ouro, um crisântemo* (Chrysanthemum segetum)
8 corn camomile (field camomile, camomile, chamomile)
- *a camomila (a matricária)*
9 shepherd's purse
- *a bolsa-de pastor*
10 flower
- *a flor*
11 fruit (a pouch-shaped pod)
- *o fruto (uma síliqua em forma* f *de bolsa* f)
12 common groundsel
- *a tasneirinha* (Senecio brasiliensis)
13 dandelion
- *o dente-de-leão*
14 flower head (capitulum)
- *o capítulo*
15 infructescence
- *a infrutescência (o aquênio)*
16 hedge mustard, a mustard
- *a mostarda*
17 stonecrop
- *o saião-acre*
18 wild mustard (charlock, runch)
- *a mostardeira-dos-campos* (Sinapis arvensis)
19 flower
- *a flor*
20 fruit, a siliqua (pod)
- *o fruto, uma síliqua*
21 wild radish (jointed charlock)
- *uma variedade de mostarda* f *selvagem* (Brassica kaber)
22 flower
- *a flor*
23 fruit (siliqua, pod)
- *o fruto (a síliqua)*
24 common orache (common orach)
- *a armole*
25 goosefoot
- *o quenopódio (a erva-de-santamaria)*
26 field bindweed (wild morning glory), a bindweed
- *a campainha, uma trepadeira*
27 scarlet pimpernel (shepherd's weatherglass, poor man's weatherglass, eye-bright)
- *a eufrásia (a pimpinela escarlate)*
28 wild barley (wall barley)
- *a cevada silvestre*
29 wild oat
- *a aveia silvestre*
30 common couch grass (couch, quack grass, quick grass, quitch grass, scutch grass, twitch grass, witchgrass); *sim.;* bearded couch grass, sea couch grass
- *o capim-colchão (o capim-pé-de-galinha)*
31 gallant soldier
- *a galinsoga*
32 field eryngo (Watling Street thistle), a thistle
- *o cardo*
33 stinging nettle, a nettle
- *a urtiga*

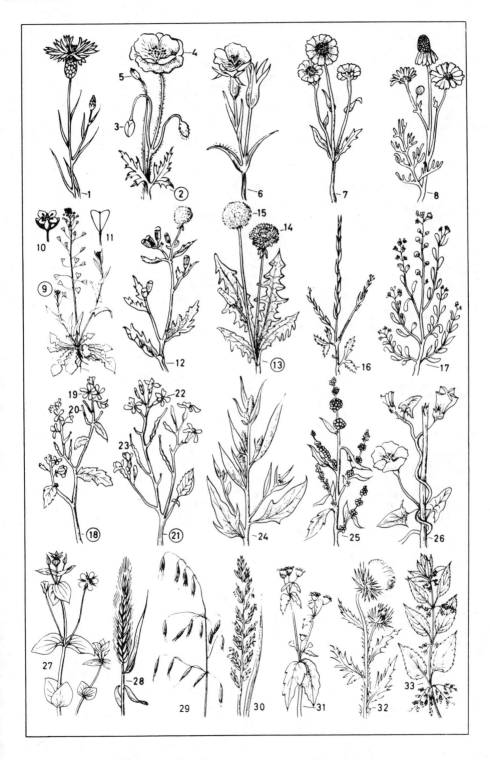

1 house
- *a casa da fazenda, a sede da fazenda*
2 stable
- *a cocheira, a estrebaria, a cavalariça, o estábulo*
3 house cat (cat)
- *o gato doméstico (o gato)*
4 farmer's wife
- *a fazendeira*
5 broom
- *a vassoura*
6 farmer
- *o fazendeiro*
7 cowshed
- *o estábulo (para vacas f)*
8 pigsty (sty, *Am.* pigpen, hogpen)
- *o chiqueiro, a pocilga*
9 outdoor trough
- *o cocho ao ar livre*
10 pig
- *o porco*
11 above-ground silo (fodder silo)
- *o silo de forragem f*
12 silo pipe (standpipe for filling the silo)
- *a coluna de carregamento m do silo*
13 liquid manure silo
- *o silo de fertilizante m líquido*
14 outhouse
- *o depósito*
15 machinery shed
- *o hangar de máquinas f*
16 sliding door
- *a porta corrediça*
17 door to the workshop
- *a porta da oficina*
18 three-way tip-cart, a transport vehicle
- *a carreta de três lados m móveis com báscula f*
19 tipping cylinder
- *a tranca da báscula*
20 shafts
- *o timão*
21 manure spreader (fertilizer spreader, manure distributor)
- *o espalhador de adubo m (o espalhador, o distribuidor de fertilizante m)*
22 spreader unit (distributor unit)
- *a unidade de fertilização f (a unidade distribuidora)*
23 spreader cylinder (distributor cylinder)
- *o cilindro distribuidor de esterco m*
24 movable scraper floor
- *o fundo raspador móvel*
25 side planking (side board)
- *o entabuamento lateral*
26 wire mesh front
- *o painel de tela f de arame m*
27 sprinkler cart
- *o carro de irrigação f por aspersão f*
28 sprinkler stand
- *o suporte do aspersor*
29 sprinkler, a revolving sprinkler
- *o regador rotativo*
30 sprinkler hoses
- *as mangueiras*

31 farmyard
- *o pátio de fazenda f*
32 watchdog
- *o cão de guarda f*
33 calf
- *o bezerro*
34 dairy cow (milch-cow, milker)
- *a vaca leiteira*
35 farmyard hedge
- *a sebe do pátio da fazenda*
36 chicken (hen)
- *a galinha*
37 cock (*Am.* rooster)
- *o galo*
38 tractor
- *o trator*
39 tractor driver
- *o tratorista*
40 all-purpose trailer
- *o reboque de múltiplas aplicações f*
41 (folded) pickup attachment
- *o macaco dobrável de descanso m da carreta*
42 unloading unit
- *o dispositivo de descarga f*
43 polythene silo, a fodder silo
- *o silo de politênio m, um silo de forragem f*
44 meadow
- *o pasto, o campo, o prado*
45 grazing cattle
- *o gado de pasto m*
46 electrified fence
- *a cerca eletrificada*

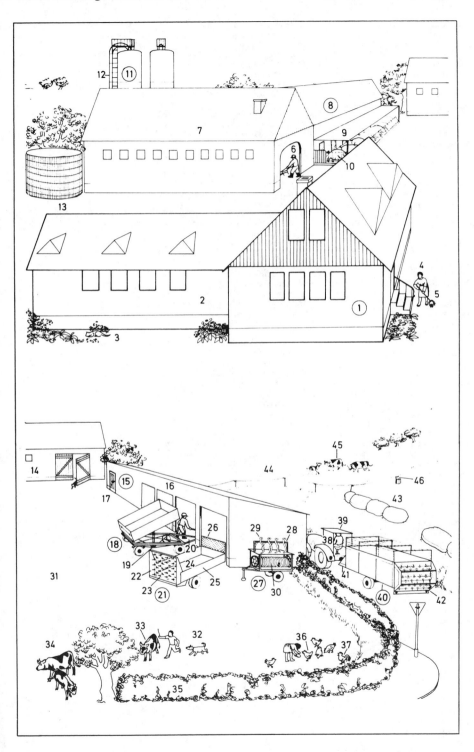

1-41 work in the fields
- *o trabalho rural*
1 fallow (fallow field, fallow ground)
- *o alqueive (a terra de pousio m)*
2 boundary stone
- *o marco de delimitação* f
3 boundary ridge, a balk (baulk)
- *o sulco de delimitação* f, *a vala de delimitação*
4 field
- *o campo*
5 farmworker (agricultural worker, farmhand, farm labourer, Am. laborer)
- *o trabalhador rural (o lavrador, o homem do campo; sin: camponês m, bóia-fria m)*
6 plough (Am. plow)
- *o arado, a charrua*
7 clod
- *o torrão de terra* f
8 furrow
- *o sulco*
9 stone
- *a pedra*
10-12 sowing
- *a semeadura*
10 sower
- *o semeador*
11 seedlip
- *o semeador a lanço* m
12 seed corn (seed)
- *os grãos (as sementes)*
13 field guard
- *o guarda-campo*
14 chemical fertilizer (artificial fertilizer); *kinds:* potash fertilizer, phosphoric acid fertilizer, lime fertilizer, nitrogen fertilizer
- *o fertilizante químico (o fertilizante artificial); tipos: o fertilizante potássico, o fertilizante fosfatado, o fertilizante calcário, o fertilizante nitrogenado*
15 cartload of manure (farmyard manure, dung)
- *a carroça de adubo m (adubo orgânico, o esterco, o estrume)*
16 oxteam (team of oxen, Am. span of oxen)
- *a parelha de bois, m, a junta de bois*
17 fields (farmland)
- *os campos (as glebas cultivadas)*
18 farm track (farm road)
- *a trilha da fazenda (o caminho vicinal)*
19-30 hay harvest (haymaking)
- *a fenação*
19 rotary mower with swather (swath reaper)
- *a cortadeira-enleiradora*
20 connecting shaft (connecting rod)
- *o eixo de conexão* f
21 power take-off (power take-off shaft)
- *a tomada de força* f
22 meadow
- *o prado, o campo*
23 swath (swathe)
- *a leira*
24 tedder (rotary tedder)
- *a secadeira rotativa*
25 tedder hay
- *o feno espalhado*
26 rotary swather
- *o ancinho rotativo*
27 trailer with pickup attachment
- *o reboque com macaco m dobrável de descanso m*
28 fence rack (rickstand), a drying rack for hay
- *a cerca para secagem* f *do feno*
29 rickstand, a drying rack for hay
- *a plataforma para secagem* f *do feno*
30 hay tripod
- *o tripé para meda* f
31-41 grain harvest and seedbed preparation
- *a colheita de cereais* m *e o preparo do solo*
31 combine harvester
- *a colheitadeira-batedeira*
32 cornfield
- *o campo de cereais* m *(o trigal, o milharal)*
33 stubble field
- *o restolhal*
34 bale of straw
- *o fardo de palha* f
35 straw baler (straw press), a high-pressure baler
- *a enfardadeira (a prensa de palha* f*)*
36 swath (swathe) of straw (windrow of straw)
- *a leira de feno* m
37 hydraulic bale loader
- *a carregadeira hidráulica de feno* m
38 trailer
- *o reboque*
39 manure spreader
- *o espalhador de adubo* m
40 four-furrow plough (Am. plow)
- *o subsolador de quatro hastes* f
41 combination seed-harrow
- *a grade-arado*

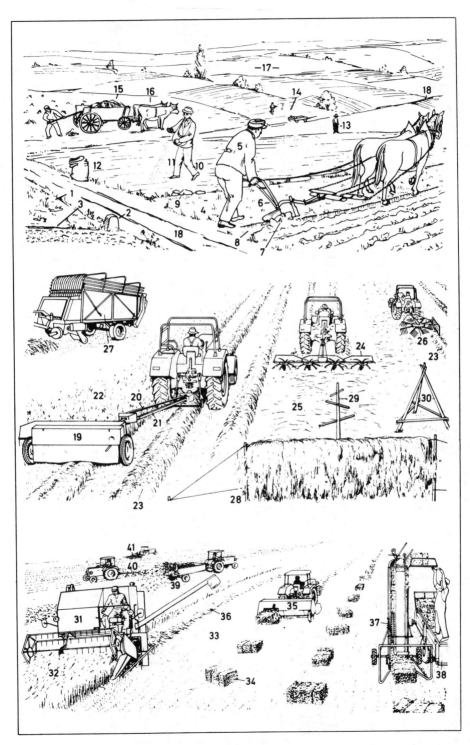

1-33 combine harvester (combine)
– *a colheitadeira-batedeira*
1 divider
– *o guia*
2 grain lifter
– *o levantador de grãos* m
3 cutter bar
– *a barra cortante*
4 pickup reel, a spring-tine reel
– *o pickup*
5 reel gearing
– *a engrenagem do pickup*
6 auger
– *o sem-fim*
7 chain and slat elevator
– *o elevador com corrente* f
8 hydraulic cylinder for adjusting the cutting unit
– *o cilindro hidráulico para ajuste* m *da barra cortante*
9 stone catcher (stone trap)
– *o separador de pedras* f
10 awner
– *o desbarbador*
11 concave
– *o jigue (grade* f *oscilante)*
12 threshing drum (drum)
– *o tambor de debulha* f
13 revolving beater [for freeing straw from the drum and preparing it for the shakers]
– *o removedor rotativo da palha [para impedir a palha de chegar ao tambor e prepará-la para os agitadores]*
14 straw shaker (strawwalker)
– *o agitador da palha (o movimentador da palha)*
15 fan for compressed-air winnowing
– *a tomada de aspiração* f
16 preparation level
– *a mesa de preparação* f
17 louvred-type sieve
– *a esteira tipo* m *veneziana* f
18 sieve extension
– *a extensão da esteira* f
19 shoe sieve (reciprocating sieve)
– *o crivo mais fino*
20 grain auger
– *o sem-fim para grãos* m
21 tailings auger
– *o sem-fim do refugo*
22 tailing outlet
– *a saída do refugo*
23 grain tank
– *o tanque de grãos* m
24 grain tank auger
– *o sem-fim de alimentação* f *do jigue*
25 augers feeding to the grain tankunloader
– *o sem-fim de alimentação* f *do descarregador de grãos* m
26 grain unloader spout
– *o conduto de descarregamento* m
27 observation ports for checking tank contents
– *as janelas de controle* m *de conteúdo* m *do tanque*
28 six-cylinder diesel engine
– *o motor diesel de seis cilindros* m
29 hydraulic pump with oil reservoir
– *a bomba hidráulica com reservatório* m *de óleo* m
30 driving axle gearing
– *a engrenagem do eixo de acionamento* m

31 driving wheel tyre (*Am.* tire)
– *o pneu da roda de acionamento* m
32 rubber-tyred (*Am.* rubber-tired) wheel on the steering axle
– *a roda no eixo de direção* f
33 driver's position
– *o banco do operador*
34-39 self-propelled forage harvester (self-propelled field chopper)
– *a segadeira autopropulsora, autopropelida*
34 cutting drum (chopper drum)
– *o tambor cortante*
35 corn head
– *a cabeça de milho* m
36 cab (driver's cab)
– *a cabina (cabina do operador)*
37 swivel-mounted spout (discharge pipe)
– *o tubo giratório de descarregamento* m
38 exhaust
– *o cano de descarga* f
39 rear-wheel steering system
– *as rodas traseiras direcionais*
40-45 rotary swather
– *o ancinho giratório*
40 cardan shaft
– *o eixo cardan*
41 running wheel
– *a roda livre*
42 double spring tine
– *o dente de mola dupla*
43 crank
– *a manivela*
44 swath rake
– *o ancinho, o rastelo*
45 three-point linkage
– *a articulação de três pontos* m
46-58 rotary tedder
– *a secadeira rotativa*
46 tractor
– *o trator*
47 draw-bar
– *a barra de tração* f
48 cardan shaft
– *o eixo cardan*
49 power take-off (power take-off shaft)
– *a tomada de força* f *(o eixo de tomada de força)*
50 gearing (gears)
– *as engrenagens*
51 frame bar
– *o chassi*
52 rotating head
– *a cabeça giratória*
53 tine bar
– *o suporte do dente*
54 double spring tine
– *o dente duplo de mola* f
55 guard rail
– *a barra de proteção* f
56 running wheel
– *a roda livre*
57 height adjustment crank
– *a manivela de controle* m *da altura*
58 wheel adjustment
– *o ajuste das rodas*
59-84 potato harvester
– *a colheitadeira de batata* f
59 control levers for the lifters of the digger and the hopper and for adjusting the shaft

– *as alavancas de controle* m *do levantamento do arrancador e da tremonha, mais alavanca* f *de controle* m *do ajuste do eixo*
60 adjustable hitch
– *o engate regulável*
61 draw-bar
– *a barra de tração* f
62 draw-bar support
– *o suporte da barra de tração* f
63 cardan shaft connection
– *a conexão do eixo cardan*
64 press roller
– *o cilindro compressor*
65 gearing (gears) for the hydraulic system
– *a engrenagem do sistema hidráulico*
66 disc (disk) coulter (*Am.* colter) (rolling coulter)
– *a sega de disco* m
67 three-bladed share
– *a relha trilaminada*
68 disc (disk) coulter (*Am.* colter) drive
– *o acionamento da sega de disco* m
69 open-web elevator
– *a tela elevatória*
70 agitator
– *o agitador*
71 multi-step reduction gearing
– *a engrenagem de múltipla redução*
72 feeder
– *o alimentador*
73 haulm stripper (flail rotor)
– *o arrancador de ervas* f
74 rotary elevating drum
– *o tambor giratório de elevação* f
75 mechanical tumbling separator
– *o separador mecânico oscilante*
76 haulm conveyor with flexible haulm strippers
– *o transportador de ervas* f *com arrancadores* m *flexíveis*
77 haulm conveyor agitator
– *o agitador do transportador de ervas* f
78 haulm conveyor drive with V-belt
– *o mecanismo de comando* m *do transportador* m *com correia* f *de transmissão* f *tipo* m *"V"*
79 studded rubber belt for sorting vines, clods and stones
– *a correia de borracha* f *com saliências* f *para separação* f *de ervas* f, *torrões* m *e pedras* f
80 trash conveyor
– *o transportador de refugo* m
81 sorting table
– *a mesa de triagem* f
82 rubber-disc (rubber-disk) rollers for presorting
– *os cilindros de discos* m *de borracha* f *para pré-triagem* f
83 discharge conveyor
– *a esteira de descarga* f
84 endless-floor hopper
– *a moega de descarga* f, *de fundo* m *móvel*
85-96 beet harvester
– *a colheitadeira de beterraba* f

85 topper
– *o cortador de ápices* m
86 feeler
– *a roda de direção* f
87 topping knife
– *a faca para cortar ápices* m
88 feeler support wheel with depth adjustment
– *a roda de apoio* m *com ajuste* m *de profundidade* f
89 beet cleaner
– *o limpador de beterrabas* f
90 haulm elevator
– *o elevador de capim* m
91 hydraulic pump
– *a bomba hidráulica*
92 compressed-air reservoir
– *o tanque de ar comprimido*
93 oil tank (oil reservoir)
– *o tanque de óleo* m *(o reservatório de óleo* m*)*
94 tensioning device for the beet elevator
– *o regulador da tensão do elevador de beterrabas* f
95 beet elevator belt
– *a correia do elevador*
96 beet hopper
– *a moega (a tremonha) das beterrabas*

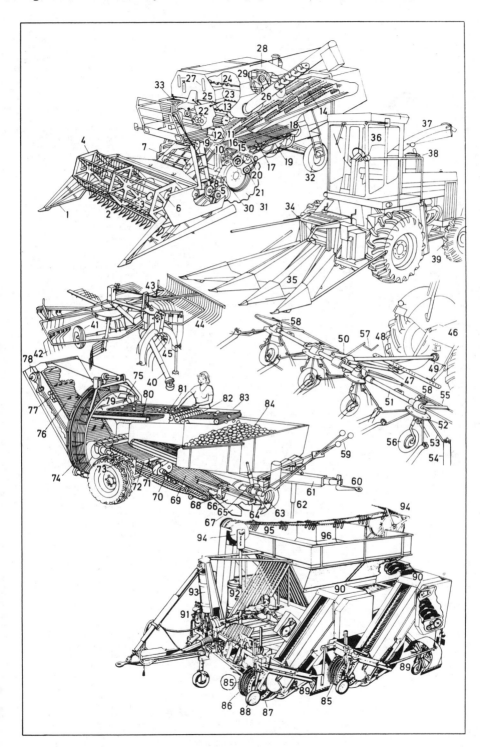

1 **wheel plough** (*Am.* plow), a single-bottom plough
- *o arado de uma aiveca*
2 handle
- *o cabo*
3 plough (*Am.* plow) stilt (plough handle)
- *a rabiça do arado*
4-8 **plough** (*Am.* plow) **bottom**
- *a aiveca*
4 mouldboard (*Am.* moldboard)
- *a telha*
5 landside
- *o talão*
6 sole (slade)
- *a sola*
7 ploughshare (share, *Am.* plowshare)
- *a lâmina*
8 frog (frame)
- *o caixilho*
9 beam (plough beam, *Am.* plowbeam)
- *o travessão*
10 knife coulter (*Am.* colter), a coulter
- *a sega*
11 skim coulter (*Am.* colter)
- *a aiveca de corte m superficial*
12 guide-chain crossbar
- *o suporte da corrente*
13 guide chain
- *a corrente*
14-19 **forecarriage**
- *o truque, o rodeiro*
14 adjustable yoke (yoke)
- *o balancim ajustável*
15 land wheel
- *a roda da terra*
16 furrow wheel
- *a roda de sulco m*
17 hake chain
- *a corrente de tração f*
18 draught beam (drawbar)
- *a barra de engate m*
19 hake
- *o engate*
20 tractor (general-purpose tractor)
- *o trator (de aplicação múltipla)*
21 cab frame (roll bar)
- *a armação da cabina (as barras cilíndricas)*
22 seat
- *o banco*
23 power take-off gear-change (gearshift)
- *a alavanca de câmbio m da tomada de força f*
24-29 **power lift**
- *o engate de força f*
24 ram piston
- *o ariéte hidráulico*
25 lifting rod adjustment
- *o ajuste do tirante de levantamento m*
26 drawbar frame
- *o chassi da barra de tração f*
27 top link
- *a articulação superior*
28 lower link
- *a articulação inferior*
29 lifting rod
- *o tirante de levantamento m*
30 draw-bar coupling
- *o acoplamento da barra de tração f*
31 live power take-off, live power take-off shaft
- *a tomada móvel de força f*

32 differential gear (differential)
- *a engrenagem diferencial (o diferencial)*
33 floating axle
- *o eixo livre*
34 torque converter lever
- *a alavanca do conversor de torque f*
35 gear-change (gearshift)
- *a alavanca de câmbio m de marchas f*
36 multi-speed transmission
- *a transmissão de múltipla velocidade*
37 fluid clutch (fluid drive)
- *a embreagem (Pt. a embraiagem) hidráulica (fluid drive)*
38 power take-off gear
- *a engrenagem de tomada f de força f*
39 main clutch
- *a embreagem (Pt. a embraiagem) principal (embreagem do volante)*
40 power take-off gear-change (gearshift) with power take-off clutch
- *a engrenagem da mudança de tomada f de força f, com embreagem f (de tomada de força)*
41 hydraulic power steering and reversing gears
- *as engrenagens de força hidráulica de direção f e reversão f*
42 fuel tank
- *o tanque de combustível m*
43 float lever
- *a alavanca flutuante*
44 four-cylinder diesel engine
- *o motor diesel de quatro cilindros m*
45 oil sump and pump for the pressure-feed lubrication system
- *o carter de óleo m para o sistema de lubrificação f sob pressão f*
46 fresh oil tank
- *o reservatório de óleo m*
47 track rod (*Am.* tie rod)
- *o tirante de união f*
48 front axle pivot pin
- *o pino (pivô) m de giro m do eixo dianteiro*
49 front axle suspension
- *a suspensão do eixo dianteiro*
50 front coupling (front hitch)
- *o dispositivo de acoplamento m do engate dianteiro*
51 radiator
- *o radiador*
52 fan
- *o ventilador*
53 battery
- *a bateria*
54 oil bath air cleaner (oil bath air filter)
- *o filtro de ar m a banho m de óleo m*
55 **cultivator** (grubber)
- *o subsolador*
56 sectional frame
- *o conjunto seccional*
57 spring tine
- *o dente de mola f*
58 share, a diamond-shaped shoe *sim.*: chisel-shaped shoe
- *a orelha, uma ponta de subsolador m terminada em cinzel m*
59 depth wheel
- *a roda de controle m de profundidade f*

60 depth adjustment
- *a regulagem da profundidade*
61 coupling (hitch)
- *o dispositivo de acoplamento m*
62 **reversible plough** (*Am.* plow), a mounted plough
- *o arado reversível*
63 depth wheel
- *a roda de controle m de profundidade f*
64-67 **plough** (*Am.* plow) **bottom, a general-purpose plough bottom**
- *a aiveca de aplicação múltipla*
64 mouldboard (*Am.* moldboard)
- *a aiveca*
65 ploughshare (share, *Am.* plowshare) a pointed share
- *a relha, uma relha pontuda*
66 sole (slade)
- *o solado*
67 landside
- *o talão*
68 skim coulter (*Am.* colter)
- *o facão rotativo*
69 disc (disk) coulter (*Am.* colter)(rolling coulter)
- *a sega circular*
70 plough (*Am.* plow) frame
- *a armação do arado*
71 beam (plough beam, *Am.* plowbeam)
- *o travessão*
72 three-point linkage
- *a articulação de três pontos m*
73 swivel mechanism
- *o mecanismo giratório*
74 **drill**
- *a semeadeira*
75 seed hopper
- *o compartimento das sementes*
76 drill coulter (*Am.* colter)
- *a sega da semeadeira*
77 delivery tube, a telescopic tube
- *o tubo telescópico de distribuição f*
78 feed mechanism
- *o mecanismo de alimentação f*
79 gearbox
- *a caixa de mudança f*
80 drive wheel
- *a roda de tração f*
81 track indicator
- *o indicador de trilha f*
82 disc (disk) harrow, a semimounted implement
- *a grade-arado tipo m "offset"*
83 discs (disks) in X-configuration
- *os discos em X*
84 plain disc (disk)
- *o disco liso*
85 serrated-edge disc (disk)
- *o disco recortado*
86 quick hitch
- *o engate rápido*
87 **combination seed-harrow**
- *o rastelo-sementeira*
88 three-section spike-tooth harrow
- *o subsolador com ponta f em dente m, de três seções f*
89 three-section rotary harrow
- *o rastelo de lâminas rotativas, com três seções f*
90 frame
- *a carcaça, a armação f*

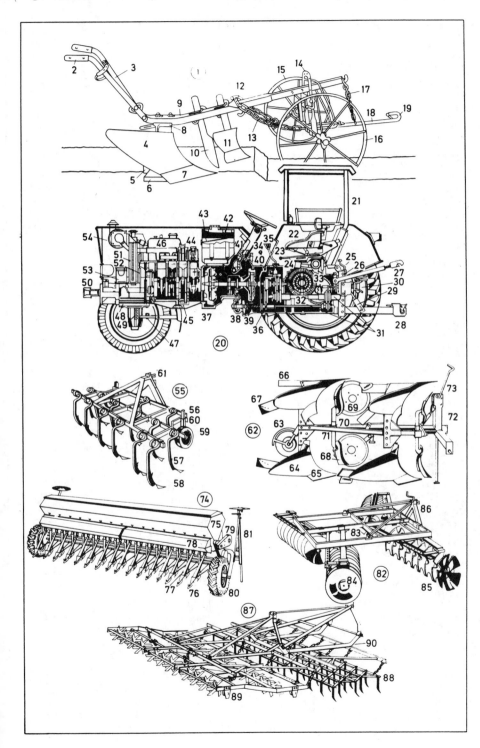

1 draw hoe (garden hoe)
- *a enxada*
2 hoe handle
- *o cabo da enxada*
3 three-pronged (three-tined) hay fork (fork)
- *o forcado de feno* m, *de três dentes* m
4 prong (tine)
- *o dente*
5 potato fork
- *o gadanho para batatas* f
6 potato hook
- *o gancho para batatas* f
7 four-pronged (four-tined) manure fork (fork)
- *o forcado de quatro dentes* m, *para esterco* m
8 manure hoe
- *a enxada para esterco* m
9 whetting hammer [for scythes]
- *o martelo de afiar [para alfanje m]*
10 peen (pane)
- *a pena*
11 whetting anvil [for scythes]
- *a bigorna de amolar [para alfanje m]*
12 scythe
- *o alfanje*
13 scythe blade
- *a lâmina do alfanje*
14 cutting edge
- *a borda cortante, o fio*
15 heel
- *o cotovelo*
16 snath (snathe, snead, sneath)
- *a haste*
17 handle
- *o cabo, a pega*
18 scythe sheath
- *a bainha do alfanje*
19 whetstone (scythestone)
- *a pedra de amolar*
20 potato rake
- *o gadanho para batatas* f
21 potato planter
- *a cesta para plantio* m *de batatas* f
22 digging fork (fork)
- *o forcado para desenterrar*
23 wooden rake (rake, hayrake)
- *o ancinho de madeira* f, *o rastelo de madeira (o ancinho, o ancinho de ferro* m)
24 hoe (potato hoe)
- *a enxada (a enxada para batatas)*
25 potato basket, a wire basket
- *a cesta para colheita* f *de batatas* f *(uma cesta de arame* m)
26 clover broadcaster
- *o semeador manual de trevo* m

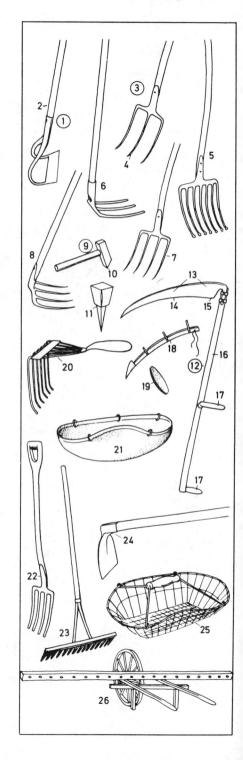

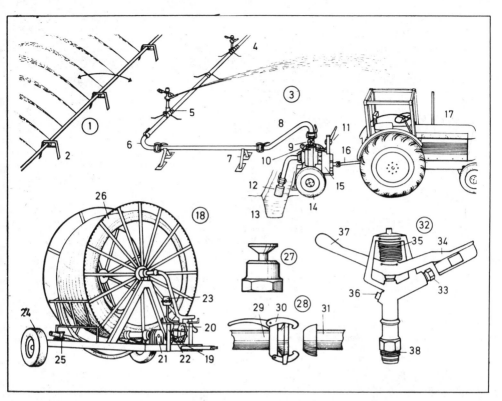

1 oscillating spray line
- *a rampa oscilante de rega* f
2 stand (steel chair)
- *o apóio*
3 portable irrigation system
- *o sistema portátil de irrigação* f
4 revolving sprinkler
- *o aspersor circular, o aspersor rotativo*
5 standpipe coupler
- *a luva em "T" (do duto de aspersor)*
6 elbow with cardan joint (cardan coupling)
- *o joelho com junta* f *cardan*
7 pipe support (trestle)
- *o cavalete*
8 pump connection
- *a conexão da bomba*
9 delivery valve
- *a válvula de recalque* m
10 pressure gauge (*Am.* gage) manometer)
- *o manômetro*
11 centrifugal evacuating pump
- *a bomba de sucção* f
12 basket strainer
- *a peneira*
13 channel
- *o canal de irrigação* f
14 chassis of the p.t.o.-driven pump (power take-off-driven pump)
- *o chassi da bomba acionada pela tomada de força* f *do trator*

15 p.t.o.-driven (power take-off-driven) pump
- *a bomba acionada pela tomada de força* f *do trator*
16 cardan shaft
- *o eixo cardan*
17 tractor
- *o trator*
18 long range irrigation unit
- *a unidade de irrigação* f *de longo alcance*
19 drive connection
- *a conexão de acionamento* m
20 turbine
- *a turbina*
21 gearing (gears)
- *a engrenagem*
22 adjustable support
- *o suporte ajustável*
23 centrifugal evacuating pump
- *a bomba de sucção* f
24 wheel
- *a roda*
25 pipe support
- *o suporte da mangueira*
26 polyester pipe
- *a mangueira de poliéster* m
27 sprinkler nozzle
- *o bico do aspersor*
28 quick-fitting pipe connection with cardan joint
- *o acoplamento rápido da mangueira, com junta* f *cardan*
29 M-cardan
- *o macho do acoplamento rápido*

30 clamp
- *a braçadeira do acóplamento rápido*
31 V-cardan
- *a fêmea do acoplamento rápido*
32 revolving sprinkler, a field sprinkler
- *o aspersor circular*
33 nozzle
- *o bocal, o bico*
34 breaker
- *a alavanca de oscilação* f
35 breaker spring
- *a mola da borboleta oscilante, a mola da alavanca de oscilação* f
36 stopper
- *o tampão*
37 counterweight
- *o contrapeso da alavanca de oscilação* f
38 thread
- *a rosca*

1-47 arable crops (agricultural produce, farm produce)
- *os produtos agrícolas*

1-37 varieties of grain (grain, cereals, farinaceous plants, breadcorn)
- *as variedades de gramíneas usadas na alimentação; também cereais* m, *grãos* m; *grão, significando com freqüência o principal cereal de um país ou região* f; *no norte da Alemanha: o centeio; no sul da Alemanha e na Itália: o trigo; na Suécia: a cevada; na Escócia: a aveia; na América do Norte: o milho; na China: o arroz*

1 rye (*also:* corn, 'corn' often meaning the main cereal of a country of region; in Northern Germany: rye; in Southern Germany and Italy: wheat; in Sweden: barley; in Scotland: oats; in North America: maize; in China: rice)
- *o centeio*

2 ear of rye, a spike (head)
- *a espiga de centeio* m, *uma espiga*

3 spikelet
- *a espigueta*

4 ergot, a grain deformed by fungus (a parasite) (with mycelium)
- *a cravagem, o fungão, o morrão (um grão deformado por fungo* m*)*

5 corn stem after tillering
- *o caule do milho depois do desbaste*

6 culm (stalk)
- *o colmo (o talo)*

7 node of the culm
- *o nó do colmo*

8 leaf (grain leaf)
- *a folha (a folha de cereal* m*)*

9 leaf sheath (sheath)
- *a bainha da folha (a bainha)*

10 spikelet
- *a espigueta*

11 glume
- *a gluma, a espatela*

12 awn (beard, arista)
- *a pragana (a barba, a aresta)*

13 seed (grain, kernel farinaceous grain)
- *a semente (o grão, a cariopse)*

14 embryo plant
- *a planta em embrião* m

15 seed
- *a semente*

16 embryo
- *o germe*

17 root
- *a raiz*

18 root hair
- *a radícula, o pêlo da raiz*

19 grain leaf
- *a folha da gramínea*

20 leaf blade (blade, lamina)
- *o limbo da folha (a lâmina)*

21 leaf sheath
- *a bainha da folha*

22 ligule (ligula)
- *a lígula*

23 wheat
- *o trigo*

24 spelt
- *a espelta*

25 seed; *unripe:* green spelt, a soup vegetable
- *a semente; verde: a espelta verde, um legume para sopa* f

26 barley
- *a cevada*

27 oat panicle, a panicle
- *a panícula de aveia* f, *uma panícula*

28 millet
- *o painço*

29 rice
- *o arroz*

30 rice grain
- *o grão de arroz* m

31 maize (Indian corn, *Am.* corn); varieties: popcorn, dent corn, flint corn (flint maize, *Am.* Yankee corn), pod corn (*Am.* cow corn, husk corn), soft corn (*Am.* flour corn, squaw corn) sweet corn
- *o milho (variedades mais conhecidas no Brasil: o milho de pipoca, o dente de cavalo* m, *o milho catete, o milho híbrido, o milho opaco)*

32 female inflorescence
- *a inflorescência fêmea*

33 husk (*Am.* shuck)
- *a palha*

34 style
- *o estilete*

35 male inflorescence (tassel)
- *a inflorescência macho (com pendão* m*)*

36 maize cob (*Am.* corn cob)
- *a espiga de milho* m

37 maize kernel (grain of maize)
- *o grão de milho* m

38-45 root crops
- *as raízes e tubérculos* m

38 potato plant (potato), a tuberous plant; varieties: round, round-oval (pear-shaped), flat-oval, long, kidney-shaped potato; *according to colour:* white (*Am.* Irish), yellow, red, purple potato
- *o pé de batata; a batata inglesa, a batatinha, um tubérculo; variedades mais conhecidas no Brasil: a batata de casca escura (alemã); a batata de casca clara (holandesa)*

39 seed potato (seed tuber)
- *a batata germinada.(o tubérculo germinado)*

40 potato tuber (potato, tuber)
- *o tubérculo de batata* f *(a batata, o tubérculo)*

41 potato top (potato haulm)
- *a rama da batata*

42 flower
- *a flor*

43 poisonous potato berry (potato apple)
- *a baga venenosa de batata* f

44 sugar beet, a beet
- *a beterraba sacarífera, uma beterraba*

45 root (beet)
- *a raiz (a beterraba)*

46 beet top
- *o colo da beterraba*

47 beet leaf
- *a folha de beterraba* f

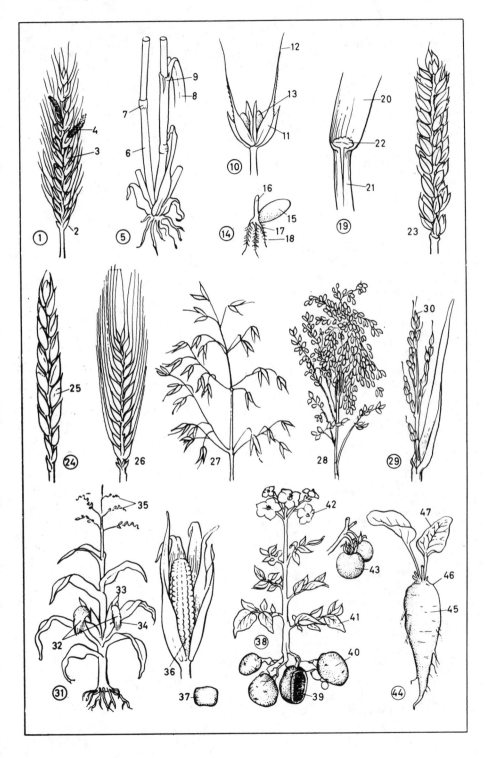

1-28 fodder plants (forage plants) for tillage
- *as plantas forrageiras de cultura f*
1 red clover (purple clover)
- *o trevo vermelho*
2 white clover (Dutch clover)
- *o trevo branco (o trevo da Holanda)*
3 alsike clover (alsike)
- *o trevo híbrido*
4 crimson clover
- *o trevo roxo*
5 four-leaf (four-leaved) clover
- *o trevo de quatro folhas f*
6 kidney vetch (lady's finger, lady-finger)
- *a vulnerária*
7 flower
- *a flor*
8 pod
- *a vagem*
9 lucerne (lucern, purple medick)
- *a alfafa*
10 sainfoin (cock's head, cockshead)
- *a esparzeta*
11 bird's foot (bird-foot, bird's foot trefoil)
- *o cornichão*
12 corn spurrey (spurrey, spurry), a spurrey (spurry)
- *a esparguta, uma cariofilácea*
13 common comfrey, one of the borage family (Boraginaceae)
- *o sínfito comum, a consolda maior, uma borraginácea (Comfrey)*
14 flower (blossom)
- *a flor*
15 field bean (broad bean, tick bean, horse bean)
- *a fava*
16 pod
- *a vagem*
17 yellow lupin
- *o lupino amarelo; (grãos m: os tremoços)*
18 common vetch
- *a ervilhaca comum*
19 chick-pea
- *o grão-de-bico*
20 sunflower
- *o girassol*
21 mangold (mangelwurzel), mangoldwurzel, field mangel)
- *a beterraba forrageira*
22 false oat (oat-grass)
- *a aveia-alta, a aveia-frumental*
23 spikelet
- *a espigueta*
24 meadow fescue grass, a fescue
- *a festuca*
25 cock's foot (cocksfoot)
- *o capim-mimoso (Dactylonium aegyptium)*
26 Italian ryegrass; *sim.:* perennial ryegrass (English ryegrass)
- *o azevém-inglês*
27 meadow foxtail, a paniculate grass

- *o capim rabo-de-raposa (o capim-arroz-do-mato), um capim paniculado*
28 greater burnet saxifrage
- *a saxífraga sanguissorba*

1 bulldog
- *o buldogue*
2 ear, a rose-ear
- *a orelha pendente*
3 muzzle
- *o focinho*
4 nose
- *o nariz*
5 foreleg
- *a perna dianteira*
6 forepaw
- *a pata dianteira*
7 hind leg
- *a perna traseira*
8 hind paw
- *a pata traseira*
9 pug (pug dog)
- *o dogue*
10 boxer
- *o boxer*
11 withers
- *a cernelha*
12 tail, a docked tail
- *o coto de rabo* m
13 collar
- *a coleira*
14 Great Dane
- *o dinamarquês*
15 wire-haired fox terrier
- *o fox-terrier pêlo-de-arame*
16 bull terrier
- *o bull terrier*
17 Scottish terrier
- *o terrier escocês*
18 Bedlington terrier
- *o bedlington terrier*

19 Pekinese (Pekingese, Pekinese dog, Pekingese dog)
- *o pequinês*
20 spitz (Pomeranian)
- *o lulu da Pomerânia*
21 chow (chow-chow)
- *o chaco-chaco (o cão chinês)*
22 husky
- *o cão esquimó*
23 Afghan (Afghan hound)
- *o afegão (o pastor do Afeganistão)*
24 greyhound (*Am.* grayhound), a courser
- *o galgo*
25 Alsatian (German sheepdog, *Am.* German shepherd), a police dog, watch dog, and guide dog
- *o pastor alsaciano (o pastor alemão, o policial, o cão de guarda, o guia)*
26 flews (chaps)
- *as beiçadas caídas*
27 Dobermann terrier
- *o dobermann*

28-31 dog's outfit
- *os artigos para cães* m
28 dog brush
- *a escova para cães*
29 dog comb
- *o pente para cães*
30 lead (dog lead, leash); for hunting: leash
- *a correia; para caça: a trela* f
31 muzzle
- *a focinheira, a mordaça*
32 feeding bowl (dog bowl)
- *a tigela*
33 bone
- *o osso*
34 Newfoundland dog
- *o terra-nova*
35 schnauzer
- *o schnauzer*
36 poodle; *sim. and smaller:* (pigmy) poodle
- *o poodle, o caniche, o cão d'água*
37 S. Bernard (St. Bernard dog)
- *o são-bernardo*
38 cocker spaniel
- *o cocker spaniel*
39 dachshund. a terrier
- *o bassê (dachshund); (Pt. o baixote)*
40 German pointer
- *o perdigueiro (o pointer alemão)*
41 English setter
- *o setter inglês*
42 trackhound

- *o cão de caça, o sabujo, o braco, o mateiro*
43 pointer, a trackhound
- *o sabujo, o cão mateiro, o cão de aponte*

1-6 equitation (high school riding, haute école)
- a equitação (a alta escola)
1 piaffe
- *o piaffer*
2 walk
- *o passo lento*
3 passage
- *a passagem (o passo espanhol)*
4 levade (pesade)
- *o empino*
5 capriole
- *a cabriola*
6 courbette (curvet)
- *a courbette*
7-25 harness
- *o arreio*
7-13 bridle
- *o freio, a rédea, o bridão*
7-11 headstall (headpiece, halter)
- *a cabeçada*
7 noseband
- *a focinheira*
8 cheek piece (cheek strap)
- *a faceira*
9 browband (front band)
- *a testeira*
10 crownpiece
- *a cachaceira*
11 throatlatch (throatlash)
- *a cisgola*
12 curb chain
- *a barbela*
13 curb bit
- *o bocal*
14 hasp (hook) of the hame (*Am.* drag hook)
- *o gancho da rédea*
15 pointed collar, a collar
- *a coalheira, uma coleira*
16 trappings (side trappings)
- *o ornamento da coalheira*
17 saddle-pad
- *o coxim da sela*
18 girth
- *a barrigueira, a cilha*
19 backband
- *a correia dorsal, a correia de sustentação* f
20 shaft chain (pole chain)
- *a corrente do timão*
21 pole
- *o timão*
22 trace
- *o tirante*
23 second girth (emergency girth)
- *a sobrecilha*
24 trace
- *o tirante*
25 reins (*Am.* lines)
- *as rédeas*
26-36 breast harness
- *o arreio peitoral*
26 blinker (*Am.* blinder, winker)
- *o antolho*
27 breast collar ring
- *a correia do peitoral*
28 breast collar (Dutch collar)
- *o peitoral*
29 fork
- *a forquilha*
30 neck strap
- *a tira do pescoço*
31 saddle-pad
- *a almofada da sela*

32 loin strap
- *o suspensório*
33 reins (rein, *Am.* line)
- *as rédeas*
34 crupper (crupper-strap)
- *o rabicho*
35 trace
- *o tirante*
36 girth (belly-band)
- *a barrigueira*
37-49 saddles
- *as selas*
37-44 stock saddle (*Am.* western saddle)
- *a sela de campeiro* m, *a sela mexicana, a sela do Oeste*
37 saddle seat
- *o coxim*
38 pommel horn (horn)
- *a maçã do arção da sela*
39 cantle
- *a patilha*
40 flap (*Am.* fender)
- *o suador*
41 bar
- *o enchimento*
42 stirrup leather
- *o loro*
43 stirrup (stirrup iron)
- *o estribo*
44 blanket
- *a manta*
45-49 English saddle (cavalry saddle)
- *a sela inglesa*
45 seat
- *o coxim*
46 cantle
- *a patilha*
47 flap
- *o suador*
48 roll (knee roll)
- *a borraina*
49 pad
- *o xairel, o acolchoado*
50-51 spurs
- *as esporas*
50 box spur (screwed jack spur)
- *a espora aparafusada*
51 strapped jack spur
- *a espora afivelada*
52 curb bit
- *o frèio*
53 gag bit (gag)
- *o abre-boca*
54 currycomb
- *a rascadeira, a almofaça*
55 horse brush (body brush, dandy brush)
- *a escova de cavalo* m

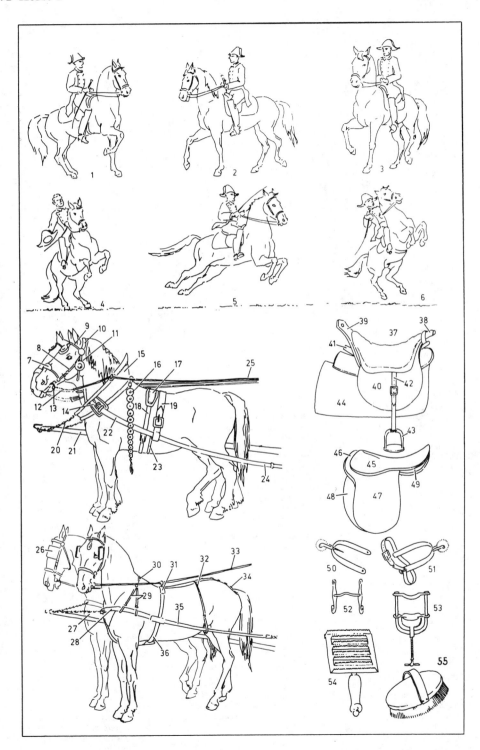

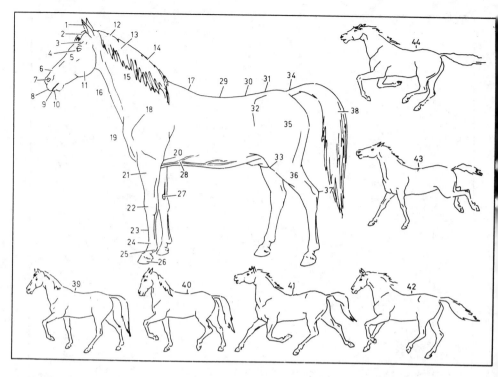

1-38 points of the horse
- *a morfologia do cavalo*
1-11 head (horse's head)
- *a cabeça (cabeça de cavalo m)*
1 ear
- *a orelha*
2 forelock
- *o topete*
3 forehead
- *a testa*
4 eye
- *o olho*
5 face
- *a face*
6 nose
- *o focinho*
7 nostril
- *a narina*
8 upper lip
- *o lábio (o beiço) superior*
9 mouth
- *a boca*
10 underlip (lower lip)
- *o lábio (o beiço) inferior*
11 lower jaw
- *a ganacha*
12 crest (neck)
- *a nuca*
13 mane (horse's mane)
- *a crina (a crina de cavalo m)*
14 crest (horse's crest)
- *o cachaço do cavalo*
15 neck
- *o pescoço*
16 throat (*Am.* throatlatch, throat-lash)
- *a garganta*

17 withers
- *a cernelha*
18-27 forehand
- *o membro anterior*
18 shoulder
- *a paleta* (Pt. *a espádua*)
19 breast
- *o peito*
20 elbow
- *o codilho*
21 forearm
- *o braço*
22-26 forefoot
- *a pata anterior*
22 knee (carpus, wrist)
- *o joelho*
23 cannon
- *a canela*
24 fetlock
- *o boleto*
25 pastern
- *a quartela*
26 hoof
- *o casco*
27 chestnut (castor), a callosity
- *a castanha, uma calosidade*
28 spur vein
- *a veia torácica externa*
29 back
- *o dorso*
30 loins (lumbar region)
- *o lombo (a região lombar)*
31 croup (rump, crupper)
- *a garupa*
32 hip
- *a anca*

33-37 hind leg
- *o membro posterior*
33 stifle (stifle joint)
- *a soldra*
34 root (dock) of the tail
- *a raiz do rabo*
35 haunch
- *a coxa*
36 gaskin
- *a perna*
37 hock
- *o jarrete (a ponta do jarrete)*
38 tail
- *o rabo*
39-44 gaits of the horse
- *as andaduras do cavalo*
39 walk
- *o passo*
40 pace
- *o passo travado*
41 trot
- *o trote*
42 canter (hand gallop)
- *o galope (o cânter m)*
43-44 full gallop
- *a todo galope (grande galope)*
43 full gallop at the moment of descent on to the two forefeet
- *a todo galope m: momento m em que as patas dianteiras tocam o solo*
44 full gallop at the moment when all four feet are off the ground
- *a todo galope: momento m em que as quatro patas estão afastadas do solo*

Abbreviations: *m.* = male; *c.* = castrated; *f.* = female; *y* = young
Abreviaturas: m. = *macho;* c. = *castrado;* f. = *fêmea;* fo. = *filhote*

1-2 cattle
- *o gado*
1 cow, a bovine animal, a horned animal, a ruminant; *m.* bull; *c.* ox; *f.* cow; *y.* calf
- *a vaca, um animal bovino, um animal dotado de chifres* m*, um ruminante;* m. *o touro;* c. *o boi;* f. *a vaca;* fo. o *bezerro* m
2 horse; *m.* stallion; *c.* gelding; *f.* mare; *y.* foal
- *o cavalo;* m. *garanhão;* c. *capão;* f. *égua;* fo. *potro* m
3 donkey
- *o burro, o asno, o jumento, o jegue*
4 pack saddle (carrying saddle)
- *a sela para jacás* m (Pt. *a albarda*)
5 pack (load)
- *o jacá, a carga*
6 tufted tail
- *o rabo com tufo* m
7 tuft
- *o tufo*
8 mule, a cross between a male donkey and a mare
- *a mula, uma cruza entre asno* m *e égua* f
9 pig, a cloven-hoofed animal; *m.* boar; *f.* sow; *y.* piglet

- *o porco, um animal artiodátilo;* m. *o cachaço, o barrão;* f. *a porca;* fo. *o leitão* m
10 pig's snout (snout)
- *o focinho do porco (o focinho)*
11 pig's ear
- *a orelha do porco*
12 curly tail
- *o rabo em caracol* m
13 sheep; *m.* ram; *c.*wether; *f.* ewe; *y.* lamb
- *o carneiro;* f. *a ovelha;* fo. o *cordeiro* m
14 goat
- *a cabra*
15 goat's beard
- *a barba da cabra*
16 dog, a Leonberger; *m.* dog; *f.* bitch; *y.* pup (puppy, whelp)
- *o cão, um leonberger;* f. *a cadela;* fo. *o cachorrinho* m
17 cat, an Angora cat (Persian cat); *m.* tom (tom cat)
- *o gato, um gato angorá;* f. *a gata*
18-36 small domestic animals
- *os pequenos animais domésticos*
18 rabbit; *m.* buck; *f.* doe
- *o coelho;* f. *a coelha*
19-36 poultry (domestic fowl)
- *as aves domésticas*
19-26 chicken
- *as galinhas*
19 hen
- *a galinha*
20 crop (craw)
- *o papo*

21 cock (*Am.* rooster); *c.* capon
- *o galo;* c. *o capão*
22 cockscomb (comb, crest)
- *a crista*
23 lap
- *a aba, a carúncula carnosa*
24 wattle (gill, dewlap)
- *a barbela*
25 falcate (falcated) tail
- *a cauda falciforme*
26 spur
- *o esporão*
27 guinea fowl
- *a galinha d'angola, a galinhola*
28 turkey; *m.* turkey cock (gobbler); *f.* turkey hen
- *o peru;* f. *a perua*
29 fan tail
- *a cauda em leque* m
30 peacock
- *o pavão*
31 peacock's feather
- *a pena de pavão* m
32 eye (ocellus)
- *o olho (o ocelo)*
33 pigeon; *m.* cock pigeon
- *o pombo;* f. *a pomba*
34 goose; *m.* gander; *y.* gosling
- *o ganso;* f. *a gansa*
35 duck; *m.* drake; *y.* duckling
- *o pato;* f. *a pata;* fo. *o patinho*
36 web (palmations) of webbed foot (palmate foot)
- *a membrana da pata palmada*

1-27 poultry farming (intensive poultry management)
- *a avicultura (controle* m *intensivo)*
1-17 straw yard (strawed yard) system
- *o sistema de galpão* (Pt. *de galinheiro* m) *forrado de palha* f
1 fold unit for growing stock (chick unit)
- *o galpão* (Pt. *o galinheiro) de pintos* m
2 chick
- *o pinto*
3 brooder (hover)
- *a campânula*
4 adjustable feeding trough
- *o comedouro automático*
5 pullet fold unit
- *o galpão* (Pt. *o galinheiro) de frangos* m
6 drinking trough
- *o bebedouro*
7 water pipe
- *o cano de água* f
8 litter
- *a palha*
9 pullet
- *o frango*
10 ventilator
- *o ventilador*
11-17 broiler rearing (rearing of broiler chickens)
- *a criação de frangos* m *de corte* m
11 chicken run (*Am.* fowl run)
- *o aviário* (Pt. *o galinheiro)*
12 broiler chicken (broiler)
- *o frango de corte* m
13 mechanical feeder (self-feeder, feed dispenser)
- *o comedouro automático*
14 chain
- *a corrente*
15 feed supply pipe
- *o tubo de ração* f
16 mechanical drinking bowl (mechanical drinker)
- *o bebedouro mecânico*
17 ventilator
- *o ventilador*
18 battery system (cage system)
- *o sistema de gaiolas* f *em bateria* f
19 battery (laying battery)
- *a bateria (a bateria para poedeiras* f)
20 tiered cage (battery cage, stepped cage)
- *a gaiola inferior (a gaiola em bateria* f)
21 feeding trough
- *o comedouro automático*
22 egg collection by conveyor
- *a coleta de ovos* m *por esteira* f
23-27 mechanical feeding and dunging (manure removal, droppings removal)
- *o sistema automático de alimentação* f *e remoção* f *de impurezas* f (esterco m e outros dejetos)
23 rapid feeding system for battery feeding (mechanical feeder)

- *o sistema rápido de alimentação* f *para as baterias de gaiolas* f
24 feed hopper
- *o silo de ração* f
25 endless-chain feed conveyor (chain feeder)
- *a esteira sem fim* m *para transporte* m *de ração* f
26 water pipe (liquid feed pipe)
- *o cano de água* f *(o cano de ração líquida)*
27 dunging chain (dunging conveyor)
- *a correia transportadora para retirada* f *de dejetos* m
28 [cabinet type] setting and hatching machine
- *o armário de incubação* f
29 ventilation drum (for the setting compartment)
- *o ventilador da câmara de incubação* f
30 hatching compartment (hatcher)
- *a chocadeira*
31 metal trolley for hatching trays
- *o carro de metal* m *para as bandejas de incubação* f
32 hatching tray
- *a bandeja de incubação* f
33 ventilation drum motor
- *o motor do ventilador*
34-53 egg production
- *a produção de ovos* m
34 egg collection system (egg collection)
- *a coleta de ovos* m
35 multi-tier transport
- *a esteira transportadora*
36 collection by pivoted fingers
- *a mesa de classificação* f
37 drive motor
- *o motor de propulsão* f
38 sorting machine
- *a triagem*
39 conveyor trolley
- *o carro transportador*
40 fluorescent screen
- *a tela fluorescente*
41 suction apparatus (suction box) for transporting eggs
- *o transporte (dos ovos) por sucção* f
42 shelf for empty-and full egg boxes
- *a prateleira para caixas* f *de ovos* m *cheias e vazias*
43 egg weighers
- *a pesagem (dos ovos)*
44 grading
- *a calibragem*
45 egg box
- *a caixa de ovos* m
46 fully automatic egg-packing machine
- *a embaladora automática (de ovos* m)
47 radioscope box
- *a câmara radioscópica*
48 radioscope table
- *a mesa do radioscópio*
49-51 feeder
- *o sistema de alimentação* f

49 suction transporter
- *a transportadora por sucção* f
50 vacuum line
- *o tubo a vácuo* m
51 supply table
- *a mesa de alimentação* f
52 automatic counting and grading
- *a contagem e classificação automáticas*
53 packing box dispenser
- *o distribuidor de caixas* f
54 leg ring
- *o anel para perna* f
55 wing tally (identification tally)
- *a marca de asa* f *(a etiqueta de conferência* f *e identificação* f)
56 bantam
- *o garnisé*
57 laying hen
- *a galinha poedeira*
58 hen's egg (egg)
- *o ovo de galinha* f *(ovo)*
59 eggshell, an egg integument
- *a casca, um integumento do ovo*
60 shell membrane
- *a membrana*
61 air space
- *o cório*
62 white [of the egg] (albumen)
- *a clara [do ovo]*
63 chalaza (*Am.* treadle)
- *a calaza*
64 vitelline membrane (yolk sac)
- *a membrana vitelina, o sáculo*
65 blastodisc (germinal disc, cock's tread, cock's treadle)
- *o blastodisco*
66 germinal vesicle
- *a cicatrícula*
67 white
- *o blastocele, a cavidade de segmentação* f
68 yolk
- *a gema*

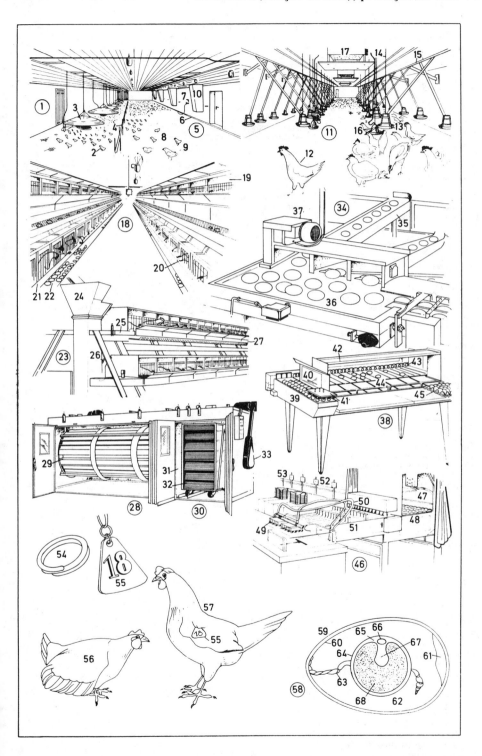

1 stable
 – *a cavalariça, a estrebaria, a co-cheira*
2 horse stall (stall, horse box, box)
 – *a baia*
3 feeding passage
 – *a circulação de forragem* f
4 pony
 – *o pônei*
5 bars
 – *as barras*
6 litter
 – *a palha*
7 bale of straw
 – *o fardo de palha* f
8 ceiling light
 – *a clarabóia*
9 sheep pen
 – *o redil*
10 mother sheep (ewe)
 – *a ovelha*
11 lamb
 – *o cordeiro*
12 double hay rack
 – *a grade dupla para feno* m
13 hay
 – *o feno*
14 dairy cow shed (cow shed), in which cows require tying
 – *o estábulo de vacas* f *leiteiras*
15-16 tether
 – *a corrente*
15 chain
 – *a corrente*
16 rail
 – *o trilho*
17 dairy cow (milch-cow, milker)
 – *a vaca leiteira*
18 udder
 – *o úbere*
19 teat
 – *a teta*
20 manure gutter
 – *a calha para estrume* m
21 manure removal by sliding bars
 – *as barras corrediças para remoção* f *do estrume*
22 short standing
 – *a baia curta*
23 milking parlour (*Am*. parlor), a herringbone parlour
 – *a sala de ordenha*
24 working passage
 – *o corredor de serviço* m
25 milker (*Am*. milkman)
 – *o ordenhador*
26 teat cup cluster
 – *o feixe de distribuição* f *para as ordenhadeiras*
27 milk pipe
 – *o tubo de leite* m
28 air line
 – *a tubulação de ar* m
29 vacuum line
 – *a tubulação a vácuo* m
30 teat cup
 – *a ordenhadeira*
31 window
 – *o visor*
32 pulsator
 – *o pulsador*
33 release phase
 – *a fase de repouso* m
34 squeeze phase
 – *a fase de sucção* f

35 pigsty (*Am*. pigpen, hogpen)
 – *o chiqueiro*
36 pen for young pigs
 – *o chiqueiro de leitões* m
37 feeding trough
 – *o cocho*
38 partition
 – *o tabique*
39 pig, a young pig
 – *o leitão*
40 farrowing and store pen
 – *o cercado de parto* m
41 sow
 – *a porca*
42 piglet (*Am*. shoat, shote) sow-pig [for first 8 weeks]
 – *o leitão, a leitoa, o bacorinho* [*filhote* m *de até oito meses*]
43 farrowing rails
 – *as barras de parto* m
44 liquid manure channel
 – *a calha para dejetos líquidos*

1-48 dairy (dairy plant)
- *a usina de leite* m (Pt. *a leitaria*)
1 milk reception
- *a chegada do leite*
2 milk tanker
- *o caminhão-tanque* (Pt. *o camião-tanque*) *de leite* m
3 raw milk pump
- *a bomba de leite* m *cru*
4 flowmeter, an oval (elliptical) gear meter
- *o fluxímetro, um medidor de engrenagens* f *ovais*
5 raw milk storage tank
- *o tambor de leite cru*
6 gauge (*Am.* gage)
- *o indicador de nível* m
7 central control room
- *a sala de controle* m
8 chart of the dairy
- *o diagrama da usina* (Pt. *da leitaria*)
9 flow chart (flow diagram)
- *o fluxograma* (*o diagrama* m *de fluxo* m)
10 storage tank gauges (*Am.* gages)
- *os indicadores de nível* m *dos tambores*
11 control panel
- *o painel de controle* m
12-48 milk processing area
- *as instalações de processamento* m
12 sterilizer (homogenizer)
- *o homogeneizador*
13 milk heater; sim.: cream heater
- *o pasteurizador de leite* m; sim.: *o pasteurizador de creme* m
14 cream separator
- *a desnatadeira*
15 fresh milk tanks
- *os tambores de leite fresco*
16 tank for sterilized milk
- *o tambor de leite esterilizado*
17 skim milk (skimmed milk) tank
- *o tambor de leite desnatado*
18 buttermilk tank
- *o tambor de coalhada* f (*o tambor de iogurte* m)
19 cream tank
- *o tambor de creme* m (Pt. *de nata* f)
20 fresh milk filling and packing plant
- *a aparelhagem de acondicionamento* m *e embalagem* f *de leite fresco*
21 filling machine for milk cartons; *sim.*: milk tub filler
- *a acondicionadora para caixas* f *de papelão* m
22 milk carton
- *o leite em caixa* f, *o leite de caixa*
23 conveyor belt (conveyor)
- *a esteira rolante*
24 shrink-sealing machine
- *a máquina de vedação* f *por retração* f
25 pack of twelve in shrink foil
- *o pacote de dúzia* f *em embalagem* f *de laminado metálico retrátil*
26 ten-litre filling machine
- *a acondicionadora para sacos* m *de dez litros* m

27 heat-sealing machine
- *a máquina de termovedação* f
28 plastic sheets
- *as folhas de plástico* m (*polietileno* m)
29 heat-sealed bag
- *o saco vedado a quente*
30 crate
- *o engradado*
31 cream maturing vat
- *a tina de maturação* f *do creme* (Pt. *da nata* f)
32 butter shaping and packing machine
- *a enformadora/embaladora de manteiga* f
33 butter churn, a creamery butter machine for continuous butter making
- *a batedeira contínua de manteiga* f
34 butter supply pipe
- *o duto alimentador de manteiga* f
35 shaping machine
- *a enformadora*
36 packing machine
- *a embaladora*
37 branded butter in 250 g packets
- *a manteiga em pacotes rotulados de 250 g*
38 plant for producing curd cheese (curd cheese machine)
- *a aparelhagem para fabricar ricota* f (Pt. *para fabricar requeijão* m)
39 curd cheese pump
- *a bomba de ricota* f (Pt. *de coalhada* f)
40 cream supply pump
- *o bombeador de creme* m (Pt. *a bomba de nata* f)
41 curds separator
- *a centrífuga*
42 sour milk vat
- *a tina de leite azedo*
43 stirrer
- *o agitador*
44 curd cheese packing machine
- *a máquina embaladora de ricota* f (Pt. *de requeijão* m)
45 curd cheese packet (curd cheese; sim.: cottage cheese)
- *o pacote de ricota* f (Pt. *de requeijão* m)
46 bottle-capping machine (capper)
- *a máquina de colocar chapinhas* f *em garrafas* f
47 cheese machine
- *a queijeira*
48 rennet vat
- *a coalheira*

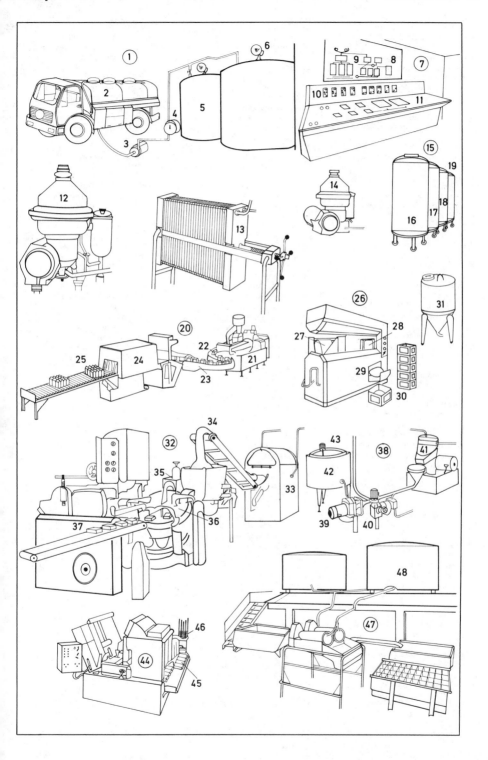

1-25 bee (honey-bee, hive-bee)
- *a abelha (a abelha de mel* m, *a abelha de colméia* f)
1,4,5 **castes** (social classes) of bees
- *as castas* das abelhas
1 worker (worker bee)
- *a obreira (a operária)*
2 three simple eyes (ocelli)
- *os três ocelos*
3 load of pollen on the hind leg
- *a bola de pólen* m *na pata traseira*
4 queen (queen bee)
- *a rainha, a abelha-rainha* (Pt. *a abelha-mestra*)
5 drone (male bee)
- *o zangão*
6-9 **left hind leg of a worker**
- *a pata traseira esquerda de uma obreira*
6 pollen basket
- *a bolsa de pólen* m
7 pollen comb (brush)
- *a escova de pólen* m
8 double claw
- *a pinça*
9 suctorial pad
- *a língua*
10-19 **abdomen of the worker**
- *o abdômen da obreira*
10-14 **stinging organs**
- *os órgãos de defesa* f
10 barb
- *os filamentos*
11 sting
- *o aguilhão (o ferrão protrátil)*
12 sting sheath
- *a bainha do aguilhão*
13 poison sac
- *a bolsa de veneno* m
14 poison gland
- *a glândula de veneno* m
15-19 **stomachic-intestinal canal**
- *o tubo gastrointestinal*
15 intestine
- *o intestino*
16 stomach
- *o estômago*
17 contractile muscle
- *o esfíncter (músculo* m *contrátil)*
18 honey bag (honey sac)
- *a bolsa de mel* m
19 oesophagus, esophagus (gullet)
- *o esôfago*
20-24 **compound eye**
- *o olho facetado*
20 facet
- *a faceta*
21 crystal cone
- *o cone cristalino*
22 light-sensitive section
- *a zona sensorial (as células da retina)*
23 fibre (*Am.* fiber) of the optic nerve
- *a fibra do nervo óptico*
24 optic nerve
- *o nervo óptico*
25 wax scale
- *as placas de cera* f
26-30 **cell**
- *o alvéolo*
26 egg
- *o ovo*

27 cell with the egg in it
- *o alvéolo (a célula) com ovo* m
28 young larva
- *a larva nova*
29 larva (grub)
- *a larva*
30 chrysalis (pupa)
- *a crisálida*
31-43 **honeycomb**
- *o favo de mel* m
31 brood cell
- *o alvéolo com larva* f
32 sealed (capped) cell with chrysalis (pupa)
- *o alvéolo fechado com crisálida* f
33 sealed (capped) cell with honey (honey cell)
- *o alvéolo fechado com mel* m
34 worker cells
- *os alvéolos (as células) de operárias* f
35 storage cells, with pollen
- *os alvéolos de estocagem* f, *com pólen* m
36 drone cells
- *os alvéolos de zangão* m
37 queen cell
- *a célula da rainha*
38 queen emerging [from her cell]
- *a rainha emergindo da célula*
39 cap (capping)
- *o opérculo*
40 frame
- *o quadro (do favo)*
41 distance piece
- *o calço de afastamento* m
42 (artificial) honeycomb
- *o favo artificial*
43 septum (foundation, comb foundation)
- *o septo (uma película divisória)*
44 queen's travelling (*Am.* traveling) box
- *a gaiola para transporte* m *da rainha*
45-50 **frame hive** (movable-frame hive, movable-comb hive [into which frames are inserted from the rear], a beehive (hive))
- *a colméia de quadros* m *móveis com inserção* f *dos quadros pelo fundo, uma colméia (um cortiço)*
45 super (honey super) with honeycombs
- *o quadro com favos* m
46 brood chamber with breeding combs
- *a câmara de postura* f *com alvéolos* m *de reprodução* f
47 queen-excluder
- *a grade para a rainha*
48 entrance
- *a entrada (o alvado)*
49 flight board (alighting board)
- *a prancha de vôo* m
50 window
- *a janela*
51 old-fashioned bee shed
- *o apiário antiquado*
52 straw hive (skep) a hive
- *a colméia de palha* f, *uma colméia*

53 swarm (swarm cluster) of bees
- *o enxame de abelhas* f
54 swarming net (bag net)
- *a tarrafa para recolher abelhas* f
55 hooked pole
- *a forquilha (o croque)*
56 apiary (bee house)
- *o apiário*
57 beekeeper (apiarist, *Am.* beeman)
- *o apicultor*
58 bee veil
- *o véu do apicultor*
59 bee smoker
- *o fumigador*
60 natural honeycomb
- *o favo natural de mel* m
61 honey extractor (honey separator)
- *a centrífuga de mel* m
62-63 strained honey (honey)
- *o mel centrifugado (mel)*
62 honey pail
- *o balde de mel* m
63 honey jar
- *o pote de mel* m
64 honey in the comb
- *o mel no favo*
65 wax taper
- *o pavio de cera* f
66 wax candle
- *a vela de cera* f, *o círio*
67 beeswax
- *a cera de abelhas* f
68 bee sting ointment
- *a pomada contra picada* f *de abelha* f

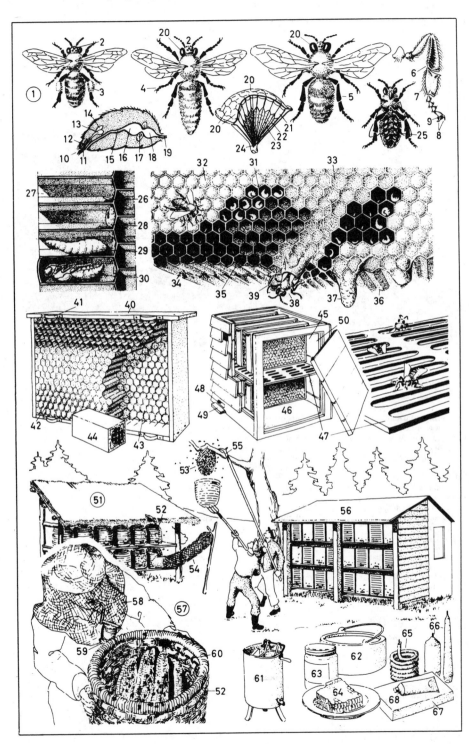

1-21 vineyard area
- *a região vinícola*
1 vineyard using wire trellises for training vines
- *o vinhedo com cepas guiadas por tutores* m *de arame* m
2-9 vine (*Am.* grapevine)
- *a vinha, a videira*
2 vine shoot
- *a parreira, a videira*
3 long shoot
- *a gavinha*
4 vine leaf
- *a folha de parreira* f, *a parra*
5 bunch of grapes (cluster of grapes)
- *o cacho de uvas* f
6 vine stem
- *a cepa*
7 post (stake)
- *a estaca*
8 guy (guy wire)
- *o tutor (de arame* m)
9 wire trellis
- *a latada, a grade de arame* m
10 tub for grape gathering
- *o balde para a apanha* f *das uvas*
11 grape gatherer
- *a colhedora de uvas* f, *a vindimadeira*
12 secateurs for pruning vines
- *a tesoura para cortar os cachos*
13 wine grower (viniculturist, viticulturist)
- *o vitivinicultor*

14 dosser carrier
- *o carregador de cesto* m
15 dosser (pannier)
- *o cesto, a alcofa*
16 crushed grape transporter
- *o carro-tanque para mosto* m
17 grape crusher
- *o lagar*
18 hopper
- *a moega*
19 three-sided flap extension
- *a aba extensora tríplice*
20 platform
- *a plataforma*
21 vineyard tractor, a narrow-track tractor
- *o trator de vinhedo* m, *um trator de bitola estreita*

1-22 wine cellar (wine vault)
- **a adega**
1 vault
- *a abóbada*
2 wine cask
- *o tonel de vinho*
3 wine vat, a concrete vat
- *a cuba, a cuba de concreto* m
  (Pt. *de betão* m)
4 stainless steel vat (*also:* vat made
  of synthetic material)
- *a cuba de aço* m *inox* (*também:*
  a cuba de plástico m)
5 propeller-type high-speed mixer
- *a batedeira de hélice* f, *de alta*
  velocidade
6 propeller mixer
- *a hélice da batedeira*
7 centrifugal pump
- *a bomba centrífuga*
8 stainless steel sediment filter
- *o filtro de sedimentos* m *em aço*
  m *inoxidável*
9 semi-automatic circular bottling
  machine
- *a engarrafadora circular, semi-*
  automática
10 semi-automatic corking machine
- *a arrolhadora semi-automática*
11 bottle rack
- *a garrafeira*
12 cellarer's assistant
- *o ajudante de adegueiro* m
13 bottle basket
- *o cestinho para garrafas* f

14 wine bottle
- *a garrafa de vinho* m
15 wine jug
- *o jarro de vinho, o pichel* m
16 wine tasting
- *a prova de vinho, a degustação*
  de vinhos m
17 head cellarman
- *o mestre adegueiro*
18 cellarman
- *o degustador*
19 wineglass
- *o cálice de vinho* m
20 inspection apparatus (for spot-
  checking samples)
- *o aparelho para teste rápido de*
  amostras f
21 horizontal wine press
- *o lagar (a prensa de uvas* f) *hori-*
  zontal
22 humidifier
- *o umidificador* (Pt. *o humidifi-*
  cador)

1-19 fruit pests
- *os parasitas das frutas*
1 gipsy (gypsy) moth
- *a ocnéria, uma mariposa*
2 batch (cluster) of eggs
- *a postura de ovos* m
3 caterpillar
- *a lagarta*
4 chrysalis (pupa)
- *a crisálida*
5 small ermine moth, an ermine moth
- *a mariposa hiponomeuta da macieira, um tineídeo*
6 larva (grub)
- *a larva*
7 tent
- *a teia*
8 caterpillar skeletonizing a leaf
- *a lagarta devorando a folha*
9 fruit surface eating tortrix moth (summer fruit tortrix moth)
- *o bicho da maçã (uma mariposa que se alimenta da casca da fruta)*
10 appleblossom weevil, a weevil
- *o gorgulho da flor de maçã* f, *um gorgulho*
11 punctured, withered flower (blossom)
- *a flor murcha e perfurada após ataque* m *de praga* f
12 hole for laying eggs
- *o orifício para a desova*
13 lackey moth
- *o bômbix*
14 caterpillar
- *a lagarta*
15 eggs
- *os ovos*
16 winter moth, a geometrid
- *a mariposa adulta da família dos geometrídeos*
17 caterpillar, an inchworm, measuring worm, looper
- *a lagarta mede-palmos (a larva da mariposa)*
18 cherry fruit fly, a borer
- *a mosca da cerejeira, uma mosca (perfuradora) de fruta* f
19 larva (grub, maggot)
- *a larva*

20-27 vine pests
- *as pragas dos vinhedos*
20 downy mildew, a mildew, a disease causing leaf drop
- *o míldio em forma de penugem, um fungo que ataca as folhas da videira causando sua queda*
21 grape affected with downy mildew
- *a uva atacada pelo míldio*
22 grape-berry moth
- *a pirálide da vinha, um tortricídeo*
23 first-generation larva of the grape-berry moth (*Am.* grape worm)
- *a larva de primeira geração* f *da pirálide*
24 second-generation larva of the grape-berry moth (*Am.* grape worm)
- *a larva de segunda geração da pirálide*

25 chrysalis (pupa)
- *a crisália (a pupa)*
26 root louse, a grape phylloxera
- *a filoxera da uva (o pulgão das raízes)*
27 root gall (knotty swelling of the root, nodosity, tuberosity)
- *a galha da raiz (o crescimento nodoso da raiz)*
28 brown-tail moth
- *a mariposa da espécie* Euproctis chysorrhea
29 caterpillar
- *a lagarta*
30 batch (cluster) of eggs
- *a postura de ovos* m
31 hibernation cocoon
- *o casulo*
32 woolly apple aphid (American blight), an aphid
- *o pulgão, um afídeo*
33 gall caused by the woolly apple aphid
- *o crescimento (a galha) causado pelo pulgão*
34 woolly apple aphid colony
- *a colônia de pulgões* m
35 San-José scale, a scale insect (scale louse)
- *o piolho-de-são-josé, uma cochonilha* (Diaspidiotus perniciosus)
36 larvae (grubs) [male elongated, female round]
- *as larvas [machos alongados e fêmeas arredondadas]*

37-55 field pests
- *as pragas do campo*
37 click beetle, a snapping beetle (*Am.* snapping bug)
- *o besouro elaterídeo das colheitas*
38 wireworm, larva of the click beetle
- *a larva do besouro*
39 flea beetle
- *a vaquinha, o burrinho, um pequeno besouro saltador da família dos crisomelídeos*
40 Hessian fly, a gall midge (gall gnat)
- *a mosca de Hesse, um díptero da família dos cecidomídeos*
41 larva (grub)
- *a larva*
42 turnip moth, an earth moth
- *a mariposa-do-nabo (um noctuídeo)*
43 chrysalis (pupa)
- *a crisálida*
44 cutworm, a caterpillar
- *a bicha-amarela, a larva da mariposa agrotis*
45 beet carrion beetle
- *o besouro necrófago da beterraba*
46 larva (grub)
- *a larva*
47 large cabbage white butterfly
- *a borboleta branca da couve*
48 caterpillar of the small cabbage white butterfly
- *a lagarta da couve, a larva da borboleta branca*

49 brown leaf-eating weevil, a weevil
- *o gorgulho*
50 feeding site
- *o buraco do gorgulho*
51 sugar beet eelworm, a nematode (a threadworm, hairworm)
- *o verme da beterraba, um verme da classe dos nematódios*
52 colorado beetle (potato beetle)
- *o besouro da batata, um besouro da família dos crisomelídeos*
53 mature larva (grub)
- *a larva pré-ninfa*
54 young larva (grub)
- *a larva jovem*
55 eggs
- *os ovos*

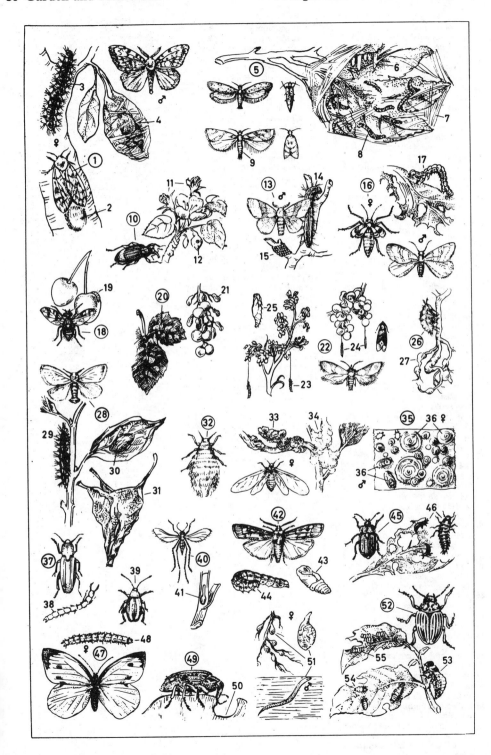

81 House Insects, Food Pests, and Parasites

1-14 house insects
- *os insetos domésticos*
1 lesser housefly
- *a mosca-das-frutas*
2 common housefly
- *a mosca doméstica comum*
3 chrysalis (pupa, coarctate pupa)
- *a crisálida (a pupa)*
4 stable fly (biting housefly)
- *a mosca-varejeira*
5 trichotomous antenna
- *a antena tricótoma*
6 wood louse (slater, *Am.* sow bug)
- *o bicho-de conta, o tatuzinho*
7 house cricket
- *o grilo doméstico*
8 wing with stridulating apparatus (stridulating mechanism)
- *o élitro com aparelho* m *de estridulação* f
9 house spider
- *a aranha*
10 spider's web
- *a teia de aranha* f
11 earwig
- *a tesourinha, a lacrainha, um dermóptero*
12 caudal pincers
- *as pinças da cauda*
13 clothes moth, a moth
- *a traça*
14 silverfish (*Am.* slicker), a bristletail
- *o tisanuro*
15-30 food pests (pests to stores)
- *os insetos destruidores dos gêneros alimentícios*
15 cheesefly
- *a mosca do queijo (um piofilídeo)*
16 grain weevil (granary weevil)
- *o gorgulho do cereal*
17 cockroach (black beetle)
- *a barata*
18 meal beetle (meal worm beetle, flour beetle)
- *o bicho da farinha*
19 spotted bruchus
- *o caruncho do feijão*
20 larva (grub)
- *a larva*
21 chrysalis (pupa)
- *a crisálida (a pupa)*
22 leather beetle (hide beetle)
- *o besouro dermestídeo (destruidor de couros* m *e peles* f)
23 yellow meal beetle
- *a barata amarela*
24 chrysalis (pupa)
- *a crisálida, a pupa*
25 cigarette beetle (tobacco beetle)
- *o bicho do tabaco*
26 maize billbug (corn weevil)
- *o gorgulho do trigo*
27 one of the Cryptolestes, a grain pest
- *um parasita de cereais* m
28 Indian meal moth
- *a pirálide*
29 Angoumois grain moth (Angoumois moth)
- *a alucita dos cereais, a traça do trigo*
30 Angoumois grain moth caterpillar inside a grain kernel
- *a lagarta da alucita dentro de um grão de trigo* m
31-42 parasites of man
- *os parasitas do homem*
31 round worm (maw worm)
- *o ascáride, a lombriga*
32 female
- *a fêmea*
33 head
- *a cabeça*
34 male
- *o macho*
35 tapeworm, a flatworm
- *a tênia, a solitária*
36 head, a suctorial organ
- *o escólex (a cabeça de tênia* f, *um órgão de sucção* f)
37 sucker
- *a ventosa*
38 crown of hooks
- *a coroa de ganchos* m
39 bug (bed bug, *Am.* chinch)
- *o percevejo*
40 crab louse (a human louse)
- *o piolho dos pêlos pubianos (o chato)*
41 clothes louse (body louse, a human louse)
- *o piolho de roupa* f
42 flea (human flea, common flea)
- *a pulga*
43 tsetse fly
- *a mosca tsé-tsé*
44 malaria mosquito
- *o mosquito da malária (o anófeles)*

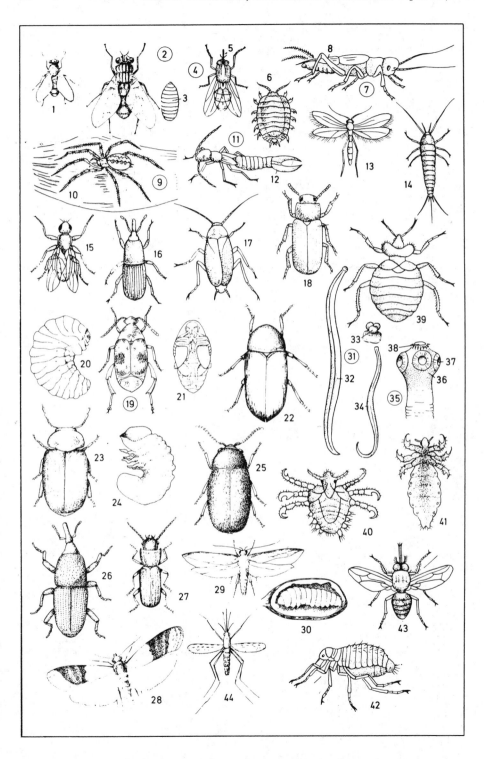

1 cockchafer (May bug), a lemellicorn
 - *o besouro daninho, um lamelicórneo*
2 head
 - *a cabeça*
3 antenna (feeler)
 - *a antena (o sensor)*
4 thoracic shield (prothorax)
 - *o escudo torácico (o protórax)*
5 scutellum
 - *o escutelo*
6-8 legs
 - *as patas*
6 front leg
 - *a pata anterior*
7 middle leg
 - *a pata intermediária*
8 back leg
 - *a pata posterior*
9 abdomen
 - *o abdômen*
10 elytron (wing case)
 - *o élitro (a asa anterior, sem nervuras f e de consistência córnea)*
11 membranous wing
 - *a asa membranosa*
12 cockchafer grub, a larva
 - *a larva do besouro*
13 chrysalis (pupa)
 - *a crisálida (a pupa)*
14 processionary moth, a nocturnal moth (night-flying moth)
 - *a mariposa processionária, uma mariposa noturna*
15 moth
 - *a mariposa*
16 caterpillars in procession
 - *a lagarta em procissão* f
17 nun moth (black arches moth)
 - *a monja, uma mariposa*
18 moth
 - *a mariposa*
19 eggs
 - *os ovos*
20 caterpillar
 - *a lagarta*
21 chrysalis (pupa) in its cocoon
 - *a crisálida (a pupa) em seu casulo*
22 typographer beetle, a bark beetle
 - *o bóstrico, o besouro minador, besouro de casca* f *de árvore* f *(semelhante ao da broca do café), um ipídeo*
23-24 galleries under the bark
 - *as galerias (as minas) sob a casca*
23 egg gallery
 - *a galeria de ovos* m
24 gallery made by larva
 - *a galeria cavada pela larva*
25 larva (grub)
 - *a larva*
26 beetle
 - *o besouro*
27 pine hawkmoth, a hawkmoth
 - *a esfinge do pinheiro, um esfingídeo*
28 pine moth, a geometrid
 - *a falena do pinho, um geometrídeo*
29 male moth
 - *a borboleta macho*

30 female moth
 - *a borboleta fêmea*
31 caterpillar
 - *a lagarta*
32 chrysalis (pupa)
 - *a crisálida (a pupa)*
33 oak-gall wasp, a gall wasp
 - *a vespa da galha do carvalho*
34 oak gall (oak apple), a gall
 - *a galha do carvalho, uma galha*
35 wasp
 - *a vespa*
36 larva (grub) in its chamber
 - *a larva em sua cela*
37 beech gall
 - *a galha da faia*
38 spruce-gall aphid
 - *o pulgão da galha do abeto, um afídio*
39 winged aphid
 - *o pulgão na fase alada*
40 pineapple gall
 - *a galha do abacaxi (Pt. do ananás)*
41 pine weevil
 - *a broca do pinho*
42 beetle (weevil)
 - *o besouro (a broca)*
43 green oak roller moth (green oak tortrix), a leaf roller
 - *a mariposa verde do carvalho, um tortricídeo*
44 caterpillar
 - *a lagarta*
45 moth
 - *a mariposa*
46 pine beauty
 - *a mariposa do pinheiro, um noctuídeo*
47 caterpillar
 - *a lagarta*
48 moth
 - *a mariposa adulta*

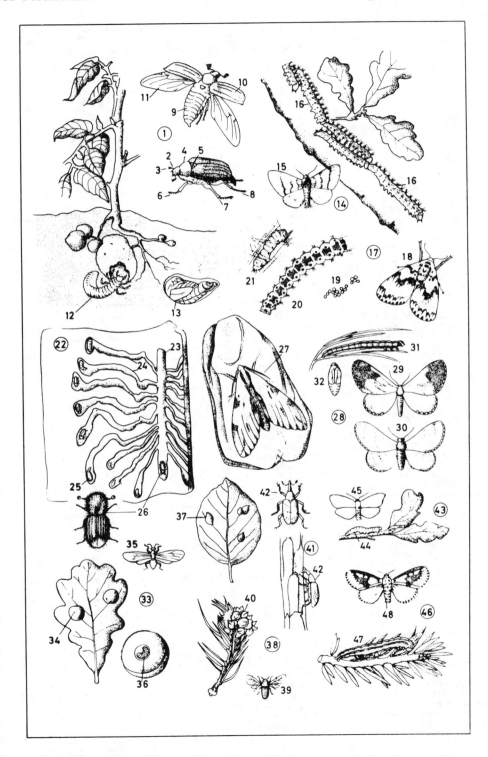

1 area spraying
- *a pulverização em superfície* f
2 tractor-mounted sprayer
- *o pulverizador (o nebulizador) montado sobre trator* m
3 spray boom
- *a rampa de aspersão* f
4 fan nozzle
- *o bico*
5 spray fluid tank
- *o reservatório do defensivo a pulverizar*
6 foam canister for blob marking
- *o reservatório de espuma* f *para marcação* f
7 spring suspension
- *a suspensão de molas* m
8 spray
- *o jato do nebulizador*
9 blob marker
- *o marcador a espuma* f
10 foam feed pipe
- *a tubulação de alimentação* f *de espuma* f
11 vacuum fumigator (vacuum fumigation plant) of a tobacco factory
- *o fumigador a vácuo* m *(a planta de fumigação a vácuo) de uma indústria de fumo* m *(Pt. de uma fábrica de tabaco* m)
12 vacuum chamber
- *a câmara de vácuo* m
13 bales of raw tobacco
- *os fardos de tabaco* m *bruto*
14 gas pipe
- *a tubulação*
15 mobile fumigation chamber for fumigating nursery saplings, vine-layers, seeds and empty sacks with hydrocyanic (prussic) acid
- *a câmara móvel para fumigação* f *com ácido* m *cianídrico (prússico). Destina-se a viveiros* m, *mudas* f *de parreira* f, *sementes* f *e sacos* m *vazios*
16 gas circulation unit
- *a unidade de circulação* f *de gás* m
17 tray
- *o tabuleiro*
18 spray gun
- *a pistola de pulverização* f, *a pistola de nebulização* f
19 twist grip (control grip, handle) for regulating the jet
- *a rosca de controle* m *da saída do jato*
20 finger guard
- *a alça de proteção* f *para os dedos*
21 control lever (operating lever)
- *a alavanca de controle* m *(a alavanca de operação* f)
22 spray tube
- *o tubo de pulverização* f
23 cone nozzle
- *o bocal cônico*
24 hand spray
- *o pulverizador de mão* f
25 plastic container
- *o recipiente de plástico* m

26 hand pump
- *a bomba manual*
27 pendulum spray for hop growing on slopes
- *o pulverizador de pêndulo* m, *para operação* f *em encosta* f *(usado nas plantações de lúpulo* m)
28 pistol-type nozzle
- *o bico de aspersão* f *do tipo pistola* f
29 spraying tube
- *o tubo de aspersão* f
30 hose connection
- *a conexão da mangueira*
31 tube for laying poisoned bait
- *o tubo para colocação* f *de isca* f *envenenada*
32 fly swat
- *o mata-moscas*
33 soil injector (carbon disulphide, *Am.* carbon disulfide, injector) for killing the vine root louse
- *o injetor (de bissulfito* m *de carbono* m) *para matar o ácaro da raiz da parreira*
34 foot lever (foot pedal, foot treadle)
- *o pedal*
35 gas tube
- *o tubo de gás* m
36 mousetrap
- *a ratoeira*
37 vole and mole trap
- *a armadilha para toupeiras* f *e ratos* m *silvestres*
38 mobile orchard sprayer (wheelbarrow sprayer, carriage sprayer)
- *o pulverizador móvel para pomares* m
39 spray tank
- *o reservatório*
40 screw-on cover
- *a tampa com rosca* f
41 direct-connected motor-driven pump with petrol motor
- *a bomba com motor* m *a gasolina* f
42 pressure gauge (*Am.* gage) (manometer)
- *o manômetro*
43 plunger-type knapsack sprayer
- *o pulverizador portátil a pistão* m
44 spray canister with pressure chamber
- *o reservatório de defensivo* m *com câmara* f *de pressão* f
45 piston pump lever
- *a alavanca da bomba a pistão* m
46 hand lance with nozzle
- *a lança manual com bocal* m *de aspersão* f
47 semi-mounted sprayer
- *o pulverizador semimontado*
48 vineyard tractor
- *o trator de vinhedo* m
49 fan
- *o ventilador*

50 spray fluid tank
- *o reservatório de defensivo fluido*
51 row of vines
- *a aléia de um vinhedo*
52 dressing machine (seed-dressing machine) for dry-seed dressing (seed dusting)
- *a máquina para desinfeção* f *a seco de sementes* f
53 dedusting fan (dust removal fan) with electric motor
- *o ventilador de desinfecção* f *a motor elétrico*
54 bag filter
- *o filtro*
55 bagging nozzle
- *o bocal do saco de desinfecção* f
56 dedusting screen (dust removal screen)
- *o saco de desinfeção* f
57 water canister (containing water for spraying)
- *o botijão de água* f *(com água para aspersão* f)
58 spray unit
- *a unidade pulverizadora*
59 conveyor unit with mixing screw
- *a esteira com misturador* m
60 container for disinfectant powder with dosing mechanism
- *o reservatório de pó* m *desinfetante com mecanismo* m *de dosagem* f
61 castor
- *a roda-guia*
62 mixing chamber
- *a câmara de mistura* f

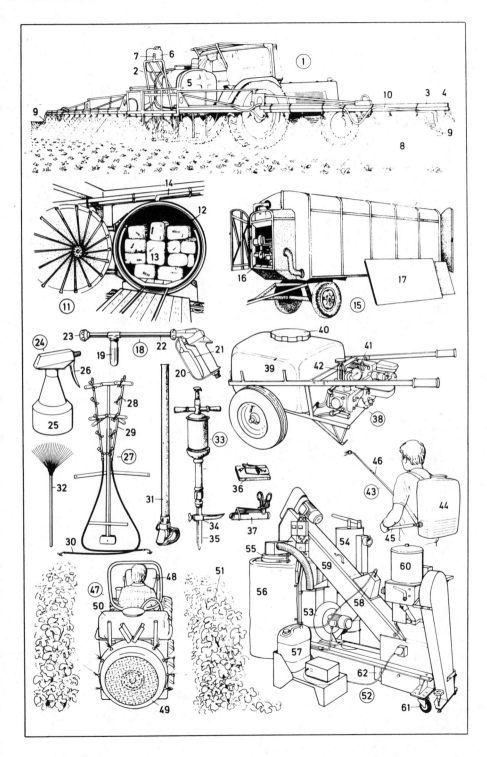

1-34 forest, a wood
- *a floresta, o bosque*
1 ride (aisle, lane, section line)
- *a vereda*
2 compartment (section)
- *a seção da floresta*
3 wood haulage way, a forest track
- *a trilha, a picada*
4-14 clear-felling system
- *o sistema de derrubada rasa*
4 standing timber
- *a floresta adulta, a reserva madeireira*
5 underwood (underbrush, undergrowth, brushwood, *Am.* brush)
- *o mato*
6 seedling nursery, a tree nursery
- *o viveiro, o alfobre, o almácego, a sementeira*
7 deer fence (fence), a wire netting fence (protective fence for seedlings); *sin.:* rabbit fence
- *a cerca de proteção* f *contra animais* m *da floresta (uma cerca de arame* m)
8 guard rail
- *a barra de proteção* f
9 seedlings
- *as mudas*
10-11 young trees
- *as árvores jovens*
10 tree nursery after transplanting
- *as mudas já transplantadas*

11 young plantation
- *a touceira, a moita, a plantação jovem*
12 young plantation after brashing
- *a plantação jovem após desbaste* m *e limpeza* f
13 clearing
- *a clareira*
14 tree stump (stump, stub)
- *o toco de árvore* f

15-37 wood cutting (timber cutting, tree felling, *Am.* lumbering)
- *o corte da madeira (a derrubada das árvores)*

15 timber skidded to the stack (stacked timber, *Am.* yarded timber)
- *os troncos empilhados*

16 stack of logs, one cubic metre (*Am.* meter) of wood
- *a pilha de troncos m, um metro cúbico de madeira f*

17 post (stake)
- *a estaca*

18 forest labourer (woodsman, *Am.* logger, lumberer, lumberjack, lumberman, timberjack) turning (*Am.* canting) timber
- *o lenhador, o operário madeireiro virando um tronco*

19 bole (tree trunk, trunk, stem)
- *o tronco (o tronco de árvore f, o caule de árvore)*

20 feller numbering the logs
- *o capataz numerando os troncos*

21 steel tree calliper (caliper)
- *o paquímetro*

22 power saw (motor saw) cutting a bole
- *a serra elétrica cortando uma tora*

23 safety helmet with visor and ear pieces
- *o capacete com visor m e protetor m para os ouvidos*

24 annual rings
- *os anéis de idade f, os anéis de crescimento m anual*

25 hydraulic felling wedge
- *o macaco hidráulico*

26 protective clothing (orange top, green trousers)
- *a roupa de segurança f, a roupa protetora (camisa f laranja, calças f verdes)*

27 felling with a power saw (motor saw)
- *a derrubada com serra elétrica*

28 undercut (notch, throat, gullet, mouth sink, kerf, birdsmouth)
- *o corte baixo, (o chanfro, o entalhe)*

29 back cut
- *o corte horizontal*

30 sheath holding felling wedge
- *a bainha contendo a cunha de lenhador m*

31 log
- *a tora*

32 free-cutting saw for removing underwood and weeds
- *a serra de limpeza f para cortar mato m*

33 circular saw (or activated blade) attachment
- *a serra circular adaptável*

34 power unit (motor)
- *o motor*

35 canister of viscous oil for the saw chain
- *o galão (Pt. o bidom) de óleo viscoso para a corrente da serra*

36 petrol canister (*Am.* gasoline canister)
- *o galão (Pt. o bidom) de gasolina f*

37 felling of small timber (of small-sized thinnings)
- *o corte de pequenas porções ou lascas f (o desbaste)*

1 axe (*Am.* ax)
- *o machado*
2 edge (cutting edge)
- *o corte, o fio*
3 handle (helve)
- *o cabo*
4 felling wedge (falling wedge) with wood insert and ring
- *a cunha de lenhador* m *com inserção* f *de madeira* f *e aro* m
5 riving hammer (cleaving hammer, splitting hammer)
- *o martelo de rachar lenha* f *(a fendeleira de lenhador* m*)*
6 lifting hook
- *o picão, a picareta*
7 cant hook
- *o gancho para virar toras* f *de madeira* f
8 barking iron (bark spud)
- *a pá decorticadora*
9 peavy
- *o arpão de lenhador* m
10 slide calliper (caliper) (calliper square)
- *o paquímetro, a verniê*
11 billhook, a knife for lopping
- *o podão*
12 revolving die hammer (marking hammer, marking iron, *Am.* marker)
- *o martelo rotativo para marcar troncos* m
13 power saw (motor saw)
- *a serra elétrica*
14 saw chain
- *a corrente da serra*
15 safety brake for the saw chain, with finger guard
- *a trava da corrente com protetor* m *para o dedo*
16 saw guide
- *o guia da serra*
17 accelerator lock
- *a trava do acelerador*
18 snedding machine (trimming machine, *Am.* knotting machine, limbing machine)
- *o mondadeiro, a máquina de aparar*
19 feed rolls
- *os cilindros de avanço* m
20 flexible blade
- *a lâmina articulada*
21 hydraulic arm
- *o braço hidráulico*
22 trimming blade
- *a lâmina de aparar*
23 debarking (barking, bark stripping) of boles
- *a decorticação de toras* f
24 feed roller
- *o cilindro de avanço* m
25 cylinder trimmer
- *o cilindro de corte* m, *o rotor lameloso*
26 rotary cutter
- *a lâmina rotativa*
27 short-haul skidder
- *o trator florestal (para movimentar toras* f *no interior da floresta)*
28 loading crane
- *o guindaste de carregamento* m
29 log grips
- *a garra para toras* f

30 post
- *o fueiro*
31 Ackermann steering system
- *a direção pivotante, a direção Ackermann (por chassi articulado)*
32 log dump
- *a pilha de toras* f
33 number (identification number)
- *o número de identificação* f
34 skidder
- *o trator de arrasto* m *(o skidder)*
35 front blade (front plate)
- *a lâmina dianteira*
36 crush-proof safety bonnet (*Am.* safety hood)
- *a cabina com capô* m *(Pt. com capota* f*) de segurança* f
37 Ackermann steering system
- *o sistema de direção* f *tipo* m *Ackerman (direção pivotante, direção por chassi articulado)*
38 cable winch
- *o guincho*
39 cable drum
- *o cilindro do cabo do guincho*
40 rear blade (rear plate)
- *a lâmina traseira*
41 boles with butt ends held off the ground
- *as toras suspensas por uma das extremidades*
42 haulage of timber by road
- *o transporte de toras* f
43 tractor (tractor unit)
- *o cavalo mecânico*
44 loading crane
- *a grua carregadora (o guindaste de carregamento* m*)*
45 hydraulic jack
- *o macaco hidráulico*
46 cable winch
- *o guincho*
47 post
- *o fueiro*
48 bolster plate
- *o amortecedor*
49 rear bed (rear bunk)
- *o reboque*

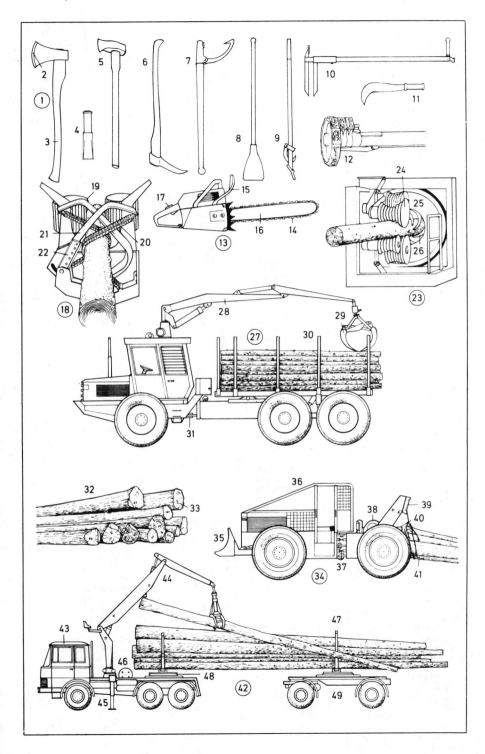

1-52 **kinds of hunting**
- *os tipos de caçada* f
1-8 **stalking** (deer stalking, *Am.* stillhunting) in the game preserve
- *a caça ao gamo na reserva*
1 huntsman (hunter)
- *o caçador*
2 hunting clothes
- *o traje de caça* f, *a indumentária de caça*
3 knapsack
- *a mochila*
4 sporting gun (sporting rifle, hunting rifle)
- *o fuzil (a carabina) de caça* f
5 huntsman's hat
- *o chapéu de caçador* m
6 field glasses, binoculars
- *o binóculo*
7 gun dog
- *o cão de caça* f
8 track (trail, hoofprints)
- *o rastro, as pegadas*
9-12 **hunting in the rutting season and the pairing season**
- *a caça na época do cio e do acasalamento*
9 hunting screen (screen, *Am.* blind)
- *o abrigo, o posto de observação* f
10 shooting stick (shooting seat, seat stick)
- *a bengala-assento*

11 blackcock, displaying
- *o galo silvestre na época da exibição nupcial*
12 rutting stag
- *o cervo bramando*
13 hind, grazing
- *a corça pastando*
14-17 **hunting from a raised hide (raised stand)**
- *a caçada em plataforma elevada*
14 raised hide (raised stand, high seat)
- *a plataforma elevada*
15 herd within range
- *a manada ao alcance do tiro*
16 game path (*Am.* runway)
- *a trilha da caça*
17 roebuck, hit in the shoulder and killed by a finishing shot
- *o cabrito montês atingido e liquidado com um tiro*
18 phaeton
- *a charrete*
19-27 **types of trapping**
- *os tipos de armadilha* f
19 trapping of small predators
- *a armadilha para pequenos predadores*
20 box trap (trap for small predator)
- *a armadilha em caixote* m *(para pequenos predadores)*
21 bait
- *a isca*

22 marten, a small predator
- *a marta, um pequeno predador*
23 ferreting (hunting rabbits out of their warrens)
- *a caça com furão* m *(atraindo os coelhos para fora da toca)*
24 ferret
- *o furão*
25 ferreter
- *o caçador com furão* m
26 burrow (rabbit burrow, rabbit hole)
- *a toca de coelho* m
27 net (rabbit net) over the burrow opening
- *a rede sobre a abertura da toca*
28 feeding place for game (winter feeding place)
- *a mangedoura para alimento* m *da caça (durante o inverno)*
29 poacher
- *o caçador furtivo, o ladrão de caça* f
30 carbine, a short rifle
- *a carabina, um rifle curto*
31 boar hunt
- *a caça ao javali*
32 wild sow (sow, wild boar)
- *a porca selvagem (a porca, o javali)*

33 boarhound (hound, hunting dog; *collectively:* pack, pack of hounds)
– *o cão de caça* f; coletivo: *a matilha, a matilha de caça*
34-39 beating (driving, hare hunting)
– *a batida (a caça à lebre* f)
34 aiming position
– *fazendo pontaria* f
35 hare, furred game (ground game)
– *a lebre, a caça de pêlo* m
36 retrieving
– *levantando a caça*
37 beater
– *o caçador (o batedor)*
38 bag (kill)
– *a caça abatida*
39 cart for carrying game
– *a carroça para transportar a caça*
40 waterfowling (wildfowling, duck shooting, *Am.* duck hunting)
– *a caçada aquática (a caça ao pato selvagem)*
41 fight of wild ducks, winged game
– *a revoada de patos* m *selvagens, a caça de penas* f
42-46 falconry (hawking)
– *a falcoaria, a volataria, a altanaria*
42 falconer
– *o falcoeiro*

43 reward, a piece of meat
– *o prêmio, um pedaço de carne* f
44 falcon's hood
– *o capuz do falcão*
45 jess
– *os piós*
46 falcon, a hawk, a male hawk (tiercel) swooping (stooping) on a heron
– *o falcão baixando sobre uma garça*
47-52 shooting from a butt
– *a caçada de tenda* f armada em topo m *de árvore* f
47 tree to which birds are lured
– *a árvore para a qual são atraídos os pássaros*
48 eagle owl, a decoy bird (decoy)
– *o bufo, um pássaro chamariz (um chamariz)*
49 perch
– *o poleiro*
50 decoyed bird, a crow
– *a gralha, atraída pelo chamariz*
51 butt for shooting crows or eagle owls
– *o local de espreita* f
52 gun slit
– *a fenda para a arma*

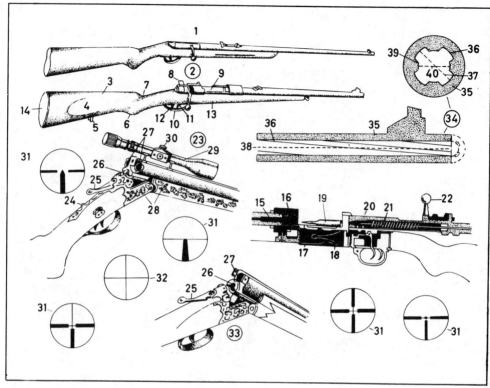

1-40 sporting guns (sporting rifles, hunting rifles)
- *as armas esportivas (as armas de caça)*
1 single-loader (single-loading rifle)
- *a carabina de um tiro*
2 repeating rifle, a small-arm (firearm), a repeater (magazine rifle, magazine repeater)
- *a carabina de repetição f (o rifle), a arma de fogo m portátil*
3, 4, 6, 7, 13 stock
- *a coronha*
3 butt
- *a culatra*
4 cheek (on the left side)
- *a face da coronha*
5 sling ring
- *a presilha da bandoleira*
6 pistol grip
- *o cotovelo da coronha*
7 small of the butt
- *o colo da coronha*
8 safety catch
- *a trava de segurança f*
9 lock
- *o ferrolho*
10 trigger guard
- *o guarda-mato*
11 second set trigger (firing trigger)
- *o gatilho*
12 hair trigger (set trigger)
- *o gatilho de cabelo m (sensível à pressão mínima)*
13 foregrip
- *a parte anterior da coronha*
14 butt plate
- *a soleira de borracha f*
15 cartridge chamber
- *a câmara de cartuchos m*
16 receiver
- *a caixa da culatra*

17 magazine
- *o depósito de cartuchos m*
18 magazine spring
- *a mola do depósito*
19 ammunition (cartridge)
- *a munição (o cartucho)*
20 chamber
- *o corpo do ferrolho*
21 firing pin (striker)
- *o percursor do rifle*
22 bolt handle (bolt lever)
- *a alavanca do ferrolho*
23 triple-barrelled (triple-barreled) rifle, a self-cocking gun
- *uma combinação de espingarda f e carabina f de extração automática*
24 reversing catch (in various guns: safety catch)
- *a trava de segurança f*
25 sliding safety catch
- *a chave de abertura f*
26 rifle barrel (rifled barrel)
- *o cano de alma f raiada, o cano de alma estriada*
27 smooth-bore barrel
- *o cano de alma f lisa*
28 chasing
- *o ornamento, o motivo cinzelado*
29 telescopic sight (riflescope, telescope sight)
- *a mira telescópica*
30 graticule adjuster screws
- *os parafusos de regulagem f da mira telescópica*
31-32 graticule (sight graticule)
- *o visor*
31 various graticule systems
- *os diferentes tipos de visor m*
32 cross wires (*Am.* cross hairs)
- *o visor de cabelo cruzado*

33 over-and-under shotgun
- *a espingarda de dois canos sobrepostos*
34 rifled gun barrel
- *o cano raiado, o cano estriado*
35 barrel casing
- *a parede do cano*
36 rifling
- *a raia, a estria*
37 rifling calibre (*Am.* caliber)
- *o diâmetro maior do cano*
38 bore axis
- *o eixo da alma*
39 land
- *a parede interna do cano*
40 calibre (bore diameter, *Am.* caliber)
- *o diâmetro menor do cano*
41-48 hunting equipment
- *os acessórios de caça f*
41 double-edged hunting knife
- *o sabre de caça f*
42 (single-edged) hunting knife
- *a faca de caça f*
43-47 calls for luring game (for calling game)
- *os pios para atrair a caça*
43 roe call
- *o pio de cabrito m montês*
44 hare call
- *o pio de lebre f*
45 quail call
- *o pio de codorna f (Pt. de codorniz f)*
46 stag call
- *o pio de cervo m*
47 partridge call
- *o pio de perdiz f*
48 bow trap (bow gin), a jaw trap
- *a armadilha de mandíbula f*
49 small-shot cartridge
- *os cartuchos de espingarda f*

50 cardboard case
- *o cartucho de espingarda f de papelão m*

51 small-shot charge
- *o chumbo do cartucho*

52 felt wad
- *a bucha de feltro m*

53 smokeless powder (*different kind:* black powder)
- *a pólvora sem fumaça f; outra variedade: a pólvora negra*

54 cartridge
- *o cartucho de carabina f (a bala de carabina)*

55 full-jacketed cartridge
- *o cartucho de metal m*

56 soft-lead core
- *o projétil*

57 powder charge
- *a carga de pólvora f*

58 detonator cap
- *o culote do cartucho de metal m*

59 percussion cap
- *a espoleta*

60 hunting horn
- *a trompa de caça f*

61-64 rifle cleaning kit
- *o estojo de material m de limpeza f de rifles m (ou de carabinas f)*

61 cleaning rod
- *a vareta, o saca-trapos*

62 cleaning brush
- *a escova de aço m*

63 cleaning tow
- *a estopa*

64 pull-through (*Am.* pull-thru)
- *o cordão de limpeza f*

65 sights
- *a alça de mira f*

66 notch (sighting notch)
- *o sulco de mira f*

67 back sight leaf
- *a placa de levantamento m*

68 sight scale division
- *a graduação da mira*

69 back sight slide
- *o cursor da alça de mira f*

70 notch (to hold the spring)
- *o entalhe (para prender o cursor)*

71 front sight (foresight)
- *o corpo da massa de mira f*

72 bead
- *a massa de mira f*

73 ballistics
- *a balística*

74 azimuth
- *o azimute*

75 angle of departure
- *o ângulo de partida f*

76 angle of elevation
- *o ângulo de elevação f*

77 apex (zenith)
- *a flecha*

78 angle of descent
- *o ângulo de descida f*

79 ballistic curve
- *a curva de balística f*

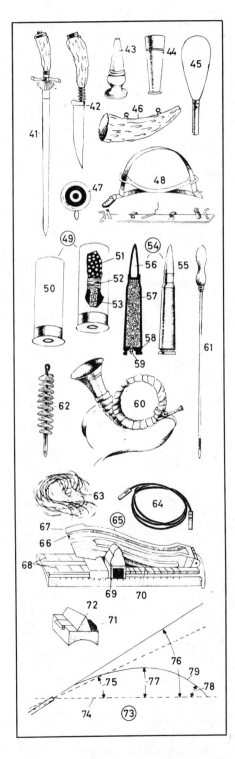

1-27 **red deer**
- *o veado; o cervo (o cervídeo)*
1 hind (red deer), a young hind or a dam; *collectively:* antlerless deer; (y.): calf
- *a corça (a fêmea do veado); a corça jovem ou a corça adulta;* coletivo: *a manada;* o filhote: *a cria*
2 tongue
- *a língua*
3 neck
- *o pescoço*
4 rutting stag
- *o cervo no cio*
5-11 **antlers**
- *a galhada, a galhadura, as galhas, as guampas*
5 burr (rose)
- *o saleiro*
6 brow antler (brow tine, brow point, brow snag)
- *o primeiro esgalho, o esgalho mestre*
7 bez antler (bay antler, bay, bez tine)
- *o segundo esgalho*
8 royal antler (royal, tray)
- *o terceiro esgalho (o esgalho real)*
9 surroyal antlers (surroyals)
- *o quarto esgalho*
10 point (tine)
- *o calo*
11 beam (main trunk)
- *a armação*
12 head
- *a cabeça*
13 mouth
- *a boca*
14 larmier (tear bag)
- *o lacrimal*
15 eye
- *o olho*
16 ear
- *a orelha*
17 shoulder
- *a paleta*
18 loin
- *o lombo*
19 scut (tail)
- *a cauda (o rabo)*
20 rump
- *a alcatra*
21 leg (haunch)
- *a coxa, a anca, o pernil*
22 hind leg
- *a perna traseira*
23 dew claw
- *o dedo, o casco rudimentar*
24 hoof
- *o casco*
25 foreleg
- *a perna dianteira*
26 flank
- *o flanco*
27 collar (rutting mane)
- *o colar, a gola*
28-39 **roe** (roe deer)
- **o cabrito montês**
28 roebuck (buck)
- *o cabrito montês macho, o corço*
29-31 **antlers** (horns)
- **a galhada, os chifres, as guampas**

29 burr (rose)
- *o saleiro*
30 beam with pearls
- *a galhada, a guampa com granulações* f
31 point (tine)
- *o calo*
32 ear
- *a orelha*
33 eye
- *o olho*
34 doe (female roe), a female fawn or a barren doe
- *a corça (a fêmea do cabrito montês) ou uma corça virgem*
35 loin
- *o lombo*
36 rump
- *a alcatra*
37 leg (haunch)
- *a anca (o pernil)*
38 shoulder
- *o quarto dianteiro, a paleta*
39 fawn, *(m.)* young buck, *(f.)* young doe
- *a cria de cabrito montês, o filhote de corço* m
40-41 **fallow deer**
- *o gamo*
40 fallow buck, a buck with palmate (palmated) antlers, *(f.)* doe
- *o gamo, um cervídeo de guampas espalmadas;* f. *a gama*
41 palm
- *as guampas espalmadas*
42 red fox, *(m.)* dog, *(f.)* vixen, *(y.)* cub
- *a raposa fulva;* m. *o raposo, o macho;* f. *a fêmea; o filhote de raposa* f
43 eyes
- *os olhos*
44 ear
- *a orelha*
45 muzzle (mouth)
- *o focinho (a boca)*
46 pads (paws)
- *as patas*
47 brush (tail)
- *a cauda (o rabo)*
48 badger, *(f.)* sow
- *o texugo*
49 tail
- *o rabo*
50 paws
- *as patas*
51 wild boar, *(m.)* boar, *(f.)* wild sow (sow), *(y.)* young boar
- *o javali;* f. *a javalina;* f. adulta ou velha: *a gironda*
52 bristles
- *as cerdas*
53 snout
- *o focinho*
54 tusk
- *a presa, o dente*
55 shield
- *a carapaça*
56 hide
- *o couro*
57 dew claw
- *o dedo, o casco rudimentar*

58 tail
- *o rabo (a cauda)*
59 hare. *(m.)* buck, *(f.)* doe
- *a lebre;* m. *o lebrão;* filhote: *o lebracho*
60 eye
- *o olho*
61 ear
- *a orelha*
62 scut (tail)
- *a cauda (o rabo)*
63 hind leg
- *a pata traseira*
64 foreleg
- *a pata dianteira*
65 rabbit
- *o coelho*
66 blackcock
- *o galo silvestre, o galo-da-campina, o tetraz*
67 tail
- *a cauda*
68 falcate (falcated) feathers
- *as penas falciformes*
69 hazel grouse (hazel hen)
- *a galinha silvestre, a galinha das aveleiras (Europa e Ásia)*
70 partridge
- *a perdiz*
71 horseshoe (horseshoe marking)
- *a ferradura*
72 wood grouse (capercaillie)
- *o grande tetraz, o grande galo-da-campina (Europa)*
73 beard
- *a barba (a barba de penas* f)
74 axillary marking
- *a marca axilar (uma mancha* f *branca)*
75 tail (fan)
- *a cauda em leque* m
76 wing (pinion)
- *as rêmiges*
77 common pheasant, a pheasant, *(m.)* cock pheasant (pheasant cock), *(f.)* hen pheasant (pheasant hen)
- *o faisão*
78 plumicorn (feathered ear, ear tuft, ear, horn)
- *a egrete (o topete de penas* f, *o tufo da orelha, a orelha, o chifre)*
79 wing
- *a asa*
80 tail
- *a cauda (o rabo)*
81 leg
- *a perna*
82 spur
- *o esporão, a espora*
83 snipe
- *a narceja*
84 bill (beak)
- *o bico*

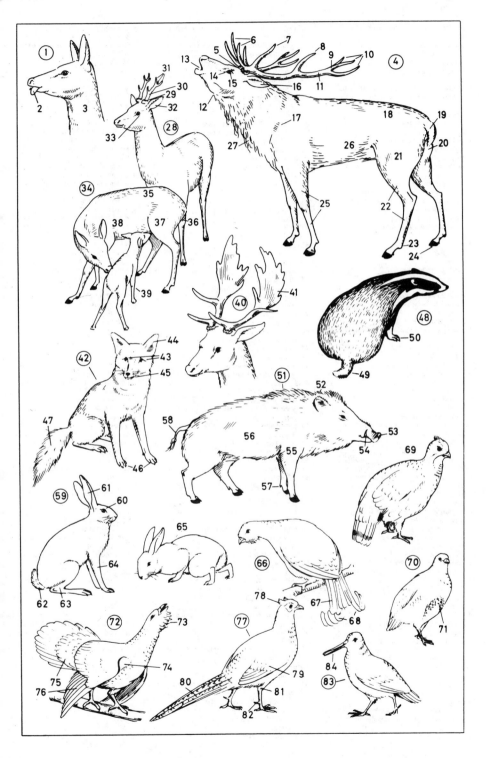

1-19 fish farming (fish culture, pisciculture)
– *a piscicultura*
1 cage in running water
– *o tanque em água f corrente*
2 hand net (landing net)
– *o sarrico*
3 semi-oval barrel for transporting fish
– *o barril para transporte m de peixes m*
4 vat
– *a vasilha para transporte m de peixes m*
5 trellis in the overflow
– *o filtro do ladrão*
6 trout pond; *sin:* carp pond, a fry pond, fattening pond, or cleansing pond
– *o tanque de criação f de trutas f; sin: o tanque de carpas f, o viveiro*
7 water inlet (water supply pipe)
– *a captação de água f (o cano de entrada f de água f)*
8 water outlet (outlet pipe)
– *o escoamento da água (o cano de saída f)*
9 monk
– *o bueiro*
10 screen
– *o filtro do bueiro*
11-19 hatchery
– *a incubadora de ovas f de peixes m, o centro de alevinos m*
11 stripping the spawning pike (seed pike)
– *a coleta de ovas f*
12 fish spawn (spawn, roe, fish eggs)
– *as ovas de peixe m*
13 female fish (spawner, seed fish)
– *a fêmea ovada*
14 trout breeding (trout rearing)
– *a criação de trutas f*
15 Californian incubator
– *o tanque de eclosão f*
16 trout fry
– *os alevinos (de truta f)*
17 hatching jar for pike
– *o sugador para separação f de ovas embrionadas*
18 long incubation tank
– *o tanque de incubação f em água f corrente (para incubações prolongadas)*
19 Brandstetter egg-counting board
– *a tela para contagem f de ovos m*
20-94 angling
– *a pesca de linha f*
20-31 bottom fishing (coarse fishing)
– *a pesca de linha f de fundo m*
20 line shooting
– *a pesca de caniço m (Pt. de cana f)*
21 coils
– *os carretéis de linha f*
22 cloth (rag) or paper
– *a estopa de trapo m ou papel m*
23 rod rest
– *o suporte do caniço (Pt. da cana)*
24 bait tin
– *a lata de iscas f*
25 fish basket (creel)
– *o samburá, a cesta para guardar o pescado*
26 fishing for carp from a boat
– *a pesca de carpas f em bote m*
27 rowing boat (fishing boat)
– *a canoa, o caique, o barco a remo m (o barco de pesca f)*
28 keep net
– *o covo*
29 drop net
– *a rede com isca f e chumbada f*
30 pole (punt pole, quant pole)
– *o croque*
31 casting net
– *a tarrafa*

32 two-handed side cast with fixed-spool reel
– *o lançamento a duas mãos com molinete m de tambor fixo*
33 initial position
– *a posição inicial*
34 point of release
– *o ponto de arremesso m*
35 path of the rod tip
– *a trajetória da ponta do caniço (Pt. da cana)*
36 trajectory of the baited weight
– *a trajetória da linha chumbada e iscada*
37-94 fishing tackle
– *o material de pesca f*
37 fishing pliers
– *o alicate de pesca f*
38 filleting knife
– *a faca de filetagem f*
39 fish knife
– *a faca de escamar*
40 disgorger (hood disgorger)
– *o gancho de limpeza f*
41 bait needle
– *a agulha para iscar*
42 gag
– *o abre-boca*
43-48 floats
– *os flutuadores*
43 sliding cork float
– *os flutuadores de cortiça f*
44 plastic float
– *o flutuador de plástico m*
45 quill float
– *o flutuador com pena f*
46 polystyrene float
– *o flutuador de poliestireno m*
47 oval bubble float
– *o flutuador oval*
48 lead-weighted sliding float
– *o flutuador chumbado*
49-58 rods
– *os caniços (Pt. as canas)*
49 solid glass rod
– *o caniço (Pt. a cana) de fibra f de vidro m*
50 cork handle (cork butt)
– *o cabo de cortiça f*
51 spring-steel ring
– *o anel de aço m*
52 top ring (end ring)
– *o anel da ponta*
53 telescopic rod
– *o caniço telescópico (Pt. a cana telescópica)*
54 rod section
– *a seção do caniço (Pt. a secção da cana)*
55 bound handle (bound butt)
– *a ponta do cabo*
56 ring
– *o anel passador de linha f (móvel)*
57 carbon-fibre rod; *sin.:* hollow glass rod
– *a vara de fibra f de carbono m, sin.: vara oca de fibra de vidro m*
58 all-round ring (butt ring for long cast), a steel bridge ring
– *o anel passador de linha f, um anel de aço m*
59-64 reels
– *os carretéis*
59 multiplying reel (multiplier reel)
– *o molinete multiplicador*
60 line guide
– *a guia da linha*
61 fixed-spool reel (stationary-drum reel)
– *o molinete de tambor fixo*
62 bale arm
– *o freio do molinete*
63 fishing line
– *a linha de pesca f*

64 controlling the cast with the index finger
– *o controle do arremesso com o dedo indicador*
65-76 baits
– *as iscas*
65 fly
– *a mosca artificial*
66 artificial nymph
– *a ninfa artificial*
67 artificial earthworm
– *a minhoca artificial*
68 artificial grasshopper
– *o gafanhoto artificial*
69 single-jointed plug (single-jointed wobbler)
– *a isca artificial inteiriça*
70 double-jointed wobbler
– *a isca artificial articulada*
71 round wobbler
– *a isca arredondada*
72 wiggler
– *a isca artificial usada em pesca f d currico m*
73 spoon bait (spoon)
– *a colher*
74 spinner
– *a colher escamada*
75 spinner with concealed hook
– *a colher escamada com anzol camu flado*
76 long spinner
– *a isca giratória longa*
77 swivel
– *o destorcedor*
78 cast (leader)
– *a linha do anzol*
79-87 hooks
– *os anzóis*
79 fish hook
– *o anzol simples*
80 point of the hook with barb
– *a farpa do anzol*
81 bend of the hook
– *a curva do anzol*
82 spade (eye)
– *o olho do anzol*
83 open double hook
– *o anzol duplo aberto*
84 limerick
– *o anzol inglês*
85 closed treble hook (triangle)
– *a garatéia*
86 carp hook
– *o anzol de carpa*
87 eel hook
– *o anzol enguia*
88-92 leads (lead weights)
– *as chumbadas*
88 oval lead (oval sinker)
– *a chumbada*
89 lead shot
– *os chumbos esféricos*
90 pear-shaped lead
– *o chumbo em forma f de pêra f*
91 plummet
– *o prumo*
92 sea lead
– *o chumbo para pesca f em alto mar*
93 fish ladder (fish pass, fish way)
– *a escada para desova f de peixes m*
94 stake net
– *a rede estaqueada (inexistente no Brasil)*

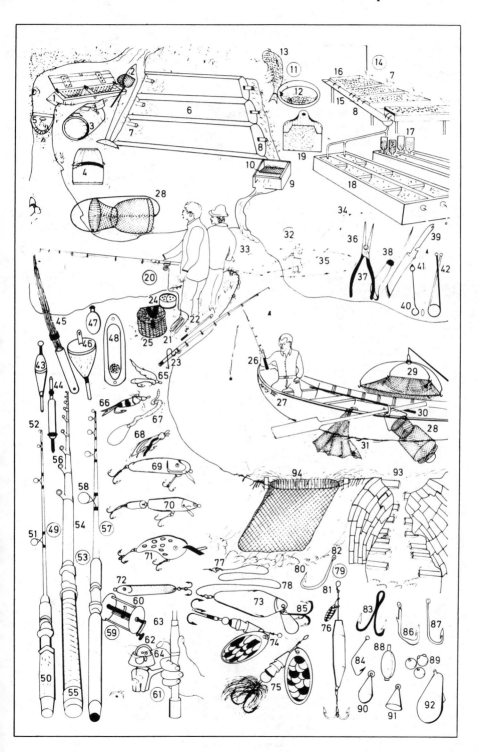

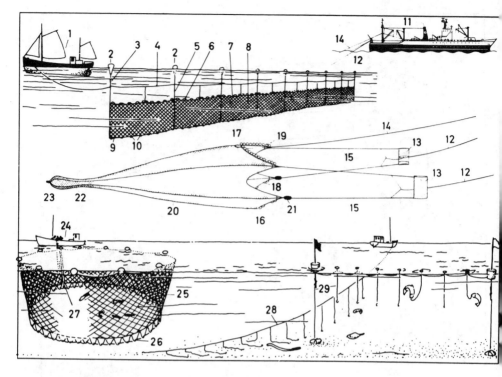

1-23 deep-sea fishing
- *a pesca em alto mar*
1-10 drift net fishing
- *a pesca com rede* f *de espera* f *(com rede de emalhar)*
1 herring lugger (fishing lugger, lugger)
- *o barco de pesca* f *de arenque* m *(inexistente no Brasil)*
2-10 herring drift net
- *a rede de espera* f
2 buoy
- *o flutuador*
3 buoy rope
- *o cabo do flutuador*
4 float line
- *o cabo principal*
5 seizing
- *o cabo secundário*
6 wooden float
- *os flutuadores*
7 headline
- *a tralha superior da rede*
8 net
- *a rede*
9 footrope
- *a tralha inferior da rede*
10 sinkers (weights)
- *a chumbada*
11-23 trawl fishing (trawling)
- *a pesca de arrasto* m
11 factory ship, a trawler
- *o navio-fábrica, uma traineira*
12 warp (trawl warp)
- *o cabo real*
13 otter boards
- *as portas*

14 net sonar cable
- *o cabo da sonda da rede*
15 wire warp
- *o braço da rede*
16 wing
- *a asa*
17 net sonar device
- *a sonda de boca* f *de rede* f
18 footrope
- *a tralha da rede*
19 spherical floats
- *os flutuadores esféricos*
20 belly
- *a barriga*
21 1,800 kg iron weight
- *o peso de ferro* m *de 1.800 kg*
22 cod end (cod)
- *o saco da rede*
23 cod line for closing the cod end
- *o cabo de fechamento* m *do saco da rede*
24-29 inshore fishing
- *a pesca costeira*
24 fishing boat
- *a traineira*
25 ring net cast in a circle
- *a rede de cerco* m *(Pt. a traína)*
26 cable for closing the ring net
- *a carregadeira*
27 closing gear
- *o guincho da carregadeira*
28-29 long-line fishing (long-lining)
- *a pesca de espinhel* m
28 long line
- *o espinhel*
29 suspended fishing tackle
- *a linha secundária do espinhel*

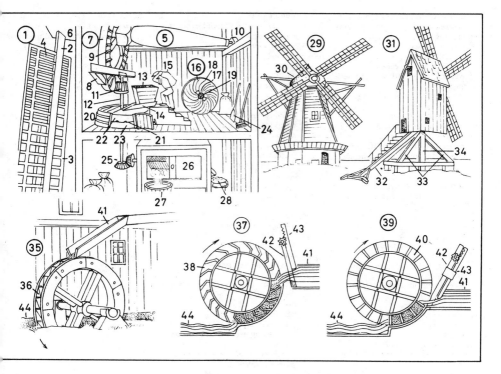

1-34 windmill
- *o moinho de vento* m
1 windmill vane (windmill sail, windmill arm)
- *a pá do moinho de vento* m
2 stock (middling, back, radius)
- *o raio da pá, o braço da pá*
3 frame
- *a armação*
4 shutter
- *o postigo (uma veneziana ajustável)*
5 wind shaft (sail axle)
- *o eixo do moinho (o eixo do motor)*
6 sail top
- *a ponta da pá*
7 brake wheel
- *a roda com dentes* m *de madeira* f *e com superfície periférica de frenagem* f
8 brake
- *o freio da roda*
9 wooden cog
- *o dente de madeira* f
10 pivot bearing (step bearing)
- *o mancal de escora* f *horizontal*
11 wallower
- *a engrenagem (tipo* m *lanterna* f) *do moinho de vento* m
12 mill spindle
- *o eixo da mó*
13 hopper
- *a moega (o alimentador, o funil de carga* f)
14 shoe (trough, spout)
- *a base da moega, em forma* f *de calha* f
15 miller
- *o moleiro*

16 millstone
- *a mó*
17 furrow (flute)
- *a ranhura, a estria*
18 master furrow
- *a ranhura principal*
19 eye [of the millstone]
- *o furo para passagem* f *do eixo (da mó)*
20 hurst (millstone casing)
- *a cuba de moagem* f
21 set of stones (millstones)
- *o jogo de mós* f
22 runner (upper millstone)
- *a mó superior (giratória)*
23 bed stone (lower stone, bedder)
- *a mó inferior (fixa)*
24 wooden shovel
- *a pá de madeira* f
25 bevel gear (bevel gearing)
- *a engrenagem cônica*
26 bolter (sifter)
- *a peneira*
27 wooden tub (wooden tun)
- *a tina de madeira* f
28 flour
- *a farinha*
29 smock windmill (Dutch windmill)
- *o moinho de vento* m *holandês*
30 rotating (revolving) windmill cap
- *a calota giratória do motor do moinho*
31 post windmill (German windmill)
- *o moinho de vento* m *alemão*
32 tailpole (pole)
- *a cauda (o leme direcional)*
33 base
- *a estrutura de sustentação* f *do moinho*

34 post
- *o pilar central*
35-44 watermill
- *o moinho de água* f
35 overshot mill wheel (high-breast mill wheel), a mill wheel (waterwheel)
- *a roda de água* f *de cima, a roda dotada de cubas* f *cujo eixo aciona uma roda de moinho* m *(roda hidráulica)*
36 bucket (cavity)
- *a cuba*
37 middleshot mill wheel (breast mill weel)
- *a roda de água* f *de lado* m
38 curved vane
- *a pá curva (a parede lateral da cuba, curva ou em trechos retos)*
39 undershot mill whell
- *a roda de água* f *de baixo*
40 flat vane
- *a pá reta radial*
41 headrace (discharge flume)
- *a calha adutora (escoamento* m *a montamento* m)
42 mill weir
- *o distribuidor tipo* m *vertedor* m *para orientar a entrada da água nas cubas*
43 overfall (water overfall)
- *a adufa para regulagem* f *da vazão no distribuidor*
44 millstream (millrace, Am. raceway)
- *o escoamento a jusante da roda em um canal de fuga* f

1-41 preparation of malt (malting)
- *o preparo do malte (a maltagem)*
1 malting tower (maltings)
- *a torre de maltagem* f
2 barley hopper
- *a tremonha da cevada*
3 washing floor with compressed-air washing unit
- *o recipiente de remolho* m *e lavagem* f *a ar comprimido*
4 outflow condenser
- *a saída do condensador*
5 water-collecting tank
- *o reservatório coletor de água* f
6 condenser for the steep liquor
- *o condensador de água* f *de remolho* m
7 coolant-collecting plant
- *o coletor de líquido* m *refrigerante*
8 steeping floor (steeping tank, dressing floor)
- *a plataforma da sala de molhamento* m *e germinação* f
9 cold water tank
- *o reservatório de água gelada*
10 hot water tank
- *o reservatório de água* f *quente*
11 pump room
- *a casa das bombas*
12 pneumatic plant
- *a instalação pneumática*
13 hydraulic plant
- *a instalação hidráulica*
14 ventilation shaft (air inlet and outlet)
- *a chaminé de ventilação* f
15 exhaust fan
- *o exaustor*
16-18 kilning floors
- *a plataforma das estufas de secagem* f *do malte*
16 drying floor
- *a estufa de secagem* f *(o tostador) do malte*
17 burner ventilation
- *o ventilador da estufa (do tostador)*
18 curing floor
- *a estufa de torrefação* f *(o tostador) do malte*
19 outlet duct from the kiln
- *o duto de ar* m *de saída* f *da estufa (do tostador)*
20 finished malt collecting hopper
- *a tremonha de malte* m
21 transformer station
- *a casa dos transformadores*
22 cooling compressors
- *os compressores de frio* m
23 green malt (germinated barley)
- *o malte verde (a cevada germinada)*
24 turner (plough)
- *a plataforma inclinável da estufa de secagem* f
25 central control room with flow diagram
- *a sala do controle central com painel* m *e fluxograma* m
26 screw conveyor
- *o rosca-sem-fim do malte*
27 washing floor
- *a plataforma de lavagem* f

28 steeping floor
- *a plataforma de molhamento* m *e germinação* f
29 drying kiln
- *a estufa de secagem* f *(o tostador) do malte*
30 curing kiln
- *a estufa de torrefação* f *(o tostador) do malte*
31 barley silo
- *o silo de cevada* f
32 weighing apparatus
- *a balança*
33 barley elevator
- *o elevador de cevada* f
34 three-way chute (three-way tippler)
- *o distribuidor de três vias* f
35 malt elevator
- *o elevador de malte* m
36 cleaning machine
- *a máquina de limpeza* f
37 malt silo
- *o silo de malte* m
38 corn removal by suction
- *a aspiração dos germes*
39 sacker
- *o dispositivo de ensacamento* m
40 dust extractor
- *o aspirador de pó* m
41 barley reception
- *o receptor de cevada* f
42-53 mashing process in the mash-house
- *o processo de mosturação* f *na sala de brassagem* f
42 premasher (converter) for mixing grist and water
- *o dispositivo para molhar o malte moído*
43 mash tub (mash tun) for mashing the malt
- *a caldeira de mostura* f *(de empastagem* f)
44 mash copper (mash tun) (*Am.* mash kettle) for boiling the mash
- *a caldeira de mistura* f *e fervura* f *do mosto*
45 dome of the tun
- *a cúpula da caldeira*
46 propeller (paddle)
- *o agitador (o mexedor)*
47 sliding door
- *a janela de inspeção* f
48 water (liquor) supply pipe
- *o encanamento de entrada* f *de água* f
49 brewer (master brewer, masher)
- *o cervejeiro (o mestre cervejeiro, o cozinheiro)*
50 lauter tun for settling the draff (grains) and filtering off the wort
- *a tina de clarificação* f *(a cuba filtro* m) *para separação* f *do bagaço de malte* m *e filtração* f *do mosto*
51 lauter battery for testing the wort for quality
- *a bateria de torneiras* f *para controle* m *da qualidade da filtração do mosto*

52 hop boiler (wort boiler) for boiling the wort
- *a caldeira de fervura* f *do mosto (lupulado)*
53 ladle-type thermometer (scoop thermometer)
- *o termômetro de imersão* f *tipo* m *concha* f

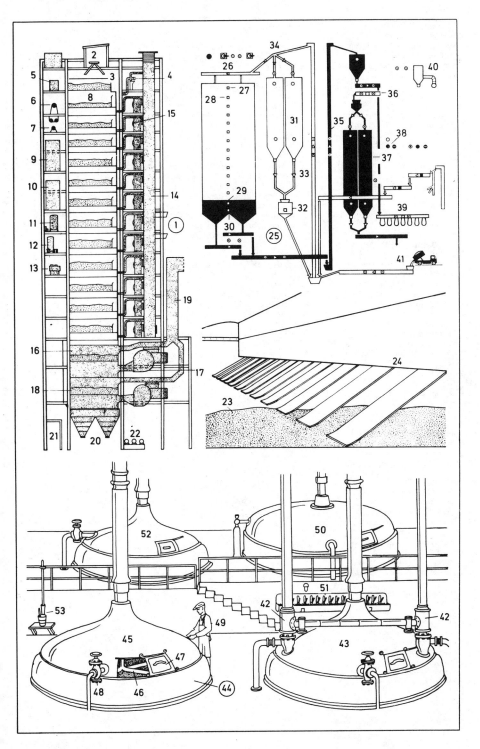

1-31 brewery (brewhouse)
- *a sala de brassagem* f
1-5 wort cooling and break removal
  (trub removal)
- *o resfriamento do mosto e remo-*
  ção f *do trub (da borra)*
1 control desk (control panel)
- *o painel de contrôle* m *e coman-*
  do m
2 whirlpool separator for removing the hot break (hot trub)
- *o tanque de decantação* f *para*
  separação f *do trub (da borra)*
  quente
3 measuring vessel for the kieselguhr
- *o recipiente de dosagem* f *de terra*
  infusória
4 kieselguhr filter
- *o filtro de terra infusória*
5 wort cooler
- *o resfriador de mosto* m
6 pure culture plant for yeast
  (yeast propagation plant)
- *o propagador de fermento* m
7 fermenting cellar
- *a adega de fermentação* f
8 fermentation vessel (fermenter)
- *o tanque (a cuba) de fermenta-*
  ção f
9 fermentation thermometer
  (mash thermometer)
- *o termômetro de fermentação* f
  (o termômetro de mosto m)
10 mash
- *o mosto (a mostura)*
11 refrigeration system
- *o sistema de resfriamento* m *por*
  serpentinas f
12 lager cellar
- *a adega de maturação* f
13 manhole to the storage tank
- *a portinhola de acesso* m *ao tan-*
  que de maturação f
14 broaching tap
- *a válvula de saída* f *(macho* m*)*
15 beer filter
- *o filtro de cerveja* f
16 barrel store
- *a adega de barris* m
17 beer barrel, an aluminium (*Am.*
  aluminum) barrel
- *o barril de cerveja* f, *um barril*
  de alumínio m
18 bottle-washing plant
- *a instalação de lavagem* f *de gar-*
  rafas f
19 bottle-washing machine (bottle
  washer)
- *a lavadora de garrafas* f
20 control panel
- *o painel de comando* m
21 cleaned bottles
- *as garrafas lavadas*
22 bottling
- *a enchedora de garrafas* f
23 forklift truck (fork truck, forklift)
- *a empilhadeira*
24 stack of beer crates
- *a pilha de garrafeiras* f *(de engra-*
  dados m)

25 beer can
- *a lata de cerveja* f
26 beer bottle, a Eurobottle with
  bottled beer; *kinds of beer:* light
  beer (lager, light ale, pale ale
  or bitter), dark beer (brown ale,
  mild), Pilsener beer, Munich
  beer, malt beer, strong beer
  (bock beer), porter, ale, stout,
  Salvator beer, wheat beer, small
  beer
- *a garrafa de cerveja* f, *cerveja en-*
  garrafada em garrafa européia
  padronizada; tipos m *de cerveja:*
  cerveja clara, cerveja escura, cer-
  veja tipo Pilsen, cerveja tipo Mu-
  nique, cerveja tipo malzbier, cer-
  veja forte tipo bock, cerveja tipo
  porter, cerveja tipo ale, cerveja
  tipo stout (inglesas), cerveja tipo
  salvator (forte), cerveja tipo gose
  (Bélgica), cerveja de trigo m, *cer-*
  veja fraca (de baixo teor m *de*
  extrato m*)*
27 crown cork (crown cork closure)
- *a rolha metálica*
28 disposable pack (carry-home
  pack)
- *a embalagem descartável*
29 non-returnable bottle (single-
  trip bottle)
- *a garrafa não retornável (descar-*
  tável)
30 beer glass
- *o copo de cerveja* f
31 head
- *a espuma da cerveja (o colari-*
  nho, a gola)

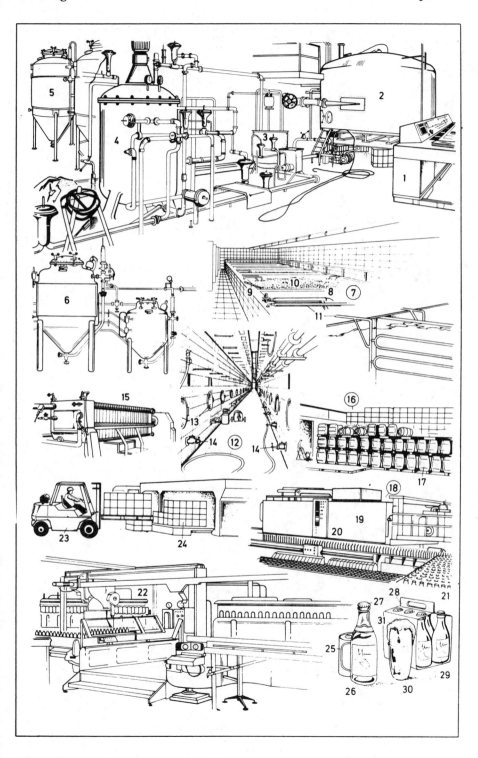

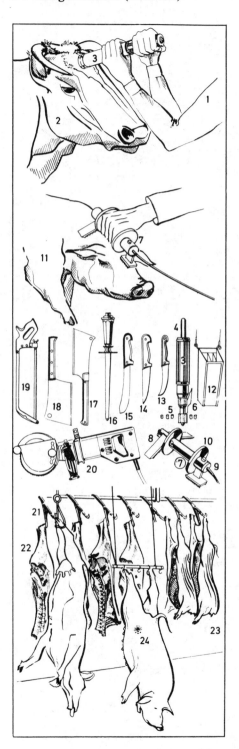

1 slaughterman (*Am.* slaughterer, killer)
– *o magarefe (o abatedor, o carniceiro)*
2 animal for slaughter, an ox
– *a rês para abate* m *(o gado de corte* m, *o gado de abate)*
3 captive-bolt pistol (pneumatic gun), a stunning device
– *a pistola de abate* m *de projétil cativo*
4 bolt
– *o projétil cativo (o percussor)*
5 cartridges
– *os cartuchos*
6 release lever (trigger)
– *o gatilho*
7 electric stunner
– *o insensibilizador elétrico*
8 electrode
– *o elétrodo*
9·lead
– *o fio de insensibilizador*
10 hand guard (insulation)
– *o disco isolante (para proteger a mão)*
11 pig (*Am.* hog) for slaughter
– *o porco a ser abatido*
12 knife case
– *o estojo de facas* f
13 flaying knife
– *a faca de esfolar*
14 sticking knife (sticker)
– *a faca de perfurar*
15 butcher's knife (butcher knife)
– *o facão de açougueiro* m *(o alfanje de açougueiro,* Pt. *o cutelo de talho* m)
16 steel
– *o fuzil*
17 splitter
– *o fendedor*
18 cleaver (butcher's cleaver, meat axe (*Am.* meat ax)
– *o cutelo de açougueiro* m *(a machadinha de açougue* m, Pt. *o cutelo de talho* m)
19 bone saw (butcher's saw)
– *a serra de açougueiro* m *(a serra de osso* m, Pt. *o serrote de talho* m)
20 meat saw for sawing meat into cuts
– *a serra de espostejar*
21-24 cold store (cold room)
– *a câmara frigorífica*
21 gambrel (gambrel stick)
– *o gancho de açougue* m (Pt. *o gancho de talho* m)
22 quarter of beef
– *o quarto de rês* f *(o quarto de boi* m)
23 side of pork
– *a meia-carcaça*
24 meat inspector's stamp
– *o carimbo de inspeção* f

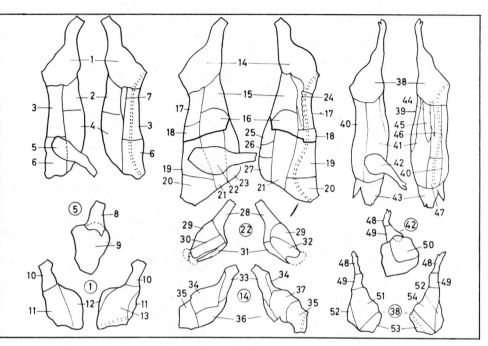

1-30 butcher's shop
- *a casa de carnes* f (Pt. *o talho*)

1-4 meat
- *as carnes*

1 ham on the bone
- *o presunto com osso* m

2 flitch of bacon
- *a manta de toucinho defumado,
  a manta de toucinho de fumeiro*
  m

3 smoked meat
- *a carne defumada*

4 piece of loin (piece of sirloin)
- *o pedaço de lombo* m *de vaca*
  f

5 lard
- *a banha de porco* m

6-11 sausages
- *as lingüiças, os chouriços, as salsichas*

6 price label
- *a etiqueta de preço* m

7 mortadella
- *a mortadela, o salame*

8 scalded sausage; kinds: Vienna
  sausage (Wiener), Frankfurter
- *as salsichas a granel* m; tipos m:
  de Viena, de Frankfurt

9 collared pork (*Am.* headcheese)
- *o queijo de porco* m

10 ring of [Lyoner] sausage
- *o salsichão (de Lyon)*

11 bratwurst (sausage for frying or
   grilling)
- *a linguiça (para fritar ou assar)*

12 cold shelves
- *o balcão frio*

13 meat salad (diced meat salad)
- *a salada de carne* f

14 cold meats (*Am.* cold cuts)
- *os frios*

15 pâté
- *o patê* (Pt. *o pâté*)

16 mince (mincemeat, minced
   meat)
- *a carne moída* (Pt. *picada*)

17 knuckle of pork
- *o joelho (o jarrete) de porco* m

18 basket for special offers
- *a cesta de ofertas* f *(de produtos
  m em promoção* f, *de produtos
  remarcados)*

19 price list for special offers
- *a lista de preços* m *das ofertas*

20 special offer
- *a oferta, o produto remarcado,
  o produto em promoção* f

21 freezer (deep freeze)
- *o congelador*

22 pre-packed joints
- *os pesos pré-embalados*

23 deep-frozen (deepfreezer) ready-
   to-eat meat
- *as preparações de carne congelada*

24 chicken
- *o frango*

25 canned food
- *os embalados*

26 can
- *a lata de conserva* f

27 canned vegetables
- *os legumes em conserva* f

28 canned fish
- *o peixe em conserva* f

29 salad cream
- *o molho de maionese* f

30 soft drinks
- *os refrigerantes*

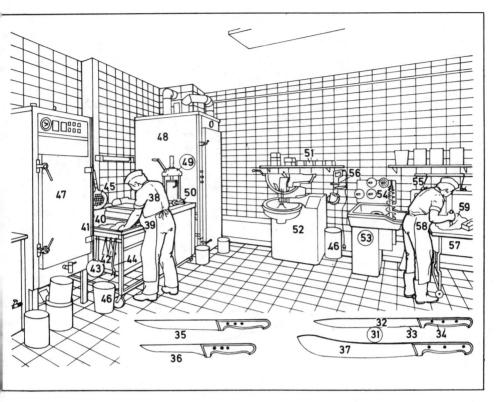

31-59 kitchen for making sausages
- *a salsicharia*

31-37 butcher's knives
- *os facões de açougueiro* m (Pt. *as facas de talho* m)

31 slicer
- *a faca de fatiar*

32 knife blade
- *a lâmina da faca* f

33 saw teeth
- *a serrilha*

34 knife handle
- *o cabo da faca*

35 carver (carving knife)
- *o trinchante (a faca de trinchar)*

36 boning knife
- *a faca de desossar*

37 butcher's knife (butcher knife)
- *o facão de açougueiro* m (Pt. *o cutelo de talho* m)

38 butcher (master butcher)
- *o açougueiro (o mestre do açougue); Pt. o homem do talho (o mestre do talho)*

39 butcher's apron
- *o avental do açougueiro* (Pt. *o avental de homem* m *de talho* m)

40 meat-mixing trough
- *a cuba para amassar a carne*

41 sausage meat
- *o recheio para salsichas* f

42 scraper
- *o raspador*

43 skimmer
- *a escumadeira*

44 sausage fork
- *o garfo de cozinha* f

45 scalding colander
- *a grade de escaldar, a grade de frituras* f

46 waste bin (*Am.* trash bin)
- *a lata de lixo* m, *a lixeira*

47 cooker, for cooking with steam or hot air
- *a estufa (o fogão) com dispositivo* m *de produção* f *de vapor de ar* m *quente, para abafar (cozinhar com vapor)*

48 smoke house
- *o defumador, o fumeiro*

49 sausage filler (sausage stuffer)
- *a máquina de encher salsichas* f

50 feed pipe (supply pipe)
- *o tubo alimentador*

51 containers for vegetables
- *o vasilhame para legumes* m

52 mincing machine for sausage meat
- *o moedor* (Pt. *o picador) de carne* f *para salsichas* f

53 mincing machine (meat mincer, mincer, *Am.* meat grinder)
- *o moedor* (Pt. *o picador) de carne* f

54 plates (steel plates)
- *os cortadores*

55 meathook (butcher's hook)
- *o gancho de açougue* m (Pt. *o gancho de talho* m)

56 bone saw
- *a serra de açougueiro* m (Pt. *o serrote de talho* m)

57 chopping board
- *a tábua de carne* f

58 butcher, cutting meat
- *o açougueiro (aprendiz* m) *cortando carne* f (Pt. *o homem de talho a cortar carne)*

59 piece of meat
- *o pedaço de carne* f

1 shop assistant (*Am.* salesgirl, saleslady)
- *a vendedora, a balconista* (Pt. *a marçana*)
2 bread (loaf of bread, loaf)
- *o pão*
3 crumb
- *o miolo*
4 crust (bread crust)
- *a crosta, a côdea, a casca*
5 crust (*Am.* heel)
- *o bico, a ponta*
6-12 kinds of bread (breads)
- *os tipos de pão* m *(pães)*
6 round loaf, a wheat and rye bread
- *a broa*
7 small round loaf
- *a broa pequena*
8 long loaf (bloomer), a wheat and rye bread
- *a bisnaga mista* (Pt. *o cacete misto)*
9 white loaf
- *o pão francês, a bisnaga* (Pt. *o cacete) de semolina* (*um pão branco)*
10 pan loaf, a wholemeal rye bread
- *o pão-de-forma de centeio* m *integral*
11 yeast bread (*Am.* stollen)
- *o pão Fleischmann*
12 French loaf (baguette, French stick)
- *a bisnaga, a bengala* (Pt. *o cacete)*
13-16 rolls
- *os pãezinhos*
13 roll
- *o pãozinho*

14 (white) roll
- *o pãozinho branco*
15 double roll
- *o pãozinho duplo*
16 rye-bread roll
- *o pãozinho de centeio* m
17-47 cakes (confectionery)
- *os doces (confeitaria)*
17 cream roll
- *a torta recheada de creme* m (Pt. *de nata* f)
18 vol-au-vent, a puff pastry (*Am.* puff paste)
- *o volovã (uma torta de massa folhada)*
19 Swiss roll (*Am.* jelly roll)
- *o rocambole suíço*
20 tartlet
- *a tortinha*
21 slice of cream cake
- *o pedaço de torta* f *de creme* m (Pt. *de nata* f)
22-24 flans (Am. pies **and gateaux (torten)**
- *as tortas de frutas* f *e de creme* m
22 fruit flan (*kinds:* strawberry flan, cherry flan, gooseberry flan, peach flan, rhubarb flan)
a torta de frutas f (tipos m mais conhecidos no Brasil: *torta de maçã* f, *de morango* m, *de cereja* f, *de pêssego* m)
23 cheesecake
- *a torta de queijo* m
24 cream cake (*Am.* cream pie) (*kinds:* butter-cream cake, Black Forest gateau)

- *a torta de creme* m (tipos: *torta de creme de manteiga* f, *torta Floresta Negra)*
25 cake plate
- *o prato de bolo* m
26 meringue
- *o merengue, o suspiro*
27 cream puff
- *a bomba de creme* m
28 whipped cream
- *o creme batido, o creme chantili*
29 doughnut (*Am.* bismarck)
- *os sonhos*
30 Danish pastry
- *o palmier (a orelha de macaco* m)
31 saltstick (saltstange) (also: caraway roll, caraway stick)
- *o palitinho salgado*
32 croissant (crescent roll, *Am.* crescent)
- *o croissant, a meia-lua*
33 ring cake (gugelhupf)
- *o kugelhof (um bolo em forma* f *de pirâmide* f)
34 slab cake with chocolate icing
- *o bolo assado em forma* f *de pão* m, *com cobertura* f *de chocolate* m
35 streusel cakes
- *os sablés*
36 marshmallow
- *o marshmallow (doce viscoso a base de clara* f *de ovo* m *e glucose* f, *perfumado com altéia* f)
37 coconut macaroon
- *o merengue de coco* m

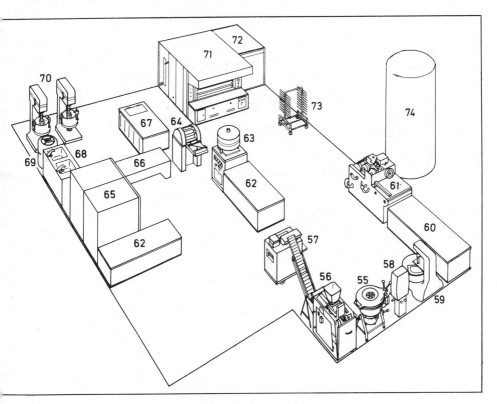

38 schnecke
- *os päezinhos doces*

39 [king of] iced bun
- *o pãozinho doce redondo com cobertura f de açúcar m*

40 sweet bread
- *o pão doce comum*

41 plaited bun (plait)
- *a trança*

42 Frankfurter garland cake
- *a coroa de Frankfurt*

43 slices (*kinds:* streusel slices, sugared slices, plum slices)
- *o bolo de tabuleiro m em fatias f*

44 pretzel
- *o pretzel (rosca salgada em forma f de laço m, salpicada de grãos m de sal m)*

45 wafer (*Am.* waffle)
- *o waffle (uma torta leve assada em fôrma-prensa f especial)*

46 tree cake (baumkuchen)
- *o bolo festivo montado*

47 flan case
- *a massa de torta f para rechear*

48-50 wrapped bread
- *o pão industrializado, o pão de fábrica f*

48 wholemeal bread (*also:* wheatgerm bread)
- *o pão de trigo m integral (tb.: o pão de Graham)*

49 pumpernickel (wholemeal rye bread)
- *o pumpernickel (o pão de centeio m integral da Vestfália)*

50 crispbread
- *o pão torrado*

51 gingerbread (*Am.* lebkuchen)
- *o pão de gengibre m; (sin.: o bolo de Natal, o panetone)*

52 flour (*kinds:* wheat flour, rye flour)
- *a farinha (tipos: de trigo m, de centeio m)*

53 yeast (baker's yeast)
- *o fermento*

54 rusks (French toast)
- *as torradas*

55-74 bakery (bakehouse)
- *a padaria*

55 kneading machine (dough mixer)
- *a masseira, a amassadora*

56-57 bread unit
- *a unidade de fabricação f de pão m*

56 divider
- *a máquina de cortar massa f*

57 moulder (*Am.* molder)
- *a enformadora*

58 premixer
- *o misturador e medidor m de farinha f e água f*

59 dough mixer
- *a misturadora de massa f*

60 workbench
- *a bancada de trabalho m*

61 roll unit
- *a fabricação de pãezinhos m*

62 workbench
- *a bancada de trabalho m*

63 divider and rounder (rounding machine)
- *a cortadora e moldadora f de massa f*

64 crescent-forming machine
- *a máquina de enrolar croissants m*

65 freezers
- *os congeladores*

66 oven (for baking with fat)
- *a cuba de fritura f*

67-70 confectionery unit
- *a fabricação de doces m*

67 cooling table
- *a mesa de resfriamento m*

68 sink
- *a pia*

69 boiler
- *a caldeira*

70 whipping unit [with beater]
- *a batedeira-misturadora*

71 reel oven (oven)
- *o forno de prateleiras f (o forno de padeiro m)*

72 fermentation room
- *a câmara de fermentação f*

73 [fermentation] trolley
- *o carrinho de câmara f de fermentação f*

74 flour silo
- *o silo de farinha f*

1-87 grocer's shop (grocer's, delicatessen shop, *Am.* grocery store, delicatessen store), a retail shop (*Am.* retail store)
- *o armazém, a mercearia, o mercadinho, o empório, um estabelecimento de venda* f *a varejo* m (Pt. *a retalho* m)
1 window display
- *as mercadorias em exposição* f
2 poster (advertisement)
- *o cartaz, o anúncio, a peça de propaganda* f
3 cold shelves
- *o refrigerador, o balcão frio*
4 sausages
- *a charcutaria (salsichas* f, *lingüiças* f, *chouriços* m)
5 cheese
- *os queijos*
6 roasting chicken (broiler)
- *o frango de leite assado, o galeto assado*
7 poulard, a fattened hen
- *a franga cevada*
8-11 baking ingredients
- *os ingredientes para bolos* m *e doces* m
8 raisins; *sin.:* sultanas
- *as passas; sin.:* as sultanas
9 currants
- *as passas de corinto*
10 candied lemon peel
- *a casca de limão* m *cristalizada*
11 candied orange peel
- *a casca de laranja* f *cristalizada*
12 computing scale, a rapid scale
- *a balança automática*
13 shop assistant (*Am.* salesclerk)

- *o vendedor, o balconista* (Pt. *o marçano)*
14 goods shelves (shelves)
- *as prateleiras com mercadorias* f
15-20 canned food
- *os enlatados, as conservas*
15 canned milk
- *o leite condensado*
16 canned fruit (cans of fruit)
- *as frutas em conserva* f, *as compotas*
17 canned vegetables
- *os legumes em conserva* f
18 fruit juice
- *o suco* (Pt. *o sumo) de frutas* f
19 sardines in oil, a can of fish
- *as sardinhas em óleo* m *comestível, uma lata de peixe* m *em conserva* f,
20 canned meat (cans of meat)
- *a carne em conserva* f *(as latas de conserva de carne)*
21 margarine
- *a margarina*
22 butter
- *a manteiga*
23 coconut oil, a vegetable oil
- *a gordura de coco* m, *uma gordura vegetal*
24 oil; kinds: salad oil, olive oil, sunflower oil, wheatgerm oil, ground-nut oil
- *o óleo; tipos* m: *de soja* f, *de oliva* f *(azeite* m), *de girassol* m, *de milho* m, *de arroz* m, *de amendoim* m
25 vinegar
- *o vinagre*

26 stock cube
- *o caldo de carne* f *em tabletes* m
27 bouillon cube
- *o caldo de carne* f *com legumes* m *em tabletes* m
28 mustard
- *a mostarda*
29 gherkin (pickled gherkin)
- *o pepino em conserva* f
30 soup seasoning
- *o tempero, o condimento, para sopa* f
31 shop assistant (*Am.* salesgirl, saleslady)
- *a vendedora, a balconista* (Pt. *a marçana)*
32-34 pastas
- *as massas*
32 spaghetti
- *o espaguete*
33 macaroni
- *o macarrão*
34 noodles
- *o talharim*
35-39 cereal products
- *os cereais*
35 pearl barley
- *a cevadinha*
36 semolina
- *a semolina*
37 rolled oats (porridge oats, oats)
- *a aveia em flocos* m
38 rice
- *o arroz*
39 sago
- *a tapioca, o sagu*
40 salt
- *o sal*

41 grocer (*Am.* groceryman) a shopkeeper, tradesman, retailer (*Am.* storekeeper)
– *o merceeiro, o comerciante, o varejista, o vendeiro*
42 capers
– *as alcaparras*
43 customer
– *o freguês*
44 receipt (sales check)
– *a ficha da caixa (sin.: a nota ao consumidor)*
45 shopping bag
– *a sacola de compras* f, *a bolsa de compras*
46-49 wrapping material
– *o material de embalagem* f
46 wrapping paper
– *o papel de embrulho* m
47 adhesive tape
– *a fita adesiva, a fita durex*
48 paper bag
– *o saco de papel* m
49 cone-shaped paper bag
– *o cartucho de papel* m, *o cone de papel*
50 blancmange powder
– *o pó para pudim* m *(em saquinhos* m)
51 whole-fruit jam (preserve)
– *a geléia* (Pt. *o doce) de frutas* f *(conserva* f)
52 jam
– *a geléia* (Pt. *o doce) tipo* m *marmelada* f
53-55 sugar
– *o açúcar*
53 cube sugar
– *o açúcar em torrões* m *(em cubos* m, *em tabletes* m)

54 icing sugar (*Am.* confectioner's sugar)
– *o açúcar de confeiteiro* m
55 refined sugar in crystals
– *o açúcar cristal*
56 schnapps distilled from grain [usually wheat]
– *a genebra (destilada de cereais* m)
57 rum
– *o rum*
58 liqueur
– *o licor*
59 brandy (cognac)
– *o conhaque*
60-64 wine in bottles (bottled wine)
– *as garrafas de vinho* m
60 white wine
– *o vinho branco*
61 chianti
– *o chianti*
62 vermouth
– *o vermute*
63 sparkling wine
– *o vinho espumante* (sin.: *o champanha)*
64 red wine
– *o vinho tinto*
65-68 tea, coffee, etc.
– *o chá, o café, etc...*
65 coffee (pure coffee)
– *o café em grão* m
66 cocoa
– *o chocolate em pó* m
67 coffee
– *o café*
68 tea bag
– *o chá em saquinhos* m
69 electric coffee grinder
– *o moedor elétrico de café* m

70 coffee roaster
– *o torrador de café* m
71 roasting drum
– *o tambor*
72 sample scoop
– *a concha de provas* f
73 price list
– *a lista de preços* m
74 freezer (deep freeze)
– *o congelador*
75-86 confectionery (*Am.* candies)
– *os doces*
75 sweet (*Am.* candy)
– *as balas e os bombons*
76 drops
– *as pastilhas*
77 toffees
– *os caramelos*
78 bar of chocolate
– *a barra de chocolate* m
79 chocolate box
– *a caixa de bombons* m
80 chocolate, a sweet
– *o bombom, um doce*
81 nougat
– *o nugá, o torrone*
82 marzipan
– *o marzipã (uma pasta de amêndoas* f), Pt. *o maçapão*
83 chocolate liqueur
– *o bombom de licor* m
84 cat's tongue
– *a língua de gato (um biscoito)*
85 croquant
– *o crocante*
86 truffle
– *a trufa de chocolate*
87 soda water
– *a soda, uma água gasosa*

1-95 supermarket, a self-service food store
- *o supermercado (um estabelecimento de auto-serviço* m *para venda* f *de comestíveis* m e *outros produtos de grande consumo* m)
1 shopping trolley
- *o carrinho de compras* f
2 customer
- *o freguês, o cliente*
3 shopping bag
- *a sacola de compras* f, *a bolsa de compras*
4 entrance to the sales area
- *a entrada para o local de vendas* f
5 barrier
- *a grade, a baliza*
6 sign (notice) banning dogs
- *o aviso proibindo a entrada de cães* m
7 dogs tied by their leads
- *os cães presos pela corrente*
8 basket
- *a cesta de exposição* f *de mercadorias* f
9 bread and cake counter (bread counter, cake counter)
- *o balcão da padaria/confeitaria* f
10 display counter for bread and cakes
- *a vitrina de pães* m e *bolos* m
11 kinds of bread (breads)
- *as variedades de pão* m *(pães)*
12 rolls
- *os pãezinhos*
13 croissants (crescent rolls, *Am.* crescents)
- *os croissants*
14 round loaf (strong rye bread)
- *a broa*
15 gateau
- *a torta de creme* m *(Pt. de nata* f)
16 pretzel [made with yeast dough]
- *o pretzel (uma rosca salgada, feita com massa fermentada)*
17 shop assistant (*Am.* salesgirl, saleslady)
- *a balconista (Pt. a marçana), a vendedora*

18 customer
- *a freguesa, a cliente*
19 sign listing goods
- *o cartaz anunciando as ofertas*
20 fruit flan
- *a torta de frutas* f
21 slab cake
- *o bolo inglês*
22 ring cake
- *o bolo alsaciano (assado em forma alta, com formato* m *de coroa* f)
23 cosmetics gondola, a gondola (sales shelves)
- *a gôndola de cosméticos, uma gôndola (prateleiras* f *para exposição* f *de mercadorias* f)
24 canopy
- *o toldo*
25 hosiery shelf
- *a seção de meias* f e *malhas* f
26 stockings pack (nylons pack)
- *o pacote de meias* f *(meias na embalagem)*
27-35 toiletries (cosmetics)
- *os produtos de toucador* m *(os cosméticos)*
27 cream jar (cream; kinds: moisturising cream, day cream, night-care cream, hand cream)
- *o pote de creme* m *(creme; tipos* m: *creme hidratante, creme protetor, creme para a noite, creme para as mãos)*
28 cotton wool packet
- *o pacote de algodão* m
29 powder tin
- *a caixa de pó* m *de arroz* m
30 packet of cotton wool balls
- *o pacote de algodão* m *em bolas* f
31 toothpaste box
- *o tubo de pasta* f *de dente* m
32 nail varnish (nail polish)
- *o esmalte de unhas* f
33 cream tube
- *o tubo de creme* m *(Pt. de nata* f)
34 bath salts
- *os sais de banho* m

35 sanitary articles
- *os artigos de higiene* f
36-37 pet foods
- *os alimentos para animais* m *de estimação* f
36 complete dog food
- *o alimento completo para cães* m
37 packet of dog biscuits
- *o pacote de biscoitos* m *para cães* m
38 bag of cat litter
- *o saco de serragem* f *para gato* m
39 cheese counter
- *o balcão de queijos* m
40 whole cheese
- *o queijo redondo inteiro*
41 Swiss cheese (Emmental cheese) with holes
- *o queijo suíço com buracos* m *(tipo* m *Emmental)*
42 Edam cheese, a round cheese
- *o queijo holandês, em bola* f
43 gondola for dairy products
- *a gôndola de laticínios* m
44 long-life milk (milk with good keeping properties, pasteurized and homogenized milk)
- *o leite longa-vida (homogeneizado e pasteurizado)*
45 plastic milk bag
- *o saco plástico de leite* m
46 cream
- *o creme de leite* m
47 butter
- *a manteiga*
48 margarine
- *a margarina*
49 cheese box
- *o queijo em caixa* f
50 egg box
- *a caixa de ovos* m
51 fresh meat counter (meat counter)
- *o balcão de carnes* f, *o açougue* (Pt. *o talho)*
52 ham on the bone
- *o presunto com osso* m

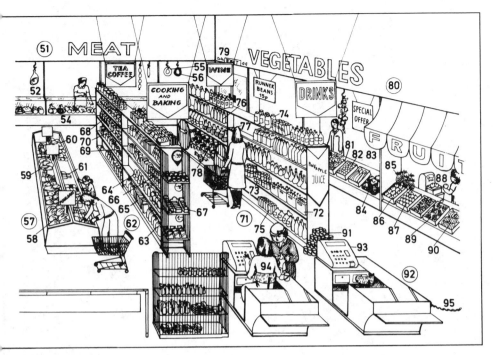

53 meat (meat products)
 – *as carnes e derivados* m
54 sausages
 – *as linguiças, a charcutaria*
55 ring of (pork) sausage
 – *o anel de linguiça* f *de porco* m
56 ring of blood sausage
 – *a morcela (o chouriço)*
57 deep freeze
 – *o congelador*
58-61 frozen food
 – *os alimentos congelados*
58 poulard
 – *a franga cevada*
59 turkey leg (drumstick)
 – *a coxa de peru* m
60 boiling fowl
 – *a galinha (para canja* f)
61 frozen vegetables
 – *os legumes congelados*
62 gondola for baking ingredients and cereal products
 – *a gôndola de cereais* m *e farináceos* m
63 wheat flour
 – *a farinha de trigo* m
64 sugar loaf
 – *o pão doce*
65 packet of noodles [for soup]
 – *o pacote de massa* f *para sopa* f
66 salad oil
 – *o óleo de oliva* f *(o azeite doce)*
67 spice packet
 – *o pacote de temperos* m
68-70 tea, coffee, etc.
 – *o chá, o café, etc.*
68 coffee
 – *o café*
69 tea packet
 – *o pacote de chá* m
70 instant coffee
 – *o café instantâneo (o café solúvel)*
71 drinks gondola
 – *a gôndola de bebidas* f
72 beer crate (crate of beer)
 – *o engradado de cerveja* f

73 beer can (canned beer)
 – *a lata de cerveja* f *(a cerveja em lata)*
74 fruit juice bottle
 – *a garrafa de suco* m (Pt. *de sumo* m) *de frutas* f
75 fruit juice can
 – *o suco* (Pt. *o sumo) de frutas* f *em lata* f
76 bottle of wine
 – *a garrafa de vinho* m
77 chianti bottle
 – *a garrafa de vinho* m *chianti*
78 champagne bottle
 – *a garrafa de vinho* m *espumante (*sin.: *o champanha)*
79 emergency exit
 – *a saída de emergência* f
80 fruit and vegetable counter
 – *o balcão de frutas* f, *legumes* m, *e verduras* f
81 vegetable basket
 – *o caixote de legumes* m
82 tomatoes
 – *os tomates*
83 cucumbers
 – *os pepinos*
84 cauliflower
 – *a couve-flor*
85 pineapple
 – *o abacaxi* (Pt. *o ananás)*
86 apples
 – *as maçãs*
87 pears
 – *as pêras*
88 scales for weighing fruit
 – *a balança*
89 grapes (bunches of grapes)
 – *as uvas (os cachos de uvas)*
90 bananas
 – *as bananas*
91 can
 – *a lataria*
92 checkout
 – *a saída*
93 cash register
 – *a máquina registradora* (Pt. *registadora)*

94 cashier
 – *a caixa*
95 chain
 – *a corrente*

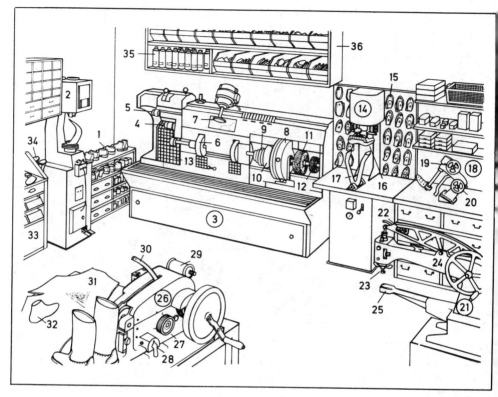

1-68 shoemaker's workshop (bootmaker's workshop)
– *a oficina de sapateiro* m
1 finished (repaired) shoes
– *os sapatos consertados*
2 auto-soling machine
– *a máquina de plaquear*
3 finishing machine
– *a máquina de acabamento* m
4 heel trimmer
– *a frisa de saltos* m
5 sole trimmer
– *a frisa de solas* f
6 scouring wheel
– *o rolete de esmeril* m
7 naum keag
– *o rolete de lixa* f
8 drive unit (drive wheel)
– *a roda de acionamento* m
9 iron
– *a giga*
10 buffing wheel
– *o rolete de camurça* f *para polir*
11 polishing brush
– *a escova para polimento* m
12 horsehair brush
– *a escova de crina* f
13 extractor grid
– *a grade de aspiração* f
14 automatic sole press
– *a prensa automática de solas* f
15 press attachment
– *o acessório da prensa* f, *a forma*
16 pad
– *a almofada amortecedora*

17 press bar
– *o pé de ferro* m
18 stretching machine
– *a forma de alargar*
19 width adjustment
– *o ajuste de largura* f
20 length adjustment
– *o controle de comprimento* m
21 stitching machine
– *a máquina de costura* f *(de sapateiro* m*)*
22 power regulator (power control)
– *a regulagem da tensão do fio*
23 foot
– *o pé calcador*
24 handwheel
– *a manivela, o volante*
25 arm
– *o braço*
26 sole stitcher (sole-stitching machine)
– *a pespontadeira*
27 foot bar lever
– *o isolador do pé*
28 feed adjustment (feed setting)
– *o controle da alimentação*
29 bobbin (cotton bobbin)
– *o carretel*
30 thread guide (yarn guide)
– *o guia-fio*
31 sole leather
– *o couro para solado* m
32 [wooden] last
– *a forma [de madeira* f*]*

33 workbench
– *a bancada de trabalho* m
34 last
– *a forma de metal* m
35 dye spray
– *o pulverizador de tinta* f
36 shelves for materials
– *as prateleiras para o material*
37 shoemaker's hammer
– *o martelo de sapateiro* m
38 shoemaker's pliers (welt pincers)
– *o alicate bico* m *de pato* m
39 sole-leather shears
– *a tesoura para couro* m
40 small pincers (nippers)
– *a pinça pequena*
41 large pincers (nippers)
– *a pinça grande*
42 upper-leather shears
– *a tesoura para gáspeas* f
43 scissors
– *a tesoura*
44 revolving punch (rotary punch)
– *o furador rotativo, o vasador rotativo*
45 punch
– *o furador, o vasador*
46 punch [with a handle]
– *o furador de cabo* m, *o vasador de cabo*
47 nail puller
– *o tira-pregos*

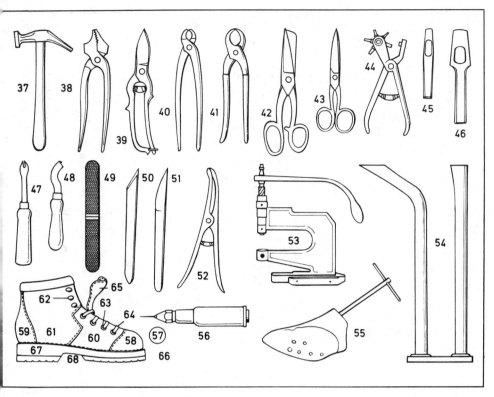

48 welt cutter
 – *o cortador de vira* f, *o marcador de vira*
49 shoemaker's rasp
 – *a grosa (uma lima grossa)*
50 cobbler's knife (shoemaker's knife)
 – *a faca de sapateiro* m
51 skiving knife (skife knife, paring knife)
 – *a faca de chanfrar couro* m, *a chanfradeira de couro*
52 toecap remover
 – *o alicate de ponta* f [*para remover biqueiras* f]
53 eyelet, hook, and press-stud setter
 – *a máquina de pregar colchetes* m, *ilhoses* (Pt. *ilhós*) m *e botões* m *de pressão* f
54 stand (with iron lasts)
 – *o pé de ferro* m
55 width-setting tree
 – *a forma de alargar*
56 nail grip
 – *o bate-pregos*
57 boot
 – *a botina*
58 toecap
 – *a biqueira (reforçada)*
59 counter
 – *o contraforte*
60 vamp
 – *a gáspea*
61 quarter
 – *a parte lateral*

62 hook
 – *o colchete*
63 eyelet
 – *o ilhós*
64 lace (shoelace, bootlace)
 – *o cadarço, o cordão, o atacador*
65 tongue
 – *a lingüeta*
66 sole
 – *a sola*
67 heel
 – *o salto*
68 shank (waist)
 – *o enfranque*

1 winter boot
 – a bota de inverno m
2 PVC sole (plastic sole)
 – a sola de plástico m *(a sola de PVC flexível)*
3 high-pile lining
 – o forro peludo
4 nylon
 – o náilon
5 men's boot
 – a bota de homem m
6 inside zip
 – o fecho ecler (Pt. éclair) interno, o zíper interno, o fecho de cremalheira f interno
7 men's high leg boot
 – a bota de cano alto para homem m
8 platform sole (platform)
 – a sola-plataforma
9 Western boot (cowboy boot)
 – a bota de vaqueiro m
10 pony-skin boot
 – a bota de pele f de pônei m
11 cemented sole
 – a sola injetada
12 ladies' boot
 – a bota de mulher f
13 men's high leg boot
 – a bota de cano alto para homem m, a bota de passeio f para homem
14 seamless PVC waterproof wellington boot
 – a bota impermeável de meio cano m, de PVC, sem costura f
15 natural-colour (*Am.* natural-color) sole
 – a sola transparente
16 toecap
 – a biqueira
17 tricot lining (knitwear lining)
 – o forro de malha f
18 hiking boot
 – a botina
19 grip sole
 – a sola antiderrapante
20 padded collar
 – o contorno acolchoado
21 tie fastening (lace fastening)
 – o cadarço, o cordão, o atacador
22 open-toe mule
 – o chinelo aberto na frente
23 terry upper
 – a gáspea de tecido m esponja
24 polo outsole
 – a sola externa
25 mule
 – o chinelo
26 corduroy upper
 – a gáspea de veludo m cotelê
27 evening sandal (sandal court shoe)
 – a sandália para a noite (a sandália de cerimônia f)
28 high heel (stiletto heel)
 – o salto alto (o salto agulha)
29 court shoe (*Am.* pump)
 – o sapato decotado, o sapato de entrada baixa, o escarpim
30 moccasin
 – o mocassim
31 shoe, a tie shoe (laced shoe, Oxford shoe, *Am.* Oxford)
 – o sapato de atacar, o sapato de amarrar
32 tongue
 – a lingueta
33 high-heeled shoe (shoe with raised heel)
 – o sapato de salto alto

34 casual
 – o sapato esporte (Pt. o sapato desportivo)
35 trainer (training shoe)
 – o tênis de corrida f
36 tennis shoe
 – o calçado de tênis (o tênis)
37 counter (stiffening)
 – o contraforte
38 natural-colour (*Am.* natural-color) rubber sole
 – a sola de borracha transparente
39 heavy-duty boot (*Am.* stogy, stogie)
 – a botina de trabalhador m
40 toecap
 – a biqueira reforçada
41 slipper
 – o chinelo; sin.: a pantufa
42 woollen (*Am.* woolen) slip sock
 – a sapatilha de lã f
43 knit stitch (knit)
 – o modelo de tricô m
44 clog
 – o tamanco de sola f de madeira f
45 wooden sole
 – a sola de madeira f
46 soft-leather upper
 – a gáspea de napa f
47 sabot
 – o tamanco de sola plástica (de PVC rígido)
48 toe post sandal
 – a sandália de dedo m
49 ladies' sandal
 – a sandália de mulher f
50 surgical footbed (sock)
 – a palmilha ortopédica
51 sandal
 – a alpercata, a alpargata, a sandália de salto baixo
52 shoe buckle (buckle)
 – a fivela
53 sling-back court shoe (*Am.* sling pump)
 – o sapato aberto atrás com tira f no calcanhar, o sapato Chanel
54 fabric court shoe
 – a sapatilha, o escarpim de pano m
55 wedge heel
 – o salto anabela
56 baby's first walking boot
 – a botinha (para criança f que começa a andar)

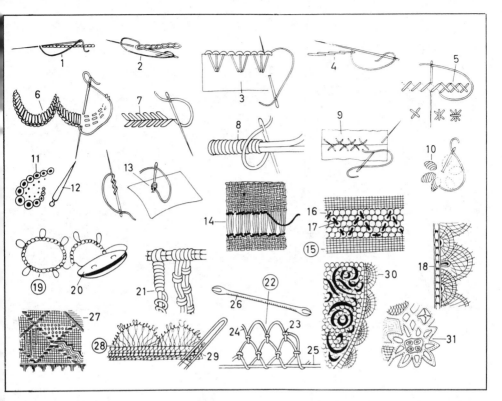

1 backstitch seam
- *o pesponto*
2 chain stitch
- *o ponto de cadeia* f, *o ponto de corrente* f
3 ornamental stitch
- *o ponto fantasia* f
4 stem stitch
- *o ponto de haste* f *(o ponto atrás)*
5 cross stitch
- *o ponto de cruz* f
6 buttonhole stitch (button stitch)
- *o caseado, o ponto de casear, o festonê*
7 fishbone stitch
- *o ponto de espinha* f
8 overcast stitch
- *o cordonê* (Pt. *o ponto de luva* f)
9 herringbone stitch (Russian stitch, Russian cross stitch)
- *o ponto pé-de-pato* m
10 satin stitch (flat stitch)
- *o ponto cheio*
11 eyelet embroidery (broderie anglaise)
- *o bordado inglês, o bordado de ilhoses* m
12 stiletto
- *o furador, um estilete*
13 French knot (French dot, knotted stitch, twisted knot stitch)
- *o ponto de rococó* m
14 hem stitch work
- *a bainha aberta (o ponto de laça- da* f)

15 tulle work (tulle lace)
- *a renda de filó* m *(a renda de filé* m)
16 tulle background (net background)
- *o fundo de filó* m *(o fundo de filé* m)
17 darning stitch
- *o ponto de cerzido* m
18 pillow lace (bobbin lace, bone lace); *kinds:* Valenciennes, Brussels lace
- *a renda de bilro* m; *tipos: a ren- da valenciana, a renda de Bru- xelas*
19 tatting
- *a frivolité*
20 tatting shuttle (shuttle)
- *a naveta de frivolité* f
21 knotted work (macramé)
- *o macramé*
22 filet (netting)
- *o filé (a rede)*
23 netting loop
- *a malha, o nó, a laçada de rede* f
24 netting thread
- *o fio da rede, a linha da rede*
25 mesh pin (mesh gauge)
- *a bitola*
26 netting needle
- *a naveta de filé* m *(a agulha de pescador* m)
27 open work
- *o crivo*

28 gimping (hairpin work)
- *o crochê de grampo* m
29 gimping needle (hairpin)
- *o grampo* (Pt. *o gancho) de ca- belo* m *(o grampo invisível)*
30 needlepoint lace (point lace, needlepoint); *kinds:* reticella lace, Venetian lace, Alençon lace; *sim.* with metal thread: fi- ligree work
- *a renda de agulha* f; *variedades: a renda de Alençon, a renda de Veneza, a reticella* f; *sim. com fio de metal* m: *a filigrana* f
31 braid embroidery (braid work)
- *a renda renascença*

1-27 dressmaker's workroom
- *a oficina, o ateliê de costura* f
1 dressmaker
- *o costureiro, a costureira*
2 tape measure (measuring tape), a metre (*Am.* meter) tape measure
- *a fita métrica*
3 cutting shears
- *a tesoura*
4 cutting table
- *a mesa de corte* m
5 model dress
- *o molde, o vestido modelo* m
6 dressmaker's model (dressmaker's dummy, dress form)
- *o manequim*
7 model coat
- *o molde de mantô* m *(de casacão* m*)*
8 sewing machine
- *a máquina de costura* f
9 drive motor
- *o motor*
10 drive belt
- *a correia de transmissão* f
11 treadle
- *o pedal*
12 sewing machine cotton (sewing machine thread) (bobbin)
- *a linha de costura* f *(a carretilha)*
13 cutting template
- *o esquadro para moldes* m
14 seam binding
- *o debrum (o cadarço para debruar bainhas* f*)*

15 button box
- *a caixa de botões* m
16 remnant
- *o retalho*
17 movable clothes rack
- *a arara, o cabide móvel*
18 hand-iron press
- *o ferro de passar manual*
19 presser (ironer)
- *a passadeira*
20 steam iron
- *o ferro a vapor* m
21 water feed pipe
- *o cano alimentador de água* f
22 water container
- *o reservatório de água* f
23 adjustable-tilt ironing surface
- *a tábua de passar inclinável*
24 lift device for the iron
- *o dispositivo de suspensão* f *do fio do ferro*
25 steam extractor
- *o aspirador de vapor* m
26 foot switch controlling steam extraction
- *o pedal de aspiração* f
27 pressed non-woven woollen (Am. woolen) fabric
- *o velo (a lã de carneiro* m *passada a ferro* m*)*, tb, *a entretela adesiva passada a ferro*

1-32 tailor's workroom
- *a oficina de alfaiate* m, *a alfaiataria*

1 triple mirror
- *o jogo de espelhos, o espelho de três faces* f

2 lengths of material
- *os cortes de tecido* m

3 suiting
- *as peças de tecido* m *para ternos* m (Pt *para fatos* m)

4 fashion journal (fashion magazine)
- *a revista de modas* f, *o figurino*

5 ashtray
- *o cinzeiro*

6 fashion catalogue
- *o catálogo de modas* f

7 workbench
- *a bancada de trabalho* m

8 wall shelves (wall shelf unit)
- *as prateleiras*

9 cotton reel
- *o carretel de linha mercerizada*

10 small reels of sewing silk
- *os retroses de seda* f

11 hands shears
- *a tesoura*

12 combined electric and treadle sewing machine
- *a máquina de costura elétrica e de pedal* m

13 treadle
- *o pedal*

14 dress guard
- *o guarda-saia, a guardadora*

15 band wheel
- *a roda com biela* f, *o volante*

16 bobbin thread
- *o enrolamento do fio na carretilha*

17 sewing machine table
- *a mesa da máquina de costura* f

18 sewing machine drawer
- *a gaveta*

19 seam binding
- *o debrum (o cadarço para debruar bainhas* f)

20 pincushion
- *a almofada de alfinetes* m

21 marking out
- *a marcação a giz* m

22 tailor
- *o alfaiate*

23 shaping pad
- *a almofada de embeber*

24 tailor's chalk (French chalk)
- *o giz de alfaiate* m

25 workpiece
- *a peça em confe(c)ção* f

26 steam press (steam pressing unit)
- *a mesa de passar a vapor* m

27 swivel arm
- *o braço giratório*

28 pressing cushion (pressing pad)
- *a almofada da tábua de passar*

29 iron
- *o ferro*

30 hand-ironing pad
- *a almofada manual de passar*

31 clothes brush
- *a escova de roupa* f

32 pressing cloth
- *o pano de passar (o pedaço de tecido* m *para umedecer a roupa)*

**1-39 ladies' hairdressing salon and
  beauty salon** (*Am.* beauty parlor, beauty shop)
- *o salão de beleza* f, *o cabeleireiro
  de senhoras* f
1-16 hairdresser's tools
- *os utensílios de cabeleireiro* m
1 bowl containing bleach
- *a vasilha com descolorante* m
2 detangling brush
- *a escova de desembaraçar*
3 bleach tube
- *o tubo de descolorante* m
4 curler [used in dyeing]
- *o bigoudi* [um tipo de rolo usado
  em tinturas f e ondulações f]
5 curling tongs (curling iron)
- *a tesoura de frisar, o ferro de
  frisar*
6 comb (back comb, side comb)
- *a travessa*
7 haircutting scissors
- *a tesoura de cabeleireiro* m
8 thinning scissors (*Am.* thinning
  shears)
- *a tesoura de desbastar*
9 thinning razor
- *a navalha de desbastar*
10 hairbrush
- *a escova de pescoço* m
11 hair clip
- *a pinça de rolo* m, *a pinça de
  bob* m
12 roller
- *o rolo, o bob*

13 curl brush
- *a escova de enrolar (a escova radial, a escova redonda)*
14 curl clip
- *a pinça de ondear*
15 dressing comb
- *o pente para separar mechas* f
16 stiff-bristle brush
- *a escova de cerdas duras*
17 adjustable hairdresser's chair
- *a cadeira regulável de cabeleireiro* m
18 footrest
- *a barra para apoiar os pés*
19 dressing table
- *a penteadeira*
20 salon mirror (mirror)
- *o espelho de parede* f *(o espelho)*
21 electric clippers
- *o tosquiador elétrico*
22 warm-air comb
- *o secador com pente* m
23 hand mirror (hand glass)
- *o espelho de mão* f
24 hair spray (hair-fixing spray)
- *o laquê aerosol (o fixador de
  penteado* m)
25 drier, a swivel-mounted drier
- *o secador móvel*
26 swivel arm of the drier
- *o braço móvel (do secador)*
27 round base
- *a base circular*
28 shampoo unit
- *o lavador de cabelos* m

29 shampoo basin
- *a bacia de xampu* m (Pt *de champô* m)
30 hand spray (shampoo spray)
- *a ducha de xampu* m (Pt *o duche
  de champô* m)
31 service tray
- *o porta-objetos, a mesinha de
  serviço* m
32 shampoo bottle
- *o vidro de xampu* m (Pt *de champô* m)
33 hair drier (hand hair drier,
  hand-held hair drier)
- *o secador manual, o secador de
  mão* f
34 cape (gown)
- *o penteador, a capa*
35 hairdresser
- *a cabeleireira*
36 perfume bottle
- *o vidro de perfume* m
37 bottle of toilet water
- *o vidro de água* f *de toalete* (Pt.
  toilette) f, *o vidro de colônia* f
38 wig
- *a peruca*
39 wig block
- *o porta-perucas*

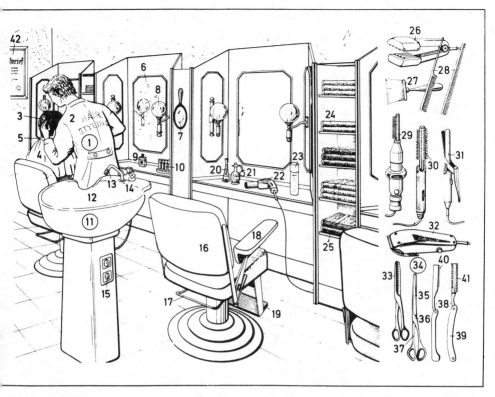

1-42 men's salon (men's hairdressing salon, barber's shop, *Am.* barbershop)
- *o salão de cabeleireiro* m *de homens* m *(o salão de barbeiro* m, *a barbearia)*
1 hairdresser (barber)
- *o cabeleireiro (o barbeiro)*
2 overalls (hairdresser's overalls)
- *o jaleco, o guarda-pó*
3 hairstyle (haircut)
- *o corte de cabelo* m
4 cape (gown)
- *o penteador*
5 paper towel
- *a toalha de papel* m
6 salon mirror (mirror)
- *o espelho de parede* f *(o espelho)*
7 hand mirror (hand glass)
- *o espelho de mão* f
8 light
- *o globo de luz, o aplique*
9 toilet water
- *a água de toalete* (Pt. *toilette*) f, *a colónia*
10 hair tonic
- *o tônico capilar*
11 shampoo unit
- *o lavador de cabelos* m
12 shampoo basin
- *a bacia de xampu* m (Pt *de champô* m)
13 hand spray (shampoo spray)
- *a ducha de xampu* m (Pt. *o duche de champô* m)
14 mixer tap (*Am.* mixing faucet)
- *a torneira com misturador* m
15 sockets, *e.g.* for hair drier
- *as tomadas* (p. ex *para o secador de cabelo* m)

16 adjustable hairdresser's chair (barber's chair)
- *a cadeira regulável de cabeleireiro* m *(a cadeira de barbeiro* m)
17 height-adjuster bar (height adjuster)
- *a alavanca de ajuste* m *de altura* f
18 armrest
- *o braço*
19 footrest
- *o apoio para os pés, o escabelo*
20 shampoo
- *o xampu* (Pt. *o champô)*
21 perfume spray
- *o perfume com vaporizador* m
22 hair drier (hand hair drier, hand-held hair drier)
- *o secador manual de cabelo* m, *o secador de mão* f
23 setting lotion in a spray can
- *o fixador aerosol (para encorpar o cabelo)*
24 hand towels for drying hair
- *as toalhas de mão* f *para enxugar o cabelo*
25 towels for face compresses
- *as toalhas para compressas* f *faciais*
26 crimping iron
- *o ferro de frisar*
27 neck brush
- *a escova de pescoço* m
28 dressing comb
- *o pente*
29 warm-air comb
- *o secador com pente* m

30 warm-air brush
- *o secador com escova* f
31 curling tongs (hair curler, curling iron)
- *a tesoura de frisar, o ferro de frisar*
32 electric clippers
- *o tosquiador elétrico*
33 thinning scissors (*Am.* thinning shears)
- *a tesoura de desbastar*
34 haircutting scissors; *sim.*: styling scissors
- *a tesoura de cabeleireiro* m
35 scissor-blade
- *a lâmina da tesoura*
36 pivot
- *o eixo*
37 handle
- *o cabo*
38 open razor (straight razor)
- *a navalha aberta (a navalha reta)*
39 razor handle
- *o cabo da navalha*
40 edge (cutting edge, razor's edge, razor's cutting edge)
- *o fio, a borda-cortante*
41 thinning razor
- *a navalha de desbastar*
42 diploma
- *o diploma*

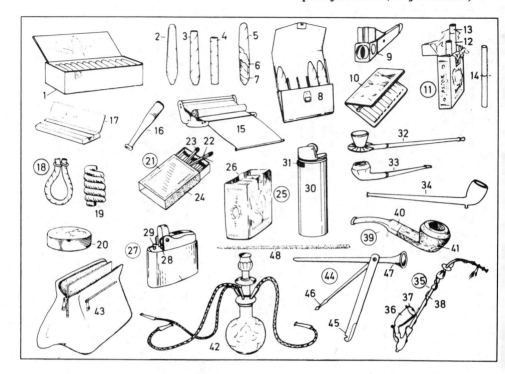

1 cigar box
- a caixa de charutos m
2 cigar; *kinds:* Havana cigar (Havana),
Brazilian cigar, Sumatra cigar
- *os charutos;* tipos de charutos: *Havana, Bahia, Sumatra*
3 cigarillo
- a cigarrilha
4 cheroot
- o charuto de pontas cortadas
5 wrapper
- o capeiro
6 binder
- o capote
7 filler
- o recheio (o miolo)
8 cigar case
- a charuteira
9 cigar cutter
- o corta-charutos
10 cigarette case
- a cigarreira
11 cigarette packet (*Am.* pack)
- o maço de cigarros m
12 cigarette, a filter-tipped cigarette
- o cigarro de filtro m
13 cigarette tip; *kinds:* cork tip, gold tip
- o filtro; tipos: de ponta f de cortiça
f, de ponta dourada
14 Russian cigarette
- o cigarro de boquilha f (o cigarro russo)
15 cigarette roller
- o enrolador de cigarros m
16 cigarette holder
- a piteira
17 packet of cigarette papers
- o pacote de mortalhas f de cigarro m

18 pigtail (twist of tobacco)
- o fumo (Pt. o tabaco) de corda f (o
fumo (Pt. o tabaco) crioulo)
19 chewing tobacco; *a piece:* plug (quid,
chew)
- o fumo (Pt. o tabaco) de rolo m; um
pedaço: o naco de fumo m (Pt. de tabaco m)
20 snuff box, containing snuff
- a caixinha de rapé m, contendo rapé
21 matchbox
- a caixa de fósforos m
22 match
- o fósforo
23 head (match head)
- a cabeça do fósforo
24 striking surface
- a lixa (para riscar o fósforo)
25 packet of tobacco; *kinds:* fine cut,
shag, navy plug
- o pacote de fumo m (Pt. de tabaco
m); tipos: *fino, caporal, marinheira
(navycut)*
26 revenue stamp
- a estampilha
27 petrol cigarette lighter (petrol lighter)
- o isqueiro (a fluido m)
28 flint
- a pedra de isqueiro m
29 wick
- o pavio
30 gas cigarette lighter (gas lighter) a disposable lighter
- o isqueiro a gás m, o isqueiro descartável
31 flame regulator
- o regulador da chama
32 chibouk (chibouque)
- o chibuque

33 short pipe
- o cachimbo curto
34 clay pipe (Dutch pipe)
- o cachimbo de barro m
35 long pipe
- o cachimbo longo
36 pipe bowl (bowl)
- o fornilho
37 bowl lid
- a tampa do fornilho
38 pipe stem (stem)
- o tubo do cachimbo
39 briar pipe
- o cachimbo de raiz f de roseira f
40 mouthpiece
- o bocal, o boquim, a boquilha
41 sand-blast finished or polished briar
grain
- os veios da madeira, com acabamento
m acetinado ou de jato m de areia f
42 hookah (narghile, narghileh), a water
pipe
- o narguilé, um cachimbo a água
43 tobacco pouch
- a bolsa de fumo m
44 smoker's companion
- os acessórios para limpeza f de ca-
chimbos m
45 pipe scraper
- o raspador de cachimbo m
46 pipe cleaner
- o limpador de tubo m
47 tobacco presser
- a calcadeira
48 pipe cleaner
- a escova de cachimbo m

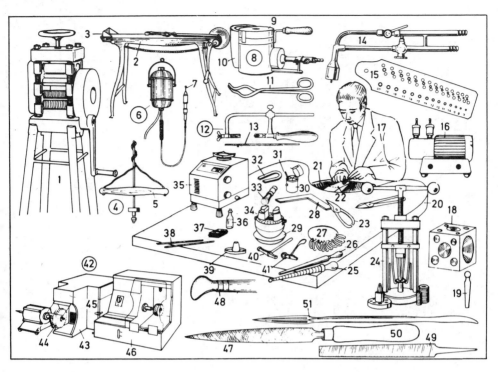

1 wire and sheet roller
- *o laminador conjugado de chapas* f
  e fios m
2 drawbench (drawing bench)
- *a máquina de puxar fios* m
3 wire (gold or silver wire)
- *o fio (de ouro* m *ou prata* f*)*
4 archimedes drill (drill)
- *o pião*
5 crossbar
- *o travessão*
6 suspended (pendant) electric drilling
  machine
- *a furadeira elétrica suspensa*
7 spherical cutter (cherry)
- *o cortador esférico*
8 melting pot
- *o cadinho*
9 fireclay top
- *a tampa de argila refratária*
10 graphite crucible
- *o cadinho de grafite* f
11 crucible tongs
- *a torquês (a tenaz) de cadinho* m
12 piercing saw (jig saw)
- *o arco de serra* f
13 piercing saw blade
- *a lâmina da serra*
14 soldering gun
- *o maçarico de solda* f
15 thread tapper
- *a fieira de tarrachas* f
16 blast burner (blast lamp) for soldering
- *o maçarico para solda* f
17 goldsmith
- *o ourives*
18 swage block
- *a embutideira*

19 punch
- *o vazador*
20 workbench (bench)
- *a bancada*
21 bench apron
- *a meia-lua da bancada*
22 needle file
- *a ponta da lima*
23 metal shears
- *a tesoura de metais* m, *a cisalha*
24 wedding ring sizing machine
- *o alargador de alianças* f
25 ring gauge (*Am.* gage)
- *o medidor de anéis* m
26 ring rounding tool
- *o tribulé (a drasta)*
27 ring gauge (*Am.* gage)
- *as medidas internas de anel* m
28 steel set-square
- *o esquadro de aço* m
29 (circular) leather pad
- *a almofada de joalheiro* m *(redonda)*
30 box of punches
- *a caixa de vazadores* m
31 punch
- *o vazador*
32 magnet
- *o ímã (Pt. o íman)*
33 bench brush
- *a escova de bancada* f
34 engraving ball (joint vice, clamp)
- *o torno de mão* f *de gravador* m
35 gold and silver balance (assay balance), a precision balance
- *a balança de precisão* f *(para ouro* m
  e prata f*)*
36 soldering flux (flux)
- *a solda líquida*

37 charcoal block
- *o bloco de carvão* m *vegetal*
38 stick of solder
- *o bastão de solda* f
39 soldering borax
- *o bórax*
40 shaping hammer
- *o martelo de moldagem* f
41 chasing (enchasing) hammer
- *o martelo para cinzelar*
42 polishing and burnishing machine
- *o torno de polimento* m
43 dust exhauster (vacuum cleaner)
- *o aspirador de mesa* f
44 polishing wheel
- *a escova de polir*
45 dust collector (dust catcher)
- *o coletor de pó* m
46 buffing machine
- *a máquina de polir com lixa* f *de água*
47 round file
- *a lima redonda*
48 bloodstone (haematite, hematite)
- *a hematita*
49 flat file
- *a lima plana*
50 file handle
- *o cabo da lima*
51 polishing iron (burnisher)
- *o ferro polidor, o rascador*

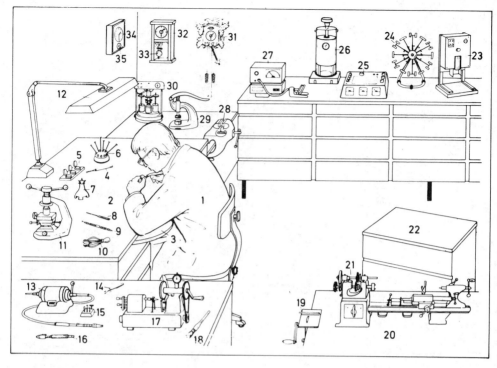

1 watchmaker; *also:* clockmaker
 - *o relojoeiro*
2 workbench
 - *a bancada*
3 armrest
 - *a meia-lua da bancada*
4 oiler
 - *o pica-óleo*
5 oil stand
 - *o porta-óleo*
6 set of screwdrivers
 - *o jogo de chaves f de fenda f com base giratória*
7 clockmaker's anvil
 - *a bigorna*
8 broach, a reamer
 - *o escariador, o alargador*
9 spring pin tool
 - *a ferramenta para colocar pino m na mola*
10 hand-removing tool
 - *o saca-ponteiros*
11 watchglass-fitting tool [for armoured, *Am.* armored, glass]
 - *o aparelho para abrir e fechar relógios m à prova de água*
12 workbench lamp, a multi-purpose lamp
 - *a lâmpada de bancada f, uma lâmpada de múltiplas aplicações*
13 multi-purpose motor
 - *o motor de múltiplas aplicações*
14 tweezers
 - *a pinça*
15 polishing machine attachments
 - *os acessórios da máquina de polir*

16 pin vice (pin holder)
 - *o torno de mão f*
17 burnisher, for burnishing, polishing and shortening of spindles
 - *o torno para fazer pivôs m*
18 dust brush
 - *a escova de bancada f*
19 cutter for metal watch straps
 - *o cortador de pulseiras metálicas*
20 precision bench lathe (watchmaker's lathe)
 - *o torno de precisão f (o torno de relojoeiro m)*
21 drive-belt gear
 - *a engrenagem com correia f de transmissão f*
22 workshop trolley for spare parts
 - *o carrinho de estoque m de peças f sobressalentes*
23 ultrasonic cleaner
 - *o gancho de limpeza f por ultrasom m*
24 rotating watch-testing machine for automatic watches
 - *o cicloteste (o aparelho rotativo para testar relógios automáticos)*
25 watch-timing machine for electronic components
 - *o vibrógrafo (aparelho m para medir e controlar componentes eletrônicos)*
26 testing device for waterproof watches
 - *o aparelho para testar relógios à prova de água*
27 electronic timing machine
 - *o cronômetro eletrônico*

28 vice (*Am.* vise)
 - *o torno de bancada f*
29 watchglass-fitting tool for armoured (*Am.* armored) glasses
 - *a prensa de colocação f de vidro m com aro m (à prova dágua)*
30 [automatic] cleaning machine for conventional cleaning
 - *a máquina automática para limpeza f convencional*
31 cuckoo clock (Black Forest clock)
 - *o relógio cuco*
32 wall clock (regulator)
 - *o relógio de parede f, a pêndula*
33 compensation pendulum
 - *o pêndulo*
34 kitchen clock
 - *o relógio de cozinha f*
35 timer
 - *o ponteiro dos minutos*

1 electronic wristwatch
- *o relógio de pulso* m *eletrônico (o relógio-pulseira, a pulseira-relógio)*

2 digital readout, a light-emitting diode (LED) readout; *also:* liquid crystal readout
- *o mostrador (o visor) digital; o mostrador luminescente;* tb.: *o mostrador de cristal líquido*

3 hour and minute button
- *a coroa de horas* f *e minutos* m

4 date and second button
- *a coroa de datas* f *e segundos* m

5 strap (watch strap)
- *a pulseira*

6 tuning fork principle (principle of the tuning fork watch)
- *o princípio do relógio a diapasão* m

7 power source (battery cell)
- *a pilha elétrica*

8 transformer
- *o circuito eletrônico*

9 tuning fork element (oscillating element)
- *o braço vibratório do diapasão*

10 wheel ratchet
- *a catraca*

11 wheels
- *as engrenagens*

12 minute hand
- *o ponteiro de minutos* m

13 hour hand
- *o ponteiro de horas* f

14 principle of the electronic quartz watch
- *o princípio do relógio eletrônico a quartzo* m

15 quartz
- *o quartzo*

16 integrated circuit
- *o circuito integrado*

17 oscillation counter
- *o contador de oscilações* f

18 decoder
- *o decodificador*

19 calendar clock (alarm clock)
- *o rádio-relógio (o rádio-despertador)*

20 digital display with flip-over numerals
- *o visor digital (com dígitos rotativos)*

21 second indicator
- *o indicador de segundos* m

22 stop button
- *a placa de bloqueio* m *do alarma*

23 forward and backward wind knob
- *o botão de acertar*

24 grandfather clock
- *o relógio de pêndulo* m, *a pêndula*

25 face
- *o mostrador*

26 clock case
- *a caixa do relógio*

27 pendulum
- *o pêndulo*

28 striking weight
- *o contrapeso das pancadas (das batidas)*

29 time weight
- *o contrapeso da hora*

30 sundial
- *o relógio de sol* m

31 hourglass (egg timer)
- *a ampulheta*

32-43 components of an automatic watch
- *os componentes de um relógio automático*

32 weight (rotor)
- *a massa oscilante (o rotor da corda automática)*

33 stone (jewel, jewelled bearing), a synthetic ruby
- *o rubi, um rubi sintético*

34 click
- *a lingueta*

35 click wheel
- *a roda da lingüeta*

36 clockwork (clockwork mechanism)
- *o mecanismo*

37 bottom train plate
- *a tampa*

38 spring barrel
- *o barrilete*

39 balance wheel
- *a roda catarina*

40 escape wheel
- *a roda de escape* m

41 crown wheel
- *a roda da coroa (a catraca)*

42 winding crown
- *a coroa da corda*

43 drive mechanism
- *o mecanismo motor*

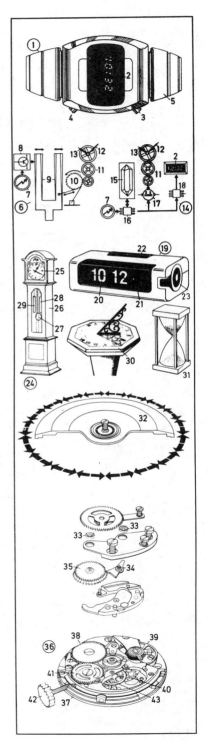

1-19 sales premises
- *a loja*
1-4 spectacle fitting
- *o ajustamento dos óculos*
1 optician
- *o óptico, o optometrista, sim.: o oculista, o oftalmologista, o médico de olhos* m
2 customer
- *o freguês, o cliente*
3 trial frame
- *a armação de prova* f
4 mirror
- *o espelho*
5 stand with spectacle frames (display of frames, range of spectacles)
- *a vitrina de armações* f
6 sunglasses (sun spectacles)
- *os óculos de sol* m, *os óculos escuros*
7 metal frame
- *a armação metálica*
8 tortoiseshell frame (shell frame)
- *a armação de tartaruga* f
9 spectacles (glasses)
- *um par de óculos, os óculos*
10-14 spectacle frame
- *a armação*
10 fitting of the frame (mount of the frame)
- *o suporte da armação*
11 bridge
- *a ponte*
12 pad bridge
- *a plaqueta*
13 side
- *a haste*
14 side joint
- *a charneira*
15 spectacle lens, a bifocal lens
- *a lente dos óculos, uma lente bifocal*
16 hand mirror (hand glass)
- *o espelho de mão* f
17 binoculars
- *o binóculo*
18 monocular telescope (tube)
- *o óculo de alcance* m
19 microscope
- *o microscópio*

20-47 optician's workshop
- *a oficina de óptico* m, *de optometrista* m, *o laboratório óptico*
20 workbench
- *a bancada*
21 universal centring (*Am.* centering) apparatus
- *o centralizador de foco* m, *o centralizador de DP (distância* f *interpupilar)*
22 centring (*Am.* centering) suction holder
- *o suporte de centralização* f
23 sucker
- *a ventosa de centralização* f
24 edging machine
- *a facetadora automática*
25 formers for the lens edging machine
- *o quadro de gabaritos* m (Pt. *de gabaris* m) *para a facetadora*
26 inserted former
- *o gabarito* (Pt. *o gabari) montado no aparelho*
27 rotating printer
- *o copiador rotativo*
28 abrasive wheel combination
- *o jogo de esmeris diamantados*
29 control unit
- *a unidade de controle* m
30 machine part
- *o mecanismo*
31 cooling water pipe
- *o conduto de resfriamento* m
32 cleaning fluid

- *o líquido de limpeza* f
33 focimeter (vertex refractionometer)
- *o focômetro*
34 metal-blocking device
- *o centralizador com ventosa* f
35 abrasive wheel combination and forms of edging
- *o jogo de esmeris* m *para facetar lentes* f, *e tipos* m *de faces* f
36 roughing wheel for preliminary surfacing
- *o esmeril diamantado de desbaste* m
37 fining lap for positive and negative lens surfaces
- *o esmeril diamantado para facetar lentes positivas e negativas*
38 fining lap for special and flat lenses
- *o esmeril diamantado para facetar lentes* f *especiais ou planas*
39 plano-concave lens with a flat surface
- *a lente plano-côncava com face plana*
40 plano-concave lens with a special surface
- *a lente plano-côncava com face* f *especial*
41 concave and convex lens with a special surface
- *a lente côncavo-convexa com face* f *especial*

42 convex and concave lens with a special surface
- *a lente côncavo-convexa com fase negativa*
43 ophthalmic test stand
- *o equipamento para exame oftalmológico*
44 phoropter with ophthalmometer and optometer (refractometer)
- *o oftalmômetro e o refratômetro*
45 trial lens case
- *o estojo de lentes* f *para exame* m *de vista* f
46 collimator
- *o colimador* ·
47 acuity projector
- *o projetor*

1 laboratory and research microscope, *Leitz system*
 – *o microscópio de pesquisa* f *com sistema* m *optico* Lei
2 stand
 – *o suporte*
3 base
 – *a base*
4 coarse adjustment
 – *o ajuste de foco* m *(o comando macrométrico de focalização* f)
5 fine adjustment
 – *o ajuste fino (o parafuso micrométrico)*
6 illumination beam path (illumination path)
 – *o trajeto do raio de luz* f
7 illumination optics
 – *as lentes de iluminação* f
8 condenser
 – *o condensador*
9 microscope (microscopic, object) stage
 – *a platina*
10 mechanical stage
 – *a platina com chariot* m *(o dispositivo de movimentos* m *ortogonais)*
11 objective turret (revolving nosepiece)
 – *o revólver de objetivas* f
12 binocular head
 – *o tubo binocular*
13 beam-splitting prisms
 – *os prismas de desvio* m *(os prismas de divisão* f *a 50%)*
14 transmitted-light microscope with camera and polarizer, *Zeiss system*
 – *o microscópio por transferência* f *com dispositivo* m *de fotomicrografia* f *e conjunto* m *de polarização* f, *sistema* Zeiss.
15 stage base
 – *a base (o módulo porta-platina)*
16 aperture-stop slide
 – *o cursor de abertura* f *do diafragma*
17 universal stage
 – *a platina rotativa universal*
18 lens panel
 – *o porta-objetivas*
19 polarizing filter
 – *o filtro polarizador*
20 camera
 – *a câmera*
21 focusing screen
 – *a tela de focalização* f
22 discussion tube arrangement
 – *a peça de fixação* f *do tubo de discussão* f
23 wide-field metallurgical microscope, a reflected-light microscope (microscope for reflected light)
 – *o microscópio de metalografia* f *de campo amplo (o microscópio para luz refletida)*
24 matt screen (ground glass screen, projection screen)
 – *a tela de projeção* f *de vidro fosco (o écran)*
25 large-format camera
 – *a maxicâmera*
26 miniature camera
 – *a minicâmera*
27 base plate
 – *a base*
28 lamphouse
 – *o módulo de iluminação* f

29 mechanical stage
 – *a platina giratória automática com chariot* m
30 objective turret (revolving nosepiece)
 – *o revólver de objetivas* f
31 surgical microscope
 – *o microscópio cirúrgico*
32 pillar stand
 – *a estativa com coluna* f
33 field illumination
 – *a lâmpada de iluminação* f *do campo do objeto*
34 photomicroscope
 – *o fotomicroscópio*
35 miniature film cassette
 – *o cassete de microfilme* m *(o cartucho de microfilme)*
36 photomicrographic camera attachment for large-format or television camera
 – *o trilho-suporte para câmera fotomicrográfica grande ou de televisão* f
37 surface-finish microscope
 – *o microscópio para exame* m *da superfície de peças acabadas*
38 light section tube
 – *o tubo com iluminação* f *para corte óptico de projeção* f
39 rack and pinion
 – *a cremalheira e o pinhão*
40 zoom stereomicroscope
 – *o estereomicroscópio zoom*
41 zoom lens
 – *a lente zoom*
42 dust counter
 – *o contador micrométrico de grãos* m *de poeira* f
43 measurement chamber
 – *a câmera de medição* f
44 data output
 – *a saída dos dados*
45 analogue (*Am.* analog) output
 – *a saída analógica*
46 measurement range selector
 – *o seletor da faixa de medição* f
47 digital display (digital readout)
 – *o mostrador digital*
48 dipping refractometer for examining food
 – *o refratômetro de imersão* f *para exame* m *de alimentos* m
49 microscopic photometer
 – *o microscópio automático com fotômetro embutido*
50 photometric light source
 – *a fonte de luz fotométrica*
51 measuring device (photomultiplier, multiplier phototube)
 – *o dispositivo de medição* f *(o fotomultiplicador, a célula de multiplicação* f *de elétrons* m)
52 light source for survey illumination
 – *a fonte de luz* f *de iluminação* f *do conjunto*
53 remote electronics
 – *o controle remoto*
54 universal wide-field microscope
 – *o microscópio universal de campo amplo*
55 adapter for camera or projector attachment
 – *o adaptador para câmera* f *ou projetor* m

56 eyepiece focusing knob
 – *o botão de focalização* f *da ocular*
57 filter pick-up
 – *o rasgo para introdução* f *de filtros* m
58 handrest
 – *o apoio para a mão*
59 lamphouse for incident (vertical) illumination
 – *o módulo de iluminação* f *incidente (vertical)*
60 lamphouse connector for transillumination
 – *a tomada de acoplamento* m *do módulo de iluminação* f *por transparência* f
61 wide-field stereomicroscope
 – *o estereomicroscópio de campo amplo*
62 interchangeable lenses (objectives)
 – *as objetivas intercambiáveis*
63 incident (vertical) illumination (incident top lighting)
 – *o dispositivo para iluminação* f *incidente vertical (ou vinda de cima)*
64 fully automatic microscope camera, a camera with photomicro mount adapter
 – *a câmara-microscópio inteiramente automática, uma câmara com adaptador* m *para fotomicrografia* f
65 film cassette
 – *o cassete (Pt. a cassette), o cartucho de filme* m
66 universal condenser for research microscope
 – *o condensador universal para microscópio* m *de pesquisa* f
67 universal-type measuring machine for photogrammetry (phototheodolite)
 – *a câmera métrica universal de fotogrametria* f *(o fototeodolito)*
68 photogrammetric camera
 – *a câmara fotogramétrica*
69 motor-driven level, a compensator level
 – *o nível acionado a motor* m, *um nível compensador (para topografia* f)
70 electro-optical distance-measuring instrument
 – *o taqueômetro eletro-óptico*
71 stereometric camera
 – *a câmera de estereometria* f
72 horizontal base
 – *o braço horizontal*
73 one-second theodolite
 – *o teodolito universal*

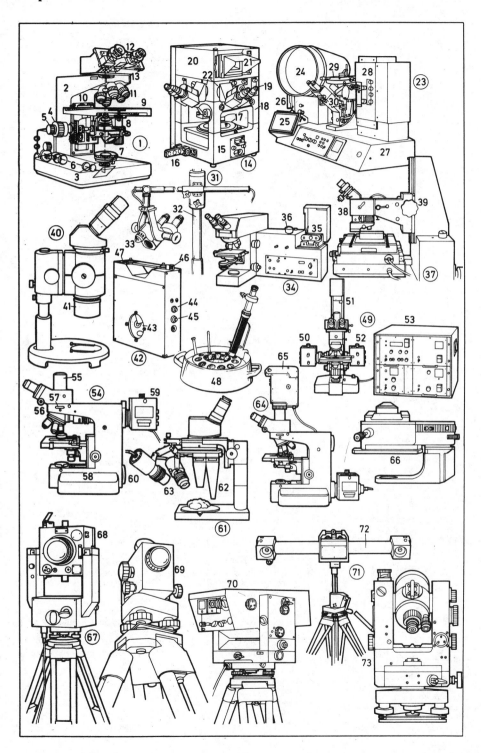

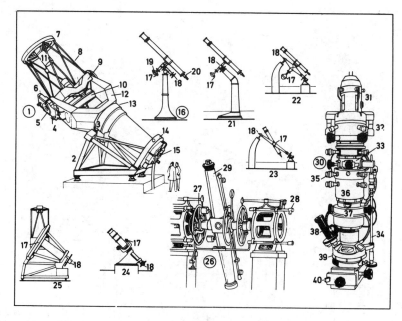

1 **2.2 m reflecting telescope** (reflector)
- *o telescópio refletor de 2,2 m*
2 pedestal (base)
- *a base (o suporte)*
3 axial-radial bearing
- *a montagem equatorial (o mancal axial radial)*
4 declination gear
- *o mecanismo de declinação f*
5 declination axis
- *o eixo de declinação f*
6 declination bearing
- *o mancal de declinação f*
7 front ring
- *o aro frontal*
8 tube (body tube)
- *o tubo de observação f*
9 tube centre (*Am.* center) section
- *a seção central do tubo*
10 primary mirror (main mirror)
- *o espelho primário (o espelho principal)*
11 secondary mirror (deviation mirror, corrector plate)
- *o espelho auxiliar (o espelho de desvio m)*
12 fork mounting (fork)
- *a montagem em forquilha f*
13 cover
- *a proteção*
14 guide bearing
- *o mancal-guia (para orientação f)*
15 main drive unit of the polar axis
- *o mecanismo principal de comando m do eixo polar*
16-25 telescope mountings (telescope mounts)
- *os tipos de bases f de telescópios m*

16 refractor (refracting telescope) on a German-type mounting
- *o telescópio de lentes f com suporte m de montagem f alemão*
17 declination axis
- *o eixo de declinação f*
18 polar axis
- *o eixo polar*
19 counterweight (counterpoise)
- *o contrapeso*
20 eyepiece
- *a ocular*
21 knee mounting with a bent column
- *o telescópio de coudée f (com montagem f em cotovelo m)*
22 **English-type axis mounting** (axis mount)
- *a montagem inglesa (com eixos articulados)*
23 **English-type yoke mounting** (yoke mount)
- *a montagem em armação inglesa*
24 fork mounting (fork mount)
- *a montagem em forquilha f*
25 horseshoe mounting (horseshoe mount)
- *a montagem em ferradura f*
26 meridian circle
- *o círculo meridiano*
27 divided circle (graduated circle)
- *o círculo graduado*
28 reading microscope
- *o microscópio de leitura f*
29 meridian telescope
- *a luneta meridiana*
30 electron microscope
- *o microscópio eletrônico*

31-39 microscope tube (microscope body, body tube)
- *o tubo*
31 electron gun
- *o canhão de elétrons (Pt. eletrões) m*
32 condensers
- *os condensadores*
33 specimen insertion air lock
- *o orifício de introdução f da lâmina*
34 control for the specimen stage adjustment
- *a haste de comando m de posicionamento m da platina*
35 control for the objective apertures
- *o botão de abertura f do diafragma*
36 objective lens
- *a objetiva*
37 intermediate image screen
- *a tela da imagem intermediária*
38 telescope magnifier
- *a luneta-lupa (a luneta de observação f)*
39 final image tube
- *o visor da imagem final*
40 photographic chamber for film and plate magazines
- *o compartimento para filmes m e estojos m com chapas fotográficas.*

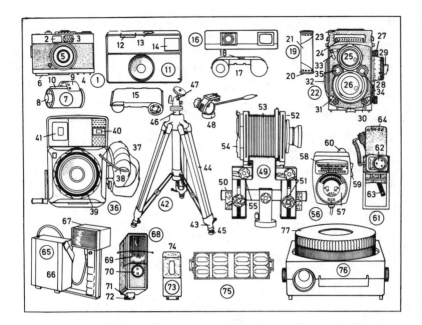

1 miniature camera (35 mm camera)
- *a câmera-miniatura*
2 viewfinder eyepiece
- *a ocular do visor*
3 meter cell
- *a janela do fotômetro*
4 accessory shoe
- *a sapata para acessórios m*
5 flush lens
- *a objetiva embutida*
6 rewind handle (rewind, rewind crank)
- *o botão de rebobinagem f*
7 miniature film cassette (135 film cassette, 35 mm cassette)
- *o cartucho de filme m de 135 mm*
8 film spool
- *o carretel do filme*
9 film with leader
- *a objetiva*
10 cassette slit (cassette exit slot)
- *o carretel*
11 cartridge-loading camera
- *a câmera de cartucho m (o filme 126)*
12 shutter release (shutter release button)
- *o botão de disparo m do obturador*
13 flash cube contact
- *o encaixe para o fleche de cubo (flash-cube)*
14 rectangular viewfinder
- *o visor retangular*
15 126 cartridge (instamatic cartridge)
- *o cartucho 126 (o cartucho instamatic)*
16 pocket camera (subminiature camera)
- *a câmera de bolso m*
17 110 cartridge (subminiature cartridge)
- *o cartucho 110 (para câmera f de bolso m)*
18 film window
- *o visor do filme*
19 120 rollfilm
- *o rolo de filme m 120*
20 rollfilm spool
- *o carretel do rolo*
21 backing paper
- *o papel protetor*
22 twin-lens reflex camera
- *a câmera reflex de duas objetivas*

23 folding viewfinder hood (focusing hood)
- *o capuz dobrável do visor*
24 meter cell
- *o fotômetro (a janela da célula fotoelétrica)*
25 viewing lens
- *a ocular (a objetiva do visor)*
26 object lens
- *a objetiva*
27 spool knob
- *o botão do carretel, o botão da bobina*
28 distance setting (focus setting)
- *a regulagem de distância f (a focalização)*
29 exposure meter using needle-matching system
- *o fotômetro tipo conjunção f de ponteiro m com uma referência*
30 flash contact
- *a sapata para o fleche (flash)*
31 shutter release
- *o disparador do obturador*
32 film transport (film advance, film wind)
- *a manivela para avanço m do filme*
33 flash switch
- *a chave de inversão f*
34 aperture-setting control
- *o controle do diafragma*
35 shutter speed control
- *o controle de velocidade f do obturador*
36 large-format hand camera (press camera)
- *a câmera de mão (a câmera de reportagem f)*
37 grip (handgrip)
- *a alça (o punho)*
38 cable release
- *o propulsor*
39 distance-setting ring (focusing ring)
- *o anel de focalização f*
40 rangefinder window
- *o visor do telêmetro*
41 multiple-frame viewfinder (universal viewfinder)
- *o visor universal*
42 tripod
- *o tripé*
43 tripod leg
- *a perna do tripé*
44 tubular leg
- *a perna tubular*

45 rubber foot
- *o pé de borracha f*
46 central column
- *a coluna central*
47 ball and socket head
- *a cabeça*
48 cine camera pan and tilt head
- *o adaptador para câmera f de cinema m e cabeça f móvel (a cabeça 3D)*
49 large-format folding camera
- *a câmara de estúdio (para chapas f de formato m grande)*
50 optical bench
- *o banco óptico*
51 standard adjustment
- *o botão de regulagem f frontal*
52 lens standard
- *a platina da objetiva*
53 bellows
- *o fole*
54 camera back
- *a tampa traseira*
55 back standard adjustment
- *o botão de regulagem f da parte posterior*
56 hand-held exposure meter (exposure meter)
- *o fotômetro de mão f*
57 calculator dial
- *o dial (Pt. o mostrador) de cálculo m*
58 scales (indicator scales) with indicator needle (pointer)
- *as escalas, com ponteiro m indicador (o cursor)*
59 range switch (high/low range selector)
- *a chave de inversão f (o seletor de alta/baixa luminosidade)*
60 diffuser for incident light measurement
- *o difusor (a calota difusora para medição f da luz incidente)*
61 probe exposure meter for large-format cameras
- *o fotômetro de sonda f, para grandes câmaras f*
62 meter
- *o medidor*
63 probe
- *a sonda*
64 dark slide
- *o postigo do chassi (Pt. do chassis)*
65 battery-portable electronic flash (battery-portable electronic flash unit)

- *o fleche (Pt. o flash) eletrônico com bateria f portátil*
66 powerpack unit (battery)
- *o acumulador (a bateria)*
67 flash head
- *a cabeça do fleche (Pt. do flash)*
68 single-unit electronic flash (flashgun)
- *o fleche (Pt. o flash) eletrônico compacto*
69 swivel-mounted reflector
- *o refletor móvel*
70 photodiode
- *o fotodiodo*
71 foot
- *a base*
72 hot-shoe contact
- *a sapata de contacto m central*
73 flash cube unit
- *o dispositivo do fleche (Pt. do flash) de cubo m*
74 flash cube
- *o fleche (Pt. o flash) de cubo m*
75 flash bar (AGFA)
- *a barra de fleche (Pt. de flash) m (AGFA)*
76 slide projector
- *o projetor de diapositivos m*
77 rotary magazine
- *o magazine circular*

1-105 system camera
- *a câmera fotográfica cambiável, com acessório* m
1 miniature single-lens reflex camera
- *a câmera reflex miniatura*
2 camera body
- *o corpo da câmera*
3-8 lens, a normal lens (standard lens)
- *a objetiva, uma objetiva normal*
3 lens barrel
- *o tubo da objetiva*
4 distance scale in metres and feet
- *as escalas de distância* f *(em metros* m *e em pés* m)
5 aperture ring (aperture-setting ring, aperture control ring)
- *o anel regulador do diafragma*
6 front element mount with filter mount
- *o aro da lente frontal com rosca* f *para filtro* m
7 front element
- *o frontal (da objetiva)*
8 focusing ring (distance-setting ring)
- *o aro de focagem* f
9 ring for the carrying strap
- *a presilha para a alça*
10 battery chamber
- *o compartimento da bateria*
11 screw-in cover
- *a tampa de rosca* f
12 rewind handle (rewind, rewind crank)
- *o botão de rebobinagem* f
13 battery switch
- *o interruptor da bateria*
14 flash socket for F and X contact
- *a tomada de fleche* m, *para contacto* m *F e X*
15 self-time lever (setting lever for the self-timer, setting lever for the delayed-action release)
- *a alavanca do disparador automático*
16 single-stroke film advance lever
- *a alavanca de avanço* m *do filme*
17 exposure counter (frame counter)
- *o contador de exposições* f *(o contador de chapas* f)
18 shutter release (shutter release button)
- *o disparador do obturador*
19 shutter speed setting knob (shutter speed control)
- *o botão de ajuste* m *da velocidade do obturador*
20 accessory shoe
- *a sapata, o trilho para acessórios* m
21 hot-shoe flash contact
- *o contacto central para fleche* (Pt. *para flash*) m
22 viewfinder eyepiece with correcting lens
- *a ocular do visor com lente* f *corretiva*
23 camera back
- *a câmera vista de costas* f
24 pressure plate
- *a placa de pressão* f
25 take-up spool of the rapid-loading system
- *o carretel de carregamento* m *rápido*
26 transport sprocket
- *o tambor dentado de transporte* m *do filme*
27 rewind release button (reversing clutch)
- *o botão de reversão* f *(para soltar o mecanismo de rebobinagem* f)
28 film window
- *a janela do filme*
29 rewind cam
- *o eixo de rebobinagem* f
30 tripod socket (tripod bush)
- *a rosca para tripé* m
31 reflex system (mirror reflex system)
- *o sistema reflex (o sistema reflex de espelho* m)
32 lens
- *a objetiva*
33 reflex mirror
- *o espelho reflex*
34 film window
- *a janela do filme*
35 path of the image beam
- *o trajeto do raio luminoso da imagem*
36 path of the sample beam
- *o trajeto do raio de aferição* f
37 meter cell
- *a célula fotoelétrica*
38 auxillary mirror
- *o espelho auxiliar*
39 focusing screen
- *a tela de vidro* m *fosco para focagem* f
40 field lens
- *a lente de campo* m
41 pentaprism
- *o pentaprisma*
42 eyepiece
- *a ocular*
43-105 system of accessories
- *os acessórios*
43 interchangeable lenses
- *as objetivas cambiáveis (trocáveis)*
44 fisheye lens (fisheye)
- *a objetiva olho-de-peixe*
45 wide-angle lens (short focal length lens)
- *a grande angular (a objetiva de pequena distância* f *focal)*
46 normal lens (standard lens)
- *a objetiva convencional*
47 medium focal length lens
- *a objetiva de foco* m *médio*
48 telephoto lens (long focal lens)
- *a teleobjetiva*
49 long-focus lens
- *a objetiva de focal* m *longa*
50 mirror lens
- *a objetiva de espelho* m *(a objetiva catadióptrica)*
51 viewfinder image
- *o campo do visor*
52 signal to switch to manual control
- *o indicador de comando* m *manual*
53 lens collar (ground glass collar)
- *o aro de vidro* m *fosco*
54 microprism collar
- *o aro de microprisma* m
55 split-image rangefinder (focusing wedges)
- *o telêmetro de imagem* f *partida*
56 aperture scale
- *a escala de aberturas* f *do diafragma*
57 exposure meter needle
- *o ponteiro do fotômetro*
58-66 interchangeable focusing screens
- *as telas de focagem* f *cambiáveis (trocáveis)*
58 all-matt screen (ground glass screen) with microprism spot
- *o vidro fosco com microprisma* m *central*
59 all-matt screen (ground glass screen) with microprism spot and split-image rangefinder
- *o vidro fosco com microprisma* m *e telêmetro* m *de imagem partida*
60 all-matt screen (ground glass screen) without focusing aids
- *o vidro fosco sem acessórios* m *de focagem* f
61 matt screen (ground glass screen) with reticle
- *o vidro fosco quadriculado*
62 microprism spot for lenses with a large aperture
- *o microprisma para objetivas* f *de grande abertura* f
63 microprism spot for lenses with an aperture of f = 1:3.5 or larger
- *o microprisma para objetivas* f *com abertura* f *de f = 1:3.5 ou mais*
64 Fresnel lens with matt collar (ground glass collar) and split-image rangefinder
- *a lente Fresnel com aro,* m *de vidro fosco e telêmetro* m *de imagem partida*
65 all-matt screen (ground glass screen) with finely matted central spot and graduated markings
- *o vidro fosco com mosca* f *central e graduações* f
66 matt screen (ground glass screen) with clear spot and double cross hairs
- *o vidro fosco com mosca* f *e retícula dupla*
67 data recording back for exposing data about shots
- *a tampa traseira com dispositivos* m *para registro* m (Pt. *para registo* m), *no filme, de dados* m *sobre cada exposição* f
68 viewfinder hood (focusing hood)
- *o visor com capuz* m *(o visor de capuchon* m)
69 interchangeable pentaprism viewfinder
- *o visor com pentaprisma* m *cambiável (trocável)*
70 pentaprism
- *o pentaprisma*
71 right-angle viewfinder
- *o visor em ângulo reto*
72 correction lens
- *a lente corretiva*
73 eyecup
- *a viseira de borracha* f
74 focusing telescope
- *o telescópio de focagem* f
75 battery unit
- *a bateria*
76 combined battery holder and control grip for the motor drive
- *o cabo porta-pilhas com controle* m *da bateria, para uso com motor* m
77 rapid-sequence camera
- *a câmera de seqüência rápida*
78 attachable motor drive
- *o motor acoplável*
79 external (outside) power supply
- *a fonte externa de energia* f
80 ten meter film back (magazine back)
- *o magazine para filme* m *de 10 m (o magazine traseiro)*
81-98 close-up and macro equipment
- *o equipamento de close-up e macrofotografia* f
81 extension tube
- *o tubo de extensão* f
82 adapter ring
- *o anel de adaptação* f
83 reversing ring
- *o anel de reversão* f
84 lens in retrofocus position
- *a objetiva em posição* f *de retrofoco* m
85 bellows unit (extension bellows, close-up bellows attachment)
- *o fole de extensão* f
86 focusing stage
- *o trilho de ajuste* m *do foco*
87 slide-copying attachment
- *o acessório para copiar diapositivos* m
88 slide-copying adapter
- *o porta-diapositivos*
89 micro attachment (photomicroscope adapter)
- *o adaptador para microscópio* m
90 copying stand (copy stand, copypod)
- *o suporte para reprodução* f *de cópias* f
91 spider legs
- *os pés*
92 copying stand (copy stand)
- *o suporte para cópias* f
93 arm of the copying stand (copy stand)
- *o braço do suporte* m
94 macrophoto stand
- *o suporte para macrofotografias* f
95 stage plates for the macrophoto stand
- *o jogo de platinas* f *cambiáveis*
(trocáveis) para o suporte de macrofotos f
96 insertable disc (disk)
- *os discos de inserção* f
97 Lieberkühn reflector
- *o refletor Lieberkühn*
98 mechanical stage
- *a platina mecânica*
99 table tripod (table-top tripod)
- *o tripé de mesa* f
100 rifle grip
- *o fixador (de máquina* f) *estriado*
101 cable release
- *o propulsor*
102 double cable release
- *o propulsor duplo*
103 camera case (ever-ready case)
- *o estojo da câmera*
104 lens case
- *o estojo da objetiva*
105 soft-leather lens pouch
- *o estojo de napa* f *para objetiva* f

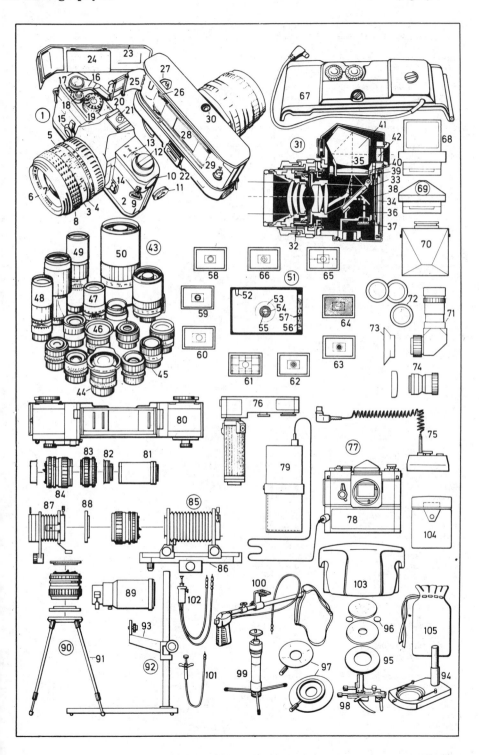

1-60 darkroom equipment
- *o equipamento de câmera f escura*
1 developing tank
- *o tanque de revelação f*
2 spiral (developing spiral, tank reel)
- *o espiral de revelação f (o carretel do tanque)*
3 multi-unit developing tank
- *o tanque de revelação f [para vários filmes ao mesmo tempo]*
4 multi-unit tank spiral
- *a espiral múltipla*
5 daylight-loading tank
- *o tanque de carregamento m à luz do dia*
6 loading chamber
- *a câmera de carregamento m*
7 film transport handle
- *o botão de movimentação f do filme*
8 developing tank thermometer
- *o termômetro do tanque de revelação f*
9 collapsible bottle for developing solution
- *a garrafa sanfonada (plissada) para a solução reveladora*
10 chemical bottles for first developer, stop bath, colour developer, bleach-hardener, stabilizer
- *os frascos para primeiro revelador m, o banho reversível, o revelador de cor f, o branqueador-endurecedor, o estabilizador*
11 measuring cylinders
- *as provetas graduadas*
12 funnel
- *o funil*
13 tray thermometer (dish thermometer)
- *o termômetro de bandeja f*
14 film clip
- *o prendedor de filme m*
15 wash tank (washer)
- *a cuba de lavar*
16 water supply pipe
- *o cano de tomada f de água f*
17 water outlet pipe
- *o cano de saída f de água f*
18 laboratory timer (timer)
- *o relógio de laboratório m, o relógio de tempo m*
19 automatic film agitator
- *o agitador automático*
20 developing tank
- *o tanque de revelação f*
21 darkroom lamp (safelight)
- *a lanterna de câmera escura*
22 filter screen
- *o vidro filtrante (para luz f de segurança f)*
23 film drier (drying cabinet)
- *o secador de filmes m*
24 exposure timer
- *o timer de exposição f*
25 developing dish (developing tray)
- *a bandeja de revelação f*
26 enlarger
- *o ampliador*
27 baseboard
- *a base*
28 angled column
- *a coluna inclinada*

29 lamphouse (lamp housing)
- *o bojo da lâmpada*
30 negative carrier
- *o porta-negativos*
31 bellows
- *o fole*
32 lens
- *a objetiva*
33 friction drive for fine adjustment
- *o acionamento por atrito m para ajuste m de precisão f*
34 height adjustment (scale adjustment)
- *o regulador de altura f*
35 masking frame (easel)
- *o marginador*
36 colour (*Am.* color) analyser
- *o analisador de cor f*
37 colour (*Am.* color) analyser lamp
- *a lâmpada do analisador de cor f*
38 probe lead
- *o cabo elétrico do analisador*
39 exposure time balancing knob
- *o botão de controle m do tempo de exposição f*
40 colour (*Am.* color) enlarger
- *o ampliador de filme m colorido*
41 enlarger head
- *a cabeça do ampliador*
42 column
- *a coluna graduada*
43-45 colour-mixing (*Am.* color-mixing) knob
- *o botão de mixagem f de cores f*
43 magenta filter adjustment (minus green filter adjustment)
- *o ajuste do filtro magenta*
44 yellow filter adjustment (minus blue filter adjustment)
- *o ajuste do filtro amarelo*
45 cyan filter adjustment (minus red filter adjustment)
- *o ajuste do filtro ciano*
46 red swing filter
- *o filtro vermelho móvel*
47 print tongs
- *a pinça para as cópias*
48 processing drum
- *o tambor de revelação f*
49 squeegee
- *o rolo de borracha f*
50 range (assortment) of papers
- *o mostruário de papéis m de cópia f*
51 colour (*Am.* color) printing paper, a packet of photographic printing paper
- *o papel para cópias f em cores f, o pacote de papel m de cópia f*
52 colour (*Am.* color) chemicals (colour processing chemicals)
- *os produtos químicos para revelação f em cores f*
53 enlarging meter (enlarging photometer)
- *o fotômetro de ampliação f*
54 adjusting knob with paper speed scale
- *o controle da sensibilidade do papel*

55 probe
- *o sensor do fotômetro*
56 semi-automatic thermostatically controlled developing dish
- *a bandeja de revelação semi-automática controlada por termostato m*
57 rapid print drier (heated print drier)
- *o secador rápido de cópias f (o secador a quente)*
58 glazing sheet
- *a esmaltadeira*
59 pressure cloth
- *a tela de pressão f*
60 automatic processor (machine processor)
- *o revelador automático*

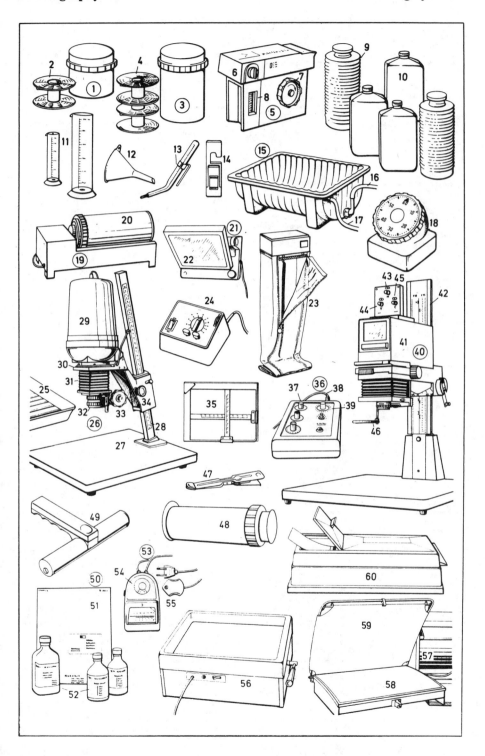

1 **cine camera**, a Super-8 sound camera
– *a filmadora super-8*, sonora (para amadores m)
2 interchangeable zoom lens (variable focus lens, varifocal lens)
– *a objetiva zoom (a objetiva de distância f focal variável)*
3 distance setting (focus setting) and manual focal length setting
– *o anel de foco m e o regulador manual de distância f focal*
4 aperture ring (aperture-setting ring, aperture control ring) for manual aperture setting
– *o regulador manual de abertura f do diafragma*
5 handgrip with battery chamber
– *o punho com compartimento m para pilhas f (baterias f)*
6 shutter release with cable release socket
– *o disparador com soquete m para cabo propulsor*
7 pilot tone or pulse generator socket for the sound recording equipment (with the dual film-tape system)
– *a saída de sinal m bip para sincronização f com gravador externo de áudio m*
8 sound connecting cord for microphone or external sound source (in single-system recording)
– *a conexão de entrada f para microfone m (para o sistema de gravação separada)*
9 remote control socket (remote control jack)
– *a conexão do disparador a distância f*
10 headphone socket (*sim:* earphone socket)
– *a conexão de saída f para fones m de ouvido m*
11 autofocus override switch
– *a trava de foco automático*
12 filming speed selector
– *o seletor de velocidade f*
13 sound recording selector switch for automatic or manual operation
– *o seletor de gravação f (sonora) para funcionamento automático ou manual*
14 eyepiece with eyecup
– *a ocular com pala f (a viseira f) de borracha f*
15 diopter control ring (dioptric ajustment ring)
– *o anel de regulagem f de dioptria f da ocular*
16 recording level control (audio level control, recording sensitivity selector)
– *o controle de nível m de áudio m*
17 manual/automatic exposure control switch
– *o seletor de exposição automática/manual*
18 film speed setting
– *o seletor de sensibilidade f do filme*

19 power zooming arrangement
– *o sistema de zoom m automático*
20 automatic aperture control
– *o controle automático do diafragma*
21 sound track system
– *o sistema (amador) para filmagem f com som direto*
22 sound camera
– *a câmera sonora*
23 telescopic microphone boom
– *a haste telescópica de microfone m*
24 microphone
– *o microfone*
25 microphone connecting lead (microphone connecting cord)
– *o fio do microfone*
26 **mixing console** (mixing desk, mixer)
– *o mixer*
27 inputs from various sound sources
– *as entradas para diferentes fontes sonoras*
28 output to camera
– *a saída para a câmera*
29 Super-8 sound film cartridge
– *o cartucho de filme m super-8 sonoro*
30 film gate of the catridge
– *a janela do cartucho*
31 feed spool
– *a bobina alimentadora*
32 take-up spool
– *a bobina receptora*
33 recording head (sound head)
– *a cabeça de gravação f*
34 transport roller (capstan)
– *a polia de tração f*
35 rubber pinch roller (capstan idler)
– *a contrapolia de borracha f*
36 guide step (guide notch)
– *o encaixe-guia*
37 exposure meter control step
– *a ranhura para determinação f da sensibilidade do filme*
38 conversion filter step (colour. *Am.* color, conversion filter step)
– *a ranhura-guia do filtro de conversão f*
39 **single-8 cassette**
– *o cartucho de super-8 f do sistema japonês*
40 film gate opening
– *a janela de exposição f*
41 unexposed film
– *o filme virgem*
42 exposed film
– *o filme exposto*
43 **16 mm camera**
– *a câmera de 16 mm*
44 reflex finder (through-the-lens reflex finder)
– *o visor reflex*
45 magazine
– *o magazine*
46-49 lens head
– *a placa de objetivas f*
46 lens turret (turret head)
– *a torre de objetivas f*
47 telephoto lens
– *a teleobjetiva*

48 wide-angle lens
– *a grande angular*
49 normal lens (standard lens)
– *a lente de focal m normal*
50 winding handle
– *a manivela*
51 **compact Super-8 camera**
– *a filmadora super-8 compacta*
52 footage counter
– *o contador de metragem f de filme m*
53 macro zoom lens
– *a objetiva macrozoom*
54 zooming lever
– *a haste do anel da zoom*
55 macro lens attachment (close-up lens)
– *a lente de aproximação f*
56 macro frame (mount for small originals)
– *o suporte para macrofilmagens f*
57 **underwater housing** (underwater case)
– *o estojo à prova de água f para tomadas submarinas*
58 direct-vision frame finder
– *o visor de enquadramento m*
59 measuring rod
– *a haste-piloto*
60 stabilizing wing
– *o estabilizador*
61 grip (handgrip)
– *o punho*
62 locking bolt
– *o fecho*
63 control lever (operating lever)
– *a alavanca de acionamento m do gatilho*
64 porthole
– *a janela para a objetiva*
65 **synchronization start** (sync start)
– *o sistema de filmagem f com claquetagem f manual*
66 professional press-type camera
– *a câmera profissional de 16 mm*
67 cameraman
– *o operador de câmera f*
68 camera assistant (sound assistant)
– *o assistente*
69 handclap marking sync-start
– *as palmas para indicar o início da sincronização*
70 **dual film-tape recording using a tape recorder**
– *a filmagem e a gravação sonora simultânea com gravador m de fita f*
71 pulse-generating camera
– *a câmera geradora de pulsações f de sincronismo m*
72 pulse cable
– *o fio condutor de pulsações f*
73 cassette recorder
– *o gravador de minicassete m (Pt. f)*
74 microphone
– *o microfone*
75 **dual film-tape reproduction**
– *a projeção cinematográfica com sonorização f externa*
76 tape cassette
– *a fita cassete com trilha f de áudio m*

77 synchronization unit
– *o sincronizador*
78 cine projector
– *o projetor de cinema m*
79 film feed spool
– *a bobina alimentadora*
79 take-up reel (take-up spool), an automatic take-up reel (take-up spool)
– *a bobina receptora com embreagem f*
81 **sound projector**
– *o projetor sonoro*
82 sound film with magnetic stripe (sound track, track)
– *o filme sonoro com pista magnética*
83 automatic-threading button
– *o botão de gravação f*
84 trick button
– *o botão de mixagem f de áudio m*
85 volume control
– *o controle de volume m*
86 reset button
– *o botão de apagamento m*
87 fast and slow motion switch
– *o comutador de velocidade f de projeção f*
88 forward, reverse, and still projection switch
– *o seletor de avanço m, recuo m e congelamento m de imagem f*
89 splicer for wet splices
– *a coladora química*
90 hinged clamping plate
– *o grampo para retenção f do filme*
91 **film viewer** (animated viewer editor)
– *o editor*
92 foldaway reel arm
– *o braço porta-bobinas*
93 rewind handle (rewinder)
– *a manivela de rebobinagem f*
94 viewing screen
– *a tela de projeção f*
95 film perforator (film marker)
– *o marcador de ponto m de corte m*
96 **six-turntable film and sound cutting table** (editing table, cutting bench, animated sound editor)
– *a moviola*
97 monitor
– *o monitor de espelhos m*
98 control buttons (control well)
– *o painel de controle m*
99 film turntable
– *o prato*
100 first sound turntable, e.g. for live sound
– *o prato para trilha (Pt. para pista f) sonora original*
101 second sound turntable for post-sync sound
– *o prato para som pós-sincronizado*
102 film and tape synchronizing head
– *o cabeçote de sincronização f de som m e imagem f*

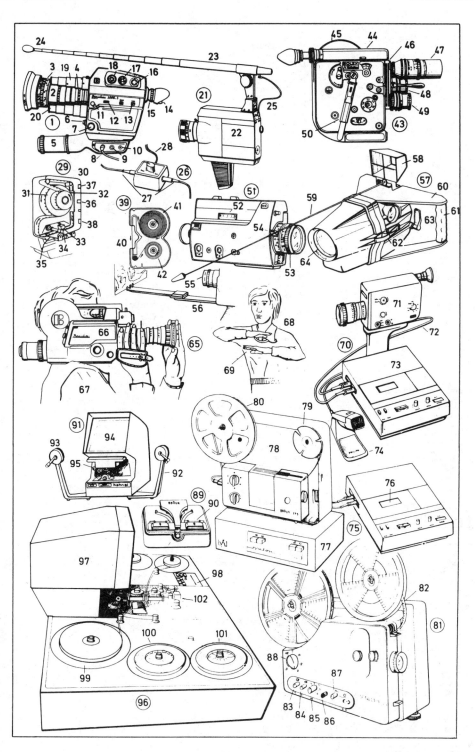

1-49 carcase (carcass, fabric) [house construction carcassing]
- *a alvenaria*
1 basement of tamped (rammed) concrete
- *o subsolo (o porão, Pt. a cave) de concreto m (Pt. de betão m)*
2 concrete base course
- *a base de concreto m (Pt. de betão m)*
3 cellar window (basement window)
- *a janela do porão (Pt. da cave)*
4 outside cellar steps
- *a escada externa para o porão (Pt. para a cave)*
5 utility room window
- *a janela da lavanderia*
6 utility room door
- *a porta da lavanderia*
7 ground floor (*Am.* first floor)
- *o andar térreo (Pt. o rés-do-chão)*
8 brick wall
- *a parede de tijolos m*
9 lintel (window head)
- *a padieira, a verga de janela f*
10 reveal
- *o vão da janela*
11 jamb
- *o batente*
12 window ledge (window sill)
- *o peitoril da janela*
13 reinforced concrete lintel
- *a viga de concreto (Pt. de betão) armado*
14 upper floor (first floor, *Am.* second floor)
- *o sobrado, o 1.° andar, o 2.° pavimento*
15 hollow-block wall
- *a parede de tijolo furado*
16 concrete floor
- *o piso de concreto m (Pt. de betão m)*
17 work platform (working platform)
- *o jirau (Pt. o andaime)*
18 bricklayer (*Am.* brickmason)
- *o (servente de) pedreiro m, o alvanel*
19 bricklayer's labourer (*Am.* laborer); also: builder's labourer
- *o ajudante (de servente m) de pedreiro m*
20 mortar trough
- *o cocho de argamassa f*
21 chimney
- *a chaminé*
22 cover (boards) for the staircase
- *as tábuas de revestimento m das escadas*
23 scaffold pole (scaffold standard)
- *o andaime (Pt. o suporte de andaime m)*
24 platform railing
- *a balaustrada do jaú (Pt. do andaime)*
25 angle brace (angle tie) in the scaffold
- *a amarração do andaime*
26 ledger
- *o beiral dos andaimes (Pt. o barrote de suporte)*
27 putlog (putlock)
- *o travessão do beiral do andaime (Pt. o travessanho)*
28 plank platform (board platform)
- *a plataforma de tábuas f (de pranchas f), o tabuado*
29 guard board
- *a travessa horizontal*
30 scaffolding joint with chain or lashing or whip or bond
- *a junta do andaime com corrente f, a correia ou a amarra de segurança f*
31 builder's hoist
- *o monta-cargas (o elevador de obra f)*
32 mixer operator
- *o operador da betoneira*

33 concrete mixer, a gravity mixer
- *a betoneira*
34 mixing drum
- *o tambor de mistura f*
35 feeder skip
- *o alimentador*
36 concrete aggregate (sand and gravel)
- *o agregado do concreto (Pt. do betão) (areia f e cascalho m)*
37 wheelbarrow
- *o carrinho de pedreiro m*
38 hose (hosepipe)
- *a mangueira*
39 mortar pan (mortar trough, mortar tub)
- *a tina (a cova) e argamassa f*
40 stack of bricks
- *a pilha de tijolos m*
41 stacked shutter boards (lining boards)
- *a pilha de tábuas f para montagem f de formas f de concreto m (Pt. de betão m)*
42 ladder
- *a escada de pedreiro m*
43 bag of cement
- *o saco de cimento m*
44 site fence, a timber fence
- *o tapume da obra, um tapume de madeira f*
45 signboard (billboard)
- *o quadro de avisos m*
46 removable gate
- *o portão removível*
47 contractor's name plates
- *a placa da construtora (Pt. do empreiteiro m)*
48 site hut (site office)
- *o escritório da obra*
49 building site latrine
- *os sanitários (as latrinas) da obra*
50-57 bricklayer's (*Am.* brickmason's) **tools**
- *as ferramentas do pedreiro*
50 plumb bob (plummet)
- *o prumo*
51 thick lead pencil
- *o lápis de pedreiro m*
52 trowel
- *a colher de pedreiro m*
53 bricklayer's (*Am.* brickmason's) hammer (brick hammer)
- *o assentador*
54 mallet
- *a marreta (o malho)*
55 spirit level
- *o nível de bolha f de ar m*
56 laying-on trowel
- *a trolha*
57 float
- *a talocha, a desempenadeira*
58-68 masonry bonds
- *os aparelhos de alvenaria f*
58 brick (standard brick)
- *o tijolo (convencional)*
59 stretching bond
- *o mata-junta*
60 heading bond
- *os tijolos travados*
61 racking (raking) back
- *a extremidade em escada f, as camadas superiores menores (tipo escada)*
62 English bond
- *o aparelho inglês*
63 stretching course
- *o assentamento de comprido (a fieira de tijolos assentados de comprido)*
64 heading course
- *o assentamento com tijolos travados (a fieira de tijolos travados)*
65 English cross bond (Saint Andrew's cross bond)
- *o aparelho inglês cruzado*
66 chimney bond
- *o aparelho de chaminé f*

67 first course
- *a primeira fieira*
68 second course
- *a segunda fieira*
69-82 excavation
- *a escavação*
69 profile (*Am.* batterboard) [fixed on edge at the corner]
- *os piquetes*
70 intersection of strings
- *o eixo de referência f da piquetagem dos barbantes interseção (Pt. o ponto de intersecção f das cordas)*
71 plumb bob (plummet)
- *o fio de prumo m*
72 excavation side
- *a parede da escavação f (o talude)*
73 upper edge board
- *a régua de nível m superior, a orla superior*
74 lower edge board
- *a régua de nível m inferior*
75 foundation trench
- *a vala (para as fundações), o alicerce*
76 navvy (*Am.* excavator)
- *o escavador*
77 conveyor belt (conveyor)
- *a correia transportadora*
78 excavated earth
- *a terra retirada (o entulho)*
79 plank roadway
- *o corredor de pranchões m*
80 tree guard
- *a proteção da árvore*
81 mechanical shovel (excavator)
- *a pá (a escavadeira) mecânica*
82 shovel bucket (bucket)
- *a caçamba (Pt. o alcatraz) da pá mecânica*
83-91 plastering
- *o emboço*
83 plasterer
- *o estucador*
84 mortar trough
- *o cocho de argamassa f*
85 screen
- *a peneira*
86-89 ladder scaffold
- *os andaimes*
86 standard ladder
- *a escada (os pilares de andaime m)*
87 boards (planks, platform)
- *as tábuas de andaime m*
88 diagonal strut (diagonal brace)
- *a escora diagonal*
89 railing
- *o corrimão*
90 guard netting
- *a tela de segurança f*
91 rope-pulley hoist
- *o guincho, a talha*

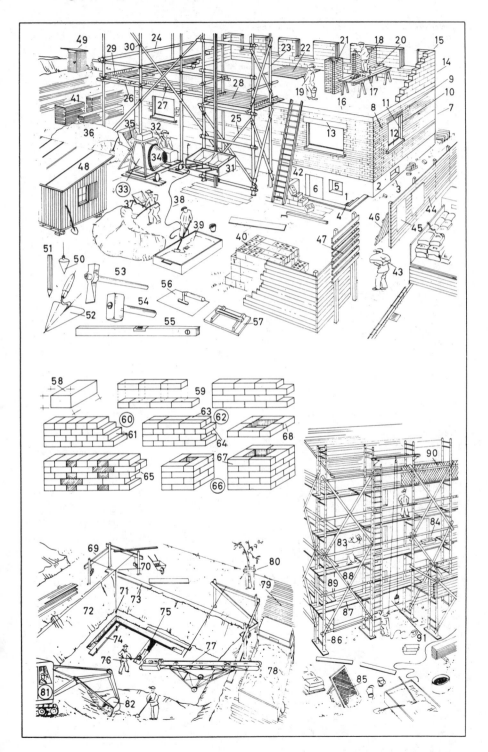

1-89 reinforced concrete (ferroconcrete) construction
- *a construção de concreto* (Pt. *de betão) armado*
1 reinforced concrete (ferroconcrete) skeleton construction
- *o esqueleto de uma construção com estrutura* f *em concreto* (Pt. *em betão) armado*
2 reinforced concrete (ferroconcrete) frame
- *a estrutura (o quadro) de concreto* (Pt. *de betão) armado*
3 inferior purlin
- *a viga superior (a viga principal)*
4 concrete purlin
- *a terça de concreto* m (Pt. *de betão* m)
5 ceiling joist
- *a viga mestra*
6 arch (flank)
- *a mão francesa*
7 rubble concrete wall
- *a parede em concreto* m (Pt. *em betão* m) *à vista*
8 reinforced concrete (ferroconcrete) floor
- *o piso reforçado em concreto* (Pt. *em betão) armado (a laje)*
9 concreter (concretor), flattening out
- *o pedreiro, desempenando (aplainando, alisando)*
10 projecting reinforcement (*Am.* connection rebars)
- *os ferros de espera* f *do pilar* m
11 column box
- *a caixa da coluna, a forma do pilar*
12 joist shuttering
- *a forma da viga mestra*
13 shuttering strut
- *a escora, a forma da viga*
14 diagonal bracing
- *a trava diagonal , o contraventamento*
15 wedge
- *o calço de apoio* m *da escora*
16 board
- *a prancha*
17 sheet pile (sheet pile, sheet piling)
- *a escora de madeira* f *para contenção* f *(uma fina parede de contenção)*
18 shutter boards (lining boards)
- *a tábua para formas* f *de concreto* m (Pt. *de betão* m)
19 circular saw (buzz saw)
- *a serra circular*
20 bending table
- *a bancada de dobramento* m *de ferro* m
21 bar bender (steel bender)
- *o dobrador de ferro* m *(o armador)*
22 hand steel shears
- *a tesoura manual de cortar ferro* m
23 reinforcing steel (reinforcement rods)
- *o aço para estrutura* f *(o vergalhão)*
24 pumice concrete hollow block
- *o bloco de concreto* (Pt. *de betão) vasado*
25 partition wall, a timber wall
- *as pranchas de madeira* f *sobrepostas usadas como divisórias* f
26 concrete aggregate (gravel and sand of various grades)
- *os agregados (brita* f *e areia* f *de granulações* f *diversas)*
27 crane track
- *o trilho da caçamba* (Pt. *o carril do alcatruz)*
28 tipping wagon (tipping truck)
- *o vagão basculante sobre trilhos* m (Pt. *sobre carris* m)

29 concrete mixer
- *o misturador de concreto* m, *a betoneira*
30 cement silo
- *o silo de cimento* m
31 tower crane (tower slewing crane)
- *o guindaste de torre giratória*
32 bogie (*Am.* truck)
- *o truque de movimento* m *da grua*
33 counterweight
- *o contrapeso*
34 tower
- *a torre*
35 crane driver's cabin (crane driver's cage)
- *a cabine do guindasteiro*
36 jib (boom)
- *a lança do guindaste*
37 bearer cable
- *o cabo transpòrtador*
38 concrete bucket
- *a caçamba de concreto* m (Pt. *o alcatruz de betão* m)
39 sleepers (*Am.* ties)
- *os dormentes*
40 chock
- *a sapata de freio* m, *o batente*
41 ramp
- *a rampa de acesso* m
42 wheelbarrow
- *o carrinho de mão* f
43 safety rail
- *o corrimão*
44 site hut
- *o alojamento*
45 canteen
- *a cantina*
46 tubular steel scaffold (scaffolding)
- *o andaime tubular*
47 standard
- *o tubo padrão*
48 ledger tube
- *a longarina tubular*
49 tie tube
- *o travessão* (Pt. *o travessanho) tubular*
50 shoe
- *a sapata de andaime* m
51 diagonal brace
- *a escora diagonal (o contraventamento)*
52 planking (platform)
- *o tabuado (a plataforma)*
53 coupling (coupler)
- *a peça de acabamento* m
54-76 formwork (shuttering) and reinforcement
- *a forma para concreto* (Pt. *para betão) armado*
54 bottom shuttering (lining)
- *o taipal, a forma da laje*
55 side shutter of a purlin
- *o painel lateral da viga*
56 cut-in bottom
- *o painel de fundo* m *da forma de viga* f
57 cross beam
- *o travessão* (Pt. *o travessanho)*
58 cramp iron (cramp, dog)
- *o grampo de ferro* m
59 upright member, a standard
- *a escora da forma, o pontalete*
60 strap
- *o chapuz (o reforço da junção de madeira* f)

61 cross piece
- *o travessão* (Pt. *o travessanho)*
62 stop fillet
- *a trava de madeira* f
63 strut (brace, angle brace)
- *a mão francesa*
64 frame timber (yoke)
- *o caibro de reforço* m
65 strap
- *o gastalho, a gravata*
66 reinforcement binding
- *a cavalete-dobra de reforço* m
67 cross strut (strut)
- *a travessa cruzada*
68 reinforcement
- *o ferro do concreto* (Pt. *do betão) a dobra de reforço* m
69 distribution steel
- *a distribuição da ferragem, a armadura*
70 stirrup
- *o estribo*
71 projecting reinforcement *(Am.* connection rebars)
- *o vergalhão de espera* f
72 concrete (heavy concrete)
- *o concreto betão (o concreto compacto)*
73 column box
- *a forma de coluna* f *(de pilar* m)
74 bolted frame timber (bolted yoke)
- *o caibro de trava* f
75 nut (thumb nut)
- *a porca*
76 shutter board (shuttering board)
- *a tábua para transitar*
77-89 tools
- *as ferramentas*
77 bending iron
- *a chave de dobrar ferro*
78 adjustable service girder
- *a ponte de serviço* m *ajustável*
79 adjusting screw
- *o parafuso regulador (ajustador)*
80 round bar reinforcement
- *o vergalhão*
81 distance piece (separator, spacer)
- *o separador*
82 Torsteel
- *o vergalhão estriado*
83 concrete tamper
- *o soquete de concreto* m (Pt. *de betão* m)
84 mould (*Am.* mold) for concrete test cubes
- *a forma para prova* f *de concreto* m (Pt. *de betão* m)
85 concreter's tongs
- *a torquês para armador* m
86 sheeting support
- *a escora tubular com graduação* f
87 hand shears
- *a tesoura manual para corte* m *de vergalhão* m
88 immersion vibrator (concrete vibrator)
- *o vibrador de concreto* m (Pt. *de betão) de imersão* f
89 vibrating cylinder (vibrating head, vibrating poker)
- *o mangote do vibrador*

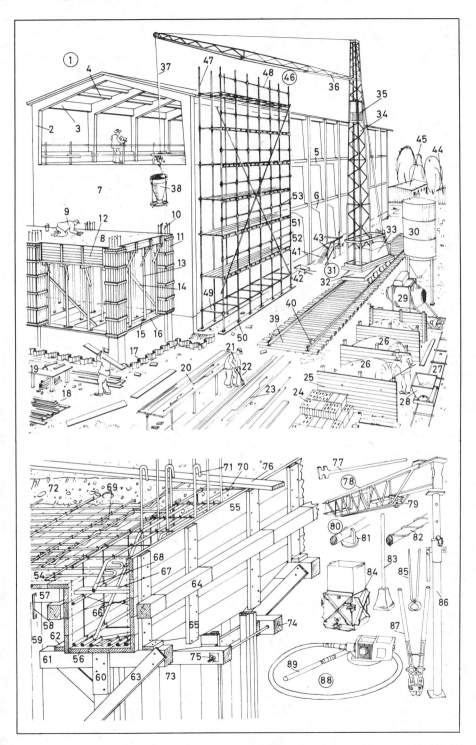

1-59 carpenter's yard
- *o canteiro (de montagem f de estruturas f)*
1 stack of boards (planks)
- *as tábuas empilhadas*
2 long timber (*Am.* lumber)
- *as toras*
3 sawing shed
- *a serraria*
4 carpenter's workshop
- *a oficina de carpintaria f*
5 workshop door
- *a porta da oficina*
6 handcart
- *o carrinho de mão f*
7 roof truss
- *a armação do telhado (os caibros do telhado)*
8 tree [used for topping out ceremony], with wreath
- *o enfeite com galho m de árvore f [para a festa da cumeeira]*
9 timber wall
- *a parede de madeira f*
10 squared timber (building timber, scantlings)
- *as pranchas de madeira f*
11 drawing floor
- *o pátio de corte m*
12 carpenter
- *o carpinteiro*
13 carpenter's hat
- *o chapéu do carpinteiro*
14 cross-cut saw, a chain saw
- *o traçador manual*
15 chain guide
- *o punho do traçador manual*
16 saw chain
- *o arco de serra f (os dentes do traçador manual)*
17 mortiser (chain cutter)
- *a plaina para aparelhar madeira f*
18 trestle (horse)
- *o cavalete*
19 beam mounted on a trestle
- *a viga sobre cavalete m*
20 set of carpenter's tools
- *a caixa de ferramentas f do carpinteiro*
21 electric drill
- *a furadeira elétrica*
22 dowel hole
- *o furo de cavilha f*
23 mark of the dowel hole
- *o risco indicando o ponto de perfuração f*
24 beams
- *as vigas*
25 post (stile, stud, quarter)
- *o suporte da armação*
26 corner brace
- *a peça de encaixe m do batente*
27 brace (strut)
- *o batente*
28 base course (plinth)
- *o plinto*
29 house wall (wall)
- *a parede da casa*
30 window opening
- *o vão da janela*
31 reveal
- *a guarnição da janela*
32 jamb
- *a ombreira*
33 window ledge (window sill)
- *o parapeito, o peitoril*

34 cornice
- *a cornija*
35 roundwood (round, timber)
- *o caibro de madeira f*
36 floorboards
- *o piso de tábua f corrida*
37 hoisting rope
- *a corda para içamento m*
38 ceiling joist (ceiling beam, main beam)
- *a viga do teto (a viga mestra)*
39 wall joist
- *a viga da parede*
40 wall plate
- *o frechal da parede*
41 trimmer (trimmer joist, *Am.* header, header joist)
- *a encabrestadura, a travação*
42 dragon beam (dragon piece)
- *a viga de montagem f em encaixe-espiga m*
43 false floor (inserted floor)
- *o teto falso (fasquiado)*
44 floor filling of breeze, loam etc.
- *a camada de estuque m sobre fasquiado m*
45 fillet (cleat)
- *o barrote do assoalho*
46 stair well (well)
- *o vão da escada*
47 chimney
- *a chaminé*
48 framed partition (framed wall)
- *a estrutura de parede f*
49 wall plate
- *o frechal da parede*
50 girt
- *a vigota*
51 window jamb, a jamb
- *o batente da janela*
52 corner stile (corner strut, corner stud)
- *a coluna de canto m*
53 principal post
- *a coluna principal*
54 brace (strut) with skew notch
- *o braço para travar a estrutura*
55 nogging piece
- *o travessão (Pt. o travessanho)*
56 sill rail
- *o travessão (Pt. o travessanho) de apoio m*
57 window lintel (window head)
- *a verga da janela*
58 head (head rail)
- *a cumeeira (a linha principal do telhado)*
59 filled-in panel (bay, pan)
- *a esquadria fechada*
60-82 carpenter's tools
- *as ferramentas de carpinteiro m*
60 hand saw
- *o serrote comum*
61 bucksaw
- *a serra de volta f*
62 saw blade
- *a lâmina da serra*
63 compass saw (keyhole saw)
- *o serrote de ponta*
64 plane
- *a plaina manual*
65 auger (gimlet)
- *o trado*
66 screw clamp (cramp, holdfast)
- *o sargento (o grampo)*
67 mallet
- *o macete*

68 two-handed saw
- *o traçador manual*
69 try square
- *o esquadro de encosto m*
70 broad axe (*Am.* broadax)
- *a machadinha de carpinteiro m, o machado lâmina larga*
71 chisel
- *o formão*
72 mortise axe (mortice axe, *Am.* mortise ax)
- *a machadinha para espiga f*
73 axe (*Am.* ax)
- *o machado*
74 carpenter's hammer
- *o martelo de carpinteiro m*
75 claw head (nail claw)
- *o saca-pregos*
76 folding rule
- *o metro articulado*
77 carpenter's pencil
- *o lápis de carpinteiro m*
78 iron square
- *o esquadro de ferro m*
79 drawknife (drawshave, drawing knife)
- *o desbastador*
80 shaving
- *a lasca*
81 bevel
- *a suta*
82 mitre square (*Am.* miter square, miter angle)
- *a meia-esquadria*
83-96 building timber
- *a madeira para construção f*
83 round trunk (undressed timber, *Am.* rough lumber)
- *o tronco bruto*
84 heartwood (duramen)
- *o cerne*
85 sapwood (sap, alburnum)
- *o alburno*
86 bark (rind)
- *a casca*
87 baulk (balk)
- *o barrote*
88 halved timber
- *o tronco faceado*
89 wane (waney edge)
- *a falha na madeira*
90 quarter baulk (balk)
- *o esquadrejamento da tora*
91 plank (board)
- *a prancheta*
92 end-grained timber
- *o topo da peça*
93 heartwood plank (heart plank)
- *o corte radial da prancheta*
94 unsquared (untrimmed) plank (board)
- *a prancheta sem aparar*
95 squared (trimmed) board
- *a tábua com as bordas aparadas*
96 slab (offcut)
- *a costaneira*

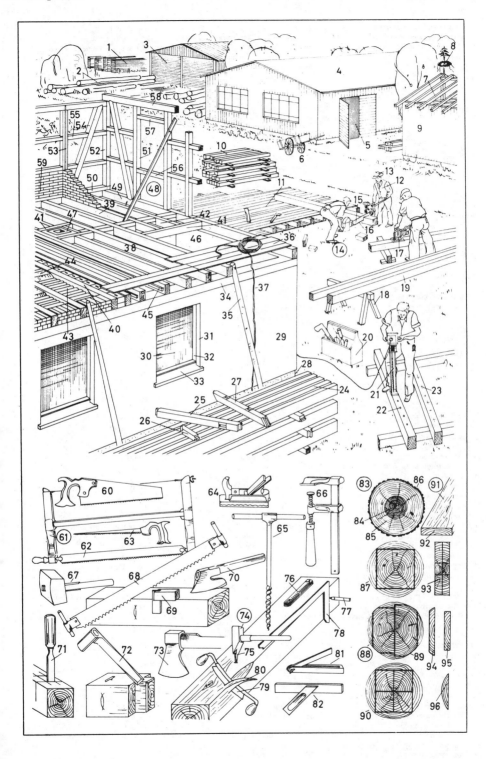

1-26 styles and parts of roofs
- estilos m e partes f de telhado m
1 gable roof (saddle roof, saddleback roof)
- o telhado de duas águas
2 ridge
- a cumeeira
3 verge
- a borda
4 eaves
- o beiral
5 gable
- a empena
6 dormer window (dormer)
- a trapeira
7 pent roof (shed roof, lean-to roof)
- a meia-água
8 skylight
- a claraboia
9 fire gable
- o corta-fogo
10 hip (hipped) roof
- o telhado de quatro águas f
11 hip end
- a tacaniça
12 hip (arris)
- a aresta
13 hip (hipped) dormer window
- a trapeira com tacaniça f
14 ridge turret
- o mirante
15 valley (roof valley)
- a revessa
16 hipped-gable roof (jerkin head roof)
- o telhado de quatro águas f com meia tacaniça
17 partial-hip (partial-hipped) end
- a meia-tacaniça
18 mansard roof (Am. gambrel roof)
- o telhado de água quebrada (Pt. de água furtada)
19 mansard dormer window
- a mansarda
20 sawtooth roof
- o telhado em shed
21 north light
- a vidraça (a fieira de vidros m para iluminação f pelo telhado)
22 broach roof
- o telhado em pavilhão m
23 eyebrow
- a gateira
24 conical broach roof
- o telhado cônico
25 imperial dome (imperial roof)
- o zimbório imperial, a cúpula imperial
26 weather vane
- o cata-vento
27-83 roof structures of timber
- estruturas f em madeira f para telhado m
27 rafter roof
- o telhado de asnas f
28 rafter
- a asna
29 roof beam
- a travessa
30 diagonal tie (cross tie, sprocket piece, cocking piece)
- o pontalete diagonal
31 arris fillet (tilting fillet)
- o contrafeito
32 outer wall
- a parede externa

33 beam head
- a ponta do caibro (o topo do caibro)
34 collar beam roof (trussed-rafter roof)
- a tesoura de tirante m falso
35 collar beam (collar)
- o barrote
36 rafter
- a asna
37 strutted collar beam roof structure
- a tesoura com tirante falso e mão francesa
38 collar beams
- o tirante falso
39 purlin
- a terça
40 post (stile, stud)
- o pontalete
41 brace
- a mão
42 unstrutted (king pin) roof structure
- a estrutura de telhado m com viga-mestra f (a cumeeira)
43 ridge purlin
- a cumeeira
44 inferior purlin
- a terça
45 rafter head (rafter end)
- a cabeça da asna
46 purlin roof with queen post and pointing sill
- o telhado de vigas mestras e tesouras f laterais
47 pointing sill
- o frechal
48 ridge beam (ridge board)
- a viga da cumeeira
49 simple tie
- a amarração simples
50 double tie
- a amarração dupla
51 purlin
- a terça
52 purlin roof structure with queen post
- a amarração de terça f
53 tie beam
- a travessa
54 joist (ceiling joist)
- o caibro
55 principal rafter
- a asna principal
56 common rafter
- a asna intermediária
57 angle brace (angle tie)
- o braço em ângulo m de sustentação f
58 brace (strut)
- a contrafixa (o braço)
59 ties
- as junções
60 hip (hipped) roof with purlin roof structure
- a estrutura de telhado m com quatro águas f e rincão m
61 jack rafter
- a asna da aresta
62 hip rafter
- a viga da aresta
63 jack rafter
- o caibro
64 valley rafter
- a viga da revessa
65 queen truss
- o telhado de plataforma suspensa (a tesoura de piso duplo)

66 main beam
- a viga principal
67 summer (summer beam)
- o sofito
68 queen post (truss post)
- o pendural
69 brace (strut)
- a contrafixa, o suporte (o braço)
70 collar beam (collar)
- o tirante falso
71 trimmer (Am. header)
- a madre de vigamento m
72 solid-web girder
- a tesoura sobre estrutura compacta com esforço m sobre parede f
73 lower chord
- o esquadro (a moldura) inferior
74 upper chord
- o esquadro superior
75 boarding
- o forro de madeira f (a alma)
76 purlin
- o caibro
77 supporting outer wall
- a parede externa de sustentação f
78 roof truss
- a tesoura de tirantes oblíquos
79 lower chord
- a moldura (o esquadro) inferior
80 upper chord
- a moldura superior
81 post
- a coluna
82 brace (strut)
- o braço de amarração f
83 support
- a parede de apoio m
84-98 timber joints
- encaixes m de madeira f
84 mortise (mortice) and tenon joint
- o encaixe macho-fêmea (o encaixe simples)
85 forked mortise (mortice) and tenon joint
- o encaixe macho-fêmea em forquilha f
86 halving (halved) joint
- o encaixe a meia-madeira f
87 simple scarf joint
- o encaixe de engate m
88 oblique scarf joint
- o encaixe de engate oblíquo
89 dovetail halving
- o malhete
90 single skew notch
- o chanfro escondido com respiga f
91 double skew notch
- o chanfro escondido duplo
92 wooden nail
- a cavilha de madeira f
93 pin
- o pino
94 clout nail (clout)
- o tachão
95 wire nail
- o prego de ferro m
96 hardwood wedges
- as cunhas de madeira dura
97 cramp iron (timber dog, dog)
- o gastalho
98 bolt
- o parafuso com porca f

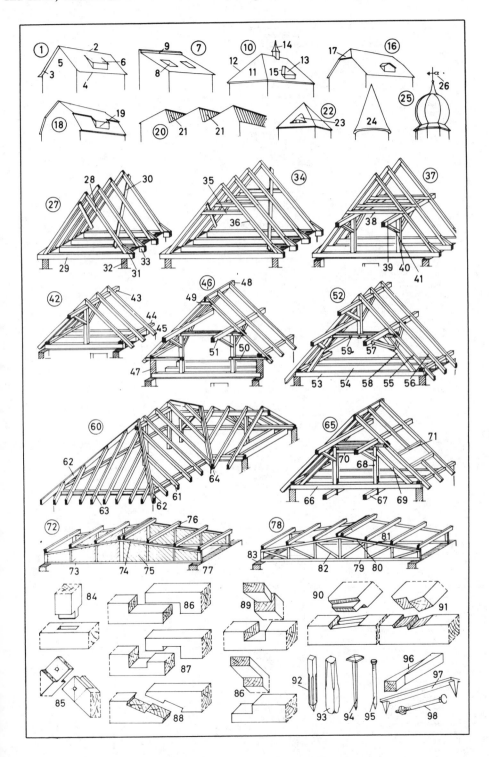

1 tiled roof
 - *o telhado de telhas* f
2 plain-tile double-lap roofing
 - *o telhado de telhas planas imbricadas*
3 ridge tile
 - *a telha de cumeeira* f
4 ridge course tile
 - *a telha da última fieira*
5 under-ridge tile
 - *a telha do beiral*
6 plain (plane) tile
 - *a telha plana*
7 ventilating tile
 - *a telha de ventilação* f
8 ridge tile
 - *a telha do espigão* m
9 hip tile
 - *a telha de aresta* f
10 hipped end
 - *o dorso arredondado*
11 valley (roof valley)
 - *a revessa*
12 skylight
 - *a clarabóia*
13 chimney
 - *a chaminé*
14 chimney flashing, made of sheet zinc
 - *a placa de vedação* f *da chaminé* f, *uma chapa de zinco* m
15 ladder hook
 - *o gancho para escada* f
16 snow guard bracket
 - *o suporte do guarda-neve*
17 battens (slating and tiling battens)
 - *o ripado (de telhadura* f *)*
18 batten gauge (*Am.* gage)
 - *o calibre do ripado*
19 rafter
 - *a asna*
20 tile hammer
 - *o martelo de telhador* m
21 lath axe (*Am.* ax)
 - *o machado de telhador* m
22 hod
 - *a tina*
23 hod hook
 - *o gancho da tina*
24 opening (hatch)
 - *o alçapão*
25 gable (gable end)
 - *a empena*
26 toothed lath
 - *o ripamento dentado*
27 soffit
 - *o sofito*
28 gutter
 - *a calha*
29 rainwater pipe (downpipe)
 - *o condutor de águas* f *pluviais, descida* f *da calha (barbará* f*)*
30 swan's neck (swan-neck)
 - *a mão francesa*
31 pipe clip
 - *o grampo da descida da calha (grampo* m *do barbará)*
32 gutter bracket
 - *a presilha da calha*
33 tile cutter
 - *o cortador de telha* f
34 **scaffold**
 - *o jirau, o jaú* (Pt. *o andaime)*
35 safety wall
 - *a parede do jirau, a parede do jaú* (Pt. *do andaime)*
36 eaves
 - *o beiral*
37 outer wall
 - *a parede externa*
38 exterior rendering
 - *o reboco externo*
39 frost-resistant brickwork
 - *a parede de nivelamento* m *(à prova de congelamento* m*)*
40 inferior purlin
 - *a terça inferior*

41 rafter head (rafter end)
 - *a ponta da asna*
42 eaves fascia
 - *o forro do beiral*
43 double lath (tilting lath)
 - *a fasquia dupla*
44 insulating boards
 - *as placas isolantes*
45-60 **tiles and tile roofings**
 - *as telhas e as telhaduras*
45 split-tiled roof
 - *o telhado de telhas planas*
46 plain (plane) tile
 - *a telha plana*
47 ridge course
 - *a fieira de telhas* f *da cumeeira*
48 slip
 - *a tala*
49 eaves course
 - *a fieira do beiral*
50 plain-tiled roof
 - *o telhado mata-junta*
51 nib
 - *o estribo, o encaixe*
52 ridge tile
 - *a telha da cumeeira*
53 pantiled roof
 - *o telhado de telhas holandesas*
54 pantile
 - *a telha holandesa*
55 pointing
 - *a calafetagem da cumeeira*
56 Spanish-tiled roof (*Am.* mission-tiled roof)
 - *o telhado colonial*
57 under tile
 - *a telha de canal* m *(a telha canal)*
58 over tile
 - *a telha de cobrir*
59 interlocking tile
 - *a telha de encaixe* m
60 flat interlocking tile
 - *a telha plana com rebordo* m
61-89 **slate roof**
 - *o telhado de ardósia* f
61 roof boards (roof boarding, roof sheathing)
 - *o madeiramento do telhado (a forração do telhado)*
62 roofing paper (sheathing paper); *also:* roofing felt (*Am.* rag felt)
 - *o papelão betuminado;* tb.: *o papel-feltro betuminado*
63 cat ladder (roof ladder)
 - *a escada*
64 coupling hook
 - *o gancho de acoplamento* m
65 ridge hook
 - *o gancho da cumeeira*
66 roof trestle
 - *o cavalete de telhadura* f
67 trestle rope
 - *a corda do cavalete*
68 knot
 - *o nó*
69 ladder hook
 - *o gancho de serviço* m
70 scaffold board
 - *o andaime*
71 slater
 - *o telhador*
72 nail bag
 - *a bolsa de pregos* m
73 slate hammer
 - *o martelo de telhador* m
74 slate nail, a galvanized wire nail
 - *o prego de telhado* m *de ardósia* f, *um prego de ferro galvanizado*
75 slater's shoe, a bast or hemp shoe
 - *o sapato de telhador* m, *um sapato de sola* f *de corda* f
76 eaves course (eaves joint)
 - *a fieira de telhas* f *do beiral*
77 corner bottom slate
 - *a placa de canto* m

78 roof course
 - *a cobertura de placas* f *de ardósia* f
79 ridge course (ridge joint)
 - *as placas da cumeeira*
80 gable slate
 - *as placas da empena*
81 tail line
 - *a linha de base* f
82 valley (roof valley)
 - *a revessa*
83 box gutter (trough gutter, parallel gutter)
 - *a calha embutida*
84 slater's iron
 - *o ferro de cortar de telhador* m
85 slate
 - *a placa de ardósia* f
86 back
 - *o bordo aparente, o dorso*
87 head
 - *a cabeça*
88 front edge
 - *a borda recoberta, a borda frontal*
89 tail
 - *a linha de cobertura* f *da telha (o alinhamento das pontas)*
90-103 **asphalt-impregnated paper roofing and corrugated asbestos cement roofing**
 - *o telhado de papel betuminado e o telhado de chapa ondulada de cimento-amianto* m
90 asphalt-impregnated paper roof
 - *o telhado de papel betuminado*
91 width [parallel to the gutter]
 - *a largura [paralela à calha]*
92 gutter
 - *a calha*
93 ridge
 - *a cumeeira*
94 joint
 - *a junta*
95 width [at right angles to the gutter]
 - *a largura [perpendicular à calha]*
96 felt nail (clout nail)
 - *o percevejo*
97 corrugated asbestos cement roof
 - *o telhado de chapa ondulada de cimento-amianto* m
98 corrugated sheet
 - *a chapa ondulada*
99 ridge capping piece
 - *a peça de cumeeira* f
100 lap
 - *a imbricação*
101 wood screw
 - *o parafuso para madeira* f
102 rust-proof zinc cup
 - *o cobre-junta*
103 lead washer
 - *a arruela (a anilha) de chumbo* m

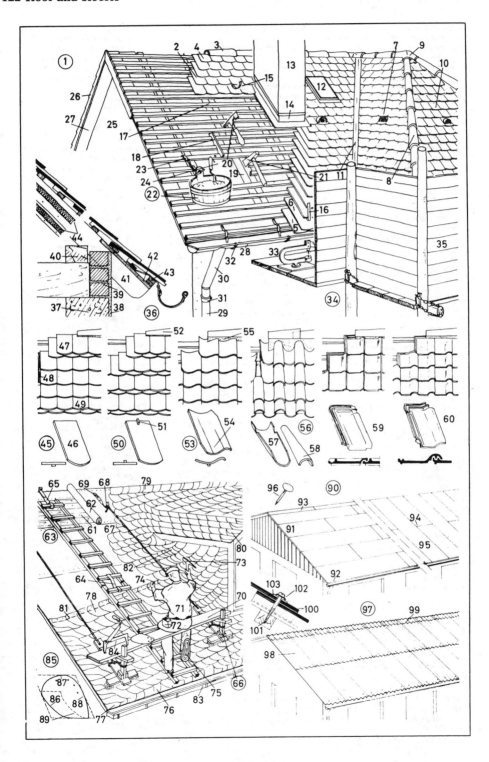

123 Floor, Ceiling, Staircase Construction

1 basement wall, a concrete wall
 – *a parede do porão* (Pt. *da cave*), *uma parede de concreto* m (Pt. *de betão* m)
2 footing (foundation)
 – *o alicerce (as fundações)*
3 foundation base
 – *a base do alicerce (o embasamento)*
4 damp course (damp-proof course)
 – *o isolamento da umidade* (Pt. *da humidade*)
5 waterproofing
 – *a camada impermeabilizante, o revestimento*
6 rendering coat
 – *o reboco*
7 brick paving
 – *a pavimentação com tijolos* m
8 sand bed
 – *a argamassa de assentamento* m *do piso*
9 ground
 – *o solo*
10 shuttering
 – *a forma de contenção* f
11 peg
 – *a estaca*
12 hardcore
 – *o cascalho*
13 oversite concrete
 – *o piso de acabamento* m *de concreto* m (Pt. *de betão* m)
14 cement screed
 – *o revestimento de cimento* m
15 brickwork base
 – *a base de alvenaria* f
16 basement stairs, solid concrete stairs
 – *a escada do porão* (Pt. *da cave*), *uma escada maciça*
17 block step
 – *o degrau maciço*
18 curtail step (bottom step)
 – *o primeiro degrau*
19 top step
 – *o degrau de cima (o último degrau)*
20 nosing
 – *o nariz , o borel*
21 skirting (skirting board, *Am.* mopboard, washboard, scrub board, base)
 – *o rodapé da escada*
22 balustrade of metal bars
 – *a balaustrada de barras* f *de metal* m
23 ground-floor (*Am.* first-floor) landing
 – *o patamar do andar térreo* (Pt. *do rés-do-chão*), *o patamar de entrada* f
24 front door
 – *a porta da frente, a porta de entrada* f
25 foot scraper
 – *o capacho de ferro* m
26 flagstone paving
 – *o piso de pedra* f
27 mortar bed
 – *o contrapiso, a camada de massa* f

28 concrete ceiling, a reinforced concrete slab
 – *a laje de concreto* (Pt. *de betão*) *armado*
29 ground-floor (*Am.* first-floor) brick wall
 – *a parede de tijolos* m *do andar térreo* (Pt. *do rés-do-chão*)
30 ramp
 – *a laje da escada*
31 wedge-shaped step
 – *o degrau de concreto* m (Pt. *de betão* m) *em forma* f *de cunha* f
32 tread
 – *o piso do degrau*
33 riser
 – *o espelho*
34-41 landing
 – *o patamar*
34 landing beam
 – *a viga do patamar*
35 ribbed reinforced concrete floor
 – *o piso de concreto* (Pt. *de betão*) *nervurado*
36 rib
 – *a nervura*
37 steel-bar reinforcement
 – *os vergalhões*
38 subfloor (blind floor)
 – *a laje de piso* m *do patamar*
39 level layer
 – *a camada niveladora*
40 finishing layer
 – *a camada de acabamento* m
41 top layer (screed)
 – *o revestimento*
42-44 dog-legged staircase, a staircase without a well
 – *a escada de madeira* f *(a longarina do lance)*
42 curtail step (bottom step)
 – *o primeiro degrau*
43 newel post (newel)
 – *o balaústre principal*
44 outer string (*Am.* outer stringer)
 – *a perna (a longarina) dos lances*
45 wall string (*Am.* wall stringer)
 – *a longarina da escada junto à parede*
46 staircase bolt
 – *a cavilha*
47 tread
 – *o piso do degrau*
48 riser
 – *o espelho*
49 wreath piece (wreathed string)
 – *a peça de junção* f
50 balustrade
 – *a balaustrada*
51 baluster
 – *o balaústre*
52-62 intermediate landing
 – *o patamar intermediário*
52 wreath
 – *a curva do corrimão*
53 handrail (guard rail)
 – *o corrimão*
54 head post
 – *o balaústre principal*
55 landing beam
 – *a viga de madeira* f *do patamar*

56 lining board
 – *a peça de revestimento* m
57 fillet
 – *o filete de arremate* m
58 lightweight building board
 – *o forro do patamar*
59 ceiling plaster
 – *o revestimento do teto*
60 wall plaster
 – *o reboco da parede*
61 false ceiling
 – *o teto falso*
62 strip flooring (overlay flooring, parquet strip)
 – *o soalho de tábua corrida*
63 skirting board (*Am.* mopboard, washboard, scrub board, base)
 – *o rodapé*
64 beading
 – *a moldura*
65 staircase window
 – *a janela da escada*
66 main landing beam
 – *a viga mestra do patamar*
67 fillet (cleat)
 – *o arremate*
68-69 false ceiling
 – *o teto falso*
68 false floor (inserted floor)
 – *o piso falso*
69 floor filling (plugging, pug)
 – *o enchimento do piso*
70 laths
 – *os sarrafos*
71 lathing
 – *o ripado*
72 ceiling plaster
 – *o revestimento do teto*
73 subfloor (blind floor)
 – *o contrapiso*
74 parquet floor with tongued-and-grooved blocks
 – *o soalho de tacos* m *(de encaixe* m *e filete* m)
75 quarter-newelled (*Am.* quarter-neweled) staircase
 – *a escada em curva* f *com viga invertida*
76 winding staircase (spiral staircase) with open newels (open-newel staircase)
 – *a escada em espiral* f *com vão aberto*
77 winding staircase (spiral staircase) with solid newels (solid-newel staircase)
 – *a escada em espiral* f *com pilar* m *central*
78 newel (solid newel)
 – *o pilar central*
79 handrail
 – *o corrimão*

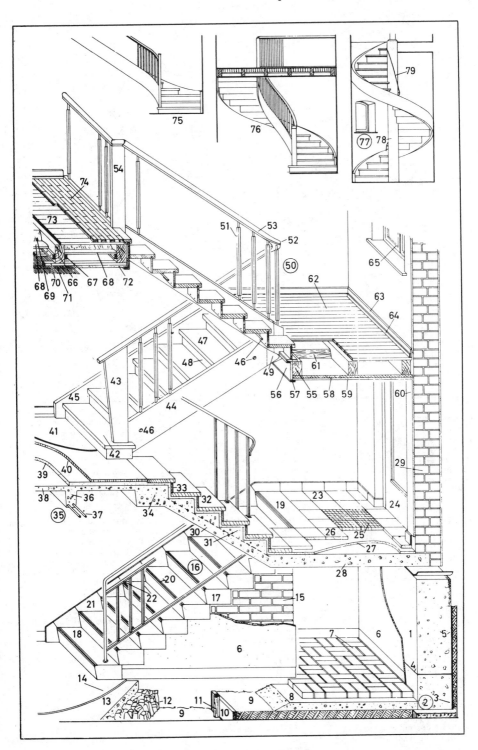

1 glazier's workshop
- *a oficina de vidraceiro* m
2 frame wood samples (frame
samples)
¬ *as amostras de molduras* f
3 frame wood
- *a moldura*
4 mitre joint (mitre, *Am.* miter
joint, miter)
- *a junta de meia-esquadria* f
5 sheet glass; *kinds:* window glass,
frosted glass, patterned glass,
crystal plate glass, thick glass,
milk glass, laminated glass
(safety glass, shatterproof glass)
- *o vidro plano; tipos: a vidraça,
o vidro fosco, o vidro martelado,
o vidro cristal plano, o vidro
grosso, o vidro leitoso, os vidros
de segurança* f *(os vidros à prova
de choque* m*); o vidro temperado e o vidro triplex*
6 cast glass: *kinds:* stained glass,
ornamental glass, raw glass,
bull's-eye glass, wired glass, line
glass (lined glass)
- *o vidro fundido; tipos: o vidro
de cor, o vidro de vitral* m, *o
vidro vazado, o vidro de fundo*
m *de garrafa* f, *o vidro aramado,
o vidro estriado*
7 mitring (*Am.* mitering) machine
- *a prensa de junta* f *de meia-esquadria* f

8 glassworker (*e.g.* building glazier, glazier, decorative glass
worker)
- *o vidraceiro;* tipos: *o vidraceiro
de construção* f, *o vidraceiro de
molduras* f; *quando trabalha o
próprio vidro: o vidreiro*
9 glass holder
- *o cavalete portátil*
10 piece of broken glass
- *os cacos de vidro* m
11 lead hammer
- *o martelo para chumbo* m
12 lead knife
- *a faca para chumbo* m
13 came (lead came)
- *a canaleta de chumbo* m
14 leaded light
- *as vidraças com caixilhos* m *de
chumbo* m
15 workbench
- *a bancada*
16 pane of glass
- *a vidraça*
17 putty
- *a massa de vidraceiro* m
18 glazier's hammer
- *o martelo de vidraceiro* m
19 glass pliers
- *o alicate para vidro* m
20 glazier's square
- *o esquadro de vidraceiro* m
21 glazier's rule
- *a régua para corte* m *de vidro* m

22 glazier's beam compass
- *o compasso corta-vidros* m
23 eyelet
- *a alça*
24 glazing sprig
- *as aparas de vidro* m
25-26 glass cutters
- *os cortadores de vidro* m
25 diamond glass cutter
- *o diamante*
26 steel-wheel (steel) glass cutter
- *o cortador de aço* m
27 putty knife
- *a faca de emassar*
28 pin wire
- *a haste de pinos* m *destacáveis*
29 panel pin
- *o pino*
30 mitre (*Am.* miter) block (mitre
box) [with saw]
- *a serra de molduras* f *juntas de
meia-esquadria* f
31 mitre (*Am.* miter) shoot (mitre
board)
- *a caixa de meia-esquadria* f

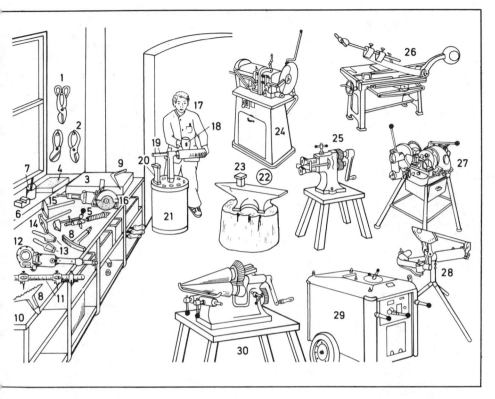

1 metal shears (tinner's snips, *Am.* tinner's shears)
- *a tesoura*
2 elbow snips (angle shears)
- *a tesoura de ângulo m*
3 gib
- *o desempeno*
4 lapping plate
- *a placa de esmerilhar*
5-7 propane soldering apparatus
- *o maçarico de gás liquefeito de petróleo m (o maçarico de GIP) com ferro m de solda f*
5 propane soldering iron, a hatchet iron
- *o maçarico para solda f*
6 soldering stone, a sal ammoniac block
- *a pedra de solda f amoniacal*
7 soldering fluid (flux)
- *o fluxo para solda f*
8 beading iron for forming reinforcement beading
- *o repuxador para furos quadrados*
9 angled reamer
- *o mandril de cotovelo m, o escariador de cotovelo m*
10 workbench (bench)
- *a bancada*
11 beam compass (trammel, *Am.* beam trammel)
- *o cintel*
12 electric hand die
- *a esmerilhadora portátil*

13 hollow punch
- *o vazador*
14 chamfering hammer
- *o martelo para chanfrar*
15 beading swage (beading hammer)
- *o martelo de ponta f*
16 abrasive-wheel cutting-off machine
- *a máquina manual de corte m por disco m de abrasivo m*
17 plumber
- *o encanador funileiro (Pt. o canalizador)*
18 mallet
- *o macete (de madeira f ou borracha f)*
19 mandrel
- *o mandril*
20 socket (tinner's socket)
- *a base (o pé)*
21 block
- *o suporte*
22 anvil
- *a bigorna*
23 stake
- *a pequena bigorna*
24 circular saw (buzz saw)
- *a máquina de corte m por disco m de abrasivo m*
25 flanging, swaging, and wiring machine
- *a máquina de bordear, forjar e amarrar*

26 sheet shears (guillotine)
- *a tesoura tipo guilhotina f para cortar chapa f*
27 screw-cutting machine (thread-cutting machine, die stocks)
- *a máquina elétrica para rosquear*
28 pipe-bending machine (bending machine, pipe bender)
- *a prensa para curvar tubos m*
29 welding transformer
- *o transformador de solda f*
30 bending machine (rounding machine) for shaping funnels
- *a curvadora para cones m*

126 Plumber, Gas Fitter, Heating Engineer

1 gas fitter and plumber
- *o encanador civil* (Pt. *o canalizador*)
2 stepladder
- *a escada de abrir*
3 safety chain
- *a articulação de segurança* f
4 stop valve
- *o registro* (Pt. *o registo*) *de fechamento rápido*
5 gas meter
- *o medidor* (Pt. *o contador*) *de gás* m
6 bracket
- *a peanha*
7 service riser
- *a tubulação individual*
8 distributing pipe
- *o tubo distribuidor*
9 supply pipe
- *o tubo de fornecimento* m *(da rede de abastecimento* m)
10 pipe-cutting machine
- *a máquina manual para cortar tubos* m
11 pipe repair stand
- *o tripé com prensa* f *(para consertar tubos* m)
12-25 gas and water appliances
- *os aparelhos a gás* m *e a água* f
12-13 geyser, an instantaneous water heater
- *o aquecedor instantâneo para água* f (Pt. *o esquentador*)
12 gas water heater
- *o aquecedor a gás* m
13 electric water heater
- *o aquecedor elétrico (a caldeira, o boiler),* Pt. *o esquentador elétrico*
14 toilet cistern
- *a caixa de descarga* f
15 float
- *a bóia*
16 bell
- *o sifão*
17 flush pipe
- *o tubo de descarga* f
18 water inlet
- *a entrada de água* f
19 flushing lever (lever)
- *a alavanca de descarga* f
20 radiator
- *o aquecedor (o radiador de calefação* f)
21 radiator rib
- *a colmeia do radiador*
22 two-pipe system
- *o sistema de tubulação dupla*
23 flow pipe
- *a tubulação de escoamento* m
24 return pipe
- *a tubulação de retorno* m
25 gas heater
- *o radiador a gás* m
26-37 plumbing fixtures
- *as ferragens para instalações hidráulicas*
26 trap (anti-syphon trap)
- *o sifão (para pia* f *ou lavatório* m)
27 mixer tap (*Am.* mixing faucet) for washbasins

- *a torneira para lavatório* m *com misturador* m *para água quente e fria*
28 hot tap
- *a torneira de água* f *quente*
29 cold tap
- *a torneira de água fria*
30 extendible shower attachment
- *a ducha* (Pt. *o duche*) *extensível (a ducha móvel)*
31 water tap (pillar tap) for washbasins
- *a torneira de lavatório* m
32 spindle top
- *a cruzeta*
33 shield
- *o castelo da torneira*
34 draw-off tap (*Am.* faucet)
- *a torneira de pressão* f
35 supatap
- *a torneira giratória*
36 swivel tap
- *a torneira móvel*
37 flushing valve
- *a válvula de descarga* f
38-52 fittings
- *as conexões*
38 joint with male thread
- *a conexão mista*
39 reducing socket (reducing coupler)
- *a luva de redução* f
40 elbow screw joint (elbow coupling)
- *a curva com união* f *de rosca* f *macho*
41 reducing socket (reducing coupler) with female thread
- *a virola*
42 screw joint
- *a união mista*
43 coupler (socket)
- *a luva*
44 T-joint (T-junction joint, tee)
- *o tê*
45 elbow screw joint with female thread
- *a curva com união* f *rosca* f *fêmea*
46 bend
- *a curva fêmea 90°*
47 T-joint (T-junction joint, tee) with female taper thread
- *o tê de redução* f
48 ceiling joint
- *o cotovelo com fixação* f
49 reducing elbow
- *o cotovelo de redução* f
50 cross
- *a cruzeta*
51 elbow joint with male thread
- *o cotovelo com rosca* f *macho e fêmea*
52 elbow joint
- *o cotovelo de encaixe* m
53-57 pipe supports
- *as braçadeiras*
53 saddle clip
- *a braçadeira tipo* m *sela* f
54 spacing bracket
- *a braçadeira tipo* m *meia-cana* f
55 plug
- *o parafuso*

56 pipe clips
- *os prendedores*
57 two-piece spacing clip
- *a braçadeira dupla meia-cana* f
58-86 plumber's tools, gas fitter's tools
- *as ferramentas de encanador* (Pt. *de canalizador*) m
58 gas pliers
- *o alicate gasista*
59 footprints
- *o alicate bico* m *de papagaio* m
60 combination cutting pliers
- *o alicate universal*
61 pipe wrench
- *o alicate bomba* f *de água* f
62 flat-nose pliers
- *o alicate de ponta chata*
63 nipple key
- *o bocal roscado* (o nipe)
64 round-nose pliers
- *o alicate de ponta arredondada*
65 pincers
- *a torquês*
66 adjustable S-wrench
- *a chave-inglesa em S ajustável*
67 screw wrench
- *a chave-francesa*
68 shifting spanner
- *a chave-inglesa reta*
69 screwdriver
- *a chave de parafuso* m, *a chave de fenda* f
70 compass saw (keyhole saw)
- *o serrote de ponta* f
71 hacksaw frame
- *o arco de serra* f
72 hand saw
- *o serrote manual*
73 soldering iron
- *o maçarico a gás* m *(GLP) com ferro* m *de soldar*
74 blowlamp (blowtorch) [for soldering]
- *o maçarico a querosene* m *com ferro* m *de soldar*
75 sealing tape
- *a fita para vedação* f *(o teflon)*
76 tin-lead solder
- *a solda de estanho* m
77 club hammer
- *a marreta*
78 hammer
- *o martelo de pena* f
79 spirit level
- *o nível de bolha* f *de ar* m
80 steel-leg vice (*Am.* vise)
- *a morsa articulada*
81 pipe vice (*Am.* vise)
- *a morsa tipo* m *prensa* f
82 pipe-bending machine
- *a prensa para curvar tubos* m
83 former (template)
- *as matrizes da prensa*
84 pipe cutter
- *o corta-tubos*
85 hand die
- *a tarraxa*
86 screw-cutting machine (thread-cutting machine)
- *a máquina para abrir rosca* f

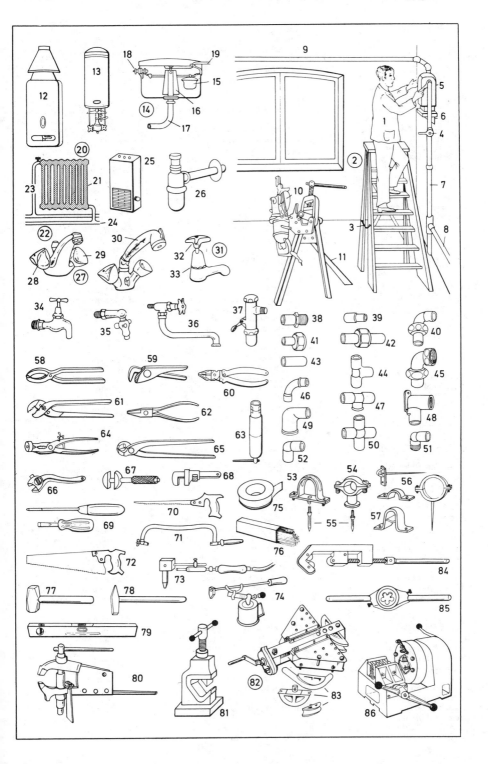

1 electrician (electrical fitter, wireman)
- *o eletricista*
2 bell push (doorbell) for low-voltage safety current
- *a campainha de porta f (para corrente f de baixa tensão)*
3 house telephone with call button
- *o telefone interno com botão m de chamada f, o interfone com botão de chamada*
4 [flush-mounted] rocker switch
- *o interruptor de embutir*
5 [flush-mounted] earthed socket (wall socket, plug point, *Am.* wall outlet, convenience outlet, outlet)
- *a tomada de embutir*
6 [surface-mounted] earthed double socket (double wall socket, double plug point, *Am.* double wall outlet, double convenience outlet, double outlet)
- *a tomada externa dupla*
7 switched socket (switch and socket)
- *o conjunto interruptor m -tomada f (vertical) de embutir*
8 four-socket (four-way) adapter (socket)
- *o conjunto de quatro tomadas f*
9 earthed plug
- *o pino (Pt. a ficha) com terra f*
10 extension lead (*Am.* extension cord)
- *o fio de extensão f*
11 extension plug
- *o pino (Pt. a ficha) da extensão*
12 extension socket
- *a tomada da extensão*
13 surface-mounted three-pole earthed socket [for three-phase circuit] with neutral conductor
- *a tomada externa de corrente trifásica, com neutro m e terra f*
14 three-phase plug
- *o plugue (Pt. a ficha) para corrente trifásica*
15 electric bell (electric buzzer)
- *a campainha elétrica (a cigarra)*
16 pull-switch (cord-operated wall switch)
- *o interruptor com puxador m de alça f*
17 dimmer switch [for smooth adjustment of lamp brightness]
- *o dimmer (um interruptor de variação f gradual de intensidade luminosa)*
18 drill-cast rotary switch
- *o interruptor rotativo em caixa metálica*
19 miniature circuit breaker (screw-in circuit breaker, fuse)
- *o fusível de segurança f (tipo m diazed)*
20 resetting button
- *o botão de religação f*
21 set screw [for fuses and miniature circuit breakers]
- *o parafuso de calibragem f (para fusíveis m diazed)*

22 underfloor mounting (underfloor sockets)
- *a caixa para tomadas f de piso m*
23 hinged floor socket for power lines and communication lines
- *a caixa articulada de tomadas f de piso m para corrente elétrica e telecomunicações f*
24 sunken floor socket with hinged lid (snap lid)
- *a caixa de tomadas f embutida no piso com tampa f de dobradiça f (tampa de mola f)*
25 surface-mounted socket outlet (plug point) box
- *a caixa externa de tomadas f de piso m*
26 pocket torch, a torch (*Am.* flashlight)
- *a lanterna de bolso m, a lanterna portátil (Pt. o facho)*
27 dry cell battery
- *a pilha seca*
28 contact spring
- *a mola de contacto m*
29 strip of thermoplastic connectors
- *o conjunto de conectores m de PVC rígido (o conector múltiplo)*
30 steel draw-in wire (draw wire) with threading key, and ring attached
- *o arame de aço m para enfiação f, com chave f ilhós m*
31 electricity meter cupboard
- *a caixa do relógio m de luz f*
32 electricity meter
- *o medidor (Pt. o contador) de eletricidade f, o relógio de luz f*
33 miniature circuit breakers (miniature circuit breaker consumer unit)
- *o jogo de disjuntores termomagnéticos*
34 insulating tape (*Am.* friction tape)
- *a fita isolante*
35 fuse holder
- *o fusível de rosca f*
36 circuit breaker (fuse), a fuse cartridge with fusible element
- *o fusível de cartucho m (um modelo m especial)*
37 colour (*Am.* color) indicator [showing current rating]
- *a cor indicando a potência nominal da corrente*
38-39 **contact maker**
- *a peça de contacto m*
40 cable clip
- *a braçadeira para cabo m*
41 universal test meter (multiple meter for measuring current and voltage)
- *o medidor (Pt. o contador) universal para corrente f e tensão f*
42 thermoplastic moisture-proof cable
- *o cabo termoplástico à prova de umidade (Pt. humidade) f*
43 copper conductor
- *o condutor de cobre m*

44 three-core cable
- *o conjunto de três cabos singelos*
45 electric soldering iron
- *o ferro de soldar elétrico*
46 screwdriver
- *a chave de fenda, a chave de parafuso m*
47 pipe wrench
- *a chave de papagaio m*
48 shock-resisting safety helmet
- *o capacete de proteção f à prova de choque m*
49 tool case
- *a caixa de ferramentas f*
50 round-nose pliers
- *o alicate de bico redondo*
51 cutting pliers
- *o alicate de corte m*
52 junior hacksaw
- *a serra do arco m (pequena)*
53 combination cutting pliers
- *o alicate universal*
54 insulated handle
- *o cabo isolante*
55 continuity tester
- *a lâmpada de teste m*
56 electric light bulb (general service lamp, filament lamp)
- *a lâmpada elétrica, a lâmpada incandescente*
57 glass bulb (bulb)
- *o bulbo de vidro m*
58 coiled-coil filament
- *o filamento em espiral dupla*
59 screw base
- *a rosca da lâmpada*
60 lampholder
- *o bocal com soquete m*
61 fluorescent tube
- *o tubo fluorescente, a lâmpada fluorescente*
62 bracket for fluorescent tubes
- *o soquete de lâmpada f fluorescente*
63 electrician's knife
- *o canivete de eletricista m*
64 wire strippers
- *o desencapador de fio m*
65 bayonet fitting
- *o encaixe baioneta f*
66 three-pin socket with switch
- *a tomada tripolar com interruptor m*
67 three-pin plug
- *o plugue de três pinos m (Pt. a ficha com terra f)*
68 fuse carrier with fuse wire
- *o porta-fusível com fio m fusível m*
69 light bulb with bayonet fitting
- *a lâmpada de base f Swan (com baioneta f)*

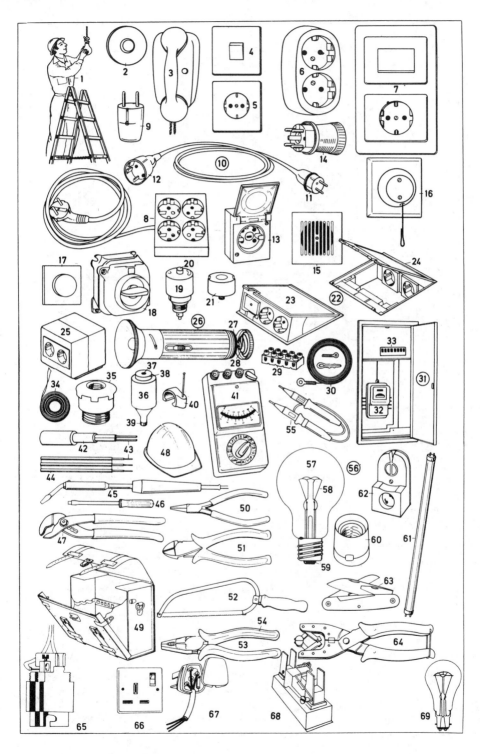

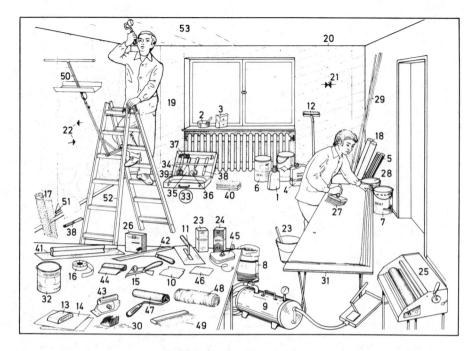

1-17 preparation of surfaces
- *a preparação das superfícies*
1 wallpaper-stripping liquid (stripper)
- *o líquido para descolar papel m de parede f*
2 plaster (plaster of Paris)
- *o gesso-estuque*
3 filler
- *a massa de pintor m*
4 glue size (size)
- *a cola de papel m de parede f, o grude*
5 lining paper, backing paper
- *o papel de forro m*
6 primer
- *a tinta de aparelho, o aparelho*
7 fluate
- *o solvente para descolar papel m (à base de flúor m)*
8 shredded lining paper
- *os retalhos (tb. as aparas) de papel m de forro m*
9 wallpaper-stripping machine (stripper)
- *a máquina descoladora de papel m de parede f*
10 scraper
- *a raspadeira de estucador m*
11 smoother
- *a desempenadeira*
12 perforator
- *o perfurador de papel m de parede f*
13 sandpaper block
- *o bloco de lixa f*
14 sandpaper
- *a lixa*
15 stripping knife
- *a raspadeira*
16 masking tape
- *a fita de arremate m*
17 strip of sheet metal [on which wallpaper is laid for cutting]
- *a tela protetora*

18-53 wallpapering (paper hanging)
- *a colocação do papel de parede f*

18 wallpaper (*kinds:* wood pulp paper, wood chip paper, fabric wallhangings, synthetic wallpaper, metallic paper, natural (*e.g.* wood or cork) paper, tapestry wallpaper)
- *os materiais de forração f de paredes f (tipos m: papel m, aglomerados m e laminados m diversos, plástico m, tecido m, cortiça f, tapeçaria f)*
19 length of wallpaper
- *a altura do papel de parede f*
20 butted paper edges
- *a colocação contínua das alturas de papel m*
21 matching edge
- *a justaposição das alturas casando o motivo*
22 non-matching edge
- *a justaposição consecutiva das alturas (sem casar o motivo)*
23 wallpaper paste
- *a cola de tapeceiro m*
24 heavy-duty paste
- *a cola de alta resistência*
25 pasting machine
- *a máquina de passar cola f*
26 paste [for the pasting machine]
- *a cola [para máquina f]*
27 paste brush
- *a trincha de cola f*
28 emulsion paste
- *a emulsão de cola f*
29 picture rail
- *o friso*
30 beading pins
- *as tachas de tapeceiro m*
31 pasteboard (paperhanger's bench)
- *a mesa de passar cola f (a bancada de trabalho m do forrador de paredes f)*
32 gloss finish
- *o verniz protetor para a superfície empapelada*
33 paperhanging kit
- *o estojo de forração f de paredes f*

34 shears (bull-nosed scissors)
- *a tesoura*
35 filling knife
- *a espátula*
36 seam roller
- *o rolo*
37 hacking knife
- *a faca de talhar*
38 knife (trimming knife)
- *a faca de aparar*
39 straightedge
- *o esquadro*
40 paperhanging brush
- *a escova para assentar (alizar a superfície forrada)*
41 wallpaper-cutting board
- *o trincho*
42 cutter
- *o cortador*
43 trimmer
- *o aparador*
44 plastic spatula
- *a espátula de plástico m*
45 chalked string
- *o cordel riscador*
46 spreader
- *a espátula dentada*
47 paper roller
- *o rolo para assentamento m do papel*
48 flannel cloth
- *a flanela*
49 dry brush
- *a escova seca*
50 ceiling paperhanger
- *o porta-rolos, para colocar papel m no teto*
51 overlap angle
- *o canto a aparar*
52 paperhanger's trestles
- *a escada de pintor m*
53 ceiling paper
- *o papel do teto*

1 **painting**
- *a pintura*
2 painter
- *o pintor*
3 paintbrush
- *a broxa*
4 emulsion paint (emulsion)
- *a tinta a emulsão* f
5 stepladder
- *a escada de pintor* m, *a escada dobra-diça*
6 can (tin) of paint
- *a lata de tinta* f
7-8 cans (tins) of paint
- *as latas de tinta* f
7 can (tin) with fixed handle
- *a lata de alça fixa*
8 paint kettle
- *a lata de tinta* f *de alça* f *móvel*
9 drum of paint
- *o latão de tinta* f
10 paint bucket
- *o balde de tinta* f
11 paint roller
- *o rolo de pintar*
12 grill [for removing excess paint from the roller]
- *a grelha (para remover excesso* m *de tinta* f *do rolo)*
13 stippling roller
- *o rolo de estampar*
14 **varnishing**
- *o laqueado, o esmaltado*
15 oil-painted dado
- *o lambri (Pt. o lambril) pintado a óleo* m
16 canister for thinner
- *o galão (Pt. o bidom) de solvente* m
17 flat brush for larger surfaces (flat wall brush)
- *a trincha para superfícies* f *maiores*
18 stippler
- *a broxa de encolar*
19 fitch
- *o pincel redondo*
20 cutting-in brush
- *o pincel de contornos* m

21 radiator brush (flay brush)
- *o pincel para radiador* m
22 paint scraper
- *o raspador de tinta* f
23 scraper
- *a espátula*
24 putty knife
- *a faca de emassar, a espátula de vidra-ceiro* m
25 sandpaper
- *a lixa*
26 sandpaper block
- *o bloco de lixa* f
27 floor brush
- *o escovão*
28 **sanding and spraying**
- *o lixamento e a pintura a pistola* f
29 grinder
- *o esmeril*
30 sander
- *a lixadeira mecânica*
31 pressure pot
- *o tambor de ar comprimido*
32 spray gun
- *a pistola de pintor* m
33 compressor (air compressor)
- *o compressor (compressor de ar* m*)*
34 flow coating machine for flow coating radiators etc.
- *o aparelho para encher radiadores* m *(com água* f*)*
35 hand spray
- *a pistola manual de pintura* f
36 airless spray unit
- *o equipamento de pintura* f *a vácuo* m
37 airless spray gun
- *a pistola de pintura* f *a vácuo* m
38 efflux viscometer
- *o viscosímetro para pintura* f
39 seconds timer
- *o minuteiro*
40 **lettering and gilding**
- *a marcação e a douração*

41 lettering brush (signwriting brush, pencil)
- *o pincel de letras* f
42 tracing wheel
- *a carretilha de riscar*
43 stencil knife
- *o estilete*
44 oil gold size
- *o óleo de dourar (tipo : o óleo de bana-na* f*)*
45 gold leaf
- *o ouro em folha* f, *o ouro-folha*
46 outline drawing
- *o desenho de contorno* m, *o risco*
47 mahlstick
- *o bastão de pintura* f
48 pouncing
- *estresindo o desenho*
49 pounce bag
- *a boneca de estresir*
50 gilder's cushion
- *o coxim de dourador* m
51 gilder's knife
- *a faca de dourador* m
52 sizing gold leaf
- *o assentamento da folha de ouro* m
53 filling in the letters with stipple paint
- *o preenchimento das letras com tinta* f
54 gilder's mop
- *o pincel de dourador* m

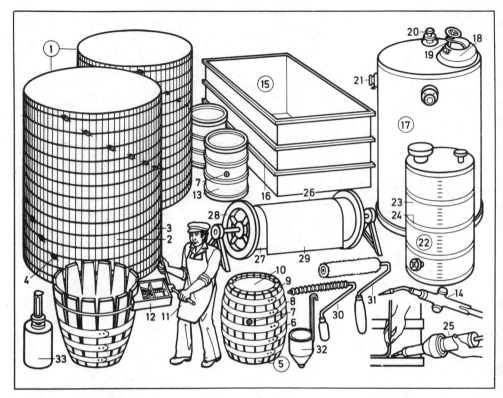

1-33 cooper's and tank construction engineer's workshops
- *as oficinas de fabricação f de tonéis m (tanoaria f) e de construção f de reservatórios m*
1 tank
- *a cuba*
2 circumference made of staves (staved circumference)
- *o ripado cilíndrico de madeira f*
3 iron rod
- *a cinta de aço m*
4 turnbuckle
- *o parafuso tensor*
5 barrel (cask)
- *o tonel, o barril, a pipa*
6 body of barrel (of cask)
- *a carcaça do barril (a carcaça do tonel, a carcaça da pipa)*
7 bunghole
- *o batoque*
8 band (hoop) of barrel
- *a cinta, o arco do barril*
9 barrel stave
- *a aduela, a tábua do barril*
10 barrelhead (heading)
- *a tampa do barril*
11 cooper
- *o tanoeiro*
12 trusser
- *o aparelho de cintar*
13 drum
- *o tambor (um cilindro metálico cintado)*

14 gas welding torch
- *o maçarico oxi-acetilênico*
15 staining vat, made of thermoplastics
- *a tina termoplástica de pintura f*
16 iron reinforcing band
- *a cinta de perfilado de aço m*
17 storage container, made of glass fibre (*Am.* glass fiber) reinforced polyester resin
- *a cisterna de resina f de poliéster m reforçada com fibra f de vidro m*
18 manhole
- *a visita (a abertura para limpeza f)*
19 manhole cover with handwheel
- *a tampa da visita com volante m*
20 flange mount
- *a junta de flanges m*
21 flange-type stopcock
- *o obturador tipo m flange m*
22 measuring tank
- *o tambor graduado*
23 shell (circumference)
- *a parede*
24 shrink ring
- *a virola*
25 hot-air gun
- *a pistola de ar m quente*
26 roller made of glass fibre (*Am.* glass fiber) reinforced synthetic resin

- *o tubo de resina sintética reforçada com fibra f de vidro m*
27 cylinder
- *o cilindro*
28 flange
- *o flange*
29 glass cloth
- *a tela de fibra f de vidro m*
30 grooved roller
- *o rolo canelado*
31 lambskin roller
- *o rolo de pele f de carneiro m*
32 ladle for testing viscosity
- *o viscosímetro (a concha, o copo para testar viscosidade f)*
33 measuring vessel for hardener
- *o medidor de endurecimento m*

1-25 furrier's workroom
- *a oficina de peleteiro* m
1 furrier
- *o peleteiro*
2 steam spray gun
- *o aspersor de vapor* m
3 steam iron
- *o ferro de vapor* m
4 beating machine
- *a batedeira*
5 cutting machine for letting out furskins
- *a cortadeira para alongar peles* f
6 uncut furskin
- *a pele inteira*
7 let-out strips (let-out sections)
- *as tiras de pele* f *alongadas*
8 fur worker
- *o auxiliar de peleteiro* m
9 fur-sewing machine
- *a máquina de costura* f *para peles* f
10 blower for letting out
- *o ventilador*
11-21 furskins
- *as peles*
11 mink skin
- *a pele de vison* m (*de marta* f)
12 fur side
- *o lado do pêlo*
13 leather side
- *o lado do couro*
14 cut furskin
- *a pele cortada*

15 lynx skin before letting out
- *a pele de lince* m *antes do alongamento*
16 let-out lynx skin
- *a pele de lince* m *alongada*
17 fur side
- *o lado do pêlo*
18 leather side
- *o lado do couro*
19 let-out mink skin
- *a pele de vison* m (*de marta* f) *alongada*
20 lynx fur, sewn together (sewn)
- *a pele de lince* m *montada*
21 broadtail
- *a pele de cordeiro* m *nonato, o astracã*
22 fur marker
- *o percevejo* (Pt. *a tacha*) *de peleteiro* m
23 fur worker
- *o auxiliar de peleteiro* m
24 mink coat
- *o casaco de vison* m (*de pele* f *de marta* f)
25 ocelot coat
- *o casaco de jaguatirica* f (Pt. *de ocelote* m)

1-73 joiner's workshop
- *a oficina de marceneiro* m
1-28 joiner's tools
- *as ferramentas de marceneiro* m
1 wood rasp
- *a grosa de madeira* f, *a raspadeira*
2 wood file
- *a lima*
3 compass saw (keyhole saw)
- *o serrote de ponta* f
4 saw handle
- *o cabo do serrote*
5 [square-headed] mallet
- *o macete*
6 try square
- *o esquadro (de encosto* m)
7-11 chisels
- *os formões*
7 bevelled-edge chisel (chisel)
- *o formão grosso*
8 mortise (mortice) chisel
- *o bedame*
9 gouge
- *a goiva*
10 handle
- *o cabo*
11 framing chisel (cant chisel)
- *o formão triangular achatado*
12 glue pot in water bath
- *o pote de cola* f *em banho-maria* m
13 glue pot (glue well), an insert for joiner's glue
- *o pote de cola* f *(um pote com cola de marceneiro* m)
14 handscrew
- *o sargento, o macaco manual*
15-28 planes
- *as plainas*
15 smoothing plane
- *o cepilho, a plaina de alisar*
16 jack plane
- *o desbastador*
17 toothing plane
- *a garlopa*
18 handle (toat)
- *o cabo*
19 wedge
- *a cunha*
20 plane iron (cutter)
- *o ferro de plaina* f
21 mouth
- *a boca*
22 sole
- *a sola*
23 side
- *o cepo*
24 stock (body)
- *a testa*
25 rebate (rabbet) plane
- *o guilherme*
26 router plane (old woman's tooth)
- *a carripana* (Pt. *a plaina de ferro dentado*)
27 spokeshave
- *a plaina de raio* m
28 compass plane
- *a plaina de volta* f
29-37 woodworker's bench
- *a mesa de marceneiro* m *(de carpinteiro* m)
29 foot
- *o pé*

30 front vice (*Am.* vise)
- *o torno (frontal) de bancada* f
31 vice (*Am.* vise) handle
- *o cabo do torno, o freio do torno*
32 vice (*Am.* vise) screw
- *a rosca do torno*
33 jaw
- *o mordente*
34 bench top
- *o tampo da mesa*
35 well
- *o vão*
36 bench stop (bench holdfast)
- *a garra da bancada*
37 tail vice (*Am.* vise)
- *a parte traseira do torno*
38 cabinet maker (joiner)
- *o marceneiro*
39 trying plane
- *a garlopa*
40 shavings
- *as aparas*
41 wood screw
- *o parafuso para madeira* f
42 saw set
- *a travadeira de serra* f
43 mitre (*Am.* miter) box
- *a caixa de meia-esquadria* f
44 tenon saw
- *o serrote de samblar*
45 thicknesser (thicknessing machine)
- *o desengrosso*
46 thicknessing table with rollers
- *a mesa de desengrosso* m *com rodízios* m
47 kick-back guard
- *o protetor*
48 chip-extractor opening
- *a abertura do removedor de aparas* f
49 chain mortising machine (chain mortiser)
- *a fresa de corrente* f
50 endless mortising chain
- *a corrente sem-fim da fresa*
51 clamp (work clamp)
- *a cinta de aperto* m
52 knot hole moulding (*Am.* molding)
- *o modelador do orifício do nó da madeira*
53 knot hole cutter
- *o cortador do buraco do nó, a fresa de nó*
54 quick-action chuck
- *o mandril de ação rápida*
55 hand lever
- *a alavanca de mão* f
56 change-gear handle
- *a alavanca de câmbio* m *de marcha* f (Pt. *a alavanca de mudança* f)
57 sizing and edging machine
- *a máquina de cortar e facetar*
58 main switch
- *o botão de comando* m, *o interruptor principal*
59 circular saw (buzz saw) blade
- *a lâmina da serra circular*
60 height (rise and fall) adjustment wheel
- *o volante de ajuste* m *da altura*
61 V-way

- *a corrediça em V*
62 framing table
- *a mesa de armação* f *removível*
63 extension arm (arm)
- *o braço de extensão* f
64 trimming table
- *a mesa de aparar*
65 fence
- *as guias de frente* f *a 1/2 esquadria* f
66 fence adjustment handle
- *o ajuste da guia*
67 clamp lever
- *a manivela da cinta de aperto* m
68 board-sawing machine
- *a serra de compensado* m *(para acertar as bordas das folhas de compensado)*
69 swivel motor
- *o motor deslizante*
70 board support
- *o dispositivo de fixação* f *das folhas de madeira* f
71 saw carriage
- *o carro da serra*
72 pedal for raising the transport rollers
- *o pedal para levantar as roldanas transportadoras*
73 block board
- *a folha de compensado* m *de madeira* f

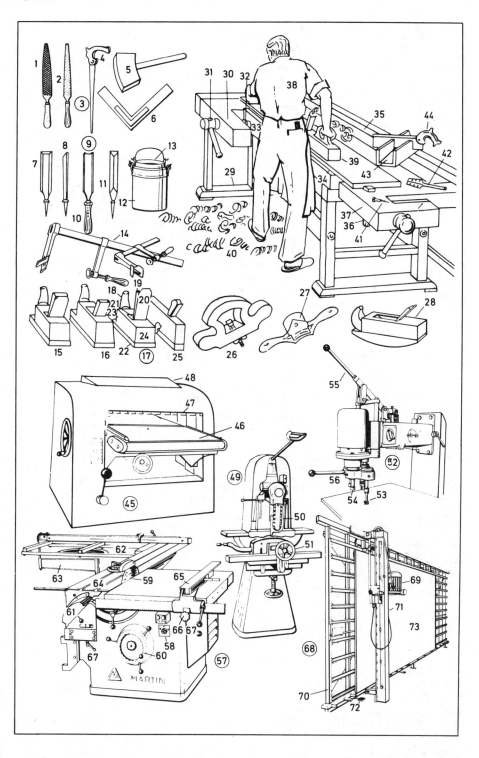

1 veneer-peeling machine (peeling machine, peeler)
- *a laminadora de madeira* f
2 veneer
- *o laminado de madeira* f
3 veneer-splicing machine
- *a coladeira de compensado* m
4 nylon-thread cop
- *a bobina de fio* m *de náilon* m
5 sewing mechanism
- *o mecanismo de costura* f
6 dowel hole boring machine (dowel hole borer)
- *a furadeira tarugadora*
7 boring motor with hollow-shaft boring bit
- *o motor furador com broca furadora de eixo oco*
8 clamp handle
- *a manivela do torno*
9 clamp
- *a garra, o prendedor*
10 clamping shoe
- *a sapata, o suporte do torno*
11 stop bar
- *a chapa de encosto* m
12 edge sander (edge-sanding machine)
- *a lixadeira mecânica*
13 tension roller with extension arm
- *o rolo compressor com extensão* f
14 sanding belt regulator (regulating handle)
- *o regulador da correia de lixamento mecânico*
15 endless sanding belt (sand belt)
- *a correia*
16 belt-tensioning lever
- *a alavanca de regulagem* f *da tensão da correia*
17 canting table (tilting table)
- *a mesa reclinável*
18 belt roller
- *o cilindro (da correia)*
19 angling fence for mitres (*Am.* miters)
- *o medidor de ângulos* m
20 opening dust hood
- *a tampa do coletor de pó* m
21 rise adjustment of the table
- *o ajuste de altura* f *da mesa*
22 rise adjustment wheel for the table
- *o volante de ajuste* m *da altura da mesa*
23 clamping screw for the table rise adjustment
- *a garra para o ajuste da altura da mesa*
24 console
- *o consolo*
25 foot of the machine
- *o pedestal*
26 edge-veneering machine
- *a máquina de colar compensado*
27 sanding wheel
- *o esmeril*
28 sanding dust extractor
- *o extrator de serragem* f *(do lixamento)*
29 splicing head
- *o cabeçote da coladeira*

30 single-belt sanding machine (single-belt sander)
- *a lixadeira de correia única*
31 belt guard
- *o protetor da correia*
32 bandwheel cover
- *o protetor da polia de tensão* f *da correia*
33 extractor fan (exhaust fan)
- *o exaustor*
34 frame-sanding pad
- *o suporte de lixamento* m *de molduras* f
35 sanding table
- *a mesa de lixamento* m
36 fine adjustment
- *o ajuste fino*
37 fine cutter and jointer
- *a máquina de serrar e ajustar de precisão* f *cortadora e ajustadora*
38 saw carriage with chain drive
- *o carro da serra, movido por corrente* f
39 trailing cable hanger (trailing cable support)
- *o suporte de cabo pendente*
40 air extractor pipe
- *a tubulação extratora de pó* m, *o aspirador da poeira*
41 rail
- *o trilho*
42 frame-cramping (frame-clamping) machine
- *a prensa de molduras* f, *caixilhos* m, *esquadrias* f
43 frame stand
- *o suporte de esquadria* f
44 workpiece, a window frame
- *a peça de trabalho* m, *uma esquadria de janela* f
45 compressed-air line
- *o tubo de ar comprimido*
46 pressure cylinder
- *o pistão, o cilindro compressor*
47 pressure foot
- *o patim de pistão* m
48 frame-mounting device
- *o dispositivo de montagem* f *de esquadria* f
49 rapid-veneer press
- *a prensa rápida de compensado* m
50 bed
- *a bancada*
51 press
- *a prensa*
52 pressure piston
- *o pistão da prensa*

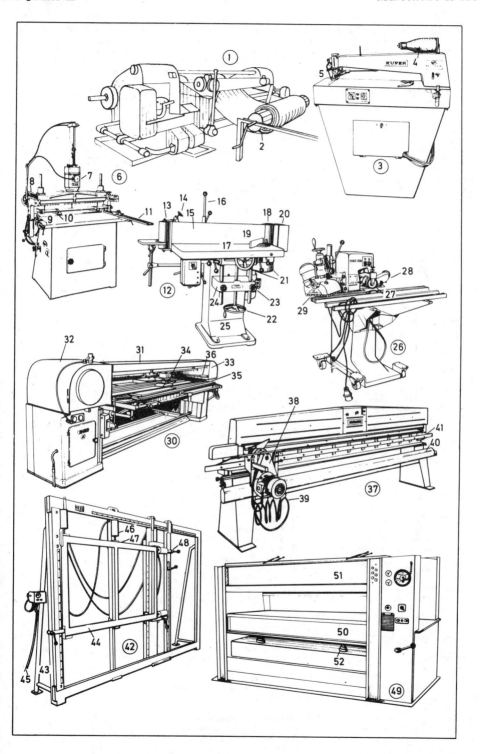

1-34 tool cupboard (tool cabinet) for do-it-yourself work
- *o armário doméstico de ferramentas* f
1 smoothing plane
- *a plaina*
2 set of fork spanners (fork wrenches, open-end wrenches)
- *o conjunto de chaves-de-boca* f
3 hacksaw
- *o arco de serra* f *(a serra para metais* f*)*
4 screwdriver
- *a chave de fenda* f*, a chave de parafuso*
5 cross-point screwdriver
- *a chave de parafuso* m *com ponta* f *em cruz* f
6 saw rasp
- *a grosa*
7 hammer
- *o martelo*
8 wood rasp
- *a grosa para madeira* f
9 roughing file
- *a lima*
10 small vice (*Am.* vise)
- *o torno manual, o torninho*
11 pipe wrench
- *o alicate de pressão* f
12 multiple pliers
- *o bico de papagaio* m *(um alicate múltiplo)*
13 pincers
- *a torquês*
14 all-purpose wrench
- *o alicate de bico* m
15 wire stripper and cutter
- *o alicate de eletricista* m *(para cortar e desencapar fios* m*)*
16 electric drill
- *a furadeira elétrica*
17 hacksaw
- *a serra tico-tico*
18 plaster cup
- *o balde para gesso* m *ou argamassa* f
19 soldering iron
- *o ferro elétrico para soldar*
20 tin-lead solder wire
- *o fio de solda* f *de estanho* m
21 lamb's wool polishing bonnet
- *o disco de lã* f *para polimento* m
22 rubber backing disc (disk)
- *o disco com revestimento* m *de borracha* f
23 grinding wheel
- *o esmeril*
24 wire wheel brush
- *a escova de aço* m
25 sanding discs (disks)
- *as lixas*
26 try square
- *o esquadro*
27 hand saw
- *o serrote*
28 universal cutter
- *o cortador universal*
29 spirit level
- *o nível de bolha* f *de ar* m
30 firmer chisel
- *a talhadeira*
31 centre (*Am.* center) punch
- *o ponteiro*

32 nail punch
- *o repuxador*
33 folding rule (rule)
- *o metro* (Pt. *a régua) de carpinteiro* m
34 storage box for small parts
- *a caixa para peças pequenas*
35 tool box
- *a caixa de ferramentas* f
36 woodworking adhesive
- *a cola de madeira* f
37 stripping knife
- *a espátula*
38 adhesive tape
- *a fita adesiva*
39 storage box with compartments for nails, screws, and plugs
- *o estojo com divisórias* f *para pregos* m*, parafusos* m *e cavilhas* f
40 machinist's hammer
- *o martelo para rebitar*
41 collapsible workbench (collapsible bench)
- *a bancada dobrável*
42 jig
- *o gabarito* (Pt. *o gabari)*
43 electric percussion drill (electric hammer drill)
- *a furadeira de impacto* m*, um martelete*
44 pistol grip
- *o cabo-coronha* f
45 side grip
- *o cabo lateral*
46 gearshift switch
- *o botão de câmbio* m (Pt. *de mudança* f*) de velocidade* f
47 handle with depth gauge (*Am.* gage)
- *o medidor de profundidade* f
48 chuck
- *o mandril*
49 twist bit (twist drill)
- *a broca*
50-55 attachments for an electric drill
- *os acessórios da furadeira elétrica*
50 combined circular saw (buzz saw) and bandsaw
- *a serra combinada circular e de fita* f
51 wood-turning lathe
- *o torno de madeira* f
52 circular saw attachment
- *a serra circular*
53 orbital sanding attachment (orbital sander)
- *a lixadeira*
54 drill stand
- *o suporte da furadeira*
55 hedge-trimming attachment (hedge trimmer)
- *a podadeira*
56 soldering gun
- *a pistola soldadora instantânea*
57 soldering iron
- *o ferro de soldar*
58 high-speed soldering iron
- *o ferro de soldar rapidamente*
59 upholstery, upholstering an armchair
- *o estofo, o estofamento de uma poltrona*

60 fabric (material) for upholstery
- *o tecido de estofamento* m
61 do-it-yourself enthusiast
- *o entusiasta de trabalhos* m *tipo faça-você-mesmo, o* bricoleur

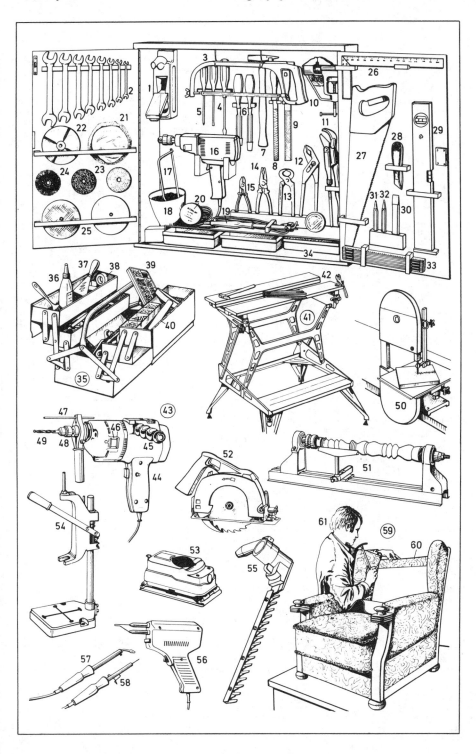

1-26 **turnery** (turner's workshop)
– *a oficina de torneiro* m *(a tornearia)*
1 wood-turning lathe (lathe)
– *o torno mecânico para madeira* f
2 lathe bed
– *a corrediça do cabeçote*
3 starting resistance (starting resistor)
– *a chave de comando* m
4 gearbox
– *a caixa de mudança* f
5 tool rest
– *a espera*
6 chuck
– *a bucha*
7 tailstock
– *o cabeçote móvel*
8 centre (*Am.* center)
– *a ponta fixa de centro* m
9 driving plate with pin
– *o prato motor com pino* m (Pt. *com perno* m)
10 two-jaw chuck
– *o mandril com chaveta* f
11 live center (*Am.* center)
– *a ponta móvel de centro* m
12 fretsaw
– *o arco de serra* f
13 fretsaw blade
– *a lâmina de serra* f
14, 15, 24 turning tools
– *as ferramentas de torneiro* m

14 thread chaser, for cutting threads in wood
– *o gravador de rosca* f *ou de filete* m
15 gouge, for rough turning
– *a goiva*
16 spoon bit (shell bit)
– *a verruma de colher* f *(a verruma de meia-cana* f)
17 hollowing tool
– *o escareador*
18 outside calliper (caliper)
– *o compasso de diâmetro externo (o compasso de espessura* f)
19 turned work (turned wood)
– *a peça torneada (a madeira torneada)*
20 master turner (turner)
– *o oficial torneiro (o torneiro)*
21 [piece of] rough wood
– *a peça de madeira bruta*
22 drill
– *a furadeira*
23 inside calliper (caliper)
– *o calibre de medições internas (o compasso de diâmetro interno)*
24 parting tool
– *a ferramenta para rebaixar*
25 glass paper (sandpaper, emery paper)
– *a lixa*
26 shavings
– *a serragem*

1-40 basket making (basketry, basketwork)
– *a fabricação de cestos* m
1-4 weaves (strokes)
– *os tipos de trama* f
1 randing
– *a trama torcida*
2 rib randing
– *a trama nervurada (2 na frente, 1 atrás)*
3 oblique randing
– *a trama oblíqua*
4 randing, a piece of wickerwork (screen work)
– *a trama, um trabalho em vime* m
5 weaver
– *o cesteiro*
6 stake
– *a vareta*
7 workboard; *also:* lapboard
– *a tábua de trabalho* m
8 screw block
– *o calço*
9 hole for holding the block
– *o orifício de fixação* f *do calço*
10 stand
– *o cavalete*
11 chip basket (spale basket)
– *a cesta de lascas* f *de madeira* f
12 chip (spale)
– *a lasca (a apara) de madeira* f
13 soaking tub
– *a tina de infusão* f

14 willow stakes (osier stakes)
– *as varetas de vime* m
15 willow rods (osier rods)
– *os bastões de vime* m
16 basket, a piece of wickerwork (basketwork)
– *a cesta, um trabalho em vime* m
17 border
– *a borda*
18 woven side
– *o lado trançado*
19 round base
– *o fundo redondo em estrela* f
20 woven base
– *o fundo trançado*
21 slath
– *as varetas amarradas em cruz* f
22-24 covering a frame
– *o trabalho de empalhador* m
22 frame
– *a armação*
23 end
– *a ponta, a tala*
24 rib
– *a palhinha*
25 upsett
– *a vareta da urdidura*
26 grass; *kinds:* esparto grass, alfalfa grass
– *as gramíneas,* tipos m: *esparto* m, *alfafa* f
27 rush (bulrush, reed mace)
– *o junco*
28 reed (China reed, string)
– *a cana da Índia*

29 raffia (bast)
– *a ráfia*
30 straw
– *a palha*
31 bamboo cane
– *o bambu*
32 rattan (ratan) chair cane
– *o rotim*
33 basket maker
– *o empalhador*
34 bending tool
– *o ferro para curvar*
35 cutting point (bodkin)
– *o estilete, o furador*
36 rapping iron
– *o pisão*
37 pincers
– *o alicate*
38 picking knife
– *a faca seletora*
39 shave
– *a plaina*
40 hacksaw
– *a serra de arco* m

1-8 hearth (forge) with blacksmith's fire
- *a forja com fornalha* f
1 hearth (forge)
- *a forja*
2 shovel (slice)
- *a pá*
3 swab
- *o esfregão*
4 rake
- *o ancinho*
5 poker
- *o atiçador*
6 blast pipe (tue iron)
- *a entrada de ar* m
7 chimney (cowl, hood)
- *a coifa*
8 water trough (quenching trough, bosh)
- *a tina de água* f *(a cuba de resfriamento* m*)*
9 power hammer
- *o martelo mecânico*
10 ram (tup)
- *o peso*
11-16 anvil
- *a bigorna*
11 anvil
- *a bigorna*
12 flat beak (beck, bick)
- *o chifre achatado*
13 round beak (beck, bick)
- *o chifre redondo*
14 auxiliary table
- *a mesa auxiliar*

15 foot
- *o patim*
16 upsetting block
- *a base da bigorna*
17 swage block
- *a bancada auxiliar*
18 tool-grinding machine (tool grinder)
- *a esmerilhadora de coluna* f
19 grinding wheel
- *o rebolo*
20 block and tackle
- *a talha de corrente* f *manual*
21 workbench (bench)
- *a mesa de trabalho* m *(a bancada)*
22-39 blacksmith's tools
- *as ferramentas de ferreiro* m
22 sledge hammer
- *o martelo pesado de pena* f
23 blacksmith's hand hammer
- *a marreta*
24 flat tongs
- *a tenaz*
25 round tongs
- *a tenaz arredondada*
26 parts of the hammer
- *as partes do martelo*
27 peen (pane, pein)
- *a pena do martelo*
28 face
- *a face*
29 eye
- *o furo do martelo*

30 haft
- *o cabo do martelo*
31 cotter punch
- *a cunha de fixação* f *do cabo*
32 hardy (hardie)
- *o trinchete da bigorna*
33 set hammer
- *o martelo assentador*
34 sett (set, sate)
- *o martelo de corte* m *(para cortar ferro* m *a quente)*
35 flat-face hammer (flatter)
- *o martelo de plainar*
36 round punch
- *o martelo furador*
37 angle tongs
- *a tenaz angular*
38 blacksmith's chisel (scaling hammer, chipping hammer)
- *o cinzel (para alisar ferro* m *a frio)*
39 moving iron (bending iron)
- *o ferro para curvar*

1 compressed-air-system
– *o sistema de ar comprimido*
2 electric motor
– *o motor elétrico*
3 compressor
– *o compressor*
4 compressed-air tank
– *o tanque de ar comprimido*
5 compressed-air line
– *a tubulação de ar comprimido*
6 percussion screwdriver
– *a chave de parafuso* m *de percus-são pneumática*
7 pedestal grinding machine (floor grinding machine)
– *a esmerilhadora de coluna* f
8 grinding wheel
– *o rebolo*
9 guard
– *o protetor do rebolo*
10 trailer
– *o reboque*
11 brake drum
– *o tambor do freio*
12 brake shoe
– *a sapata do freio*
13 brake lining
– *a lona do freio*
14 testing kit
– *o estojo de testagem* f
15 pressure gauge (*Am.* gage)
– *o calibrador (o manômetro)*
16 brake-testing equipment, a rolling road

– *o equipamento de testagem* f *de freios* m, *uma pista de rolamento* m
17 pit
– *o fosso*
18 braking roller
– *o cilindro de frenagem* f
19 meter (recording meter)
– *o medidor*
20 precision lathe for brake drums
– *o torno de precisão* m *para tam-bores* m *de freio* m
21 lorry wheel
– *a roda do caminhão* (Pt. *do ca-mião)*
22 boring mill
– *a broqueadeira*
23 power saw, a hacksaw (power hacksaw)
– *a serra elétrica para metais* m
24 vice (*Am.* vise)
– *o torno*
25 saw frame
– *o caixilho da serra*
26 coolant supply pipe
– *o tubo alimentador de líquido* m *refrigerante*
27 riveting machine
– *a rebitadora*
28 trailer frame (chassis) under construction
– *o chassi* (Pt. *o chassis) de rebo-que* m *em construção* f

29 inert-gas welding equipment
– *o equipamento de soldagem* f *em atmosfera* f *inerte*
30 rectifier
– *o retificador*
31 control unit
– *a unidade de comando* m
32 CO_2 cylinder
– *o cilindro (a bala) de CO_2*
33 anvil
– *a bigorna*
34 hearth (forge) with blacksmith's fire
– *a forja com fogo* m *de ferreiro* m
35 trolley for gas cylinders
– *o carrinho para transporte* m *de cilindros* m *de gás* m
36 vehicle under repair, a tractor
– *o veículo em reparo* m, *um trator*

139 Hammer Forging (Smith Forging) and Drop Forging

1 continuous furnace with grid hearth for annealing of round stock
- *o forno contínuo com grelha f para recozimento m*
2 discharge opening (discharge door)
- *a porta de descarga f*
3 gas burners
- *os combustores a gás m*
4 charging door
- *a porta de carregamento m*
5 counterblow hammer
- *o martelo-pilão*
6 upper ram
- *o peso superior*
7 lower ram
- *o peso inferior*
8 ram guide
- *a guia do peso*
9 hydraulic drive
- *a propulsão hidráulica*
10 column
- *a coluna*
11 short-stroke drop hammer
- *o martelo-pilão de pequeno curso*
12 ram (tup)
- *o peso*
13 upper die block
- *a matriz superior*
14 lower die block
- *a matriz inferior*
15 hydraulic drive
- *a propulsão hidráulica*
16 frame
- *o corpo*
17 anvil
- *a bigorna*
18 forging and sizing press
- *a prensa de forjamento m e calibragem f*
19 standard
- *a coluna*
20 table
- *a mesa*
21 disc (disk) clutch
- *a embreagem (Pt. a embraiagem) de disco m*
22 compressed-air pipe
- *a tubulação de ar comprimido*
23 solenoid valve
- *a válvula solenóide*
24 air-lift gravity hammer (air-lift drop hammer)
- *o martelo-pilão autocompressor de ar comprimido*
25 drive motor
- *o motor de propulsão f*
26 hammer (tup)
- *o martelo*
27 foot control (foot pedal)
- *o pedal de comando m*
28 preshaped (blocked) workpiece
- *a peça pré-moldada para acabamento m no martelo-pilão*
29 hammer guide
- *a guia do martelo*
30 hammer cylinder
- *o cilindro do martelo*
31 anvil
- *a bigorna*
32 mechanical manipulator to move the workpiece in hammer forging
- *o manipulador para deslocar a peça durante o trabalho*
33 dogs
- *as garras*
34 counterweight
- *o contrapeso*
35 hydraulic forging press
- *a prensa hidráulica de forjar*
36 crown
- *o cabeçote*
37 cross head
- *o cabeçote transversal*
38 upper die block
- *a matriz superior*
39 lower die block
- *a matriz inferior*
40 anvil
- *a bigorna*
41 hydraulic piston
- *o pistão hidráulico*
42 pillar guide
- *a coluna-guia*
43 rollover device
- *o mecanismo de rotação f da peça*
44 burden chain (chain sling)
- *a corrente da talha*
45 crane hook
- *o gancho da talha*
46 workpiece
- *a peça a forjar*
47 gas furnace (gas-fired furnace)
- *o forno a gás m*
48 gas burner
- *o combustor a gás m*
49 charging opening
- *a abertura de carregamento m*
50 chain curtain
- *a cortina de correntes f*
51 vertical-lift door
- *a porta de correr vertical*
52 hot-air duct
- *a tubulação de ar m quente*
53 air preheater
- *o pré-aquecedor de ar m*
54 gas pipe
- *a tubulação de gás m*
55 electric door-lifting mechanism
- *o mecanismo de levantamento m da porta*
56 air blast
- *o jato de ar m*

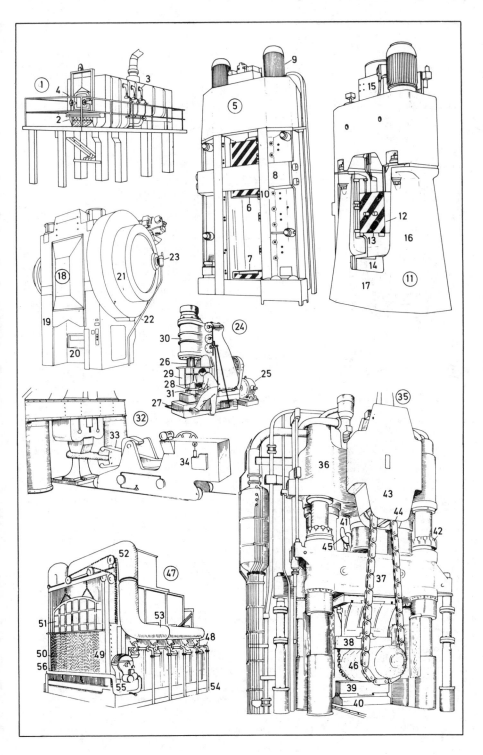

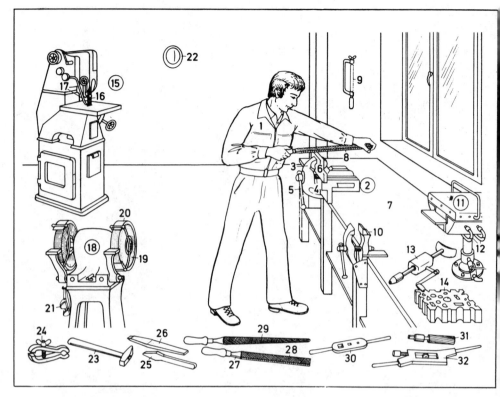

1-22 metalwork shop (mechanic's workshop, fitter's workshop, locksmith's workshop)
- *a oficina metalúrgica (a oficina de ajustador mecânico, a oficina de serralheiro* m, *a serralheria)*
1 metalworker (*e.g.* mechanic, fitter, locksmith; *form. also:* wrought-iron craftsman)
- *o operário metalúrgico; o ajustador mecânico; o serralheiro*
2 parallel-jaw vice (*Am.* vise)
- *o torno de bancada* f, *o torno paralelo, o torninho*
3 jaw
- *o mordente*
4 screw
- *o parafuso*
5 handle
- *o manípulo*
6 workpiece
- *a peça de trabalho* m
7 workbench (bench)
- *a bancada*
8 files (*kinds:* rough file, smooth file, precision file)
- *as limas* (tipos: *a lima grossa, a murça, a lima de precisão* f)
9 hacksaw
- *a serra de arco* m *para metal* m
10 leg vice (*Am.* vise), a spring vice
- *o torninho de pé* m
11 muffle furnace, a gas-fired furnace

- *o forno de mufla* f, *o forno a gás* m
12 gas pipe
- *a tubulação de gás* m
13 hand brace (hand drill)
- *a perfuratriz manual*
14 swage block
- *o bloco de moldes* m
15 filing machine
- *a limadora mecânica*
16 file
- *a lima*
17 compressed-air pipe
- *o tubo de ar comprimido*
18 grinding machine (grinder)
- *o esmeril (a esmeriladeira)*
19 grinding wheel
- *a roda do esmeril*
20 guard
- *a tampa*
21 goggles (safety glasses)
- *os óculos de segurança* f
22 safety helmet
- *o capacete de proteção* f
23 machinist's hammer
- *o martelo de metalúrgico* m
24 hand vice (*Am.* vise)
- *o torninho manual*
25 cape chisel (cross-cut chisel)
- *a talhadeira pontuda*
26 flat chisel
- *a talhadeira chata*
27 flat file
- *a lima chata*

28 file cut (cut)
- *o corte da lima*
29 round file (*also:* half-round file)
- *a lima arredondada (o limatão)*
30 tap wrench
- *o desandador*
31 reamer
- *o alargador*
32 die (die and stock)
- *a fieira (o cassonete)*
33-35 key
- *a chave*
33 stem (shank)
- *a haste*
34 bow
- *o cabo*
35 bit
- *o palhetão*
36-43 door lock, a mortise (mortice) lock
- *a fechadura de porta* f, *uma fechadura de encaixe* m
36 back plate
- *a caixa de fechadura* f
37 spring bolt (latch bolt)
- *a lingüeta de mola* f *(o trinco)*
38 tumbler
- *o estribo de retenção* f
39 bolt
- *a lingüeta*
40 keyhole
- *o buraco da fechadura*
41 bolt guide pin
- *o pino-guia de lingüeta*

42 tumbler spring
 – *a mola de retenção* f
43 follower, with square hole
 – *a bucha de furo quadrado*
44 cylinder lock (safety lock)
 – *a fechadura de tambor* m, *a fechadura de segurança* f *(a fechadura Yale)*
45 cylinder (plug)
 – *o tambor, o cilindro*
46 spring
 – *a mola*
47 pin
 – *o pino, o perno*
48 safety key, a flat key
 – *a chave de segurança* f, *a chave plana (a chave Yale)*
49 lift-off hinge
 – *a dobradiça dupla*
50 hook-and-ride band
 – *a dobradiça para esquadria* f
51 strap hinge
 – *a dobradiça de cinta* f
52 vernier calliper (caliper) gauge (*Am.* gage)
 – *o paquímetro, o vernier*
53 feeler gauge (*Am.* gage)
 – *o calibre apalpador*
54 vernier depth gauge (*Am.* gage)
 – *o vernier de profundidade* f
55 vernier
 – *o vernier*
56 straightedge
 – *a régua*
57 square
 – *o esquadro*
58 breast drill
 – *o berbequim de peito* m
59 twist bit (twist drill)
 – *a broca helicoidal*
60 screw tap (tap)
 – *o macho de tarraxa* f
61 halves of a screw die
 – *as metades de uma matriz de tarraxa* f
62 screwdriver
 – *a chave de fenda* f *(a chave de parafuso* m)
63 scraper (*also:* pointed triangle scraper)
 – *o raspador* (também: *a raspadeira triangular, a raspadeira*)
64 centre (*Am.* center) punch
 – *o punção de bico* m
65 round punch
 – *o punção redondo*
66 flat-nose pliers
 – *o alicate de bico chato*
67 detachable-jaw cut nippers
 – *a torquês de bico* m *destacável*
68 gas pliers
 – *o alicate de gasista* m
69 pincers
 – *a torquês de marceneiro* m

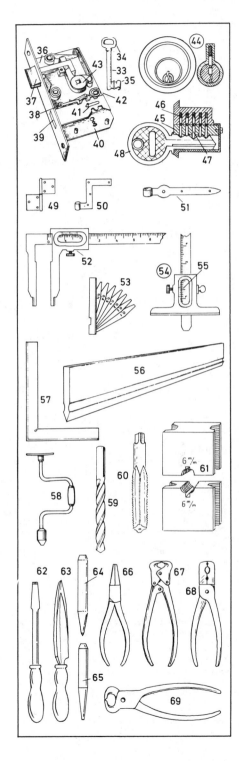

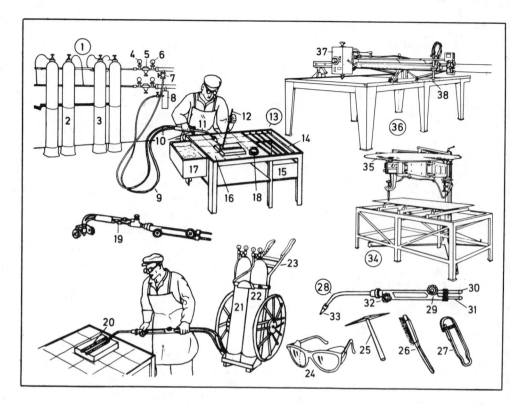

1 gas cylinder manifold
- *a bateria de cilindros* m *de gás* m
2 acetylene cylinder
- *o cilindro de acetileno* m, *a bala de acetileno*
3 oxygen cylinder
- *o cilindro de oxigênio* m, *a bala de oxigênio*
4 high-pressure manometer
- *o manômetro de alta pressão*
5 pressure-reducing valve (reducing valve, pressure regulator)
- *a válvula redutora de pressão* f
6 low-pressure manometer
- *o manômetro de baixa pressão*
7 stop valve
- *a válvula interruptora, o registro* (Pt. *o registo*)
8 hydraulic back-pressure valve for low-pressure installations
- *a válvula hidráulica de contrapressão* f, *para instalações* f *de baixa pressão*
9 gas hose
- *a mangueira de gás* m
10 oxygen hose
- *a mangueira de oxigênio* m
11 welding torch (blowpipe)
- *o maçarico de solda* f
12 welding rod (filter rod)
- *a vareta (a haste) de solda* f
13 welding bench
- *a bancada de solda* f

14 grating
- *a grade*
15 scrap box
- *a caixa de sucata* f
16 bench covering of chamotte slabs
- *a bancada revestida de placas refratárias*
17 water tank
- *a cuba de água* f
18 welding paste (flux)
- *a pasta de solda* f *(o fundente)*
19 welding torch (blowpipe) with cutting attachment and guide tractor
- *o maçarico de solda* f, *com acessórios* m *de corte* m *e guia* f
20 workpiece
- *a peça a ser trabalhada*
21 oxygen cylinder
- *o cilindro, a bala de oxigênio* m
22 acetylene cylinder
- *o cilindro, a bala de acetileno* m
23 cylinder trolley
- *o carrinho dos cilindros*
24 welding goggles
- *os óculos de solda* f
25 chipping hammer
- *o martelo desincrustador*
26 wire brush
- *a escova de arame* m

27 torch lighter (blowpipe lighter)
- *o acendedor de maçarico* m, *o isqueiro de maçarico*
28 welding torch (blowpipe)
- *o maçarico de solda* f
29 oxygen control
- *a válvula de oxigênio* m, *o registro de oxigênio, a torneira de oxigênio*
30 oxygen connection
- *a ligação de oxigênio* m
31 gas connection (acetylene connection)
- *a ligação de gás* m *(a ligação de acetileno* m*)*
32 gas control (acetylene control)
- *a válvula de acetileno* m, *o registro* (Pt. *o registo*) *de acetileno, a torneira de acetileno*
33 welding nozzle
- *o bico de solda* f
34 cutting machine
- *a máquina de cortar a maçarico* m
35 circular template
- *o modelo circular*
36 universal cutting machine
- *a máquina de cortar universal*
37 tracing head
- *o cabeçote de comando* m
38 cutting nozzle
- *o bico de corte* m

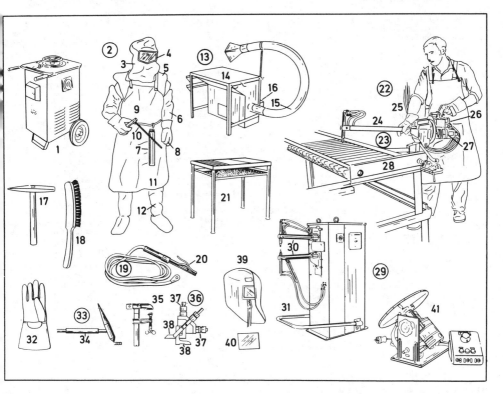

1 welding transformer
- o transformador de solda f
2 arc welder
- o soldador a arco m elétrico
3 arc welding helmet
- o capacete de solda f
4 flip-up window
- o visor móvel
5 shoulder guard
- o protetor para os ombros
6 protective sleeve
- a manga de proteção f
7 electrode case
- o estojo de eletrodos m
8 three-fingered welding glove
- a luva de solda f de três dedos m
9 electrode holder
- o porta-eletrodos
10 electrode
- o eletrodo
11 leather apron
- o avental de couro m
12 shin guard
- o protetor para as pernas, a polaina protetora
13 welding table with fume extraction equipment
- a mesa de solda f, com equipamento m de aspiração f de fumaça f
14 table top
- o tampo da mesa
15 movable extractor duct
- a tubulação móvel para eliminação f da fumaça

16 extractor support
- o suporte do aspirador de fumaça f
17 chipping hammer
- o martelo desincrustador
18 wire brush
- a escova de aço m
19 welding lead
- o cabo de solda f
20 electrode holder
- o porta-eletrodos
21 welding bench
- a bancada de solda f
22 spot welding
- a solda por pontos m
23 spot welding electrode holder
- o porta-eletrodos para solda f por pontos m
24 electrode arm
- o braço do porta-eletrodos
25 power supply (lead)
- o cabo de alimentação f (cabo de corrente elétrica)
26 welding generator
- o cilindro de pressão f do eletrodo
27 welding transformer
- o transformador de solda f
28 workpiece
- a peça a trabalhar
29 foot-operated spot welder
- a solda por pontos m operada por pedal m
30 welder electrode arms
- os braços dos eletrodos de solda f

31 foot pedal for welding current adjustment (current control pedal)
- o pedal de controle m da corrente
32 five-fingered welding glove
- a luva de cinco dedos m para solda f
33 inert-gas torch for inert-gas welding (gas-shielded arc welding)
- o maçarico de segurança f para solda f a arco m em atmosfera f protegida (o maçarico de gás m inerte)
34 inert-gas (shielding-gas) supply
- a alimentação de gás m inerte
35 work clamp (earthing clamp)
- a presilha do fio-terra
36 fillet gauge (Am. gage) (weld gauge) [for measuring throat thickness]
- o gabarito (Pt. o gabari) para roscas f (para medir o passo das roscas)
37 micrometer
- o parafuso micrométrico
38 measuring arm
- o braço de medição f
39 arc welding helmet
- o capacete para solda f a arco m
40 filter lens
- o filtro de vidro m para capacete m de solda f
41 small milling machine
- a pequena fresa

[material: steel, brass, aluminium (*Am.* aluminum), plastics etc.; in the following steel was chosen as an example]
- [*os materiais: aço* m, *latão* m, *alumínio* m, *plástico* m, *etc.; nesta prancha foi escolhido o aço como exemplo* m]
1 angle iron (angle)
- *a cantoneira de ferro* m *em* L
2 leg (flange)
- *o flange*
3-7 **steel girders**
- *as vigas de aço* m
3 T-iron (tee-iron)
- *o ferro-tê (a viga-tê)*
4 vertical leg
- *a perna vertical*
5 flange
- *o flange*
6 H-girder (H-beam)
- *a viga H*
7 E-channel (channel iron)
- *o ferro U (a viga U)*
8 round bar
- *o vergalhão*
9 square iron (*Am.* square stock
- *a barra de ferro quadrada (o vergalhão quadrado de ferro)*
10 flat bar
- *o lingote plano*
11 strip steel
- *a fita de aço* m
12 iron wire
- *o arame de ferro* m *(o fio de ferro)*
13-50 **screws and bolts**
- *os parafusos e as porcas*
13 hexagonal-head bolt
- *o parafuso sextavado com porca* f, *arruela (anilha* f) *plana e contrapino* m (Pt. *troço* m)
14 head
- *a cabeça sextavada*
15 shank
- *a haste*
16 thread
- *a rosca*
17 washer
- *a arruela (esp. Pt. a anilha)*
18 hexagonal nut
- *a porca sextavada*
19 split pin
- *o contrapino* (Pt. *o troço)*
20 rounded end
- *a ponta chata*
21 width of head (of flats)
- *a largura da cabeça*
22 stud
- *o prisioneiro*
23 point (end)
- *a ponta*
24 castle nut (castellated nut)
- *a porca em forma* f *de coroa* f, *com trava* f *e ranhura* f *para encaixar o contrapino* (Pt. *o troço)*
25 hole for the split pin
- *a ranhura do contrapino* (Pt. *do troço)*
26 cross-head screw, a sheet-metal screw (self-tapping screw)
- *o parafuso auto-roscante de cabeça* f *Phillips para chapa metálica (a rosca soberba)*

27 hexagonal socket head screw
- *o parafuso Allen (sextavado interno)*
28 countersunk-head bolt
- *o parafuso com porca* f *e contraporca* f
29 catch
- *a cabeça com trava* f
30 locknut (locking nut)
- *a porca de aperto* m *(a contraporca)*
31 bolt (pin)
- *o pino*
32 collar-head bolt
- *o parafuso de cabeça sextavada e colar* m *com arruela* f *de pressão* f *e porca redonda*
33 set collar (integral collar)
- *a cabeça sextavada com colar fixo*
34 spring washer (washer)
- *a arruela (a anilha) de pressão* f
35 round nut, an adjusting nut
- *a porca redonda, a porca de ajuste* m
36 cheese-head screw, a slotted screw
- *o parafuso de fenda* f *e cabeça cilíndrica com porca* f *e contrapino* m (Pt. *e troço* m)
37 tapered pin
- *o contrapino cônico* (Pt. *o traço cónico)*
38 screw slot (screw slit, screw groove)
- *a fenda*
39 square-head bolt
- *o parafuso de cabeça* f *quadrada com porca* f *e contrapino* m (Pt. *e troço* m)
40 grooved pin, a cylindrical pin
- *o contrapino* (Pt. *o troço) cilíndrico raiado*
41 T-head bolt
- *o parafuso com cabeça* f *em T e borboleta* f
42 wing nut (fly nut, butterfly nut)
- *a borboleta*
43 rag bolt
- *a cavilha farpada com porca* f
44 barb
- *a farpa*
45 wood screw
- *o parafuso para madeira* f
46 countersunk head
- *a cabeça cônica com fenda* f
47 wood screw thread
- *a rosca de parafuso* m *para madeira* f
48 grub screw
- *o parafuso sem cabeça* f
49 pin slot (pin slit, pin groove)
- *a fenda do parafuso*
50 round end
- *a ponta redonda*
51 nail (wire nail)
- *o prego*
52 head
- *a cabeça do prego*
53 shank
- *a haste*
54 point
- *a ponta*

55 roofing nail
- *o percevejo de cabeça* f *chata, o prego de cabeça chata*
56 riveting (lap riveting)
- *a rebitagem*
57-60 **rivet**
- *o cravo, o rebite*
57 set head (swage head, die head), a rivet head
- *a cabeça do cravo (cabeça do rebite)*
58 rivet shank
- *a haste do cravo (haste do rebite)*
59 closing head
- *a cabeça de fechamento* m *(o local de rebitagem* f)
60 pitch of rivets
- *o passo de rebitagem* f *(a distância entre rebites* m)
61 shaft
- *a carcaça com eixo* m *e rolamentos* m
62 chamfer (bevel)
- *o chanfro*
63 journal
- *o munhão (o moente)*
64 neck
- *o colo*
65 seat
- *o berço*
66 keyway
- *o rasgo de chaveta* f
67 conical seat (cone)
- *o berço cônico*
68 thread
- *a rosca*
69 ball bearing, an antifriction bearing
- *o rolamento de esferas* f
70 steel ball (ball)
- *a esfera de aço* m
71 outer race
- *a capa externa (ou carcaça* f) *do rolamento*
72 inner race
- *a carcaça interna do rolamento*
73-74 **keys**
- *as chavetas*
73 sunk key (feather)
- *a chaveta embutida*
74 gib (gib-headed key)
- *a chaveta com talão* m
75-76 **needle roller bearing**
- *o rolamento de agulhas* f
75 needle cage
- *a carcaça do rolamento (da agulha)*
76 needle
- *a agulha*
77 castle nut (castellated nut)
- *a porca em forma* f *de coroa* f *com trava* f *e ranhuras* f *para encaixar contrapino* m (Pt. *troço* m)
78 split pin
- *o contrapino* (Pt. *o troço)*
79 casing
- *a carcaça*
80 casing cover
- *o retentor da carcaça*
81 grease nipple (lubricating nipple)
- *a graxeira*
82-96 **gear wheels, cog wheels**
- *as rodas dentadas, as engrenagens*
82 stepped gear wheel
- *a engrenagem escalonada*
83 cog (tooth)
- *o dente*

84 space between teeth
- *o espaço entre os dentes*
85 keyway (key seat, key slot)
- *o rasgo de chaveta* f
86 bore
- *o orifício da engrenagem*
87 herringbone gear wheel
- *a engrenagem com grande superfície* f *de engate* m
88 spokes (arms)
- *os raios*
89 helical gearing (helical spur wheel)
- *a engrenagem de dentes* m *helicoidais*
90 sprocket
- *os dentes helicoidais de engrenagem* f
91 bevel gear wheel (bevel wheel)
- *o pinhão cônico*
92-93 **spiral toothing**
- *o pinhão e a coroa — engrenagens* f *de dentes helicoidais*
92 pinion
- *o pinhão*
93 crown wheel
- *a coroa*
94 epicyclic gear (planetary gear)
- *a engrenagem epicíclica, engrenagem planetária plana*
95 internal toothing
- *o dente interno*
96 external toothing
- *o dente externo*
97-107 **absorption dynamometer**
- *os freios dinamométricos*
97 shoe brake (check brake, block brake)
- *o freio de sapata* f
98 brake pulley
- *a polia do freio*
99 brake shaft (brake axle)
- *o eixo do freio*
100 brake block (brake shoe)
- *a sapata do freio*
101 pull rod
- *o tirante*
102 brake magnet
- *o eletroímã* (Pt. *o eletroíman) de freio* m
103 brake weight
- *o contrapeso do freio*
104 band brake
- *o freio de correia* f
105 brake band
- *a correia do freio*
106 brake lining
- *o revestimento do freio*
107 adjusting screw, for even application of the brake
- *o parafuso de regulagem* f *do freio*

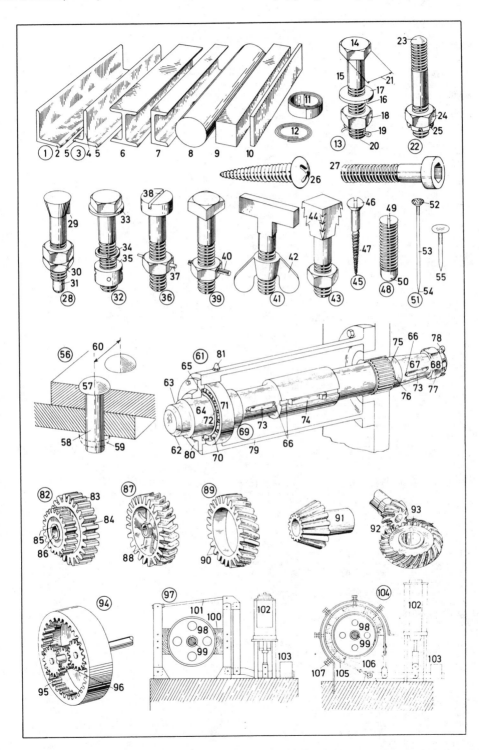

1-51 **coal mine** (colliery, pit)
- *a mina de carvão* m
1 pithead gear (headgear)
- *o equipamento de boca* f *de mina* f
2 winding engine house
- *a casa das máquinas*
3 pithead frame (head frame)
- *a torre de extração* f
4 pithead building
- *as construções da boca da mina*
5 processing plant
- *a usina* (Pt. *a estação) de processamento* m *do carvão*
6 sawmill
- *a serraria*
7-11 **coking plant**
- *a usina* (Pt. *a estação) de coque* m, *a coqueria*
7 battery of coke ovens
- *a bateria de fornos* m *de coque* m
8 larry car (larry, charging car)
- *a vagoneta de carregamento* m
9 coking coal tower
- *a torre de carvão* m *de coque* m *(a torre de finos* m)
10 coke-quenching tower
- *a torre de resfriamento* m *(de extinção* f) *do coque*
11 coke-quenching car
- *a vagoneta de extinção* f *do coque*
12 gasometer
- *o gasômetro*
13 power plant (power station)
- *a casa de força* f
14 water tower
- *a torre de água* f *(a caixa de água)*
15 cooling tower
- *a torre de resfriamento* m
16 mine fan
- *o ventilador de poço* m *(o ventilador da mina)*
17 depot
- *o pátio*
18 administration building (office building, offices)
- *o prédio da administração (os escritórios)*
19 tip heap (spoil heap)
- *o pátio de rejeitos* m, *o monte de escória* f
20 cleaning plant
- *a estação de tratamento* m
21-51 **underground workings** (underground mining)
- *as operações subterrâneas (a mineração em galerias* f)
21 ventilation shaft
- *o poço de ventilação* m
22 fan drift
- *a galeria do ventilador*
23 cage-winding system with cages
- *o sistema de extração* f *com gaiolas* f
24 main shaft
- *o poço principal*
25 skip-winding system
- *o sistema de extração* f *por caçamba* f (Pt. *por alcatruz* m)
26 winding inset
- *a câmara de engate* m
27 staple shaft
- *o poço interno*

28 spiral chute
- *a calha (uma transportadora espiral)*
29 gallery along seam
- *a galeria ao longo do veio*
30 lateral
- *a galeria lateral*
31 cross-cut
- *a galeria transversal*
32 tunnelling (*Am.* tunneling) machine
- *a máquina de perfuração* f *de galerias* f
33-37 **longwall faces**
- *os cortes*
33 horizontal ploughed longwall face
- *o corte horizontal aplainado*
34 horizontal cut longwall face
- *o corte horizontal*
35 vertical pneumatic pick longwall face
- *o corte vertical a martelete* m *pneumático*
36 diagonal ram longwall face
- *o corte diagonal a aríete* m
37 goaf (god, waste)
- *a entulheira*
38 air lock
- *a câmara de ventilação* f
39 transportation of men by cars
- *as vagonetas para transporte* m *de pessoal* m
40 belt conveying
- *a correia transportadora*
41 raw coal bunker
- *o depósito do carvão bruto (de hulha* f)
42 charging conveyor
- *a correia alimentadora*
43 transportation of supplies by monorail car
- *o transporte de suprimentos* m *por monotrilho* m (Pt. *por monocarril* m)
44 transportation of men by monorail car
- *o transporte de pessoal* m *por monotrilho* m (Pt. *por monocarril* m)
45 transportation of supplies by mine car
- *o transporte de suprimentos* m *em vagonetas* f *basculantes*
46 drainage
- *a drenagem*
47 sump (sink)
- *a fossa*
48 capping
- *o revestimento do terreno*
49 [layer of] coal-bearing rock
- *a rocha carbonífera*
50 coal seam
- *o veio de carvão (de hulha* f)
51 fault
- *a falha*

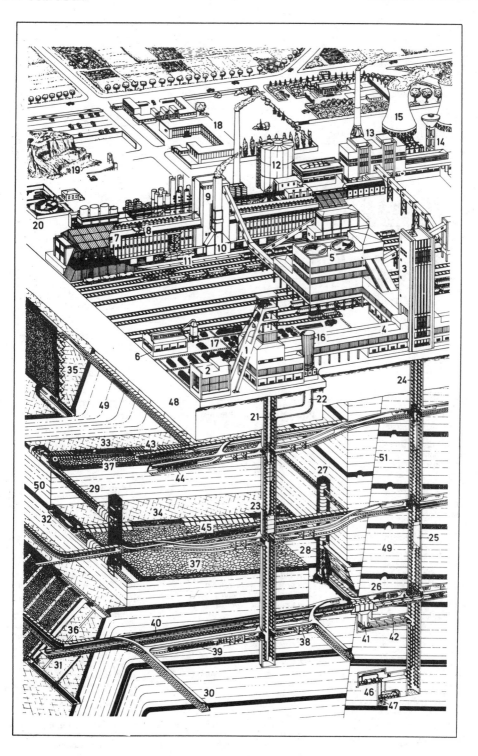

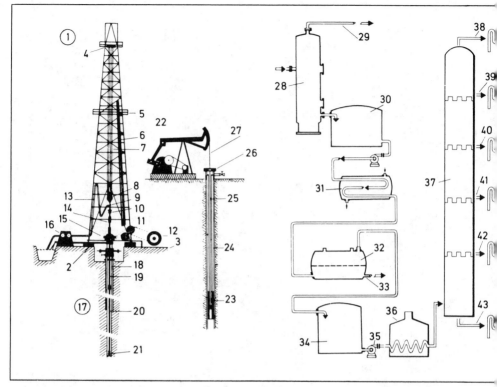

1-21 oil drilling
- *a perfuração de petróleo* m
1 drilling rig
- *a sonda de perfuração* f
2 substructure
- *a fundação, a subestrutura de concreto* m (Pt. *de betão* m)
3 crown safety platform
- *a plataforma de bloco* m *de coroamento* m
4 crown blocks
- *os blocos de coroamento* m
5 working platform, an intermediate platform
- *a plataforma de torrista* m
6 drill pipes
- *a tubulação de perfuração* f
7 drilling cable (drilling line)
- *o cabo da catarina (da talha)*
8 travelling (*Am.* traveling) block
- *a catarina, a talha móvel*
9 hook
- *o gancho*
10 [rotary] swivel
- *a junta rotativa*
11 draw works, a hoist
- *o guincho da sonda*
12 engine
- *o grupo motor*
13 standpipe and rotary hose
- *o tubo de extração e a mangueira rotativa*
14 kelly
- *a haste quadrada*
15 rotary table
- *a mesa rotativa*

16 slush pump (mud pump)
- *a bomba de lama* f
17 well
- *o poço*
18 casing
- *o revestimento*
19 drilling pipe
- *a tubulação de perfuração* f
20 tubing
- *a tubulação*
21 drilling bit; *kinds:* fishtail (blade) bit, rock (*Am.* roller) bit, core bit
- *a broca, o bit; tipos: a broca de lâminas* f, *a broca de diamantes* m, *a broca de amostragem* f
22-27 oil (crude oil) production
- *a produção de petróleo* m
22 pumping unit (pump)
- *a unidade de bombeamento* m
23 plunger
- *a bomba de fundo* m
24 tubing
- *a coluna ascendente de recalque* m
25 sucker rods (pumping rods)
- *a haste de bombeamento* m
26 stuffing box
- *o engaxetamento*
27 polish (polished) rod
- *a haste polida*
28-35 treatment of crude oil (diagram)
- *o processamento do petróleo* (esquema básico)

28 gas separator
- *o separador de produção* f
29 gas pipe (gas outlet)
- *o gasoduto (a saída de gás* m)
30 wet oil tank (wash tank)
- *o tanque de armazenamento* m
31 water heater
- *o aquecedor*
32 water and brine separator
- *o separador água* f *-óleo* m
33 salt water pipe (salt water outlet)
- *a saída de água produzida*
34 oil tank
- *o tanque de armazenamento* m *de óleo limpo*
35 trunk pipeline for oil [to the refinery or transport by tanker lorry (*Am.* tank truck), oil tanker, or pipeline]
- *a canalização de transporte* m *do petróleo refinado [até a refinaria ou até o vagão-tanque, o petroleiro, ou o oleoduto]*
36-64 processing of crude oil (diagram)
- *o refino do petróleo, o processamento do petróleo* (um esquema básico)
36 oil furnace (pipe still)
- *o forno*
37 fractionating column (distillation column) with trays
- *a torre de fracionamento* m

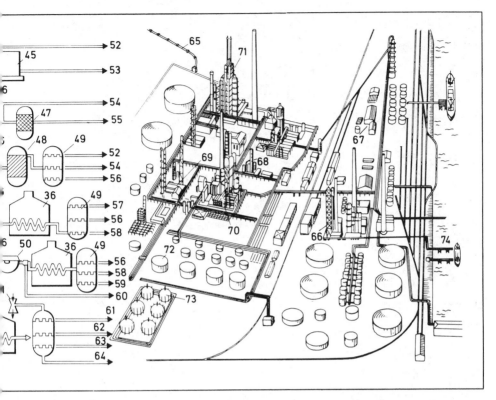

38 top gases (tops)
 - *os gases leves (acumulados no topo da coluna)*
39 light distillation products
 - *a destilação de produtos leves*
40 heavy distillation products
 - *a destilação de produtos pesados*
41 petroleum
 - *o petróleo*
42 gas oil component
 - *o fracionamento do óleo diesel*
43 residue
 - *os resíduos pesados (reunidos no fundo da coluna)*
44 condenser (cooler)
 - *o resfriador*
45 compressor
 - *o compressor*
46 desulphurizing (desulphurization, *Am.* desulfurizing, desulfurization) plant
 - *a unidade de dessulfurização* f
47 reformer (hydroformer, platformer)
 - *a unidade de regeneração* f
48 catalytic cracker (cat cracker)
 - *o craqueador catalítico*
49 distillation column
 - *a coluna de fracionamento* m *a vácuo* m
50 de-waxing (wax separation)
 - *a unidade de desparafinação* f

51 vacuum equipment
 - *o equipamento de produção* f *de vácuo* m *(o canal de aspiração* f*)*
52-64 oil products
 - *os derivados do petróleo*
52 fuel gas
 - *o gás combustível*
53 liquefied petroleum gas (liquid gas)
 - *o gás liquefeito de petróleo* m *(GLP)*
54 regular grade petrol (*Am.* gasoline)
 - *a gasolina comum para automóveis* m
55 super grade petrol (*Am.* gasoline)
 - *a gasolina especial de alta octanagem* f *(a gasolina azul)*
56 diesel oil
 - *o óleo diesel*
57 aviation fuel
 - *o querosene de aviação* f
58 light fuel oil
 - *o óleo combustível leve*
59 heavy fuel oil
 - *o óleo combustível pesado*
60 paraffin (paraffin oil, kerosene)
 - *o querosene*
61 spindle oil
 - *o óleo spindle (o óleo lubrificante leve)*

62 lubricating oil
 - *o óleo lubrificante*
63 cylinder oil
 - *o óleo lubrificante para cilindros* m
64 bitumen
 - *o betume*
65-74 oil refinery
 - *a refinaria de petróleo* m
65 pipeline (oil pipeline)
 - *o oleoduto*
66 distillation plants
 - *as unidades de destilação* f
67 lubricating oil refinery
 - *a refinaria de óleo* m *lubrificante*
68 desulphurizing (desulphurization, *Am.* desulfurizing, desulfurization) plant
 - *a unidade de dessulfurização* f
69 gas-separating plant
 - *a torre de separação* f *de gasolina* f
70 catalytic cracking plant
 - *a usina de craqueamento catalítico*
71 catalytic reformer
 - *a regeneração com catalisador* m
72 storage tank
 - *os tanques de armazenamento* m
73 spherical tank
 - *o tanque esférico*
74 tanker terminal
 - *o terminal de petroleiros* m

1-39 drilling rig (oil rig)
- *a plataforma de perfuração* f *de petróleo* m
1-37 drilling platform
- *as instalações de alojamento* m *e perfuração* f
1 power station
- *a casa de força* f
2 generator exhausts
- *o exaustor, a chaminé*
3 revolving crane (pedestal crane)
- *o guindaste giratório*
4 piperack
- *o suporte de tubulação* f
5 turbine exhausts
- *as chaminés das turbinas*
6 material store
- *os depósitos de materiais* m
7 helicopter deck (heliport deck, heliport)
- *o heliporto*
8 elevator
- *o monta-cargas*
9 production oil and gas separator
- *o separador de óleo* m *e gás* m
10 test oil and gas separators (test separators)
- *os separadores de óleo* m *e gás* m *para teste* m
11 emergency flare stack
- *a tocha de emergência* f
12 derrick
- *a torre*
13 diesel tank
- *o tanque de óleo* m *diesel*
14 office building
- *os escritórios*
15 cement storage tanks
- *os silos de cimento* m
16 drinking water tank
- *o reservatório de água* f *potável*
17 salt water tank
- *o reservatório de água* f *industrial (água do mar)*
18 jet fuel tanks
- *os tanques de combustível* m *para os helicópteros*
19 lifeboats
- *os barcos salva-vidas*
20 elevator shaft
- *o poço de elevador* m
21 compressed-air reservoir
- *o tanque de ar comprimido*
22 pumping station
- *a estação de bombeamento* m
23 air compressor
- *o compressor de ar* m
24 air lock
- *a câmara de descompressão* f
25 seawater desalination plant
- *a usina (a unidade) de dessalinização* f *da água do mar*
26 inlet filters for diesel fuel
- *os filtros de combustível* m
27 gas cooler
- *a instalação de resfriamento* m *de gás* m
28 control panel for the separators
- *o painel de controle* m *dos separadores*
29 toilets (lavatories)
- *os sanitários* (Pt. *os toilettes*)
30 workshop
- *a oficina*

31 pig trap [the 'pig' is used to clean the oil pipeline]
- *a câmara de porco* m, *o chiqueiro*
32 control room
- *a sala de controle* m
33 accommodation modules
- *os alojamentos*
34 high-pressure cementing pumps
- *as bombas de cimentação* f *a alta pressão*
35 lower deck
- *o convés inferior*
36 middle deck
- *o convés intermediário*
37 top deck (main deck)
- *o convés superior, o convés principal*
38 substructure
- *a jaqueta, a substrução*
39 mean sea level
- *o nível médio do mar*

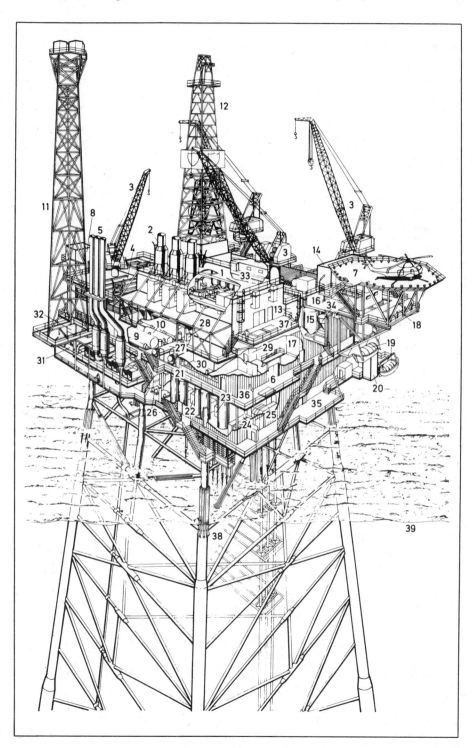

1-20 blast furnace plant
- *as instalações do alto-forno*
1 blast furnace, a shaft furnace
- *o alto-forno*
2 furnace incline (lift) for ore and flux or coke
- *a rampa de acesso* m *da carga do alto-forno para o minério e o coque*
3 skip hoist
- *o trólei de minério* m *(o* skip*)*
4 charging platform
- *a plataforma de carregamento* m
5 receiving hopper
- *o funil receptor, a tremonha basculante receptora*
6 bell
- *o sino do alto-forno*
7 blast furnace shaft
- *a cuba do alto-forno*
8 smelting section
- *a zona de redução* f
9 slag escape
- *o vertedouro de escória* f
10 slag ladle
- *o coletor de escória* f
11 pig iron (crude iron, iron) runout
- *o canal de descida* f *do ferro-gusa*
12 pig iron (crude iron, iron) ladle
- *o cadinho do ferro-gusa*
13 downtake
- *a saída dos gases*
14 dust catcher, a dust-collecting machine
- *o coletor de resíduos* m
15 hot-blast stove
- *o aquecedor de ar* m *(o* cowper*)*
16 external combustion chamber
- *a câmara de combustão externa*
17 blast main
- *a tubulação de ar* m
18 gas pipe
- *a tubulação de gás* m
19 hot-blast pipe
- *o duto de corrente* f *de ar aquecido*
20 tuyère
- *o alcaraviz*
21-69 steelworks
- *a aciaria*
21-30 Siemens-Martin open-hearth furnace
- *o forno Martin-Siemens*
21 pig iron (crude iron, iron) ladle
- *a caçamba* (Pt. *o alcatruz*) *de ferro-gusa* m
22 feed runner
- *o canal de alimentação* f
23 stationary furnace
- *o forno estacionário*
24 hearth
- *a parte inferior da fornalha, o laboratório do forno*
25 charging machine
- *a máquina de carregamento* m *de sucata* f
26 scrap iron charging box
- *a caixa de sucata* f
27 gas pipe
- *a tubulação de gás* m
28 gas regenerator chamber
- *a câmara regeneradora de gás* m
29 air feed pipe
- *a tubulação alimentadora de ar* m

30 air regenerator chamber
- *a câmara regeneradora de ar* m
31 [bottom-pouring] steel-casting ladle with stopper
- *o cadinho de aço* m *com válvula-tampão* f *no fundo*
32 ingot mould (*Am.* mold)
- *a lingoteira*
33 steel ingot
- *o lingote de aço* m
34-44 pig-casting machine
- *a máquina para lingotamento* m *(vazamento* m*) de ferro-gusa* m
34 pouring end
- *a bacia de vazamento* m
35 metal runner
- *o canal de escoamento* m *do metal*
36 series (strand) of moulds (*Am.* molds)
- *a linha de lingoteiras* f
37 mould (*Am.* mold)
- *a lingoteira*
38 catwalk
- *a passarela*
39 discharging chute
- *a rampa de descarga* f, *a gárgula*
40 pig
- *o ferro-gusa*
41 travelling (*Am.* traveling) crane
- *o guindaste*
42 top-pouring pig iron (crude iron, iron) ladle
- *o cadinho de ferro-gusa* m *com vazamento* m *pela boca*
43 pouring ladle lip
- *o bico de vazamento* m
44 tilting device (tipping device, *Am.* dumping device)
- *o mecanismo para inclinação* f *da caçamba* (Pt. *do alcatruz)*
45-50 oxygen-blowing converter (L-D converter, Linz-Donawitz converter)
- *o conversor L-D por insuflação* f *de oxigênio* m *pela boca*
45 conical converter top
- *o cume cônico do conversor*
46 mantle
- *a camisa incandescente*
47 solid converter bottom
- *o fundo sólido do conversor*
48 fireproof lining (refractory lining)
- *o revestimento refratário*
49 oxygen lance
- *a lança de oxigênio* m
50 tapping hole (tap hole)
- *o furo de corrida* f
51-54 Siemens electric low-shaft furnace
- *o baixo forno elétrico Siemens*
51 feed
- *a alimentação*
52 electrodes [arranged in a circle]
- *os eletrodos* [*dispostos em círculo* m]
53 bustle pipe
- *o tubo porta-vento*
54 runout
- *a bica de saída* f
55-69 Thomas converter (basic Bessemer converter)
- *o conversor Thomas (conversor básico Bessemer)*

55 charging position for molten pig iron
- *a posição de carregamento* m *de ferro-gusa líquido*
56 charging position for lime
- *a posição de carregamento* m *de cal* f
57 blow position
- *a posição de insuflação* f
58 discharging position
- *a posição de escoamento* m *(de vazamento* m*)*
59 tilting device (tipping device, *Am.* dumping device)
- *o mecanismo basculante*
60 crane-operated ladle
- *a caçamba* (Pt. *o alcatruz*) *de alça* f *operada por guindaste* m
61 auxiliary crane hoist
- *a talha auxiliar de ponte* f *rolante*
62 lime bunker
- *o funil de cal* f *(a tremonha de cal)*
63 downpipe
- *o tubo de descida* f
64 tipping car (*Am.* dump truck)
- *o carrinho basculante*
65 scrap iron feed
- *a alimentação de sucata* f
66 control desk
- *o painel de controle* m
67 converter chimney
- *a chaminé do conversor*
68 blast main
- *o tubo injetor de gás* m
69 wind box
- *o alcaraviz*

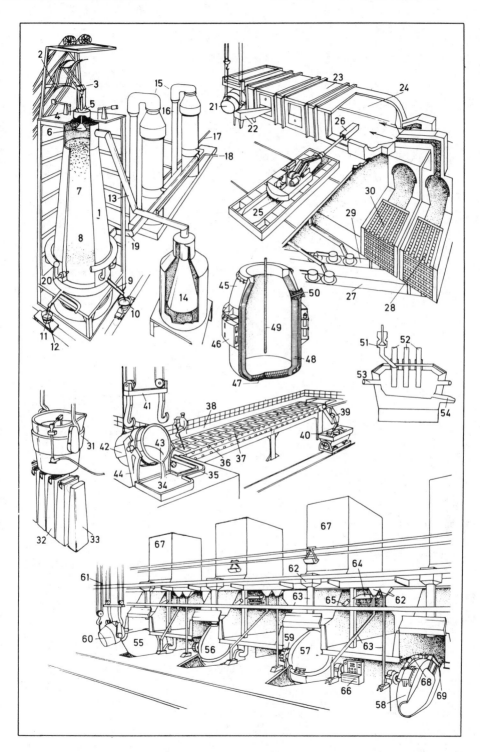

1-45 iron foundry
- *a fundição de ferro* m
1-12 melting plant
- *a fusão*
1 cupola furnace (cupola), a melting furnace
- *o forno de cúpula* f *(o cubilot)*
2 blast main (blast inlet, blast pipe)
- *o duto de ar* m
3 tapping spout
- *a bica de vazamento* m *(de corrida* f*)*
4 spyhole
- *o orifício de observação* f
5 tilting-type [hot-metal] receiver
- *o receptor* (Pt. *o recetor) basculante*
6 mobile drum-type ladle
- *o cadinho móvel*
7 melter
- *o fundidor*
8 founder (caster)
- *o vazador*
9 tap bar (tapping bar)
- *a vara de vazamento* m
10 bott stick (*Am.* bot stick)
- *a vara de batoque* m
11 molten iron
- *o ferro fundido em estado líquido*
12 slag spout
- *a saída de escória* f
13 casting team
- *a equipe* (Pt. *a equipa) de vazamento* m
14 hand shank
- *a haste manual, o garfo*
15 double handle (crutch)
- *o cabo duplo*

16 carrying bar
- *suporte orientador*
17 skimmer rod
- *o escumador*
18 closed moulding (*Am.* molding) box
- *a caixa de molde* m *fechada*
19 upper frame (cope)
- *a caixa-tampa*
20 lower frame (drag)
- *a caixa-fundo*
21 runner (runner gate, down-gate)
- *o canal de descida* f
22 riser (riser gate)
- *o canal de subida* f
23 hand ladle
- *o cadinho manual*
24-29 continuous casting
- *a fusão contínua*
24 sinking pouring floor
- *a mesa de vazamento* m
25 solidifying pig
- *o lingote de gusa* m *em processo* m *de solidificação* f
26 solid stage
- *a fase sólida*
27 liquid stage
- *a fase líquida*
28 water-cooling system
- *a refrigeração a água* f
29 mould (*Am.* mold) wall
- *a parede do molde*
30-37 moulding (*Am.* molding) **department** (moulding shop)
- *a oficina de moldagem* f
30 moulder (*Am.* molder)
- *o moldador*
31 pneumatic rammer
- *o martelete*

32 hand hammer
- *o martelo manual*
33 open moulding (*Am.* molding) box
- *a caixa de molde* m *aberta*
34 pattern
- *o molde*
35 moulding (*Am.* molding) sand
- *a areia de molde*
36 core
- *o macho*
37 core print
- *a marcação de macho* m
38-45 cleaning shop (fettling shop)
- *a rebarbação*
38 steel grit or sand delivery pipe
- *o tubo de entrada* f *de granalha* f *de aço* m *ou areia* f
39 rotary-table shot-blasting machine
- *a máquina de jato* m *de areia com mesa rotativa/giratória*
40 grit guard
- *a projeção*
41 revolving table
- *a mesa giratória*
42 casting
- *a peça fundida*

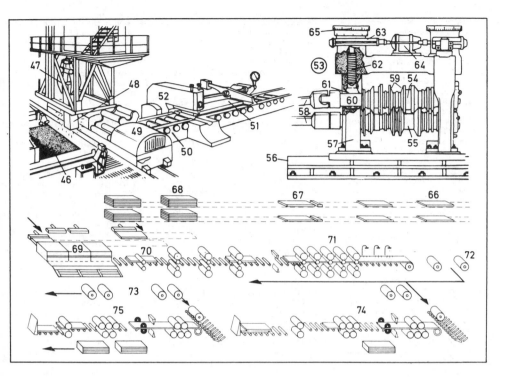

43 fettler
– *o rebarbador*
44 pneumatic grinder
– *o esmeril pneumático*
45 pneumatic chisel
– *a talhadeira pneumática*
46-75 rolling mill
– *o trem laminador*
46 soaking pit
– *o forno-poço*
47 soaking pit crane
– *a ponte rolante de forno-poço* m
48 ingot
– *o lingote*
49 ingot tipper
– *a vagoneta transportadora de lingotes* m
50 blooming train (roller path)
– *o trem laminador desbastador*
51 workpiece
– *o laminado*
52 bloom shears
– *as guias*
53 two-high mill
– *o laminador duplo*
54-55 set of rolls (set of rollers)
– *o conjunto de cilindros* m
54 upper roll (upper roller)
– *o cilindro superior*
55 lower roll (lower roller)
– *o cilindro inferior*
56-60 roll stand
– *o chassi do laminador*
56 base plate
– *a base*
57 housing (frame)
– *a coluna*

58 coupling spindle
– *o eixo de acoplamento* m
59 groove
– *a ranhura*
60 roll bearing
– *o mancal do laminador*
61-65 adjusting equipment
– *o mecanismo de ajuste* m
61 chock
– *o coxim*
62 main screw
– *o parafuso principal*
63 gear
– *o redutor de marcha* f
64 motor
– *o motor*
65 indicator for rough and fine adjustment
– *o dispositivo de calibração* f
66-75 continuous rolling mill train for the manufacture of strip [diagram]
– *o trem laminador contínuo para fabricação* f *de fitas* f [*um esquema*]
66-68 processing of semi-finished product
– *o processamento de produtos* m *semi-acabados*
66 semi-finished product
– *o produto semi-acabado*
67 gas cutting installation
– *o corte autógeno*
68 stack of finished steel sheets
– *a pilha de lâminas de aço* m *acabadas*

69 continuous reheating furnaces
– *os fornos de reaquecimento contínuo*
70 blooming train
– *o trem desbastador*
71 finishing train
– *o trem de acabamento* m
72 coiler
– *o bobinador (o enrolador) de chapas* f
73 collar bearing for marketing
– *as bobinas de laminado* m *estocadas para venda* f
74 5 mm shearing train
– *o trem de cisalhamento* m *para 5 mm*
75 10 mm shearing train
– *o trem de cisalhamento* m *para 10 mm*

1 **centre** (*Am.* center) **lathe**
- *o torno mecânico*
2 headstock with gear control (geared headstock)
- *o cabeçote fixo com caixa* f *de velocidade* f
3 reduction drive lever
- *a alavanca de redução* f
4 lever for normal and coarse threads
- *a alavanca seletora para roscas* f *com filetes normais e grossos*
5 speed change lever
- *a alavanca seletora de velocidade* f
6 leadscrew reverse-gear lever
- *a alavanca inversora da rotação do fuso*
7 change-gear box
- *a caixa do recâmbio (a grade)*
8 feed gearbox (Norton tumbler gear)
- *a caixa de roscas* f *e avanços* m *(Norton)*
9 levers for changing the feed and thread pitch
- *a alavanca seletora de avanços* m *e roscas* f
10 feed gear lever (tumbler lever)
- *a alavanca de acionamento* m *do avanço*
11 switch lever for right or left hand action of main spindle
- *a alavanca de comando* m *de funcionamento* m *do eixo principal para a esquerda ou para a direita*
12 lathe foot (footpiece)
- *a base*
13 leadscrew handwheel for traversing of saddle (longitudinal movement of saddle)
- *o volante manual para o deslocamento* m *longitudinal do carro*
14 tumbler reverse lever
- *a alavanca de retorno* m *do dispositivo de avanço* m
15 feed screw
- *o manípulo de avanço* m *manual do carro transversal*
16 apron (saddle apron, carriage apron)
- *o avental*
17 lever for longitudinal and transverse motion
- *a alavanca para deslocamento* m *longitudinal e transversal*
18 drop (dropping) worm (feed trip, feed tripping device) for engaging feed mechanisms
- *a rosca sem-fim para engrenar o mecanismo de avanço* m *rápido*
19 lever for engaging half nut of leadscrew (lever for clasp nut engagement)
- *a alavanca de engrenamento* m *porca* f */fuso* m
20 lathe spindle
- *o eixo-árvore*
21 tool post
- *o suporte de ferramentas* f, *o castelo*
22 top slide (tool slide, tool rest)
- *o carro superior*

23 cross slide
- *o carro transversal*
24 bed slide
- *a mesa*
25 coolant supply pipe
- *o duto para refrigeração* f *de corte* m
26 tailstock centre (*Am.* center)
- *o contraponto do cabeçote móvel*
27 barrel (tailstock barrel)
- *o mangote*
28 tailstock barrel clamp lever
- *a alavanca de fixação* f *do mangote do cabeçote móvel*
29 tailstock
- *o cabeçote móvel*
30 tailstock barrel adjusting handwheel
- *o volante para avanços* m *do mangote do cabeçote móvel*
31 lathe bed
- *o barramento*
32 leadscrew
- *o fuso*
33 feed shaft
- *o varão*
34 reverse shaft for right and left hand motion and engaging and disengaging
- *a chave de vara* f *que dá o sentido de rotação* f *da árvore*
35 four-jaw chuck (four-jaw independent chuck)
- *a placa com quatro castanhas* f *independentes*
36 gripping jaw
- *as castanhas*
37 three-jaw chuck (three-jaw self-centring, self-centering, chuck)
- *a placa universal com três castanhas* f
38 **turret lathe**
- *o torno-revólver*
39 cross slide
- *o carro transversal*
40 turret
- *a torre hexagonal*
41 combination toolholder (multiple turning head)
- *o porta-ferramentas múltiplo*
42 top slide
- *o torpedo*
43 star wheel
- *o volante de acionamento* m *do torpedo*
44 coolant tray for collecting coolant and swarf
- *a bandeja*
45-53 **lathe tools**
- *as ferramentas do torno*
45 tool bit holder (clamp tip tool) for adjustable cutting tips
- *o porta-ferramenta para pastilhas* f *de metal* m *duro ou cerâmica* f
46 adjustable cutting tip (clamp tip) of cemented carbide or oxide ceramic
- *a aresta cortante das pastilhas sinterizadas*
47 shapes of adjustable oxide ceramic tips
- *os tipos de pastilhas sinterizadas*

48 lathe tool with cemented carbide cutting edge
- *a ferramenta do torno com pastilha* f *de metal duro soldada*
49 tool shank
- *o cabo da ferramenta*
50 brazed cemented carbide cutting tip (cutting edge)
- *a pastilha de carboneto metálico soldada*
51 internal facing tool (boring tool) for corner work
- *a ferramenta de tornear* m *interno (broquear)*
52 general-purpose lathe tool
- *a ferramenta de tornear externo*
53 parting (parting-off) tool
- *a ferramenta de sangrar (cortar)*
54 lathe carrier
- *o arrastador simples*
55 driving (driver) plate
- *a placa arrastadora*
56-72 **measuring instruments**
- *os instrumentos de medição* f
56 plug gauge (*Am.* gage)
- *o calibrador tampão liso (passa-não passa)*
57 'GO' gauging (*Am.* gaging) member (end)
- *o lado passa*
58 'NOT GO' gauging (*Am.* gaging) member (end)
- *o lado não passa*
59 calliper (caliper, snap) gauge (*Am.* gage)
- *o calibrador de boca* f *liso passa-não passa*
60 'GO' side
- *o lado passa*
61 'NOT GO' side
- *o lado não passa*
62 micrometer
- *o micrômetro*
63 measuring scale
- *a escala graduada, o cilindro graduado*
64 graduated thimble
- *o tambor graduado*
65 frame
- *o arco*
66 spindle (screwed spindle)
- *a haste (um parafuso micrométrico)*
67 vernier calliper (caliper) gauge (*Am.* gage)
- *o paquímetro*
68 depth gauge (*Am.* gage) attachment rule
- *a haste de profundidade* f
69 vernier scale
- *o vernier (o nônio)*
70 outside jaws
- *o bico fixo e o bico móvel de medições externas*
71 inside jaws
- *as orelhas de medições internas*
72 vernier depth gauge (*Am.* gage)
- *o paquímetro de profundidade* f

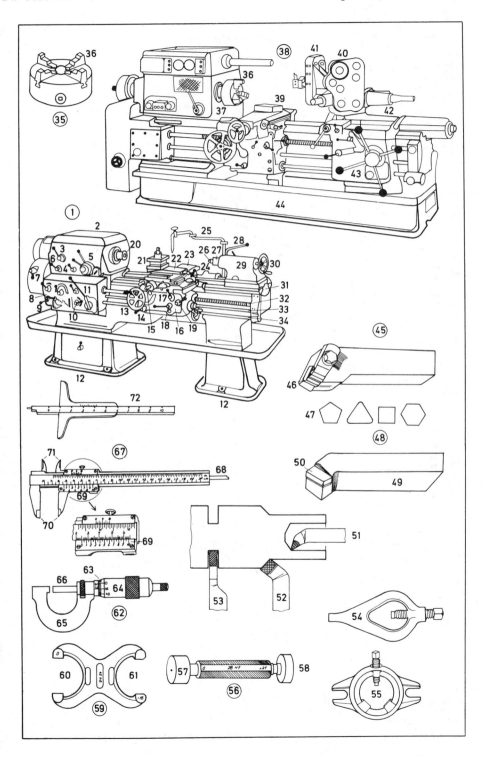

1 universal grinding machine
- *a retificadora universal*
2 headstock
- *o cabeçote fixo*
3 wheelhead slide
- *o cabeçote porta-rebolo*
4 grinding wheel
- *o rebolo*
5 tailstock
- *o cabeçote móvel*
6 grinding machine bed
- *o barramento*
7 grinding machine table
- *a mesa*
8 two-column planing machine (two-column planer)
- *a plaina de mesa de duas colunas*
9 drive motor, a direct current motor
- *o motor elétrico de acionamento m da mesa (de corrente contínua)*
10 column
- *a coluna*
11 planer table
- *a mesa*
12 cross slide (rail)
- *as guias de deslocamento m transversal*
13 tool box
- *o carro porta-ferramenta*
14 hacksaw
- *as máquinas hidráulicas para serrar*
15 clamping device
- *o dispositivo de fixação f; a morsa*
16 saw blade
- *a lâmina da serra*
17 saw frame
- *o arco*
18 radial (radial-arm) drilling machine
- *a furadeira radial*
19 bed (base plate)
- *a base*
20 block for workpiece
- *a mesa para fixação f da peça*
21 pillar
- *a coluna*
22 lifting motor
- *o motor de elevação f*
23 drill spindle
- *o eixo-árvore f*
24 arm
- *o braço radial*
25 horizontal boring and milling machine
- *a broqueadora e a fresadora horizontal (a mandriladora)*
26 movable headstock
- *o cabeçote fixo (o deslocamento vertical)*
27 spindle
- *o eixo-árvore f*
28 auxiliary table
- *a mesa auxiliar*
29 bed
- *o barramento*
30 fixed steady
- *o suporte de fixação f*
31 boring mill column
- *a coluna da broqueadora*

32 universal milling machine
- *a fresadora universal*
33 milling machine table
- *a mesa da fresadora*
34 table feed drive
- *os avanços da mesa*
35 switch lever for spindle rotation speed
- *a alavanca para controle m de velocidade f de rotação f do eixo*
36 control box (control unit)
- *o painel de comando m*
37 vertical milling spindle
- *o eixo-árvore vertical*
38 vertical drive head
- *o cabeçote universal*
39 horizontal milling spindle
- *o eixo-árvore horizontal*
40 end support for steadying horizontal spindle
- *o mancal estabilizador do eixo horizontal porta-fresa m*
41 machining centre (*Am.* center), a rotary-table machine
- *a máquina transfert*
42 rotary (circular) indexing table
- *a mesa giratória*
43 end mill
- *a fresa de topo m*
44 machine tap
- *o macho*
45 shaping machine (shaper)
- *a plaina limadora*

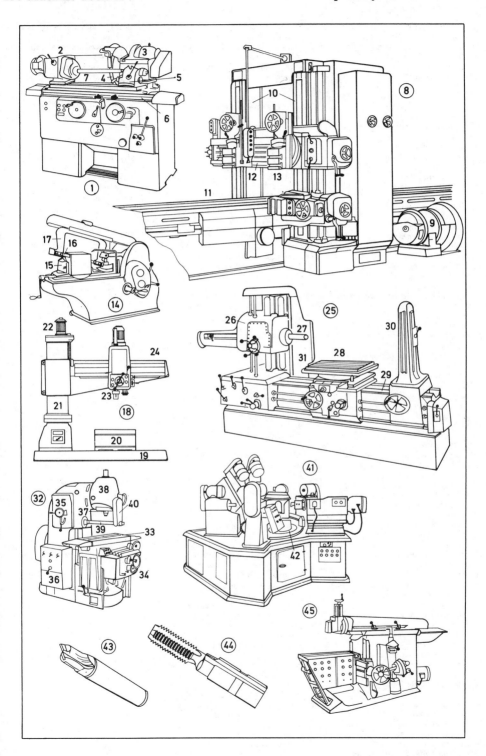

1 drawing board
- *a prancheta*
2 drafting machine with parallel motion
- *o tecnígrafo*
3 adjustable knob
- *o botão de ajuste* m
4 drawing head (adjustable set square)
- *as réguas em esquadro* m
5 drawing board adjustment
- *o ajuste da prancheta*
6 drawing table
- *a mesa de desenho* m
7 set square (triangle)
- *o esquadro de 60°*
8 triangle
- *o esquadro de 45°*
9 T-square (tee-square)
- *a régua-T*
10 rolled drawing
- *o rolo de desenho* m
11 diagram
- *o diagrama*
12 time schedule
- *o gráfico de barras* f
13 paper stand
- *o porta-papel [para rolos* m *de papel* m *de desenho* m]
14 roll of paper
- *o rolo de papel* m
15 cutter
- *o cortador*
16 technical drawing (drawing, design)
- *o desenho técnico*
17 front view (front elevation)
- *a vista de frente* f
18 side view (side elevation)
- *a vista lateral*
19 plan
- *a planta*
20 surface not to be machined
- *a superfície de acabamento bruto*
21 surface to be machined
- *a superfície desbastada*
22 surface to be superfinished
- *a superfície polida*
23 visible edge
- *a aresta visível*
24 hidden edge
- *a aresta invisível*
25 dimension line
- *a cota*
26 arrow head
- *a seta dimensional (a cota para dimensões diminutas)*
27 section line
- *a linha de corte* m
28 section A-B
- *a representação de corte* m *(A-B)*
29 hatched surface
- *a superfície hachurada*
30 centre (*Am.* center) line
- *a linha de eixo* m
31 title panel (title block)
- *o rótulo*
32 technical data
- *os dados técnicos*
33 ruler (rule)
- *a régua*
34 triangular scale
- *a régua triangular de escalas* f *de redução* f

35 erasing shield
- *a proteção para rasuras* f
36 drawing ink cartridge
- *o cartucho de nanquim* m
37 holders for tubular drawing pens
- *o porta-canetas com suporte higroscópico para canetas* f *tipo* m *estilete* m
38 set of tubular drawing pens
- *o conjunto de canetas* f *tipo* m *estilete* m [*para desenho* m *a nanquim* m]
39 hygrometer
- *o higrômetro*
40 cap with indication of nib size
- *a tampa com indicação* f *da espessura da ponta*
41 pencil-type eraser
- *o esfuminho*
42 eraser
- *a borracha*
43 erasing knife
- *a faca de raspar*
44 erasing knife blade
- *a lâmina da faca de raspar*
45 clutch-type pencil
- *a lapiseira*
46 pencil lead (refill lead, refill, spare lead)
- *a grafite, a mina*
47 glass eraser
- *a borracha de vidro* m
48 glass fibre (*Am.* fiber)
- *a lã de vidro* m
49 ruling pen
- *o tira-linhas*
50 cross joint
- *a junta cruzada*
51 index plate
- *o seletor de espessura* f *de traço* m *em bico* m *de pato* m
52 compass with interchangeable attachments
- *o compasso com acessórios* m *intercambiáveis*
53 compass head
- *a cabeça do compasso*
54 needle point attachment
- *a ponta seca articulada*
55 pencil point attachment
- *a ponta de grafite* f
56 needle
- *a ponta seca*
57 lengthening arm (extension bar)
- *o alongador, o prolongador da perna do compasso*
58 ruling pen attachment
- *o tira-linhas articulado*
59 pump compass (drop compass)
- *o compasso-bomba*
60 piston
- *o pistão*
61 ruling pen attachment
- *o tira-linhas do compasso*
62 pencil attachment
- *a ponta de grafite* f
63 drawing ink container
- *o vidro de tinta* f *nanquim* m
64 spring bow (rapid adjustment, ratchet-type) compass.
- *o compasso-mola*
65 spring ring hinge
- *a mola do compasso*

66 spring loaded fine adjustment for arcs
- *o parafuso micrométrico de regulagem* f *da abertura*
67 right-angle needle
- *a ponta seca reta*
68 tubular ink unit
- *o cartucho de nanquim* m *adaptável a compasso* m
69 stencil lettering guide (lettering stencil)
- *o normógrafo de régua vazada*
70 circle template
- *o gabarito (Pt. o gabari) para traçado de círculos* m
71 ellipse template
- *o gabarito (Pt. o gabari) para traçado* m *de elipses* f

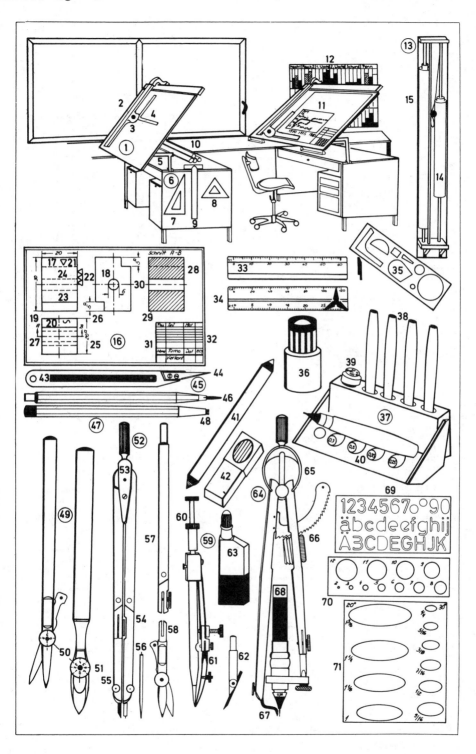

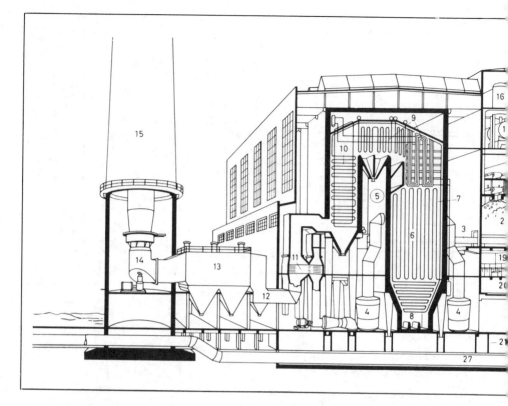

1-28 steam-generating station, an electric power plant
– *a central térmica, uma central termoelétrica*
1-21 boiler house
– *a casa de caldeiras* f
1 coal conveyor
– *a correia transportadora de carvão* m
2 coal bunker
– *o silo de carvão* m
3 travelling-grate (*Am.* traveling-grate) stoker
– *a grelha mecanizada para carvão* m
4 coal mill
– *o britador de carvão* m
5 steam boiler, a water-tube boiler (radiant-type boiler)
– *a caldeira multitubular*
6 burners
– *a câmara de combustão* f
7 water pipes
– *os tubos* m *de água* f
8 ash pit (clinker pit)
– *o depósito de cinzas* f
9 superheater
– *o superaquecedor*
10 water preheater
– *o pré-aquecedor de água* f
11 air preheater
– *o pré-aquecedor de ar* m
12 gas flue
– *o fumeiro (uma tubulação de passagem* f *dos gases de combustão)*

13 electrostatic precipitator
– *o precipitador eletrostático*
14 induced-draught (*Am.* induced-draft) fan
– *o exaustor de corrente induzida*
15 chimney (smokestack)
– *a chaminé*
16 de-aerator
– *o degaseificador*
17 feedwater tank
– *o reservatório de abastecimento* m *de água* f
18 boiler feed pump
– *a bomba de alimentação* f *da caldeira*
19 control room
– *a sala de controle* m
20 cable tunnel
– *a galeria de cabos* m
21 cable vault
– *a cabine subterrânea de cabos* m
22 turbine house
– *a casa das turbinas*
23 steam turbine with alternator
– *a turbina a vapor* m *com alternador* m
24 surface condenser
– *o condensador de superfície* f
25 low-pressure preheater
– *o pré-aquecedor de baixa pressão*
26 high-pressure preheater (economizer)
– *o pré-aquecedor de alta pressão (o economizador)*

27 cooling water pipe
– *a tubulação de água* f *de resfriamento* m
28 control room
– *a sala de controle* m
29-35 outdoor substation, a substation
– *a subestação ao ar livre (uma instalação de distribuição* f *de corrente* f *de alta tensão)*
29 busbars
– *o barramento*
30 power transformer, a mobile (transportable) transformer
– *o transformador de energia* f, *um transformador móvel sobre trilhos* m
31 stay poles (guy poles)
– *o pórtico dos isoladores*
32 high-voltage transmission line
– *a linha de transmissão* f *de alta tensão*
33 high-voltage conductor
– *o cabo de alta tensão*
34 air-blast circuit breaker (circuit breaker)
– *o disjuntor instantâneo a ar comprimido*
35 surge diverter (*Am.* lightning arrester, arrester)
– *o pára-raios*
36 overhead line support, a lattice steel tower
– *a torre de linha* f *de transmissão* f

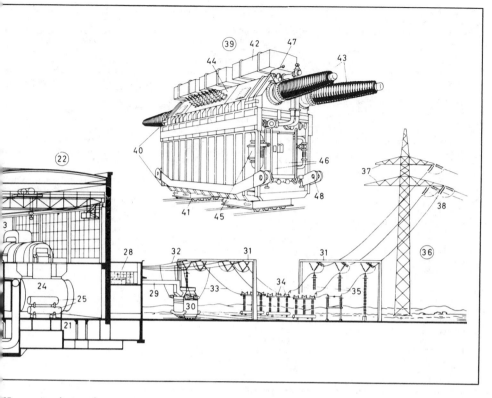

37 cross arm (traverse)
 – *o travessão*
38 strain insulator
 – *o isolador de final* m *de linha* f
39 **mobile (transportable) transformer** (power transformer, transformer)
 – *o transformador móvel*
40 transformer tank
 – *o tanque do transformador*
41 bogie (*Am.* truck)
 – *o truque*
42 oil conservator
 – *o depósito de óleo* m
43 primary voltage terminal (primary voltage bushing)
 – *o terminal de alta tensão do primário*
44 low-voltage terminals (low-voltage bushings)
 – *os terminais de baixa tensão*
45 oil-circulating pump
 – *a bomba de circulação* f *de óleo* m
46 oil cooler
 – *o resfriador de óleo* m
47 arcing horn
 – *os chifres supressores de arco* m *(os chifres de transformadores* m*)*
48 transport lug
 – *a alça de engate* m

153 Power Plant (Power Station) II

1-8 control room
- *a sala de controle* m
1-6 control console (control desk)
- *a mesa de controle* m
1 control board (control panel) for the alternators
- *o painel de controle* m *dos alternadores*
2 master switch
- *a chave de comando* m *principal*
3 signal light
- *as lâmpadas monitoras*
4 feeder panel
- *o painel de distribuição* f *de alta tensão*
5 monitoring controls for the switching systems
- *o comando monitorizado dos sistemas de comutação* f
6 controls
- *os dispositivos de comando* m
7 revertive signal panel
- *o painel dos monitores de repetição* f
8 matrix mimic board
- *o painel com diagrama* f *da rede*
9-18 transformer
- *o transformador*
9 oil conservator
- *o reservatório de óleo* m
10 breather
- *o respiradouro*
11 oil gauge (*Am.* gage)
- *o indicador do nível do óleo*
12 feed-through terminal (feed-through insulator)
- *o isolador de passagem* f
13 on-load tap changer
- *o comutador de variação* f *de tensão* f *(em carga* f*)*
14 yoke
- *a culatra*
15 primary winding (primary)
- *o enrolamento primário (o enrolamento de alta tensão)*
16 secondary winding (secondary, low-voltage winding)
- *o enrolamento secundário (o enrolamento de baixa tensão)*
17 core
- *o núcleo*
18 tap (tapping)
- *o tap (a tomada para derivação* f*)*
19 transformer connection
- *as ligações do transformador*
20 star connection (star network, Y-connection)
- *a ligação em estrela* f
21 delta connection (mesh connection)
- *a ligação em triângulo* m*, a ligação em delta* m
22 neutral point
- *o ponto neutro*
23-30 steam turbine, a turbogenerator unit
- *a turbina a vapor* m*, uma unidade de turbogeradora*
23 high-pressure cylinder
- *o cilindro de alta pressão*
24 medium-pressure cylinder
- *o cilindro de pressão média*
25 low-pressure cylinder
- *o cilindro de baixa pressão*

26 three-phase generator (generator)
- *o gerador trifásico*
27 hydrogen cooler
- *o resfriador a hidrogênio* m
28 leakage steam path
- *o duto de passagem* f *do vapor*
29 jet nozzle
- *a válvula de escape* m *(o jato)*
30 turbine monitoring panel with measuring instruments
- *o painel de monitores* m *da turbina com instrumentos* m *de medição* f
31 [automatic] voltage regulator
- *o regulador automático de voltagem* f
32 synchro
- *o sincronizador*
33 cable box
- *a mufa*
34 conductor
- *o condutor*
35 feed-through terminal (feed-through insulator)
- *o isolador de passagem* f
36 core
- *o núcleo*
37 casing
- *a caixa da mufa*
38 filling compound (filler)
- *o enchimento*
39 lead sheath
- *a capa de chumbo* m
40 lead-in tube
- *o tubo-guia do cabo*
41 cable
- *o cabo*
42 high-voltage cable, for three-phase current
- *o cabo de alta tensão, para corrente trifásica*
43 conductor
- *o condutor*
44 metallic paper (metallized paper)
- *o papel metalizado*
45 tracer (tracer element)
- *o enchimento*
46 varnished, cambric tape
- *a fita de algodão impregnado*
47 lead sheath
- *a capa de chumbo* m
48 asphalted paper
- *o papel alcatroado*
49 jute serving
- *o revestimento de juta* f
50 steel tape or steel wire armour (*Am.* armor)
- *a blindagem de chapa* f *(de fio* m*) de aço* m
51-62 air-blast circuit breaker, a circuit breaker
- *o disjuntor ultra-rápido a ar comprimido, um disjuntor*
51 compressed-air tank
- *o reservatório de ar comprimido*
52 control valve (main operating valve)
- *a válvula-piloto (a válvula de controle* m*)*
53 compressed-air inlet
- *a entrada de ar comprimido*

54 support insulator, hollow porcelain supporting insulator
- *o isolador de suporte* m*, um isolador oco de porcelana* f *com base* f *para fixação* f *e cabeçote* m
55 interrupter
- *o interruptor (a câmara de extinção* f*, a câmara de explosão)* f
56 resistor
- *o resistor*
57 auxiliary contacts
- *os contactos auxiliares*
58 current transformer
- *o transformador de corrente* f
59 voltage transformer (potential transformer)
- *o transformador de voltagem* f
60 operating mechanism housing
- *a caixa do mecanismo de comando* m *(a caixa de bornes* m*)*
61 arcing horn
- *o dispositivo de proteção* f *tipo* m *chifre* m
62 spark gap
- *a distância para a produção da centelha*

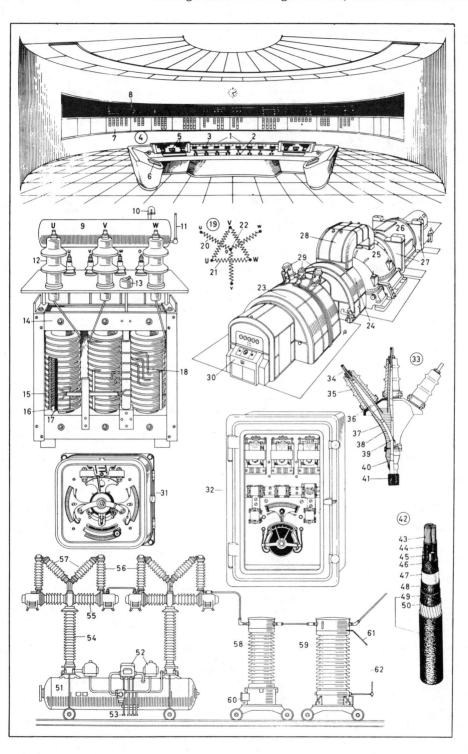

1 **fast-breeder reactor** (fast breeder) [diagram]
- *o reator superconversor rápido (FBR) [esquema* m]
2 primary circuit (primary loop, primary sodium system)
- *o circuito primário de sódio* m
3 reactor
- *o reator*
4 fuel rods (fuel pins)
- *as varetas de material* m *combustível*
5 primary sodium pump
- *a bomba de circulação* f *do circuito primário*
6 heat exchanger
- *o trocador de calor* m
7 secondary circuit (secondary loop, secondary sodium system)
- *o circuito secundário de sódio* m
8 secondary sodium pump
- *a bomba de circulação* f *do circuito secundário*
9 steam generator
- *o gerador de vapor* m
10 cooling water flow circuit
- *o circuito da água de refrigeração* f
11 steam line
- *a tubulação de vapor* m
12 feedwater line
- *a tubulação de água* f *de alimentação* f
13 feed pump
- *a bomba de água* f *de alimentação* f
14 steam turbine
- *a turbina a vapor* m
15 generator
- *o gerador*
16 transmission line
- *a linha de transmissão* f
17 condenser
- *o condensador*
18 cooling water
- *a água de resfriamento* m
19 **nuclear reactor,** a pressurized-water reactor (nuclear power plant, atomic power plant)
- *o reator nuclear, um reator a água pressurizada, PWR (a central de energia nuclear)*
20 concrete shield (reactor building)
- *o invólucro de concreto* m/Pt. *betão* m *(o edifício do reator)*
21 steel containment (steel shell) with air extraction vent
- *o invólucro de contenção* f *de aço* m *com duto* m *de exaustão* f
22 reactor pressure vessel
- *o vaso de pressão* f *do reator*
23 control rod drive
- *o mecanismo de acionamento* m *das varetas de controle* m
24 control rods
- *as varetas de controle* m
25 primary coolant pump
- *a bomba do circuito primário de resfriamento* m
26 steam generator
- *o gerador de vapor* m
27 fuel-handling hoists
- *a máquina transportadora para carregamento* m *dos elementos combustíveis*
28 fuel storage
- *o armazenamento de combustível* m

29 coolant flow passage
- *a linha de água* f *de resfriamento* m
30 feedwater line
- *a linha de água* f *de alimentação* f
31 prime steam line
- *a linha primária de vapor* m
32 manway
- *a galeria de acesso* m
33 turbogenerator set
- *o turbogerador*
34 turbogenerator
- *o gerador trifásico*
35 condenser
- *o condensador*
36 service building
- *o prédio de serviços* m *auxiliares*
37 exhaust gas stack
- *a chaminé de descarga* f *(de rejeitos gasosos)*
38 polar crane
- *a ponte rolante de movimento* m *circular*
39 cooling tower, a dry cooling tower
- *a torre de resfriamento* m
40 pressurized-water system
- *o esquema do princípio do sistema de água pressurizada*
41 reactor
- *o reator*
42 primary circuit (primary loop)
- *o circuito primário*
43 circulation pump (recirculation pump)
- *a bomba do circuito primário (a bomba de circulação* f)
44 heat exchanger (steam generator)
- *o trocador de calor* m *(o gerador de vapor* m)
45 secondary circuit (secondary loop, feedwater steam circuit)
- *o circuito secundário (o circuito de vapor* m) *a turbina* f *e de condensado* m *ao trocador* m *de calor* m
46 steam turbine
- *a turbina a vapor* m
47 generator
- *o gerador*
48 cooling system
- *o sistema de resfriamento* m
49 boiling water system [diagram]
- *o esquema do princípio (do sistema) de água* f *fervente*
50 reactor
- *o reator*
51 steam and recirculation water flow paths
- *o circuito de vapor* m *e condensado* m *do vapor de água* f
52 steam turbine
- *a turbina a vapor* m
53 generator
- *o gerador*
54 circulation pump (recirculation pump)
- *a bomba de circulação* f *(recirculação* f)
55 coolant system (cooling with water from river)
- *o sistema de resfriamento* m *com água* f *de rio* m
56 **radioactive waste storage in salt mine**
- *o depósito de rejeitos radioativos em mina* f *de sal* m
57-68 geological structure of abandoned salt mine converted for disposal of radioactive waste (nuclear waste)

- *a estrutura geológica de mina* f *de sal* m *abandonada e convertida em depósito* m *de rejeitos radioativos (lixo* m *nuclear)*
57 Lower Keuper
- *o keuper inferior*
58 Upper Muschelkalk
- *o muschelkalk superior (o calcário conquífero superior)*
59 Middle Muschelkalk
- *o muschelkalk intermediário (o calcário conquífero médio)*
60 Lower Muschelkalk
- *o muschelkalk inferior (o calcário conquífero inferior)*
61 Bunter downthrow
- *a base de arenito* m *multicor*
62 residue of leached (lixiviated) Zechstein (Upper Permian)
- *os resíduos de lixiviação* f *do Zechstein (Permiano* m *superior)*
63 Aller rock salt
- *o sal-gema de Aller, o sal de rocha* f *de Aller*
64 Leine rock salt
- *o sal-gema de Leine, o sal de rocha* f *de Leine*
65 Stassfurt seam (potash salt seam, potash salt bed)
- *o veio de sal* m *de Stassfurt (o veio de potassa* f)
66 Stassfurt salt
- *o sal-gema de Stassfurt, o sal de rocha* f *Stassfurt*
67 grenzanhydrite
- *o anidrito limite, a anidrita*
68 Zechstein shale
- *o xisto de Zechstein*
69 shaft
- *o poço*
70 minehead buildings
- *as instalações de superfície* f
71 storage chamber
- *a câmara de armazenagem* f
72 storage of medium-active waste in salt mine
- *o armazenamento de rejeitos* m *de radioatividade média em mina* f *de sal* m
73 511m level
- *a cota de 511m*
74 protective screen (anti-radiation screen)
- *a parede de blindagem* f *contra radiação* f
75 lead glass window
- *a janela de vidro* m *de chumbo* m
76 storage chamber
- *a câmara de armazenamento* m
77 drum containing radioactive waste
- *o tambor cintado com rejeitos radioativos*
78 television camera
- *a câmara de televisão* f
79 charging chamber
- *a câmara de descarga* f
80 control desk (control panel)
- *o painel de controle* m
81 upward ventilator
- *o sistema de ventilação* f
82 shielded container
- *o recipiente blindado*
83 490m level
- *a cota de 490m*

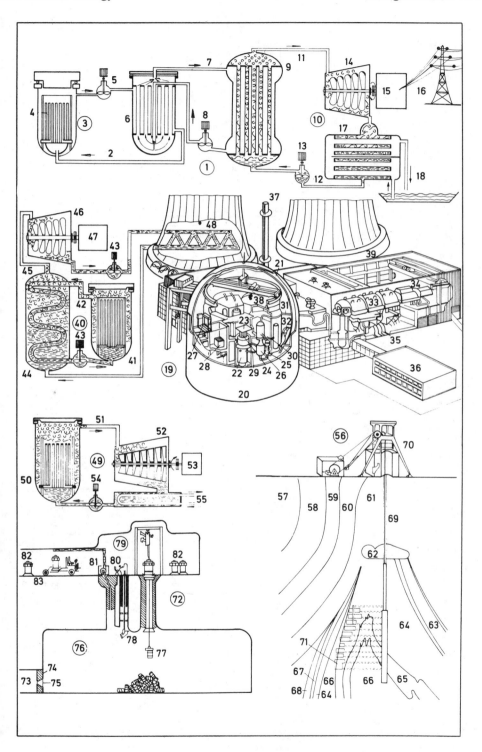

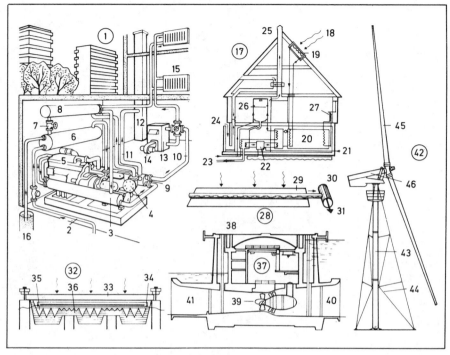

1 **heat pump system**
- *o sistema de bomba f de calefação f*
2 source water inlet
- *a canalização de água f de fonte subter-*
  rânea
3 cooling water heat exchanger
- *o trocador de calor m de resfriamento*
  m a água f
4 compressor
- *o compressor*
5 natural-gas or diesel engine
- *o motor a gás m natural ou a diesel*
  m
6 evaporator
- *o evaporador*
7 pressure release valve
- *a válvula de descompressão f*
8 condenser
- *o condensador*
9 waste-gas heat exchanger
- *o trocador de calor m a gás m de esca-*
  pamento m
10 flow pipe
- *a canalização ascendente*
11 vent pipe
- *a tubulação de saída f de ar poluído*
  (a tubulação de escapamento m de ga-
  ses queimados)
12 chimney
- *a chaminé*
13 boiler
- *a caldeira*
14 fan
- *a ventoinha*
15 radiator
- *o radiador*
16 sink
- *o poço de reinjeção f, o poço perdido*
17-36 utilization of solar energy
- *a utilização de energia f solar*
17 solar (solar-heated) house
- *a casa aquecida a energia f solar*
18 solar radiation (sunlight, insolation)
- *a radiação solar incidente (a luz solar*
  incidente, a insolação)

19 collector
- *o coletor*
20 hot reservoir (heat reservoir)
- *o acumulador de calor m*
21 power supply
- *a ligação de energia elétrica*
22 heat pump
- *a bomba térmica*
23 water outlet
- *a canalização de escoamento m da*
  água
24 air supply
- *a entrada de ar m*
25 flue
- *o canal de saída f de ar viciado; sim.:*
  o fumeiro
26 hot water supply
- *a caixa de água f quente*
27 radiator heating
- *o aquecimento por radiador m*
28 flat plate solar collector
- *a placa coletora de calor m solar, um*
  elemento de usina f solar
29 blackened receiver surface with asphalted aluminium (*Am.* aluminum)
  foil
- *o coletor plano com superfície f de ab-*
  sorção negra (uma folha de alumínio
  m betuminada)
30 steel tube
- *o tubo de aço m*
31 heat transfer fluid
- *o fluido condutor de calor m*
32 flat plate solar collector, containing
  solar cell
- *o coletor solar plano com célula f solar*
  (a telha solar)
33 glass cover
- *o tampo de vidro m*
34 solar cell
- *a célula solar, a pilha solar, a fotopilha*
35 air ducts
- *os canais de circulação f de ar m*

36 insulation
- *o isolamento (o isolante térmico, a ca-*
  mada calorífuga)
37 **tidal power plant** [section]
- *a usina (Pt. a instalação) de energia*
  f das marés f [corte m]
38 dam
- *o dique de retenção f, a barragem*
39 reversible turbine
- *a turbina reversível (a hélice de pás*
  f orientáveis)
40 turbine inlet for water from the sea
- *o canal de entrada f de água f na turbi-*
  na do lado do mar
41 turbine inlet for water from the basin
- *o canal de escoamento f da água da*
  turbina do lado m do açude
42 **wind power plant** (wind generator,
  aerogenerator)
- *a usina de energia f eólia (a usina de*
  energia dos ventos, a usina aerogera-
  dora; Pt. o moinho eólio)
43 truss tower
- *a torre tubular, o mastro tubular*
44 guy wire
- *a ancoragem com cabos m de aço m*
45 rotor blades (propeller)
- *as lâminas do motor (a hélice)*
46 generator with variable pitch for
  power regulation
- *o gerador de arfagem f variável para*
  regulagem f de energia f e servo-motor
  m de orientação f (mecanismo m de
  auto-orientação f)

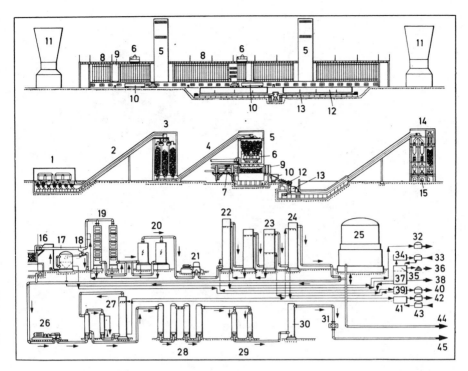

1-15 coking plant
- *a coqueria*
1 dumping of coking coal
- *a descarga de carvão m de coque m*
2 belt conveyor
- *a esteira rolante, a correia transportadora*
3 service bunker
- *o silo de carvão m de coque m*
4 coal tower conveyor
- *a esteira rolante da torre de carvão m*
5 coal tower
- *a torre de carvão m*
6 larry car (larry, charging car)
- *o vagão de carregamento m*
7 pusher ram
- *o desenfornador*
8 battery of coke ovens
- *a bateria de fornos m de coque m*
9 coke guide
- *o carrinho transportador de coque m*
10 quenching car, with engine
- *o vagão de extinção f, com locomotiva f*
11 quenching tower
- *a torre de extinção f*
12 coke loading bay (coke wharf)
- *o desembarcadouro de coque m*
13 coke side bench
- *a rampa de coque m*
14 screening of lump coal and culm
- *o separador de coque m*
15 coke loading
- *o carregamento de coque m*
16-45 coke-oven gas processing
- *o processamento do gás de coqueria f*
16 discharge (release) of gas from the coke ovens
- *a saída do gás dos fornos de coque m*
17 gas-collecting main
- *a tubulação coletora de gás m*
18 coal tar extraction
- *a extração do alcatrão da hulha (hulha: carvão m de pedra f, carvão mineral)*

19 gas cooler
- *o resfriador de gás m*
20 electrostatic precipitator
- *o precipitador eletrostático*
21 gas extractor
- *o extrator de gás m*
22 hydrogen sulphide (*Am.* hydrogen sulfide) scrubber (hydrogen sulphide wet collector)
- *o purificador de ácido sulfídrico (o coletor úmido de ácido sulfídrico)*
23 ammonia scrubber (ammonia wet collector)
- *o purificador de amoníaco m (o coletor úmido de amoníaco)*
24 benzene (benzol) scrubber
- *o purificador de benzeno m*
25 gas holder
- *o reservatório coletor de gás m*
26 gas compressor
- *o compressor de gás m*
27 debenzoling by cooler and heat exchanger
- *a debenzolização por refrigerante m e trocador m de calor m*
28 desulphurization (*Am.* desulfurization) of pressure gas
- *a dessulfurização do gás comprimido*
29 gas cooling
- *o resfriamento do gás*
30 gas drying
- *a secagem do gás*
31 gas meter
- *o medidor de gás m*
32 crude tar tank
- *o reservatório de alcatrão bruto*
33 sulphuric acid (*Am.* sulfuric acid) supply
- *a alimentação de ácido sulfúrico*
34 production of sulphuric acid (*Am.* sulfuric acid)
- *a produção de ácido sulfúrico*

35 production of ammonium sulphate (*Am.* ammonium sulfate)
- *a produção de sulfato m de amônio m*
36 ammonium sulphate (*Am.* ammonium sulfate)
- *o sulfato de amônio m*
37 recovery plant for recovering the scrubbing agents
- *a instalação de regeneração f dos produtos de lavagem f*
38 waste water discharge
- *o escoamento das águas residuais*
39 phenol extraction from the gas water
- *a extração de fenol m da água amoníacal*
40 crude phenol tank
- *o reservatório de fenol bruto*
41 production of crude benzol (crude benzene)
- *a produção de benzeno bruto (de benzol m)*
42 crude benzol (crude benzene) tank
- *o reservatório de benzeno bruto*
43 scrubbing oil tank
- *o reservatório de óleo m de lavagem f*
44 low-pressure gas main
- *a tubulação de gás m de baixa pressão (BP)*
45 high-pressure gas main
- *a tubulação de gás m*
- *de alta pressão*

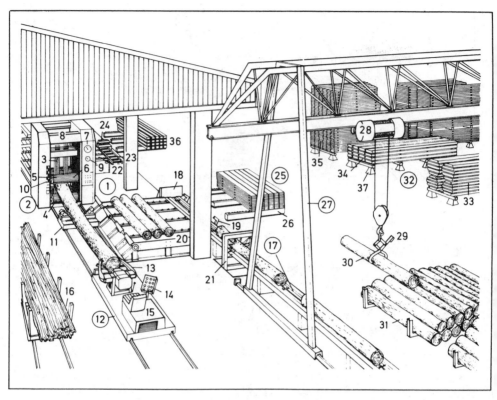

1 sawmill
- *a serraria*
2 vertical frame saw (*Am.* gang mill)
- *a serra vertical (de lâminas múltiplas)*
3 saw blades
- *as lâminas da serra*
4 feed roller
- *o rolo de alimentação f*
5 guide roller
- *o rolete, a guia*
6 fluting (grooving, grooves)
- *a canelura*
7 oil pressure gauge (*Am.* gage)
- *o manômetro de óleo m (o indicador da pressão do óleo)*
8 saw frame
- *o chassi porta-lâminas m (o bloco)*
9 feed indicator
- *o indicador de alimentação f*
10 log capacity scale
- *a escala de altura f do corte (escala de graduação f)*
11 auxiliary carriage
- *o carro auxiliar*
12 carriage
- *o carro condutor*
13 log grips
- *as garras*
14 remote control panel
- *o painel de controle remoto*
15 carriage motor
- *o motor do carro condutor*

16 truck for splinters (splints)
- *a vagoneta para transportar material m*
17 endless log chain (*Am.* jack chain)
- *a esteira sem-fim*
18 stop plate
- *o batente*
19 log-kicker arms
- *o ejetor de troncos m*
20 cross conveyor
- *a esteira transportadora transversal*
21 washer (washing machine)
- *a lavadora*
22 cross chain conveyor for sawn timber
- *a esteira sem-fim (a transportadora transversal para madeira serrada)*
23 roller table
- *a mesa de rolamento m*
24 undercut swing saw
- *a serra oscilante para corte m por baixo m*
25 piling
- *o empilhamento de tábuas f*
26 roller trestles
- *os cavaletes de rolos m*
27 gantry crane
- *o guindaste de pórtico m*
28 crane motor
- *o motor do guindaste*
29 pivoted log grips
- *a pinça de aperto m orientável*

30 roundwood (round timber)
- *a madeira em toras f*
31 log dump
- *o estoque de toras selecionadas*
32 squared timber store
- *o pátio de estocagem f de tábuas f*
33 sawn logs
- *os troncos serrados*
34 planks
- *as pranchas, os pranchões*
35 boards (planks)
- *as tábuas*
36 squared timber
- *a madeira gabaritada (esquadrejada)*
37 stack bearer
- *o calço para empilhar madeira f*

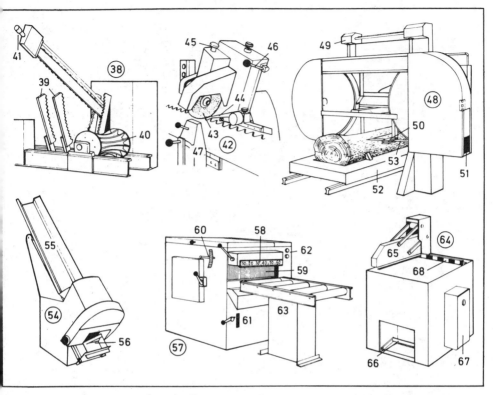

38 automatic cross-cut chain saw
 - *a serra automática de corrente f para corte* m *transversal*
39 log grips
 - *as peças de apoio* m *e aperto* m
40 feed roller
 - *o rolete de avanço* m
41 chain-tensioning device
 - *o tensor da corrente*
42 saw-sharpening machine
 - *a máquina de afiar lâminas* f *de serra* f
43 grinding wheel (teeth grinder)
 - *o rebolo para afiação* f *(de dentes* m *de serra* f*)*
44 feed pawl
 - *a garra de avanço* m
45 depth adjustment for the teeth grinder
 - *o ajuste de profundidade* f *para o rebolo*
46 lifter (lever) for the grinder chuck
 - *a alavanca de comando* m
47 holding device for the saw blade
 - *o dispositivo de aperto* m *da lâmina da serra*
48 horizontal bandsaw for sawing logs
 - *a serra de fita* f *horizontal para serrar troncos* m
49 height adjustment
 - *o ajuste de altura* f
50 chip remover
 - *o removedor de aparas* f

51 chip extractor
 - *a saída da serragem*
52 carriage
 - *o carro*
53 bandsaw blade
 - *a lâmina da serra de fita* f
54 automatic blocking saw
 - *a serra de bloqueio automático para cortar achas* f *de lenha* f
55 feed channel
 - *a canoura, a tremonha*
56 discharge opening
 - *a saída da lenha*
57 twin edger (double edger)
 - *a serra de lâmina dupla*
58 breadth scale (width scale)
 - *a escala de largura* f
59 kick-back guard (plates)
 - *as chapas guarda-coice (a proteção anti-tranco)*
60 height scale
 - *a escala de altura* f
61 in-feed scale
 - *a escala de avanço* m *do corte*
62 indicator lamps
 - *as lâmpadas monitoras*
63 feed table
 - *a mesa de alimentação* f
64 undercut swing saw
 - *a serra oscilante para corte* m *por baixo*

65 automatic hold-down with protective hood
 - *o prendedor automático com capô* m *(Pt. com capota* f*) de proteção* f
66 foot switch
 - *o pedal interruptor*
67 distribution board (panelboard)
 - *o quadro de distribuição* f
68 length stop
 - *o batente longitudinal*

1 quarry, an open-cast working
– *a pedreira, uma exploração a céu aberto*
2 overburden
– *o terreno estéril da pedreira*
3 working face
– *a frente da pedreira*
4 loose rock pile (blasted rock)
– *o entulho*
5 quarryman (quarrier), a quarry worker
– *o canteiro*
6 sledge hammer
– *a marreta*
7 wedge
– *a cunha*
8 block of stone
– *o bloco de rocha* f
9 driller
– *o marteleteiro*
10 safety helmet
– *o capacete de segurança* f
11 hammer drill (hard rock drill)
– *o martelete pneumático*
12 borehole
– *o furo da broca*
13 universal excavator
– *a escavadeira universal*
14 large-capacity truck
– *a vagoneta*
15 rock face
– *a parede rochosa*
16 inclined hoist
– *o plano inclinado*

17 primary crusher
– *o britador, a britadeira*
18 stone-crushing plant
– *a unidade de britagem* f
19 coarse rotary (gyratory) crusher; *sim.:* fine rotary (gyratory) crusher (rotary or gyratory crusher)
– *o britador giratório primário; sim.: o britador giratório*
20 hammer crusher (impact crusher
– *o britador de martelos* m
21 vibrating screen
– *a peneira vibratória*
22 screenings (fine dust)
– *as peneiras*
23 stone chippings
– *o cascalho de britagem* f
24 crushed stone
– *as pedras britadas, a brita*
25 shot firer
– *o dinamitador*
26 measuring rod
– *a vara de medição* f
27 blasting cartridge
– *o cartucho de dinamite* m
28 fuse (blasting fuse)
– *o estopim*
29 plugging sand (stemming sand) bucket
– *o balde de areia* f *de contacto* m *(para dar fogacho* m*)*

30 dressed stone
– *a pedra de cantaria* f, *a cantaria (sim.: o paralelepípedo)*
31 pick
– *a picareta*
32 crowbar (pinch bar)
– *a alavanca*
33 fork
– *o ancinho de cascalho* m
34 stonemason
– *o canteiro*
35-38 stonemason's tools
– *as ferramentas do canteiro*
35 stonemason's hammer
– *a escoda*
36 mallet
– *o malho*
37 drove chisel (drove, boaster, broad chisel)
– *a fendeleira*
38 dressing axe (*Am.* ax)
– *o martelo de canteiro* m

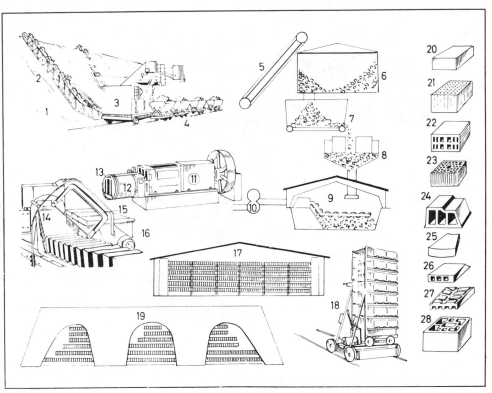

1 clay pit
- *o barreiro, a barreira*
2 loam, an impure clay (raw clay)
- *a argila bruta*
3 overburden excavator, a large-scale excavator
- *a escavadeira*
4 narrow-gauge (Am. narrow-gage) track system
- *as vagonetas de bitola estreita*
5 inclined hoist
- *o plano inclinado*
6 souring chambers
- *a fossa*
7 box feeder (feeder)
- *o alimentador linear*
8 edge runner mill (edge mill, pan grinding mill)
- *o triturador de cilindros* m *verticais*
9 rolling plant
- *o triturador de cilindros* m
10 double-shaft trough mixer (mixer)
- *o misturador de hélice dupla*
11 extrusion press (brick-pressing machine)
- *a prensa de extrusão* f
12 vacuum chamber
- *a câmara de vácuo* m
13 die
- *a matriz*
14 clay column
- *a fita de barro* m
15 cutter (brick cutter)
- *o cortador*

16 unfired brick (green brick)
- *o tijolo cru*
17 drying shed
- *a câmara de secagem* f
18 mechanical finger car (stacker truck)
- *a empilhadeira*
19 circular kiln (brick kiln)
- *o forno de olaria* f *(um forno redondo)*
20 solid brick (building brick)
- *o tijolo*
21-22 perforated bricks and hollow blocks
- *os tijolos vazados*
21 perforated brick with vertical perforations
- *o bloco com perfurações* f *verticais*
22 hollow clay block with horizontal perforations
- *o bloco tubular*
23 hollow clay block with vertical perforations
- *o bloco com perfuração* f *em losangos* m
24 floor brick
- *o tijolo para piso* m
25 compass brick (radial brick, radiating bricks)
- *o tijolo radial (o tijolo de chaminé* f*)*
26 hollow flooring block
- *o tijolo vazado para piso* m *(o tijolo de alvenaria tosca)*

27 paving brick
- *o tijolo de calçamento* m *(com saliências* f *antiderrapantes)*
28 cellular brick [for fireplaces] (chimney brick)
- *o tijolo celular (o combogó)*

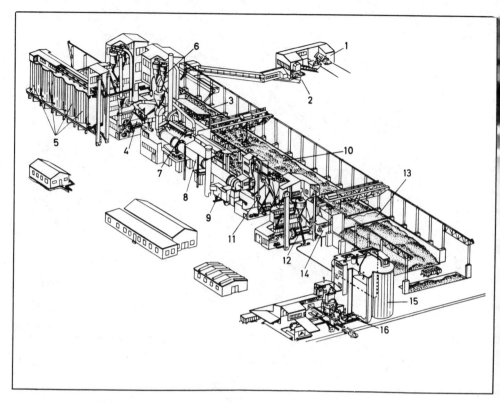

1 raw materials (limestone, clay, and marl)
- *as matérias-primas (o calcário, a argila e a marga)*
2 hammer crusher (hammer mill)
- *o britador hidráulico (o martelo hidráulico)*
3 raw material store
- *o pátio de matérias-primas f*
4 raw mill for simultaneously grinding and drying the raw materials with exhaust gas from the heat exchanger
- *o moinho de trituração f e secagem simultânea das matérias-primas com gás m de exaustão f do permutador térmico*
5 raw meal silos
- *os silos de farinha crua (os silos de homogeneização f)*
6 heat exchanger (cyclone heat exchanger)
- *o permutador térmico (o permutador de ciclone térmico)*
7 dust collector (an electrostatic precipitator) for the heat exchanger exhaust from the raw mill
- *o coletor de pó m (por precipitação eletrostática) para o escape do permutador térmico do moinho de matéria-prima f*
8 rotary kiln
- *o forno rotativo*

9 clinker cooler
- *o resfriador de clínquer m (a escória)*
10 clinker store
- *o pátio de clínquer m*
11 primary air blower
- *o insuflador de vento primário*
12 cement-grinding mill
- *o triturador de cimento m*
13 gypsum store
- *o pátio de gipsito m*
14 gypsum crusher
- *o britador de gipsito m*
15 cement silo
- *o silo de cimento m*
16 cement-packing plant for paper sacks
- *a unidade de ensacamento m do cimento (para sacos m de papel m)*

1 grinding cylinder (ball mill) for the preparation of the raw material in water
 - *o moinho de esferas* f *(o cilindro triturador) para a preparação da pasta por via úmida*
2 sample sagger (saggar, seggar), with aperture for observing the firing process
 - *as cápsulas de amostras* f *com janela* f *para observação do processo de cozimento* m
3 bottle kiln (beehive kiln)
 - *o forno-colméia (o forno-garrafa)* [*esquema* m]
4 firing mould (*Am.* mold)
 - *a forma de queima* f
5 tunnel kiln
 - *o forno-túnel*
6 Seger cone (pyrometric cone, *Am.* Orton cone) for measuring high temperatures
 - *o cone de Seger (o cone pirométrico) para medir temperaturas elevadas*
7 de-airing pug mill (de-airing pug press), an extrusion press
 - *a prensa de vácuo* m, *uma prensa de extrusão* f
8 clay column
 - *a coluna de pasta extrudada*
9 thrower throwing a ball (bat) of clay
 - *o torneiro em porcelana* f *torneando uma peça*

10 slug of clay
 - *o bloco de argila* f
11 turntable: *sim.:* potter's wheel
 - *a roda de oleiro* m
12 filter press
 - *o filtro-prensa*
13 filter cake
 - *o disco de filtro* m *(o disco de filtrar)*
14 jiggering, with a profiling tool; *sim.:* jollying
 - *a calibragem*
15 plaster mould (*Am.* mold) for slip casting
 - *a forma de gesso* m *para moldagem* f *com argila líquida*
16 turntable glazing machine
 - *a máquina de vitrificar, a esmaltadora de mesa giratória*
17 porcelain painter (china painter)
 - *o pintor de porcelana* f
18 hand-painted vase
 - *o vaso pintado a mão* f
19 repairer
 - *o restaurador*
20 pallet (modelling, *Am.* modeling, tool)
 - *a espátula*
21 shards (sherds, potsherds)
 - *os cacos de porcelana* f

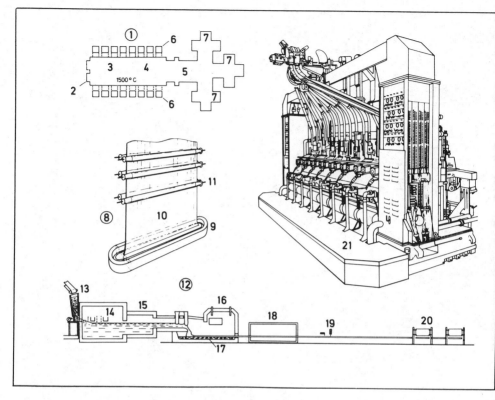

1-20 sheet glass production (flat glass production)
- *a produção de vidro plano*
1 glass furnace (tank furnace) for the Fourcault process (diagram)
- *o forno de vidro* m *para o processo Fourcault (esquema* m)
2 filling end, for feeding in the batch (frit)
- *os nichos de enforna* f *para alimentação* f *de cargas* f
3 melting bath
- *a zona de fusão* f
4 refining bath (fining bath)
- *a zona de afinagem* f
5 working baths (working area)
- *a zona de trabalho* m
6 burners
- *os queimadores*
7 drawing machines
- *as máquinas de estiragem* f
8 Fourcault glass-drawing machine
- *a máquina de estiragem* f *Fourcault*
9 slot
- *o distribuidor*
10 glass ribbon (ribbon of glass, sheet of glass) being drawn upwards
- *a fita de vidro* m *ascendente (a chapa de vidro em ascensão* f)
11 rollers (drawing rolls)
- *os rolos portadores*

12 float glass process
- *o processo-float [esquema]*
13 batch (frit) feeder (funnel)
- *a enforna (a enfornadeira)*
14 melting bath
- *a zona de fusão* f
15 cooling tank
- *a zona de resfriamento* m
16 float bath in a protective inert-gas atmosphere
- *o banho float em atmosfera* f *de gás* m *inerte*
17 molten tin
- *o estanho fundido*
18 annealing lehr
- *a zona de recozimento* m
19 automatic cutter
- *o cortador automático*
20 stacking machines
- *os empilhadores*
21 IS (individual-section) machine, a bottle-making machine
- *a máquina de fabricação* f *de garrafas* f

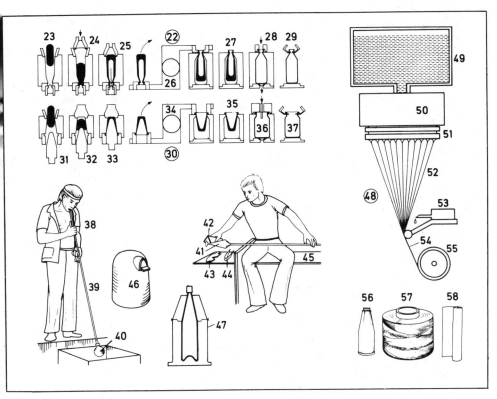

22-37 blowing processes
- *os processos por sopro* m *final*
22 blow-and-blow process
- *o processo-sopro/sopro*
23 introduction of the gob of molten glass
- *a caída da gota no molde*
24 first blowing
- *o sopro de assentamento* m
25 suction
- *o furo de vela* f
26 transfer from the parison mould (*Am.* mold) to the blow mould (*Am.* mold)
- *a transferência da vela para a forma*
27 reheating
- *o reaquecimento da vela*
28 blowing (suction, final shaping)
- *o sopro final (o contorno final)*
29 delivery of the completed vessel
- *a retirada do vasilhame*
30 press-and-blow process
- *o processo prensado/soprado*
31 introduction of the gob of the molten glass
- *a caída da gota no molde*
32 plunger
- *a punção*
33 pressing
- *a prensagem*
34 transfer from the press mould (*Am.* mold) to the blow mould (*Am.* mold)
- *a transferência da vela para a forma*

35 reheating
- *o reaquecimento*
36 blowing (suction, final shaping)
- *o sopro final (o formato definitivo)*
37 delivery of the completed vessel
- *a retirada do vasilhame*
38-47 glassmaking (glassblowing, glassblowing by hand, glass forming)
- *a fabricação manual de vidro* m
38 glassmaker (glassblower)
- *o soprador de vidro* m *(o vidreiro)*
39 blowing iron
- *a cana de sopro* m
40 gob
- *a gota*
41 hand-blown goblet
- *o cálice de vidro* m *manual*
42 clappers for shaping the base (foot) of the goblet
- *as plaquetas para formar o pé do cálice*
43 trimming tool
- *o calibre de vidreiro* m *(para cortar o vidro)*
44 tongs
- *a pinça*
45 glassmaker's chair (gaffer's chair)
- *o banco do vidreiro*
46 covered glasshouse pot
- *o pote fechado*
47 mould (*Am.* mold), into which the parison is blown

- *o molde (uma forma onde é soprada a pasta de vidro* m)
48-55 production of glass fibre (*Am.* glass fiber)
- *a fabricação de fibra* f *de vidro* m
48 continuous filament process
- *o processo de fibra contínua*
49 glass furnace
- *o forno de fusão* f
50 bushing containing molten glass
- *a cuba cheia de vidro fundido*
51 bushing tips
- *os bicos das fieiras*
52 glass filaments
- *os filamentos de vidro* m
53 sizing
- *a ensimagem (um líquido lubrificante)*
54 strand (thread)
- *a fibra de vidro* m
55 spool
- *a bobina*
56-58 glass fibre (*Am.* **glass fiber**) **products**
- *os produtos de fibra* f *de vidro* m
56 glass yarn (glass thread)
- *o fio de silicone* m *(um vidro puro com alto teor de sílica* f)
57 sleeved glass yarn (glass thread)
- *o carretel de fio* m *de vidro bobinado (roving)*
58 glass wool
- *a manta de vidro* m *(a lã de vidro)*

1-13 supply of cotton
- *o alimentador de algodão* m
1 ripe cotton boll
- *o capulho de algodão maduro*
2 full cop (cop wound with weft yarn)
- *a espula de fio* m *(o tubete envolvido por fio)*
3 compressed cotton bale
- *o fardo de algodão prensado*
4 jute wrapping
- *a cobertura de juta* f
5 steel band
- *a fita de aço* m
6 identification mark of the bale
- *o rótulo de identificação* f *do fardo*
7 bale opener (bale breaker)
- *o abridor de fardo* m *(o 1.º abridor)*
8 cotton-feeding brattice
- *a esteira de alimentação* f
9 cotton feed
- *o alimentador de algodão* m
10 dust extraction fan
- *o aspirador de poeira* f
11 duct to the dust-collecting chamber
- *a tubulação para a câmara coletora de poeira* f
12 drive motor
- *o motor de acionamento* m
13 conveyor brattice
- *a esteira transportadora*
14 **double scutcher** (machine with two scutchers)
- *o batedor duplo (uma máquina com dois batedores)*
15 lap cradle
- *o formador do rolo de manta* f *de algodão* m
16 rack head
- *a alavanca de pressão* f
17 starting handle
- *a manivela de acionamento* m
18 handwheel, for raising and lowering the rack head
- *o volante para levantar e abaixar a alavanca de pressão* f
19 movable lap-turner
- *a guia de manta* f
20 calender rollers
- *os rolos compressores, as calandras*
21 cover for the perforated cylinders
- *a tampa protetora dos cilindros batedores*
22 dust escape flue (dust discharge flue)
- *o canal de aspiração* f *das poeiras (resíduos* m)
23 drive motors (beater drive motors)
- *os motores de acionamento* m *dos batedores*
24 beater driving shaft
- *o eixo de acionamento* m *do órgão batedor*
25 three-blade beater (Kirschner beater)
- *o batedor de três aspas* f *(o batedor Kirschner)*

26 grid [for impurities to drop]
- *a grelha para separar as impurezas (os resíduos)*
27 pedal roller (pedal cylinder)
- *o cilindro sobre pedais* m *(o cilindro alimentador do Kirschner)*
28 control lever for the pedal roller, a pedal lever
- *a alavanca de controle* m *do cilindro de alimentação* f *pelo sistema de pianos* m *e pedais* m
29 variable change-speed gear
- *a engrenagem de variação* f *de velocidade* f
30 cone drum box
- *a caixa de proteção* f *das polias cônicas (cones* m)
31 stop and start levers for the hopper
- *as alavancas de parada* f *(Pt. de paragem* f) *e acionamento* m *da tremonha alimentadora*
32 wooden hopper delivery roller
- *o rolo compressor de madeira* f
33 hopper feeder
- *a tremonha alimentadora automática*
34 **carding machine** (card, carding engine)
- *a máquina de cardar (carda* f)
35 card can (carding can), for receiving the coiled sliver
- *o vaso (o latão, o pote) da carda, para acondicionar fita cardada*
36 can holder
- *a sentinela*
37 calender rollers
- *as calandras compressoras da máquina*
38 carded sliver (card sliver)
- *a fita cardada (a fita da carda)*
39 vibrating doffer comb
- *o pente vibrador do* doffer *(retirador de fibra* f *do grande tambor)*
40 start-stop lever
- *a alavanca de acionamento* m
41 grinding-roller bearing
- *o mancal de esmeril* m *dos flats*
42 doffer
- *o* doffer, *o retirador de fibras* f *do grande tambor*
43 cylinder
- *o grande tambor*
44 flat clearer
- *o limpador dos* flats
45 flats
- *o conjunto de flats* m, *o órgão cardador de fibras* f *(o paralelizador de fibras)*
46 supporting pulleys for the flats
- *a polia de guia* f *e tensão* f *dos* flats
47 scutcher lap (carded lap)
- *o rolo de manta* f *(a manta para cardar)*
48 scutcher lap holder
- *o suporte de sustentação* f *do rolo de manta* f
49 drive motor with flat belt
- *o motor de acionamento* m *com correia plana*

50 main drive pulley (fast-and-loose drive pulley)
- *a polia motriz principal*
51 principle of the card (of the carding engine)
- *o princípio de funcionamento* m *de carda (o princípio de funcionamento da cardagem)*
52 fluted feed roller
- *o cilindro canelado de alimentação* f
53 licker-in (taker-in, licker-in roller)
- *o cilindro penteador (o briseur, o picador)*
54 licker-in undercasing
- *a grelha do* doffer
55 cylinder undercasing
- *a grelha do grande tambor*
56 **combing machine** (comber)
- *a máquina de penteagem* f *ou penteadeira* f
57 drive gearbox (driving gear)
- *a caixa de comando* m *de acionamento* m *(o mecanismo de acionamento)*
58 laps ready for combing
- *os rolos de manta* f *para pentear*
59 calender rollers
- *os cilindros compressores (as calandras compressoras)*
60 comber draw box
- *o trem de estiragem* f *da fita penteada*
61 counter
- *o contador de hanks*
62 coiler top
- *a sentinela recolhedora da fita*
63 principle of the comber
- *o esquema da penteadeira*
64 lap
- *a manta*
65 bottom nipper
- *a pinça inferior*
66 top nipper
- *a pinça superior*
67 top comb
- *o pente retilíneo*
68 combing cylinder
- *o pente circular*
69 plain part of the cylinder
- *a parte lisa do pente circular*
70 needled part of the cylinder
- *a parte agulhada do pente circular (a parte guarnecida do pente circular)*
71 detaching rollers
- *os cilindros destacadores*
72 carded and combed sliver
- *a fita cardada e penteada*

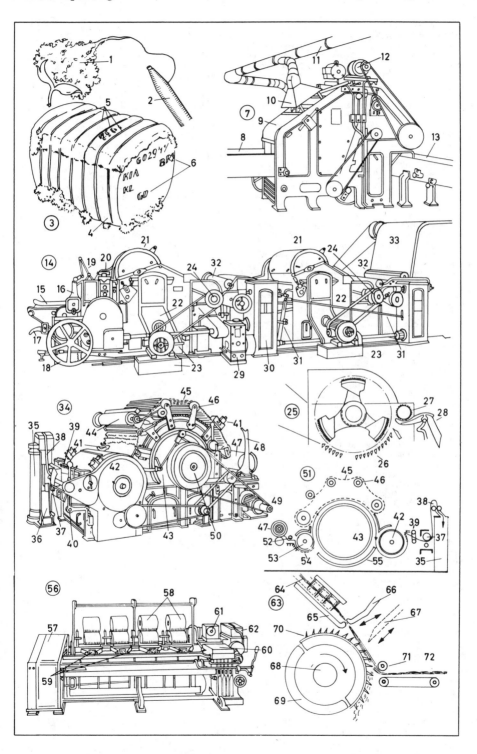

1 **draw frame**
- *o passador (a passadeira)*
2 gearbox with built-in motor
- *a caixa de acionamento* m *com o motor*
3 sliver cans
- *os vasos (os latões, os potes) de fitas* f
4 broken thread detector roller
- *os cilindros do automático de paradas* (Pt. *paragens*) f *(para fitas rompidas)*
5 doubling of the slivers
- *a duplicação de fitas* f
6 stopping handle
- *a alavanca de parada* (Pt. *de paragem*) f
7 draw frame cover
- *a cobertura do trem de estiragem* f
8 indicator lamps (signal lights)
- *as lâmpadas de aviso* m
9 simple four-roller draw frame [diagram]
- *o esquema de trem* m *de estiragem* f *simples com quatro pares* m *de cilindros* m
10 bottom rollers (lower rollers), fluted steel rollers
- *os cilindros inferiores (os cilindros estiradores canelados de aço* m)
11 top rollers (upper rollers) covered with synthetic rubber
- *os cilindros superiores (os cilindros de pressão* f) *revestidos de borracha sintética*
12 doubled slivers before drafting
- *as fitas duplicadas antes de estirar*
13 thin sliver after drafting
- *a fita fina depois de passar pelo trem de estiragem* f
14 high-draft system (high-draft draw frame) [diagram]
- *o sistema de alta estiragem, o trem de alta estiragem* [esquema]
15 feeding-in of the sliver
- *a guia-fita na alimentação*
16 leather apron (composition apron)
- *o manchão condutor (de couro* m)
17 guide bar
- *a barra-guia*
18 light top roller (guide roller)
- *o cilindro de pequena pressão*
19 high-draft speed frame (fly frame, slubbing frame)
- *o trem de alta estiragem da maçaroqueira*
20 sliver cans
- *os vasos (os potes, os latões) de fitas* f
21 feeding of the slivers to the drafting rollers
- *o varão-guia do trem de estiragem* f
22 drafting rollers with top clearers
- *os cilindros do trem de estiragem* f *(com rolos limpadores)*
23 roving bobbins
- *as bobinas de mecha* f *(as maçarocas)*
24 fly frame operator (operative)
- *o maquinista da maçaroqueira*

25 flyer
- *o voador*
26 frame end plate
- *a cabeceira da maçaroqueira*
27 intermediate yarn-forming frame
- *a maçaroqueira intermediária*
28 bobbin creel (creel)
- *a gaiola de alimentação* f
29 roving emerging from the drafting rollers
- *a mecha saindo do trem de estiragem* f
30 lifter rail (separating rail)
- *o banco porta-bobinas* m
31 spindle drive
- *o acionamento dos fusos*
32 stopping handle
- *a alavanca de parada* (Pt. *de paragem*) f
33 gearbox, with built-on motor
- *a caixa de engrenagens* f *com o motor*
34 **ring frame** (ring spinning frame)
- *o filatório contínuo de anéis* m
35 three-phase motor
- *o motor trifásico*
36 motor base plate (bedplate)
- *a chapa de apoio* m *do motor*
37 lifting bolt (for motor removal)
- *o anel de movimentação* f *(subida* f *e descida* f) *do motor*
38 control gear for spindle speed
- *o controlador de velocidade* f *do fuso*
39 gearbox
- *a caixa de engrenagens* f *de comando* m
40 change wheels for varying the spindle speed (to change the yarn count)
- *o pinhão de troca* f *(o pinhão para variar a estiragem do fuso) para alterar o título do fio*
41 full creel
- *a gaiola de alimentação* f *do filatório*
42 shafts and levers for raising and lowering the ring rail
- *os eixos e as alavancas para levantar e abaixar o trilho porta-bobinas* m
43 spindles with separators
- *os fusos com placas* f *de separação* f *(o anti-balão ou o pára-balão)*
44 suction box connected to the front roller underclearers
- *a caixa de aspiração* f *dos fios frontais para os cilindros de saída* f
45 **standard ring spindle**
- *o modelo de um fuso de filatório* m *a anel* m
46 spindle shaft
- *a haste do fuso*
47 roller bearing
- *o rolamento da haste do fuso*
48 wharve (pulley)
- *o gorne do fuso*
49 spindle catch
- *o freio do fuso*
50 spindle rail
- *a porca de sustentação* f *do fuso*

51 ring and traveller (*Am.* traveler)
- *a espula* (Pt. *a bobina*) *e o fuso (com anel* m *e viajante* m)
52 top of the ring tube (of the bobbin)
- *o tubete (a canela)*
53 yarn (thread)
- *o fio de algodão* m
54 ring fitted into the ring rail
- *o anel encaixado no porta-anéis (na balança)*
55 traveller (*Am.* traveler)
- *o viajante*
56 yarn wound onto the bobbin
- *o fio enrolado no tubete (o início da formação da espula)*
57 **doubling frame**
- *a retorcedeira*
58 creel, with cross-wound cheeses
- *a gaiola de alimentação* f *com bobinas cruzadas*
59 delivery rollers
- *os cilindros de saída* f
60 bobbins of doubled yarn
- *as espulas de fio retorcido*

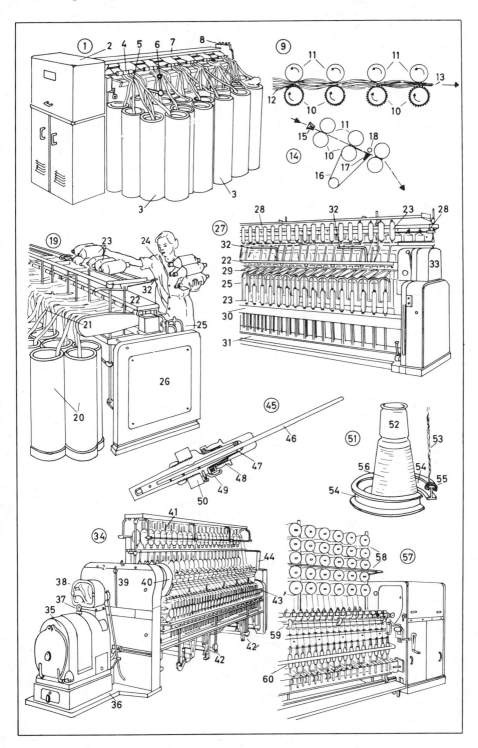

1-57 processes preparatory to weaving
- *os processos de preparação* f *para a tecelagem* f
1 cone-winding frame
- *a conicaleira, a máquina de fiar*
2 travelling (*Am.* traveling) blower
- *o soprador móvel*
3 guide rail, for the travelling (*Am.* traveling) blower
- *o trilho (o carril) do soprador*
4 blowing assembly
- *o ventilador*
5 blower aperture
- *a abertura do ventilador*
6 superstructure for the blower rail
- *o suporte do trilho (do carril) do soprador*
7 full-cone indicator
- *a parada* (Pt. *a paragem) automática para diâmetro* m *do cone*
8 cross-wound cone
- *o cone cruzado*
9 cone creel
- *o enrolador*
10 grooved cylinder
- *o cilindro ranhurado*
11 guiding slot for cross-winding the threads
- *a fenda em zigue-zague* m *para o cruzamento dos fios*
12 side frame, housing the motor
- *a estrutura lateral com motor* m
13 tension and slub-catching device
- *o mecanismo de pressão* f *e tensão* f *do fio*
14 off-end framing with filter
- *a coifa terminal com filtro* m
15 yarn package, a ring tube or mule cop
- *as bobinas, a fusada*
16 yarn package container
- *o recipiente de bobinas* f
17 starting and stopping lever
- *a alavanca de acionamento* m
18 self-threading guide
- *a guia do enrolamento automático*
19 broken thread stop motion
- *a parada automática por rompimento* m *do fio*
20 thread clearer
- *o purgador do fio*
21 weighting disc (disk) for tensioning the thread
- *o disco de tensão* f *do fio*
22 warping machine
- *a urdideira*
23 fan
- *o ventilador*
24 cross-wound cone
- *o cone cruzado*
25 creel
- *a gaiola*
26 adjustable comb
- *o pente extensível de zigue-zague* m
27 warping machine frame
- *a armação da urdideira*
28 yarn length recorder
- *o contador métrico de fio* m
29 warp beam
- *o carretel de urdume* m

30 beam flange
- *o flange do carretel*
31 guard rail
- *o trilho (o carril) de segurança* f
32 driving drum (driving cylinder)
- *o cilindro de acionamento* m
33 belt drive
- *a transmissão por correia* f
34 motor
- *o motor*
35 release for starting the driving drum
- *o pedal de acionamento* m *do carretel*
36 screw for adjusting the comb setting
- *o parafuso de ajuste* m *do pente*
37 drop pins, for stopping the machine when a thread breaks
- *a parada automática em caso* m *de ruptura* f *de fio* m
38 guide bar
- *a barra guia*
39 drop pin rollers
- *os cilindros de controle* m *da parada* (Pt. *da paragem) automática*
40 indigo dying and sizing machine
- *a máquina de engomar e tingir índigo* m
41 take-off stand
- *a entrada*
42 warp beam
- *o carretel de urdume* m
43 warp
- *o urdume*
44 wetting trough
- *a cuba de impregnação* f
45 immersion roller
- *o cilindro de imersão* f
46 squeeze roller (mangle)
- *o cilindro espremedor*
47 dye liquor padding trough
- *a cuba de tingimento* m
48 air oxidation passage
- *a passagem de ar* m *para oxidação* f *do corante*
49 washing trough
- *a cuba de lavagem* f
50 drying cylinders for pre-drying
- *os cilindros pré-secadores*
51 tension compensator (tension equalizer)
- *o conjunto equalizador de tensão* f
52 sizing machine
- *a engomadeira*
53 drying cylinders
- *os cilindros secadores*
54 *for cotton:* stenter; *for wool:* tenter
- *para algodão* m: *pouca tensão;* *para lã* f: *mais tensão*
55 beaming machine
- *o cabeçote enrolador*
56 sized warp beam
- *o carretel de urdume engomado*
57 rollers
- *os rolos tensores*

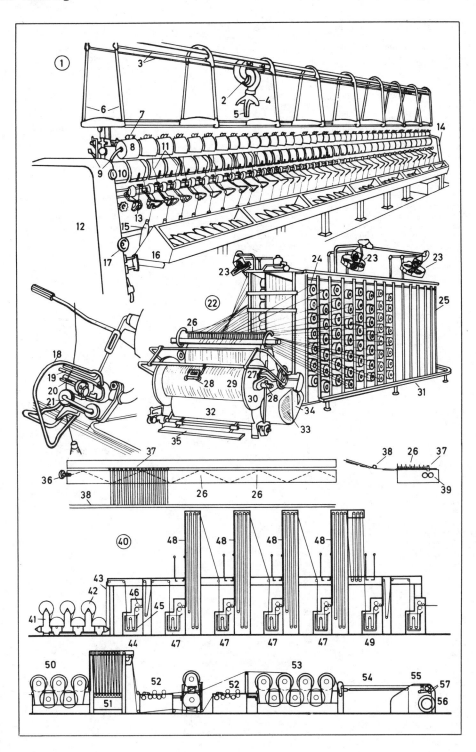

1 **weaving machine** (automatic loom)
- *a máquina de tecer (o tear automático)*
2 pick counter (tachometer)
- *o contador de batidas f (o tacômetro)*
3 shaft (heald shaft, heald frame) guide
- *a guia da balança*
4 shafts (heald shafts, heald frames)
- *as balanças*
5 rotary battery for weft replenishment
- *a bateria rotativa para reabastecimento m da trama*
6 sley (slay) cap
- *o chapéu do batente m (o pente)*
7 weft pirn
- *a espula (Pt. a bobina)*
8 starting and stopping handle
- *a alavanca de acionamento m*
9 shuttle box, with shuttles
- *a caixa de lançadeira f, com lançadeiras*
10 reed
- *o pente*
11 selvedge (selvage)
- *a ourela*
12 cloth (woven fabric)
- *o tecido*
13 temple (cloth temple)
- *a tempereira (a tempereira do tecido)*
14 electric weft feeler
- *o apalpador elétrico do fio de trama f*
15 flywheel
- *o volante*
16 breast beam board
- *o travessa frontal*
17 picking stick (pick stick)
- *a espada, a batedeira*
18 electric motor
- *o motor elétrico*
19 cloth take-up motion
- *o regulador de batidas f*
20 cloth roller (fabric roller)
- *o rolo de tecido m*
21 can for empty pirns
- *a caixa para espulas vazias*
22 lug strap, for moving the picking stick
- *a braçadeira*
23 fuse box
- *a caixa de fusíveis m*
24 loom framing
- *a estrutura do tear*
25 metal shuttle tip
- *a ponta metálica da lançadeira f*
26 shuttle
- *a lançadeira*
27 heald (heddle, wire heald, wire heddle)
- *o liço de metal m*
28 eye (eyelet, heald eyelet, heddle eyelet)
- *o olhal do liço*
29 eye (shuttle eye)
- *o olhal (olhal da lançadeira)*
30 pirn
- *o tubete*

31 metal contact sleeve for the weft feeler
- *o anel metálico de contacto m com o apalpador elétrico do fio de trama f*
32 slot for the feeler
- *a fenda para passagem f do apalpador*
33 spring-clip pirn holder
- *o prendedor de molas f do tubete*
34 drop wire
- *a lamela*
35 weaving machine (automatic loom) [side elevation]
- *a máquina de tecer (o tear automático)*
36 heald shaft guiding wheels
- *as roldanas do balancim*
37 backrest
- *a balança guia-fio m*
38 lease rods
- *as varetas da cruz*
39 warp (warp thread)
- *o urdume (o fio de urdume)*
40 shed
- *a cala*
41 sley (slay)
- *o batente (o pente)*
42 race board
- *a mesa batente m*
43 stop rod blade for the stop motion
- *a lingueta do esbarro para parada (Pt. paragem) automática*
44 bumper steel
- *o encaixe da lingüeta (o esbarro)*
45 bumper steel stop rod
- *o amortecedor do encaixe da lingüeta (o esbarro)*
46 breast beam
- *a travessa frontal*
47 cloth take-up roller
- *o rolo puxador do tecido*
48 warp beam
- *o carretel de urdume m*
49 beam flange
- *o flange do carretel de urdume m*
50 crankshaft
- *o virabrequim (Pt. a manivela)*
51 crankshaft wheel
- *o volante do virabrequim (Pt. da manivela)*
52 connector
- *a biela*
53 sley (slay)
- *a perna do batente*
54 lam rods
- *o puxador dos liços*
55 camshaft wheel
- *a engrenagem do eixo dos excêntricos*
56 camshaft (tappet shaft)
- *o eixo dos excêntricos*
57 tappet (shedding tappet)
- *o excêntrico*
58 treadle lever
- *as levas do excêntrico*
59 let-off motion
- *o freio do carretel de urdume m*
60 beam motion control
- *o disco do freio do carretel de urdume m*

61 rope of the warp let-off motion
- *a cinta do freio*
62 let-off weight lever
- *a alavanca do freio*
63 control weight (for the treadle)
- *o peso do freio*
64 picker with leather or bakelite pad
- *o taco de couro m ou resina sintética*
65 picking stick buffer
- *o amortecedor da espada (a batedeira)*
66 picking cam
- *o excêntrico da propulsão da lançadeira*
67 picking bowl
- *a pêra de acionamento m da espada*
68 picking stick return spring
- *a mola de retorno m da espada batedeira*

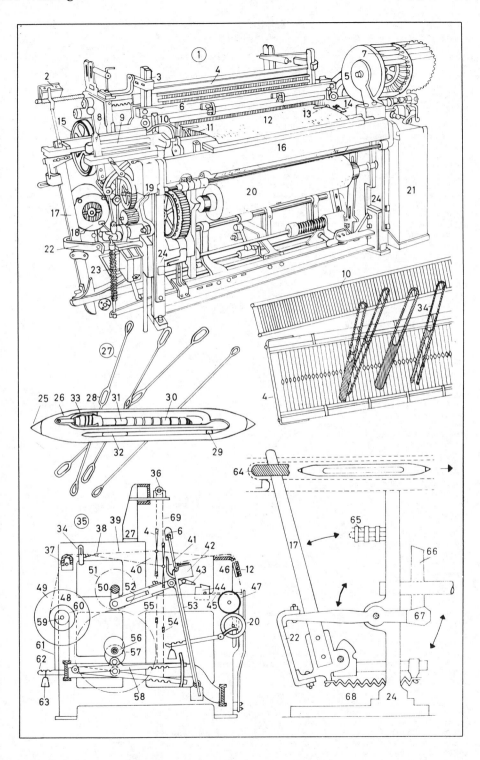

1-66 hosiery mill
- *a fábrica de tecidos* m *de malha* f, *a malharia*
1 circular knitting machine for the manufacture of tubular fabric
- *a máquina (o tear) de malharia* f *circular para a produção de tecido* m *tubular*
2 yarn guide support post (thread guide support post)
- *o suporte do guia-fios*
3 yarn guide (thread guide)
- *o guia-fios*
4 bottle bobbin
- *os cones copps*
5 yarn-tensioning device
- *o tensor de fios* m
6 yarn feeder
- *o alimentador*
7 handwheel for rotating the machine by hand
- *o volante de acionamento* m *manual do tear*
8 needle cylinder (cylindrical needle holder)
- *o cilindro das agulhas*
9 tubular fabric
- *o tecido tubular*
10 fabric drum (fabric box, fabric container)
- *o tambor de depósito* m *do tecido*
11 needle cylinder (cylindrical needle holder) [section]
- *o cilindro das agulhas* [corte]
12 latch needles arranged in a circle
- *as agulhas de lingüeta articulada dispostas em círculo* m *no cilindro*
13 cam housing
- *o bloco de excêntricos* m *(o bloco de cames* f*)*
14 needle cams
- *os excêntricos das agulhas (os cames das agulhas)*
15 needle trick
- *a ranhura do cilindro das agulhas*
16 cylinder diameter (also diameter of tubular fabric)
- *o diâmetro do cilindro com agulhas* f *(correspondente à largura do tecido de malha* f *em tubular* f*; o perímetro do cilindro corresponde à largura do tecido em aberto)*
17 thread (yarn)
- *o fio*
18 Cotton's patent flat knitting machine for ladies' fully-fashioned hose
- *o tear retilíneo tipo* m *Fully-Fashioned, para a fabricação de peças* f *de vestuário* m *semi-acabadas (confeccionadas)*
19 pattern control chain
- *a corrente de comando* m *do tear*
20 side frame
- *a estrutura lateral do tear*
21 knitting head; *with several knitting heads:* simultaneous production of several stockings
- *as cabeças de tecimento* m *do tear; podem ser várias, para produção simultânea de diversas peças iguais de vestuário* m

22 starting rod
- *a alavanca de acionamento* m *do tear*
23 Raschel warp-knitting machine
- *o tear Raschel: o tecimento de malha* f *pelo processo urdume* m
24 warp (warp beam)
- *o rolo de urdume* m
25 yarn-distributing (yarn-dividing) beam
- *os carretéis de separação* f *do fio*
26 beam flange
- *o flange do carretel*
27 row of needles
- *a barra de agulhas* f
28 needle bar
- *a barra de passetas* f *ou agulhas* f *de olhal* m
29 fabric (Raschel fabric) (curtain lace and net fabrics) on the fabric roll
- *o rolo de tecido* m
30 handwheel
- *o volante*
31 motor drive gear
- *o mecanismo de acionamento* m *do motor*
32 take-down weight
- *o peso de tensionamento* m
33 frame
- *a estrutura lateral do tear*
34 base plate
- *a base*
35 hand flat (flat-bed) knitting machine
- *o tear retilíneo manual — para tricotar tecidos* m *de malha* f *pelo processo trama* f
36 thread (yarn)
- *o fio*
37 return spring
- *a mola compensadora*
38 support for springs
- *o suporte do conjunto tensor (das molas compensadoras)*
39 carriage
- *o carro*
40 feeder-selecting device
- *o mecanismo de seleção* f *dos alimentadores*
41 carriage handles
- *as alavancas para movimentar o carro*
42 scale for regulating size of stitches
- *os pontos de densidade* f, *a escala que regula o tamanho da malha*
43 course counter (tachometer)
- *o conta-carreiras, para contar passadas* f *do carro*
44 machine control lever
- *a alavanca de controle* m
45 carriage rail
- *o trilho do carro*
46 back row of needles
- *a placa das agulhas de trás*
47 front row of needles
- *a placa das agulhas de frente*
48 knitted fabric
- *o tecido de malha* f *(o tricô)*
49 tension bar
- *a barra de puxamento* m *(a barra tensora, o pente)*

50 tension weight
- *o peso da barra de tensão* f, *de puxamento* m *do tecido*
51 needle bed showing knitting action
- *a placa de agulhas* f *durante o tecimento*
52 teeth of knock-over bit
- *o dente de descarga* f
53 needles in parallel rows
- *as agulhas dispostas na placa*
54 yarn guide (thread guide)
- *o guia-fio (o alimentador)*
55 needle bed
- *a placa de agulhas* f *(o passo das agulhas)*
56 retaining plate for latch needles
- *o bloco dos excêntricos que movimentam as agulhas de lingueta* f
57 guard cam
- *o excêntrico de came* f *auxiliar de tecimento* m
58 sinker
- *o excêntrico de caídas* f *(o excêntrico de ponto* m*)*
59 needle-raising cam
- *o excêntrico de ascensão* f *das agulhas*
60 needle butt
- *o top da agulha (a base da agulha)*
61 latch needle
- *a agulha de lingüeta* f
62 loop
- *a malha*
63 pushing the needle through the fabric
- *o ponto de passagem* f *da agulha pela malha*
64 yarn guide (thread guide) placing yarn in the needle hook
- *o alimentador (o guia-fio) alimentando a agulha com novo fio*
65 loop formation
- *a formação da malha*
66 casting off of loop
- *a formação e a determinação do tamanho da malha*

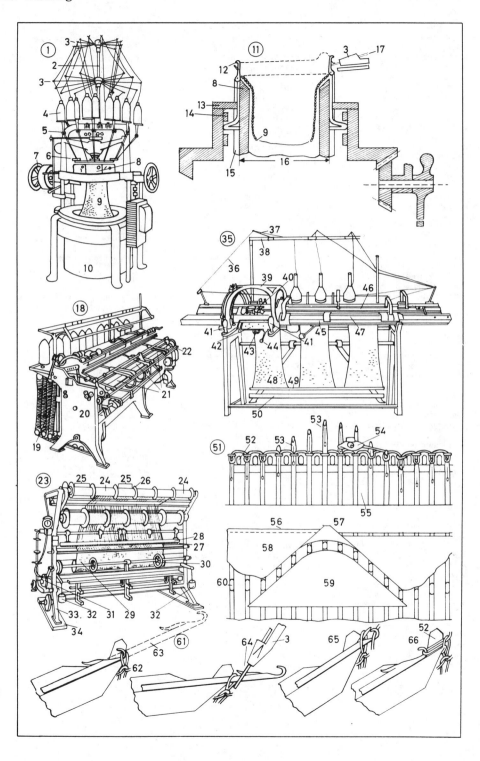

1-65 finishing
- *o acabamento*
1 rotary milling (fulling) machine for felting the woollen (*Am.* woolen) fabric
- *o fulão para a feltragem de tecidos* m *de lã* f
2 pressure weights
- *os pesos de pressão* f
3 top milling roller (top fulling roller)
- *o cilindro de fulonagem* f *superior (pisoamento* m*)*
4 drive wheel of bottom milling roller (bottom fulling roller)
- *o mecanismo de acionamento* m *de cilindro* m *inferior*
5 fabric guide roller
- *o cilindro guia-tecido* m
6 bottom milling roller (bottom fulling roller)
- *o cilindro de fulonagem* f *inferior (pisoamento* m*)*
7 draft board
- *o separador de cordas* f
8 open-width scouring machine for finer fabrics
- *a máquina para lavagem* f *de tecidos delicados em aberto*
9 fabric being drawn off the machine
- *o tecido sendo retirado da máquina*
10 drive gearbox
- *a caixa de engrenagens* f
11 water inlet pipe
- *a tubulação de entrada* f *de água* f
12 drawing-in roller
- *o cilindro-guia de entrada* f
13 scroll-opening roller
- *o cilindro canelado para abertura* f
14 pendulum-type hydro-extractor (centrifuge), for extracting liquors from the fabric
- *a centrífuga (a turbina) para a extração de líquidos* m *do tecido*
15 machine base
- *a base da máquina*
16 casing over suspension
- *a suspensão com cobertura* f
17 outer casing containing rotating cage (rotating basket)
- *o compartimento com tambor giratório*
18 hydro-extractor (centrifuge) lid
- *a tampa da centrífuga* f
19 stop-motion device (stopping device)
- *o mecanismo de frenagem* f
20 automatic starting and braking device
- *o dispositivo de partida* f *e parada* (Pt. *paragem)* f
21 *for cotton:* stenter; *for wool:* tenter
- *a rameuse, a rama*
22 air-dry fabric
- *o tecido úmido*
23 operator's (operative's) platform
- *a plataforma de operação* f

24 feeding of fabric by guides onto stenter (tenter) pins or clips
- *a fixação do tecido por meio* m *de agulhas* f *ou morcetes* m
25 electric control panel
- *o painel de controle elétrico*
26 initial overfeed to produce shrink-resistant fabric when dried
- *a expansão inicial do tecido para eliminação* f *de rugas* f *(dobras* f*) antes da secagem*
27 thermometer
- *o termômetro*
28 drying section
- *a câmara de secagem* f
29 air outlet
- *a saída de ar* m
30 plaiter (fabric-plaiting device)
- *o dobrador (o mecanismo de dobramento* m*)*
31 wire-roller fabric-raising machine for producing raised or nap surface
- *a flaneladeira, a felpadeira ou a garzeadeira para a produção de pêlos* m *ou lanugem* f *na superfície do tecido*
32 drive gearbox
- *a caixa de engrenagem* f
33 unraised cloth
- *o tecido não flanelado*
34 wire-covered rollers
- *os cilindros com guarnições* f *metálicas para flanelagem* f
35 plaiter (cuttling device)
- *o dobrador (o mecanismo dobrador)*
36 raised fabric
- *o tecido flanelado (garzeado, felpado)*
37 plaiting-down platform
- *a plataforma para acondicionamento* m *do tecido dobrado*
38 rotary press (calendering machine), for press finishing
- *a calandra*
39 fabric
- *o tecido*
40 control buttons and control wheels
- *os botões e os volantes de controle* m
41 heated press bowl
- *o cilindro de pressão* m *aquecido*
42 rotary cloth-shearing machine
- *a navalhadeira*
43 suction slot, for removing loose fibres (*Am.* fibers)
- *a aspiração (a sucção) para remoção* f *das fibras soltas*
44 doctor blade (cutting cylinder)
- *o cilindro de corte* m *(a navalha helicoidal)*
45 protective guard
- *a proteção*
46 rotating brush
- *a escova rotativa*
47 curved scray entry
- *o acumulador de tecido* m
48 treadle control
- *o pedal de acionamento* m

49 [non-shrinking] decatizing (decating) fabric-finishing machine
- *a decatizadora*
50 perforated decatizing (decating) cylinder
- *o cilindro perfurado para decatização* f *(o cilindro decatizador)*
51 piece of fabric
- *a peça de tecido* m
52 cranked control handle
- *a manivela de controle* m *de alinhamento* m
53 ten-colour (*Am.* color) roller printing machine
- *a máquina de estampar rotativa com cilindros* m *maciços de cobre* m *para a estampagem de até dez cores* f
54 base of the machine
- *a base da máquina*
55 drive motor
- *o motor*
56 blanket [of rubber or felt]
- *o blanket de borracha* f *ou feltro* m
57 fabric after printing (printed fabric)
- *o tecido após a estampagem (o tecido estampado)*
58 electric control panel (control unit)
- *a caixa de controle* m *elétrico*
59 screen printing
- *a serigrafia, a estampagem plana (silk-screen* m*)*
60 mobile screen frame
- *a armação móvel*
61 squeegee
- *a espátula*
62 pattern stencil
- *a tela gravada (a matriz)*
63 screen table
- *a mesa de estampagem* f
64 fabric gummed down on table ready for printing
- *o tecido colado na mesa pronto para estampagem* f
65 screen printing operator (operative)
- *o estampador*

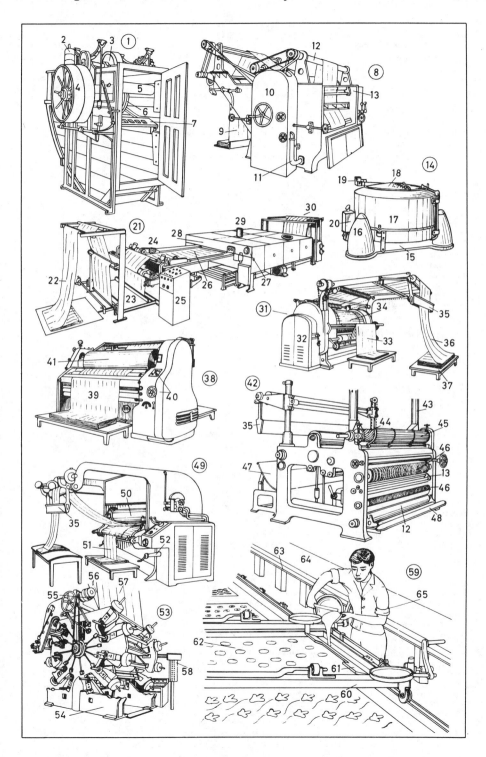

1-34 manufacture of **continuous filament and staple fibre** (*Am.* fiber) **viscose rayon yarns** by means of the viscose process
- *a fabricação de fibras f e filamentos* m *de raion-viscose pelo processo viscose* f

1-12 from raw material to viscose rayon
- *da matéria-prima ao raion-viscose*

1 basic material (beech and spruce cellulose in form of sheets)
- *o material básico (as lâminas de celulose* f *obtidas de madeira* f *de abeto* m *ou paia f)*

2 mixing cellulose sheets
- *a mistura das lâminas de celulose* f

3 caustic soda
- *a soda cáustica*

4 steeping cellulose sheets in caustic soda
- *a imersão das lâminas de celulose* f *em soda cáustica*

5 pressing out excess caustic soda
- *a eliminação do excesso de soda cáustica*

6 shredding the cellulose sheets
- *a trituração das* ¹*âminas de celulose* f

7 maturing (controlled oxidation) of the alkali-cellulose crumbs
- *a maturação (a oxidação controlada) da álcali-celulose*

8 carbon disulphide (*Am.* carbon disulfide)
- *o bissulfito de carbono* m *(o sulfeto de carbono)*

9 conversion of alkali-cellulose into cellulose xanthate
- *a conversão da álcali-celulose em xantato* m *de celulose* f

10 dissolving the xanthate in caustic soda for the preparation of the viscose spinning solution
- *a dissolução do xantato em soda cáustica para o preparo da solução de viscose* f *para fiação*

11 vacuum ripening tanks
- *os tanques de maturação* f *a vácuo* m *(de maturação posterior)*

12 filter press
- *o filtro-prensa*

13-27 from viscose to viscose rayon thread
- *da viscose ao fio de raion-viscose* m

13 metering pump
- *a bomba dosadora*

14 multi-holed spinneret (spinning jet)
- *a fieira (o jato de fiação* f)

15 coagulating (spinning) bath for converting (coagulating) viscose (viscous solution) into solid filaments
- *o banho de coagulação* f *(a fiação) para transformar a solução de viscose* f *em filamentos sólidos*

16 Godet wheel, a glass pulley
- *o guia-fio, uma polia de vidro* m

17 Topham centrifugal pot (box) for twisting the filaments into yarn
- *o compartimento centrífugo reunindo os filamentos em rolos* m

18 viscose rayon cake
- *a torta de raion-viscose* m

19-27 processing of the cake
- *o processamento da torta*

19 washing
- *a lavagem*

20 desulphurizing (desulphurization, *Am.* desulfurizing, desulfurization)
- *a dessulfuração (a dessulfurização)*

21 bleaching
- *o alvejamento*

22 treating of cake to give filaments softness and suppleness
- *o tratamento da torta para conferir suavidade* f *e flexibilidade* f *aos filamentos*

23 hydro-extraction to remove surplus moisture
- *a centrifugação para remover o excesso de umidade (Pt. de humidade)* f

24 drying in heated room
- *a secagem em câmara aquecida*

25 winding yarn from cake into cone form
- *as mudanças de acondicionamento* m *do fio da torta para a forma de cone* m

26 cone-winding machine
- *a conicaleira, a máquina de fiar*

27 viscose rayon yarn on cone ready for use
- *o fio de raion-viscose* m *acondicionado em cone* m *e pronto para uso* m

28-34 from viscose spinning solution to viscose rayon staple fibre (*Am.* fiber)
- *da solução de viscose* f *para fiação* f *até a fibra de raion-viscose* m

28 filament tow
- *o feixe de filamentos* m

29 overhead spray washing plant
- *o equipamento de lavagem* f *por jateamento* m

30 cutting machine for cutting filament tow to desired length
- *o dispositivo para corte* m *do feixe de filamentos* m *no comprimento desejado*

31 multiple drying machine for cut-up staple fibre (*Am.* fiber) layer (lap)
- *a máquina para secagem* f *das fibras cortadas em estágios múltiplos*

32 conveyor belt (conveyor)
- *a correia transportadora*

33 baling press
- *a prensa para confecção* f *de fardos* m

34 bale of viscose rayon ready for dispatch (despatch)
- *o fardo de raion-viscose* m *pronto para expedição* f

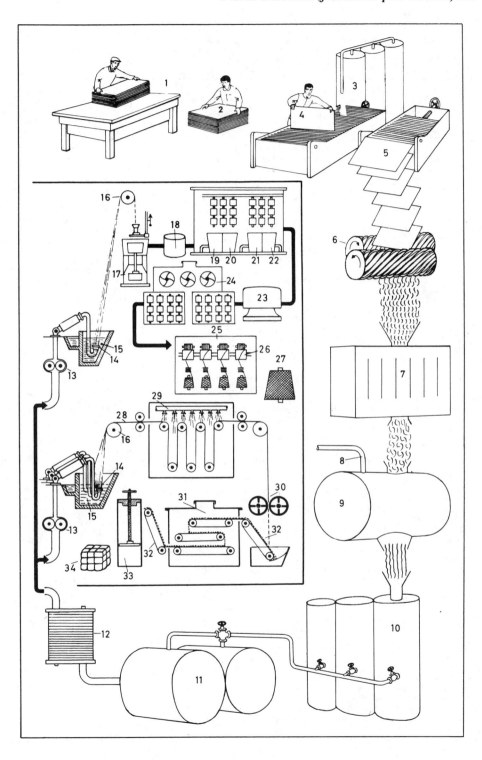

1-62 manufacture of **polyamide** (nylon 6, perlon) **fibres** (*Am.* fibers)
- *a fabricação de fibras* f *de poliamida* f *(náilon* m *6, perlon* m*)*

1 coal [raw material for manufacture of polyamide (nylon 6, perlon) fibres (*Am.* fibers)]
- *o carvão [matéria-prima* f *para a fabricação de fibras* f *de poliamida* f *(náilon* m *6, perlon* m*)]*

2 coking plant for dry coal distillation
- *a coqueria para destilação seca do carvão*

3 extraction of coal tar and phenol
- *a extração de alcatrão* m *e fenol* m

4 gradual distillation of tar
- *a destilação fracionada do alcatrão*

5 condenser
- *o condensador*

6 benzene extraction and dispatch (despatch)
- *a extração e o transporte de benzeno* m

7 chlorine
- *o cloro*

8 benzene chlorination
- *a cloração do benzeno*

9 monochlorobenzene (chlorobenzene)
- *o monoclorobenzeno (o clorobenzeno)*

10 caustic soda solution
- *a solução de soda cáustica*

11 evaporation of chlorobenzene and caustic soda
- *a evaporação do clorobenzeno e da soda cáustica*

12 autoclave
- *a autoclave*

13 sodium chloride (common salt), a by-product
- *o cloreto de sódio* m *(o sal de cozinha* f*), um subproduto*

14 phenol (carbolic acid)
- *o fenol (o ácido carbólico)*

15 hydrogen inlet
- *a entrada de hidrogênio* m

16 hydrogenation of phenol to produce raw cyclohexanol
- *a hidrogenação do fenol para a produção do cicloexanol bruto*

17 distillation
- *a destilação*

18 pure cyclohexanol
- *o cicloexanol puro*

19 oxidation (dehydrogenation)
- *a oxidação (a desidrogenação)*

20 formation of cyclohexanone (pimehinketone)
- *a formação da cicloexanona*

21 hydroxylamine inlet
- *a entrada da hidroxilamina*

22 formation of cyclohexanoxime
- *a formação da cicloexanoxina*

23 addition of sulphuric acid (*Am.* sulfuric acid) to effect molecular rearrangement
- *a adição de ácido sulfúrico para produzir o rearranjo molecular*

24 ammonia to neutralize sulphuric acid (*Am.* sulfuric acid)
- *a amônia para neutralização* f *do ácido sulfúrico*

25 formation of caprolactam oil
- *a formação do caprolactame (estado líquido)*

26 ammonium sulphate (*Am.* ammonium sulfate) solution
- *a solução de sulfato* m *de amônio* m

27 cooling cylinder
- *o cilindro de resfriamento* m

28 caprolactam
- *o caprolactame (em estado sólido)*

29 weighing apparatus
- *o aparelho para pesagem* f *(a balança)*

30 melting pot
- *o compartimento para fusão* f, *a câmara de fusão*

31 pump
- *a bomba*

32 filter
- *o filtro*

33 polymerization in the autoclave
- *a polimerização na autoclave*

34 cooling of the polyamide
- *o resfriamento da poliamida*

35 solidification of the polyamide
- *a solidificação da poliamida*

36 vertical lift (*Am.* elevator)
- *o transportador vertical, o elevador*

37 extractor for separating the polyamide from the remaining lactam oil
- *o extrator para separação* f *da poliamida do resíduo líquido de lactame* m

38 drier
- *o secador*

39 dry polyamide chips
- *a secagem dos chips de poliamida* f, *a secagem dos fragmentos* m *de poliamida*

40 chip container
- *o compartimento para chips* m

41 top of spinneret for melting the polyamide and forcing it through spinneret holes (spinning jets)
- *o topo da extrusora onde a poliamida é fundida e forçada (expelida) através dos orifícios das fieiras (jatos* m *de formação* f *do filamento, jatos de fiação* f*)*

42 spinneret holes (spinning jets)
- *as fieiras (onde se realiza a extrusão do polímero para formação* f *do filamento*

43 solidification of polyamide filaments in the cooling tower
- *a solidificação dos filamentos de poliamida* f *na coluna de resfriamento* m

44 collection of extruded filaments into thread form
- *o enrolamento dos filamentos (a bobinagem)*

45 preliminary stretching (preliminary drawing)
- *o retorcimento preliminar*

46 stretching (cold-drawing) of the polyamide thread to achieve high tensile strength
- *o estiramento dos fios de poliamida* f *para conferir-lhes grande resistência* f *à tração* f

47 final stretching (final drawing)
- *o retorcimento* m *final*

48 washing of yarn packages
- *a lavagem dos fios (que se encontram acondicionados em bobinas* f*)*

49 drying chamber
- *a câmara de secagem* f

50 rewinding
- *o reenrolamento (o fio é transferido da bobina para um cone)*

51 polyamide cone
- *o cone de poliamida* f

52 polyamide cone ready for dispatch (despatch)
- *o cone de poliamida* f *pronto para expedição* f

53 mixer
- *o misturador*

54 polymerization under vacua
- *a polimerização a vácuo* m

55 stretching (drawing)
- *o estiramento*

56 washing
- *a lavagem*

57 finishing of tow for spinning
- *o acabamento do feixe de filamentos* m *para fiação* f

58 drying of tow
- *a secagem do feixe de filamentos* m

59 crimping of tow
- *a crimpagem (o encrespamento) do feixe de filamentos* m

60 cutting of tow into normal staple lengths
- *o corte do feixe de filamentos* m *no comprimento normal de uma fibra têxtil*

61 polyamide staple
- *as fibras de poliamida* f

62 bale of polyamide staple
- *o fardo de fibras* f *de poliamida* f

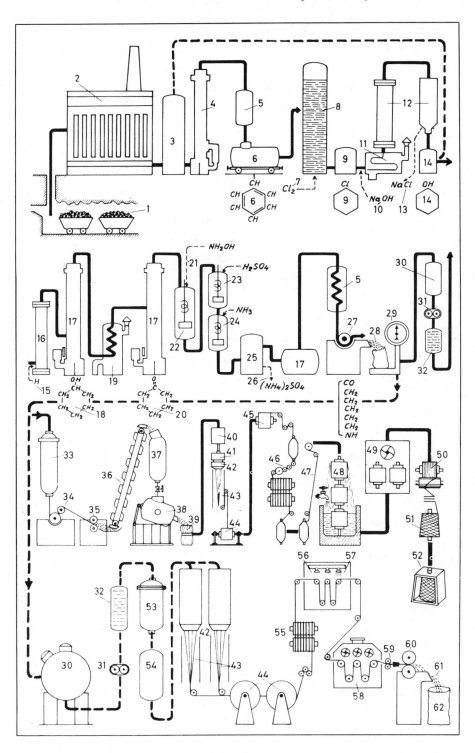

1-29 weaves (black squares: warp thread raised, weft thread lowered; white squares: weft thread raised, warp thread lowered)
- *os ligamentos (os pontos tomados: fios m de urdume m por cima dos fios de trama f; pontos deixados: fios de trama por cima dos fios de urdume)*
1 plain weave (tabby weave) [weave viewed from above]
- *o tecido plano [o tecido visto de cima]*
2 warp thread
- *o fio de urdume m*
3 weft thread
- *o fio de trama f*
4 draft (point paper design) for plain weave
- *a representação gráfica do tecido plano*
5 threading draft
- *a representação da passagem do fio nos liços*
6 denting draft (reed-threading draft)
- *a representação da passagem dos fios nas puas do pente*
7 raised warp thread
- *o fio de urdume m por cima (tomado)*
8 lowered warp thread
- *o fio de urdume m por baixo (deixado)*
9 tie-up of shafts in pairs
- *o ligamento duplo nas ourelas*
10 treadling diagram
- *a programação para o levantamento dos quadros de liços m*
11 draft for basket weave (hopsack weave, matt weave)
- *a representação do ligamento em panamá m (em sacaria f, em esteiras f)*
12 pattern repeat
- *a repetição do padrão*
13 draft for warp rib weave
- *a representação do ligamento reps por urdume m*
14 section of warp rib fabric, a section through the warp
- *o corte de um tecido em reps m por urdume m, um corte através do urdume*
15 lowered weft thread
- *o fio de trama f por baixo*
16 raised weft thread
- *o fio de trama f por cima*
17 first and second warp threads [raised]
- *primeiro e segundo fios de urdume m [levantados]*
18 third and fourth warp threads [lowered]
- *terceiro e quarto fios de urdume m [abaixados]*
19 draft for combined rib weave
- *a representação de um reps trabalhado*

20 selvedge (selvage) thread draft (additional shafts for the selvedge)
- *a representação do fio de ourela f (ourelas adicionadas nas bordas do tecido)*
21 draft for the fabric shafts
- *a representação do tecido de ourela f*
22 tie-up of selvedge (selvage) shafts
- *o passamento dos fios de ourela f*
23 tie-up of fabric shafts
- *o ligamento das ourelas*
24 selvedge (selvage) in plain weave
- *a ourela no tecido plano*
25 section through combination rib weave
- *a secção através de reps trabalhado*
26 thread interlacing of reversible warp-faced cord
- *o entrelaçamento dos fios*
27 draft (point paper design) for reversible warp-faced cord
- *a representação (em papel m quadriculado)*
28 interlacing points
- *os pontos de entrelaçamento m*
29 weaving draft for honeycomb weave in the fabric
- *a representação do tecimento de uma casa de abelha f no tecido*
30-48 basic knits
- *a base da malharia*
30 loop, an open loop
- *a malha no processo trama f*
31 head
- *a cabeça da malha*
32 side
- *a perna da malha*
33 neck
- *o pé da malha*
34 head interlocking point
- *o ponto de entrelaçamento m da cabeça*
35 neck interlocking point
- *o ponto de entrelaçamento m do pé*
36 closed loop
- *a malha no processo urdume m*
37 mesh (with inlaid yarn)
- *o tricô*
38 diagonal floating yarn (diagonal floating thread)
- *o fio diagonal solto (a entremalha)*
39 loop interlocking at the head
- *o entrelaçamento na cabeça da malha*
40 float
- *o tricô*
41 loose floating yarn (loose floating thread)
- *o fio solto*
42 course
- *a carreira de malhas f*

43 inlaid yarn
- *o fio inserido*
44 tuck and miss stitch
- *o jérsei trabalhado com retenção f de malhas f*
45 pulled-up tuck stitch
- *o jérsei trabalhado com retenção f de duas malhas*
46 staggered tuck stitch
- *o ponto inglês*
47 2 × 2 tuck and miss stitch
- *a sanfona 2 × 2*
48 double pulled-up tuck stitch
- *o ponto inglês de duas agulhas*

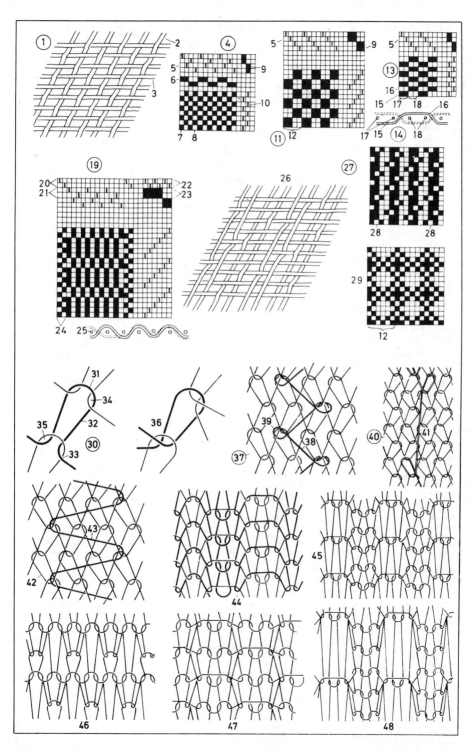

1-52 sulphate (*Am.* sulfate) pulp mill (kraft pulp mill) [in diagram form]
- *o fluxograma do processo sulfato de extração f de celulose f*

1 chippers with dust extractor
- *o picador com extrator* m *de poeira* f

2 rotary screen (riffler)
- *a peneira rotativa*

3 chip packer (chip distributor)
- *o distribuidor de cavacos* m

4 blower
- *o soprador*

5 disintegrator (crusher, chip crusher)
- *o repicador (o triturador de cavacos* m*)*

6 dust-settling chamber
- *o coletor de pó* m

7 digester
- *o digestor*

8 liquor preheater
- *o preaquecedor da lixívia*

9 control tap
- *o registro* (Pt. *o registo*) *distribuidor*

10 swing pipe
- *o tubo oscilante*

11 blow tank (diffuser)
- *o tanque de descarga* f *(o difusor de lavagem* f*)*

12 blow valve
- *a válvula de descarga* f

13 blow pit (diffuser)
- *a calha de difusor (o tanque de descarga* f*)*

14 turpentine separator
- *o separador de terebintina* f

15 centralized separator
- *o separador central*

16 jet condenser (injection condenser)
- *o condensador de injeção* f *(mais usado em inglês:* jet condenser*)*

17 storage tank for condensate
- *o tanque coletor de condensado* m

18 hot water tank
- *o tanque de água* f *quente*

19 heat exchanger
- *o trocador de calor* m

20 filter
- *o filtro*

21 presorter
- *o classificador*

22 centrifugal screen
- *a peneira centrífuga*

23 rotary sorter (rotary strainer)
- *o separador rotativo*

24 concentrator (thickener, decker)
- *o engrossador*

25 vat (chest)
- *o tanque*

26 collecting tank for backwater (low box)
- *o tanque coletor da água de retorno* m

27 conical refiner (cone refiner, Jordan, Jordan refiner)
- *o refinador cônico (o refinador Jordan, o Jordan)*

28 black liquor filter
- *o filtro da lixívia negra*

29 black liquor storage tank
- *o tanque de armazenamento* m *de lixívia negra*

30 condenser
- *o condensador*

31 separators
- *os separadores*

32 heaters (heating elements)
- *o trocador de calor* m

33 liquor pump
- *a bomba de lixívia* f

34 heavy liquor pump
- *a bomba da lixívia forte*

35 mixing tank
- *o tanque de mistura* f

36 salt cake storage tank (sodium sulphate storage tank)
- *o tanque de armazenagem* f *de sulfato* m *de sódio* m

37 dissolving tank (dissolver)
- *o tanque dissolvedor de fundidos* m

38 steam heater
- *o economizador*

39 electrostatic precipitator
- *o precipitador eletrostático*

40 air pump
- *a bomba de vácuo* m

41 storage tank for the uncleared green liquor
- *o tanque de armazenagem* f *de lixívia verde não-clarificada*

42 concentrator (thickener, decker)
- *o engrossador*

43 green liquor preheater
- *o preaquecedor de lixívia* f *verde*

44 concentrator (thickener, decker) for the weak wash liquor (wash water)
- *o concentrador da lixívia fraca*

45 storage tank for the weak liquor
- *o tanque de armazenagem* f *da lixívia fraca*

46 storage tank for the cooking liquor
- *o tanque de armazenagem* f *da lixívia branca (da lixívia de cozimento* m*)*

47 agitator (stirrer)
- *o agitador*

48 concentrator (thickener, decker)
- *o concentrador*

49 causticizing agitators (causticizing stirrers)
- *os caustificadores*

50 classifier
- *o classificador de cal* f *(o classificador das pedras de cal)*

51 lime slaker
- *o apagador de cal* f *(o slaker, pr. slêiquer)*

52 reconverted lime
- *a cal recuperada*

53-65 groundwood mill (mechanical pulp mill) [diagram]
- *o fluxograma do processo de obtenção* f *de pasta mecânica* [esquema]

53 continuous grinder (continuous chain grinder)
- *o desfibrador contínuo*

54 strainer (knotter)
- *o separador de nós* m

55 pulp water pump
- *a bomba de massa* f *(a bomba de pasta* f *em suspensão* f*)*

56 centrifugal screen
- *o depurador centrífugo*

57 screen (sorter)
- *a peneira*

58 secondary screen (secondary sorter)
- *a peneira secundária*

59 rejects chest
- *o tanque de rejeitos* m

60 conical refiner (cone refiner, Jordan, Jordan refiner)
- *o refinador cônico (o refinador Jordan, o Jordan)*

61 pulp-drying machine (pulp machine)
- *a máquina desaguadora*

62 concentrator (thickener, decker)
- *o concentrador*

63 waste water pump (white water pump, pulp water pump)
- *a bomba de água turva (a bomba de água com resíduos* m *de pasta* f*)*

64 steam pipe
- *a tubulação de vapor* m

65 water pipe
- *a tubulação de água* f

66 continuous grinder (continuous chain grinder)
- *o desfibrador contínuo*

67 feed chain
- *a corrente de alimentação*

68 groundwood
- *a madeira desfibrada*

69 reduction gear for the feed chain drive
- *o redutor de corrente* f *de alimentação* f

70 stone-dressing device
- *o torno de afiação* f *da pedra desfibradora*

71 grinding stone (grindstone, pulp-stone)
- *a pedra desfibradora*

72 spray pipe
- *o chuveiro da pedra*

73 conical refiner (cone refiner, Jordan, Jordan refiner)
- *o refinador cônico (o refinador Jordan, o Jordan)*

74 handwheel for adjusting the clearance between the knives (blades)
- *o volante de encosto* m

75 rotating bladed cone (rotating bladed plug)
- *o rotor cônico*

76 stationary bladed shell
- *o estator cônico (a carcaça)*

77 inlet for unrefined cellulose (chemical wood pulp, chemical pulp) or groundwood pulp (mechanical pulp)
- *a entrada de massa não-refinada*

78 outlet for refined cellulose (chemical wood pulp, chemical pulp) or groundwood pulp (mechanical pulp)
- *a saída de massa refinada*

79-86 stuff (stock) preparation plant [diagram]
- *o fluxograma de preparação* f *da massa*

79 conveyor belt (conveyor) for loading cellulose (chemical wood pulp, chemical pulp) or groundwood pulp (mechanical pulp)
- *a correia transportadora para a alimentação de celulose* f *ou pasta mecânica*

80 pulper
- *o desagregador*

81 dump chest
- *o tanque de descarga* f

82 cone breaker
- *o pré-refinador (deflaker, pr. difflêiquer)*

83 conical refiner (cone refiner, Jordan, Jordan refiner)
- *o refinador cônico (o refinador Jordan, o Jordan)*

84 refiner
- *o refinador a disco* m

85 stuff chest (stock chest)
- *o tanque de massa depurada*

86 machine chest (stuff chest)
- *o tanque de alimentação* f *da máquina de formação* f *de papel* m

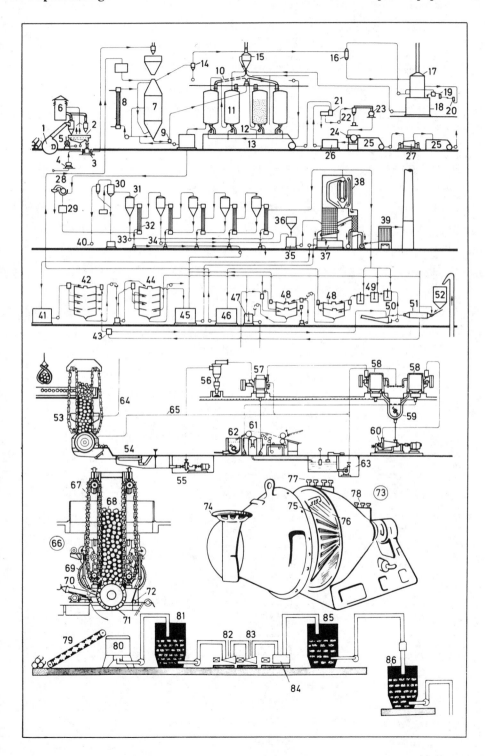

1 stuff chest (stock chest, machine chest), a mixing chest for stuff (stock)
 - *a caixa de formação* f *de papel* m *(em laboratório* m*)*
2-10 laboratory apparatus (laboratory equipment) for analysing stuff (stock) and paper
 - *o equipamento de laboratório* m *para análises* f *de pasta celulósica e de papel* m
2 Erlenmeyer flask
 - *o frasco (de) Erlenmeyer*
3 volumetric flask
 - *o balão volumétrico*
4 measuring cylinder
 - *a proveta graduada*
5 Bunsen burner
 - *o bico de Bunsen*
6 tripod
 - *o tripé*
7 petri dish
 - *a cápsula*
8 test tube rack
 - *o suporte dos tubos de ensaio* m
9 balance for measuring basis weight
 - *a balança de gramatura* f *(peso básico)*
10 micrometer
 - *o micrômetro*
11 centrifugal cleaners ahead of the breastbox (headbox, stuff box) of a paper machine
 - *os depuradores centrífugos na alimentação da máquina de papel* m
12 standpipe
 - *o depurador vertical*
13-28 paper machine (production line) [diagram]
 - *a máquina de papel* m *(linha* f *de produção* f*) [esquema]*
13 feed-in from the machine chest (stuff chest) with sand table (sand trap, riffler) and knotter
 - *a alimentação pela caixa de entrada* f *(a cabeça da máquina)*
14 wire (machine wire)
 - *a tela formadora*
15 vacuum box (suction box)
 - *a caixa de vácuo* m *(a caixa de sucção* f*)*
16 suction roll
 - *o rolo de vácuo* m *(o rolo* couche -pr. *cuche)*
17 first wet felt
 - *o primeiro feltro*
18 second wet felt
 - *o segundo feltro*
19 first press
 - *a primeira prensa*
20 second press
 - *a segunda prensa*
21 offset press
 - *a prensa* offset *(a prensa alisadora)*
22 drying cylinder (drier)
 - *o cilindro secador*
23 dry felt (drier felt)
 - *o feltro secador*
24 size press
 - *a prensa de colagem* f
25 cooling roll
 - *o rolo resfriador*
26 calender rolls
 - *a calandra*
27 machine hood
 - *a coifa da máquina*
28 delivery reel
 - *a enroladeira (a saída do papel)*
29-35 blade coating machine (blade coater)
 - *a máquina de revestimento* m, *a máquina aplicadora (com lâminas* f*)*
29 raw paper (body paper)
 - *o papel em bobina* f
30 web
 - *a folha*
31 coater for the top side
 - *o aplicador de revestimento* m *na face superior*
32 infrared drier
 - *a secagem a infravermelho* m
33 heated drying cylinder
 - *o cilindro secador*
34 coater for the underside (wire side)
 - *o aplicador da face inferior*
35 reel of coated paper
 - *a bobina de papel revestido*
36 calender (super-calender)
 - *a supercalandra*
37 hydraulic system for the press rolls
 - *o sistema hidráulico para encosto* m *dos rolos da calandra*
38 calender roll
 - *o rolo da calandra*
39 unwind station
 - *o mecanismo de desenrolamento* m
40 lift platform
 - *a plataforma de elevação* f
41 rewind station (rewinder, re-reeler, reeling machine, re-reeling machine)
 - *o mecanismo de bobinamento* m
42 roll cutter
 - *a cortadeira*
43 control panel
 - *o painel de controle* m
44 cutter
 - *a faca circular*
45 web
 - *a folha*
46-51 papermaking by hand
 - *a fabricação manual de papel* m
46 vatman
 - *o operador da forma*
47 vat
 - *a tina da massa*
48 mould (*Am.* mold)
 - *a forma manual*
49 coucher (couchman)
 - *o revestidor*
50 post ready for pressing
 - *a folha de papel* m *pronta para a impressão*
51 felt
 - *o feltro*

1 **hand-setting room** (hand-composing room)
- *a composição manual*
2 composing frame
- *o painel, o quadro de composição* f
3 case (typecase)
- *a caixa de tipos* m
4 case cabinet (case rack)
- *as prateleiras das caixas de tipos* m
5 hand compositor (compositor, typesetter, maker-up)
- *o tipógrafo*
6 manuscript (typescript)
- *o manuscrito*
7 sorts (types, type characters, characters)
- *os tipos*
8 rack (case) for furniture (spacing material)
- *a prateleira de material cego de espaçamento* m *(entrelinhas* f *e lingotes* m)
9 standing type rack (standing matter rack)
- *a prateleira de paquês* m *(de granéis* m)
10 storage shelf (shelf for storing formes, *Am.* forms)
- *a prateleira para guardar formas* f
11 standing type (standing matter)
- *o paquê, o granel*
12 galley
- *a galé*
13 composing stick (setting stick)
- *o componedor*
14 composing rule (setting rule)
- *a regreta*
15 type (type matter, matter)
- *a composição, o trecho de matéria composta*
16 page cord
- *o barbante para amarrar*
17 bodkin
- *a ponta, a agulha, o cravador, o furador*
18 tweezers
- *a pinça*
19 **linotype line-composing (linecasting, slug-composing, slugcasting) machine, a multi-magazine machine**
- *o linotipo, uma máquina de composição* f *de linhas-blocos fundidas em liga* f *de chumbo* m *e estanho* m
20 distributing mechanism (distributor
- *o distribuidor de matrizes* f
21 type magazines with matrices (matrixes)
- *os magazines com matrizes* f
22 elevator carrier for distributing the matrices (matrixes)
- *o elevador do distribuidor de matrizes* f
23 assembler
- *o reunidor de linhas-blocos* f
24 spacebands
- *os espaçadores*
25 casting mechanism
- *o mecanismo de fundição* f, *o cadinho*

26 metal feeder
- *os lingotes de liga metálica para alimentar o mecanismo de fundição* f
27 machine-set matter (cast lines, slugs)
- *a galé*
28 matrices (matrixes) for hand-setting (sorts)
- *a caixa dos espaçadores*
29 linotype matrix
- *a matriz de linotipo* m
30 teeth for the distributing mechanism (distributor)
- *o dente (endentado)*
31 face (type face, matrix)
- *o olho do tipo*
32-45 **monotype single-unit composing** (typesetting) **and casting machine** (monotype single-unit composition caster)
- *a monotipo (uma máquina de composição* f *de caracteres separados e móveis)*
32 monotype standard composing (typesetting) machine (keyboard)
- *o teclado da monotipo*
33 paper tower
- *o carretel da bobina de papel* m
34 paper ribbon
- *a bobina de papel* m
35 justifying scale
- *o tambor de justificação* f
36 unit indicator
- *o índice do tipômetro*
37 keyboard
- *o teclado*
38 compressed-air hose
- *a mangueira de ar comprimido*
39 monotype casting machine (monotype caster)
- *a fundidora da monotipo*
40 automatic metal feeder
- *o alimentador automático de liga metálica*
41 pump compression spring (pump pressure spring)
- *a mola de compressão* f *da bomba*
42 matrix case (die case)
- *a caixa das matrizes*
43 paper tower
- *o carretel*
44 galley with types (letters, characters, cast single types, cast single letters)
- *a galé com linhas fundidas em tipos separados*
45 electric heater (electric heating unit)
- *o aquecedor elétrico*
46 matrix case (die case)
- *a caixa de matrizes* f
47 type matrices (matrixes) (letter matrices)
- *as matrizes*
48 guide block for engaging with the cross-slide guide
- *a ranhura para encaixe* m *na guia transversal; a corrediça*

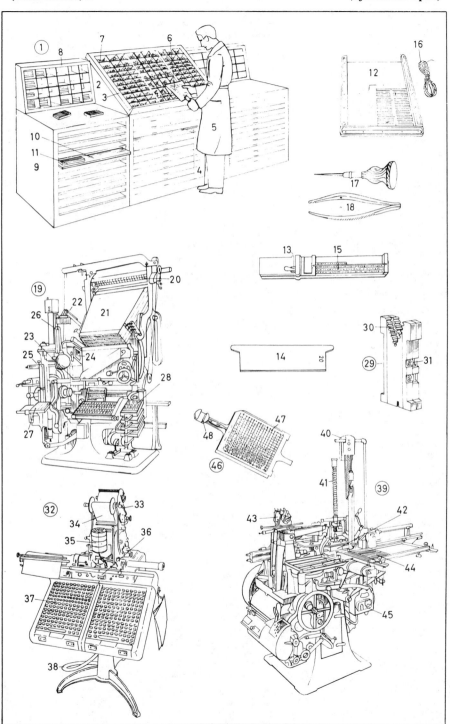

1-17 composition (type matter, type)
- *a composição (o texto composto, a matéria composta)*
1 initial (initial letter)
- *a letra capitular, a letra inicial*
2 bold type (bold, boldfaced type, heavy type, boldface)
- *o negrito*
3 semibold type (semibold)
- *o meio-negrito, o meio-preto (o medium, pr. mídium)*
4 line
- *a linha*
5 space
- *a entrelinha*
6 ligature (double letter)
- *o dígrafo*
7 italic type (italics)
- *o itálico*
8 light face type (light face)
- *o tipo claro, o tipo fino (o tipo light, pr. lait)*
9 extra bold type (extra bold)
- *o negrito extra, superpreto (ex-trabold)*
10 bold condensed type (bold condensed)
- *o negrito condensado*
11 majuscule (capital letter, capital, upper case letter)
- *a letra maiúscula (a maiúscula, a caixa alta, o versal)*
12 minuscule (small letter, lower case letter)
- *a letra minúscula (a minúscula, a caixa baixa)*
13 letter spacing (interspacing)
- *o hífen*
14 small capitals
- *o versalete (as letras maiúsculas pequenas)*
15 break
- *o fim de parágrafo* m
16 indention
- *o início de parágrafo* m
17 space
- *o espaço (entre palavras* f*)*
18 type sizes [one typographic point = 0.376mm (Didot system), 0.351 mm (Pica system)]. The German size-names refer to exact multiples of the Didot (Continental) system. The English names are now obsolete: current English type-sizes are exact multiples of the Pica.
- *os corpos (1 ponto tipográfico = 0,351 mm pelo sistema paica)*
19 six-to-pica (2 points)
- *o corpo 2 (nonplusultra)*
20 half nonpareil (four-to-pica) (3 points)
- *o corpo 3 (o diamante)*
21 brilliant (4 points); *sim.:* diamond (4 1/2 points)
- *o corpo 4 (a pérola)*
22 pearl (5 points); *sim.:* ruby *(Am.* agate*)* (5 1/2 points)
- *o corpo 5 (a parisiense)*
23 nonpareil (6 points) *sim.:* minionette (6 1/2 points)
- *o corpo 6 (o sem-par)*

24 minion (7 points)
- *o corpo 7 (o mignon,* pr. *minhon)*
25 brevier (8 points)
- *o corpo 8 (a galharda)*
26 bourgeois (9 points)
- *o corpo 9 (o romano pequeno, a borgia)*
27 long primer (10 points)
- *o corpo 10 (a filosofia)*
28 pica (12 points)
- *o corpo 12 (o cícero, o Sto. Agostinho)*
29 English (14 points
- *o corpo 14 (o texto grande)*
30 great primer (two-line brevier, *Am.* Columbian) (16 points)
- *o corpo 16 (o romano grande)*
31 paragon (two-liner primer) (20 points)
- *o corpo 20 (o paragon)*
32-37 typefounding (type casting)
- *a fundição de tipo* m
32 punch cutter
- *o gravador com punções* f
33 graver (burin, cutter)
- *a punção (o buril)*
34 magnifying glass (magnifier)
- *a lupa, a lente de aumento*
35 punch blank (die blank)
- *o pedaço de metal* m *para matriz* f
36 finished steel punch (finished steel die)
- *a matriz de aço* m *gravada a aço*
37 punched matrix (stamped matrix, strike, drive)
- *a matriz puncionada, a matriz justificada, a matriz estampada*
38 type (type character, character)
- *o tipo*
39 head
- *a cabeça do tipo*
40 shoulder
- *o ressalto*
41 counter
- *a contrapunção*
42 face (type face)
- *o olho*
43 type line (bodyline)
- *a linha do tipo, o alinhamento, a linha do corpo*
44 height to paper (type height)
- *a altura do tipo (a altura sobre papel* m*)*
45 height of shank (height of shoulder)
- *a altura da forma*
46 body size (type size, point size)
- *o corpo do tipo*
47 nick
- *o entalhe, a ranhura*
48 set (width)
- *o encaixe*
49 matrix-boring machine (matrix-engraving machine), a special-purpose boring machine
- *a máquina de perfurar matrizes* f
50 stand
- *o cabeçote em pescoço* m *de cisne* m

51 cutter (cutting head)
- *a fresa*
52 cutting table
- *a mesa de gravação* f
53 pantograph carriage
- *o carro do pantógrafo*
54 V-way
- *o trilho prismático*
55 pattern
- *o modelo*
56 pattern table
- *o porta-modelo*
57 follower
- *o apalpador*
58 pantograph
- *o pantógrafo*
59 matrix clamp
- *a garra da matriz (o aperta-matriz)*
60 cutter spindle
- *a haste porta-fresa* m
61 drive motor
- *o motor de propulsão* m

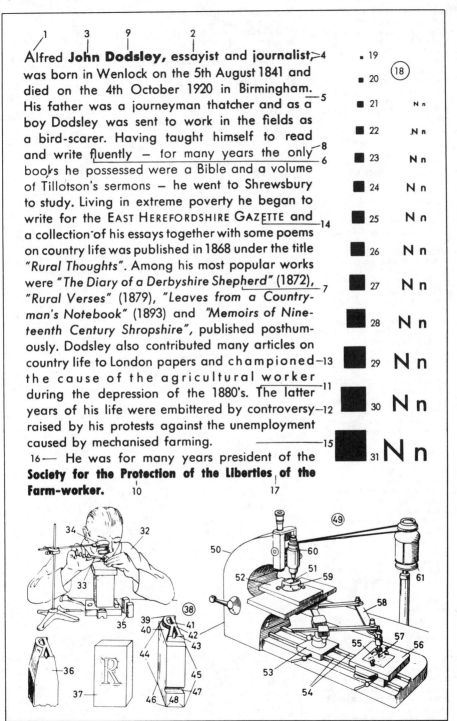

Alfred **John Dodsley,** essayist and journalist, was born in Wenlock on the 5th August 1841 and died on the 4th October 1920 in Birmingham. His father was a journeyman thatcher and as a boy Dodsley was sent to work in the fields as a bird-scarer. Having taught himself to read and write fluently – for many years the only books he possessed were a Bible and a volume of Tillotson's sermons – he went to Shrewsbury to study. Living in extreme poverty he began to write for the EAST HEREFORDSHIRE GAZETTE and a collection of his essays together with some poems on country life was published in 1868 under the title "Rural Thoughts". Among his most popular works were "The Diary of a Derbyshire Shepherd" (1872), "Rural Verses" (1879), "Leaves from a Countryman's Notebook" (1893) and "Memoirs of Nineteenth Century Shropshire", published posthumously. Dodsley also contributed many articles on country life to London papers and championed the cause of the agricultural worker during the depression of the 1880's. The latter years of his life were embittered by controversy raised by his protests against the unemployment caused by mechanised farming.
He was for many years president of the **Society for the Protection of the Liberties of the Farm-worker.**

1 keyboard console (keyboard unit) for phototypesetting
- *o sistema de fotocomposição* f
2 keyboard
- *o teclado*
3 manuscript (copy)
- *o original*
4 keyboard operator
- *o fotocompositor*
5 tape punch (perforator)
- *o perfurador de fita* f *(de bobina* f)
6 punched tape (punch tape)
- *a fita (a bobina) perfurada*
7 filmsetter
- *a fotocompositora*
8 punched tape (punch tape)
- *a fita (a bobina) perfurada*
9 exposure control device
- *o leitor da fita (da bobina)*
10 typesetting computer
- *o computador central de recepção* f *e distribuição* f *de dados* m
11 memory unit (storage unit)
- *a memória (uma unidade de armazenamento* m)
12 punched tape (punch tape)
- *a fita perfurada*
13 punched tape (punch tape) reader
- *a leitora de fita perfurada*
14 photo-unit (photographic unit) for computer-controlled typesetting (composition)
- *a fotocomposição controlada por sistema* m *online (sistema a distância* f)
15 punched tape (punch tape) reader
- *a leitora de fita perfurada*
16 type matrices (matrixes) (letter matrices)
- *as matrizes de tipos* m *(fonte* f)
17 matrix case (film matrix case)
- *o porta-matrizes*
18 guide block
- *o bloco-guia*
19 synchronous motor
- *o motor síncrono*
20 type disc (disk) (matrix disc)
- *o disco de tipos* m
21 mirror assembly
- *o conjunto de espelhos* m
22 optical wedge
- *a cunha óptica*
23 lens
- *a objetiva*
24 mirror system
- *o sistema de espelhos* m
25 film
- *o filme (o papel) fotográfico*
26 flash tubes
- *a lâmpada de fleche* (Pt. *de* flash) m
27 matrix drum
- *o disco de matrizes* f
28 automatic film copier
- *a leitora e a impressora*
29 central processing unit of a photocomposition system (photosetting system) for newspaper typesetting
- *a unidade de processamento* m *central de um sistema de fotocomposição* f *para perfuração indireta de textos* m

30 punched tape (punch tape) input (input unit)
- *a entrada de fita perfurada*
31 keyboard send-receive teleprinter (teletype)
- *o teclado transmissor e receptor de processamento* m *de dados* m
32 on-line disc (disk) storage unit
- *o sistema de memória* f *de disco* m *a distância*
33 alphanumeric (alphameric) disc (disk) store (alphanumeric disc file)
- *o disco-memória de alfanumérica* f
34 disc (disk) stack (disc pack)
- *a pilha de discos* m

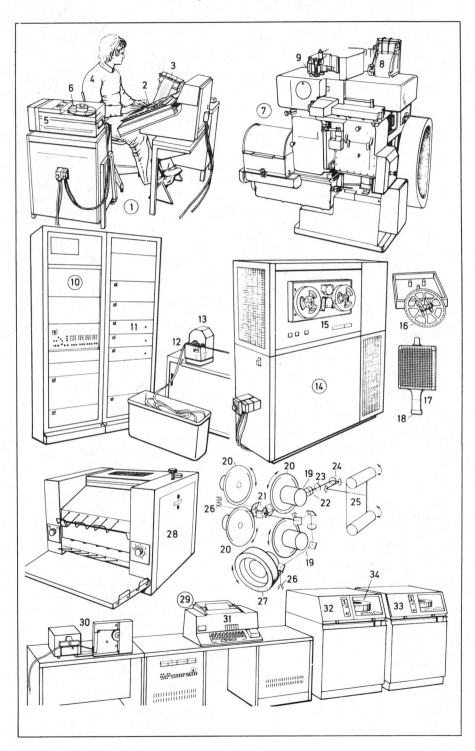

1 overhead process camera (over-head copying camera)
- *a câmara de reprodução f suspensa (horizontal)*
2 focusing screen (ground glass screen)
- *a tela de focalização f (de vidro fosco)*
3 hinged screen holder
- *o suporte articulado da tela, o suporte do visor*
4 graticule
- *o retículo (uma divisão quadriculada do vidro de focalização f)*
5 control console
- *o painel de comando m*
6 hinged bracket-mounted control panel
- *o painel de controle m suspenso e articulado*
7 percentage focusing charts
- *as fitas graduadas de foco m*
8 vacuum film holder
- *o porta-filme a vácuo m*
9 screen magazine
- *a câmara da tela*
10 bellows
- *o fole*
11 standard
- *o corpo dianteiro*
12 register device
- *o dispositivo de registro m (Pt. de registo m)*
13 overhead gantry
- *o cavalete suspenso*
14 copyboard
- *o porta-modelo, o porta-original*
15 copyholder
- *a moldura do porta-modelo, a moldura do porta-original*
16 lamp bracket
- *o braço porta-lâmpada articulado*
17 xenon lamp
- *a lâmpada de xenônio m, a lâmpada de operação f da máquina*
18 copy (original)
- *o modelo (o original)*
19 retouching and stripping desk
- *a mesa de retoque m e montagem f*
20 illuminated screen
- *a tela iluminada*
21 height and angle adjustment
- *o ajuste de altura f e ângulo m (a inclinação)*
22 copyboard
- *o porta-modelo, o porta-original*
23 linen tester, a magnifying glass
- *o conta-linhas, uma lupa (uma lente) conta-fios*
24 universal process and reproduction camera
- *o aparelho de reprodução f universal, com câmara f universal*
25 camera body
- *o corpo da câmara*
26 bellows
- *o fole*
27 lens carrier
- *o porta-lente, o porta-objetiva*
28 angled mirrors
- *os espelhos angulados (inclinados)*

29 stand
- *o suporte*
30 copyboard
- *o porta-modelo, o porta-original*
31 halogen lamp
- *a lâmpada de halogênio m*
32 vertical process camera, a compact camera
- *o aparelho de reprodução f vertical (uma câmara compacta)*
33 camera body
- *o corpo da câmara*
34 focusing screen (ground glass screen)
- *a tela de focalização f (de vidro fosco)*
35 vacuum back
- *a tampa a vácuo m*
36 control panel
- *o painel de controle m (de comando m)*
37 flash lamp
- *a lâmpada do fleche (Pt. do flash)*
38 mirror for right-reading images
- *o espelho de retorno m, o prisma*
39 scanner (colour, Am. color, correction unit)
- *o scanner (um aparelho de correção eletrônica de cores f)*
40 base frame
- *a base*
41 lamp compartment
- *o compartimento da lâmpada*
42 xenon lamp housing
- *a caixa da lâmpada de xenônio m*
43 feed motors
- *os motores de alimentação f*
44 transparency arm
- *o braço de transparências f (os diapositivos)*
45 scanning drum
- *o cilindro explorador*
46 scanning head
- *o cabeçote explorador*
47 mask-scanning head
- *o cabeçote explorador de máscara f*
48 mask drum
- *o cilindro porta-máscara m*
49 recording space
- *o espaço de registro m (Pt. de registo m)*
50 daylight cassette
- *o chassi à luz do dia*
51 colour (Am. color) computer with control unit and selective colour correction
- *o calculador de cor f com unidade f de controle m e correção seletiva de cor*
52 engraving machine
- *a máquina de gravar*
53 seamless engraving adjustment
- *o ajuste para gravação inteiriça*
54 drive clutch
- *a embreagem (Pt. a embraiagem) motriz*
55 clutch flange
- *o freio da embreagem (Pt. da embraiagem)*
56 drive unit
- *a unidade motriz*
57 machine bed
- *a base da máquina*

58 equipment carrier
- *o porta-aparelhos*
59 bed slide
- *o cursor da base*
60 control panel
- *o painel de controle m*
61 bearing block
- *o mancal*
62 tailstock
- *o contracabeçote*
63 scanning head
- *o cabeçote explorador*
64 copy cylinder
- *o cilindro de cópia f*
65 centre (Am. center) bearing
- *o mancal central*
66 engraving system
- *o sistema de gravação f*
67 printing cylinder
- *o cilindro impressor*
68 cylinder arm
- *o braço do cilindro*
69 electronics (electronic) cabinet
- *a caixa eletrônica*
70 computers
- *os computadores*
71 program input
- *a entrada do programa*
72 automatic film processor for scanner films
- *a máquina de revelação f automática de filmes m do scanner*

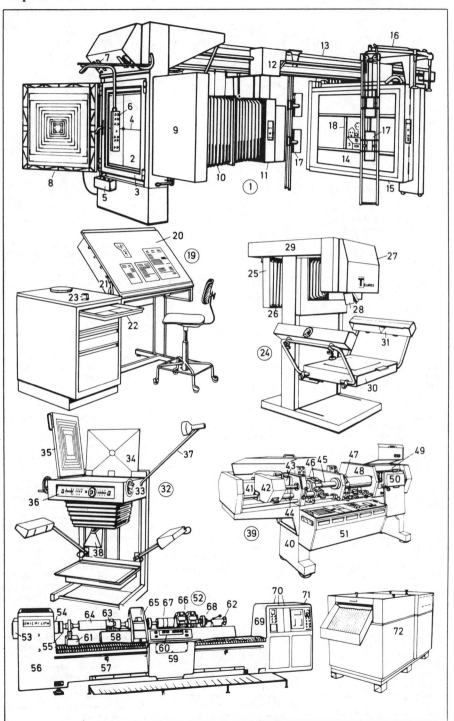

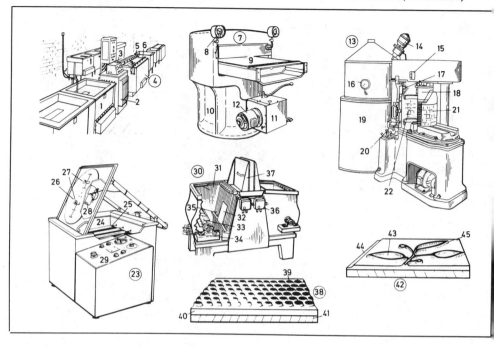

1-6 electrotyping plant
- *a instalação de galvanotipia* f *(a instalação de eletrotipia* f)*
1 cleaning tank
- *o tanque de limpeza* f
2 rectifier
- *o retificador*
3 measuring and control unit
- *o painel de medição* f *e controle* m
4 electroplating tank (electro-plating bath, electroplating vat)
- *o tanque de galvanização* f *(o banho de galvanização)*
5 anode rod (with copper anodes)
- *a barra de anódio* m *(com anódios de cobre* m*)*
6 plate rod (cathode)
- *a barra porta-formas* m *(o catódio)*
7 hydraulic moulding (*Am.* mold-ing) **press**
- *a prensa hidráulica de moldar*
8 pressure gauge (*Am.* gage) (ma-nometer)
- *o manômetro*
9 apron
- *a platina inferior da prensa*
10 round base
- *o pedestal cilíndrico*
11 hydraulic pressure pump
- *a bomba hidráulica de pressão* f
12 drive motor
- *o motor de acionamento* m
13 curved plate casting machine (curved electrotype casting ma-chine)
- *a máquina cilíndrica de fundir cli-chês* (Pt. *clichés*) m
14 motor
- *o motor*

15 control knobs
- *os botões de controle* m
16 pyrometer
- *o pirômetro*
17 mouth piece
- *a boca de fundição* f
18 core
- *o macho (de fundição* f)*
19 melting furnace
- *o forno de fundição* f
20 starting lever
- *a alavanca de acionamento* m
21 cast curved plate (cast curved electrotype) for rotary printing
- *o clichê* (Pt. *o cliché*) *cilíndrico para impressora rotativa*
22 fixed mould (*Am.* mold)
- *o molde fixo*
23 etching machine
- *a gravadora*
24 etching tank with etching solu-tion (etchant, mordant) and film-ing agent (film former)
- *o tanque de gravação* f *com mor-dente* m *e agente filmogênico*
25 paddles
- *as pás*
26 turntable
- *o prato giratório*
27 plate clamp
- *os grampos de fixação* f *de placa*
28 drive motor
- *o motor de acionamento* m
29 control unit
- *a unidade de controle* m
30 twin etching machine
- *a gravadora geminada*
31 etching tank (etching bath) [in section]
- *o tanque de mordente* m [corte])

32 photoprinted zinc plate
- *a placa de zinco* m *fotogravada*
33 paddle
- *a pá*
34 outlet cock (drain cock, *Am.* faucet)
- *a torneira de escoamento* m
35 plate rack
- *o suporte das placas*
36 control unit
- *a unidade de controle* m
37 lid
- *a tampa do tanque*
38 halftone photoengraving (half-tone block, halftone plate), a block (plate, printing plate)
- *o clichê* (Pt. *o cliché*) *reticulado*
39 dot (halftone dot), a printing element
- *o ponto (o ponto de retícula* f, *um elemento de impressão* f)*
40 etched zinc plate
- *a placa de zinco* m *gravada*
41 block mount (block mounting, plate mount, plate mounting)
- *o bloco de montagem* f
42 line block (line engraving, line etching, line plate, line cut)
- *o clichê* (Pt. *o cliché*) *de traço* m
43 non-printing, deep-etched areas
- *as áreas a não imprimir (as áreas em depressão* f)*
44 flange (bevel edge)
- *o bisel do clichê*
45 sidewall
- *a parede lateral (o contorno de gravura* f)*

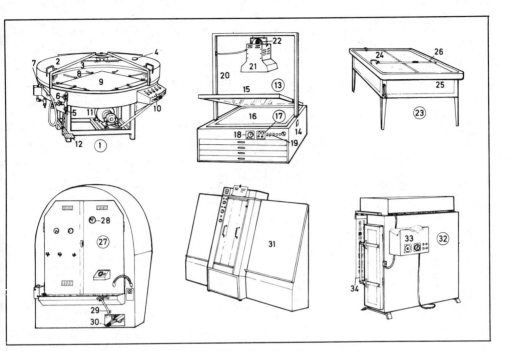

1 plate whirler (whirler, plate-coating machine) for coating offset plates
- *a centrífuga: uma máquina que dá uniformidade f na aplicação da camada sensível e acelera a secagem*

2 sliding lid
- *a tampa deslisante da centrífuga*

3 electric heater
- *o aquecedor elétrico*

4 temperature gauge (*Am.* gage)
- *o termômetro*

5 water connection for the spray unit
- *a ligação hidráulica para lavagem f da chapa*

6 spray unit
- *o controle para aspersão f de água f sobre a chapa*

7 hand spray
- *o pulverizador manual*

8 plate clamps
- *os grampos de fixação f da chapa*

9 zinc plate (*also:* magnesium plate, copper plate)
- *a chapa de zinco m (tb. a chapa de alumínio m, a chapa trimetálica etc.)*

10 control panel
- *o painel de controle m da centrífuga horizontal*

11 drive motor
- *o motor de acionamento m*

12 brake pedal
- *o pedal de freio m*

13 vacuum printing frame (vacuum frame, printing-down frame)
- *a prensa de vácuo m (a prensa pneumática)*

14 base of the vacuum printing frame (vacuum frame, printing-down frame)
- *a base lateral da prensa pneumática*

15 plate glass frame
- *a tampa de vidro m do chassi, a tampa de vidro transparente, a tampa de vidro da prensa pneumática*

16 coated offset plate
- *o leito para acamar a chapa offset com a montagem do fotolito (chapa sensibilizada para offset)*

17 control panel
- *o painel de controle m de exposição f*

18 exposure timer
- *o medidor de tempo m para exposição f*

19 vacuum pump switches
- *os interruptores da bomba de vácuo m*

20 support
- *o suporte da lâmpada*

21 point light exposure lamp, a quartz-halogen lamp
- *a lâmpada de exposição f, por ponto m, de quartzo-halogeno m*

22 fan blower
- *a ventoinha para resfriamento m da lâmpada*

23 stripping table (make-up table) for stripping films
- *a mesa luminosa de montagem f de filmes m*

24 crystal glass screen
- *o vidro de cristal m da mesa de montagem f*

25 light box
- *a caixa de luz f*

26 straightedge rules
- *as réguas deslisantes de precisão f*

27 vertical plate-drying cabinet
- *a secadora centrífuga vertical*

28 hygrometer
- *o higrômetro*

29 speed control
- *o controle de velocidade f da centrífuga*

30 brake pedal
- *o pedal de freio m*

31 processing machine for presensitized plates
- *a máquina processadora de chapas pré-sensibilizadas*

32 burning-in oven for glue-enamel plates (diazo plates)
- *o forno para termo-endurecimento m de chapas f*

33 control box (control unit)
- *a caixa de controle m do forno*

34 diazo plate
- *a chapa sensibilizada com composto diazóico*

1 four-colour (*Am.* four-color) rotary offset press (rotary offset machine, web-offset press)
- *a impressora rotativa offset frente* f *e verso* m *a quatro cores* f
2 roll of unprinted paper (blank paper)
- *a bobina de papel* m *em branco* m
3 reel stand (carrier for the roll of unprinted paper)
- *o suporte da bobina de papel* m *em branco*
4 forwarding rolls
- *os cilindros de propulsão* f *e regulagem* f *da tensão do papel*
5 side margin control (margin control, side control, side lay control)
- *o controle lateral da bobina (o controle de margem* f *lateral)*
6-13 inking units (inker units)
- *a bateria de rolos* m *e cilindros* m *do sistema de tintagem* f
6, 8, 10, 12 inking units (inker units) in the upper printing unit
- *as baterias de tintagem* f *do grupo superior (frente* f*)*
6-7 perfecting unit (double unit) for yellow
- *a primeira unidade de impressão* f *frente* f *e verso* m
7, 9, 11, 13 inking units (inker units) in the lower printing unit
- *a bateria de tintagem* f *do grupo inferior (verso* m*)*
8-9 perfecting unit (double unit) for cyan
- *a segunda unidade de impressão* f *frente* f *e verso* m
10-11 perfecting unit (double unit) for magenta
- *a terceira unidade de impressão* f *frente* f *e verso* m
12-13 perfecting unit (double unit) for black
- *a quarta unidade de impressão* f *frente* f *e verso* m
14 drier
- *o sistema de secagem* f *da tinta impressa*
15 folder (folder unit)
- *a dobradora (a dobradeira)*
16 control desk
- *a mesa com painel* m *de controle* m *do funcionamento de todo o sistema de qualidade* f
17 sheet
- *a folha impressa*
18 four-colour (*Am.* four-color) rotary offset press (rotary offset machine, web-offset press) [diagram]
- *a impressora rotativa offset a quatro cores* f *frente* f *e verso* m *[esquema]*
19 reel stand
- *o porta-bobinas com uma reserva*
20 side margin control (margin control, side control, side lay control)
- *o controle de margem* f *lateral*
21 inking rollers (ink rollers, inkers)
- *a bateria de rolos* m *do sistema de tintagem* f
22 ink duct (ink fountain)
- *o tinteiro (o depósito e a regulagem da tinta)*
23 damping rollers (dampening rollers, dampers, dampeners)
- *a bateria de rolos* m *do sistema de umedecimento* m *(Pt. de humedecimento* m*)*
24 blanket cylinder
- *o cilindro de blanqueta* f *(de borracha* f*)*
25 plate cylinder
- *o cilindro porta-chapa* m
26 route of the paper (of the web)
- *a tira de papel* m *em movimento* m

27 drier
- *o sistema de secagem* f *da tinta impressa*
28 chilling rolls (cooling rollers, chill rollers)
- *os cilindros resfriadores*
29 folder (folder unit)
- *a dobradora (a dobradeira)*
30 four-colour (*Am.* four-color) sheet-fed offset machine (offset press) [diagram]
- *a impressora* f *offset a quatro cores* f, *com suprimento* m *de papel* m *[esquema]*
31 sheet feeder (feeder)
- *a unidade do aparelho marginador (o alimentador de folha* f*)*
32 feed table (feed board)
- *a mesa de marginação* f
33 route of the sheets through swing-grippers to the feed drum
- *as pinças oscilantes transmitindo a folha ao cilindro de marginação*
34 feed drum
- *o cilindro de marginação* f
35 impression cylinder
- *o cilindro impressor*
36 transfer drums (transfer cylinders)
- *o cilindro de transporte* m
37 blanket cylinder
- *o cilindro porta-blanqueta* m *(borracha* f*)*
38 plate cylinder
- *o cilindro porta-chapa* m
39 damping unit (dampening unit)
- *a bateria de rolos* m *do sistema de umedecimento* m *(Pt. de humedecimento* m*)*
40 inking unit (inker unit)
- *a bateria de rolos* m *do sistema de tintagem* f
41 printing unit
- *a unidade impressora*
42 delivery cylinder
- *o cilindro de movimento* m *da cadeia de pinças* f
43 chain delivery
- *a esteira da cadeia de pinças* f
44 delivery pile
- *a pilha de material* m *impresso*
45 delivery unit (delivery mechanism)
- *o mecanismo de recepção* f *(Pt. de receção* f*) da folha impressa*
46 single-colour (*Am.* single-color) offset press (offset machine)
- *a impressora offset monocolor*
47 pile of paper (sheets, printing paper)
- *a pilha de papel* m *em branco* m
48 sheet feeder (feeder), an automatic pile feeder
- *o marginador automático*
49 feed table (feed board)
- *a mesa de marginação* f
50 inking rollers (ink rollers, inkers)
- *a bateria de rolos* m *do sistema de tintagem* f
51 inking unit (inker unit)
- *o tinteiro (o depósito de tinta* f *com regulagem* f*)*
52 damping rollers (dampening rollers, dampers, dampeners)
- *a bateria de rolos* m *do sistema de umedecimento* m *(Pt. de humedecimento* m*)*
53 plate cylinder, a zinc plate
- *o cilindro porta-chapa* m
54 blanket cylinder, a steel cylinder with rubber blanket
- *o cilindro porta-blanqueta* m
55 pile delivery unit for the printed sheets
- *a mesa de recepção* f *(Pt. de receção* f*) com pilha* f *de papel impresso*

56 gripper bar, a chain gripper
- *a cadeia de pinças* f *para transportar a folha*
57 pile of printed paper (printed sheets)
- *a pilha de folhas impressas*
58 guard for the V-belt (vee-belt) drive
- *a capa protetora da correia propulsora em V*
59 single-colour (*Am.* single-color) offset press (offset machine) [diagram]
- *a impressora* f *offset monocolor [esquema]*
60 inking unit (inker unit) with inking rollers (ink rollers, inkers)
- *a bateria de rolos* m *do sistema de tintagem* f
61 damping unit (dampening unit) with damping rollers (dampening rollers, dampers, dampeners)
- *a bateria de rolos* m *do sistema de umedecimento* m *(Pt. de humedecimento* m*)*
62 plate cylinder
- *o cilindro porta-chapa* m
63 blanket cylinder
- *o cilindro porta-blanqueta* m
64 impression cylinder
- *o cilindro impressor*
65 delivery cylinder with grippers
- *a esteira da cadeia* f *de pinças* f
66 drive wheel
- *o volante propulsor*
67 feed table (feed board)
- *a mesa de marginação* f
68 sheet feeder (feeder)
- *o aparelho marginador*
69 pile of unprinted paper (blank paper, unprinted sheets, blank sheets)
- *a pilha de papel* m *a ser impresso*
70 small sheet-fed offset press
- *a impressora offset pequena (semi-industrial) folha solta monocolor*
71 inking unit (inker unit)
- *a bateria dos rolos de tintagem* f
72 suction feeder
- *o aparelho marginador*
73 pile feeder
- *a pilha de papel* m *a ser impresso*
74 instrument panel (control panel) with counter, pressure gauge (*Am.* gage), air regulator, and control switch for the sheet feeder (feeder)
- *o painel de controle* m *com contador* m, *manômetro* m, *regulador* m *de ar* m *e botão* m *de controle do marginador*
75 flat-bed offset press (offset machine) (Mailänder proofing press, proof press)
- *o prelo de provas* f *offset*
76 inking unit (inker unit)
- *o tinteiro (o depósito de tinta* f *com regulagem* f*)*
77 inking rollers (ink rollers, inkers)
- *a bateria de rolos* m *do sistema de tintagem* f
78 bed (press bed, type bed, forme bed, *Am.* form bed)
- *o platô porta-chapa* m *(Pt. o leito de impressão* f*)*
79 cylinder with rubber blanket
- *o cilindro porta-blanqueta* m
80 starting and stopping lever for the printing unit
- *a alavanca de acionamento* m *da unidade impressora*
81 impression-setting wheel (impression-adjusting wheel)
- *o volante para regulagem* f *do platô (Pt. do leito) porta-papel* m

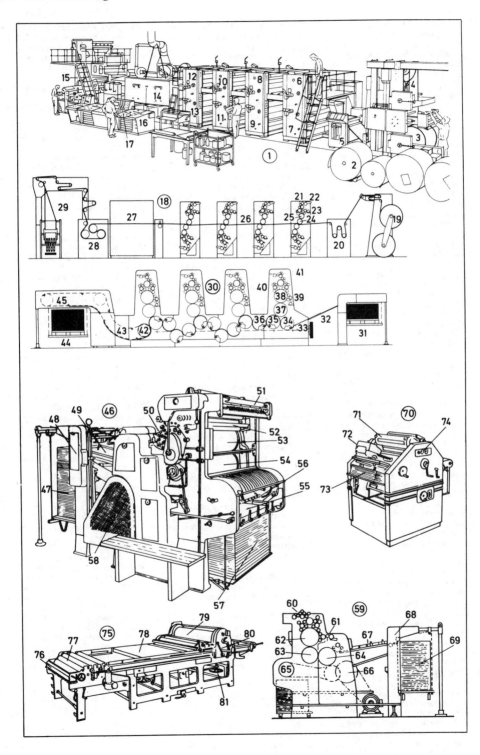

1-65 presses (machines) for letter-press printing (letterpress printing machines)
- *as máquinas impressoras tipográficas*
1 two-revolution flat-bed cylinder press
- *a impressora horizontal (plana) tipográfica automática de rotação dupla*
2 impression cylinder
- *o cilindro impressor (o cilindro de pressão f)*
3 lever for raising or lowering the cylinder
- *a alavanca para levantar e abaixar o cilindro (o salva-folhas)*
4 feed table (feed board)
- *a mesa de marginação f*
5 automatic sheet feeder (feeder) (operated by vacuum and air blasts)
- *o marginador a sucção f*
6 air pump for the feeder and delivery
- *a bomba de ar m para o marginador e a expedição e a recepção das folhas*
7 inking unit (inker unit) with distributing rollers (distributor rollers, distributors) and forme rollers (*Am.* form rollers)
- *a bateria de rolos m para distribuição f de tinta f e entintamento m*
8 ink slab (ink plate) inking unit (inker unit)
- *a platina (o platô) para distribuição f uniforme da tinta*
9 delivery pile for printed paper
- *a pilha de recepção f (Pt. de receção f) das folhas impressas*
10 sprayer (anti set-off apparatus, anti set-off spray) for dusting the printed sheets
- *o pulverizador anti-repinte (para evitar que a tinta impressa da folha passe para o verso da outra)*
11 interleaving device
- *o dispositivo de intercalação f*
12 foot pedal for starting and stopping the press
- *o pedal de acionamento m da impressora*
13 platen press (platen machine, platen) [in section]
- *a impressora vertical automática tipo m minerva f [corte]*
14 paper feed and delivery (paper feeding and delivery unit)
- *a pilha de papel m na mesa de expedição f*
15 platen
- *a platina (o tímpano ou o padrão)*
16 toggle action (toggle-joint action)
- *o mecanismo de regulagem f de pressão f e movimento m do tímpano (padrão m)*
17 bed (type bed, press bed, forme bed, *Am.* form bed)
- *o leito da rama*

18 forme rollers (*Am.* form rollers) (forme-inking, *Am.* form-inking, rollers)
- *os rolos entintadores*
19 inking unit (inker unit) for distributing the ink (printing ink)
- *a bateria de rolos distribuidores de tinta f*
20 stop-cylinder press (stop-cylinder machine)
- *a impressora horizontal tipográfica*
21 feed table (feed board)
- *a mesa de marginação f*
22 feeder mechanism (feeding apparatus, feeder)
- *o aparelho marginador*
23 pile of unprinted paper (blank paper, unprinted sheets, blank sheets)
- *a pilha de papel m a ser impresso*
24 guard for the sheet feeder (feeder)
- *a proteção de segurança f*
25 pile of printed paper (printed sheets)
- *a pilha de papel impresso, sobre a mesa receptora*
26 control mechanism
- *o painel de comando m*
27 forme rollers (*Am.* form rollers) (forme-inking, *Am.* form-inking, rollers)
- *os mancais de regulagem f dos rolos entintadores*
28 inking unit (inker unit)
- *o tinteiro (o depósito de tinta f)*
29 [Heidelberg] platen press (platen machine, platen)
- *a impressora vertical automática tipográfica (tipo m minerva)*
30 feed table (feed board) with pile of unprinted paper (blank paper, unprinted sheets blank sheets)
- *a mesa expedidora com pilha f de papel m a ser impresso*
31 delivery table
- *a recepção (Pt. a receção)*
32 starting and stopping lever
- *o salva-folhas e a regulagem de pressão f*
33 delivery blower
- *os sopradores da mesa de recepção f*
34 spray gun (sprayer)
- *o aparelho de pulverização f*
35 air pump for vacuum and air blasts
- *a bomba de ar m*
36 locked-up forme (*Am.* form)
- *a forma de impressão f enramada*
37 type (type matter, matter)
- *a forma*
38 chase
- *a rama*
39 quoin
- *a cunha de aperto m*
40 length of furniture
- *a guarnição*

41 rotary letterpress press (rotary letterpress machine, web-fed letterpress machine) for newspapers of up to 16 pages
- *a impressora rotativa para jornais m de até 16 páginas f*
42 slitters for dividing the width of the web
- *os separadores de tira f de papel m*
43 web
- *a tira de papel m (o lençol de papel)*
44 impression cylinder
- *o cilindro de impressão f*
45 jockey roller (compensating roller, compensator, tension roller)
- *o rolo esticador (a tensão do papel)*
46 roll of paper
- *a bobina de papel m*
47 automatic brake
- *o freio da bobina de papel m*
48 first printing unit
- *o grupo impressor de rosto m*
49 perfecting unit
- *o grupo impressor de verso m*
50 inking unit (inker unit)
- *o tinteiro*
51 plate cylinder
- *o porta-telha*
52 second printing unit
- *o cilindro impressor verso*
53 former
- *o funil de dobra f de papel m*
54 tachometer with sheet counter
- *o contador de exemplares m*
55 folder (folder unit)
- *a dobradora (a dobradeira)*
56 folded newspaper
- *o jornal dobrado*
57 inking unit (inker unit) for the rotary press (web-fed press) [in section]
- *o tomador de tinta f da impressora rotativa*
58 web
- *o lençol de papel m*
59 impression cylinder
- *o cilindro impressor (a impressão)*
60 plate cylinder
- *o cilindro porta-telha f*
61 forme rollers (*Am.* form rollers) (forme inking, *Am.* form-inking, rollers)
- *os rolos entintadores m (passam tinta f sobre as formas)*
62 distributing rollers (distributor rollers, distributors)
- *os cilindros distribuidores*
63 lifter roller (ductor, ductor roller)
- *o cilindro de elevação f*
64 duct roller (fountain roller, ink fountain roller)
- *o cilindro distribuidor de tinta f*
65 ink duct (ink fountain)
- *o depósito de tinta f*

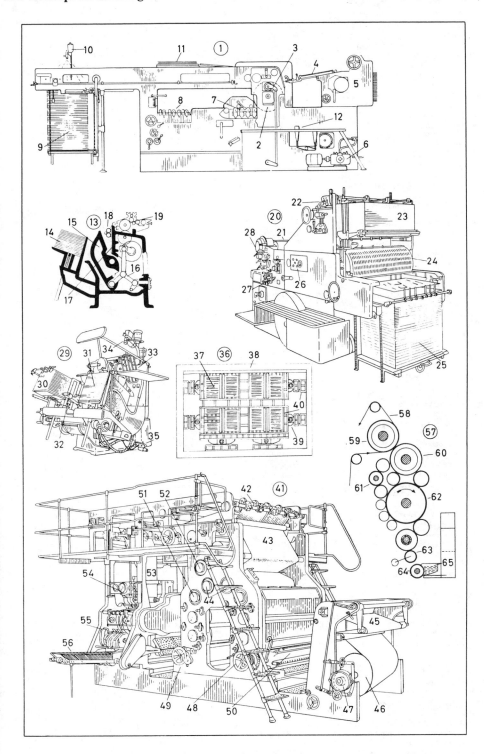

1 exposure of the carbon tissue (pigment paper)
- *a exposição do papel-carbono*
2 vacuum frame
- *o chassi pneumático*
3 exposing lamp, a bank of quartz-halogen lamps
- *a lâmpada de exposição f, uma bateria de lâmpadas de quartzo m halógeno*
4 point source lamp
- *o ponto de luz f (uma lâmpada única)*
5 heat extractor
- *a coifa extratora de calor m*
6 carbon tissue transfer machine (laydown machine, laying machine)
- *a máquina de transferência f de papel-carbono m*
7 polished copper cylinder
- *o cilindro de cobre m polido*
8 rubber roller for pressing on the printed carbon tissue (pigment paper)
- *o rolo de borracha f para prensar o papel-carbono impresso*
9 cylinder-processing machine
- *a máquina reveladora do cilindro*
10 gravure cylinder coated with carbon tissue (pigment paper)
- *o cilindro de gravação f coberto com papel-carbono m*
11 developing tank
- *a cuba de revelação f*
12 staging
- *o retoque do cilindro gravado*
13 developed cylinder
- *o cilindro revelado*
14 retoucher painting out (stopping out)
- *o retocador preenchendo claros m*
15 etching machine
- *a gravadora*
16 etching tank with etching solution (etchant, mordant)
- *a cuba de gravação f com solução corrosiva (o mordente)*
17 printed gravure cylinder
- *o cilindro de gravura f impresso*
18 gravure etcher
- *o fotogravador*
19 calculator dial
- *o mostrador de cálculo m*
20 timer
- *o conta-minutos*
21 revising (correcting) the cylinder
- *o retoque do cilindro*
22 etched gravure cylinder
- *o cilindro fotogravado*
23 ledge
- *a mesa de retoque m, o ressalto de correção f*
24 multicolour (*Am.* multicolor) rotogravure press
- *a rotativa de impressão f a cores f*
25 exhaust pipe for solvent fumes
- *a tubulação de exaustão f dos vapores de solvente m*
26 reversible printing unit
- *o grupo impressor*
27 folder (folder unit)
- *a dobradeira*
28 control desk
- *o painel de controle m*
29 newspaper delivery unit
- *a saída de jornais m*
30 conveyor belt (conveyor)
- *a correia transportadora*
31 bundled stack of newspapers
- *a pilha de jornais m amarrada*

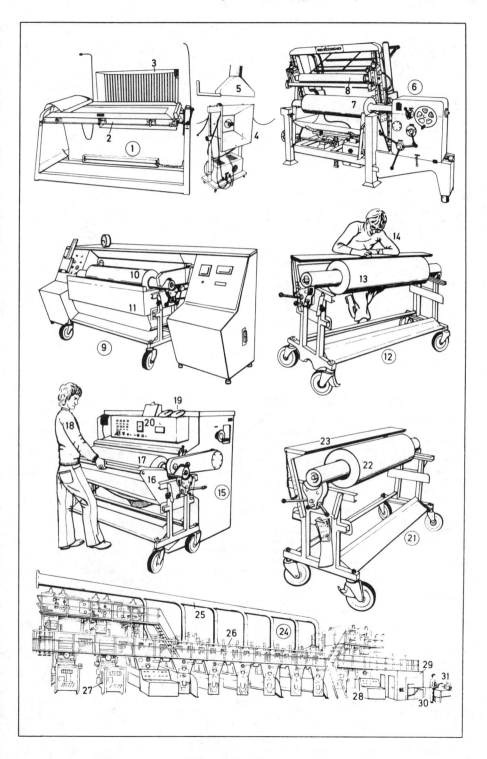

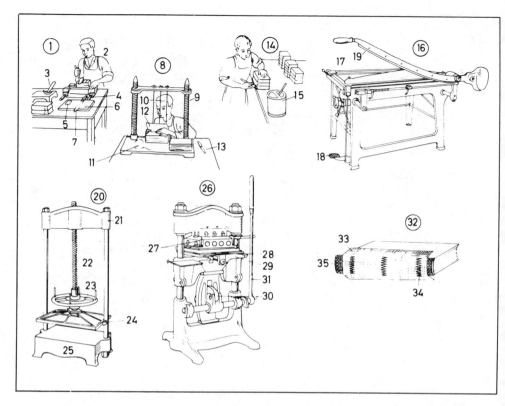

1-35 hand bookbindery (hand bindery)
- *a encadernação manual*
1 gilding the spine of the book
- *a douração da lombada do livro*
2 gold finisher (gilder), a bookbinder
- *o dourador, um encadernador*
3 fillet
- *a matriz de um filet para douração f manual*
4 holding press (finishing press)
- *a prensa de livro m para encadernação f*
5 gold leaf
- *a folha (a lâmina) de ouro m*
6 gold cushion
- *a almofada para douração f*
7 gold knife
- *a faca para cortar a lâmina de ouro m*
8 sewing (stitching)
- *o suporte para costura f*
9 sewing frame
- *a moldura regulável para costura f de livros m*
10 sewing cord
- *o cordão para costura f*
11 ball of thread (sewing thread)
- *o novelo de linha f*
12 section (signature)
- *a guia de costura f*
13 bookbinder's knife
- *a faca para cortar o cordão (a linha)*

14 gluing the spine
- *a colagem do dorso do livro*
15 glue pot
- *o pote de cola f*
16 board cutter (guillotine)
- *o tesourão manual*
17 back gauge (*Am.* gage)
- *a bitola móvel*
18 clamp with foot pedal
- *o pedal de aperto m (para fixar o material a ser cortado)*
19 cutting blade
- *a lâmina de corte m*
20 standing press, a nipping press
- *a prensa vertical*
21 head piece (head beam)
- *o cabeçote da prensa*
22 spindle
- *o eixo sem-fim*
23 handwheel
- *o volante de aperto m*
24 platen
- *a placa de aperto m*
25 bed (base)
- *a base de suporte m da prensa*
26 gilding (gold blocking) and embossing press, a hand-lever press; *sim.:* toggle-joint press (toggle-lever press)
- *a máquina manual para dourar a quente*
27 heating box
- *a caixa de aquecimento m*
28 sliding plate
- *o suporte de deslizamento da rama*

29 embossing platen
- *o platô (Pt. o leito) de apoio m da rama*
30 toggle action (toggle-joint action)
- *o eixo de movimento m para impressão f*
31 hand lever
- *a alavanca manual para acionamento m de impressão f*
32 book sewn on gauze (mull, scrim) (unbound book)
- *o livro costurado e colado, pronto para receber a capa*
33 gauze (mull, scrim)
- *a entretela ou a gaze*
34 sewing (stitching)
- *os pontos de costura f*
35 headband
- *o cabeceado do livro, a cabeçada do livro*

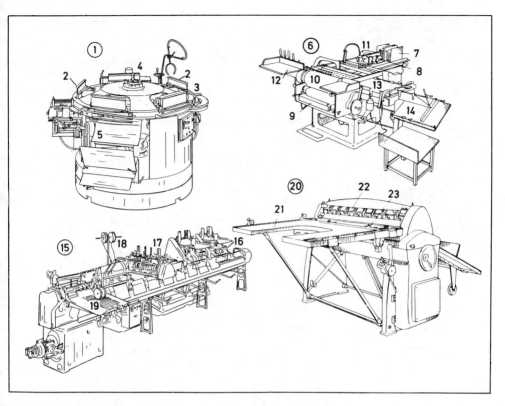

1-23 bookbinding machines
- *as máquinas de encadernação f automática*
1 adhesive binder (perfect binder) for short runs
- *a máquina para alcear, colar e refilar os livros*
2 manual feed station
- *o compartimento de alimentação manual f de folhas f*
3 cut-off knife and roughing station
- *a faca para aparar o livro*
4 gluing mechanism
- *o mecanismo de colagem f*
5 delivery (book delivery)
- *o compartimento de expedição f do livro acabado*
6 case maker (case-making machine)
- *a dobradeira de papel m*
7 board feed hopper
- *o escaninho de alimentação f*
8 pickup sucker
- *o aparelho para sucção f da folha*
9 glue tank
- *o reservatório de cola f*
10 gluing cylinder (glue cylinder, glue roller)
- *o cilindro de colagem f*
11 picker head
- *o separador de folha f*
12 feed table for covering materials [linen, paper, leather]
- *a mesa de alimentação f*

13 pressing mechanism
- *a prensa do material pronto*
14 delivery table
- *a mesa de expedição f*
15 gang stitcher (gathering and wire stitching machine, gatherer and wire stitcher)
- *a máquina de alcear, grampear (Pt. agrafar) e picotar as folhas*
16 sheet feeder (sheet-feeding station)
- *o alimentador de folhas f*
17 folder-feeding station
- *o estágio de alimentação f de folhas dobradas*
18 stitching wire feed mechanism
- *o suporte de alimentação f para grampeação f*
19 delivery table
- *a mesa de expedição f*
20 rotary board cutter (rotary board-cutting machine)
- *a máquina de cortar e/ou serrilhar e/ou picotar e/ou vincar*
21 feed table with cut-out section
- *a mesa de alimentação f com entalhadura f*
22 rotary cutter
- *o eixo suporte m das matrizes de corte m*
23 feed guide
- *a guia de alimentação f*

1-35 bookbinding machines
- *as máquinas de encadernação* f
1 guillotine (guillotine cutter, automatic guillotine cutter)
- *a guilhotina automática*
2 control panel
- *o painel de controle* m
3 clamp
- *o balancim*
4 back gauge (Am. gage)
- *a régua de proteção* f
5 calibrated pressure adjustment (to clamp)
- *o controle de pressão* f *do balancim*
6 illuminated cutting scale
- *a escala milimetrada luminosa*
7 single-hand control for the back gauge (Am. gage)
- *o controle de avanço* m *e recuo* m *do batente*
8 combined buckle and knife folding machine (combined buckle and knife folder)
- *a máquina dobradeira de papel* m
9 feed table (feed board)
- *a mesa de alimentação* f
10 fold plates
- *a bolsa regulável para a primeira dobra* f
11 stop for making the buckle fold
- *o limitador, o batente*
12 cross fold knives
- *a lâmina para a segunda dobra transversal*
13 belt delivery for parallel-folded signatures
- *o cadarço (a esteira) para transporte* m *do papel dobrado*
14 third cross fold unit
- *a unidade para a terceira dobra transversal*
15 delivery tray for cross-folded signatures
- *a mesa de recepção* f (Pt. *de receção* f) *para o caderno dobrado*
16 sewing machine (book-sewing machine)
- *a máquina para costurar livros* m
17 spool holder
- *o porta-tubo de linha* f
18 thread cop (thread spool)
- *a barra-guia da linha*
19 gauze roll holder (mull roll holder, scrim roll holder)
- *o rolo de gaze* f (*de entretela* f)
20 gauze (mull, scrim)
- *a gaze, a entretela, a tarlatana*
21 needle cylinders with sewing needles
- *o cabeçote para fixação* f *de agulhas* f *para costura* f
22 sewn book
- *o livro costurado*
23 delivery
- *a mesa de recepção* f (*de entrega* f), Pt. *a mesa de receção* f
24 reciprocating saddle
- *a sela móvel*
25 sheet feeder (feeder)
- *o alimentador de cadernos* m
26 feed hopper
- *o escaninho do alimentador*

27 casing-in machine
- *a máquina embaladora*
28 joint and side pasting attachment
- *o encaixe e a fixação lateral por cola* f
29 blade
- *a lâmina*
30 preheater unit
- *a unidade pré-aquecedora*
31 gluing machine for whole-surface, stencil, edge, and strip gluing
- *a máquina coladeira, para a colagem a pleno, de lombada* f, *de borda* f *e em tiras* f
32 glue tank
- *o reservatório alimentador de cola* f
33 glue roller
- *o cilindro distribuidor de cola* f
34 feed table
- *a mesa de alimentação* f
35 delivery
- *a expedição*
36 book
- *o livro*
37 dust jacket (dust cover, book-jacket, wrapper), a publisher's wrapper
- *a sobrecapa, a capa protetora*
38 jacket flap
- *a orelha*
39 blurb
- *o texto da orelha*
40-42 binding
- *a encadernação*
40 cover (book cover, case)
- *a capa*
41 spine (backbone, back)
- *a lombada*
42 tailband (footband)
- *o dorso do livro*
43-47 preliminary matter (prelims, front matter)
- *o caderno zero*
43 half-title
- *a folha do título falso*
44 half-title (bastard title, fly title)
- *o título falso*
45 title page
- *a folha de rosto* m
46 full title (main title)
- *o título*
47 subtitle
- *o subtítulo*
48 publisher's imprint (imprint)
- *o selo (a marca) do editor*
49 fly leaf (endpaper, endleaf)
- *a folha de guarda* f
50 handwritten dedication
- *a dedicatória*
51 bookplate (ex libris)
- *o ex-libris*
52 open book
- *o livro aberto*
53 page
- *a página*
54 fold
- *a dobra*
55-58 margin
- *a margim*
55 back margin (inside margin, gutter)
- *o festo*

56 head margin (upper margin)
- *a margem superior, a margem da cabeça*
57 fore edge margin (outside margin, fore edge)
- *a margem externa, a margem da frente*
58 tail margin (foot margin, tail, foot)
- *a margem inferior, a margem do pé*
59 type area
- *a área de impressão* f
60 chapter heading
- *o cabeçalho do capítulo*
61 asterisk
- *o asterisco*
62 footnote, a note
- *a nota de pé* m *de página* f, *a nota de rodapé* m
63 page number
- *o número da página*
64 double-column page
- *a página impressa com coluna dupla*
65 column
- *a coluna*
66 running title (running head)
- *o título*
67 caption
- *o subtítulo*
68 marginal note (side note)
- *a anotação marginal*
69 signature (signature code)
- *a assinatura*
70 attached bookmark (attached bookmarker)
- *o marcador fixo do livro*
71 loose bookmark (loose bookmarker)
- *o marcador móvel do livro*

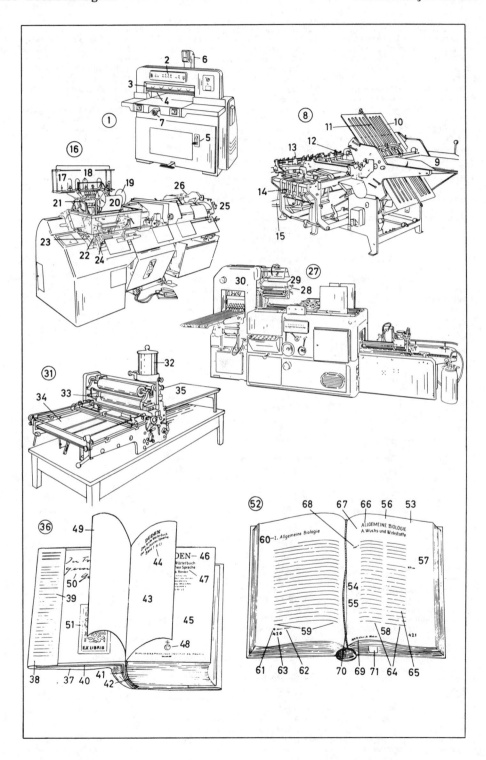

1-54 carriages (vehicles, conveyances, horse-drawn vehicles)
- *os carros (viaturas* f, *veículos* m *de transporte* m*) de tração* f *animal; carros puxados a cavalo* m
1-3, 26-39, 45, 51-54 carriages and coaches (coach wagons)
- *os carros e as carruagens (coches* m, *diligências* f*)*
1 berlin
- *a berlinda*
2 waggonette (*larger:* brake, break)
- *o breque*
3 coupé; *sim.:* brougham
- *o cupé* (Pt. *o cupé)*
4 front wheel
- *a roda dianteira*
5 coach body
- *a carroçaria*
6 dashboard (splashboard)
- *o pára-lama* (Pt. *o guarda-lama)*
7 footboard
- *o estribo (um apoio para os pés)*
8 coach box (box, coachman's seat, driver's seat)
- *a boléia (o assento do cocheiro, assento do condutor)*
9 lamp (lantern)
- *a lanterna*
10 window
- *a janela*
11 door (coach door)
- *a porta*
12 door handle (handle)
- *a maçaneta*
13 footboard (carriage step, coach step, step, footpiece)
- *o estribo*
14 fixed top
- *a capota fixa*
15 spring
- *a mola amortecedora*
16 brake (brake block)
- *o freio* (Pt. *o travão) (a sapata de freio)*
17 back wheel (rear wheel)
- *a roda traseira*
18 dogcart, a one-horse carriage
- *o carro leve de duas rodas, puxado por um só cavalo*
19 shafts (thills, poles)
- *o timão*
20 lackey (lacquey, footman)
- *a lacaio (o criado de libré* m*)*
21 livery
- *a libré*
22 braided (gallooned) collar
- *o colarinho agaloado (galonado, ornado de passamanaria* f*)*
23 braided (gallooned) coat
- *o casaco agaloado (galonado, ornado de passamanaria* f*)*
24 braided (gallooned) sleeve
- *a manga agaloada (galonada, ornada de passamanaria* f*)*
25 top hat
- *a cartola*
26 hackney carriage (hackney coach, cab, growler, *Am.* hack)
- *a carruagem de aluguel* m *(o fiacre)*
27 stableman (groom)
- *o cavalariço (o palafreneiro)*

28 coach horse (carriage horse, cab horse, thill horse, thiller)
- *o cavalo de coche* m *(o cavalo de tração* f, *a besta de tração)*
29 hansom cab (hansom), a cabriolet, a one-horse chaise (one horse carriage)
- *o cabriolé, um carro puxado por um único cavalo*
30 shafts (thills, poles)
- *os eixos (os varais, as lanças)*
31 reins (rein, *Am.* line)
- *as rédeas*
32 coachman (driver) with inverness
- *o cocheiro (o boleeiro) com sua capa (pelerine* f*)*
33 covered char-a-banc (brake, break), a pleasure vehicle
- *a jardineira, um veículo coletivo de passeio* m
34 gig (chaise)
- *a sege (a aranha)*
35 barouche
- *a caleça*
36 landau, a two-horse carriage; *sim.:* landaulet, landaulette
- *o landau (uma carruagem de dois cavalos* m*)*; sim.: *o landolé*
37 omnibus (horse-drawn omnibus)
- *o ônibus (o ônibus puxado por cavalos* m*)*; sim. bras. ant. *o bonde de burro* m *(um carro de tração* f *animal que rodava sobre trilhos* m*)*
38 phaeton
- *o fáeton, o faetonte*
39 continental stagecoach (mailcoach, diligence); *also:* road coach
- *a diligência norte-americana (a mala-posta, a diligência)*
40 mailcoach driver
- *o postilhão, o cocheiro de diligência* f, *o condutor da malaposta*
41 posthorn
- *a trompa*
42 hood
- *a capota*
43 post horses (relay horses, relays)
- *a muda de cavalos* m *(cavalos de muda)*
44 tilbury
- *o tílburi*
45 troika (Russian three-horse carriage)
- *a tróica (um carro russo puxado por três cavalos* m*)*
46 leader
- *o guia*
47 wheeler (wheelhorse, pole horse)
- *o cavalo de sela* f
48 English buggy
- *o buggy inglês (um carro leve de assento único, puxado por um cavalo)*
49 American buggy
- *o buggy norte-americano*
50 tandem
- *o tandem*

51 vis-à-vis
- *o vis-à-vis (uma carruagem de dois assentos, um em frente* f *ao outro)*
52 collapsible hood (collapsible top)
- *a capota dobrável, a capota conversível*
53 mailcoach (English stagecoach)
- *a diligência inglesa, a mala-posta*
54 covered (closed) chaise
- *a sege fechada*

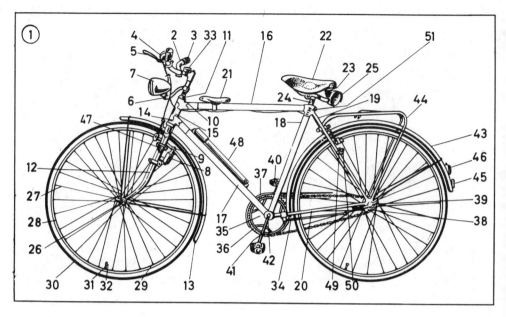

1 bicycle (cycle, *coll.* bike, *Am.* wheel), a gent's bicycle, a touring bicycle (touring cycle, roadster)
  – *a bicicleta, uma bicicleta de homem* m, *uma bicicleta de passeio* m
2 handlebar (handlebars), a touring cycle handlebar
  – *o guidão* (Pt. *o guiador*), *um guidão de bicicleta* f *de passeio* m
3 handlebar grip (handgrip, grip)
  – *a empunhadura do guidão* (Pt. *do guiador*)
4 bicycle bell
  – *a campainha da bicicleta*
5 hand brake (front brake), a rim brake
  – *o freio* (Pt. *o travão*) *de mão* m (*o freio dianteiro*), *um freio de aro* m
6 lamp bracket
  – *o suporte do farol*
7 headlamp (bicycle lamp)
  – *o farol* (*o farol de bicicleta* f)
8 dynamo
  – *o dínamo*
9 pulley
  – *a polia*
10-12 front forks
  – *o garfo dianteiro*
10 handlebar stem
  – *o eixo do guidão* (Pt. *do guiador*)
11 steering head
  – *a cabeça do garfo*
12 fork blades (fork ends)
  – *as pontas do garfo*
13 front mudguard (*Am.* front fender)
  – *o pára-lama* (Pt. *o guarda-lama*) *dianteiro*
14-20 bicycle frame
  – *o quadro* (*o chassi*) *da bicicleta*
14 steering tube (fork column)

  – *a coluna da direção* (*a coluna do garfo*)
15 head badge
  – *o selo do fabricante*
16 crossbar (top tube)
  – *o trevessão* (Pt. *a barra transversal*)
17 down tube
  – *o tubo do pedal*
18 seat tube
  – *o tubo do selim*
19 seat stays
  – *as escoras do selim*
20 chain stays
  – *os eixos da corrente*
21 child's seat (child carrier seat)
  – *o selim de criança* f (*o selim para transportar criança*)
22 bicycle saddle
  – *o selim da bicicleta*
23 saddle springs
  – *as molas do selim*
24 seat pillar
  – *o suporte do selim*
25 saddle bag (tool bag)
  – *a bolsa do selim* (*a bolsa de ferramentas* f)
26-32 wheel (front wheel)
  – *a roda* (*a roda dianteira*)
26 hub
  – *o cubo*
27 spoke
  – *o raio*
28 rim (wheel rim)
  – *o aro* (*o aro da roda*)
29 spoke nipple (spoke flange, spoke end)
  – *o ressalto de encaixe* m *do raio*
30 tyres (*Am.* tires) (tyre, pneumatic tyre, high-pressure tyre); *inside:* tube (inner tube), *outside:* tyre (outer case, cover)
  – *os pneus* (*os pneumáticos de alta pressão*); interior; *câmara* f *de ar* m; exterior: *pneu*

31 valve, a tube valve with valve tube or a patent valve with ball
  – *a válvula, uma válvula de câmara* f *de ar* m *com junta* f *flexível, ou uma válvula aberta com esfera* f
32 valve sealing cap
  – *a tampa da válvula*
33 bicycle speedometer with milometer
  – *o velocímetro da bicicleta, com hodômetro* m
34 kick stand (prop stand)
  – *o apoio do estribo*
35-42 bicycle drive (chain drive)
  – *o acionamento da bicicleta* (*o acionamento a corrente* f)
35-39 chain transmission
  – *a transmissão a corrente* f
35 chain wheel
  – *a roda da corrente*
36 chain, a roller chain
  – *a corrente, uma corrente de cilindros* m
37 chain guard
  – *o guarda-corrente*
38 sprocket wheel (sprocket)
  – *o pinhão da corrente* (*a roda dentada traseira da corrente*)
39 wing nut (fly nut, butterfly nut)
  – *a porca borboleta*
40 pedal
  – *o pedal*
41 crank
  – *a manivela*
42 bottom bracket bearing
  – *o mancal do eixo dos pedais*
43 rear mudguard (*Am.* rear fender)
  – *o pára-lama* (Pt. *o guarda-lama*) *traseiro*
44 luggage carrier (carrier)
  – *o porta-mala, a garupa*
45 reflector
  – *o olho-de-gato*

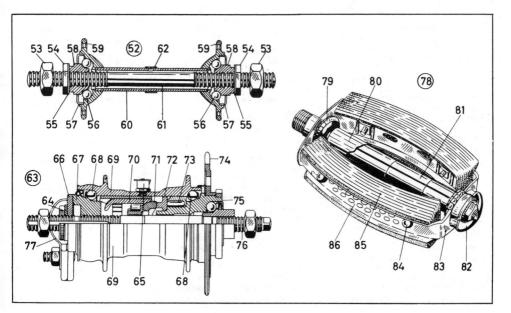

46 rear light (rear lamp)
– *a lanterna traseira*
47 footrest
– *o descanso para os pés*
48 bicycle pump
– *a bomba de bicicleta* f
49 bicycle lock, a wheel lock
– *a tranca de bicicleta* f, *um cadeado para a roda*
50 patent key
– *a chave do cadeado, uma chave de tambor* m *(chave yale)*
51 cycle serial number (factory number, frame number)
– *o número de fabricação* f *da bicicleta, o número de fábrica* f
52 front hub (front hub assembly)
– *o cubo dianteiro (o conjunto do cubo dianteiro)*
53 wheel nut
– *a porca da roda*
54 locknut (locking nut)
– *a contraporca (a porca de segurança* f)
55 washer (slotted cone adjusting washer)
– *a arruela (arruela de ajuste* m *do cone), a anilha*
56 ball bearing
– *o rolamento de esferas* f
57 dust cap
– *a coroa guarda-pó* m
58 cone (adjusting cone)
– *o cone*
59 centre (*Am.* center) hub
– *o cubo central*
60 spindle
– *o tubo*
61 axle
– *o eixo*
62 clip covering lubrication hole (lubricator)
– *o grampo obturador do orifício do lubrificador*

63 free-wheel hub with back-pedal brake (with coaster brake)
– *o cubo de roda* f *livre com freio* m *contrapedal*
64 safety nut
– *a porca de segurança* f
65 lubricator
– *o lubrificador*
66 brake arm
– *a biela do freio* (Pt. *do travão*)
67 brake arm cone
– *o cone da biela do freio* (Pt. *do travão*)
68 bearing cup with ball bearings in ball race
– *o anel de esferas* f *de rolamento* m
69 hub shell (hub body, hub barrel)
– *a capa do cubo*
70 brake casing
– *a capa do freio* (Pt. *do travão*)
71 brake cone
– *o cone do freio* (Pt. *do travão*)
72 driver
– *o anel de transmissão* f
73 driving barrel
– *o cilindro de propulsão* f
74 sprocket
– *a coroa dentada*
75 thread head
– *a cabeça de rosca* f
76 axle
– *o eixo*
77 bracket
– *o estribo*
78 bicycle pedal (pedal, reflector pedal)
– *o pedal da bicicleta (o pedal refletor)*
79 cup
– *o copo*
80 spindle
– *o tubo do pedal*

81 axle
– *o eixo*
82 dust cap
– *a coroa guarda-pó* m
83 pedal frame
– *o chassi* (Pt. *o chassis*) *do pedal*
84 rubber stud
– *o pino de borracha* f
85 rubber block (rubber tread)
– *a guarnição de borracha* f *antiderrapante*
86 glass reflector
– *o retrorefletor (o olho-de-gato)*

1 folding bicycle
- *a bicicleta dobrável*
2 hinge (*also:* locking lever)
- *a articulação (também: a tranca)*
3 adjustable handlebar (handlebars)
- *o guidão (Pt. o guiador) regulável*
4 adjustable saddle
- *o selim regulável*
5 stabilizers
- *as rodas de apoio* m
6 motor-assisted bicycle
- *a bicicleta a motor* m *(o ciclomotor)*
7 air-cooled two-stroke engine
- *o motor de dois tempos refrigerado a ar* m
8 telescopic forks
- *o garfo telescópico*
9 tubular frame
- *o quadro tubular*
10 fuel tank (petrol tank, *Am.* gasoline tank)
- *o tanque de combustível (o tanque de gasolina* f)
11 semi-rise handlebars
- *o guidão (Pt. o guiador) alto*
12 two-speed gear-change (gearshift)
- *a embreagem (Pt. a embraiagem) de duas marchas*
13 high-back polo saddle
- *o selim com apoio* m *posterior*
14 swinging-arm rear fork
- *o braço oscilante do garfo traseiro*
15 upswept exhaust
- *o cano de descarga* f *suspenso*
16 heat shield
- *a grade isolante de calor* f *do cano de descarga* f
17 drive chain
- *a corrente (a transmissão secundária)*
18 crash bar (roll bar)
- *o mata-cachorro*
19 speedometer (*coll.* speedo)
- *o velocímetro*
20 battery-powered moped, an electrically-powered vehicle
- *a bicicleta a bateria* f
21 swivel saddle
- *o selim de suspensão* f *central, o selim giratório, o selim regulável*
22 battery compartment
- *o compartimento da bateria*
23 wire basket
- *o bagageiro*
24 touring moped (moped)
- *a bicicleta a motor* m
25 pedal crank (pedal drive, starter pedal)
- *o pedal de partida* f
26 single-cylinder two-stroke engine
- *o motor de dois tempos (de um cilindro)*
27 spark-plug cap
- *o cachimbo*
28 fuel tank (petrol tank, *Am.* gasoline tank)
- *o tanque de combustível* m
29 moped headlamp (front lamp)
- *o farol*

30-35 handlebar fittings
- *os acessórios do guidão (Pt. do guiador)*
30 twist grip throttle control (throttle twist grip)
- *o acelerador de mão* f
31 twist grip (gear-change, gearshift)
- *a mudança de marcha* f
32 clutch lever
- *a embreagem (Pt. a embraiagem)*
33 hand brake lever
- *a alavanca do freio (Pt. do travão) de mão* f
34 speedometer (*coll.* speedo)
- *o velocímetro*
35 rear-view mirror (mirror)
- *o espelho retrovisor*
36 front wheel drum brake (drum brake)
- *o freio (Pt. o travão) da roda dianteira*
37 Bowden cables (brake cables)
- *os cabos Bowden (cabos do freio)*
38 stop and tail light unit
- *a lanterna traseira completa*
39 light motorcycle with kickstarter
- *a motocicleta com pedal* m *de partida* f *(50 a 125 cc)*
40 housing for instruments with speedometer and electronic rev counter (revolution counter)
- *o painel com velocímetro* m *e conta-giros* m *eletrônico*
41 telescopic shock absorber
- *o protetor de borracha* f *do garfo telescópico*
42 twin seat
- *o selim duplo*
43 kickstarter
- *o quique (o pedal de partida* f)
44 pillion footrest, a footrest
- *o estribo*
45 handlebar (handlebars)
- *o guidão (Pt. o guiador)*
46 chain guard
- *o protetor da corrente*
47 motor scooter (scooter)
- *a lambreta*
48 removable side panel
- *o cárter pára-lama* m
49 tubular frame
- *a estrutura tubular*
50 metal fairings
- *a carenagem de metal* m *(o revestimento do garfo telescópico)*
51 prop stand (stand)
- *o estribo*
52 foot brake
- *o freio (Pt. o travão) de pé* m
53 horn (hooter)
- *a buzina*
54 hook for handbag or briefcase
- *o gancho para bolsa* f *ou pasta* f
55 foot gear-change control (foot gearshift control)
- *o pedal seletor de marchas* f
56 high-riser; *sim.:* chopper
- *a bicicleta de guidão (Pt. de guiador) alto*
57 high-rise handlebar (handlebars)

- *o guidão (Pt. o guiador) alto duplo*
58 imitation motorcycle fork
- *o garfo (a forquilha) imitando moto* f
59 banana saddle
- *o selim alongado (o chopper)*
60 chrome bracket
- *o suporte cromado*

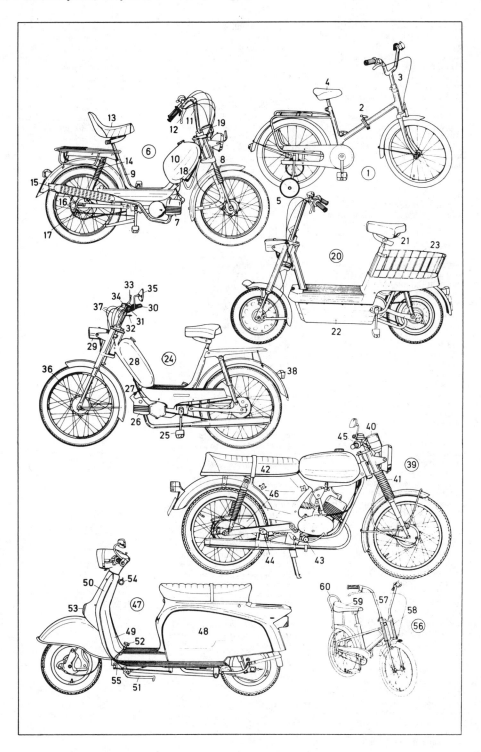

1 lightweight motorcycle (light motorcycle) [50 cc]
- *a motocicleta leve [50 cc]*
2 fuel tank (petrol tank, *Am.* gasoline tank)
- *o tanque de combustível* m
3 air-cooled single-cylinder four-stroke engine (with overhead camshaft)
- *o motor monocilindro de quatro tempos* m *resfriado a ar* m
4 carburettor (*Am.* carburetor)
- *o carburador*
5 intake pipe
- *o tubo de aspiração* f
6 five-speed gearbox
- *a caixa de mudança* f *com cinco marchas* f
7 swinging-arm rear fork
- *o braço oscilante do garfo traseiro*
8 number plate (*Am.* license plate)
- *a placa de licenciamento* m (Pt. *a chapa de matrícula* f)
9 stop and tail light (rear light)
- *a luz de pare* (Pt. *a luz traseira*)
10 headlight (headlamp)
- *o farol*
11 front drum brake
- *o freio* (Pt. *o travão) de tambor dianteiro*
12 brake cable (brake line) a Bowden cable
- *o cabo do freio* (Pt. *do travão), o cabo Bowden*
13 rear drum brake
- *o freio* (Pt. *o travão) de tambor traseiro*
14 racing-style twin seat
- *o selim duplo*
15 upswept exhaust
- *o cano de descarga* f *suspenso*
16 scrambling motorcycle (cross-country motorcycle) [125 cc], a light motorcycle
- *a motocicleta leve, de 125 cc, para todos os tipos de terreno* m
17 lightweight cradle frame
- *o quadro leve de berço* m *duplo*
18 number disc (disk)
- *o disco com o número de competição* f
19 solo seat
- *o selim individual*
20 cooling ribs
- *as frestas de refrigeração* f
21 motorcycle stand
- *o estribo central*
22 motorcycle chain
- *a corrente*
23 telescopic shock absorber
- *o protetor do telescópio*
24 spokes
- *os raios*
25 rim (wheel rim)
- *o aro (o aro da roda)*
26 motorcycle tyre (*Am.* tire)
- *o pneu*
27 tyre (*Am.* tire) tread
- *a banda de rodagem* f
28 gear-change lever (gearshift lever)
- *a alavanca de mudança* f

29 twist grip throttle control (throttle twist grip)
- *o acelerador de mão* m
30 rear-view mirror (mirror)
- *o espelho retrovisor*
31-58 heavy (heavyweight, large-capacity) motorcycles
- *as motocicletas pesadas*
31 heavyweight motorcycle with water-cooled engine
- *a motocicleta pesada (1.000 cc com motor refrigerado a água f)*
32 front disc (disk) brake
- *o freio* (Pt. *o travão) dianteiro a disco* m
33 disc (disk) brake calliper (caliper)
- *a sapata do freio* (Pt. *do travão)*
34 floating axle
- *o eixo anterior*
35 water cooler
- *o radiador*
36 oil tank
- *o tanque de óleo* m
37 indicator (indicator light, turn indicator light)
- *o pisca-pisca*
38 kickstarter
- *o quique (o pedal de partida* f)
39 water-cooled engine
- *o motor refrigerado a água* f
40 speedometer
- *o velocímetro*
41 rev counter (revolution counter)
- *o conta-giros*
42 rear indicator (indicator light)
- *o pisca-pisca traseiro*
43 heavy (heavyweight, high-performance) machine with fairing [1000 cc]
- *a motocicleta pesada (1.000 cc) com carenagem* f *integral*
44 integrated streamlining, an integrated fairing
- *a carenagem integral, uma forma aerodinâmica*
45 indicator (indicator light, turn indicator light)
- *o pisca-pisca*
46 anti-mist windscreen (*Am.* windshield)
- *o pára-brisa* (Pt. *o pára-brisas)*
47 horizontally-opposed twin engine with cardan transmission
- *o motor de dois cilindros em linha* f (flat twin) *com transmissão* f *cardan*
48 light alloy wheel
- *a roda de raios* m *de liga metálica leve*
49 four-cylinder machine [400 cc]
- *a máquina de quatro cilindros* m [400 cc]
50 air-cooled four-cylinder four-stroke engine
- *o motor de quatro tempos e quatro cilindros* m, *refrigerado a ar* m
51 four-pipe megaphone exhaust pipe
- *o cano de descarga* f *quatro em um*

52 electric starter button
- *o arranque elétrico*
53 sidecar machine
- *o sidecar (uma motocicleta com carrinho* m *lateral)*
54 sidecar body
- *a carroceria do sidecar*
55 sidecar crash bar
- *o pára-choque do sidecar*
56 sidelight (*Am.* sidemarker lamp)
- *a lanterna do sidecar*
57 sidecar wheel
- *a roda do sidecar*
58 sidecar windscreen (*Am.* windshield)
- *o pára-brisa do sidecar* (Pt. *o pára-brisas do carrinho lateral)*

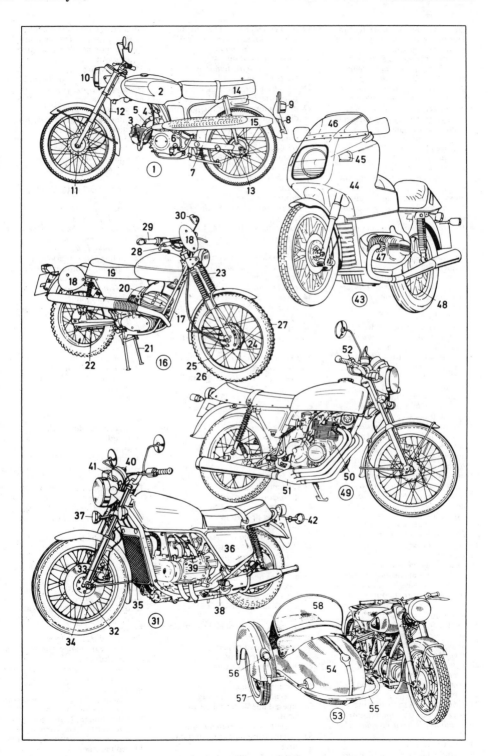

1 eight-cylinder V (vee) fuel-injection spark-ignition engine (Otto-cycle engine)
- *o corte longitudinal de um motor a explosão f de quatro tempos m (ciclo m Otto) com oito cilindros m em V, ignição f por vela f e injeção f de combustível m*
2 cross-section of spark-ignition engine (Otto-cycle) internal combustion engine)
- *o corte transversal do motor a explosão f*
3 sectional view of five-cylinder in-line diesel engine
- *o motor diesel de cinco cilindros m em linha f*
4 cross-section of diesel engine
- *o corte transversal do motor diesel*
5 two-rotor Wankel engine (rotary engine)
- *o motor Wankel com dois rotores (o motor rotativo)*
6 single-cylinder two-stroke internal combustion engine
- *o motor a explosão f de dois tempos m com um cilindro*
7 fan
- *o ventilador*
8 fan clutch for viscous drive
- *a embreagem (Pt. a embraiagem) hidráulica do ventilador*
9 ignition distributor (distributor) with vacuum timing control
- *o distribuidor com avanço m a vácuo m*
10 double roller chain
- *a corrente de distribuição f*
11 camshaft bearing
- *o mancal do eixo de comando m de válvulas f (o mancal do eixo de cames m)*
12 air-bleed duct
- *o sangrador de ar m*
13 oil pipe for camshaft lubrication
- *o duto de óleo m para lubrificação f do eixo de comando m de válvulas f*
14 camshaft, an overhead camshaft
- *o eixo de comando m de válvulas f (o eixo de cames m) no cabeçote*
15 venturi throat
- *o venturi*
16 intake silencer (absorption silencer, Am. absorption muffler)
- *o silencioso de absorção f*
17 fuel pressure regulator
- *o regulador de pressão f do combustível*
18 inlet manifold
- *o coletor de admissão f*
19 cylinder crankcase
- *o cárter do cilindro*
20 flywheel
- *o volante do motor*
21 connecting rod (piston rod)
- *a biela*
22 cover of crankshaft bearing
- *o casquilho do virabrequim (o casquilho do eixo de manivelas f)*
23 crankshaft
- *o virabrequim, o eixo (a árvore) de manivela(s) f*

24 oil bleeder screw (oil drain plug)
- *o bujão de escoamento m de óleo m do cárter do motor*
25 roller chain of oil pump drive
- *a corrente do comando da bomba de óleo m*
26 vibration damper
- *o amortecedor*
27 distributor shaft for the ignition distributor (distributor)
- *o eixo de comando m do distribuidor de ignição f*
28 oil filler neck
- *o duto de abastecimento m de óleo m do cárter do motor*
29 diaphragm spring
- *o filtro de ar m*
30 control linkage
- *o sistema articulado de regulagem f*
31 fuel supply pipe (Am. fuel line)
- *o tubo de alimentação f de combustível m*
32 fuel injector (injection nozzle)
- *o injetor de combustível m*
33 rocker arm
- *o balancim*
34 rocker arm mounting
- *o suporte do balancim*
35 spark plug (sparking plug) with suppressor
- *a vela de ignição f com supressor m*
36 exhaust manifold
- *o coletor de descarga f*
37 piston with piston rings and oil scraper ring
- *o pistão com anéis m de compressão f e anel raspador de óleo m*
38 engine mounting
- *o suporte do motor*
39 dog flange (dog)
- *o flange*
40 crankcase
- *o cárter do motor*
41 oil sump (sump)
- *o coletor de óleo m*
42 oil pump
- *a bomba de óleo m*
43 oil filter
- *o filtro de óleo m*
44 starter motor (starting motor)
- *o motor de arranque m (o motor de partida f)*
45 cylinder head
- *a cabeça do cilindro*
46 exhaust valve
- *a válvula de descarga f*
47 dipstick
- *a vareta medidora de nível m do óleo no cárter*
48 cylinder head gasket
- *a junta do cabeçote*
49 double bushing chain
- *a corrente dupla*
50 warm-up regulator
- *o regulador de temperatura*
51 tapered needle for idling adjustment
- *a regulagem da marcha lenta*
52 fuel pressure pipe (fuel pressure line)
- *o cano de combustível m sob pressão f*

53 fuel leak line (drip fuel line)
- *o coletor de vazamento m*
54 injection nozzle (spray nozzle)
- *o injetor*
55 heater plug
- *o plugue de preaquecimento m (a vela de preaquecimento)*
56 thrust washer
- *a arruela de pressão f*
57 intermediate gear shaft for the injection pump drive
- *o eixo de engrenagem f acionador da bomba injetora*
58 injection timer unit
- *o comando de avanço m da injeção*
59 vacuum pump (low-pressure regulator)
- *a bomba a vácuo m*
60 cam for vacuum pump
- *o ressalto da bomba a vácuo m*
61 water pump (coolant pump)
- *a bomba de água f*
62 cooling water thermostat
- *a válvula termostática da água*
63 thermo time switch
- *o termocontacto*
64 fuel hand pump
- *a bomba manual de combustível m*
65 injection pump
- *a bomba injetora*
66 glow plug
- *o plugue de preaquecimento m*
67 oil pressure limiting valve
- *a válvula limitadora da pressão do óleo*
68 rotor
- *o rotor*
69 seal
- *a vedação hidráulica*
70 torque converter
- *o conversor de torque m*
71 single-plate clutch
- *a embreagem (Pt. a embraiagem) monodisco m*
72 multi-speed gearing (multi-step gearing)
- *a caixa de marchas f, a caixa de mudança f, a caixa de câmbio m*
73 port liners in the exhaust manifold for emission control
- *o revestimento interno antipoluente do cano (Pt. do tubo) de descarga f*
74 disc (disk) brake
- *o freio a disco m*
75 differential gear (differential)
- *o diferencial*
76 generator
- *o gerador, o dínamo*
77 foot gear-change control (foot gearshift control)
- *o pedal de embreagem (Pt. embraiagem) f*
78 dry multi-plate clutch
- *a embreagem (Pt. a embraiagem) seca multidisco m*
79 cross-draught (Am. cross-draft) carburettor (Am. carburetor)
- *o carburador de fluxo cruzado m*
80 cooling ribs
- *as aletas de refrigeração f*

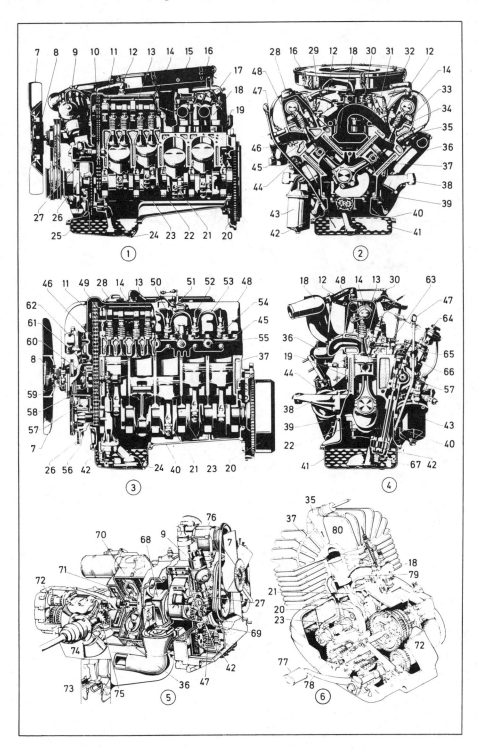

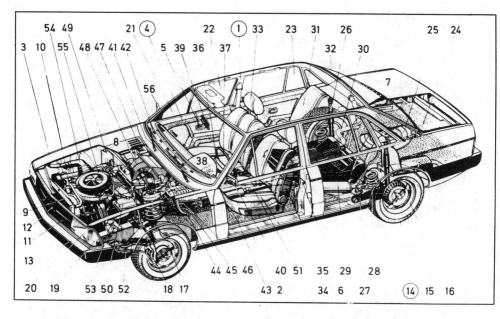

1-56 motor car (car, *Am.* automobile, auto), a passenger vehicle
- *o automóvel, o carro, um veículo de passageiros m*
1 monocoque body (unitary body)
- *a carroceria*
2 chassis, the understructure of the body
- *o chassi*
3 front wing (*Am.* front fender)
- *o pára-lama* (Pt. *o guarda-lama*) *dianteiro*
4 car door
- *a porta*
5 door handle
- *a maçaneta*
6 door lock
- *a fechadura*
7 boot lid (*Am.* trunk lid)
- *a tampa da mala*
8 bonnet (*Am.* hood)
- *o capô* (Pt. *a capota*)
9 radiator
- *o radiador*
10 cooling water pipe
- *a tubulação da água de refrigeração f*
11 radiator grill
- *a grade do radiador*
12 badging
- *o emblema do fabricante*
13 rubber-covered front bumper (*Am.* front fender)
- *o pára-choque* (Pt. *o pára-choques*) *dianteiro revestido de borracha f*
14 car wheel, a disc (disk) wheel
- *a roda, uma roda de disco m*
15 car tyre (*Am.* automobile tire)
- *o pneu*
16 rim (wheel rim)
- *o aro (aro da roda)*
17-18 disc (disk) brake
- *o freio* (Pt. *o travão*) *a disco m*
17 brake disc (disk) (braking disc)
- *o disco de freio* (Pt. *do travão*)
18 calliper (caliper)
- *a sapata*
19 front indicator light (front turn indicator light)
- *o indicador de direção* f (*o pisca-pisca, a seta*) *dianteiro*

20 headlight (headlamp) with main beam (high beam), dipped beam (low beam), sidelight (side lamp, *Am.* side-marker lamp)
- *o farol com lanterna* f, *o farol alto, o farol baixo e indicador m de direção* f
21 windscreen (*Am.* windshield), a panoramic windscreen
- *o pára-brisa* (Pt. *o pára-brisas*)
22 crank-operated car window
- *a janela do carro, operada por manivela* f
23 quarter light (quarter vent)
- *o vidro defletor traseiro*
24 boot (*Am.* trunk)
- *a mala*
25 spare wheel
- *o pneu sobressalente (o estepe)*; Pt. *o pneu sobresselente*
26 damper (shock absorber)
- *o amortecedor*
27 trailing arm
- *o braço oscilante*
28 coil spring
- *a mola helicoidal*
29 silencer (*Am.* muffler)
- *o silencioso*
30 automatic ventilation system
- *o sistema de ventilação automática*
31 rear seats
- *os bancos traseiros*
32 rear window
- *a janela traseira*
33 adjustable headrest (head restraint)
- *o apoio de cabeça* f *ajustável*
34 driver's seat, a reclining seat
- *o assento do motorista, o banco do motorista, um banco reclinável*
35 reclining backrest
- *o encosto reclinável*
36 passenger seat
- *o banco de passageiro m dianteiro*
37 steering wheel
- *o volante, a direção*
38 centre (*Am.* center) console containing speedometer (*cool.* speedo), revolution counter (rev counter, tachometer), clock, fuel gauge (*Am.* gage), water temperature gauge, oil temperature gauge

- *o painel de instrumentos m, com velocímetro m conta-giros m (tacômetro m), ponteiro m (Pt. o indicador m) de combustível m e luzes f de controle m da temperatura da água e do óleo*
39 inside rear-view mirror
- *o espelho retrovisor interno*
40 left-hand wing mirror
- *o espelho retrovisor lateral esquerdo*
41 windscreen wiper (*Am.* windshield wiper)
- *o limpador de pára-brisa m* (Pt. *o pára-brisas*)
42 defroster vents
- *as venezianas do degelador*
43 carpeting
- *o tapete*
44 clutch pedal (*coll.* clutch)
- *o pedal da embreagem* (Pt. *da embraiagem*)
45 brake pedal (*coll.* brake)
- *o pedal de freio* (Pt. *do travão*)
46 accelerator pedal (*coll.* accelerator)
- *o pedal do acelerador*
47 inlet vent
- *a entrada de ar m*
48 blower fan
- *o ventilador*
49 brake fluid reservoir
- *o reservatório de fluido m do freio*
50 battery
- *a bateria*
51 exhaust pipe
- *o cano* (Pt. *o tubo*) *de escape m, o cano de descarga* f
52 front running gear with front wheel drive
- *o eixo dianteiro com tração dianteira*
53 engine mounting
- *o suporte do motor (o berço do motor)*
54 intake silencer (*Am.* intake muffler)
- *o silencioso de admissão* f
55 air filter (air cleaner)
- *o filtro de ar m*
56 right-hand wing mirror
- *o espelho retrovisor externo direito*
57-90 dashboard (fascia panel)
- *o painel de instrumentos m*
57 controlled-collapse steering column
- *a coluna de direção* f *antichoque*

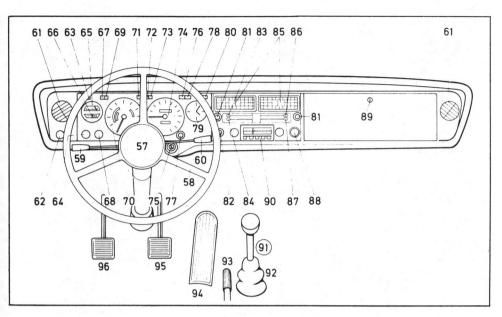

58 steering wheel spoke
– o raio do volante
59 indicator and dimming switch
– a alavanca dos indicadores de direção
f e do comutador de luz alta e luz baixa
60 wiper/washer switch and horn
– a alavanca de acionamento m dos limpadores e esguicho m de pára-brisa m
e de acionamento da buzina
61 side window blower
– a grade de entrada f de ar m lateral
62 sidelight, headlight, and parking light
switch
– o interruptor das lanternas e faróis m e
da luz de estacionamento m
63 fog lamp warning light
– a luz monitora do farol de neblina f
64 fog headlamp and rear lamp switch
– o interruptor dos faróis de neblina f
dianteiro e traseiro
65 fuel gauge (*Am.* gage)
– o ponteiro (Pt. o indicador) de combustível m
66 water temperature gauge (*Am.* gage)
– o ponteiro (Pt. o indicador) da temperatura da água
67 warning light for rear fog lamp
– a luz monitora do farol de neblina f
traseiro
68 hazard flasher switch
– o interruptor das luzes de advertência
f
69 main beam warning light
– a luz monitora do farol alto
70 electric rev counter (revolution counter)
– o conta-giros elétrico
71 fuel warning light
– a luz de controle m do nível de combustível m
72 warning light for the hand brake and
dual-circuit brake system
– a luz de controle m do freio (Pt.
travão) de mão f e do sistema de circuito duplo de freio (Pt. de travão)
73 oil pressure warning light
– a luz de controle m da pressão do óleo
74 speedometer (*coll.* speedo) with trip
mileage recorder
– o velocímetro com hodômetro m

75 starter and steering lock
– a chave de destrave m (Pt. de trinco m)
da direção, ignição f e partida f
76 warning lights for turn indicators and
hazard flashers
– as luzes de controle m dos indicadores
de direção f e das luzes de advertência
f
77 switch for the courtesy light and reset
button for the trip mileage recorder
– o interruptor da luz interna do hodômetro parcial (do totalizador diário)
e botão m de zerar
78 ammeter
– o amperímetro
79 electric clock
– o relógio elétrico
80 warning light for heated rear window
– a luz monitora do desembaçador do
vidro traseiro
81 switch for the leg space ventilation
– o botão de regulagem f para baixo da
ventilação forçada
82 rear window heating switch
– o interruptor do desembaçador do vidro traseiro
83 ventilation switch
– o interruptor da ventilação
84 temperature regulator
– o botão do aquecimento
85 fresh-air inlet and control
– a alavanca das aletas frontais de ventilação f
86 fresh-air regulator
– o regulador do fluxo de ar fresco
87 warm-air regulator
– o regulador do fluxo de ar fresco
88 cigar lighter
– o acendedor de cigarro m
89 glove compartment (glove box) lock
– o fecho do porta-luvas
90 car radio
– o rádio
91 gear lever (gearshift lever, floor-type
gear-change)
– a alavanca de mudança f de marcha
f
92 leather gaiter
– a sanfona de couro m

93 hand brake lever
– a alavanca do freio (Pt. do travão)
de mão f
94 accelerator pedal
– o pedal do acelerador
95 brake pedal
– o pedal do freio (Pt. do travão)
96 clutch pedal
– o pedal da embreagem (Pt. da embraiagem)

1-15 carburettor (*Am.* carburetor), a down-draught (*Am.* down-draft) carburettor
- *o carburador*
1 idling jet (slow-running jet)
- *o giglê da marcha*
2 idling air jet (idle air bleed)
- *o giglê (o respiro) de ar* m *da marcha lenta*
3 air correction jet
- *o giglê corretor de ar* m
4 compensating airstream
- *a corrente secundária*
5 main airstream
- *a corrente principal*
6 choke flap
- *a borboleta do afogador*
7 plunger
- *o difusor*
8 venturi
- *o venturi*
9 throttle valve (butterfly valve)
- *a borboleta do acelerador*
10 emulsion tube
- *o tubo de emulsão* f
11 idle mixture adjustment screw
- *o parafuso de ajuste* m *da mistura da marcha lenta*
12 main jet
- *o giglê principal*
13 fuel inlet (*Am.* gasoline inlet) (inlet manifold)
- *a entrada de combustível* m
14 float chamber
- *o reservatório de nível* m *constante (a cuba de nível constante,* Pt. *a câmara de flutuação* f)
15 float
- *a bóia* (Pt. *o flutuador*)
16-27 pressure-feed lubricating system
- *o sistema de lubrificação* f *sob pressão* f
16 oil pump
- *a bomba de óleo* m
17 oil sump
- *o cárter*
18 sump filter
- *o filtro do cárter*
19 oil cooler
- *o resfriador do óleo*
20 oil filter
- *o filtro do óleo*
21 main oil gallery (drilled gallery)
- *a galeria principal do óleo*
22 crankshaft drilling (crankshaft tributary, crankshaft bleed)
- *a árvore de manivela(s)* f
23 crankshaft bearing (main bearing)
- *o mancal do eixo de manivela(s)* f
24 camshaft bearing
- *o mancal do eixo de cames* f
25 connecting-rod bearing
- *a bronzina*
26 gudgeon pin (piston pin)
- *o pino de cruzeta* f
27 bleed
- *o canal de sangria* f
28-47 four-speed synchromesh gearbox
- *a caixa de câmbio* m (Pt. *de velocidades* f) *de quatro marchas sincronizadas*
28 clutch pedal

- *o pedal da embreagem* (Pt. *da embraiagem*)
29 crankshaft
- *o virabrequim, o eixo de manivela(s)* (Pt. *a cambota*)
30 drive shaft (propeller shaft)
- *a árvore de transmissão* f *(o eixo secundário, a árvore secundária)*
31 starting gear ring
- *a cremalheira*
32 sliding sleeve for 3rd and 4th gear
- *a luva corrediça para a 3.ª e 4ª marchas*
33 sychronizing cone
- *o cone* (Pt. *o anel) de sincronização* f
34 helical gear wheel for 3rd gear
- *a engrenagem helicoidal para a 3.ª marcha*
35 sliding sleeve for 1st and 2nd gear
- *a luva corrediça para a 1.ª e a 2.ª marchas*
36 helical gear wheel for 1st gear
- *a engrenagem helicoidal para a 1.ª marcha*
37 lay shaft
- *o eixo intermediário (a árvore intermediária)*
38 speedometer drive
- *o mecanismo do velocímetro*
39 helical gear wheel for speedometer drive
- *a engrenagem helicoidal do mecanismo do velocímetro*
40 main shaft
- *o eixo principal (a árvore principal)*
41 gearshift rods
- *os tirantes da mudança*
42 selector fork for 1st and 2nd gear
- *a forquilha da 1.ª e 2.ª marchas*
43 helical gear wheel for 2nd gear
- *a engrenagem helicoidal para a 2.ª marcha*
44 selector head with reverse gear
- *o cabeçote do seletor com engrenagem* f *de inversão* f *de marcha* f
45 selector fork for 3rd and 4th gear
- *a forquilha da 3.ª e 4.ª marchas*
46 gear lever (gearshift lever)
- *a alavanca de mudança* f
47 gear-change pattern (gearshift pattern, shift pattern)
- *o esquema das marchas*
48-55 disc (disk) brake (assembly)
- *o freio a disco* m
48 brake disc (disk) (braking disc)
- *o disco do freio* (Pt. *do travão*)
49 calliper (caliper), a fixed calliper with friction pads
- *o estribo do freio* (Pt. *do travão*), *um estribo fixo com placas* f *de fricção* f
50 servo cylinder (servo unit)
- *o tambor do freio de mão* f
51 brake shoes
- *as sapatas de freio* m (Pt. *de travão* m)
52 brake lining
- *a lona de freio* m (Pt. *de travão* m)
53 outlet to brake line
- *a saída para a tubulação de freio* m (Pt. *de travão* m)

54 wheel cylinder
- *o cilindro da roda*
55 return spring
- *a mola de retorno* m *(a chamada)*
56-59 steering gear (worm-and-nut steering gear)
- *a caixa de direção* f
56 steering column
- *a coluna da direção*
57 worm gear sector
- *a engrenagem sector* m *(setor)*
58 steering drop arm
- *a alavanca de comando* m
59 worm
- *o sem-fim (a rosca)*
60-64 water-controlled heater
- *o sistema de aquecimento* m *a água* f
60 air intake
- *a entrada de ar* m
61 heat exchanger (heater box)
- *o trocador de calor* m
62 blower fan
- *a ventoinha*
63 flap valve
- *a válvula de regulagem* f
64 defroster vent
- *a saída do degelador*
65-71 live axle (rigid axle)
- *o eixo motor*
65 propeller shaft
- *a árvore de transmissão* f (Pt. *o eixo propulsor*)
66 trailing arm
- *a barra tensora*
67 rubber bush
- *a bucha de borracha* f
68 coil spring
- *a mola espiral*
69 damper (shock absorber)
- *o amortecedor*
70 Panhard rod
- *a barra de torção* f
71 stabilizer bar
- *a barra do estabilizador*
72-84 MacPherson strut unit
- *a suspensão MacPherson*
72 body-fixing plate
- *a placa de fixação* f
73 upper bearing
- *o suporte* (Pt. *o apoio*) *superior*
74 suspension spring
- *a mola de suspensão* f
75 piston rod
- *o êmbolo* (Pt. *a barra*) *do pistão*
76 suspension damper
- *o amortecedor da suspensão*
77 rim (wheel rim)
- *a camba*
78 stub axle
- *a manga do eixo*
79 steering arm
- *o braço da direção*
80 track-rod ball-joint
- *a rótula do braço da direção*
81 trailing link arm
- *a barra tensora*
82 bump rubber (rubber bonding)
- *a bucha de borracha* f
83 lower bearing
- *o suporte inferior*
84 lower suspension arm
- *o braço inferior da suspensão*

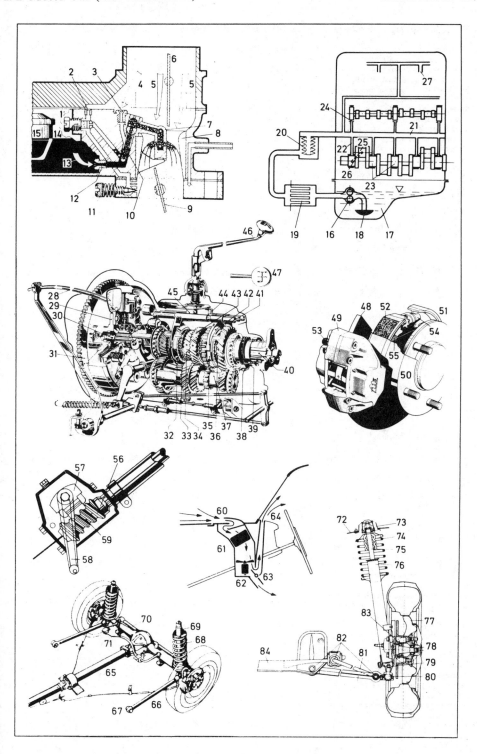

1-36 car models (*Am.* automobile
models)
- *os modelos de carros* m *de passeio*
m, *os modelos de automóveis* m
1 eight-cylinder limousine with three
rows of three-abreast seating
- *a limusine de oito cilindros* m
com três filas f *de assentos* m
2 driver's door
- *a porta do motorista*
3 rear door
- *a porta traseira*
4 four-door saloon car (*Am.* four-
door sedan)
- *o carro de quatro portas* f *(o sedan)*
5 front door
- *a porta dianteira*
6 rear door
- *a porta traseira*
7 front seat headrest (front seat
head restraint)
- *o apoio de cabeça* f *do banco
dianteiro*
8 rear seat headrest (rear seat
head restraint)
- *o apoio de cabeça* f *do banco
traseiro*
9 convertible
- *o conversível (o carro conversível)*
10 convertible (collapsible) hood
(top)
- *a capota* (Pt. *o tejadilho*) *conversível (dobrável)*
11 bucket seat
- *o assento envolvente*
12 buggy (dune buggy, beach buggy)
- *o bugre*
13 roll bar
- *a barra de proteção* f
14 fibre glass body
- *a carroceria de fibra* f *de vidro*
m
15 estate car (shooting brake, estate, *Am.* station wagon)
- *a camioneta, o utilitário, a perua*
(Pt. *a* brake)
16 tailgate
- *a porta traseira*
17 boot space (luggage compartment)
- *o espaço para bagagem* f
18 three-door hatchback
- *o modelo compacto de três portas* f
19 small three-door car (mini)
- *o carro pequeno de três portas*
f
20 rear door (tailgate)
- *a porta traseira*
21 sill
- *a soleira*
22 folding back seat
- *o banco traseiro dobrável*
23 boot (luggage compartment,
Am. trunk)
- *o espaço para bagagem* f (Pt. *a
bagageira*)
24 sliding roof (sunroof, steel sunroof)
- *o teto solar*

25 two-door saloon car (*Am.* two-
door sedan)
- *o sedan de duas portas*
26 roadster (hard-top), a two-seater
- *o carro esporte* (Pt. *o carro de
desporto* m) *de dois lugares*
27 hard top
- *a capota rígida* (Pt. *o tejadilho
rígido*)
28 sporting coupé, a two-plus-two
coupé (two-seater with removable back seats)
- *o cupê esporte* (Pt. *o cupé de
desporto* m) *de três portas* f
29 fastback (liftback)
- *a terceira porta, a porta traseira*
30 spoiler rim
- *o aerofólio*
31 integral headrest (integral head
restraint)
- *o banco inteiriço com apoio* m
de cabeça f
32 GT car (gran turismo car)
- *o carro esporte* (Pt. *o carro de
desporto* m) *GT (gran-turismo*
m)
33 integral bumper (*Am.* integral
fender)
- *o pára-choque* (Pt. *o pára-choques*) *integrado*
34 rear spoiler
- *o aerofólio traseiro*
35 back
- *a traseira*
36 front spoiler
- *o aerofólio dianteiro*

1 light cross-country lorry (light truck, pick up truck) with all-wheel drive (four-wheel drive)
- *o caminhão leve* (Pt. *a carrinha) de tração f nas quatro rodas*
2 cab (driver's cab)
- *a boléia, a cabine do motorista*
3 loading platform (body)
- *a carroceria*
4 spare tyre (*Am.* spare tire), a cross-country tyre
- *o pneu sobressalente (o estepe);* Pt. *o pneu sobresselente*
5 light lorry (light truck, pickup truck)
- *o caminhão leve* (Pt. *a carrinha)*
6 platform truck
- *o caminhão-prancha* (Pt. *o camião aberto)*
7 medium van
- *a camioneta, o furgão* (Pt. *a furgoneta)*
8 sliding side door (for loading and unloading)
- *a porta lateral corrediça para carga f e descarga f*
9 minibus
- *a perua, o utilitário (a kombi);* Pt. *a carrinha (para passageiros m)*
10 folding top (sliding roof)
- *o teto solar*
11 rear door
- *a porta traseira*
12 hinged side door
- *a porta lateral com dobradiça f*
13 luggage compartment
- *o espaço para carga f*
14 passenger seat
- *o banco de passageiro m*
15 cab (driver's cab)
- *o banco do motorista*
16 air inlet
- *a grade de aeração f*
17 motor coach (coach, bus)
- *o ônibus* (Pt. *o autocarro) rodoviário*
18 luggage locker
- *o compartimento de bagagem f*
19 hand luggage (suitcase, case)
- *a bagagem de mão f (a maleta)*
20 heavy lorry (heavy truck, heavy motor truck)
- *o caminhao* (Pt. *o camião) pesado*
21 tractive unit (tractor, towing vehicle)
- *o cavalo mecânico*
22 trailer (drawbar trailer)
- *o semi-reboque*
23 swop platform (body)
- *a carroceria removível*
24 three-way tipper (three-way dump truck)
- *o caminhão* (Pt. *o camião) basculante de movimento m tríplice*
25 tipping body (dump body)
- *a carroceria basculante, a caçamba basculante*
26 hydraulic cylinder
- *o macaco hidráulico*
27 supported container platform
- o container (*o cofre de granéis* m, Pt. *o contentor) descarregado*
28 articulated vehicle, a vehicle tanker
- *o veículo articulado (um caminhão-tanque, um caminhão-cisterna)* (Pt. *um camião-tanque)*
29 tractive unit (tractor, towing vehicle)
- *o cavalo mecânico*
30-33 semi-trailer (skeletal)
- *o reboque*
30 tank
- *o tanque, a cisterna*
31 turntable
- *a placa rotativa*
32 undercarriage
- *o trem de apoio* m
33 spare wheel
- *o pneu sobressalente (o estepe)*
34 midi bus (for short-route town operations)
- *o microônibus* (Pt. *o autocarro) de tamanho* m *médio (para serviço urbano)*
35 outward-opening doors
- *as portas com abertura f para fora*
36 double-deck bus (double decker bus)
- *o ônibus* (Pt. *o autocarro) de dois andares*
37 lower deck (lower saloon)
- *o andar inferior*
38 upper deck (upper saloon)
- *o andar superior*
39 boarding platform
- *a plataforma de embarque* m
40 trolley bus
- *o ônibus elétrico, o tróleibus* (Pt. *o troleicarro)*
41 current collector
- *a alavanca de contacto* m *(o coletor de corrente* f)*
42 trolley (trolley shoe)
- *a sapata* (Pt. *o rolador do trólei)*
43 overhead wires
- *os cabos aéreos*
44 trolley bus trailer
- *o reboque do tróleibus* (Pt. *do troleicarro)*
45 pneumatically sprung rubber connection
- *o fole de acoplamento* m *(de borracha* f)*

1-55 agent's garage (distributor's garage, *Am.* specialty shop)
- *a oficina autorizada*

1-23 diagnostic test bay
- *o box* (Pt. *a área*) *de testagem* f

1 computer
- *o computador*

2 main computer plug
- *a tomada principal do computador*

3 computer harness (computer cable)
- *o fio conector do computador*

4 switch from automatic to manual
- *a chave de comutação automática/manual*

5 slot for program cards
- *a fenda para inserção* f *de programas* m

6 print-out machine (printer)
- *a impressora*

7 condition report (data print-out)
- *a impressão em bloco* m *do diagnóstico, a saída impressa dos dados do diagnóstico*

8 master selector (hand control)
- *o controle manual*

9 light readout [green: OK; red: not OK]
- *a leitura de saída luminosa [verde: tudo bem; vermelho: problemas* m]

10 rack for program cards
- *a estante para fichas* f *de programa* m

11 mains button
- *o interruptor de alimentação* f *da rede de energia* f

12 switch for fast readout
- *o interruptor da leitura rápida de saída* f

13 firing sequence insert
- *o acessório de seqüência* f *de ignição* f

14 shelf for used cards
- *a prateleira para cartões* m *(fichas* f)

15 cable boom
- *o travessão porta-cabos* m

16 oil temperature sensor
- *o sensor da temperatura do óleo*

17 test equipment for wheel and steering alignment
- *o equipamento de teste* m *e alinhamento* m *das rodas e da direção*

18 right-hand optic plate
- *a placa óptica direita*

19 actuating transistors
- *os transistores de partida* f

20 projector switch
- *o interruptor do projetor*

21 check light for wheel alignment
- *a leitura óptica do alinhamento das rodas*

22 check light for steering alignment
- *a leitura óptica do alinhamento da direção*

23 power screwdriver
- *a chave de parafuso* m *elétrica*

24 beam setter
- *o regulador de farol* m

25 hydraulic lift
- *o macaco hidráulico*

26 adjustable arm of hydraulic lift
- *o braço ajustável do macaco hidráulico*

27 hydraulic lift pad
- *o tampão do macaco hidráulico*

28 excavation
- *o fosso das rodas*

29 pressure gauge (*Am.* gage)
- *o manômetro*

30 grease gun
- *a pistola de lubrificação* f

31 odds-and-ends box
- *a caixa de miudezas* f

32 wall chart [of spare parts]
- *a lista de peças* f *sobressalentes* (Pt. *sobresselentes*)

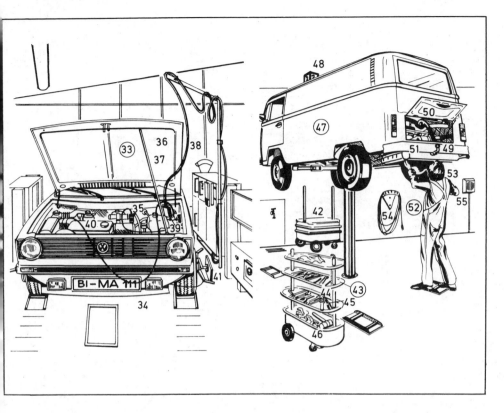

33 automatic computer test
– *o diagnóstico automático por computador* m
34 motor car (car, *Am.* automobile, auto), a passenger vehicle
– *o automóvel (o carro), um veículo de passeio* m
35 engine compartment
– *o compartimento do motor*
36 bonnet (*Am.* hood)
– *o capô* (Pt. *a capota*)
37 bonnet support (*Am.* hood support)
– *a haste do capô* (Pt. *da capota*)
38 computer harness (computer cable)
– *o fio conector do computador*
39 main computer plug
– *a tomada para ligação* f *com o computador*
40 oil temperature sensor
– *o sensor da temperatura do óleo*
41 wheel mirror for visual wheel and steering alignment
– *o espelho para alinhamento* m *visual das rodas e da direção*
42 tool trolley
– *o carrinho de ferramentas* f
43 tools
– *as ferramentas*
44 impact wrench
– *a chave de impacto* m
45 torque wrench
– *a chave de torque* m

46 body hammer (roughing-out hammer)
– *o martelo de funileiro* m *(RJ: o martelo de lanterneiro* m)
47 vehicle under repair, a minibus
– *o veículo em reparo* m, *um utilitário (uma perua, Pt. uma carrinha)*
48 car location number
– *o número de ordem* f *de atendimento* m
49 rear engine
– *o motor traseiro*
50 tailgate
– *a tampa traseira*
51 exhaust system
– *o cano* (Pt. *o tubo*) *de descarga* f
52 exhaust repair
– *o conserto do cano* (Pt. *do tubo*) *de descarga* f
53 motor car mechanic (motor vehicle mechanic, *Am.* automotive mechanic)
– *o mecânico de automóveis* m
54 air hose
– *a mangueira de ar comprimido*
55 intercom
– *o sistema de comunicação interna*

1-29 service station (petrol station, filling station, *Am.* gasoline station, gas station), a self-service station
- *o posto (Pt. a estação) de serviço m (a bomba de gasolina f), um posto de auto-serviço*

1 petrol (*Am.* gasoline) pump (blending pump) for regular and premium grade petrol (*Am.* gasoline) (*sim.:* for derv)
- *a bomba de gasolina normal e super (azul); sim.: para óleo m diesel*

2 hose (petrol pump, *Am.* gasoline pump, hose)
- *a mangueira da bomba de gasolina f*

3 nozzle
- *a pistola da mangueira*

4 cash readout
- *o marcador do total da despesa*

5 volume readout
- *o marcador do volume fornecido*

6 price display
- *o preço do litro*

7 indicator light
- *o indicador luminoso*

8 driver using self-service petrol pump (*Am.* gasoline pump)
- *o motorista usando a bomba de gasolina f de auto-serviço m*

9 fire extinguisher
- *o extintor de incêndio m*

10 paper-towel dispenser
- *a caixa de toalhas f de papel m*

11 paper towel
- *a toalha de papel m*

12 litter receptacle
- *o saco para detritos m*

13 two-stroke blending pump
- *a bomba misturadora de dois tempos*

14 meter
- *o medidor*

15 engine oil
- *o óleo de motor m*

16 oil can
- *a almotolia*

17 tyre pressure gauge (*Am.* pressure gage)
- *o calibrador de pneus m*

18 air hose
- *o tubo de ar comprimido*

19 static air tank
- *o reservatório de ar m*

20 pressure gauge (*Am.* gage) (manometer)
- *o manômetro*

21 air filler neck
- *o bico do calibrador*

22 repair bay (repair shop)
- *o box de reparos m (Pt. a área de reparações f)*

23 car-wash hose, a hose (hose-pipe)
- *a mangueira de lavar carro m, uma mangueira*

24 accessory shop
- *a loja de acessórios m do posto de serviço m*

25 petrol can (*Am.* gasoline can)
- *o galão de gasolina f*

26 rain cape
- *o protetor contra chuva f, a pelerine*

27 car tyres (*Am.* automobile tires)
- *os pneus*

28 car accessories
- *os acessórios para autos m*

29 cash desk (console)
- *a caixa registradora (Pt. registadora)*

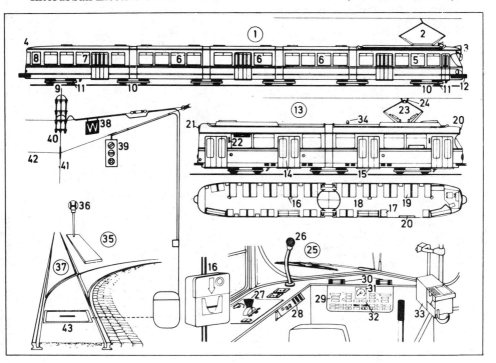

1 twelve-axle articulated railcar for interurban rail service
- *a automotriz* (Pt. *a automotora*) *de doze eixos articulados para serviço interurbano*

2 current collector
- *o pantógrafo*

3 head of the railcar
- *a cabine de comando* m *do trem* (Pt. *do comboio*)

4 rear of the railcar
- *o carro de cauda* f *do trem* (Pt. *do comboio*)

5 carriage A containing the motor
- *o carro-motor da frente (carro A)*

6 carriage B (*also:* carriages C and D)
- *o carro B (também: C e D)*

7 carriage E containing the motor
- *o carro-motor da cauda (carro E)*

8 rear controller
- *o controle traseiro*

9 bogie
- *o truque* (Pt. *o bogie*) *motor da cauda*
  cauda

10 carrying bogie
- *o truque-reboque*

11 wheel guard
- *o protetor da roda*

12 bumper (*Am.* fender)
- *os tampões laterais*

13 six-axle articulated railcar (Mannheim type) for tram (*Am.* streetcar, trolley) and urban rail services
- *a automotriz* (Pt. *a automotora*) *de seis eixos articulados para serviço metropolitano (metrô* m, Pt. *metro* m) *e urbano (bonde* m)

14 entrance and exit door, a double folding door
- *a porta de entrada* f *e saída* f, *uma porta dupla dobrável*

15 step
- *o degrau*

16 ticket-cancelling machine
- *a picotadora automática de bilhetes* m

17 single seat
- *o banco individual*

18 standing room portion
- *o corredor (um espaço para passageiros* m *em pé* m)

19 double seat
- *o banco duplo*

20 route (number) and destination sign
- *o letreiro com número* m *da linha e destino* m

21 route sign (number sign)
- *o letreiro com o número* m *da linha*

22 indicator (indicator light)
- *a luz da cauda*

23 pantograph (current collector)
- *o pantógrafo*

24 carbon or aluminium (*Am.* aluminum) alloy trolley shoes
- *a barra de descarga* m *do pantógrafo, de carvão* m *ou de liga* f *de alumínio* m

25 driver's position
- *a cabine do operador*

26 microphone
- *o microfone*

27 controller
- *o controle da entrada de bilhetes* m

28 radio equipment (radio communication set)
- *o equipamento de rádio* m

29 dashboard
- *o painel de instrumentos* m

30 dashboard lighting
- *a iluminação do painel de instrumentos* m

31 speedometer
- *o velocímetro*

32 buttons controlling doors, windscreen wipers, internal and external lighting
- *os botões de controle* m *de portas* f, *limpadores* m *de pára-brisa* m *e luzes internas e externas*

33 ticket counter with change machine
- *o distribuidor de bilhetes* m *com máquina automática de trocar dinheiro* m

34 radio antenna
- *a antena de rádio* m

35 tram stop (*Am.* streetcar stop, trolley stop)
- *a parada de bonde* m (Pt. *a paragem de elétrico* m)

36 tram stop sign (*Am.* streetcar stop sign, trolley stop sign)
- *a placa de parada* f *de bonde* m (Pt. *a chapa de paragem de elétrico* m)

37 electric change points
- *a chave elétrica de mudança* f *de via* f

38 points signal (switch signal)
- *o sinal de chave elétrica*

39 points change indicator
- *o sinal luminoso de chave elétrica*

40 trolley wire contact point
- *o contacto da catenária*

41 trolley wire (overhead contact wire)
- *a catenária*

42 overhead cross wire
- *a rede aérea*

43 electric (*also:* electrohydraulic, electromechanical) points mechanism
- *o mecanismo elétrico (tb. eletro-hidráulico e eletromecânico) de mudança* f *de via* f

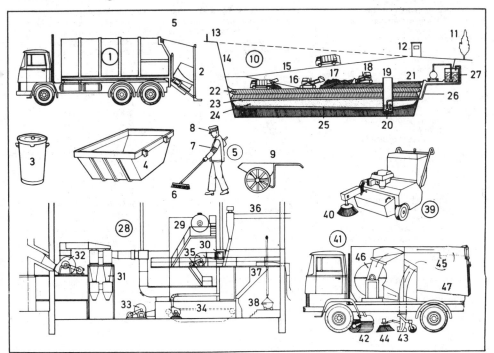

1 refuse collection vehicle (*Am.* garbage truck)
- *o veículo de coleta f de lixo, m o caminhão (Pt. o camião) do lixo*

2 dustbin-tipping device (*Am.* garbage can dumping device), a dust-free emptying system
- *o mecanismo basculante para recolhimento m e despejo m higiênicos do conteúdo das latas de lixo m*

3 dustbin (*Am.* garbage can, trash can)
- *a lata de lixo m*

4 refuse container (*Am.* garbage container)
- *a caçamba (Pt. o contentor) de lixo m*

5 road sweeper (*Am.* street sweeper)
- *o gari (Pt. o varredor)*

6 broom
- *a vassoura*

7 fluorescent armband
- *a braçadeira luminescente*

8 cap with fluorescent band
- *o boné com tira f luminescente*

9 road sweeper's (*Am.* street sweeper's) barrow
- *a carrocinha de lixo m*

10 controlled tip (*Am.* sanitary landfill, sanitary fill)
- *o aterro sanitário*

11 screen
- *o renque de árvores f*

12 weigh office
- *a pesagem*

13 fence
- *a cerca*

14 embankment
- *o talude*

15 access ramp
- *a rampa de acesso m*

16 bulldozer
- *a escavadeira*

17 refuse (*Am.* garbage)
- *o lixo*

18 bulldozer for dumping and compacting
- *a compactadora de lixo m*

19 pump shaft
- *o poço de drenagem f*

20 waste water pump
- *a bomba de esgotamento m das águas servidas*

21 porous cover
- *a camada porosa*

22 compacted and decomposed refuse
- *o lixo compactado em decomposição f*

23 gravel filter layer
- *a camada filtrante de cascalho m*

24 morainic filter layer
- *a camada filtrante de morena f*

25 drainage layer
- *a camada de drenagem f*

26 drain pipe
- *a tubulação de águas servidas*

27 water tank
- *o reservatório de águas servidas*

28 refuse (*Am.* garbage) incineration unit
- *a unidade de incineração f de lixo m*

29 furnace
- *a caldeira*

30 oil-firing system
- *o forno a óleo m combustível*

31 separation plant
- *a unidade separadora*

32 extraction fan
- *a ventoinha de aspiração f (o exaustor)*

33 low-pressure fan for the grate
- *a ventoinha de baixa pressão para a grelha f*

34 continuous feed grate
- *a grelha de alimentação contínua*

35 fan for the oil-firing system
- *a ventoinha do sistema de aquecimento m a óleo m*

36 conveyor for separately incinerated material
- *a correia transportadora para o material incinerado separadamente*

37 coal feed conveyor
- *a correia alimentadora de carvão m*

38 truck for carrying fuller's earth
- *a vagoneta para transporte m de greda m de pisoeiro m*

39 mechanical sweeper
- *a varredora mecânica*

40 circular broom
- *a vassoura circular*

41 road-sweeping lorry (street-cleaning lorry, street cleaner)
- *o caminhão (Pt. o camião) de limpeza f de rua f*

42 cylinder broom
- *a escova metálica cilíndrica*

43 suction port
- *o tubo de aspiração f*

44 feeder broom
- *a vassoura de alimentação f*

45 air flow
- *a câmara defletora de ar m*

46 fan
- *a ventoinha*

47 dust collector
- *o coletor de lama f*

200 Road Construction I (Road Building, Road Making)

1-54 road-building machinery
- *as máquinas usadas na construção de estradas* f
1 shovel (power shovel, excavator)
- *a escavadeira*
2 machine housing
- *a cabine*
3 caterpillar mounting (*Am.* caterpillar tractor)
- *a esteira*
4 digging bucket arm (dipper stick)
- *o braço da pá*
5 digging bucket (bucket)
- *a caçamba* (Pt. *o alcatruz*)
6 digging bucket (bucket) teeth
- *os dentes da pá*
7 tipper (dump truck), a heavy lorry (*Am.* truck)
- *o caminhão* (Pt. *o camião*) *basculante de transporte* m *de aterro* m, *um caminhão pesado*
8 tipping body (*Am.* dump body)
- *a carroceria basculante*
9 reinforcing rib
- *a nervura de reforço* m
10 extended front
- *a proteção da cabine*
11 cab (driver's cab)
- *a cabine do motorista, a boléia*
12 bulk material
- *o material transportado*
13 concrete scraper, an aggregate scraper
- *a betoneira*
14 skip hoist
- *a caçamba* (Pt. *o alcatruz*) *de abastecimento* m
15 mixing drum (mixer drum), a mixing machine
- *o misturador*
16 caterpillar hauling scraper
- *o raspador-elevador de esteira* f (inexistente no Brasil)
17 scraper blade
- *a lâmina do raspador*
18 levelling (*Am.* leveling) blade (smoothing blade)
- *a lâmina de nivelamento* m
19 grader (motor grader)
- *a motoniveladora*
20 scarifier (ripper, road ripper, rooter)
- *o escarificador*
21 grader levelling (*Am.* leveling) blade (grader ploughshare, *Am.* plowshare)
- *a lâmina da motoniveladora*
22 blade-slewing gear (slew turntable)
- *a coroa de rotação* f *da lâmina*
23 light railway (narrow-gauge, *Am.* narrow-gage, railway)
- *a ferrovia de bitola estreita (uma ferrovia de canteiro* m *de obra)* f
24 light railway (narrow-gauge, *Am.* narrow-gage) diesel locomotive
- *a locomotiva diesel de bitola estreita*
25 trailer wagon (wagon truck, skip)
- *a vagoneta*

26 tamper (rammer) [with internal combustion engine]: *heavier frog (frog-type jumping rammer)*
- *o 'sapo' (com motor* m *de combustão interna)*
27 guide rods
- *as hastes-suporte*
28 bulldozer
- *o buldôzer (o trator de lâmina* f *sobre esteiras)* f
29 bulldozer blade
- *a lâmina*
30 pushing frame
- *o suporte da lâmina*
31 road-metal spreading machine (macadam spreader, stone spreader)
- *o distribuidor de agregado* m
32 tamping beam
- *a lâmina vibratória*
33 sole-plate
- *a chapa compactadora*
34 side stop
- *o gabarito* (Pt. *o gabari*)
35 side of storage bin
- *a lateral da caixa de estocagem* f
36 three-wheeled roller, a road roller
- *o rolo compressor*
37 roller
- *o cilindro*
38 all-weather roof
- *a cobertura da cabine*
39 mobile diesel-powered air compressor
- *o compressor de ar* m *a diesel sobre rodas* f
40 oxygen cylinder
- *o depósito de ar comprimido*
41 self-propelled gritter
- *o distribuidor de agregados* m
42 spreading flap
- *a lâmina espalhadora*
43 surface finisher
- *a vibro-acabadora para concreto* (Pt. *betão) asfáltico*
44 side stop
- *o gabarito* (Pt. *o gabari*)
45 bin
- *a tremonha de alimentação* f
46 tar-spraying machine (bituminous distributor) with tar and bitumen heater
- *o carro espargidor de asfalto* m
47 tar storage tank
- *o reservatório de asfalto* m
48 fully automatic asphalt drying and mixing plant
- *a usina de concreto asfáltico* (Pt. *a unidade de betão asfáltico)*
49 bucket elevator (elevating conveyor)
- *o elevador de caçambas* f (Pt. *de alcatruzes* m)
50 asphalt-mixing drum (asphalt mixer drum)
- *o tambor de mistura* f *de asfalto* m
51 filler hoist
- *o elevador de filler* m

52 filler opening
- *a adição de filler* m
53 binder injector
- *o injetor de asfalto* m
54 mixed asphalt outlet
- *a saída do asfalto misturado*
55 typical cross-section of a bituminous road
- *o corte transversal típico de uma estrada asfaltada*
56 grass verge
- *o acostamento*
57 crossfall
- *a declividade transversal*
58 asphalt surface (bituminous layer, bituminous coating)
- *o revestimento de concreto* (Pt. *de betão) asfáltico*
59 base (base course)
- *a camada de base* f
60 gravel sub-base course (hardcore sub-base course, Telford base), an anti-frost layer
- *a sub-base (na Europa: a camada da anti-congelante)*
61 sub-drainage
- *a vala de dreno* m
62 perforated cement pipe
- *a manilha furada para dreno* m
63 drainage ditch
- *a canaleta*
64 soil covering
- *o revestimento da canaleta*

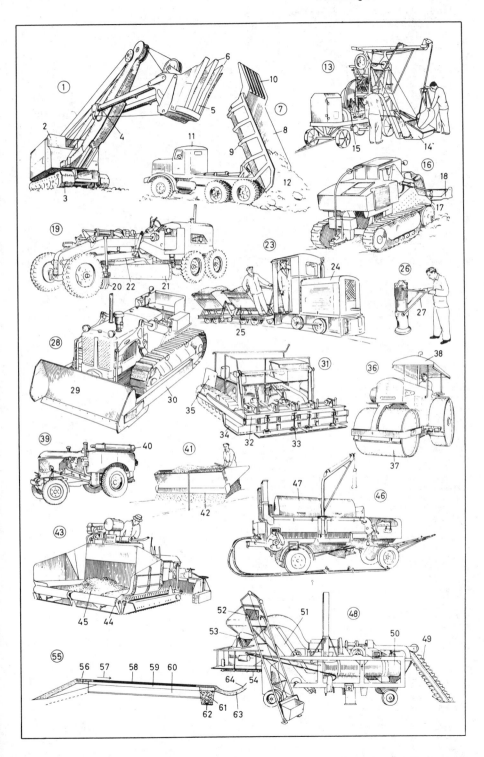

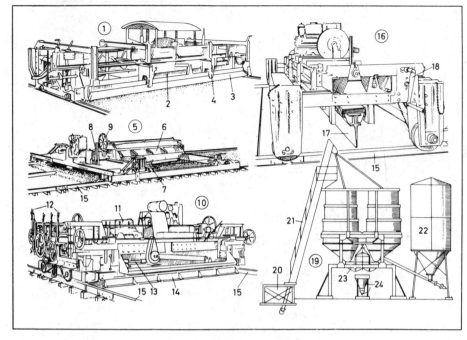

1-24 concrete road construction
(highway construction)
- *a construção de estradas* f *de concreto* m/*de betão* m (*a construção de auto-estradas* f)
1 subgrade grader
- *a vibro-acabadora de concreto (Pt. de betão) hidráulico*
2 tamping beam (consolidating beam)
- *a mesa vibratória*
3 levelling (*Am.* leveling) beam
- *a régua niveladora*
4 roller guides for the levelling (*Am.* leveling) beam
- *o rolete-guia da régua niveladora*
5 concrete spreader
- *o espalhador de concreto* m (Pt. *de betão* m)
6 concrete spreader box
- *o tanque do distribuidor de concreto* m (Pt. *de betão* m)
7 cable guides
- *as guias do cabo*
8 control levers
- *a alavanca de comando* m
9 handwheel for emptying the boxes
- *a manivela para esvaziar os tanques*
10 concrete-vibrating compactor
- *a vibro-acabadora de concreto* m (Pt. *de betão* m)
11 gearing (gears)
- *o redutor de marchas* f
12 control levers (operating levers)
- *as alavancas de manobra* f
13 axle drive shaft to vibrators (tampers) of vibrating beam
- *o eixo de transmissão* f *dos vibradores da régua de vibração* f

14 screeding board (screeding beam)
- *a régua de acabamento* m
15 road form
- *os trilhos de guia* f
16 joint cutter
- *o corta-juntas*
17 joint-cutting blade
- *a lâmina de corte* m *de junta* f
18 crank for propelling machine
- *a manivela de movimentação* f *da máquina*
19 concrete-mixing plant, a stationary central mixing plant, an automatic batching and mixing plant
- *a usina de concreto hidráulico* (Pt. *a unidade de betão hidráulico*)
20 collecting bin
- *a caçamba coletora* (Pt. *o alcatruz coletor*) *de agregados* m
21 bucket elevator
- *o elevador de caçambas* f (Pt. *de alcatruzes* m)
22 cement store
- *o silo de cimento* m
23 concrete mixer
- *o misturador de concreto* m (Pt. *de betão* m)
24 concrete pump hopper
- *a caçamba de concreto* m (Pt. *o alcatruz de betão* m)

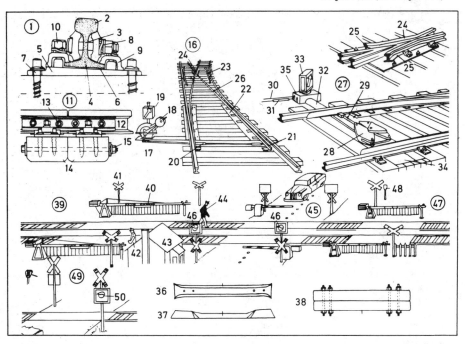

1-38 line (track)
- *a linha (a via)*
1 rail
- *o trilho (Pt. o carril)*
2 rail head
- *o boleto do trilho (Pt. a cabeça do carril)*
3 web (rail web)
- *a alma do trilho (Pt. do carril)*
4 rail foot (rail bottom)
- *o patim do trilho (Pt. do carril)*
5 sole plate (base plate)
- *a placa de apoio m (Pt. a base de assentamento m)*
6 cushion
- *a palmilha (Pt. o coxím)*
7 coach screw (coach bolt)
- *o tira-fundo, o tirefão*
8 lock washers (spring washers)
- *as arruelas (as anilhas) de aperto m*
9 rail clip (clip)
- *a garra*
10 T-head bolt
- *o parafuso de fixação f*
11 rail joint (joint)
- *a junta dos trilhos (Pt. a junção dos carris)*
12 fishplate
- *a tala de junçao f*
13 fishbolt
- *o parafuso da tala*
14 coupled sleeper (Am. coupled tie, coupled crosstie)
- *o dormente acoplado*
15 coupling bolt
- *o parafuso de ligação f dos dormentes*
16 manually-operated points (switch)
- *a chave operada manualmente*
17 switch stand
- *o aparelho de manobra f*
18 weight
- *o queijo (o contrapeso)*
19 points signal (switch signal, points signal lamp, switch signal lamp)

- *o sinal de ponta f de agulha f (o sinal de chave f, a lâmpada de sinal de ponta de agulha, a lâmpada de sinal de chave)*
20 pull rod
- *a barra de comando m*
21 switch blade (switch tongue)
- *a lâmina da agulha*
22 slide chair
- *a placa (a chapa) de deslizamento m*
23 check rail (guard rail)
- *o contra-trilho (Pt. o contra-carril)*
24 frog
- *o jacaré (o coração, Pt. o cruzamento)*
25 wing rail
- *a pata de lebre f*
26 closure rail
- *o trilho (Pt. o carril) de ligação f*
27 remote-controlled points (switch)
- *as chaves com controle m à distância (a chave)*
28 point lock (switch lock)
- *o travamento da agulha*
29 stretcher bar
- *a barra de conexão f*
30 point wire
- *a transmissão funicular*
31 turnbuckle
- *o esticador*
32 channel
- *o canal*
33 electrically illuminated points signal (switch signal)
- *o sinal de ponta f de agulha f iluminado eletricamente (o sinal de chave f)*
34 trough
- *a caixa de desvio m*
35 points motor with protective casing
- *o mecanismo de comando m do desvio, com capa f*
36 steel sleeper (Am. steel tie, steel crosstie)

- *o dormente de aço m*
37 concrete sleeper (Am. concrete tie, concrete crosstie)
- *o dormente de concreto m (Pt. de betão m)*
38 coupled sleeper (Am. coupled tie, coupled crosstie)
- *o dormente geminado*
39-50 level crossings (Am. grade crossings)
- *a passagem de nível m*
39 protected level crossing (Am. protected grade crossing)
- *a passagem de nível m com cancela f*
40 barrier (gate)
- *a cancela*
41 warning cross (Am. crossbuck)
- *a cruz de cruzamento m*
42 crossing keeper (Am. gateman)
- *o guarda-cancela*
43 crossing keeper's box (Am. gateman's box)
- *a cabine do guarda-cancela*
44 linesman (Am. trackwalker)
- *o trabalhador de linha f*
45 half-barrier crossing
- *a meia cancela*
46 warning light
- *a luz de advertência f*
47 intercom-controlled crossing; *sim.*: telephone-controlled crossing
- *o cruzamento controlado por interfone m*
48 intercom system; *sim.*: telephone
- *o sistema de intercomunicação f*
49 unprotected level crossing (Am. unprotected grade crossing)
- *a passagem de nível m sem proteção f*
50 warning light
- *a luz de advertência f*

1-6 stop signals (main signals)
- *os sinais de parada* f, Pt. *os sinais de paragem* f *(os sinais principais)*
1 stop signal (main signal), a semaphore signal in 'stop' position
- *o sinal de parada* f, Pt. *o sinal de paragem* f *(o sinal principal, o sinal semafórico em posição* f *pare)*
2 signal arm (semaphore arm)
- *o braço do sinal (o braço do semáforo)*
3 electric stop signal (colour light, *Am.* color light), signal at 'stop'
- *o sinal elétrico de parada* f *(Pt. de paragem* f*) (o sinal de cor* f*) em pare*
4 signal position: 'proceed at low speed'
- *a posição do sinal: prossiga a velocidade reduzida*
5 signal position: 'proceed'
- *a posição do sinal: 'prossiga'*
6 substitute signal
- *o sinal substituto*
7-24 distant signals
- *os sinais à distância*
7 semaphore signal at 'be prepared to stop at next signal'
- *o sinal semafórico em prepare-se para parar no próximo sinal*
8 supplementary semaphore arm
- *o braço suplementar do semáforo*
9 colour light *(Am.* color light*)* distant signal at 'be prepared to stop at next signal'
- *o sinal à distância do tipo de cor* f *em prepare-se para parar no próximo sinal*
10 signal position: 'be prepared to proceed at low speed'
- *a posição do sinal: prepare-se para avançar em baixa velocidade*
11 signal position: 'proceed main signal ahead'
- *a posição do sinal: prossiga até o sinal principal à frente*
12 semaphore signal with indicator plate showing a reduction in braking distance of more than 5%
- *o sinal com placa (chapa) indicativa mostrando uma redução de distância de frenagem* f *de mais de 5%*
13 triangle (triangle sign)
- *o triângulo*
14 colour light *(Am.* color light*)* distant signal with indicator light for showing reduced braking distance
- *o sinal de cor* f *à distância com luz indicadora de distância* f *de frenagem reduzida*
15 supplementary white light
- *a luz branca suplementar*
16 distant signal indicating 'be prepared to stop at next signal' (yellow light)
- *o sinal à distância indicando prepare-se para parar no próximo sinal (luz amarela)*
17 second distant signal (distant signal with supplementary light, without indicator plate)
- *o segundo sinal à distância (o sinal à distância com luz suplementar, sem placa indicadora)*
18 distant signal with speed indicator
- *o sinal à distância com indicação* f *de velocidade* f
19 distant speed indicator
- *o indicador de velocidae* f *à distância*
20 distant signal with route indicator
- *o sinal à distância com indicação* f *de rota* f
21 route indicator
- *o indicador de rota* f
22 distant signal without supplementary arm in position: 'be prepared to stop at next signal' *o sinal à distância sem braço* m *suplementar em posição* f *prepare-se para parar no próximo sinal*

23 distant signal without supplementary arm in 'be prepared to proceed' position
- *o sinal à distância sem braço* m *suplementar na posição prepare-se para avançar*
24 distant signal identification plate
- *a placa de identificação* f *de sinal* m *à distância*
25-44 supplementary signals
- *os sinais suplementares*
25 stop board for indicating the stopping point at a control point
- *a placa de parada* f *(Pt. de paragem* f*) para indicar o ponto de parada em um ponto de controle* m
26-29 approach signs
- *os sinais de aproximação* f
26 approach sign 100 m from distant signal
- *o sinal de aproximação* f *a 100 m do sinal à distância*
27 approach sign 175m from distant signal
- *o sinal de aproximação* f *a 175 m do sinal à distância*
28 approach sign 250m from distant signal
- *o sinal de aproximação* f *a 250 m do sinal à distância*
29 approach sign at a distance of 5% less than the braking distance on the section
- *o sinal de aproximação* f *a uma distância de menos de 5% da distância de frenagem* f *da seção*
30 chequered sign indicating stop signals (main signals) not positioned immediately to the right of or over the line (track)
- *o sinal xadrez indicando sinais de parada* f *(Pt. de paragem* f*) não posicionados imediatamente à direita da linha ou sobre a linha*
31-32 stop boards to indicate the stopping point of the front of the train
- *as placas de parada* f *(Pt. de paragem* f*) para indicar o ponto de parada (Pt. de paragem) da parte frontal do trem (Pt. de comboio)*
33 stop board ('be prepared to stop')
- *a placa de parada* f *(Pt. de paragem* f*) (prepare-se para parar)*
34-35 snow plough *(Am.* snowplow*)* signs
- *os sinais de trator* m *de neve* f
34 'raise snow plough *(Am.* snowplow*)'* sign
- *os sinais de trator* m *de neve* f *subindo*
35 'lower snow plough *(Am.* snowplow*)'* sign
- *o sinal de trator* m *de neve* f *descendo*
36-44 speed restriction signs
- *os sinais de restrição* f *de velocidade* f
36-38 speed restriction sign [maximum speed 3 × 10 = 30 kph]
- *o sinal de restrição* f *velocidade* f *[máx: 3 × 10 = 30 km/h]*
36 sign for day running
- *o sinal para tráfego diurno*
37 speed code number
- *o número de código* m *de velocidade* f
38 illuminated sign for night running
- *o sinal luminoso para tráfego noturno*
39 commencement of temporary speed restriction
- *o início da zona de restrição* f *de velocidade* f
40 termination of temporary speed restriction
- *o fim da zona* f *de restrição temporária de velocidade* f

41 speed restriction sign for a section with a permanent speed restriction (maximum speed 5 × 10 = 50 kph)
- *o sinal de restrição* f *de velocidade* f *para uma seção com restrição permanente de velocidade (vel. máx. 5 × 10 = 50 km/h)*
42 commencement of permanent speed restriction
- *o início da zona de restrição* f *permanente de velocidade* f
43 speed restriction warning sign
- *o sinal de advertência* f *de restrição* f *de velocidade* f
44 speed restriction sign
- *o sinal de restrição* f *de velocidade* f
45-52 points signals (switch signals)
- *os sinais de posição* f *de agulha* f
45-48 single points (single switches)
- *o desvio simples (a agulha simples)*
45 route straight ahead (main line)
- *a linha reta à frente (a linha principal)*
46 [right] branch
- *o entroncamento à direita*
47 [left] branch
- *o entroncamento à esquerda*
48 branch [seen from the frog]
- *o entroncamento visto do cruzamento*
49-52 double crossover
- *a passagem dupla*
49 route straight ahead from left to right
- *a linha tronco à frente, da esquerda para a direita*
50 route straight ahead from right to left
- *a linha tronco à frente, da direita para a esquerda*
51 turnout to the left from the left
- *o desvio da esquerda para a esquerda*
52 turnout to the right from the right
- *o desvio da direita para a direita*
53 **manually-operated signal box** *(Am.* signal tower, switch tower)
- *a cabine operada manualmente*
54 lever mechanism
- *a alavanca de operação* f
55 points lever (switch lever) [blue], a lock lever
- *a barra de detenção* f
56 signal lever [red]
- *a alavanca de sinal* m *[vermelho]*
57 catch
- *o trinco*
58 route lever
- *a alavanca de direção* f
59 block instruments
- *os instrumentos de bloqueio* m
60 block section panel
- *o painel de seção (Pt. secção)* f *de bloqueio* m
61 **electrically-operated signal box** *(Am.* signal tower, switch tower)
- *a cabine operada eletricamente*
62 points (switch) and signal knobs
- *os botões dos desvios e dos sinais*
63 lock indicator panel
- *o painel indicador dos bloqueios*
64 track and signal indicator
- *o indicador de linha* f *e sinal* m
65 **track diagram control layout**
- *o quadro de controle* m *visual*
66 track diagram control panel (domino panel)
- *o painel de controle* m *de tráfego* m
67 push buttons
- *os botões de pressão* f
68 routes
- *as rotas*
69 intercom system
- *o sistema de intercomunicação* f

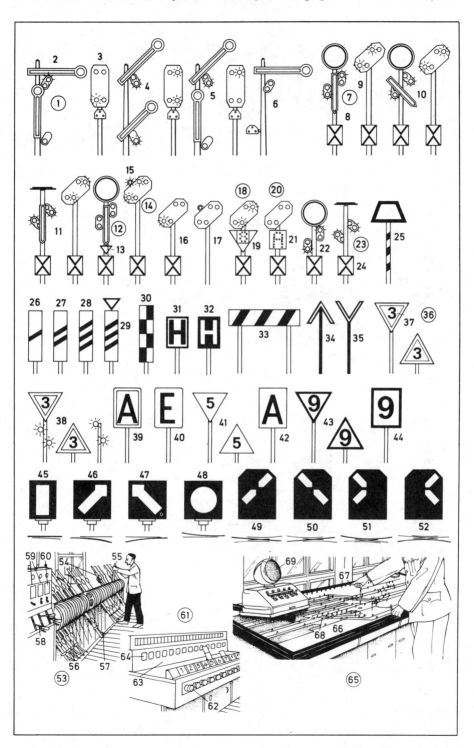

1 parcels office
– a expedição de pequenos volumes m (a expedição de colis)
2 parcels
– o pequeno volume (colis)
3 basket [with lock]
– o cesto [com fecho m]
4 luggage counter
– o balcão de bagagem f
5 platform scale with dial
– a balança automática
6 suitcase
– a mala
7 luggage sticker
– a etiqueta adesiva
8 luggage receipt
– o conhecimento de bagagem f
9 luggage clerk
– o funcionário do serviço de bagagem f
10 poster (advertisement)
– o cartaz de propaganda f
11 station post box (Am. station mailbox)
– a caixa de correio m
12 notice board indicating train delays
– o quadro de indicação f de atraso m dos trens (Pt. dos comboios)
13 station restaurant
– o restaurante
14 waiting room
– a sala de espera f
15 map of the town (street map)
– a planta da cidade

16 timetable (Am. schedule)
– o quadro de horários m
17 hotel porter
– o carregador do hotel
18 arrivals and departures board (timetable)
– o quadro de horários m de chegadas f e partidas f
19 arrival timetable (Am. arrival schedule)
– o quadro de horários m de chegadas f
20 departure timetable (Am. departure schedule)
– o quadro de horários m de partidas f

21 left luggage lockers
- *o guarda-volumes*
22 change machine
- *a máquina de trocar dinheiro* m
23 tunnel to the platform
- *a passagem subterrânea para a plataforma* (Pt. *para o cais*)
24 passengers
- *os passageiros*
25 steps to the platform
- *os degraus de acesso* m *à plataforma* (Pt. *ao cais*)
26 station bookstall (*Am.* station bookstand)
- *a livraria*
27 left luggage office (left luggage)
- *o balcão de despacho* m *de bagagem (a bagagem despachada)*
28 travel centre (*Am.* center); *also* accommodation bureau
- *o centro de turismo* m *com balcão* m *de reserva* f *de acomodações* f
29 information office (*Am.* information bureau)
- *o balcão de informações* f
30 station clock
- *o relógio*
31 bank branch with foreign exchange counter
- *a agência bancária com balcão* m *de câmbio* m
32 indicator board showing exchange rates
- *o quadro das taxas de câmbio* m

33 railway map (*Am.* railroad map)
- *o mapa ferroviário*
34 ticket office
- *a venda de passagens* f
35 ticket counter
- *o guichê* (Pt. *a bilheteira*)
36 ticket (railway ticket, *Am.* railroad ticket)
- *a passagem*
37 revolving tray
- *a chapa giratória do guichê* (Pt. *da bilheteira*)
38 grill
- *a abertura do guichê*, Pt. *da bilheteira (o higiafone)*
39 ticket clerk (*Am.* ticket agent)
- *o agente de passagens* f
40 ticket-printing machine (ticket-stamping machine)
- *a máquina impressora de bilhetes* m
41 hand-operated ticket printer
- *a impressora manual de bilhetes* m
42 pocket timetable (*Am.* pocket train schedule)
- *o guia ferroviário de bolso* m
43 luggage rest
- *a mesa de bagagem* f
44 first aid station
- *a sala de primeiros socorros* m
45 Travellers' (*Am.* Travelers') Aid
- *a sala de assistência* f *a turistas* m

46 telephone box (telephone booth, telephone kiosk, call box)
- *a cabine telefônica*
47 cigarettes and tobacco kiosk
- *o ponto de venda* f *de cigarros* m *e artigos* m *para fumantes* (Pt. *fumadores*) m
48 flower stand
- *o florista (a loja de flores* m)
49 railway information clerk
- *o funcionário do setor* (Pt. *do sector) de informações* f *da ferrovia*
50 official timetable (official railway guide, *Am.* train schedule)
- *o guia ferroviário oficial*

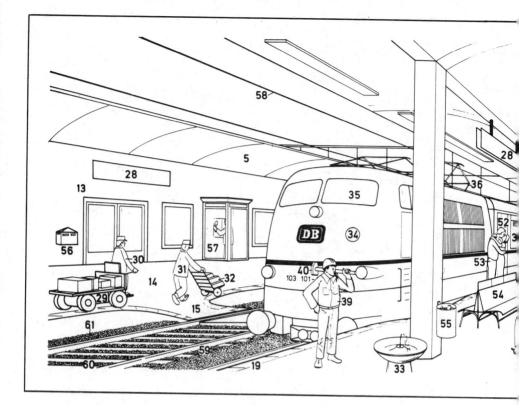

1 platform
- *a plataforma (Pt. o cais)*
2 steps to the platform
- *a escada de acesso m à plataforma (Pt. ao cais)*
3 bridge to the platforms
- *a passagem superior de acesso m às plataformas (Pt. aos cais)*
4 platform number
- *o número da plataforma (Pt. do cais)*
5 platform roofing
- *a marquise da plataforma (Pt. do cais), o balanço da plataforma*
6 passengers
- *os passageiros*
7-12 luggage
- ***a bagagem***
7 suitcase (case)
- *a maleta, a mala de mão f*
8 luggage label
- *a etiqueta de identificação f*
9 hotel sticker
- *a etiqueta de hotel m, o adesivo do hotel*
10 travelling (*Am.* traveling) bag
- *a bolsa de viagem f*
11 hat box
- *a chapeleira*
12 umbrella, a walking-stick umbrella
- *o guarda-chuva*
13 office
- *o salão de passageiros m*

14 platform 1
- *a primeira plataforma (Pt. o cais número 1)*
15 crossing
- *a passagem de nível m*
16 news trolley
- *o carrinho de jornaleiro m (inexistente no Brasil; Pt. o carrinho de vendedor m de jornais m)*
17 news vendor (*Am.* news dealer)
- *o jornaleiro (Pt. o vendedor de jornais m, o ardina)*
18 reading matter for the journey
- *a leitura para viagem f*
19 edge of the platform
- *a extremidade da plataforma (Pt. do cais)*
20 railway policeman (*Am.* railroad policeman)
- *o guarda ferroviário*
21 destination board
- *a tabuleta indicando o destino*
22 destination indicator
- *a janela para inserção f da destinação*
23 departure time indicator
- *a janela destinada ao horário de partida f*
24 delay indicator
- *a janela destinada à indicação de atraso m*
25 suburban train, a railcar
- *o trem suburbano (Pt. a automotora)*

26 special compartment
- *o compartimento especial*
27 platform loudspeaker
- *o alto-falante da plataforma (Pt. do cais)*
28 station sign
- *a placa da estação*
29 electric trolley (electric truck)
- *o trólei de bagagem f*
30 loading foreman
- *o operador do trólei*
31 porter (*Am.* redcap)
- *o carregador*
32 barrow
- *o carrinho de bagagem f*
33 drinking fountain
- *o bebedouro*
34 electric Trans-Europe Express; *also:* Intercity train
- *o T.E.E, um trem (Pt. um comboio) expresso interurbano europeu*
35 electric locomotive, an express locomotive
- *a locomotiva elétrica, uma locomotiva de alta velocidade*
36 collector bow (sliding bow)
- *o pantógrafo*
37 secretarial compartment
- *o compartimento para trabalho m de executivos m*
38 destination board
- *a tabuleta de itinerário m*

39 wheel tapper
 – *o inspetor do material rodante*
40 wheel-tapping hammer
 – *o martelo para inspeção* f *dos aros das rodas*
41 station foreman
 – *o chefe da estação*
42 signal
 – *o sinal de partida* f
43 red cap
 – *o carregador*
44 inspector
 – *o atendente do serviço de informações* f, *o revisor*
45 pocket timetable (*Am.* pocket train schedule)
 – *o guia ferroviário de bolso* m
46 platform clock
 – *o relógio da plataforma* (Pt. *do cais*)
47 starting signal
 – *a sinalização de partida* f
48 platform lighting
 – *a iluminação da plataforma*
49 refreshment kiosk
 – *o bar-lanchonete* (Pt. *o bufete*)
50 beer bottle
 – *a garrafa de cerveja* f
51 newspaper
 – *o jornal*
52 parting kiss
 – *o beijo de despedida* f
53 embrace
 – *o abraço*

54 platform seat
 – *o banco da plataforma* (Pt. *do cais*)
55 litter bin (*Am.* litter basket)
 – *a cesta para papéis* m
56 platform post box (*Am.* platform mailbox)
 – *a caixa de correio* m
57 platform telephone
 – *a cabine telefônica*
58 trolley wire (overhead contact wire)
 – *o fio aéreo de contacto* m
59-61 track
 – *a via permanente (a linha férrea)*
59 rail
 – *o trilho* (Pt. *o carril*)
60 sleeper (*Am.* tie, crosstie)
 – *o dormente*
61 ballast (bed)
 – *o lastro (o leito)*

1 ramp (vehicle ramp); *sim.:* livestock ramp
- *a rampa de acesso* m; *sim.: a rampa para gado* m
2 electric truck
- *o trator elétrico*
3 trailer
- *o reboque*
4 part loads (*Am.* package freight, less-than-carload freight); *in general traffic:* general goods in general consignments (in mixed consignments)
- *a mercadoria geral*
5 crate
- *o engradado*
6 goods van (*Am.* freight car)
- *o vagão de mercadorias* f
7 goods shed (*Am.* freight house)
- *o armazém*
8 loading strip
- *o pátio de carga* f *e descarga* f
9 loading dock
- *a plataforma* (Pt. *o cais) de carregamento* m
10 bale of peat
- *o fardo de turfa* f
11 bale of linen (of linen cloth)
- *o fardo de linho* m
12 fastening (cord)
- *a amarração (a corda)*
13 wicker bottle (wickered bottle, demijohn)
- *a barça (o porta-botijão de vime* m, *o porta-garrafão de vime)*
14 trolley
- *o carrinho de carga* f
15 goods lorry (*Am.* freight truck)
- *o caminhão* (Pt. *o camião) de frete* m
16 forklift truck (fork truck, forklift)
- *a empilhadeira de garfo* m
17 loading siding
- *o desvio de carregamento* m
18 bulky goods
- *as mercadorias volumosas*
19 small railway-owned (*Am.* railroad-owned) container
- *o pequeno cofre de carga* f *de propriedade* f *da estrada* (Pt. *do caminho) de ferro*
20 showman's caravan (*sim.:* circus caravan)
- *o reboque de espetáculos* m (sim.: *o reboque de circo* m*)*
21 flat wagon (*Am.* flat freight car)
- *o vagão-plataforma, o vagão-prancha*
22 loading gauge (*Am.* gage)
- *o gabarito* (Pt. *o gabari) de carga* f
23 bale of straw
- *o fardo de palha*
24 flat wagon (*Am.* flatcar) with side stakes
- *o vagão-plataforma com fueiros laterais*
25 fleet of lorries (*Am.* trucks)
- *a frota de caminhões* m (Pt. *de camiões* m)
26-39 goods shed (*Am.* freight house)
- ***o armazém de cargas* f**

26 goods office (forwarding office, *Am.* freight office)
- *o balcão de despachos* m
27 part-load goods (*Am.* package freight)
- *a mercadoria geral*
28 forwarding agent (*Am.* freight agent, shipper)
- *o expedidor*
29 loading foreman
- *o despachante-chefe*
30 consignment note (waybill)
- *a nota fiscal*
31 weighing machine
- *a balança*
32 pallet
- *o palete (o estrado para movimentação* f *de cargas* f)
33 porter
- *o carregador*
34 electric cart (electric truck)
- *o carro elétrico*
35 trailer
- *o reboque*
36 loading supervisor
- *o inspetor de carga* f
37 goods shed door (*Am.* freight house door)
- *a porta do armazém*
38 rail (slide rail)
- *a corrediça*
39 roller
- *o rodízio*
40 weighbridge office
- *o posto de pesagem* f
41 weighbridge
- *a báscula automática*
42 marshalling yard (*Am.* classification yard, switch yard)
- *o pátio* (Pt. *a estação) de triagem* f
43 shunting engine (shunting locomotive, shunter, *Am.* switch engine, switcher)
- *a locomotiva de manobra* f
44 marshalling yard signal box (*Am.* classification yard switch tower)
- *o posto de sinalização* f *do pátio* (Pt. *da estação) de triagem* f
45 yardmaster
- *o mestre de manobras* f
46 hump
- *a rampa de triagem* f
47 sorting siding (classification siding, classification track)
- *o desvio de triagem* f, *o desvio de classificação* f *de trens* m (Pt. *de comboios* m)
48 rail brake (retarder)
- *o trilho* (Pt. *o carril) retardador*
49 slipper brake (slipper)
- *o freio de sapata* f
50 storage siding (siding)
- *o desvio de armazenagem* f
51 buffer (buffers, *Am.* bumper)
- *o pára-choque de parada* f (Pt. *o pára-choques de paragem* f)
52 wagon load (*Am.* carload)
- *o vagão de carga* f
53 warehouse
- *o depósito, o armazém*

54 container station
- *a estação de containers (os cofres para granéis* m), Pt. *a estação de contentores* m
55 gantry crane
- *o guindaste de pórtico* m
56 lifting gear (hoisting gear)
- *o mecanismo de levantamento* m
57 container
- *o container (o cofre de carga* f, *o cofre de granéis* m), Pt. *o contentor*
58 container wagon (*Am.* container car)
- *o vagão de containers* m (Pt. *de contentores* m)
59 semi-trailer
- *o semi-reboque*

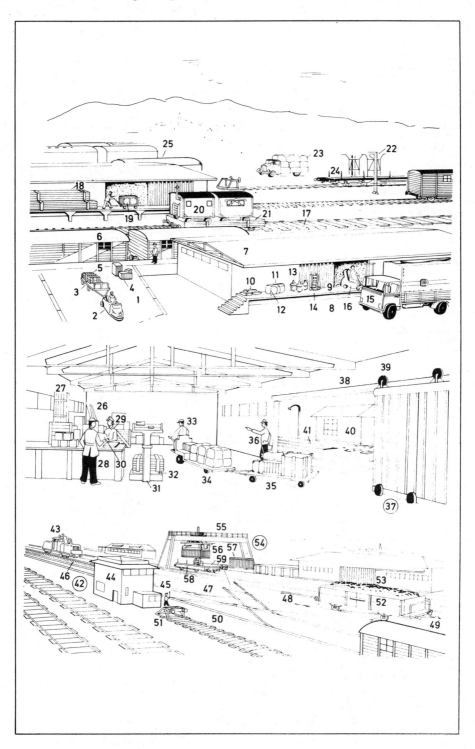

1-21 express train coach (express train carriage, express train car, corridor compartment coach), a passenger coach
– *o carro de passageiros* m
1 side elevation (side view)
– *a vista lateral*
2 coach body
– *a caixa do carro*
3 underframe (frame)
– *o estrado*
4 bogie (truck) with steel and rubber suspension and shock absorbers
– *o truque* (Pt. *a bogie*) *com suspensão* f *de aço* m *e borracha* f *e amortecedores* m
5 battery containers (battery boxes)
– *a bateria de acumuladores* m
6 steam and electric heat exchanger for the heating system
– *o trocador de calor* m *para sistema* m *de aquecimento* m *a vapor* m *ou elétrico*
7 sliding window
– *a janela de guilhotina* f
8 rubber connecting seal
– *a vedação de borracha* f
9 ventilator
– *o respiradouro*
10-21 plan
– *a planta*
10 second-class section
– *a segunda classe*
11 corridor
– *o corredor*
12 folding seat (tip-up seat)
– *o assento de dobrar, o assento dobradiço*
13 passenger compartment (compartment)
– *o compartimento de passageiros* m
14 compartment door
– *a porta do compartimento*
15 washroom
– *o lavatório*
16 toilet (lavatory, WC)
– *os sanitários, a retrete*
17 first-class section
– *a primeira classe*
18 swing door
– *a porta de vaivém*
19 sliding connecting door
– *a porta de circulação* f *entre carros* m
20 door
– *a porta*
21 vestibule
– *o vestíbulo*
22-32 dining car (restaurant car, diner)
– *o carro restaurante*
22-25 side elevation (side view)
– *a vista lateral*
22 door
– *a porta*
23 loading door
– *a porta de carga* f
24 current collector for supplying power during stops
– *a tomada de corrente* f *para fornecimento* m *de força* f *durante as paradas* (Pt. *durante as paragens*)
25 battery boxes (battery containers)
– *a bateria de acumuladores* m
26-32 plan
– *a planta*

26 staff washroom
– *o lavatório do pessoal*
27 storage cupboard
– *a despensa*
28 washing-up area
– *a bancada de processamento* m *e lavagem* f
29 kitchen
– *a cozinha*
30 electric oven with eight hotplates
– *o fogão elétrico de oito bocas* f
31 counter
– *o balcão*
32 dining compartment
– *o salão de refeições* f
33 dining car kitchen
– *a cozinha do carro-restaurante* (Pt. *da carruagem-restaurante*)
34 chef (head cook)
– *o cozinheiro-chefe, o chefe da cozinha* (fam. *o mestre-cuca*)
35 kitchen cabinet
– *o armário de cozinha* f
36 sleeping car (sleeper)
– *o carro-dormitório* (Pt. *a carruagem-cama*)
37 side elevation (side view)
– *a vista lateral*
38-42 plan
– *a planta*
38 two-seat twin-berth compartment (two-seat two-berth compartment *Am.* bedroom)
– *a cabine dupla*
39 folding doors
– *as portas de dobrar, as portas dobradiças*
40 washstand
– *o lavatório*
41 office
– *a cabine do guarda*
42 toilet (lavatory, WC)
– *os sanitários, as retretes*
43 express train compartment
– *o compartimento de trem* (Pt. *de comboio*) *expresso*
44 upholstered reclining seat
– *a poltrona estofada reclinável*
45 armrest
– *o braço da poltrona*
46 ashtray in the armrest
– *o cinzeiro embutido no braço da poltrona*
47 adjustable headrest
– *o apoio de cabeça* f *regulável*
48 antimacassar
– *a capa protetora*
49 mirror
– *o espelho*
50 coat hook
– *o cabide para roupa* f
51 luggage rack
– *o porta-bagagem*
52 compartment window
– *a janela do compartimento*
53 fold-away table (pull-down table)
– *a mesa dobrável, a mesa escamoteável*
54 heating regulator
– *o regulador de temperatura* f
55 litter receptacle
– *o recipiente para detritos* m
56 curtain
– *o estore (a cortina)*

57 footrest
– *o descanso para os pés, o escabelo*
58 corner seat
– *a poltrona da janela, a poltrona do canto*
59 open car
– *o carro de corredor* m
60 side elevation (side view)
– *a vista lateral*
61-72 plan
– *a planta*
61 open carriage
– *o espaço interno*
62 row of single seats
– *a fileira de poltronas* f *simples*
63 row of double seats
– *a fileira de poltronas duplas*
64 reclining seat
– *a poltrona reclinável*
65 seat upholstery
– *o estofamento da poltrona*
66 backrest
– *o encosto, o espaldar*
67 headrest
– *o apoio de cabeça* f
68 down-filled headrest cushion with nylon cover
– *a almofada do apoio de cabeça* f, *estofada de penas* f *e recoberta de náilon* m
69 armrest with ashtray
– *o braço da poltrona, com cinzeiro* m
70 cloakroom
– *o vestiário*
71 luggage compartment
– *o compartimento de bagagem* f
72 toilet (lavatory, WC)
– *os sanitários, as retretes*
73 buffet car (quick-service buffet car), a self-service restaurant car
– *o carro-bufê (o carro-restaurante de auto-serviço* m; Pt. *a carruagem-bufete)*
74 side elevation (side view)
– *a vista lateral*
75 current collector for supplying power
– *a tomada de corrente* f *para fornecimento* m *de energia* f
76 plan
– *a planta*
77 dining compartment
– *o salão de refeições* f
78-79 buffet (buffet compartment)
– *o bufê (o compartimento do bufê; Pt. o bufete)*
78 customer area
– *a área do público*
79 serving area
– *a área do pessoal*
80 kitchen
– *a cozinha*
81 staff compartment
– *o compartimento do pessoal*
82 staff toilet (staff lavatory, staff WC)
– *o sanitário do pessoal*
83 food compartments
– *as prateleiras com alimentos* m
84 plates
– *os pratos*
85 cutlery
– *os talheres*
86 till (cash register)
– *a caixa registradora* (Pt. *registadora)*

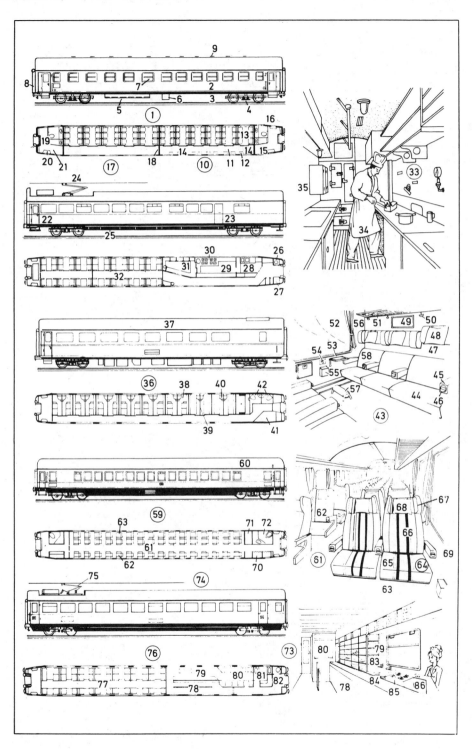

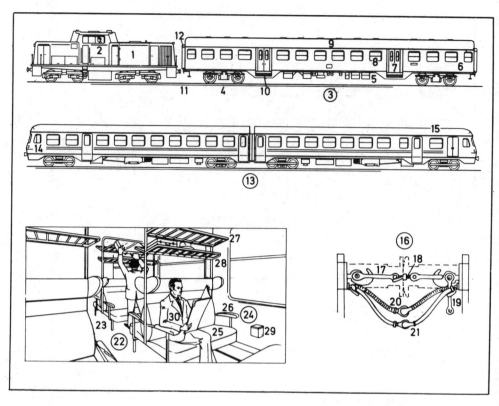

1-30 local train service
- *os trens* (Pt. *os comboios*) *de su-búrbio* m
1-12 local train (short-distance train)
- *o trem* (Pt. *o comboio*) *suburbano*
1 single-engine diesel locomotive
- *a locomotiva diesel monomotor*
2 engine driver (*Am.* engineer)
- *o maquinista*
3 four-axled coach (four-axled car) for short-distance routes, a passenger coach (passenger car)
- *o carro suburbano* (Pt. *a carruagem suburbana*) *de passageiros* m, *um carro* (Pt. *uma carruagem*) *de quatro eixos* m
4 bogie (truck) [with disc (disk) brakes]
- *o truque* (Pt. *a bogie*) *[com freio* m *a disco* m]
5 underframe (frame)
- *o estrado*
6 coach body with metal panelling (*Am.* paneling)
- *a caixa do carro* (Pt. *da carruagem*) *com painés metálicos*
7 double folding doors
- *a porta dobradiça dupla*
8 compartment window
- *a janela do compartimento*
9 open carriage
- *o carro* (Pt. *a carruagem*) *de corredor* m

10 entrace
- *a porta de acesso* m
11 connecting corridor
- *o corredor de circulação* f *entre os carros* (Pt. *entre as carruagens*)
12 rubber connecting seal
- *a vedação de borracha* f
13 light railcar, a short-distance railcar, a diesel railcar
- *a automotriz* (Pt. *a automotora*) *diesel* (*a litorina*) *para pequenos percursos*
14 cab (driver's cab, *Am.* engineer's cab)
- *a cabine do maquinista*
15 luggage compartment
- *o compartimento de bagagens* f
16 connecting hoses and coupling
- *as mangueiras e o engate*
17 coupling link
- *a manilha de união* f
18 tensioning device (coupling screw with tensioning lever)
- *o esticador*
19 unlinked coupling
- *a manilha pendente*
20 heating coupling hose (steam coupling hose)
- *a mangueira de ligação* f *do aquecimento*

21 coupling hose (connecting hose) for the compressed-air braking system
- *a mangueira de ligação* f *do sistema de freio* m *a ar comprimido*
22 second-class section
- *a segunda classe*
23 central gangway
- *o corredor central*
24 compartment
- *o compartimento*
25 upholstered seat
- *o banco estofado*
26 armrest
- *o braço*
27 luggage rack
- *o porta-bagagem*
28 hat and light luggage rack
- *a prateleira para bagagem* f *leve*
29 ashtray
- *o cinzeiro*
30 passenger
- *o passageiro*

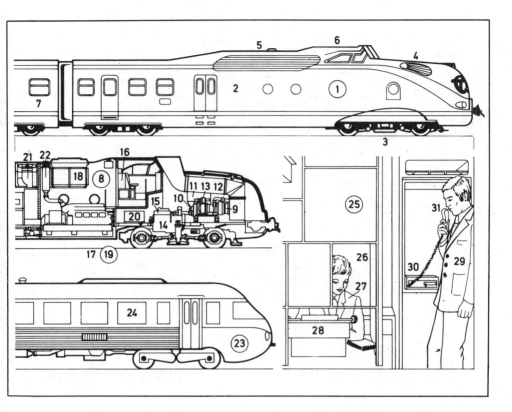

1-22 Trans-Europe Express (Intercity train)
- *o Expresso Transeuropeu (T.E. E. — o trem expresso (Pt. o rápido) que liga os grandes centros de negócios m da Europa)*
1 German Federal Railway trainset, a diesel trainset or gas turbine trainset
- *a composição automotriz das estradas de ferro da República Federal da Alemanha, uma composição a Diesel ou a turbina f de gás m*
2 driving unit
- *o carro motor (Pt. a carruagem motriz)*
3 drive wheel unit
- *o eixo motor*
4 main engine
- *o motor principal*
5 diesel generator unit
- *o gerador diesel*
6 cab (driver's cab, Am. engineer's cab)
- *a cabine do maquinista*
7 second coach
- *o segundo carro (Pt. a segunda carruagem)*
8 gas turbine driving unit [diagram]
- *o esquema da automotriz (Pt. da automotora) a turbina de gás m*
9 gas turbine
- *a turbina a gás m*

10 turbine transmission
- *a transmissão da turbina*
11 air intake
- *a entrada de ar m*
12 exhaust with silencers (*Am.* mufflers)
- *a descarga com silenciosos m*
13 dynastarter
- *o motor de arranque m*
14 Voith transmission
- *a transmissão Voith (hidráulica)*
15 heat exchanger for the transmission oil
- *o trocador de calor m para refrigeração f do óleo da transmissão*
16 gas turbine controller
- *o controle da turbina a gás m*
17 gas turbine fuel tank
- *o tanque de combustível m da turbina a gás m*
18 oil-to-air cooling unit for transmission and turbine
- *o refrigerador a ar m do óleo da transmissão e da turbina*
19 auxiliary diesel engine
- *o motor diesel auxiliar*
20 fuel tank
- *o tanque de combustível m*
21 cooling unit
- *a unidade de refrigeração f*
22 exhaust with silencers (*Am.* mufflers)
- *o cano de descarga f com silenciosos m*

23 **experimental trainset** of the Société Nationale des Chemins de Fer Français (SNCF) with six-cylinder underfloor diesel engine and twin-shaft gas turbine
- *a composição experimental a Sociedade Nacional de Estradas de Ferro Francesas (SNCF), com motor m diesel de seis cilindros m sob o piso e turbina f a gás m com eixo duplo.*
24 turbine unit with silencers (*Am.* mufflers)
- *a turbina com silenciosos m*
25 secretarial compartment
- *o compartimento de trabalho m do executivo*
26 typing compartment
- *o compartimento de datilografia f*
27 secretary
- *a secretária*
28 typewriter
- *a máquina de escrever*
29 travelling (*Am.* traveling) salesman (businessman on business trip)
- *o executivo (sim.: o homem de negócios) em viagem f*
30 dictating machine
- *o ditafone*
31 microphone
- *o microfone*

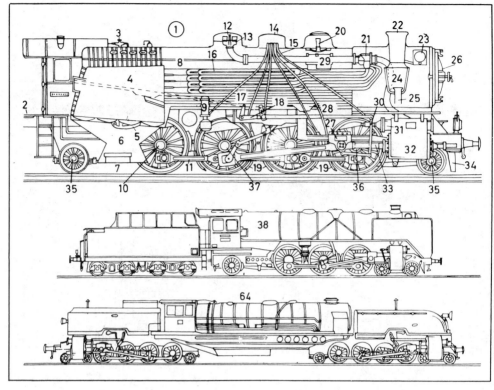

1-69 steam locomotives
- *as locomotivas a vapor* m
2-37 locomotive boiler and driving gear
- *a caldeira e o mecanismo propulsor*
2 tender platform with coupling
- *a plataforma do tênder com engate* m
3 safety valve for excess boiler pressure
- *a válvula de segurança* f
4 firebox
- *a fornalha*
5 drop grate
- *a grelha basculante para limpeza* f
6 ashpan with damper doors
- *o cinzeiro ventilado*
7 bottom door of the ashpan
- *a porta de limpeza* f
8 smoke tubes (flue tubes)
- *o tubo de fumaça* f
9 feed pump
- *a bomba de alimentação* f *de água* f
10 axle bearing
- *o mancal do eixo*
11 connecting rod
- *a biela de acoplamento* m
12 steam dome
- *o domo do vapor*
13 regulator valve (regulator main valve)
- *a válvula reguladora do vapor*

14 sand dome
- *o areeiro*
15 sand pipes (sand tubes)
- *os tubos de descida* f *de areia* f
16 boiler (boiler barrel)
- *a caldeira tubular*
17 fire tubes or steam tubes
- *os tubos de fogo ou de vapor*
18 reversing gear (steam reversing gear)
- *a alavanca de reversão* f *de marcha* f
19 sand pipes
- *os tubos de descida* f *de areia* f
20 feed valve
- *a válvula de alimentação* f
21 steam collector
- *o coletor de vapor* m
22 chimney (smokestack, smoke outlet and waste steam exhaust)
- *a chaminé*
23 feedwater preheater (feedwater heater, economizer)
- *o reaquecedor com vapor* m *de escapamento* m *(o economizador)*
24 spark arrester
- *o veda-fagulhas*
25 blast pipe
- *o tubo de escape* m
26 smokebox door
- *a porta da caixa de fumaça* f

27 cross head
- *a cruzeta*
28 mud drum
- *o coletor de impurezas* f
29 top feedwater tray
- *o coletor superior de água* f *de alimentação* f
30 combination lever
- *a haste da válvula de distribuição* f
31 steam chest
- *a câmara de vapor* m
32 cylinder
- *o cilindro*
33 piston rod with stuffing box (packing box)
- *a haste de êmbolo* m *com gaxeta* f
34 guard iron (rail guard, *Am.* pilot, cowcatcher)
- *o limpa-trilhos*
35 carrying axle (running axle, dead axle)
- *o eixo suporte*
36 coupled axle
- *os eixos acoplados*
37 driving axle
- *o eixo motor*
38 express locomotive with tender
- *a locomotiva expressa com tênder* m
39-63 cab (driver's cab, *Am.* engineer's cab)
- *a cabine do maquinista*

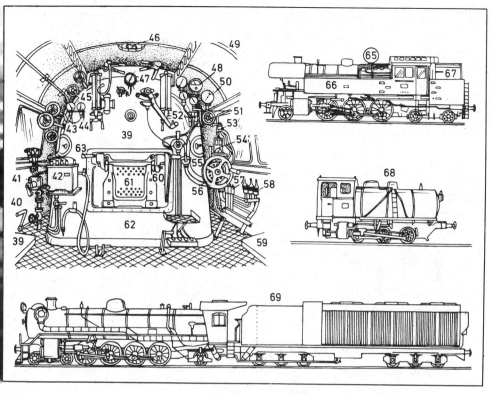

39 fireman's seat
 – *o assento do foguista*
40 drop grate lever
 – *a haste da grelha basculante*
41 line steam injector
 – *o injetor de vapor* m
42 automatic lubricant pump (automatic lubricator)
 – *a bomba automática de lubrificação* f
43 preheater pressure gauge (*Am.* gage)
 – *o manômetro do pré-aquecedor*
44 carriage heating pressure gauge (*Am.* gage)
 – *o manômetro do aquecedor dos carros*
45 water gauge (*Am.* gage)
 – *o indicador do nível de água* f
46 light
 – *a lâmpada*
47 boiler pressure gauge (*Am.* gage)
 – *o manômetro da caldeira*
48 distant-reading temperature gauge (*Am.* gage)
 – *o teletermômetro*
49 cab (driver's cab, *Am.* engineer's cab)
 – *a cabine do maquinista* m
50 brake pressure gauge (*Am.* gage)
 – *o manômetro do freio*
51 whistle valve handle
 – *a alavanca da válvula do apito*

52 driver's timetable (*Am.* engineer's schedule)
 – *o horário*
53 driver's brake valve (*Am.* engineer's brake valve)
 – *a válvula do freio do maquinista*
54 speed recorder (tachograph)
 – *o tacógrafo*
55 sanding valve
 – *a válvula do areeiro*
56 reversing wheel
 – *o volante de reversão* f *de marcha* f
57 emergency brake valve
 – *a válvula do freio de emergência* f
58 release valve
 – *a válvula de purgação* f
59 driver's seat (*Am.* engineer's seat)
 – *o assento do maquinista*
60 firehole shield
 – *a tela antiofuscante*
61 firehole door
 – *a porta da fornalha*
62 vertical boiler
 – *a caldeira vertical*
63 firedoor handle handgrip
 – *o ferrolho da porta da fornalha*
64 articulated locomotive (Garratt locomotive)
 – *a locomotiva articulada Garratt, uma locomotiva articulada*

65 tank locomotive
 – *a locomotiva-tênder*
66 water tank
 – *o tanque de água* f
67 fuel tender
 – *o tênder de combustível* m
68 steam storage locomotive (fireless locomotive)
 – *a locomotiva sem fornalha* f, *(com acumulador* m *de vapor* m)
69 condensing locomotive (locomotive with condensing tender)
 – *a locomotiva de condensação* f *(a locomotiva com tênder condensador)*

1 electric locomotive
- *a locomotiva elétrica*
2 current collector
- *o pantógrafo*
3 main switch
- *a chave principal*
4 high-tension transformer
- *o transformador de alta tensão*
5 roof cable
- *o cabo do teto*
6 traction motor
- *o motor de tração* f
7 inductive train control system
- *o sistema indutivo de controle* m *do trem* (Pt. *do comboio*)
8 main air reservoir
- *o reservatório principal de ar* m
9 whistle
- *o apito*
10-18 plan of locomotive
- *a planta da locomotiva*
10 transformer with tap changer
- *o transformador com tap (o comutador de derivação)*
11 oil cooler with blower
- *o resfriador de óleo* m *com ventilador* m
12 oil-circulating pump
- *a bomba de circulação* f *de óleo* m
13 tap changer driving mechanism
- *o mecanismo de acionamento* m *do tap*
14 air compressor
- *o compressor de ar* m
15 traction motor blower
- *o ventilador do motor de tração* f
16 terminal box
- *a caixa de bornes* m
17 capacitors for auxiliary motors
- *os capacitores para os motores auxiliares*
18 commutator cover
- *a tampa do comutador*
19 cab (driver's cab. *Am.* engineer's cab)
- *a cabine do maquinista*
20 controller handwheel
- *o manipulador de controle* m
21 dead man's handle
- *o dispositivo de homem morto*
22 driver's brake valve (*Am.* engineer's brake valve)
- *a válvula do freio do maquinista*
23 ancillary brake valve (auxiliary brake valve)
- *a válvula do freio auxiliar*
24 pressure gauge (*Am.* gage)
- *o manômetro*
25 bypass switch for the dead man's handle
- *o botão de anulação* f *do dispositivo de homem morto*
26 tractive effort indicator
- *o dinamômetro do esforço de tração* f
27 train heating voltage indicator
- *o voltímetro do aquecimento*
28 contact wire voltage indicator (overhead wire voltage indicator)
- *o voltímetro do cabo de contato* m

29 high-tension voltage indicator
- *o voltímetro de alta tensão*
30 on/off switch for the current collector
- *o interruptor de comando* m *do pantógrafo*
31 main switch
- *a chave principal*
32 sander switch (sander control)
- *o interruptor de comando* m *do areeiro*
33 anti-skid brake switch
- *o interruptor do freio antiderrapante*
34 visual display for the ancillary systems
- *o indicador óptico do funcionamento dos sistemas auxiliares*
35 speedometer
- *o velocímetro*
36 running step indicator
- *o indicador do ponto da transição*
37 clock
- *o relógio*
38 controls for the inductive train control system
- *os comandos do sistema indutivo de controle* m *da marcha do trem*
39 cab heating switch
- *o botão de aquecimento* m *da cabine*
40 whistle lever
- *a alavanca do apito*
41 contact wire maintenance vehicle (overhead wire maintenance vehicle) a diesel railcar
- *o veículo de manutenção* f *das catenárias, uma automotriz (Pt. uma automotora) diesel*
42 work platform (working platform)
- *a plataforma de trabalho* m
43 ladder
- *a escada*
44-54 mechanical equipment of the contact wire maintenance vehicle
- *o equipamento mecânico do veículo de manutenção* f *das catenárias*
44 air compressor
- *o compressor de ar* m
45 blower oil pump
- *a bomba de óleo com ventilador*
46 generator
- *o gerador*
47 diesel engine
- *o motor diesel*
48 injection pump
- *a bomba injetora*
49 silencer (*Am.* muffler)
- *o silencioso*
50 change-speed gear
- *o mecanismo de mudança* f *de velocidade* f
51 cardan shaft
- *o eixo cardan*
52 wheel flange lubricator
- *o lubrificador do flange da roda*
53 reversing gear
- *o mecanismo de reversão* f *de marcha* f

54 torque converter bearing
- *o mancal do conversor de torque* m
55 accumulator railcar (battery railcar)
- *o carro de linha* f *a bateria* f
56 battery box (battery container)
- *a bateria de acumuladores* m
57 cab driver's cab (*Am.* engineer's cab)
- *a cabine do maquinista*
58 second-class seating arrangement
- *a disposição dos assentos na segunda classe*
59 toilet (lavatory, WC)
- *os sanitários, a retrete*
60 fast electric multiple-unit train
- *o trem elétrico* (Pt. *o comboio elétrico*) *rápido*
61 front railcar
- *o carro da frente*
62 driving trailer car
- *o carro intermediário*

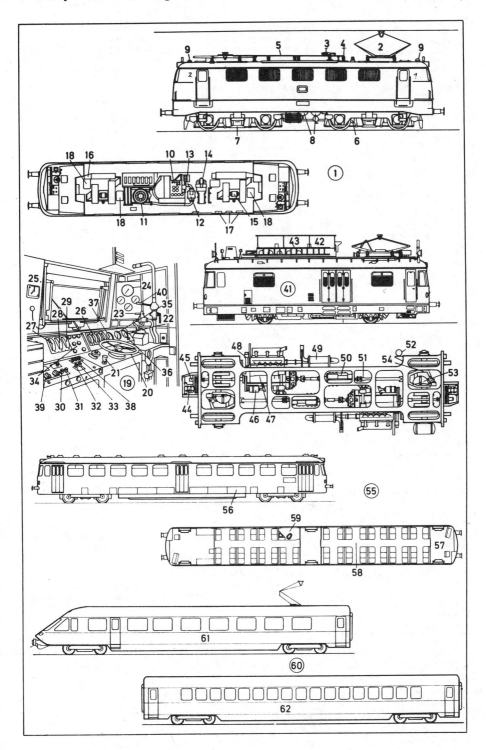

1-84 diesel locomotives
- *locomotivas f diesel*
1 **diesel-hydraulic locomotive**, a mainline locomotive (diesel locomotive) for medium passenger and goods service (freight service)
- *a locomotiva diesel hidráulica, uma locomotiva de linha f para trens (Pt. para comboios) médios de passageiros m ou de carga f*
2 bogie (truck)
- *o truque*
3 wheel and axle set
- *o rodeiro*
4 main fuel tank
- *o tanque principal de combustível m*
5 cab (driver's cab, *Am.* engineer's cab) of a diesel locomotive
- *a cabine do maquinista de uma locomotiva diesel*
6 main air pressure gauge (*Am.* gage)
- *o manômetro principal*
7 brake cylinder pressure gauge (*Am.* gage)
- *o manômetro do cilindro de freio m*
8 main air reservoir pressure gauge (*Am.* gage)
- *o manômetro principal do reservatório de ar m*
9 speedometer
- *o velocímetro*
10 auxiliary brake
- *o freio auxiliar*
11 driver's brake valve (*Am.* engineer's brake valve)
- *o manipulador do freio do maquinista*
12 controller handwheel
- *o volante do maquinista*
13 dead man's handle
- *o dispositivo de homem morto*
14 inductive train control system
- *o sistema indutivo de controle m do trem (Pt. do comboio)*
15 signal lights
- *os sinais luminosos da cabine (cab signals)*
16 clock
- *o relógio*
17 voltage meter for the train heating system
- *o voltímetro para o sistema de aquecimento m do trem (Pt. do comboio)*
18 current meter for the train heating system
- *o amperímetro para o sistema de aquecimento m do trem (Pt. do comboio)*
19 engine oil temperature gauge (*Am.* gage)
- *o termômetro do óleo do motor*
20 transmission oil temperature gauge (*Am.* gage)
- *o termômetro do óleo da transmissão*
21 cooling water temperature gauge (*Am.* gage)
- *o termômetro da água de refrigeração f*
22 revolution counter (rev counter, tachometer)
- *o conta-giros (o tacômetro)*
23 radio telephone
- *o radio-telefone*
24 diesel-hydraulic locomotive [plan and elevation]
- *a locomotiva diesel hidráulica [corte longitudinal e planta]*
25 diesel engine
- *o motor diesel*

26 cooling unit
- *a unidade de refrigeração f*
27 fluid transmission
- *a transmissão hidráulica*
28 wheel and axle drive
- *o redutor para o rodeiro*
29 cardan shaft
- *o eixo cardan*
30 starter motor
- *o motor de arranque m*
31 instrument panel
- *o painel de instrumentos m*
32 driver's control desk (*Am.* engineer's control desk)
- *o console do maquinista*
33 hand brake
- *o freio de mão f*
34 air compressor with electric motor
- *o compressor de ar m com motor elétrico*
35 equipment locker
- *o armário de equipamento m*
36 heat exchanger for transmission oil
- *o trocador de calor m para óleo m da transmissão*
37 engine room ventilator
- *o ventilador do compartimento do motor*
38 magnet for the inductive train control system
- *o eletroímã (Pt. o eletroíman) do sistema indutivo de controle m da marcha do trem (Pt. do comboio)*
39 train heating generator
- *o gerador de calor m*
40 casing of the train heating system transformer
- *a carcaça do transformador do sistema de calefação f*
41 preheater
- *o preaquecedor*
42 exhaust silencer (*Am.* exhaust muffler)
- *o silencioso do escapamento*
43 auxiliary heat exchanger for the transmission oil
- *o trocador auxiliar de calor m para o óleo da transmissão*
44 hydraulic brake
- *o freio hidráulico*
45 tool box
- *a caixa de ferramentas f*
46 starter battery
- *a bateria do motor de arranque m*
47 **diesel-hydraulic locomotive** for light and medium shunting service
- *a locomotiva hidráulica diesel para serviço m de manobra f leve ou média*
48 exhaust silencer (*Am.* exhaust muffler)
- *o silencioso de escapamento m*
49 bell and whistle
- *a campainha e o apito*
50 yard radio
- *o rádio local para manobras f*
51-67 elevation of locomotive
- *o corte longitudinal da locomotiva*
51 diesel engine with supercharged turbine
- *o motor diesel com supercharger*
52 fluid transmission
- *a transmissão hidráulica*
53 output gear box
- *a transmissão secundária*

54 radiator
- *o radiador*
55 heat exchanger for the engine lubricating oil
- *o trocador de calor m para o óleo lubrificante do motor*
56 fuel tank
- *o tanque de combustível m*
57 main air reservoir
- *o reservatório principal de ar m*
58 air compressor
- *o compressor de ar m*
59 sand boxes
- *os areeiros*
60 reserve fuel tank
- *o tanque de combustível m de reserva f*
61 auxiliary air reservoir
- *o reservatório auxiliar de ar m*
62 hydrostatic fan drive
- *o acionamento do ventilador*
63 seat with clothes compartment
- *o assento com compartimento m para roupas f*
64 hand brake wheel
- *o volante do freio de mão f*
65 cooling water
- *a água de refrigeração f*
66 ballast
- *o lastro*
67 engine and transmission control wheel
- *o volante de controle da transmissão e do motor*
68 **small diesel locomotive** for shunting service
- *a pequena locomotiva diesel de manobra f*
69 exhaust casing
- *o tubo de escapamento m*
70 horn
- *a buzina*
71 main air reservoir
- *o reservatório principal de ar m*
72 air compressor
- *o compressor de ar m*
73 eight-cylinder diesel engine
- *o motor diesel de oito cilindros m*
74 Voith transmission with reversing gear
- *a transmissão Voith com engrenagens f de reversão f de marcha f*
75 heating oil tank (fuel oil tank)
- *o tanque do óleo de aquecimento m*
76 sand box
- *o areeiro*
77 cooling unit
- *a unidade de refrigeração f*
78 header tank for the cooling water
- *o reservatório de compensação f da água de refrigeração f*
79 oil bath air cleaner (oil bath air filter)
- *o filtro de ar m a banho m de óleo m*
80 hand brake wheel
- *o volante do freio de mão f*
81 control wheel
- *o volante de comando m*
82 coupling
- *a embreagem (Pt. a embraiagem)*
83 cardan shaft
- *o eixo cardan*
84 louvred shutter
- *a grade do radiador*

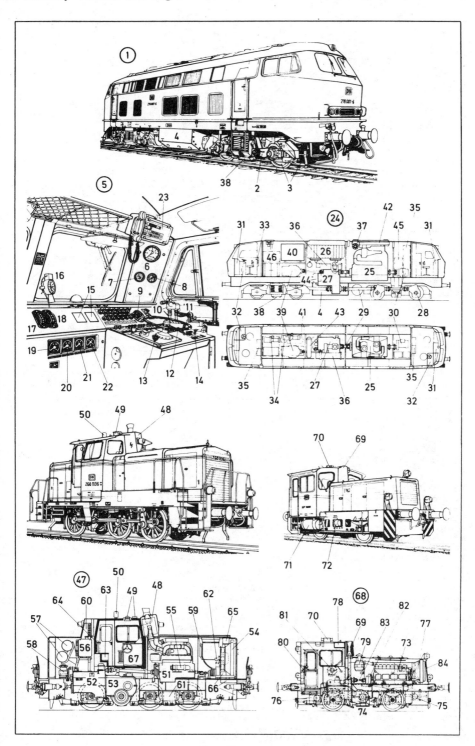

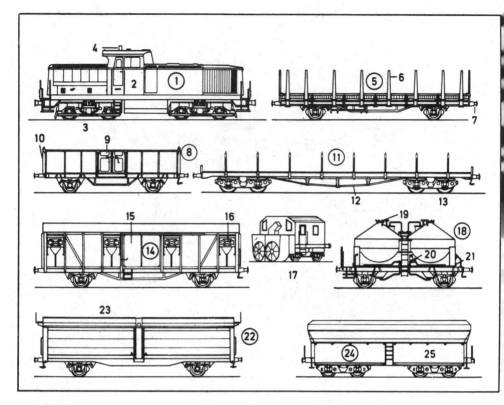

1 diesel-hydraulic locomotive
- *a locomotiva diesel hidráulica*
2 cab (driver's cab, *Am.* engineer's cab)
- *a cabine do maquinista*
3 wheel and axle set
- *o rodeiro*
4 aerial for the yard radio
- *a antena do rádio local de manobras f*
5 standard flat wagon (*Am.* standard flatcar)
- *o vagão-prancha, o vagão-plataforma*
6 hinged steel stanchion (stanchion)
- *o fueiro*
7 buffers
- *os tampões*
8 standard open goods wagon
(*Am.* standard open freight car)
- *a gôndola (o vagão aberto)*
9 revolving side doors
- *as portas laterais*
10 hinged front
- *a cabeceira móvel*
11 standard flat wagon (*Am.* standard flatcar) with bogies
- *o vagão-plataforma com truques*
m (Pt. com bogies) m
12 sole bar reinforcement
- *o tirante de reforço m*
13 bogie (truck)
- *o truque*

14 covered goods van (covered
goods wagon, *Am.* boxcar)
- *o vagão fechado*
15 sliding door
- *a porta de correr*
16 ventilation flap
- *as aberturas de ventilação f*
17 snow blower (rotary snow
plough, *Am.* snowplow), a
track-clearing vehicle
- *o limpa-neve, um veículo para
desobstruir a via*
18 wagon (*Am.* car) with pneumatic discharge
- *o vagão de descarga pneumática*
19 filler hole
- *a boca de carregamento m*
20 compressed-air supply
- *a ligação de ar comprimido*
21 discharge connection valve
- *a válvula de descarga f*
22 goods van (*Am.* boxcar) with sliding roof
- *o vagão fechado com teto corrediço*
23 roof opening
- *a abertura do teto*
24 bogie open self-discharge wagon
(*Am.* bogie open self-discharge
freight car)
- *o vagão aberto de descarga automática com truques m (Pt. com
bogies) m*
25 discharge flap (discharge door)
- *a porta de descarga f*

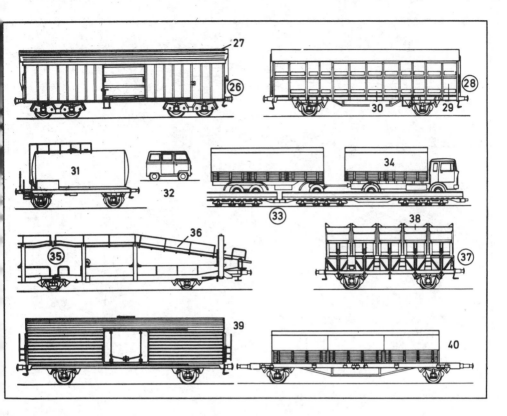

26 bogie wagon with swivelling
   (*Am.* swiveling) roof
 - *o vagão de teto articulado, com
   truques* m (Pt. *com* bogies m)
27 swivelling (*Am.* swiveling) roof
 - *o teto articulado*
28 large-capacity wagon (*Am.* large-
   capacity car) for small livestock
 - *o vagão de grande capacidade
   f para transporte* m *de animais
   m de pequeno porte*
29 sidewall with ventilation flaps
   (slatted wall)
 - *a parede lateral com aberturas
   f de ventilação* f
30 ventilation flap
 - *a abertura de ventilação* f
31 tank wagon (*Am.* tank car)
 - *o vagão-tanque*
32 track inspection railcar
 - *o automóvel de linha* f, *um carro
   de inspeção* f *da linha*
33 open special wagons (*Am.* open
   special freight cars)
 - *os vagões de plataforma rebaixada*
34 lorry (*Am.* truck) with trailer
 - *o caminhão* (Pt. *o camião) com
   reboque* m
35 two-tier car carrier (double-
   deck car carrier)
 - *o vagão de dois andares para
   transporte* m *de automóveis* m

36 hinged upper deck
 - *a plataforma superior com rampa* f
37 tipper wagon (*Am.* dump car)
   with skips
 - *o vagão de compartimentos* m
   basculantes
38 skip
 - *o compartimento basculante*
39 general-purpose refrigerator
   wagon (refrigerator van, *Am.*
   refrigerator car)
 - *o vagão frigorífico*
40 interchangeable bodies for flat
   wagons (*Am.* flatcars)
 - *os containers (os cofres de carga*, Pt. *os contentores) intercambiáveis para vagões-plataformas
   m

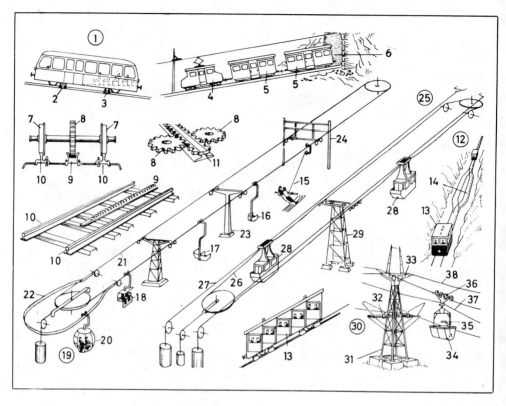

1-14 mountain railways (*Am.* mountain railroads)
- *a ferrovia de montanha* f
1 adhesion railcar
- *a automotriz (Pt. a automotora) com aderência* f
2 drive
- *o acionamento*
3 emergency brake
- *o freio de emergência* f
4-5 rack mountain railway (rack-and-pinion railway, cog railway, *Am.* cog railroad, rack railroad)
- *a ferrovia de cremalheira* f
4 electric rack railway locomotive (*Am.* electric rack railroad locomotive)
- *a locomotiva elétrica para ferrovia* f *de cremalheira* f
5 rack railway coach (rack railway trailer, *Am.* rack railroad car)
- *o carro (Pt. a carruagem) de passageiros* m *de cremalheira* f
6 tunnel
- *o túnel*
7-11 rack railways (rack-and-pinion railways, *Am.* rack railroads) [systems]
- *os sistemas de cremalheira* f *em ferrovia* f
7 running wheel (carrying wheel)
- *a roda motriz*
8 driving pinion
- *o pinhão motor*
9 rack [with teeth machined on top edge]
- *a cremalheira [com dentes* m *na face superior]*
10 rail
- *o trilho (Pt. o carril)*
11 rack [with teeth on both outer edges]
- *a cremalheira [com dentes* m *nas duas bordas externas]*
12 funicular railway (funicular, cable railway)
- *o funicular (o plano inclinado)*
13 funicular railway car
- *o vagão do funicular*
14 haulage cable
- *o cabo de tração* f
15-38 cableways (ropeways, cable suspension lines)
- *teleféricos* m
15-24 single cable ropeways (single-cable suspension lines), endless ropeways
- *os teleféricos monocabo sem-fim*
15 drag lift
- *o telesqui*
16-18 chair lift
- *o teleférico de cadeira* f
16 lift chair, a single chair
- *a cadeira individual*
17 double lift chair, a two-seater chair
- *a cadeira dupla*
18 double chair (two-seater chair) with coupling
- *a cadeira dupla com engate* m
19 gondola cableway, an endless cableway
- *o teleférico de cabo contínuo, um teleférico sem-fim*
20 gondola (cabin)
- *a gôndola (a cabine)*
21 endless cable, a suspension (supporting) and haulage cable
- *o cabo contínuo, um cabo de suspensão* f *e tração* f
22 U-rail
- *o trilho (Pt. o carril) de retorno* m
23 single-pylon support
- *a torre-suporte*
24 gantry support
- *o pórtico-suporte*
25 double-cable ropeway (double-cable suspension line), a suspension line with balancing cabins
- *o teleférico de cabo duplo e contrapeso* m
26 haulage cable
- *o cabo de tração* f
27 suspension cable (supporting cable)
- *o cabo de suspensão* f
28 cabin
- *a cabine*
29 intermediate support
- *a torre intermediária*
30 cableway (ropeway, suspension line), a double-cable ropeway (double-cable suspension line)
- *o teleférico de cabo duplo*
31 pylon
- *a torre*
32 haulage cable roller
- *a polia do cabo de tração* f
33 cable guide rail (suspension cable bearing)
- *a barra de desgaste* m

34 skip, a tipping bucket (*Am.* dumping bucket)
– *a caçamba* (Pt. *o alcatruz*), *uma caçamba basculante*
35 stop
– *o batente*
36 pulley cradle
– *o trem de polias* f
37 haulage cable
– *o cabo de tração* f
38 suspension cable (supporting
cable)
– *o cabo de apoio* m
39 **valley station** (lower station)
– *a estação inferior*
40 tension weight shaft
– *o poço de deslocamento* m *dos
contrapesos*
41 tension weight for the suspension
cable (supporting cable)
– *o contrapeso do cabo de apoio*
m
42 tension weight for the haulage
cable
– *o contrapeso do cabo de tração*
f
43 tension cable pulley
– *a polia do cabo tensor (a polia
de tensão* f)
44 suspension cable (supporting
cable)
– *o cabo de apoio* m
45 haulage cable
– *o cabo de tração* f
46 balance cable (lower cable)
– *o cabo de equilíbrio* m *(o cabo
inferior)*
47 auxiliary cable (emergency
cable)
– *o cabo auxiliar (de emergência* f)
48 auxiliary-cable tensioning mechanism (emergency-cable tensioning mechanism)
– *o mecanismo tensor do cabo auxiliar*
49 haulage cable rollers
– *as polias do cabo de tração* f
50 spring buffer (*Am.* spring bumper)
– *o amortecedor do arranque (o
amortecedor de mola* f)
51 valley station platform (lower
station platform)
– *a plataforma da estação inferior*
52 cabin (cableway gondola, ropeway gondola, suspension line
gondola), a large-capacity cabin
– *a cabine de grande capacidade* f
(o bondinho)
53 pulley cradle
– *o trem de polias* f
54 suspension gear
– *a linga*
55 stabilizer
– *o estabilizador*
56 guide rail
– *o trilho-guia*
57 **top station** (upper station)
– *a estação superior*
58 suspension cable guide (supporting cable guide)
– *o guia do cabo de apoio* m
59 suspension cable anchorage (supporting cable anchorage)
– *a ancoragem do cabo de apoio* m

60 haulage cable rollers
– *o trem de polias* f *do cabo de tração* f
61 haulage cable guide wheel
– *a polia de retorno* m *do cabo de
tração* f
62 haulage cable driving pulley
– *a polia motriz do cabo de tração*
f
63 main drive
– *o comando principal*
64 standby drive
– *o comando auxiliar*
65 control room
– *a sala de controle* m
66 **cabin pulley cradle**
– *o trem de polias* f *da cabine*
67 main pulley cradle
– *a longarina principal*
68 double cradle
– *o berço duplo*
69 two-wheel cradle
– *o berço de duas polias*
70 running wheels
– *as polias de rolamento* m
71 suspension cable brake (supporting
cable brake), an emergency brake
in case of haulage cable failure
– *o freio do cabo portador, um freio
de emergência* f *em caso de ruptura* f *do cabo de tração* f
72 suspension gear bolt
– *o eixo de suspensão* f
73 haulage cable sleeve
– *a manga do cabo de tração* f
74 balance cable sleeve (lower cable
sleeve)
– *a manga do cabo de equilíbrio* m
75 derailment guard
– *o dispositivo antidescarrilamento*
76 cable supports (ropeway supports, suspension line supports,
intermediate supports)
– *as torres de teleférico* m *(as torres
intermediárias)*
77 pylon, a framework support
– *a torre de treliça metálica*
78 tubular steel pylon, a tubular
steel support
– *a torre de aço* m *tubular*
79 suspension cable guide rail (supporting cable guide rail, support
guide rail)
– *o trilho-guia do cabo portador (a
sapata de apoio* m)
80 support truss, a frame for work
on the cable
– *os tirantes da torre, uma estrutura
para trabalho* m *no cabo*
81 base of the support
– *as fundações da torre*

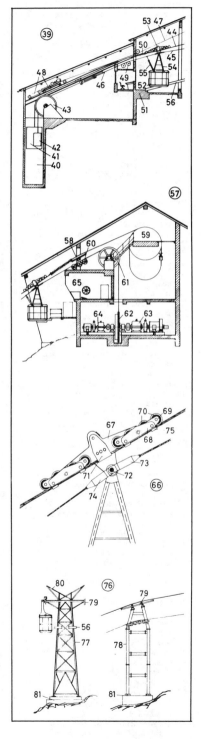

1 cross-section of a bridge
- *o corte transversal de uma ponte*
2 orthotropic roadway (orthotropic deck)
- *a lage ortotrópica de tabuleiro* m
3 truss (bracing)
- *a escora*
4 diagonal brace (diagonal strut)
- *o contraventamento*
5 hollow tubular section
- *a viga oca*
6 deck slab
- *a chapa do tabuleiro*
7 solid-web girder bridge (beam bridge)
- *a ponte de viga clássica*
8 road surface
- *a superfície de rolamento* m
9 top flange
- *o patim superior*
10 bottom flange
- *o patim inferior*
11 fixed bearing
- *o aparelho de apoio fixo*
12 movable bearing
- *o aparelho de apoio* m *móvel*
13 clear span
- *o vão livre*
14 span
- *a luz*
15 rope bridge (primitive suspension bridge)
- *a ponte de corda* f *(a ponte suspensa primitiva)*
16 carrying rope
- *o cabo de sustentação* f, *o cabo suporte*
17 suspension rope
- *o cabo de suspensão* f
18 woven deck (woven decking)
- *o piso trançado*
19 stone arch bridge, a solid bridge
- *a ponte de arcos* m *de pedra* f, *uma ponte maciça*
20 arch
- *o arco*
21 pier
- *o pilar*
22 statue of saint on bridge
- *a estátua de santo* m *na ponte*
23 trussed arch bridge
- *a ponte em arco* m *de treliça* f
24 truss element
- *o elemento de treliça* f
25 trussed arch
- *o arco de treliça* f
26 arch span
- *a abertura do arco*
27 abutment (end pier)
- *o encontro*
28 spandrel-braced arch bridge
- *a ponte em arco* m *de tabuleiro* f *superior*
29 abutment (abutment pier)
- *o encontro*
30 bridge strut
- *o pilar*
31 crown
- *a chave-de-arco*
32 covered bridge of the Middle Ages (the Ponte Vecchio in Florence)
- *a ponte medieval coberta de edificações* f *(Ponte Vecchio de Florença)*

33 goldsmiths' shops
- *as lojas de ourives* m
34 steel lattice bridge
- *a ponte de viga cantiléver (a ponte de viga balanceada)*
35 counterbrace (crossbrace, diagonal member)
- *o contraventamento*
36 vertical member
- *o montante (a barra vertical)*
37 truss joint
- *a junção da treliça*
38 portal frame
- *o pórtico da extremidade*
39 suspension bridge
- *a ponte pênsil*
40 suspension cable
- *o cabo de sustentação* f *(o cabo suporte)*
41 suspender (hanger)
- *o cabo de suspensão* f
42 tower
- *a torre, o pórtico*
43 suspension cable anchorage
- *a ancoragem do cabo de sustentação* f
44 tied beam (with roadway)
- *as longarinas do tabuleiro*
45 abutment
- *o encontro*
46 cable-stayed bridge
- *a ponte sustentada por cabos* m
47 inclined tension cable
- *o cabo de sustentação* f *(o cabo tensor)*
48 inclined cable anchorage
- *a ancoragem do cabo tensor*
49 reinforced concrete bridge
- *a ponte de concreto* (Pt. *de betão) armado*
50 reinforced concrete arch
- *o arco de concreto* (Pt. *de betão) armado*
51 inclined cable system (multiple cable system)
- *o sistema de tirantes oblíquos*
52 flat bridge, a plate girder bridge
- *a ponte com placa nervurada*
53 stiffener
- *o reforço*
54 pier
- *a lateral da sapata*
55 bridge bearing
- *o aparelho de apoio* m
56 cutwater
- *a frente da sapata*
57 straits bridge, a bridge built of precast elements
- *a ponte de avanços sucessivos, uma ponte construída com elementos pré-moldados*
58 precast construction unit
- *o elemento pré-moldado*
59 viaduct
- *o viaduto*
60 valley bottom
- *o fundo do vale*
61 reinforced concrete pier
- *o pilar de concreto* (Pt. *de betão) armado*
62 scaffolding
- *a treliça (para colocar o elemento pré-moldado)*

63 lattice swing bridge
- *a ponte giratória de treliça* f
64 turntable
- *a plataforma giratória*
65 pivot pier
- *o pegão articulado*
66 pivoting half (pivoting section, pivoting span, movable half) of bridge
- *a seção* (Pt. *a secção) móvel da ponte*
67 flat swing bridge
- *a ponte plana giratória*
68 middle section
- *a seção* (Pt. *a secção) central*
69 pivot
- *a articulação*
70 parapet (handrailing)
- *o parapeito*

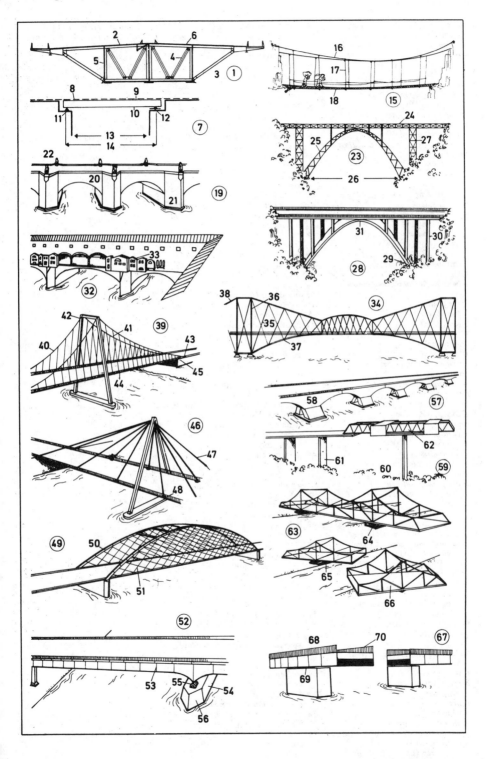

1 **cable ferry** (*also:* chain ferry), a passenger ferry
- *a balsa, uma balsa de passageiros* m
2 ferry rope (ferry cable)
- *o cabo da balsa*
3 river branch (river arm)
- *o braço de rio* m
4 river island (river islet)
- *a ilha fluvial (a ilhota fluvial)*
5 collapsed section of riverbank, flood damage
- *o trecho de margem* f *aluído (erodido por enchentes* f, *por enxurradas* f)
6 **motor ferry**
- *a barcaça a motor* m
7 ferry landing stage (motorboat landing stage)
- *o atracadouro da barcaça*
8 pile foundations
- *a fundação sobre estacas* f
9 current (flow, course)
- *a corrente (o curso de água* f)
10 **flying ferry** (river ferry), a car ferry
- *a barcaça fluvial para automóveis* m
11 ferry boat
- *a barcaça*
12 buoy (float)
- *a bóia*
13 anchorage
- *o cabo da âncora*
14 harbour (*Am.* harbor) for laying up river craft
- *o cais para atracação de barcos* m *fluviais*
15 **ferry boat** (punt)
- *a canoa, o regatão*
16 pole (punt pole, quant pole)
- *a vara de manobra* f
17 ferryman
- *o barqueiro*
18 blind river branch (blind river arm)
- *o braço morto do rio*
19 groyne (*Am.* groin)
- *o molhe*
20 groyne (*Am.* groin) head
- *a cabeça do molhe*
21 fairway (navigable part of river)
- *o canal de navegação* f (*a parte navegável do rio*)
22 **train of barges**
- *o rebocador com chata*
23 river tug
- *o rebocador*
24 tow rope (tow line, towing hawser)
- *o cabo do rebocador*
25 barge (freight barge, cargo barge, lighter)
- *a chata*
26 bargeman (bargee, lighterman)
- *o tripulante da chata*
27 **towing** (hauling, haulage)
- *a operação-reboque*
28 towing mast
- *o mastro do reboque*
29 towing engine
- *a locomotiva rebocadora*
30 towing track; *form.:* tow path (towing path)
- *a via férrea marginal (o ramal para reboque* m)

31 river after river training
- *o rio após obras* f *de dragagem* f *e retificação* f *de curso* m
32 **dike** (dyke, main dike, flood wall, winter dike)
- *o dique longitudinal contra enchentes* f, *o dique de contenção* f *de águas* f *de degelo* m
33 drainage ditch
- *o canal de saneamento* m, *o canal de drenagem* f
34 dike (dyke) drainage sluice
- *a eclusa do dique*
35 wing wall
- *o muro lateral*
36 outfall
- *o sangradouro*
37 drain (infiltration drain)
- *a canaleta de drenagem* f *longitudinal (o dreno para água* f *de infiltração* f)
38 berm (berme)
- *a berma (a margem do canal)*
39 top of dike (dyke)
- *a crista, a coroa do dique*
40 dike (dyke) batter (dike slope)
- *o talude do dique*
41 flood bed (inundation area)
- *o leito de enchente* f (*a área de inundação* f)
42 flood containment area
- *a área de represamento* m *da água*
43 current meter
- *o posto de medição fluviométrica*
44 kilometre (*Am.* kilometer) sign
- *o marco quilométrico*
45 dikereeve's (dykereeve's) house (dikereeve's cottage); *also:* ferryman's house (cottage)
- *a casa do vigia do dique; tb.: a casa do balseiro*
46 dikereeve (dykereeve)
- *o vigia do dique*
47 dike (dyke) ramp
- *a rampa de acesso* m *ao dique*
48 summer dike (summer dyke)
- *o dique para contenção* f *das águas de verão* m
49 levee (embankment)
- *a barragem*
50 sandbags
- *os sacos de areia* f
51-55 **bank protection** (bank stabilization, revetment)
- *a proteção da barragem*
51 riprap
- *o enrocamento*
52 alluvial deposit (sand deposit)
- *o depósito aluvial (de lama* f, *de areia* f), *a área assoreada*
53 fascine (bundle of wooden sticks)
- *as fasquias*
54 wicker fences
- *as cercas trançadas*
55 stone pitching
- *a pavimentação de pedra* f
56 **dredger** (multi-bucket ladder dredge, floating dredging machine)
- *a draga flutuante, uma draga de alcatruzes* m

57 bucket elevator chain
- *a cadeia de alcatruzes* m
58 dredging bucket
- *o alcatruz de draga* f
59 **suction dredger** (hydraulic dredger) with trailing suction pipe or barge sucker
- *a draga de aspiração* f (*a draga de sucção* f) *com tubo* m *de sucção pendente*
60 centrifugal pump
- *a bomba centrífuga (a bomba de recalque* m)
61 back scouring valve
- *a válvula de retenção* f
62 suction pump, a jet pump with scouring nozzles
- *a bomba de sucção* f

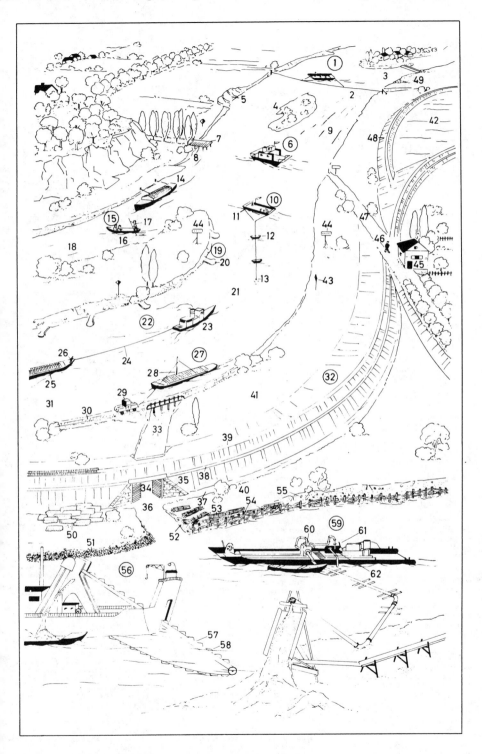

217 Waterway and Hydraulic Engineering

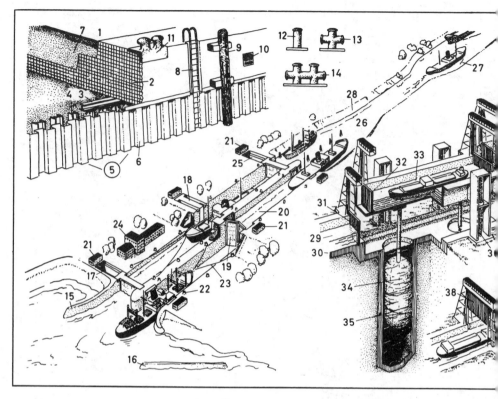

1-14 quay wall
- *a amurada de cais* m
1 road surface
- *a pavimentação da pista de rolamento* m
2 body of wall
- *o maciço de alvenaria* f
3 steel sleeper
- *a viga de aço* m *perfilada*
4 steel pile
- *a estaca de aço* m
5 sheet pile wall (sheet pile bulkhead, sheet piling)
- *a ensecadeira de estacas-pranchas* f
6 box pile
- *a estaca-prancha de aço* m
7 backfilling (filling)
- *o aterro*
8 ladder
- *a escada*
9 fender (fender pile)
- *a defensa*
10 recessed bollard
- *o cabeço de amarração* f *em nicho* m
11 double bollard
- *o cabeço duplo*
12 bollard
- *o cabeço de amarração* f
13 cross-shaped bollard (cross-shaped mooring bitt)
- *o cabeço em cruzeta* f
14 double cross-shaped bollard (double cross-shaped mooring bitt)
- *o cabeço em dupla cruzeta*
15-28 canal
- *o canal*
15-16 canal entrance
- *a entrada do canal*
15 mole
- *o molhe*
16 breakwater
- *o quebra-mar*

17-25 staircase of locks
- *o sistema de eclusas* f
17 lower level
- *o nível a jusante* f
18 lock gate, a sliding gate
- *a comporta corrediça da eclusa*
19 mitre (*Am.* miter) gate
- *a comporta com curvatura* f, *para eclusa* f
20 lock (lock chamber)
- *a câmara da eclusa*
21 power house
- *a casa de máquinas* f
22 warping capstan (hauling capstan), a capstan
- *o cabrestante para reboque* m
23 warp
- *o cabo para manobra* f
24 offices (e.g. canal administration, river police, customs)
- *os escritórios (a administração do canal, a polícia fluvial, a alfândega)*
25 upper level (head)
- *o nível a montante* f
26 lock approach
- *o canal de acesso* m *à eclusa*
27 lay-by
- *o trecho alargado do canal*
28 bank slope
- *o talude*
29-38 boat lift (*Am.* boat elevator)
- *o elevador de barcos* m
29 lower pound (lower reach)
- *o trecho de nível mais baixo do canal da eclusa*
30 canal bed
- *o leito do canal*
31 pound lock gate, a vertical gate
- *a comporta vertical deslizante*
32 lock gate
- *a comporta da câmara da eclusa*

33 boat tank (caisson)
- *o tanque onde é colocada a embarcação*
34 float
- *o flutuador; um dispositivo de manobra* f *vertical*
35 float shaft
- *o poço do flutuador*
36 lifting spindle
- *o macaco hidráulico (a haste de subida* f *e descida* f*)*
37 upper pound (upper reach)
- *o trecho de nível mais elevado do canal da eclusa*
38 vertical gate
- *a comporta vertical deslizante*
39-46 pumping plant and reservoir
- *a usina hidrelétrica de represamento* m, *a estação (ou a usina elevatória)*
39 forebay
- *a barragem-reservatório (o reservatório de acumulação* f*)*
40 surge tank
- *a chaminé de equilíbrio* m
41 pressure pipeline
- *a tubulação forçada (de pressão* f*)*
42 valve house (valve control house)
- *a casa de válvulas* f
43 turbine house (pumping station)
- *a casa de força* f *(das turbinas* f*) ou casa de bombas* f *(a estação de bombeamento* m*)*
44 discharge structure (outlet structure)
- *a estrutura do canal de fuga* f
45 control station
- *a sala de comando* m
46 transformer station
- *a estação transformadora (elevadora da tensão)*
47-52 axial-flow pump (propeller pump)
- *a bomba axial (a bomba hélice)*

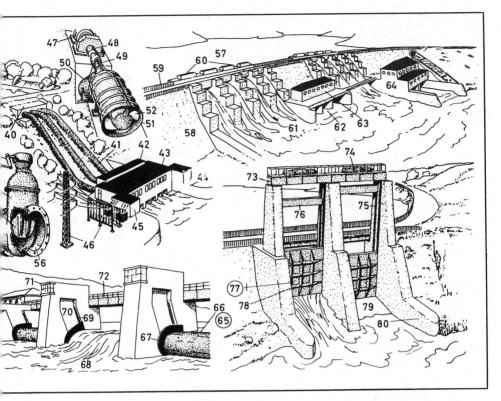

47 drive motor
 – *o motor da bomba*
48 gear
 – *a engrenagem*
49 drive shaft
 – *o eixo motor*
50 pressure pipe
 – *o tubo de recalque* m *da bomba axial*
51 suction head
 – *a entrada de aspiração* f *da bomba hé-*
 lice
52 impeller wheel
 – *o rotor em hélice* f *da bomba*
53-56 **sluice valve** (sluice gate)
 – *a válvula de gaveta* f *(a válvula de blo-*
 queio m*)*
53 crank drive
 – *a manivela de acionamento* m *da válvula*
54 valve housing
 – *o corpo da válvula*
55 sliding valve (sliding gate)
 – *a gaveta da válvula*
56 discharge opening
 – *a boca de saída* f *da válvula*
57-64 **dam** (barrage)
 – *a barragem*
57 reservoir (storage reservoir, impound-
 ing reservoir, impounded reservoir)
 – *a bacia de acumulação* f *(a barragem*
 de acumulação f, *o lago artificial de*
 acumulação, no caso de usinas f *con-*
 versíveis)
58 masonry dam
 – *a barragem de terra* f
59 crest of dam
 – *a crista da barragem*
60 spillway (overflow spillway)
 – *o vertedouro (o sangradouro)*
61 stilling basin (stilling box, stilling
 pool)
 – *a bacia de dissipação* f

62 scouring tunnel (outlet tunnel, waste
 water outlet)
 – *o canal de fuga* f *(o canal de saída*
 f *de água* f *após passagem* f *pelas turbi-*
 nas)
63 valve house (valve control house)
 – *a casa de válvulas* f
64 power station
 – *a casa de força* f *(as turbinas e os gera-*
 dores)
65-72 **rolling dam** (weir), a barrage;
 other system: shutter weir
 – *a barragem móvel de cilindros* m *(a bar-*
 ragem-eclusa), a barragem: outro sis-
 tema: as comportas sobre o vertedouro
65 roller, a barrier
 – *o cilindro, uma comporta cilíndrica*
66 roller top
 – *a parte superior do cilindro*
67 flange
 – *o flange*
68 submersible roller
 – *a comporta cilíndrica submersível*
 (imersa)
69 rack track
 – *a cremalheira*
70 recess
 – *o nicho*
71 hoisting gear cabin
 – *a cabine dos guinchos*
72 service bridge (walkway)
 – *a plataforma de manobra* f
73-80 **sluice dam**
 – *a barragem de comportas* f
73 hoisting gear bridge
 – *a plataforma do guincho*
74 hoisting gear (winding gear)
 – *o guincho de manobra* f *da comporta*
75 guide groove
 – *o trilho-guia da comporta*

76 counterweight (counterpoise)
 – *o contrapeso*
77 sluice gate (floodgate)
 – *a comporta plana vertical deslizante,*
 de fundo m
78 reinforcing rib
 – *a nervura de reforço* m
79 dam sill (weir sill)
 – *a soleira de fundo* m
80 wing wall
 – *o muro lateral*

1-6 Germanic rowing boat [ca. AD 400], the Nydam boat
- *o barco a remo germânico [400 d.C.], a barca de Nydam*
1 stern post
- *o cadaste*
2 steersman
- *o timoneiro, o piloto*
3 oarsman
- *o remador*
4 stem post (stem)
- *o talha-mar*
5 oar, for rowing
- *o remo*
6 rudder (steering oar), a side rudder, for steering
- *o remo de ginga f*
7 **dugout,** a hollowed-out tree trunk
- *a piroga (um barco feito de tronco oco de árvore f)*
8 paddle
- *o remo*
9-12 trireme, a Roman warship
- *a trirreme, um navio de guerra f romano*
9 ram
- *o rostro, o esporão*
10 forecastle (fo'c'sle)
- *o castelo de proa f*
11 grapple (grapnel, grappling iron), for fastening the enemy ship alongside
- *o arpéu de abordagem f*
12 three banks (tiers) of oars
- *as três fileiras de remos m*
13-17 Viking ship (longship, dragon ship) [Norse]
- *o navio viking (o antigo navio nórdico)*
13 helm (tiller)
- *o leme (a barra do leme)*
14 awning crutch with carved horses' heads
- *o suporte da tenda com cabeças f de cavalo m esculpidas*
15 awning
- *a tenda*
16 dragon figurehead
- *a figura de proa f com cabeça f de dragão m (a carranca)*
17 shield
- *o escudo*
18-26 cog (Hansa cog, Hansa ship)
- *o cog da Liga Hanseática*
18 anchor cable (anchor rope, anchor hawser)
- *o cabo da âncora*
19 forecastle (fo'c'sle)
- *o castelo de proa f*
20 bowsprit
- *o gurupés*
21 furled (brailed-up) square sail
- *a vela retangular colhida (ferrada)*
22 town banner (city banner)
- *o estandarte da cidade de origem f*
23 aftercastle (sterncastle)
- *o castelo de popa f*
24 rudder, a stem rudder
- *o leme, um leme de cadaste m*
25 rounded prow (rounded bow, bluff prow, bluff bow)
- *a popa arredondada*

26 wooden fender
- *a defensa de madeira f*
27-43 caravel (carvel) ['Santa Maria', 1492]
- *a caravela ['Santa Maria', 1492]*
27 admiral's cabin
- *a cabine do almirante*
28 spanker boom
- *o botaló de mezena f (a vela de ré f)*
29 mizzen (mizen, mutton spanker, lateen spanker), a lateen sail
- *a mezena, a vela triangular, uma vela latina*
30 lateen yard
- *a verga de mezena f*
31 mizzen (mizen) mast
- *o mastro da mezena*
32 lashing
- *a amarração*
33 mainsail (main course), a square sail
- *a vela mestra, uma vela quadrada*
34 bonnet, a removable strip of canvas
- *a saia da vela, um pedaço de lona f removível*
35 bowline
- *a bolina*
36 bunt line (martinet)
- *o briol*
37 main yard
- *a verga principal*
38 main topsail
- *a vela de joanete m*
39 main topsail yard
- *a verga da vela de joanete m*
40 mainmast
- *o mastro principal*
41 foresail (fore course)
- *o traquete*
42 foremast
- *o mastro de proa f*
43 spritsail
- *a cevadeira*
44-50 galley [15th to 18th century], a slave galley
- *a galera [do sec. XV ao sec. XVIII], uma galera de escravos m*
44 lantern
- *o fanal*
45 cabin
- *a cabine*
46 central gangway
- *o passadiço central*
47 slave driver with whip
- *o feitor de escravos m com chicote m*
48 galley slaves
- *os galés (condenados a trabalhos forçados)*
49 covered platform in the forepart of the ship
- *a plataforma de combate m da proa*
50 gun
- *a peça de artilharia f*
51-60 ship of the line (line-of-battle ship) [18th to 19th century], a three-decker
- *o navio de linha [do sec. XVIII ao sec. XIX]*

51 jib boom
- *o pau da bujarrona*
52 fore topgallant sail
- *a vela do mastaréu dianteiro*
53 main topgallant sail
- *a vela do mastaréu principal*
54 mizzen (mizen) topgallant sail
- *a vela do mastaréu de ré f*
55-57 gilded stern
- *o castelo de popa f dourado*
55 upper stern
- *a popa superior*
56 stern gallery
- *a galeria de popa f*
57 quarter gallery, a projecting balcony with ornamental portholes
- *as alhetas com galerias decorativas*
58 lower stern
- *a popa inferior*
59 gunports for broadside fire
- *as portinholas de fogo m lateral*
60 gunport shutter
- *o postigo*

1-72 rigging (rig, tackle) and sails of a bark (barque)
- *o cordame e o velame de um brigue-barca*

1-9 masts
- *os mastros*

1 bowsprit with jib boom
- *o gurupés com pau m da bujarrona*

2-4 foremast
- *o mastro de proa f*

2 lower foremast
- *o mastro de proa f (parte inferior)*

3 fore topmast
- *o mastaréu do velacho*

4 fore topgallant mast
- *o mastro da vela do joanete aa proa*

5-7 mainmast
- *o mastro principal*

5 lower mainmast
- *o mastro principal de baixo*

6 main topmast
- *o mastaréu principal da gávea f*

7 main topgallant mast
- *o mastro principal da vela de joanete m*

8-9 mizzen (mizen) mast
- *o mastro de mezena f*

8 lower mizzen (lower mizen)
- *o mastro baixo da mezena*

9 mizzen (mizen) topmast
- *o mastaréu da mezena*

10-19 standing rigging
- *os cordames de sustentação f*

10 forestay, mizzen (mizen) stay, mainstay
- *o estai do traquete*

11 fore topmast stay, main topmast stay, mizzen (mizen) topmast stay
- *o estai do mastaréu do velacho*

12 fore topgallant stay, mizzen (mizen) topgallant stay, main topgallant stay
- *o estai da vela de joanete m de proa f*

13 fore royal stay (main royal stay)
- *o estai do sobrejoanete m (o volante joanete) de proa f*

14 jib stay
- *o estai da bujarrona*

15 bobstay
- *o cabresto*

16 shrouds
- *as enxárcias*

17 fore topmast rigging (main topmast rigging, mizzen (mizen) topmast rigging)
- *o cordame do mastaréu do velacho*

18 fore topgallant rigging (main topgallant rigging)
- *o cordame da vela do joanete de proa f*

19 backstays
- *os brandais*

20-31 fore-and-aft sails
- *as velas longitudinais*

20 fore topmast staysail
- *a vela de estai m do mastaréu do velacho (a polaca)*

21 inner jib
- *a bujarrona interna*

22 outer jib
- *a bujarrona externa*

23 flying jib
- *a giba*

24 main topmast staysail
- *a vela grande de estai m do mastaréu da gávea*

25 main topgallant staysail
- *a vela de estai m do joanete principal*

26 main royal staysail
- *a vela de estai m do grande sobrejoanete*

27 mizzen (mizen) staysail
- *a vela de estai m da mezena*

28 mizzen (mizen) topmast staysail
- *a vela de estai m do mastaréu da mezena*

29 mizzen (mizen) topgallant staysail
- *a vela de estai do joanete da mezena*

30 mizzen (mizen, spanker, driver)
- *a mezena*

31 gaff topsail
- *a vela de joanete m da carangueja*

32-45 spars
- *as vergas*

32 foreyard
- *a verga do traquete*

33 lower fore topsail yard
- *o velacho inferior da vela f do joanete de proa f*

34 upper fore topsail yard
- *o velacho superior da vela do joanete de proa f*

35 lower fore topgallant yard
- *a verga inferior da vela do joanete de proa f*

36 upper fore topgallant yard
- *a verga superior da vela do joanete de proa f*

37 fore royal yard
- *a verga do sobrejoanete de proa f*

38 main yard
- *a verga principal*

39 lower main topsail yard
- *a verga inferior da vela da gávea grande*

40 upper main topsail yard
- *a verga superior da vela da gávea grande*

41 lower main topgallant yard
- *a verga inferior da vela do joanete principal*

42 upper main topgallant yard
- *a verga superior da vela do joanete principal*

43 main royal yard
- *a verga do sobrejoanete grande*

44 spanker boom
- *o botaló da vela de ré f*

45 spanker gaff
- *a carangueja da mezena*

46 footrope
- *o estribo da verga*

47 lifts
- *os balancins*

48 spanker boom topping lift
- *o balancim do botaló da vela de ré f*

49 spanker peak halyard
- *a adriça do pico do botaló*

50 foretop
- *a gávea do traquete*

51 fore topmast crosstrees
- *os vaus do mastaréu do velacho*

52 maintop
- *a cesta da gávea*

53 main topmast crosstrees
- *os vaus do mastaréu da gávea grande*

54 mizzen (mizen) top
- *o topo da mezena*

55-66 square sails
- *as velas quadradas*

55 foresail (fore course)
- *o traquete*

56 lower fore topsail
- *o velacho inferior*

57 upper fore topsail
- *o velacho superior*

58 lower fore topgallant sail
- *a vela inferior do joanete de proa f*

59 upper fore topgallant sail
- *a vela superior do joanete de proa f*

60 fore royal
- *o sobrejoanete de proa f*

61 mainsail (main course)
- *a vela mestra*

62 lower main topsail
- *a vela inferior da gávea grande*

63 upper main topsail
- *a vela superior da gávea grande*

64 lower main topgallant sail
- *a vela inferior do joanete principal*

65 upper main topgallant sail
- *a vela superior do joanete principal*

66 main royal sail
- *a vela do grande sobrejoanete*

67-71 running rigging
- *os cordames de correr*

67 braces
- *os braços*

68 sheets
- *as escotas*

69 spanker sheet
- *a escota do botaló*

70 spanker vangs
- *o guardim*

71 bunt line
- *o briol*

72 reef
- *os rizes*

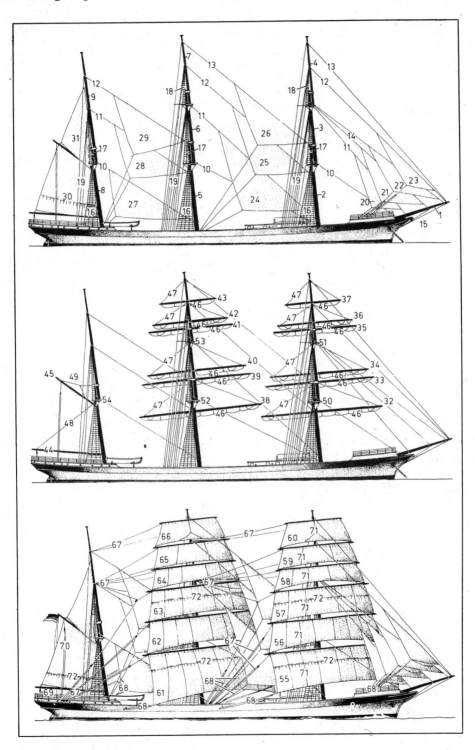

1-5 sail shapes
- *os formatos de velas* f
1 gaffsail (*small:* trysail, spencer)
- *a mezena*
2 jib
- *a bujarrona*
3 lateen sail
- *a vela latina*
4 lugsail
- *a vela ao terço* m
5 spritsail
- *a cevadeira*
6-8 single-masted sailing boats
(*Am.* sailboats)
- *os veleiros de mastro único*
6 tjalk
- *o tjalk (holandês)*
7 leeboard
- *a quilha de balanço* m
8 cutter
- *o cúter*
9-10 mizzen (mizen) masted sailing boats (*Am.* sailboats)
- *os veleiros com mastro* m *de mezena* f *(com mastro da catita)*
9 ketch-rigged sailing barge
- *o queche*
10 yawl
- *o iole*
11-17 two-masted sailing boats
(*Am.* sailboats)
- *os veleiros de dois mastros*
11-13 topsail schooner
- *a escuna com vela de joanete* m
11 mainsail
- *a vela mestra*
12 boom foresail
- *o traquete do botaló*
13 square foresail
- *o traquete*
14 brigantine
- *o bergantim*
15 half-rigged mast with fore-and-aft sails
- *o mastro com velas* f *longitudinais*
16 full-rigged mast with square sails
- *o mastro de proa* f *com velas quadradas*
17 brig
- *o brigue*
18-27 three-masted sailing vessels
(three-masters)
- *os veleiros de três mastros* m
18 three-masted schooner
- *a escuna*
19 three-masted topsail schooner
- *a escuna com vela* f *de joanete* m
20 bark (barque) schooner
- *a escuna com gáveas*
21-23 bark (barque) [cf. illustration of rigging and sails in plate 219]
- *a barca (o navio a vela* f) *de três mastros (v. ilustração de cordame e velame na prancha 219)*
21 foremast
- *o mastro de proa* f
22 mainmast
- *o mastro principal*
23 mizzen (mizen) mast
- *o mastro de mezena* f
24-27 full-rigged ship
- *o navio a vela* f *de três mastros* m *aparelhado*

24 mizzen (mizen) mast
- *o mastro de mezena* f
25 crossjack yard (crojack yard)
- *a verga seca*
26 crossjack (crojack)
- *a vela seca*
27 ports
- *as vigias*
28-31 four-masted sailing ships
(four-masters)
- *os navios a vela* f *de quatro mastros* m
28 four-masted schooner
- *a escuna de quatro mastros* m
29 four-masted bark (barque)
- *o navio a vela* f *(a barca) de quatro mastros* m
30 mizzen (mizen) mast
- *o mastro de mezena* f
31 four-masted full-rigged ship
- *o navio a vela* f *de quatro mastros* m *aparelhado*
32-34 five-masted bark (five-masted barque)
- *a barca de cinco mastros* m
32 skysail
- *o sobrinho (o cutelo de sobre-joanete* m)
33 middle mast
- *o mastro central*
34 mizzen (mizen) mast
- *o mastro de mezena* f
35-37 development of sailing ships
over 400 years
- *a evolução do navio a vela* f *em quatro séculos* m
35 five-masted full-rigged ship' Preussen' 1902-10
- *o navio 'Preussen' (1902-1910) de cinco mastros* m, *aparelhado*
36 English clipper ship 'Spindrift' 1867
- *o clíper inglês 'Spindrift', 1867*
37 caravel (carvel) 'Santa Maria', 1492
- *a caravela 'Santa Maria', 1492*

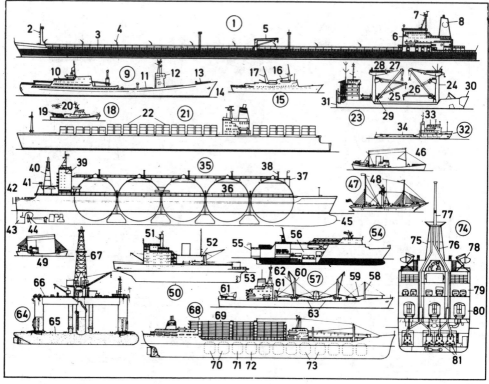

1 **ULCC** (ultra large crude carrier) of the 'all-aft' type
- *o superpetroleiro all-aft (as superestruturas á ré)*
2 foremast
- *o mastro de proa f*
3 catwalk with the pipes
- *o passadiço com tubulações f*
4 fire gun (fire nozzle)
- *o bocal de incêndio m*
5 deck crane
- *o guindaste de convés m*
6 deckhouse with the bridge
- *o castelo e a ponte*
7 aft signal (signalling) and radar mast
- *a sinalização de popa f e antena f de radar m*
8 funnel
- *a chaminé*
9 **nuclear research ship** 'Otto Hahn', a bulk carrier
- *o graneleiro experimental 'Oho Hahn', de propulsão f nuclear*
10 aft superstructure (engine room)
- *a superestrutura à ré (a casa das máquinas)*
11 cargo hatchway for bulk goods (bulk cargoes)
- *o alçapão de carga f para granéis m*
12 bridge
- *a ponte*
13 forecastle (fo'c'sle)
- *o castelo de proa f*
14 stern
- *a popa*
15 **seaside pleasure boat**
- *o navio de cruzeiro m*
16 dummy funnel
- *a chaminé falsa*
17 exhaust mast
- *o mastro de saída f de gases m e fuligem f*
18 **rescue cruiser**
- *o navio-socorro*

19 helicopter platform (working deck)
- *o hèliporto (o convés de operações f)*
20 rescue helicopter
- *o helicóptero de salvamento m (de resgate m)*
21 **all-container ship**
- *o navio (o graneleiro) porta-containers (container: o cofre de carga f); Pt. o navio porta-contentores, o navio-contentor*
22 containers stowed on deck
- *os cofres de carga f estivados no convés*
23 **cargo ship**
- *o navio cargueiro (o cargueiro)*
24-29 cargo gear (cargo-handling gear)
- *os mecanismos para movimentação f de carga f*
24 bipod mast
- *o mastro de carga pesada*
25 jumbo derrick boom (heavylift derrick boom)
- *o guindaste para cargas pesadas*
26 derrick boom (cargo boom)
- *a lança do guindaste*
27 tackle
- *o guincho*
28 block
- *a roldana*
29 thrust bearing
- *o mancal de empuxo m*
30 bow doors
- *as portas da proa*
31 stern loading door
- *a porta do compartimento de carga f da popa*
32 **offshore drilling rig supply vessel**
- *o navio-tender para plataformas marítimas de exploração de petróleo m*
33 compact superstructure
- *as superestruturas*

34 loading deck (working deck)
- *o convés de carga f (o convés de operações f)*
35 **liquefied-gas tanker**
- *o navio-tanque (para gás liquefeito)*
36 spherical tank
- *o tanque esférico*
37 navigational television receiver mast
- *a antena receptora de televisão f para navegação f*
38 vent mast
- *o respiradouro*
39 deckhouse
- *a cabine de convés m*
40 funnel
- *a chaminé*
41 ventilator
- *o ventilador*
42 transom stern (transom)
- *o gio da popa*
43 rudder blade (rud ler)
- *o leme*
44 ship's propeller (ship's screw)
- *a hélice*
45 bulbous bow
- *o bulbo*
46 steam trawler
- *a traineira a vapor m*
47 **lightship** (light vessel)
- *o navio-farol (o farol flutuante)*
48 lantern (characteristic light)
- *o farol*
49 smack
- *o barco de pesca f*
50 **ice breaker**
- *o quebra-gelo*
51 steaming light mast
- *a luz de navegação f*
52 helicopter hangar
- *o hangar do helicóptero*

53 stern point, for gripping the bow of ships in tow
- *o ponto de amarra f da popa para rebocar navios m pela proa*
54 **roll-on-roll-off (ro-ro) trailer ferry**
- *o cargueiro 'ro-ro'*
55 stern port (stern opening) with ramp
- *a porta da popa com rampa f*
56 heavy vehicle lifts (*Am.* heavy vehicle elevators)
- *o monta-cargas para veículos pesados*
57 **multi-purpose freighter**
- *o cargueiro de múltiplas aplicações*
58 ventilator-type samson (sampson) post (ventilator-type king post)
- *o mastro auxiliar usado para ventilação f*
59 derrick boom (cargo boom, cargo gear, cargo-handling gear)
- *o pau de carga f*
60 derrick mast
- *o mastro de carga f*
61 deck crane
- *o guindaste de convés*
62 jumbo derrick boom (heavylift derrick boom)
- *o guindaste para cargas pesadas*
63 cargo hatchway
- *o alçapão de carga f*
64 **semisubmersible drilling vessel**
- *a plataforma semi-submersa de perfuração f*
65 floating vessel with machinery
- *a plataforma flutuante com maquinaria f*

66 drilling platform
- *a plataforma de perfuração* f
67 derrick
- *a torre*
68 cattleship (cattle vessel)
- *o navio de transporte* m *de gado* m
69 superstructure for transporting livestock
- *a superestrutura para transporte* m *de gado* m
70 fresh water tanks
- *os tanques de água* f *doce*
71 unrefined oil tank
- *o tanque de combustível* m
72 dung tank
- *o porão de esterco*
73 fodder tanks
- *os porões de forragem* f
74 train ferry (cross section)
- *a barcaça para trens* (Pt. *para comboios*) m *(seção transversal)*
75 funnel
- *a chaminé*
76 exhaust pipes
- *os canos de descarga* f
77 mast
- *o mastro*
78 ship's lifeboat hanging at the davit
- *o bote salva-vidas preso ao turco*
79 car deck
- *o convés para automóveis* m
80 main deck (train deck)
- *o convés principal (o convés dos trens,* Pt. *dos comboios)*
81 main engines
- *os motores principais*
82 passenger liner (liner, ocean liner)
- *o navio de passageiros* m *(o transatlântico)*
83 stem
- *a roda da proa*
84 funnel with lattice casing
- *a chaminé com treliça* f

85 flag dressing (rainbow dressing, string of flags extending over mastheads, e.g. on the maiden voyage)
- *as bandeiras e galhardetes* m *(o cordão embandeirado ligando as pontas dos mastros; p.ex.: na viagem inaugural)*
86 trawler, a factory ship
- *a traineira, um navio-fábrica*
87 gallows
- *o pórtico de popa* f
88 stern ramp
- *a rampa de popa* f
89 container ship
- *o cargueiro porta-container* (Pt. *porta-contentores)*
90 loading bridge (loading platform)
- *o convés de carga* f
91 sea ladder (jacob's ladder, rope ladder)
- *a escada*
92 barge and push tug assembly
- *a chata e o rebocador*
93 push tug
- *o rebocador*
94 tug-pushed dump barge (tugpushed lighter)
- *a chata-reboque*
95 pilot boat
- *o navio-piloto*
96 combined cargo and passenger liner
- *o navio misto (de carga* f *e passageiros* m)
97 passengers disembarking by boat
- *o desembarque de passageiros* m *(em bote* m)
98 accommodation ladder
- *a escada de embarque* m *(a escada de portaló* m)
99 coaster (coasting vessel)
- *o navio costeiro (o navio de cabotagem* f)

100 customs or police launch
- *a lancha da alfândega ou da polícia*
101-106 lifeboat launching gear
- *o mecanismo de baixar e içar botes* m *salva-vidas*
101-128 excursion steamer (pleasure steamer)
- *o vapor (o vapor de passeio* m)
101 davit
- *o turco*
102 wire rope span
- *o cabo de içamento* m
103 lifeline
- *o cabo salva-vidas*
104 tackle
- *o guincho*
105 block
- *a polia, a roldana*
106 fall
- *os cabos*
107 ship's lifeboat (ship's boat) covered with tarpaulin
- *o bote salva-vidas coberto com encerado* m
108 stem
- *a proa*
109 passenger
- *o passageiro*
110 steward
- *o camareiro*
111 deck-chair
- *a espreguiçadeira*
112 deck hand
- *o grumete*
113 deck bucket
- *o balde*
114 boatswain (bo's'n, bo'sun, bosun)
- *o contramestre*
115 tunic
- *a túnica*
116 awning
- *o toldo*
117 stanchion
- *o espeque*

118 ridge rope (jackstay)
- *o vergueiro do pano*
119 lashing
- *o fiel do toldo*
120 bulwark
- *a borda-falsa*
121 guard rail
- *a grade*
122 handrail (top rail)
- *o corrimão*
123 companion ladder (companionway)
- *a escada*
124 lifebelt (lifebuoy)
- *a bóia de salvamento* m
125 lifebuoy light (lifebelt light, signal light)
- *a luz da bóia*
126 officer of the watch (watchkeeper)
- *o oficial de quarto* m
127 reefer (Am. pea jacket)
- *a japona*
128 binoculars
- *o binóculo*

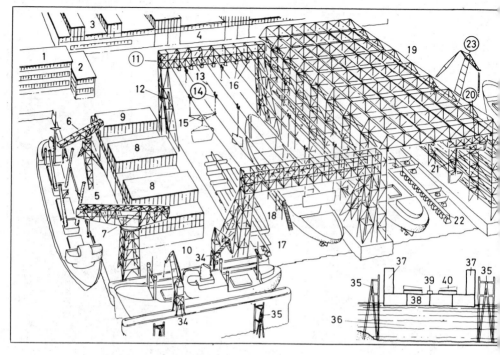

1-43 **shipyard** (shipbuilding yard, dockyard, *Am.* navy yard)
- *o estaleiro*
1 administrative offices
- *as dependências da administração*
2 ship-drawing office
- *o escritório de projetos* m *navais*
3-4 shipbuilding sheds
- *os galpões* (Pt. *as oficinas*) *do estaleiro*
3 mould (*Am.* mold) loft
- *o galpão* (Pt. *a oficina*) *das matrizes*
4 erection shop
- *o galpão* (Pt. *a oficina*) *de montagem* f
5-9 fitting-out quay
- *o cais de montagem* f
5 quay
- *o cais*
6 tripod crane
- *o guindaste de três pernas* f
7 hammer-headed crane
- *o guindaste-martelo*
8 engineering workshop
- *a oficina de máquinas* f
9 boiler shop
- *a oficina de caldeiras* f
10 repair quay
- *o cais de reparos* m
11-26 slipways (slips, building berths, building slips, stocks)
- *as carreiras* (*as rampas de lançamento* m)
11-18 cable crane berth, a slipway (building berth)
- *a carreira de pórtico* m, *uma rampa de construção* f
11 slipway portal

- *o pórtico da carreira*
12 bridge support
- *o suporte do pórtico*
13 crane cable
- *o cabo*
14 crab (jenny)
- *o guincho*
15 cross piece
- *o travessão*
16 crane driver's cabin (crane driver's cage)
- *a cabine do guindasteiro*
17 slipway floor
- *o piso da carreira*
18 staging, a scaffold
- *os andaimes*
19-21 frame slipway
- *a carreira coberta*
19 slipway frame
- *a cobertura da carreira*
20 overhead travelling (*Am.* traveling) crane (gantry crane)
- *a ponte volante*
21 slewing crab
- *o turco móvel*
22 keel in position
- *a quilha em posição* f
23 luffing jib crane, a slipway crane
- *o guindaste de torre* f, *um guindaste de carreira* f
24 crane rails (crane track)
- *os trilhos* (*os carris*) *do guindaste*
25 gantry crane
- *o guindaste tipo* m *pórtico* m
26 gantry (bridge)
- *o pórtico*
27 trestles (supports)
- *as pernas do pórtico*
28 crab (jenny)

- *o carrinho do pórtico*
29 hull frames in position
- *o cavername em posição* f
30 ship under construction
- *o navio em construção* f
31-33 dry dock
- *o dique seco*
31 dock floor (dock bottom)
- *o fundo do dique*
32 dock gates (caisson)
- *o porta-batel*
33 pumping station (power house)
- *a casa das bombas* (*a estação de bombeamento* m)
34-43 floating dock (pontoon dock)
- *a doca flutuante*
34 dock crane (dockside crane), a jib crane
- *o guindaste de cais* m (*um guindaste de pórtico* m)
35 fender pile
- *a defensa* (*o duque d'alba*)
36-43 working of docks
- *o funcionamento do dique flutuante*
36 dock basin
- *o fosso*
37-38 dock structure
- *a estrutura do dique flutuante*
37 side tank (side wall)
- *o tanque de lastro* m *lateral*
38 bottom tank (bottom pontoon)
- *o tanque de fundo* m
39 keel block
- *o picadeiro da quilha* (*o picadeiro central*)
40 bilge block (bilge shore, side support)

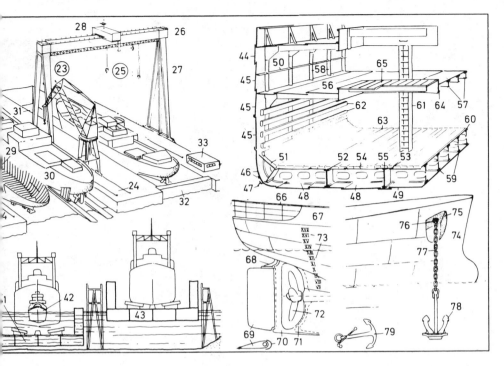

- o picadeiro do bojo (o picadeiro lateral)
41-43 docking a ship
- a entrada de um navio no dique
41 flooded floating dock
- o dique flutuante submerso (lastrado)
42 tug towing the ship
- o rebocador do navio
43 emptied (pumped-out dock)
- o dique flutuante deslastrado
44-61 structural parts of the ship
- as partes estruturais do navio
44-56 longitudinal structure
- a estrutura longitudinal
44-49 shell (shell plating, skin)
- o chapeamento externo
44 sheer strake
- a fiada do cintado
45 side strake
- o chapeamento de costado m
46 bilge strake
- a fiada do bojo
47 bilge keel
- a bolina
48 bottom plating
- o chapeamento de fundo m
49 flat plate keel (keel plate)
- a chapa-quilha (a chapa de quilha)
50 stringer (side stringer)
- o longitudinal
51 tank margin plate
- a longarina do bojo
52 longitudinal side girder
- a longarina lateral não estanque
53 centre (Am. center) plate girder (centre girder, kelson, keelson, vertical keel)
- a quilha vertical central

54 tank top plating (tank top, inner bottom plating)
- o teto de duplo fundo
55 centre (Am. center) strake
- a fiada central (a chapa de centro m)
56 deck plating
- a chapa de convés m
57 deck beam
- o vau do convés
58 frame (rib)
- a caverna
59 floor plate
- as hastilhas
60 cellular double bottom
- a grelha do duplo fundo
61 hold pillar (pillar)
- o pilar com escada f
62-63 dunnage
- o madeiramento para estiva f
62 side battens (side ceiling, spar ceiling)
- as sarretas
63 ceiling (floor ceiling)
- o forro de madeira f do porão
64-65 hatchway
- a escotilha
64 hatch coaming
- a braçola da escotilha
65 hatch cover (hatchboard)
- a tampa da escotilha
66-72 stern
- a popa
66 guard rail
- o corrimão de balaustrada f
67 bulwark
- a borda falsa
68 rudder stock
- a madre do leme

69-70 Oertz-rudder
- o leme Oertz
69 rudder blade (rudder)
- a pá do leme
70-71 stern frame
- o cadaste
70 rudder post
- o cadaste exterior
71 propeller post (screw post)
- o pé do cadaste
72 ship's propeller (ship's screw)
- a hélice
73 draught (draft) marks
- a escala de calado m (a marca de calado)
74-79 bow
- a proa
74 stem, a bulbous stem (bulbous bow)
- a proa bulbosa
75 hawse
- a raposa
76 hawse pipe
- o escovém
77 anchor cable (chain cable)
- as amarras
78 stockless anchor (patent anchor)
- a âncora sem cepo m (a âncora patente)
79 stocked anchor
- a âncora com cepo m (a âncora do almirantado)

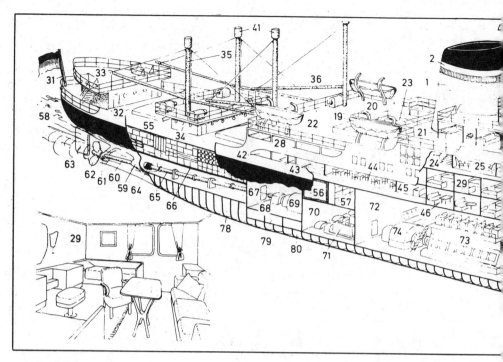

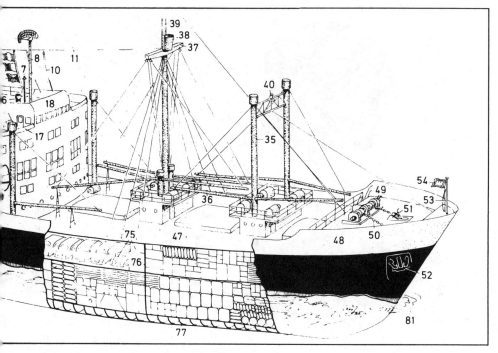

39 topmast
 - *o mastro principal*
40 forward steaming light
 - *a luz de proa* f
41 ventilator lead
 - *o capuz do ventilador*
42 galley (caboose, cookroom, ship's kitchen)
 - *a cozinha*
43 ship's pantry
 - *a cambusa (a copa de navio* m*)*
44 dining room
 - *o salão de jantar* m
45 purser's office
 - *a sala do comissário de bordo* m
46 single-berth cabin
 - *a cabine individual*
47 foredeck
 - *o convés de proa* f
48 forecastle (fo'c'sle)
 - *o castelo de proa* f
49-51 ground tackle
 - *o conjunto das amarras*
49 windlass
 - *o cabrestante*
50 anchor cable (chain cable)
 - *a corrente da âncora*
51 compressor (chain compressor)
 - *o freio da corrente*
52 anchor
 - *a âncora*
53 jackstaff
 - *o mastro da bandeira de cruzeiro* m
54 jack
 - *a bandeira de cruzeiro* m
55 after holds
 - *os porões de popa* f

56 cold storage room (insulated hold)
 - *a câmara frigorífica*
57 store room
 - *o porão de víveres* m
58 wake
 - *a esteira*
59 shell bossing (shaft bossing)
 - *o colar de eixo* m
60 tail shaft (tail end shaft)
 - *a ponta do eixo*
61 shaft strut (strut, spectacle frame, propeller strut, propeller bracket)
 - *o suporte do eixo*
62 three-blade ship's propeller (ship's screw)
 - *a hélice de três lâminas* f
63 rudder blade (rudder)
 - *a pá do leme*
64 stuffing box
 - *a caixa de empanque* m *(de vedação* f*)*
65 propeller shaft
 - *o eixo da hélice*
66 shaft alley (shaft tunnel)
 - *a passagem do eixo*
67 thrust block
 - *a chumaceira de empuxo* m
68-74 diesel-electric drive
 - *a propulsão diesel-elétrica*
68 electric engine room
 - *a casa dos motores elétricos*
69 electric motor
 - *o motor elétrico*
70 auxiliary engine room
 - *a casa dos motores auxiliares*
71 auxiliary engines
 - *os motores auxiliares*

72 main engine room
 - *a casa de máquinas* f *principal*
73 main engine, a diesel engine
 - *o motor principal, um motor diesel*
74 generator
 - *o gerador*
75 forward holds
 - *os porões de proa* f
76 tween deck
 - *o convés inferior*
77 cargo
 - *a carga*
78 ballast tank (deep tank) for water ballast
 - *o tanque de lastro* m
79 fresh water tank
 - *o tanque de água* f *doce*
80 fuel tank
 - *o tanque de combustível* m
81 bow wave
 - *a onda de proa* f

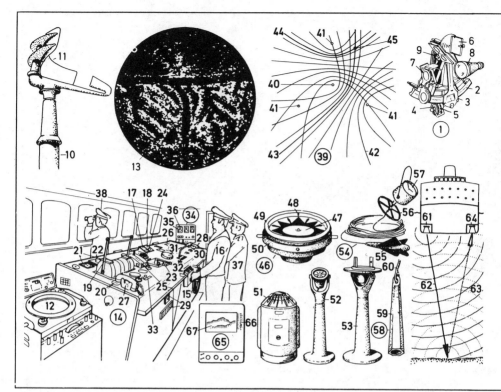

1 **sextant**
- *o sextante*
2 graduated arc
- *o limbo*
3 index bar (index arm)
- *a alidade*
4 decimal micrometer
- *o parafuso micrométrico*
5 vernier
- *o verniê, o nónio*
6 index mirror
- *o espelho do índice*
7 horizon glass (horizon mirror)
- *a lente de horizonte m*
8 telescope
- *a luneta*
9 grip (handgrip)
- *a alça*
10-13 **radar equipment** (radar apparatus)
- *o equipamento de radar* m
10 radar pedestal
- *o mastro radar*
11 revolving radar reflector
- *a antena giratória de radar m*
12 radar display unit (radar screen)
- *a tela de radar m*
13 radar image (radar picture)
- *a imagem de radar m*
14-38 **wheelhouse**
- *a sala de navegação* f
14 steering and control position
- *o posto de comando m*
15 ship's wheel for controlling the rudder mechanism
- *o timão (a roda de controle m do leme)*
16 helmsman (*Am.* wheelsman)
- *o timoneiro*
17 rudder angle indicator
- *o indicador de ângulo m do leme*
18 automatic pilot (autopilot)
- *o piloto automático*
19 control lever for the variable-pitch propeller (reversible propeller, feathering propeller, feathering screw)
- *a alavanca de reversão f do passo da hélice*

20 propeller pitch indicator
- *o indicador do passo das pás de hélice f*
21 main engine revolution indicator
- *o conta-giros do motor principal*
22 ship's speedometer (log)
- *o indicador de velocidade f do navio*
23 control switch for bow thruster (bow-manoeuvring, *Am.* maneuvering, propeller)
- *o controle do leme de proa f*
24 echo recorder (depth recorder, echograph)
- *o ecógrafo (o eco-sonda, o sonar)*
25 engine telegraph (engine order telegraph)
- *o transmissor de ordens f às máquinas*
26 controls for the anti-rolling system (for the stabilizers)
- *o controle dos estabilizadores*
27 local battery telephone
- *o telefone interno a bateria f*
28 shipping traffic radio telephone
- *o aparelho de rádio m*
29 navigation light indicator panel (running light indicator panel)
- *o painel de luzes f de navegação f (cab-signal)*
30 microphone for ship's address system
- *o microfone do sistema de comunicação f do navio*
31 gyro compass (gyroscopic compass), a compass repeater
- *a bússola giroscópica*
32 control button for the ship's siren (ship's fog horn)
- *o botão da sereia de neblina f*
33 main engine overload indicator
- *o indicador de sobrecarga f da máquina principal*
34 detector indicator unit for fixing the ship's position
- *o detector Decca de localização f hiperbólica*
35 rough focusing indicator
- *o indicador de focalização f aproximada*

36 fine focusing indicator
- *o indicador de focalização fina (de focalização precisa)*
37 navigating officer
- *o navegador*
38 captain
- *o comandante*
39 **Decca navigation system**
- *o sistema de navegação* f *Decca*
40 master station
- *a estação mestra*
41 slave station
- *a estação escrava*
42 null hyperbola
- *o hiperbolóide básico*
43 hyperbolic position line 1
- *a hipérbole de posição f (1)*
44 hyperbolic position line 2
- *a hipérbole de posição f (2)*
45 position (fix, ship fix)
- *o ponto (a posição)*
46-53 **compasses**
- *as bússolas*
46 liquid compass (fluid compass, spirit compass, wet compass), a magnetic compass
- *a bússola a líquido* m*. uma bússola magnética*
47 compass card
- *a rosa-dos-ventos*
48 lubber's line (lubber's mark), lubber's point
- *a linha de fé* f
49 compass bowl
- *a caixa da bússola*
50 gimbal ring
- *o aro de suspensão* f *cardan*
51-53 gyro compass (gyroscopic compass, gyro compass unit)
- *a bússola giroscópica*
51 master compass (master gyro compass)
- *a bússola mestra (a bússola giroscópica)*
52 compass repeater (gyro repeater)
- *o repetidor remoto de indicações f de bússola giroscópica*

53 compass repeater with pelorus
- *o repetidor remoto de indicações f de bússola giroscópica com alidade f*
54 patent log (screw log, mechanical log, towing log, taffrail log, speedometer), a log
- *a barquilha (a barquinha) (o instrumento indicador de velocidade f)*
55 rotator
- *o rotor*
56 governor
- *o regulador*
57 log clock
- *o silômetro*
58-67 **leads**
- *as sondas*
58 hand lead
- *a sonda manual*
59 lead (lead sinker)
- *o chumbo da sonda*
60 leadline
- *o cabo da sonda*
61-67 echo sounder (echo sounding machine)
- *o ecômetro (o eco-sonda, o sonar)*
61 sound transmitter
- *o transdutor-emissor*
62 sound wave (sound impulse)
- *a onda sonora*
63 echo (sound echo, echo signal)
- *o eco*
64 echo receiver (hydrophone)
- *o transdutor-receptor (o hidrofone)*
65 echograph (echo sounding machine recorder)
- *o ecógrafo (o registrador de eco-sonda f)*
66 depth scale
- *à escala de profundidade* f
67 echogram (depth recording, depth reading)
- *o ecograma (a leitura de fundo m)*

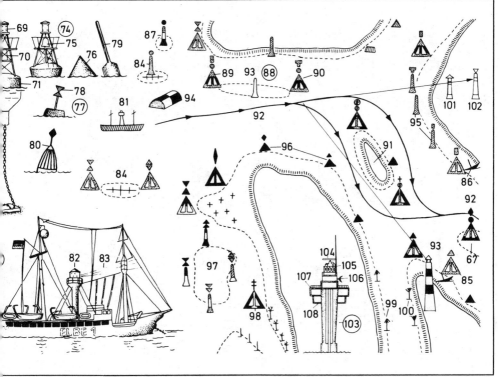

68-108 sea marks (floating navigational marks) **for buoyage and lighting systems**
 - *a sinalização marítima (a sinalização flutuante e/ou luminosa para navegação f)*
68-83 fairway marks (channel marks)
 - *o balizamento de canal m de navegação f*
68 light and whistle buoy
 - *a bóia luminosa de apito m (a bóia de luz f com apito m)*
69 light (warning light)
 - *a luz de alerta f*
70 whistle
 - *o apito*
71 buoy
 - *o flutuador*
72 mooring chain
 - *a amarra*
73 sinker (mooring sinker)
 - *o peso da amarra*
74 light and bell buoy
 - *a bóia luminosa de sino m (a bóia de luz f com sino m)*
75 bell
 - *o sino*
76 conical buoy
 - *a bóia cônica*
77 can buoy
 - *a bóia cilíndrica*
78 topmark
 - *o sinal*
79 spar buoy
 - *a bóia de vara f*
80 topmark buoy
 - *a bóia cega*
81 lightship (light vessel)
 - *o farol flutuante, o navio-farol*
82 lantern mast (lantern tower)
 - *a torre do farol*
83 beam of light
 - *o raio de luz f*
84-102 fairway markings (channel markings) [German type]
 - *o balizamento de canal [sistema m alemão, sistema cardial, sistema lateral]*

84 wreck [green buoys]
 - *os restos de naufrágio m [a bóia verde]*
85 wreck to starboard
 - *os restos de naufrágio m a boreste m (a estibordo m)*
86 wreck to port
 - *os restos de naufrágio m a bombordo m*
87 shoals (shallows, shallow water, Am. flats)
 - *os bancos de areia f (os baixios)*
88 middle ground to port
 - *o banco mediano a bombordo m*
89 division (bifurcation) beginning of the middle ground; topmark; red cylinder above red ball)
 - *a bifurcação (o início do banco mediano); o sinal: o cilindro vermelho sobre esfera vermelha*
90 convergence (confluence) [end of the middle ground; topmark: red St. Antony's cross above red ball]
 - *a confluência [o fim do banco mediano]; o sinal: vermelho, a cruz de Santo Antônio vermelha sobre esfera vermelha*
91 middle ground
 - *o banco mediano*
92 main fairway (main navigable channel)
 - *o canal de navegação f principal*
93 secondary fairway [secondary navigable channel]
 - *o canal de navegação f secundário*
94 can buoy
 - *a bóia-tambor*
95 port hand buoys (port hand marks) [red]
 - *o sinal de bombordo m (as bóias vermelhas)*
96 starboard hand buoys (starboard hand marks) [black]
 - *o sinal de boreste m (de estibordo m) [as bóias pretas]*

97 shoals (shallows, shallow water, Am. flats) outside the fairway
 - *os indicadores de águas rasas fora do canal de navegação f (o balizamento cardinal)*
98 middle of the fairway (midchannel)
 - *o meio do canal navegável (o sinal de transição f: a cruz de lorena)*
99 starboard markers (inverted broom)
 - *os indicadores de estibordo m (a vassoura invertida)*
100 port markers [upward-pointing broom]
 - *os indicadores de bombordo m [a vassoura apontando para cima]*
101-102 range lights (leading lights)
 - *as luzes indicadoras de direção f*
101 lower range light (lower leading light)
 - *a luz baixa indicadora de direção f*
102 higher range light (higher leading light)
 - *a luz alta indicadora de direção f*
103 lighthouse
 - *o farol*
104 radar antenna (radar scanner)
 - *a antena de radar m*
105 lantern (characteristic light)
 - *a lanterna do farol*
106 radio direction finder (RDF) antenna
 - *a antena radiogoniométrica*
107 machinery and observation platform (machinery and observation deck)
 - *a plataforma de máquinas f e de observação f*
108 living quarters
 - *os aposentos do faroleiro*

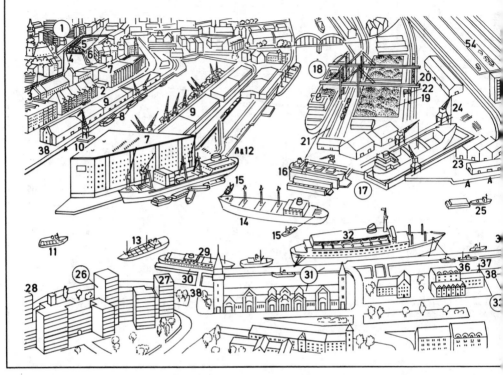

1 dock area
- *a zona portuária*
2 free port (foreign trade zone)
- *a zona franca (a zona de comércio* m *exterior)*
3 free zone frontier (free zone enclosure)
- *o limite da zona franca*
4 customs barrier
- *o posto aduaneiro*
5 customs entrance
- *a entrada da alfândega*
6 port custom house
- *o prédio da alfândega*
7 entrepôt
- *o entreposto*
8 barge (dumb barge, lighter)
- *a chata, a alvarenga, o batelão*
9 break-bulk cargo transit shed (general cargo transit shed, package cargo transit shed)
- *o armazém de mercadorias* f *em trânsito* m
10 floating crane
- *o guindaste flutuante*
11 harbour (*Am.* harbor) ferry (ferryboat)
- *a barcaça*
12 fender (dolphin)
- *as defensas (os duques d'alba)*
13 bunkering boat
- *o navio cisterna* f
14 break-bulk carrier (general cargo ship)

- *o cargueiro (o navio de carga* f *geral)*
15 tug
- *o rebocador*
16 floating dock (pontoon dock)
- *a doce flutuante*
17 dry dock
- *a doca seca, o dique seco*
18 coal wharf
- *o cais de carvão* m
19 coal bunker
- *o pátio de carvão* m
20 transporter loading bridge
- *a ponte de carregamento* m
21 quayside railway
- *a ferrovia do porto*
22 weighing bunker
- *a balança*
23 warehouse
- *o trapiche, o armazém alfandegado*
24 quayside crane
- *o guindaste de cais* m
25 launch and lighter
- *a chata e o reboque*
26 port hospital
- *o hospital do porto*
27 quarantine wing
- *a área de quarentena* f
28 Institute of Tropical Medicine
- *o Instituto de Medicina* f *Tropical*

29 excursion steamer (pleasure steamer)
- *o vapor de cruzeiro* m *(o vapor de turismo* m, *o vapor de excursão* f*)*
30 jetty
- *o molhe, o píer*
31 passenger terminal
- *o terminal de passageiros* m
32 liner (passenger liner, ocean liner)
- *o navio de carreira* f *(o transatlântico)*
33 meteorological office, a weather station
- *a estação meteorológica*
34 signal mast (signalling mast)
- *o mastro de sinalização* f
35 storm signal
- *o sinal de tempestade* f
36 port administration offices
- *a administração do porto*
37 tide level indicator
- *o indicador do nível da maré*
38 quayside road (quayside roadway)
- *a avenida marginal do porto*
39 roll-on roll-off (ro-ro) system (roll-on-roll-off operation)
- *o sistema 'ro-ro' (a movimentação 'roll-on-roll-off')*
40 gantry
- *o pórtico*

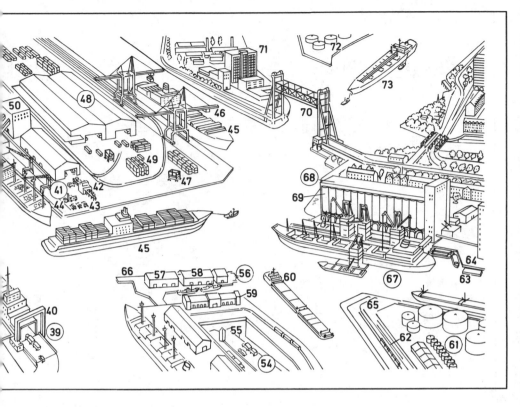

41 truck-to-truck system (truck-to-truck operation)
– *a operação de carregamento* m *de caminhão (Pt. de camião)* m *a caminhão*
42 foil-wrapped unit loads
– *a carga unitizada (mercadorias diversas formando unidades* f *de carga* f)
43 pallets
– *as paletes (as plataformas de movimentação* f *de carga* f)
44 forklift truck (fork truck, forklift)
– *a empilhadeira de garfo* m
45 container ship
– *o navio-container, o navio porta-containers (Pt. o navio-contentor)*
46 transporter container-loading bridge
– *a ponte rolante de carregamento* m *do navio-container (Pt. do navio-contentor)*
47 container carrier truck
– *o caminhão porta-container (Pt. o camião porta-contentores)*
48 container terminal (container berth)
– *o terminal de containers* m *(Pt. de contentores* m)
49 unit load
– *a pilha de containers* m *(os cofres de carga* f; *Pt. a pilha de contentores)*

50 cold store
– *a câmara frigorífica*
51 conveyor belt (conveyor)
– *a correia transportadora*
52 fruit storage shed (fruit warehouse)
– *o entreposto de frutas* f *(o armazém de frutas* f)
53 office building
– *os escritórios*
54 urban motorway (*Am.* freeway)
– *a via expressa urbana*
55 harbour (*Am.* harbor) tunnels
– *os túneis do cais*
56 fish dock
– *o cais de pesca* f
57 fish market
– *o mercado de peixe* m
58 auction room
– *o galpão (Pt. a casa) de leilão* m *de pescado* m
59 fish-canning factory
– *a fábrica de conserva* f *de peixe* m
60 push tow
– *a composição rebocada por empurrador* m
61 tank farm
– *o pátio de tambores* m *de petróleo* m
62 railway siding
– *o desvio ferroviário*
63 landing pontoon (landing stage)
– *o desembarcadouro*

64 quay
– *o cais*
65 breakwater (mole)
– *o quebra-mar*
66 pier (jetty), a quay extension
– *o pier (o molhe), um prolongamento do cais*
67 bulk carrier
– *o navio graneleiro, o graneleiro*
68 silos
– *os silos*
69 silo cylinder
– *o silo*
70 lift bridge
– *a ponte levadiça*
71 industrial plant
– *a instalação industrial*
72 storage tanks
– *o pátio de armazenamento* m *de granéis líquidos*
73 tanker
– *o petroleiro*

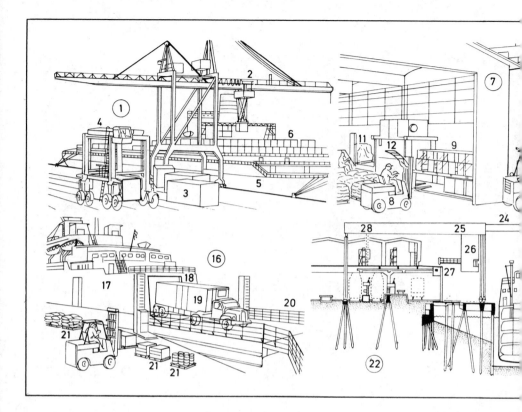

1 container terminal (container berth), a modern cargo-handling berth
- *o terminal de* containers, *um atracadouro moderno de movimentação* f *de carga* f

2 transporter container-loading bridge (loading bridge); *sim.:* transtainer crane (transtainer)
- *a ponte rolante de carregamento* m *de navio-container* (Pt. *de navio-contentor*) m; *sim.: o guindaste transtainer*

3 container
- *o container (o cofre de carga* f; Pt. *o contentor)*

4 truck (carrier)
- *a empilhadeira (tipo* m *pórtico* m*)*

5 all-container ship
- *o navio porta-container (Pt. o navio-contentor)*

6 containers stowed on deck
- *os containers (Pt. os contentores) empilhados no convés*

7 truck-to-truck handling (horizontal cargo handling with pallets)
- *a movimentação horizontal de carga* f *com paletes* m *(plataformas de movimentação de carga)*

8 forklift truck (fork truck, forklift)
- *a empilhadeira de garfo* m

9 unitized foil-wrapped load (unit load)
- *a carga unitizada (acondicionada em unidades* f *de papel metalizado) (a caixaria)*

10 flat pallet, a standard pallet
- *o palete padronizado*

11 unitized break-bulk cargo
- *a carga unitizada de mercadorias diversas*

12 heat sealing machine
- *a máquina de embalar a quente*

13 break-bulk carrier (general cargo ship)
- *o navio cargueiro (o navio de carga* f *geral)*

14 cargo hatchway
- *a escotilha de carga* f

15 receiving truck on board ship
- *a empilhadeira de bordo* m

16 multi-purpose terminal
- *o terminal de usos múltiplos*

17 roll-on roll-off ship (ro-ro-ship)
- *o navio roll-on roll-off ('ro-ro')*

18 stern port (stern opening)
- *o descarregamento pela popa*

19 driven load, a lorry (*Am.* truck)
- *o caminhão (Pt. o camião) carregado*

20 ro-ro depot
- *o depósito de mercadorias* f *'ro-ro' (instalação* f *de movimentação* f *horizontal)*

21 unitized load (unitized package)
- *a carga unitizada*

22 banana-handling terminal (section)
- *o terminal de bananas* f (corte)

23 seaward tumbler
- *o elevador de porão* m

24 jib
- *a lança do guindaste*

25 elevator bridge
- *a ponte-elevatória*

26 chain sling
- *o estropo de corrente* f

27 lighting station
- *a iluminação*

28 shore-side tumbler for loading trains and lorries (*Am.* trucks)
- *o sistema terrestre de carregamento* m *de vagões* m *e caminhões (Pt. camiões)* m

29 bulk cargo handling
- *a movimentação de granéis* m

30 bulk carrier
- *o navio graneleiro*

31 floating bulk-cargo elevator
- *o guindaste flutuante*

32 suction pipes
- *os tubos de sucção* f

33 receiver
- *o recepor (Pt. o recetor)*

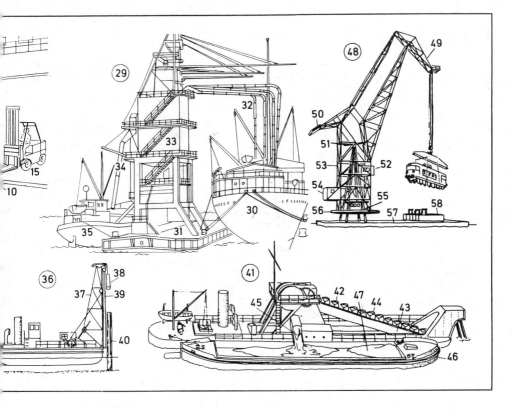

34 delivery pipe
 – *o tubo de saída* f
35 bulk transporter barge
 – *a chata de granéis* m
36 floating pile driver
 – *o bate-estacas flutuante*
37 pile driver frame
 – *a armação do bate-estacas*
38 pile hammer
 – *o martelo do bate-estacas*
39 driving guide rail
 – *o trilho-guia do bate-estacas*
40 pile
 – *a estaca*
41 bucket dredger, a dredger
 – *a draga de alcatruzes* m, *uma draga*
42 bucket chain
 – *a cadeira de alcatruzes* m
43 bucket ladder
 – *o elevador de alcatruzes* m
44 dredger bucket
 – *o alcatruz da draga*
45 chute
 – *a calha de descarga* f
46 hopper barge
 – *a chata-tremonha*
47 spoil
 – *a vasa*
48 floating crane
 – *o guindaste flutuante*
49 jib (boom)
 – *a lança do guindaste*
50 counterweight (counterpoise)
 – *o contrapeso*

51 adjusting spindle
 – *o eixo de ajuste* m
52 crane driver's cabin (crane driver's cage)
 – *a cabine do guindasteiro*
53 crane framework
 – *a estrutura do guindaste*
54 winch house
 – *a cabine do guincho*
55 control platform
 – *a plataforma de controle* m
56 turntable
 – *a plataforma giratória*
57 pontoon, a pram
 – *a chata*
58 engine superstructure (engine mounting)
 – *a superestrutura da casa das máquinas*

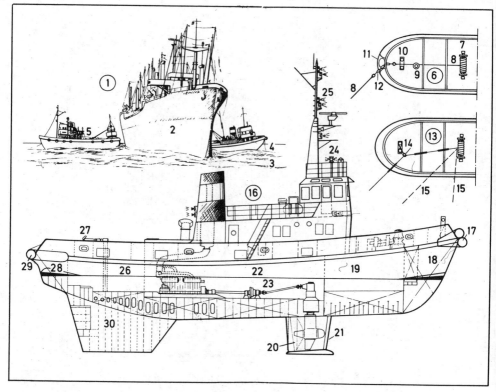

1 salvaging (salving) of a ship run aground
 – *o salvamento de um navio encalhado*
2 ship run aground (damaged vessel)
 – *o navio encalhado*
3 sandbank; also: quicksand
 – *o banco de areia f; tb.: a areia movediça*
4 open sea
 – *o alto-mar*
5 tug (salvage tug)
 – *o rebocador (de salvamento m)*
6-15 towing gear
 – *o dispositivo de reboque m*
6 towing gear for towing at sea
 – *o dispositivo para rebocar no mar*
7 towing winch (towing machine, towing engine)
 – *o guincho de reboque m*
8 tow rope (tow line, towing hawser)
 – *o cabo de reboque m*
9 tow rope guide
 – *o guia do cabo*
10 cross-shaped bollard
 – *o cabeço de amarração f em cruz f*
11 hawse hole
 – *o escovém*
12 anchor cable (chain cable)
 – *a corrente da âncora*

13 towing gear for work in harbours (*Am.* harbors)
 – *o dispositivo para rebocar no porto*
14 guest rope
 – *o cabo de amarra f*
15 position of the tow rope (tow line, towing hawser)
 – *a posição do cabo de reboque m*
16 tug (salvage tug) [vertical elevation]
 – *o rebocador de salvamento m [corte vertical]*
17 bow fender (pudding fender)
 – *a defensa de proa f*
18 forepeak
 – *o pique de vante f*
19 living quarters
 – *o alojamento*
20 Schottel propeller
 – *a hélice carenada*
21 Kort vent
 – *a carena da hélice*
22 engine and propeller room
 – *a sala do motor e da hélice*
23 clutch coupling
 – *o acoplamento*
24 compass platform (compass bridge, compass flat, monkey bridge)
 – *a ponte de comando m*

25 fire-fighting equipment
 – *o equipamento de combate a incêndio m*
26 stowage
 – *o porão*
27 tow hook
 – *o gancho de reboque m*
29 stern fender
 – *a defensa de popa f*
28 afterpeak
 – *o pique de ré f*
30 main manoeuvring (*Am.* maneuvering) keel
 – *a quilha de manobra f*

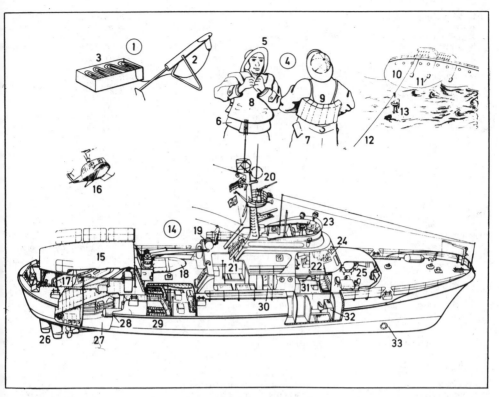

1 rocket apparatus (rocket gun, line throwing gun)
- *a lança-amarra*
2 life rocket (rocket)
- *o foguete de salvamento* m
3 rocket line (whip line)
- *a corda de salvamento* m
4 oilskins
- *os impermeáveis*
5 sou'wester (southwester)
- *o sueste (o chapéu impermeável)*
6 oilskin jacket
- *o blusão impermeável*
7 oilskin coat
- *o casaco impermeável*
8 inflatable life jacket
- *o colete salva-vidas inflável*
9 cork life jacket (cork life preserver)
- *o salva-vidas de cortiça* f
10 stranded ship (damaged vessel)
- *o navio encalhado (o navio danificado)*
11 oil bag, for trickling oil on the water surface
- *a bolsa de óleo* m, *para gotejar óleo* m *na água*
12 lifeline
- *o cabo de salvamento* m
13 breeches buoy
- *a bóia-calça*
14 rescue cruiser
- *a lancha de salvamento* m

15 helicopter landing deck
- *o convés de pouso* m *de helicóptero* m, *o heliporto*
16 rescue helicopter
- *o helicóptero de salvamento* m
17 daughter boat
- *o bote*
18 inflatable boat (inflatable dinghy)
- *o bote inflável*
19 life raft
- *a jangada de salvamento* m
20 fire-fighting equipment for fires at sea
- *o equipamento de combate* m *a incêndios* m
21 hospital unit with operating cabin and exposure bath
- *a enfermaria com sala* f *de cirurgia* f *e unidade* f *de reanimação* f
22 navigating bridge
- *a sala de navegação* f
23 upper tier of navigating bridge
- *o passadiço superior*
24 lower tier of navigating bridge
- *o passadiço inferior*
25 messroom
- *a cantina, o rancho*
26 rudders and propeller (screw)
- *o leme e a hélice*
27 stowage
- *o porão*

28 foam can
- *o tanque de espuma* f *contra incêndio* m
29 side engines
- *os motores laterais*
30 shower
- *os chuveiros*
31 coxswain's cabin
- *a cabine do mestre da lancha*
32 crew member's single-berth cabin
- *a cabine individual de tripulante* m
33 bow propeller
- *a hélice de proa* f

1-14 wing configurations
- *a disposição das asas*
1 high-wing monoplane (high-wing plane)
- *o asa alta*
2 span (wing span)
- *a envergadura*
3 shoulder-wing monoplane (shoulder-wing plane)
- *o monoplano de asa alta*
4 midwing monoplane (midwing plane)
- *o monoplano de asa média*
5 low-wing monoplane (low-wing plane)
- *o monoplano de asa baixa*
6 triplane
- *o triplano*
7 upper wing
- *a asa superior*
8 middle wing (central wing)
- *a asa central (a asa do meio)*
9 lower wing
- *a asa inferior*
10 biplane
- *o biplano*
11 strut
- *o montante*
12 cross bracing wires
- *os cabos tensores transversais*
13 sesquiplane
- *o biplano com asa f inferior menor*
14 low-wing monoplane (low-wing plane) with cranked wings (inverted gull wings)
- *a asa baixa com raiz f da asa em diedro negativo*
15-62 wing shapes
- *os formatos de asa f*
15 elliptical wing
- *a asa elíptica*
16 rectangular wing
- *a asa retangular*
17 tapered wing
- *a asa trapezoidal*
18 crescent wing
- *a asa falciforme (em forma f de foice f)*
19 delta wing
- *a asa delta*
20 swept-back wing with semi-positive sweepback
- *a asa enflechada com enflechamento positivo leve*
21 swept-back wing with positive sweepback
- *a asa enflechada com enflechamento positivo acentuado*
22 ogival wing (ogee wing)
- *a asa ogival*
23-36 tail shapes (tail unit shapes, empennage shapes)
- *os tipos de empenagem f*
23 normal tail (normal tail unit)
- *a empenagem normal*
24-25 vertical tail (vertical stabilizer and rudder)
- *o estabilizador vertical e o leme de direção f*
24 vertical stabilizer (vertical fin, tail fin)
- *o estabilizador vertical*
25 rudder
- *o leme de direção f*

26-27 horizontal tail
- *o estabilizador horizontal e o profundor*
26 tailplane (horizontal stabilizer)
- *o estabilizador horizontal*
27 elevator
- *o leme de profundidade f, o profundor*
28 cruciform tail (cruciform tail unit)
- *a cauda em cruz f*
29 T-tail (T-tail unit)
- *a cauda em T (a cauda alta)*
30 lobe
- *o cone aerodinâmico (para evitar turbulência f em torno do corpo)*
31 V-tail (vee-tail, butterfly tail)
- *a cauda em V*
32 double tail unit (twin tail unit)
- *a cauda dupla*
33 end plate
- *o estabilizador vertical esquerdo*
34 double tail unit (twin tail unit) of a twin-boom aircraft
- *a empenagem dupla de avião m de dupla fuselagem*
35 raised horizontal tail with double booms
- *a cauda dupla com estabilizador m horizontal e profundor m (e leme m de profundidade f) superior*
36 triple tail unit
- *a cauda tripla (a empenagem tripla)*
37 system of flaps
- *o sistema de flapes m (sistema de hipersustentadores m)*
38 extensible slat
- *a fenda móvel de bordo m de ataque m (slat) (o flape de bordo m de ataque m)*
39 spoiler
- *o perturbador de fluxo m de ar m*
40 double-slotted Fowler flap
- *o hipersustentador duplo tipo Fowler (o flape)*
41 outer aileron (low-speed aileron)
- *o elerão externo (o elerão de baixa velocidade f)*
42 inner spoiler (landing flap, lift dump)
- *o perturbador interno (ground spoiler) (o perturbador de sustentação f)*
43 inner aileron (all-speed aileron)
- *o elerão interno (o elerão de alta velocidade)*
44 brake flap (air brake)
- *a superfície de freio m (o freio aerodinâmico)*
45 basic profile
- *o perfil básico*
46-48 plain flaps (simple flaps)
- *as superfícies hipersustentadoras (os flapes simples e duplo)*
46 normal flap
- *o flape simples*
47 slotted flap
- *a superfície hipersustentadora com fenda f de bordo m de ataque m (slot) (o flape simples)*

48 double-slotted flap
- *a superfície hipersustentadora com dupla fenda de bordo m de ataque m (o flape simples com dupla fenda)*
49-50 split flaps
- *os flapes ventrais*
49 plain split flap (simple split flap)
- *o flape ventral simples*
50 zap flap
- *o flape tipo m ventral zap*
51 extending flap
- *o flape tipo m semi-Fowler*
52 Fowler flap
- *o flape tipo m Fowler*
53 slat
- *a superfície hipersustentadora de bordo m de ataque m (slat)*
54 profiled leading-edge flap (droop flap)
- *a fenda móvel de bordo m de ataque m (slat)*
55 Krüger flap
- *o flape Krüger (o flape de bordo m de ataque m)*

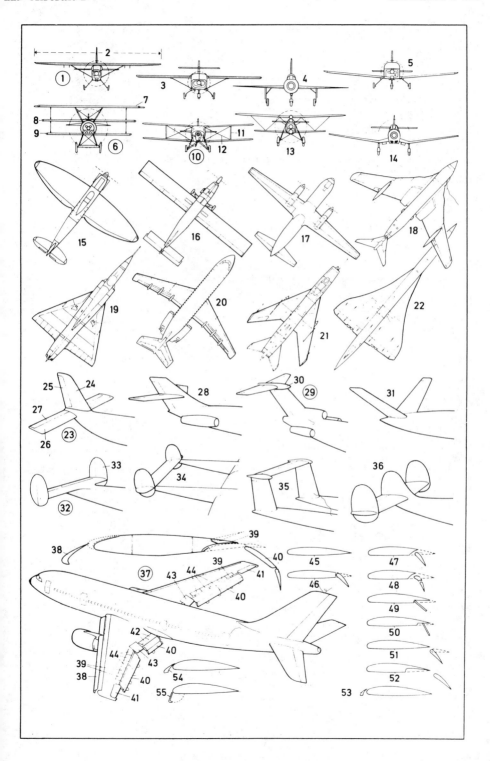

1-31 **cockpit** of a single-engine (single-engined) racing and passenger aircraft (racing and passenger plane)
– *a cabine (a carlinga) de um monomotor de competição* f *e turismo* m *(de esporte* m *e passeio* m, Pt. *de desporto* m *e passeio)*
1 instrument panel
– *o painel de instrumentos* m
2 air-speed (*Am.* airspeed) indicator
– *o anemômetro*
3 artificial horizon (gyro horizon)
– *o horizonte artificial*
4 altimeter
– *o altímetro*
5 radio compass (automatic direction finder)
– *a radiobússola, o radiogoniômetro (o indicador automático de direção* f)
6 magnetic compass
– *a bússola magnética*
7 boost gauge (*Am.* gage)
– *o manômetro da pressão de admissão* f
8 tachometer (rev counter, revolution counter)
– *o tacômetro (o conta-giros)*
9 cylinder temperature gauge (*Am.* gage)
– *o indicador da temperatura dos cilindros*
10 accelerometer
– *o acelerômetro*
11 chronometer
– *o cronômetro*
12 turn indicator with ball
– *o inclinômetro de esfera* f
13 directional gyro
– *o giroscópio direcional*
14 vertical speed (indicator (rate-of-climb indicator, variometer)
– *o indicador de velocidade* f *vertical, o indicador de velocidade de ascensão* f, *o variômetro*
15 VOR radio direction finder [VOR: very high frequency omnidirectional range]
– *o indicador de VOR [faixa* f *onidirecional de alta frequência]*
16 left tank fuel gauge (*Am.* gage)
– *o ponteiro do tanque esquerdo de combustível* m
17 right tank fuel gauge (*Am.* gage)
– *o ponteiro do tanque direito de combustível* m
18 ammeter
– *o amperímetro*
19 fuel pressure gauge (*Am.* gage)
– *o indicador de pressão* f *do combustível*
20 oil pressure gauge (*Am.* gage)
– *o indicador de pressão* f *do óleo*
21 oil temperature gauge (*Am.* gage)
– *o indicador de temperatura* f *do óleo*
22 radio and radio navigation equipment
– *o equipamento de rádio* m *e rádio-navegação* f
23 map light
– *a lâmpada de leitura* f *de mapa* m

24 wheel (control column, control stick) for operating the ailerons and elevators
– *o manche (para operar os elerões e o leme de profundidade* f)
25 co-pilot's wheel
– *o manche do co-piloto*
26 switches
– *os interruptores*
27 rudder pedals
– *os pedais do leme*
28 co-pilot's rudder pedals
– *os pedais de leme* m *do co-piloto*
29 microphone for the radio
– *o microfone do rádio*
30 throttle lever (throttle control)
– *a manete de comando* m *do combustível*
31 mixture control
– *a manete de controle* m *da mistura (ar-combustível* m)
32-66 **single-engine (single-engined) racing and passenger aircraft (racing and passenger plane)**
– *o monomotor de esporte* m *e passeio* m *(Pt. de desporto* m *e passeio)*
32 propeller (airscrew)
– *a hélice*
33 spinner
– *o fuso da hélice*
34 flat four engine
– *o motor plano de quatro cilindros nivelados (em linha reta)*
35 cockpit
– *a cabine, a carlinga*
36 pilot's seat
– *o assento do piloto*
37 co-pilot's seat
– *o assento do co-piloto*
38 passenger seats
– *os assentos de passageiros* m
39 hood (canopy, cockpit hood, cockpit canopy)
– *a capota*
40 steerable nose wheel
– *a roda direcional de pouso* m *do nariz*
41 main undercarriage unit (main landing gear unit)
– *o trem de pouso* m *principal*
42 step
– *o estribo*
43 wing
– *a asa*
44 right navigation light (right position light)
– *a luz de navegação* f *de estibordo* m *(direita)*
45 spar
– *a longarina (do extradorso)*
46 rib
– *a nervura*
47 stringer (longitudinal reinforcing member)
– *a longarina*
48 fuel tank
– *o tanque de combustível* m
49 landing light
– *o farol de aterrissagem* f *(Pt. de aterragem* f)
50 left navigation light (left position light)
– *a luz de navegação* f *de bombordo* m *(esquerda)*

51 electrostatic conductor
– *o condutor eletrostático*
52 aileron
– *o elerão*
53 landing flap
– *o flape de aterrissagem* f *(Pt. de aterragem* f)
54 fuselage (body)
– *a fuselagem*
55 frame (former)
– *o cavername*
56 chord
– *os cabos de comando* m *dos lemes*
57 stringer (longitudinal reinforcing member)
– *as longarinas*
58 vertical tail (vertical stabilizer and rudder)
– *a empenagem vertical (o estabilizador vertical e o leme)*
59 vertical stabilizer (vertical fin, tail fin)
– *o estabilizador vertical*
60 rudder
– *o leme*
61 horizontal tail
– *a empenagem horizontal*
62 tailplane (horizontal stabilizer)
– *o estabilizador (horizontal)*
63 elevator
– *o leme de profundidade* f, *o profundor*
64 warning light (anticollision light)
– *a luz de advertência* f *(a luz anticolisão* f)
65 dipole antenna
– *a antena bipolar (de VHF)*
66 long-wire antenna (long-conductor antenna)
– *a antena de fio longo (a antena HF)*
67-72 **principal manoeuvres** (*Am.* maneuvers) of the aircraft (aeroplane, plane, *Am.* airplane)
– *os principais movimentos de uma aeronave*
67 pitching
– *a arfada (a arfagem)*
68 lateral axis
– *o eixo transversal, o eixo de arfada* f
69 yawing
– *a guinada*
70 vertical axis (normal axis)
– *o eixo vertical (o eixo normal)*
71 rolling
– *o rolamento*
72 longitudinal axis
– *o eixo de rolamento* m *(o eixo longitudinal)*

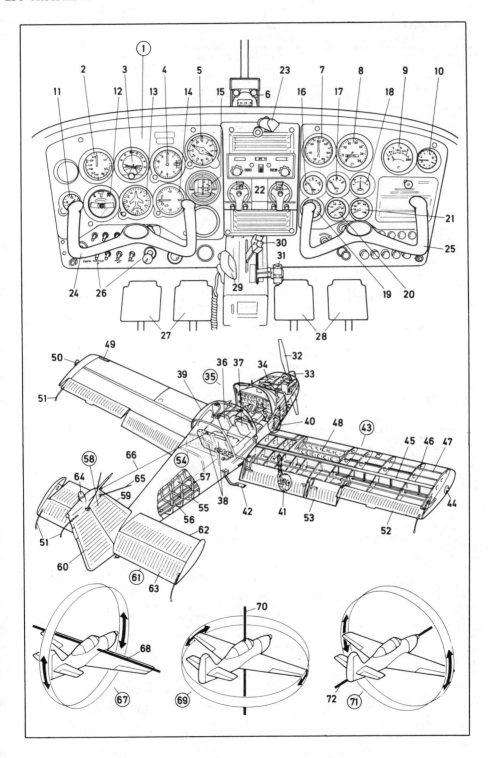

1-33 types of aircraft (aeroplanes, planes, *Am.* airplanes)
- *os tipos de aeronaves* f *(aviões* m, *aeroplanos* m)
1-6 propeller-driven aircraft (aeroplanes, planes, *Am.* airplanes)
- *os aviões a hélice* f
1 single-engine (single-engined) racing and passenger aircraft (racing and passenger plane), a low-wing monoplane (low-wing plane)
- *o monomotor de esporte* m (Pt. *de desporto* m) *e turismo* m, *um monomotor de asa baixa*
2 single-engine (single-engined) passenger aircraft, a high-wing monoplane (high-wing plane)
- *o monoplano de turismo* m, *de asa alta*
3 twin-engine (twin-engined) business and passenger aircraft (business and passenger plane)
- *o bimotor executivo e de passeio* m
4 short/medium haul airliner, a turboprop plane (turbopropler plane, propeller-turbine plane)
- *o avião turboélice (o turbopropulsor) de asa alta, para transporte* m *de pequeno e médio curso*
5 turboprop engine (turbopropeller engine)
- *o motor turbopropulsor (o turboélice)*
6 vertical stabilizer (vertical fin, tail fin)
- *o estabilizador vertical*
7-33 jet planes (jet aeroplanes, jets, *Am.* jet airplanes)
- *os aviões a jato (os jatos)*
7 twin-jet business and passenger aircraft (business and passenger plane)
- *o birreator para negócios* m *e passeio* m *(o jatinho executivo)*
8 fence
- *o limitador*
9 wing-tip tank (tip tank)
- *o tanque da ponta da asa*
10 rear engine
- *o reator de cauda* f
11 twin-jet short/medium haul airliner
- *o birreator de transporte* m *de pequeno e médio curso (os reatores sobre as asas)*
12 tri-jet medium haul airliner
- *o trijato de transporte* m *de médio curso*
13 four-jet long haul airliner
- *o quadrirreator de transporte* m *de longo curso*
14 wide-body long haul airliner (jumbo jet)
- *o quadrirreator de grande porte* m *para transporte* m *de longo curso (o jumbo)*
15 supersonic airliner [Concorde]
- *o supersônico comercial [o Concorde]*

16 droop nose
- *o nariz articulado*
17 twin-jet wide-body airliner for short/medium haul routes (airbus)
- *o birreator de grande porte* m *para rotas curtas e médias* (airbus)
18 radar nose (radome, radar dome) with weather radar antenna
- *o radome (o envoltório dielétrico) da antena do radar meteorológico*
19 cockpit
- *a cabine*
20 galley
- *a quitinete* (Pt. *a cozinha) de bordo* m
21 cargo hold (hold, underfloor hold)
- *o porão de carga* f
22 passenger cabin with passenger seats
- *a cabine de passageiros* m *com poltronas* f
23 retractable nose undercarriage unit (retractable nose landing gear unit)
- *o trem de pouso* m *retrátil dc nariz do avião*
24 nose undercarriage flap (nose gear flap)
- *as portas do trem de pouso* m *do nariz*
25 centre (*Am.* center) passenger door
- *a porta central de passageiros* m
26 engine pod with engine (turbojet engine, jet turbine engine, jet engine, jet turbine)
- *a nacele do turborreator com o turborreator (o turbojato)*
27 electrostatic conductors
- *os condutores eletrostáticos*
28 retractable main undercarriage unit (retractable main landing gear unit)
- *o trem de pouso* m *principal (retrátil)*
29 side window
- *a escotilha*
30 rear passenger door
- *a porta traseira de passageiros* m
31 toilet (lavatory, WC)
- *os banheiros (os lavatórios e os sanitários)*, Pt. *as retretes*
32 pressure bulkhead
- *o anteparo de pressurização* f
33 auxiliary engine (auxiliary gas turbine) for the generator unit
- *A.P.U. a turbina a gás* m *para o gerador (grupo* m *auxiliar para fornecimento* m *de ar* m *e energia elétrica)*

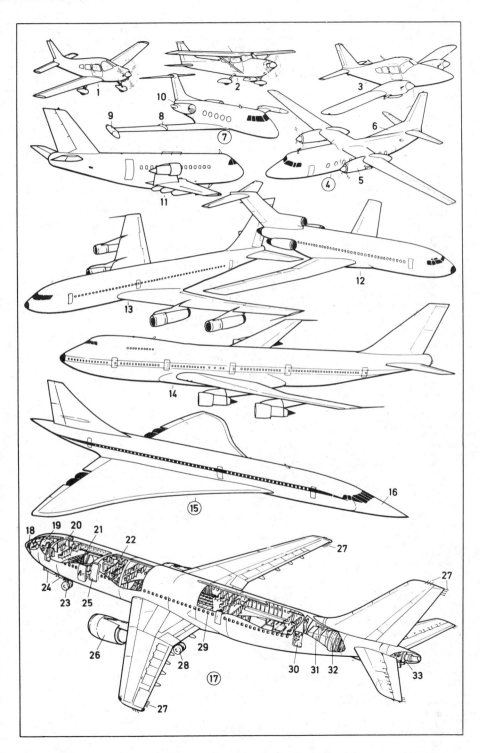

1 **flying boat,** a seaplane
- **o hidroavião,** *o hidroplano*
2 hull
- *a fuselagem*
3 stub wing (sea wing)
- *o flutuador*
4 tail bracing wires
- *as braçadeiras de cauda* f
5 floatplane (float seaplane), a seaplane
- *o hidroavião monomotor*
6 float
- *o flutuador*
7 vertical stabilizer (vertical fin, tail fin)
- *o estabilizador vertical (o estabilizador de cauda* f)
8 **amphibian** (amphibian flying boat)
- *o avião anfíbio*
9 hull
- *a fuselagem*
10 retractable undercarriage (retractable landing gear)
- *o trem de pouso* m *retrátil*
11-25 helicopters
- *os helicópteros*
11 light multirole helicopter
- *o helicóptero leve de múltiplas missões*
12-13 main rotor
- *o rotor principal*
12 rotary wing (rotor blade)
- *a asa rotativa*
13 rotor head
- *a cabeça do rotor*
14 tail rotor (anti-torque rotor)
- *o rotor de cauda* f *(o rotor anti-torque)*
15 landing skids
- *os trenós de pouso* m
16 flying crane
- *o guindaste voador*
17 turbine engines
- *as turbinas, os motores a turbina*
18 lifting undercarriage
- *a estrutura retratora*
19 lifting platform
- *a plataforma levantadora*
20 reserve tank
- *o tanque reserva*
21 transport helicopter
- *o helicóptero de transporte* m
22 rotors in tandem
- *os rotores em linha* f, *em tandem* m
23 rotor pylon
- *o suporte do rotor*
24 turbine engine
- *o turbomotor*
25 tail loading gate
- *a porta de carregamento* m *pela cauda*
26-32 V/STOL aircraft (vertical/short take-off and landing aircraft)
- *as aeronaves de decolagem (*Pt. *descolagem)* f *vertical* e *pouso* m *e decolagem em curtos espaços de campo* m
26 tilt-wing aircraft, a VTOL aircraft (vertical take-off and landing aircraft)

- *a aeronave de asa* f *móvel, uma aeronave de decolagem (*Pt. *descolagem)* f *e pouso* m *vertical*
27 tilt-wing in vertical position
- *a asa móvel em posição* f *vertical*
28 contrarotating tail propellers
- *as hélices contragiratórias de cauda* f
29 gyrodyne
- *o giródino*
30 turboprop engine (turbopropeller engine)
- *o motor turbo propulsor (o turboélice)*
31 convertiplane
- *o convertiplano*
32 tilting rotor in vertical position
- *o rotor móvel em posição* f *vertical*
33-60 aircraft engines (aero engines)
- *os motores de aeronaves* f
33-50 jet engines (turbojet engines, jet turbine engines, jet turbines)
- *os motores a jato* m
33 front fan-jet
- *o turbofan dianteiro*
34 fan
- *a ventoinha, o ventilador*
35 low-pressure compressor
- *o compressor de baixa pressão*
36 high-pressure compressor
- *o compressor de alta pressão*
37 combustion chamber
- *a câmara de combustão* f
38 fan-jet turbine
- *o motor turbofan*
39 nozzle (propelling nozzle, propulsion nozzle)
- *o injetor (o injetor propulsor)*
40 turbines
- *as turbinas*
41 bypass duct
- *o conduto secundário*
42 aft fan-jet
- *o turbofan traseiro*
43 fan
- *o ventilador*
44 bypass duct
- *a tubulação secundária (o conduto secundário)*
45 nozzle (propelling nozzle, propulsion nozzle)
- *o injetor*
46 bypass engine
- *o motor secundário*
47 turbines
- *as turbinas*
48 mixer
- *o misturador*
49 nozzle (propelling nozzle, propulsion nozzle)
- *o injetor*
50 secondary air flow (bypass air flow)
- *o fluxo de ar secundário (o fluxo de ar auxiliar)*
51 turboprop engine (turbopropeller engine), a twin-shaft engine
- *o turbopropulsor, um motor com duplo eixo*

52 annular air intake
- *a tomada de ar* m *anular*
53 high-pressure turbine
- *a turbina de alta pressão*
54 low-pressure turbine
- *a turbina de baixa pressão*
55 nozzle (propelling nozzle, propulsion nozzle)
- *a tubeira (o injetor)*
56 shaft
- *o eixo*
57 intermediate shaft
- *o eixo intermediário*
58 gear shaft
- *o eixo de transmissão* f
59 reduction gear
- *a engrenagem de redução* f
60 propeller shaft
- *o eixo da hélice*

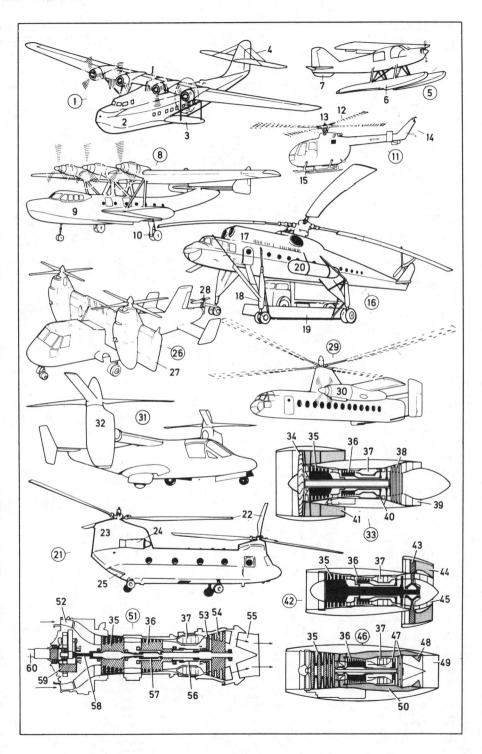

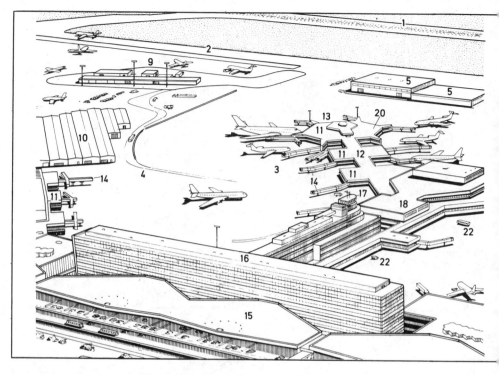

1 runway
- *a pista (de pouso* m *e decolagem* f,
  Pt. *e descolagem* f)
2 taxiway
- *a pista de taxiamento* m
3 apron
- *o pátio de manobra* f, *a praça de ma-*
  nobra f
4 apron taxiway
- *a pista de rolamento* m
5 baggage terminal
- *o terminal de bagagem* f
6 tunnel entrance to the baggage terminal
- *o túnel de acesso* m *ao terminal de*
  bagagem f
7 airport fire service
- *o serviço de incêndio* m *do aeroporto*
8 fire appliance building
- *o prédio dos equipamentos de combate*
  m *a incêndios* m
9 mail and cargo terminal
- *o terminal de serviços* m *postais e de*
  carga f
10 cargo warehouse
- *o armazém de carga* f
11 assembly point
- *o ponto de reunião* f *dos passageiros*
12 pier
- *a ala de embarque* m
13 pierhead
- *o terminal de embarque* m
14 passenger loading bridge
- *a passagem telescópica*
15 departure building (terminal)
- *o terminal de passageiros* m
16 administration building
- *o prédio da administração*
17 control tower (tower)
- *a torre de controle* m
18 waiting room (lounge)
- *o saguão (a sala) de espera* f
19 airport restaurant
- *o restaurante*

20 spectators' terrace
- *o terraço panorâmico*
21 aircraft in loading position (nosed in)
- *o avião em posição* f *de carregamento*
  m
22 service vehicles, e.g. baggage loaders,
  water tankers, galley loaders, toilet-
  cleaning vehicles, ground power
  units, tankers
- *os veículos de manutenção* f *e serviço*
  m; ex.: *as carretas de bagagem* f, *os*
  caminhões-cisternas (Pt. *os camiões-*
  cisternas), os carrinhos de provisões f
  e de limpeza f, *os caminhões-tanques*
  (Pt. *os camiões-tanques)*
23 aircraft tractor (aircraft tug)
- *o trator de avião* m
24-53 airport information symbols (pic-
  tographs)
- *as placas de orientação* f *(os pictogra-*
  mas)
24 'airport'
- *'aeroporto'* m
25 'departures'
- *'partidas'* f
26 'arrivals'
- *'chegadas'* f
27 'transit passengers'
- *'passageiros* m *em trânsito'* m
28 'waiting room' ('lounge')
- *'saguão* m *(sala* f*) de espera'*, f
29 'assembly point' ('meeting point',
  'rendezvous point')
- *'ponto* m *de reunião'* f
30 'spectators' terrace
- *'terraço panorâmico'*
31 'information'
- *'informações'* f
32 'taxis'
- *'táxi'* m
33 'car hire'
- *'aluguel* m *de carros'* m

34 'trains'
- *'ferrovia'* f (Pt. *'comboios'* m)
35 'buses'
- *ônibus* m (Pt. *'autocarros'* m)
36 'entrance'
- *'entrada'* f
37 'exit'
- *'saída'* f
38 'baggage retrieval'
- *'inspeção* f *de bagagens'* f
39 'luggage lockers'
- *'guarda-volumes'* m
40 'telephone — emergency calls only'
- *'telefone* m *— emergências'* f
41 'emergency exit'
- *'saída* f *de emergência'* f
42 'passport check'
- *'controle* m *de passaportes'* m
43 'press facilities'
- *'imprensa'* f
44 'doctor'
- *'médico'* m
45 'chemist' (*Am.* 'druggist')
- *'farmácia'* f
46 'showers'
- *'chuveiros'* m
47 'gentlemen's toilet' ('gentlemen')
- *'sanitários masculinos'* (Pt. *'retrete de*
  homens m)
48 'ladies' toilet' ('ladies')
- *'sanitários femininos'* (Pt. *'retrete de*
  senhoras' f)
49 'chapel'
- *'capela'* f
50 'restaurant'
- *'restaurante'* m
51 'change'
- *'câmbio'* m
52 'duty free shop'
- *'free shops' (lojas isentas de impostos*
  aduaneiros, Pt. *lojas francas)*
53 'hairdresser'
- *'cabeleireiro'* m

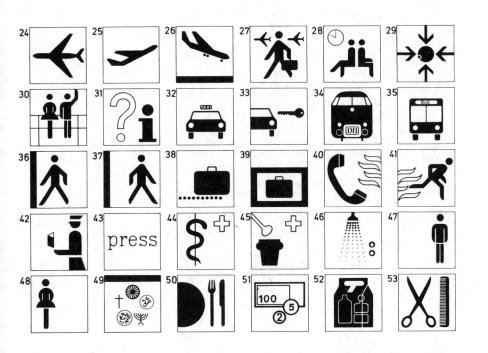

1 Saturn V 'Apollo' booster (booster rocket) [overall view]
- o foguete Saturno V, lançador da nave Apollo [vista geral]
2 Saturn V 'Apollo' booster (booster rocket) [overall sectional view]
- o foguete Saturno V, lançador da nave Apolo [corte]
3 first rocket stage (S-IC)
- o primeiro estágio S-IC (o estágio de decolagem f, Pt. de descolagem f)
4 F-I engines
- os propulsores F-I
5 heat shield (thermal protection shield)
- a blindagem térmica
6 aerodynamic engine fairings
- a carenagem dos propulsores
7 aerodynamic stabilizing fins
- os estabilizadores aerodinâmicos
8 stage separation retro-rockets, 8 rockets arranged in 4 pairs
- os retrofoguetes de separação f de estágios m, 8 motores dispostos em pares m
9 kerosene (RP-1) tank [capacity: 811,000 litres]
- o tanque de querosene m RP-1 [capacidade f: 811.000 litros m]
10 liquid oxygen (LOX, LO₂) supply lines, total of 5
- os dutos de alimentação f de oxigênio líquido (LOX, LO₂) num total de 5
11 anti-vortex system (device for preventing the formation of vortices in the fuel)
- o sistema antivórtice (o dispositivo contra a formação de turbilhões m no combustível)
12 liquid oxygen (LOX, LO₂) tank [capacity: 1,315,000 litres]
- o tanque de oxigênio líquido (LOX, LO₂) [capacidade f: 1.315.000 litros m]
13 anti-slosh baffles
- as chicanas amortecedoras de balanço m
14 compressed-helium bottles (helium pressure bottles)
- os cilindros de hélio comprimido
15 diffuser for gaseous oxygen
- o difusor de oxigênio gasoso
16 inter-tank connector (inter-tank section)
- a parede entre tanques m (a seção entre tanques)
17 instruments and system-monitoring devices
- os instrumentos e aparelhos m de controle m
18 second rocket stage (S-II)
- o segundo estágio (S-II)
19 J-2 engines
- os propulsores J-2
20 heat shield (thermal protection shield)
- a blindagem térmica
21 engine mounts and thrust structure
- os calços do propulsor e a estrutura de empuxo m

22 acceleration rockets for fuel acquisition
- os foguetes de aceleração f para acumulação f de combustível m
23 liquid hydrogen (LH₂) suction line
- a tubulação de sucção f de hidrogênio líquido (LH₂)
24 liquid oxygen (LOX, LO₂) tank [capacity: 1,315,000 litres]
- o tanque de oxigênio líquido (LOX, LO₂) [capacidade f: 1.315.000 litros m]
25 standpipe
- o tubo vertical
26 liquid hydrogen (LH₂) tank [capacity: 1,020,000 litres]
- o tanque de hidrogênio líquido [capacidade f: 1.020.000 litros m]
27 fuel level sensor
- o sensor do nível do combustível
28 work platform (working platform)
- a plataforma de trabalho m
29 cable duct
- o eletroduto
30 manhole
- a escotilha de visita f
31 S-IC/S-II inter-stage connector (inter-stage section)
- o compartimento entre estágios m S-IC/S-II (a seção entre estágios m)
32 compressed-gas container (gas pressure vessel)
- o reservatório de gás comprimido
33 third rocket stage (S-IVB)
- o terceiro estágio do foguete (S-IVB)
34 J-2 engine
- o propulsor J-2
35 nozzle (thrust nozzle)
- a tubeira
36 S-II/S-IVB inter-stage connector (inter-stage section)
- o compartimento entre estágios m S-II/S-IVB
37 four second-stage (S-II) separation retro-rockets
- os 4 retrofoguetes de separação f do segundo estágio S-II
38 attitude control rockets
- os foguetes de comando m da orientação
39 liquid oxygen (LOX, LO₂) tank [capacity: 77,200 litres]
- o tanque de oxigênio líquido (LOX, LO₂) [capacidade f: 77.200 litros m]
40 fuel line duct
- a tubulação de combustível m
41 liquid hydrogen (LH₂) tank [capacity: 253,000 litres]
- o tanque de hidrogênio líquido (LH₂) [capacidade f: 253.000 litros m]
42 measuring probes
- as sondas de medição f
43 compressed-helium tanks (helium pressure vessels)
- os tanques de hélio comprimido

44 tank vent
- o respiradouro do tanque
45 forward frame section
- o anel anterior (superior)
46 work platform (working platform)
- a plataforma de trabalho m
47 cable duct
- o eletroduto
48 acceleration rockets for fuel acquisition
- os foguetes de aceleração f para acumulação f de combustível m
49 aft frame section
- o anel posterior (inferior)
50 compressed-helium tanks (helium pressure vessels)
- os tanques de hélio comprimido
51 liquid hydrogen (LH₂) line
- a tubulação de hidrogênio líquido (LH₂)
52 liquid oxygen (LOX, LO₂) line
- a tubulação de oxigênio líquido (LOX, LO₂)
53 24-panel instrument unit
- a caixa de instrumentos m alimentada por 24 painéis m solares
54 LM hangar (lunar module hangar)
- o hangar do módulo lunar (LM)
55 LM (lunar module)
- o módulo lunar
56 Apollo SM (service module), containing supplies and equipment
- o módulo de serviço Apolo, com suprimentos m e equipamento m
57 SM (service module) main engine
- o propulsor principal do módulo de serviço m
58 fuel tank
- os tanque de combustível m
59 nitrogen tetroxide tank
- o tanque de tetróxido m de nitrogênio m
60 pressurized gas delivery system
- o sistema de alimentação f de gás pressurizado
61 oxygen tanks
- os tanques de oxigênio
62 fuel cells
- as células de combustível m
63 manoeuvring (Am. maneuvering) rocket assembly
- os grupos de foguetes m de manobra f
64 directional antenna assembly
- o conjunto de antenas f direcionais
65 space capsule (command section)
- a cápsula espacial (o setor de comando m)
66 launch phase escape tower
- a torre de salvamento m (a torre ejetável em caso m de acidente m no momento de lançamento m)

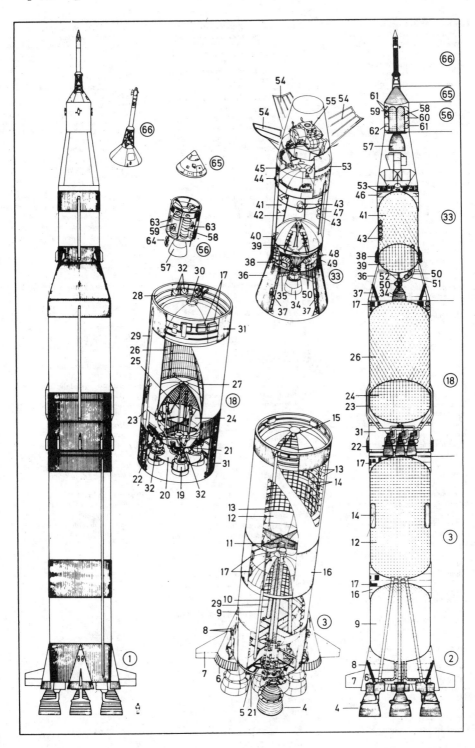

1-45 Space Shuttle-Orbiter
- *a nave espacial Orbiter (o táxi espacial)*
1 twin-spar (two-spar, double-spar) vertical fin
- *o plano fixo vertical com longarina dupla (o leme de longarina dupla)*
2 engine compartment structure
- *a estrutura do compartimento da máquina*
3 fin post
- *a longarina lateral*
4 fuselage attachment [of payload bay doors]
- *a amarração da célula da fuselagem*
5 upper thrust mount
- *o engaste superior do empuxo*
6 lower thrust mount
- *o engaste inferior do empuxo*
7 keel
- *a carcaça da quilha*
8 heat shield
- *a blindagem térmica*
9 waist longeron
- *a longarina central*
10 integrally machined (integrally milled) main rib
- *a nervura principal totalmente fresada*
11 integrally stiffened light alloy skin
- *o revestimento de ligas leves totalmente reforçadas*
12 lattice girder
- *a viga de treliça f*
13 payload bay insulation
- *o isolamento térmico da carga útil (do porão de carga f)*
14 payload bay door
- *a escotilha do compartimento de carga f útil*
15 low-temperature surface insulation
- *o isolamento a baixa temperatura (o revestimento protetor refrigerante)*
16 flight deck (crew compartment)
- *a cabine de pilotagem f*
17 captain's seat (commander's seat)
- *o assento do comandante*
18 pilot's seat (co-pilot's seat)
- *o assento do piloto*
19 forward pressure bulkhead
- *a antepara anterior de pressão f*
20 nose-section fairings, carbon fibre reinforced nose cone
- *a ponta da fuselagem, o nariz reforçado com fibras f de carbono m*
21 forward fuel tanks
- *os tanques dianteiros de combustível m*
22 avionics consoles
- *os consoles de equipamento eletrônico*
23 automatic flight control panel
- *o painel de controle m de vôo automático*
24 upward observation windows
- *as escotilhas superiores de observação f*
25 forward observation windows
- *as escotilhas dianteiras de observação f*
26 entry hatch to payload bay
- *o alçapão de acesso m à carga útil (ao porão de carga f)*
27 air lock
- *a câmara de compressão f*
28 ladder to lower deck
- *a escada de acesso m ao nível inferior (ao porão)*
29 payload manipulator arm
- *o braço de telemanipulação f da carga*

30 hydraulically steerable nose wheel
- *o trem de pouso dianteiro (de comando hidráulico)*
31 hydraulically operated main landing gear
- *o trem de aterrisagem (Pt. de aterragem) f principal de comando hidráulico*
32 removable (reusable) carbon fibre reinforced leading edge [of wing]
- *o bordo de ataque m reutilizável, reforçado com fibra f de carbono m*
33 movable elevon sections
- *os elementos móveis do elevon*
34 heat-resistant elevon structure
- *a estrutura do elevon (resistente ao calor)*
35 main liquid hydrogen (LH$_2$) supply
- *o abastecimento principal de hidrogênio líquido (LH$_2$)*
36 main liquid-fuelled rocket engine
- *o propulsor principal movido a propergóis (a combustíveis) líquidos*
37 nozzle (thrust nozzle)
- *a tubeira*
38 coolant feed line
- *a tubulação de resfriamento m*
39 engine control system
- *o sistema de controle m do propulsor*
40 heat shield
- *a blindagem térmica*
41 high-pressure liquid hydrogen (LH$_2$) pump
- *a bomba de hidrogênio líquido (LH$_2$) de alta pressão*
42 high-pressure liquid oxygen (LOX, LO$_2$) pump
- *a bomba de oxigênio líquido (LOX, LO$_2$) de alta pressão*
43 thrust vector control system
- *o mecanismo de controle m do vetor de empuxo m*
44 electromechanically controlled orbital manoeuvring (Am. maneuvering) main engine
- *o motor-foguete principal de manobra f espacial (de comando eletromecânico)*
45 nozzle fuel tanks (thrust nozzle fuel tanks
- *os tanques de combustível m das tubeiras*
46 **jettisonable liquid hydrogen and liquid oxygen tank (fuel tank)**
- *os tanques descartáveis de hidrogênio e oxigênio líquidos*
47 integrally stiffened annular rib (annular frame)
- *a carcaça anular totalmente reforçada*
48 hemispherical end rib (end frame)
- *a carcaça da extremidade hemisférica*
49 aft attachment to Orbiter
- *a ponte traseira de comunicação f com o Orbiter*
50 liquid hydrogen (LH$_2$) line
- *a tubulação de alimentação f de hidrogênio líquido (LH$_2$)*
51 liquid oxygen (LOX, LO$_2$) line
- *a tubulação de alimentação f de oxigênio líquido (LOX, LO$_2$)*
52 manhole
- *a escotilha de visita f*
53 surge baffle system (slosh baffle system)
- *o dispositivo amortecedor de balanço m*

54 pressure line to liquid hydrogen tank
- *a tubulação de alimentação f, sob pressão f, do tanque de hidrogênio líquido*
55 electrical system bus
- *o eletroduto principal*
56 liquid oxygen (LOX, LO$_2$) line
- *a tubulação de distribuição f de oxigênio líquido (LOX, LO$_2$)*
57 pressure line to liquid oxygen tank
- *a tubulação de alimentação f sob pressão f, do tanque de oxigênio líquido*
58 **recoverable solid-fuel rocket (solid rocket booster)**
- *o foguete recuperável a propergóis (a combustíveis) sólidos*
59 auxiliary parachute bay
- *o compartimento dos pára-quedas auxiliares*
60 compartment housing the recovery parachutes and the forward separation rocket motors
- *o compartimento dos pára-quedas de recuperação f e dos foguetes dianteiros de separação f*
61 cable duct
- *o eletroduto*
62 aft separation rocket motors
- *os foguetes traseiros de separação f*
63 aft skirt
- *a saia (a carenagem) traseira*
64 swivel nozzle (swivelling, Am. swiveling, nozzle)
- *a tubeira giratória*
65 **Spacelab (space laboratory, space station)**
- *o laboratório espacial (a estação espacial)*
66 multi-purpose laboratory (orbital workshop)
- *o laboratório de múltiplas atividades (a oficina espacial)*
67 astronaut
- *o astronauta*
68 gimbal-mounted telescope
- *o telescópio de suspensão f cardan*
69 measuring instrument platform
- *a plataforma de instrumentos m de medição f*
70 spaceflight module
- *o módulo espacial*
71 crew entry tunnel
- *o túnel de entrada f da tripulação*

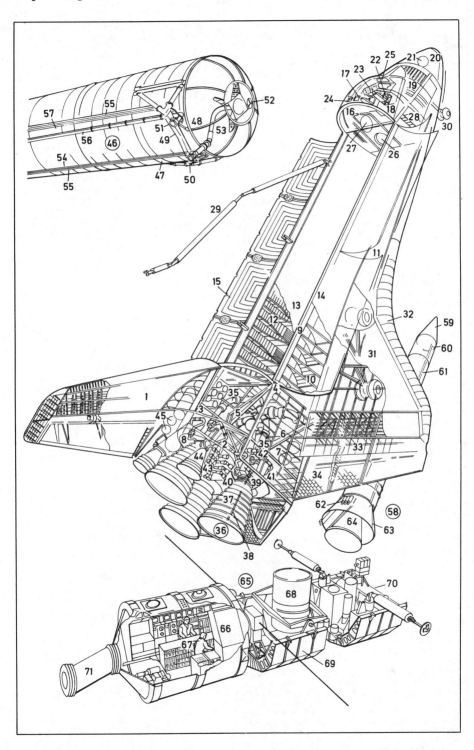

1-30 main hall
- *o saguão (a sala) principal*
1 parcels counter
- *o balcão de pequenas encomendas* f *(o balcão dos* colis*)*
2 parcels scales
- *a balança para pacotes* m
3 parcel
- *a encomenda, o pacote, o* colis
4 stick-on address label with parcel registration slip
- *a etiqueta colada com número* m *de registro* m
5 glue pot
- *o pote de cola* f
6 small parcel
- *a pequena encomenda*
7 franking machine (*Am.* postage meter) for parcel registration cards
- *a máquina de franquear para borderô* m *de registro* m *de pacotes* m (Pt. *para registo* m *de pacotes*)
8 telephone box (telephone booth, telephone kiosk, call box)
- *a cabine telefônica*
9 coin-box telephone (pay phone, public telephone)
- *o telefone de ficha* f *(o telefone público)*
10 telephone directory rack
- *a prateleira de listas telefônicas*
11 directory holder
- *os ganchos para listas telefônicas*
12 telephone directory (telephone book)
- *a lista telefônica*
13 post office boxes
- *as caixas postais*
14 post office box
- *a caixa postal*
15 stamp counter
- *o balcão de franquia* f *(o balcão de venda* f *de selos* m*)*
16 counter clerk (counter officer)
- *o funcionário*
17 company messenger
- *o mensageiro (o contínuo) de uma empresa*
18 record of posting book
- *o livro de registro* (Pt. *de registo*) m *de expedição* f
19 counter stamp machine
- *a máquina de selar, a máquina de franquear*
20 stamp book
- *o bloco de selos* m
21 sheet of stamps
- *a cartela de selos* m
22 security drawer
- *a gaveta de valores* m
23 change rack
- *a gaveta de troco* m
24 letter scales
- *a balança para cartas* f
25 paying-in (*Am.* deposit), post office savings, and pensions counter
- *o guichê de operações financeiras (as ordens de pagamento* m, *os vales postais)*
26 accounting machine
- *a máquina de contabilidade* f *(a máquina de somar)*

27 franking machine for money orders and paying-in slips (*Am.* deposit slips)
- *a máquina de franquear para ordens* f *de pagamento* m *e vales* m *postais*
28 change machine (*Am.* changemaker)
- *a máquina de troco* m
29 receipt stamp
- *o carimbo de data* f
30 hatch
- *o guichê* (Pt. *a janelinha*)
31-44 letter-sorting installation
- *a seção* (pt. *a secção*) *de triagem* f *de correspondência* f
31 letter feed
- *a entrada da correspondência*
32 stacked letter containers
- *os containers* (Pt. *os contentores*) *de correspondência empilhada*
33 feed conveyor
- *a esteira alimentadora*
34 intermediate stacker
- *o levantador de correspondência* f
35 coding station
- *a seção* (Pt. *a secção*) *de codificação* f
36 pre-distributor channel
- *a máquina de primeira triagem*
37 process control computer
- *o computador de controle* m *do processo*
38 distributing machine
- *a máquina de triagem* f *de cartas* f
39 video coding station
- *a videocodificadora*
40 screen
- *a tela de vídeo*
41 address display
- *a reprodução do endereço*
42 address
- *o endereço*
43 post code (postal code, *Am.* zip code)
- *o código de endereçamento* m *(CEP)*
44 keyboard
- *o teclado*
45 handstamp
- *o carimbo de data* f
46 roller stamp
- *o selo de rolo* m
47 franking machine
- *a máquina de franquear, a máquina de selagem automática*
48 feed mechanism
- *a placa de introdução* f
49 delivery mechanism
- *a placa de saída* f
50-55 postal collection and delivery
- *a coleta nas caixas de correio* m *e distribuição* f *de correspondência* f
50 postbox (*Am.* mailbox)
- *a caixa de correio* m
51 collection bag
- *o saco de coleta* f
52 post office van (mail van)
- *o carro do correio*

53 postman (*Am.* mail carrier, letter carrier, mailman)
- *o estafeta, o carteiro*
54 delivery pouch (postman's bag, mailbag)
- *o malote postal, o saco postal*
55 letter-rate item
- *uma carta*
56-60 postmarks
- *os tipos de selagem* f
56 postmark advertisement
- *o selo propaganda*
57 date stamp postmark
- *o carimbo de data* f
58 charge postmark
- *a selagem a máquina* f
59 special postmark
- *o selo comemorativo*
60 roller postmark
- *a obliteração por rolo* m
61 stamp (postage stamp)
- *o selo postal*
62 perforations
- *os picotes*

1 **telephone box** (telephone booth, telephone kiosk, call box), a public telephone
- *a cabine pública de telefone* m
2 telephone user (*with own telephone:* telephone subscriber, telephone customer)
- *o usuário* (com telefone exclusivo: *o assinante)*
3 coin-box telephone (pay phone, public telephone) for local and long-distance calls (trunk calls)
- *o telefone de fichas* f *para telefonemas locais e interurbanos*
4 emergency telephone
- *o dispositivo de alarme* m
5 telephone directory (telephone book)
- *a lista telefônica, o catálogo de telefone* m, *o guia telefônico*
6-26 **telephone instruments** (telephones)
- *os aparelhos telefônicos (os telefones)*
6 standard table telephone
o telefone de mesa f, *versão* f *standard*
7 telephone receiver (handset)
- *o monofone* (Pt. *o auscultador)*
8 earpiece
- *o receptor* (Pt. *o recetor)*
9 mouthpiece (microphone)
- *o bocal (o transmissor)*
10 dial (push-button keyboard)
- *o disco*
11 finger plate (dial finger plate, dial wind-up plate)
- *a chapa de discagem* f (Pt. *de marcação* f)
12 finger stop (dial finger stop)
- *o estribo, o batente*
13 cradle (handset cradle, cradle switch)
- *o gancho*
14 receiver cord (handset cord)
- *o cordão do monofone (Pt. do auscultador)*
15 telephone casing (telephone cover)
- *a caixa do telefone*
16 subscriber's (customer's) private meter
- *o medidor doméstico de impulsos* m
17 switchboard (exchange) for a system of extensions
- *o aparelho para ligação* f *com vários ramais*
18 push button for connecting main exchange lines
- *o botão de ligação* f *das linhas externas*
19 push buttons for calling extensions
- *os botões de chamada* f *para as extensões*
20 push-button telephone
- *o telefone de teclado* m
21 earthing button for the extensions
- *o botão de terra* f *para reter as ligações e transferí-las para as extensões*
22-26 switchboard with extensions
- *a mesa telefônica com ramais* m *(PABX)*
22 exchange
- *a central privada de comutação telefônica (PCT)*
23 switchboard operator's set
- *o posto do(da) telefonista, o console da(do) telefonista*
24 main exchange line
- *a linha-tronco*
25 switching box (automatic switching system, automatic connecting system, switching centre, *Am.* center)

- *a caixa de comutação* f *(o sistema de comutação automática, o sistema de ligação automática, o centro de comutação* f)
26 extension
- *o ramal* (Pt. *a extensão)*
27-41 **telephone exchange**
- *a central telefônica*
27 radio interference service
- *o serviço de interferência radiofônica*
28 interference technician (maintenance technician)
- *o técnico de eliminação* f *de interferência* f *(o técnico de manutenção* f)
29 testing board (testing desk)
- *a mesa de testagem* f *e medição* f
30 telegraphy
- *a telegrafia*
31 teleprinter (teletypewriter)
- *o telex*
32 paper tape
- *a fita de papel* m *(perfurada)*
33 directory enquiries
- *o serviço de informações* f *(para números* m *que não constam na lista telefônica)*
34 information position (operator's position)
- *a postura do operador*
35 operator
- *a telefonista de informações* f
36 microfilm reader
- *a leitura de microfilmes* m *(de microfichas* f)
37 microfilm file
- *o arquivo de microfilmes* m
38 microfilm card with telephone numbers
- *a projeção de microfone* m *com número* m *de telefone* m
39 date indicator display
- *a projeção da data*
40 testing and control station
- *a estação de controle* m *e testagem* f
41 switching centre (*Am.* center) for telephone, telex, and data transmission services
- *a central de comutação* f *para serviços* m *de transmissão* f *de dados* m, *telex* m *e telefone* m
42 **selector** (motor uniselector made of noble metals; in the future: electronic selector)
- *o seletor (o uniseletor a motor* m *construído com metais* m *nobres; no futuro: o seletor eletrônico)*
43 contact arc (bank)
- *o arco de contacto* m *(o banco)*
44 contact arm (wiper)
- *o braço de contacto* m *(a vassoura)*
45 contact field
- *a área de contacto* m
46 contact arm tag
- *o elemento de contacto* m
47 electromagnet
- *o eletroímã* (Pt. *o eletroíman); o magneto*
48 selector motor
- *o motor do seletor*
49 restoring spring (resetting spring)
- *a mola de religação* f
50 **communication links**
- *as telecomunicações*
51-52 satellite radio link
- *a telecomunicação por satélite* m

51 earth station with directional antenna
- *a estação terrestre com antena* f *direcional*
52 communications satellite with directional antenna
- *o satélite de telecomunicação* f *com antena* f *direcional*
53 coastal station
- *a estação costeira*
54-55 intercontinental radio link
- *a telecomunicação intercontinental*
54 short-wave station
- *a estação de rádio* m *de ondas curtas*
55 ionosphere
- *a ionosfera*
56 submarine cable (deep-sea cable)
- *o cabo submarino*
57 underwater amplifier
- *o repetidor do cabo*
58 **data transmission** (data services)
- *a transmissão de dados* m *(o teleprocessamento de dados* m)
59 input/output device for data carriers
- *o dispositivo de entrada* f *e saída* f *de dados* m *em fita* f
60 data processor
- *o processador de dados* m
61 teleprinter
- *a teleimpressora*
62-64 data carriers
- *o suporte de dados* m
62 punched tape (punch tape)
- *a fita perfurada*
63 magnetic tape
- *a fita magnética*
64 punched card (punch card)
- *o cartão perfurado*
65 telex link
- *a comunicação por telex* m
66 teleprinter (page printer)
- *o aparelho de telex* m (sim,: *o teletipo)*
67 dialling (*Am.* dialing) unit
- *a caixa de discagem* f (Pt. *de marcação)*
68 telex tape (punched tape, punch tape) for transmitting the text at maximum speed
- *a fita de telex (a fita perfurada) para transmissão* f *de texto* m *à velocidade máxima*
69 telex message
- *a mensagem via telex* m, *o telex*
70 keyboard
- *o teclado*

1-6 central recording channel of a radio station
- *o estúdio de gravação* f *de uma estação radiofônica (estação de rádio* m*)*
1 monitoring and control panel
- *o painel de controle* m *e comando* m
2 data display terminal (video data terminal, video monitor) for visual display of computer-controlled programmes (*Am.* programs)
- *o terminal de vídeo* m *para a exibição de programas controlados por computador* m
3 amplifier and mains power unit
- *o bloco amplificador e de ligação* f *dos cabos*
4 magnetic sound recording and playback deck for 1/4" magnetic tape
- *o gravador e o toca-fitas para fita magnética de 1/4"*
5 magnetic tape a 1/4" tape
- *a fita magnética de 1/4"*
6 film spool holder
- *o porta-bobinas de filme* m
7-15 radio switching centre (*Am.* center) control room
- *a sala de controle* m *central de radiodifusão* f
7 monitoring and control panel
- *o painel monitor*
8 talkback speaker
- *o alto-falante de comando* m
9 local-battery telephone
- *o telefone local a bateria* f
10 talkback microphone
- *o microfone de comando* m
11 data display terminal (video data terminal)
- *o terminal de vídeo* m *para transmissão* f *de dados* m
12 teleprinter
- *o teletipo;* tb.: *a teleimpressora*
13 input keyboard for computer data
- *o teclado para introdução* f *de dados* m *no computador*
14 telephone switchboard panel
- *o painel da mesa telefônica*
15 monitoring speaker (control speaker)
- *o alto-falante monitor*
16-26 broadcasting centre (*Am.* center)
- *a central de radiodifusão* f
16 recording room
- *a cabine de gravação* f
17 production control room (control room)
- *a sala de controle* m *de produção* f
18 studio
- *o estúdio*
19 sound engineer (sound control engineer)
- *o engenheiro de som* m
20 sound control desk (sound control console)
- *o console de controle* m *de som* m

21 newsreader (newscaster)
- *o locutor (o comentador)*
22 duty presentation officer
- *o diretor de produção* f
23 telephone for phoned reports
- *o telefone de reportagem* f
24 record turntable
- *o prato de toca-discos* m (Pt. de gira-discos m)
25 recording room mixing console (mixing desk, mixer)
- *a mesa de mixagem* f *da sala de gravação* f
26 sound technician (sound mixer, sound recordist)
- *o(a) operador(a) de som* m, *o(a) técnico(a) de som* m
27-53 television post-sync studio
- *o estúdio de pós-sincronização* f *de televisão* f
27 sound production control room (sound control room)
- *a sala de controle* m *de produção* f *de som* m
28 dubbing studio (dubbing theatre, *Am.* theater)
- *o estúdio de sincronização* f
29 studio table
- *a mesa do apresentador*
30 visual signal
- *os sinais luminosos*
31 electronic stopclock
- *o cronômetro eletrônico*
32 projection screen
- *o telão de projeção* f
33 monitor
- *o monitor de imagem* f
34 studio microphone
- *o microfone do apresentador*
35 sound effects box
- *o aparelho de efeitos* m *sonoros*
36 microphone socket panel
- *o painel de tomadas* f *do microfone*
37 recording speaker (recording loudspeaker)
- *o alto-falante de gravação* f
38 control room window (studio window)
- *a janela da sala de controle* m *(a janela do estúdio)*
39 producer's talkback microphone
- *o microfone de comando* m *do produtor*
40 local-battery telephone
- *o telefone local a bateria* f
41 sound control desk (sound control console)
- *a mesa de controle* m *de som* m
42 group selector switch
- *o interruptor de grupo* m
43 visual display
- *o mostrador luminoso*
44 limiter display (clipper display)
- *o indicador de limite* m
45 control modules
- *os módulos de controle* m
46 pre-listening buttons
- *os botões de testagem prévia da escuta*
47 slide control

- *o potenciômetro de cursor* m *(o controle deslizante)*
48 universal equalizer (universal corrector)
- *o nivelador universal de tonalidade* f, *o equalizador*
49 input selector switch
- *o seletor de entrada* f
50 pre-listening speaker
- *o alto-falante de escuta prévia*
51 tone generator
- *o som de referência* f
52 talkback speaker
- *o alto-falante de comando* m
53 talkback microphone
- *o microfone de comando* m
54-59 pre-mixing room for transferring and mixing 16 mm, 17.5 mm, 35 mm perforated magnetic film
- *a sala de pré-mixagem* f *para transferir e mixar filmes magnéticos perfurados de 16 mm, 17,5 mm e 35 mm*
54 sound control desk (sound control console)
- *a mesa de controle* m *de som* m
55 compact magnetic tape recording and playback equipment
- *o equipamento compacto de gravação e reprodução sonoras em fita magnética*
56 single playback deck
- *a unidade de reprodução sonora*
57 central drive unit
- *o mecanismo de operação* f
58 single recording and playback deck
- *a unidade de gravação e reprodução sonoras*
59 rewind bench
- *a mesa de rebobinamento* m
60-65 final picture quality checking room
- *o controle final de qualidade* f *do filme*
60 preview monitor
- *o monitor de pré-exibição* f
61 programme (*Am.* program) monitor
- *o monitor de programa* m
62 stopclock
- *o cronômetro*
63 vision mixer (vision-mixing console, vision-mixing desk)
- *a mesa de mixagem* f *de imagem* f
64 talkback system (talkback equipment)
- *o sistema de comando* m
65 camera monitor (picture monitor)
- *o monitor de câmera* f *(câmera* f*), o monitor de imagem* f

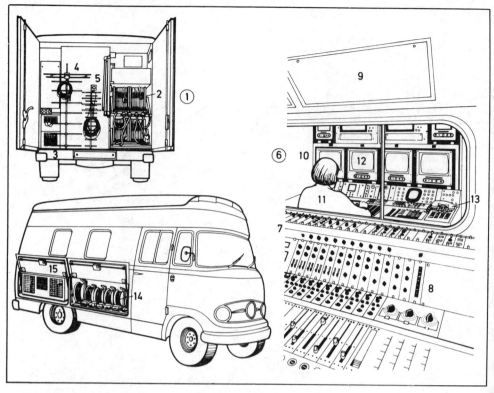

1-15 outside broadcast (OB) vehicle
(television OB van; *also:* sound
OB van, radio OB van)
- *a camioneta de reportagens exter-*
nas (de rádio m *e televisão* f)
1 rear equipment section of the OB
vehicle
- *o equipamento na parte traseira*
da camioneta de externas f
2 camera cable
- *o cabo da câmera (câmara)*
3 cable connection panel
- *o painel de ligação* f *dos cabos*
4 television (TV) reception aerial
(receiving aerial) for Channel I
- *a antena receptora de televisão*
f *para o canal um*
5 television (TV) reception aerial
(receiving aerial) for Channel II
- *a antena receptora de televisão*
f *para o canal dois*
6 interior equipment (on-board
equipment) of the OB vehicle
- *o equipamento interno da camio-*
neta
7 sound production control room
(sound control room)
- *a cabine de controle* m *de produ-*
ção f *do som*
8 sound control desk (sound control console)
- *o console de mixagem* f *de som*
m *(a mesa de controle* m *de som)*
9 monitoring loudspeaker
- *o alto-falante monitor*

10 vision control room (video control room)
- *a cabine de controle* m *da ima-*
gem (a cabine de controle de ví-
deo m*)*
11 video controller (vision controller)
- *o controlador (a) de vídeo* m *(de*
imagem f*)*
12 camera monitor (picture monitor)
- *o monitor de câmara* f *(câmera),*
o monitor de imagem f
13 on-board telephone (intercom-
munication telephone)
- *o telefone de bordo* m
14 microphone cable
- *o cabo do microfone*
15 air-conditioning equipment
- *o aparelho de ar refrigerado (o*
condicionador de ar)

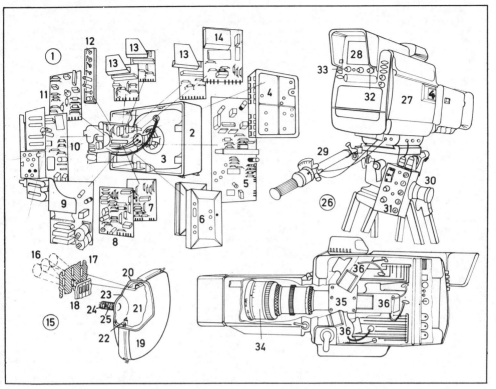

1 **colour** (*Am.* **color) television
(TV) receiver** (colour television
set) of modular design
- *o aparelho de TV* f *a cores* f
2 television cabinet
- *a caixa (o gabinete) do aparelho*
3 television tube (picture tube)
- *o tubo catódico (o tubo de imagem* f)
4 IF (intermediate frequency) amplifier module
- *o módulo amplificador de frequência intermediária (FI)*
5 colour (*Am.* color) decoder module
- *o módulo decodificador da cor*
6 VHF and UHF tuner
- *o seletor VHF e UHF (de ondas
métricas e decimétricas)*
7 horizontal synchronizing module
- *o módulo de sincronização* f *horizontal*
8 vertical deflection module
- *o módulo de deflexão* f *vertical*
9 horizontal linearity control module
- *o módulo de enquadramento* m
10 horizontal deflection module
- *o módulo de deflexão* f *horizontal*
11 control module
- *o módulo de regulagem* f
12 convergence module
- *o módulo de convergência* f

13 colour (*Am.* color) output stage
module
- *o módulo do estágio final de cor*
f
14 sound module
- *o módulo de som* m
15 colour (*Am.* color) picture tube
- *o tubo de imagem* f *de TV* f *a
cores* f
16 electron beams
- *o feixe de elétrons* (Pt. *eletrões*)
m
17 shadow mask with elongated
holes
- *a máscara ranhurada com furos
alongados*
18 strip of fluorescent (luminescent, phosphorescent) material
- *as faixas luminescentes*
19 coating (film) of fluorescent material
- *a camada de material* m *luminescente*
20 inner magnetic screen (screening)
- *a blindagem magnética interna*
21 vacuum
- *o vácuo*
22 temperature-compensated
shadow mask mount
- *o suporte da máscara (compensado termicamente)*
23 centring (centering) ring for the
deflection system

- *o anel de centragem* f *para o sistema de deflexão* f
24 electron gun assembly
- *o conjunto do canhão de elétrons
(Pt. eletrões)* m
25 rapid heat-up cathode
- *o catódio de aquecimento rápido*
26 **television (TV) camera**
- *a câmara de televisão* f
27 camera head
- *a cabeça da câmara*
28 camera monitor
- *o monitor da câmara*
29 control arm (control lever)
- *o braço de comando* m
30 focusing adjustment
- *o ajuste de foco* m
31 control panel
- *o painel de comando* m
32 contrast control
- *a regulagem de contraste* m
33 brightness control
- *a regulagem de luminosidade* t
34 zoom lens
- *a objetiva zoom*
35 beam-splitting prism (beam
splitter)
- *o prisma de divisão óptica (o divisor óptico)*
36 pickup unit (colour, *Am.* color,
pickup tube)
- *a unidade de tomada* f *de câmara*
f *(o tubo de cor* f)

1 radio cassette recorder
- *o rádio-gravador de cassete* m
2 carrying handle
- *a alça*
3 push buttons for the cassette recorder unit
- *os botões de pressão* f *do gravador*
4 station selector buttons (station pre-set buttons)
- *os seletores de estação* f
5 built-in microphone
- *o microfone embutido*
6 cassette compartment
- *o nicho do cassete*
7 tuning dial
- *o painel de sintonização* f
8 slide control [for volume or tone]
- *o cursor [para volume* m *ou qualidade* f *de som* m*)*
9 tuning knob (tuning control, tuner)
- *o botão de sintonização* f
10 compact cassette
- *o minicassete*
11 cassette box (cassete holder, cassette cabinet)
- *o estojo do cassete*
12 cassette tape
- *a fita cassete*
13-48 stereo system (*also:* quadraphonic system) made up of Hi-Fi components
- *o sistema estereofônico com componentes* m *de alta fidelidade (tb.: o sistema quadrifônico)*
13-14 stereo speakers
- *as caixas acústicas (as caixas de som* m) *estereofônicas*
14 speaker (loudspeaker), a three-way speaker with crossover (crossover network)
- *a caixa acústica de três canais* m *com filtros seletores*
15 tweeter
- *a saída (o alto-falante) de agudos* m
16 mid-range speaker
- *a saída (o alto-falante) de frequências médias*
17 woofer
- *a saída (o alto-falante) de graves* m
18 record player (automatic record changer, auto changer)
- *o toca-discos* (Pt. *o gira-discos)*
19 record player housing (record player base)
- *a carcaça do toca-discos* (Pt. *do gira-discos)*
20 turntable
- *o prato giratório*
21 tone arm
- *o braço reprodutor*
22 counterbalance (counterweight)
- *o contra-peso do braço*
23 gimbal suspension
- *a alavanca de suspensão* f *do braço*
24 stylus pressure control (stylus force control)
- *o controle de pressão* f *da agulha*
25 anti-skate control
- *o dispositivo anti-patinante*
26 magnetic cartridge with (conical or elliptical) stylus, a diamond
- *a cápsula do fonocaptor com agulha cônica ou elétrica, uma agulha de diamante* m
27 tone arm lock
- *o descanso do braço de reprodução* f

28 tone arm lift
- *a alavanca de suspensão* f *do braço*
29 speed selector (speed changer)
- *a alavanca do seletor de velocidade* f
30 starter switch
- *a alavanca de partida* f
31 treble control
- *o ajuste de agudos* m
32 dust cover
- *a tampa*
33 stereo cassette deck
- *a plataforma gravadora-reprodutora estéreo com fita* f *cassete (tape-deck)*
34 cassette compartment
- *o nicho do cassete*
35-36 recording level meters (volume unit meters, VU meters)
- *os indicadores do nível de gravação* f
35 left-channel recording level meter
- *o indicador de nível* m *de gravação* f *do canal esquerdo*
36 right-channel recording level meter
- *o indicador de nível* m *de gravação* f *do canal direito*
37 tuner
- *o sintonizador*
38 VHF (FM) station selector buttons
- *os seletores de estações* f *de freqüência modulada (FM)*
39 tuning meter
- *o monitor de sintonização* f *(o olho mágico)*
40 amplifier; *tuner and amplifier together:* receiver (control unit)
- *o amplificador;* o combinado sintonizador-amplificador: *o receiver*
41 volume control
- *o controle de volume* m
42 four-channel balance control (level control)
- *o controle de balance (a equalização) de quatro canais* m
43 treble and bass tuning
- *os controles de agudos* m *e graves* m
44 input selector
- *a chave seletora de função* f
45 four-channel demodulator for CD4 records
- *o desmodulador quadrifônico para discos* m *CD4*
46 quadra/stereo converter
- *o conversor de estereofonia* f *em quadrifonia* f *(ou vice-versa)*
47 cassette box (cassette holder, cassette cabinet)
- *a gaveta porta-cassetes (*sim.: *a fitoteca)*
48 record storage slots (record storage compartments)
- *a estante para discos* m *(*sim.: *a discoteca)*
49 microphone
- *o microfone*
50 microphone screen
- *a grade do microfone*
51 microphone base (microphone stand)
- *a base, o pé do microfone*
52 three-in-one stereo component system (automatic record changer, cassette deck, and stereo receiver)
- *o sistema estereofônico 'três-em-um',* o composto de toca-discos, o toca-fitas e o receptor estereofônico
53 tone arm balance
- *o contrapeso do braço reprodutor*
54 tuning meters
- *os indicadores do nível de sintonia* f

55 indicator light for automatic FeO/CrO$_2$ tape switch-over
- *o indicador luminoso de mudança automática de fita* f *de óxido* m *de ferro* m *para fita de dióxido* m *de cromo* m
56 open-reel-type recorder, a two or four-track unit
- *o gravador de rolo* m *de duas ou quatro pistas*
57 tape reel (open tape reel)
- *o rolo de fita magnética*
58 open-reel tape (recording tape, 1/4" tape)
- *a fita em rolo* m *de 1/4 de polegada* f
59 sound head housing with erasing head (erase head), recording head, and reproducing head (*or:* combined head)
- *o cabeçote de desgravação* f, *o gravador e o reprodutor de som* m *(ou: a cabeça combinada)*
60 tape deflector roller and end switch (limit switch)
- *a trava defletora e o interruptor de fim* m *de fita* f
61 recording level meter (VU meter)
- *o indicador de nível* m *de gravação* f
62 tape speed selector
- *o seletor de velocidade* f *da fita (na gravação)*
63 on/off switch
- *o botão liga-desliga*
64 tape counter
- *o contador de fita* f
65 stereo microphone sockets (stereo microphone jacks)
- *as tomadas de microfone estereofônico*
66 headphones (headset)
- *os fones de ouvido* m (Pt. *os auscultadores)*
67 padded headband (padded headpiece)
- *o arco acolchoado dos fones de ouvido* m (Pt. *dos auscultadores)*
68 membrane
- *a membrana*
69 earpieces (earphones)
- *os fones* (Pt. *os auscultadores)*
70 headphone cable plug, a standard multi-pin plug (not the same as a phono plug)
- *a tomada de fio* m *do fone (Pt. dos auscultadores), uma tomada multipino (multipolar) standard*
71 headphone cable (headphone cord)
- *o fio do fone de ouvido* m (Pt. *o fio dos auscultadores)*

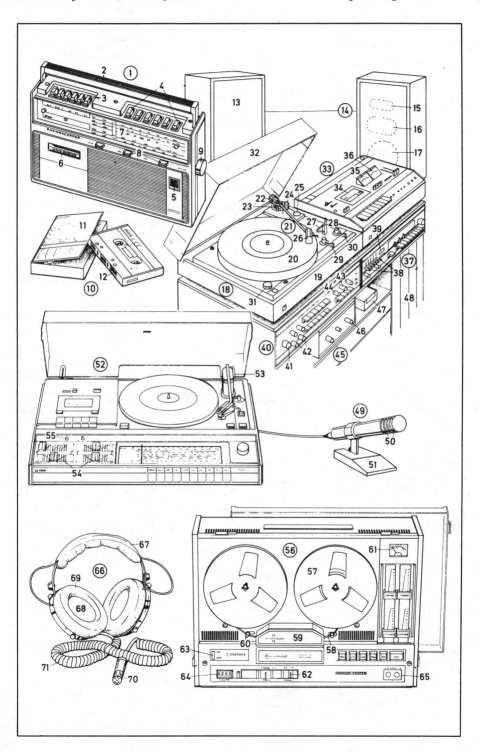

1 group instruction using a **teaching machine**
- *a instrução em grupo* m *com máquina* f *de ensinar*
2 instructor's desk with central control unit
- *a mesa do professor com controle* m *central*
3 master control panel with individual displays and cross total counters
- *o painel principal de controle* m *com indicadores* m *individuais e totalizadores cruzados*
4 student input device (student response device) in the hand of a student
- *o dispositivo de resposta* f *(de introdução* f *de material* m *pelo aluno) na mão de um aluno*
5 study step counter (progress counter)
- *o medidor de ritmo de aprendizagem* f
6 overhead projector
- *o retroprojetor*
7 apparatus for producing audio-visual learning programmes (*Am.* programs)
- *o equipamento para produção* f *de programas* m *audiovisuais*
8-10 frame coding device
- *o equipamento para codificação* f *de imagens* f
8 film viewer
- *o editor*
9 memory unit (storage unit)
- *a memória*
10 film perforator
- *o perfurador de filme* m
11-14 audio-coding equipment (sound coding equipment)
- *o equipamento de codificação* f *do som*
11 coding keyboard
- *o teclado de codificação* f
12 two-track tape recorder
- *o gravador de duas pistas*
13 four-track tape recorder
- *o gravador de quatro pistas* f
14 recording level meter
- *o medidor do nível de gravação* f
15 PIP (programmed individual presentation) system
- *o sistema PIP (a apresentação individual programada)*
16 AV (audio-visual) projector for programmed instruction
- *o projetor audiovisual para instrução programada*
17 audio cassette
- *o cassete de som* m
18 video cassette
- *o videocassete*
19 data terminal
- *o terminal de dados* m
20 telephone connection with the central data collection station
- *a ligação telefônica com a central de dados* m
21 **video telephone**
- *o videofone*
22 conference circuit (conference hookup, conference connection)
- *o botão de reuniões* f
23 camera tube switch (switch for transmitting speaker's picture)
- *o botão de imagem* f *(para transmitir as imagens locais)*
24 talk button (talk key, speaking key)
- *o botão de som* m *(o botão da fala)*
25 touch-tone buttons (touch-tone pad)
- *os botões seletores de qualidade* f *de som* m
26 video telephone screen
- *a tela do videofone*
27 infra-red transmission of television sound
- *a transmissão de som* m *de televisão* f *por infravermelho* m

28 television receiver (televisionset, TV set)
- *o aparelho de televisão* f *(o receptor,* Pt. *o recetor)*
29 infra-red sound transmitter
- *o transmissor de som* m *a infravermelho* m
30 cordless battery-powered infra-red sound headphones (headset)
- *os fones de ouvido (Pt. os auscultadores)* m *sem fio* m, *funcionando a bateria* f *com o receptor a infravermelho* m
31 **microfilming system** [diagram]
- *o sistema de microfilmagem* f *[esquema]*
32 magnetic tape station (data storage unit)
- *a unidade da fita magnética (a memória de dados* m)
33 buffer storage
- *a memória-tampão*
34 adapter unit
- *a unidade de adaptação* f
35 digital control
- *o controle digital*
36 camera control
- *o controle de câmara* f *(a câmara)*
37 character storage
- *a memória de texto* m
38 analogue (*Am.* analog) control
- *o controle analógico*
39 correction (adjustment) of picture tube geometry
- *o ajuste de geometria* f *do tubo de imagem* f
40 cathode ray tube (CRT)
- *o tubo de raios catódicos*
41 optical system
- *o sistema óptico*
42 slide (transparency) of a form for mixing-in images of forms
- *o diapositivo de um formulário para mixar imagens* f *de formulários* m
43 flash lamp
- *a lâmpada de fleche (Pt. de flash)* m
44 universal film cassettes
- *os (Pt. as) cassetes universais de filme* m
45-84 **demonstration and teaching equipment**
- *o equipamento de demonstração* f *e ensino* m *(o equipamento didático)*
45 demonstration model of a four-stroke engine
- *o modelo de demonstração* f *de um motor de quatro tempos* m
46 piston
- *o pistão*
47 cylinder head
- *a culatra*
48 spark plug (sparking plug)
- *a vela de ignição* f
49 contact breaker
- *o disjuntor*
50 crankshaft with balance weights (counterbalance weights) (counterbalanced crankshaft)
- *o virabrequim (Pt. a manivela) com contrapesos* m
51 crankcase
- *o cárter*
52 inlet valve
- *a válvula de admissão* f
53 exhaust valve
- *a válvula de escapamento* m
54 coolant bores (cooling water bores)
- *a câmara de água* f
55 demonstration model of a two-stroke engine
- *o modelo de demonstração* f *de um motor de dois tempos* m
56 deflector piston
- *o pistão*
57 transfer port

- *o canal de sangria* f
58 exhaust port
- *o escapamento, o escape*
59 crankcase scavenging
- *o banho de óleo* m *do cárter*
60 cooling ribs
- *a serpentina de refrigeração* f
61-67 models of molecules
- *a representação de moléculas* f
61 ethylene molecule
- *a molécula de etileno* m
62 hydrogen atom
- *o átomo de hidrogênio* m
63 carbon atom
- *o átomo de carbono* m
64 formaldehyde molecule
- *a molécula de formaldeído* m
65 oxygen atom
- *o átomo de oxigênio* m
66 benzene ring
- *a cadeia de benzeno* m
67 water molecule
- *a molécula de água* f
68-72 electronic circuits made up of modular elements
- *os circuitos eletrônicos constituídos de elementos* m *modulares*
68 logic element (logic module), an integrated circuit
- *o módulo lógico, um circuito integrado*
69 plugboard for electronic elements (electronic modules)
- *o painel para ligação* f *de módulos eletrônicos*
70 linking (link-up, joining, connection) of modules
- *a ligação de módulos* m
71 magnetic contact
- *o contacto magnético*
72 assembly (construction) of a circuit, using magnetic modules
- *a montagem de um circuito com módulos magnéticos*
73 multiple meter for measuring current, voltage and resistance
- *o multímetro (para medir corrente, tensão e resistência elétricas)*
74 measurement range selector
- *o seletor de faixa* f
75 measurement scale (measurement dial)
- *o mostrador (a escala)*
76 indicator needle (pointer)
- *o ponteiro, a agulha*
77 current/voltage meter
- *o voltímetro*
78 adjusting screw
- *o parafuso de ajuste* m
79 optical bench
- *a bancada óptica*
80 triangular rail
- *o trilho triangular*
81 laser (teaching laser, instruction laser)
- *o laser (o laser didático, o laser educativo)*
82 diaphragm
- *o diafragma*
83 lens system
- *o sistema de lentes* f
84 target (screen)
- *o alvo (a tela)*

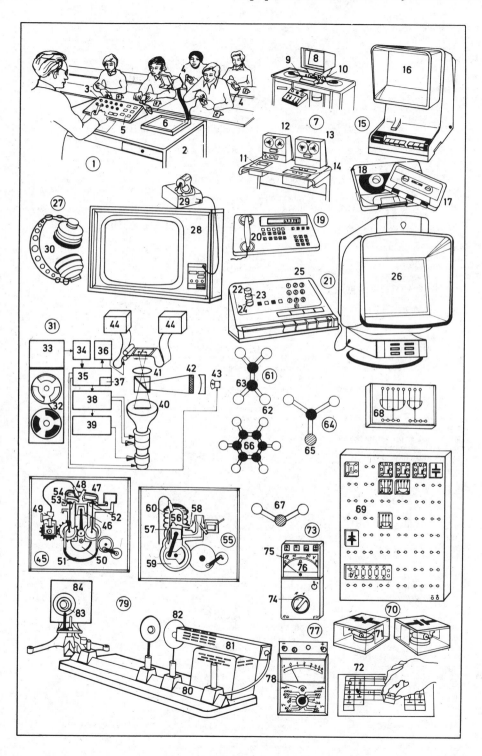

1-4 AV (audio-visual) camera with recorder
- *a câmara com gravador* m
1 camera
- *a câmara*
2 lens
- *a objetiva*
3 built-in microphone
- *o microfone embutido*
4 portable video (videotape) recorder for 1/4 open-reel magnetic tape
- *o gravador portátil de videoteipe* m, *para fita magnética de rolo* m *de 1/4 de polegada* f
5-36 VCR (video cassete recorder) system
- *o sistema VCR (o videocassete)*
5 VCR cassette (for 1/2" magnetic tape)
- *a fita de videocassete* m *de 1/2 polegada* f
6 domestic television receiver (*also:* monitor)
- *o aparelho de televisão* f
7 video cassette recorder
- *o gravador de videocassetes* m
8 cassette compartment
- *o compartimento do* (Pt. *da) cassete*
9 tape counter
- *o contador de fita* f
10 centring (centering) control
- *a centralização da imagem*
11 sound (audio) recording level control
- *o controle de nível* m *de gravação* f *de som* m *(o áudio)*
12 recording level indicator
- *o indicador de nível* m *de gravação* f
13 control buttons (operating keys)
- *as teclas de comando* m
14 tape threading indicator light
- *o indicador luminoso de bobinagem* f *da fita*
15 changeover switch for selecting audio or video recording level display
- *o seletor de nível* m *de gravação* f *(do áudio ou do vídeo)*
16 on/off switch
- *o botão de liga-desliga*
17 station selector buttons (station preset buttons)
- *os seletores de canal* m
18 built-in timer switch
- *o botão do programador (o timer) embutido*
19 VCR (video cassette recorder) head drum
- *o tambor de gravação* f *do gravador de videocassete* m
20 erasing head (erase head)
- *o cabeçote de apagamento* m
21 stationary guide (guide pin)
- *o pino-guia fixo*
22 tape guide
- *o guia-fita*
23 capstan
- *o cabrestante (a polia)*
24 audio sync head
- *a cabeça de sincronização* f *sonora*

25 pinch roller
- *o cilindro de pressão* f
26 video head
- *a cabeça do vídeo*
27 grooves in the wall of the head drum to promote air cushion formation
- *as ranhuras no tambor de gravação* f *para a formação de almofadas* f *de ar* m
28 VCR (video cassette recorder) track format
- *o esquema das pistas de gravação* f *de videocassete* m
29 tape feed
- *a direção do desenvolvimento da fita*
30 direction of video head movement
- *o movimento da cabeça do vídeo*
31 video track, a slant track
- *a pista de vídeo* m, *uma pista oblíqua*
32 sound track (audio track)
- *a pista de som* m
33 sync track
- *a pista de sincronização* f
34 sync head
- *a cabeça de sincronização* f
35 sound head (audio head)
- *a cabeça de áudio* m
36 video head
- *a cabeça de vídeo* m
37-45 TED (television disc) system
- *o sistema de videodisco* m *(TED)*
37 video disc player
- *o aparelho de videodisco* m
38 disc slot with inserted video disc
- *a fenda para introdução* f *do disco, com disco inserido*
39 programme (*Am.* program) selector
- *o seletor de programa* m
40 programme (*Am.* program) scale (programme dial)
- *a escala de programas* m
41 operating key ('play')
- *a tecla de funcionamento* m *('play')*
42 key for repeating a scene (scene-repeat key, 'select')
- *a tecla de repetição* f *de cena* f *('select')*
43 stop key
- *a tecla de parada* f (Pt. *de paragem* f)
44 video disc
- *o videodisco*
45 video disc jacket
- *a capa do videodisco*
46-60 VLP (video long play) video disc system
- *o sistema de videodisco* m *de longa duração (VLP)*
46 video disc player
- *o aparelho de videodisco* m
47 cover projection (*below it:* scanning zone)
- *a tampa do ledor*
48 operating keys
- *as teclas de funcionamento* m
49 slow motion control
- *o controle de câmara lenta*

50 optical system [diagram]
- *o sistema óptico [esquema]*
51 VLP video disc
- *o videodisco de longa metragem*
52 lens
- *a objetiva*
53 laser beam
- *o raio laser*
54 rotating mirror
- *o espelho giratório*
55 semi-reflecting mirror
- *o espelho semi-refletor*
56 photodiode
- *o fotodíodo*
57 helium-neon laser
- *o laser de hélio-néon* m
58 video signals on the surface of the video disc
- *os sinais de vídeo* m *na superfície do videodisco*
59 signal track
- *a pista do sinal*
60 individual signal element ('pit')
- *o elemento de sinal* m *(o 'pit')*

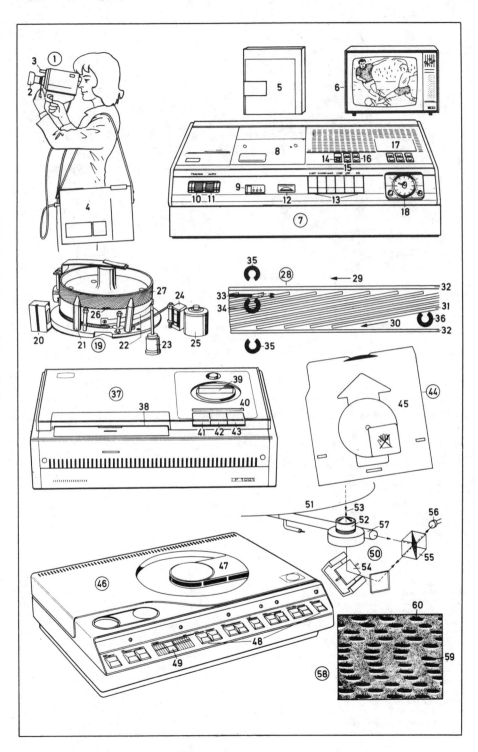

1 disc (disk) store (magnetic disc store)
 - *a memória de disco (magnético)*
2 magnetic tape
 - *a fita magnética*
3 console operator (chief operator)
 - *o operador de console* m *(o operador-chefe)*
4 console typewriter
 - *a máquina de escrever de console* m, *a teleimpressora de console*
5 intercom (intercom system)
 - *o sistema de comunicação* f *interna*
6 central processor with main memory and arithmetic unit
 - *o processador central com memória* f *principal (a memória interna) e a unidade aritmética*
7 operation and error indicators
 - *os indicadores de operações* f *e de erros* m
8 floppy disc (disk) reader
 - *a unidade leitora de discos* m *flexíveis*
9 magnetic tape unit
 - *a unidade de fita magnética*
10 magnetic tape reel
 - *a bobina de fita magnética*
11 operating indicators
 - *os indicadores de funcionamento* m

12 punched card (punch card) reader and punch
 - *a leitora-perfuradora de cartões* m
13 card stacker
 - *o depósito de descarga* f *de cartões* m
14 operator
 - *o operador*
15 operating instructions
 - *as instruções de serviço* m

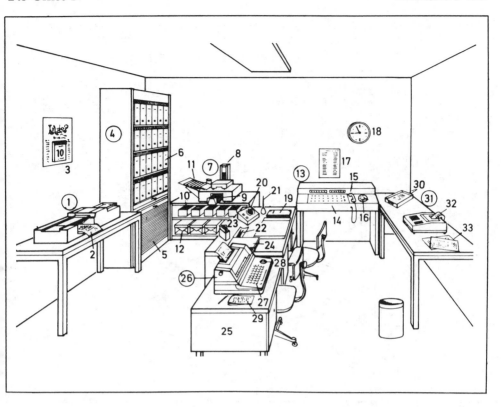

1-33 receptionist's office (secretary's office)
- *a recepção* (Pt. *a receção*), *a sala da recepcionista* (Pt. *da recepcionista*)

1 facsimile telegraph
- *a telecopiadora*

2 transmitted copy (received copy)
- *a cópia transmitida (a cópia recebida)*

3 wall calendar
- *o calendário de parede* f

4 filing cabinet
- *o móvel de arquivo* m

5 tambour door (roll-up door)
- *a porta de enrolar*

6 file (document file)
- *o classificador (a pasta para brochuras* f *e documentos* m*)*

7 transfer-type addressing machine
- *a máquina de endereçar (tipo mimeógrafo* m *a álcool* m*)*

8 vertical stencil magazine
- *o magazine vertical de estênceis* m

9 stencil ejection
- *o ejetor de estêncil* m

10 stencil storage drawer
- *o arquivo de estênceis* m

11 paper feed
- *a alimentação de papel* m

12 stock of notepaper
- *o estoque de papel* m

13 switchboard (internal telephone exchange)
- *a mesa telefônica, a central telefônica interna, a CPCT (a central privada de comutação telefônica)*

14 push-button keyboard for internal connections
- *o teclado com botões* m *para ligações internas*

15 handset
- *o monofone (Pt. o auscultador)*

16 dial
- *o disco*

17 internal telephone list
- *a lista de ramais* m (Pt. *de extensões* f, *de linhas* f *internas*)

18 master clock (main clock)
- *o relógio síncrono*

19 folder containing documents, correspondence, etc. for signing (to be signed)
- *a pasta de assinaturas* f *(a pasta contendo documentos* m, *a correspondência etc. para assinar ou rubricar)*

20 intercom (office intercom)
- *o interfone (Pt. a linha interna)*

21 pen
- *a caneta*

22 pen and pencil tray
- *o porta-canetas, o porta-lápis*

23 card index
- *o fichário (Pt. o ficheiro)*

24 stack (set) of forms
- *a pilha de formulários* m

25 typing desk
- *a mesa de datilografia* f

26 memory typewriter
- *a máquina de escrever com memória* f

27 keyboard
- *o teclado*

28 rotary switch for the main memory and the magnetic tape loop
- *o interruptor rotativo da memória principal e do freio da fita magnética*

29 shorthand pad (*Am.* steno pad)
- *o bloco de estenografia* f

30 letter tray
- *a caixa de expediente* m

31 office calculator
- *a calculadora-impressora*

32 printer
- *o rolo da calculadora*

33 business letter
- *a carta comercial*

1-36 executive's office
- *a sala de diretoria f, a sala de executivo m*
1 swivel chair
- *a poltrona giratória*
2 desk
- *a escrivaninha, a mesa de trabalho m*
3 writing surface (desk top)
- *o tampo da mesa*
4 desk drawer
- *a gaveta da mesa*
5 cupboard (storage area) with door
- *o armário (o gaveteiro) com porta f de alçapão m*
6 desk mat (blotter)
- *a pasta de mesa f (com forro m de papel m ou mata-borrão m)*
7 business letter
- *a carta comercial*
8 appointments diary
- *a agenda de mesa f*
9 desk set
- *o porta-caneta com papel-lembrete m*
10 intercom (office intercom)
- *o interfone (Pt. a linha interna)*
11 desk lamp
- *a luminária de mesa f, a lâmpada de mesa, a lâmpada de leitura f*
12 pocket calculator (electronic calculator)
- *a calculadora de bolso m*

13 telephone, an executive-secretary system
- *o telefone com a 'secretária eletrônica' (o gravador de recados m)*
14 dial; *also:* push-button keyboard
- *o disco de ligação f, o disco de chamada f*
15 call buttons
- *o teclado (as teclas de ligação f, as teclas de chamada f)*
16 receiver (telephone receiver)
- *o monofone (Pt. o auscultador, o receptor)*
17 dictating machine
- *o ditafone*
18 position indicator
- *o indicador de duração f do ditado*
19 control buttons (operating keys)
- *as teclas de operação f*
20 cabinet
- *o móvel de arquivo m*
21 visitor's chair
- *a poltrona para visitas f*
22 safe
- *o cofre-forte*
23 bolts (locking mechanism)
- *os ferrolhos (o mecanismo da fechadura)*
24 armour (*Am.* armor) plating
- *a blindagem (a chapa de aço blindado)*

25 confidential documents
- *os documentos confidenciais*
26 patent
- *a patente, a licença*
27 petty cash
- *a caixa pequena (o dinheiro em espécie f)*
28 picture
- *o quadro*
29 bar (drinks cabinet)
- *o móvel-bar*
30 bar set
- *o jogo de copos m*
31-36 conference grouping
- *o local de reuniões f*
31 conference table
- *a mesa de reuniões f*
32 pocket-sized dictating machine (micro cassette recorder)
- *o gravador de bolso m, o micro-gravador*
33 ashtray
- *o cinzeiro*
34 corner table
- *a mesa de canto m*
35 table lamp
- *a lâmpada de mesa f, o quebra-luz, o abajur*
36 two-seater sofa (part of the conference grouping)
- *o sofá de dois lugares (parte f do local de reuniões f)*

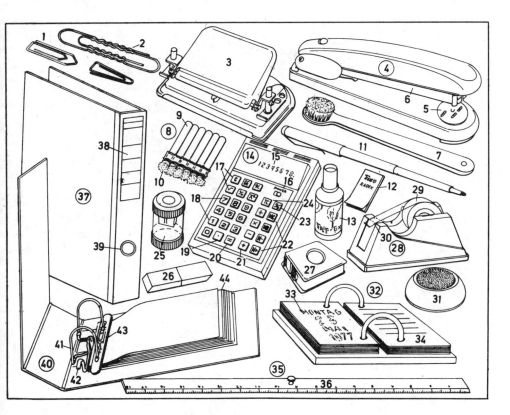

1-44 office equipment (office supplies, office materials)
- *o material de escritório* m
1 [small] paper clip
- *o clipe [pequeno] de papel* m
2 [large] paper clip
- *o clipe [grande] de papel* m
3 punch
- *o perfurador*
4 stapler (stapling machine)
- *o grampeador* (Pt. *o agrafador*)
5 anvil
- *a placa do grampeador* (Pt. *a chapa do agrafador*)
6 spring-loaded magazine
- *o magazine de grampos* m (Pt. *de agrafos* m) *com mola alimentadora*
7 type-cleaning brush for typewriters
- *a escova para limpar tipos* m *de máquina* f *de escrever*
8 type cleaner (type-cleaning kit)
- *o estojo limpa-tipos*
9 fluid container (fluid reservoir)
- *o tubo de solvente* m
10 cleaning brush
- *o pincel de limpeza* f
11 felt tip pen
- *a caneta de ponta de feltro, a caneta hidrográfica*
12 correcting paper [for typing errors]
- *o papel corretivo [para erros* m *de datilografia* f]
13 correcting fluid [for typing errors]
- *o líquido corretivo [para erros* m *de datilografia* f]
14 electronic pocket calculator
- *a calculadora eletrônica de bolso* m
15 eight-digit fluorescent display
- *o visor luminescente de oito dígitos* m

16 on/off switch
- *o interruptor liga/desliga*
17 function keys
- *as teclas de função* f
18 number keys
- *as teclas de dígitos* m
19 decimal key
- *a tecla de decimal* f
20 'equals' key
- *a tecla de resultado* m, *a tecla totalizadora*
21 instruction keys (command keys)
- *as teclas das quatro operações*
22 memory keys
- *as teclas de memória* f
23 percent key (percentage key)
- *a tecla de porcentagem* f (Pt. *de percentagem* f)
24 π-key (pi-key) for mensuration of circles
- *a tecla π (a tecla pi), para cálculo* m *de circunferência* f *e círculo* m
25 pencil sharpener
- *o apontador* (Pt. *o afiador*)
26 typewriter rubber
- *a borracha para máquina* f *de escrever*
27 adhesive tape dispenser
- *o distribuidor de fita adesiva*
28 adhesive tape holder (roller-type adhesive tape dispenser)
- *o suporte de rolo* m *de fita adesiva*
29 roll of adhesive tape
- *o rolo de fita adesiva*
30 tear-off edge
- *a lâmina de corte* m
31 moistener
- *o umedecedor* (Pt. *humedecedor*)
32 desk diary
- *a agenda de mesa* f

33 date sheet (calendar sheet)
- *a página de calendário* m
34 memo sheet
- *a página de anotações* f
35 ruler
- *a régua*
36 centimetre and millimetre (*Am.* centimeter and millimeter) graduations
- *as graduações de centímetros* m *e milímetros* m
37 file (document file)
- *o classificador*
38 spine label (spine tag)
- *a etiqueta de dorso* m, *a etiqueta de lombada* f
39 finger hole
- *a janela de manipulação* f (*a janela para o dedo*)
40 arch board file
- *o classificador de recibos* m *e extratos* m
41 arch unit
- *a argola*
42 release lever (locking lever, release/lock lever)
- *a alavanca da mola*
43 compressor
- *a chapa de fixação* f
44 bank statement (statement of account)
- *o extrato de conta* f

1-48 open plan office
- *o escritório de planta* f *flexível*
1 partition wall (partition screen)
- *as paredes divisórias, as divisórias*
2 filing drawer with suspension file system
- *o armário para arquivo* m *com sistema* m *de pastas suspensas*
3 suspension file
- *a pasta suspensa*
4 file tab
- *a etiqueta da pasta*
5 file (document file)
- *o classificador (a pasta de capa dura para documentos* m *e brochuras* f)
6 filing clerk
- *a arquivista*
7 clerical assistant
- *o auxiliar de escritório* m
8 note for the files
- *a anotação para arquivo* m
9 telephone
- *o telefone*
10 filing shelves
- *as estantes para arquivo* m
11 clerical assistant's desk
- *a escrivaninha do auxiliar de escritório* m, *a mesa do auxiliar de escritório*
12 office cupboard
- *o armário de escritório* m
13 plant stand (planter)
- *a jardineira*

14 indoor plants (houseplants)
- *as plantas de interior* m
15 programmer
- *a programadora*
16 data display terminal (visual display unit)
- *o terminal de dados* m *com vídeo* m
17 customer service representative
- *o encarregado do serviço de assistência* f *ao cliente*
18 customer
- *o cliente*
19 computer-generated design (computer-generated art)
- *o desenho gerado em computador* m
20 sound-absorbing partition
- *a divisória acústica*
21 typist
- *a datilógrafa*
22 typewriter
- *a máquina de escrever*
23 filing drawer
- *a gaveta de arquivo* m
24 customer card index
- *o fichário (Pt. o ficheiro) da clientela*
25 office chair, a swivel chair
- *a cadeira giratória de escritório* m
26 typing desk
- *a mesa de datilografia* f
27 card index box
- *o fichário (Pt. o ficheiro)*

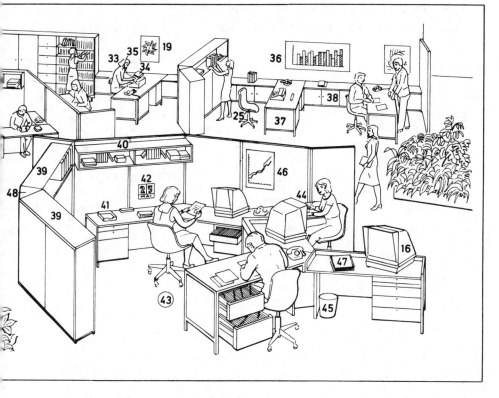

28 multi-purpose shelving
– *a estante polivalente*
29 proprietor
– *o chefe*
30 business letter
– *a carta comercial*
31 proprietor's secretary
– *a secretária do chefe*
32 shorthand pad (*Am.* steno pad)
– *o bloco de estenografia* f
33 audio typist
– *a audiodatilógrafa (a datilógrafa que trabalha a partir de gravador m)*
34 dictating machine
– *o ditafone*
35 earphone [worn in ear]
– *o fone de ouvido* m (Pt. *o auscultador)*
36 statistics chart
– *o gráfico estatístico*
37 pedestal containing a cupboard or drawers
– *o corpo de escrivaninha* f *com portas* f *ou gaveteiros* m
38 sliding-door cupboard
– *o armário com porta* f *de correr*
39 office furniture arranged in an angular configuration
– *os móveis de escritório* m *dispostos em ângulo* m
40 wall-mounted shelf
– *a prateleira suspensa na parede*
41 letter tray
– *a caixa de expediente* m

42 wall calendar
– *o calendário de parede* f
43 data centre (*Am.* center)
– *o centro de dados* m, *o banco de dados*
44 calling up information on the data display terminal (visual display unit)
– *o pedido de informações* f *transmitido por vídeo* m
45 waste paper basket
– *a cesta de papéis* m
46 sales statistics
– *a curva de vendas* f
47 EDP print-out, a continuous sheet
– *a impressão em blocos* m; *o impresso de PED (o processamento eletrônico de dados* m); *um formulário contínuo dobrado em sanfona* f; *a listagem de computador* m
48 connecting element
– *o elemento de ligação* f, *o conector*

1 **electric typewriter**, a golf ball typewritter
- *a máquina de escrever elétrica, a máquina de escrever de esfera f*
2-6 keyboard
- *o teclado*
2 space bar
- *a barra de espaço* m
3 shift key
- *a tecla de maiúscula* f
4 line space and carrier return key
- *a tecla de espaçamento* m *e de volta* f *do carro*
5 shift lock
- *a tecla de fixação* f *de maiúsculas* f
6 margin release key
- *a tecla para soltar o marginador*
7 tabulator key
- *a tecla do tabulador*
8 tabulator clear key
- *a tecla de anulação* f *do tabulador*
9 on/off switch
- *o interruptor liga-desliga*
10 striking force control (impression control)
- *a alavanca de regulagem* f *do toque*
11 ribbon selector
- *o seletor da fita*
12 margin scale
- *a escala graduada*
13 left margin stop
- *o marginador esquerdo*
14 right margin stop
- *o marginador direito*
15 golf ball (spherical typing element) bearing the types
- *a esfera de tipos* m
16 ribbon cassette
- *o cartucho de fita* f
17 paper bail with rollers
- *a guia do papel*
18 platen
- *o cilindro de impressão* f *(o rolo, o cilindro)*
19 typing opening (typing window)
- *a guia-linha transparente, o pisa-cartões*
20 paper release lever
- *a alavanca para soltar o papel*
21 carrier return lever
- *a alavanca de retorno* m *do carro*
22 platen knob
- *o botão de movimentação* f *do cilindro*
23 line space adjuster
- *o regulador de espaço* m *entre linhas* f
24 variable platen action lever
- *a alavanca para soltar o cilindro*
25 push-in platen variable
- *o botão de debreagem* f *(Pt. de desengate* m*) do cilindro (para anular os espaços automáticos entre linhas* f*)*
26 erasing table
- *o apoio para anotações* f *e correções* f
27 transparent cover
- *o tampo transparente*

28 exchange golf ball (exchange typing element)
- *a esfera intercambiável*
29 type
- *o tipo*
30 golf ball cap (cap of typing element)
- *a calota*
31 teeth
- *os dentes da esfera*
32 web-fed automatic copier
- *a fotocopiadora automática a bobina* f*; sim.: a máquina 'xerox'*
33 magazine for paper roll
- *o compartimento do rolo de papel* m
34 paper size selection (format selection)
- *o seletor do formato do papel*
35 print quantity selection
- *o seletor do número de cópias* f *(o totalizador de cópias* f*)*
36 contrast control
- *o botão de regulagem* f *do contraste*
37 main switch (on/off switch)
- *o interruptor principal (liga-desliga)*
38 start print button
- *o botão de início* m *da copiagem*
39 document glass
- *o vidro porta-originais (a bandeja de vidro* m *para originais* m*)*
40 transfer blanket
- *a banda transportadora*
41 toner roll
- *o rolo de toner (o rolo de tinta* f*)*
42 exposure system
- *o sistema de exposição* f *[de iluminação* f*]*
43 print delivery (copy delivery)
- *a saída das cópias (a bandeja receptora, Pt. recetora)*
44 **letter-folding machine**
- *a máquina de dobrar cartas* f *(a dobradora)*
45 paper feed
- *o alimentador de papel* m
46 folding mechanism
- *o mecanismo de dobrar*
47 receiving tray
- *a bandeja receptora (Pt. recetora)*
48 **small offset press**
- *a pequena impressora offset*
49 paper feed
- *o alimentador de papel* m
50 lever for inking the plate cylinder
- *a alavanca para entintar as placas offset*
51-52 inking unit (inker unit)
- *a unidade de tinta* f
51 distributing roller (distributor)
- *o rolo distribuidor*
52 ink roller (inking roller, fountain roller)
- *o rolo de tinta* f
53 pressure adjustment
- *a regulagem da pressão*
54 sheet delivery (receiving table)

- *a saída (a bandeja receptora, Pt. recetora)*
55 printing speed adjustment
- *a regulagem da velocidade de impressão* f
56 jogger for aligning the piles of sheets
- *a máquina vibradora de alinhar folhas* f *de papel* m
57 pile of paper (pile of sheets)
- *a resma de papel* m
58 folding machine
- *a máquina de dobrar papel* m *(a dobradora)*
59 gathering machine (collating machine, assembling machine) for short runs
- *a máquina encadernadora para pequenas tiragens*
60 gathering station (collating station, assembling station)
- *a mesa de montagem* f
61 adhesive binder (perfect binder) for hot adhesives
- *a encadernadora térmica para encadernação* f *sem costura* f
62 magnetic tape dictating machine
- *o ditafone de fita magnética*
63 headphones (headset, earphones)
- *os fones de ouvido* m *(Pt. os auscultadores)*
64 on/off switch
- *o interruptor liga-desliga*
65 microphone cradle
- *o gancho do microfone*
66 foot control socket
- *a tomada do pedal de controle* m
67 telephone adapter socket
- *a tomada de telefone* m
68 headphone socket (earphone socket, headset socket)
- *a tomada dos fones de ouvido* m *(Pt. a tomada dos auscultadores)*
69 microphone socket
- *a tomada de microfone* m
70 built-in loudspeaker
- *o alto-falante embutido*
71 indicator lamp (indicator light)
- *a lâmpada monitora*
72 cassette compartment
- *o nicho da fita (do cassete, Pt. da cassete)*
73 forward wind, rewind and stop buttons
- *os botões de avanço rápido, o retorno e a parada (Pt. a paragem) da fita*
74 time scale with indexing marks
- *o conta-minutos com mostrador graduado*
75 time scale stop
- *o curso do conta-minutos*

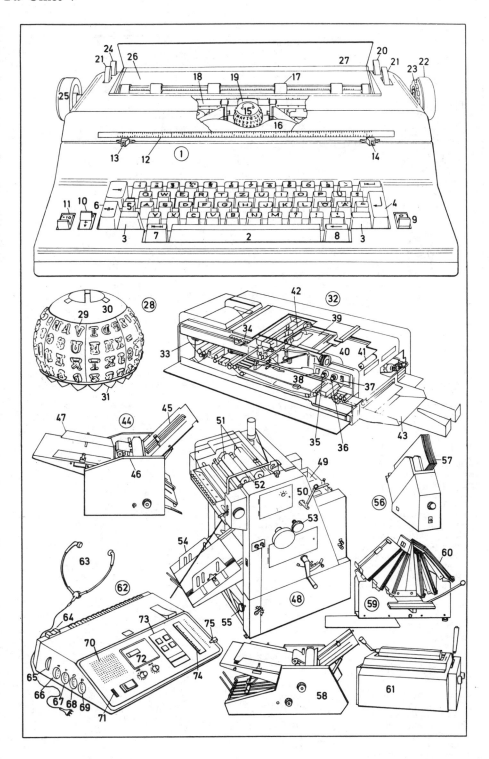

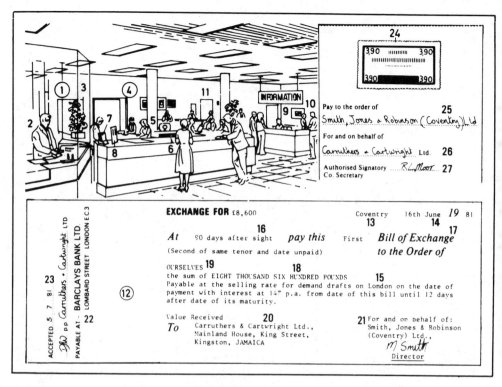

Inside illustration:

EXCHANGE FOR £8,600 Coventry 16th June **19** 81
16 **13** **14**

At 90 days after sight *pay this* First *Bill of Exchange* **17**
(Second of same tenor and date unpaid) *to the Order of*

OURSELVES **19** **18**
the sum of EIGHT THOUSAND SIX HUNDRED POUNDS **15**
Payable at the selling rate for demand drafts on London on the date of
payment with interest at 14" p.a. from date of this bill until 12 days
after date of its maturity.

Value Received **20** **21** For and on behalf of:
To Carruthers & Cartwright Ltd., Smith, Jones & Robinson
      Mainland House, King Street, (Coventry) Ltd.,
      Kingston, JAMAICA *M Smith*
                                                   Director

ACCEPTED 5 7 81 PAYABLE AT - BARCLAYS BANK LTD. LOMBARD STREET LONDON EC.3
p.p Carruthers + Cartwright LTD
23 **22** **12**

Pay to the order of **25**
Smith, Jones & Robinson (Coventry) Ltd
For and on behalf of
Carruthers + Cartwright Ltd **26**
Authorised Signatory R.L.Moor **27**
Co. Secretary
24

1-11 main hall
- *o saguão* (Pt. *o vestíbulo*) *principal*
1 cashier's desk (cashier's counter)
- *o balcão das caixas*
2 teller (cashier)
- *o caixa*
3 bullet-proof glass
- *o vidro blindado, o vidro à prova de bala* f
4 service counters (service and advice for savings accounts, private and company accounts, personal loans)
- *os balcões de serviço* m *(o atendimento e o aconselhamento a respeito de cadernetas* f *de poupança* f, *as contas de pessoa física e de pessoa jurídica, os empréstimos para fins* m *pessoais)*
5 bank clerk
- *a bancária;* m.: *o bancário*
6 customer
- *o cliente*
7 brochures
- *os folhetos informativos*
8 stock list (price list, list of quotations)
- *a lista de cotações* f *da Bolsa*
9 information counter
- *o balcão de informações* f
10 foreign exchange counter
- *o balcão de câmbio* m *(o setor de câmbio)*
11 entrance to strong room
- *a entrada da casa-forte*

12 bill of exchange (bill): *here:* a draft, an acceptance (a bank acceptance)
- *a letra de câmbio* m, *um título de crédito* m; aqui: *a letra de câmbio com aceite* m
13 place of issue
- *a praça (o lugar) de emissão* f
14 date of issue
- *a data de emissão* f
15 place of payment
- *a praça (o lugar) de pagamento* m
16 date of maturity (due date)
- *a data de vencimento* m
17 bill clause (draft clause)
- *a designação (do título como letra* f *de câmbio* m)
18 value
- *o montante, o valor*
19 payee (remittee)
- *o emitente*
20 drawee (payer)
- *o sacado*
21 drawer
- *o sacador*
22 domicilation (paying agent)
- *o domicílio (a agência pagadora)*
23 acceptance
- *o aceite*
24 stamp
- *a autenticação*
25 endorsement (indorsement, transfer entry)
- *o endosso, o aval*

26 endorsee (indorsee)
- *o endossado (o cedido)*
27 endorser (indorser)
- *o endossador, o avalista (o cedente)*

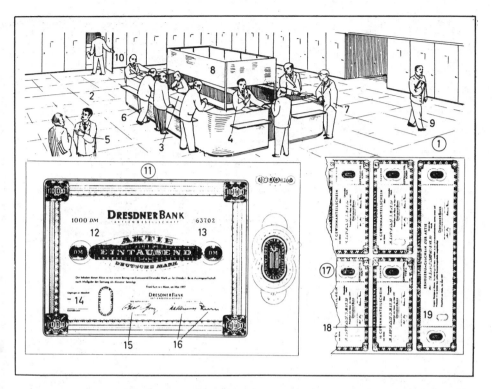

1-10 stock exchange (exchange for the sale of securities, stocks, and bonds)
- *a bolsa de valores* m *(a bolsa de transações* f *com valores mobiliários)*
1 exchange hall (exchange floor)
- *a sala do pregão*
2 market for securities
- *o mercado de valores* m
3 broker's post
- *o balcão dos corretores*
4 sworn stockbroker (exchange broker, stockbroker, *Am.* specialist), an inside broker
- *o corretor de valores* m, *o corretor da bolsa*
5 kerbstone broker (kerbstoner, curbstone broker, curbstoner, outside broker), a commercial broker dealing in unlisted securities
- *o corretor de valores* m *não transacionados em bolsa* f, *o zangão*
6 member of the stock exchange (stockjobber, *Am.* floor trader, room trader)
- *o operador da bolsa*
7 stock exchange agent (boardman), a bank employee
- *o agente (de instituição financeira) junto à bolsa*
8 quotation board
- *o quadro de cotações* f
9 stock exchange attendant (waiter)
- *o preposto de corretor* m

10 telephone box (telephone booth, telephone kiosk, call box)
- *a cabine telefônica*
11-19 securities; *kinds:* share (*Am.* stock), fixed-income security, annuity, bond, debenture bond, municipal bond, (corporation stock), industrial bond, convertible bond
- *os valores;* categorias mais comuns: *ação* f, *título* m *de renda* f *fixa, obrigação* f, *debênture* f, *letra* f *do tesouro, obrigação* f *conversível*
11 share certificate (*Am.* stock certificate); *here:* bearer share (share warrant)
- *o certificado de ação* f *(ações), a cautela;* aqui: *ação ao portador*
12 par (par value, nominal par, face par) of the share
- *o valor nominal da ação*
13 serial number
- *o número de série* f
14 page number of entry in bank's share register (bank's stock ledger)
- *o número de folhas* f *de transcrição* f *no livro de registro* (Pt. *de registo)* m *de ações* f *do banco*
15 signature of the chairman of the board of governors
- *a assinatura do presidente da junta de governadores* m *(sin.: do presidente do conselho diretor; do presidente do conselho de administração* f)

16 signature of the chairman of the board of directors
- *a assinatura do diretor-presidente (do presidente da diretoria executiva)*
17 sheet of coupons (coupon sheet, dividend coupon sheet)
- *a folha de cupons* m *de dividendos* m
18 dividend warrant (dividend coupon)
- *o cupom de dividendo* m
19 talon
- *o talão de requisição* f *(de nova folha de cupons* m*)*

1-28 coins (coin, coinage, metal money, specie, *Am*. hard money; *kinds:* gold, silver, nickel, copper, or aluminium, *Am*. aluminum, coins)
- *as moedas* (tipos: *de ouro* m, *prata* f, *níquel* m, *cobre* m *ou alumínio* m)

1 Athens: nugget-shaped tetradrachm (tetradrachmon, tetradrachma)
- *Atenas: o tetradracmo em pepita* f

2 the owl (emblem of the city of Athens)
- *a coruja (o emblema da cidade de Atenas)*

3 aureus of Constantine the Great
- *o áureo de Constantino o Grande*

4 bracteate of Emperor Frederick I Barbarossa
- *a bracteata do imperador Frederico I (Barba-Ruiva)*

5 Louis XIV louis-d'or
- *França: o Luís de ouro* m *de Luís XIV*

6 Prússia: I reichstaler (speciestaler) of Frederick the Great
- *Prússia: o táler de Frederico o Grande*

7 Federal Republic of Germany: 5 Deutschmarks (DM); 1 DM = 100 pfennigs
- *a República Federal da Alemanha: moeda* f *de 5 marcos alemães; 1 marco alemão = 100 pfenning* m

8 obverse
- *o anverso, a cara*

9 reverse (subordinate side)
- *o reverso, a coroa*

10 mint mark (mintage, exergue)
- *o exergo (o espaço para data* f, *a procedência ou outra legenda* f)

11 legend (inscription on the edge of a coin)
- *a inscrição (no entalhe da moeda)*

12 device (type), a provincial coat of arms
- *a efígie, uma alegoria nacional*

13 Austria: 25 schillings; 1 sch = 100 groschen
- *Áustria: moeda* f *de 25 schillings* m; *1 schilling = 100 groschen* m

14 provincial coats of arms
- *os brasões das províncias*

15 Switzerland: 5 francs; 1 franc = 100 centimes
- *Suíça: moeda* f *de 5 francos* m; *1 franco = 100 cêntimos* m

16 France: 1 franc = 100 centimes
- *França: moeda* f *de 1 franco* m = *100 cêntimos* m

17 Belgium: 100 francs
- *Bélgica: moeda* f *de 100 francos* m

18 Luxembourg (Luxemburg): 1 franc
- *Luxemburgo: moeda* f *de 1 franco* m

19 Netherlands: 2½ guilders; 1 guilder (florin, gulden) = 100 cents

- *os Países-Baixos (Holanda): moeda* f *de 2 1/2 florins* m; *1 florim = 100 cents* m

20 Italy: 10 lire (*sg.* lira)
- *Itália: moeda* f *de 10 liras* f; *1 lira = 100 centesimi* m

21 Vatican City: 10 lire (*sg.* lira)
- *o Estado do Vaticano: moeda* f *de 10 liras* f

22 Spain: 1 peseta = 100 céntimos
- *Espanha: moeda* f *de 1 peseta* f = *100 cêntimos* m

23 Portugal: 1 escudo = 100 centavos
- *Portugal: moeda* f *de 1 escudo* m = *100 centavos* m

24 Denmark: 1 krone = 100 öre
- *Dinamarca: moeda* f *de 1 coroa* f = *100 öre* m

25 Sweden: 1 krona = 100 öre
- *Suécia: moeda* f *de 1 coroa* f = *100 öre* m

26 Norway: 1 krone = 100 öre
- *Noruega: moeda* f *de 1 coroa* f = *100 öre* m

27 Czechoslovakia: 1 koruna = 100 heller
- *Tchecoslováquia: moeda* f *de 1 coroa* f = *100 heller* m

28 Yugoslavia: 1 dinar = 100 paras
- *Iugoslávia* (Pt. *Jugoslávia*): *moeda* f *de 1 dinar* m = *100 paras* m

29-39 banknotes (*Am*. bills) (paper money, notes, treasury notes)
- *as notas (o papel-moeda* f, *as cédulas)*

29 Federal Republic of Germany: 20 DM
- *A República Federal da Alemanha: nota* f *de 20 marcos* m

30 bank of issue (bank of circulation)
- *a indicação de banco emissor*

31 watermark [a portrait]
- *a marca de água* f *(o medalhão estampado)*

32 denomination
- *o valor nominal*

33 USA: 1 dollar ($1) = 100 cents
- *Os Estados Unidos da América: nota* f *de 1 dólar* m = *100 cents* m

34 facsimile signatures
- *as assinaturas em fac-símile* m *(as microchancelas, os elementos acessórios de autenticação* f)

35 impressed stamp
- *a chancela (o selo de autenticação* f)

36 serial number
- *o número de série* f

37 United Kingdom of Great Britain and Northern Ireland: 1 pound sterling (£1) = 100 new pence (100p.) (*sg.* new Penny, new p.)
- *O Reino Unido da Grã-Bretanha e Irlanda do Norte: nota* f *de 1 libra esterlina = 100 pence* (sing. *1 penny)*

38 guilloched pattern
- *o guilhochê*

39 Greece: 1,000 drachmas (drachmae); 1 drachma = 100 lepta (*sg.* lepton)
- *Grécia: nota* f *de 1,000 dracmas* f; *1 dracma = 100 lepta* m (sing.: *lepton* m)

40-44 striking of coins (coinage, mintage)
- *a cunhagem de moedas* f

40-41 coining dies (minting dies)
- *os cunhos*

40 upper die
- *o cunho superior*

41 lower die
- *o cunho inferior*

42 collar
- *a virola*

43 coin disc (disk) (flan, planchet, blank)
- *o disco de metal pronto para cunhagem* f

44 coining press (minting press)
- *a prensa de cunhagem* f

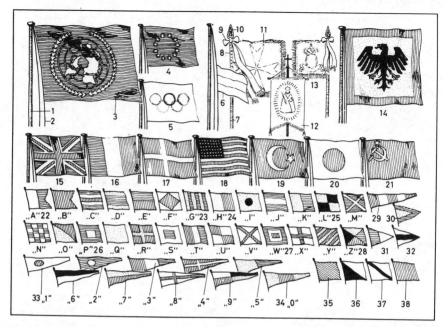

1-3 flag of the United Nations
- *a bandeira da ONU (Organização f das Nações Unidas)*
1 flagpole (flagstaff) with truck
- *o mastro com borla f*
2 halyard (halliard, haulyard)
- *a driça, a adriça*
3 bunting
- *o pano*
4 flag of the Council of Europe
- *a bandeira do Conselho da Europa*
5 Olympic flag
- *a bandeira dos Jogos Olímpicos*
6 flag at half-mast (*Am.* at half-staff) [as token of mourning]
- *a bandeira a meio-mastro m [em sinal m de luto m]*
7-11 flag
- *a bandeira*
7 flagpole (flagstaff)
- *o mastro de bandeira f, o pau de bandeira*
8 ornamental stud
- *o tacheado*
9 streamer
- *a fita*
10 pointed tip of the flagpole
- *o ferro de lança f*
11 bunting
- *o pano (o tecido de lã f)*
12 banner (gonfalon)
- *o estandarte*
13 cavalry standard (flag of the cavalry)
- *o estandarte de cavalaria f (o emblema de regimento m de cavalaria)*
14 standard of the German Federal President [ensign of head of state]
- *o estandarte do Presidente da República Federal da Alemanha [as armas do chefe de estado m]*

15-21 national flags
- *as bandeiras nacionais (a bordo m de um navio: os pavilhões)*
15 the Union Jack (Great Britain)
- *a Union Jack (Grã-Bretanha)*
16 the Tricolour (*Am.* Tricolor) (France)
- *a Tricolor (França)*
17 the Danebrog (Dannebrog) (Denmark)
- *a Danebrog (Dinamarca)*
18 the Stars and Stripes (Star-Spangled Banner) (USA)
- *as Estrelas e Listras, a Bandeira Estrelada (bandeira dos Estados Unidos da América)*
19 the Crescent (Turkey)
- *a Crescente (Turquia)*
20 the Rising Sun (Japan)
- *o Sol Nascente (Japão)*
21 the Hammer and Sickle (USSR)
- *a Foice e Martelo (URSS)*
22-34 signal flags, a hoist
- *as bandeiras de sinalização f, um jogo de galhardetes m (de flâmulas f, de bandeirolas f)*
22-28 letter flags
- *as bandeiras de letras f*
22 letter A, a burgee (swallow-tailed flag)
- *a letra A, um pavilhão farpado*
23 G, pilot flag
- *G. o pavilhão de chamada f do piloto*
24 H ('pilot on board')
- *H (o piloto a bordo m)*
25 L ('you should stop, I have something important to communicate')
- *L ('pare, comunicação f importante')*
26 P, the Blue Peter ('about to set sail')

- *P, Blue Peter (um sinal de partida f)*
27 W ('I require medical assistance')
- *W, um pedido de assistência médica*
28 Z, an oblong pennant (oblong pendant)
- *Z, um pavilhão (um galhardete) retangular*
29 code pennant (code pendant), used in the International Signals Code
- *a flâmula do código internacional de sinais m ('percebido')*
30-32 substitute flags (repeaters), triangular flags (pennants, pendants)
- *as bandeiras auxiliares, os galhardetes triangulares (as flâmulas)*
33-34 numeral pennants (numeral pendants)
- *as flâmulas numéricas*
33 number 1
- *o dígito 1*
34 number 0
- *o dígito zero*
35-38 customs flags
- *os pavilhões alfandegários*
35 customs boat pennant (customs boat pendant)
- *o pavilhão da lancha da alfândega*
36 'ship cleared through customs'
- *o 'navio liberado pela alfândega'*
37 customs signal flag
- *o sinal de chamada f da alfândega*
38 powder flag ['inflammable (flammable) cargo']
- *o pavilhão de transporte m de pólvora f ('carga f inflamável')*

1-36 heraldry (blazonry)
- *a heráldica*

1, 11, 30-36 crests
- *as cimeiras*

1-6 coat-of-arms (achievement of arms, hatchment, achievement)
- *o brasão, o escudo de armas f*

1 crest
- *a cimeira*

2 wreath of the colours (*Am.* colors)
- *a capela, a grinalda*

3 mantle (mantling)
- *o paquife, o lambrequim*

4, 7-9 helmets (helms)
- *os elmos (os timbres)*

4 tilting helmet (jousting helmet)
- *a apresentação ao ballon*

5 shield
- *o escudo*

6 bend sinister wavy
- *a banda ondada*

7 pot-helmet (pot-helm, heaume)
- *o grande elmo*

8 barred helmet (grilled helmet)
- *o elmo de barras f*

9 helmet affronty with visor open
- *o elmo de frente f, aberto (de viseira levantada)*

10-13 marital achievement (marshalled, *Am.* marshaled, coat-of-arms)
- *o brasão de aliança f*

10 arms of the baron (of the husband)
- *as armas do varão*

11-13 arms of the family of the femme (of the wife)
- *as armas da consorte*

11 demi-man; *also:* demi-woman
- *o tronco de homem m; tb.: o tronco de mulher f*

12 crest coronet
- *o coronel de cimeira f*

13 fleur-de-lis
- *a flor-de-lis*

14 heraldic tent (mantling)
- *o manto*

15-16 supporters (heraldic beasts)
- *os suportes (os animais heráldicos)*

15 bull
- *o touro*

16 unicorn
- *o unicórnio*

17-23 blazon
- *as partições*

17 inescutcheon (heart-shield)
- *o centro*

18-23 quarterings one to six
- *os seis cantões do escudo*

18, 20, 22 dexter, right
- *a destra*

18-19 chief
- *o chefe*

19, 21, 23 sinister, left
- *a sinistra*

22-23 base
- *a campanha*

24-29 tinctures
- *as cores heráldicas (os metais e os esmaltes)*

24-25 metals
- *os metais*

24 or (gold) [yellow]
- *o ouro [amarelo m]*

25 argent (silver) [white]
- *a prata [branco m]*

26 sable
- *o sable [negro m]*

27 gules
- *os goles [vermelho m]*

28 azure
- *o blau [azul m]*

29 vert
- *a sinopla [verde m]*

30 ostrich feathers (treble plume)
- *o penacho*

31 truncheon
- *os bastões*

32 demi-goat
- *o animal nascente*

33 tournament pennons
- *as flâmulas de torneio m*

34 buffalo horns
- *a lira (os chifres de búfalo m)*

35 harpy
- *a harpia*

36 plume of peacock's feathers
- *o penacho de penas f de pavão m*

37-46 crowns and coronets (continental type)
- *as coroas e os coronéis*

37 tiara (papal tiara)
- *a tiara pontifícia (a tiara de três coroas f)*

38 Imperial Crown (German, until 1806)
- *a coroa imperial (alemã, até 1806)*

39 ducal coronet (duke's coronet)
- *a coroa ducal (alemã)*

40 prince's coronet
- *a coroa de príncipe m (alemã)*

41 elector's coronet
- *a coroa de príncipe eleitor (alemã)*

42 English Royal Crown
- *a coroa real inglesa*

43-45 coronets of rank
- *os coronéis*

43 baronet's coronet
- *a coroa de Junker m (Alemanha); a coroa de baronete m (Inglaterra)*

44 baron's coronet (baronial coronet)
- *a coroa baronal, a coroa de barão m (alemã)*

45 count's coronet
- *a coroa condal, a coroa de conde m (alemã e francesa)*

46 mauerkrone (mural crown) of a city crest
- *a coroa mural da cimeira de um brasão de cidade f*

1-98 army armament (army weaponry)
- *o armamento do exército*
1-39 **hand weapons**
- *as armas portáteis*
1 PI pistol
- *a pistola PI*
2 barrel
- *o cano*
3 front sight (foresight)
- *a mira anterior*
4 hammer
- *o cão*
5 trigger
- *o gatilho*
6 pistol grip
- *a coronha*
7 magazine holder
- *o suporte do pente*
8 MP2 machine gun
- *a metralhadora MP2*
9 shoulder rest (butt)
- *o apoio de ombro* m
10 casing (mechanism casing)
- *o compartimento do mecanismo*
11 barrel clamp (barrel-clamping nut)
- *a porca de aperto* m *do cano*
12 cocking lever (cocking handle)
- *a alavanca de armar*
13 palm rest
- *o apoio da mão*
14 safety catch
- *a trava de segurança* f
15 magazine
- *o pente*
16 G3-A3 self-loading rifle
- *o fuzil-metralhadora G3-A3*
17 barrel
- *o cano*
18 flash hider (flash eliminator)
- *o anticlarão*
19 palm rest
- *o apoio da mão*
20 trigger mechanism
- *o mecanismo do gatilho*
21 magazine
- *o pente*
22 notch (sighting notch, rearsight)
- *a alça de mira* f
23 front sight block (foresight block) with front sight (foresight)
- *o suporte da mira*
24 rifle butt (butt)
- *a culatra*
25 44 mm anti-tank rocket launcher
- *o lança-foguetes antitanque de 44 mm*
26 rocket (projectile)
- *o foguete*
27 buffer
- *o amortecedor de recuo* m
28 telescopic sight (telescope sight)
- *a mira telescópica*
29 firing mechanism
- *o mecanismo de tiro* m
30 cheek rest
- *o apoio da face*
31 shoulder rest (butt)
- *o apoio do ombro*
32 MG3 machine gun (Spandau)
- *a metralhadora MG3 (Spandau)*
33 barrel casing
- *o revestimento do cano*
34 gas regulator
- *o regulador de gases* m
35 belt-changing flap
- *a abertura de mudança* f *do cano, o dispositivo de mudança do cano*
36 rearsight
- *a alça posterior de mira* f
37 front sight block (foresight block) with front sight (foresight)
- *a alça anterior de mira* f
38 pistol grip
- *a coronha*
39 shoulder rest (butt)
- *o apoio do ombro*

40-95 **heavy weapons**
- *as armas pesadas*
40 120 mm AM 50 mortar
- *o morteiro AM 50 de 120 mm*
41 barrel
- *o cano*
42 bipod
- *o cavalete de apoio* m
43 gun carriage
- *a carreta*
44 buffer (buffer ring)
- *o aro amortecedor de recuo* m *(o dispositivo anticoice)*
45 sight (sighting mechanism)
- *o mecanismo de mira* f
46 base plate
- *a chapa da base*
47 striker pad
- *o apoio do percussor*
48 traversing handle
- *a manivela de pontaria* f
49-74 artillery weapons mounted on self-propelled gun carriages
- *as armas de artilharia* f *com carreta automotriz*
49 175 mm SFM 107 cannon
- *o canhão SFM 107 de 175 mm*
50 drive wheel
- *a roda de tração* f
51 elevating piston
- *o êmbolo de elevação* f
52 buffer (buffer recuperator)
- *o amortecedor*
53 hydraulic system
- *o sistema hidráulico*
54 breech ring
- *o fecho da culatra*
55 spade
- *a base de báscula, f, a pá de ferro* m
56 spade piston
- *o pistão da báscula*
57 155 mm M 109 G self-propelled gun
- *o canhão m 109 G de 155 mm, com auto-propulsão* f
58 muzzle
- *a boca*
59 fume extractor
- *o extrator de fumaça* f
60 barrel cradle
- *o berço do cano*
61 barrel recuperator
- *o recuperador do cano*
62 barrel clamp
- *o prendedor do cano*
63 light anti-aircraft (AA) machine gun
- *a metralhadora antiaérea (AA) leve*
64 Honest John M 386 rocket launcher
- *o lança-foguetes Honest John M 386*
65 rocket with warhead
- *o foguete com ogiva* f
66 launching ramp
- *a rampa de lançamento* m
67 elevating gear
- *o mecanismo de elevação* f
68 jack
- *a agulha de apoio* m
69 cable winch
- *o guincho de cabo* m
70 110 SF rocket launcher
- *o lança-foguetes (Pt. o lança-foguetões) 110 SF*
71 disposable rocket tubes
- *os tubos de foguete* m *descartáveis*
72 tube bins
- *a blindagem dos tubos*
73 turntable
- *a plataforma giratória*
74 fire control system
- *o sistema de controle* m *de fogo* m
75 2.5 tonne construction vehicle
- *o veículo de terraplenagem* f *de 2,5 t*
76 lifting arms (lifting device)
- *os braços de levantamento* m

77 shovel
- *a pá*
78 counterweight (counterpoise)
- *o contrapeso*
79-95 **armoured (Am. armored) vehicles**
- *os canos blindados*
79 M 113 armoured (*Am.* armored) ambulance
- *a ambulância blindada M 113*
80 Leopard 1 A 3 tank
- *o tanque Leopard 1 A 3*
81 protection device
- *a blindagem, um dispositivo de proteção* f
82 infrared laser rangefinder
- *o telêmetro laser e infravermelho*
83 smoke canisters (smoke dispensers)
- *os reservatórios de fumaça* f
84 armoured (*Am.* armored) turret
- *a torre blindada*
85 skirt
- *a blindagem da lagarta*
86 road wheel
- *a roda de rolamento* m
87 track
- *a esteira, a lagarta*
88 anti-tank tank
- *o tanque antitanque*
89 fume extractor
- *o extrator de fumaça* f
90 protection device
- *a blindagem, um dispositivo de proteção* f
91 armoured (*Am.* armored) personnel carrier
- *o veículo blindado para transporte* m *de pessoal* m
92 cannon
- *o canhão automático*
93 armoured (*Am.* armored) recovery vehicle
- *o veículo blindado de aterro*
94 levelling (*Am.* leveling) and support shovel
- *a pá de nivelamento* m *e de apoio* m
95 jib
- *a lança da guia*
96 25 tonne all-purpose vehicle
- *o veículo de múltiplas aplicações de 0.25 t (250 kg) (o jipe)*
97 drop windscreen (*Am.* drop windshield)
- *o pára-brisa (Pt. o pára-brisas) dobrável*
98 canvas cover
- *a capota de lona* f

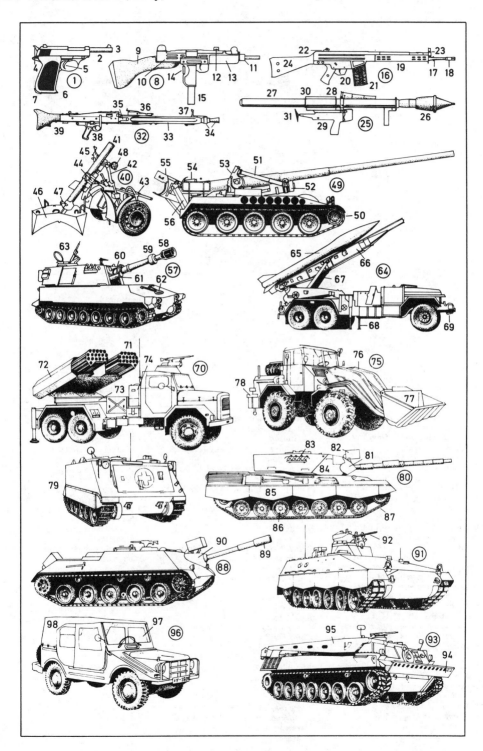

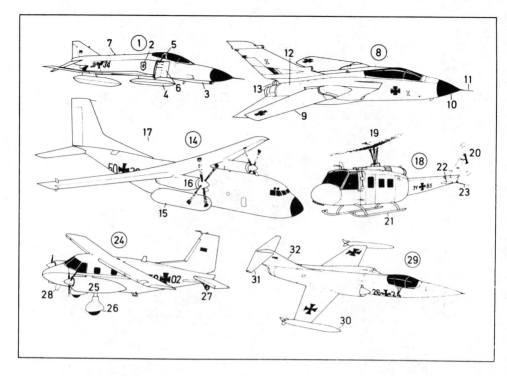

1 *McDonnell-Douglas F-4F Phantom II* **interceptor and fighter-bomber**
- *o interceptador* (Pt. *o intercetador*) *e o caça-bombardeiro F-4F Phantom, da McDonnell-Douglas*
2 squadron marking
- *as insígnias da esquadrilha*
3 aircraft cannon
- *o canhão de bordo* m
4 wing tank (underwing tank)
- *o tanque de asa* f *(sob a asa)*
5 air intake
- *a entrada de ar* m
6 boundary layer control flap
- *o flape de controle* m *da camada limite*
7 in-flight refuelling (*Am.* refueling) probe (flight refuelling probe, air refuelling probe)
- *o tubo de reabastecimento* m *em voo* m
8 *Panavia 2000 Tornado* **multirole combat aircraft (MRCA)**
- *o avião de combate* m *polivalente Panavia 2000 Tornado*
9 swing wing
- *a asa em cantiléver* m
10 radar nose (radome, radar dome)
- *a torre de radar* m *(o radomo)*
11 pitot-static tube (pitot tube)
- *o tubo pitô* m *(tubo de pitot)*
12 brake flap (air brake)
- *o flape de freio* m *(o freio aerodinâmico, o aerofreio)*
13 afterburner exhaust nozzles of the engines

- *os bocais da tubulação de pós-combustão* f *dos reatores*
14 *C160 Transall* **medium-range transport aircraft**
- *o avião transporte médio C160 Transall*
15 undercarriage housing (landing gear housing)
- *a nacele do trem de aterrissagem* f (Pt. *de aterragem* f)
16 propeller-turbine engine (turbo-prop engine)
- *a turboélice (um motor turbopropulsor)*
17 antenna
- *a antena*
18 *Bell UH-ID Iroquois* **light transport and rescue helicopter**
- *o helicóptero leve de transporte* m *e resgate* m *Bell UH-ID Iroquois*
19 main rotor
- *o rotor principal*
20 tail rotor
- *o rotor da cauda (a hélice antibinária)*
21 landing skids
- *os patins de pouso* m
22 stabilizing fins (stabilizing surfaces, stabilizers)
- *os estabilizadores*
23 tail skid
- *o patim da cauda*
24 *Dornier DO 28 D-2 Skyservant* **transport and communications aircraft**

- *o avião de transporte* m *e comunicações* f *Dornier do 28 D-2 Skyservant*
25 engine pod
- *a nacele do motor*
26 main undercarriage unit (main landing gear unit)
- *o trem de pouso* m
27 tail wheel
- *a roda da bequilha*
28 sword antenna
- *a antena ensiforme (xifóide)*
29 *F-104 G Starfighter* **fighter-bomber**
- *o caça-bombardeiro F-104 G Starfighter*
30 wing-tip tank (tip tank)
- *o tanque na ponta da asa*
31-32 T-tail (T-tail unit)
- *a cauda em T*
31 tailplane (horizontal stabilizer, stabilizer)
- *o estabilizador horizontal*
32 vertical stabilizer (vertical fin, tail fin)
- *o estabilizador vertical*

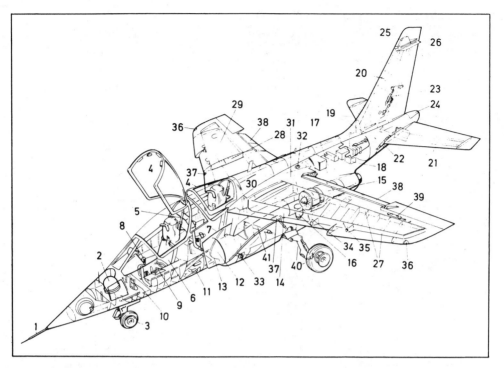

1-41 *Dornier-Dassault-Breguet Alpha Jet*
Franco-German jet trainer
- *o jato de instrução* f *franco-alemão*
Dornier-Dassault-Breguet Alpha
1 pitot-static tube (pitot tube)
- *o tubo pitô (o tubo de Pitot)*
2 oxygen tank
- *o tanque de oxigênio* m
3 forward-retracting nose wheel
- *o trem de pouso* m *retrátil com movimento* m *para frente* f
4 cockpit canopy (cockpit hood)
- *o capô (Pt. a capota)*
5 canopy jack
- *o carlequim da capota*
6 pilot's seat (student pilot's seat), an
ejector seat (ejection seat)
- *o assento do piloto (assento do aluno),
um assento ejetável*
7 observer's seat (instructor's seat), an
ejector seat (ejection seat)
- *o assento do instrutor, um assento ejetável*
8 control column (control stick)
- *o manche* (Pt. *a alavanca de comando*)
9 thrust lever
- *o manete de comando* m *do combustível*
10 rudder pedals with brakes
- *os pedais do leme, com freios* m
11 front avionics bay
- *o compartimento dianteiro de equipamento eletrônico*
12 air intake to the engine
- *a tomada de ar* m *do reator*
13 boundary layer control flap
- *o flape de controle* m *da camada limite*
14 air intake duct
- *o cone de entrada* f *de ar* m *do reator*
15 turbine engine
- *o turbo-reator*
16 reservoir for the hydraulic system
- *o reservatório do sistema hidráulico*
17 battery housing
- *o compartimento das baterias de acumuladores* m

18 rear avionics bay
- *o compartimento traseiro dos equipamentos eletrônicos*
19 baggage compartment
- *o compartimento para bagagem* f
20 triple-spar tail construction
- *a cauda de longarina tripla*
21 horizontal tail
- *o leme de profundidade* f *(a cauda horizontal)*
22 servo-actuating mechanism for the
elevator
- *o servo-mecanismo do leme de profundidade* f
23 servo-actuating mechanism for the
rudder
- *o servo-mecanismo do leme de direção*
f
24 brake chute housing (drag chute
housing)
- *o compartimento do pára-quedas de
frenagem* f
25 VHF (very high frequency) antenna
(UHF antenna)
- *a antena VHF (a antena de alta freqüência* f)
26 VOR (very high frequency omnidirectional range) antenna
- *a antena VOR* f *(a antena de faixa
f onidirecional de alta freqüência)*
27 twin-spar wing construction
- *a asa (uma superfície de sustentação
f) de longarina dupla*
28 former with integral spars
- *o revestimento integrado às longarinas*
29 integral wing tanks
- *os tanques estruturais (tanques embutidos na estrutura da asa)*
30 centre-section (*Am.* center-section)
fuel tank
- *o tanque de combustível* m *da seção* (Pt.
da secção) central
31 fuselage tanks
- *os tanques da fuselagem*

32 gravity fuelling (*Am.* fueling) point
- *a tomada de combustível* m *para abastecimento* m *por gravidade* f
33 pressure fuelling (*Am.* fueling) point
- *a tomada de combustível* m *para abastecimento* m *por pressão* f
34 inner wing suspension
- *a suspensão interna da asa*
35 outer wing suspension
- *a suspensão externa da asa*
36 navigation lights (position lights)
- *as luzes de navegação* f *(as luzes de
posição* f)
37 landing lights
- *as luzes de aterrissagem* f *(de pouso
m; Pt. de aterragem* f)
38 landing flap
- *o flape de aterrissagem* f (Pt. *de aterragem* f)
39 aileron actuator
- *o servo-mecanismo de comando* m *do
aileron de profundidade* f
40 forward-retracting main undercarriage unit (main landing gear unit)
- *o trem de pouso* m *principal retrátil,
com movimento* m *para a frente*
41 undercarriage hydraulic cylinder (landing gear hydraulic cylinder)
- *o cilindro hidráulico de retração* f *(recolhimento* m) *do trem de pouso* m

1-63 light battleships
- *os navios leves de combate m*

1 destroyer
- *o destróier*

2 hull of flush-deck vessel
- *o casco de navio m de convés corrido*

3 bow (stern)
- *a proa*

4 flagstaff (jackstaff)
- *o mastro de bandeira f*

5 anchor, a stockless anchor (patent-anchor)
- *a âncora (o ferro), uma âncora patente (uma âncora sem cepo m)*

6 anchor capstan (windlass)
- *o guincho da âncora*

7 breakwater (*Am.* manger board)
- *o quebra-mar*

8 chine strake
- *a quina*

9 main deck
- *o convés principal*

10-28 superstructures
- *as superestruturas*

10 superstructure deck
- *o convés superior*

11 life rafts
- *os botes pneumáticos salva-vidas*

12 cutter (ship's boat)
- *o cúter, uma embarcação de salvamento m*

13 davit (boat-launching crane)
- *o turco*

14 bridge (bridge superstructure)
- *a ponte*

15 side navigation light (side running light)
- *a luz lateral de navegação f*

16 antenna
- *a antena*

17 radio direction finder (RDF) frame
- *o chassi do radiogoniômetro*

18 lattice mast
- *o mastro de treliça f (o pilar)*

19 forward funnel
- *a chaminé dianteira*

20 aft funnel
- *a chaminé traseira*

21 cowl
- *o capuz da chaminé*

22 aft superstructure (poop)
- *a superestrutura traseira (a popa, o tombadilho de popa)*

23 capstan
- *o cabrestante*

24 companion ladder (companionway, companion hatch)
- *a escada*

25 ensign staff
- *o mastro do pavilhão nacional*

26 stern, a transom stern
- *a popa, uma popa quadrada (transom)*

27 waterline
- *a linha de água f*

28 searchlight
- *o holofote*

29-37 armament
- *o armamento*

29 100 mm gun turret
- *a casamata com canhão m de 100 mm*

30 four-barrel anti-submarine rocket launcher (missile launcher)
- *o lança-foguetes anti-submarino quádruplo (o lança-mísseis)*

31 40 mm twin anti-aircraft (AA) gun
- *os canhões antiaéreos gêmeos de 40 mm*

32 MM 38 anti-aircraft (AA) rocket launcher (missile launcher) in launching container
- *o lança-mísseis antiaéreo MM, 38 na cápsula de lançamento m*

33 anti-submarine torpedo tube
- *o tubo lança-torpedos anti-submarino*

34 depth-charge thrower
- *a plataforma lançadora de bomba f de profundidade f*

35 weapon system radar
- *o radar de mira f*

36 radar antenna (radar scanner)
- *a antena do radar*

37 optical rangefinder
- *o telêmetro óptico*

38 destroyer
- *o destróier*

39 bower anchor
- *a âncora de proa f*

40 propeller guard
- *a proteção da hélice*

41 tripod lattice mast
- *o mastro trípode*

42 pole mast
- *o mastro tubular*

43 ventilator openings (ventilator grill)
- *as grades de ventilação f*

44 exhaust pipe
- *o tubo de descarga f de gases m*

45 ship's boat
- *o barco de salvamento m*

46 antenna
- *a antena*

47 radar-controlled 127 mm all-purpose gun in turret
- *o canhão de 127 mm de usos múltiplos, controlado por radar m*

48 127 mm all-purpose gun
- *o canhão de 127 mm de usos múltiplos*

49 launcher for Tartar missiles
- *a rampa de lançamento m dos mísseis Tartar*

50 anti-submarine rocket (ASROC) launcher (missile launcher)
- *o lança-mísseis anti-submarino*

51 fire control radar antennas
- *as antenas do radar para controle m de tiro m*

52 radome (radar dome)
- *a torre do radar (o radomo)*

53 frigate
- *a fragata*

54 hawse pipe
- *o escovém*

55 steaming light
- *o fanal (o farol)*

56 navigation light (running light)
- *a luz de navegação f*

57 air extractor duct
- *o duto de aspiração f de ar m*

58 funnel
- *a chaminé*

59 cowl
- *o capuz*

60 whip antenna (fishpole antenna)
- *a antena-chicote*

61 cutter
- *o cúter*

62 stern light
- *a luz de popa f*

63 propeller guard boss
- *a proteção da hélice*

64-91 fighting ships
- *os navios de combate m*

64 submarine
- *o submarino*

65 flooded foredeck
- *o convés dianteiro submerso*

66 pressure hull
- *o casco de pressão f*

67 turret
- *a casamata*

68 retractable instruments
- *os instrumentos retráteis*

69 E-boat (torpedo boat)
- *a lancha rápida lança-mísseis*

70 76 mm all-purpose gun with turret
- *o canhão de 76 mm de usos múltiplos, com casamata f*

71 missile-launching housing
- *a rampa de lançamento m de mísseis m*

72 deckhouse
- *a cabine de convés m*

73 40 mm anti-aircraft (AA) gun
- *o canhão antiaéreo de 40 mm*

74 propeller guard moulding (*Am.* molding)
- *a moldura da proteção da hélice*

75 E-boat (torpedo boat)
- *a lancha rápida lança-mísseis*

76 breakwater (*Am.* manger board)
- *o quebra-mar*

77 radome (radar dome)
- *a torre de radar m (o radomo)*

78 torpedo tube
- *o tubo lança-torpedo*

79 exhaust escape flue
- *o orifício de escapamento m de gás m*

80 mine hunter
- *o caça-minas*

81 reinforced rubbing strake
- *a nervura de reforço m*

82 inflatable boat (inflatable dinghy)
- *o bote inflável*

83 davit
- *o turco*

84 minesweeper
- *o caça-minas*

85 cable winch
- *o cabrestante*

86 towing winch (towing machine, towing engine)
- *o guincho de reboque m*

87 mine-sweeping gear (paravanes)
- *os paravanes*

88 crane (davit)
- *o turco*

89 landing craft
- *o lanchão de desembarque m*

90 bow ramp
- *o pranchão de desembarque m pela proa*

91 stern ramp
- *o pranchão de desembarque m pela popa*

92-97 auxiliaries
- *os auxiliares*

92 tender
- *o navio tênder (um navio de reabastecimento m)*

93 servicing craft
- *o navio de apoio m, versão f oficina f de reparos m*

94 minelayer
- *o lança-minas*

95 training ship
- *o navio-escola*

96 deep-sea salvage tug
- *o rebocador para salvamento m em alto-mar m*

97 fuel tanker (replenishing ship)
- *o navio-tanque (o petroleiro reabastecedor)*

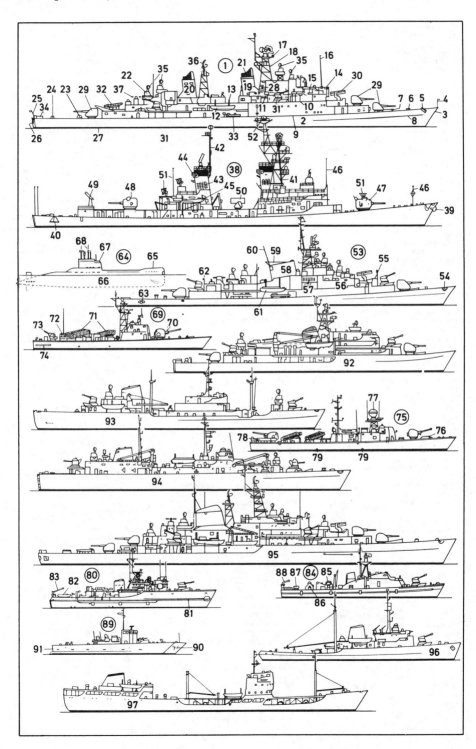

1 nuclear-powered aircraft carrier 'Nimitz ICVN68' (USA)
- o porta-aviões de propulsão f nuclear "Nimitz ICVN 68" (Estados Unidos)

2-11 body plan
- o corte vertical longitudinal

2 flight deck
- o convés de decolagem f e pouso m

3 island (bridge)
- a superestrutura lateral

4 aircraft lift (Am. aircraft elevator)
- o elevador de aeronaves f

5 eight-barrel anti-aircraft (AA) rocket launcher (missile launcher)
- o lança-foguetes óctuplo de defesa antiaérea (o lança-mísseis)

6 pole mast (antenna mast)
- o mastro principal

7 antenna
- a antena

8 radar antenna (radar scanner)
- a antena do radar

9 fully enclosed bow
- a proa blindada

10 deck crane
- o guindaste do convés

11 transom stern
- a popa quadrada

12-20 deck plan
- a planta do convés

12 angle deck (flight deck)
- o convés de decolagem f e pouso m

13 aircraft lift (Am. aircraft elevator)
- o elevador de aeronaves f

14 twin launching catapult
- a catapulta dupla de lançamento m

15 hinged (movable) baffle board
- o anteparo corta-chamas articulado (móvel)

16 arrester wire
- o cabo de frenagem f

17 emergency crash barrier
- a rede de segurança f

18 safety net
- o filerete

19 caisson (cofferdam)
- o cofre de munição f

20 eight-barrel anti-aircraft (AA) rocket launcher (missile launcher)
- o lança-foguetes óctuplo de defesa antiaérea

21 'Kara' class rocket cruiser (missile cruiser) (URSS)
- o cruzador lança-mísseis 'Kara' (URSS)

22 hull of flush-deck vessel
- o casco de navio m de convés corrido

23 sheer
- o tosamento do convés

24 twelve-barrel underwater salvo rocket launcher (missile launcher)
- a bateria de doze tubos m lança-mísseis anti-submarino

25 twin anti-aircraft (AA) rocket launcher (missile launcher)
- o lança-foguetes duplo de defesa antiaérea (o lança-mísseis)

26 launching housing for 4 short-range rockets (missiles)
- a câmara de lançamento m de quatro foguetes m de curto alcance

27 baffle board
- o anteparo corta-fogo

28 bridge
- a ponte de comando m

29 radar antenna (radar scanner)
- a antena do radar

30 twin 76 mm anti-aircraft (AA) gun turret
- a torre dupla de tiro m com canhões antiaéreos de 76 mm

31 turret
- a torre de tiro m

32 funnel
- a chaminé

33 twin anti-aircraft (AA) rocket launcher (missile launcher)
- o lança-foguete duplo de defesa antiaérea (o lança-mísseis)

34 automatic anti-aircraft (AA) gun
- o canhão automático de defesa antiaérea

35 ship's boat
- o escaler

36 underwater 5-torpedo housing
- a bateria quíntupla lança-torpedos anti-submarino

37 underwater 6-salvo rocket launcher (missile launcher)
- o lança-foguetes sêxtuplo anti-submarino

38 helicopter hangar
- o hangar de helicópteros m

39 helicopter landing platform
- o heliporto

40 variable depth sonar (VDS)
- o sonar de detecção variável

41 'California' class rocket cruiser (missile cruiser) (USA)
- o cruzador lança-mísseis nuclear da classe "Califórnia" (USA)

42 hull
- o casco

43 forward turret
- a torre dianteira de tiro m

44 aft turret
- a torre de tiro m posterior

45 forward superstructure
- a superestrutura anterior

46 landing craft
- os lanchões de desembarque m

47 antenna
- a antena

48 radar antenna (radar scanner)
- a antena do radar

49 radome (radar dome)
- o radomo

50 surface-to-air rocket launcher (missile launcher)
- a plataforma de lançamento m de mísseis m mar-ar

51 underwater rocket launcher (missile launcher)
- a plataforma de lançamento m de mísseis submarinos

52 127 mm gun with turret
- o canhão de 127 mm em casamata f

53 helicopter landing platform
- o heliporto

54 nuclear-powered fleet submarine
- o submarino nuclear (anti-submarino)

55-74 middle section [diagram]
- o corte longitudinal na parte central [esquemático]

55 pressure hull
- o casco resistente a pressão f

56 auxiliary engine room
- a sala de motores m auxiliares

57 rotary turbine pump
- a bomba de turbina rotativa

58 steam turbine generator
- o gerador da turbina a vapor m

59 propeller shaft
- o eixo da hélice

60 thrust block
- o mancal de escora f

61 reduction gear
- o mecanismo de redução f de velocidade f

62 high and low pressure turbine
- a turbina de alta e baixa pressão

63 high-pressure steam pipe for the secondary water circuit (auxiliary water circuit)
- o conduto de vapor m de alta pressão para o circuito secundário de água f (circuito de água auxiliar)

64 condenser
- o condensador

65 primary water circuit
- o circuito primário de água f

66 heat exchanger
- o trocador de calor m

67 nuclear reactor casing (atomic pile casing)
- a carcaça do reator nuclear

68 reactor core
- o núcleo do reator

69 control rods
- as barras de comando m

70 lead screen
- a blindagem de chumbo m (o revestimento de proteção f contra radiação f)

71 turret
- a torreta

72 snorkel (schnorkel)
- o mastro snorkel (o respiradouro)

73 air inlet
- a entrada de ar m

74 retractable instruments
- os instrumentos retráteis

75 patrol submarine with conventional (diesel-electric) drive
- o submarino de patrulha f de propulsão f convencional (diesel-elétrica)

76 pressure hull
- o casco resistente

77 flooded foredeck
- o casco externo

78 outer flap (outer doors) (for torpedoes)
- o alçapão (para lançamento m de torpedos m)

79 torpedo tube
- o tubo lança-torpedos

80 bow bilge
- o compartimento de lastro m da proa

81 anchor
- a âncora

82 anchor winch
- o guincho da âncora

83 battery
- a bateria de acumuladores m

84 living quarters with folding bunks
- os alojamentos com beliches m dobráveis

85 commanding officer's cabin
- a cabina do comandante

86 main hatchway
- a escotilha principal

87 flagstaff
- o mastro da bandeira

88-91 retractable instruments
- os aparelhos retráteis

88 attack periscope
- o periscópio de ataque m

89 antenna
- a antena

90 snorkel (schnorkel)
- o snorkel (o respiradouro)

91 radar antenna (radar scanner)
- a antena do radar

92 exhaust outlet
- a válvula de escapamento m de gases m

93 heat space (hot-pipe space)
- o compartimento de passagem f do tubo de descarga f

94 diesel generators
- os geradores diesel

95 aft diving plane and vertical rudder
- o plano de mergulho m de popa f e leme m vertical

96 forward vertical rudder
- o leme de mergulho m de proa f

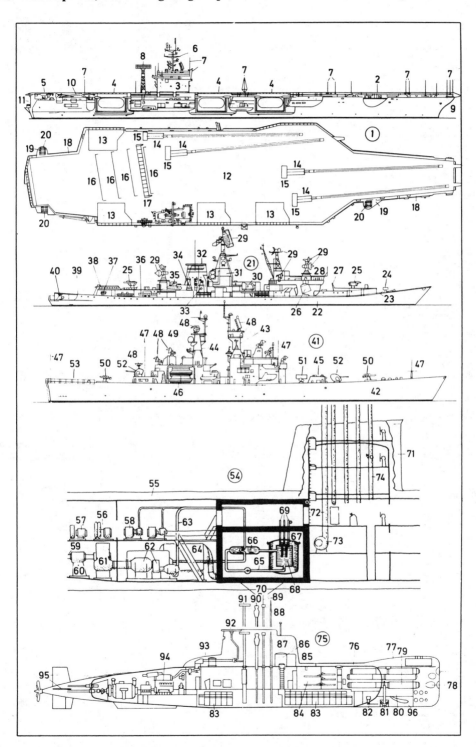

1-85 primary school
- *a escola primária*
1-45 classroom
- *a sala de aula* f
1 arrangement of desks in a horse-shoe
- *as carteiras dispostas em ferradura* f
2 double desk
- *a carteira dupla*
3 pupils (children) in a group (sitting in a group)
- *os alunos em grupo* m *(sentados em grupo)*
4 exercise book
- *o caderno de exercícios* m
5 pencil
- *o lápis*
6 wax crayon
- *o lápis de cera* f
7 school bag
- *a pasta escolar*
8 handle
- *a alça*
9 school satchel (satchel)
- *a bolsa escolar*
10 front pocket
- *o bolso anterior*
11 strap (shoulder strap)
- *a alça para usar a tiracolo* m
12 pen and pencil case
- *o estojo de lápis* m *e canetas* f
13 zip
- *o fecho ecler* (Pt. *o fecho éclair*), *o zíper*
14 fountain pen (pen)
- *a caneta-tinteiro*
15 loose-leaf file (ring file)
- *o classificador de mola* f
16 reader
- *o livro de leitura* f
17 spelling book
- *o manual de ortografia* f
18 notebook (exercise book)
- *o caderno*
19 felt tip pen
- *a caneta hidrográfica*
20 raising the hand
- *a mão levantada*
21 teacher
- *o professor*
22 teacher's desk
- *a carteira (a mesa) do professor*
23 register
- *o livro de chamada* f
24 pen and pencil tray
- *o porta-lápis*
25 desk mat (blotter)
- *o mata-borrão*
26 window painting with finger paints (finger painting)
- *a janela com pintura* f *a dedo* m
27 pupil's (children's) paintings (watercolours)
- *as aquarelas pintadas por alunos* m
28 cross
- *a cruz*
29 three-part blackboard
- *o quadro-negro, a pedra em três painéis* m
30 bracket for holding charts
- *a garra para mapas* m

31 chalk ledge
- *o porta-giz da pedra (do quadro-negro)*
32 chalk
- *o giz*
33 blackboard drawing
- *o desenho no quadro-negro, na pedra*
34 diagram
- *o fluxograma*
35 reversible side blackboard
- *o quadro-negro lateral móvel*
36 projection screen
- *a tela de cinema* m
37 triangle
- *o esquadro*
38 protractor
- *o transferidor*
39 divisions
- *a graduação*
40 blackboard compass
- *o compasso de giz* m
41 sponge tray
- *o porta-apagador*
42 blackboard sponge (sponge)
- *o apagador, a esponja*
43 classroom cupboard
- *o armário de classe* f
44 map (wall map)
- *o mapa de parede* f
45 brick wall
- *a parede de tijolos* m
46-85 craft room
- *a oficina*
46 workbench
- *a bancada de trabalho* m
47 vice (*Am.* vise)
- *o torno*
48 vice (*Am.* vise) bar
- *a barra do torno, o torniquete*
49 scissors
- *a tesoura*
50-52 working with glue (sticking paper, cardboard, etc.)
- *os trabalhos de colagem* f, *as colagens*
50 surface to be glued
- *a superfície a ser colada*
51 tube of glue
- *o tubo, a bisnaga de cola* f
52 tube cap
- *a tampa do tubo*
53 fretsaw
- *a serra tico-tico*
54 fretsaw blade (saw blade)
- *a lâmina da serra tico-tico*
55 wood rasp (rasp)
- *a grosa*
56 piece of wood held in the vice (*Am.* vise)
- *o pedaço de madeira* f *preso no torno*
57 glue pot
- *o pote de cola* f
58 stool
- *o tamborete*
59 brush
- *a escova*
60 pan (dust pan)
- *a pá de lixo* m
61 broken china
- *os cacos de louça* f

62 enamelling (*Am.* enameling)
- *o trabalho em esmalte* m
63 electric enamelling (*Am.* enameling) stove
- *o forno elétrico de esmaltagem* f
64 unworked copper
- *a pá de cobre* m
65 enamel powder
- *o pó de esmalte* m
66 hair sieve
- *a peneira fina*
67-80 pupils' (childrens') work
- *os objetos confe(c)cionados por crianças* f
67 clay models (models)
- *as figuras de barro* m
68 window decoration of coloured (*Am.* colored) glass
- *a decoração de janela* f *com vidro colorido*
69 glass mosaic picture (glass mosaic)
- *o mosaico de vidro* m
70 mobile
- *o móbile*
71 paper kite (kite)
- *a pipa, a pandorga, o papagaio*
72 wooden construction
- *a estrutura de madeira* f
73 polyhedron
- *o poliedro*
74 hand puppets
- *os fantoches*
75 clay masks
- *as máscaras de argila* f
76 cast candles (wax candles)
- *as velas decorativas de cera* f, *as velas-fantasia*
77 wood carving
- *as talhas*
78 clay jug
- *o jarro de barro cozido*
79 geometrical shapes made of clay
- *as formas geométricas de barro* m
80 wooden toys
- *os brinquedos de madeira* f
81 materials
- *os materiais*
82 stock of wood
- *o estoque de madeira* f
83 inks for wood cuts
- *as tintas para gravura* f *em madeira* f
84 paintbrushes
- *os pincéis*
85 bag of plaster of Paris
- *o saco de gesso* m

1-45 **grammar school;** *also:* upper band of a comprehensive school (*Am.* alternative school)
- *a escola de ensino* m *médio*
1-13 **chemistry**
- *as aulas de química* f
1 chemistry lab (chemistry laboratory) with tiered rows of seats
- *o laboratório de química* f, *com carteiras* f *em degraus* m
2 chemistry teacher
- *o professor de química* f
3 demonstration bench (teacher's bench)
- *a bancada de demonstração* f
4 water pipe
- *o encanamento de água* f
5 tiled working surface
- *a bancada azulejada*
6 sink
- *a pia*
7 television monitor, a screen for educational programmes (*Am.* programs)
- *o monitor de televisão* f *para programas educativos*
8 overhead projector
- *o retroprojetor*
9 projector top for skins
- *a placa (a chapa) para colocação* f *de lâminas* f
10 projection lens with right-angle mirror
- *a lente de projeção* f *com espelho inclinado*
11 pupils' (*Am.* students') bench with experimental apparatus
- *as carteiras equipadas para experiências* f
12 electrical point (socket)
- *a tomada elétrica*
13 projection table
- *a mesa de projeção* f
14-34 **biology preparation room** (biology prep room)
- *a sala de preparação* f *de material* m *de biologia* f
14 skeleton
- *o esqueleto*
15 collection of skulls, models (casts) of skulls
- *a coleção de crânios* m, *os moldes de crânios*
16 calvarium of Pithecanthropus erectus
- *a calota craniana do pitecantropo (Pithecanthropus erectus)*
17 skull of Steinheim man
- *o crânio do homem Steinheim*
18 calvarium of Peking man (of Sinanthropus)
- *a calota craniana do Sinanthropus (homem de Pequim)*
19 skull of Neanderthal man, a skull of primitive man
- *o crânio do homem de Neanderthal, um crânio de hominídeo* m)
20 Australopithecine skull (skull of Australopithecus)
- *o crânio do australopiteco*
21 skull of present-day man
- *o crânio do Homo sapiens*
22 dissecting bench
- *a bancada de dissecção* f

23 chemical bottles
- *os frascos de produtos químicos*
24 gas tap
- *o bico de gás* m
25 petri dish
- *a placa (a chapa) de Petri*
26 measuring cylinder
- *a proveta graduada*
27 work folder (teaching material)
- *as pastas com material didático*
28 textbook
- *o compêndio*
29 bacteriological cultures
- *as culturas bacteriológicas*
30 incubator
- *a incubadora*
31 test tube rack
- *a prateleira de tubos* m *de ensaio* m
32 washing bottle
- *o frasco de lavagem* f
33 water tank
- *a cuba de água* f
34 sink
- *a pia*
35 **language laboratory**
- *o laboratório de línguas* f
36 blackboard
- *o quadro-negro (a pedra)*
37 console
- *o console*
38 headphone (headset)
- *os fones de ouvido* m (Pt. *os auscultadores*)
39 microphone
- *o microfone*
40 earcups
- *os fones de escuta* f (Pt. *os auscultadores*)
41 padded headband (padded headpiece)
- *a mola acolchoada do fone* (Pt. *dos auscultadores*)
42 programme (*Am.* program) recorder, a cassette recorder
- *o gravador*
43 pupil's (*Am.* student's) volume control
- *o controle do volume da faixa do aluno*
44 master volume control
- *o controle de volume* m *da faixa do professor*
45 control buttons (operating keys)
- *as teclas de operação* f

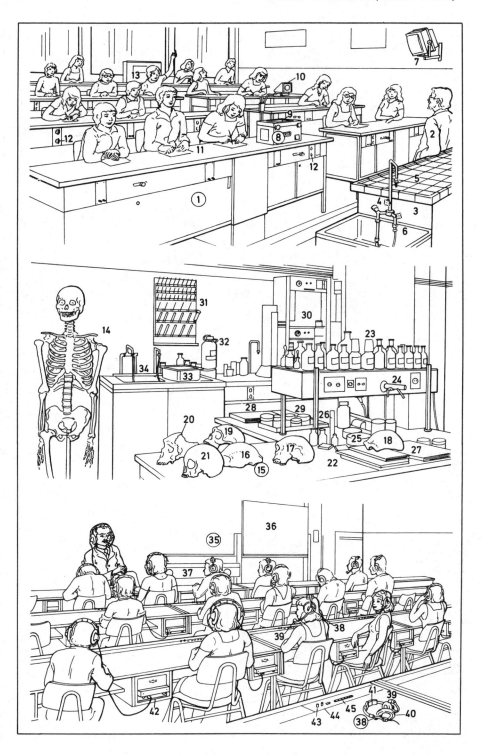

1-15 election meeting, a public meeting
- *o comício eleitoral*
1-2 committee
- *o comitê (Pt. o comité)*
1 chairman
- *o presidente*
2 committee member
- *o membro do comitê (Pt. do comité)*
3 committee table
- *a mesa do comitê (Pt. do comité)*
4 bell
- *a sineta*
5 election speaker (speaker)
- *o orador*
6 rostrum
- *a tribuna*
7 microphone
- *o microfone*
8 meeting (audience)
- *a assistência, o público*
9 man distributing leaflets
- *o distribuidor de panfletos* m
10 stewards
- *os guardas*
11 armband (armlet)
- *a braçadeira*
12 banner
- *a faixa eleitoral*
13 placard
- *o cartaz*
14 proclamation
- *a proclamação*
15 heckler

- *o assistente aparteando*
16-30 election
- *a eleição*
16 polling station (polling place)
- *a seção (Pt. a secção) eleitoral*
17 election officer
- *o funcionário da Justiça Eleitoral*
18 electoral register
- *o registro (Pt. o registo) de eleitores* m, *o registro eleitoral*
19 polling card with registration number (polling number)
- *o título de eleitor* m *com número* m *de inscrição* f *(número separado do título indicando ordem* f *de votação* f: *senha* f)
20 ballot paper with the names of the parties and candidates
- *a cédula eleitoral com os nomes dos partidos e dos candidatos*
21 ballot envelope
- *o envelope eleitoral*
22 voter
- *a eleitora (o eleitor)*
23 polling booth
- *a cabine de votação* f, *uma cabine indevassável*
24 elector (qualified voter)
- *o eleitor exercendo seu direito* m *de voto* m
25 election regulations
- *as normas para a votação*
26 clerk
- *o mesário, o secretário da mesa*

27 clerk with the duplicate list
- *o mesário com cópia* f *da lista*
28 election supervisor
- *o presidente da mesa*
29 ballot box
- *a urna*
30 slot
- *a fenda da urna*

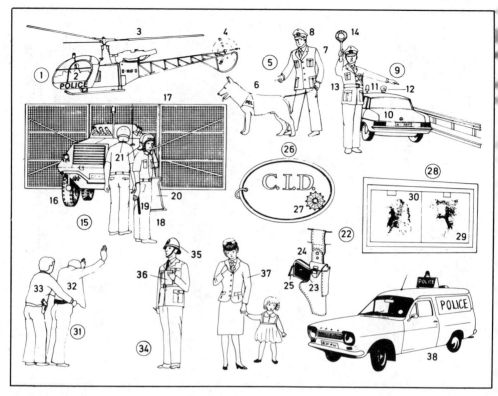

1-33 police duties
- *os serviços policiais*

1 police helicopter (traffic helicopter) for controlling (*Am.* controlling) traffic from the air
- *o helicóptero para controle* m *do trânsito*

2 cockpit
- *a cabine*

3 rotor (main rotor)
- *o rotor*

4 tail rotor
- *o rotor da cauda*

5 use of police dogs
- *a utilização de cães* m *policiais*

6 police dog
- *o cão policial*

7 uniform
- *o uniforme*

8 uniform cap, a peaked cap with cockade
- *o quepe com pala* f *e insígnia* f

9 traffic control by a mobile traffic patrol
- *o controle do trânsito por patrulha* f *móvel*

10 patrol car
- *o carro de patrulha* f

11 blue light
- *o farol giroscópico*

12 loud hailer (loudspeaker)
- *o alto-falante*

13 patrolman (police patrolman)
- *o patrulheiro*

14 police signalling (*Am.* signaling) disc (disk)
- *o disco de sinalização* f

15 riot duty
- *o choque da polícia*

16 special armoured (*Am.* armored) car
- *o carro blindado*

17 barricade
- *o obstáculo, a barricada*

18 policeman (police officer) in riot gear
- *o policial* (Pt. *o polícia*) *equipado para entrar em ação* f

19 truncheon (baton)
- *o cassetete*

20 riot shield
- *o escudo de proteção* f

21 protective helmet (helmet)
- *o capacete de proteção* f

22 service pistol
- *a pistola de serviço* m

23 pistol grip
- *a coronha*

24 quick-draw holster
- *o coldre*

25 magazine
- *o pente*

26 police identification disc (disk)
- *a insígnia da polícia*

27 police badge
- *o distintivo da polícia*

28 fingerprint identification (dactyloscopy)
- *a dactiloscopia*

29 fingerprint
- *a impressão digital*

30 illuminated screen
- *a tela luminosa*

31 search
- *a revista*

32 suspect
- *o suspeito*

33 detective (plainclothes policeman)
- *o policial à paisana* f

34 English policeman
- *o policial* (Pt. *o polícia*) *inglês* (*o bobby*)

35 helmet
- *o capacete*

36 pocket book
- *o bloco de notas* f

37 policewoman
- *a polícia feminina* (Pt. *a mulher-polícia*)

38 police van
- *a camioneta da polícia* (*o camburão, o tintureiro;* Pt. *o carro celular*)

1-26 café, serving cakes and pastries; *sim.:* espresso bar, tea room
- *o café;* sim.: *o salão de chá* m, *a casa de chá;* sim. bras.: *o bar, o botequim*
1 counter (cake counter)
- *o balcão*
2 coffee urn
- *a máquina de coar café* m
3 tray for the money
- *o pratinho para níqueis* m *(para moedas* f)
4 gateau
- *o doce*
5 meringue with whipped cream
- *o suspiro (o merengue, recheado com creme batido)*
6 trainee pastry cook
- *o aprendiz de doceiro* m, *de confeiteiro* m
7 girl (lady) at the counter
- *a balconista* (Pt. *a empregada*)
8 newspaper shelves (newspaper rack)
- *a estante de jornais* m
9 wall lamp
- *o aplique de parede* f
10 corner seat, an upholstered seat
- *o sofá de canto* m, *um sofá estofado*
11 café table
- *a mesa do café (do bar, do botequim)*
12 marble top
- *o tampo de mármore* m

13 waitress
- *a garçonete* (Pt. *a criada de mesa* f)
14 tray
- *a bandeja*
15 bottle of lemonade
- *a garrafa de limonada* f
16 lemonade glass
- *o copo de limonada* f
17 chess players playing a game of chess
- *os jogadores de xadrez* m *disputando uma partida*
18 coffee set
- *o serviço de café* m
19 cup of coffee
- *a xícara de café* m, *a xicrinha*
20 small sugar bowl
- *o açucareiro individual*
21 cream jug (*Am.* creamer)
- *a cremeira* (Pt. *o jarrinho de creme* m)
22-24 café customers
- *os fregueses do café*
22 gentleman
- *o senhor*
23 lady
- *a senhora*
24 man reading a newspaper
- *o homem lendo jornal* m
25 newspaper
- *o jornal*
26 newspaper holder
- *o porta-jornal (um jogo de réguas ajustadas por parafusos* m)

1-29 restaurant
- *o restaurante*
1-11 bar (counter)
- *o bar (o balcão)*
1 beer pump (beerpull)
- *a torneira da serpentina de chope*
  m (de cerveja f)
2 drip tray
- *o secador de copos m*
3 beer glass, a tumbler
- *o copo de cerveja* f *(o copo de*
  chope m)
4 froth (head)
- *a espuma (o colarinho)*
5 spherical ashtray for cigarette
  and cigar ash
- *o cinzeiro esférico*
6 beer glass (beer mug)
- *o caneco* (Pt. *a caneca) de cerve-*
  ja f *(de chope m)*
7 beer warmer
- *o aquecedor de cerveja f*
8 bartender (barman, *Am.* barkeeper, barkeep)
- *o barman* (Pt. *o empregado de*
  bar m)
9 shelf for glasses
- *a prateleira de copos m*
10 shelf for bottles
- *a prateleira de garrafas f*
11 stack of plates
- *a pilha de pratos m (de louça*
  f)
12 coat stand
- *a chapeleira*

13 hat peg
- *o cabide de chapéus m*
14 coat hook
- *o gancho para casacos m*
15 wall ventilator
- *o ventilador de parede f*
16 bottle
- *a garrafa*
17 complete meal
- *o prato com acompanhamento*
  m (com guarnição f)
18 waitress
- *a garçonete* (Pt. *a criada de mesa*
  f)
19 tray
- *a bandeja*
20 lottery ticket seller
- *o vendedor de bilhetes m de lote-*
  ria f
21 menu (menu card)
- *o cardápio (o menu,* Pt. *a emen-*
  ta)
22 cruet stand
- *o galheteiro*
23 toothpick holder
- *o paliteiro*
24 matchbox holder
- *a fosforeira*
25 customer
- *o cliente, o freguês*
26 beer mat
- *o descanso de copo* m, *a rodela*
27 meal of the day
- *o serviço*

28 flower seller (flower girl)
- *a florista*
29 flower basket
- *a cesta de flores* f
30-44 wine restaurant (wine bar)
- *a taberna de vinho* m *(inexistente*
  no Brasil); sim.: *estabelecimento*
  m de degustação f *de vinhos m*
30 wine waiter, a head waiter
- *o despenseiro de vinhos* m *(de-*
  signado no Brasil pela forma
  francesa sommelier), *um chefe*
  de equipe f
31 wine list
- *a carta de vinhos m*
32 wine carafe
- *o jarro de vinho m*
33 wineglass
- *o cálice de vinho m*
34 tiled stove
- *o aquecedor de cerâmica* f
35 stove tile
- *o azulejo*
36 stove bench
- *a banqueta do aquecedor*
37 wooden panelling (*Am.* paneling)
- *o lambri* (Pt. *o lambril) de ma-*
  deira f, *o revestimento de painéis*
  m *de madeira* f
38 corner seat
- *a banqueta de canto m*

39 table reserved for regular customers
- *a mesa reservada para clientes* m *habituais*
40 regular customer
- *o freguês da casa (o cliente habitual)*
41 cutlery chest
- *o aparador*
42 wine cooler
- *o balde de vinho* m, *o balde de gelo* m
43 bottle of wine
- *a garrafa de vinho* m
44 ice cubes (ice, lumps of ice)
- *os cubos de gelo* m, *as pedras de gelo* m
45-78 self-service restaurant
- *o restaurante de auto-serviço* m *(o bandejão)*
45 stack of trays
- *a pilha de bandejas* f
46 drinking straws (straws)
- *os canudos para refresco* m *(para refrigerantes* m)
47 serviettes (napkins)
- *os guardanapos*
48 cutlery holders
- *a vasilha com talheres* m; *sim.: os descansos de talher* m
49 cool shelf
- *o balcão refrigerado*
50 slice of honeydew melon
- *a fatia de melão* m
51 plate of salad
- *as variedades de saladas* f

52 plate of cheeses
- *a bandeja de queijos* m
53 fish dish
- *o prato de peixe* m
54 roll [with topping]
- *o pão doce com cobertura* f
55 meat dish with trimmings
- *o prato de carne* f *com guarnição* f *(com acompanhamento* m)
56 half chicken
- *o meio-frango*
57 basket of fruit
- *a cesta de frutas* f
58 fruit juice
- *o suco* (Pt. *o sumo) de fruta* f
59 drinks shelf
- *a prateleira de bebidas* f
60 bottle of milk
- *a garrafa de leite* m
61 bottle of mineral water
- *a garrafa de água* f *mineral*
62 vegetarian meal (diet meal)
- *o cardápio vegetariano (o cardápio dietético,* Pt. *a ementa vegetariana)*
63 tray
- *a bandeja*
64 tray counter
- *o balcão das bandejas*
65 food price list
- *a tabuleta com os preços (a propaganda dos pratos)*
66 serving hatch
- *o passa-pratos*
67 hot meal
- *o prato quente*

68 beer pump (beerpull)
- *a bomba de chope* m *(de cerveja* f), *a tiragem de chope*
69 cash desk
- *a caixa registradora* (Pt. *registadora)*
70 cashier
- *a caixa*
71 proprietor
- *o proprietário, o dono*
72 rail
- *a barreira*
73 dining area
- *o salão*
74 table
- *a mesa*
75 bread and cheese
- *o sanduíche* (Pt. *a sandes) de queijo* m
76 ice-cream sundae
- *o sorvete em taça* f *com guarnição* f *(no Brasil designado pela expressão inglesa* sundae m)
77 salt cellar and pepper pot
- *o saleiro e a pimenteira*
78 table decoration (flower arrangement)
- *a decoração da mesa, (o arranjo de flores* f)

1-26 **vestibule** (foyer, reception hall)
- *a recepção* (Pt. *a receção*), *o vestíbulo*
1 doorman (commissionaire)
- *o porteiro*
2 letter rack with pigeon holes
- *a estante com escaninhos* m *para correspondência* f
3 key rack
- *o quadro de chaves* f
4 globe lamp, a frosted glass globe
- *a luminária, um globo de vidro fosco*
5 indicator board (drop board)
- *o quadro monitor de chamada* f
6 indicator light
- *a luz monitora de chamadas* f
7 chief receptionist
- *o chefe da recepção* (Pt. *da receção*)
8 register (hotel register)
- *o livro de registro* m (Pt. *de registo* m) *de hóspedes*
9 room key
- *a chave do quarto*
10 number tag (number tab) showing room number
- *a chapa com o número do quarto*
11 hotel bill
- *a conta do hotel (a nota de despesas* f)
12 block of registration forms
- *o bloco de fichas* f *de registro* m (Pt. *de registo* m)

13 passport
- *o passaporte*
14 hotel guest
- *o hóspede*
15 lightweight suitcase, a light suitcase for air travel
- *a mala leve, para viagens aéreas*
16 wall desk
- *a carteira-console*
17 porter (*Am.* baggage man)
- *o carregador*
18-26 lobby (hotel lobby)
- *o saguão* (Pt. *a sala de espera* f) *do hotel*
18 page (pageboy, *Am.* bell boy)
- *o mensageiro*
19 hotel manager
- *o gerente*
20 dining room (hotel restaurant)
- *o salão de refeições* f (*o restaurante do hotel*)
21 chandelier
- *o lustre*
22 fireside
- *o recanto da lareira*
23 fireplace
- *a lareira*
24 mantelpiece (mantelshelf)
- *a cornija* (Pt. *a prateleira de chaminé* f)
25 fire (open fire)
- *o fogo de lenha* f
26 armchair
- *a poltrona*
27-28 **hotel room**, a double room with bath

- *o quarto de hotel* m, *o quarto de casal* m *com banheiro* m (Pt. *com casa* f *de banho* m)
27 double door
- *a porta dupla (a porta de duas folhas)*
28 service bell panel
- *o painel de botões* m *de serviço* m
29 wardrobe trunk
- *a mala-armário*
30 clothes compartment
- *o compartimento para roupas penduradas, o cabideiro*
31 linen compartment
- *o roupeiro, o compartimento para roupa branca*
32 double washbasin
- *o lavatório duplo*
33 room waiter
- *o garçom* (Pt. *o criado*) *do andar*
34 room telephone
- *o telefone*
35 velour (velours) carpet
- *o carpete (o tapete a metro) de veludo* m *de lã* f
36 flower stand
- *a mesinha para flores* f
37 flower arrangement
- *o arranjo de flores* f (*o ramo de flores*)
38 double bed
- *a cama de casal* m
39 **banquet room**
- *o salão de festas* f

40-43 party (private party) at table (at a banquet)
- *o grupo de pessoas f numa festa particular (num banquete)*
40 speaker proposing a toast
- *o orador propondo um brinde*
41 42's neighbour (*Am.* neighbor)
- *o vizinho de mesa f do n.º 42*
42 43's partner
- *o companheiro de mesa f (o par) do n.º 43*
43 42's partner
- *a companheira de mesa f (o par) do n.º 42*
44-46 **thé dansant** (tea dance) in the foyer
- *o chá dançante no foyer*
44 bar trio
- *o trio musical do bar*
45 violinist
- *o violinista*
46 couple dancing (dancing couple)
- *o casal dançando*
47 waiter
- *o garçom (Pt. o criado de mesa f)*
48 napkin
- *o guardanapo*
49 cigar and cigarette boy
- *o vendedor de cigarros m e charutos m*
50 cigarette tray
- *a caixa de cigarros m*
51 **hotel bar**
- *o bar do hotel*

52 foot rail
- *a barra de apoio m para os pés*
53 bar stool
- *a banqueta*
54 bar
- *o balcão*
55 bar customer
- *o freguês*
56 cocktail glass (*Am.* highball glass)
- *o copo de coquetel m (Pt. de cocktail m)*
57 whisky (whiskey) glass
- *o copo de uísque m (Pt. de whisky m)*
58 champagne cork
- *a rolha de garrafa f de champanha m*
59 champagne bucket (champagne cooler)
- *o balde de champanha m*
60 measuring beaker (measure)
- *o medidor de bar m*
61 cocktail shaker
- *a coqueteleira*
62 bartender (barman, *Am.* barkeeper, barkeep)
- *o barman (Pt. o empregado de bar m)*
63 barmaid
- *a garçonete de bar m (Pt. a empregada de bar)*
64 shelf for bottles
- *a prateleira de garrafas f*

65 shelf for glasses
- *a prateleira de copos m e taças f*
66 mirrored panel
- *o painel de espelhos m*
67 ice bucket
- *o balde de gelo m*

1 parking meter
 – *o parquímetro*
2 map of the town (street map)
 – *a planta da cidade*
3 illuminated board
 – *o painel luminoso*
4 key
 – *a legenda*
5 litter bin (*Am.* litter basket)
 – *o coletor de papéis* m *(a cesta de lixo* m)
6 street lamp (street light)
 – *a luminária, o poste de luz* f
7 street sign showing the name of the street
 – *a placa com o nome da rua*
8 drain
 – *o ralo do bueiro* (Pt. *da sarjeta*)
9 clothes shop (fashion house)
 – *a loja de roupas* f *(a casa de modas* f)
10 shop window
 – *a vitrina*
11 window display (shop window display)
 – *o arranjo de vitrina* f *(os artigos expostos na vitrina)*
12 window decoration (shop window decoration)
 – *a decoração da vitrina*
13 entrance
 – *a entrada*
14 window
 – *a janela*
15 window box
 – *a jardineira*

16 neon sign
 – *o letreiro em néon* m
17 tailor's workroom
 – *a oficina de alfaiate* m
18 pedestrian
 – *o pedestre* (Pt. *o peão)*
19 shopping bag
 – *a bolsa de compras* f
20 road sweeper (*Am.* street sweeper)
 – *o gari, o varredor*
21 broom
 – *a vassoura*
22 rubbish (litter)
 – *o lixo*
23 tramlines (*Am.* streetcar tracks)
 – *os trilhos de bondes* m, *a linha do bonde* (Pt. *os carris dos carros elétricos)*
24 pedestrian crossing (zebra crossing, *Am.* crosswalk)
 – *a faixa de pedestres* m (Pt. *de peões* m)
25 tram stop (*Am.* streetcar stop, trolley stop)
 – *a parada de bonde* m (Pt. *a paragem de carro elétrico)*
26 tram stop sign (*Am.* streetcar stop sign, trolley stop sign)
 – *a placa de parada* f *de bonde* m (Pt. *a placa de paragem* f *de carro elétrico)*
27 tram timetable (*Am.* streetcar schedule)
 – *o horário dos bondes* (Pt. *dos carros elétricos)*

28 ticket machine
 – *a máquina automática de bilhetes* m
29 'pedestrian crossing' sign
 – *a placa de 'faixa* f *de pedestres* m (Pt. *de peões* m)'
30 traffic policeman on traffic duty (point duty)
 – *o guarda de trânsito* m
31 traffic control cuff
 – *o punho de controle* m *de trânsito* m
32 white cap
 – *o quepe branco*
33 hand signal
 – *o sinal com a mão*
34 motorcyclist
 – *o motociclista*
35 motorcycle
 – *a motocicleta, a moto*
36 pillion passenger (pillion rider)
 – *a passageira na garupa*
37 bookshop
 – *a livraria*
38 hat shop (hatter's shop); *for ladies' hats:* milliner's shop
 – *a chapelaria*
39 shop sign
 – *o letreiro da loja*
40 insurance company office
 – *o escritório de agentes* m *de seguros* m

41 department store
- *a loja de departamentos* m
42 shop front
- *a fachada da loja*
43 advertisement
- *a anúncio*
44 flags
- *os estandartes*
45 illuminated letters
- *o letreiro luminoso*
46 tram (*Am.* streetcar, trolley)
- *o bonde* (Pt. *o carro elétrico*)
47 furniture lorry (*Am.* furniture truck)
- *o caminhão* (Pt. *o camião*) *de mudança* f
48 viaduct; *also:* bridge
- *o viaduto;* tb.: *a ponte*
49 suspended street lamp
- *a luminária suspensa*
50 stop line
- *a faixa de parada* f (Pt. *de paragem* f)
51 pedestrian crossing (*Am.* crosswalk)
- *a travessia de pedestres* m (Pt. *de peões* m)
52 traffic lights
- *o sinal luminoso (o farol, o semáforo)*
53 traffic light post
- *o poste do sinal luminoso*
54 set of lights
- *as luzes de tráfego* m

55 pedestrian lights
- *o sinal de pedestre* m (Pt. *de peões* m)
56 telephone box (telephone booth, telephone kiosk, call box)
- *a cabine telefônica*
57 cinema advertisement (film poster)
- *o cartaz de cinema* m
58 pedestrian precinct (paved zone)
- *a rua de pedestres* m (Pt. *de peões* m), *o calçadão*
59 street café
- *o café*
60 group seated (sitting) at a table
- *as mesas ao ar livre (na calçada) com um grupo de pessoas sentadas*
61 sunshade
- *o guarda-sol*
62 steps to the public lavatories (public conveniences)
- *a escada para os sanitários* (Pt. *os toilettes*) *públicos*
63 taxi rank (taxi stand)
- *a fila de táxi* m, *o ponto de táxi* (Pt. *a praça de táxis*)
64 taxi (taxicab, cab)
- *o táxi*
65 taxi sign
- *o letreiro do táxi*

66 traffic sign showing 'taxi rank' ('taxi stand')
- *a placa indicativa de ponto* m *de táxi* m (Pt. *a chapa indicativa de praça* f *de táxis*)
67 taxi telephone
- *o telefone do ponto de táxi* m (Pt. *da praça de táxis*)
68 post office
- *o correio (a agência dos correios)*
69 cigarette machine
- *a máquina de venda automática de cigarros* m
70 advertising pillar
- *a coluna para cartazes* m *de publicidade* f (*inexistente no Brasil*)
71 poster (advertisement)
- *o cartaz*
72 white line
- *a faixa branca (a marca pintada para separar as faixas de tráfego* m)
73 lane arrow for turning left
- *a seta de conversão* f *à esquerda*
74 lane arrow for going straight ahead
- *a seta indicando 'prossiga à sua frente'*
75 news vendor (*Am.* news dealer)
- *o jornaleiro* (Pt. *o vendedor de jornais* m, *o ardina*)

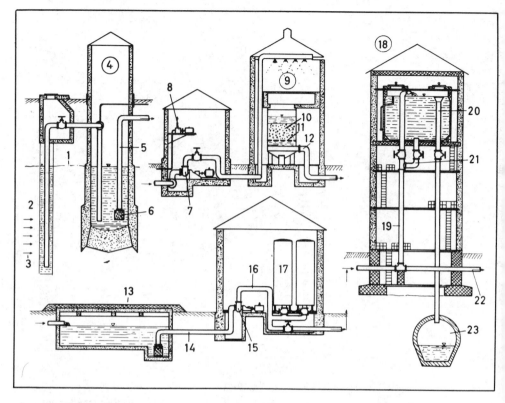

1-66 drinking water supply
- *o abastecimento de água* f *potável*
1 water table (groundwater level)
- *o nível de lençol freático (o lençol de água subterrânea)*
2 water-bearing stratum (aquifer, aquafer)
- *a camada permeável (a camada aquífera)*
3 groundwater stream (underground stream)
- *a corrente de água subterrânea*
4 collector well for raw water
- *o poço artesiano*
5 suction pipe
- *o tubo de aspiração* f
6 pump strainer with foot valve
- *o filtro da bomba com válvula* f *de pedal* m
7 bucket pump with motor
- *a bomba elevatória a motor* m
8 vacuum pump with motor
- *a bomba-de vácuo* m *a motor* m
9 rapid-filter plant
- *a estação de filtragem rápida*
10 filter gravel (filter bed)
- *o filtro de cascalho* m
11 filter bottom, a grid
- *o fundo do filtro, uma grade*
12 filtered water outlet
- *o cano de saída* f *de água filtrada*
13 purified water tank
- *o reservatório de água filtrada*
14 suction pipe with pump strainer and foot valve

- *o tubo de aspiração* f *com o filtro da bomba e válvula* f *de pedal* m
15 main pump with motor
- *a bomba principal a motor* m
16 delivery pipe
- *a tubulação de recalque* m
17 compressed-air vessel (air vessel, air receiver)
- *o cilindro de ar comprimido*
18 water tower
- *a caixa de água*
19 riser pipe (riser)
- *o tubo de ascensão* f
20 overflow pipe
- *o ladrão*
21 outlet
- *o cano de saída* f
22 distribution main
- *o cano de distribuição* f
23 excess water conduit
- *a galeria de escoamento* m
24-39 tapping a spring
- *a captação de uma fonte*
24 chamber
- *a câmara*
25 chamber wall
- *a parede da câmara (o isolamento de areia* f*)*
26 manhole
- *o poço de acesso* m*, o poço de inspeção* f
27 ventilator
- *o respiradouro*

28 step irons
- *os gatos*
29 filling (backing)
- *o aterro*
30 outlet control valve
- *o registro (Pt. o registo) de saída* f
31 outlet valve
- *a válvula de saída* f
32 strainer
- *o filtro*
33 overflow pipe (overflow)
- *o ladrão*
34 bottom outlet
- *a descarga de fundo* m
35 earthenware pipes
- *as manilhas*
36 impervious stratum (impermeable stratum)
- *a camada impermeável*
37 rough rubble
- *o muro ciclópico*
38 water-bearing stratum (aquifer, aquafer)
- *a camada permeável (a camada aquífera)*
39 loam seal (clay seal)
- *a camada de argila compactada*
40-52 individual water supply
- *o abastecimento privado de água* f
40 well
- *o poço*

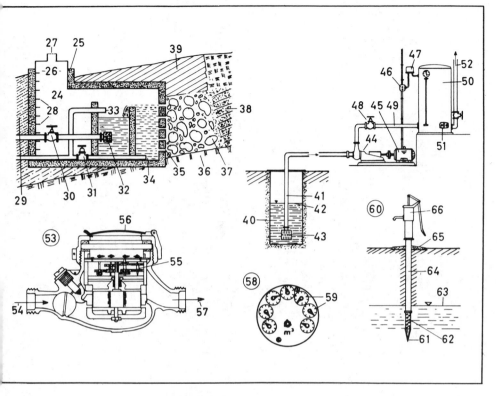

41 suction pipe
 – *o tubo de aspiração* f
42 water table (groundwater level)
 – *a superfície do lençol freático*
43 pump strainer with foot valve
 – *o filtro da bomba com válvula*
 f de pé
44 centrifugal pump
 – *a bomba centrífuga*
45 motor
 – *o motor*
46 motor safety switch
 – *o disjuntor de segurança* f *do*
 motor
47 manostat, a switching device
 – *o manóstato, um dispositivo li-*
 ga-desliga
48 stop valve
 – *o registro* (Pt. *o registo*)
49 delivery pipe
 – *o encanamento de adução* f *(o*
 adutor)
50 compressed-air vessel (air vessel, air receiver)
 – *o cilindro de ar comprimido*
51 manhole
 – *o orifício de limpeza* f
52 delivery pipe
 – *o encanamento de distribuição* f
 ao consumidor
53 water meter, a rotary meter
 – *o hidrômetro*
54 water inlet
 – *a entrada de água* f

55 counter gear assembly
 – *o mecanismo de contagem* f
56 cover with glass lid
 – *a tampa de vidro* m
57 water outlet
 – *a saída de água* f
58 water-meter dial
 – *o mostrador do hidrômetro*
59 counters
 – *os ponteiros*
60 driven well (tube well, drive
 well)
 – *o poço instantâneo, o poço de*
 recalque m
61 pile shoe
 – *a sapata da tubulação*
62 filter
 – *o filtro*
63 water table (groundwater level)
 – *o nível do lençol freático*
64 well casing
 – *a bainha da bomba (o invólucro*
 da bomba)
65 well head
 – *a borda (a beirada) do poço*
66 hand pump
 – *a bomba manual*

1-46 fire service drill (extinguishing, climbing, ladder, and rescue work)
- *o exercício de combate* m *a incêndios* m *(os trabalhos de extinção* f, *a escalada, a escada e o resgate)*

1-3 fire station
- *o quartel do Corpo de Bombeiros*

1 engine and appliance room
- *a garagem e o depósito do equipamento*

2 firemen's quarters
- *os alojamentos dos bombeiros*

3 drill tower
- *a torre de exercícios* m

4 fire alarm (fire alarm siren, fire siren)
- *o alarme de incêndio* m *(a sereia, a sirene de alarme* m *de incêndio* m*)*

5 fire engine
- *o carro do Corpo de Bombeiros*

6 blue light (warning light), a flashing light (*Am*. flashlight)
- *o farol giroscópico (a luz de advertência* f*)*

7 horn (hooter)
- *a sereia (a sirene)*

8 motor pump, a centrifugal pump
- *o grupo motobomba (a bomba centrífuga)*

9 motor turntable ladder (*Am*. aerial ladder)
- *a escada orientável montada sobre rodas* f

10 ladder, a steel ladder (automatic extending ladder)
- *a grande escada mecânica (a escada Magyrus)*

11 ladder mechanism
- *o mecanismo da escada*

12 jack
- *a bequilha* (Pt. *o macaco*)

13 ladder operator
- *o operador da escada Magyrus*

14 extension ladder
- *a escada extensível*

15 ceiling hook (*Am*. preventer)
- *a picareta de incêndio* m

16 hook ladder (*Am*. pompier ladder)
- *a escada de bombeiro* m, *uma escada de incêndio* m *portátil provida de ganchos* m

17 holding squad
- *a turma de salvamento* m

18 jumping sheet (sheet)
- *a rede*

19 ambulance car (ambulance)
- *a ambulância*

20 resuscitator (resuscitation equipment), oxygen apparatus
- *o ressuscitador, o aparelho de oxigênio* m

21 ambulance attendant (ambulance man)
- *o padioleiro* (Pt. *o maqueiro, o homem de ambulância* f*)*

22 armband (armlet, brassard)
- *a braçadeira, a faixa de braço* m

23 stretcher
- *a padiola*

24 unconscious man
- *o ferido, o homem inconsciente*

25 pit hydrant
- *o hidrante*

26 standpipe (riser, vertical pipe)
- *a coluna de água com tomada dupla*

27 hydrant key
- *a chave de manobra* f *do hidrante*

28 hose reel (*Am*. hose cart, hose wagon, hose truck, hose carriage)
- *o carretel de mangueira* f

29 hose coupling
- *a junta de mangueira* f

30 soft suction hose
- *a mangueira flexível de sucção* f

31 delivery hose
- *a mangueira de recalque* m

32 dividing breeching
- *a junta em T*

33 branch
- *o bico da mangueira*

34 branchmen
- *a equipe* (Pt. *a equipa*) *de bombeiros-extintores* m

35 surface hydrant (fire plug)
 – *o hidrante de superfície* f *(a boca de incêndio* m*)*
36 officer in charge
 – *o oficial comandante*
37 fireman (*Am.* firefighter)
 – *o bombeiro, o soldado do fogo*
38 helmet (fireman's helmet, *Am.* fire hat) with neck guard (neck flap)
 – *o capacete à prova* f *de fogo* m *com contra-nuca* m
39 breathing apparatus
 – *o aparelho de respiração* f
40 face mask
 – *a máscara contra gases* m
41 walkie-talkie set
 – *o conjunto portátil de rádio-comunicação* f *a curta distância*
42 hand lamp
 – *a lanterna de mão* f
43 small axe (*Am.* ax, pompier hatchet)
 – *a machadinha*
44 hook belt
 – *o cinturão com mosquetões* m
45 beltline
 – *a corda de salvamento* m
46 protective clothing of asbestos (asbestos suit) or of metallic fabric
 – *a roupa protetora de asbestos* m *(amianto* m*) ou de tecido metalizado*

47 breakdown lorry (*Am.* crane truck, wrecking crane)
 – *o guindaste-reboque*
48 lifting crane
 – *o guindaste*
49 load hook (draw hook, *Am.* drag hook)
 – *o gancho de tração* f
50 support roll
 – *o rolo de apoio* m
51 water tender
 – *o carro-pipa*
52 portable pump
 – *o grupo moto-bomba* f *portátil*
53 hose layer
 – *o furgão de equipamento* m
54 flaked lengths of hose
 – *as mangueiras dobradas em sanfona* f
55 cable drum
 – *o carretel do cabo*
56 winch
 – *o cabrestante*
57 face mask filter
 – *o filtro da máscara* f *contra gases* m
58 active carbon (activated carbon, activated charcoal)
 – *o carvão ativado*
59 dust filter
 – *o filtro de poeira* f
60 air inlet
 – *a tomada de ar* m

61 portable fire extinguisher
 – *o extintor de incêndio* m *portátil*
62 trigger valve
 – *o gatilho*
63 large mobile extinguisher (wheeled fire extinguisher)
 – *o extintor móvel de grandes dimensões* f
64 foam-making branch (*Am.* foam gun)
 – *o extintor de espuma* f *(o canhão de espuma)*
65 fireboat
 – *o barco de combate* m *a incêndio* m
66 monitor (water cannon)
 – *o canhão de água* f
67 suction hose
 – *a mangueira de sucção* f

1 cashier
- *a caixa*
2 electric cash register (till)
- *a caixa registradora* (Pt. *registadora) elétrica*
3 number keys
- *as teclas de dígitos* m *(as teclas de números* m*)*
4 cancellation button
- *a tecla de cancelamento* m, *o botão de cancelamento* m
5 cash drawer (till)
- *a gaveta da caixa*
6 compartments (money compartments) for coins and notes (*Am.* bills)
- *os compartimentos para moedas* f *e notas* f
7 receipt (sales check)
- *a nota fiscal;* sim.: *a ficha de caixa* f, *o tíquete de caixa*
8 amount [to be paid]
- *o total a pagar*
9 adding mechanism
- *o mecanismo de soma* f
10 goods
- *a mercadoria, o artigo, o produto*
11 glass-roofed well
- *o hall da claraboia central*
12 men's wear department
- *o departamento de roupas masculinas*
13 showcase (display case, indoor display window)
- *o mostruário, a vitrina interna*

14 wrapping counter
- *a seção de embrulhos* m
15 tray for purchases
- *a cesta para os artigos escolhidos*
16 customer
- *a freguesa, a cliente*
17 hosiery department
- *a seção* (Pt. *a secção) de artigos* m *de malha* f
18 shop assistant (*Am.* salesgirl, saleslady)
- *a vendedora*
19 price card
- *a tabuleta de preços* m
20 glove stand
- *a seção de luvas* f
21 duffle coat, a three-quarter length coat
- *a japona três-quartos com capuz* m
22 escalator
- *a escada rolante*
23 fluorescent light (fluorescent lamp)
- *a luz fluorescente (a lâmpada fluorescente)*
24 office (e.g, customer accounts office, travel agency, manager's office)
- *os escritórios* (p. ex.: *o crediário,* Pt. *a secção de vendas* f *a crédito; a agência de viagens* f; *a gerência)*
25 poster (advertisement)
- *a peça promocional*

26 theatre (*Am.* theater) and concert booking office (advance booking office)
- *o guichê* (Pt. *a bilheteria) de venda antecipada de ingresso* m *para espetáculos* m *e consertos* m *(o guichê de reservas* f*)*
27 (set of) shelves
- *as prateleiras*
28 ladies' wear department
- *o departamento de moda feminina*
29 ready-made dress (ready-to-wear dress, *coll.* off-the-peg dress)
- *o vestido pronto-para-usar*
30 dust cover
- *a capa de plástico* m, *o guarda-pó*
31 clothes rack
- *a arara* (Pt. *o cabide móvel)*
32 changing booth (fitting booth)
- *a cabine de provas* f
33 shop walker (*Am.* floorwalker, floor manager)
- *o supervisor do andar*
34 dummy
- *o manequim*
35 seat (chair)
- *a cadeira*
36 fashion journal (fashion magazine)
- *o figurino*

37 tailor marking a hemline
 – *o ajudante de costura* f *marcando uma bainha*
38 measuring tape (tape measure)
 – *a fita métrica*
39 tailor's chalk (French chalk)
 – *o giz de alfaiate* m
40 hemline marker
 – *o marcador de bainha* f
41 loose-fitting coat
 – *o mantô* (Pt. *o sobretudo*) *largo*
42 sales counter
 – *o balcão de vendas* f
43 warm-air curtain
 – *a cortina de ar aquecido*
44 doorman (commissionaire)
 – *o porteiro*
45 lift (*Am.* elevator)
 – *o elevador, o ascensor*
46 lift cage (lift car, *Am.* elevator car)
 – *a cabine do elevador*
47 lift operator (*Am.* elevator operator)
 – *o ascensorista, o cabineiro*
48 controls (lift controls, *Am.* elevator controls)
 – *os controles*
49 floor indicator
 – *o indicador de andar* m
50 sliding door
 – *a porta de correr, a porta corrediça*
51 lift shaft (*Am.* elevator shaft)
 – *a caixa do elevador* (*do ascensor*)

52 bearer cable
 – *o cabo de tração* f
53 control cable
 – *o cabo de comando* m
54 guide rail
 – *o trilho-guia*
55 customer
 – *o cliente, o freguês*
56 hosiery
 – *a seção de roupas* f *de baixo (a* lingerie*)*
57 linen goods (table linen and bed linen)
 – *a seção de cama* f *e mesa* f
58 fabric department
 – *a seção* (Pt. *a secção*) *de tecidos* m
59 roll of fabric (roll of material, roll of cloth)
 – *a peça de tecido* m
60 head of department (department manager)
 – *o chefe de seção* f (Pt. *de secção* f)
61 sales counter
 – *o balcão de vendas* f
62 jewellery (*Am.* jewelry) department
 – *a seção de bijuteria* f (Pt. *a secção de bijutaria*)
63 assistant (*Am.* salesgirl, saleslady), selling new lines (new products)
 – *a demonstradora de novos produtos* m

64 special counter (extra counter)
 – *o balcão de ofertas* f (*o balcão de artigos* m *em promoção* f)
65 placard advertising special offers
 – *a tabuleta de ofertas* f
66 curtain department
 – *a seção de cortinas* f

1-40 formal garden (French Baroque garden), palace gardens
- *o jardim francês, um jardim de castelo* m
1 grotto (cavern)
- *a gruta*
2 stone statue, a river nymph
- *a estátua de pedra* f, *uma ninfa*
3 orangery (orangerie)
- *a estufa*
4 boscage (boskage)
- *a moita*
5 maze (labyrinth of paths and hedges)
- *o labirinto (de veredas* f *e sebes* f)
6 open-air theatre (*Am.* theater)
- *o teatro ao ar livre*
7 Baroque palace
- *o castelo do século XVII (um castelo em estilo* m *Luís XIV)*
8 fountains
- *as fontes*
9 cascade (broken artificial waterfall, artificial falls)
- *a cascata (artificial)*
10 statue, a monument
- *a estátua, um monumento*
11 pedestal (base of statue)
- *o pedestal*
12 globe-shaped tree
- *o arbusto esférico*
13 conical tree
- *o arbusto cônico*
14 ornamental shrub
- *o arbusto ornamental*

15 wall fountain
- *a fonte mural, o chafariz*
16 park bench
- *o banco de jardim* m
17 pergola (bower, arbour, *Am.* arbor)
- *a pérgula, o caramanchão*
18 gravel path (gravel walk)
- *o caminho de cascalho* m
19 pyramid tree (pyramidal tree)
- *o arbusto aparado em pirâmide* f
20 cupid (cherub, amoretto, amorino)
- *o cupido, o amor*
21 fountain
- *a fonte, o chafariz*
22 fountain (jet of water)
- *o jorro de água* f
23 overflow basin
- *a taça do chafariz*
24 basin
- *o tanque*
25 kerb (curb)
- *o meio-fio, a guia*
26 man out for a walk
- *o homem passeando*
27 tourist guide
- *o guia de turismo* m
28 group of tourists
- *o grupo de turistas* m
29 park by-laws (bye-laws)
- *o regulamento do parque*
30 park keeper
- *o vigia (o guarda) do parque*

31 garden gates, wrought iron gates
- *os portões do parque (os portões de ferro batido)*
32 park entrance
- *a entrada do parque*
33 park railings
- *a grade do parque*
34 railing (bar)
- *as barras da grade*
35 stone vase
- *a urna de pedra* f
36 lawn
- *o gramado* (Pt. *o relvado)*
37 border, a trimmed (clipped) hedge
- *a sebe de aléia* f, *uma sebe aparada*
38 park path
- *a aléia*
39 parterre
- *o canteiro*
40 birch (birch tree)
- *a bétula*
41-72 landscaped park (jardin anglais)
- *o jardim inglês*
41 flower bed
- *o canteiro de flores* f
42 park bench (garden seat)
- *o banco de jardim* m
43 litter bin (*Am.* litter basket)
- *a cesta para papéis* m
44 play area
- *a área de jogos* m

45 stream
- *o riacho*
46 jetty
- *o pontão*
47 bridge
- *a ponte*
48 park chair
- *a cadeira de jardim* m
49 animal enclosure
- *o minizôo*
50 pond
- *o laguinho*
51-54 waterfowl
- *as aves aquáticas*
51 wild duck with young
- *o pato selvagem com seus pati-nhos*
52 goose
- *o ganso*
53 flamingo
- *o flamingo*
54 swan
- *o cisne*
55 island
- *a ilha*
56 water lily
- *o nenúfar, a ninféia*
57 open-air café
- *o café ao ar livre*
58 sunshade
- *o guarda-sol*
59 park tree (tree)
- *a árvore*
60 treetop (crown)
- *a copa da árvore*

61 group of trees
- *o maciço de árvores* f
62 fountain
- *a fonte*
63 weeping willow
- *o salgueiro-chorão*
64 modern sculpture
- *a escultura moderna*
65 hothouse
- *a estufa*
66 park gardener
- *o jardineiro*
67 broom
- *a vassoura*
68 minigolf course
- *o minigolfe*
69 minigolf player
- *o jogador de minigolfe* m
70 minigolf hole
- *o buraco de minigolfe* m
71 mother with pram (baby car-riage)
- *a mãe com carrinho* m *de bebê* (Pt. *bebé*) m
72 courting couple (young couple)
- *o casal de namorados* m

1 table tennis game
- *o tênis de mesa* f, *o pingue-pon-gue*
2 table
- *a mesa de pingue-pongue* m
3 table tennis net
- *a rede de pingue-pongue* m
4 table tennis racket (raquet) (table tennis bat)
- *a raquete de pingue-pongue* m
5 table tennis ball
- *a bola de pingue-pongue* m
6 badminton game (shuttlecock game)
- *o jogo de peteca* f (Pt. *de volante* m) *com raquete* f
7 shuttlecock
- *a peteca* (Pt. *o volante*)
8 maypole swing
- *o sete-léguas*
9 child's bicycle
- *a bicicleta de criança* f; *sim.: o velocípede*
10 football game (soccer game)
- *a pelada (o jogo de futebol* m *amador em área* f *de lazer* m)
11 goal (goalposts)
- *o gol, a meta (o arco do gol)*, Pt. *a baliza*
12 football
- *a bola de futebol* m
13 goal scorer
- *o artilheiro* (Pt. *o marcador de gols* m, *o chutador)*

14 goalkeeper
- *o goleiro, o arqueiro* (Pt. *o guarda-redes)*
15 skipping (*Am.* jumping rope)
- *pulando corda* f
16 skipping rope (*Am.* skip rope, jump rope, jumping rope)
- *a corda de pular*
17 climbing tower
- *o trepa-trepa*
18 rubber tyre (*Am.* tire) swing
- *o balanço de pneu* m
19 lorry tyre (*Am.* truck tire)
- *o pneu de caminhão* (Pt. *camião)* m
20 bouncing ball
- *a bola elástica*
21 adventure playground
- *o parque de aventuras* f
22 log ladder
- *a escada de sarrafos* m
23 lookout platform
- *a plataforma de observação* f, *o mirante, o miradouro*
24 slide
- *o escorrega, o escorregador*
25 litter bin (*Am.* litter basket)
- *a cesta de papéis* m (*a cesta de lixo* m)
26 teddy bear
- *o ursinho de pelúcia* f
27 wooden train set
- *o trenzinho* (Pt. *o comboiozinho*) *de madeira* f

28 paddling pool
- *o tanque·de chapinhar*
29 sailing boat (yacht, *Am.* sailboat)
- *o barquinho a vela* f
30 toy duck
- *o patinho de brinquedo* m
31 pram (baby carriage)
- *o carrinho de bebê* (Pt. *bebé)* m
32 high bar (bar)
- *a barra fixa (a barra)*
33 go-cart (soap box)
- *o carte*
34 starter's flag
- *a bandeira de largada* f, *uma bandeira xadrez*
35 seesaw
- *a gangorra, o zanga-burrinho*
36 robot
- *o robô*
37 flying model aeroplanes (*Am.* airplanes)
- *o aeromodelismo*
38 model aeroplane (*Am.* airplane)
- *o aeromodelo (o avião em modelo reduzido)*
39 double swing
- *o pórtico com dois balanços*
40 swing seat
- *a tábua do balanço*
41 flying kites
- *empinando papagaios* m, *soltando pipas* f

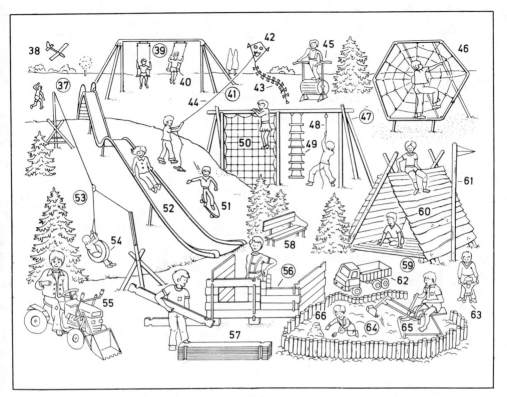

42 kite
- *a pipa, o papagaio, a pandorga*
43 tail of the kite
- *o rabo (a rabiola) da pipa (do papagaio)*
44 kite string
- *a linha da pipa (do papagaio)*
45 revolving drum
- *o tambor rotativo (para treino m de corrida f a pé m)*
46 spider's web
- *a teia de aranha f*
47 climbing frame
- *a barra de pórtico m, o trepa-trepa*
48 climbing rope
- *a corda de escalar*
49 rope ladder
- *a escada de corda f*
50 climbing net
- *a rede de escalar*
51 skateboard
- *a prancha de patinação f (o skate)*
52 up-and-down slide
- *o tobogã*
53 rubber tyre (*Am.* tire) cable car
- *o bondinho (o carrinho) de pneu m*
54 rubber tyre (*Am.* tire)
- *o pneu de borracha f utilizado como assento m*
55 tractor, a pedal car
- *o trator de pedal m*
56 den
- *a casa miniatura de montar e desmontar*

57 pre-sawn boards
- *os elementos de madeira f pré-fabricados*
58 seat (bench)
- *o banco de parque m*
59 Indian hut
- *a cabana de índio m*
60 climbing roof
- *o telhado para escalar*
61 flagpole (flagstaff)
- *o mastro de bandeira f*
62 toy lorry (*Am.* toy truck)
- *o caminhão (Pt. o camião) de brinquedo m*
63 walking doll
- *a boneca que anda*
64 sandpit (*Am.* sandbox)
- *a caixa de areia f*
65 toy excavator (toy digger)
- *a escavadeira de brinquedo m*
66 sandhill
- *o monte de areia f, o bolo de areia; sim.: o castelo de areia f*

1-21 spa gardens
- *o parque da estação de águas* f
1-7 salina (salt works)
- *a instalação de banhos* m *medicinais*
1 thorn house (graduation house)
- *o pavilhão de hidroterapia* f
2 thorns (brushwood)
- *os feixes de gravetos* m
3 brine channels
- *os canais de água* f *medicinal*
4 brine pipe from the pumping station
- *a tomada da água salgada bombeada*
5 salt works attendant
- *o empregado do pavilhão de banhos* m *medicinais*
6-7 inhalational therapy
- *o tratamento por inalação* f
6 open-air inhalatorium (outdoor inhalatorium)
- *a inalação ao ar livre*
7 patient inhaling (taking an inhalation)
- *o paciente tratado por inalação* f
8 hydropathic (pump room) with kursaal (casino)
- *a clínica de hidropatia com cassino* m
9 colonnade
- *a galeria*
10 spa promenade
- *o passeio da estação de águas* f

11 avenue leading to the mineral spring
- *a aléia da fonte de água* f *mineral*
12-14 rest cure
- *a cura de repouso* m
12 sunbathing area (lawn)
- *a área de banho* m *de sol (o gramado, Pt. o relvado)*
13 deck-chair
- *a espreguiçadeira*
14 sun canopy
- *o toldo*
15 pump room
- *o pavilhão da fonte*
16 rack for glasses
- *a prateleira de copos* m
17 tap
- *a torneira, o chafariz*
18 patient taking the waters
- *a paciente bebendo água* f
19 bandstand
- *a concha acústica*
20 spa orchestra giving a concert
- *a orquestra da estação de águas* f *dando um concerto*
21 conductor
- *o maestro*

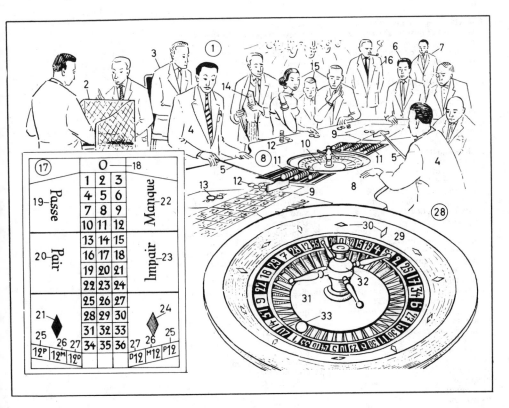

1-33 roulette, a game of chance (gambling game)
- *a roleta, um jogo de azar*
1 gaming room in the casino (in the gambling casino)
- *o salão de jogo* m *do cassino* (Pt. *do casino*)
2 cash desk
- *o balcão do caixa, o guichê do caixa*
3 tourneur (dealer)
- *o chefe de partida* f
4 croupier
- *o crupiê* (Pt. *o croupier, o banqueiro*)
5 rake
- *o rodo*
6 head croupier
- *o crupiê* (Pt. *o croupier*) *da ponta*
7 hall manager
- *o chefe de sala* f, *o gerente de cassino* m (Pt. *de casino* m)
8 roulette table (gaming table, gambling table)
- *a mesa da roleta*
9 roulette layout
- *o plano de jogo* m
10 roulette wheel
- *a roleta*
11 bank
- *a banca*
12 chip (check, plaque)
- *a ficha*
13 stake

- *a aposta*
14 membership card
- *o cartão de sócio* m
15 roulette player
- *o jogador*
16 private detective (house detective)
- *o segurança, o detective da casa*
17 roulette layout
- *o plano de jogo* m
18 zero (nought, 0)
- *o zero*
19 passe (high) [numbers 19 to 36]
- *grande* m [*números* m *de 19 a 36*]
20 pair [even numbers]
- *par* m (*números* m *pares*)
21 noir (black)
- *preto* m
22 manque (low) [numbers 1 to 18]
- *pequeno* m [*números* m *de 1 a 18*]
23 impair [odd numbers]
- *ímpar* m [*números* m *ímpares*]
24 rouge (red)
- *vermelho* m
25 douze premier (first dozen) [numbers 1 to 12]
- *primeira dúzia* f [*números* m *de 1 a 12*]
26 douze milieu (second dozen) [numbers 13 to 24]
- *segunda dúzia* f [*números* m *de 13 a 24*]

27 douze dernier (third dozen) [numbers 25 to 36]
- *terceira dúzia* f [*números* m *de 25 a 36*]
28 roulette wheel (roulette)
- *a roleta*
29 roulette bowl
- *o bojo da roleta*
30 fret (separator)
- *o separador*
31 revolving disc (disk) showing numbers 0 to 36
- *o disco giratório com números* m *de 0 a 36*
32 spin
- *a cruzeta (a borboleta)*
33 roulette ball
- *a bolinha (de marfim* m)

1-16 chess, a game involving combinations of moves, a positional game
- *o xadrez, um jogo de combinações f de movimentos m, um jogo de posições f*
1 chessboard (board) with the men (chessmen) in position
- *o tabuleiro de xadrez m com as peças em posição f*
2 white square (chessboard square)
- *a casa branca do tabuleiro de xadrez m*
3 black square
- *a casa preta*
4 white chessmen (white pieces) [white =W]
- *as peças brancas (as brancas) representadas simbolicamente*
5 black chessmen (black pieces) [black=B]
- *as peças pretas (as pretas) representadas simbolicamente*
6 letters and numbers for designating chess square for the notation of chess moves and chess problems
- *as letras e números m correspondentes à casa (ao quadrado) para notação f de jogadas f e problemas m do jogo*
7 individual chessmen (individual pieces)
- *as peças do xadrez*
8 king
- *o rei*
9 queen
- *a rainha (a dama)*
10 bishop
- *o bispo*
11 knight
- *o cavalo*
12 rook (castle)
- *a torre*
13 pawn
- *o peão*
14 moves of the individual pieces
- *o movimento próprio de cada peça f*
15 mate (checkmate), a mate by knight
- *o mate (o xeque-mate), um xeque-mate do cavalo*
16 chess clock, a double clock for chess matches (chess championships)
- *o relógio de xadrez m, o relógio duplo para partidas f de xadrez m (os campeonatos de xadrez)*
17-19 draughts (*Am.* checkers)
- *o jogo de damas f*
17 draughtboard (*Am.* checkboard)
- *o tabuleiro de jogo m de damas f*
18 white draughtsman (*Am.* checker, checkerman); *also:* piece for backgammon and nine men's morris
- *a pedra branca; também: a pedra de gamão m e de moinho m*
19 black draughtsman (*Am.* checker, checkerman)
- *a pedra preta*

20 salta
- *o jogo de salta f (variedade de jogo m de damas f)*
21 salta piece
- *a peça de salta f*
22 backgammon board
- *o tabuleiro de gamão m*
23-25 nine men's morris
- *o jogo de moinho m*
23 nine men's morris board
- *o tabuleiro de moinho m*
24 mill
- *o moinho*
25 double mill
- *o moinho duplo*
26-28 halma
- *o xadrez chinês*
26 halma board
- *o tabuleiro de xadrez chinês*
27 yard (camp, corner)
- *o campo*
28 halma pieces (halma men) of various colours (*Am.* colors)
- *as peças do jogo de xadrez chinês, de diferentes cores f*
29 dice (dicing)
- *o pôquer de dados m*
30 dice cup
- *o copo de dados m*
31 dice
- *os dados*
32 spots (pips)
- *as pintas (as marcas)*
33 dominoes
- *o jogo de dominó m*
34 domino (tile)
- *o dominó (a pedra)*
35 double
- *o dobrado*
36 playing cards
- *o baralho (o jogo de cartas f)*
37 French playing card (card)
- *a carta de baralho m*
38-45 suits
- *os naipes*
38 clubs
- *os paus*
39 spades
- *as espadas*
40 hearts
- *as copas*
41 diamonds
- *os ouros*
42-45 German suits
- *os naipes alemães*
42 acorns
- *a glande (= paus m)*
43 leaves
- *as folhas (= ouros m)*
44 hearts
- *as copas*
45 bells (hawkbells)
- *as campainhas (= espadas f)*

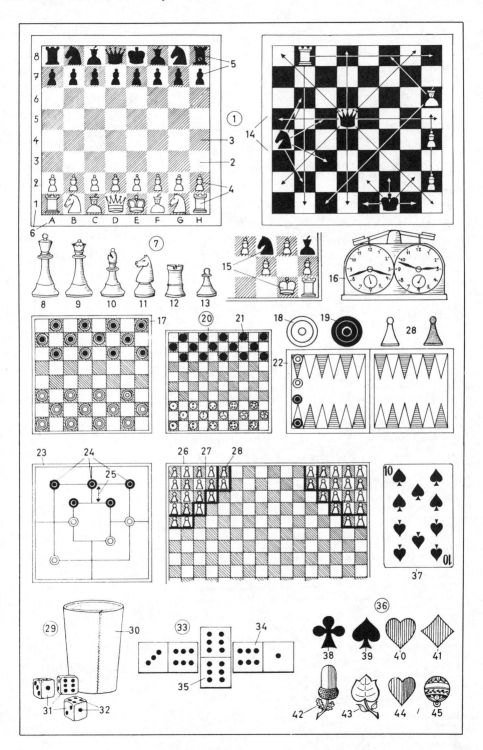

1-19 game of billiards (billiards)
- *o jogo de bilhar* m *(o bilhar);* sim.: *a sinuca*
1 billiard ball, an ivory or plastic ball
- *a bola de bilhar* m, *uma bola de marfim* m *ou plástico* m
2-6 billiard strokes (forms of striking)
- *as tacadas de bilhar* m *(as formas de bater na bola de bilhar* m)
2 plain stroke (hitting the cue ball dead centre, *Am.* center)
- *a tacada no centro (batendo com o taco bem no centro da bola jogadeira)*
3 top stroke [promotes extra forward rotation]
- *a tacada no alto [aumenta a rotação para a frente]*
4 screw-back [imparts a direct recoil or backward motion]
- *a tacada por báixo [imprime um recuo ou movimento* m *para trás]*
5 side (running side, *Am.* English)
- *a tacada com efeito* m *para a direita*
6 check side
- *a tacada com efeito* m *para a esquerda*
7-19 billiard room (*Am.* billiard parlor, billiard saloon, poolroom)
- *o salão de brilhar* m *(o salão de sinuca* f*)*
7 French billiards (carom billiards, carrom billiards); sim.: German or English billiards (pocket billiards, *Am.* poolbilliards)

- *o bilhar carom (a carambola);* sim.: *o bilhar alemão ou inglês, a sinuca, o pool*
8 billiard player
- *o jogador de bilhar* m
9 cue (billiard cue, billiard stick)
- *o taco de bilhar* m
10 leather cue tip
- *a ponta do taco, revestida de couro* m
11 white cue ball
- *a bola branca do jogador (a jogadeira)*
12 red object ball
- *a bola vermelha*
13 white spot ball (white dot ball)
- *a segunda bola branca (a branca marcada)*
14 billiard table
- *a mesa de bilhar* m
15 table bed with green cloth (billiard cloth, green baize covering)
- *a superfície da mesa, revestida de baeta* f *ou feltro* m *verde*
16 cushions (rubber cushions, cushioned ledge)
- *as tabelas (de borracha* f*)*
17 billiard clock, a timer
- *o relógio de bilhar* m
18 billiard marker
- *o marcador de bilhar* m
19 cue rack
- *a prateleira porta-tacos*

1-59 camp site (camping site, *Am.* campground)
– **a área de camping** m, **o camping (o acampamento de lazer** m)
1 reception (office)
– *a recepção* (Pt. *a receção*)
2 camp site attendant
– *o encarregado do camping, o guarda-camping*
3 folding trailer (collapsible caravan, collapsible trailer)
– *o reboque dobrável*
4 hammock
– *a rede*
5-6 washing and toilet facilities
– *as instalações sanitárias*
5 toilets and washrooms (*Am.* lavatories)
– *os sanitários e banheiros* m (Pt. *os toilettes*)
6 washbasins and sinks
– *os lavatórios e pias* f *de cozinha* f
7 bungalow (chalet)
– *o bangaló (o chalé)*
8-11 scout camp
– *o acampamento de escoteiros* m
8 bell tent
– *a barraca em forma de tenda* f *de circo* m *(o marabu, a tenda argelina)*
9 pennon
– *a flâmula, a bandeirola*
10 camp fire
– *a fogueira de campanha* f
11 boy scout (scout)
– *o escoteiro*
12 sailing boat (yacht, *Am.* sailboat)
– *o barco a vela* f
13 landing stage (jetty)
– *o pontão*
14 inflatable boat (inflatable dinghy)
– *o bote inflável*
15 outboard motor (outboard)
– *o motor de popa* f
16 trimaran
– *o trimarã*
17 thwart (oarsman's bench)

– *o banco do remador*
18 rowlock (oarlock)
– *o tolete, a cavilha do remo*
19 oar
– *o remo*
20 boat trailer (boat carriage)
– *o reboque de barco* m
21 ridge tent
– *a tenda de cumeada* f
22 flysheet
– *o teto duplo*
23 guy line (guy)
– *a corda*
24 tent peg (peg)
– *a estaca*
25 mallet
– *o malho*
26 groundsheet t ring
– *a argola do piso*
27 bell end
– *a abside, o fundo em forma* f *de tenda de circo* m
28 erected awning
– *o toldo armado*
29 storm lantern, a paraffin lamp
– *o lampião de querosene* m
30 sleeping bag
– *o saco de dormir*
31 air mattress (inflatable air-bed)
– *o colchão de ar* m *(o colchão inflável)*
32 water carrier (drinking water carrier)
– *o cantil*
33 double-burner gas cooker for calor gas (propane gas or butane gas)
– *o fogão de duas bocas a gás* m *de botijão* m
34 calor gas (propane gas, butane gas) container
– *o botijão de gás* m
35 pressure cooker
– *a panela de pressão* f
36 frame tent
– *a barraca, o bangaló*
37 awning
– *o beiral*

38 tent pole
– *o ferro da barraca*
39 wheelarch doorway
– *o arco de entrada* f
40 mesh ventilator
– *a janela telada*
41 transparent window
– *a janela transparente*
42 pitch number
– *o número da vaga*
43 folding camp chair
– *a cadeira dobrável de camping*
44 folding camp table
– *a mesa dobrável de camping* m
45 camping eating utensils
– *o serviço de jantar* m *de camping* m
46 camper
– *o indivíduo acampado, o campista*
47 charcoal grill (barbecue)
– *a churrasqueira*
48 charcoal
– *o carvão*
49 bellows
– *o fole*
50 roof rack
– *o bagageiro de teto* m, *o porta-bagagens*
51 roof lashing
– *a bagagem amarrada no bagageiro*
52 caravan (*Am.* trailer)
– *o reboque* (Pt. *a roulotte, a caravana*)
53 box for gas bottle
– *o compartimento do botijão de gás* m
54 jockey wheel
– *a roda do timão (a roda-guia do reboque)*
55 drawbar coupling
– *a barra de engate* m
56 roof ventilator
– *a ventilação de teto* m
57 caravan awning
– *a varanda do trailer* (Pt. *da caravana*)
58 inflatable igloo tent
– *o iglu inflável*
59 camp bed (*Am.* camp cot)
– *a espreguiçadeira de camping, a cama dobrável*

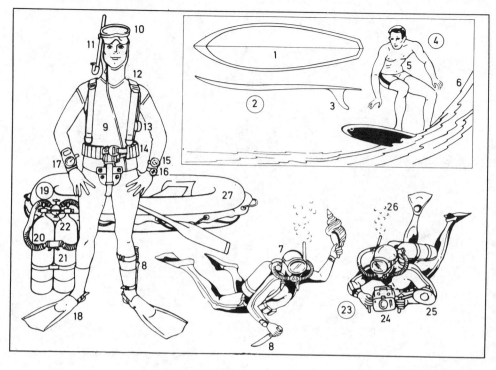

1-6 surf riding (surfing)
- *o surfe*
1 plan view of surfboard
- *a prancha de surfe m vista de cima*
2 section of surfboard
- *a prancha de surfe m vista de lado*
3 skeg (stabilizing fin)
- *a quilha da prancha*
4 big wave riding
- *a evolução em onda alta*
5 surfboarder (surfer)
- *o surfista*
6 breaker
- *a onda de arrebentação f*
7-27 skin diving (underwater swimming)
- *o mergulho, a natação subaquática*
7 skin diver (underwater swimmer)
- *o mergulhador*
8-22 underwater swimming set
- *o equipamento de mergulho m*
8 knife
- *a faca*
9 neoprene wetsuit
- *a roupa de mergulho m de neoprene m*
10 diving mask (face mask, mask), a pressure-equalizing mask
- *a máscara de mergulho m, uma máscara pressurizada*
11 snorkel (schnorkel)
- *o tubo para respiração f*
12 harness of diving apparatus
- *a alça do aparelho de mergulho m*

13 compressed-air pressure gauge (*Am.* gage)
- *o manômetro de pressão f do ar comprimido*
14 weight belt
- *o cinto com pesos m de chumbo m*
15 depth gauge (*Am.* gage)
- *o indicador de profundidade f*
16 waterproof watch for checking duration of dive
- *o relógio à prova de água f para controle m da duração do mergulho*
17 decometer for measuring stages of ascent
- *a tabela de descompressão f, com indicação f dos estágios da descompressão (o controle da velocidade de subida f)*
18 fin (flipper)
- *a nadadeira (o pé-de-pato)*
19 diving apparatus (*also:* aqualung, scuba) with two cylinders (bottles)
- *o aqualungue (o aparelho para respiração f com dois cilindros de ar comprimido)*
20 two-tube demand regulator
- *o regulador de vazão f de dois tubos corrugados*
21 compressed-air cylinder (compressed-air bottle)
- *o cilindro de ar comprimido (o garrafão, o botijão de ar comprimido)*
22 on/off valve
- *a válvula de abrir e fechar*

23 underwater photography
- *a fotografia submarina (a fotografia subaquática)*
24 underwater camera housing (underwater camera case); *sim.:* underwater camera
- *a câmara para fotografia submarina*
25 underwater flashlight
- *a lanterna submarina (à prova de água f)*
26 exhaust bubbles
- *as bolhas de ar expirado*
27 inflatable boat (inflatable dinghy)
- *o bote inflável*

1 lifesaver (lifeguard)
- *o salva-vidas*
2 lifeline
- *a corda de salvamento* m
3 lifebelt (lifebuoy)
- *a bóia de salvamento* m
4 storm signal
- *o sinal meteorológico (de tempestade f)*
5 time ball
- *o relógio*
6 warning sign
- *a placa de aviso* m
7 tide table, a notice board showing times of low tide and high tide
- *a tábua das marés, a tabuleta mostrando os horários da maré baixa e maré alta*
8 board showing water and air temperature
- *a tabuleta com a temperatura da água e do ar*
9 bathing platform
- *o pontão*
10 pennon staff
- *o mastro de flâmulas* f
11 pennon
- *a flâmula*
12 paddle boat (peddle boat)
- *o pedalinho* (Pt. *a gaivota*)
13 surf riding (surfing) behind motorboat
- *o aquaplano (o surfe com lancha f)*
14 surfboarder (surfer)
- *o surfista*
15 surfboard
- *a prancha de surfe* m
16 water ski
- *o esqui aquático*

17 inflatable beach mattress
- *o colchão inflável de praia* f
18 beach ball
- *a bola de praia* f
19-23 beachwear
- *as roupas de praia* f
19 beach suit
- *o conjunto de praia* f
20 beach hat
- *o chapéu de praia* f
21 beach jacket
- *a saída de praia* f
22 beach trousers
- *a calça* (Pt. *as calças*) *de praia* f
23 beach shoe (bathing shoe)
- *as sandálias de praia* f
24 beach bag
- *a bolsa de praia* f
25 bathing gown (bathing wrap)
- *o roupão de praia* f
26 bikini (ladies' two-piece bathing suit)
- *o biquíni (o maiô de mulher* f, *de duas peças)*
27 bikini bottom
- *a parte de baixo do biquíni;* sim.: *a tanga*
28 bikini top
- *o sutiã, o porta-seios do biquíni*
29 bathing cap (swimming cap)
- *a touca de banho* m
30 bather
- *o banhista*
31 deck tennis (quoits)
- *o jogo de malha* f
32 rubber ring (quoit)
- *o disco de borracha* f *(a malha)*
33 rubber animal, an inflatable animal
- *o bicho de borracha* f *inflável*

34 beach attendant
- *o guarda de praia* f (Pt. *o banheiro)*
35 sand den [built as a wind-break]
- *o abrigo de areia* f *(contra o vento)*
36 roofed wicker beach chair
- *a poltrona de vime* m *para praia* f, *com coberta baldaquinada*
37 underwater swimmer
- *o mergulhador submarino*
38 diving goggles
- *a máscara de mergulho* m
39 snorkel (schnorkel)
- *o tubo de respiração* f
40 hand harpoon (fish spear, fish lance)
- *o arpão manual*
41 fin (flipper) for diving (for underwater swimming)
- *o pé-de-pato, a nadadeira (para mergulho* m *e natação* f *debaixo de água* f)
42 bathing suit (swimsuit)
- *a roupa* (Pt. *o fato) de banho* m
43 bathing trunks (swimming trunks)
- *o calção* (Pt. *os calções) de banho* m
44 bathing cap (swimming cap)
- *a touca de banho* m
45 beach tent, a ridge tent
- *a barraca de praia* f, *uma barraca em forma* f *de tenda* f
46 lifeguard station
- *o posto salva-vidas*

1-9 swimming pool with artificial waves, an indoor pool
- *a piscina com ondas f artificiais, uma piscina coberta*
1 artificial waves
- *as ondas artificiais*
2 beach area
- *a praia (a margem)*
3 edge of the pool
- *a borda da piscina*
4 swimming pool attendant (pool attendant, swimming bath attendant)
- *o guarda-vidas de piscina f; sim.: hotel.: o piscineiro*
5 sun bed
- *a espreguiçadeira*
6 lifebelt
- *a bóia salva-vidas*
7 water wings
- *as bóias de braço m*
8 bathing cap
- *a touca de banho m*
9 channel to outdoor mineral bath
- *o canal de acesso m à piscina externa de água f mineral*
10 solarium
- *o solário, o banho de luz f, o banho de sol m artificial*
11 sunbathing area
- *a sala de banho m de luz f, a sala de bronzeamento m*
12 sun bather
- *a mulher se bronzeando (Pt. a bronzear-se)*
13 sun ray lamp
- *a lâmpada de raios m ultravioleta (sol m artificial)*
14 bathing towel
- *a toalha de banho m*
15 nudist sunbathing area
- *o campo de nudismo m*
16 nudist (naturist)
- *o nudista*
17 screen (fence)
- *o muro (a cerca)*
18 sauna (mixed sauna)
- *a sauna (a sauna mista) (a sauna finlandesa, a sauna seca)*
19 wood panelling (*Am.* paneling)
- *o revestimento de madeira f*
20 tiered benches
- *os bancos em degraus m*
21 sauna stove
- *o forno da sauna*
22 stones
- *as pedras da sauna*
23 hygrometer
- *o higrômetro*
24 thermometer
- *o termômetro*
25 towel
- *a toalha*
26 water tub for moistening the stones in the stove
- *a tina com água f para umedecer as pedras do forno*
27 birch rods (birches) for beating the skin
- *o ramo de bétula f (no Brasil de eucalipto m) para bater no corpo*

28 cooling room for cooling off (cooling down) after the sauna
- *a sala para resfriar o corpo depois da sauna*
29 lukewarm shower
- *o chuveiro morno*
30 cold bath
- *o banho frio*
31 hot whirlpool (underwater massage bath)
- *a banheira de hidromassagem f quente*
32 step into the bath
- *o degrau da banheira*
33 massage bath
- *a hidromassagem, o jacuzzi*
34 jet blower
- *o jato de ar m*
35 hot whirlpool [diagram]
- *a banheira de hidromassagem f quente [esquema m]*
36 section of the bath
- *o corte transversal da banheira*
37 step
- *o degrau de acesso m*
38 circular seat
- *a bancada circular*
39 water extractor
- *o ladrão*
40 water jet pipe
- *o encanamento do jato de água f*
41 air jet pipe
- *o encanamento do jato de ar m*

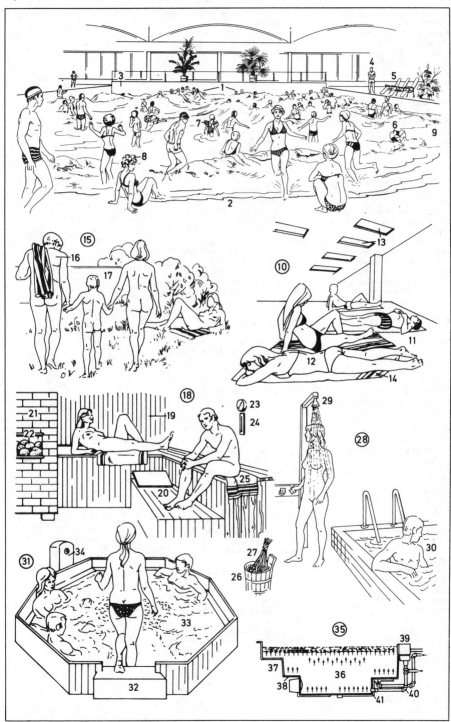

1-32 **swimming pool,** an open-air swimming pool
- *a piscina ao ar* m *livre*
1 changing cubicle
- *a cabine de banho* m
2 shower (shower bath)
- *o chuveiro*
3 changing room
- *o vestiário*
4 sunbathing area
- *o solário*
5-10 **diving boards** (diving apparatus)
- *os trampolins*
5 diver (highboard diver)
- *o mergulhador*
6 diving platform
- *a plataforma de salto* m
7 ten-metre (*Am.* ten-meter) platform
- *a plataforma de dez metros* m
8 five-metre (*Am.* five-meter) platform
- *a plataforma de cinco metros* m
9 three-metre (*Am.* three-meter) springboard (diving board)
- *o trampolim de três metros* m
10 one-metre (*Am.* one-meter) springboard, a trampoline
- *o trampolim de um metro*
11 diving pool
- *a piscina de saltos* m
12 straight header
- *o mergulho de cabeça* f
13 feet-first jump
- *o salto em pé* m
14 tuck jump (haunch jump)
- *a bomba*
15 swimming pool attendant (pool attendant, swimming bath attendant
- *o vigilante, o guarda-vidas*
16-20 **swimming instruction**
- *a aula de natação* f
16 swimming instructor (swimming teacher)
- *o instrutor de natação* f
17 learner-swimmer
- *o aluno*
18 float; *sim.:* water wings
- *a bóia*
19 swimming belt (cork jacket)
- *a bóia de natação* f *(o cinturão de cortiça* f)
20 land drill
- *o exercício em terra* f
21 non-swimmers' pool
- *a piscina para não-nadadores* m
22 footbath
- *a valeta, o lava-pés*
23 swimmers' pool
- *a piscina de nadadores* m, *uma piscina olímpica*
24-32 **freestyle relay race**
- *a competição de nado* m *livre com revezamento* m
24 timekeeper (lane timekeeper)
- *o cronometrista*
25 placing judge
- *o juiz de chegada* f
26 turning judge
- *o juiz de virada* f
27 starting block (starting place)
- *a baliza*

28 competitor touching the finishing line
- *o competidor tocando a linha* f *de chegada* f
29 starting dive (racing dive)
- *a largada*
30 starter
- *o juiz de partida* f
31 swimming lane
- *a raia*
32 rope with cork floats
- *a linha de flutuadores* m *que separa as raias (uma corda com bóias* f *de cortiça* f)
33-39 **swimming strokes**
- *os estilos de natação* f
33 breaststroke
- *o nado de peito* m
34 butterfly stroke
- *o nado borboleta*
35 dolphin butterfly stroke
- *o nado golfinho*
36 back stroke
- *o nado de costas* f
37 crawl stroke (crawl); *sim.:* trudgen stroke (trudgen, double overarm stroke)
- *o nado crawl (o crol)*
38 diving (underwater swimming)
- *o mergulho (a natação subaquática)*
39 treading water
- *chapinhando*
40-45 **diving** (acrobatic diving, fancy diving, competitive diving, highboard diving)
- *os saltos (os saltos ornamentais, os saltos acrobáticos)*
40 standing take-off pike dive
- *o salto canivete*
41 one-half twist isander (reverse dive)
- *o salto mortal de costas* f
42 backward somersault (double backward somersault)
- *o duplo giro (o salto mortal)*
43 running take-off twist dive
- *o salto parafuso com impulso* m
44 screw dive
- *o salto parafuso*
45 armstand dive (handstand dive)
- *o apoio com reversão* f
46-50 **water polo**
- *o pólo aquático*
46 goal
- *o gol* (Pt. *a baliza*)
47 goalkeeper
- *o goleiro* (Pt. *o guarda-redes*)
48 water polo ball
- *a bola de pólo aquático*
49 back
- *o zagueiro* (Pt. *o defesa*)
50 forward
- *o atacante* (Pt. *o avançado*)

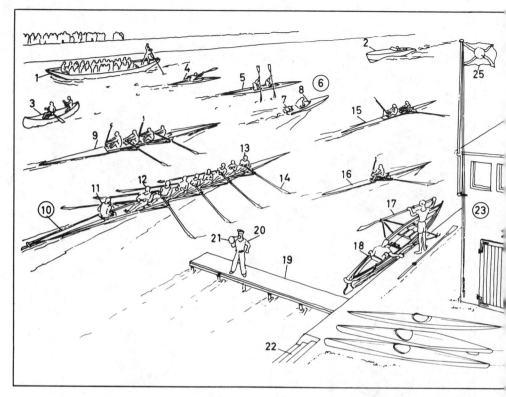

1-18 taking up positions for the regatta
- *a tomada de posição f para a regata*
1 punt, a pleasure boat
- *a chalana, um barco de passeio m impulsionado a vara f*
2 motorboat (speedboat)
- *a lancha a motor m*
3 Canadian canoe
- *a canoa canadense* (Pt. *canadiana)*
4 kayak (Alaskan canoe, slalom canoe), a canoe
- *o caiaque (a canoa fechada do Alasca, a canoa de corredeira f), uma canoa*
5 tandem kayak
- *o caiaque de dois m*
6 outboard motorboat (outboard speedboat, outboard)
- *a lancha a motor m de popa f*
7 outboard motor (outboard)
- *o motor de popa f* (Pt. *o motor de fora da borda)*
8 cockpit
- *a cabine*
9-15 shells (rowing boats, *Am.* rowboats)
- *os barcos a remo m*
9-16 racing boats (sportsboats, outriggers)
- *os barcos para remo m em equipe* (Pt. *equipa) f*
9 coxless four, a carvel-built boat
- *o quatro sem patrão m*
10 eight (eight-oared racing shell)
- *o oito com patrão m*

11 cox
- *o patrão*
12 stroke, an oarsman
- *o voga, um remador*
13 bow ('number one')
- *o remador de proa f (o número 1)*
14 oar
- *o remo*
15 coxless pair
- *o dois sem (patrão m)*
16 single sculler (single skuller, racing sculler, racing skuller, skiff)
- *o esquife*
17 scull (skull)
- *a ginga*
18 coxed single, a clinker-built single
- *o um com patrão m*
19 jetty (landing stage, mooring)
- *o píer (o pontão desembarcadouro)*
20 rowing coach
- *o técnico de remo m*
21 megaphone
- *o megafone*
22 quayside steps
- *a escada do cais*
23 clubhouse (club)
- *a sede do clube*
24 boathouse
- *o abrigo de barcos m, o hangar de barcos m*
25 club's flag
- *a bandeira do clube*

26-33 four-oared gig, a touring boat
- *a quadrirreme, uma iole de passeio m*
26 oar
- *o remo*
27 cox's seat
- *o assento do patrão*
28 thwart (seat)
- *o assento de remador m*
29 rowlock (oarlock)
- *a toleteira*
30 gunwale (gunnel)
- *a bordadura (a borda-falsa)*
31 rising
- *o trilho do assento*
32 keel
- *a quilha*
33 skin (shell, outer skin) [clinker-built]
- *a bordagem*
34 single-bladed paddle (paddle)
- *a pagaia*
35-38 oar (scull, skull)
- *o remo*
35 grip
- *o punho*
36 leather sheath
- *a bainha de couro m*
37 shaft (neck)
- *o cabo*
38 blade
- *a pá*
39 double-bladed paddle (double-ended paddle)
- *a pagaia dupla*

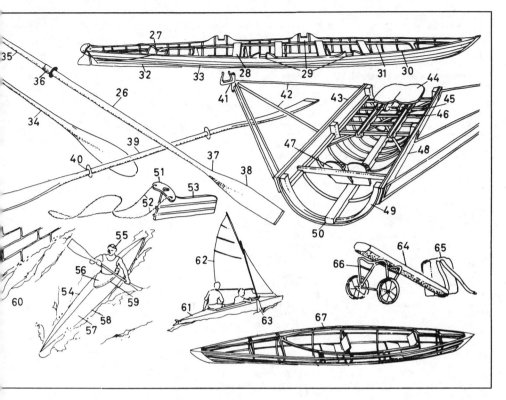

40 drip ring
- *o pára-gotas*
41-50 sliding seat
- *o banco corrediço*
41 rowlock (oarlock)
- *a toleteira*
42 outrigger
- *o outrigger, o suporte exterior para remos*
43 saxboard
- *a armadoura*
44 sliding seat
- *o assento corrediço*
45 runner
- *o trilho*
46 strut
- *o vau*
47 stretcher
- *o pau-de-voga*
48 skin (shell, outer skin)
- *a bordagem*
49 frame (rib)
- *o cavername*
50 kelson (keelson)
- *a sobrequilha*
51-53 rudder (steering rudder)
- *o leme*
51 yoke
- *a meia-lua*
52 lines (steering lines)
- *os cabos*
53 blade (rudder blade, rudder)
- *a pá (a pá do leme)*

54-66 folding boats (foldboats, canoes)
- *os barcos dobráveis*
54 one-man kayak
- *o caiaque individual*
55 canoeist
- *o caiaquista*
56 spraydeck
- *a braçola*
57 deck
- *o convés*
58 rubber-covered canvas hull
- *o casco de lona recoberta de borracha f*
59 cockpit coaming (coaming)
- *a bordadura*
60 channel for rafts alongside weir
- *o canal construído ao longo de uma barragem*
61 two-seater folding kayak, a touring kayak
- *o caiaque dobrável de dois lugares, um caiaque de passeio m*
62 sail of folding kayak
- *a vela*
63 leeboard
- *o leme lateral*
64 bag for the rods
- *a sacola da carcaça*
65 rucksack
- *a mochila*
66 boat trailer (boat carriage)
- *o reboque de barco m*

67 frame of folding kayak
- *a carcaça de caiaque m dobrável*
68-70 kayaks
- *os caiaques*
68 Eskimo kayak
- *o caiaque esquimó*
69 wild-water racing kayak
- *o caiaque de regata f*
70 touring kayak
- *o caiaque de passeio m*

1-9 windsurfing
- *a prancha a vela* f
1 windsurfer
- *o windsurfista*
2 sail
- *a vela*
3 transparent window (window)
- *a janela transparente*
4 mast
- *o mastro*
5 surfboard
- *a prancha a vela* f
6 universal joint (movable bearing) for adjusting the angle of the mast and for steering
- *a rótula (a junta universal para ajuste* m *do ângulo do mastro e direção* f)
7 boom
- *a retranca*
8 retractable centreboard (*Am.* centerboard)
- *a quilha corrediça retrátil*
9 rudder
- *o leme*
10-48 yacht (sailing boat, *Am.* sailboat)
- *o veleiro, o barco a vela* f
10 foredeck
- *a coberta de proa* f
11 mast
- *o mastro*
12 trapeze
- *o trapézio*
13 crosstrees (spreader)
- *os vaus reais*
14 hound
- *a romã*
15 forestay
- *o estai do traquete*
16 jib (Genoa jib)
- *a bujarrona*
17 jib downhaul
- *a carregadeira da bujarrona*
18 side stay (shroud)
- *o estai lateral*
19 lanyard (bottlescrew)
- *a corda para amarrar estai* m
20 foot of the mast
- *o pé do mastro*
21 kicking strap (vang)
- *o guardim*
22 jam cleat
- *o calço*
23 foresheet (jib sheet)
- *a escota do traquete*
24 centreboard (*Am.* centerboard) case
- *o encaixe da quilha corrediça*
25 bitt
- *a abita*
26 centreboard (*Am.* centerboard)
- *u quilha corrediça*
27 traveller (*Am.* traveler)
- *o viajante da escota (a barra da escota)*
28 mainsheet
- *a escota da vela grande*
29 fairlead
- *a bigota, a sapata, o caçoilo, a escoteira*
30 toestraps (hiking straps)
- *as correias*
31 tiller extension (hiking stick)
- *o prolongamento da cana do leme*

32 tiller
- *a cana do leme, a barra do leme*
33 rudderhead (rudder stock)
- *a cabeça do leme*
34 rudder blade (rudder)
- *a pá do leme*
35 transom
- *o gio*
36 drain plug
- *o tampão de escoamento* m
37 gooseneck
- *o pescoço de ganso* m, *o tubo recurvado*
38 window
- *a janela*
39 boom
- *a retranca*
40 foot
- *a esteira*
41 clew
- *o punho da escota*
42 luff (leading edge)
- *a testa*
43 leech pocket (batten cleat, batten pocket)
- *o bolso da valuma*
44 batten
- *a ripa, o tirante*
45 leech (trailing edge)
- *a valuma (o bordo de fuga* f)
46 mainsail
- *a vela grande*
47 headboard
- *a cabeceira*
48 racing flag (burgee)
- *a flâmula*
49-65 yacht classes
- *as classes de veleiros* m
49 Flying Dutchman
- *o Holandês Voador (série olímpica)*
50 O-Joller
- *o O-Joller*
51 Finn dinghy (Finn)
- *o Finn*
52 pirate
- *o Pirata*
53 12.00 m² sharpie
- *o sharpie de 12 m²*
54 tempest
- *o Tempest*
55 star
- *o Star*
56 soling
- *o Soling*
57 dragon
- *o Dragon*
58 5.5-metre (*Am.* 5.5-meter) class
- *a classe 5,5 metros* m
59 6-metre (*Am.* 6-meter) R-class
- *a classe R-6 metros* m
60 30.00 m² cruising yacht (coastal cruiser)
- *o iate de cruzeiro* m *de 30 m²*
61 30.00 m² cruising yawl
- *o iole de cruzeiro* m *de 30 m²*
62 25.00 m² one-design keelboat
- *o barco de quilha inteiriça de 25 m²*
63 KR-class
- *a classe KR*
64 catamaran
- *o catamarã*
65 twin hull
- *o casco duplo*

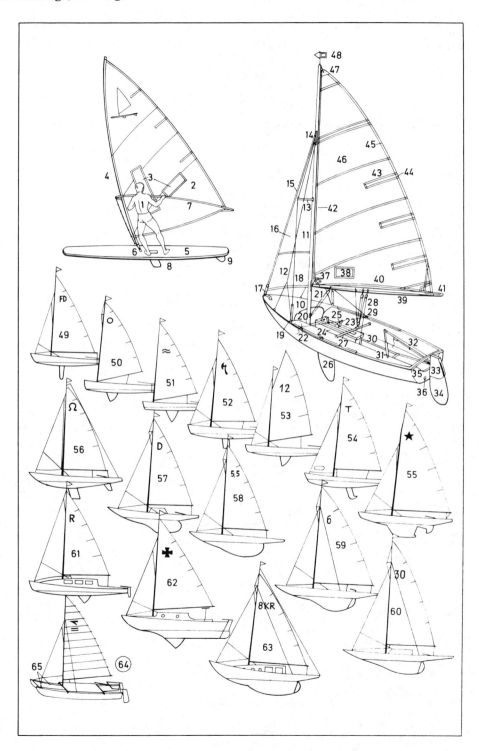

1-13 points of sailing and wind directions
- *as velocidades e a direção do vento*
1 sailing downwind
- *velejando a favor* m *do vento*
2 mainsail
- *a vela grande*
3 jib
- *a bujarrona*
4 ballooning sails
- *as velas enfunadas, as velas pandas*
5 centre (*Am.* center) line
- *o eixo do barco, a linha de centro* m
6 wind direction
- *a direção do vento*
7 yacht tacking
- *o barco virando de bordo* m
8 sail, shivering
- *a vela grivando*
9 luffing
- *a guinada para barlavento* m
10 sailing close-hauled
- *velejando com velas caçadas*
11 sailing with wind abeam
- *velejando com o vento pelo través* m
12 sailing with free wind
- *velejando com vento* m *favorável*
13 quartering wind (quarter wind)
- *o vento largo*
14-24 regatta course
- *o percurso da regata*
14 starting and finishing buoy
- *a bóia de partida* f *e de chegada* f
15 committee boat
- *o barco da comissão julgadora (o barco da jura)*
16 triangular course (regatta course)
- *o percurso triangular*
17 buoy (mark) to be rounded
- *a bóia a ser contornada*
18 buoy to be passed
- *a bóia a ser ultrapassada*
19 first leg
- *a primeira bordada*
20 second leg
- *a segunda bordada*
21 third leg
- *a terceira bordada*
22 windward leg
- *a bordada a barlavento* m
23 downwind leg
- *a bordada a favor* m *do vento*
24 reaching leg
- *a bordada à bobina folgada*
25-28 tacking
- *o viramento de bordo* m
25 tack
- *o viramento de bordo* m
26 gybing (jibing)
- *bandeando a vela*
27 going about
- *a virada de bordo* m
28 loss of distance during the gybe (jibe)
- *a perda de distância* f *durante o bandeamento da vela*
29-41 types of yacht hull
- *os tipos de cascos* m *de veleiro* m
29-34 cruiser keelboat
- *o veleiro de quilha* f *para cruzeiros* m

29 stern
- *a popa*
30 spoon bow
- *a proa em colher* f
31 waterline
- *a linha de flutuação* f
32 keel (ballast keel)
- *a quilha lastreada*
33 ballast
- *o lastro*
34 rudder
- *o leme*
35 racing keelboat
- *o veleiro de quilha* f *para competição* f
36 lead keel
- *a quilha de chumbo* m
37-41 keel-centreboard (*Am.* centerboard) yawl
- *a quilha corrediça*
37 retractable rudder
- *o leme retrátil*
38 cockpit
- *a cabina*
39 cabin superstructure (cabin)
- *a superestrutura da cabina*
40 straight stem
- *a proa reta*
41 retractable centreboard (*Am.* centerboard)
- *a quilha corrediça retrátil*
42-49 types of yacht stern
- *os tipos de popa* f *de veleiro* m
42 yacht stern
- *a popa de veleiro* m
43 square stern
- *a popa quadrada*
44 canoe stern
- *a popa de canoa* f
45 cruiser stern
- *a popa norueguesa*
46 name plate
- *a placa com o nome*
47 deadwood
- *as madeiras de encher*
48 transom stern
- *a popa com gio* m
49 transom
- *o gio de popa* f
50-57 timber planking
- *o revestimento (o entabuamento) de madeira* f
50-52 clinker planking (clench planking)
- *o entabuamento com rebite* m
50 outside strake
- *a tábua externa*
51 frame (rib)
- *o cavername*
52 clenched nail (riveted nail)
- *o prego rebitado*
53 carvel planking
- *o entabuamento para costado liso*
54 close-seamed construction
- *a sutura cerrada*
55 stringer
- *a longarina*
56 diagonal carvel planking
- *o entabuamento em diagonal* f *para costado liso*
57 inner planking
- *o entabuamento interno*

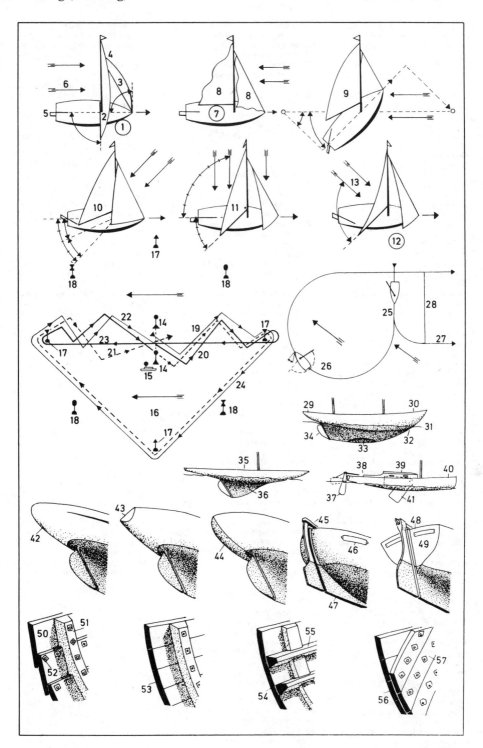

1-5 motorboats (powerboats, sportsboats)
- as lanchas *(os barcos a motor m)*
1 inflatable sportsboat with outboard motor (outboard inflatable)
- *o barco inflável com motor* m *de popa* f
2 Z-drive motorboat (outdrive motorboat)
- *a lancha com motor* m *de centro* m
3 cabin cruiser
- *a lancha de passeio* m *com cabine* f
4 motor cruiser
- *a lancha veloz*
5 30-metre (*Am.* 30-meter) ocean-going cruiser
- *o iate de cruzeiro* m *de 30 m*
6 association flag
- *a flâmula do clube*
7 name of craft (*or:* registration number)
- *o nome do barco* (ou *o número de registro* m, Pt. *de registo* m)
8 club membership and port of registry (*Am.* home port)
- *o nome do clube e o porto de registro* m (Pt. *de registo* m)
9 association flag on the starboard crosstrees
- *a flâmula do clube no mastro de boreste* m (Pt. *de estibordo* m)
9-14 navigation lights of sportboats in coastal and inshore waters
- *as luzes de navegação* f *de lanchas esportivas* (Pt. *desportivas*) *em águas litorâneas e hidrovias* f *(na República Federal da Alemanha)*
10 white top light
- *a luz branca do mastro*
11 green starboard sidelight
- *a luz lateral verde de boreste* m (Pt. *de estibordo* m)
12 red port sidelight
- *a luz lateral vermelha de bombordo* m
13 green and red bow light (combined lantern)
- *a luz vermelha e verde de proa* f
14 white stern light
- *a luz branca de popa* f
15-18 anchors
- *as âncoras*
15 stocked anchor (Admiralty anchor), a bower anchor
- *a âncora do almirantado, uma âncora com cepo* m
16-18 lightweight anchor
- *as âncoras leves*
16 CQR anchor (plough, *Am.* plow, anchor)
- *a âncora CQR (a âncora-pata-de-arado)*
17 stockless anchor (patent anchor)
- *a âncora patente (a âncora patente sem cepo m)*
18 Danforth anchor
- *a âncora Danforth*
19 life raft
- *a balsa salva-vidas*

20 life jacket
- *o colete salva-vidas*
21-44 powerboat racing
- *a regata de lanchas* f
21 catamaran with outboard motor
- *o catamarã com motor* m *de popa* f
22 hydroplane
- *a lancha planadora*
23 racing outboard motor
- *o motor de popa* f (Pt. *o motor de fora da borda*) *para regata* f
24 tiller
- *a cana do leme*
25 fuel pipe
- *o tubo de combustível* m
26 transom
- *o gio*
27 buoyancy tube
- *o flutuador*
28 start and finish
- *a partida e a chegada*
29 start
- *a partida (a largada)*
30 starting and finishing line
- *a linha de partida* f *e chegada* f
31 buoy to be rounded
- *a bóia a ser contornada*
32-37 displacement boats
- *os barcos de deslocamento* m
32-34 round-bilge boat
- *o barco de fundo* m *arredondado*
32 view of hull bottom
- *o fundo do casco*
33 section of fore ship
- *o corte da proa*
34 section of aft ship
- *o corte da popa*
35-37 V-bottom boat (vee-bottom boat)
- *o barco de fundo* m *em V*
35 view of hull bottom
- *o fundo do casco*
36 section of fore ship
- *a seção da proa*
37 section of aft ship
- *o corte da popa*
38-41 stepped hydroplane (stepped skimmer)
- *a voadeira com degrau* m
38-44 planing boats (surface skimmers, skimmers)
- *as voadeiras (as lanchas rápidas a motor* m)
38 side view
- *o perfil*
39 view of hull bottom
- *o fundo do casco*
40 section of fore ship
- *a seção* (Pt. *a secção*) *da proa*
41 section of aft ship
- *a seção* (Pt. *a secção*) *da popa*
42 three-point hydroplane
- *a voadeira de três rabichos* m
43 fin
- *a quilha de deriva* f
44 float
- *o flutuador*
45-62 water skiing
- *o esqui aquático*
45 water skier
- *o esquiador aquático*

46 deep-water start
- *a partida em águas profundas*
47 tow line (towing line)
- *o cabo de reboque* m
48 handle
- *a alça*
49-55 water-ski signalling (code of hand signals from skier to boat driver)
- *a sinalização de esqui aquático (o código de sinais* m *manuais do esquiador para o piloto do barco)*
49 signal for 'faster'
- *o sinal para 'mais rápido'*
50 signal for 'slower' ('slow down')
- *o sinal para 'mais lento'*
51 signal for 'speed OK'
- *o sinal para 'boa velocidade'* f
52 signal for 'turn'
- *o sinal para 'virar'*
53 signal for 'stop'
- *o sinal para 'parar'*
54 signal for 'cut motor'
- *o sinal para 'parar o motor'*
55 signal for 'return to jetty' ('back to dock')
- *o sinal para 'retornar à base'*
56-62 types of water ski
- *os tipos de esqui* m *aquático*
56 trick ski (figure ski), a monoski
- *o esqui de figura* f, *um monoesqui*
57-58 rubber binding
- *o calço de borracha* f
57 front boot binding
- *o calço do pé da frente*
58 heel flap
- *a aba do calcanhar*
59 strap support for second foot
- *a presilha para o pé de trás*
60 slalom ski
- *o esqui de slalom*
61 skeg (fixed fin, fin)
- *a quilha*
62 jump ski
- *o esqui de salto* m
63 hovercraft (air-cushion vehicle)
- *o veículo sobre colchão* m *de ar* m
64 propeller
- *a hélice*
65 rudder
- *o leme*
66 skirt enclosing air cushion
- *o colchão de ar* m

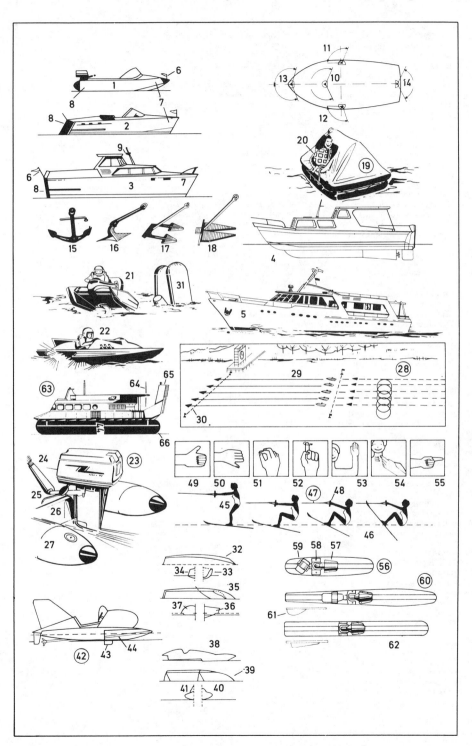

1 aeroplane (*Am.* airplane) tow launch (aerotowing)
- *o aeroplano (o reboque por avião m)*
2 tug (towing plane)
- *o rebocador (o avião com cabo m para rebocar)*
3 towed glider (towed sailplane)
- *o planador rebocado*
4 tow rope
- *o cabo de reboque* m
5 winched launch
- *o reboque a guincho* m
6 motor winch
- *o guincho a motor* m
7 cable parachute
- *o pára-quedas do cabo*
8 motorized glider (powered glider)
- *o planador motorizado*
9 high-performance glider (high-performance sailplane)
- *o planador de alto desempenho* m
10 T-tail (T-tail unit)
- *a cauda em T*
11 wind sock (wind cone)
- *a biruta*
12 control tower (tower)
- *a torre de controle* m
13 glider field
- *o campo de pouso* m *para planador* m
14 hangar
- *o hangar*
15 runway for aeroplanes (*Am.* airplanes)
- *a pista para aviões* m
16 wave soaring
- *a ascensão em espiral* f
17 lee waves (waves, wave system)
- *as ondas de sotavento* m
18 rotor
- *o rotor*
19 lenticular clouds (lenticulars)
- *as nuvens lenticulares*
20 thermal soaring
- *o vôo térmico*
21 thermal
- *o vento ocasionado por variação* f *de temperatura* f
22 cumulus cloud (heap cloud, cumulus, woolpack cloud)
- *o cúmulo*
23 storm-front soaring
- *o vôo à frente da tormenta*
24 storm front
- *a frente de tormenta* f
25 frontal upcurrent
- *a corrente ascendente frontal*
26 cumulonimbus cloud (cumulonimbus)
- *o cumulonimbo*
27 slope soaring
- *o vôo em vertente* f
28 hill upcurrent (orographic lift)
- *a corrente ascendente em aclive* m *(a ascensão orográfica)*
29 multispar wing, a wing
- *a asa multilongarinada, um tipo de asa* f
30 main spar, a box spar
- *a longarina principal, a longarina em caixão* m

31 connector fitting
- *o dispositivo para ligação* f, *o encaixe*
32 anchor rib
- *a nervura de fixação* f
33 diagonal spar
- *a longarina diagonal (a longarina secundária)*
34 leading edge
- *o bordo de ataque* m
35 main rib
- *a nervura principal*
36 nose rib (false rib)
- *a falsa nervura*
37 trailing edge
- *o bordo de fuga* f
38 brake flap (spoiler)
- *o desacelerador (o flape de mergulho* m, *o flape de picada* f), *dispositivo* m *que 'danifica' uma superfície aerodinâmica ocasionando perda* f *de velocidade* f
39 torsional clamp
- *o grampo de torção* f
40 covering (skin)
- *o revestimento*
41 aileron
- *o elerão*
42 wing tip
- *a ponta da asa*
43 hang gliding
- *o vôo livre*
44 hang glider
- *a asa delta*
45 hang glider pilot
- *o piloto de asa* f *delta*
46 control frame
- *a barra de controle* m

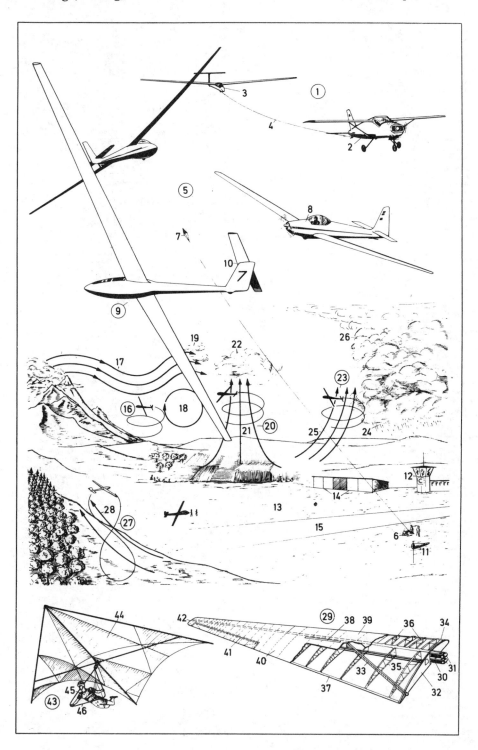

1-9 aerobatics (aerobatic manoeuvres, *Am.* maneuvers)
- *as acrobacias aéreas*
1 loop
- *o looping*
2 horizontal eight
- *o oito horizontal*
3 rolling circle
- *o vôo em círculo* m
4 stall turn (hammer head)
- *a curva em estol* m *(a cabeça de martelo* m)
5 tail slide (whip stall)
- *a saída de cauda* f
6 vertical flick spin
- *o parafuso vertical rápido*
7 spin
- *o parafuso*
8 horizontal slow roll
- *o tonneau lento*
9 inverted flight (negative flight)
- *o vôo invertido (o vôo negativo)*
10 cockpit
- *a cabine*
11 instrument panel
- *o painel de instrumentos* m
12 compass
- *a bússola*
13 radio and navigation equipment
- *o rádio e o equipamento de navegação* f
14 control column (control stick)
- *a manete (o manche)*
15 throttle lever (throttle control)
- *a alavanca do afogador*
16 mixture control
- *o controle de mistura* f
17 radio equipment
- *o equipamento de rádio* m
18 **two-seater plane for racing and aerobatics**
- *o avião de dois lugares* m *para competição* f *e acrobacias* f
19 cabin
- *a carlinga*
20 antenna
- *a antena*
21 vertical stabilizer (vertical fin, tail fin)
- *o estabilizador vertical (a aleta vertical, a cauda vertical)*
22 rudder
- *o leme*
23 tailplane (horizontal stabilizer)
- *o estabilizador (horizontal)*
24 elevator
- *o profundor (o leme de profundidade* f)
25 trim tab (trimming tab)
- *o compensador*
26 fuselage (body)
- *a fuselagem*
27 wing
- *a asa*
28 aileron
- *o elerão*
29 landing flap
- *o flape de aterrissagem* f (Pt. *de aterragem* f)
30 trim tab (trimming tab)
- *o compensador*
31 navigation light (position light) [red]
- *a luz de navegação* f [vermelha]
32 landing light
- *a luz de aterrissagem* f (Pt. *de aterragem* f)
33 main undercarriage unit (main landing gear unit)
- *o trem de pouso* m *principal*
34 nose wheel
- *a roda (de pouso* m) *do nariz*
35 engine
- *o motor*
36 propeller (airscrew)
- *a hélice*

37-62 skydiving (parachuting, sport parachuting)
- *o pára-quedismo*
37 parachute
- *o pára-quedas*
38 canopy
- *o velame*
39 pilot chute
- *o pára-quedas piloto* m *(o pára-quedas auxiliar)*
40 suspension lines
- *as linhas de suspensão* f
41 steering line
- *os comandos de mão* f
42 riser
- *o elevador*
43 harness
- *o arnês*
44 pack
- *a bandeja (o invólucro)*
45 system of slots of the sports parachute
- *o velame com fendas* f *do pára-quedas de esporte* m (Pt. *de desporto* m)
46 turn slots
- *as fendas de direção* f
47 apex
- *o ápice*
48 skirt
- *o bordo*
49 stabilizing panel
- *o painel de estabilização* f
50-51 style jump
- *os saltos de estilo* m
50 back loop
- *o salto para trás*
51 spiral
- *a espiral*
52-54 ground signals
- *os sinais de terra* f
52 signal for 'permission to jump' ('conditions are safe') (target cross)
- *o sinal de 'permissão* f *para saltar' (as condições de segurança* f) (o alvo cruciforme)
53 signal for 'parachuting suspended — repeat flight'
- *o sinal de 'salto suspenso — repita o vôo*
54 signal for 'parachuting suspended — aircraft must land'
- *o sinal de 'salto suspenso — o avião deve pousar'*
55 accuracy jump
- *o salto de precisão* f
56 target cross
- *o alvo cruciforme (o centro do alvo)*
57 inner circle (radius 25 m)
- *o círculo interno [raio* m *de 25 m]*
58 middle circle [radius 50 m]
- *o círculo intermediário [raio* m *de 50 m]*
59 outer circle [radius 100 m]
- *o círculo externo [raio* m *de 100 m]*
60-62 free-fall positions
- *as posições de salto* m *livre*
60 full spread position
- *a posição em X: braços* m *e pernas* f *estendidos e afastados*
61 frog position
- *a posição da rã: pernas estendidas e ligeiramente afastadas, braços flexionados*
62 T position
- *a posição em T*
63-84 ballooning
- *os balões*
63 gas balloon
- *o balão de gás* m
64 gondola (balloon basket)
- *a gôndola (a cesta do balão)*
65 ballast (sandbags)
- *o lastro (os sacos de areia* f)
66 mooring line
- *o cabo de ancoragem* f *(de retenção* f)

67 hoop
- *o aro*
68 flight instruments (instruments)
- *os instrumentos de vôo* m
69 trail rope
- *o guiderope (a corda guia)*
70 mouth (neck)
- *o bocal*
71 neck line
- *as cordas do bocal*
72 emergency rip panel
- *o gomo de ruptura* f *auxiliar (o gomo de emergência* f)
73 emergency ripping line
- *a corda de manobra* f *do gomo de emergência* f
74 network (net)
- *os arremates da rede*
75 rip panel
- *o gomo de ruptura* f
76 ripping line
- *a corda de abertura* f *do gomo de ruptura* f
77 valve
- *a válvula*
78 valve line
- *o cabo da válvula*
79 hot-air balloon
- *o balão de ar* m *quente*
80 burner platform
- *a mecha*
81 mouth
- *a boca*
82 vent
- *o suspiro*
83 rip panel
- *a dobra de ruptura* f
84 balloon take-off
- *a ascensão do balão*
85-91 flying model aeroplanes (*Am.* airplanes)
- *os aeromodelos*
85 radio-controlled model flight
- *o vôo de aeromodelo* m *controlado por rádio* m
86 remote-controlled free flight model
- *o modelo de vôo* m *livre comandado por controle remoto*
87 remote control radio
- *o rádio de controle remoto*
88 antenna (transmitting antenna)
- *a antena (a antena transmissora)*
89 control line model
- *o modelo controlado por cabo* m *(por linha* f)
90 mono-line control system
- *o sistema de controle* m *por linha* f *única*
91 flying kennel, a K9-class model
- *o canil voador, um aeromodelo fantasia*

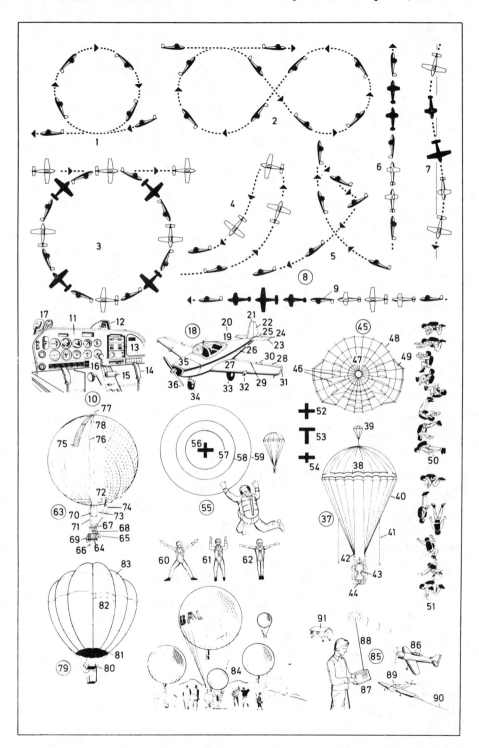

1-7 dressage
- *o adestramento*
1 arena (dressage arena)
- *o picadeiro*
2 rail
- *a cerca*
3 school horse
- *o cavalo em adestramento* m
4 dark coat (black coat)
- *o casaco preto*
5 white breeches
- *o culote branco*
6 top hat
- *a cartola*
7 gait (*also:* school figure)
- *a andadura* (tb: *a figura de escola* f)
8-14 show jumping
- *o salto de concurso hípico*
8 obstacle (fence), an almost-fixed obstacle; *sim.:* gate, gate and rails, palisade, oxer, mound, wall
- *o obstáculo semifixo;* tb.: *a barreira, o muro, a cerca, a paliçada*
9 jumper
- *o saltador*
10 jumping saddle
- *a sela de salto* m
11 girth
- *a barrigueira*
12 snaffle
- *o freio, o bridão*
13 red coat (hunting pink, pink; *also:* dark coat)
- *o casaco vermelho*
14 hunting cap (riding cap)
- *o boné de montaria* f
15 bandage
- *a bandagem*
16-19 three-day event
- *o concurso hípico pleno*
16 endurance competition
- *a prova de resistência* f
17 cross-country
- *a corrida pelos campos*
18 helmet (*also:* hard hat, hard hunting cap)
- *o capacete*
19 course markings
- *o balizamento do percurso*
20-22 steeplechase
- *a competição com obstáculos* m
20 water jump, a fixed obstacle
- *o salto sobre água* f, *um obstáculo fixo*
21 jump
- *o salto*
22 riding switch
- *o chicote, o rebenque*
23-40 harness racing (harness horse racing)
- *a corrida de trote* m
23 harness racing track (track)
- *a pista de trote* m
24 sulky
- *a aranha*
25 spoke wheel (spoked wheel) with plastic wheel disc (disk)
- *a roda de raios* m *com disco* m *de plástico* m
26 driver in trotting silks
- *o corredor com jaqueta* f *de competição* f

27 rein
- *a rédea*
28 trotter
- *.o cavalo trotador*
29 piebald horse
- *o cavalo tordilho*
30 shadow roll
- *a focinheira*
31 elbow boot
- *a joelheira*
32 rubber boot
- *a polaina de espuma* f
33 number
- *o número*
34 glass-covered grandstand with totalizator windows (tote windows) inside
- *as arquibancadas envidraçadas equipadas com quadro* m *totalizador*
35 totalizator (tote)
- *o totalizador*
36 number [of each runner]
- *o número [de cada corredor* m]
37 odds (price, starting price, price offered)
- *a tabela de apostas* f
38 winners' table
- *o número do vencedor*
39 winner's price
- *a pule do vencedor*
40 time indicator
- *a duração do páreo*
41-49 hunt, a drag hunt; *sim.:* fox hunt, paper chase (paper hunt, hare-and-hounds)
- *a caça; a caça à raposa*
41 field
- *o grupo de caçadores* m
42 hunting pink
- *o casaco de caça* f *(vermelho)*
43 whipper-in (whip)
- *o picador*
44 hunting horn
- *a trompa de caça* f
45 Master (Master of foxhounds, MFH)
- *o mestre de caça* f
46 pack of hounds (pack)
- *a matilha*
47 staghound
- *o cão veadeiro*
48 drag
- *a substância aspergida na trilha artificial*
49 scented trail (artificial scent)
- *o rastro artificial*
50 horse racing (racing)
- *a corrida de cavalos* m *(o turfe)*
51 field (racehorses)
- *a raia, a pista (os cavalos de corrida* f)
52 favourite (*Am.* favorite)
- *o favorito*
53 outsider
- *o último colocado (o lanterna, o lanterninha)*

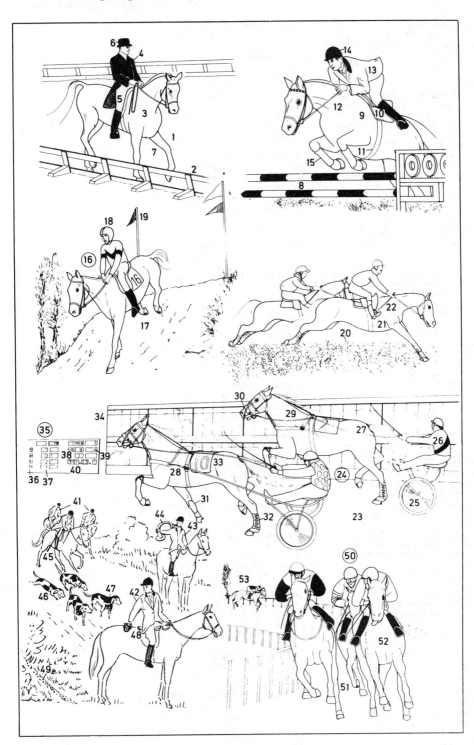

1-23 cycle racing
- *as corridas de bicicleta* f
1 cycling track (cycle track); *here:* indoor track
- *o velódromo, a pista de ciclismo* m
2-7 six-day race
- *a corrida de seis dias* m
2 six-day racer, a track racer (track rider) on the track
- *o corredor de prova* f *de seis dias* m *na pista*
3 crash hat
- *o casquete*
4 stewards
- *a comissão de corrida* f *(de prova* f)
5 judge
- *o juiz*
6 lap scorer
- *o apontador de voltas* f
7 rider's box (racer's box)
- *o box dos corredores (o box dos ciclistas)*
8-10 road race
- *a corrida de estrada* f
8 road racer, a racing cyclist
- *o ciclista de estrada* f
9 racing jersey
- *a camisa de competição* f
10 water bottle
- *a garrafa de água* f
11-15 motor-paced racing (long-distance racing)
- *a corrida de resistência* f
11 pacer, a motorcyclist
- *o controlador de velocidade* f, *um motociclista*
12 pacer's motorcycle
- *a motocicleta do controlador de velocidade* f
13 roller, a safety device
- *o rolo, um dispositivo de segurança* f
14 stayer (motor-paced track rider)
- *o corredor fundista de ciclismo* m *(controlado por motocicleta* f)
15 motor-paced cycle, a racing cycle
- *a bicicleta de corrida* f *de resistência* f, *uma bicicleta de competição* f
16 racing cycle (racing bicycle) for road racing (road race bicycle)
- *a bicicleta de corrida* f *em estrada* f
17 racing saddle, an unsprung saddle
- *o selim da bicicleta de corrida* f, *um selim sem molas* f
18 racing handlebars (racing handlebar)
- *o guidão (Pt. o guiador) de corrida* f
19 tubular tyre (*Am.* tire) (racing tyre)
- *o pneu de corrida* f, *um pneu tubular*
20 chain
- *a corrente*
21 toe clip (racing toe clip)
- *o calço para os pés*
22 strap
- *a correia*
23 spare tubular tyre (*Am.* tire)
- *o estepe (o pneu sobressalente, Pt. sobresselente)*
24-38 motorsports
- *as corridas de motocicleta* f
24-28 motorcycle racing; *disciplines:* grasstrack racing, road racing, sand track racing, cement track racing, speedway [on ash or shale tracks], mountain racing, ice racing (ice speedway), scramble racing, trial, moto cross
- *as corridas de moto* f; *modalidades: em pista* f *de grama* f, *em pista de areia* f, *em pista de cimento* m, *em* speedway, *em montanha* f, *no gelo* m, *o moto-cross (a travessia de campo* m *sem pista* f)
24 sand track
- *a pista de areia* f
25 racing motorcyclist (rider)
- *o motociclista em competição* f
26 leather overalls (leathers)
- *o macacão (Pt. o fato) de couro* m
27 racing motorcycle, a solo machine
- *a motocicleta de corrida* f
28 number (number plate)
- *o número*
29 sidecar combinatiom on the bend
- *a moto com carro conjugado (o side-car) fazendo uma curva*
30 sidecar
- *o carro conjugado*
31· streamlined racing motorcycle [500 cc.]
- *a motocicleta aerodinâmica de corrida* f
32 gymkhana, a competition of skill; *here:* motorcyclist performing a jump
- *a gincana (uma corrida de demonstração* f *de habilidade* f; aqui: *o motociclista executando um salto)*
33 cross-country race, a test in performance
- *a corrida através de campos* m *sem pista* f, *um teste de desempenho* m
34-38 racing cars
- *os carros de corrida* f
34 Formula One racing car (a mono posto)
- *o carro de Fórmula 1* f
35 rear spoiler (aerofoil, *Am.* airfoil)
- *o aerofólio traseiro*
36 Formula Two racing car (a racing car)
- *o carro de Fórmula 2* f
37 Super-Vee racing car
- *o carro Super-V*
38 prototype, a racing car
- *o protótipo, um carro de corrida* f

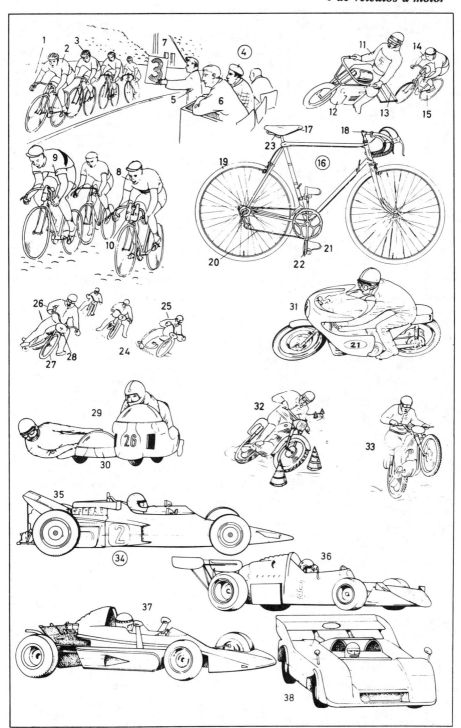

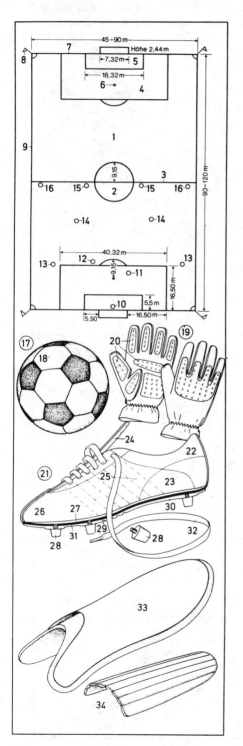

1-16 football pitch
- *o campo de futebol* m
1 field (park)
- *o campo*
2 centre (*Am.* center) circle
- *o centro do gramado, o círculo central*
3 half-way line
- *a linha de meio* m *de campo* m
4 penalty area
- *a grande área*
5 goal area
- *a pequena área*
6 penalty spot
- *a marcação para cobrança* f *do pênalti* (Pt. *do penálti*)
7 goal line (by-line)
- *a linha de fundo* m
8 corner flag
- *a bandeira de córner* m
9 touch line
- *a linha lateral*
10 goalkeeper
- *o goleiro* (Pt. *o guarda-redes*)
11 spare man
- *o líbero* (Pt. *o defesa de trás, o sweeper*)
12 inside defender
- *o beque central* (Pt. *o defesa central*)
13 outside defender
- *o beque* (Pt. *o defesa*)
14 midfield players
- *os meio-campistas* (Pt. *os médios*)
15 inside forward (striker)
- *os atacantes* (Pt. *os avançados*)
16 outside forward (winger)
- *o lateral*
17 football
- *a bola de futebol* m
18 valve
- *a válvula*
19 goalkeeper's gloves
- *as luvas do goleiro* (Pt. *do guarda-redes*)
20 foam rubber padding
- *o acolchoado de espuma* f *de borracha* f
21 football boot
- *a chuteira* (Pt. *a bota de futebol* m)
22 leather lining
- *o reforço de couro* m
23 counter
- *o contraforte*
24 foam rubber tongue
- *a lingueta de espuma* f *de borracha* f
25 bands
- *as faixas laterais*
26 shaft
- *o bico*
27 insole
- *a palmilha*
28 screw-in stud
- *a trava, o cravo*
29 groove
- *a ranhura*
30 nylon sole
- *a sola de náilon* m
31 inner sole
- *a parte interna da sola*
32 lace (bootlace)
- *o cadarço, o cordão (de bota* f)

33 football pad with ankle guard
- *a caneleira*

34 shin guard
- *o protetor da tíbia*

35 goal
- *o gol, a meta (Pt. a baliza)*

36 crossbar
- *o travessão (Pt. a barra transversal)*

37 post (goalpost)
- *a trave, o poste*

38 goal kick
- *o chute (o tiro de meta f)*

39 save with the fists
- *a espalmada (a defesa com os punhos)*

40 penalty (penalty kick)
- *a cobrança de pênalti m (Pt. de penálti m)*

41 corner (corner kick)
- *a cobrança de escanteio m (o córner)*

42 offside
- *o off-side*

43 free kick
- *o chute livre*

44 wall
- *a barreira*

45 bicycle kick (overhead bicycle kick)
- *a bicicleta*

46 header
- *o cabeceio (a cabeçada)*

47 pass (passing the ball)
- *o passe*

48 receiving the ball (taking a pass)
- *recebendo a bola (recebendo um passe)*

49 short pass (one-two)
- *o passe curto*

50 foul (infringement)
- *a infração (a falta)*

51 obstruction
- *a obstrução*

52 dribble
- *o drible*

53 throw-in
- *o arremesso de mão f*

54 substitute
- *a substituição*

55 coach
- *o treinador*

56 shirt (jersey)
- *a camisa*

57 shorts
- *o calção (Pt. os calções)*

58 sock (football sock)
- *a meia (Pt. a peúga)*

59 linesman
- *o bandeirinha*

60 linesman's flag
- *a bandeira*

61 sending-off
- *a expulsão (o cartão vermelho)*

62 referee
- *o juiz*

63 red card; as a caution also: yellow card
- *o cartão vermelho; o cartão amarelo: a advertência*

64 centre (*Am.* center) flag
- *a bandeira do meio do campo (da linha média)*

1 **handball** (indoor handball)
- *o jogo de andebol* m *(o andebol de salão* m)
2 handball player, a field player
- *o jogador de andebol, um jogador de campo* m
3 attacker, making a jump throw
- *o atacante, fazendo um arremesso no ar*
4 defender
- *o jogador de defesa* f
5 penalty line
- *a linha de pênalti* m *(Pt. de penálti* m)
6 **hockey**
- *o jogo de hóquei* m
7 goal
- *a meta, o gol* (Pt. *a baliza*)
8 goalkeeper
- *o goleiro* (Pt. *o guarda-redes*)
9 pad (shin pad, knee pad)
- *a caneleira, a joelheira*
10 kicker
- *o calçado de hóquei* m *(a chuteira)*
11 face guard
- *a proteção facial*
12 glove
- *a luva*
13 hockey stick
- *o taco de hóquei* m
14 hockey ball
- *a bola de hóquei* m
15 hockey player
- *o jogador de hóquei* m
16 striking circle
- *a área*
17 sideline
- *a linha lateral*
18 corner
- *o córner*
19 **rugby** (rugby football)
- *o rúgbi* **(Pt.** *o râguebi)*
20 scrum (scrummage)
- *a luta pela bola (a briga)*
21 rugby ball
- *a bola de rúgbi* m (Pt. *de râguebi* m)
22 **American football** (*Am.* football)
- *o futebol americano*
23 player carrying the ball, a football player
- *o jogador carregando a bola, um jogador de futebol americano*
24 helmet
- *o capacete*
25 face guard
- *a máscara protetora*
26 padded jersey
- *a camisa de malha acolchoada*
27 ball (pigskin)
- *a bola (a bola de futebol* m)
28 **basketball**
- *o basquete*
29 basketball
- *a bola de basquete* m
30 backboard
- *a tabela (de quadra* f *de basquete* f)
31 basket posts
- *o poste da cesta*
32 basket
- *a cesta (o cesto)*

33 basket ring
- *o aro da cesta*
34 target rectangle
- *o centro da tabela*
35 basketball player shooting
- *o jogador de basquete* m *marcando uma cesta*
36 end line
- *o limite da quadra*
37 restricted area
- *a área (a pequena área)*
38 free-throw line
- *a linha de arremesso* m *livre*
39 substitute
- *o reserva*
40-69 **baseball**
- *o beisebol* (Pt. *o basebol*)
40-58 field (park)
- *o campo*
40 spectator barrier
- *o limite do campo*
41 outfielder
- *o jardineiro*
42 short stop
- *a interbase*
43 second base
- *a segunda base*
44 baseman
- *o homem da base*
45 runner
- *o corredor*
46 first base
- *a primeira base*
47 third base
- *a terceira base*
48 foul line (base line)
- *a linha de base* f *(a linha de falta* f)
49 pitcher's mound
- *a elevação do arremessador*
50 pitcher
- *o arremessador*
51 batter's position
- *a posição do rebatedor*
52 batter
- *o rebatedor*
53 home base (home plate)
- *a base principal*
54 catcher
- *o apanhador*
55 umpire
- *o árbitro (o juiz)*
56 coach's box
- *o box do técnico*
57 coach
- *o técnico (o treinador)*
58 batting order
- *os rebatedores em linha* f
59-60 baseball gloves (baseball mitts)
- *as luvas de beisebol* (Pt. *basebol*) m
59 fielder's glove (fielder's mitt)
- *a luva do jardineiro*
60 catcher's glove (catcher's mitt)
- *a luva do apanhador (acolchoada)*
61 baseball
- *a bola de beisebol* (Pt. *basebol*) m
62 bat
- *o taco*
63 batter at bat
- *o rebatedor em posição* f

64 catcher
- *o apanhador*
65 umpire
- *o árbitro (o juiz)*
66 runner
- *o corredor*
67 base plate
- *o bloco do arremessador*
68 pitcher
- *o arremessador*
69 pitcher's mound
- *a elevação do arremessador*
70-76 **cricket**
- *o jogo de críquete* m
70 wicket with bails
- *a meta com travessas* f *horizontais*
71 back crease (bowling crease)
- *a linha de meta* f
72 crease (batting crease)
- *a linha de rebate* m
73 wicket keeper of the fielding side
- *o guardião da meta*
74 batsman
- *o rebatedor*
75 bat (cricket bat)
- *o taco de críquete* m
76 fielder (bowler)
- *o arremessador*
77-82 **croquet**
- *o croqué (o toque-emboque)*
77 winning peg
- *a estaca*
78 hoop
- *o aro*
79 corner peg
- *a estaca de canto* m
80 croquet player
- *o jogador de croqué* m
81 croquet mallet
- *o taco de croqué* m
82 croquet ball
- *a bola de croqué* m *(de madeira* f)

1-42 tennis
- *o tênis*

1 tennis court
- *a quadra de tênis* m

2-3 sideline for double match (doubles: men's doubles, women's doubles, mixed doubles) (doubles sidelines)
- *a quadra para duplas* f *(as duplas masculinas, as duplas femininas, as duplas mistas) (a linha lateral para dupla* f)

3-10 base line
- *a linha de fundo* m

4-5 sideline for singles match (singles: men's singles, women's singles) (singles sideline)
- *a quadra para individuais* f *(as individuais: as individuais masculinas, as individuais femininas) a linha lateral para individuais* f)

6-7 service line
- *a linha de saque* m

8-9 centre (*Am.* center) line
- *a linha de centro* m

11 centre (*Am.* center) mark
- *a marca do centro*

12 service court
- *as quadras direita e esquerda (a quadra de serviço* m)

13 net (tennis net)
- *a rede (a rede de tênis* m)

14 net strap
- *o reforço da rede*

15 net post
- *o poste da rede*

16 tennis player
- *o jogador de tênis* m *(o tenista)*

17 smash
- *a cortada (o smash)*

18 opponent
- *o adversário*

19 umpire
- *o árbitro (o juiz)*

20 umpire's chair
- *a cadeira do juiz*

21 umpire's microphone
- *o microfone do juiz*

22 ball boy
- *o gandula (o menino que recolhe as bolas)*

23 net-cord judge
- *o juiz de rede* f

24 foot-fault judge
- *o juiz de faltas* f

25 centre (*Am.* center) line judge
- *o juiz da linha média*

26 base line judge
- *o juiz da linha de fundo* m

27 service line judge
- *o juiz da linha de saque* m

28 tennis ball
- *a bola de tênis* m

29 tennis racket (tennis racquet, racket, racquet)
- *a raquete de tênis* m *(a raquete)*

30 racket handle (racquet handle)
- *o cabo da raquete*

31 strings (striking surface)
- *o encordoamento (a superfície onde a bola bate)*

32 press (racket press, racquet press)
- *a prensa de raquete* f

33 tightening screw
- *o parafuso de aperto* m

34 scoreboard
- *o placar (o painel do placar), o marcador*

35 results of sets
- *o resultado dos sets*

36 player's name
- *o nome do jogador*

37 number of sets
- *o número de sets* m

38 state of play
- *o escore da partida, o placar da partida*

39 backhand stroke
- *o back (a batida com a palma da mão virada para trás)*

40 forehand stroke
- *a batida com a palma da mão virada para frente*

41 volley (forehand volley at normal height)
- *a rebatida da bola antes que esta toque o solo*

42 service
- *o saque (o serviço)*

43-44 badminton
- *o badminton (o jogo de raquete* f *com peteca* f, Pt. *com volante* m)

43 badminton racket (badminton racquet)
- *a raquete de badminton* m

44 shuttle (shuttlecock)
- *a peteca* (Pt. *o volante*)

45-55 table tennis
- *o tênis de mesa* f, *o pingue-pongue*

45 table tennis racket (racquet) (table tennis bat)
- *a raquete de tênis* m *de mesa* f

46 racket (racquet) handle (bat handle)
- *o cabo da raquete*

47 blade covering
- *o revestimento da raquete*

48 table tennis ball
- *a bola de tênis* m *de mesa* f

49 table tennis players; *here:* mixed doubles
- *os jogadores de tênis* m *de mesa* f; *aqui: as duplas mistas*

50 receiver
- *o rebatedor*

51 server
- *o sacador*

52 table tennis table
- *a mesa de tênis* m *de mesa* f

53 table tennis net
- *a rede de tênis* m *de mesa* f

54 centre (*Am.* center) line
- *a linha de centro* m

55 sideline
- *a linha lateral*

56-71 volleyball
- *o vôlei (o voleibol)*

56-57 correct placing of the hands
- *a posição correta das mãos*

58 volleyball
- *a bola de vôlei* m

59 serving the volleyball
- *a cortada*

60 blocker
- *o jogador de defesa* f, *o jogador de bloqueio* m

61 service area
- *a área de saque* m

62 server
- *o sacador*

63 front-line player
- *o jogador de linha* f *de frente* f

64 attack area
- *a área de ataque* m

65 attack line
- *a linha de ataque* m

66 defence (*Am.* defense) area
- *a área de defesa* f

67 referee
- *o primeiro árbitro*

68 umpire
- *o segundo árbitro*

69 linesman
- *o fiscal de linha* f

70 scoreboard
- *o placar, o marcador*

71 scorer
- *o apontador*

72-78 faustball
- *o faustball (a bola ao pulso)*

72 base line
- *a linha de saque* m

73 tape
- *a corda*

74 faustball
- *a bola de faustball*

75 forward
- *o atacante* (Pt. *o avançado*)

76 centre (*Am.* center)
- *o jogador de centro* m

77 back
- *o jogador de defesa* f, *o defensor*

78 hammer blow
- *a martelada*

79-93 golf
- *o golfe*

79-82 course (golf course, holes)
- *o campo de golfe* m *(os buracos)*

79 teeing ground
- *a área coberta de areia* f *onde se inicia o jogo (o tee)*

80 rough
- *a parte não tratada de um campo de golfe* m

81 bunker (*Am.* sand trap)
- *o buraco cheio de areia* f, *a armadilha de areia (o bunker)*

82 green (putting green)
- *o green*

83 golfer, driving
- *o jogador de golfe* m *dando uma tacada (um drive)*

84 follow-through
- *o movimento follow-through*

85 golf trolley
- *o carrinho de golfe* m *(com a sacola de golfe)*

86 putting (holing out)
- *a área onde a bola é embocada (embocar: colocar a bola no buraco com uma tacada leve)*

87 hole
- *o buraco*

88 flagstick
- *a bandeira*

89 golf ball
- *a bola de golfe* m

90 tee
- *o suporte para a bola (tee)*

91 wood, a driver; *sim.:* brassie (brassy, brassey)
- *o wood; o taco de madeira* f, *plástico* m *ou metal* m *leve, de cabeça* f *larga*

92 iron
- *o iron, o taco de aço* m *de cabeça* f *estreita*

93 putter
- *o embocador, o taco de metal* m *para tacadas* f *leves*

1-33 fencing (modern fencing)
- *a esgrima (a esgrima moderna)*
1-18 foil
- *o florete*
1 fencing master (fencing instructor)
- *o professor de esgrima f (o instrutor de esgrima f)*
2 piste
- *a pista (de esgrima f)*
3 on guard line
- *a linha da posição 'em guarda' (defensiva)*
4 centre (*Am.* center) line
- *a linha média*
5-6 fencers (foil fencers, foilsmen, foilists) in a bout
- *os esgrimistas em contenda f (em luta f)*
5 attacker (attacking fencer) in lunging position (lunging)
- *o esgrimista em posição f de estocada f (arremetendo)*
6 defender (defending fencer), parrying
- *o esgrimista em posição f de defesa f (aparando)*
7 straight thrust, a fencing movement
- *a estocada direta, um golpe de esgrima f*
8 parry of the tierce
- *a parada de terça f*
9 line of fencing
- *o eixo de esgrima f*
10 three fencing measures (short, medium, and long measure)
- *as três distâncias entre esgrimistas m (a distância longa, média e curta)*
11 foil, a thrust weapon
- *o florete, uma arma de ponta f*
12 fencing glove
- *a luva de esgrima f*
13 fencing mask (foil mask)
- *a máscara de esgrima f*
14 neck flap (neck guard) on the fencing mask
- *o protetor de pescoço m da máscara*
15 metallic jacket
- *o colete metálico*
16 fencing jacket
- *a blusa de esgrima f*
17 heelless fencing shoes
- *o calçado de esgrima f sem salto m*
18 first position for fencer's salute (initial position, on guard position)
- *a posição inicial de saudação f do esgrimista*
19-24 sabre (*Am.* saber) fencing
- *a esgrima de sabre m*
19 sabreurs (sabre fencers, *Am.* saber fencers)
- *os esgrimistas de sabre m*
20 (light) sabre (*Am.* saber)
- *o sabre de esgrima f*
21 sabre (*Am.* saber) glove (sabre gauntlet)
- *a luva para sabre m*
22 sabre (*Am.* saber) mask
- *a máscara para sabre m*

23 cut at head
- *o ataque à cabeça*
24 parry of the fifth (quinte)
- *a parada de quinta f*
25-33 épée, with electrical scoring equipment
- *a luta de esgrima f com contagem elétrica*
25 épéeist
- *o esgrimista*
26 electric épée; *also:* electric foil
- *a espada elétrica; tb: o florete elétrico*
27 épée point
- *o golpe de ponta f*
28 scoring lights
- *o marcador óptico de toques m*
29 spring-loaded wire spool
- *a bobina do fio (acionada a mola f)*
30 indicator light
- *a lâmpada de toques m*
31 wire
- *o fio*
32 electronic scoring equipment
- *o dispositivo eletrônico de arbitragem f*
33 on guard position
- *a posição em guarda f*
34-45 fencing weapons
- *as armas de esgrima f*
34 light sabre (*Am.* saber), a cut and thrust weapon
- *o sabre de esgrima f, uma arma de corte m e ponta f*
35 guard
- *o guarda-mão do sabre*
36 épée, a thrust weapon
- *a espada, uma arma de ponta f*
37 French foil, a thrust weapon
- *o florete francês, uma arma de ponta f*
38 guard (coquille)
- *o guarda-mão*
39 Italian foil
- *o florete italiano*
40 foil pommel
- *o castão do punho do florete*
41 handle
- *o punho*
42 cross piece (quillons)
- *o guarda-mão*
43 guard (coquille)
- *o copo do florete*
44 blade
- *a lâmina*
45 button
- *o botão do florete*
46 engagements
- *as posições*
47 quarte (carte) engagement
- *a quarta*
48 tierce engagement (*also:* sixte engagement)
- *a terceira*
49 circling engagement
- *a posição envolvente*
50 seconde engagement (*also:* octave engagement)
- *a segunda*
51-53 target areas
- *as zonas do corpo visadas*
51 the whole body in épée fencing (men)

- *o corpo inteiro na esgrima de espada f (homens m)*
52 head and upper body down to the groin in sabre (*Am.* saber) fencing (men)
- *a cabeça e parte f do corpo situada acima das ancas na esgrima de sabre m (homens m)*
53 trunk from the neck to the groin in foil fencing (ladies and men)
- *o tronco entre o pescoço e a linha das ancas no florete (mulheres f e homens m)*

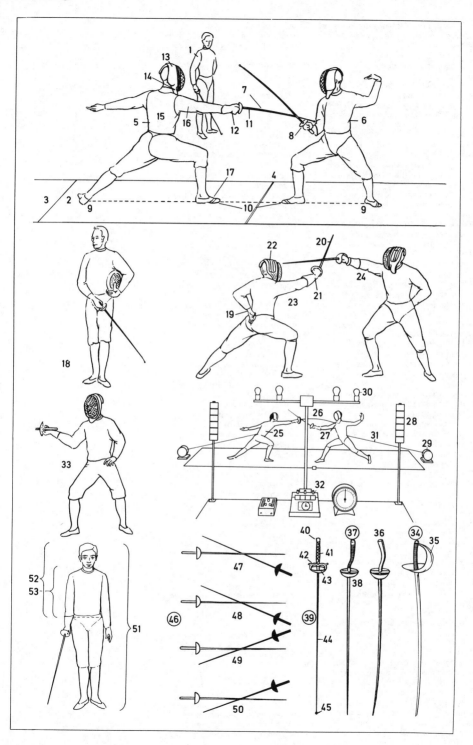

1 basic position (starting position)
- *a posição básica (a posição inicial)*
2 running posture
- *a posição de corrida f*
3 side straddle
- *o afastamento ântero-posterior*
4 straddle (forward straddle)
- *a posição frontal com pernas afastadas e braços m na horizontal*
5 toe stand
- *a posição na ponta dos pés*
6 crouch
- *as pernas flexionadas, os braços estendidos para a frente (a posição agachada)*
7 upright kneeling position
- *de joelhos m, aprumado m (ereto m)*
8 kneeling position, seat on heels
- *de joelhos m, sentado sobre os calcanhares*
9 squat
- *sentado sobre as nádegas, pernas flexionadas*
10 L-seat (long sitting)
- *sentado sobre as nádegas, pernas estendidas*
11 tailor seat (sitting tailor-style)
- *a posição sentada em tesoura f (pernas cruzadas à frente)*
12 hurdle (hurdle position)
- *sentado sobre as nádegas com uma das pernas flexionadas (a posição de saltar obstáculos m)*
13 V-seat
- *sentado sobre as nádegas com as pernas juntas estendidas e levantadas (a posição em V)*
14 forward split
- *o grande afastamento frontal*
15 side split
- *o grande afastamento ântero-posterior*
16 L-support
- *o esquadro no solo (o apoio em L)*
17 V-support
- *o apoio em V*
18 straddle seat
- *o esquadro no solo, pernas afastadas*
19 bridge
- *a ponte (a flexão do torso para trás até tocar o solo)*
20 kneeling front support
- *a posição de joelhos m, apoiado nas mãos*
21 front support
- *o apoio frontal sobre as mãos; o torso e pernas f em linha reta (estendidos)*
22 back support
- *o apoio dorsal sobre as mãos; o torso e pernas f em linha reta (estendidos)*
23 crouch with front support
- *o apoio de frente sobre as mãos (agachado) pernas flexionadas*
24 arched front support
- *o apoio frontal arqueado com ângulo m ventral e ancas levantadas*

25 side support
- *o apoio lateral sobre a mão, pernas estendidas em linha reta com o torso*
26 forearm stand (forearm balance)
- *o tripé (o equilíbrio sobre o antebraço)*
27 handstand
- *o equilíbrio sobre as mãos, em posição invertida e com o corpo estendido*
28 headstand
- *o equilíbrio sobre a cabeça*
29 shoulder stand (shoulder balance)
- *a posição da vela (o equilíbrio sobre os ombros com o corpo estendido)*
30 forward horizontal stand (arabesque)
- *a posição horizontal para frente f (o arabesco)*
31 rearward horizontal stand
- *a posição horizontal lateral*
32 trunk-bending sideways
- *a flexão lateral do tronco*
33 trunk-bending forwards
- *a flexão do tronco para frente*
34 arch
- *a flexão do tronco para trás*
35 astride jump (butterfly)
- *o salto estendido (a borboleta)*
36 tuck jump
- *o salto em posição f fetal*
37 astride jump
- *o salto com pernas afastadas*
38 pike
- *o salto com flexão f do torso*
39 scissor jump
- *o salto tesoura f*
40 stag jump (stag leap)
- *o salto de veado m*
41 running step
- *o passo de corrida f*
42 lunge
- *a progressão com as pernas afastadas (o bote)*
43 forward pace
- *a progressão para frente com parada f (Pt. com paragem f) nas pontas dos pés*
44 lying on back
- *o decúbito dorsal*
45 prone position
- *o decúbito ventral*
46 lying on side
- *o decúbito costal*
47 holding arms downwards
- *os braços para baixo ao longo do corpo*
48 holding (extending) arms sideways
- *os braços estendidos na lateral*
49 holding arms raised upward
- *os braços estendidos para cima*
50 holding (extending) arms forward
- *os braços estendidos para frente f*
51 arms held (extended) backward
- *os braços estendidos para trás*
52 hands clasped behind the head
- *os braços flexionados atrás da nuca*

1-11 gymnastics apparatus in men's Olympic gymnastics
- *o equipamento de ginástica f olímpica masculina*
1 long horse (horse, vaulting horse)
- *o cavalo (o cavalo para saltos m)*
2 parallel bars
- *as barras paralelas*
3 bar
- *a barra fixa*
4 rings (stationary rings)
- *as argolas (as argolas fixas)*
5 pommel horse (side horse)
- *o cavalo com arções m*
6 pommel
- *o arção*
7 horizontal bar (high bar)
- *a barra fixa (a barra alta)*
8 bar
- *a barra*
9 upright
- *o suporte da barra*
10 stay wires
- *os cabos de fixação f*
11 floor (12 m × 12 m floor area)
- *o solo (a área de 12 m × 12 m para ginástica f de solo m)*
12-21 auxiliary apparatus and apparatus for school and club gymnastics
- *o equipamento auxiliar para ginástica escolar e de clube m*
12 springboard (Reuther board)
- *o trampolim (a prancha de Reuther)*
13 landing mat
- *o colchão*
14 bench
- *o banco sueco*
15 box
- *o plinto*
16 small box
- *o módulo de plinto m*
17 buck
- *o carneiro*
18 mattress
- *o colchão de espuma f*
19 climbing rope (rope)
- *a corda lisa*
20 wall bars
- *os espaldares*
21 window ladder
- *a escada vertical (tipo janela f)*
22-39 positions in relation to the apparatus
- *as posições em relação f aos aparelhos*
22 side, facing
- *a posição frontal lateral*
23 side, facing away
- *a posição dorsal lateral*
24 end, facing
- *a posição frontal transversal*
25 end, facing away
- *a posição dorsal transversal*
26 outside, facing
- *a posição frontal lateral de fora das paralelas*
27 inside, facing
- *a posição frontal transversal entre as paralelas*
28 front support
- *o apoio frontal estendido lateral*

29 back support
- *o apoio dorsal estendido lateral*
30 straddle position
- *a posição sentada com pernas estendidas e afastadas*
31 seated position outside
- *a posição sentada lateral para fora*
32 riding seat outside
- *a posição sentada transversal para fora*
· 33 hang
- *a suspensão*
34 reverse hang
- *a suspensão cubital*
35 hang with elbows bent
- *a suspensão com braços flexionados*
36 piked reverse hang
- *a suspensão invertida*
37 straight inverted hang
- *a suspensão invertida com corpo m estendido*
38 straight hang
- *o apoio transversal estendido*
39 bent hang
- *o apoio transversal flexionado*
40-46 grasps (kinds of grasp)
- *as empunhaduras (os tipos de empunhaduras f)*
40 overgrasp on the horizontal bar
- *a empunhadura dorsal na barra fixa*
41 undergrasp on the horizontal bar
- *a empunhadura palmar na barra fixa*
42 combined grasp on the horizontal bar
- *a empunhadura mista na barra fixa*
43 cross grasp on the horizontal bar
- *a empunhadura cruzada na barra fixa*
44 rotated grasp on the horizontal bar
- *a empunhadura cubital na barra fixa*
45 outside grip on the parallel bars
- *a empunhadura em suspensão f por fora nas paralelas*
46 rotated grasp on the parallel bars
- *a empunhadura em suspensão f cubital na paralela*
47 leather handstrap
- *o protetor para as mãos*
48-60 exercises
- *os exercícios*
48 long-fly on the horse
- *o salto sobre cavalo m*
49 rise to straddle on the parallel bars
- *a cortada ao apoio*
50 crucifix on the rings
- *o crucifixo nas argolas*
51 scissors (scissors movement) on the pommel horse
- *o movimento-tesoura no cavalo com arção m*
52 legs raising into a handstand on the floor
- *a parada (a posição) de mãos f na força*

53 squat vault on the horse
- *o salto grupado no cavalo*
54 double leg circle on the pommel horse
- *o círculo com ambas as pernas no cavalo de arções m*
55 hip circle backwards on the rings
- *o deslocamento para trás nas argolas*
56 lever hang on the rings
- *a prancha dorsal nas argolas*
57 rearward swing on the parallel bars
- *o balanço estendido para trás nas paralelas*
58 forward kip into upper arm hang on the parallel bars
- *o kip curto nas paralelas*
59 backward underswing on the horizontal bar
- *a saída em extensão f da barra*
60 backward grand circle on the horizontal bar
- *o giro gigante na barra fixa*
61-63 gymnastics kit
- *as roupas de ginástica f*
61 singlet (vest, *Am.* undershirt)
- *o colant (Pt. a camisola) de ginástica f*
62 gym trousers
- *a calça (Pt. as calças) de ginástica f*
63 gym shoes
- *a sapatilha de ginástica f*
64 wristband
- *a bandagem de pulso (a munhequeira)*

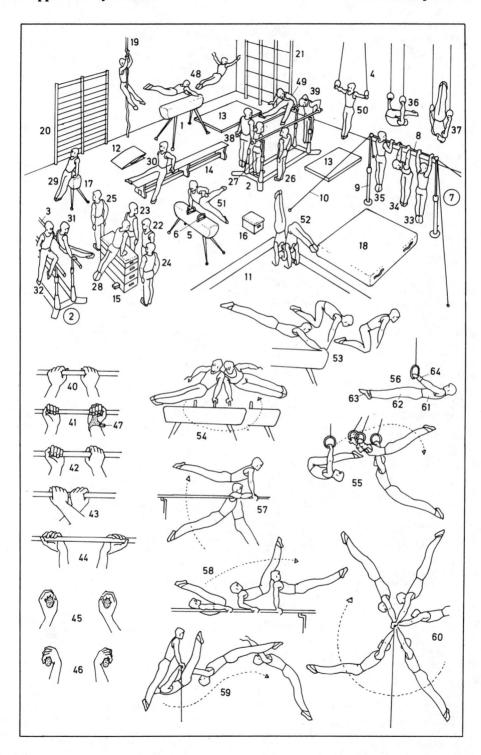

1-6 gymnastics apparatus in women's Olympic gymnastics
– *os aparelhos de ginástica olímpica feminina*
1 horse (vaulting horse)
– *o cavalo sem alças* f
2 beam
– *a trave de equilíbrio* m
3 asymmetric bars (uneven bars)
– *as barras assimétricas*
4 bar
– *a barra (inferior), o barrote*
5 stay wires
– *os cabos fixos*
6 floor (12 m × 12 m floor area)
– *o tablado de solo* m *(12 m × 12 m)*
7-14 auxiliary apparatus and apparatus for school and club gymnastics
– *a aparelhagem auxiliar e aparelhagem para ginástica* f *em escolas* f *e clubes* m
7 landing mat
– *o colchão*
8 springboard (Reuther board)
– *a prancha Reuther*
9 small box
– *o plinto pequeno*
10 trampoline
– *a cama elástica*
11 sheet (web)
– *a lona*
12 frame
– *a moldura*
13 rubber springs
– *as molas de borracha* f
14 springboard trampoline
– *o minitramp*
15-32 apparatus exercises
– *os exercícios com aparelhos* m
15 backward somersault
– *o salto (mortal) grupado para trás, o rolo aéreo grupado*
16 spotting position (standing-in position)
– *a posição da comparsa*
17 vertical backward somersault on the trampoline
– *o salto mortal estendido para trás na cama elástica*
18 forward somersault on the springboard trampoline
– *o salto (mortal) grupado para frente no minitramp*
19 forward roll on the floor
– *o rolamento para frente* f *no solo*
20 long-fly to forward roll on the floor
– *o salto peixe, o rolo de peixe* m
21 cartwheel on the beam
– *a roda na trave, a estrela na trave*
22 handspring on the horse
– *a reversão sobre o cavalo*
23 backward walkover
– *a ponte virando para trás*
24 back flip (flik-flak) on the floor
– *o flic-flac*
25 free walkover forward on the floor
– *o überschlag (a reversão sem mãos* f)
26 forward walkover on the floor
– *a reversão com pernas afastadas*

27 headspring on the floor
– *o bico de cabeça* f, *o kip de cabeça* f
28 upstart on the asymmetric bars
– *a subida de bico* m *nas barras assimétricas*
29 free backward circle on the asymmetric bars
– *o giro livre para trás nas barras assimétricas*
30 face vault over the horse
– *a passagem lateral de frente* f *sobre o cavalo*
31 flank vault over the horse
– *a passagem lateral com um quarto de volta* f *para dentro*
32 back vault (rear vault) over the horse
– *a passagem lateral com um quarto de volta* f *para fora*
33-50 gymnastics with hand apparatus
– *a ginástica com material* m
33 hand-to-hand throw
– *o lançamento de bola* f *em arco* m
34 gymnastic ball
– *a bola de ginástica* f
35 high toss
– *o lançamento vertical*
36 bounce
– *quicar (a bola), ressaltar*
37 hand circling with two clubs
– *o molinete*
38 gymnastic club
– *a maça*
39 swing
– *o balanceamento*
40 tuck jump
– *o salto grupado sobre o bastão*
41 bar
– *o bastão*
42 skip
– *o salto simples com corda* f
43 rope (skipping rope)
– *a corda*
44 criss-cross skip
– *o salto cruzado*
45 skip through the hoop
– *o salto por dentro do aro*
46 gymnastic hoop
– *o aro de ginástica* f
47 hand circle
– *o giro do aro na mão*
48 serpent
– *a onda*
49 gymnastic ribbon
– *a fita de ginástica* f
50 spiral
– *a espiral*
51-52 gymnastics kit
– *a roupa de ginástica* f
51 leotard
– *a malha*
52 gym shoes
– *as sapatilhas*

1-8 running
- *a corrida*
1-6 start
- *a partida*
1 starting block
- *o bloco de partida* f, *o bloco de saída* f
2 (adjustable) block (pedal)
- *o bloco (o pedal) regulável*
3 start
- *a partida*
4 crouch start
- *a partida agachada*
5 runner, a sprinter; *also:* **middle-distance runner, long-distance runner**
- *o corredor, um velocista;* tb: *o corredor de meia distância, o corredor de longa distância (o fundista)*
6 running track (track), a cinder track or synthetic track
- *a pista de corrida, uma pista coberta de escória* f, *hulha* f *ou material sintético*
7-8 hurdles (hurdle racing); *sim.:* **steeplechase**
- *a corrida com barreiras* f; sim.: *a corrida de obstáculos* m
7 clearing the hurdle
- *saltando a barreira (o obstáculo)*
8 hurdle
- *a barreira (o obstáculo)*
9-41 jumping and vaulting
- *os saltos*
9-27 high jump
- *o salto em altura* f
9 Fosbury flop (Fosbury, flop)
- *a seqüência do salto*
10 high jumper
- *o atleta de salto* m *em altura* f
11 body rotation (rotation on the body's longitudinal and latitudinal axes)
- *a rotação do corpo (a rotação em torno dos eixos longitudinal e transversal do corpo)*
12 shoulder landing
- *a descida de ombro* m
13 upright
- *os postes do obstáculo (da barreira)*
14 bar (crossbar)
- *a barra (a barra transversal)*
15 Eastern roll
- *o rolo em extensão* f *dorsal*
16 Western roll
- *o rolo com virada interna*
17 roll
- *o rolo*
18 rotation
- *a técnica de esquiva* f
19 landing
- *a descida*
20 height scale
- *a escala de altura* f
21 Eastern cut-off
- *a tesoura simples*
22 scissors (scissor jump)
- *a tesoura (o salto de tesoura)*
23 straddle (straddle jump)
- *o salto em rolo* m *ventral*
24 turn
- *a virada*

25 vertical free leg
- *o salto de perna* f *livre, o salto com afastamento máximo de pernas* f
26 take-off
- *a partida para o salto, a largada*
27 free leg
- *a perna livre*
28-36 pole vault
- *o salto com vara* f
28 pole (vaulting pole)
- *a vara (a vara de salto* m)
29 pole vaulter (vaulter) in the pull-up phase
- *o saltador de vara* f *na fase de impulsão* f
30 swing
- *a impulsão horizontal*
31 crossing the bar
- *transpondo a barra*
32 high jump apparatus (high jump equipment)
- *o equipamento de salto* m *em altura* f
33 upright
- *o poste*
34 bar (crossbar)
- *o sarrafo, a barra transversal*
35 box
- *a caixa de salto* m
36 landing area (landing pad)
- *a área de descida* f *(o colchão de descida)*
37-41 long jump
- *o salto em distância* f, *o salto em comprimento* m
37 take-off
- *a impulsão*
38 take-off board
- *a tábua de impulsão* f
39 landing area
- *o fosso*
40 hitch-kick
- *a impulsão no ar*
41 hang
- *a sustentação do impulso*
42-47 hammer throw
- *o arremesso de martelo* m
42 hammer
- *o martelo*
43 hammer head
- *a cabeça do martelo*
44 handle
- *o cabo*
45 grip
- *a alça*
46 holding the grip
- *empunhando o martelo*
47 glove
- *a luva*
48 shot put
- *o arremesso de peso* m
49 shot (weight)
- *o peso*
50 O'Brien technique
- *a técnica de O'Brien*
51-53 javelin throw
- *o arremesso de dardo* m
51 grip with thumb and index finger
- *a empunhadura com o polegar e o indicador*

52 grip with thumb and middle finger
- *a empunhadura com o polegar e o dedo médio*
53 horseshoe grip
- *a empunhadura em pinça* f
54 binding
- *o encordoamento*

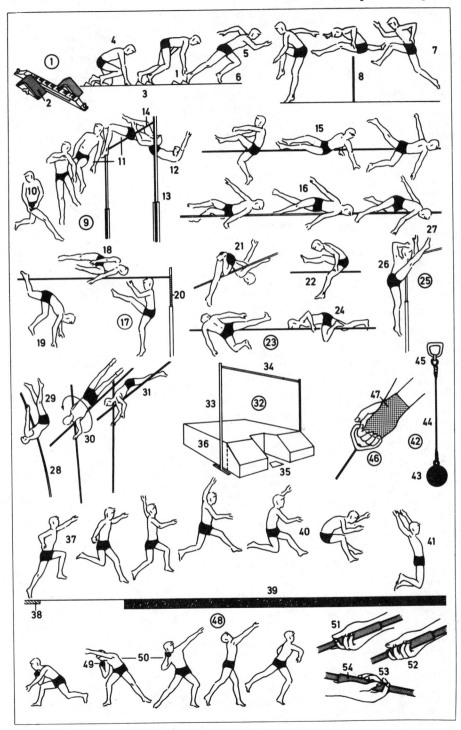

1-5 weightlifting
- *o halterofilismo*
1 squat-style snatch
- *o arranco alemão, o arranco em squat*
2 weightlifter
- *o halterofilista (o levantador de pesos m)*
3 disc (disk) barbell
- *a barra com anilhas f*
4 jerk with split
- *o arranco francês, o arranco em split*
5 maintained lift
- *a sustentação*
6-12 wrestling
- *a luta corpo-a-corpo m*
6-9 Greco-Roman wrestling
- *a luta greco-romana*
6 standing wrestling (wrestling in standing position)
- *a luta em pé*
7 wrestler
- *o lutador*
8 on-the-ground wrestling (*here:* the referee's position)
- *a luta no solo (*aqui: *o início de livramento m)*
9 bridge
- *a ponte com pescoço m*
10-12 freestyle wrestling
- *a luta livre*
10 bar arm (arm bar) with grapevine
- *a chave-de-braço com uso m da perna*
11 double leg lock
- *a chave dupla de perna f*
12 wrestling mat (mat)
- *o tatami*
13-17 judo (*sim.:* ju-jitsu, jiu jitsu, ju jutsu)
- *o judô* sim.: *o jiu-jitsu*); Pt. *o judo*
13 drawing the opponent off balance to the right and forward
- *desequilibrando o oponente para a direita e para a frente*
14 judoka (judoist)
- *o judoca (o judoísta)*
15 coloured (*Am.* colored) belt, as a symbol of dan grade
- *a faixa de cor f, indicativa do nível — kyu — de aprendizado m do aluno; os níveis de faixa preta: Dan*
16 referee
- *o árbitro*
17 judo throw
- *a técnica de* sutemi-waza (ma-sutemi-waza: tomo e nagê)
18-19 karate
- *o caratê*
18 karateka
- *o carateca*
19 side thrust kick, a kicking technique
- *o chute lateral, uma técnica de chute m* (yoko-geri)
20-50 boxing (boxing match)
- *o boxe (a luta de boxe)*
20-24 training apparatus (training equipment)
- *o equipamento de treino m*

20 (spring-supported) punch ball
- *a bola de bater (fixada por meio de molas f)*
21 punch bag (*Am.* punching bag)
- *o saco de areia f (o saco de bater)*
22 speed ball
- *a bola de treino m de velocidade f*
23 [suspended] punch ball
- *a bola de bater [suspensa]*
24 punch ball
- *a bola de bater*
25 boxer, an amateur boxer (boxes in a singlet, vest, *Am.* undershirt) or a professional boxer (boxes without singlet)
- *o boxeador, um amador (a luta de dorso coberto) ou profissional m (a luta de dorso nu)*
26 boxing glove
- *a luta de boxe m*
27 sparring partner
- *o parceiro de treino m (o sparring)*
28 straight punch (straight blow)
- *o soco direto, o direto*
29 ducking and sidestepping
- *a flexão e esquiva f lateral*
30 headguard
- *o protetor de cabeça f*
31 infighting; *here:* clinch
- *o corpo-a-corpo;* aqui: *o clinch*
32 uppercut
- *o golpe curto de baixo para cima (o gancho)*
33 hook to the head (hook, left hook or right hook)
- *o gancho na cabeça (o gancho, o gancho de esquerda ou o gancho de direita)*
34 punch below the belt, a foul punch (illegal punch, foul)
- *o golpe abaixo da cintura, um golpe sujo (o golpe ilegal, a falta)*
35-50 boxing match (boxing contest), a title fight (title bout)
- *a partida (a luta, a contenda) de boxe m, uma luta pelo título*
35 boxing ring (ring)
- *o ringue de boxe m*
36 ropes
- *as cordas*
37 stay wire (stay rope)
- *os cabos de sustentação f*
38 neutral corner
- *o canto neutro*
39 winner
- *o vencedor*
40 loser by a knockout
- *o perdedor por nocaute m*
41 referee
- *o árbitro*
42 counting out
- *a contagem de segundos m*
43 judge
- *o juiz*
44 second
- *o segundo*
45 manager
- *o empresário*
46 gong
- *o gongo*

47 timekeeper
- *o cronometrista*
48 record keeper
- *o apontador*
49 press photographer
- *o repórter fotográfico*
50 sports reporter (reporter)
- *o repórter esportivo,* Pt. *o repórter desportivo (o repórter)*

1-57 mountaineering (mountain climbing, Alpinism)
- *o montanhismo (o alpinismo, a escalada de montanhas* f)
1 hut (Alpine Club hut, mountain hut, base)
- *o refúgio (a cabana de clube* m *de montanhismo* m, *a base)*
2-13 climbing (rock climbing) [rock climbing technique]
- *a escalada* [*a técnica de escalada* f *em rochas* f]
2 rock face (rock wall)
- *o paredão rochoso*
3 fissure (vertical, horizontal, or diagonal fissure)
- *a fenda (a fenda diagonal, horizontal ou vertical)*
4 ledge (rock ledge, grass ledge, scree ledge, snow ledge, ice ledge)
- *a saliência, o ressalto (a saliência na rocha, a saliência na grama, a saliência no cascalho, a saliência na neve, a saliência no gelo)*
5 mountaineer (climber, mountain climber, Alpinist)
- *o montanhista, o alpinista*
6 anorak (high-altitude anorak, snowshirt, padded jacket)
- *o anoraque (o blusão acolchoado para grandes altitudes* f)
7 breeches (climbing breeches)
- *os calções de montanhismo* m
8 chimney
- *a chaminé*
9 belay (spike, rock spike)
- *a ponta (a ponta rochosa)*
10 belay
- *o cabo de segurança* f
11 rope sling (sling)
- *a linga de corda* f
12 rope
- *a corda*
13 spur
- *o esporão*
14-21 snow and ice climbing [snow and ice climbing technique]
- *a escalada em gelo* m *e neve* f [*a técnica de escalada em gelo e neve*]
14 ice slope (firn slope)
- *o declive de gelo* m *(a parede glacial)*
15 snow and ice climber
- *o alpinista, o andinista (o escalador de montanhas nevadas e de geleiras* f)
16 ice axe (*Am.* ax)
- *a picareta de gelo* m
17 step (ice step)
- *o degrau (o degrau no gelo)*
18 snow goggles
- *os óculos de neve* f
19 hood (anorak hood)
- *o capuz (o capuz ae anoraque* m)
20 cornice (snow cornice)
- *a cornija (a cornija de neve* f)
21 ridge (ice ridge)
- *a crista (a crista de gelo* m)

22-27 rope (roped party) [roped trek]
- *a corda (o grupo ligado por corda* f) [*a caminhada com corda, o trekking com corda*]
22 glacier
- *a geleira*
23 crevasse
- *a fenda de geleira* f
24 snow bridge
- *a ponte de neve* f
25 leader
- *o guia*
26 second man (belayer)
- *o segundo alpinista*
27 third man (non-belayer)
- *o terceiro alpinista*
28-30 roping down (abseiling, rapelling)
- *a descida com auxílio* m *de cordas* f
28 abseil sling
- *a linga de descida* f
29 sling seat
- *o assento de laçada* f *de corda* f *(a descida freada com o pé)*
30 Dülfer seat
- *o assento Dülfer (a descida Dülfer)*
31-57 mountaineering equipment (climbing equipment, snow and ice climbing equipment)
- *o equipamento de alpinismo* m *(o equipamento de montanhismo* m *no gelo e na neve)*
31 ice axe (*Am.* ax)
- *a picareta de gelo* m
32 wrist sling
- *a alça de pulso* m
33 pick
- *a picareta*
34 adze (*Am.* adz)
- *a unha da picareta*
35 karabiner hole
- *o ilhós (Pt. o ilhó) para o mosquetão*
36 short-shafted ice axe (*Am.* ax)
- *o picão de alpinista* m
37 hammer axe (*Am.* ax)
- *a picareta a machadinha* f
38 general-purpose piton
- *o pitão universal*
39 abseil piton (ringed piton)
- *o pitão de anel* m *(o pitão de descida* f)
40 ice piton (semi-tubular screw ice piton, corkscrew piton)
- *o pitão de gelo* m *(o pitão sacarolha)*
41 drive-in ice piton
- *o pitão de cravar no gelo (o pitão dentado)*
42 mountaineering boot
- *o bota de montanhismo* m *(de alpinismo* m)
43 corrugated sole
- *a sola antiderrapante*
44 climbing boot
- *a bota de escalada* f
45 roughened stiff rubber upper
- *a gáspea de borracha reforçada*

46 karabiner
- *o mosquetão*
47 screwgate
- *o fecho de parafuso* m
48 crampons (lightweight crampons, twelve-point crampons, ten-point crampons)
- *os grampos de ferro* m *(os grampos leves de ferro* m, *os grampos de ferro* m *de doze pontas* f, *os grampos de ferro* m *de dez pontas* f)
49 front points
- *as pontas dianteiras*
50 point guards
- *as capas das pontas*
51 crampon strap
- *as correias de fixação* f *dos grampos*
52 crampon cable fastener
- *a fixação dos grampos por cabo* m
53 safety helmet (protective helmet)
- *o capacete de segurança* f
54 helmet lamp
- *a lâmpada*
55 snow gaiters
- *as polainas de neve* f
56 climbing harness
- *o cinto de escalada* f *(o boldrié)*
57 sit harness
- *o cinto (o arnês) pélvico*

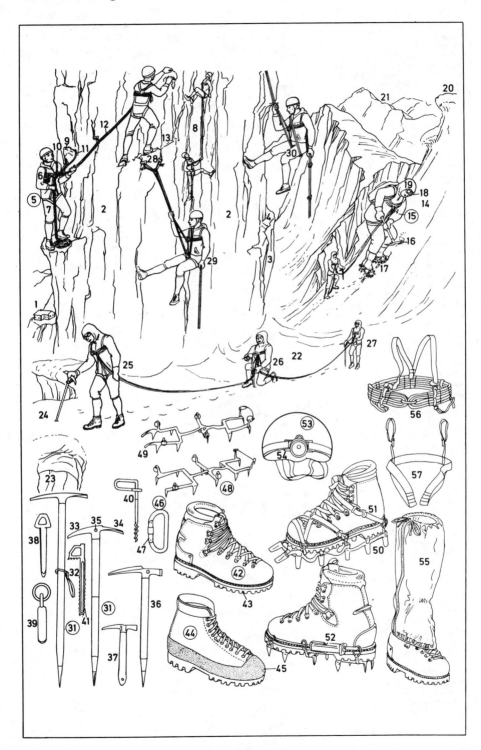

1-72 skiing
- *o esqui*
1 compact ski
- *o esqui compacto*
2 safety binding (release binding)
- *o calço de segurança f (a fixação de desarme automático)*
3 strap
- *a amarra (a correia de segurança f)*
4 steel edge
- *a borda de aço m*
5 ski stick (ski pole)
- *o bastão de esqui m*
6 grip
- *a empunhadura*
7 loop
- *a alça*
8 basket
- *a raqueta*
9 ladies' one-piece ski suit
- *o macacão (Pt. o fato) de esqui m para mulheres f*
10 skiing cap (ski cap)
- *o gorro de esqui m*
11 skiing goggles
- *os óculos de esqui m*
12 cemented sole skiing boot
- *a bota de esqui m de sola injetada sem costura f*
13 crash helmet
- *o capacete antichoque*
14-20 cross-country equipment
- *o equipamento de corrida f de fundo m*
14 cross-country ski
- *o esqui de fundo m*
15 cross-country rat trap binding
- *o fixador em ratoeira f para corrida f de fundo m*
16 cross-country boot
- *a bota para esqui m de fundo m*
17 cross-country gear
- *o conjunto para corrida f de fundo m*
18 peaked cap
- *o boné com pala f*
19 sunglasses
- *os óculos de sol m*
20 cross-country poles made of bamboo
- *os bastões de bambu m para corrida f de fundo m*
21-24 ski-waxing equipment
- *o equipamento para engraxar esquis m*
21 ski wax
- *a graxa para esqui m (fart)*
22 waxing iron (blowlamp, blowtorch)
- *o maçarico para engraxar esquis m*
23 waxing cork
- *o aplicador de graxa f, de cortiça f*
24 wax scraper
- *o raspador de fart*
25 downhill racing pole
- *o bastão de competição f*
26 herringbone, for climbing a slope
- *o passo de subida f (o passo cruzado)*
27 sidestep, for climbing a slope
- *a subida em escada f*
28 ski bag
- *a sacola de esqui m*

29 slalom
- *a pista especial em declive m para esqui m (slalom)*
30 gate pole
- *o poste de portão m*
31 racing suit
- *o uniforme de competição m*
32 downhill racing
- *a descida, uma competição*
33 'egg' position, the ideal downhill racing position
- *a posição do 'ovo' (posição ideal para competição f em declive m)*
34 downhill ski
- *o esqui de descida f*
35 ski jumping
- *o salto*
36 lean forward
- *a inclinação para a frente o saltador no ar*
37 number
- *o número*
38 ski jumping ski
- *o esqui de salto m*
39 grooves (3 to 5 grooves)
- *as ranhuras (3 a 5 ranhuras)*
40 cable binding
- *a fixação por cabo m*
41 ski jumping boots
- *as botas de salto m*
42 cross-country
- *a corrida de fundo m*
43 cross-country stretch-suit
- *o macacão (Pt. o fato) de malha elástica para corrida f de fundo m*
44 course
- *a trilha (o sulco)*
45 course-marking flag
- *o balizamento do percurso*
46 layers of a modern ski
- *as camadas de um esqui m moderno*
47 special core
- *o cerne especial*
48 laminates
- *os laminados*
49 stabilizing layer (stabilizer)
- *a camada estabilizadora (o estabilizador)*
50 steel edge
- *a borda de aço m*
51 aluminium (*Am.* aluminum) upper edge
- *a borda superior de alumínio m*
52 synthetic bottom (artificial bottom)
- *a base sintética*
53 safety jet
- *a alça de segurança f*
54-56 parts of the binding
- *as peças da fixação*
54 automatic heel unit
- *o talão automático*
55 toe unit
- *o batente*
56 ski stop
- *o freio*
57-63 ski lift
- *os tipos de subida mecânica para esqui m*
57 double chair lift
- *o teleférico biposto*

58 safety bar with footrest
- *a barra de segurança f com apoio m para os pés*
59 ski lift
- *o telesqui*
60 track
- *a pista*
61 hook
- *o gancho de suspensão f*
62 automatic cable pulley
- *a polia automática*
63 haulage cable
- *o cabo de tração f*
64 slalom
- *a pista de slalom*
65 open gate
- *o portão aberto*
66 closed vertical gate
- *o portão vertical fechado*
67 open vertical gate
- *o portão vertical aberto*
68 transversal chicane
- *a chicana transversal*
69 hairpin
- *o 'grampo de cabelo'*
70 elbow
- *o cotovelo*
71 corridor
- *o corredor*
72 Allais chicane
- *a chicana Allais*

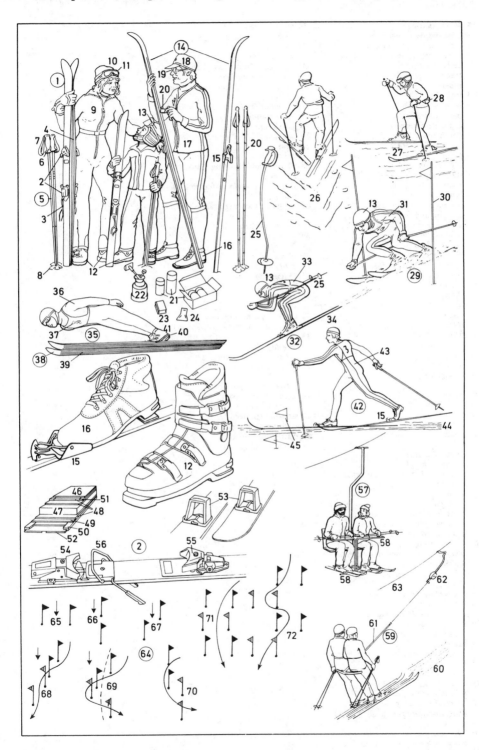

1-26 ice skating
- *a patinação no gelo*
1 ice skater, a solo skater
- *a patinadora no gelo, uma pati-nadora solista*
2 tracing leg
- *a perna de apoio* m
3 free leg
- *a perna livre*
4 pair skaters
- *o par de patinadores*
5 death spiral
- *a espiral da morte*
6 pivot
- *o giro com pivô* m
7 stag jump (stag leap)
- *o salto de corça* f
8 jump-sit-spin
- *a pirueta salto-sentado*
9 upright spin
- *a pirueta em pé* m
10 holding the foot
- *segurando o pé*
11-19 compulsory figures
- *as figuras obrigatórias*
11 curve eight
- *o oito*
12 change
- *a mudança*
13 three
- *o três*
14 double-three
- *o três duplo*
15 loop
- *a laçada*
16 change-loop
- *o colchete*
17 bracket
- *o três invertido*
18 counter
- *a contra-rotação*
19 rocker
- *o balanço*
20-25 ice skates
- *os patins no gelo* m
20 speed skating set (speed skate)
- *o patim de velocidade* f
21 edge
- *a borda*
22 hollow grinding (hollow ridge, concave ridge)
- *a lâmina côncava (a lâmina oca)*
23 ice hockey set (ice hockey skate)
- *o patim de hóquei* m *sobre o gelo*
24 ice skating boot
- *a bota de patinação* f *no gelo*
25 skate guard
- *o guarda-lâmina*
26 speed skater
- *o patinador de velocidade* f
27-28 skate sailing
- *a patinação a vela* f
27 skate sailor
- *o patinador a vela* f
28 hand sail
- *a vela de mão* f
29-37 ice hockey
- *o hóquei sobre gelo* m
29 ice hockey player
- *o jogador de hóquei* m *sobre gelo* m
30 ice hockey stick
- *o taco de hóquei* m *sobre gelo* m
31 stick handle
- *o cabo do taco*

32 stick blade
- *a lâmina do taco*
33 shin pad
- *a caneleira*
34 headgear (protective helmet)
- *o capacete protetor*
35 puck, a vulcanized rubber disc (disk)
- *a malha (um disco de borracha vulcanizada)*
36 goalkeeper
- *o goleiro* (Pt. *o guarda-redes*)
37 goal
- *o gol* (Pt. *a baliza*)
38-40 ice-stick shooting (Bavarian curling)
- *o tiro sobre gelo* m (curling ale-mão)
38 ice-stick shooter (Bavarian curler)
- *o atirador sobre gelo* m (*o joga-dor de* curling *alemão*)
39 ice stick
- *a malha*
40 block
- *o bloco (a meta)*
41-43 curling
- *curling*
41 curler
- *o jogador de* curling
42 curling stone (granite)
- *a pedra de* curling *(granito* m*)*
43 curling brush (curling broom, besom)
- *a vassoura de* curling
44-46 ice yachting (iceboating, ice sailing)
- *iatismo* m *no gelo*
44 ice yacht (iceboat)
- *o trenó a vela* f
45 steering runner
- *o patim de direção* f
46 outrigged runner
- *o patim de equilíbrio* m

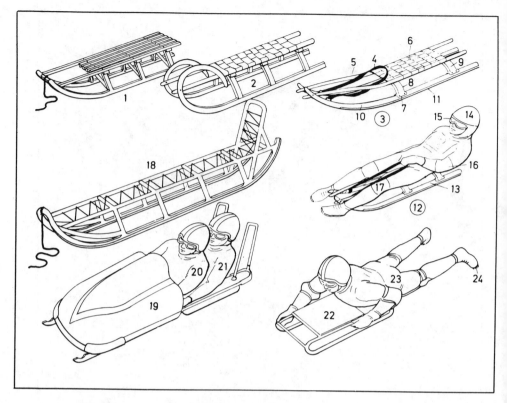

1 toboggan (sledge, *Am.* sled)
- *o tobogã*
2 toboggan (sledge, *Am.* sled) with seat of plaid straps
- *o tobogã com assento* m *de tiras trançadas*
3 junior luge toboggan (junior luge, junior toboggan)
- *o tobogã júnior (usado na Suíça)*
4 rein
- *a rédea*
5 bar (strut)
- *a longarina*
6 seat
- *o assento*
7 bracket
- *a fixação do arco*
8 front prop
- *o arco dianteiro*
9 rear prop
- *o arco posterior*
10 movable runner
- *o patim móvel*
11 metal face
- *o friso metálico*
12 luge tobogganer
- *o corredor de tobogã* m
13 luge toboggan (luge, toboggan)
- *o tobogã de competição* f
14 crash helmet
- *o capácete protetor*
15 goggles
- *os óculos*
16 elbow pad
- *a cotoveleira*

17 knee pad
- *a joelheira*
18 Nansen sledge, a polar sledge
- *o trenó Nansen, o trenó polar*
19-21 bobsleigh (bobsledding)
- *o trenó duplo (de corrida* f)
19 bobsleigh (bobsled), a two-man bobsleigh (a boblet)
- *o trenó duplo*
20 steersman
- *o piloto*
21 brakeman
- *o co-piloto*
22-24 skeleton tobogganing (Cresta tobogganing)
- *a prática de* skeleton *(tobogã* m *de barriga* f)
22 skeleton (skeleton toboggan)
- *o* skeleton *(o tobogã metálico articulado)*
23 skeleton rider
- *os praticantes de* skeleton
24 rake, for braking and steering
- *o grampo de aço* m *(de direção* f *e frenagem* f)

1 avalanche (snow avalanche, *Am.* snowslide); *kinds:* wind avalanche, ground avalanche
- *a avalanche (o alude de neve, o deslizamento de neve); tipos: a avalanche eólica, a avalanche de fundo* m
2 avalanche wall, a deflecting wall (diverting wall); *sim.:* avalanche wedge
- *a barreira antiavalanche; sim.: a cunha antiavalanche*
3 avalanche gallery
- *a galeria antiavalanche*
4 snowfall
- *a nevada*
5 snowdrift
- *o monte de neve* f *(formado pelo vento)*
6 snow fence
- *a cerca contra neve* f
7 avalanche forest [planted as protection against avalanches]
- *a floresta plantada como proteção* f *contra avalanches* f
8 street-cleaning lorry (street cleaner)
- *o trator de neve* f
9 snow plough (*Am.* snowplow) attachment
- *a lâmina do trator de neve* f
10 snow chain (skid chain, tyre chain, *Am.* tire chain)

– *a corrente para neve* f *(a corrente antiderrapante, a corrente de pneu* m*)*
11 radiator bonnet (*Am.* radiator hood)
- *o capô* (Pt. *a capota*) *do radiador*
12 radiator shutter and shutter opening (louvre shutter)
- *a grade do radiador e as aletas de ventilação* f
13 snowman
- *o boneco de neve* f, *o homem de neve*
14 snowball fight
- *a batalha de bolas* f *de neve* f
15 snowball
- *a bola de neve* f
16 ski bob
- *o trenó-esqui com direção* f *e freio* m (Pt. *e travão* m)
17 slide
- *a pista de patinação* f
18 boy, sliding
- *o menino deslizando*
19 icy surface (icy ground)
- *a neve convertida em lâmina* f *de gelo* m (*verglas*)
20 covering of snow, on the roof
- *o telhado coberto de neve* f
21 icicle
- *o pingente de gelo* m
22 man clearing snow
- *o homem retirando a neve*

23 snow push (snow shovel)
- *a pá de neve* f
24 heap of snow
- *o montículo de neve* f
25 horse-drawn sleigh (horse sleigh)
- *o trenó de cavalo* m
26 sleigh bells (bells, set of bells)
- *os guizos do trenó*
27 foot muff (*Am.* foot bag)
- *o agasalho para os pés*
28 earmuff
- *a orelheira*
29 handsledge (tread sledge); *sim.:* push sledge
- *o trenó de mão* f *(o trenó de impulso com o pé); sim: o trenó de empurrar*
30 slush
- *a neve semiderretida*

1-13 skittles
- *o boliche* (Pt. *a laranjinha*)

1-11 skittle frame
- a disposição dos pinos (Pt. *dos paulitos*)

1 front pin (front)
- o pino (Pt. *o paulito*) da frente

2 left front second pin (left front second)
- o segundo pino (Pt. *o segundo paulito*) da frente à esquerda

3 running three [left]
- a passagem frontal esquerda

4 right front second pin (right front second)
- o segundo pino (Pt. *o segundo paulito*) da frente à direita

5 running three [right]
- a passagem frontal direita

6 left corner pin (left corner), a corner (copper)
- o pino (Pt. *o paulito*) do canto esquerdo

7 landlord
- o rei (Pt. *o paulito central*)

8 right corner pin (right corner), a corner (copper)
- o pino (Pt. *o paulito*) do canto direito

9 back left second pin (back left second)
- o segundo pino (Pt. *o segundo paulito*) do fundo à esquerda

10 back right second pin (back right second)
- o segundo pino (Pt. *o segundo paulito*) do fundo à direita

11 back pin (back)
- o pino (Pt. *o paulito*) do fundo

12 pin
- o pino (Pt. *o paulito, o pau*)

13 landlord
- o pino rei (Pt. *o paulito central*)

14-20 tenpin bowling
- o boliche de dez pinos m (Pt. *a laranjinha de dez paulitos m*)

14 frame
- a disposição dos pinos (Pt. *dos paulitos*) em triângulo m

15 bowling ball (ball with finger holes)
- a bola de boliche m (Pt. *de laranjinha*) (a bola com buracos m para os dedos)

16 finger hole
- o buraco do dedo

17-20 deliveries
- os arremessos

17 straight ball
- o arremesso direto

18 hook ball (hook)
- o arremesso de gancho m

19 curve
- a curva

20 back-up ball (back-up)
- a curva invertida

21 boules; *sim.:* Italian game of boccie, green bowls (bowls)
- *a bocha*

22 boules player
- o jogador de bocha f

23 jack (target jack)
- o bolim

24 grooved boule
- a bocha (bola metálica estriada)

25 group of players
- o grupo de jogadores f

26 rifle shooting
- *o tiro ao alvo (com carabina f)*

27-29 shooting positions
- as posições de tiro m

27 standing position
- a posição de tiro m em pé m

28 kneeling position
- a posição de tiro m ajoelhado

29 prone position
- a posição de tiro m deitado

30-33 targets
- os alvos

30 target for 50m events (50m target)
- o alvo a 50 metros m

31 circle
- o círculo

32 target for 100m events (100m target)
- o alvo a 100 metros m

33 bobbing target (turning target, running-boar target)
- o alvo móvel (javali m correndo)

34-39 ammunition
- a munição

34 air rifle cartridge
- os cartuchos de carabina f de ar comprimido

35 rimfire cartridge for zimmerstutzen (indoor target rifle), a smallbore German single-shot rifle
- o cartucho a percussão f anular para carabina curta (para tiro m ao alvo em recinto fechado)

36 case head
- a cápsula de cartucho m

37 caseless round
- o projétil redondo

38 .22 long rifle cartridge
- o cartucho calibre m 22 de rifle longo

39 .222 Remington cartridge
- o cartucho Remington calibre m 222

40-49 sporting rifles
- a carabina de competição f

40 air rifle
- a carabina de ar m

41 optical sight
- o olhal da linha de mira f

42 front sight (foresight)
- a maça de mira f

43 smallbore standard rifle
- a arma convencional de pequeno calibre

44 international smallbore free rifle
- a arma livre de pequeno calibre

45 palm rest for standing position
- o descanso da palma da mão para tiro m em pé m

46 butt plate with hook
- a chapa da coronha com gancho m

47 butt with thumb hole
- a coronha com orifício m para o polegar

48 smallbore rifle for bobbing target (turning target)
- a carabina de pequeno calibre para tiro m a alvo m móvel

49 telescopic sight (riflescope, telescope sight)
- a mira telescópica

50 optical ring sight
- o visor óptico de aro m

51 optical ring and bead sight
- o visor óptico de aro m e ponto m

52-66 archery (target archery)
- *o arco-e-flecha*

52 shot
- o tiro

53 archer
- o arqueiro

54 competition bow
- o arco de competição f

55 riser
- o braço do arco

56 point-of-aim mark
- o ponto de mira f

57 grip (handle)
- o punho

58 stabilizer
- o estabilizador

59 bow string (string)
- a corda do arco

60 arrow
- a flecha

61 pile (point) of the arrow
- a ponta da flecha

62 fletching
- a empenagem

63 nock
- o encaixe de flecha f

64 shaft
- a haste

65 cresting
- as marcas do atirador

66 target
- o alvo

67 Basque game of pelota (jai alai)
- a pelota basca

68 pelota player
- o jogador de pelota basca

69 wicker basket (cesta)
- a cesta

70-78 skeet (skeet shooting), a kind of elay pigeon shooting
- *o tiro ao pombo*

70 skeet over-and-under shotgun
- a espingarda de cano duplo

71 muzzle with skeet choke
- a boca de cano m com afogador m para tiro m ao pombo, cano com diâmetro interno especial para tiro ao pombo

72 ready position on call
- a posição de caça f ('preparar')

73 firing position
- a posição 'apontar'

74 shooting range
- o stand de tiro m ao pombo

75 high house
- a cabine alta

76 low house
- a cabine baixa

77 target's path
- a direção do alvo

78 shooting station (shooting box)
- o posto de tiro m

79 aero wheel
- *a roda americana*

80 handle
- a alça

81 footrest
- o apoio para os pés

82 go-karting (karting)
- *a corrida de cartes* m

83 go-kart (kart)
- o carte

84 number plate (number)
- a placa com número m de largada f

85 pedals
- os pedais

86 pneumatic tyre (*Am.* tire)
- o pneu

87 petrol tank (*Am.* gasoline tank)
- o tanque de gasolina f

88 frame
- o chassi

89 steering wheel
- o volante

90 bucket seat
- o assento inteiriço

91 protective bulkhead
- a placa corta-fogo

92 two-stroke engine
- o motor de dois tempos

93 silencer (*Am.* muffler)
- o silencioso do escapamento

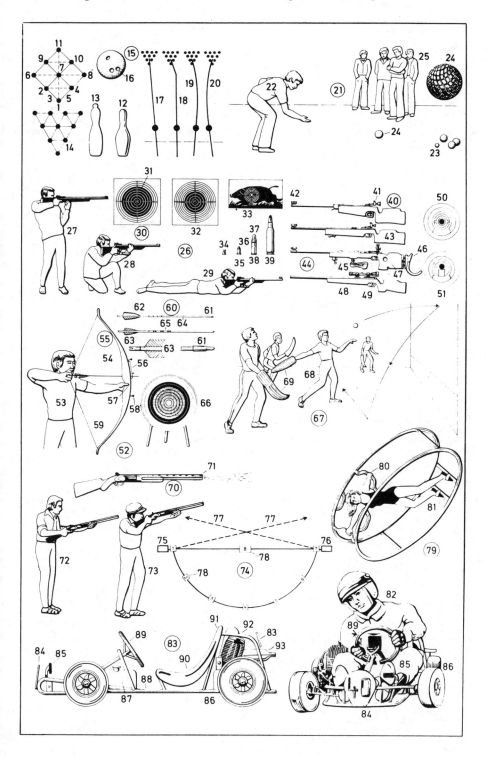

1-48 masked ball (masquerade, fancy-dress ball)
- *o baile de máscaras* f
1 ballroom
- *o salão de baile* m
2 pop group, a dance band
- *a banda de carnaval* m, *o conjunto musical*
3 pop musician
- *o músico (popular)*
4 paper lantern
- *a lanterna de papel* m
5 festoon (string of decorations)
- *a guirlanda*
6-48 disguise (fancy dress) at the masquerade
- *as fantasias do baile de máscaras* f
6 witch
- *a feiticeira*
7 mask
- *a máscara*
8 fur trapper (trapper)
- *o caçador*
9 Apache girl
- *a filha de apache* m
10 net stocking
- *a meia rendada, a meia arrastão*
11 first prize in the tombola (raffle), a hamper
- *o primeiro prêmio da tômbola, uma cesta de presentes* m
12 pierette
- *a pierrete*

13 half mask (domino)
- *a meia-máscara (o dominó)*
14 devil
- *o diabo*
15 domino
- *o dominó*
16 hula-hula girl (Hawaii girl)
- *a havaiana*
17 garland
- *o colar havaiano*
18 grass skirt (hula skirt)
- *a saia de ráfia* f
19 pierrot
- *o pierrô* (Pt. *o pierrot*)
20 ruff
- *a gola de pierrô* m (*o rufo*)
21 midinette
- *a midinete*
22 Biedermeier dress
- *o vestido de dama antiga*
23 poke bonnet
- *o chapéu-touca*
24 décolletage with beauty-spot
- *o decote com pinta* f (*o sinal de beleza* f)
25 bayadère (Hindu dancing girl)
- *a dançarina hindu (a baiadera)*
26 grandee
- *o nobre espanhol do século XVI*
27 columbine
- *a colombina*
28 maharaja (maharajah)
- *o marajá*

29 mandarin, a Chinese dignitary
- *o mandarim*
30 exotic girl (exotic)
- *a africana*
31 cowboy; *sim.*: gaucho (vaquero)
- *o vaqueiro*
32 vamp, in fancy dress
- *a vamp fantasiada*
33 dandy (fop, beau), a disguise
- *o dândi (uma fantasia)*
34 rosette
- *o distintivo da agremiação (do clube); sim.: o crachá*
35 harlequin
- *o arlequim*
36 gipsy (gypsy) girl
- *a cigana*
37 cocotte (demi-monde, demi-mondaine, demi-rep)
- *a cocote, a cortesã*
38 owl-glass, a fool (jester, buffoon)
- *o bufão (o bobo da corte)*
39 foolscap (jester's cap and bells)
- *o gorro e os guizos do bufão*
40 rattle
- *o chocalho*
41 odalisque, Eastern female slave in Sultan's seraglio
- *a odalisca (a escrava do harém de um sultão)*
42 chalwar (pantaloons)
- *a pantalona turca*

43 pirate (buccaneer)
- *o pirata (o bucaneiro, o corsário)*
44 tattoo
- *a tatuagem*
45 paper hat
- *o chapéu de papel* m
46 false nose
- *o nariz postiço*
47 clapper (rattle)
- *a matraca*
48 slapstick
- *o sabre de arlequim* m
49-54 fireworks
- *os fogos de artifício* m
49 percussion cap
- *o fulminante*
50 cracker
- *o buscapé*
51 banger
- *o limão-de-cheiro*
52 jumping jack
- *o espanta-coió*
53 cannon cracker (maroon, marroon)
- *a cabeça-de-negro, uma bomba*
54 rocket
- *o morteiro*
55 paper ball
- *a bola de papel* m
56 jack-in-the-box, a joke
- *a caixa de polichinelo* m, *uma brincadeira*
57-70 carnival procession
- *o desfile de carnaval* m

57 carnival float (carnival truck)
- *o carro alegórico*
58 King Carnival
- *o Rei Momo*
59 bauble (fool's sceptre, *Am.* scepter)
- *o cetro de bufão* m
60 fool's badge
- *a Ordem da Folia (condecoração* m *de carnaval* m)
61 Queen Carnival
- *a Rainha do Carnaval;* sim.: *Rainha Moma*
62 confetti
- *o confete*
63 giant figure, a satirical figure
- *a figura satírica*
64 beauty queen
- *a rainha da beleza, a miss*
65 fairy-tale figure
- *a personagem de contos* m *de fadas* f
66 paper streamer
- *a serpentina*
67 majorette
- *a baliza*
68 king's guard
- *o guarda do Rei Momo;* bras.: *o membro da Comissão de Frente*
69 buffon, a clown
- *o palhaço*
70 lansquenet's drum
- *o tambor de lansquenê* (Pt. *lansquené*) m; sim. bras.: *a bateria*

1-63 travelling (*Am.* traveling) circus
- *o circo ambulante*
1 circus tent (big top), a four-pole tent
- *a lona do circo, com quatro mastros* m
2 tent pole
- *o mastro*
3 spotlight
- *o refletor, o holofote, o canhão*
4 lighting technician
- *o iluminador*
5 platform [for the trapeze artists]
- *a plataforma [para os trapezistas]*
6 trapeze
- *o trapézio*
7 trapeze artist
- *o trapezista*
8 rope ladder
- *a escada de corda* f
9 bandstand
- *a tribuna da orquestra*
10 circus band
- *a orquestra de circo* m
11 ring entrance (arena entrance)
- *a entrada do picadeiro (da arena)*
12 wings
- *os bastidores*
13 tent prop (prop)
- *a estaca da lona*
14 safety net
- *a rede de segurança* f

15 seats for the spectators
- *a arquibancada*
16 circus box
- *o camarote*
17 circus manager
- *o gerente do circo*
18 artiste agent (agent)
- *o empresário de circo* m
19 entrance and exit
- *o acesso (entrada* f *e saída* f)
20 steps
- *os degraus de acesso às arquibancadas*
21 ring (arena)
- *o picadeiro*
22 ring fence
- *a cerca do picadeiro*
23 musical clown (clown)
- *o palhaço*
24 clown
- *o bufão, o bufo*
25 comic turn (clown act), a circus act
- *o número cômico, um número de circo* m, *um número circense*
26 circus riders (bareback riders)
- *os acrobatas*
27 ring attendant, a circus attendant
- *o ajudante de picadeiro, um artista circense*
28 pyramid
- *a pirâmide humana*
29 support
- *o apoio (a base)*

30-31 performance by liberty horses
- *a exibição de adestramento* m *de cavalos* m
30 circus horse, performing the levade (pesade)
- *o cavalo de circo empinado*
31 ringmaster, a trainer
- *o adestrador*
32 vaulter
- *o saltador (em número* m *de acrobacia* f *equestre)*
33 emergency exit
- *a saída de emergência* f
34 caravan (circus caravan, *Am.* trailer)
- *o reboque de circo* m
35 springboard acrobat (springboard artist)
- *o acrobata de trampolim* m
36 springboard
- *o trampolim*
37 knife thrower
- *o lançador de facas* f
38 circus marksman
- *o atirador de circo* m
39 assistant
- *o comparsa (o alvo vivo)*
40 tightrope dancer
- *o dançarino na corda bamba (o equilibrista, o funâmbulo)*
41 tightrope
- *a corda bamba*

42 balancing pole
 – *a vara de equilibrista* m
43 throwing act
 – *o salto mortal*
44 balancing act
 – *o número de equilibristas* m
45 support
 – *o apoio*
46 pole (bamboo pole)
 – *a vara de bambu* m
47 acrobat
 – *o acrobata*
48 equilibrist (balancer)
 – *o equilibrista*
49 wild animal cage, a round cage
 – *a jaula das feras, uma jaula redonda*
50 bars of the cage
 – *as barras da jaula*
51 passage (barred passage, passage for the wild animals)
 – *o túnel de acesso* m *dos animais
 à jaula*
52 tamer (wild animal tamer)
 – *o domador*
53 whip
 – *o chicote*
54 fork (protective fork)
 – *a forquilha de segurança* f
55 pedestal
 – *o pedestal, a coluna*
56 wild animal (tiger, lion)
 – *a fera (o tigre, o leão)*
57 stand
 – *o tamborete*

58 hoop (jumping hoop)
 – *o aro (para saltos* m)
59 seesaw
 – *a gangorra*
60 ball
 – *a bola*
61 camp
 – *o acampamento*
62 cage caravan
 – *o vagão-jaula*
63 menagerie
 – *o alojamento das feras*

1-69 fair (annual fair)
- *a quermesse, a feira beneficente*
1 fairground
- *o terreno da feira*
2 children's merry-go-round, (whirligig), a roundabout (*Am.* carousel)
- *o carrossel infantil*
3 refreshment stall (drinks stall)
- *a barraca de refrescos* m *e refrigerantes* m
4 chairoplane
- *o carrossel de aviõezinhos*
5 up-and-down roundabout, a ghost train
- *o trem-fantasma* (Pt. *o comboio-fantasma*)
6 show booth (booth)
- *a barraca de espetáculos* m
7 box (box office)
- *a bilheteria* (Pt. *a bilheteira*)
8 barker
- *o apregoador*
9 medium
- *o médium*
10 showman
- *o empresário do espetáculo*
11 try-your-strength machine
- *a máquina para teste* m *de força* f *muscular (o dinamômetro)*
12 hawker
- *o camelô, o mascate, o ambulante*
13 balloon
- *o balão de gás* m
14 paper serpent
- *a língua de sogra* f

15 windmill
- *o cata-vento*
16 pickpocket (thief)
- *o batedor de carteiras* f *(o ladrão)*
17 vendor
- *o vendedor (o camelô)*
18 Turkish delight
- *o doce sírio*
19 freak show
- *a barraca de exibição* f *de aberrações* f
20 giant
- *o gigante*
21 fat lady
- *a mulher obesa*
22 dwarfs (midgets)
- *os anões (os pigmeus)*
23 beer marquee
- *a cervejaria do parque*
24 sideshow
- *o teatro de feira* f
25-28 travelling (*Am.* traveling) artistes (travelling show people)
- *os artistas itinerantes (os artistas ambulantes);* sim.: *os mambembes*
25 fire eater
- *o engolidor de fogo* m
26 sword swallower
- *o engolidor de espadas* f
27 strong man
- *o hércules (o homem forte)*
28 escapologist
- *o arrebentador de correntes* f
29 spectators
- *os espectadores* (Pt. *os espetadores*)

30 ice-cream vendor (ice-cream man)
- *o vendedor de sorvete (o sorveteiro)*
31 ice-cream cornet, with ice cream
- *o sorvete de casquinha* f
32 sausage stand
- *a barraca de salsichas* f
33 grill (*Am.* broiler)
- *a grelha*
34 bratwurst (grilled sausage, *Am.* broiled sausage)
- *a salsicha grelhada*
35 sausage tongs
- *a pinça para salsichas* f
36 fortune teller
- *a cartomante (a vidente)*
37 big wheel (Ferris wheel)
- *a roda-gigante*
38 orchestrion (automatic organ), an automatic musical instrument
- *o musical automático, um instrumento*
39 scenic railway (switchback)
- *a montanha russa*
40 toboggan slide (chute)
- *o tobogã*
41 swing boats
- *as canoas de balanço* m
42 swing boat, turning full circle
- *a canoa de balanço* m *efetuando um giro de 360°*
43 full circle
- *o círculo completo*
44 lottery booth (tombola booth)
- *a barraca de loteria* f *(a barraca de tômbola* f)

45 wheel of fortune
- *a roda da fortuna*
46 devil's wheel (typhoon wheel)
- *o furacão*
47 throwing ring (quoit)
- *a argola (o jogo de argolas)*
48 prizes
- *os prêmios*
49 sandwich man on stilts
- *o homem-sanduíche sobre pernas* f *de pau* m
50 sandwich board (placard)
- *o cartaz com anúncio* m
51 cigarette seller, an itinerant trader (a hawker)
- *o vendedor de cigarros, um vendedor ambulante (um camelô)*
52 tray
- *o tabuleiro*
53 fruit stall
- *a barraca de frutas* f
54 wall-of-death rider
- *o motociclista do muro da morte*
55 hall of mirrors
- *a casa dos espelhos*
56 concave mirror
- *o espelho côncavo*
57 convex mirror •
- *o espelho convexo*
58 shooting gallery
- *o stand de tiro* m
59 hippodrome
- *o hipódromo*

60 junk stalls (second-hand stalls)
- *a barraca de bricabraque* m *(a barraca de belchior* m*)*
61 first aid tent (first aid post)
- *o posto de primeiros socorros*
62 dodgems (bumper cars)
- *a autopista*
63 dodgem car (bumper car)
- *o carro da autopista*
64-66 pottery stand
- *a barraca de objetos* m *de cerâmica* f
64 barker
- *o apregoador*
65 market woman
- *a feirante*
66 pottery
- *os objetos de cerâmica* f
67 visitors to the fair
- *os visitantes do parque, os visitantes da feira*
68 waxworks
- *a exposição de figuras* f *de cera* f
69 wax figure
- *a figura de cera* f

1 treadle sewing machine
– *a máquina de costura f de pedal* m
2 flower vase
– *o vaso de flores* f
3 wall mirror
– *o espelho de parede* f
4 cylindrical stove
– *o aquecedor a carvão* m
5 stovepipe
– *o cano do aquecedor*
6 stovepipe elbow
– *o cotovelo do cano do aquecedor*
7 stove door
– *a porta do aquecedor*
8 stove screen
– *o guarda-fogo*
9 coal scuttle
– *o balde de carvão* m
10 firewood basket
– *o cesto para lenha* f
11 doll
– *a boneca*
12 teddy bear
– *o ursinho de pelúcia* f
13 barrel organ
– *o realejo*
14 orchestrion
– *o Orchestrion, uma caixa de música automática*
15 metal disc (disk)
– *o disco de metal* m *(o disco perfurado)*
16 radio (radio set, *joc.*: 'steam radio'), a superheterodyne (superhet)
– *o rádio (aparelho* m *receptor de rádio* m)
17 baffle board
– *a tela acústica*
18 'magic eye', a tuning indicator valve
– *o 'olho mágico', uma válvula indicadora de sintonia* f
19 loudspeaker aperture
– *a grade do alto-falante*
20 station selector buttons (station pre-set buttons)
– *os botões seletores de estações* f *(botões de sintonização automática das estações)*
21 tuning knob
– *o botão de sintonia* f
22 frequency bands
– *as faixas de frequência* f
23 crystal detector (crystal set)
– *o rádio de galena* f
24 headphones (headset)
– *o fone de ouvido* m *(o fone de cabeça* f, Pt. *os auscultadores)*
25 folding camera
– *a máquina fotográfica de fole* m
26 bellows
– *o fole*
27 hinged cover
– *a tampa articulada*
28 spring extension
– *a dobradiça de mola* f
29 salesman
– *o vendedor*
30 box camera
– *a câmara-caixão*
31 gramophone
– *o gramofone, o fonógrafo (conh. tb. pelo nome de vitrola f)*
32 record (gramophone record)
– *o disco (o disco de fonógrafo* m)
33 needle head with gramophone needle
– *a cabeça de leitura e a agulha do fonógrafo* (pickup)
34 horn
– *o pavilhão*
35 gramophone box
– *a caixa do gramofone*
36 record rack
– *a discoteca portátil*
37 tape recorder, a portable tape recorder
– *o toca-fitas, o gravador, um toca-fitas portátil*
38 flashgun
– *o flash, o fleche*
39 flash bulb
– *a lâmpada do fleche* (Pt. *do* flash)
40-41 electronic flash (electronic flashgun)
– *o fleche* (Pt. *o* flash) *eletrônico*
40 flash head
– *a cabeça do fleche* (Pt. *do* flash)
41 accumulator
– *a bateria*
42 slide projector
– *o projetor de diapositivos* m
43 slide holder
– *o porta-slides (suporte* m *para diapositivos* m)
44 lamphouse
– *a caixa da lâmpada*

45 candlestick
- *o castiçal*
46 scallop shell
- *a concha de vieira f*
47 cutlery
- *os talheres*
48 souvenir plate
- *o prato de lembrança f*
49 drying rack for photographic plates
- *o secador para chapas fotográficas*
50 photographic plate
- *a chapa fotográfica*
51 delayed-action release
- *o disparador automático*
52 tin soldiers (*sim.:* lead soldiers)
- *os soldadinhos de estanho* m *(sim.: os soldadinhos de chumbo* m*)*
53 beer mug (stein)
- *a caneca de cerveja f (de barro* m*)*
54 bugle
- *a corneta*
55 second-hand books
- *os livros antigos*
56 grandfather clock
- *o relógio de pêndulo* m*, a pêndula*
57 clock case
- *a caixa do relógio*
58 pendulum
- *o pêndulo*
59 time weight
- *o peso do movimento*
60 striking weight
- *o peso das batidas*
61 rocking chair
- *a cadeira de balanço* m

62 sailor suit
- *o uniforme de marinheiro* m
63 sailor's hat
- *o boné de marinheiro* m
64 washing set
- *o conjunto para toalete f*
65 washing basin
- *a bacia*
66 water jug
- *o gomil (o jarro de água f)*
67 washstand
- *a armação do conjunto de toalete f*
68 dolly
- *o pisão de bater roupa f*
69 washtub
- *a tina de lavar roupa f*
70 washboard
- *a tábua de lavar roupa f*
71 humming top
- *o pião sonoro*
72 slate
- *a lousa*
73 pencil box
- *o estojo de lápis* m
74 adding and subtracting machine
- *a máquina de somar*
75 paper roll
- *a bobina de papel* m
76 number keys
- *o teclado de dígitos* m
77 abacus
- *o ábaco*
78 inkwell, with lid
- *o tinteiro com tampa f*

79 typewriter
- *a máquina de escrever*
80 [hand-operated] calculating machine (calculator)
- *a máquina de calcular manual*
81 operating handle
- *a manivela de operação f*
82 result register (product register)
- *o totalizador*
83 rotary counting mechanism (rotary counter)
- *o mecanismo rotativo de totalização f*
84 kitchen scales
- *a balança de cozinha f*
85 waist slip (underskirt)
- *a anágua*
86 wooden handcart
- *o carrinho de mão f de madeira f*
87 wall clock
- *o relógio de parede f*
88 bed warmer
- *a botija de água f quente para aquecer a cama*
89 milk churn
- *o latão de leite* m

1-13 film studios (studio complex, *Am.* movie studios)
- *o complexo cinematográfico (os estúdios)*
1 lot (studio lot)
- *o terreno para filmagens f ao ar m livre (para tomadas f exteriores)*
2 processing laboratories (film laboratories, motion picture laboratories)
- *os laboratórios de processamento m de filmes cinematográficos*
3 cutting rooms
- *as salas de montagem f, as salas de cortes m*
4 administration building (office building, offices)
- *o prédio da administração (os escritórios)*
5 film (motion picture) storage vault (film library, motion picture library)
- *a cinemateca (o arquivo de filmes m)*
6 workshop
- *as oficinas*
7 film set (*Am.* movie set)
- *os cenários*
8 power house
- *a casa de força f*
9 technical and research laboratories
- *os laboratórios técnicos e de pesquisa f*
10 groups of stages
- *os palcos*

11 concrete tank for marine sequences
- *o tanque de concreto m (Pt. de betão m) para sequências náuticas*
12 cyclorama
- *o ciclorama*
13 hill
- *a colina*
14-60 shooting (filming)
- *as filmagens (as tomadas)*
14 music recording studio (music recording theatre, *Am.* theater)
- *o estúdio de gravação f de música f*
15 'acoustic' wall lining
- *os painéis acústicos*
16 screen (projection screen)
- *a tela de projeção f*
17 film orchestra
- *a orquestra do filme*
18 exterior shooting (outdoor shooting, exterior filming, outdoor filming)
- *as filmagens externas (as tomadas externas, as tomadas ao ar m livre)*
19 camera with crystal-controlled drive
- *a câmera síncrona controlada por quartzo m*
20 cameraman
- *o operador cinematográfico (o câmera)*
21 assistant director

- *o assistente de direção*
22 boom operator (boom swinger)
- *o operador da girafa (do boom)*
23 recording engineer (sound recordist)
- *o engenheiro de som m*
24 portable sound recorder with crystal-controlled drive
- *o gravador portátil com acionamento controlado por quartzo m*
25 microphone boom
- *a girafa (do microfone)*
26-60 shooting (filming) in the studio (on the sound stage, on the stage, in the filming hall)
- *a filmagem em estúdio m*
26 production manager
- *o diretor de produção f*
27 leading lady (film actress, film star, star)
- *a atriz principal (a atriz do filme, a estrela do filme, a estrela)*
28 leading man (film actor, film star, star)
- *o artista principal (o ator do filme, o astro do filme, um astro)*
29 film extra (extra)
-- *o figurante do filme (o extra)*
30 arrangement of microphones for stereo and sound effects
- *a disposição dos microfones para gravação f em estéreo e efeitos sonoros*
31 studio microphone
- *o microfone de estúdio m*

32 microphone cable
 – *o fio do microfone*
33 side flats and background
 – *os cenários laterais e de fundo m*
34 clapper boy
 – *o clapman*
35 clapper board (clapper) with slates (boards) for the film title, shot number (scene number) and take number
 – *o clapper com lousa f levando o título do filme, o número da cena e o número da tomada*
36 make-up artist (hairstylist)
 – *o maquiador* (Pt. *o maquilhador; o cabeleireiro)*
37 lighting electrician (studio electrician, lighting man, *Am.* gaffer)
 – *o iluminador*
38 diffusing screen
 – *a tela difusora*
39 continuity girl (script girl)
 – *a continuísta*
40 film director (director)
 – *o diretor do filme (o realizador)*
41 cameraman (first cameraman)
 – *o câmera principal*
42 camera operator, an assistant cameraman (camera assistant)
 – *o assistente do câmera*
43 set designer (art director)
 – *o diretor de arte f (o cenarista-decorador)*
44 director of photography

 – *o diretor de fotografia* f
45 filmscript (script, shooting script, *Am.* movie script)
 – *o roteiro do filme*
46 assistant director
 – *o assistente de direção* f
47 soundproof film camera (soundproof motion picture camera), a wide screen camera (cinemascope camera)
 – *a câmara de cinema insonorizada, uma câmara cinemascópica*
48 soundproof housing (soundproof cover, blimp)
 – *a caixa insonorizada*
49 camera crane (dolly)
 – 'dolly' *(a plataforma de filmagem f, uma plataforma móvel com câmara f)*
50 hydraulic stand
 – *o pedestal hidráulico*
51 mask (screen) for protection from spill light (gobo, nigger)
 – *a máscara anti-halo*
52 tripod spotlight (fill-in light, filler light, fill light, filler)
 – *o refletor da luz de enchimento m*
53 spotlight catwalk
 – *a bateria de refletores* m
54 recording room
 – *a cabine de gravação* f
55 recording engineer (sound recordist)

 – *o engenheiro de gravação* f *de som* m
56 mixing console (mixing desk)
 – *a mesa de mixagem* f
57 sound assistant (assistant sound engineer)
 – *o assistente de som* m *(o engenheiro assistente de som* m*)*
58 magnetic sound recording equipment (magnetic sound recorder)
 – *o equipamento magnético de gravação sonora*
59 amplifier and special effects equipment, e.g. for echo and sound effects
 – *o equipamento de amplificação f e de efeitos* m *especiais; p. ex. para eco* m *e efeitos sonoros*
60 sound recording camera (optical sound recorder)
 – *a câmara de gravação sonora (o gravador óptico de som* m*)*

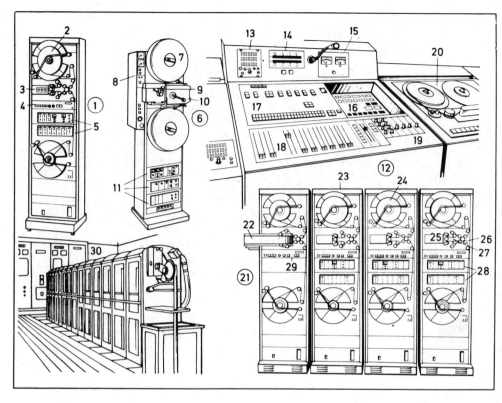

1-46 sound recording and re-recording (dubbing)
- *a gravação e a dublagem* (Pt. *a dobragem*) *de som* m
1 magnetic sound recording equipment (magnetic sound recorder)
- *o equipamento de gravação magnética de som* m (*o gravador magnético de som*)
2 magnetic film spool
- *a bobina de filme magnético*
3 magnetic head support assembly
- *a unidade porta-cabeçotes magnéticos*
4 control panel
- *o painel de controle* m
5 magnetic sound recording and playback amplifier
- *o amplificador de gravação* f *e leitura* f *de som magnético*
6 optical sound recorder (sound recording camera, optical sound recording equipment)
- *o gravador óptico de som* m (*a câmara sonora*)
7 daylight film magazine
- *o magazine de filme* m *para luz diurna*
8 control and monitoring panel
- *o painel monitor e de comando* m
9 eyepiece for visual control of optical sound recording
- *a ocular para controle* m *visual de registro* (Pt. *de registo*) *óptico do som*

10 deck
- *o desenrolador*
11 recording amplifier and mains power unit
- *o amplificador de gravação* f *e a unidade de alimentação* f
12 control desk (control console)
- *o console* (*a mesa de controle* m)
13 monitoring loudspeaker (control loudspeaker)
- *o alto-falante monitor*
14 recording level indicators
- *os indicadores de nível* m *de gravação* f
15 monitoring instruments
- *os instrumentos de controle* m
16 jack panel
- *o painel de comutação* f
17 control panel
- *o painel de comando* m
18 sliding control
- *o potenciômetro de cursor* m
19 equalizer
- *o equalizador* (*os filtros corretores*)
20 magnetic sound deck
- *o deck* (*a mesa*) *de som magnético*
21 mixer for magnetic film
- *o equipamento de mixagem* f *para filme magnético*
22 film projector
- *o projetor de filme* m

23 recording and playback equipment
- *o equipamento de gravação* f *e leitura* f
24 film reel (film spool)
- *a bobina de filme* m
25 head support assembly for the recording head, playback head, and erasing head (erase head)
- *a unidade porta-cabeçotes para os cabeçotes de gravação* f, *leitura* f *e apagamento* m
26 film transport mechanism
- *o mecanismo de movimentação* f *do filme*
27 synchronizing filter
- *o filtro de sincronização* f
28 magnetic sound amplifier
- *o amplificador magnético de som* m
29 control panel
- *o painel de controle* m
30 film-processing machines (film-developing machines) in the processing laboratory (film laboratory, motion picture laboratory)
- *as máquinas de processar filme* m, *as máquinas de revelar filme* (*o laboratório cinematográfico*)

31 echo chamber
- *a câmara de eco* m
32 echo chamber loudspeaker
- *o alto-falante da câmara de eco* m
33 echo chamber microphone
- *o microfone da câmara de eco* m
34-36 sound mixing (sound dubbing, mixing of several sound tracks)
- *a mixagem de som* m *(a mixagem de várias trilhas* (Pt. *pistas) sonoras)*
34 mixing room (dubbing room)
- *a sala de mixagem* f
35 mixing console (mixing desk) for mono or stereo sound
- *o console de mixagem* f, *para som* m *mono ou estéreo*
36 dubbing mixers (recording engineers, sound recordists) dubbing (mixing)
- *os técnicos de som* m *realizando uma mixagem* f
37-41 synchronization (syncing, dubbing, post-synchronization, post-syncing)
- *o estúdio de pós-sincronização* f *(a dublagem,* Pt. *a dobragem)*
37 dubbing studio (dubbing theatre, Am. theater)
- *o estúdio de dublagem* f (Pt. *de dobragem* f)

38 dubbing director
- *o diretor de dublagem* f (Pt. *de dobragem* f)
39 dubbing speaker (dubbing actor)
- *a dubladora* (Pt. *a dobradora*)
40 boom microphone
- *o microfone na girafa*
41 microphone cable
- *o fio do microfone*
42-46 cutting (editing)
- *a montagem (o corte)*
42 cutting table (editing table, cutting bench)
- *a mesa de montagem* f *(a mesa de cortes* m*)*
43 film editor (cutter)
- *o montador de filme* m
44 film turntables, for picture and sound tracks
- *os pratos giratórios para trilhas* f (Pt. *para pistas* f) *de som* m *e imagem* f
45 projection of the picture
- *a projeção da imagem*
46 loudspeaker
- *o alto-falante*

1-23 film projection (motion picture projection)
- *a projeção de filme* m, *a projeção cinematográfica*
1 cinema (picture house, *Am.* movie theater, movie house)
- *o cinema (a sala exibidora)*
2 cinema box office (*Am.* movie theater box office)
- *a bilheteria* (Pt. *a bilheteira*)
3 cinema ticket (*Am.* movie theater ticket)
- *a entrada de cinema* m, *o ingresso de cinema*
4 usherette
- *a 'lanterninha'* (Pt. *a arrumadora*)
5 cinemagoers (filmgoers, cinema audience, *Am.* moviegoers, movie audience)
- *os frequentadores de cinema* m *(os espectadores)*
6 safety lighting (emergency lighting)
- *a luz da saída de emergência* f
7 emergency exit
- *a saída de emergência* f
8 stage
- *o palco*
9 rows of seats (rows)
- *a fileira de poltronas* f
10 stage curtain (screen curtain)
- *a cortina do palco*
11 screen (projection screen)
- *a tela (a tela de projeção* f)

12 projection room (projection booth)
- *a cabine de projeção* f
13 lefthand projector
- *o projetor esquerdo*
14 righthand projector
- *o projetor direito*
15 projection room window with projection window and observation port
- *a janela da cabine de projeção* f *com aberturas* f *de projeção e de observação* f
16 reel drum (spool box)
- *a bobina, o carretel*
17 house light dimmers (auditorium lighting control)
- *os botões de variação gradativa das luzes da sala de projeção* f *(dimmers)*
18 rectifier, a selenium or mercury vapour rectifier for the projection lamps
- *o retificador, um retificador a selênio* m *ou vapor* m *de mercúrio* m *para as lâmpadas de projeção* f
19 amplifier
- *o amplificador*
20 projectionist
- *o operador cinematográfico*
21 rewind bench for rewinding the film
- *a mesa para rebobinar o filme*

22 film cement (splicing cement)
- *a cola de emendar filme* m
23 slide projection for advertisements
- *o projetor de diapositivos* m *de publicidade* f
24-52 film projectors
- *os projetores cinematográficos*
24 sound projector (film projector, cinema projector, theatre projector, *Am.* movie projector)
- *o projetor sonoro (o projetor de filmes sonoros, o projetor cinematográfico sonoro)*
25-28 projector mechanism
- *o mecanismo do projetor*
25 fireproof reel drums (spool boxes) with circulating oil cooling system
- *a caixa de carretéis* m *à prova de fogo* m *com refrigeração* f *por circulação* f *de óleo* m
26 feed sprocket (supply sprocket)
- *o cilindro dentado de avanço* m
27 take-up sprocket
- *o cilindro dentado receptor*
28 magnetic head cluster
- *a engrenagem do cabeçote magnético*
29 guide roller (guiding roller) with framing control
- *o rolete-guia com controle* m *de enquadramento* m

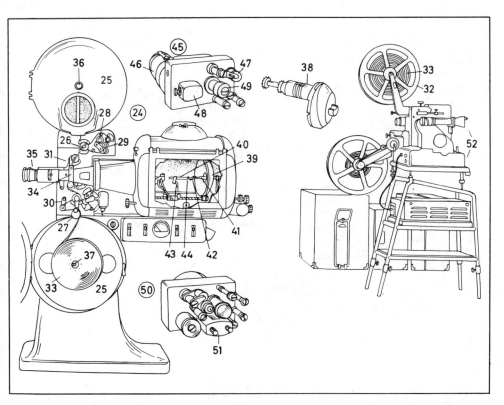

30 loop former for smoothing out the intermittent movement; *also:* film break detector
 – *o formador de laçada* f *para estabilizar o movimento por arrancos* m; tb.: *o detector de ruptura* f *do filme*
31 film path
 – *a trilha do filme*
32 film reel (film spool)
 – *a bobina do filme*
33 reel of film
 – *o rolo de filme* m
34 film gate (picture gate, projector gate) with cooling fan
 – *a janela do filme, com ventilador* m
35 projection lens (projector lens)
 – *a lente de projeção* f, *a lente do projetor*
36 feed spindle
 – *o eixo de avanço* m
37 take-up spindle with friction drive
 – *o eixo receptor* (Pt. *recetor*) *acionado por atrito* m
38 maltese cross mechanism (maltese cross movement, Geneva movement)
 – *o mecanismo da cruz de malta*
39-44 lamphouse
 – *a caixa da lâmpada, a lanterna*

39 mirror arc lamp, with aspherical (non-spherical) concave mirror and blowout magnet for stabilizing the arc (*also:* high-pressure xenon arc lamp)
 – *a lâmpada refletora a arco* m *elétrico, com espelho côncavo esférico e ímã estabilizador do arco;* tb.: *a lâmpada* f *a xênon* m *de alta pressão*
40 positive carbon (positive carbon rod)
 – *o carvão positivo (a haste de carvão positivo)*
41 negative carbon (negative carbon rod)
 – *o carvão negativo (a haste de carvão negativo)*
42 arc
 – *o arco*
43 carbon rod holder
 – *o porta-carvão*
44 crater (carbon crater)
 – *a cratera do carvão*
45 optical sound unit [also designed for multi-channel optical stereophonic sound and for push-pull sound tracks]
 – *a unidade óptica de som* m [*também projetada para som estereofônico óptico e para trilhas* (Pt. *pistas) sonoras simétricas*]

46 sound optics
 – *a óptica de leitura* f *do som*
47 sound head
 – *o cabeçote de leitura* f *do som*
48 exciter lamp in housing
 – *a lâmpada excitadora dentro da caixa*
49 photocell in hollow drum
 – *a célula fotoelétrica no cilindro oco*
50 attachable four-track magnetic sound unit (penthouse head, magnetic sound head)
 – *o acessório de som magnético de quatro pistas* f
51 four-track magnetic head
 – *o cabeçote magnético de quatro pistas* f
52 narrow-gauge (*Am.* narrow-gage) cinema projector for mobile cinema
 – *o projetor de cinema* m *para filmes* m *de gabarito reduzido* (Pt. *de gabari reduzido) (projetor de 16 mm)*

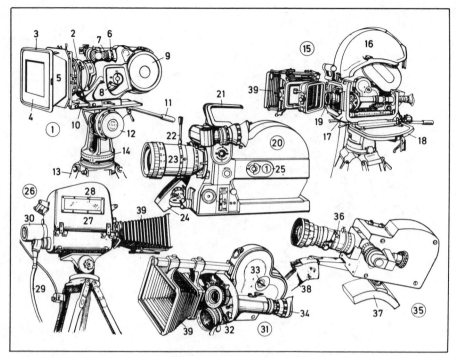

1-39 motion picture cameras (film cameras)
- *as câmaras cinematográficas*
1 standard-gauge (*Am.* standard-gage) motion picture camera (standard-gauge, *Am.* standard-gage, 35 mm camera)
- *a câmara para filme m de 35 mm*
2 lens (object lens, taking lens)
- *a objetiva*
3 lens hood (sunshade) with matte box
- *o pára-sol com porta-máscara m*
4 matte (mask)
- *a máscara*
5 lens hood barrel
- *o fole do pára-sol*
6 viewfinder eyepiece
- *a ocular do visor*
7 eyepiece control ring
- *o anel de regulagem f da ocular*
8 opening control for the segment disc (disk) shutter
- *o controle da abertura para o obturador de disco m de segmento m*
9 magazine housing
- *a caixa do carretel de filme m*
10 slide bar for the lens hood
- *o trilho do fole do pára-sol*
11 control arm (control lever)
- *a alavanca de controle m*
12 pan and tilt head
- *a cabeça de movimentação f horizontal e vertical*
13 wooden tripod
- *o tripé de madeira f*
14 degree scale
- *a escala angular*
15 soundproof (blimped) motion picture camera (film camera)
- *a câmara cinematográfica à prova de som m*

16-18 soundproof housing (blimp)
- *a caixa insonorizada* (blimp)
16 upper section of the soundproof housing
- *a parte superior da caixa insonorizada*
17 lower section of the soundproof housing
- *a parte inferior da caixa insonorizada*
18 open sidewall of the soundproof housing
- *a parede lateral da caixa insonorizada (aberta)*
19 camera lens
- *a objetiva da câmara*
20 lightweight professional motion picture camera
- *a câmara profissional leve*
21 grip (handgrip)
- *a alça (a garra)*
22 zooming lever
- *a alavanca de variação f da zoom*
23 zoom lens (variable focus lens, varifocal lens) with infinitely variable focus
- *a objetiva zoom (a objetiva com variação contínua de foco m)*
24 handgrip with shutter release
- *o punho com disparador m*
25 camera door
- *a portinhola da câmara*
26 sound camera (newsreel camera) for recording sound and picture
- *a câmara sonora (a câmara de reportagem f para gravar imagem f e som m)*
27 soundproof housing (blimp)
- *a caixa insonorizada* (blimp)
28 window for the frame counters and indicator scales
- *a janela das escalas e do contador de imagens f*
29 pilot tone cable (sync pulse cable)
- *o cabo de frequência f piloto (o cabo de sincronização f)*

30 pilot tone generator (signal generator, pulse generator)
- *o gerador de frequência f piloto (o gerador de sinal m)*
31 professional narrow-gauge (*Am.* narrow-gage) motion picture camera, a 16mm camera
- *a câmara cinematográfica para filmes m de gabarito reduzido (Pt. de gabari reduzido), uma câmara de 16 mm*
32 lens turret (turret head)
- *a torre porta-objetivas*
33 housing lock
- *o feixo da caixa*
34 eyecup
- *a viseira de borracha f*
35 high-speed camera, a special narrow-gauge (*Am.* narrow-gage) camera
- *a câmara de grande velocidade f, uma câmara especial para filmes m de gabarito reduzido (Pt. de gabari reduzido)*
36 zooming lever
- *a alavanca de variação da zoom*
37 rifle grip
- *o apoio sobre o ombro*
38 handgrip with shutter release
- *a alça com disparador m*
39 lens hood bellows
- *o fole do pára-sol*

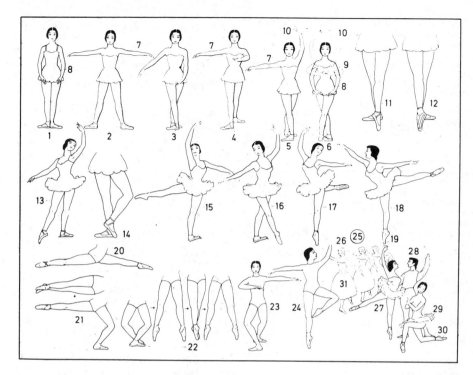

1-6 the five positions (ballet positions)
– *as cinco posições (as posições de balé* m, Pt. *de bailado* m*)*
1 first position
– *a primeira posição*
2 second position
– *a segunda posição*
3 third position
– *a terceira posição*
4 fourth position [open]
– *a quarta posição [ouvert]*
5 fourth position [crossed; extended fifth position]
– *a quarta posição [cruzada; quinta posição aberta]*
6 fifth position
– *a quinta posição*
7-10 ports de bras (arm positions)
– *ports de bras (posições* f *de braço* m*)*
7 port de bras à coté
– *port de bras à coté*
8 port de bras en bas
– *port de bras en bas*
9 port de bras en avant
– *port de bras en avant*
10 port de bras en haut
– *port de bras en haut*
11 dégagé à la quatrième devant
– *dégagé à la quatrième devant*
12 dégagé à la quatrième derrière
– *dégagé à la quatrième derrière*
13 effacé
– *effacé*
14 sur le cou-de-pied
– *sur le cou-de-pied*

15 écarté
– *o écarté*
16 croisé
– *o croisé*
17 attitude
– *a atitude*
18 arabesque
– *o arabesque*
19 à pointe (on full point)
– *a ponta*
20 splits
– *le grand écart*
21 cabriole (capriole)
– *a cabriole*
22 entrechat (entrechat quatre)
– *o entrechat (entrechat quatre)*
23 préparation [e.g. for a pirouette]
– *a preparação* [p.ex. *para uma pirueta*]
24 pirouette
– *a pirueta*
25 corps de ballet
– *o corpo de baile* m
26 ballet dancer (ballerina)
– *a bailarina*
27-28 pas de trois
– *pas de trois*
27 prima ballerina
– *a primeira bailarina*
28 principal male dancer (leading soloist)
– *o primeiro bailarino*
29 tutu
– *o tutu*

30 point shoe, a ballet shoe (ballet slipper)
– *a sapatilha de ponta* f, *uma sapatilha de balé* m (Pt. *de bailado* m*)*
31 ballet skirt
– *a saia longa*

1-4 **types of curtain operation**
- *os tipos de abertura* f *de cortina*
f
1 draw curtain (side parting)
- *a cortina grega (afastamento* m
para os lados)
2 tableau curtain (bunching up
sideways)
- *a cortina italiana (pregueando
para cima e para os lados)*
3 fly curtain (vertical ascent)
- *a cortina alemã (abrindo para cima)*
4 combined fly and draw curtain
- *a cortina greco-alemã combinada*
5-11 **cloakroom hall** (*Am.* checkroom hall)
- *o saguão* (Pt. *o átrio) do vestiário*
5 cloakroom (*Am.* checkroom)
- *o vestiário*
6 cloakroom attendant (*Am.*
checkroom attendant)
- *a chapeleira, a encarregada do
vestiário*
7 cloakroom ticket (*Am.* check)
- *a senha do vestiário (o ticket do
vestiário)*
8 playgoer (theatregoer, *Am.*
theatergoer)
- *o espectador* (Pt. *o espetador)*
9 opera glass (opera glasses)
- *o binóculo de teatro* m
10 commissionaire
- *o porteiro*
11 theatre (*Am.* theater) ticket, an
admission ticket
- *o ingresso (a entrada) de teatro* m
12-13 **foyer** (lobby, crush room)
- *o vestíbulo (a sala de espera* f)
12 usher; *form.:* box attendant
- *o indicador de lugares* m (Pt. *o
arrumador)*
13 programme (*Am.* program)
- *o programa*
14-27 **auditorium and stage**
- *o auditório e o palco*
14 stage
- *o palco*
15 proscenium
- *o proscênio*
16-20 **auditorium**
- *o auditório*
16 gallery (balcony)
- *a galeria*
17 upper circle
- *o balcão simples*
18 dress circle (*Am.* balcony, mez-
zanine)
- *o balcão nobre*
19 front stalls
- *as poltronas de orquestra* f, *a
platéia*
20 seat (theatre seat, *Am.* theater
seat)
- *o assento, a poltrona*
21-27 rehearsal (stage rehearsal)
- *o ensaio*
21 chorus
- *o coro*
22 singer
- *o cantor*
23 singer
- *a cantora*
24 orchestra pit
- *o fosso da orquestra*

25 orchestra
- *a orquestra*
26 conductor
- *o regente, o maestro*
27 baton (conductor's baton)
- *a batuta*
28-42 **paint room,** a workshop
- *a sala de pintura* f, *uma oficina
do teatro*
28 stagehand (scene shifter)
- *o maquinista de teatro* m *(o trocador de cenários* m)
29 catwalk (bridge)
- *o passadiço (a ponte)*
30 set piece
- *o elemento do cenário*
31 reinforcing struts
- *o chassi*
32 built piece (built unit)
- *a construção (o elemento de cenário* m *em três dimensões* f)
33 backcloth (backdrop)
- *o pano de fundo* m
34 portable box for paint containers
- *a caixa portátil para latões* m *de
tinta* f
35 scene painter, a scenic artist
- *o pintor de cenários* m, *um artista cênico*
36 paint trolley
- *o carrinho de tinta* f
37 stage designer (set designer)
- *o cenógrafo*
38 costume designer
- *o desenhista de figurinos* m *(o
desenhista do guarda-roupa)*
39 design for a costume
- *o projeto do guarda-roupa*
40 sketch for a costume
- *o esboço de um modelo*
41 model stage
- *a maquete do palco*
42 model of the set
- *a maquete do cenário*
43-52 **dressing room**
- *o camarim*
43 dressing room mirror
- *o espelho do camarim*
44 make-up gown
- *o avental de maquiagem* (Pt. *de
maquilhagem)* f
45 make-up table
- *a mesa de maquiagem* (Pt. *de
maquilhagem)* f
46 greasepaint stick
- *o bastão de cosmético* m
47 chief make-up artist (chief
make-up man)
- *o maquiador* (Pt. *o maquilhador) chefe*
48 make-up artist (hairstylist)
- *o cabeleireiro*
49 wig
- *a peruca*
50 props (properties)
- *os acessórios*
51 theatrical costume
- *o costume de teatro* m
52 call light
- *a luz de chamada* f *à cena*

1-60 stagehouse with machinery (machinery in the flies and below stage)
– *o palco e a caixa do palco com maquinaria* f
1 control room
– *a sala de comando* m
2 control console (lighting console, lighting control console) with preset control for presetting lighting effects
– *o painel de controle* m *(o console de iluminação* f*) com controle de memória* f *para efeitos luminosos*
3 lighting plot (light plot)
– *a planta da instalação elétrica*
4 grid (gridiron)
– *a teia*
5 fly floor (fly gallery)
– *a passarela acima do proscênio (a passarela de iluminação* f*)*
6 sprinkler system for fire prevention (for fire protection)
– *o sistema de combate* m *a incêndios* m *(os jatos aspersores)*
7 fly man
– *o maquinista*
8 fly lines (lines)
– *os cabos de comando* m
9 cyclorama
– *o ciclorama*
10 backcloth (backdrop, background)
– *a rotunda*
11 arch, a drop cloth
– *o arco, um pano de boca* f
12 border
– *a bambolina*
13 compartment (compartment-type, compartmentalized) batten (*Am.* border light)
– *a gambiarra compartimentada*
14 stage lighting units (stage lights)
– *as luminárias do palco*
15 horizon lights (backdrop lights)
– *as luzes de horizonte* m *(as luzes do pano de fundo* m*)*
16 adjustable acting area lights (acting area spotlights)
– *as luzes móveis para iluminação* f *do palco (os projetores do palco)*
17 scenery projectors (projectors)
– *os projetores de cenários* m *(os projetores)*
18 monitor (water cannon) (a piece of safety equipment)
– *o 'monitor' (a lança de incêndio* m*, parte do equipamento de segurança* f*), um extintor de incêndio a água* f
19 travelling (*Am.* traveling) lighting bridge (travelling lighting gallery)
– *a bateria móvel de iluminação* f *(a galeria móvel de iluminação)*
20 lighting operator (lighting man)
– *o iluminador (o técnico em iluminação* f*)*
21 portal spotlight (tower spotlight)
– *o projetor de proscênio*
22 adjustable proscenium
– *o proscênio regulável*
23 curtain (theatrical curtain)
– *a cortina de teatro* m
24 iron curtain (safety curtain, fire curtain)
– *a cortina de ferro* m *(a cortina de segurança* f*, cortina cortafogo)*
25 forestage (apron)
– *o proscênio*
26 footlight (footlights, floats)
– *a ribalta*
27 prompt box
– *a caixa do ponto*
28 prompter
– *o ponto*
29 stage manager's desk
– *a mesa do régisseur*
30 stage director (stage manager)
– *o régisseur (o diretor de cena* f*)*
31 revolving stage
– *o palco giratório*
32 trap opening
– *a abertura do alçapão*
33 lift (*Am.* elevator)
– *o elevador, o ascensor*
34 bridge (*Am.* elevator), a rostrum
– *o estrado, um rostro*
35 pieces of scenery
– *os elementos do cenário*
36 scene
– *o palco*
37 actor
– *o ator*
38 actress
– *a atriz*
39 extras (supers, supernumeraries)
– *os figurantes, os 'extras'*
40 director (producer)
– *o diretor, o encenador*
41 prompt book (prompt script)
– *o texto (do ponto)*
42 director's table (producer's table)
– *a mesa do diretor (do encenador)*
43 assistant director (assistant producer)
– *o assistente de direção* f
44 director's script (producer's script)
– *o roteiro do diretor (do encenador)*
45 stage carpenter
– *o carpinteiro*
46 stagehand (scene shifter)
– *o contra-regra*
47 set piece
– *o elemento do cenário (o chassi)*
48 mirror spot (mirror spotlight)
– *o projetor com espelho* m
49 automatic filter change (with colour filters, colour mediums, gelatines)
– *a troca automática de filtros* m *de cor* f
50 hydraulic plant room
– *a sala da prensa hidráulica*
51 water tank
– *o reservatório de água* f
52 suction pipe
– *o tubo de sucção* f
53 hydraulic pump
– *a bomba hidráulica*
54 pressure pipe
– *o tubo de recalque* m
55 pressure tank (accumulator)
– *o tanque de pressão* f *(o acumulador)*
56 pressure gauge (*Am.* gage)
– *o manômetro*
57 level indicator (liquid level indicator)
– *o indicador de nível* m *(o indicador do nível de líquido* m*)*
58 control lever
– *a alavanca de comando* m
59 operator
– *o operador*
60 rams
– *o carneiro hidráulico*

1 bar
- *o bar*

2 barmaid
- *a garçonete (Pt. a empregada de bar m)*

3 bar stool
- *o tamborete, a banqueta do bar*

4 shelf for bottles
- *a prateleira para garrafas f*

5 shelf for glasses
- *a prateleira para copos m*

6 beer glass
- *o copo de cerveja f*

7 wine and liqueur glasses
- *os copos de licor m e vinho m*

8 beer tap (tap)
- *a torneira da serpentina de chope m*

9 bar
- *o balcão*

10 refrigerator (fridge, *Am.* icebox)
- *a geladeira, o refrigerador (Pt. o frigorífico)*

11 bar lamps
- *as luminárias do bar*

12 indirect lighting
- *a iluminação indireta*

13 colour (*Am.* color) organ (clavilux)
- *as luzes psicodélicas*

14 dance floor lighting
- *a iluminação da pista de dança f*

15 speaker (loudspeaker)
- *o alto-falante*

16 dance floor
- *a pista de dança f*

17-18 dancing couple
- *o casal dançando*

17 dancer
- *a dançarina*

18 dancer
- *o dançarino*

19 record player
- *o toca-discos (Pt. o gira-discos)*

20 microphone
- *o microfone*

21 tape recorder
- *o gravador (o toca-fitas)*

22-23 stereo system (stereo equipment)
- *a aparelhagem estereofônica (a aparelhagem estéreo)*

22 tuner
- *o sintonizador*

23 amplifier
- *o amplificador*

24 records (discs)
- *os discos*

25 disc jockey
- *o discotecário*

26 mixing console (mixing desk, mixer)
- *o console de mixagem f (a mesa de mixagem)*

27 tambourine
- *o pandeiro*

28 mirrored wall
- *a parede de espelho m*

29 ceiling tiles
- *as placas do teto (o revestimento do teto)*

30 ventilators
- *o sistema de renovação f de ar m*

31 toilets (lavatories, WC)
- *os toaletes (Pt. os lavabos)*

32 long drink
- *o drinque longo (em que são misturadas bebidas alcoólicas e não alcoólicas)*

33 cocktail (*Am.* highball)
- *o coquetel (bebidas f em cuja preparação f entram somente bebidas alcoólicas)*

1-33 nightclub (night spot)
- *a boate (local* m *noturno, casa* f *noturna)*

1 cloakroom (*Am.* checkroom)
- *o vestiário*

2 cloakroom attendant (*Am.* checkroom attendant)
- *a chapeleira*

3 band
- *o conjunto musical*

4 clarinet
- *a clarineta*

5 clarinettist (*Am.* clarinetist)
- *o clarinetista*

6 trumpet
- *o trompete (Pt. a trombeta)*

7 trumpeter
- *o trompete, o trompetista (Pt. o trombeta)*

8 guitar
- *a guitarra, o violão (Pt. a viola)*

9 guitarist (guitar player)
- *o guitarrista, o violonista (Pt. o violista)*

10 drums
- *a bateria*

11 drummer
- *o baterista*

12 speaker (loudspeaker)
- *a caixa acústica*

13 bar
- *o bar*

14 barmaid
- *a garçonete (Pt. a empregada de bar* m)

15 bar
- *o balcão*

16 bar stool
- *a banqueta do bar, o tamborete de bar* m

17 tape recorder
- *o gravador*

18 receiver
- *o aparelho radiorreceptor de várias faixas*

19 spirits
- *as bebidas alcoólicas destiladas*

20 cine projector for porno films (sex films. blue movies)
- *o projetor para filmes pornográficos (os filmes pornô, os filmes de sexo* m)

21 box containing screen
- *a caixa com tela* f

22 stage
- *o palco*

23 stage lighting
- *a iluminação do palco*

24 spotlight
- *o projetor (o spot)*

25 festoon lighting
- *a ribalta*

26 festoon lamp (lamp, light bulb)
- *a luz da ribalta*

27-32 striptease act (striptease number)
- *o número de striptease* m *(desnudamento* m *lento, ao ritmo de música* f *e dança* f)

27 striptease artist (stripper)
- *a dançarina de striptease*

28 suspender (*Am.* garter)
- *a liga*

29 brassière (bra)
- *o sutiã, o porta-seios*

30 fur stole
- *a estola de pele* m

31 gloves
- *as luvas*

32 stocking
- *a meia comprida*

33 hostess
- *a recepcionista, a animadora (Pt. a hospedeira)*

1-33 bullfight (corrida, corrida de toros)
- *a tourada (a corrida de touros m)*
1 mock bullfight
- *a tourada simulada*
2 novice (aspirant matador, novillero)
- *o 'novillero' (o matador aspirante)*
3 mock bull (dummy bull)
- *o touro simulado, o touro de treino m*
4 novice banderillero (apprentice banderillero)
- *o aprendiz de bandarilheiro m*
5 bullring (plaza de toros) [diagram]
- *a praça de touros m, a arena de touros [um esquema]*
6 main entrance
- *a entrada principal*
7 boxes
- *os camarotes*
8 stands
- *as arquibancadas*
9 arena (ring)
- *a arena*
10 bullfighters, entrance
- *a entrada dos toureiros*
11 torril door
- *a porta do touril*
12 exit gate for killed bulls
- *o portão para retirada f dos touros mortos*
13 slaughterhouse
- *o matadouro*
14 bull pens (corrals)
- *o touril (cercados m para touros m, currais m de touros)*
15 paddock
- *o potril (o pátio dos cavalos, o pátio de los caballeros, as cocheiras)*
16 lancer on horseback (picador)
- *o picador (o lanceiro montado)*
17 lance (pike pole, javelin)
- *a lança (a vara de pique m, a azagaia)*
18 armoured (*Am.* armored) horse
- *o cavalo protegido por acolchoado m*
19 leg armour (*Am.* armor)
- *a armadura da perna, a perneira de ferro m (a mona)*
20 picador's round hat
- *o chapéu redondo de picador m*
21 banderillero, a torero
- *o bandarilheiro, um toureiro*
22 banderillas (barbed darts)
- *as bandarilhas (os dardos farpados)*
23 shirtwaist
- *a faixa*
24 bullfight
- *a tourada*
25 matador (swordsman), a torero
- *o matador, um toureiro*
26 queue, a distinguishing mark of the matador
- *o rabicho (coleta), traço distintivo do matador*
27 red cloak (capa)
- *a capa (o manto vermelho)*
28 fighting bull
- *o touro de combate m*
29 montera (hat made of tiny black silk chenille balls)
- *a montera (o chapéu preto e redondo de toureiro m)*
30 killing the bull (kill)
- *a estocada mortal no touro (faena de matar)*
31 matador in charity performances [without professional uniform]
- *o matador em espetáculo m beneficente (sem uniforme m profissional)*
32 estoque (sword)
- *o estoque (a espada)*
33 muleta
- *a muleta*
34 rodeo
- *o rodeio*
35 young bull
- *o novilho*
36 cowboy
- *o vaqueiro*
37 stetson (stetson hat)
- *o chapéu mole de abas largas (o chapéu de vaqueiro m)*
38 scarf (necktie)
- *o lenço de vaqueiro m (o lenço de pescoço m)*
39 rodeo rider
- *o cavaleiro de rodeio m*
40 lasso
- *o laço*

1-2 medieval (mediaeval) notes
- *a notação medieval*
1 plainsong notation (neumes, neums, pneumes, square notation)
- *a notação de cantochão* m *(as neumas, os sinais quadrados)*
2 mensural notation
- *a notação mensural*
3-7 musical note (note)
- *a nota musical (a nota)*
3 note head
- *a cabeça*
4 note stem (note tail)
- *a haste*
5 hook
- *o gancho*
6 stroke
- *a barra*
7 dot indicating augmentation of note's value
- *o ponto (para indicar aumento* m *do valor da nota)*
8-11 clefs
- *as claves*
8 treble clef (G-clef, violin clef)
- *a clave de sol* m
9 bass clef (F-clef)
- *a clave de fá* m
10 alto clef (C-clef)
- *a clave de dó* m *(a clave de contralto* m*)*
11 tenor clef
- *a clave de dó* m *de tenor* m
12-19 note values
- *os valores das notas*
12 breve (brevis, *Am.* double-whole note)
- *a breve*
13 semibreve (*Am.* whole note)
- *a semibreve*
14 minim (*Am.* half note)
- *a mínima*
15 crotchet (*Am.* quarter note)
- *a semínima*
16 quaver (*Am.* eighth note)
- *a colcheia*
17 semiquaver (*Am.* sixteenth note)
- *a semicolcheia*
18 demisemiquaver (*Am.* thirty-second note)
- *a fusa*
19 hemidemisemiquaver (*Am.* sixty-fourth note)
- *a semifusa*
20-27 rests
- *as pausas*
20 breve rest
- *a pausa dupla*
21 semibreve rest (*Am.* whole rest)
- *a pausa da semibreve*
22 minim rest (*Am.* half rest)
- *a pausa de mínima* f
23 crotchet rest (*Am.* quarter rest)
- *a pausa de semínima* f
24 quaver rest (*Am.* eighth rest)
- *a pausa de colcheia* f
25 semiquaver rest (*Am.* sixteenth rest)
- *a pausa de semicolcheia* f
26 demisemiquaver rest (*Am.* thirty-second rest)
- *a pausa de fusa* f

27 hemidemisemiquaver rest (*Am.* sixty-fourth rest)
- *a pausa de semifusa* f
28-42 time (time signatures, measure, *Am.* meter)
- *o compasso*
28 two-eight time
- *o compasso de 2/8*
29 two-four time
- *o compasso de 2/4*
30 two-two time
- *o compasso de 2/2 (compasso binário)*
31 four-eight time
- *o compasso de 4/8*
32 four-four time (common time)
- *o compasso de 4/4 (compasso quaternário)*
33 four-two time
- *o compasso de 4/2*
34 six-eight time
- *o compasso de 6/8*
35 six-four time
- *o compasso de 6/4*
36 three-eight time
- *o compasso de 3/8*
37 three-four time
- *o compasso de 3/4*
38 three-two time
- *o compasso de 3/2*
39 nine-eight time
- *o compasso de 9/8*
40 nine-four time
- *o compasso de 9/4*
41 five-four time
- *o compasso de 5/4*
42 bar (bar line, measure line)
- *a barra de compasso* m
43-44 staff (stave)
- *a pauta, o pentagrama*
43 line of the staff
- *a linha*
44 space
- *o espaço*
45-49 scales
- *as escalas*
45 C major scale naturals: c, d, e, f, g, a, b, c
- *a escala de dó* m *maior: dó, ré, mi, fá, sol, lá, si, dó*
46 A minor scale [natural] naturals: a, b, c, d, e, f, g, a
- *a escala natural de lá* m *menor: la, si, do, ré, mi, fá, sol, lá*
47 A minor scale [harmonic]
- *a escala de lá* m *menor [harmônica]*
48 A minor scale [melodic]
- *a escala de lá* m *menor [melódica]*
49 chromatic scale
- *a escala cromática*
50-54 accidentals (inflections, key signatures)
- *as alterações (os acidentes)*
50-51 signs indicating the raising of a note
- *os sinais de elevação* f *de uma nota*
50 sharp (raising the note a semitone or half-step)
- *o sustenido (eleva a nota em meio-tom* m*)*

51 double sharp (raising the note a tone or full-step)
- *o dobrado sustenido (eleva a nota em um tom)*
52-53 signs indicating the lowering of a note
- *os sinais que indicam o abaixamento da nota*
52 flat (lowering the note a semi-note or half-step)
- *o bemol (abaixa a nota de meio-tom* m*)*
53 double flat (lowering the note a tone or full-step)
- *o dobrado bemol (abaixa a nota de um tom)*
54 natural
- *o bequadro*
55-68 keys (major keys and the related minor keys having the same signature)
- *as tonalidades (tons* m *maiores e seus relativos menores com as mesmas alterações)*
55 C major (A minor)
- *o dó maior (o lá menor)*
56 G major (E minor)
- *o sol maior (o mi menor)*
57 D major (B minor)
- *o ré maior (o si menor)*
58 A major (F sharp minor)
- *o lá maior (o fá sustenido menor)*
59 E major (C sharp minor)
- *o mi maior (o dó sustenido menor)*
60 B major (G sharp minor)
- *o si maior (o sol sustenido menor)*
61 F sharp major (D sharp minor)
- *o fá sustenido maior (o ré sustenido menor)*
62 C major (A minor)
- *o dó maior (o lá menor)*
63 F major (D minor)
- *o fá maior (o ré menor)*
64 B flat major (G minor)
- *o si bemol maior (o sol menor)*
65 E flat major (C minor)
- *o mi bemol maior (o dó menor)*
66 A flat major (F minor)
- *o lá bemol maior (o fá menor)*
67 D flat major (B flat minor)
- *o ré bemol maior (o si bemol menor)*
68 G flat major (E flat minor)
- *o sol bemol maior (o mi bemol menor)*

1-5 chord
- *o acorde*
1-4 triad
- *os acordes perfeitos*
1 major triad
- *o acorde perfeito maior*
2 minor triad
- *o acorde perfeito menor*
3 diminished triad
- *o acorde de quinta diminuta*
4 augmented triad
- *o acorde de quinta aumentada*
5 chord of four notes, a chord of the seventh (seventh chord, dominant seventh chord)
- *o acorde de sétima f da dominante*
6-13 intervals
- *os intervalos*
6 unison (unison interval)
- *o uníssono*
7 major second
- *a segunda maior*
8 major third
- *a terça maior*
9 perfect fourth
- *a quarta justa*
10 perfect fifth
- *a quinta justa*
11 major sixth
- *a sexta maior*
12 major seventh
- *a sétima maior*
13 perfect octave
- *a oitava justa*
14-22 ornaments (graces, grace notes)
- *os ornamentos*
14 long appoggiatura
- *a apojatura longa*
15 acciaccatura (short appoggiatura)
- *a apojatura breve*
16 slide
- *a apojatura dupla*
17 trill (shake) without turn
- *o mordente*
18 trill (shake) with turn
- *o trinado*
19 upper mordent (inverted mordent, pralltriller)
- *o mordente superior*
20 lower mordent (mordent)
- *o mordente inferior*
21 turn
- *o grupeto*
22 arpeggio
- *o arpejo*
23-26 other signs in musical notation
- *os outros sinais musicais*
23 triplet; *corresponding groupings:* duplet (couplet), quadruplet, quintuplet, sextolet (sextuplet), septolet (septuplet, septimole)
- *as quiálteras: a tresquiáltera, a quatroquiáltera, a cincoquiáltera, a sesquiáltera, etc.*
24 tie (bind)
- *a ligadura*
25 pause (pause sign)
- *a fermata*
26 repeat mark
- *o sinal de repetição ('da capo')*

27-41 expression marks (signs of relative intensity)
- *os sinais de expressão (os sinais de intensidade relativa)*
27 marcato (marcando, markiert, attack, strong accent)
- *marcato (acentuado)*
28 presto (quick. fast)
- *presto (rápido)*
29 portato (lourer, mezzo staccato, carried)
- *portato (meio staccato)*
30 tenuto (held)
- *tenuto (sustentado)*
31 crescendo (increasing gradually in power)
- *crescendo (o aumento gradual de força f)*
32 decrescendo (diminuendo, decreasing or diminishing gradually in power)
- *decrescendo (a diminuição gradual da intensidade)*
33 legato (bound)
- *legato (ligado)*
34 staccato (detached)
- *staccato (destacado)*
35 piano (soft)
- *piano (suave)*
36 pianissimo (very soft)
- *pianissimo (muito suave)*
37 pianissimo piano (as soft as possible)
- *piano pianissimo (o mais suave possível)*
38 forte (loud)
- *forte (intenso)*
39 fortissimo (very loud)
- *fortissimo (muito intenso)*
40 forte fortissimo (double fortissimo, as loud as possible)
- *forte fortissimo (o mais intenso possível)*
41 forte piano (loud and immediately soft again)
- *forte piano (alto e imediatamente baixo)*
42-50 divisions of the compass
- *a posição das oitavas*
42 subcontra octave (double contra octave)
- *a contra-oitava dupla*
43 contra octave
- *a contra-oitava*
44 great octave
- *a primeira oitava*
45 small octave
- *a segunda oitava*
46 one-line octave
- *a terceira oitava*
47 two-line octave
- *a quarta oitava*
48 three-line octave
- *a quinta oitava*
49 four-line octave
- *a sexta oitava*
50 five-line octave
- *a sétima oitava*

$_2$A $_2$B $_2$H $_1$C usw

$_1$H C H c h c^1 h^{1}c^{2}h^{2}c^{3}h^{3}c^{4}h^{4}c^5

en France:

la$_{02}$ si b$_{02}$ si$_{02}$ do$_{01}$ etc.   si$_{01}$ do$_1$ si$_1$ do$_2$ si$_2$ do$_3$ si$_3$ do$_4$ si$_4$ do$_5$ si$_5$ do$_6$ si$_6$ do$_7$

1 lur, a bronze trumpet
- *o lur, uma trompa de bronze* m
2 panpipes (Pandean pipes, syrinx)
- *a flauta de Pã*
3 aulos, a double shawm
- *o diaulo, uma flauta dupla*
4 aulos pipe
- *o tubo*
5 phorbeia (peristomion, capistrum, mouth band)
- *a forbéia (a tira para a boca)*
6 crumhorn (crummhorn, cronorne, krumbhorn, krummhorn)
- *o cromorno*
7 recorder (fipple flute)
- *a flauta doce (a flauta de bico m)*
8 bagpipe; *sim.:* musette
- *a gaita de foles* m
9 bag
- *o fole*
10 chanter (melody pipe)
- *o chantre (o tubo modulante)*
11 drone (drone pipe)
- *o bordão*
12 curved cornett (zink)
- *o cornetim curvo*
13 serpent
- *o serpentão*
14 shawm (schalmeyes); *larger:* bombard (bombarde, pommer)
- *o cálamo; maior: a bombarda*
15 cythara (cithara); *sim. and smaller:* lyre
- *a cítara; sim. menor: a lira*
16 arm
- *o braço*
17 bridge
- *o cavalete*
18 sound box (resonating chamber, resonator)
- *a caixa de ressonância* f
19 plectrum, a plucking device
- *o plectro, a palheta (a peça para tanger)*
20 kit (pochette), a miniature violin
- *a pochete; um violino de dimensões reduzidas*
21 cittern (cithern, cither, cister, citole), a plucked instrument; *sim.:* pandora (bandora, bandore)
- *o cistro; sim.: a bandurra, um instrumento de cordas dedilhadas*
22 sound hole
- *a rosa*
23 viol (descant viol, treble viol), a viola da gamba; *larger:* tenor viol, bass viol (viola da gamba, gamba), violone (double bass viol)
- *a viola, uma viola da gamba; maior: o baixo de viola, o violone (o contrabaixo de viola)*
24 viol bow
- *o arco*
25 hurdy-gurdy (vielle à roue, symphonia, armonie, organistrum)
- *a viela, a viela-de-roda (o organistrum, a chifonia, a sinfonia)*
26 friction wheel
- *a roda de fricção* f

27 wheel cover (wheel guard)
- *o tampo da roda*
28 keyboard (keys)
- *o teclado*
29 resonating body (resonator, sound box)
- *a caixa de ressonância* f
30 melody strings
- *as cordas melódicas*
31 drone strings (drones, bourdons)
- *as cordas de bordão (os bordões)*
32 dulcimer
- *o saltério*
33 rib (resonator wall)
- *a parede de ressonância* f
34 beater for the Valasian dulcimer
- *o arco de saltério* m *do Valais*
35 hammer (stick) for the Appenzell dulcimer
- *a varinha do saltério do Appenzell*
36 clavichord; *kinds:* fretted or unfretted clavichord
- *o clavicórdio; tipos: com trasto* m *ou sem trasto*
37 clavichord mechanism
- *o mecanismo do clavicórdio*
38 key (key lever)
- *a tecla*
39 balance rail
- *a trave de equilíbrio* m
40 guiding blade
- *a lâmina-guia*
41 guiding slot
- *a fenda de guia* f
42 resting rail
- *a trave de repouso* m
43 tangent
- *a tangente*
44 string
- *a corda*
45 harpsichord (clavicembalo, cembalo), a wing-shaped stringed keyboard instrument; *sim.:* spinet, virginal
- *o cravo (o cêmbalo); um instrumento de teclado* m *de cordas aladas (terminadas por palhetas* f *de plumas* f *de ave* f*)*; *sim.: o espineto, o virginal*
46 upper keyboard (upper manual)
- *o teclado (manual) superior*
47 lower keyboard (lower manual)
- *o teclado (manual) inferior*
48 harpsichord mechanism
- *o mecanismo do cravo*
49 key (key lever)
- *a tecla*
50 jack
- *a haste*
51 slide (register)
- *o registro (Pt. o registo) de encaixes* m
52 tongue
- *a lamela;* tb.: *o saltarelo*
53 quill plectrum
- *a palheta de pluma* f *de ave* f *(corvo* m *ou ganso* m*)*
54 damper
- *o abafador*
55 string
- *a corda*

56 portative organ, a portable organ; *larger:* positive organ (positive)
- *o órgão portátil;* maior: *o órgão positivo (o 'positivo')*
57 pipe (flue pipe)
- *o tubo de órgão* m
58 bellows
- *o fole*

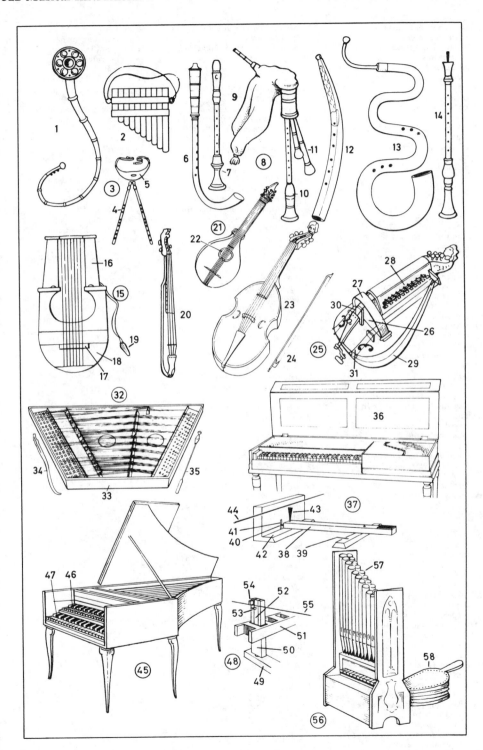

1-62 orchestral instruments
- *os instrumentos da orquestra*

1-27 stringed instruments, bowed instruments
- *os instrumentos de corda* f *(de cordas friccionadas), as cordas*

1 violin
- *o violino*

2 neck of the violin
- *o braço*

3 resonating body (violin body, sound box of the violin)
- *a caixa de ressonância* f

4 rib (side wall)
- *a costilha*

5 violin bridge
- *o cavalete*

6 F-hole, a sound hole
- *o efe (F)*

7 tailpiece
- *o estandarte*

8 chin rest
- *o descanso do queixo*

9 strings (violin strings, fiddle strings): G-string, D-string, A-string, E-string
- *as cordas: a corda sol; a corda ré; a corda lá; a corda mi*

10 mute (sordino)
- *a surdina*

11 resin (rosin, colophony)
- *o colofônio (a resina)*

12 violin bow (bow)
- *o arco de violino* m *(o arco)*

13 nut (frog)
- *a noz*

14 stick (bow stick)
- *a vareta (a vareta do arco)*

15 hair of the violin bow (horsehair)
- *as sedas (as crinas)*

16 violoncello (cello), a member of the da gamba violin family
- *o violoncelo (um instrumento da família da viola da gamba)*

17 scroll
- *a voluta*

18 tuning peg (peg)
- *a cravelha*

19 pegbox
- *a caixa de cravelha* f

20 nut
- *o cravelhal*

21 fingerboard
- *o braço*

22 spike (tailpin)
- *o espigão*

23 double bass (contrabass, violone, double bass viol, *Am.* bass)
- *o contrabaixo (o baixo)*

24 belly (top, soundboard)
- *o tampo harmônico*

25 rib (side wall)
- *a costilha*

26 purfling (inlay)
- *o filete*

27 viola
- *a viola (Pt. a violeta, o alto)*

28-38 woodwind instruments (woodwinds)
- *os instrumentos de sopro* m *de madeira* f*, as madeiras (instrumentos* m *de sopro de pequena harmonia)*

28 bassoon; *larger:* double bassoon (contrabassoon)
- *o fagote;* maior: *o contrafagote*

29 tube with double reed
- *a embocadura com palheta dupla*

30 piccolo (small flute, piccolo flute, flauto piccolo)
- *o piccolo (a flauta pequena)*

31 flute (German flute), a cross flute (transverse flute, side-blown flute)
- *a flauta transversa*

32 key
- *a chave*

33 fingerhole
- *o orifício da flauta*

34 clarinet; *larger:* bass clarinet
- *o clarinete;* maior: *o clarinete baixo*

35 key (brille)
- *a chave*

36 mouthpiece
- *a embocadura*

37 bell
- *o pavilhão*

38 oboe (hautboy); *kinds:* oboe d'amore; tenor oboe: oboe da caccia, cor anglais; heckelphone (baritone oboe)
- *o oboé;* tipos: *o oboé de amor* m*, o corne inglês, o oboé barítono*

39-48 brass instruments (brass)
- *os instrumentos de metal* m*, os metais (os instrumentos de sopro* m *de grande harmonia* f*)*

39 tenor horn
- *o sax tenor, um saxorne*

40 valve
- *o pistão*

41 French horn (horn, waldhorn), a valve horn
- *a trompa*

42 bell
- *o pavilhão*

43 trumpet; *larger:* B flat cornet; *smaller:* cornet
- *o trompete (Pt. a trombeta);* maior: *o trompete baixo (Pt. a trombeta baixa);* menor: *a corneta*

44 bass tuba (tuba, bombardon); *sim.:* helicon (pellitone), contrabass tuba
- *a tuba baixo (o bombardino);* sim.: *o hélicon (a tuba contrabaixo)*

45 thumb hold
- *o apoio do polegar*

46 trombone; *kinds:* alto trombone, tenor trombone, bass trombone
- *o trombone de vara* f*;* tipos: *alto, tenor e baixo*

47 trombone slide (slide)
- *a vara*

48 bell
- *o pavilhão*

49-50 percussion instruments
- *os instrumentos de percussão* f

49 triangle
- *o triângulo*

50 cymbals
- *os címbalos, os pratos*

51-59 membranophones
- *os instrumentos de percussão* f *de pele* f

51 side drum (snare drum)
- *o tambor de parada (a caixa de rufo* m*)*

52 drum head (head, upper head, batter head, vellum)
- *a pele*

53 tensioning screw
- *o parafuso tensor*

54 drumstick
- *a baqueta*

55 bass drum (Turkish drum)
- *o bumbo*

56 stick (padded stick)
- *a maceta*

57 kettledrum (timpano), a screw-tensioned drum; *sim.:* machine drum (mechanically tuned drum)
- *o tímpano, um tambor de afinação* f *por parafuso* m

58 kettledrum skin (kettledrum vellum)
- *a pele do tímpano*

59 tuning screw
- *o parafuso de afinação* f

60 harp, a pedal harp
- *a harpa (de pedal* m*)*

61 strings
- *as cordas*

62 pedal
- *o pedal*

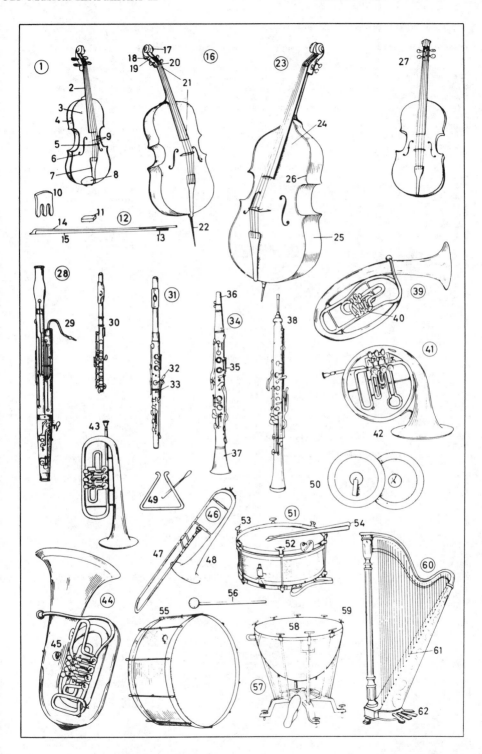

1-46 popular musical instruments (folk instruments)
- *os instrumentos populares*
1-31 stringed instruments
- *os instrumentos de cordas* f
1 lute; *larger:* theorbo, chitarrone
- *o alaúde;* maior: *a tiorba*
2 resonating body (resonator)
- *a caixa de ressonância* f
3 soundboard (belly, table)
- *o tampo harmônico*
4 string fastener (string holder)
- *o cavalete*
5 sound hole (rose)
- *a rosa, a rosácea*
6 string, a gut (catgut) string
- *a corda, uma corda de tripa* f *de carneiro* m
7 neck
- *o braço*
8 fingerboard
- *o dedilhado*
9 fret
- *o tasto (o trasto)*
10 head (bent-back pegbox, swan-head pegbox, pegbox)
- *o cravelhame*
11 tuning peg (peg, lute pin)
- *a cravelha*
12 guitar
- *o violão* (Pt. *a viola*)
13 string holder
- *o cavalete*
14 string, a gut (catgut) or nylon string
- *a corda (de tripa* f *de carneiro* m *ou de náilon* m)
15 resonating body (resonating chamber, resonator, sound box)
- *a caixa de ressonância* f
16 mandolin (mandoline)
- *o bandolim*
17 sleeve protector (cuff protector)
- *o protetor para os punhos (o isolante das cordas)*
18 neck
- *o braço*
19 pegdisc
- *o cravelhame*
20 plectrum
- *a palheta, o plectro*
21 zither (plucked zither)
- *a cítara*
22 pin block (wrest pin block, wrest plank)
- *o cravelhal (o estrado de afinação* f)
23 tuning pin (wrest pin)
- *a cravelha*
24 melody strings (fretted strings, stopped strings)
- *as cordas melódicas*
25 accompaniment strings (bass strings, unfretted strings, open strings)
- *as cordas de acompanhamento* m *(as cordas baixo, as cordas sem tasto* m, *as cordas abertas)*
26 semicircular projection of the resonating sound box (resonating body)
- *a protuberância semi-circular da caixa de ressonância* f
27 ring plectrum
- *o plectro anelar*

28 balalaika
- *a balalaica*
29 banjo
- *o banjo*
30 tambourine-like body
- *a caixa de ressonância* f
31 parchment membrane
- *a pele (o pergaminho)*
32 ocarina, a globular flute
- *a ocarina*
33 mouthpiece
- *a embocadura*
34 fingerhole
- *o furo*
35 mouth organ (harmonica)
- *a gaita-de-boca, a harmônica*
36 accordion; *sim.:* piano accordion, concertina, bandoneon
- *o acordeão*
37 bellows
- *a sanfona*
38 bellows strap
- *a tira, a bandoleira*
39 melody side (keyboard side, melody keys)
- *o teclado melódico*
40 keyboard (keys)
- *as teclas*
41 treble stop (treble coupler, treble register)
- *o registro* (Pt. *o registo*) *de agudos* m
42 stop lever
- *a tecla de registro* m (Pt. *de registo* m)
43 bass side (accompaniment side, bass studs, bass press-studs, bass buttons)
- *o acompanhamento (os baixos, os botões de acompanhamento* m)
44 bass stop (bass coupler, bass register)
- *o registro* (Pt. *o registo*) *de baixo* m
45 tambourine
- *o pandeiro*
46 castanets
- *as castanholas*
47-78 jazz band instruments (dance band instruments)
- *os instrumentos de jazz* m *(os instrumentos de conjunto* m *musical de dança* f)
47-58 percussion instruments
- *os instrumentos de percussão* f
47-54 drum kit (drum set, drums)
- *a bateria*
47 bass drum
- *o bombo*
48 small tom-tom
- *a caixa pequena*
49 large tom-tom
- *a caixa grande*
50 high-hat cymbals (choke cymbals, Charleston cymbals, cup cymbals)
- *os pratos*
51 cymbal
- *o prato*
52 cymbal stand (cymbal holder)
- *o suporte dos pratos*
53 wire brush
- *a escova de jazz, uma escova de metal* m

54 pedal mechanism
- *o pedal de bateria* f
55 conga drum (conga)
- *o atabaque*
56 tension hoop
- *o arco de tensão* f
57 timbales
- *os tímpanos*
58 bongo drums (bongos)
- *os bongôs*
59 maracas; *sim.:* shak°rs
- *as maracas*
60 guiro
- *o reco-reco*
61 xylophone; *form.:* straw fiddle; *sim.:* marimbaphone (steel marimba), tubaphone
- *o xilofone;* sim.: *a marimba*
62 wooden slab
- *o martelo*
63 resonating chamber (sound box)
- *a caixa de ressonância* f
64 beater
- *a maceta*
65 jazz trumpet
- *o trompete* (Pt. *a trombeta*) *de jazz* m *(o trompete de pistons* m, *o pistom)*
66 valve
- *o pistom*
67 finger hook
- *o gancho para o dedo*
68 mute (sordino)
- *a surdina*
69 saxophone
- *o saxofone*
70 bell
- *o pavilhão*
71 crook
- *a curva*
72 mouthpiece
- *a embocadura*
73 struck guitar (jazz guitar)
- *a guitarra de jazz* m
74 hollow to facilitate fingering
- *a concavidade para facilitar o dedilhamento*
75 vibraphone (*Am.* vibraharp)
- *o vibrafone*
76 metal frame
- *a estrutura de metal* m
77 metal bar
- *a lâmina de metal* m
78 tubular metal resonator
- *o ressonator metálico (o tubo metálico de ressonância* f)

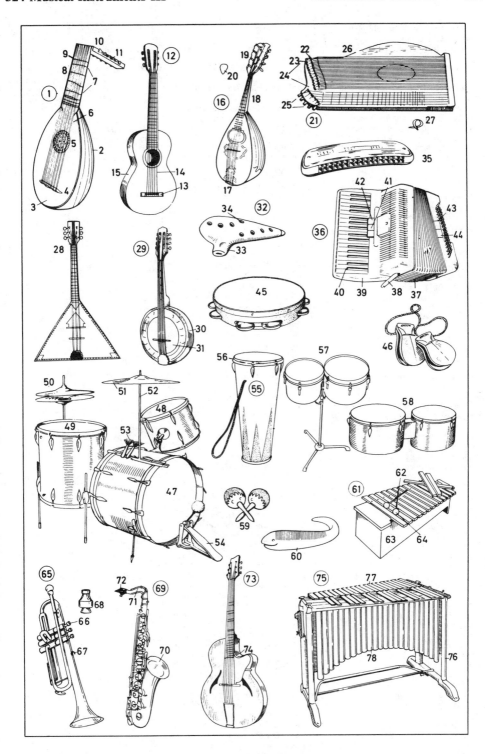

1 **piano** (pianoforte, upright piano, upright, vertical piano, spinet piano, console piano), a keyboard instrument (keyed instrument); *smaller form:* cottage piano (pianino): *earlier form:* pantaleon, celesta, with steel bars instead of strings
- *o piano (o pianoforte, o piano de armário m), um instrumento de teclado m; formas menores: o pianino; formas primitivas: o cravo de martelos m, a celesta, com lâmina f de aço m em vez de cordas f*
2-18 piano action (piano mechanism)
- *o mecanismo do piano*
2 iron frame
- *a estrutura de ferro m*
3 hammer; *collectively:* striking mechanism
- *o martelo; o conjunto: a máquina do piano, o mecanismo de percussão f*
4-5 keyboard (piano keys)
- *o teclado (as teclas do piano)*
4 white key (ivory key)
- *a tecla branca (a tecla de marfim m)*
5 black key (ebony key)
- *a tecla preta (a tecla de ébano m)*
6 piano case
- *a caixa do piano*
7 strings (piano strings)
- *as cordas (as cordas do piano)*
8-9 piano pedals
- *os pedais do piano*
8 right pedal (sustaining pedal, damper pedal; *loosely:* forte pedal; loud pedal) for raising the dampers
- *o pedal direito (o pedal forte); o pedal que sustenta a sonoridade levantando os abafadores*
9 left pedal (soft pedal; *loosely:* piano pedal) for reducing the striking distance of the hammers on the strings
- *o pedal esquerdo (o pedal pianissimo); o pedal abafador, que reduz a distância de percussão f dos martelos nas cordas*
10 treble strings
- *as cordas de agudos m*
11 treble bridge (treble belly bridge)
- *o cavalete de agudos m*
12 bass strings
- *as cordas de graves m*
13 bass bridge (bass belly bridge)
- *o cavalete de graves m*
14 hitch pin
- *o pino da chapa*
15 hammer rail
- *o descanso da marteleira*
16 brace
- *a ilharga da máquina*
17 tuning pin (wrest pin, tuning peg)
- *a cravelha de afinação f*
18 pin block (wrest pin block, wrest plank)
- *o jogo das cravelhas (o estrado do piano)*

19 metronome
- *o metrônomo*
20 tuning hammer (tuning key, wrest)
- *a chave de afinador m*
21 tuning wedge
- *a palheta para isolar a corda a afinar*
22-39 key action (key mechanism)
- *o mecanismo da máquina*
22 beam
- *a colherzinha*
23 damper-lifting lever
- *a alavanca de elevação f do abafador*
24 felt-covered hammer head
- *a cabeça do martelo recoberta de feltro m*
25 hammer shank
- *o cabo do martelo*
26 hammer rail
- *o descanso dos martelos*
27 check (back check)
- *o atrape do contramartelo*
28 check felt (back check felt)
- *o feltro do atrape*
29 wire stem of the check (wire stem of the back check)
- *o ferro do atrape*
30 sticker (hopper, hammer jack, hammer lever)
- *a lingüeta do contramartelo*
31 button
- *o nariz*
32 action lever
- *o contramartelo*
33 pilot
- *o piloto do teclado*
34 pilot wire
- *a haste do piloto*
35 tape wire
- *o rabo-de-porco*
36 tape
- *a correia*
37 damper (damper block)
- *o abafador*
38 damper lifter
- *o levantador do abafador*
39 damper rest rail
- *o descanso do abafador*
40 **grand piano** (horizontal piano, grand, concert grand, for the concert hall; *smaller:* baby grand piano, boudoir piano; *other form:* square piano, table piano)
- *o piano de cauda f (o piano de cauda inteira para concertos m); menores: o piano de meia cauda, o piano de quarto de cauda (crapaud): outra forma: o piano de mesa f*
41 grand piano pedals; right pedal for raising the dampers; left pedal for softening the tone (shifting the keyboard so that only one string is struck ('una corda')
- *os pedais do piano de cauda f: o pedal direito, para levantar os abafadores; o pedal esquerdo, para suavizar o som (deslocando o teclado para que uma só corda — 'una corda' — seja percutida)*
42 pedal bracket
- *a lira dos pedais*

43 **harmonium** (reed organ, melodium)
- *o harmônio (o órgão de palhetas f)*
44 draw stop (stop, stop knob)
- *os botões dos registros (Pt. dos registos) do órgão*
45 knee lever (knee swell, swell)
- *a joelheira*
46 pedal (bellows pedal)
- *o pedal dos foles*
47 harmonium case
- *a caixa do harmônio*
48 harmonium keyboard (manual)
- *o teclado do harmônio (manual)*

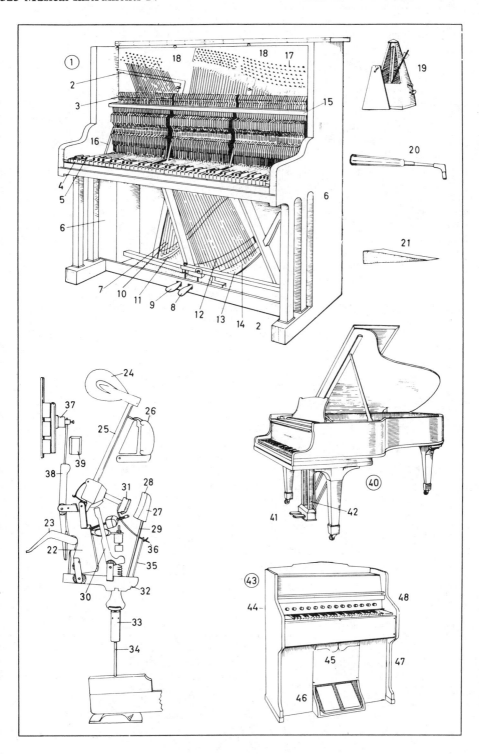

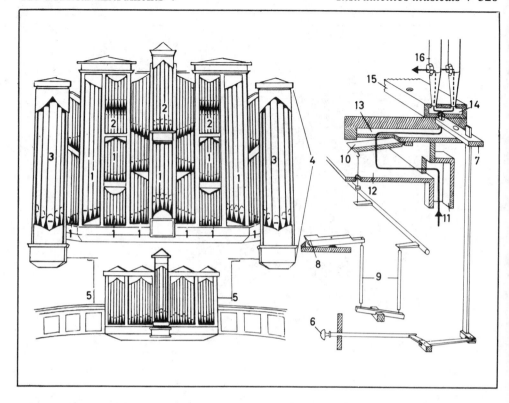

1-52 organ (church organ)
- *o órgão (o órgão de igreja* f)
1-5 front view of organ (organ case) [built according to classical principles]
- *a consola de órgão* m [*construído segundo os princípios clássicos*]
1-3 display pipes (face pipes)
- *os tubos (os jogos) de fachada* f *(de montra* f)
1 Hauptwerk (*approx. English equivalent:* great organ)
- *os jogos do teclado principal (o grande órgão)*
2 Oberwerk (*approx. English equivalent:* swell organ)
- *os jogos de recitativo* m
3 pedal pipes
- *os jogos de pedal* m
4 pedal tower
- *a torre de pedal* m
5 Rückpositiv (*approx. English equivalent:* choir organ)
- *o positivo dorsal*
6-16 tracker action (mechanical action); *other systems:* pneumatic action, electric action
- *a transmissão mecânica do movimento;* outros sistemas: *a transmissão pneumática, a transmissão elétrica*
6 draw stop (stop, stop knob)
- *o registro* (Pt. *o registo*) *de órgão* m
7 slider (slide)

- *o registro* (Pt. *o registo*) *movediço*
8 key (key lever)
- *a tecla*
9 sticker
- *as varetas*
10 pallet
- *a válvula fechando a gravura*
11 wind trunk
- *o abastecimento de ar* m
12-14 wind chest, a slider wind chest; *other types:* sliderless wind chest (unit wind chest), spring chest, kegellade chest (cone chest), diaphragm chest
- *o someiro, um someiro de registro* m; outros tipos: *de caixa* f, *de mola* f, *de pistão* m, *de diafragma* m
12 wind chest (wind chest box)
- *a caixa de ar* m
13 groove
- *a gravura de someiro* m
14 upper board groove
- *a gravura de tampo* m
15 upper board
- *o tampo*
16 pipe of a particular stop
- *o tubo de um registro* (Pt. *de um registo*)
17-35 organ pipes (pipes)
- *os tubos de órgão* m
17-22 metal reed pipe (*set of pipes:* reed stop), a posaune stop

- *o tubo de palheta* f *de metal* m (*elemento* m *de um jogo de palheta), um trombone*
17 boot
- *o pé*
18 shallot
- *a palheta*
19 tongue
- *a lingüeta*
20 block
- *o núcleo de chumbo* m
21 tuning wire (tuning crook)
- *o gancho de afinação* f *(dispositivo* m *para ajustar a altura do som fundamental)*
22 tube
- *o ressonador*
23-30 open metal flue pipe, a salicional
- *o tubo de boca* f *de metal* m *(aberto)*
23 foot
- *o pé*
24 flue pipe windway (flue pipe duct)
- *a passagem de ar* m *do tubo*
25 mouth (cutup)
- *a boca*
26 lower lip
- *o lábio inferior*
27 upper lip
- *o lábio superior*
28 languid
- *o bisel*

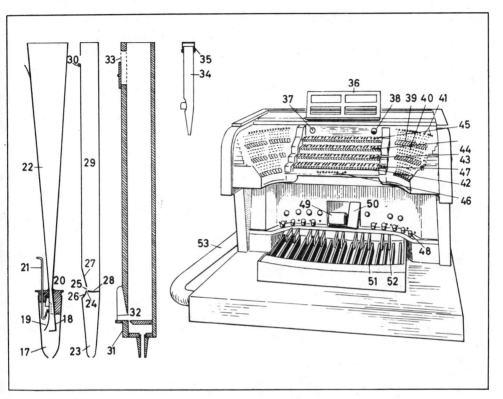

29 body of the pipe (pipe)
- *o corpo do tubo de órgão* m
30 tuning flap (tuning tongue), a tuning device
- *o rolo de afinação* f
31-33 open wooden flue pipe (open wood), principal (diapason)
- *o tubo de boca* f *de madeira* f *(aberto), um prestante*
31 cap
- *o lábio inferior*
32 ear
- *o freio harmônico*
33 tuning hole (tuning slot), with slide
- *a fenda de afinação* f *deslizante, com cursor* m
34 stopped flue pipe
- *o tubo de boca tamponado (o bordão)*
35 stopper
- *o tampão*
36-52 organ console (console) of an electric action organ
- *a consola de órgão elétrico*
36 music rest (music stand)
- *a estante*
37 crescendo roller indicator
- *o indicador de posição* f *dos rolos*
38 voltmeter
- *o voltímetro*
39 stop tab (rocker)
- *a tecla de registro* m
40 free combination stud (free combination knob)

- *a tecla de combinação* f *livre*
41 cancel buttons for reeds, couplers etc.
- *os interruptores de jogos* m *de palheta* f, *acoplamentos* m *etc.*
42 manual I, for the Rückpositiv (choir organ)
- *o manual I (teclado* m), *do positivo*
43 manual II, for the Hauptwerk (great organ)
- *o manual II (teclado* m), *do grande órgão*
44 manual III, for the Oberwerk (swell organ)
- *o manual III (teclado* m), *do recitativo*
45 manual IV for the Schwellwerk (solo organ)
- *o manual IV, (teclado* m), *da bombarda*
46 thumb pistons controlling the manual stops (free or fixed combinations) and buttons for setting the combinations
- *os pistons de controle* m *dos registros (Pt. dos registos) manuais (combinações livres ou fixas) e botões* m *para armar as combinações*
47 switches for current to blower and action
- *os interruptores do ventilador e do acionamento elétrico*
48 toe piston, for the coupler
- *o pedal para o acoplamento*

49 crescendo roller (general crescendo roller)
- *o rolo de crescendo* m *(o pedal de introdução* f *dos tutti)*
50 balanced swell pedal
- *o pedal de intensidade balanceada (o pedal de expressão* f)
51 pedal key [natural]
- *a tecla inferior de pedaleira* f *(notas* f *naturais)*
52 pedal key [sharp or flat]
- *a tecla superior de pedaleira* f *(notas alteradas: sustenidos* m *ou bemóis* m)
53 cable (transmission cable)
- *o cabo alimentador de corrente* f

1-61 fabulous creatures (fabulous animals), mythical creatures
- *os monstros (criaturas fantásticas, animais fabulosos, seres mitológicos)*
1 dragon
- *o dragão*
2 serpent's body
- *o corpo de serpente* f
3 claws (claw)
- *as garras*
4 bat's wing
- *a asa de morcego* m
5 fork-tongued mouth
- *a fauce com língua bífida*
6 forked tongue
- *a língua bífida*
7 unicorn [symbol of virginity]
- *o unicórnio [símbolo* m *da virgindade]*
8 spirally twisted horn
- *o chifre retorcido em espiral* f
9 Phoenix
- *a Fênix*
10 flames or ashes of resurrection
- *as chamas ou cinzas* f *da ressurreição*
11 griffin (griffon, gryphon)
- *o grifo*
12 eagle's head
- *a cabeça de águia* f
13 griffin's claws
- *as garras de grifo* m
14 lion's body
- *o corpo de leão* m
15 wing
- *a asa*
16 chimera (chimaera), a monster
- *a quimera, um monstro*
17 lion's head
- *a cabeça de leão* m
18 goat's head
- *a cabeça de cabra* f
19 dragon's body
- *o corpo de dragão* m *(o corpo de serpente* f)
20 sphinx, a symbolic figure
- *a esfinge, uma figura simbólica*
21 human head
- *a cabeça humana*
22 lion's body
- *o corpo de leão* m
23 mermaid (nix, nixie, water nixie, sea maid, sea maiden, naiad, water nymph, water elf, ocean nymph, sea nymph, river nymph); *sim.:* Nereids, Oceanids (sea divinities, sea deities, sea goddesses); *male:* nix (merman, seaman)
- *a sereia (a ondina, a náiade, a ninfa); sim.: as nereidas, as oceânides (divindades* f *do mar, deusas* f *do mar); varão: o tritão*
24 woman's trunk
- *o tronco de mulher* f
25 fish's tail (dolphin's tail)
- *a cauda de peixe* m
26 Pegasus (favourite, *Am.* favorite, steed of the Muses, winged horse); *sim.:* hippogryph
- *Pégaso* m *(o cavalo preferido das musas, o cavalo alado); sim.: o hipogrifo*

27 horse's body
- *o corpo de cavalo* m
28 wings
- *as asas*
29 Cerberus (hellhound)
- *o Cérbero (cão* m *do inferno pagão)*
30 three-headed dog's body
- *o corpo de cão tricéfalo*
31 serpent's tail
- *a cauda de serpente* f
32 Lernaean (Lernean) Hydra
- *a Hidra de Lerna*
33 nine-headed serpent's body
- *o corpo de serpente* f *com nove cabeças* f
34 basilisk (cockatrice) [in English legend usually with two legs]
- *o basilisco [na lenda inglesa, geralmente com duas pernas]*
35 cock's head
- *a cabeça de galo* m
36 dragon's body
- *o corpo de dragão* m
37 giant (titan)
- *o gigante (o titã)*
38 rock
- *o bloco de rocha* f
39 serpent's foot
- *a perna terminando em serpente* f
40 triton, a merman (demigod of the sea)
- *o tritão (semideus* m *do mar)*
41 conch shell trumpet
- *o búzio*
42 horse's hoof
- *o casco de cavalo* m
43 fish's tail
- *a cauda de peixe* m
44 hippocampus
- *o hipocampo*
45 horse's trunk
- *o corpo de cavalo* m
46 fish's tail
- *a cauda de peixe* m
47 sea ox, a sea monster
- *o touro marinho, um monstro do mar*
48 monster's body
- *o corpo de touro* m
49 fish's tail
- *a cauda de peixe* m
50 seven-headed dragon of St. John's Revelation (Revelations, Apocalypse)
- *a Besta do Apocalipse (o dragão de sete cabeças* m *da visão de São João Evangelista)*
51 wing
- *a asa*
52 centaur (hippocentaur), half man and half beast
- *o centauro (o hipocentauro), metade homem* m *e metade animal* m
53 man's body with bow and arrow
- *o corpo de homem* m *com arco* m *e flecha* f
54 horse's body
- *o corpo de cavalo* m
55 harpy, a winged monster
- *a harpia, um monstro alado*

56 woman's head
- *a cabeça de mulher* f
57 bird's body
- *o corpo de ave* f
58 siren, a daemon
- *a sereia-pássaro, um ser demoníaco*
59 woman's body
- *o corpo de mulher* f
60 wing
- *a asa*
61 bird's claw
- *a garra de ave* f

1-40 prehistoric finds
- *os objetos pré-históricos encon-
  trados em escavações* f
1-9 Old Stone Age (Paleolithic,
Paleolithic, period) **and Mesoli-
thic period**
- *a Idade da Pedra Lascada (perío-
  dos Paleolítico e Mesolítico)*
1 hand axe (*Am.* ax) (fist hatchet), a stone tool
- *a machadinha de sílex* m *de dois
  gumes*
2 head of throwing spear, made
of bone
- *a ponta de azagaia* f, *de osso* m
3 bone harpoon
- *o arpão de osso* m
4 head
- *a ponta*
5 harpoon thrower, made of reindeer antler
- *o lançador de arpões* m, *feitos
  de galhada* f *de rena* f
6 painted pebble
- *o seixo pintado*
7 head of a wild horse, a carving
- *a cabeça de cavalo* m, *uma escultura*
8 Stone Age idol (Venus), an ivory
statuette
- *o ídolo da Idade da Pedra (Vênus), uma estatueta de marfim*
  m
9 bison, a cave painting (rock
painting) (cave art, cave painting)
- *o bisão, uma pintura rupestre
  (pintura parietal, pintura em rocha* f) *(a arte das cavernas)*
10-20 New Stone Age (Neolithic
period)
- *a Idade da Pedra Polida (o período Neolítico)*
10 amphora (corded ware)
- *a ânfora (a cerâmica encordoada)*
11 bowl (menhir group)
- *o vaso (grupo dos menires, cultura megalítica)*
12 collared flask [Funnel-Beaker
culture]
- *a garrafa de colarinho* m *(cultura
  f das taças em funil* m*)*
13 vessel with spiral pattern (spiral
design pottery)
- *a vasilha decorada com espirais*
  f
14 bell beaker (beaker pottery)
- *a taça campaniforme (cultura* f
  das taças campaniformes)
15 pile dwelling (lake dwelling,
lacustrine dwelling)
- *a palafita (a habitação sobre estacas* f, *a habitação lacustre)*
16 dolmen (cromlech), a mega-
lithic tomb (*coll.:* giant's tomb);
other kinds: passage grave,
gallery grave (long cist); *when
covered with earth:* tumulus (*barrow, mound)*
- *o dólmen, uma tumba megalítica;* quando recoberto de terra
  f, cascalho m ou pedras f: *o
  mound (o túmulo)*

17 stone cist, a contracted burial
- *a urna de pedra* f, *um sepultamento em posição* f *fetal*
18 menhir (standing stone), a mono-
lith
- *o menir (monolito plantado ver-
  ticalmente), um megalito*
19 boat axe (*Am.* ax), a stone battle
axe
- *o machado-martelo de pedra* f,
  um machado de guerra f
20 clay figurine (an idol)
- *a estatueta de barro* m *(um ídolo)*
21-40 Bronze Age and **Iron Age;**
epochs: Hallstatt period, La Téne-
period
- *a Idade do Bronze e a Idade do Ferro; épocas: o período Hallstatt, o
  período La Tene*
21 bronze spear head
- *a ponta de lança* f *de bronze* m
22 hafted bronze dagger
- *a adaga de bronze* m *com cabo*
  m
23 socketed axe (*Am.* ax), a bronze
axe with haft fastened to rings
- *o machado de bico* m, *um machado de bronze* m *de encaixe*
  m *oco com cabo amarrado a uma
  alça*
24 girdle clasp
- *o fecho de cinto* m
25 necklace (lunula)
- *a gargantilha (a lúnula)*
26 gold neck ring
- *o colar de ouro* m
27 violin-bow fibula (safety pin)
- *a fíbula (um alfinete* m *de segurança* f) *em arco* m *de violino*
  m
28 serpentine fibula; *other kinds:*
boat fibula, arc fibula
- *a fíbula serpentiforme; outros tipos: a fíbula naviforme, a fíbula
  em arco* m
29 bulb-head pin, a bronze pin
- *o alfinete de cabeça esférica, um
  alfinete de bronze* m
30 two-piece spiral fibula; *sim.:*
disc (disk) fibula
- *a fíbula de duas peças em espiral*
  f; sim.: *a fíbula em disco* m
31 hafted bronze knife
- *a faca de bronze* m *de cabo maciço*
32 iron key
- *a chave de ferro* m
33 ploughshare (*Am.* plowshare)
- *a relha de arado* m
34 sheet-bronze situla, a funerary
vessel
- *a sítula de bronze laminado, um
  vaso funerário*
35 pitcher [chip-carved pottery]
- *o cântaro de cerâmica decorada
  com incisões* f
36 miniature ritual cart (miniature
ritual chariot)
- *o carro de ritual* m *em miniatura*
  f
37 Celtic silver coin
- *a moeda céltica de prata* f

38 face urn, a cinerary urn; *other
kinds:* domestic urn, embossed
urn
- *a urna antropomorfa, uma urna
  cinerária;* outros tipos: a urna
  doméstica, a urna com relevos m
39 urn grave in stone chamber
- *o sepulcro com urna protegida
  por pedras* f
40 urn with cylindrical neck
- *a urna de gargalo cilíndrico*

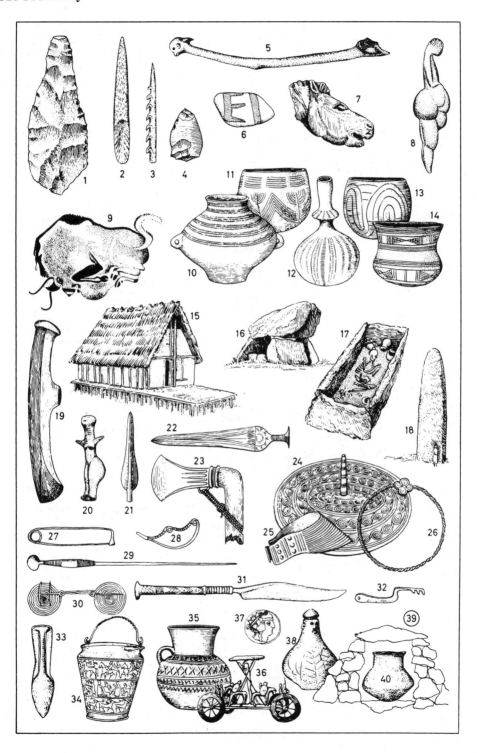

1 **knight's castle** (castle)
- *o castelo fortificado*
2 inner ward (inner bailey)
- *o pátio interno*
3 draw well
- *o poço*
4 keep (donjon)
- *o torreão (a torre de menagem f)*
5 dungeon
- *a masmorra*
6 battlements (crenellation)
- *o adarve (a coroa ameada)*
7 merlon
- *o merlão (o espaço entre duas ameias)*
8 tower platform
- *a plataforma da torre*
9 watchman
- *a sentinela*
10 ladies' apartments (bowers)
- *o gineceu (os aposentos das mulheres)*
11 dormer window (dormer)
- *a lucarna (a lucerna, a luzerna, a trapeira)*
12 balcony
- *a sacada, o balcão*
13 storehouse (magazine)
- *o celeiro (o paiol)*
14 angle tower
- *a torre de ângulo m (a torre da muralha)*
15 curtain wall (curtains, enclosure wall)
- *a muralha*
16 bastion
- *o bastião, o baluarte*
17 angle tower
- *a torre do corpo da guarda*
18 crenel (embrasure)
- *a ameia*
19 inner wall
- *a cortina*
20 battlemented parapet
- *o caminho de ronda f*
21 parapet (breastwork)
- *o parapeito*
22 gatehouse
- *a entrada fortificada*
23 machicolation (machicoulis)
- *o balestreiro*
24 portcullis
- *a grade levadiça*
25 drawbridge
- *a ponte levadiça*
26 buttress
- *o contraforte*
27 offices and service rooms
- *as dependências de serviço m*
28 turret
- *a guarita*
29 chapel
- *a capela*
30 great hall
- *o solar, a casa senhorial*
31 outer ward (outer bailey)
- *a praça forte (o pátio externo, a liça)*
32 castle gate
- *o portão da barbacã*
33 moat (ditch)
- *o fosso (a vala)*
34 approach
- *o acesso*

35 watchtower (turret)
- *a torre de vigia m (a guarita)*
36 palisade (pallisade, palisading)
- *a paliçada*
37 moat (ditch, fosse)
- *o fosso (a vala)*
38-65 **knight's armour** (*Am.* armor)
- *a armadura do cavaleiro*
38 suit of armour (*Am.* armor)
- *a armadura completa*
39-42 helmet
- *o capacete (o elmo)*
39 skull
- *o bacinete*
40 visor (vizor)
- *a viseira*
41 beaver
- *a babeira*
42 throat piece
- *a gola*
43 gorget
- *o gorjal (a gorjeira)*
44 epaulière
- *a crista do espaldar*
45 pallette (pauldron, besageur)
- *o espaldar*
46 breastplate (cuirass)
- *o peitoral (a couraça)*
47 brassard (rear brace and vambrace)
- *o braçal (a braçadeira posterior e o avambraço)*
48 cubitière (coudière, couter)
- *a cotoveleira*
49 tasse (tasset)
- *a escarcela*
50 gauntlet
- *a manopla*
51 habergeon (haubergeon)
- *a cota de malha f*
52 cuisse (cuish, cuissard, cuissart)
- *o coxote*
53 knee cap (knee piece, genouillère, poleyn)
- *a joelheira*
54 jambeau (greave)
- *a greva*
55 solleret (sabaton, sabbaton)
- *a polaina de ferro m*
56 pavis (pavise, pavais)
- *o escudo retangular*
57 buckler (round shield)
- *o broquel (o escudo redondo)*
58 boss (umbo)
- *a bossa (o ônfalo)*
59 iron hat
- *o chapéu de ferro m*
60 morion
- *o morrião*
61 light casque
- *a barbuta (o capacete leve)*
62 types of mail and armour (*Am.* armor)
- *as couraças*
63 mail (chain mail, chain armour, *Am.* armor)
- *a cota de malha f (a loriga)*
64 scale armour (*Am.* armor)
- *a couraça de escamas f*
65 plate armour (*Am.* armor)
- *a couraça de placas f*

66 **accolade** (dubbing, knighting)
- *a investidura de cavaleiro m (um escudeiro sendo armado cavaleiro)*
67 liege lord, a knight
- *o suserano (o senhor feudal), um cavaleiro*
68 esquire
- *o escudeiro*
69 cup bearer
- *o escanção*
70 minstrel (minnesinger, troubadour)
- *o menestrel (o trovador)*
71 **tournament** (tourney, joust, just, tilt)
- *o torneio (a justa)*
72 crusader
- *o cruzado*
73 Knight Templar
- *o templário, o cavaleiro do templo*
74 caparison (trappings)
- *o caparazão, o xairel, o selim (o jaez)*
75 herald (marshal at tournament)
- *o arauto (o mestre-de-cerimônias no torneio)*
76 tilting armour (*Am.* armor)
- *a armadura de torneio m*
77 tilting helmet (jousting helmet)
- *o elmo de combate m, o elmo de justa f*
78 panache (plume of feathers)
- *o penacho de plumas f*
79 tilting target (tilting shield)
- *a tarja de torneio (o escudo de justa f)*
80 lance rest
- *o riste da lança*
81 tilting lance (lance)
- *a lança de torneio m*
82 vamplate
- *o conto da lança*
83-88 horse armour (*Am.* armor)
- *a armadura do cavalo*
83 neck guard (neck piece)
- *o protetor do pescoço*
84 chamfron (chaffron, chafron, chamfrain, chanfron)
- *a testeira*
85 poitrel
- *o peitoral*
86 flanchard (flancard)
- *o protetor de flanco m*
87 tournament saddle
- *a sela de torneio m*
88 rump piece (quarter piece)
- *o protetor de anca f (a sobreanca)*

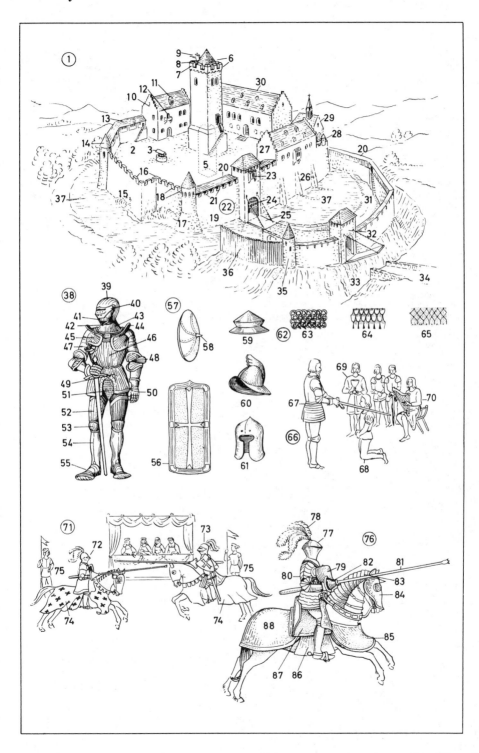

1-30 Protestant church
- *a igreja protestante*
1 chancel
- *a capela-mor*
2 lectern
- *o atril*
3 altar carpet
- *o tapete do altar*
4 altar (communion table, Lord's table, holy table)
- *o altar (a mesa de comunhão f, a mesa do Senhor, a mesa sagrada)*
5 altar steps
- *os degraus do altar*
6 altar cloth
- *a toalha do altar*
7 altar candle
- *a vela do altar*
8 pyx (pix)
- *a píxide*
9 paten (patin, patine)
- *a pátena*
10 chalice (communion cup)
- *o cálice (o cálice de comunhão f)*
11 Bible (Holy Bible, Scriptures, Holy Scripture)
- *a Bíblia (a Bíblia Sagrada, as Escrituras, a Escritura Sagrada)*
12 altar crucifix
- *o crucifixo do altar*
13 altarpiece
- *o retábulo*
14 church window
- *a janela da igreja*
15 stained glass
- *o vitral*
16 wall candelabrum
- *o aplique, a arandela*
17 vestry door (sacristy door)
- *a porta da sacristia*
18 pulpit steps
- *a escada do púlpito*
19 pulpit
- *o púlpito*
20 antependium
- *o frontal*
21 canopy (soundboard, sounding board)
- *o dossel*
22 preacher (pastor, vicar, clergyman, rector) in his robes (vestments, canonicals)
- *o pastor (o vigário, o sacerdote) com as vestes (paramentos m) sacerdotais; o pastor paramentado*
23 pulpit balustrade
- *a balaustrada do púlpito*
24 hymn board showing hymn numbers
- *o quadro indicando os números dos cânticos*
25 gallery
- *a galeria*
26 verger (sexton, sacristan)
- *o sacristão*
27 aisle
- *a nave*
28 pew; *collectively:* pews (seating)
- *o banco, a estala*
29 churchgoer (worshipper); *collectively:* congregation
- *o devoto (o fiel, o paroquiano); coletivo: a assembléia de fiéis m, a comunidade paroquial*

30 hymn book
- *o livro de cânticos m, o hinário*
31-62 Roman Catholic church
- *a igreja católica romana*
31 altar steps
- *os degraus do altar-mor*
32 presbytery (choir, chancel, sacrarium, sanctuary)
- *o coro e o altar-mor*
33 altar
- *o altar-mor*
34 altar candles
- *as velas do altar-mor*
35 altar cross
- *a cruz do altar-mor*
36 altar cloth
- *a toalha de altar m*
37 lectern
- *o atril*
38 missal (mass book)
- *o missal (o livro de missa f)*
39 priest
- *o celebrante, o padre, o sacerdote*
40 server
- *o acólito, o 'coroinha'*
41 sedilia
- *as estalas do coro*
42 tabernacle
- *o tabernáculo, o sacrário*
43 stele (stela)
- *a estela*
44 paschal candle (Easter candle)
- *o círio pascal*
45 paschal candlestick (Easter candlestick)
- *o tocheiro pascal*
46 sanctus bell
- *a sineta da sacristia*
47 processional cross
- *a cruz alçada (a cruz processional)*
48 altar decoration (foliage, flower arrangement)
- *a decoração do altar (folhagem f, arranjo m de flores f)*
49 sanctuary lamp
- *a lâmpada do santuário (a lâmpada do Santíssimo Sacramento)*
50 altarpiece, a picture of Christ
- *o retábulo do altar, uma imagem de Cristo*
51 Madonna, statue of the Virgin Mary
- *a madona (a imagem da Virgem Maria)*
52 pricket
- *a grade para velas votivas*
53 votive candles
- *as velas votivas*
54 station of the Cross
- *a estação da via-sacra*
55 offertory box
- *o cofre para óbolos m (o cofre de esmolas f)*
56 literature stand
- *o mostruário de livros m*
57 literature (pamphlets, tracts)
- *as publicações (panfletos m, folhetos m, impressos m)*
58 verger (sexton, sacristan)
- *o sacristão*
59 offertory bag
- *a sacola de coleta f*

60 offering
- *a esmola (a oferenda)*
61 Christian (man praying)
- *o cristão (o homem rezando)*
62 prayer book
- *o livro de orações f, o missal*

1 church
- *a igreja*
2 steeple
- *o campanário*
3 weathercock
- *o cata-vento*
4 weather vane (wind vane)
- *a seta do cata-vento*
5 spire ball
- *o botão da flecha*
6 church spire (spire)
- *a flecha (a agulha) da igreja*
7 church clock (tower clock)
- *o relógio da igreja (o relógio da torre)*
8 belfry window
- *a janela do campanário*
9 electrically operated bell
- *o sino acionado a eletricidade* f
10 ridge cross
- *a cruz*
11 church roof
- *o telhado da igreja*
12 memorial chapel
- *a capela votiva (capela do transepto)*
13 vestry (sacristy), an annexe (annex)
- *a sacristia, um anexo*
14 memorial tablet (memorial plate, wall memorial, wall stone)
- *a placa comemorativa;* sim.: *o ex-voto, o epitáfio*
15 side entrance
- *a entrada lateral*
16 church door (main door, portal)
- *o pórtico da igreja (a porta principal)*
17 churchgoer
- *o fiel*
18 graveyard wall (churchyard wall)
- *o muro do cemitério*
19 graveyard gate (churchyard gate, lichgate, lychgate)
- *o portão do cemitério*
20 vicarage (parsonage, rectory)
- *o presbitério*
21-41 graveyard (churchyard, God's acre, *Am.* burying ground)
- *o cemitério (o campo-santo, um cemitério de igreja* f)
21 mortuary
- *a capela mortuária*
22 grave digger
- *o coveiro*
23 grave (tomb)
- *a sepultura (a tumba)*
24 grave mound
- *o túmulo*
25 cross
- *a cruz*
26 gravestone (headstone, tombstone)
- *a lápide*
27 family grave (family tomb)
- *o jazigo*
28 graveyard chapel
- *a capela do cemitério*
29 child's grave
- *a sepultura de criança* f
30 urn grave
- *a sepultura com urna* f
31 urn
- *a urna*
32 soldier's grave
- *a sepultura de soldado* m

33-41 funeral (burial)
- *o funeral (o enterro, o sepultamento)*
33 mourners
- *as pessoas enlutadas*
34 grave
- *a sepultura*
35 coffin (*Am.* casket)
- *o caixão, o féretro*
36 spade
- *a pá*
37 clergyman
- *o padre, o sacerdote*
38 the bereaved
- *a família do defunto*
39 window's veil, a mourning veil
- *o véu de viúva* f, *um véu de luto* m
40 pallbearers
- *os carregadores do féretro*
41 bier
- *a carreta fúnebre*
42-50 procession (religious procession)
- *a procissão (a procissão religiosa)*
42 processional crucifix
- *o crucifixo processional (a cruz alçada)*
43 cross bearer (crucifer)
- *o cruciferário*
44 processional banner, a church banner
- *o estandarte, um estandarte religioso*
45 acolyte
- *o acólito*
46 canopy bearer
- *o carregador do pálio*
47 priest
- *o padre*
48 monstrance with the Blessed Sacrament (consecrated Host)
- *o ostensório com o Santíssimo Sacramento (a hóstia consagrada)*
49 canopy (baldachin, baldaquin)
- *o pálio*
50 nuns
- *as freiras*
51 participants in the procession
- *os acompanhantes da procissão, o cortejo*
52-58 monastery
- *o convento (o mosteiro)*
52 cloister
- *o claustro*
53 monastery garden
- *o jardim do convento*
54 monk, a Benedictine monk
- *o monge, um monge beneditino*
55 habit (monk's habit)
- *o hábito (o hábito de monge* m); de monge beneditino: *a cogula*
56 cowl (hood)
- *o capuz (o capelo)*
57 tonsure
- *a tonsura, o cercilho*
58 breviary
- *o breviário*
59 catacomb, an early Christian underground burial place
- *a catacumba (um cemitério subterrâneo dos cristãos primitivos)*

60 niche (tomb recess, arcosolium)
- *o nicho (a reentrância da tumba)*
61 stone slab
- *a laje de pedra, a lápide*

1 Christian baptism (christening)
– *o batismo cristão*
2 baptistery (baptistry)
– *o batistério*
3 Protestant clergyman
– *o pastor protestante*
4 robes (vestments, canonicals)
– *os paramentos (as vestes canônicas)*
5 bands
– *o peitilho*
6 collar
– *o colarinho*
7 child to be baptized (christened)
– *o batizando*
8 christening robe (christening dress)
– *a camisola de batizado* m
9 christening shawl
– *a manta de batizado* m
10 font
– *a fonte batismal*
11 font basin
– *a pia batismal*
12 baptismal water
– *a água do batismo*
13 godparents
– *os padrinhos*
14 church wedding (wedding ceremony, marriage ceremony)
– *o casamento religioso (a cerimônia de casamento)*
15-16 bridal couple
– *o casal de noivos* m
15 bride
– *a noiva*
16 bridegroom (groom)
– *o noivo*
17 ring (wedding ring)
– *a aliança (a aliança de casamento* m)
18 bride's bouquet (bridal bouquet)
– *o buquê* (Pt. *o ramalhete) de noiva* f
19 bridal wreath
– *a grinalda*
20 veil (bridal veil)
– *o véu de noiva* f
21 [myrtle] buttonhole
– *o mirto na lapela* (costume m alemão)
22 clergyman
– *o oficiante*
23 witnesses (to the marriage)
– *as testemunhas do casamento (os padrinhos)*
24 bridesmaid
– *a dama de honra* f
25 kneeler
– *o genuflexório*
26 Holy Communion
– *a comunhão*
27 communicants
– *os comungantes*
28 Host (wafer)
– *a hóstia*
29 communion cup
– *o cálice de comunhão* f
30 rosary
– *o terço (do rosário)*
31 paternoster
– *o padre-nosso*
32 Ave Maria; *set of 10:* decade
– *a Ave Maria;* conjunto m de 10: *dezena* f, *mistério* m

33 crucifix
– *o crucifixo*
34-54 liturgical vessels (ecclesiastical vessels)
– *os objetos litúrgicos (os objetos eclesiásticos)*
34 monstrance
– *o ostensório*
35 Host (consecrated Host, Blessed Sacrament)
– *a hóstia (a hóstia consagrada, o Santíssimo Sacramento)*
36 lunula (lunule)
– *a lúnula*
37 rays
– *os raios*
38 censer (thurible), for offering incense (for incensing)
– *o incensório (o turíbulo), para a oferta de incenso* m
39 thurible chain
– *a corrente do turíbulo*
40 thurible cover
– *a tampa do turíbulo*
41 thurible bowl
– *o receptáculo* (Pt. *o recetáculo) do turíbulo*
42 incense boat
– *a naveta de incenso* m
43 incense spoon
– *a colher de incenso* m
44 cruet set
– *o galheteiro*
45 water cruet
– *a galheta de água* f
46 wine cruet
– *a galheta de vinho* m
47 holy water basin
– *o balde para água benta*
48 ciborium containing the sacred wafers
– *o cibório com hóstias consagradas*
49 chalice
– *o cálice*
50 dish for communion wafers
– *a âmbula de comunhão* f *(recipiente* m *para hóstias* f)
51 paten (patin, patine)
– *a pátena)*
52 altar bells
– *as campainhas do altar*
53 pyx (pix)
– *a píxide*
54 aspergillum
– *o aspersório, o hissope*
55-72 forms of Christian crosses
– *as formas de cruzes cristãs*
55 Latin cross (cross of the Passion)
– *a cruz latina (a cruz da Paixão)*
56 Greek cross
– *a cruz grega*
57 Russian cross
– *a cruz russa*
58 St. Peter's cross
– *a cruz de São Pedro*
59 St. Anthony's cross (tau cross)
– *a cruz de Santo Antônio (o tau, a cruz em forma* f *de T)*
60 St. Andrew's cross (saltire cross)
– *a cruz de Santo André (a cruz em X)*
61 Y-cross
– *a cruz em Y*

62 cross of Lorraine
– *a cruz de Lorena*
63 ansate cross
– *a cruz egípcia, uma cruz terminada em alça* f
64 patriarchal cross
– *a cruz patriarcal*
65 cardinal's cross
– *a cruz de cardeal*
66 Papal cross
– *a cruz papal*
67 Constantinian cross, monogram of Christ (CHR)
– *a cruz de Constantino, monograma* m *de Cristo (qui-ro)*
68 crosslet
– *a cruzeta, a cruz recruzetada*
69 cross moline
– *a cruz florenciada*
70 cross of Jerusalem
– *a cruz de Jerusalém*
71 cross botonnée (cross treflée)
– *a cruz trilobada (a cruz em trevo* m), *a cruz de São Lázaro, a cruz de Brabante*
72 fivefold cross (quintuple cross)
– *a cruz quíntupla (a cruz do Santo Sepulcro)*

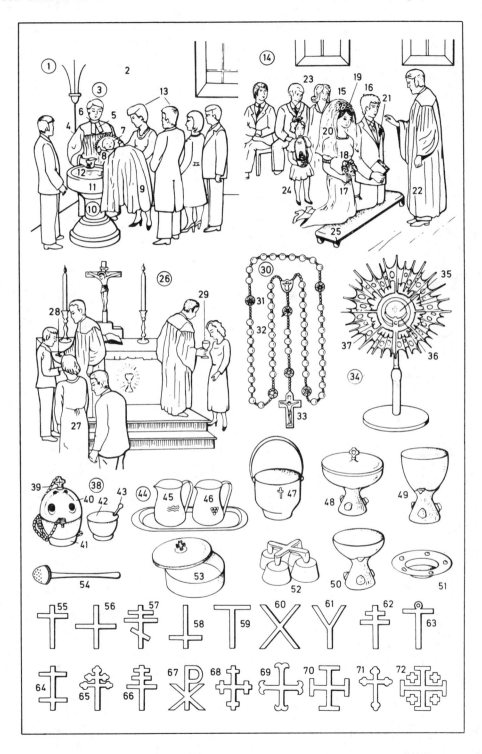

1-18 Egyptian art
- *a arte egípcia*
1 pyramid, a royal tomb
- *a pirâmide, um túmulo real*
2 king's chamber
- *a câmara do rei*
3 queen's chamber
- *a câmara da rainha*
4 air passage
- *a circulação de ar* m
5 coffin chamber
- *a câmara funerária*
6 pyramid site
- *o complexo funerário*
7 funerary temple
- *o templo funerário*
8 valley temple
- *o templo do vale*
9 pylon, a monumental gateway
- *o pilone, um pórtico monumental*
10 obelisks
- *os obeliscos*
11 Egyptian sphinx
- *a esfinge egípcia*
12 winged sun disc (sun disk)
- *o disco solar alado (o disco solar)*
13 lotus column
- *a coluna com capitel* m *em forma* f *de lótus* m
14 knob-leaf capital (bud-shaped capital)
- *o capitel em forma* f *de folha* f *de lótus* m *fechada*
15 papyrus column
- *a coluna com capitel* m *em forma* f *de papiro* m
16 bell-shaped capital
- *o capitel campaniforme (o capitel campanulado)*
17 palm column
- *a coluna com capitel* m *em forma* f *de palmeira* f
18 ornamented column
- *a coluna ornamentada (com motivos históricos)*
19-20 Babylonian art
- *a arte babilônica*
19 Babylonian frieze
- *a frisa babilônica*
20 glazed relief tile
- *o azulejo em relevo* m
21-28 art of the Persians
- *a arte dos persas*
21 tower tomb
- *a torre funerária*
22 stepped pyramid
- *a pirâmide de degraus* m
23 double bull column
- *a coluna taurina dupla*
24 projecting leaves
- *as folhas projetadas para baixo*
25 palm capital
- *o capitel em forma* f *de palma* f
26 volute (scroll)
- *a voluta*
27 shaft
- *o fuste*
28 double bull capital
- *o capitel decorado com duas figuras de touro* m
29-36 art of the Assyrians
- *a arte dos assírios*

29 Sargon's Palace, palace buildings
- *o conjunto de edificações* f *do palácio de Sargão*
30 city wall
- *a muralha da cidade*
31 castle wall
- *a muralha da cidadela*
32 temple tower (ziggurat), a stepped (terraced) tower
- *a torre do templo (zigurate), uma torre em patamares* m *(em terraços* m*)*
33 outside staircase
- *a escadaria externa*
34 main portal
- *o pórtico principal*
35 portal relief
- *o baixo-relevo do pórtico*
36 portal figure
- *a figura do pórtico*
37 art of Asia Minor
- *a arte da Ásia Menor*
38 rock tomb
- *o túmulo rupestre*

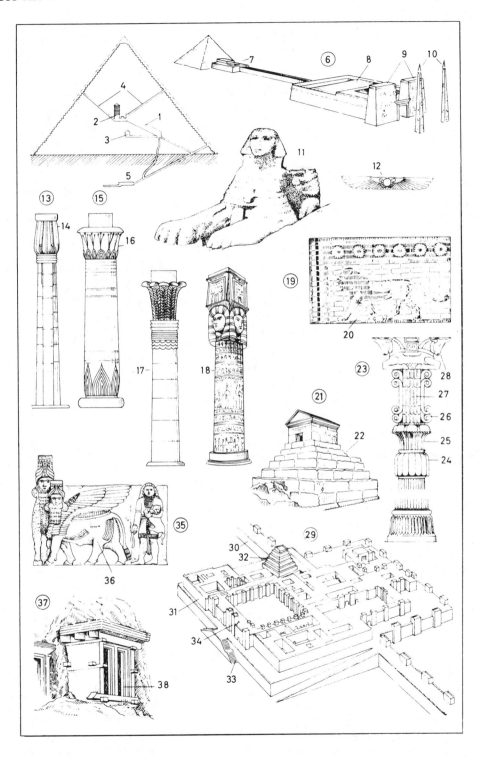

1-48 Greek art
- *a arte grega*
1-7 the Acropolis
- *a Acrópole*
1 the Parthenon, a Doric temple
- *o Pártenon, um templo dórico*
2 peristyle
- *o peristilo*
3 pediment
- *o frontão*
4 crepidoma (stereobate)
- *o estereóbata (o alicerce)*
5 statue
- *a estátua*
6 temple wall
- *a muralha*
7 propylaea (propylaeum, propy-lon)
- *o propileu*
8 Doric column
- *a coluna dórica (ordem dórica)*
9 Ionic column
- *a coluna jônica (ordem jônica)*
10 Corinthian column
- *a coluna coríntia (ordem corín-tia)*
11-14 cornice
- *a cornija*
11 cyma
- *o cimácio*
12 corona
- *o lacrimal*
13 mutule
- *o mútulo*
14 dentils
- *o dentículo*
15 triglyph
- *o tríglifo*
16 metope, a frieze decoration
- *a métopa, um ornamento de um friso*
17 regula
- *o mútulo*
18 epistyle (architrave)
- *o epistilo (a arquitrave)*
19 cyma (cymatium, kymation)
- *o listel*
20-25 capital
- *o capitel*
20 abacus
- *o ábaco*
21 echinus
- *o equino*
22 hypotrachelium (gorgerin)
- *o hipotraquélio (o colarinho)*
23 volute (scroll)
- *a voluta*
24 volute cushion
- *a almofada da voluta*
25 acanthus
- *a folha de acanto* m
26 column shaft
- *o fuste da coluna*
27 flutes (grooves, channels)
- *as caneluras (as ranhuras)*
28-31 base
- *a base*
28 [upper] torus
- *o toro [superior]*
29 trochilus (concave moulding, *Am.* molding)
- *o tróquilo (uma moldura côncava)*
30 [lower] torus
- *o toro [inferior]*

31 plinth
- *o plinto*
32 stylobate
- *o estilóbata*
33 stele (stela)
- *a estela*
34 acroterion (acroterium, acroter)
- *o acrotério*
35 herm (herma, hermes)
- *a herma*
36 caryatid; *male:* Atlas
- *a cariátide;* masc.: *o atlante*
37 Greek vase
- *o vaso grego*
38-43 Greek ornamentation (Greek decoration, Greek decorative designs)
- *os ornatos gregos*
38 bead-and-dart moulding (*Am.* molding), an ornamental band
- *a moldura de contas* f *e dardos* m, *uma faixa ornamental*
39 running dog (Vitruvian scroll)
- *o friso de volutas* f
40 leaf ornament
- *o ornato de folhas* f
41 palmette
- *a palmeta*
42 egg and dart (egg and tongue, egg and anchor) cyma
- *o listel de ovo* m *e dardo* m
43 meander
- *a grega*
44 Greek theatre (*Am.* theater)
- *o teatro grego*
45 scene
- *a cena*
46 proscenium
- *o proscênio*
47 orchestra
- *a orquestra*
48 thymele (altar)
- *a ara (o altar)*
49-52 Etruscan art
- *a arte etrusca*
49 Etruscan temple
- *o templo etrusco*
50 portico
- *o pórtico*
51 cella
- *a cela*
52 entablature
- *o entablamento*
53-60 Roman art
- *a arte romana*
53 aqueduct
- *o aqueduto*
54 conduit (water channel)
- *o conduto da água, a adutora*
55 centrally-planned building (centralized building)
- *a edificação com planta centralizada*
56 portico
- *o pórtico*
57 reglet
- *o filete*
58 cupola
- *a cúpula*
59 triumphal arch
- *o arco triunfal*
60 attic
- *o ático*

61-71 Early Christian art
- *a arte cristã primitiva*
61 basilica
- *a basílica*
62 nave
- *a nave*
63 aisle
- *a nave lateral*
64 apse
- *a abside*
65 campanile
- *o campanário*
66 atrium
- *o átrio*
67 colonnade
- *a colunata*
68 fountain
- *o chafariz*
69 altar
- *o altar*
70 clerestory (clearstory)
- *o clerestório*
71 triumphal arch
- *o arco triunfal*
72-75 Byzantine art
- *a arte bizantina*
72-73 dome system
- *o sistema de cúpulas* f
72 main dome
- *a cúpula principal*
73 semidome
- *a semicúpula*
74 pendentive
- *o pendente*
75 eye, a lighting aperture
- *o olho-de-boi*

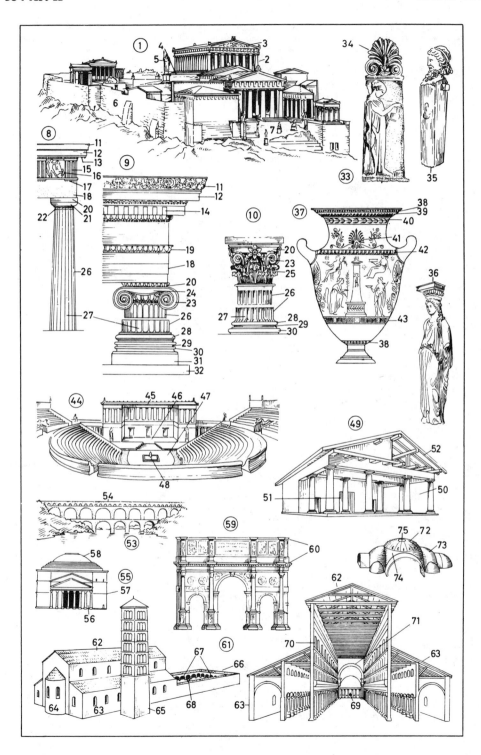

1-21 Romanesque art
- *a arquitetura românica*
1-13 Romanesque church, a cathedral
- *a igreja românica, uma catedral, uma sé*
1 nave
- *a nave*
2 aisle
- *a nave lateral*
3 transept
- *o transepto*
4 choir (chancel)
- *o coro*
5 apse
- *a abside*
6 central tower (*Am.* center tower)
- *a torre central*
7 pyramidal tower roof
- *o teto da torre*
8 arcading
- *a arcatura vasada*
9 frieze of round arcading
- *o friso de arcaturas f*
10 blind arcade (blind arcading)
- *a arcatura cega*
11 lesene, a pilaster strip
- *o lesim, uma faixa vertical*
12 circular window
- *o olho-de-boi*
13 side entrance
- *a portada lateral*
14-16 Romanesque ornamentation (Romanesque decoration, Romanesque decorative designs)
- *os ornatos românicos*
14 chequered (*Am.* checkered) pattern (chequered design)
- *o motivo de xadrez m*
15 imbrication (imbricated design)
- *a imbricação (o motivo imbricado)*
16 chevron design
- *o motivo em aspas f*
17 Romanesque system of vaulting
- *a abóbada românica*
18 transverse arch
- *o arco transverso*
19 barrel vault (tunnel vault)
- *a abóbada de berço m*
20 pillar
- *o pilar*
21 cushion capital
- *o capitel com almofada f*
22-41 Gothic art
- *a arquitetura gótica*
22 Gothic church [westwork, west end, west façade], a cathedral
- *a igreja gótica [fachada f oeste]*
23 rose window
- *a rosácea*
24 church door (main door, portal), a recessed portal
- *a portada da igreja (a porta principal, o portal), um pórtico recuado*
25 archivolt
- *a arquivolta*
26 tympanum
- *o tímpano*
27-35 Gothic structural system
- *a construção gótica*
27-28 buttresses
- *os contrafortes*
27 buttress
- *o contraforte*

28 flying buttress
- *o arcobotante*
29 pinnacle
- *o pináculo*
30 gargoyle
- *a gárgula*
31-32 cross vault (groin vault)
- *a abóbada de arestas f (a abóbada de ogivas f)*
31 ribs (cross ribs)
- *as arestas (as arestas transversais)*
32 boss (pendant)
- *a bossa (ornato m pendente)*
33 triforium
- *o trifório*
34 clustered pier (compound pier)
- *as pilastras ondulantes*
35 respond (engaged pillar)
- *a coluna embutida*
36 pediment
- *o frontão*
37 finial
- *o remate (o florão)*
38 crocket
- *o cogulho (um ornamento)*
39-41 tracery window, a lancet window
- *a janela com ornato rendilhado, a janela gótica lanceolada*
39-40 tracery
- *o rendilhado*
39 quatrefoil
- *o quadrifólio*
40 cinquefoil
- *a rosácea de cinco pontas f*
41 mullions
- *os pilaretes*
42-54 Renaissance art
- *a arquitetura da Renascença*
42 Renaisssance church
- *a igreja da Renascença (a igreja renascentista)*
43 projection, a projecting part of the building
- *o corpo profilado, o pórtico saliente*
44 drum
- *o tambor*
45 lantern
- *a lanterna*
46 pilaster (engaged pillar)
- *a pilastra (pilar m embutido)*
47 Renaissance palace
- *o palácio renascentista*
48 cornice
- *a cornija*
49 pedimental window
- *a janela com frontão m triangular*
50 pedimental window [with round gable]
- *a janela com frontão m em arco m abatido*
51 rustication (rustic work)
- *o trabalho rústico, a bossagem*
52 string course
- *a faixa*
53 sarcophagus
- *o monumento funerário com estátua f jacente*
54 festoon (garland)
- *o festão (a guirlanda)*

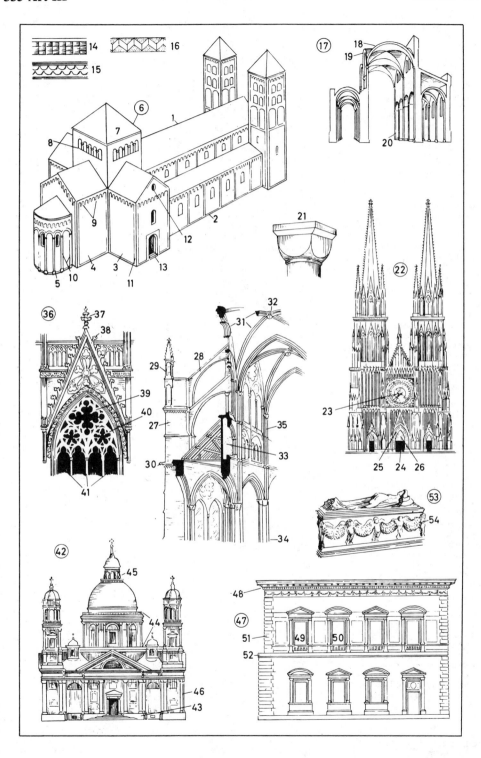

1-8 Baroque art
- *a arte barroca*
1 Baroque church
- *a igreja barroca*
2 bull's eye
- *o olho-de-boi*
3 bulbous cupola
- *o cupulim, a lanterna*
4 dormer window (dormer)
- *a lucarna (a lucerna, a trapeira)*
5 curved gable
- *o frontão em arco abatido*
6 twin columns
- *as colunas geminadas*
7 cartouche
- *a cártula*
8 scrollwork
- *a voluta*
9-13 Rococo art
- *a arte rococó*
9 Rococo wall
- *a parede rococó*
10 coving, a hollow moulding (*Am.* molding)
- *a cornija*
11 framing
- *o ornamento da cornija (as cártulas rococó)*
12 ornamental moulding (*Am,* molding)
- *a imposta ornamentada*
13 rocaille, a Rococo ornament
- *o embrechado, um ornato rococó*
14 table in Louis Seize style (Louis Seize table)
- *a mesa em estilo m Luís XVI (a mesa Luís XVI)*
15 neoclassical building (building in neoclassical style), a gateway
- *o edifício neoclássico (o edifício em estilo neoclássico), um pórtico (com peristilo m)*
16 Empire table (table in the Empire style)
- *a mesa Império (a mesa em estilo m Império)*
17 Biedermeier sofa (sofa in the Biedermeier style)
- *o sofá Biedermeier (o sofá estilo m Biedermeier)*
18 Art Nouveau easy chair (easy chair in the Art Nouveau style)
- *a poltrona art-nouveau (a poltrona em estilo m art-nouveau)*
19-37 types of arch
- *os tipos de arco*
19 arch
- *o arco*
20 abutment
- *o pilar*
21 impost
- *a imposta*
22 springer, a voussoir (wedge stone)
- *o someiro, primeira aduela (pedra f em forma f de cunha truncada)*
23 keystone
- *a chave (o fecho)*
24 face
- *a face*
25 pier
- *a pilastra*
26 extrados
- *o extradorso*

27 round arch
- *o arco pleno*
28 segmental arch (basket handle)
- *o arco abatido (o arco rebaixado)*
29 parabolic arch
- *o arco oval subido (o arco em asa f de cesta f subido)*
30 horseshoe arch
- *o arco em ferradura f (o arco mourisco)*
31 lancet arch
- *o arco ogival*
32 trefoil arch
- *o arco trilobado*
33 shouldered arch
- *o arco adintelado*
34 convex arch
- *o arco campanulado*
35 tented arch
- *o arco infletido*
36 ogee arch (keel arch)
- *o arco duplo (em colchete m)*
37 Tudor arch
- *o arco Tudor*
38-50 types of vault
- *os tipos de abóbada f*
38 barrel vault (tunnel vault)
- *a abóbada de berço m (de canudo m, semicilíndrica)*
39 crown
- *a crista*
40 side
- *o lado*
41 cloister vault (cloistered vault)
- *a abóbada de claustro m (de barrete m de clérigo m)*
42 groin vault (groined vault)
- *a abóbada de arestas f*
43 rib vault (ribbed vault)
- *a abóbada emoldurada*
44 stellar vault
- *a abóbada estelar*
45 net vault
- *a abóbada nervurada*
46 fan vault
- *a abóbada em leque m*
47 trough vault
- *a abóbada com abaulamento m*
48 trough
- *a face abaulada*
49 cavetto vault
- *a abóbada de caveto m*
50 cavetto
- *o espelho, a face quadrada*

1-6 Chinese art
- *a arte chinesa*
1 pagoda (multi-storey, multistory, pagoda), a temple tower
- *o pagode (o pagode de vários andares)*
2 storey (story) roof (roof of storey)
- *o telhado em patamares m (o telhado de andar m)*
3 pailou (pailoo), a memorial archway
- *o pórtico comemorativo*
4 archway
- *o arco (o vão do arco)*
5 porcelain vase
- *o vaso de porcelana f*
6 incised lacquered work
- *o entalhe em laca f*
7-11 Japanese art
- *a arte japonesa*
7 temple
- *o templo*
8 bell tower
- *o campanário*
9 supporting structure
- *a estrutura de apoio m*
10 bodhisattva (boddhisattva), a Buddhist saint
- *o santo budista*
11 torii, a gateway
- *o tori, um pórtico*
12-18 Islamic art
- *a arte islâmica (a arte do Islã)*
12 mosque
- *a mesquita*
13 minaret, a prayer tower
- *o minarete, uma torre de oração f*
14 mihrab
- *o oratório (nicho m de oração f)*
15 minbar (mimbar, pulpit)
- *o púlpito*
16 mausoleum, a tomb
- *o mausoléu, um monumento funerário*
17 stalactite vault (stalactitic vault)
- *a abóbada em estalactite f*
18 Arabian capital
- *o capitel árabe*
19-28 Indian art
- *a arte da Índia*
19 dancing Siva (Shiva), an Indian god
- *a Civa dançante, uma divindade hindu (uma divindade brâmane)*
20 statue of Buddha
- *a estátua de Buda*
21 stupa (Indian pagoda), a mound (dome), a Buddhist shrine
- *o túmulo indiano em abóbada f. um monumento budista*
22 umbrella
- *o guarda-sol*
23 stone wall (*Am.* stone fence)
- *a cerca de pedra f*
24 gate
- *o portão*
25 temple buildings
- *as edificações do templo*
26 shikara (sikar, sikhara, temple tower)
- *a torre do templo*
27 chaitya hall
- *o interior de um santuário*
28 chaitya, a small stupa
- *o pequeno templo fúnebre*

1-43 studio
- *o ateliê, o estúdio*
1 studio skylight
- *a claraboia do ateliê (do estúdio)*
2 painter, an artist
- *o pintor, um artista*
3 studio easel
- *o cavalete do ateliê (do estúdio)*
4 chalk sketch, with the composition (rough draft)
- *o esboço (o croqui) a creiom m (a giz m)*
5 crayon (piece of chalk)
- *o creiom (o giz de desenho m)*
6-19 painting materials
- *o material de pintura f*
6 flat brush
- *o pincel chato*
7 camel hair brush
- *o pincel delgado (de pêlo animal macio)*
8 round brush
- *o pincel redondo*
9 priming brush
- *a trincha*
10 box of paints (paintbox)
- *a caixa de tintas f*
11 tube of oil paint
- *o tubo (a bisnaga) de tinta f a óleo m*
12 varnish
- *o verniz*
13 thinner
- *o solvente*

14 palette knife
- *a espátula de pintor m*
15 spatula
- *a espátula*
16 charcoal pencil (charcoal), piece of charcoal
- *o lápis de carvão m, o pedaço de carvão (fusain)*
17 tempera (gouache)
- *a têmpera (a guache)*
18 watercolour (*Am.* watercolor)
- *a aquarela (tinta diluída ou solúvel em água f)*
19 pastel crayon
- *o giz pastel (o creiom pastel)*
20 wedged stretcher (canvas stretcher)
- *o chassi*
21 canvas
- *a tela*
22 piece of hardboard, with painting surface
- *a folha de papelão duro, com superfície preparada para pintura f*
23 wooden board
- *a chapa de madeira f*
24 fibreboard (*Am.* fiberboard)
- *a placa de aglomerado m (bras.: eucatex, duratex)*
25 painting table
- *o banco de pintura f*
26 folding easel
- *o cavalete portátil*
27 still life group, a motif
- *a natureza-morta, um motivo*

28 palette
- *a paleta*
29 palette dipper
- *o suporte do pincel*
30 platform
- *o estrado*
31 lay figure (mannequin, manikin)
- *o manequim articulado*
32 nude model (model, nude)
- *o modelo nu, um modelo vivo*
33 drapery
- *o drapejamento*
34 drawing easel
- *o cavalete de desenho m*
35 sketch pad
- *o bloco de esboços m (o bloco de croquis m)*
36 study in oils
- *o estudo em óleo m*
37 mosaic (tessellation)
- *o mosaico (a marchetaria)*
38 mosaic figure
- *a figura em mosaico m*
39 tesserae
- *as pedras (os cubos) de mosaico m*
40 fresco (mural)
- *o afresco (o mural)*
41 sgraffito
- *o sgraffito (gravura f afresco)*
42 plaster
- *o emboço branco*
43 cartoon
- *o cartão (modelo desenhado sobre papel m)*

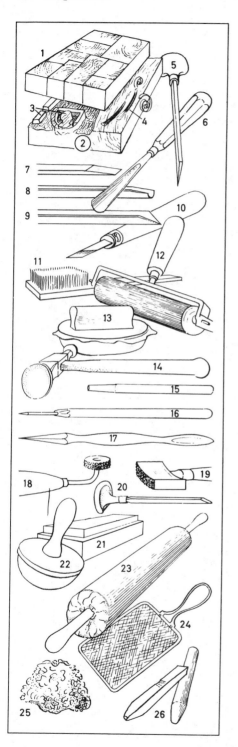

1-13 **wood engraving** (xylography), a relief printing method (a letterpress printing method)
- *a xilogravura (gravura f na madeira f), um processo m de gravura (ou de impressão f) em relevo m*
1 end-grain block for wood engravings, a wooden block
- *a peça de madeira f para ser entalhada*
2 wooden plank for woodcutting, a relief image carrier
- *o pedaço de madeira f para ser entalhada*
3 positive cut
- *o alto-relevo*
4 plank cut
- *o baixo-relevo*
5 burin (graver)
- *o buril*
6 U-shaped gouge
- *a goiva em U*
7 scorper (scauper, scalper)
- *o escopro*
8 scoop
- *o alcatruz*
9 V-shaped gouge
- *a goiva em V*
10 contour knife
- *a faca*
11 brush
- *a escova*
12 roller (brayer)
- *o rolo*
13 pad (wiper)
- *a almofada*
14-24 **copperplate engraving** (chalcography), an intaglio process; *kinds:* etching, mezzotint, aquatint, crayon engraving
- *a calcografia; tipos: água-forte f, meia-tinta f, aquatinta f, gravação f a lápis m*
14 hammer
- *o martelo*
15 burin
- *o buril*
16 etching needle (engraver)
- *a agulha de água-forte f*
17 scraper and burnisher
- *a raspadeira e o brunidor*
18 roulette
- *a roleta*
19 rocking tool (rocker)
- *a ferramenta de granular chapa f de metal m*
20 round-headed graver, a graver (burin)
- *o buril de ponta arredondada*
21 oilstone
- *a pedra de afiar*
22 dabber (inking ball, ink ball)
- *a almofada de tinta f*
23 leather roller
- *o rolo de couro m*
24 sieve
- *a peneira*
25-26 **lithography** (stone lithography), a planographic printing method
- *a litografia (gravura f na pedra f), um processo m de gravura (ou de impressão f) plana*
25 sponge for moistening the lithographic stone
- *a esponja para umedecer (Pt. humedecer) a pedra*
26 lithographic crayons (greasy chalk)
- *o creiom (o giz) litográfico*

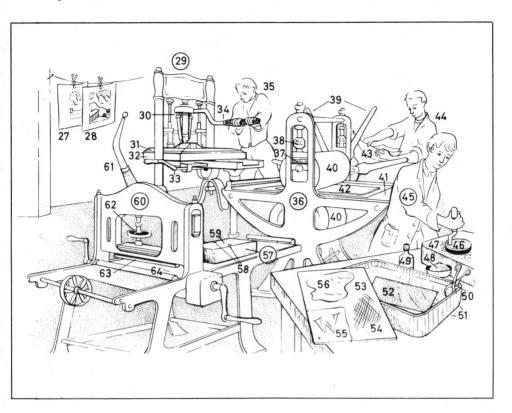

27-64 **graphic art studio**, a printery (printing office)
- *o estúdio de arte gráfica, uma oficina de estamparia* f
27 broadside (broadsheet, single sheet)
- *o tecido*
28 full-colour (*Am.* full-color) print (colour print, chromolithograph)
- *a estamparia a cores* f *(a cromolitografia)*
29 platen press, a hand press
- *a prensa manual, uma prensa com quadro* m
30 toggle
- *o trabelho*
31 platen
- *o quadro*
32 type forme (*Am.* form)
- *a forma de tipos* m
33 feed mechanism
- *o mecanismo de alimentação* f
34 bar (devil's tail)
- *a manivela (o rabo do diabo)*
35 pressman
- *o impressor*
36 copperplate press
- *a prensa de talha* f *doce*
37 tympan
- *o tambor*
38 pressure regulator
- *o regulador de pressão* f
39 star wheel
- *a roda estrelada*
40 cylinder
- *o cilindro*
41 bed
- *o berço*

42 felt cloth
- *o feltro*
43 proof (pull)
- *a prova*
44 copperplate engraver
- *o gravador de talha* f *doce*
45 lithographer (litho artist), grinding the stone
- *o litógrafo trabalhando a pedra*
46 grinding disc (disk)
- *o disco*
47 grain (granular texture)
- *a textura granular*
48 pulverized glass
- *o vidro pulverizado*
49 rubber solution
- *a solução de goma* f
50 tongs
- *a pinça*
51 etching bath for etching
- *o banho de água-forte* f
52 zinc plate
- *a placa de zinco* m
53 polished copperplate
- *a talha doce polida*
54 cross hatch
- *a hachura com traços* m
55 etching ground
- *a gravura (a estampa) a água-forte* f *sobre pedra litográfica*
56 non-printing area
- *a área para não imprimir*
57 lithographic stone
- *a pedra litográfica*

58 register marks
- *as marcas de registro* (Pt. *registo*) m
59 printing surface (printing image carrier)
- *a superfície de impressão* f
60 lithographic press
- *a prensa litográfica*
61 lever
- *a alavanca*
62 scraper adjustment
- *o ajuste da raspadeira*
63 scraper
- *a raspadeira*
64 bed
- *o berço*

1-20 scripts of various peoples
- *a escrita de vários povos*
1 ancient Egyptian hieroglyphics, a pictorial system of writing
- *os hieróglifos do antigo Egito, um sistema de escrita f pictórico (de escrita ideográfica)*
2 Arabic
- *a escrita árabe (caracteres m árabes)*
3 Armenian
- *a escrita armênia*
4 Georgian
- *a escrita georgiana*
5 Chinese
- *a escrita chinesa*
6 Japanese
- *a escrita japonesa*
7 Hebrew (Hebraic)
- *a escrita hebraica*
8 cuneiform script
- *a escrita cuneiforme*
9 Devanagari, script employed in Sanskrit
- *o devanagari, caracteres modernos usados para sânscrito clássico*
10 Siamese
- *a escrita siamesa*
11 Tamil
- *o tâmil (escrita dravídica)*
12 Tibetan
- *a escrita tibetana*
13 Sinaitic script
- *os caracteres sinaicos*
14 Phoenician
- *a escrita fenícia*
15 Greek
- *a escrita grega*
16 Roman capitals
- *as capitulares (as maiúsculas) romanas*
17 uncial (uncials, uncial script)
- *a escrita uncial*
18 Carolingian minuscule (Carlovingian, Caroline minuscule)
- *a minúscula carolíngia*
19 runes
- *a escrita rúnica (germânico primitivo), caracteres rúnicos, as runas*
20 Russian
- *a escrita russa (o cirílico)*
21-26 ancient writing implements
- *os instrumentos antigos de escrita f*
21 Indian steel stylus for writing on palm leaves
- *o estilete de aço m hindu para escrever em folhas f de papiro m*
22 ancient Egyptian reed pen
- *o antigo estilete egípcio de junco m*
23 writing cane
- *a pena de bambu m*
24 brush
- *o pincel*
25 Roman metal pen (stylus)
- *o stylus romano (estilete m de metal m)*
26 quill (quill pen)
- *a pena de ganso m*

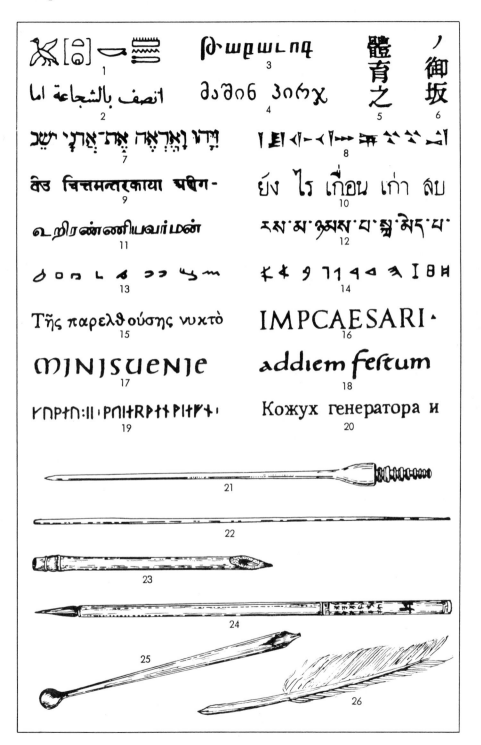

1-15 types (type faces)
- *os tipos (os caracteres)*
1 Gothic type (German black-letter type)
- *os caracteres góticos (a escrita gótica)*
2 Schwabacher type (German black-letter type)
- *os caracteres Schwabach*
3 Fraktur (German black-letter type)
- *a escrita alemã antiga*
4 Humanist (Mediaeval)
- *a medieval*
5 Transitional
- *o garamond*
6 Didone
- *o didot*
7 Sanserif (Sanserif type, Grotesque)
- *o grotesco*
8 Egyptian
- *o egípcio*
9 typescript (typewriting)
- *o courier (tipo datilográfico)*
10 English hand (English handwriting, English writing)
- *o manuscrito inglês (o cursivo inglês)*
11 German hand (German handwriting, German writing)
- *o manuscrito alemão (o cursivo alemão)*
12 Latin script
- *o cursivo latino*
13 shorthand (shorthand writing, stenography)
- *os sinais taquigráficos (a taquigrafia, a estenografia)*
14 phonetics (phonetic transcription)
- *a transcrição fonética (a pronúncia figurada)*
15 Braille
- *o braile (a escrita anagliptográfica)*
16-29 punctuation marks (stops)
- *os sinais de pontuação* f *(os pontos)*
16 full stop (period, full point)
- *o ponto*
17 colon
- *os dois pontos*
18 comma
- *a vírgula*
19 semicolon
- *o ponto e vírgula* f
20 question mark (interrogation point, interrogation mark)
- *o ponto de interrogação* f
21 exclamation mark (*Am.* exclamation point)
- *o ponto de exclamação* f
22 apostrophe
- *o apóstrofo*
23 dash (em rule)
- *o travessão*
24 parentheses (round brackets)
- *os parênteses*
25 square brackets
- *os colchetes*
26 quotation mark (double quotation marks, paired quotation marks, inverted commas)
- *as aspas*

27 guillemet (French quotation mark)
- *as aspas (francesas)*
28 hyphen
- *o hífen (o traço-de-união)*
29 marks of omission (ellipsis)
- *as reticências*
30-35 accents and diacritical marks (diacritics)
- *os acentos e os sinais diacríticos*
30 acute accent (acute)
- *o acento agudo*
31 grave accent (grave)
- *o acento grave*
32 circumflex accent (circumflex)
- *o acento circunflexo*
33 cedilla [under c]
- *a cedilha*
34 diaeresis (*Am.* dieresis) [over e]
- *a diérese (o trema)*
35 tilde [over n]
- *o til*
36 section mark
- *o sinal de parágrafo* m
37-70 newspaper, a national daily newspaper
- *o jornal*
37 newspaper page
- *a página de jornal* m
38 front page
- *a primeira página*
39 newspaper heading
- *o nome do jornal*
40 head rules and imprint
- *o cabeçalho e a marca do editor*
41 subheading
- *o subtítulo*
42 date of publication
- *a data de publicação* f
43 Post Office registration number
- *o código postal*
44 headline
- *a manchete*
45 column
- *a coluna*
46 column heading
- *o lead (a chamada)*
47 column rule
- *o filete*
48 leading article (leader, editorial)
- *o editorial (o artigo de fundo)*
49 reference to related article
- *o sumário (o resumo) da notícia que se segue*
50 brief news item
- *o tópico*
51 political section
- *a seção* (Pt. *a secção) política*
52 page heading
- *o cabeçalho de página interna*
53 cartoon
- *a caricatura (a charge)*
54 report by newspaper's own correspondent
- *a reportagem de correspondente* m *do jornal*
55 news agency's sign
- *a indicação da agência noticiosa*
56 advertisement (*coll.* ad)
- *o anúncio*
57 sports section
- *a seção de esportes* m (Pt. *a secção de desportos* m)

58 press photo
- *a foto jornalística*
59 caption
- *a legenda*
60 sports report
- *a reportagem esportiva* (Pt. *desportiva*)
61 sports news item
- *a notícia esportiva* (Pt. *desportiva*)
62 home and overseas news section
- *a seção de notícias* f *nacionais e internacionais*
63 news in brief (miscellaneous news)
- *a seção de notícias diversas*
64 television programmes (*Am.* programs)
- *a programação de televisão* f
65 weather report
- *a previsão do tempo*
66 weather chart (weather map)
- *o mapa meteorológico*
67 arts section (feuilleton)
- *o caderno de artes* f
68 death notice
- *o anúncio fúnebre (no obituário)*
69 advertisements (classified advertising)
- *os classificados*
70 job advertisement, a vacancy (a situation offered)
- *o anúncio de emprego* m *(a oferta de emprego)*

Oxford 1

Oxford 2

Oxford 3

Oxford 4

Oxford 5

Oxford 6

Oxford 7

Oxford 8

Oxford 9

Oxford 10

Oxford 11

Oxford 12

13

ˈɔksfəd 14

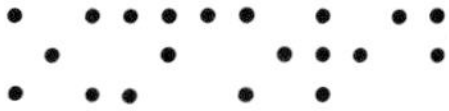

15

· 16

: 17

, 18

; 19

? 20

! 21

' 22

— 23

() 24

[] 25

„ " 26

» « 27

- 28

... 29

é 30

è 31

ê 32

ç 33

ë 34

ñ 35

§ 36

64 37 52 52 67

62 Deutschland und die Welt 57 52 Das Geld, das Gold und die Angst vor dem Atommüll 69

Fernsehen am Wenn der Postbote faul ist 54 51 Ein Kampf um eine Weltpokal 52 Sport 58

65 65 "Dichter und Sänger sollen sagen, wo wir Fehler machen" 55

39 **Frankfurter Allgemeine** 43

42 40 41 —ZEITUNG FÜR DEUTSCHLAND—

45 Ost-Berlin hält 46 Die CDU bereitet vorsorglich 44 53 Buch beim Bracerel Ring

66 die Gründung eines Landesverbands Bayern vor 59

47 60

Goppel verlangt Beratung im Parteivorstand

Der Vertrag der Generationen 48

63 49

Jerusalem und Kairo sprechen von Frieden

50 56 Hapag-Lloyd zu Lande, zu Wasser, in der Luft 61 68

38 intelligente Sekretärin 70

22 und z Tägli Frankfurter Allgemeine

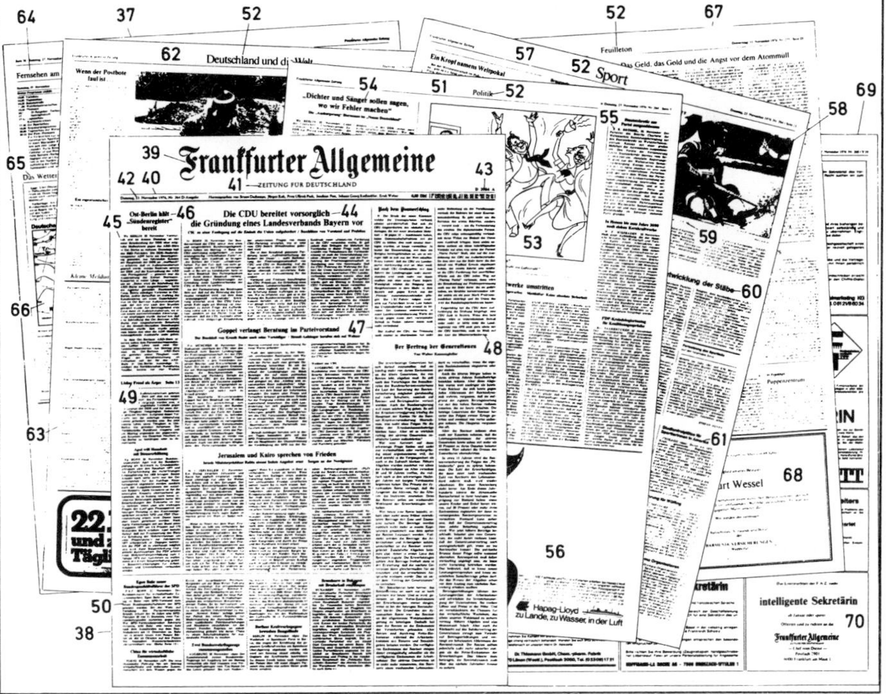

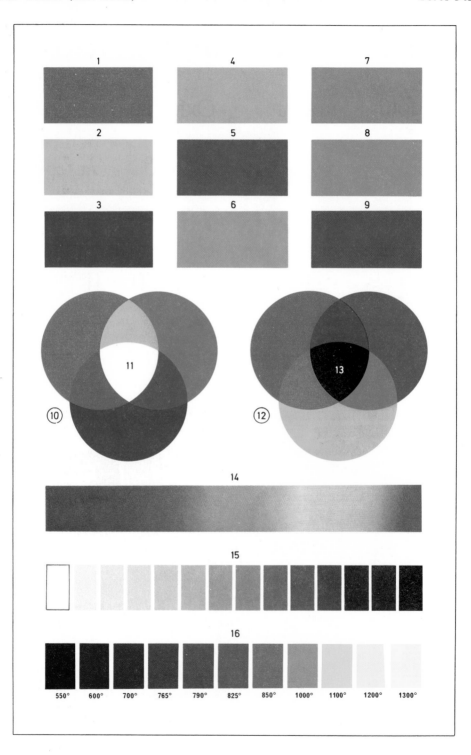

1 red
- *o vermelho*
2 yellow
- *o amarelo*
3 blue
- *o azul*
4 pink
- *o cor-de-rosa*
5 brown
- *o castanho (o marrom)*
6 azure (sky blue)
- *o azul celeste*
7 orange
- *a cor de laranja* f
8 green
- *o verde*
9 violet
- *o violeta (o roxo)*
10 additive mixture of colours
(*Am.* colors)
- *a síntese das cores*
11 white
- *o branco*
12 subtractive mixture of colours
(*Am.* colors)
- *a análise das cores*
13 black
- *o preto*
14 solar spectrum (colours *Am.* colors, of the rainbow)
- *o espectro* (Pt. *o espetro*) *solar
(as cores do arco-íris)*
15 grey (*Am.* gray) scale
- *a escala dos cinzentos*
16 heat colours (*Am.* colors)
- *a escala da radiação luminosa
emitida por um corpo aquecido
(a incandescência)*

①　I　II　III　IV　V　VI　VII　VIII　IX　X

②　1　2　3　4　5　6　7　8　9　10

①　XX　XXX　XL　XLIX　IL　L　LX　LXX　LXXX　XC

②　20　30　40　49　50　60　70　80　90

①　XCIX　IC　C　CC　CCC　CD　D　DC　DCC　DCCC

②　99　100　200　300　400　500　600　700　800

①　CM　CMXC　M

②　900　990　1000

③ 9658　④ 5 kg.　⑤ 2　⑥ 2.　⑦ +5　⑧ -5

1-26 arithmetic
- *a aritmética*
1-22 numbers
- *os números*
1 Roman numerals
- *os algarismos romanos*
2 Arabic numerals
- *os algarismos arábicos*
3 abstract number, a four-figure number [8: units; 5: tens; 6:hundreds; 9:thousands]
- *o número abstrato (um número de quatro algarismos* m) *[8: as unidades; 5: as dezenas; 6: as centenas; 9: os milhares]*
4 concrete number
- *o número concreto*
5 cardinal number (cardinal)
- *o numeral cardinal*
6 ordinal number (ordinal)
- *o numeral ordinal*
7 positive number [with plus sign]
- *o número positivo*
8 negative number [with minus sign]
- *o número negativo*
9 algebraic symbols
- *os símbolos algébricos*
10 mixed number [3: whole number (integer); 1/3: fraction]
- *o número misto [3: o inteiro; 1/3: a fração]*
11 even numbers
- *os números pares*

12 odd numbers
- *os números ímpares*
13 prime numbers
- *os números primos*
14 complex number [3: real part; $2\sqrt{-1}$: imaginary part]
- *o número complexo [3: a parte real; $2\sqrt{-1}$: a parte imaginária]*
15-16 vulgar fractions
- *as frações ordinárias*
15 proper fraction [2: numerator; horizontal line; 3: denominator]
- *a fração própria [2: o numerador; o traço de fração; 3: o denominador]*
16 improper fraction, also the reciprocal of item 15
- *a fração imprópria, também o inverso do item 15*
17 compound fraction (complex fraction)
- *a fração composta*
18 improper fraction [when cancelled down produces a whole number]
- *a fração imprópria*
19 fractions of different denominations [35: common denominator]
- *as frações de denominadores* m *diferentes [35: denominador comum]*

20 proper decimal fraction with decimal point (in German: comma) and decimal places [3: tenths; 5: hundredths; 7: thousandths]
- *a fração decimal finita, com vírgula* f *e casas* f *decimais [3: os décimos; 5: os centésimos; 7: os milésimos]*
21 recurring decimal
- *a dízima periódica*
22 recurring decimal
- *o período*
23-26 fundamental arithmetical operations
- *as quatro operações fundamentais*
23 addition (adding) [3 and 2: the terms of the sum; +: plus sign; =: equals sign, 5: the sum]
- *a adição [3 e 2: o termo; +: o sinal de mais; =: o sinal de igual; 5: a soma ou o resultado]*
24 subtraction (subtracting); [3: the minuend; −: minus sign; 2: the subtrahend; 1: the remainder (difference)]
- *a subtração [3 o minuendo; — o sinal de menos; 2 o subtraendo; 1 o resto, a diferença, o excesso, o saldo]*

⑨ $a, b, c \ldots$ ⑩ $3\frac{1}{3}$ ⑪ $2,4,6,8$ ⑫ $1,3,5,7$

⑬ $3,5,7,11$ ⑭ $3+2\sqrt{-1}$ ⑮ $\frac{2}{3}$ ⑯ $\frac{3}{2}$

⑰ $\dfrac{\frac{5}{6}}{\frac{3}{4}}$ ⑱ $\frac{12}{4}$ ⑲ $\frac{4}{5}+\frac{2}{7}=\frac{38}{35}$ ⑳ $0,357$

㉑ $0,6666\ldots = 0,\overline{6}$ ㉒   ㉓ $3+2=5$

㉔ $3-2=1$ ㉕ $3 \cdot 2 = 6$ ㉖ $6:3=2$
                     $3 \times 2 = 6$

en France: ⑥ $2^{\text{ème}}$ ㉖ $6/2=3$

25 multiplication (multiplying); [3: the multiplicand; × (in German •): multiplication sign; 2: the multiplier; 2 and 3: factors; 6: the product]
- *a multiplicação [3: o multiplicando; ×: as vezes; 2: o multiplicador; 2 e 3: os fatores; 6: o produto]*
26 division (dividing); [6: the dividend; ÷: division sign; 2: the divisor; 3: the quotient]
- *a divisão [6: o dividendo; ÷: o sinal de divisão; 2: o divisor; 3: o quociente]*

① $3^2 = 9$ ② $\sqrt[3]{8} = 2$ ③ $\sqrt{4} = 2$

④ $3x + 2 = 12$

⑤ $4a + 6ab - 2ac = 2a(2 + 3b - c)$ ⑥ $\log_{10} 3 = 0{,}4771$

oder $\lg 3 = 0{,}4771$

⑦ $\dfrac{k[1000\,DM] \cdot p[5\%] \cdot t[2\,Jahre]}{100} = z[100\,DM]$

en France:

⑥ $\log_{10} 3 = 0{,}4771$ ⑦ $\dfrac{k1000F \cdot p5\% \cdot t\,2\,ans}{100} = z100F$

ou $\log 3 = 0{,}4771$

1-24 arithmetic
– *a aritmética*
1-10 advanced arithmetical operations
– *as operações de aritmética* f *superior*
1 raising to a power [three squared (3^2): the power; 3: the base; 2: the exponent (index); 9: value of the power]
– *a potenciação, a elevação a uma potência [três ao quadrado: 3, a base; 2, o expoente; 9, o valor da potência]*
2 evolution (extracting a root); [cube root of 8: cube root; 8: the radical; 3: the index (degree) of the root; $\sqrt{}$: radical sign; 2: value of the root]
– *a radiciação, a extração da raiz; [a raiz cúbica de oito; 8: o radical; 3: o índice; $\sqrt{}$: o sinal radical; 2: a raiz]*
3 square root
– *a raiz quadrada*
4-5 algebra
– *a álgebra*
4 simple equation [3, 2: the coefficients; x: the unknown quantity]
– *a equação simples [3, 2: os coeficientes; x: a quantidade desconhecida]*

5 identical equation; [a, b, c: algebraic symbols]
– *as equações iguais [a, b, c: os símbolos algébricos]*
6 logarithmic calculation (taking the logarithm, log); [log: logarithm sign; 3: number whose logarithm is required; 10: the base; 0: the characteristic; 4771: the mantissa; 0.4771: the logarithm]
– *o cálculo logarítmico [log: o símbolo do logaritmo; 3: o número cujo logaritmo se procura: 10: a base; 0: a característica; 4771: a mantissa; 0,4771: o logaritmo]*
7 simple interest formula: (P: the principal; R: rate of interest; T: time; I: interest (profit); %: percentage sign)
– *a fórmula simples de juros* m *(C: o capital; r: o rendimento (a taxa de juros); t: o tempo; j: o juro, o lucro, a rentabilidade; %: o sinal de percentagem* f *— 5 por cento)*
8-10 rule of three (rule-of-three sum, simple proportion)
– *a regra de três*
8 statement with the unknown quantity x

– *o raciocínio para armar equação* f *com a quantidade desconhecida x*
9 equation (conditional equation)
– *a equação*
10 solution
– *a solução*
11-14 higher mathematics
– *a matemática superior*
11 arithmetical series with the elements 2, 4, 6, 8
– *a série (a progressão) aritmética com os termos 2, 4, 6, 8*
12 geometrical series
– *a série (a progressão) geométrica*
13-14 infinitesimal calculus
– *o cálculo infinitesimal*
13 derivative [dx, dy: the differentials; d: differential sign]
– *a derivada (o quociente diferencial); [dx, dy: os diferenciais; d: o sinal de diferenciação* f]
14 integral (integration); [x: the variable; C: constant of integration; $\int$: the integral sign; dx: the differential]
– *a integral (a integração); x: a variável de integração; C: a constante de integração; $\int$: o sinal de integral; dx, o diferencial*

⑧ $2\,\text{Jahre} = 50\,\text{DM}$

     $4\,\text{Jahre} = \ \ x\,\text{DM}$

⑨ $\overline{\quad 2:50 = \quad 4:x \quad}$

⑩ $\qquad x = 100\,\text{DM}$

⑪ $2 + 4 + 6 + 8 \ldots\ldots$

⑫ $2 + 4 + 8 + 16 + 32 \ldots\ldots$

⑬ $\dfrac{dy}{dx}$

⑭ $\displaystyle\int ax\,dx = a\!\!\int x\,dx = \dfrac{ax^2}{2} + C$

⑮ ∞ ⑯ $\equiv$ ⑰ $\approx$ ⑱ $\neq$ ⑲ $>$

⑳ $<$ ㉑ $\parallel$ ㉒ $\sim$ ㉓ $\not\prec$ ㉔ $\triangle$

en France: ⑧ $2\,\text{ans} \triangleq 50\,\text{F}$

            $4\,\text{ans} \triangleq \ \ x\,\text{F}$

         ⑨ $2/50 = \ \ 4/x$

         ⑩ $\qquad x = 100\,\text{F}$

15-24 mathematical symbols
- *os símbolos matemáticos*
15 infinity
- *o infinito*
16 identically equal to (the sign of identity)
- *o sinal de identidade* f *(idêntico a)*
17 approximately equal to
- *o sinal de aproximação* f *(sensivelmente igual a)*
18 unequal to
- *o sinal de desigualdade* f *(diferente de)*
19 greater than
- *maior do que*
20 less than
- *menor do que*
21-24 geometrical symbols
- *os símbolos geométricos*
21 parallel (sign of parallelism)
- *as paralelas*
22 similar to (sign of similarity)
- *semelhante a*
23 angle symbol
- *o símbolo do ângulo*
24 triangle symbol
- *o símbolo do triângulo*

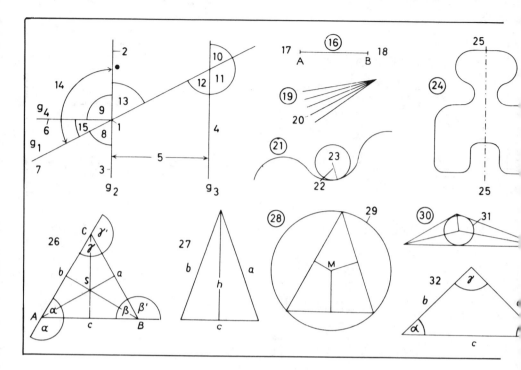

1-58 plane geometry (elementary geometry, Euclidian geometry)
– *a geometria plana (a geometria elementar, a geometria euclidiana)*
1-23 point, line, angle
– *o ponto, a linha, o ângulo*
1 point [point of intersection of g_1 and g_2], the angular point of 8
– *o ponto (o ponto de interseção* f *de g_1 e g_2), o vértice do ângulo 8*
2,3 straight line g_2
– *a linha reta g_2*
4 the parallel to g_2
– *a paralela a g_2*
5 distance between the straight lines g_2 and g_3
– *a distância entre as retas g_2 e g_3*
6 perpendicular (g_4) on g_2
– *g_4, a perpendicular a g_2*
7, 3 the arms of 8
– *os lados do ângulo 8*
8, 13 vertically opposite angles
– *os ângulos opostos pelo vértice* m
8 angle
– *o ângulo*
9 right angle [90°]
– *o ângulo reto [90°]*
10, 11, 12 reflex angle
– *o ângulo reflexo*
10 acute angle, also the alternate angle to 8
– *o ângulo agudo, também ângulo alterno-externo de 8*
11 obtuse angle
– *o ângulo obtuso*

12 corresponding angle to 8
– *o ângulo correspondente de 8*
13, 9, 15 straight angle [180°]
– *o ângulo reto [ângulo de 180°]*
14 adjacent angle; *here:* supplementary angle to 13
– *o ângulo adjacente;* aqui: *o (ângulo) suplemento de 13*
15 complementary angle to 8
– *o (ângulo) complemento de 8*
16 straight line AB
– *o segmento de reta* f *AB*
17 end A
– *a extremidade A*
18 end B
– *a extremidade B*
19 pencil of rays
– *o feixe de retas* f
20 ray
– *a reta do feixe*
21 curved line
– *a curva*
22 radius of curvature
– *o raio de curvatura* f
23 centre (*Am.* center) of curvature
– *o centro de curvatura* f
24-58 plane surfaces
– *as superfícies planas*
24 symmetrical figure
– *a figura simétrica*
25 axis of symmetry
– *o eixo de simetria* f
26-32 plane triangles
– *os triângulos*

26 equilateral triangle; [A, B, C: the vertices; a, b, c: the sides; α (alpha), β (beta), γ (gamma): the interior angles; α', β', γ':the exterior angles; S: the centre (*Am.* center)]
– *o triângulo equilátero; A, B, C: os vértices; a, b, c: os lados; α (alfa), β (beta), γ (gama): os ângulos internos; α', β', γ': os ângulos externos; S: o centro*
27 isosceles triangle [a, b: the sides (legs); c: the base; h: the perpendicular, an altitude]
– *o triângulo isóscele [a, b: os lados; c: a base; h: a altura]*
28 acute-angled triangle with perpendicular bisectors of the sides
– *o triângulo acutângulo com suas mediatrizes* f
29 circumcircle (circumscribed circle)
– *o círculo circunscrito*
30 obtuse-angled triangle with bisectors of the angles
– *o triângulo obtusângulo com suas bissetrizes* f
31 inscribed circle
– *o círculo inscrito*

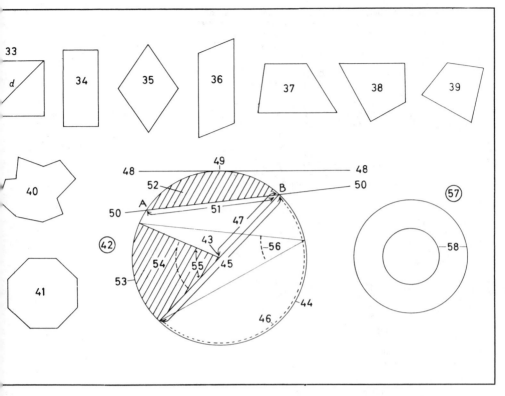

32 right-angled triangle and the tri-
gonometrical functions of angles; [a, b: the catheti; c: the hypo-
tenuse; y: the right angle; a/c =
sin α (sine); b/c = cos α (cosine);
a/b = tan α (tangent); b/a = cot
α (cotangent)]
 - *o triângulo retângulo e as fun-*
ções trigonométricas dos ângu-
los; [a, b: *os catetos;* c: *a hipote-*
nusa; y: *o ângulo reto;* a/c: *o seno*
α; b/c: *o coseno* α; a/b: *a tangente*
α; b/c: *a cotangente* α]
33-39 quadrilaterals
 - *os quadriláteros*
33-36 parallelograms
 - *os paralelogramos*
33 square [d: a diagonal]
 - *o quadrado [d: uma diagonal]*
34 rectangle
 -- *o retângulo*
35 rhombus (rhomb, lozenge)
 - *o losango*
36 rhomboid
 - *o rombóide*
37 trapezium
 - *o trapézio*
38 deltoid (kite)
 - *o deltóide*
39 irregular quadrilateral
 - *o quadrilátero irregular*
40 polygon
 - *o polígono*
41 regular polygon
 - *o polígono regular*

42 circle
 - *o círculo*
43 centre (*Am.* center)
 - *o centro*
44 circumference (periphery)
 - *a circunferência*
45 diameter
 - *o diâmetro*
46 semicircle
 - *o semicírculo*
47 radius (r)
 - *o raio (r)*
48 tangent
 - *a tangente*
49 point of contact (P)
 - *o ponto de tangência* f *(P)*
50 secant
 - *a secante*
51 the chord AB
 - *a corda AB*
52 segment
 - *o segmento*
53 arc
 - *o arco*
54 sector
 - *o setor*
55 angle subtended by the arc at
the centre (*Am.* center) (centre,
Am. center, angle)
 - *o ângulo do arco no centro*
56 circumferential angle
 - *o ângulo inscrito*
57 ring (annulus)
 - *a coroa circular*

58 concentric circles
 - *os círculos concêntricos*

1 system of right-angled coordinates
- *o sistema de coordenadas cartesianas (coordenadas ortogonais)*
2-3 axes of coordinates (coordinate axes)
- *os eixos de coordenadas* f
2 axis of abscissal (x-axis)
- *o eixo de abscissas* f *(o eixo dos X)*
3 axis of ordinates (y-axis)
- *o eixo de ordenadas* f *(o eixo dos Y)*
4 origin of ordinates
- *a origem das ordenadas*
5 quadrant [I-IV: Ist to 4th quadrant]
- *o quadrante [I-IV do 1.° ao 4.° quadrante]*
6 positivé direction
- *o sentido positivo*
7 negative direction
- *o sentido negativo*
8 points [P_1 and P_2] in the system of coordinates; X_1 Y_1 (and X_2 and Y_2 respectively) their coordinates
- *os pontos [P_1 e P_2] do sistema de coordenadas* f; *X_1 Y_1 (e X_2 e Y_2), suas respectivas coordenadas*
9 values of the abscissae [X_1 and X_2] (the abscissae)
- *os valores das abscissas [X_1 e X_2]*
10 values of the ordinates [Y_1 and Y_2] (the ordinates)
- *os valores das ordenadas [Y_1 e Y_2]*
11-29 conic sections
- *as seções (Pt. as secções) cônicas*
11 curves in the system of coordinates
- *as curvas planas (do sistema de coordenadas* f)
12 plane curves [a: the gradient (slope) of the curve; b: the ordinates' intersection of the curve; c: the root of the curve]
- *as retas [a: a gradiente (a inclinação) da reta; b: a interseção (Pt. a intersecção) com o eixo das ordenadas; c: a raiz de equação* f *da reta]*
13 inflected curves
- *as curvas*
14 parabola, a curve of the second degree
- *a parábola, uma curva do segundo grau*
15 branches of the parabola
- *os ramos da parábola*
16 vertex of the parabola
- *o vértice da parábola*
17 axis of the parabola
- *o eixo da parábola*
18 a curve of the third degree
- *a curva do terceiro grau*
19 maximum of the curve
- *o máximo da curva*
20 minimum of the curve
- *o mínimo da curva*
21 point of inflexion (of inflection)
- *o ponto de inflexão* f
22 ellipse
- *a elipse*
23 transverse axis (major axis)
- *o eixo transverso (o eixo maior)*

24 conjugate axis (minor axis)
- *o eixo conjugado (o eixo menor)*
25 foci of the ellipse [F_1 and F_2]
- *os focos da elipse [F_1 e F_2]*
26 hyperbola
- *a hipérbole*
27 foci [F_1 and F_2]
- *os focos [F_1 e F_2]*
28 vertices [S_1 and S_2]
- *os vértices [S_1 e S_2]*
29 asymptotes [a and b]
- *as assíntotas [a e b]*
30-46 solids
- *os sólidos*
30 cube
- *o cubo*
31 square, a plane (plane surface)
- *o quadrado, uma face (superfície plana)*
32 edge
- *a aresta*
33 corner
- *o vértice*
34 quadratic prism
- *o prisma quadrangular*
35 base
- *a base*
36 parallelepiped
- *o paralelepípedo*
37 triangular prism
- *o prisma triangular*
38 cylinder, a right cylinder
- *o cilindro, um cilindro reto*
39 base, a circular plane
- *a base, um círculo (um plano circular)*
40 curved surface
- *a superfície curva*
41 sphere
- *a esfera*
42 ellipsoid of revolution
- *o elipsóide de revolução* f
43 cone
- *o cone*
44 height of the cone (cone height)
- *a altura do cone*
45 truncated cone (frustum of a cone)
- *o cone truncado (tronco* m *de cone)*
46 quadrilateral pyramid
- *a pirâmide quadrilátera*

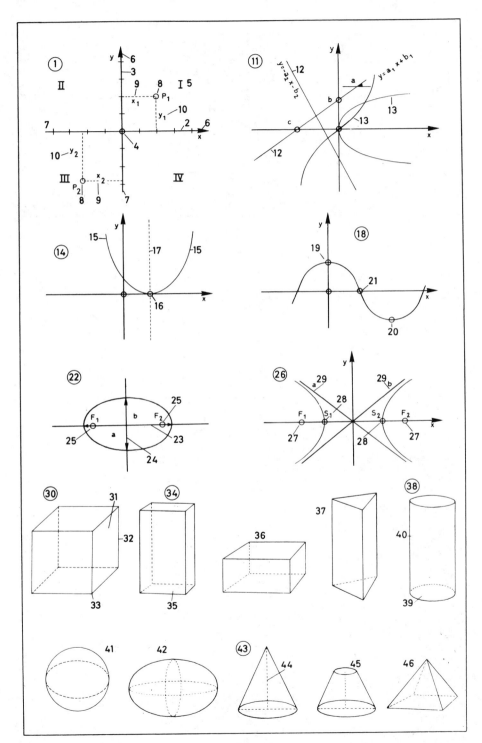

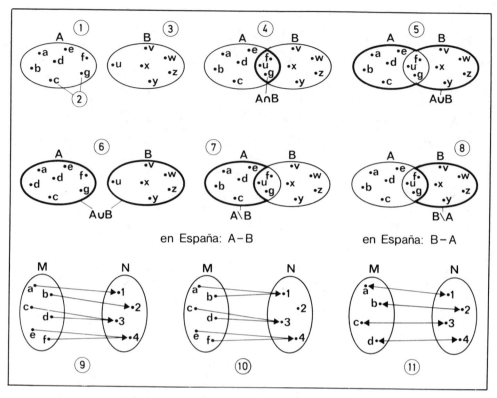

en España: A-B

en España: B-A

1 the set A, the set {a, b, c, d, e, f, g}
– *o conjunto A, o conjunto {a, b, c, d, e, f, g}*
2 elements (members) of the set A
– *os elementos (os membros) do conjunto A*
3 the set B, the set {u, v, w, x, y, z}
– *o conjunto B, o conjunto {u, v, w, x, y, z}*
4 intersection of the sets A and B, A∩B = {f, g, u}
– *a interseção (Pt. a intersecção) dos conjuntos A e B, A∪B = {f, g, u}*
5-6 union of the sets A and B, A∪B = {a, b, c, d, e, f, g, u, v, w, x, y, z}
– *a união dos conjuntos A e B, A∪B = {a, b, c, d, e, f, g, u, v, w, x, y, z}*
7 complement of the set B, B' = {a, b, c, d, e}
– *a diferença dos conjuntos {a, b, c, d, e} (A/B)*
8 complement of the set A, A' = {v, w, x, y, z}
– *a diferença dos conjuntos {v, w, x, y, z} (B/A)*
9-11 mappings
– *as aplicações*
9 mapping of the set M *onto* the set N

– *a aplicação do conjunto M no conjunto N (a função sobrejetora)*
10 mapping of the set M *into* the set N
– *a aplicação do conjunto M no conjunto N*
11 one-to-one mapping of the set M onto the set N
– *a aplicação biunívoca do conjunto M no conjunto N*

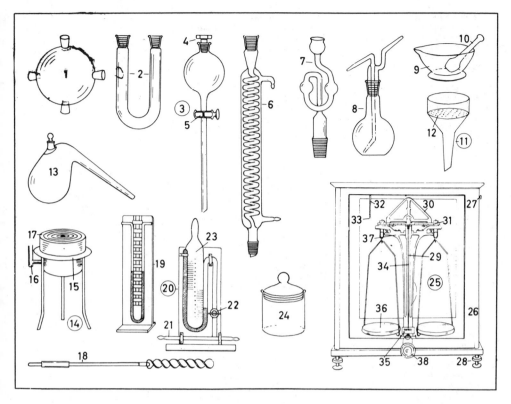

1-38 laboratory apparatus (laboratory equipment)
- *o equipamento de laboratório* m
1 Scheidt globe
- *o balão de Scheidt*
2 U-tube
- *o tubo em U*
3 separating funnel
- *o funil separador*
4 octagonal ground-glass stopper
- *a rolha oitavada de vidro opaco*
5 tap (*Am.* faucet)
- *a torneira*
6 coiled condenser
- *o condensador em serpentina* f
7 air lock
- *o tubo de segurança* f
8 wash-bottle
- *o frasco de lavagem* f
9 mortar
- *o almofariz*
10 pestle
- *o pilão*
11 filter funnel (Büchner funnel)
- *o funil de filtragem* f *(funil de Büchner)*
12 filter (filter plate)
- *o filtro*
13 retort
- *a retorta*
14 water bath
- *o banho-maria*
15 tripod
- *o tripé*

16 water gauge (*Am.* gage)
- *o indicador de nível* m *de água* f
17 insertion rings
- *os aros concêntricos*
18 stirrer
- *o agitador mecânico*
19 manometer for measuring positive and negative pressures
- *o manômetro de (pressão* f*) máxima e mínima*
20 mirror manometer for measuring small pressures
- *o manômetro de espelho* m *para pequenas pressões*
21 inlet
- *a tubulação de tomada* f *de pressão* f
22 tap (*Am.* faucet)
- *a torneira*
23 sliding scale
- *as escalas móveis*
24 weighing bottle
- *o bloco de taras* f
25 analytical balance
- *a balança analítica*
26 case
- *a caixa*
27 sliding front panel
- *a parede anterior removível*
28 three-point support
- *o parafuso de apoio* m *sobre três pontos* m
29 column (balance column)

- *a coluna (coluna de equilíbrio* m*)*
30 balance beam (beam)
- *o braço da balança*
31 rider bar
- *a barra do cursor*
32 rider holder
- *a alça do cursor*
33 rider
- *o cursor*
34 pointer
- *o fiel*
35 scale
- *a escala*
36 scale pan
- *o prato da balança*
37 stop
- *o batente*
38 stop knob
- *o botão de parada* f

1-63 laboratory apparatus (laboratory equipment)
- *o equipamento de laboratório* m
1 Bunsen burner
- *o bico de Bunsen*
2 gas inlet (gas inlet pipe)
- *a tubulação de gás* m
3 air regulator
- *o regulador de ar* m
4 Teclu burner
- *o bico de Teclu*
5 pipe union
- *a junção*
6 gas regulator
- *o regulador de gás* m
7 stem
- *a haste*
8 air regulator
- *o regulador de ar* m
9 bench torch
- *o maçarico de mesa* f
10 casing
- *o protetor*
11 oxygen inlet
- *a ligação de oxigênio* m
12 hydrogen inlet
- *a ligação de hidrogênio* m
13 oxygen jet
- *o bico de oxigênio* m
14 tripod
- *o tripé*
15 ring (retort ring)
- *o anel de retorta* f
16 funnel
- *o funil*
17 pipe clay triangle
- *o triângulo de cerâmica* f
18 wire gauze
- *a tela metálica*
19 wire gauze with asbestos centre (*Am.* center)
- *a placa de amianto* m
20 beaker
- *a proveta*
21 burette (for measuring the volume of liquids)
- *a bureta (para medir o volume de líquidos* m)
22 burette stand
- *o suporte de bureta* f
23 burette clamp
- *o prendedor de bureta* f
24 graduated pipette
- *a pipeta graduada*
25 pipette
- *a pipeta*
26 measuring cylinder (measuring glass)
- *a proveta graduada*
27 measuring flask
- *a proveta graduada com rolha* f
28 volumetric flask
- *o frasco volumétrico*
29 evaporating dish (evaporating basin), made of porcelain
- *a cápsula de evaporação* f *(de porcelana* f)
30 tube clamp (tube clip, pinch-cock)
- *a pinça de Mohr (o prendedor de tubo* m *de ensaio* m)
31 clay crucible with lid
- *o cadinho de argila refratária com tampa* f

32 crucible tongs
- *a torquês (a tenaz) de cadinho* m
33 clamp
- *o prendedor*
34 test tube
- *o tubo de ensaio* m
35 test tube rack
- *o suporte de tubos* m *de ensaio* m
36 flat-bottomed flask
- *o balão de fundo chato*
37 ground glass neck
- *o gargalo de vidro fosco*
38 long-necked round-bottomed flask
- *o balão de fundo arredondado e gargalo longo*
39 Erlenmeyer flask (conical flask)
- *o frasco de Erlenmeyer (o frasco cônico)*
40 filter flask
- *o frasco para filtragem* f *a vácuo* m
41 fluted filter
- *o filtro de papel plissado*
42 one-way tap
- *a torneira simples*
43 calcium chloride tube
- *o tubo e cloreto* m *de cálcio* m
44 stopper with cap
- *a rolha com torneira* f
45 cylinder
- *a proveta de pé* m
46 distillation apparatus (distilling apparatus)
- *o alambique, o destilador*
47 distillation flask (distilling flask)
- *o balão de destilação* f
48 condenser
- *o condensador*
49 return tap, a two-way tap
- *a torneira de retorno* m
50 distillation flask (distilling flask, Claisen flask)
- *o balão de destilação* f *(o balão de Claisen)*
51 desiccator
- *o dessecador*
52 lid with fitted tube
- *a tampa com fecho* m *estanque*
53 tap
- *a torneira*
54 desiccator insert made of porcelain
- *o disco de porcelana* f *do dessecador*
55 three-necked flask
- *o balão de três gargalos* m
56 connecting piece (Y-tube)
- *a conexão (o tubo em y)*
57 three-necked bottle
- *o frasco de três gargalos* m
58 gas-washing bottle
- *o vidro para lavagem* f *de gás* m
59 gas generator (Kipp's apparatus, *Am.* Kipp generator)
- *o gerador de gás* m *(o aparelho de Kipp, o gerador de Kipp)*
60 overflow container
- *o balão de transbordamento* m
61 container for the solid
- *o balão para sólidos* m
62 acid container
- *o balão de ácidos* m
63 gas oulet
- *a saída do gás*

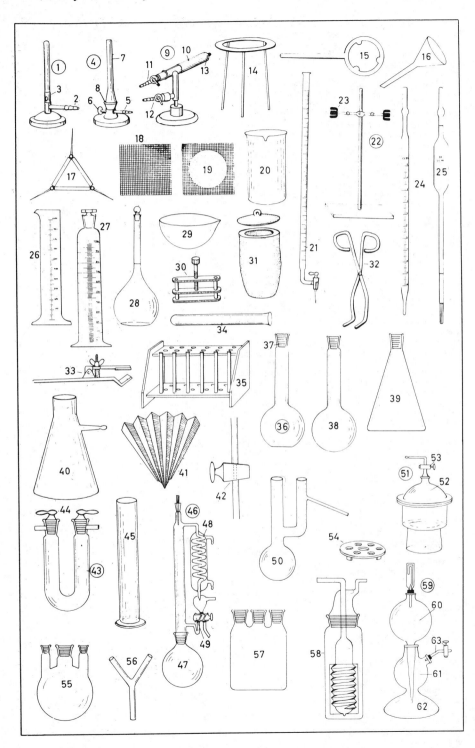

1-26 basic crystal forms and crystal combinations (structure of crystals)
- *as formas cristalinas básicas e associações cristalinas (estrutura cristalina, edifício cristalino)*
1-17 regular (cubic, tesseral, isometric) **crystal system**
- *o sistema cristalino regular (cúbico, isométrico, tesseral)*
1 tetrahedron (four-faced polyhedron [tetrahedrite fahlerz, fahl ore]
- *o tetraedro (o poliedro de quatro faces f, o falore)*
2 hexahedron (cube, six-faced polyhedron, a holohedron [rock salt]
- *o hexaedro (o cubo, o poliedro de seis faces f), o holoedro (o salgema)*
3 centre (*Am.* center) of symmetry (crystal centre)
- *o centro de simetria* f *(o centro do cristal)*
4 axis of symmetry (rotation axis)
- *o eixo de simetria* f
5 plane of symmetry
- *o plano de simetria* f
6 octahedron (eight-faced polyhedron) [gold]
- *o octaedro (o poliedro de oito faces f) [ouro m]*
7 rhombic dodecahedron [garnet]
- *o rombododecaedro [granada f]*
8 pentagonal dodecahedron [pyrite, iron pyrites]
- *o dodecaedro pentagonal [pirita f, piritas de ferro m]*
9 pentagon (five-sided polygon)
- *o pentágono (o polígono de cinco lados m)*
10 triakis-octahedron [diamond]
- *o trioctaedro [diamante m]*
11 icosahedron (twenty-faced polyhedron), a regular polyhedron
- *o icosaedro (o poliedro de vinte faces f), um poliedro regular*
12 icositetrahedron (twenty-four-faced polyhedron) [leucite]
- *o icositetraedro (o poliedro de vinte e quatro faces f) [leucita f]*
13 hexakis-octahedron (hexoctahedron, forty-eight-faced polyhedron) [diamond]
- *o hexoctaedro (o poliedro de quarenta e oito faces f) [diamante m]*
14 octahedron with cube [galena]
- *o octaedro com cubo m [galena f]*
15 hexagon (six-sided polygon)
- *o hexágono (o polígono de seis lados m)*
16 cube with octahedron [fluorite, fluorspar]
- *o cubo com octaedro [fluorita (Pt. fluorite) f. espatoflúor m]*
17 octagon (eight-sided polygon)
- *o octógono (o polígono de oito lados m)*
18-19 tetragonal crystal system
- *o sistema cristalino tetragonal*
18 tetragonal dipyramid (tetragonal bipyramid)
- *a bipirâmide tetragonal*

19 protoprism with protopyramid [zircon]
- *o protoprisma com protopirâmide* f *[zircão m]*
20-22 hexagonal crystal system
- *o sistema hexagonal*
20 protoprism with protopyramid, deutero-pyramid and basal pinacoid [apatite]
- *o protoprisma com protopirâmide* f *[apatita f]*
21 hexagonal prism
- *o prisma hexagonal*
22 hexagonal (ditrigonal) biprism with rhombohedron [calcite]
- *o biprisma hexagonal-ditrigonal com romboedro* m *(o sistema romboédrico-dodecaedro) [calcita f]*
23 orthorhombic pyramid (rhombic crystal system) [sulphur, *Am.* sulfur]
- *a pirâmide rômbica (o sistema ortorrômbico) [enxofre m]*
24-25 monoclinic crystal system
- *o sistema monoclínico*
24 monoclinic prism with clinoprinacoid and hemipyramid (hemihedron) [gypsum]
- *o clinoprisma com clinopinacóide* m *e hemipirâmide* f *(hemihedron) [gipsita f]*
25 orthopinacoid (swallow-tail twin crystal) [gypsum]
- *o ortopinacóide (macla* f *em cauda* f *de andorinha f) [gipsita f]*
26 triclinic pinacoids (triclinic crystal system) [copper sulphate, *Am.* copper sulfate]
- *os pinacóides triclínicos (o sistema triclínico) [sulfato* m *de cobre m]*
27-33 apparatus for measuring crystals (for crystallometry)
- *os instrumentos de cristalometria* f
27 contact goniometer
- *o goniômetro de aplicação* f
28 reflecting goniometer
- *o goniómetro refletor*
29 crystal
- *o cristal*
30 collimator
- *o colimador*
31 observation telescope
- *o óculo (a luneta) de observação* f
32 divided circle (graduated circle)
- *o círculo graduado*
33 lens for reading the angle of rotation
- *a lente para leitura* f *do ângulo de rotação f*

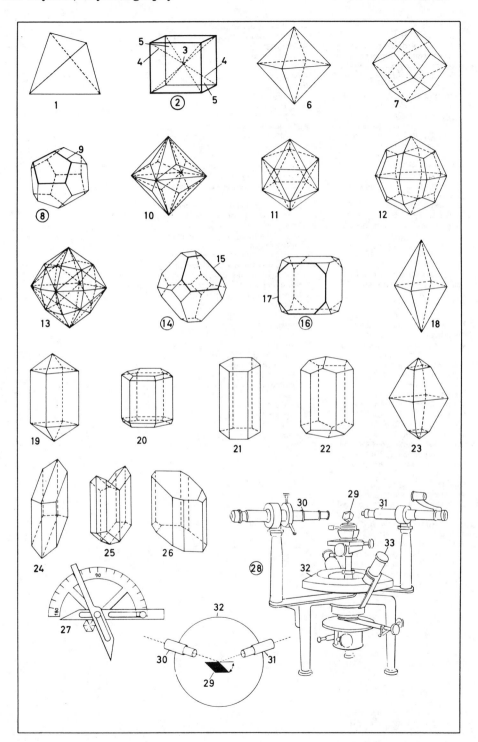

1 totem pole
- *o mastro totêmico*
2 totem, a carved and painted pictorial or symbolic representation
- *o totem, uma representação figurativa ou simbólica, esculpida e pintada*
3 plains Indian
- *o índio da pradaria (da* prairie*)*
4 mustang, a prairie horse
- *o mustang, um cavalo semi-selvagem das planícies do sudoeste dos Estados Unidos* (prairies)
5 lasso, a long throwing-rope with running noose
- *o laço, uma corda longa para arremesso* m *com nó corrediço*
6 pipe of peace
- *o cachimbo da paz*
7 wigwam (tepee, teepee)
- *a tenda, cabana* f *dos índios americanos*
8 tent pole
- *o mastro da tenda*
9 smoke flap
- *a aba para saída* f *da fumaça*
10 squaw, an Indian woman
- *a mulher índia*
11 Indian chief
- *o chefe índio*
12 headdress, an ornamental feather headdress
- *o cocar (ornato* m *para a cabeça), um cocar de penas* f
13 war paint
- *a pintura de guerra* f
14 necklace of bear claws
- *o colar de garras* f *de urso* m
15 scalp (cut from enemy's head), a trophy
- *o escalpo (cortado da cabeça do inimigo), um troféu de guerra* f
16 tomahawk, a battle axe (*Am.* ax)
- *o machado dos índios norte-americanos, um machado de guerra* f
17 leggings
- *as perneiras de pele* f *de gamo* m
18 moccasin, a shoe of leather and bast
- *o mocassim, calçado* m *de pele curtida e fibra* f *vegetal*
19 canoe of the forest Indians
- *a canoa dos índios da floresta (ubá)*
20 Maya temple, a stepped pyramid
- *o templo maia, uma pirâmide em patamares* m
21 mummy
- *a múmia*
22 quipa (knotted threads, knotted code of the Incas)
- *o quipo (cordas* f *com nós* m*, código* m *de nós dos incas)*
23 Indio (Indian of Central and South America); *here:* highland Indian
- *o índio (o índio das Américas Central e do Sul); aqui: o índio das regiões elevadas*
24 poncho, a blanket with a head opening used as an armless cloak-like wrap
- *o poncho, um casaco sem mangas* f *com abertura* f *no meio* m *para passar a cabeça*
25 Indian of the tropical forest
- *o índio das florestas tropicais*
26 blowpipe
- *a zarabatana*
27 quiver
- *a aljava*
28 dart
- *o dardo*
29 dart point
- *a ponta do dardo*
30 shrunken head, a trophy
- *a cabeça encolhida, um troféu*
31 bola (bolas), a throwing and entangling device
- *as boleadeiras, um laço de arremesso* m *e captura* f
32 leather-covered stone or metal ball
- *a esfera de metal* m *ou de pedra* f *recoberta de couro* m
33 pile dwelling
- *a palafita (uma moradia lacustre sobre estacas* f*)*
34 duk-duk dancer, a member of a duk-duk (men's secret society)
- *o dançarino duk-duk; duk-duk: uma sociedade secreta masculina*
35 outrigger canoe (canoe with outrigger)
- *a piroga* 'auterrigue'
36 outrigger
- *o* 'auterrigue'
37 Australian aborigine
- *o aborígine da Austrália*
38 loincloth of human hair
- *a tanga de cabelo humano*
39 boomerang, a wooden missile
- *o bumerangue, arma* f *de arremesso* m *de madeira* f
40 throwing stick (spear thrower) with spears
- *o arremesso de dardo* m *(o arremessador de dardos) com dardos*

1 Eskimo
- *o esquimó·*
2 sledge dog (sled dog), a husky
- *o cão de trenó* m, *um cão dos esquimós*
3 dog sledge (dog sled)
- *o trenó puxado por cães* m
4 igloo, a dome-shaped snow hut
- *o iglu, uma cabana de neve* f *abobadada*
5 block of snow
- *o bloco de neve* f
6 entrance tunnel
- *o túnel de entrada* f
7 blubber-oil lamp
- *a lâmpada a óleo* m *de foca* f
8 wooden missile
- *o dardo de madeira* f
9 lance
- *a lança*
10 harpoon
- *o arpão*
11 skin float
- *o flutuador de pele* f
12 kayak, a light one-man canoe
- *o caíque, uma canoa individual leve*
13 skin-covered wooden or bone frame
- *a carcaça de madeira* f *ou de osso* m *recoberta de pele* f
14 paddle
- *o remo*
15 reindeer harness
- *o arreio de rena* f
16 reindeer
- *a rena*
17 Ostyak (Ostiak)
- *o ostíaco*
18 passenger sledge
- *o trenó de passageiro* m
19 yart (yurta), a dwelling tent of the western and central Asiatic nomads
- *a iurta, uma tenda de habitação* f *dos nômades da Ásia Ocidental e Central*
20 felt covering
- *a cobertura de feltro* m
21 smoke outlet
- *a chaminé (a saída da fumaça)*
22 Kirghiz
- *o quirguiz*
23 sheepskin cap
- *o gorro de pele* f *de carneiro* m
24 shaman
- *o xamã*
25 decorative fringe
- *o ornato de cabeça* f *com franja* f
26 frame drum
- *o tambor*
27 Tibetan
- *o tibetano*
28 flintlock with bayonets
- *a espingarda de pederneira* f *com varetas* f
29 prayer wheel
- *o moinho de oração* f, *uma roda de oração*
30 felt boot
- *a bota de feltro* m
31 houseboat (sampan)
- *a sampana, a habitação flutuante*

32 junk
- *o junco (uma embarcação chinesa)*
33 mat sail
- *a vela de esteira* f
34 rickshaw (ricksha)
- *o jinriquixá*
35 rickshaw coolie (cooly)
- *o puxador de jinriquixá* m
36 Chinese lantern
- *a lanterna chinesa*
37 samurai
- *o samurai*
38 padded armour (*Am.* armor)
- *a armadura acolchoada*
39 geisha
- *a gueixa*
40 kimono
- *o quimono*
41 obi
- *a obi (uma faixa usada pelas crianças* f *e mulheres japonesas)*
42 fan
- *a ventarola*
43 coolie (cooly)
- *o coolie, trabalhador* m *braçal do sudeste asiático*
44 kris (creese, crease), a Malayan dagger
- *o kris, uma adaga malaia*
45 snake charmer
- *o encantador de serpentes* f
46 turban
- *o turbante*
47 flute
- *a flauta*
48 dancing snake
- *a serpente encantada*

1 camel caravan
- *a caravana de camelos* m
2 riding animal
- *o animal de montaria* f
3 pack animal
- *o animal de carga* f
4 oasis
- *o oásis*
5 grove of palm trees
- *o bosque de palmeiras* f
6 bedouin (beduin)
- *o beduíno*
7 burnous
- *o albornoz, o burnu*
8 Masai warrior
- *o guerreiro masai*
9 headdress (hairdress)
- *o penteado*
10 shield
- *o escudo*
11 painted ox hide
- *o couro de boi pintado*
12 long-bladed spear
- *a lança de lâmina comprida*
13 negro
- *o negro*
14 dance drum
- *o tambor de dança* f
15 throwing knife
- *a faca de arremesso* m
16 wooden mask
- *a máscara de madeira* f
17 figure of an ancestor
- *o totem*
18 slit gong
- *o tantã*
19 drumstick
- *a baqueta*
20 dugout, a boat hollowed out of a tree trunk
- *a piroga (uma canoa escavada em tronco* m *de árvore* f)
21 negro hut
- *a cabana do negro* m
22 negress
- *a negra*
23 lip plug (labret)
- *a placa labial*
24 grinding stone
- *a mó*
25 Herero woman
- *a mulher 'herero'*
26 leather cap
- *o ornato de cabeça* f *feito de couro* m
27 calabash (gourd)
- *a cabaça*
28 beehive-shaped hut
- *a cabana em forma* f *de colmeia* f
29 bushman
- *o bosquímano (Pt. o boximane)*
30 earplug
- *o pino atravessado no lóbulo da orelha*
31 loincloth
- *a tanga*
32 bow
- *o arco*
33 knobkerry (knobkerrie), a club with round, knobbed end
- *o kirri, um bordão de ponta nodosa e arredondada*
34 bushman woman making a fire by twirling a stick
- *a mulher bosquímana (Pt. boximane) acendendo fogo* m *por atrito* m
35 windbreak
- *o guarda-vento (o quebra-vento)*
36 Zulu in dance costume
- *o zulu em traje* m *de dança* f
37 dancing stick
- *o bastão de dança* f
38 bangle
- *a pulseira de perna* f
39 ivory war horn
- *a trompa de guerra* f *de marfim* m
40 string of amulets and bones
- *o colar de amuletos* m *e ossos* m
41 pigmy
- *o pigmeu*
42 magic pipe for exorcising evil spirits
- *a flauta mágica para exorcizar maus espíritos*
43 fetish
- *o fetiche*

1 Greek woman
- *a mulher grega*
2 peplos
- *o peplo*
3 Greek
- *um grego*
4 petasus (Thessalonian hat)
- *o pétaso (um chapéu tessaloni-cense)*
5 chiton, a linen gown worn as a basic garment
- *o quitão, túnica f de linho m usa-da como roupa básica*
6 himation, woollen (*Am.* woolen) cloak
- *o himácio, um manto de lã f*
7 Roman woman
- *a mulher romana*
8 toupee wig (partial wig)
- *a meia-peruca (o falso topete, o topete postiço)*
9 stola
- *a estola*
10 palla, a coloured (*Am.* colored) wrap
- *a palla, um xale colorido*
11 Roman
- *um romano*
12 tunica (tunic)
- *a túnica*
13 toga
- *a toga*
14 purple border (purple band)
- *a fita púrpura*
15 Byzantine empress

- *a imperatriz bizantina*
16 pearl diadem
- *o diadema de pérolas f*
17 jewels
- *as jóias*
18 purple cloak
- *o manto de púrpura f*
19 long tunic
- *a túnica longa*
20 German princess (13th cent.)
- *a princesa germânica (séc. XIII)*
21 crown (diadem)
- *a coroa (o diadema)*
22 chinband
- *o barbote*
23 tassel
- *a fivela*
24 cloak cord
- *o cordão do manto*
25 girt-up gown (girt-up surcoat, girt-up tunic)
- *a capa presa na cintura*
26 cloak
- *o manto*
27 German dressed in the Spanish style [ca. 1575]
- *um alemão vestido em estilo es-panhol [cerca de 1575]*
28 wide-brimmed cap
- *o chapéu de fundo largo (o bar-rete)*
29 short cloak (Spanish cloak, short cape)
- *o manto curto (a capa espanhola)*

30 padded doublet (stuffed doub-let, peasecod)
- *o gibão acolchoado*
31 stuffed trunk-hose
- *as bragas acolchoadas*
32 lansquenet (German mercenary soldier) [ca. 1530]
- *o lansquenete (um soldado mer-cenário alemão) [cerca de 1530]*
33 slashed doublet (paned double)
- *o gibão vasado*
34 Pluderhose (loose breeches, paned trunk-hose, slops)
- *as bragas bufantes*
35 woman of Basle [ca. 1525]
- *a mulher de Basiléia [cerca de 1525]*
36 overgown (gown)
- *o vestido arregaçado*
37 undergown (petticoat)
- *a saia de baixo (a anágua)*
38 woman of Nuremberg [ca. 1500]
- *a mulher de Nuremberg [cerca de 1500]*
39 shoulder cape
- *o fichu*
40 Burgundian [15th cent.]
- *o borguinhão [séc. XV]*
41 short doublet
- *o gibão curto*
42 piked shoes (peaked shoes, cop-ped shoes, crackowes, poulaines)
- *os escarpins*

43 pattens (clogs)
– *o soco*
44 young nobleman [ca. 1400]
– *o jovem nobre (o donzel)* [*cerca de 1400*]
45 short, padded doublet (short, quilted doublet, jerkin)
– *o gibão curto acolchoado (a jaqueta)*
46 dagged sleeves (petal-scalloped sleeves)
– *as mangas afuniladas (as mangassino)*
47 hose
– *as meias-calças*
48 Augsburg patrician lady [ca. 1575]
– *a dama nobre de Augsburgo* [*cerca de 1575*]
49 puffed sleeve
– *a manga presunto, uma manga bufante*
50 overgown (gown, open gown, sleeveless gown)
– *a marlota*
51 French lady [ca. 1600]
– *a dama francesa* [*cerca de 1600*]
52 millstone ruff (cartwheel ruff, ruff)
– *a gola frisada, o rufo*
53 corseted waist (wasp waist)
– *a cintura de vespa* f *(a cintura espartilhada)*
54 gentleman [ca. 1650]
– *o cavalheiro* [*cerca de 1650*]
55 wide-brimmed felt hat (cavalier hat)

– *o chapéu de feltro* m *de aba larga (o chapéu de gentil-homem* m)
56 falling collar (wide-falling collar of linen)
– *o cabeção de linho* m
57 white lining
– *o forro de linho* m
58 jack boots (bucket-top boots)
– *as botas de reverso rebatido (de cano* m *em funil* m)
59 lady [ca. 1650]
– *a dama* [*cerca de 1650*]
60 full puffed sleeves (puffed sleeves)
– *as mangas bufantes*
61 gentleman [ca. 1700]
– *o cavalheiro* [*cerca de 1700*]
62 three-cornered hat
– *o chapéu tricórnio (o chapéu de três bicos* m)
63 dress sword
– *a espada de cerimônia* f *(da corte)*
64 lady [ca. 1700]
– *a dama* [*cerca de 1700*]
65 lace fontage (high headdress of lace)
– *a fontange (a touca de renda* f *para a cabeça)*
66 lace-trimmed loose-hanging gown (loose-fitting housecoat, robe de chambre, negligée, contouche)
– *o roupão folgado caseiro guarnecido de rendas* f
67 band of embroidery
– *a barra bordada*

68 lady [ca. 1880]
– *a dama* [*cerca de 1880*]
69 bustle
– *as anquinhas*
70 lady [ca. 1858]
– *a dama* [*cerca de 1858*]
71 poke bonnet
– *a capota com aba* f *e fitas* f
72 crinoline
– *a crinolina (a saia-balão)*
73 gentleman of the Biedermeier period
– *o burguês da época* f *de Luís Filipe*
74 high collar (choker collar)
– *o colarinho alto*
75 embroidered waistcoat (vest)
– *o colete lavrado (ou bordado)*
76 frock coat
– *a sobrecasaca*
77 pigtail wig
– *a peruca de rabicho* m
78 ribbon (bow)
– *o laço*
79 ladies in court dress [ca. 1780]
– *as damas da corte* [*cerca de 1780*]
80 train
– *a cauda*
81 upswept Rococo coiffure
– *o penteado estilo* m *Luís XVI*
82 hair decoration
– *o adereço de plumas* f *para a cabeça*
83 panniered overskirt
– *o vestido de anquinhas* f

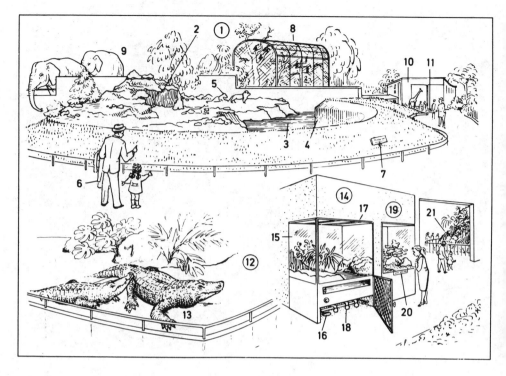

1 outdoor enclosure (enclosure)
- *o cercado a céu aberto*
2 rocks
- *as pedras (as rochas)*
3 moat
- *o fosso de separação* f
4 enclosing wall
- *o muro de proteção* f
5 animals on show; *here:* a pride of lions
- *os animais em exibição* f; aqui: *um grupo de leões* m
6 visitor to the zoo
- *o visitante do zôo* (Pt. *do zoo)*
7 notice
- *o aviso*
8 aviary
- *o viveiro de aves* f; sim.: *o aviário*
9 elephant enclosure
- *o cercado dos elefantes*
10 animal house (e.g. carnivore house, giraffe house, elephant house, monkey house)
- *a habitação do animal (ex. habitação dos carnívoros, da girafa, do elefante, do macaco); sim.: a jaula*
11 outside cage (summer quarters)
- *a jaula externa (a jaula de verão* m*)*
12 reptile enclosure
- *o cercado dos répteis*
13 Nile crocodile
- *o crocodilo do Nilo*

14 terrarium and aquarium
- *o terrarium (vivarium) [viveiro* m *onde animais* m *e plantas* f *são mantidos em condições* f *semelhantes às de seu* habitat *natural], com aquário* m
15 glass case
- *a vitrine*
16 fresh-air inlet
- *a entrada de ar fresco*
17 ventilator
- *o sistema de ventilação* f
18 underfloor heating
- *o aquecimento ao nível do solo*
19 aquarium
- *o aquário*
20 information plate
- *a plaqueta informativa*
21 flora in artificially maintained climate
- *a flora mantida em clima* m *artificial*

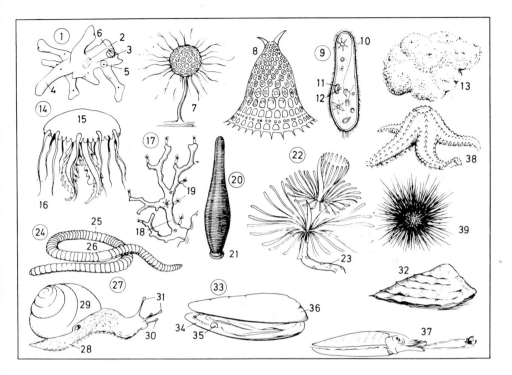

1-23 arthropods
- *os artrópodes*
1-2 crustaceans
- *os crustáceos*
1 mitten crab, a crab
- *o caranguejo*
2 water slater
- *o oniscomorfo*
3-23 insects
- *os insetos*
3 water nymph (dragonfly), a homopteran (homopterous insect), a dragonfly
- *a libélula, um homóptero*
4 water scorpion (water bug), a rhynchophore
- *o percevejo de água, um rincóforo*
5 raptorial leg
- *a pata preênsil*
6 mayfly (dayfly, ephemerid)
- *a efemérida*
7 compound eye
- *o olho facetado*
8 green grasshopper (green locust, meadow grasshopper), an orthopteran (orthopterous insect)
- *o gafanhoto, um ortóptero*
9 larva (grub)
- *a larva*
10 adult insect, an imago
- *o inseto adulto, um imago*
11 leaping hind leg
- *a pata traseira própria para saltar*
12 caddis fly (spring fly, water moth), a neuropteran
- *a frigana, a mosca de água f, um neuróptero*
13 aphid (greenfly), a plant louse
- *o afídio (o pulgão), a praga de planta f*
14 wingless aphid
- *o afídio áptero*
15 winged aphid
- *o afídio alado*
16-20 dipterous insects (dipterans)
- *os insetos dípteros*
16 gnat (mosquito, midge), a culicid
- *o pernilongo (o mosquito, o carapanã, a muriçoca), um culicídeo*
17 proboscis (sucking organ)
- *o ferrão (o órgão de sucção f)*
18 bluebottle (blowfly), a fly
- *a varejeira azul*
19 maggot (larva)
- *o gusano (a larva)*
20 chrysalis (pupa)
- *a crisálida (a ninfa, a pupa)*
21-23 Hymenoptera
- *os himenópteros*
21-22 ant
- *a formiga*
21 winged female
- *a rainha (a fêmea alada)*
22 worker
- *a operária*
23 bumblebee (humblebee)
- *o abelhão (a mamangaba)*
24-39 beetles (Coleoptera)
- *os besouros (os coleópteros)*
24 stag beetle, a lamellicorn beetle
- *a cobra loura, um besouro lamelicórneo*

25 mandibles
- *as mandíbulas*
26 trophi
- *as maxilas*
27 antenna (feeler)
- *a antena (o palpo)*
28 head
- *a cabeça*
29-30 thorax
- *o tórax*
29 thoracic shield (prothorax)
- *o protórax (o escudo torácico)*
30 scutellum
- *o escutelo*
31 tergites
- *o tergito (a placa dorsal)*
32 stigma
- *o estigma*
33 wing (hind wing)
- *a asa (posterior)*
34 nervure
- *a nervura*
35 point at which the wing folds
- *a dobra da asa*
36 elytron (forewing)
- *o élitro (a asa anterior)*
37 ladybird (ladybug), a coccinellid
- *a joaninha, um coccinelídeo*
38 Ergates faber, a longicorn beetle (longicorn)
- *o longicórneo (Ergates faber)*
39 dung beetle, a lamellicorn beetle
- *o besouro estercorário, um besouro lamelicórneo*
40-47 arachnids
- *os aracnídeos*
40 Euscorpius flavicandus, a scorpion
- *o escorpião*
41 cheliped with chelicer
- *a pinça (a mandíbula)*
42 maxillary antenna (maxillary feeler)
- *a antena maxilar*
43 tail sting
- *o ferrão da cauda*
44-46 spiders
- *as aranhas*
44 wood tick (dog tick), a tick
- *o carrapato*
45 cross spider (garden spider), an orb spinner
- *a epeira*
46 spinneret
- *a fiandeira*
47 spider's web (web)
- *a teia de aranha f*
48-56 Lepidoptera (butterflies and moths)
- *os lepidópteros (as borboletas e as mariposas)*
48 mulberry-feeding moth (silk moth), a bombycid moth
- *o bicho-da-seda (Bombyx mori)*
49 eggs
- *os ovos*
50 silkworm
- *a lagarta do bicho-da-seda*
51 cocoon
- *o casulo*
52 swallowtail, a butterfly
- *a borboleta diurna*
53 antenna (feeler)
- *a antena*

54 eyespot
- *o olho*
55 privet hawkmoth, a hawkmoth (sphinx)
- *a aquerôncia (a esfinge-de-caveira, a esfinge-da-morte)*
56 probocis
- *o probóscide*

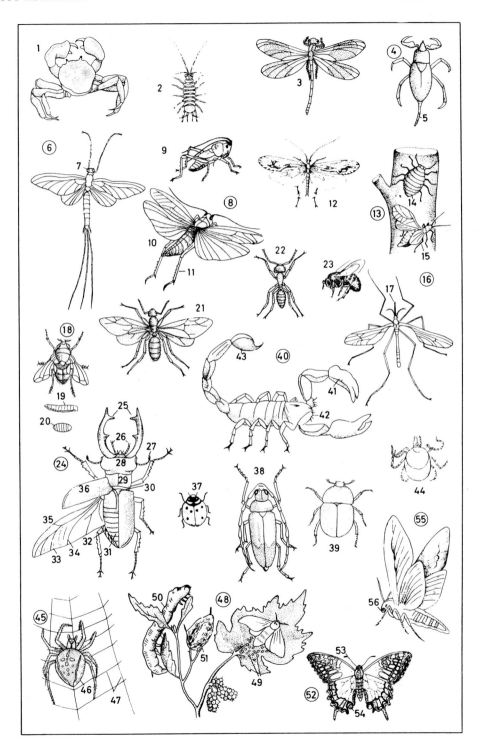

1-3 flightless birds
- *as aves terrestres, aves corredoras*
1 cassowary; *sim.*: emu
- *o casuar*
2 ostrich
- *o avestruz*
3 clutch of ostrich eggs (12-14 eggs)
- *a ninhada de ovos* m *de avestruz* m *(12-14 ovos)*
4 king penguin, a penguin, a flightless bird
- *o pinguim-rei (antártico), uma ave aquática*
5-10 web-footed birds
- *as aves de patas palmadas (os palmípedes)*
5 white pelican (wood stork, ibis, wood ibis, spoonbill, brent-goose, brant), a pelican
- *o pelicano branco, um pelicano*
6 webfoot (webbed foot)
- *a pata palmada*
7 web (palmations) of webbed foot (palmate foot)
- *a palmoura*
8 lower mandible with gular pouch
- *a mandíbula inferior com saco membranoso*
9 northern gannet (gannet, solan goose), a gannet
- *a patola, o ganso-patola (Sula bassana)*
10 green cormorant (shag), a cormorant displaying with spread wings
- *o alcatraz, um alcatraz abrindo as asas*
11-14 long-winged birds (seabirds)
- *as aves marinhas*
11 common sea swallow, a sea swallow (tern), diving for food
- *a andorinha-do-mar, mergulhando à procura de comida* f
12 fulmar
- *a procelária*
13 guillemot, an auk
- *a alca torda*
14 black-headed gull (mire crow), a gull
- *a gaivota*
15-17 Anseres
- *os anseriformes*
15 goosander (common merganser) a sawbill
- *o mergo*
16 mute swan, a swan
- *o cisne*
17 knob on the bill
- *a carúncula*
18 common heron, a heron
- *a garça*
19-21 plovers
- *as limícolas*
19 stilt (stilt bird, stilt plover)
- *a narceja*
20 coot, a rail
- *o frango de água* f
21 lapwing (green plover, peewit, pewit)
- *o abibe*
22 quail, a gallinaceous bird
- *a codorniz, uma ave galiforme*
23 turtle dove, a pigeon
- *a rola, um columbiforme*
24 swift

- *o andorinhão*
25 hoopoe, a roller
- *a poupa, um coraciforme*
26 erectile crest
- *o tufo de plumas* f *(a poupa)*
27 spotted woodpecker, a woodpecker; related: wryneck
- *o pica-pau carijó, um pica-pau; relacionado: o torcicolo*
28 entrance to the nest
- *a entrada do ninho*
29 nesting cavity
- *a cavidade de nidificação*
30 cuckoo
- *o cuco*

1, 3, 4, 5, 7, 9, 10 songbirds
- *os pássaros cantadores*
1 goldfinch, a finch
- *o pintassilgo, um fringilídeo*
2 bee eater
- *o abelharuco, o abelhuco*
3 redstart (star finch), a thrush
- *a rabirruiva, o rouxinol-preto,
  um turdídeo*
4 bluetit, a tit (titmouse), a resident bird (non-migratory bird)
- *o chapim-azul, um pássaro sedentário*
5 bullfinch
- *o pisco-chilreiro, o dom-fafe
  (Pyrrhula pyrrhula)*
6 common roller (roller)
- *a gralha (européia)*
7 golden oriole, a migratory bird
- *o papa-figo, um pássaro migrador*
8 kingfisher
- *o martim-pescador*
9 white wagtail, a wagtail
- *o pássaro caminheiro (Pt. a alvéola-branca), um motacilídeo*
10 chaffinch
- *o tentilhão (Fringilla coelebs)*

1-20 songbirds
- *os pássaros cantadores*
1-3 Corvidae (corvine birds, crows)
- *os corvídeos*
1 jay (nutcracker)
- *o gaio*
2 rook, a crow
- *a gralha-calva, uma gralha*
3 magpie
- *a pega*
4 starling (pastor, shepherd bird)
- *o estorninho*
5 house sparrow
- *o pardal doméstico*
6-8 finches
- *os fringilídeos*
6-7 buntings
- *as emberizas*
6 yellowhammer (yellow bunting)
- *o verdelhão*
7 ortolan (ortolan bunting)
- *a hortulana*
8 siskin (aberdevine)
- *o pintassilgo verde*
9 great titmouse (great tit, ox eye), a titmouse (tit)
- *o chapim-carvoeiro* (Pt. *o chapim-real*)
10 golden-crested wren (goldcrest); *sim.:* firecrest, one of the Regulidae
- *a carricinha (de crista amarela)*
11 nuthatch
- *o pica-pau cinzento*

12 wren
- *a cambaxirra* (Pt. *a carriça*); sim.: *o uirapuru*
13-17 thrushes
- *os turdídeos*
13 blackbird
- *o melro*
14 nightingale (poet.: philomel, philomela)
- *o rouxinol (poét.: a filomela)*
15 robin (redbreast, robin redbreast)
- *o pisco*
16 song thrush (throstle, mavis)
- *o tordo cantador (o tordo-branco)*
17 thrush nightingale
- *a variedade de rouxinol* m
18-19 larks
- *os alaudídeos*
18 woodlark
- *a cotovia (a calhandra)*
19 crested lark (tufted lark)
- *a cotovia-de-poupa*
20 common swallow (barn swallow, chimney swallow), a swallow
- *a andorinha* (poét.: *progne* m e f)

1-13 diurnal birds of prey
- *as aves de rapina* f *diurnas*
1-4 falcons
- *os falcões*
1 merlin
- *o esmerilhão*
2 peregrine falcon
- *o falcão (Falco peregrinus)*
3 leg feathers
- *as coxas plumosas*
4 tarsus
- *o tarso*
5-9 eagles
- *as águias*
5 white-tailed sea eagle (white-tailed
eagle, grey sea eagle, erne)
- *a águia-do-mar (a águia de cauda branca)*
6 hooked beak
- *o bico adunco*
7 claw (talon)
- *a garra*
8 tail
- *a cauda*
9 common buzzard
- *o bútio*
10-13 accipiters
- *os accipitrídeos*
10 goshawk
- *o milhafre*
11 common European kite (glede,
kite)
- *o milhano europeu*
12 sparrow hawk (spar-hawk)
- *o gavião*

13 marsh harrier (moor buzzard,
moor harrier, moor hawk)
- *o gavião de penacho* m
14-19 owls (nocturnal birds of
prey)
- *as aves de rapina* f *noturnas*
14 long-eared owl (horned owl)
- *o mocho orelhudo*
15 eagle-owl (great horned owl)
- *o corujão, o bufo, o mocho real*
16 plumicorn (feathered ear, ear
tuft, ear, horn)
- *a orelha plumosa (o penacho)*
17 barn owl (white owl, silver owl,
yellow owl, church owl, screech
owl)
- *a coruja branca (a coruja-das-
torres, a coruja-de-igreja)*
18 facial disc (disk)
- *o disco facial completo*
19 little owl (sparrow owl)
- *a corujinha*

1 sulphur-crested cockatoo, a parrot
- *a cacatua*
2 blue-and-yellow macaw
- *a arara azul-e-amarela*
3 blue bird of paradise
- *a ave do paraíso*
4 sappho
- *o beija-flor, o colibri*
5 cardinal (cardinal bird)
- *o cardeal*
6 toucan (red-billed toucan), one of the Piciformes
- *o tucano*

1-18 fishes
- *os peixes*
1 man-eater (blue shark, requin), a shark
- *o tubarão-azul, um seláquio*
2 nose (snout)
- *o rostro*
3 gill slit (gill cleft)
- *a brânquia (a guelra)*
4 carp, a mirror carp (carp)
- *a carpa, um ciprinídeo*
5 gill cover (operculum)
- *o opérculo branquial*
6 dorsal fin
- *a barbatana dorsal*
7 pectoral fin
- *a barbatana peitoral*
8 pelvic fin (abdominal fin, ventral fin)
- *a barbatana pélvica (abdominal)*
9 anal fin
- *a barbatana anal*
10 caudal fin (tail fin)
- *a barbatana da cauda*
11 scale
- *a escama*
12 catfish (sheatfish, sheathfish, wels)
- *o siluro*
13 barbel
- *o barbilho (o barbilhão, o filamento)*
14 herring
- *o arenque*
15 brown trout (German brown trout), a trout
- *a truta castanha, uma truta de riacho* m *de montanha* f; sim.: *a truta de lago* m
16 pike (northern pike)
- *o lúcio*
17 freshwater eel (eel)
- *a enguia de água-doce* f
18 sea horse (Hippocampus, horsefish)
- *o cavalo-marinho (o hipocampo)*
19 tufted gills
- *as lofobrânquias (as brânquias em tufo* m)
20-26 Amphibia (amphibians)
- *os anfíbios*
20-22 salamanders
- *os urodelos*
20 greater water newt (crested newt), a water newt
- *o tritão de crista* f, *um urodelo aquático*
21 dorsal crest
- *a crista dorsal*
22 fire salamander, a salamander
- *a salamandra, um urodelo terrestre*
23-26 salientians (anurans, batrachians)
- *os anuros*
23 European toad, a toad
- *o sapo*
24 tree frog (tree toad)
- *a rã*
25 vocal sac (vocal pouch, croaking sac)
- *o saco gular (de coaxo* m)
26 adhesive disc (disk)
- *a ventosa*

27-41 reptiles
- *os répteis*
27, 30-37 lizards
- *os lacertílios (os sáurios)*
27 sand lizard
- *o lagarto*
28 hawksbill turtle (hawksbill)
- *a tartaruga*
29 carapace (shell)
- *o casco*
30 basilisk
- *o basilisco, um iguanídeo*
31 desert monitor, a monitor lizard (monitor)
- *o varano do deserto*
32 common iguana, an iguana
- *o iguano*
33 chameleon, one of the Chamaeleontidae (Rhiptoglossa)
- *o camaleão*
34 prehensile foot
- *a pata preênsil*
35 prehensile tail
- *a cauda preênsil*
36 wall gecko, a gecko
- *a lagartixa*
37 slowworm (blindworm), one of the Anguidae
- *a cobra-de-vidro* (Anguis fragilis)
38-41 snakes
- *os ofídios, as cobras;* sim.: *as serpentes*
38 ringed snake (ring snake, water snake, grass snake), a colubrid
- *a cobra-d'água (um colubrídeo)*
39 collar
- *as manchas*
40-41 vipers (adders)
- *as víboras (as cobras venenosas)*
40 common viper, a poisonous (venomous) snake
- *a víbora, uma cobra venenosa*
41 asp (asp viper)
- *a áspide*

1-6 butterflies
- *as borboletas*
1 red admiral
- *a borboleta do gênero Vanessa*
2 peacock butterfly
- *a borboleta-coruja, uma borboleta do gênero Caligo*
3 orange tip (orange tip butterfly)
- *a piéride, uma borboleta do gênero Ascia*
4 brimstone (brimstone butterfly)
- *um pierídeo*
5 Camberwell beauty (mourning
  cloak, mourning cloak butterfly)
- *o mório, uma vanessa*
6 blue (lycaenid butterfly, lycaenid)
- *o morfo (a borboleta-azul), um
  licenídeo*
7-11 moths (Heterocera)
- *as mariposas (as borboletas noturnas)*
7 garden tiger
- *a mariposa do gênero Panthe-
  rodes*
8 red underwing
- *um noctuídeo*
9 death's-head moth (death's-
  head hawkmoth), a hawkmoth
  (sphinx)
- *a esfinge-cabeça-de-defunto*
10 caterpillar
- *a lagarta*
11 chrysalis (pupa)
- *a crisálida (a pupa)*

1 platypus (duck-bill, duck-mole), a monotreme (oviparous mammal)
- *o ornitorrinco, um monotremo (um mamífero ovíparo)*
2-3 marsupial mammals (marsupials)
- *os marsupiais*
2 New Word opossum, a didelphid
- *opossum, um didelfídeo da América do Norte*
3 red kangaroo (red flyer), a kangaroo
- *o canguru ruivo, um canguru*
4-7 insectivores (insect-eating mammals)
- *os insetívoros (mamíferos devoradores de insetos m)*
4 mole
- *a toupeira*
5 hedgehog
- *o ouriço*
6 spine
- *o espinho*
7 shrew (shrew mouse), one of the Soricidae
- *o musaranho, um soricídeo*
8 nine-banded armadillo (peba)
- *o tatu*
9 long-eared bat (flitter-mouse), a flying mammal (chiropter, chiropteran)
- *o morcego orelhudo, um mamífero voador (um quiróptero)*
10 pangolin (scaly ant-eater), a scaly mammal
- *o pangolim (o papa-formigas escamado, semelhante ao tamanduá e encontrado na África e na Ásia)*
11 two-toed sloth (unau)
- *a preguiça*
12-19 rodents
- *os roedores*
12 guinea pig (cavy)
- *o porquinho-da-índia (a cobaia)*
13 porcupine
- *o porco-espinho*
14 beaver
- *o castor*
15 jerboa
- *o gerbo*
16 hamster
- *o criceto*
17 water vole
- *o rato d'água* f *(a quiara)*
18 marmot
- *a marmota*
19 squirrel
- *o esquilo*
20 African elephant, a proboscidean (proboscidian)
- *o elefante africano, um proboscídeo*
21 trunk (proboscis)
- *a tromba*
22 tusk
- *a presa*
23 manatee (manati, lamantin), a sirenian
- *o manatim (o peixe-boi), um sirênio*

24 South African dassie (das, coney, hyrax), a procaviid
- *o texugo da África do Sul, um mamífero plantígrado*
25-31 ungulates
- *os ungulados*
25-27 odd-toed ungulates
- *os perissodáctilos*
25 African black rhino, a rhinoceros (nasicorn)
- *o rinoceronte negro africano*
26 Brazilian tapir, a tapir
- *a anta (o tapir brasileiro) um tapirídeo*
27 zebra
- *a zebra*
28-31 even-toed ungulates
- *os artiodáctilos*
28-30 ruminants
- *os ruminantes*
28 llama
- *a lhama*
29 Bactrian camel (two-humped camel)
- *o camelo (duas corcovas)*
30 guanaco
- *o guanaco (a lhama selvagem)*
31 hippopotamus
- *o hipopótamo*

1-10 ungulates, ruminants
- *os ungulados, os ruminantes*
1 elk (moose)
- *o alce (alce americano)*
2 wapiti (*Am.* elk)
- *o uapiti, um cervo*
3 chamois
- *o cabrito montês*
4 giraffe
- *a girafa*
5 black buck, an antelope
- *o antílope;* sim.: *o gamo*
6 mouflon (moufflon)
- *o muflão (o carneiro selvagem)*
7 ibex (rock goat, bouquetin, steinbock)
- *o bode selvagem*
8 water buffalo (Indian buffalo, water ox)
- *o búfalo indiano*
9 bison
- *o bisão*
10 musk ox
- *o boi almiscarado*
11-22 carnivores (beasts of prey)
- *os carnívoros*
11-13 Canidae
- *os canídeos*
11 black-backed jackal (jackal)
- *o chacal*
12 red fox
- *a raposa-do-campo (a raposa ruiva)*
13 wolf
- *o lobo*
14-17 martens
- *os mustelídeos*
14 stone marten (beach marten)
- *a fuinha*
15 sable
- *a zibelina*
16 weasel
- *a doninha*
17 sea otter, an otter
- *a lontra-do-mar, uma lontra*
18-22 seals (pinnipeds)
- *os pinípedes*
18 fur seal (sea bear, ursine seal)
- *a foca*
19 common seal (sea calf, sea dog)
- *a otária (o urso marinho)*
20 walrus (morse)
- *a morsa (a vaca-marinha)*
21 whiskers
- *os bigodes*
22 tusk
- *a presa*
23-29 whales
- *as baleias*
23 bottle-nosed dolphin (bottle-nose dolphin)
- *o boto (o golfinho, a toninha, o delfim)*
24 common dolphin
- *o marsuíno*
25 sperm whale (cachalot)
- *o cachalote*
26 blowhole (spout hole)
- *a venta*
27 dorsal fin
- *a barbatana dorsal*
28 flipper
- *a nadadeira*

29 tail flukes (tail)
- *a nadadeira caudal (em forquilha f)*

1-11 carnivores (beasts of prey)
- *os carnívoros (as feras)*
1 striped hyena, a hyena
- *a hiena rajada, uma hiena*
2-8 felines (cats)
- *os felinos*
2 lion
- *o leão*
3 mane (lion's mane)
- *a juba (a juba de leão)*
4 paw
- *a pata*
5 tiger
- *o tigre*
6 leopard
- *o leopardo*
7 cheetah (hunting leopard)
- *a chita (o leopardo caçador)*
8 lynx
- *o lince*
9-11 bears
- *os ursos*
9 raccoon (racoon, *Am.* coon)
- *o racum*
10 brown bear
- *o urso-pardo*
11 polar bear (white bear)
- *o urso polar (o urso-branco)*
12-16 primates
- *os primatas*
12-13 monkeys
- *os macacos*
12 rhesus monkey (rhesus, rhesus
macaque)
- *o macaco rhesus*
13 baboon
- *o babuíno*
14-16 anthropoids (anthropoid
apes, great apes)
- *os antropóides*
14 chimpanzee
- *o chimpanzé*
15 orang-utan (orang-outan)
- *o orangotango*
16 gorilla
- *o gorila*

1 Gigantocypris agassizi
- Gigantocypris agassizi, *um crustáceo*
2 Macropharynx longicaudatus (pelican eel)
- Macropharynx longicaudatus, *uma enguia abissal*
3 Pentacrinus (feather star), a sea lily, an echinoderm
- Pentacrinus (o pentacrino), *um equinodermo*
4 Thaumatolampas diadema, a cuttlefish [luminescent]
- Thaumatolampas diadema *(a siba) um cefalópode luminescente*
5 Atolla, a deep-sea medusa, a coelenterate
- Atolla, *(a medusa abissal) um celenterado*
6 Melanocetes, a pediculate [luminescent]
- Melanocetes, *um pediculado luminescente*
7 Lophocalyx philippensis, a glass sponge
- Lophocalyx philippensis, *uma esponja silicosa*
8 Mopsea, a sea fan [colony]
- *a mopséia, um pólipo luminescente [colônia f]*
9 Hydrallmania, a hydroid polyp, a coelenterate [colony]
- *a hidralmânia (um pólipo hidróide), um celenterado* [colônia f]
10 Malacosteus indicus, a stomiatid [luminescent]
- Malacosteus indicus, *um peixe luminescente*
11 Brisinga endecacnemos, a sand star (brittle star), an echinoderm (luminescent only when stimulated)
- Brisinga endecacnemos *(a estrela-do-mar), um equinodermo luminescente quando estimulado*
12 Pasiphaea, a shrimp, a crustacean
- *a pasiféia, um camarão, um crustáceo*
13 Echiostoma, a stomiatid, a fish [luminescent]
- *o equióstoma, um peixe luminescente*
14 Umbellula encrinus, a sea pen (sea feather), a coelenterate [colony, luminescent]
- Umbellula encrinus *(pluma f do mar), um celenterado* [colônia, f *luminescente*]
15 Polycheles, a crustacean
- *a políquelis, um crustáceo*
16 Lithodes, a crustacean, a crab
- *o litode, um caranguejo, um crustáceo*
17 Archaster, a starfish (sea star), an echinoderm
- *a astéria, uma estrela-do-mar, um equinodermo*
18 Oneirophanta, a sea cucumber, an echinoderm
- *o oneirofante (a holotúria), um equinodermo*
19 Palaeopneustes niasicus, a sea urchin (sea hedgehog), an echinoderm
- Palaeopneustes niacisus, *um ouriço-do-mar, um equinodermo*
20 Chitonactis, a sea anemone (actinia), a coelenterate
- *o quitonáctis, uma anêmona-do-mar, uma actínia, um celenterado*

1 tree
- *a árvore*
2 bole (tree trunk, trunk, stem)
- *o tronco (o tronco de árvore f)*
3 crown of tree (crown)
- *a copa de árvore f*
4 top of tree (treetop)
- *o topo da árvore*
5 bough (limb, branch)
- *o galho*
6 twig (branch)
- *o ramo (o galho fino)*
7 bole (tree trunk) [cross section]
- *o tronco da árvore [corte transversal]*
8 bark (rind)
- *a casca de árvore f*
9 phloem (bast sieve tissue, inner fibrous bark)
- *o floema (o líber, casca interna fibrosa)*
10 cambium (cambium ring)
- *o câmbio (camada f de tecido m do vegetal, entre o lenho e o líber)*
11 medullary rays (vascular rays, pith rays)
- *os raios medulares (os raios vasculares)*
12 sapwood (sap, alburnum)
- *o alburno*
13 heartwood (duramen)
- *o cerne (o durame)*
14 pith
- *o vaso medular*
15 **plant**
- *a planta*
16-18 root
- *a raiz*
16 primary root
- *a raiz principal*
17 secondary root
- *a raiz secundária*
18 root hair
- *a radícula*
19-25 shoot (sprout)
- *o rebento (o broto)*
19 leaf
- *a folha*
20 stalk
- *o caule*
21 side shoot (offshoot)
- *o broto (o rebento) lateral*
22 terminal bud
- *o botão foliar*
23 flower
- *a flor*
24 flower bud
- *o botão de flor f*
25 leaf axil with axillary bud
- *a axila foliar com botão m axilar*
26 **leaf**
- *a folha*
27 leaf stalk (petiole)
- *o talo da folha (o pecíolo)*
28 leaf blade (blade, lamina)
- *o limbo da folha*
29 venation (veins, nervures, ribs)
- *a nervação*
30 midrib (nerve)
- *a nervura principal*
31-38 leaf shapes
- *as formas de folhas f*
31 linear
- *linear*
32 lanceolate
- *lanceolada*
33 orbicular (orbiculate)
- *redondo (orbicular)*
34 acerose (acerous, acerate, acicular, needle-shaped)
- *acicular (em forma f de agulha f)*
35 cordate
- *cordiforme*
36 ovate
- *ovalada*

37 sagittate
- *sagitada*
38 reniform
- *reniforme*
39-42 compound leaves
- *as folhas compostas*
39 digitate (digitated, palmate, quinquefoliolate)
- *palmatissecta*
40 pinnatifid
- *pinatífida*
41 abruptly pinnate
- *paripenada*
42 odd-pinnate
- *imparipenada*
43-50 leaf margin shapes
- *as formas de bordos m das folhas*
43 entire
- *liso*
44 serrate (serrulate, saw-toothed)
- *serreado*
45 doubly toothed
- *dentado duplo*
46 crenate
- *festonado*
47 dentate
- *dentado*
48 sinuate
- *sinuado*
49 ciliate (ciliated)
- *ciliado*
50 cilium
- *o cílio*
51 **flower**
- *a flor*
52 flower stalk (flower stem, scape)
- *a haste (o pedicelo) da flor*
53 receptacle (floral axis, thalamus, torus)
- *o receptáculo (cimo arredondado do pedicelo da flor), (Pt. o recetáculo)*
54 ovary
- *o ovário*
55 style
- *o estilo*
56 stigma
- *o estigma*
57 stamen
- *o estame*
58 sepal
- *a sépala*
59 petal
- *a pétala*
60 ovary and stamen [section]
- *o ovário e os estames [corte]*
61 ovary wall
- *a parede do ovário*
62 ovary cavity
- *a cavidade do ovário*
63 ovule
- *o óvulo*
64 embryo sac
- *o saco embrionário*
65 pollen
- *o pólen*
66 pollen tube
- *o tubo de pólen m*
67-77 inflorescences
- *as inflorescências*
67 spike (racemose spike)
- *a espiga*
68 raceme (simple raceme)
- *o cacho (o racemo) simples*
69 panicle
- *a panícula*
70 cyme
- *a cimeira bípara*
71 spadix (fleshy spike)
- *a espádice*
72 umbel (simple umbel)
- *a umbela*
73 capitulum
- *o capítulo*
74 composite head (discoid flower head)
- *o capítulo*

75 hollow flower head
- *o sicônio*
76 bostryx (helicoid cyme)
- *a cimeira unípara helicóide*
77 cincinnus (scorpioid cyme, curled cyme)
- *a cimeira unípara escorpióide*
78-82 roots
- *as raízes*
78 adventitious roots
- *as raízes adventícias*
79 tuber (tuberous root, swollen taproot)
- *a raiz napiforme*
80 adventitious roots (aerial roots)
- *as raízes aéreas*
81 root thorns
- *os espinhos da raiz*
82 pneumatophores
- *os pneumatóforos*
83-85 blade of grass
- *a folha de grama f (Pt. de relva f)*
83 leaf sheath
- *a bainha*
84 ligule (ligula)
- *a lígula*
85 leaf blade (lamina)
- *o limbo (a lâmina)*
86 embryo (seed, germ)
- *o embrião (a semente)*
87 cotyledon (seed leaf, seed lobe)
- *o cotilédone*
88 radicle
- *a radícula*
89 hypocotyl
- *o caulículo*
90 plumule (leaf bud)
- *a plúmula (o botão da folha)*
91-102 fruits
- *os frutos*
91-96 dehiscent fruits
- *os frutos deiscentes*
91 follicle
- *o folículo*
92 legume (pod)
- *o legume (vagem f)*
93 siliqua (pod)
- *a síliqua (vagem f)*
94 schizocarp
- *a cápsula loculícila*
95 pyxidium (circumscissile seed vessel)
- *o pixídio*
96 poricidal capsule (porose capsule)
- *a cápsula porófora*
97-102 indehiscent fruits
- *os frutos indeiscentes*
97 berry
- *a baga*
98 nut
- *a noz*
99 drupe (stone fruit) (cherry)
- *a drupa (fruta f de caroço m) (a cereja)*
100 aggregate fruit (compound fruit) (rose hip)
- *o cinórrodon (pseudofruto m), um fruto composto*
101 aggregate fruit (compound fruit) (raspberry)
- *o fruto composto (a framboesa)*
102 pome (apple)
- *o pomo (a maçã)*

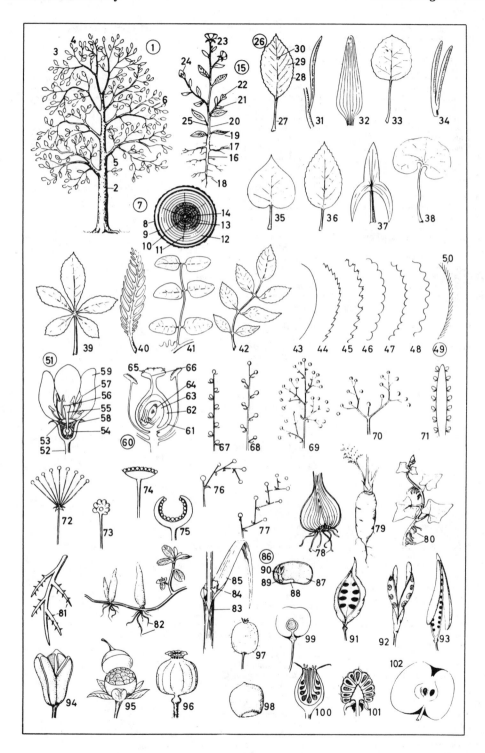

1-73 deciduous trees
- *as árvores de folhas caducas (decíduas)*
1 oak (oak tree)
- *o carvalho*
2 flowering branch
- *o ramo em flor* f
3 fruiting branch
- *o ramo com frutos* m
4 fruit (acorn)
- *o fruto (a glande)*
5 cupule (cup)
- *a cúpula*
6 female flower
- *a flor feminina*
7 bract
- *a bráctea*
8 male inflorescence
- *a inflorescência masculina*
9 birch (birch tree)
- *a bétula*
10 branch with catkins, a flowering branch
- *o ramo com amentilhos* m, *um ramo em flor* f
11 fruiting branch
- *o ramo com frutos* m
12 scale (catkin scale)
- *a sâmara (escama* f *do amentilho)*
13 female flower
- *a flor feminina*
14 male flower
- *a flor masculina*
15 poplar
- *o choupo*
16 flowering branch
- *o ramo em flor* f
17 flower
- *a flor*
18 fruiting branch
- *o galho com frutos* m
19 fruit
- *o fruto*
20 seed
- *a semente*
21 leaf of the aspen (trembling poplar)
- *a folha do choupo tremedor*
22 infructescence
- *a infrutescência*
23 leaf of the white poplar (silver poplar, silverleaf)
- *a folha do choupo branco*
24 sallow (goat willow)
- *o salgueiro-marsault*
25 branch with flower buds
- *o ramo com botões* m *de flores* f
26 catkin with single flower
- *o amentilho com flor singela*
27 branch with leaves
- *o ramo com folhas* f
28 fruit
- *o fruto*
29 osier branch with leaves
- *o ramo de vimeiro* m *com folhas* f
30 alder
- *o amieiro*
31 fruiting branch
- *o ramo com frutos* m
32 branch with previous year's cone
- *o ramo com cone* m *do ano anterior*

33 beech (beech tree)
- *a faia*
34 flowering branch
- *o ramo em flor* f
35 flower
- *a flor*
36 fruiting branch
- *o ramo com frutos* m
37 beech nut
- *a castanha da faia*
38 ash (ash tree)
- *o freixo*
39 flowering branch
- *o galho em flor* f
40 flower
- *a flor*
41 fruiting branch
- *o ramo com frutos* m
42 mountain ash (rowan, quickbeam)
- *a sorveira (sorveira brava)*
43 inflorescence
- *a inflorescência*
44 infructescence
- *a infrutescência*
45 fruit [longitudinal section]
- *o fruto [corte longitudinal]*
46 lime (lime tree, linden, linden tree)
- *a tília*
47 fruiting branch
- *o ramo com frutos* m
48 inflorescence
- *a inflorescência*
49 elm (elm tree)
- *o olmo*
50 fruiting branch
- *o ramo com frutos* m
51 flowering branch
- *o ramo em flor* f
52 flower
- *a flor*
53 maple (maple tree)
- *o bordo*
54 flowering branch
- *o ramo em flor* f
55 flower
- *a flor*
56 fruiting branch
- *o ramo com frutos* m
57 maple seed with wings (winged maple seed)
- *a sâmara (semente alada do bordo)*
58 horse chestnut (horse chestnut tree, chestnut, chestnut tree, buckeye)
- *o castanheiro-da-Índia*
59 branch with young fruits
- *o ramo com frutos* m *jovens*
60 chestnut (horse chestnut)
- *a castanha (de cavalo* m)
61 mature (ripe) fruit
- *o fruto maduro*
62 flower [longitudinal section]
- *a flor [corte longitudinal]*
63 hornbeam (yoke elm)
- *a carpa*
64 fruiting branch
- *o ramo com frutos* m
65 seed
- *a semente*
66 flowering branch
- *o ramo em flor* f

67 plane (plane tree)
- *o plátano*
68 leaf
- *a folha*
69 infructescence and fruit
- *a infrutescência e fruto* m
70 false acacia (locust tree)
- *o fedegoso (a falsa acácia), arbusto* m *do gênero Cássia*
71 flowering branch
- *o ramo em flor* f
72 part of the infructescence
- *a parte da infrutescência (legume* m)
73 base of the leaf stalk with stipules
- *a base do pecíolo com estípulas* f

1-71 coniferous trees (conifers)
– *as árvores coníferas*
1 silver fir (European silver fir, common silver fir)
– *o abeto-branco (o abeto-branco europeu, o abeto-branco comum)*
2 fir cone, a fruit cone
– *o cone (a pinha) do abeto, um fruto*
3 cone axis
– *o eixo do cone*
4 female flower cone
– *o cone floral feminino*
5 bract scale (bract)
– *a escama da bráctea*
6 male flower shoot
– *o broto da flor masculina*
7 stamen
– *o estame*
8 cone scale
– *a escama do cone*
9 seed with wing (winged seed)
– *a semente alada;* sim.: *o fruto alado (a sâmara)*
10 seed [longitudinal section]
– *a semente (o pinhão) [corte longitudinal]*
11 fir needle (needle)
– *a agulha de abeto* m *(a agulha)*
12 spruce (spruce fir)
– *a espruce (o abeto espruce)*
13 spruce cone
– *o cone da espruce*
14 cone scale
– *a escama do cone*
15 seed
– *a semente (o pinhão)*
16 female flower cone
– *o cone floral feminino*
17 male inflorescence
– *a inflorescência masculina*
18 stamen
– *o estame*
19 spruce needle
– *a agulha de espruce* f
20 pine (Scots pine)
– *o pinheiro silvestre*
21 dwarf pine
– *o pinheiro anão*
22 female flower cone
– *o cone floral feminino*
23 short shoot with bundle of two leaves
– *as folhas aciculares geminadas*
24 male inflorescences
– *as inflorescências masculinas*
25 annual growth
– *o crescimento anual*
26 pine cone
– *o cone do pinheiro (a pinha)*
27 cone scale
– *a escama do cone*
28 seed
– *a semente (o pinhão)*
29 fruit cone of the arolla pine (Swiss stone pine)
– *o cone frutífero (a pinha) da arola (o cembro)*
30 fruit cone of the Weymouth pine (white pine)
– *o cone frutífero do pinho branco do Canadá*
31 short shoot [cross section]
– *o broto [corte transversal]*
32 larch
– *o larício*

33 flowering branch
– *o ramo em flor* f
34 scale of the female flower cone
– *a escama do cone floral feminino*
35 anther
– *a antera*
36 branch with larch cones (fruit cones)
– *o ramo com cones* m *de larício* m *(cones frutíferos, pinhas)*
37 seed
– *a semente*
38 cone scale
– *a escama do cone*
39 arbor vitae (tree of life, thuja)
– *a tuia (a árvore da vida)*
40 fruiting branch
– *o ramo com frutos* m
41 fruit cone
– *o cone frutífero*
42 scale
– *a escama*
43 branch with male and female flowers
– *o ramo com flores masculinas e femininas*
44 male shoot
– *o broto masculino*
45 scale with pollen sacs
– *a escama com sacos polínicos*
46 female shoot
– *o broto feminino*
47 juniper (juniper tree)
– *o zimbro (o junípero)*
48 female shoot [longitudinal section]
– *o broto feminino [corte longitudinal]*
49 male shoot
– *o broto masculino*
50 scale with pollen sacs
– *a escama com sacos polínicos*
51 fruiting branch
– *o ramo com frutos* m
52 juniper berry
– *a baga do zimbro (usada na fabricação de gin* m *e de genebra* f)
53 fruit [cross section]
– *o fruto [corte transversal]*
54 seed
– *a semente*
55 stone pine
– *o pinheiro chapéu-de-sol ('o pinheiro de Roma')*
56 male shoot
– *o broto masculino*
57 fruit cone with seeds [longitudinal section]
– *o cone frutífero com pinhões* m *[corte longitudinal]*
58 cypress
– *o cipreste*
59 fruiting branch
– *o ramo com frutos* m
60 seed
– *a semente*
61 yew (yew tree)
– *o teixo*
62 male flower shoot and female flower cone
– *o botão da flor masculina e o cone floral feminino*
63 fruiting branch
– *o ramo com frutos* m

64 fruit
– *o fruto*
65 cedar (cedar tree)
– *o cedro*
66 fruiting branch
– *o ramo com frutos* m
67 fruit scale
– *a escama do fruto*
68 male flower shoot and female flower cone
– *o botão da flor masculina e o cone floral feminino*
69 mammoth tree (Wellingtonia, sequoia)
– *a sequóia*
70 fruiting branch
– *o ramo com frutos* m
71 seed
– *a semente*

1 forsythia
- *a forsítia*
2 ovary and stamen
- *o ovário e o estame*
3 leaf
- *a folha*
4 yellow-flowered jasmine (jasmin, jessamine)
- *o jasmin amarelo*
5 flower [longitudinal section] with styles, ovaries and stamens
- *a flor [corte longitudinal] com estiletes* m, *ovários* m *e estames* m
6 privet (common privet)
- *a alfena (a santantoninha)*
7 flower
- *a flor*
8 infructescence
- *a infrutescência*
9 mock orange (sweet syringa)
- *a silindra (a silindra doce)*
10 snowball (snowball bush, guelder rose)
- *a bola-de-neve (roseum;* Pt. *a rosa-de-gueldres)*
11 flower
- *a flor*
12 fruits
- *os frutos*
13 oleander (rosebay, rose laurel)
- *a azaléia, a azálea (*sim.: *o rododendro*
14 flower [longitudinal section]
- *a flor [corte longitudinal]*
15 red magnolia
- *a magnólia vermelha*
16 leaf
- *a folha*
17 japonica (Japanese quince)
- *o marmeleiro do Irã (*Pt. *o marmeleiro japonês)*
18 fruit
- *o fruto*
19 common box (box, box tree)
- *o buxo*
20 female flower
- *a flor feminina*
21 male flower
- *a flor masculina*
22 fruit [longitudinal section]
- *o fruto [corte longitudinal]*
23 weigela (weigelia)
- *a diervila*
24 yucca [part of the inflorescence]
- *a iúca [parte* f *da inflorescência]*
25 leaf
- *a folha*
26 dog rose (briar rose, wild briar)
- *o rubo, a silva, a sarça (églantine* f)
27 fruit
- *o fruto*
28 kerria
- *a kérria*
29 fruit
- *o fruto*
30 cornelian cherry
- *a cerejeira-das-antilhas*
31 flower
- *a flor*
32 fruit (cornelian cherry)
- *o fruto*
33 sweet gale (gale)
- *a murta do brejo*

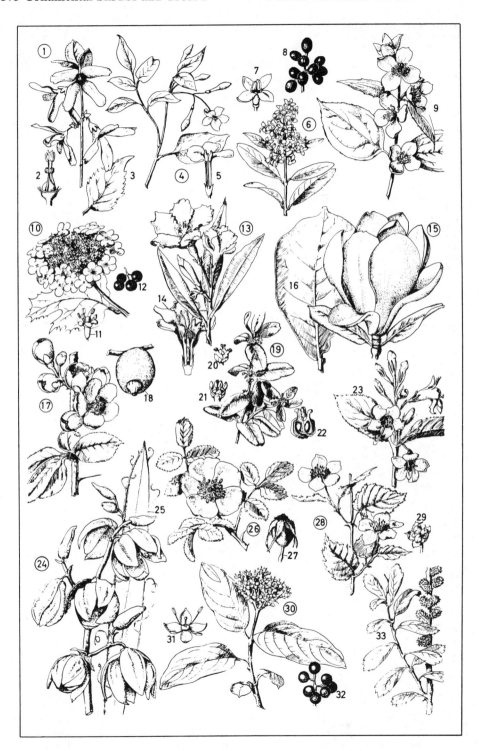

1 tulip tree (tulip poplar, saddle tree, whitewood)
- *o tulipeiro da Virgínia (o tulipeiro)*
2 carpels
- *os carpelos*
3 stamen
- *o estame*
4 fruit
- *o fruto*
5 hyssop
- *o hissopo*
6 flower [front view]
- *a flor [vista de frente]*
7 flower
- *a flor*
8 calyx with fruit
- *o cálice com fruto* m
9 holly
- *o azevinho*
10 androgynous (hermaphroditic, hermaphrodite) flower
- *a flor hermafrodita*
11 male flower
- *a flor masculina*
12 fruit with stones exposed
- *o fruto com caroço exposto*
13 honeysuckle (woodbine, woodbind)
- *a madressilva*
14 flower buds
- *os botões de flores* f
15 flower [cut open]
- *a flor [corte]*
16 Virginia creeper (American ivy, woodbine)
- *a videira virgem (a vinha virgem)*
17 open flower
- *a flor desabrochada*
18 infructescence
- *a infrutescência*
19 fruit [longitudinal section]
- *o fruto [corte longitudinal]*
20 broom
- *a giesta das vassouras*
21 flower with the petals removed
- *a flor sem as pétalas*
22 immature (unripe) legume (pod)
- *a vagem verde*
23 spiraea
- *a rosa Spiraea*
24 flower [longitudinal section]
- *a flor [corte longitudinal]*
25 fruit
- *o fruto*
26 carpel
- *o carpelo*
27 blackthorn (sloe)
- *o abrunheiro bravo (o abrunho)*
28 leaves
- *as folhas*
29 fruits
- *os frutos*
30 single-pistilled hawthorn (thorn, may)
- *o pilriteiro de um pistilo*
31 fruit
- *o fruto*
32 laburnum (golden chain, golden rain)
- *a chuva-de-ouro (o cítiso)*
33 raceme
- *o cacho, o racemo*

34 fruits
- *os frutos*
35 black elder (elder)
- *o sabugueiro preto*
36 elder flowers (cymes)
- *as flores de sabugueiro* m *(os corimbos)*
37 elderberries
- *as bagas de sabugueiro* m

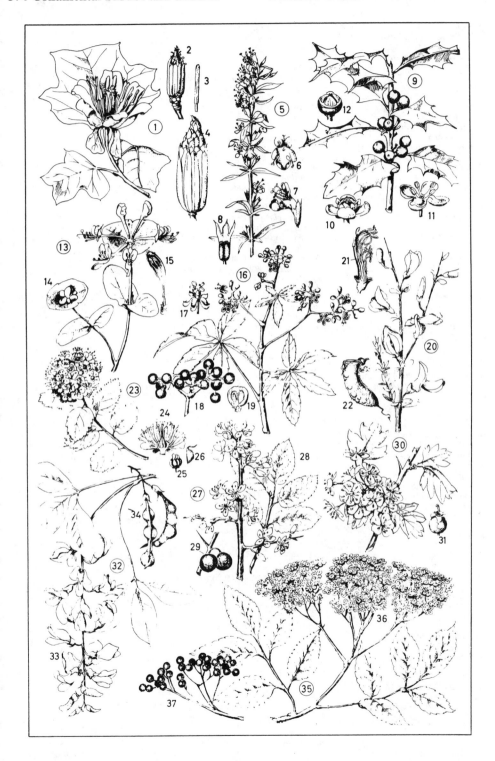

1 rotundifoliate (rotundifolious) saxifrage rotundifoliate breakstone
- *a saxífraga rotundifólia*
2 leaf
- *a folha*
3 flower
- *a flor*
4 fruit
- *o fruto*
5 anemone (windflower)
- *a anêmona*
6 flower [longitudinal section]
- *a flor [corte longitudinal]*
7 fruit
- *o fruto*
8 buttercup (meadow buttercup, butterflower, goldcup, king cup, crowfoot)
- *o ranúnculo*
9 basal leaf
- *a folha basal*
10 fruit
- *o fruto (o aquênio)*
11 lady's smock (ladysmock, cuckoo flower)
- *a cardamina*
12 basal leaf
- *a folha basal*
13 fruit
- *o fruto (a síliqua)*
14 harebell (hairbell, bluebell)
- *a campânula*
15 basal leaf
- *a folha basal*
16 flower [longitudinal section]
- *a flor [corte longitudinal]*
17 fruit
- *o fruto*
18 ground ivy (ale hoof)
- *a hera*
19 flower [longitudinal section]
- *a flor [corte longitudinal]*
20 flower [front view]
- *a flor [vista de frente]*
21 stonecrop
- *o saião, uma crassulácea*
22 speedwell
- *a verônica*
23 flower
- *a flor*
24 fruit
- *o fruto*
25 seed
- *a semente*
26 moneywort
- *o dólar (o dólar-em-penca)*
27 dehisced fruit
- *o fruto deiscente aberto*
28 seed
- *a semente*
29 small scabious
- *a saudade*
30 basal leaf
- *a folha basal*
31 ray floret (flower of outer series)
- *o flósculo radiado (flor f de disposição externa)*
32 disc (disk) floret (flower of inner series)
- *o flósculo em disco m (flor f de disposição interna)*
33 involucral calyx with pappus bristles
- *o cálice involucral com cerdas f*

34 ovary with pappus
- *o ovário com papo* m
35 fruit
- *o fruto*
36 lesser celandine
- *a ficária (o botão-de-ouro, a celidônia-menor), uma ranunculácea*
37 fruit
- *o fruto*
38 leaf axil with bulbil
- *a axila foliar com bulbilho* m
39 annual meadow grass
- *o capim de pasto* m *anual*
40 flower
- *a flor*
41 spikelet [side view]
- *a espigueta [vista lateral]*
42 spikelet [front view]
- *a espigueta [vista frontal]*
43 caryopsis (indehiscent fruit)
- *a cariopse (fruto seco indeiscente)*
44 tuft of grass (clump of grass)
- *o tufo de grama* f *(a moita de grama)*
45 comfrey
- *a consolda maior (o comfrey)*
46 flower [longitudinal section]
- *a flor [corte longitudinal]*
47 fruit
- *o fruto*

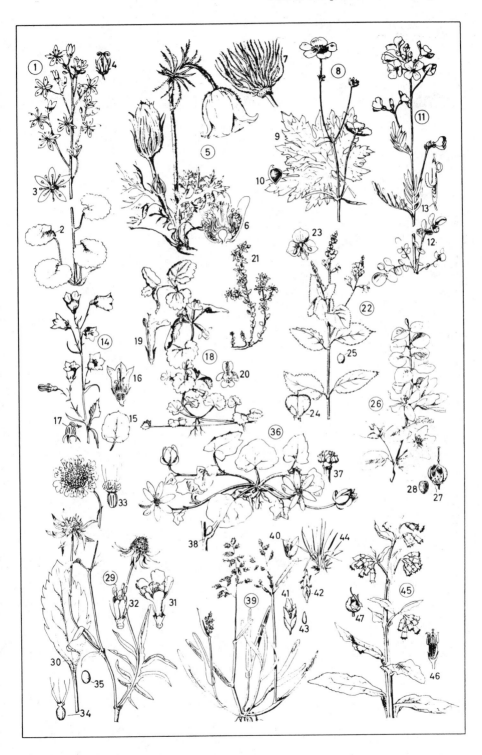

1 daisy (*Am.* English daisy)
- *o malmequer*
2 flower
- *a flor*
3 fruit
- *o fruto*
4 oxeye daisy (white oxeye daisy, marguerite)
- *a margarida*
5 flower
- *a flor*
6 fruit
- *o fruto*
7 masterwort
- *o girassol-do-mato*
8 cowslip
- *a primavera, a prímula*
9 great mullein (Aaron's rod, shepherd's purse)
- *o verbasco*
10 bistort (snakeweed)
- *a bistorta (a língua-de-boi)*
11 flower
- *a flor*
12 knapweed
- *a centáurea*
13 common mallow
- *a malva*
14 fruit
- *o fruto (o aquênio)*
15 yarrow
- *a aquiléia (o milefólio)*
16 self-heal
- *a erva-férrea (Brunella vulgaris)*
17 bird's foot trefoil (bird's foot clover)
- *o cornichão*
18 horsetail (equisetum) [a shoot]
- *a cavalinha (o eqüisseto) [um galho]*
19 flower (strobile)
- *a flor (o estróbilo)*
20 campion (catchfly)
- *o beijo-de-frade*
21 ragged robin (cuckoo flower)
- *a flor-de-cuco*
22 birth-wort
- *a aristolóquia*
23 flower
- *a flor*
24 crane's bill
- *o gerânio*
25 wild chicory (witloof, succory, wild endive)
- *a chicória-brava (a barba-de-capuchinho)*
26 common toadflax (butter-and-eggs)
- *a linária comum*
27 lady's slipper (Venus's slipper, *Am.* moccasin flower)
- *o cipripédio (o sapato-de-vênus)*
28 orchis (wild orchid), an orchid
- *o órquis (o olho-de-boneca), uma orquídea*

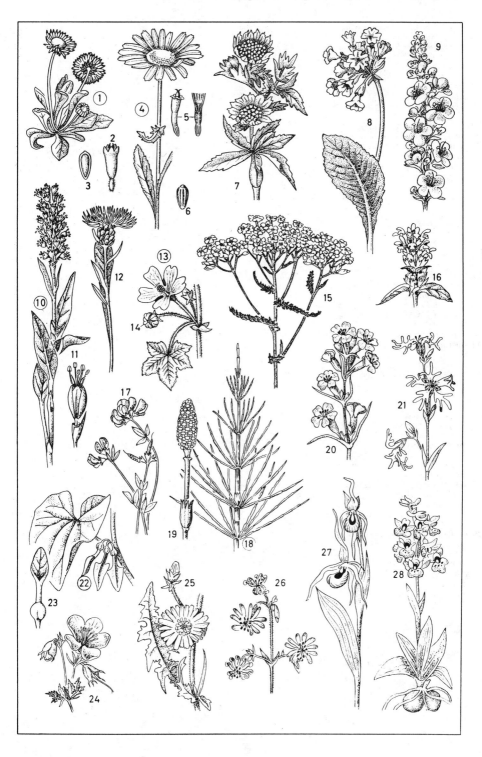

1 wood anemone (anemone, windflower)
- *a anêmona dos bosques (a anêmona)*
2 lily of the valley
- *o muguet;* sim.: *o lírio-do-vale*
3 cat's foot (milkwort); *sim.:* sandflower (everlasting)
- *a hera terrestre (a polígala)* sim.: *a sempre-viva*
4 turk's cap (turk's cap lily)
- *o martagão (o lírio martagão)*
5 goatsbeard (goat's beard)
- *a barba-de-bode*
6 ramson
- *o agapanto*
7 lungwort
- *a pulmonária, uma borraginácea*
8 corydalis
- *o corídalo*
9 orpine (livelong)
- *a erva-dos-calos*
10 daphne
- *a dafne*
11 touch-me-not
- *a maria-sem-vergonha (Impatiens balsamina)*
12 staghorn (stag horn moss, stag's horn, stag's horn moss, coral evergreen)
- *o licopódio*
13 butterwort, an insectivorous plant
- *a pingüícula*
14 sundew; *sim.:* Venus's flytrap
- *a drósera;* sim.: *a dionéia pegamosca*
15 bearberry
- *a uva-de-urso*
16 polypody (polypod), a fern; *sim.:* male fern, brake (bracken, eagle fern), royal fern (royal osmund, king's fern, ditch fern)
- *a samambaia, uma filicínea;* sim.: *a avenca*
17 haircap moss (hair moss, golden maidenhair), a moss
- *o musgo polítrico*
18 cotton grass (cotton rush)
- *o erióforo*
19 heather (heath, ling); *sim.:* bell heather, cross-leaved heather
- *a urze*
20 rock rose (sun rose)
- *o heliântemo*
21 marsh tea
- *o chá-da-campanha*
22 sweet flag (sweet calamus, sweet sedge)
- *o cálamo*
23 bilberry (whortleberry, huckleberry, blueberry); *sim.:* cowberry (red whortleberry), bog bilberry (bog whortleberry), crowberry (crakeberry)
- *o mirtilo (o arando)*

378 Alpine Plants, Aquatic Plants (Water Plants), and Marsh Plants

1-13 alpine plants
- *as plantas alpinas*
1 alpine rose (alpine rhododendron)
- *o rododendro*
2 flowering shoot
- *o broto em flor* f
3 alpine soldanella (soldanella)
- *a soldanela*
4 corolla opened out
- *a corola totalmente aberta*
5 seed vessel with the style
- *a cápsula de sementes* f *com estilete* m
6 alpine wormwood
- *a artemísia*
7 inflorescence
- *a inflorescência (o capítulo)*
8 auricula
- *a orelha-de-urso (a prímula auricula)*
9 edelweiss
- *o edelvaisse*
10 flower shapes
- *os tipos de flores* f
11 fruit with pappus tuft
- *o fruto com tufo* m *no papo*
12 part of flower head (of capitulum)
- *uma parte do capítulo*
13 stemless alpine gentian
- *a genciana acaule*
14-57 aquatic plants (water plants) and marsh plants
- *as plantas aquáticas e dos pântamos*
14 white water lily
- *o nenúfar branco*
15 leaf
- *a folha*
16 flower
- *a flor*
17 Queen Victoria water lily (Victoria regia water lily, royal water lily, Amazon water lily)
- *a vitória-régia*
18 leaf
- *a folha*
19 underside of the leaf
- *a face inferior da folha*
20 flower
- *a flor*
21 reed mace bulrush (cattail, cat's tail, cattail flag, club rush)
- *a tabua*
22 male part of the spadix
- *a parte masculina da espádice*
23 male flower
- *a flor masculina*
24 female part
- *a parte feminina*
25 female flower
- *a flor feminina*
26 forget-me-not
- *o miosótis*
27 flowering shoot
- *o ramo em flor* f
28 flower [section]
- *a flor* [corte]
29 frog's bit
- *o aguapé*
30 watercress
- *o agrião*
31 stalk with flowers and immature (unripe) fruits
- *a haste com flores* f e *frutos* m *verdes*

32 flower
- *a flor*
33 siliqua (pod) with seeds
- *a síliqua com sementes* f
34 two seeds
- *duas sementes*
35 duckweed (duck's meat)
- *a lentilha-d'água (a caparrosa)*
36 plant in flower
- *a planta em flor* f
37 flower
- *a flor*
38 fruit
- *o fruto*
39 flowering rush
- *o junco-florido*
40 flower umbel
- *a inflorescência (a umbela)*
41 leaves
- *as folhas*
42 fruit
- *o fruto*
43 green alga
- *a alga clorofícea*
44 water plantain
- *a plantago (a tanchagem)*
45 leaf
- *a folha*
46 panicle
- *a panícula*
47 flower
- *a flor*
48 honey wrack, a brown alga
- *o sargaço, uma alga feofícea*
49 thallus (plant body, frond)
- *o talo (corpo* m *da planta)*
50 holdfast
- *o soro*
51 arrow head
- *a sagitária;* sim. Amazônia: *a espadana*
52 leaf shapes
- *as formas de folha* f
53 inflorescence with male flowers [above] and female flowers [below]
- *a inflorescência com flores masculinas na ponta e flores femininas na base*
54 sea grass
- *a zóstera*
55 inflorescence
- *a inflorescência*
56 Canadian waterweed (Canadian pondweed)
- *a elódea canadense*
57 flower
- *a flor*

1 aconite (monkshood, wolfsbane, helmet flower)
- *o acônito*
2 foxglove (Digitalis)
- *a dedaleira (a digitális)*
3 meadow saffron (naked lady, naked boys)
- *o cólquico*
4 hemlock (Conium)
- *a cicuta*
5 black nightshade (common nightshade, petty morel)
- *o aguaraquiá (a erva-moura, o araxiseu)*
6 henbane
- *o meimendro*
7 deadly nightshade (belladonna, banewort, dwale), a solanaceous herb
- *a beladona*
8 thorn apple (stramonium, stramony, *Am.* jimson weed, jimpson weed, Jamestown weed, stinkweed)
- *o estramônio*
9 cuckoo pint (lords-and-ladies, wild arum, wake-robin)
- *o arão (o tinhorão bravo)*
10-13 poisonous fungi (poisonous mushrooms, toadstools)
- *os fungos venenosos (os cogumelos venenosos)*
10 fly agaric (fly amanita, fly fungus), an agaric
- *a amanita mata-moscas*
11 amanita
- *a amanita falóide*
12 Satan's mushroom
- *o boleto satanás*
13 woolly milk cap
- *a orelha-de-pau*

1 camomile (chamomile, wild camomile)
- *a camomila*
2 arnica
- *a arnica*
3 peppermint
- *a hortelã-pimenta*
4 wormwood (absinth)
- *o absinto*
5 valerian (allheal)
- *a valeriana*
6 fennel
- *o funcho*
7 lavender
- *a alfazema (a lavanda)*
8 coltsfoot
- *a tussilagem (a unha-de-cavalo)*
9 tansy
- *a atanásia*
10 centaury
- *a centáurea-menor (a quebra-febre)*
11 ribwort (ribwort plantain, ribgrass)
- *a tanchagem (Plantago lanceolata)*
12 marshmallow
- *o malvaísco (a altéia)*
13 alder buckthorn (alder dogwood)
- *a cáscara (Rhamnus catharticus)*
14 castor-oil plant (Palma Christi)
- *a mamona (fornecedora do óleo de rícino m)*
15 opium poppy
- *a papoula (fornecedora do ópio)*
16 senna (cassia); *the dried leaflets:* senna leaves
- *o sene (a cássia);* as folhas secas: *as folhas de sene*
17 cinchona (chinchona)
- *a cinchona (a quinta), a árvore do quinino*
18 camphor tree (camphor laurel)
- *a cânfora (a alcânfora, a canforeira)*
19 betel palm (areca, areca palm)
- *a areca (o bétel)*
20 betel nut (areca nut)
- *a noz-de-areca (a noz-de-betel)*

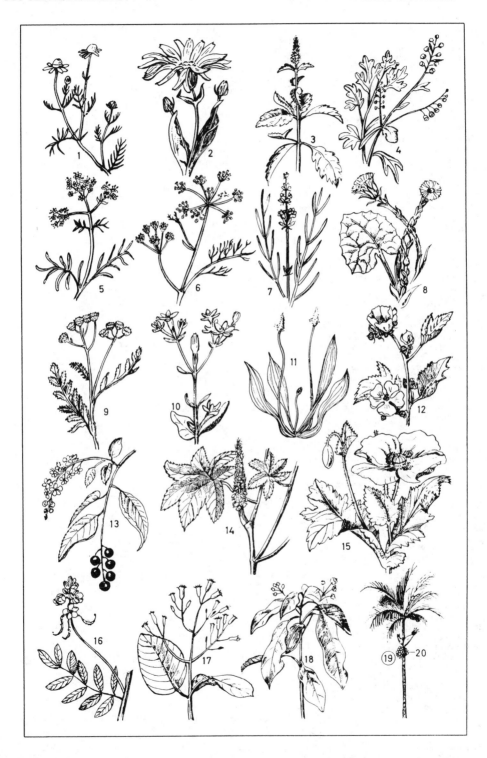

1 meadow mushroom (field mushroom)
- *o cogumelo de Paris*
2 mycelial threads (hyphae, mycelium) with fruiting bodies
(mushrooms)
- *o micélio com carpóforos* m
3 mushroom [longitudinal sec-
tion]
- *o cogumelo [corte longitudinal]*
4 cap (pileus) with gills
- *o píleo com lamelas* f
5 veil (velum)
- *o véu*
6 gill [section]
- *a lamela [corte]*
7 basidia [on the gill with basidio-
spores]
- *o basídio [nas lamelas com basidiósporos* m]
8 germinating basidiospores
(spores)
- *a germinação dos esterigmas
(produção* f *de basidiósporos* m)
9 truffle
- *a trufa (a túbera), um ascomiceto negro*
10 truffle [external view]
- *a trufa [aspecto externo]*
11 truffle [section]
- *a turfa [corte]*
12 interior showing asci [section]
- *o interior, mostrando os ascos
[corte]*
13 two asci with the ascospores
(spores)
- *dois ascos com esporos* m
14 chanterelle (chantarelle)
- *o cantarelo*
15 Chestnut Boletus
- *o boleto castanho*
16 cep (cepe, squirrel's bread,
Boletus edulis)
- *a cepa-de-bordéus*
17 layer of tubes (hymenium)
- *a camada de filamentos* m
18 stem (stipe)
- *o talo (o estipe)*
19 puffball (Bovista nigrescens)
- *o licopérdon oval*
20 devil's tobacco pouch (common
puffball)
- *o licopérdon redondo*
21 Brown Ring Boletus (Boletus
luteus)
- *o boleto amarelo*
22 Birch Boletus (Boletus scaber)
- *o boleto áspero*
23 Russula vesca
- *o lactário (a rússula) comestível*
24 scaled prickle fungus
- *o hidno*
25 slender funnel fungus
- *a clitócibe afunilada*
26 morel (Morchella esculenta)
- *a morilha*
27 morel (Morchella conica)
- *a morilha cônica*
28 honey fungus
- *a armilária-de-mel*
29 saffron milk cap
- *o tricolôma*
30 parasol mushroom
- *a lepiota alta*

31 hedgehog fungus (yellow prickle
fungus)
- *o hidno sinuoso*
32 yellow coral fungus (goatsbeard, goat's beard, coral Cla-
- *a clavária amarela*
33 little cluster fungus
- *a foliota*

1 coffee tree (coffee plant)
 - *o cafeeiro (o pé de café* m)
2 fruiting branch
 - *o ramo com fruto* m
3 flowering branch
 - *o ramo com flor* f
4 flower
 - *a flor*
5 fruit with two beans [longitudinal section]
 - *o fruto com duas sementes* [*corte longitudinal*]
6 coffee bean; *when processed:* coffee
 - *o grão de café* m; após processado: *o café*
7 tea plant (tea tree)
 - *o chá (a planta)*
8 flowering branch
 - *o ramo em flor* f
9 tea leaf; *when processed:* tea
 - *a folha de chá* m; *após processada: o chá*
10 fruit
 - *o fruto*
11 maté shrub (maté, yerba maté, Paraguay tea)
 - *a erva-mate (o mate)*
12 flowering branch with androgynous (hermaphroditic, hermaphrodite) flowers
 - *o ramo em flor* f *com flores hermafroditas*
13 male flower
 - *a flor masculina*
14 androgynous (hermaphroditic, hermaphrodite) flower
 - *a flor hermafrodita*
15 fruit
 - *o fruto*
16 cacao tree (cacao)
 - *o cacaueiro (o cacau)*
17 branch with flowers and fruits
 - *o galho com flores* f *e frutos* m
18 flower [longitudinal section]
 - *a flor* [*corte longitudinal*]
19 cacao beans (cocoa beans); *when processed:* cocoa, cocoa powder
 - *as sementes de cacau* m; *depois de processadas: o cacau, o pó de cacau, o chocolate*
20 seed [longitudinal section]
 - *a semente* [*corte longitudinal*]
21 embryo
 - *o embrião*
22 cinnamon tree (cinnamon)
 - *a caneleira (a canela)*
23 flowering branch
 - *o ramo em flor* f
24 fruit
 - *o fruto*
25 cinnamon bark; *when crushed:* cinnamon
 - *a casca de caneleira* f; *após triturada: o pó de canela* f
26 clove tree
 - *o craveiro-da-Índia*
27 flowering branch
 - *o ramo em flor* f
28 flower bud; *when dried:* clove
 - *o botão da flor; depois de seco: o cravo-da-índia*
29 flower
 - *a flor*
30 nutmeg tree
 - *a moscadeira*
31 flowering branch
 - *o ramo em flor* f
32 female flower [longitudinal section]
 - *a flor fêmea* [*corte longitudinal*]
33 mature (ripe) fruit
 - *o fruto maduro*
34 nutmeg with mace, a seed with laciniate aril
 - *a noz-moscada com flor* f, *uma semente de arilo laciniado*
35 seed [cross section]; *when dried:* nutmeg
 - *a semente* [*corte transversal*], *depois de seca: a noz-moscada*
36 pepper plant
 - *a pimenteira*
37 fruiting branch
 - *o ramo com frutos* m
38 inflorescence
 - *a inflorescência*
39 fruit [longitudinal section] with seed (peppercorn); *when ground:* pepper
 - *o fruto* [*corte longitudinal*] *com semente* f (*grão* m *de pimenta* f); *quando moída: a pimenta-do-reino*
40 Virginia tobacco plant
 - *o tabaco da Virgínia*
41 flowering shoot
 - *o ramo em flor* f
42 flower
 - *a flor*
43 tobacco leaf; *when cured:* tobacco
 - *a folha de tabaco* m; *depois de dessecada: o tabaco (o fumo)*
44 mature (ripe) fruit capsule
 - *o fruto (a cápsula) maduro*
45 seed
 - *a semente*
46 vanilla plant
 - *a baunilha*
47 flowering shoot
 - *o ramo em flor* f
48 vanilla pod; *when cured:* stick of vanilla
 - *o fruto (a vagem) da baunilha; depois de processado: a fava de baunilha*
49 pistachio tree
 - *a pistácia*
50 flowering branch with female flowers
 - *o ramo em flor* f *com flores fêmeas*
51 drupe (pistachio, pistachio nut)
 - *a drupa (o pistácio)*
52 sugar cane
 - *a cana-de-açúcar*
53 plant (habit) in bloom
 - *a planta em floração* f
54 panicle
 - *a panícula*
55 flower
 - *a flor*

1 rape (cole, coleseed)
 - *a colza*
2 basal leaf
 - *a folha basal*
3 flower [longitudinal section]
 - *a flor [corte longitudinal]*
4 mature (ripe) siliqua (pod)
 - *a síliqua (a vagem) madura*
5 oleiferous seed
 - *a semente oleaginosa*
6 flax
 - *o linho*
7 peduncle (pedicel, flower stalk)
 - *o pedúnculo (o pedicelo, a haste floral)*
8 seed vessel (boll)
 - *o capulho (a cápsula)*
9 hemp
 - *o cânhamo*
10 fruiting female (pistillate) plant
 - *a planta feminina com frutos* m
11 female inflorescence
 - *a inflorescência feminina*
12 flower
 - *a flor*
13 male inflorescence
 - *a inflorescência masculina*
14 fruit
 - *o fruto*
15 seed
 - *a semente*
16 cotton
 - *o algodão*
17 flower
 - *a flor*
18 fruit
 - *o fruto (o capulho)*
19 lint [cotton wool]
 - *a penugem [o algodão cru]*
20 silk-cotton tree (kapok tree, capoc tree, ceiba tree)
 - *o capoque (a sumaúma)*
21 fruit
 - *o fruto*
22 flowering branch
 - *o ramo em flor* f
23 seed
 - *a semente*
24 seed [longitudinal section]
 - *a semente [corte longitudinal]*
25 jute
 - *a juta*
26 flowering branch
 - *o ramo em flor* f
27 flower
 - *a flor*
28 fruit
 - *o fruto*
29 olive tree (olive)
 - *a oliveira*
30 flowering branch
 - *o ramo em flor* f
31 flower
 - *a flor*
32 fruit
 - *o fruto (a azeitona)*
33 rubber tree (rubber plant)
 - *a hévea (a seringueira, a árvore da borracha)*
34 fruiting branch
 - *o ramo com frutos* m
35 fig
 - *o figo da hévea*
36 flower
 - *a flor*

37 gutta-percha tree
 - *a guta-percha*
38 flowering branch
 - *o ramo em flor* f
39 flower
 - *a flor*
40 fruit
 - *o fruto*
41 peanut (ground nut, monkey nut)
 - *o amendoim*
42 flowering shoot
 - *o ramo em flor*
43 root with fruits
 - *a raiz com frutos* m
44 nut (kernel) [longitudinal section]
 - *a amêndoa (o caroço) [corte longitudinal]*
45 sesame plant (simsim, benniseed)
 - *o sésamo (o gergelim)*
46 flowers and fruiting branch
 - *o ramo com flores* f *e frutos* m
47 flower [longitudinal section]
 - *a flor [corte longitudinal]*
48 coconut palm (coconut tree, coco palm, cocoa palm)
 - *o coqueiro*
49 inflorescence
 - *a inflorescência*
50 female flower
 - *a flor feminina*
51 male flower [longitudinal section]
 - *a flor masculina [corte longitudinal]*
52 fruit [longitudinal section]
 - *o fruto [corte longitudinal]*
53 coconut (cokernut)
 - *o côco*
54 oil palm
 - *o dendezeiro*
55 male spadix
 - *o espádice masculino*
56 infructescence with fruit
 - *a infrutescência com frutos* m
57 seed with micropyles (foramina) (foraminate seeds)
 - *a semente com micrópilas* f *(os forames) (as sementes foraminosas)*
58 sago palm
 - *o sagüeiro (a palmeira de sagu* m*)*
59 fruit
 - *o fruto*
60 bamboo stem (bamboo culm)
 - *o caule do bambu (o colmo do bambu)*
61 branch with leaves
 - *o ramo com folhas* f
62 spike
 - *a espiga*
63 part of bamboo stem with joints
 - *a parte do caule do bambu com nós* m
64 papyrus plant (paper reed, paper rush)
 - *o papiro*
65 umbel
 - *a umbela*
66 spike
 - *a espiga*

1 date palm (date)
- a tamareira
2 fruiting palm
- a palma com frutos m
3 palm frond
- a palma
4 male spadix
- o espádice masculino
5 male flower
- a flor masculina
6 female spadix
- o espádice feminino
7 female flower
- a flor feminina
8 stand of fruit
- o cacho de frutos m
9 date
- a tâmara
10 date kernel (seed)
- o caroço de tâmara f (a semente)
11 fig
- a figueira
12 branch with pseudocarps
- o ramo com pseudocarpos m
13 fig with flowers [longitudinal section]
- o figo com flores f [corte longitudinal]
14 female flower
- a flor feminina
15 male flower
- a flor masculina
16 pomegranate
- a romãzeira
17 flowering branch
- o ramo em flor f
18 flower [longitudinal section, corolla removed]
- a flor [corte longitudinal sem a corola]
19 fruit
- o fruto (a romã)
20 seed [longitudinal section]
- o grão de romã f, a semente de romã [corte longitudinal]
21 seed [cross section]
- a semente [corte transversal]
22 embryo
- o embrião
23 lemon; sim.: tangerine (mandarin), orange, grapefruit
- o limoeiro; sim.: a tangerina (a mexerica), a laranja, a toranja
24 flowering branch
- o ramo em flor f
25 orange flower [longitudinal section]
- a flor da laranjeira [corte longitudinal]
26 fruit
- o fruto
27 orange [cross section]
- a laranja [corte transversal]
28 banana plant (plant tree)
- a bananeira
29 crown
- o tufo de folhas f
30 herbaceous stalk with overlapping leaf sheaths
- a haste herbácea com estipes m
31 inflorescence with young fruits
- a inflorescência com frutos m jovens

32 infructescence (bunch of fruit)
- a infrutescência (o cacho de bananas f, a penca de bananas)
33 banana
- a banana
34 banana flower
- a flor da bananeira
35 banana leaf [diagram]
- a folha da bananeira [esquema]
36 almond
- a amendoeira
37 flowering branch
- o ramo em flor f
38 fruiting branch
- o ramo com frutos m
39 fruit
- o fruto
40 drupe containing seed (almond)
- a drupa contendo semente f (a amêndoa)
41 carob
- a alfarrobeira
42 branch with female flowers
- o ramo com flores femininas
43 female flower
- a flor feminina
44 male flower
- a flor masculina
45 fruit
- o fruto
46 siliqua (pod) [cross section]
- a síliqua (a vagem) [corte transversal]
47 seed
- a semente
48 sweet chestnut (Spanish chestnut)
- o castanheiro (comestível)
49 flowering branch
- o ramo em flor f
50 female inflorescence
- a inflorescência feminina
51 male flower
- a flor masculina
52 cupule containing seeds (nuts, chestnuts)
- a cúpula contendo frutos m (os aquênios) (as castanhas comestíveis)
53 Brazil nut
- a castanha do Pará
54 flowering branch
- o ramo em flor f
55 leaf
- a folha
56 flower [from above]
- a flor [vista de cima]
57 flower [longitudinal section]
- a flor [corte longitudinal]
58 opened capsule, containing seeds (nuts)
- a cápsula aberta, contendo sementes f (as castanhas)
59 Brazil nut [cross section]
- a castanha do Pará [corte transversal]
60 nut [longitudinal section]
- a castanha [corte longitudinal]
61 pineapple plant (pineapple)
- o pé de abacaxi m (o abacaxizeiro, Pt. o ananás, o ananaseiro)

62 pseudocarp with crown of leaves
- o pseudocarpo com coroa f de folhas f
63 syncarp
- o sincárpio
64 pineapple flower
- a flor do abacaxi (Pt. do ananás)
65 flower [longitudinal section]
- a flor [corte longitudinal]

Agradecemos as referências e a colaboração de:

ADB GmbH, Bestwig; AEG-Telefunken, Abteilung Werbung, Wolfenbüttel; Agfa-Gevaert AG, Presse-Abteilung, Leverkusen; Eduard Ahlborn GmbH, Hildesheim; AID, Land- und Hauswirtschaftlicher Auswertungs- und Informationsdienst e. V., Bonn-Bad Godesberg; Arbeitsausschuß der Waldarbeitsschulen beim Kuratorium für Waldarbeit und Forsttechnik, Bad Segeberg; Arnold & Richter KG, München; Atema AB, Härnösand (Schweden); Audi NSU Auto-Union AG, Presseabteilung, Ingolstadt; Bêché & Grohs GmbH, Hückeswagen/Rhld.; Big Dutchman (Deutschland) GmbH, Bad Mergentheim und Calveslage über Vechta; Biologische Bundesanstalt für Land- und Forstwirtschaft, Braunschweig; Black & Decker, Idstein/Ts.; Braun AG, Frankfurt am Main; Bolex GmbH, Ismaning; Maschinenfabrik zum Bruderhaus GmbH, Reutlingen; Bund Deutscher Radfahrer e. V., Gießen; Bundesanstalt für Arbeit, Nürnberg; Bundesanstalt für Wasserbau, Karlsruhe; Bundesbahndirektion Karlsruhe, Presse- u. Informationsdienst, Karlsruhe; Bundesinnungsverband des Deutschen Schuhmacher-Handwerks, Düsseldorf; Bundeslotsenkammer, Hamburg; Bundesverband Bekleidungsindustrie e. V., Köln; Bundesverband der Deutschen Gas- und Wasserwirtschaft e. V., Frankfurt am Main; Bundesverband der Deutschen Zementindustrie e. V., Köln; Bundesverband Glasindustrie e. V., Düsseldorf; Bundesverband Metall, Essen-Kray und Berlin; Burkhardt + Weber KG, Reutlingen; Busatis-Werke KG, Remscheid; Claas GmbH, Harsewinkel; Copygraph GmbH, Hannover; Dr. Irmgard Correll, Mannheim; Daimler-Benz AG, Presse-Abteilung, Stuttgart; Dalex-Werke Niepenberg & Co. GmbH, Wissen; Elisabeth Daub, Mannheim; John Deere Vertrieb Deutschland, Mannheim; Deutsche Bank AG, Filiale Mannheim, Mannheim; Deutsche Gesellschaft für das Badewesen e. V., Essen; Deutsche Gesellschaft für Schädlingsbekämpfung mbH, Frankfurt am Main; Deutsche Gesellschaft zur Rettung Schiffbrüchiger, Bremen; Deutsche Milchwirtschaft, Molkerei- und Käserei-Zeitung (Verlag Th. Mann), Gelsenkirchen-Buer; Deutsche Eislauf-Union e. V., München; Deutscher Amateur-Box-Verband e. V., Essen; Deutscher Bob- und Schlittensportverband e. V., Berchtesgaden; Deutscher Eissport-Verband e. V., München; Deutsche Reiterliche Vereinigung e. V., Abteilung Sport, Warendorf; Deutscher Fechter-Bund e. V., Bonn; Deutscher Fußball-Bund, Frankfurt am Main; Deutscher Handball-Bund, Dortmund; Deutscher Hockey-Bund e. V., Köln; Deutscher Leichtathletik Verband, Darmstadt; Deutscher Motorsport Verband e. V., Frankfurt am Main; Deutscher Schwimm-Verband e. V., München; Deutscher Turner-Bund, Würzburg; Deutscher Verein von Gas- und Wasserfachmännern e. V., Eschborn; Deutscher Wetterdienst, Zentralamt, Offenbach; DIN Deutsches Institut für Normung e. V., Köln; Deutsches Institut für Normung e. V., Fachnormenausschuß Theatertechnik, Frankfurt am Main; Deutsche Versuchs- und Prüf-Anstalt für Jagd- und Sportwaffen e. V., Altenbeken-Buke; Friedrich Dick GmbH, Esslingen; Dr. Maria Dose, Mannheim; Dual Gebrüder Steidinger, St. Georgen/Schwarzwald; Durst AG, Bozen (Italien); Gebrüder Eberhard, Pflug- und Landmaschinenfabrik, Ulm; Gabriele Echtermann, Hemsbach; Dipl.-Ing. W. Ehret GmbH, Emmendingen-Kollmarsreute; Eichbaum-Brauereien AG, Worms/Mannheim; ER-WE-PA, Maschinenfabrik und Eisengießerei GmbH, Erkrath bei Düsseldorf; Escher Wyss GmbH, Ravensburg; Eumuco Aktiengesellschaft für Maschinenbau, Leverkusen; Euro-Photo GmbH, Willich; European Honda Motor Trading GmbH, Offenbach; Fachgemeinschaft Feuerwehrfahrzeuge und -geräte, Verein Deutscher Maschinenbau-Anstalten e. V., Frankfurt am Main; Fachnormenausschuß Maschinenbau im Deutschen Normenausschuß DNA, Frankfurt am Main; Fachnormenausschuß Schmiedetechnik in DIN Deutsches Institut für Normung e. V., Hagen; Fachverband des Deutschen Tapetenhandels e. V., Köln; Fachverband der Polstermöbelindustrie e. V., Herford; Fachverband Rundfunk und Fernsehen im Zentralverband der Elektrotechnischen Industrie e. V., Frankfurt am Main; Fahr AG Maschinenfabrik, Gottmadingen; Fendt & Co., Agrartechnik, Marktoberndorf; Fichtel & Sachs AG, Schweinfurt; Karl Fischer, Pforzheim; Heinrich Gerd Fladt, Ludwigshafen am Rhein; Forschungsanstalt für Weinbau, Gartenbau, Getränketechnologie und Landespflege, Geisenheim am Rhein; Förderungsgemeinschaft des Deutschen Bäckerhandwerks e. V., Bad Honnef; Forschungsinstitut der Zementindustrie, Düsseldorf; Johanna Förster, Mannheim; Stadtverwaltung Frankfurt am Main, Straßen- und Brückenbauamt, Frankfurt am Main; Freier Verband Deutscher Zahnärzte e. V., Bonn-Bad Godesberg; Fuji Photo Film (Europa) GmbH, Düsseldorf; Gesamtverband der Deutschen Maschen-Industrie e. V., Gesamtmasche, Stuttgart; Gesamtverband des Deutschen Steinkohlenbergbaus, Essen; Gesamtverband der Textilindustrie in der BRD, Gesamttextil, e. V., Frankfurt am Main; Geschwister-Scholl-Gesamtschule, Mannheim-Vogelstang; Eduardo Gomez, Mannheim; Gossen GmbH, Erlangen; Rainer Götz, Hemsbach; Grapha GmbH, Ostfildern; Ines Groh, Mannheim; Heinrich Groos, Geflügelzuchtbedarf, Bad Mergentheim; A. Gruse, Fabrik für Landmaschinen, Großberkel; Hafen Hamburg, Informationsbüro, Hamburg; Hagedorn Landmaschinen GmbH, Warendorf/Westf.; kino-hähnel GmbH, Erftstadt Liblar; Dr. Adolf Hanle, Mannheim; Hauptverband Deutscher Filmtheater e. V., Hamburg; Dr.-Ing. Rudolf Hell GmbH, Kiel; W. Helwig Söhne KG, Ziegenhain; Geflügelfarm Hipp, Mannheim; Gebrüder Holder, Maschinenfabrik, Metzingen; Horten Aktiengesellschaft, Düsseldorf; IBM Deutschland GmbH, Zentrale Bildstelle, Stuttgart; Innenministerium Baden-Württemberg, Pressestelle, Stuttgart; Industrieverband Gewebe, Frankfurt am Main; Industrievereinigung Chemiefaser e. V., Frankfurt am Main; Instrumentation Marketing Corporation, Burbank (Calif.); ITT Schaub-Lorenz Vertriebsgesellschaft mbH, Pforzheim; M. Jakoby KG, Maschinenfabrik, Hetzerath/Mosel; Jenoptik Jena GmbH, Jena (DDR); Brigitte Karnath, Wiesbaden; Wilhelm Kaßbaum, Hockenheim; Van Katwijk's Industrieën N. V., Staalkat Div., Aalten (Holland); Kernforschungszentrum Karlsruhe; Leo Keskari, Offenbach; Dr. Rolf Kiesewetter, Mannheim; Ev. Kindergarten, Hohensachsen; Klambt-Druck GmbH, Offset-Abteilung, Speyer; Maschinenfabrik Franz Klein, Salzkotten; Dr. Klaus-Friedrich Klein, Mannheim; Klimsch + Co., Frankfurt am Main; Kodak AG, Stuttgart; Alfons Kordecki, Eckernförde; Heinrich Kordecki, Mannheim; Krefelder Milchhof GmbH, Krefeld; Dr. Dieter Krickeberg, Musikinstrumenten-Museum, Berlin; Bernard Krone GmbH, Spelle; Pelz-Kunze, Mannheim; Kuratorium für Technik und Bauwesen in der Landwirtschaft, Darmstein-Kranichstein; Landesanstalt für Pflanzenschutz, Stuttgart; Landesinnungsverband des Schuhmacherhandwerks Baden-Württemberg, Stuttgart; Landespolizeidirektion Karlsruhe, Karlsruhe; Landwirtschaftskammer, Hannover; Metzgerei Lebold, Mannheim; Ernst Leitz Wetzlar GmbH, Wetzlar; Louis Leitz, Stuttgart; Christa Leverkinck, Mannheim; Franziska Liebisch, Mannheim; Linhof GmbH, München; Franz-Karl Frhr. von Linden, Mannheim; Loewe Opta GmbH, Kronach; Beate Lüdicke, Mannheim; MAN AG, Werk Augsburg, Augsburg; Mannheimer Verkehrs-Aktiengesellschaft (MVG), Mannheim; Milchzentrale Mannheim-Heidelberg AG, Mannheim; Ing. W. Möhlenkamp, Melle; Adolf Mohr Maschinenfabrik, Hofheim; Mörtl Schleppergerätebau KG, Gemünden/Main; Hans-Heinrich Müller, Mannheim; Müller Martini AG, Zofingen; Gebr. Nubert KG, Spezialeinrichtungen, Schwäbisch Gmünd; Nürnberger Hercules-Werke GmbH, Nürnberg; Olympia Werke AG, Wilhelmshaven; Ludwig Pani Lichttechnik und Projektion, Wien (Österreich); Ulrich Papin, Mannheim; Pfalzmilch Nord GmbH, Ludwigshafen/Albisheim; Adolf Pfeiffer GmbH, Ludwigshafen am Rhein; Philips Pressestelle, Hamburg; Carl Platz GmbH Maschinenfabrik, Frankenthal/Pfalz; Posttechnisches Zentralamt, Darmstadt; Rabe-Werk Heinrich Clausing, Bad Essen; Rahdener Maschinenfabrik August Kolbus, Rahden; Rank Strand Electric, Wolfenbüttel; Stephan Reinhardt, Worms; Nic. Reisinger, Graphische Maschinen, Frankfurt-Rödelheim; Rena Büromaschinenfabrik GmbH & Co., Deisenhofen bei München; Werner Ring, Speyer; Ritter Filmgeräte GmbH, Mannheim; Röber Saatreiniger KG, Minden; Rollei Werke, Braunschweig; Margarete Rossner, Mannheim; Roto-Werke GmbH, Königslutter; Ruhrkohle Aktiengesellschaft, Essen; Papierfabrik Salach GmbH, Salach/Württ.; Dr. Karl Schaffers, Heidelberg; Oberarzt Dr. med. Hans-Jost Schaumann, Städt. Krankenanstalten, Mannheim; Schlachthof, Mannheim; Dr. Schmitz + Apelt, Industrieofenbau GmbH, Wuppertal; Maschinenfabrik Schmotzer GmbH, Bad Windsheim; Mälzerei Schragmalz, Berghausen b. Speyer; Schutzgemeinschaft Deutscher Wald, Bonn; Siemens AG, Bereich Meß- und Prozeßtechnik, Bild- und Tontechnik, Karlsruhe; Siemens AG, Dental-Depot, Mannheim; Siemens-Reiniger-Werke, Erlangen; Sinar AG Schaffhausen, Feuerthalen (Schweiz); Spitzenorganisation der Filmwirtschaft e. V., Wiesbaden; Stadtwerke – Verkehrsbetriebe, Mannheim; W. Steenbeck & Co., Hamburg; Streitkräfteamt, Dezernat Werbemittel, Bonn-Duisdorf; Bau- und Möbelschreinerei Fritz Ströbel, Mannheim; Gebrüder Sucker GmbH & Co. KG, Mönchengladbach; Gebrüder Sulzer AG, Winterthur (Schweiz); Dr. med. Alexander Tafel, Weinheim; Klaus Thome, Mannheim; Prof. Dr. med. Michael Trede, Städt. Krankenanstalten, Mannheim; Trepel AG, Wiesbaden; Verband der Deutschen Hochseefischereien e. V., Bremerhaven; Verband der Deutschen Schiffbauindustrie e. V., Hamburg; Verband der Korbwaren-, Korbmöbel- und Kinderwagenindustrie e. V., Coburg; Verband des Deutschen Drechslerhandwerks e. V., Nürnberg; Verband des Deutschen Faß- und Weinküfer-Handwerks, München; Verband Deutscher Papierfabriken e. V., Bonn; Verband Kommunaler Städtereinigungsbetriebe, Köln-Marienburg; Verband technischer Betriebe für Film und Fernsehen e. V., Berlin; Verein Deutscher Eisenhüttenleute, Düsseldorf; Verein Deutscher Zementwerke, Düsseldorf; Vereinigung Deutscher Elektrizitätswerke, VDEW, e. V., Frankfurt am Main; Verkehrsverein, Weinheim/Bergstr.; J. M. Voith GmbH, Heidenheim; Helmut Volland, Erlangen; Dr. med. Dieter Walter, Weinheim; W. E. G. Wirtschaftsverband Erdöl- und Erdgasgewinnung e. V., Hannover; Einrichtungshaus für die Gastronomie Jürgen Weiss & Co., Düsseldorf; Wella Aktiengesellschaft, Darmstadt; Optik-Welzer, Mannheim; Werbe & Graphik Team, Schriesheim; Wiegand Karlsruhe GmbH, Ettlingen; Dr. Klaus Wiemann, Gevelsburg; Wirtschaftsvereinigung Bergbau, Bonn; Wirtschaftsvereinigung Eisen- und Stahlindustrie, Düsseldorf; Wolf-Dietrich Wyrwas, Mannheim; Yashica Europe GmbH, Hamburg; Zechnersche Buchdruckerei, Speyer; Carl Zeiss, Oberkochen; Zentralverband der Deutschen Elektrohandwerke, ZVEH, Frankfurt am Main; Zentralverband der deutschen Seeschafenbetriebe e. V., Hamburg; Zentralverband der elektrotechnischen Industrie e. V., Fachverband Phonotechnik, Hamburg; Zentralverband des Deutschen Bäckerhandwerks e. V., Bad Honnef; Zentralverband des Deutschen Friseurhandwerks, Köln; Zentralverband des Deutschen Handwerks ZDH, Pressestelle, Bonn; Zentralverband des Kürschnerhandwerks, Bad Homburg; Zentralverband für das Juwelier-, Gold- und Silberschmiedehandwerk der BRD, Ahlen; Zentralverband für Uhren, Schmuck und Zeitmeßtechnik, Bundesinnungsverband des Uhrmacherhandwerks, Königstein; Zentralverband Sanitär-, Heizungs- und Klimatechnik, Bonn; Erika Zöller, Edingen; Zündapp-Werke GmbH, München.

Índice

Os algarismos em negrito que se seguem às entradas correspondem aos números das pranchas de ilustrações, e os em caracteres normais se referem aos itens das ilustrações das pranchas. Os homônimos de significação diferente, assim como as palavras que figuram em várias pranchas, se distinguem por palavras em grifo, algumas das quais abreviadas, que ajudam a identificar, mais rapidamente, o assunto procurado.

A lista a seguir contém as abreviaturas que foram usadas. Não são relacionadas as abreviaturas que são facilmente reconhecíveis.

Aeron.	Aeronáutica	*Malhar.*	Malharia
Apic.	Apicultura	*Marcen.*	Marcenaria
Astron.	Astronáutica	*Med.*	Medicina
Cervej. e Malt.	Cervejaria e malte	*Met.*	Meteorologia
Cest.	Cestaria	*Pt.*	Português de Portugal
Const. estr.	Construção de estradas	*Sapat.*	Sapataria
Encad.	Encadernação	*Serralh.*	Serralheria
Fabr.	Fabricação	*Silv.*	Silvicultura,
Ferrov. mont.	Ferrovia de montanha	*Refl.*	Reflorestamento
Fotogr.	Fotografia	*Tecel.*	Tecelagem
Irrig.	Irrigação	*Telef.*	Telefonia
Impres. tipogr.	Impressão tipográfica	*Veíc. ferrov.*	Veículos ferroviários
Instr. Opt.	Instrumentos ópticos	*Vinic.*	Vinicultura

A

~, grão de **68** 30
~, óleo de **98** 24
arruela **143** 17; **187** 55
~ de aperto **202** 8
~ de chumbo **122** 103
~ plana **143** 13
arrumador **315** 12
arrumadora **312** 4
arte **333; 334; 335; 336; 337**
~, diretor de **310** 43
~ babilônica **333** 19-20
~ barroca **336** 1-8
~ bizantina **334** 72-75
~ chinesa **337** 1-6
~ cristã primitiva **334** 61-71
~ da Ásia Menor **333** 37
~ da Índia **337** 19-28
~ das cavernas **328** 9
~ dos assírios **333** 29-36
~ dos persas **333** 21-28
~ egípcia **333** 1-18
~ etrusca **334** 49-52
~ gráfica **340**
~ grega **334** 1-48
~ islâmica **337** 12-18
~ japonesa **337** 7-11
~ marcial **299**
~ rococó **336** 9-13
~ romana **334** 53-60
artemísia **378** 6
artéria **18** 1
~ femoral **18** 19
~ frontal **18** 5
~ ilíaca **18** 17
~ pulmonar **18** 11; **20** 55
~ radial **18** 21
~ subclávia **18** 7
~ temporal **18** 3
~ tibial **18** 20
articulação **2** 41; **188** 2
~ Pontes **215** 69
~ de três pontos **64** 45 **65** 72
~ inferior **65** 28
~ superior **65** 27
articulados **358**
artigo **271** 10
~ de fundo **342** 48
artigos para fumantes (Pt. fumadores) **107**
artilharia, peça de **218** 50
~ com carreta automotriz **255** 49-74
artilheiro **273** 13
artiodáctilos **366** 28-31
artista **338** 2
~ ambulante **308** 25-28
~ cênico **315** 35
~ circense **307** 27
~ principal **310** 28
~ itinerante **308** 25-28
art-nouveau, poltrona **336** 18
artrópodes **358** 1-23
árvore **86** 47; **272** 59; **370** 1
~, casca de **370** 8
~, copa da **272** 60; **370** 3
~, corte transversal **370** 7
~, escova de **56** 23
~, maciço de **272** 61
~, proteção da **118** 80
~, topo da **370** 4
~, tronco de **370** 2, 7
~ conífera **372** 1-71
~ da vida **372** 39
~ de folhas caducas **371**
~ educada **52** 1, 2, 16, 17, 29
~ em pirâmide **52** 16
~ frutífera **52** 30
~ intermediária **192** 37
~ jovens **84** 10-11
~ principal **192** 40
~ secundária **192** 30
asa **88** 79; **230** 43; **288** 27; **327** 15, 28, 51, 60
~ Pesca marít. **90** 16
~, dobra da **358** 35
~, formato de **229** 15-62
~, ponta da **287** 42

~, suspensão da **257** 34, 35
~, tanque de (sob) a **256** 4, 30
~, tanques embutidos na estrutura da **259** 29
~, tipo de **287** 29
~ alta **229** 1
~ anterior **358** 36
~ baixa **229** 14
~ central **229** 8
~ delta **229** 19; **287** 44
~ delta, piloto de **287** 45
~ do meio **229** 8
~ elíptica **229** 15
~ em diedro negativo **229** 14
~ enflechada **229** 20, 21
~ falciforme **229** 18
~ membranosa **82** 11
~ multilongarinada **287** 29
~ ogival **229** 22
~ retangular **229** 16
~ rotativa **232** 12
~ trapezoidal **229** 17
asbestos, roupa protetora de **270** 46
~ ascáride **81** 31
ascensão, tubo de **269** 19
~ das agulhas, excêntrico de **167** 59
~ orográfica **287** 28
ascensor **271** 45, 51; **316** 33
ascensorista **271** 47
asclepiadácea **53** 15
ascomiceto negro **381** 9
ascos **381** 12
~ com esporos **381** 13
asfalto, injetor de **200** 53
~, reservatório de **200** 47
~, tambor de mistura de **200** 50
~ misturado, saída do **200** 54
Ásia **14** 16
asna **121** 28, 36 **122** 19
~, cabeça da **121** 45
~, ponta da **122** 41
~ intermediária **121** 56
~ principal **121** 55
asno **73** 3
aspargos **57** 14
~, canteiro de **52** 25
aspas **342** 26, 27
aspersão, rampa de **83** 3
~, rampa de **83** 3
~, tubo de **83** 29
~ de água **179** 6
aspersor **55** 19; **56** 43
~, bico do **67** 27
~, suporte do **62** 28
~ circular **67** 4, 32
~ oscilante **56** 46
~ rotativo **67** 4
aspersório **332** 54
áspide **364** 41
aspiração, caixa de **164** 44
~, controle da **50** 72
~, tubo de **189** 5; **269** 5, 14, 41
~ das fibras soltas **168** 43
~ das poeiras, canal de **163** 22
aspirador da poeira **133** 40
~ de fumaça, suporte do **142** 16
~ de mesa **108** 43
~ de pó **50** 58, 68, 80; **92** 40
~ de vapor **103** 25
assentamento, sopro de **162** 24
~ com tijolos travados **118** 64
~ de comprido **118** 63
assentando a folha de ouro **129** 52
assento **24** 41; **44** 11; **49** 15 **212** 63; **273** 54; **303** 6; **315** 20
~, trilho do **283** 31
~ acolchoado **47** 8
~ corrediço **283** 44
~ de dobrar **207** 12
~ de passageiros **230** 38
~ de tiras trançadas **303** 2
~ dobradiço **207** 12
~ do cocheiro **186** 8
~ do condutor **186** 8
~ do co-piloto **230** 37

~ do motorista **191** 34
~ do piloto **230** 36
~ envolvente **193** 11
~ ejetável **257** 6, 7
~ inteiriço **305** 90
~ na segunda classe **211** 58
assinante **237** 2
assinar **245** 19
assinatura **185** 69; **245** 19
assíntotas **347** 29
assistência **263** 8
~ a turistas, sala de **204** 45
~ médica **253** 27
assistente **22** 19; **262** 6
~ Cinema **117** 68
~ aparteando **263** 15
associações cristalinas **351** 1-26
astéria **369** 17
asterisco **185** 61
asteróides **4** 47
astracã **30** 60; **131** 21
astro **310** 28
astronauta **6** 11; **235** 67
astronáutica **234; 235**
astronomia **5**
atabaque **324** 55
atacador **100** 64; **101** 21
atacante **291** 15; **282** 50; **292** 3;, **293** 75
atadura **21** 17
~ de gaze **21** 9
atanásia **380** 7
ataque, área de **293** 64
~, bordo de **287** 34
~, linha de **293** 65
~, periscópio de **259** 88
atelié **338** 1-34; **339** 1-38
~, clarabóia do **338** 1
~ de artista **338**
~ de escultura **339**
Atenas, emblema da cidade de **252** 2
atendedor automático ver secretária eletrônica
atendente **205** 44
atendimento, mesa de **262** 20
~, número de ordem de **195** 48
aterrissagem (Pt. aterragem), flape de **230** 53 **257** 38 **288** 29
~, luzes de **257** 37; **288** 32
~, nacele do trem de **256** 15
aterro **15** 104; **217** 7; **269** 29
~ sanitário **199** 10
atiçador **38** 41; **137** 5
ático **38** 1-29; **334** 60
atirador, marcas do **305** 65
~ sobre gelo **302** 38
atitude **314** 17
atlante **334** 36
Atlântico **14** 21
atletismo **298**
atmosfera **7**
atol **13** 32
Atolla **369** 5
atomizador **43** 26
~ para sapatos **50** 40
átomo, modelos de **1** 1-8
~ de carbono **242** 63
~ de H **1** 26
~ de hidrogênio **242** 62
~ de hélio **1** 5
~ de hidrogênio **1** 1, 15
~ de Na **1** 8
~ de oxigênio **242** 65
~ de sódio **1** 8
ator **316** 37
atrape, feltro do **325** 28
~, ferro do **325** 29
~ do contramartelo **325** 27
atril **262** 4; **330** 2, 37
átrio **20** 45; **204; 267** 18-26; **315** 5-11; **334** 66
atriz **316** 37
~ principal **310** 27
áudio, cabeça de **243** 35
audiodatilógrafa **248** 33
audiovisual **243**

auditório **315** 14-27; **262** 2
aula **262** 1
áureo **252** 3
aurícula **20** 24
aurícular **19** 68
Auriga **3** 27
aurora boreal **7** 30
auscultador ver fone, monofone
Austrália **14** 17
autenticação **250** 24; **252** 34
~, selo de **252** 35
auterrigue **352** 36
autocarro ver ônibus
autoclave **170** 12
auto-estrada **15** 16
~, construção de **201** 1-24
automático de paradas (Pt. paragens), **164** 4
automotriz (Pt. automotora) a turbina de gás **209** 8
~ com aderência **214** 1
~ de doze eixos **197** 1
~ de seis eixos **197** 13
~ diesel **208** 13
automóvel **191** 1-56; **192; 193; 195** 34
~ de linha **213** 32
auto-orientação, mecanismo de **155** 46
auto-propulsão **255** 57
auto-salvamento **21** 33
auto-serviço, bomba de gasolina de **196** 8
~ para venda de comestíveis **99** 1-95
auxiliar **24** 18; **258** 92-97; 3 **262** 7
~ de escritório **248** 11
avalista **250** 27
avambraço **329** 47
avançado **282** 50; **291** 15; **293** 75
avanço, dispositivo de **149** 14
~, eixo de 312 36
~, garra de **157** 44
~, rolete de **157** 40
~ de corte, escala de **157** 61
~ do filme, alavanca de **115** 16
~ e recuo do batente, controle de Encad. **185** 7
~ e rosca, alavanca de **149** 9
~ manual, manípulo de **149** 15
~ rápido, mecanismo de **149** 18
aval **250** 25
avalanche **304** 1
~ de fundo **304** 1
~ cólica **304** 1
ave **359; 360; 361;362;363**
~, corpo de **327** 57
~, criação de **74**
~, garra de **327** 61
~, viveiro de **356** 8
~ aquática **272** 51-54; **359** 4
~ corredora **359** 1-3
~ de patas palmadas **359** 5-10
~ de rapina diurna **362** 1-13
~ de rapina noturna **362** 14-19
~ doméstica **73** 19-36
~ do paraíso **363** 3
~ galiforme **359** 22
~ marinha **359** 11-14
~ terrestre **359** 1-3
aveia **68** 1-37
~ em flocos **98** 37
~ silvestre **61** 29
aveia-alta **69** 22
aveia-frumental **69** 22
avelã **59** 49
aveleira **59** 44-51
Ave Maria **332** 32
avenca **377** 16
avental **31** 31; **96** 39; **149** 16
~ com babado **31** 33
aventuras, parque de **273** 21
avestruz **359** 2
avião, pista para **287** 15
~, reboque·por **287** 1
~ a hélice **231** 1-6
~ anfíbio **232** 8

~, pára-quedas do **287** 7
~, ponta do **89** 55
~, tubo-guia do **153** 40
~, repetidor do **237** 57
~ à prova de umidade (*Pt.* humidade) **127** 42
~ auxiliar **214** 47
~ auxiliar, mecanismo tensor do **214** 48
~ Bowden **189** 12
~ contínuo **214** 21
~ coronha **134** 44
~ da faca **96** 34
~ da sonda da rede *Pesca Marit.* **90** 14
~ de amarra **214** 21
~ de apoio **214** 38
~ de apoio **214** 44
~ de apoio, ancoragem do **214** 59
~ de apoio, contrapeso do **214** 41
~ de apoio, guia do **214** 58
~ de cortiça **89** 50
~ de equilíbrio **214** 46
~ de equilíbrio, manga do **214** 74
~ de fechamento *Pesca Marit.* **90** 23
~ de fixação **296** 10
~ de reboque, posição do **227** 15
~ de segurança **300** 10
~ de suspensão **214** 27
~ de suspensão e tração **214** 21
~ de sustentação, ancoragem do **215** 43
~ de tração **214** 26
~ de tração **214** 37
~ de tração **214** 45
~ de tração, contrapeso do **214** 42
~ de tração, manga do **214** 73
~ de tração, polia do **214** 32
~ de tração, polia de retorno do **214** 61
~ de tração, polia motriz do **214** 62
~ de tração, polias do **214** 49
~ de tração, trem de polias do **214** 60
~ do contato, voltímetro do **211** 28
~ do taco **302** 31
~ do teto **211** 5
~ duplo **148** 15
~ elétrico para instalações técnicas **198** 19
~ isolante **127** 54
~ lateral **134** 45
~ maciço de bronze, faca de **328** 31
~ para rebocar, avião com **287** 2
~ pendente, suporte do **133** 39
~ portador, freio do **214** 71
~ portador, trilho-guia do **214** 79
~ porta-pilhas **115** 76
~ principal *Pesca Marít.* **90** 4
~ real *Pesca Marít.* **90** 12
~ secundário *Pesca Marít.* **90** 5
~ submarino **237** 56
~ suporte **215** 16, 40
~ tensor **215** 47
~ tensor, ancoragem do **215** 48
~ tensor, polia do **214** 43
~ termoplástico **127** 42
~ transportador **119** 37
cabochão **36** 47
~ alto **36** 79
~ octogonal **36** 81
~ oval **36** 80
~ redondo **36** 78
~ simples **36** 78
cabos **221** 106; **283** 52
~, cabine subterrânea de **152** 21
~, galeria de **152** 20
~, ligação dos **238** 3

~, ponte sustentada por **215** 46
~ aéreos **194** 43
~ Bowden **188** 37
~ de sustentação **2** 30
~ elétricos **198** 14
~ fixos **297** 5
~ telefônicos **198** 15
~ telefônicos **198** 16
~ telefônicos das linhas dos prédios **198** 20
~ tensores transversais **229** 12
cabra **73** 14
~, cabeça de **327** 18
cabrestante **217** 22; **223** 49; **243** 23; **258** 23, 85, **270** 56
cabresto **219** 15
cabriola **71** 5
cabriole **314** 21
cabriolé **186** 29
cabrito montês **86** 17; **88** 28-39, 28; **367** 3
caça **86**; **88**; **289** 41-49
~, armas de **87** 1-40
~, casaco vermelho de **289** 42
~, indumentária de **86** 2
~, mestre de **289** 45
~, posição de **305** 72
~, traje de **86** 2
~, trompa de **289** 44
~ abatida **86** 38
~ ao gamo **86** 1-8
~ à raposa **289** 41-49
~ de pêlo **86** 35
~ de penas **86** 41
caça-bombardeiro F-4F Phantom **256** 1
~ F 104G Starfighter **256** 29
caçada **86** 1-52, 9-12, 14-17
~ aquática **86** 40
caçador **86** 1, 37; **306** 8
~, chapéu de **86** 5
~, grupo de **289** 41
~ com furão **86** 25
~ furtivo **86** 29
caçamba (*Pt.* alcatruz) **144** 25; **200** 5; **214** 34
~, trilho da **119** 27
~ basculante **194** 25; **214** 34
~ coletora de agregados **201** 20
~ de abastecimento **200** 14
~ de alça **147** 60
~ de concreto (*Pt.* de betão) **119** 38; **201** 24
~ de lixo **199** 4
~ operada por guindaste **147** 60
caça-minas **258** 80, 84
caçarola **40** 16
cacatua **363** 1
cacau **382** 16, 19
~, pó de **382** 19
~, sementes de **382** 19
cacaueiro **382** 16
cacete **97** 8, 9, 12
cachaceira **10** 1
cachaço **73** 9
~ do cavalo **72** 14
cachalote **367** 25
cachecol **32** 40; **33** 65
cachimbo **42** 12; **188** 27
~, acessórios para **107** 44
~, escova de **107** 48
~, raspador de **107** 45
~, tubo do **107** 38
~ a água **107** 42
~ curto **107** 33
~ da paz **352** 6
~ de barro **107** 34
~ de raiz de roseira **107** 39
~ longo **107** 35
cacho **58** 15; **374** 33
~ de uvas **78** 5
~ simples **370** 68
cachoeira **11** 45
cachos **34** 3
caçoilo **284** 29
cacos de porcelana **161** 21
~ de vidro **124** 10

cadarço **29** 37; **100** 64; **101** 21; **291** 32
~ *Encad.* **185** 13
~ do capuz **29** 64
~ para bainha **103** 14; **104** 19
cadaste **218** 1; **222** 70-71
~, pé do **222** 71
~ exterior **222** 70
cadeado **38** 21; **187** 49
~, chave do **187** 50
cadeia de alcatruzes **226** 42
~ de benzeno **242** 66
~ de pinças, esteira da **180** 43, 65
cadeira **39** 43; **42** 34; **44** 10; **46** 27; **271** 35
~ de aço tubular **41** 21
~ de barbeiro **106** 16
~ de dentista **24** 3
~ de refeição **28** 33
~ de vime **43** 3
~ dupla **214** 17
~ individual **214** 16
~ regulável **105** 17; **106** 16
cadeirinha **21** 21; **28** 33
cadela **73** 16
caderno **46** 24; **260** 18
~, alimentador de **185** 25
~ de exercícios **260** 4
~ dobrado **185** 15
~ zero **185** 43-47
cadinho **108** 8; **174** 25
~ de aço **147** 31
~ de argila refratária **350** 31
~ manual **148** 23
~ móvel **148** 6
café **98** 65-68; **99** 68-70; **265** 1-26; **268** 59; **382** 6
~, aparelho de **44** 27
~, fregueses do **265** 22-24
~, grão de **382** 6
~, máquina de coar **265** 2
~, moedor elétrico de **98** 69
~, serviço de **44** 27
~, torrador de **98** 70
~ ao ar livre **272** 57
~ em grão **98** 65
~ instantâneo **98** 70
~ solúvel **99** 70
cafeeiro **382** 1
cafeteira **39** 30; **44** 28
~ elétrica **39** 38
caiaque **283** 4, 68-70
~ de dois **283** 5
~ de passeio **283** 61, 70
~ dobrável, carcaça de **283** 67
~ dobrável de dois lugares **283** 61
~ esquimó **283** 68
~ individual **283** 54
caiaquista **283** 55
caibro **120** 35 **121** 54, 63, 76
~, ponta do **121** 33
~, topo do **121** 33
~ de reforço **119** 64
~ de trava **119** 74
caídas, excêntrico de **167** 58
caieira **15** 86
caíque **89** 27; **353** 12
cais **15** 59; **216** 14; **222** 5; **225** 64; *ver tb.* plataforma
~, escada do **283** 22
~, guindaste de **225** 24
~, túneis do **225** 55
~ de carvão **225** 18
~ de pesca **225** 56
~ de reparos **222** 10
caixa **10** 18; **99** 94; **134** 34; **250** 2; **271** 1; **349** 26
~, balcão do **275** 2
~, feixo da **313** 33
~, ficha de **271** 7
~, gaveta da **271** 5
~, guichê de **275** 2
~, o funcionário da **266** 70
~, tíquete de **271** 7
~ acústica **42** 10
~ acústica **241** 13-14; **318** 12

~ acústica de três canais **241** 14
~ alta **175** 11
~ baixa **175** 12
~ da coluna **119** 11
~ de água **55** 2; **144** 14; **269** 18
~ de água quente **155** 26
~ de câmbio **190** 72
~ de controle **6** 23
~ decorativa **46** 12
~ de correio **205** 56
~ de correio, coleta nas **236** 50-55
~ de desvio **202** 34
~ de direção **192** 56-59
~ de estocagem, lateral da **200** 35
~ de fumaça, porta da **210** 26
~ de instrumentos **10** 59
~ de marchas **190** 72
~ de meia-esquadria **124** 31
~ de miudezas **195** 31
~ de mudança **65** 79
~ de mudança **190** 72
~ de mudança com cinco marchas **189** 6
~ de ovos **74** 45
~ de ressonância, protuberância semicircular da **324** 26
~ de rufo **323** 51
~ de tipos, prateleira das **174** 4
~ de tomadas de piso **127** 25
~ de tomadas embutidas **127** 24
~ do aparelho **2** 5, 22
~ do carro **207** 2 **208** 6
~ do tubo do contador **2** 20
~ eletrônica **177** 69
~ grande **324** 49
~ insonorizada **310** 48; **313** 16-18, 27
~ para biscoitos **46** 12
~ pequena **246** 27; **324** 48
~ portátil **315** 34
~ postal **236** 13, 14
~ protetora **10** 39
~ registradora (*Pt.* registadora) **47** 34; **196** 29; **207** 86; **266** 69
~ registradora (*Pt.* registadora) elétrica **271** 2
caixa-fundo **148** 20
caixão **331** 35
caixa-tampa **148** 19
caixilho **65** 8
~, prensa de **133** 42
~ de chumbo **124** 14
caixote com plântulas **35** 51
~ de legumes **55** 43
cal **147** 56, 62
~, apagador de **172** 51
~, classificador de **172** 50
~, funil de **147** 62
~, tremonha de **147** 62
~, recuperada **172** 52
~ sodada, absorvedor de **27** 39
cala **166** 40
calado, escala de **222** 73
cálamo **322** 14; **377** 22
calandra **163** 20; **168** 38; **173** 26
~, calandra, rolo de **173** 38
~ compressora **163** 37, 59
calaza **74** 63
calçada **37** 60; **198** 9
calçadão **268** 58
calçadeira **107** 47
calça **33** 3, 29
~ bombachas **30** 44
~ comprida **29** 49, 60; **30** 19; **31** 52
~ curta **29** 25
~ curta de couro **29** 32
~ de pijama **32** 19
~ de praia **280** 22
~ de zuarte **31** 60
~ jeans **31** 60; **33** 22
~ plástica **28** 22; **29** 10
~ três-quartos **33** 40
~ cinta com perna **32** 10
calçado **101; 352** 18

~ sem pista, travessia de **290** 24-28
campo-santo **331** 21-41
camponês **63** 5
camurça, rolete de **100** 10
cana *ver* caniço
cana da Índia **136** 28
cana-de-açúcar **382** 52
canal **15** 57; **202** 32; **217** 15-28; **283** 60
~, entrada do **217** 15-16
~, leito do **217** 30
~, margem do **216** 38
~, trecho alargado do **217** 27
~ auditivo **17** 34, 58
~ cístico **20** 38
~ colédoco **20** 37-38
~ deferente **20** 74
~ de fuga **217** 62
~ de fuga, estrutura do **217** 44
~ hepático **20** 37
~ navegável, meio do **224** 98
~ de navegação principal **224** 92
~ de navegação secundário **224** 93
~ de sangria **242** 57
~ de subida **148** 22
canaleta **200** 63
~, revestimento da **200** 64
~ de chumbo **124** 13
canalização ascendente **155** 10
~ do ladrão **38** 69
canalizador *ver* encanador
canapé **45** 37
cancela **202** 40
cancelamento, botão de **271** 4
~, tecla de **271** 4
câncer **4** 56
candeeiro de pé **46** 37
candelabro **45** 16
caneca **28** 27; **266** 6
~ de cerveja **266** 6
canela **16** 52; **382** 22
~ *Cavalo* **72** 23
~ *Fiação etc.* **164** 52
caneleira **291** 33; **292** 9; **302** 33; **382** 22
~, casca de **382** 25
canelura **13** 30; **157** 6; **334** 27
caneta **245** 21
~ de ponta de feltro **247** 11
~ hidrográfica **47** 26; **48** 18 **247** 11; **260** 19
caneta-tinteiro **260** 14
cânfora **380** 18
canforeira **380** 18
canguru **366** 3
cânhamo **383** 9
canhão **307** 3
~ antiaéreo de 40 mm **258** 73
~ antiaéreo de 76 mm **259** 30
~ antiaéreo gêmeo **258** 31
~ automático **255** 92; **259** 34
~ de 76 mm de usos múltiplos **258** 70
~ de 127 mm de usos múltiplos **258** 47, 48
~ de 127 mm em casamata **259** 52
~ de elétrons (*Pt.* eletrões) **113** 31
~ de elétrons (*Pt.* eletrões), conjunto do **240** 24
~ M 109 G de 155 mm **255** 57
~ SFM 107 de 175 mm **255** 49
caniço **89** 49-58
~, ponta de **89** 35
~, seção do **89** 54
~, suporte do **89** 23
~ de fibra de vidro **89** 49
~ telescópico **89** 53
canídeos **367** 11-13
canil voador **288** 91
canino **19** 17
canivete **54** 31
~ de eletricista **127** 63
cano **55** 30; **255** 2, 17, 41

~, abertura de mudança de **255** 35
~, berço do **255** 60
~, diâmetro maior do **87** 37
~, diâmetro menor do **87** 40
~, dispositivo de mudança do **255** 35
~, parede do **87** 35
~, parede interna do **87** 39
~, porca de aperto do **255** 11
~, prendedor do **255** 62
~, recuperador do **255** 61
~, revestimento do **255** 33
~ alimentador de água **103** 21
~ blindado **255** 79-95
~ com afogador, boca de **305** 71
~ com diâmetro interno especial **305** 71
~ de alma estriada **87** 26
~ de alma lisa **87** 27
~ de alma raiada **87** 26
~ de descarga **64** 38; **191** 51; **195** 51; **221** 76
~ de descarga, conserto do **195** 52
~ de descarga quatro-em-um **189** 51
~ de descarga suspenso **188** 15; **189** 15
~ de escape **191** 51
~ de ração líquida **74** 26
~ distribuidor **38** 71
~ raiado **87** 34
canoa **89** 27; **216** 15; **283** 4
~, popa de **285** 44
~ canadense (*Pt.* canadiana) **283** 3
~ de balanço **308** 42
~ de corredeira **283** 4
~ dos índios da floresta **352** 19
~ escavada em tronco de árvore **354** 20
~ fechada do Alasca **283** 4
~ individual leve **353** 12
canoagem **283**
cenoura **157** 55
cantarelo **381** 14
cantaria **158** 30
~, pedra de **158** 30
canteiro **120** 1-59; **158** 5, 34; **272** 39
~, ferramentas do **158** 35-38
~ de aspargos **52** 25
~ de flores **55** 37; **272** 41
~ de legumes **52** 26; **55** 39
cânticos, livro de **330** 30
~, números dos **330** 24
cantil **278** 32
cantiléver, asa em **256** 9
cantina **119** 45; **228** 25
canto, estaca de **292** 79
~ a aparar **128** 51
cantochão, rotação de **320** 1
cantoneira de ferro **143** 1
canto neutro **299** 38
cantor **315** 22
cantora **315** 23
canudos **34** 3
cão **255** 4
cão **73** 16
~ d'água **70** 36
~ de aponte **70** 43
~ de caça **70** 42 **86** 7, 33
~ de guarda **62** 32; **70** 25
~ de guia **70** 25
~ de inferno pagão **327** 29
~ de trenó **353** 2
~ maior **3** 14
~ menor **3** 15
~ policial **264** 6
~ policial, utilização de **264** 5
~ preso **99** 7
~ veadeiro **289** 47
capa **30** 68; ∓£ 4; **50** 17; **185** 40; **186** 32; **319** 27
~ de chuva **29** 31; **33** 57, 60
~ de filé **95** 18

~ de plástico **271** 30
~ espanhola **355** 29
~ presa na cintura **35525**
~ protetora **180** 58; **185** 37; **207** 48
capacete **84** 23; **264** 21, 35; **289** 18; **292** 24; **329** 39-42
~ antichoque **301** 13
~ à prova de jogo **270** 38
~ de proteção à prova de choques **127** 48
~ de segurança **300** 53
~ espacial **6** 22
~ leve **329** 61
~ para solda a arco **142** 39
~ protetor **302** 34; **303** 14
capacho de ferro **123** 25
capacitores **211** 17
capão **73** 21
caparazão **329** 74
caparrosa **378** 35
capataz **84** 20
capeiro **107** 5
capela **329** 29; **233** 49; **254** 2
~ com agulha **15** 107
~ mortuária **331** 21
~ votiva **331** 12
capela-mor **330** 1
capelina **21** 3
capeline com flores **35** 21
capelo **331** 56
capim colchão **61** 30
~ de pasto anual **375** 39
~ mimoso **69** 25
~ pé-de-galinha **61** 30
~ dos-pampas **51** 8
~ rabo-de-raposa **69** 27
capinadeira manual **56** 15
capital **345** 7
capitel **334** 20-25
~ árabe **337** 18
~ campanulado **333** 16
~ campaniforme **333** 16
~ com almofada **335** 21
~ com duas figuras de touro **333** 28
~ em forma de folha de lótus fechada **333** 14
~ em forma de palma **333** 25
capitulares romanos **341** 16
capítulo **61** 14; **185** 60; **370** 73, 74; **378** 7
~, parte do **378** 12
capô (*Pt.* capota) **191** 8; **195** 36; **257** 4
~, haste do **195** 37
~ de segurança **85** 36
~ do radiador **304** 11
capoeira **15** 15
capoque **383** 20
capota (*ver tb.* capô) **186** 42; **230** 39
~, carlequim da **257** 5
~ com aba e fitas **355** 71
~ conversível **186** 52; **193** 10
~ dobrável **28** 35; **186** 52
~ fixa **186** 14
~ rígido **193** 27
capote **107** 6
Capricórnio **3** 36; **4** 62
caprolactame **170** 28
~, formação da **170** 25
cápsula **173** 7; **382** 44; **383** 8
~ aberta **384** 58
~ aneróide **10** 6
~ barométrica **10** 6
~ com estilete **378** 5
~ de sementes **378** 5
~ espacial **6** 9, 10; **234** 65
~ fonocaptor **241** 20
~ loculícila **370** 94
~ porófora **370** 96
captação, área de **12** 24
~ de água **89** 7
capuchinha **53** 4
capulho **383** 8, 18
capuz **28** 26; **29** 2; **30** 69; **258**

59; **300** 19; **331** 56
~ destacável **31** 21
~ do recipiente de xampu **50** 79
cara **252** 8
carabina de ar **305** 40
~ de caça **86** 4, 30
~ de competição **303** 40-49
~ de pequeno calibre **305** 48
~ de repetição **87** 2
~ de um tiro **87** 1
~ para tiro a alvo móvel **305** 48
caracteres **342** 1-15
~ góticos **342** 1
~ rúnicos **341** 19
~ separados e móveis, composição de **174** 32-45
~ sinaicos **341** 13
caramanchão **272** 17
carambola *Bilhar* **277** 7
caramelos **98** 77
Caranguejo 4 56
caranguejo **358** 1; **369** 16
carapaça *Caça* **88** 55
carapanã **358** 16
carapuça **35** 2
caratê **299** 18-19
carateca **299** 18
caravana **278** 52-57
~ de camelos **354** 1
caravela **218** 27-43
caravela *Santa Maria* **220** 37
carbono de bissulfito **169** 8
carbono, fibra de **235** 32
~, sulfeto de **169** 8
carburador **189** 4; **192** 1-15
~ de fluxo cruzado **190** 79
carcaça **65** 90; **143** 61-79 **172** 76
~, retentor da **143** 80
~, sacola da **283** 64
~ anular **235** 47
~ da extremidade hemisférica **235** 48
~ recoberta de pele **353** 13
~ totalmente reforçada **235** 47
carda **163** 34
~, vaso de **163** 35
cardamina **375** 11
cardápio **266** 21
~ dietético **266** 62
~ vegetariano **266** 62
cardeal **363** 5
~, cruz de **332** 65
cárdia **20** 41
cardo **61** 32
carduáceas, plantas **60** 19
careca **34** 22
carena **3** 46
carenagem **235** 63
~ de metal **188** 50
~ integral **189** 43, 44
carga **73** 5; **194** 8; **223** 77
~, alçapão de **221** 63
~, alimentação de **162** 2
~, animal de **354** 3
~, armazém de **206** 26-39
~, braço de telemanipulação da **235** 29
~, carrinho de **206** 14
~, cofres de **225** 49
~, convés de **221** 34, 90
~, estação de **206**
~, gabarito (*Pt.* gabari) de **206** 22
~, mastro de **221** 60
~, mecanismo para movimentação de **221** 24-29
~, pau de **221** 59
~, porão de **235** 13, 26
~, porta de **38** 61
~, transporte de **194**
~, vagão de **206** 52
~ da popa, porta do compartimento de **221** 31
~ e descarga, pátio de **206** 8
~ inflamável **253** 38
~ para granéis, alçapão de **221** 11

~, caminho de **272** 18
~, filtro de **269** 10
~, saliência no **300** 4
cáscara **380** 13
cascata **11** 45
~ (artificial) **272** 9
casco **259** 42; **364** 29
casco *Caça* **88** 24
~ *Çavalo* **72** 26
~, fundo do **286** 32, 35, 39
~ duplo **284** 65
~ externo **259** 77
~ resistente **259** 76
~ rudimentar *Caça* **88** 23, 57
caseado **102** 6
casinha de armar **48** 28
casino *ver* cassino
casquete **290** 3
~ russo **35** 33
cassete **112** 65
~, compartimento do **243** 8
~, estojo do **241** 11
~, fita **241** 12
~, nicho do **241** 6, 34; **249** 72
~ de som **242** 17
~ universal de filme **242** 44
cassetete **264** 19
cássia **371** 70; **380** 16
cassino, gerente de **275** 7
~, salão de jogos do **275** 1
cassiopéia **3** 33
cassonete **140** 32
castanha **72** 27; **149** 36; **384** 58
~, *corte longitudinal* **384** 60
~ comestível **384** 52
~ da faia **371** 37
~ de cavalo **371** 60
~ do Pará **384** 53
~ do Pará, *corte transversal* **384** 59
castanheiro comestível **384** 48
castanheiro-da-Índia **371** 58
castanho **343** 5
castanholas **324** 46
castelo **15** 74, 96; **149** 21
~, jardim de **272** 1-40
~ da torneira **126** 33
~ do século XVII **272** 7
~ em estilo Luís XIV **272** 7
~ e ponte **221** 6
~ fortificado **329** 1
castiçal **309** 45
castor **366** 14
Castor **3** 28
casuar **359** 1
casula **30** 50
casulo **80** 31; **82** 21; **358** 51
catacumba **331** 59
catálogo, sala do **262** 18
~ de modas **104** 6
~ principal **262** 21
catamarã **284** 64
~ com motor de popa **286** 21
catarata **11** 45
catarina **145** 8
~, cabo da **145** 7
cata-vento **10** 32; **55** 36; **121** 26; **308** 15; **331** 3
~, seta do **331** 4
catenária **197** 41
~, contacto da **197** 40
~, veículo de manutenção da **211** 41, 44-54
cateter cardíaco **25** 53
~ esterilizado **26** 31
cateterismo, registro para **27** 30
catetos **346** 32
catódio **178** 6
~ de aquecimento rápido **240** 25
catraca **110** 10, 41
cauda **355** 80; **362** 8
~ *Caça* **88** 19, 47, 58, 62, 67, 75, 80
~ falciforme **73** 25
~ *Moinho* **91** 32
~, patim da **256** 23
~, pinças da **81** 12

~, rotor da **256** 20
~, saída de **288** 5
~ alta **229** 29
~ dupla **229** 32
~ dupla com estabilizador horizontal **229** 35
~ em cruz **229** 28
~ em leque **73** 29
~ em T **229** 29 **256** 31-32 **287** 10
~ em V **229** 31
~ horizontal **257** 21
~ prêensil **364** 35
~ tripla **229** 36
~ vertical **288** 21
caule **84** 19; **370** 20
~, estaca de **54** 25
~ escandente **57** 10
caulículo **370** 89
caustificadores **172** 49
cautela **251** 11
cauterizador **24** 43
cavacos, distribuidor de **172** 3
~, triturador de **172** 5
cavalaria **329**
cavalariça **62** 2; **75** 1
cavalariço **186** 27
cavaleiro **329** 67
~, armadura do **329** 38-65
~, investidura de **329** 66
cavalete **120** 18; **136** 10; **322** 17; **323** 5; **324** 4, 13; **338** 3
~ *Irrig.* **67** 7
~, corda do **122** 67
~ de desenho **338** 34
~ de telhadura **122** 66
~, dobra de reforço **119** 66
~ portátil **124** 9; **338** 26
~ suspenso **177** 13
cavalheiro **355** 54, 61
cavalinha **76** 18
cavalinho de balanço **47** 15
cavalo **71; 72; 73** 2
~ *Ginástica olímpica* **296** 1; **297** 1
~ *Jogos* **276** 11
~, adestramento de **307** 30-31
~, armadura do **329** 83-88
~, cabeça de **328** 7
~, casco de **327** 42
~, corpo de **327** 27, 45, 54
~, corrida de **289** 50
~, exibição de **307** 20-31
~, muda de **186** 43
~, pátio de **319** 15
~ alado **3** 10; **327** 26
~ com arções **296** 5
~ de coche **186** 26
~ de corrida **289** 51
~ de sela **186** 47
~ de tração **186** 28
~ marinho **364** 19
~ mecânico **85** 43; **194** 21, 29
~ para saltos **296** 1; **297** 1
~ sem alças **297** 1
~ semi-selvagem das planícies dos Estados Unidos **352** 4
~ tordilho **289** 29
~ trotador **289** 28
cavanhaque **34** 10
cave *ver* porão
caverna **222** 58
cavername **230** 55; **283** 49; **285** 51
~ em posição **222** 29
cavernas **13** 76
cavidade de segmentação **74** 67
~ nasal **17** 53
~ timpânica **17** 60
~ uterina **20** 80
cavilha **123** 46
~, furo de **120** 22
~ de madeira **121** 92
~ farpada **143** 43
cebola **57** 24
~, casca da **57** 25
cebolinha francesa **57** 22
cecidomídeos **80** 40
ceco **20** 17

cedente **250** 27
cedido **250** 26
cedilha **342** 33
cedro **372** 65
cédula **252** 29-39
~ da Grécia **252** 39
~ da República Federal da Alemanha **252** 29
~ do Reino Unido da Grã-Bretanha e Irlanda do Norte, **252** 37
~ eleitoral com nomes dos partidos e candidatos **263** 20
cefalópode **357** 37
~ luminescente **369** 4
cela **82** 36; **334** 51
celebrante **330** 39
celeiro **329** 13
celenterado **369** 5, 9, 14, 20
celesta **325** 1
celidônia-menor **375** 36
célula de multiplicação **112** 51
~, núcleo da **357** 2
~, da retina *Apic.* **77** 22
~ fotoelétrica **115** 37
~ fotoelétrica, janelada **114** 24
~ fotoelétrica no cilindro oco **312** 49
~ solar **155** 32, 34
celulose, alimentação de **172** 79
~, lâminas de **169** 1
~, xantato de **169** 9
cêmbalo **322** 45
cembro **372** 29
cemento **19** 29
cemitério **15** 106; **331** 21-41
~, capela do **331** 28
~, muro do **331** 18
~, portão do **331** 19
cena **334** 45
~, diretor de **316** 30
~, luz de chamada à **315** 52
~, número da **310** 35
cenário **310** 7
~, elementos do **315** 30, 32; **316** 35, 47
~, maquete do **315** 42
~, pintor de **315** 35
~, projetores de **316** 17
~, trocador de **315** 28
~ de fundo **310** 33
~ em três dimensões **315** 32
~ lateral **310** 33
cenarista-decorador, **310** 43
cenógrafo **315** 37
cenoura **57** 17, 18
centáurea **61** 2; **376** 12
centáurea-azul **61** 1
centáurea-menor **380** 10
Centauro **3** 39
centauro **327** 52
centeio **68** 1-37, 1
centenas **344** 3
centésimos **344** 20
centímetros, graduações de **247** 36
central elétrica **152; 153**
~ telefônica **237** 27-41
~ telefônica interna **245** 13
~ térmica **152** 1-28
~ termoelétrica **152** 1-28
centralização, suporte de **111** 22
~, ventosa de **111** 23
centralizador com ventosa **111** 34
~ de DP **111** 21
~ de foco **111** 21
centrífuga **23** 59; **40** 19; **76** 41; **168** 14; **179** 1
~ *Apic.* **77** 61
~, tampa da **168** 18
~, tampa deslizante da **179** 2
centrifugação **169** 23
centro **254** 17; **346** 43
~, jogador de **293** 76
~, linha de **285** 5; **293** 8, 9, 54
~, marca do **293** 11
~, ponta fixa de **135** 8
~, ponta móvel de **135** 11

~ de simetria **351** 3
centrosfera **11** 5
CEP **236** 43
cepa **78** 6
cepa-de-bordéus **381** 16
cepilho **132** 15
cepo **132** 23
cera **77** 67
~, exposição de figuras de **308** 68
~, figura de **339** 26
~, modelo de **339** 26
~, placas de **77** 25
cerâmica, barraca de objetos de **308** 64-66
~, objetos de **308** 66
~ decorada, cântaro de **328** 35
~ encordoada **328** 10
Cérbero **327** 29
cerca **37** 53; **52** 10; **63** 28; **199** 13; **281** 17; **289** 2, 8
~ contra neve **304** 6
~ de arame **84** 7
~ de proteção **84** 7
~ eletrificada **62** 46
~ trançada **216** 54
~ viva **15** 98; **37** 59; **51** 9; **52** 32
cercado **28** 39
~, chão de **28** 40
~ a céu aberto **356** 1
cercilho **331** 57
cerdas *Caça* **88** 52
cereais **68** 1-37; **98** 35-39
~, alucita dos **81** 29
~, campo de **63** 32
~, colheita de **63** 31-41
~, destilado de **98** 56
~, folha de **68** 8
~, gôndola de **99** 62
~, gorgulho de **81** 16
~, parasita de **81** 27
cerebelo **17** 45, **18** 23
~, ponte do **17** 46
cérebro **17** 42
cereja **59** 5, 6, 6-8; **370** 99
~, caroço de **59** 7
cerejeira **59** 1-18
~, flor de **59** 3
~, folha de **59** 2
~ em flor **59** 1
cerejeira-das-antilhas **373** 30
cerne **120** 84; **370** 13
~ especial **301** 47
cernelha **70** 11; **72** 17
cervejeiro **92** 49
ceroulas **32** 29
cerveja, barril de **93** 17
~, caneca de **309** 53
~, copo de **93** 30; **317** 6
~, engradado de **99** 72
~, espuma da **93** 31
~, filtro de **93** 15
~, garrafa de **93** 26; **205** 50
~, lata de **93** 25; **99** 73
~ clara **93** 26
~ de trigo **93** 26
~ engarrafada **93** 26
~ escura **93** 26
~ forte **93** 26
~ fraca **93** 26
~ pilsen **93** 26
cervejaria **92; 93**
cervídeo **88** 1-27
cervo **86** 12; **367** 2
~ no cio **88** 4
cesta **40** 42; **99** 8; **136** 16; **295** 32; **305** 69
~, aro da **292** 33
~, jogador marcando uma **292** 35
~, poste da **292** 31
~ de arame **66** 25
~ de flores **266** 29
~ de lixo **22** 70
~ de ofertas **96** 18
~ de pão **45** 20
~ de papéis **46** 25

~, tomada principal do **195** 2
~ central **176** 10
~ de controle **236** 37
comungantes **332** 27
comunhão **332** 26
~, âmbula de **332** 50
~, cálice de **330** 10; **332** 29
~, mesa de **330** 4
comunicação, ponte traseira de **235** 49
~ do navio, microfone do sistema de **224** 30
~ importante, pare **253** 25
~ interna, sistema de **195** 55; **244** 5
comunidade paroquial **330** 29
comutação, caixa de **237** 25
~, central de **237** 41
~, centro de **237** 25
~, painel de **311** 16
~, sistemas de **153** 5
~ automática, sistema de **237** 25
~ telefônica, central privada de **237** 22; **245** 13
comutador **50** 78
~, tampa do **211** 18
~ de derivação **211** 10
~ de luz alta e luz baixa, alavanca do **191** 59
~ de velocidade **117** 87
concavidade **11** 48
concentrador **172** 48, 62
concerto **274** 20
concertos e espetáculos, ingresso para **271** 26
concha **45** 14, 63; **357** 29
~ acústica **274** 19
~ de vieira **309** 46
~ para amostras **98** 72
~ para molho **45** 18
Concorde **231** 15
concorrente tocando a linha de chegada **282** 27
concreções calcárias **13** 80-81
concreto (*Pt.* betão) **118** 1; **119** 72
~, acabamento de **123** 13
~, agregado do **118** 36
~, base de **118** 2
~, formas de **118** 41
~, invólucro de **154** 20
~, parede de **123** 1
~, piso de **123** 13
~, tanque de **310** 11
~, tanque do distribuidor de **201** 6
~ armado, arco de **215** 50
~ armado, construção de **119** 1-89
~ armado, forma para **119** 54-76
~ armado, laje de **123** 28
~ armado, pilar de **215** 61
~ armado, ponte de **215** 49
~ asfáltico, revestimento de **200** 58
~ asfáltico, superfície de **198** 5
~ compacto **119** 72
~ hidráulico, usina de **201** 19
~ nervurado **123** 35
~ vasado, bloco de **119** 24
concurso hípico, salto de **289** 8-14
~ hípico pleno **289** 16-19
conde, coroas alemã e francesa de **254** 45
condensação **172** 17
condensador **112** 8; **113** 32; **154** 17, 35 **155** 8; **170** 5; **172** 30; **259** 64; **350** 48
~, saída do **92** 6
~ de água *Cervej. e malt.* **92** 6
~ em serpentina **349** 6
~ para microscópio **112** 66
condimento **98** 30; **382**
conduto de descarregamento **64** 26
~ de resfriamento **111** 31

~ secundário **232** 41, 44
condutor **153** 34, 43
~ de águas pluviais **37** 13
~ de cobre **127** 43
~ de mala-postal **186** 40
~ eletrostático **230** 51; **239** 27
cone **11** 24; **347** 43
~ *Bicicleta* **187** 58
~, altura do **347** 44
~, eixo do **372** 3
~, escama do **372** 8, 14, 27, 38
~, forma de **169** 25
~ aerodinâmico **229** 30
~ aluvial **13** 9
~ com pinhões **372** 57
~ copps **167** 4
~ cristalino *Apic.* **77** 21
~ cruzado **165** 8, 24
~ de papel **98** 49
~ de Seger **161** 6
~ floral feminino **372** 4, 16, 22, 62, 68
~ floral feminino, escama do **372** 34
~ frutífero **372** 29, 30, 36, 41, 57
~ pirométrico **161** 6
~ truncado **347** 45
conector **6** 28; **248** 44
~ de PVC rígido **127** 29
~ múltiplo **127** 29
conexão **50** 69; **56** 45; **126** 38-52; **350** 56
~, eixo de **63** 20
~ da bomba *Irrig.* **67** 8
~ da mangueira **83** 30
~ de acionamento **67** 19
~ de cabos **6** 26
~ de entrada para microfone **117** 8
~ de saída para fontes de ouvido **117** 10
~ do disparador a distância **117** 9
~ de tubos **6** 26
~ mista **126** 38
confeitaria **97**
~, balcão da **99** 9
confete **306** 62
confluência **224** 90
congelador **39** 5, 7; **96** 21; **97** 65; **98** 74; **99** 57
congelados, alimentos **99** 58-61
~, legumes **99** 61
congelamento de imagem **117** 88
conhaque **98** 59
conicaleira **165** 1; **169** 26
coníferas **372**
~, floresta de **15** 1
conjunto **30** 45; **31** 11; **348** 1, 3
~ *Roupas* **29** 1, 12
~ de jeans **31** 58; **33** 20
~ de malha **30** 33
~ de saia e jaqueta **29** 50
~ desportivo **30** 57
~ de suéter e casaco **31** 49
~ de vestido e casaco **31** 6
~ de zuarte **33** 20
~ esporte **30** 57
~ habitacional **37** 54-57
~ musical **306** 2; **318** 3
~ para corrida de fundo **301** 17
~ seccional **65** 56
~ tensor, suporte do **167** 38
conjuntos, diferença dos **348** 7, 8
~, interseção (*Pt.* intersecção) dos **348** 4
~, teoria dos **348**
~, união dos **348** 5-6
conserva **98** 15-20, 51
~ de carne, latas de **98** 20
~, lata de **96** 26
~, legumes em **98** 17
~, potes de **40** 25

Conselho da Europa, bandeira do **253** 4
~ de Administração, presidente do **251** 15
~ Diretor, presidente do **251** 15
consolda maior **69** 13; **375** 45
console **261** 37; **311** 12
~, mesa de **311** 12
~, operador de **244** 3
consolo **133** 24
consorte, armas da **254** 11-13
constante de integração **345** 14
constelações **3** 9-48
construção **315** 32
~, rampa de **222** 11-18
~, vidraceiro de **124** 8
~ civil **118**; **119**
~ de estrada **200, 201**
~ gótica **335** 27-35
~ naval **222**
consultório **22** 1-74
~ médico **23** 1
conta, extrato de **247** 44
contabilidade, máquina de **236** 26
conta-carreiras **167** 43
contacto, alavanca de **194** 41
~, balde de areia de **158** 29
~, braço de **237** 44
~, elemento de **237** 46
~, mola de **127** 28
~, peça de **127** 38-39
~ magnético **242** 71
contador *Impres. etc.* **180** 74
~ de batidas **166** 2
~ de chapas **115** 17
~ de eletricidade **127** 32
~ de exemplares **181** 54
~ de exposições **115** 17
~ de fita **243** 9
~ de gás **126** 5
~ de oscilações **110** 17
~ geiger **2** 19
~ micrométrico **112** 42
conta-fios **177** 23
contagem **74** 52
~, mecanismo de **269** 55
conta-giros **189** 41; **191** 38; **212** 22; **230** 8
~ elétrico **191** 70
~ eletrônico **188** 40
conta-gotas **22** 72
container **194** 27; **206** 57; **226** 3
~, estação de **206** 54
~, terminal de **226** 1
~, vagão de **206** 58
conta-linhas **177** 23
conta-minutos **182** 20; **249** 74
~, curso do **249** 75
contenção de aço, invólucro de **154** 21
~ de chumbo e concreto **1** 57
contenda, esgrimistas em **294** 5-6
contentor *ver* container
continentes **14** 12-18
continuísta **310** 39
contínuo **236** 17
contorno, desenho de **129** 46
~ acolchoado **101** 20
~ final **162** 28
contos-de-fadas, personagem de **306** 65
contrabaixo **323** 23
contracadeprive **177** 62
contracorrente equatorial **14** 33
contrafagote **323** 28
contrafeito **121** 31
contrafixa **121** 58, 69
contraforte **12** 41; **100** 59; **291** 23; **329** 26; **335** 27-28
contramartelo **325** 32
contramestre **221** 114
contra-nuca **270** 38
contra-oitava **321** 43
contra-oitava dupla **321** 42

contrapeso **113** 19; **119** 33; **139** 34; **202** 18; **214** 25; **217** 76; **226** 50; **255** 78
~, poço de deslocamento do **214** 40
~ da alavanca de oscilação *Irrig.* **67** 37
~ da hora **110** 29
~ das batidas *Relógios* **110** 28
~ das pancadas *Relógios* **110** 28
contrapino **143** 13, 19, 78
~, ranhura do **143** 25
~ cilíndrico raiado **143** 40
contrapiso **123** 27, 73
contrapolia de borracha **117** 35
contraporca **143** 30; **187** 54
contraporte **101** 37
contrapressão, válvula hidráulica de **141** 8
contrapunção **175** 41
contra-regra **316** 46
contra-rotação **302** 18
contraste, regulagem de **240** 32; **249** 36
contra-trilho **202** 23
contraventamento **119** 14, 51; **215** 4, 35
controle (*Pt.* controlo) **271** 48
~, alavanca de **313** 11
~, aparelhos de **234** 17
~, barra de **287** 46
~, botões de **178.**15
~, botões e volante de **168** 40
~, estação de **237** 40
~, instrumentos de **234** 17; **311** 15
~, manipulador de **211** 20
~, mesa de **153** 1-6
~, painel de **38** 67; **93** 1; **146** 28; **147** 66; **154** 80; **173** 43; **179** 10, 17; **180** 74; **182** 28; **185** 2; **311** 4, 29; **316** 2
~, plataforma de **226** 55
~, sala de **146** 32; **152** 19, 28; **153** 1-8
~, torre de **287** 12
~, unidade de **177** 51; **178** 29, 36
~, válvula de **153** 52
~, varetas de **154** 24
~ analógico **242** 38
~ central, sala do *Cervej. e malt.* **92** 25
~ da alimentação **100** 28
~ da aspiração, botão de **50** 74
~ da corrente, pedal de **142** 31
~ da marcha do trem, sistema indutivo de **211** 38
~ da mistura, manete de **230** 31
~ de agudos e graves **241** 43
~ de *balance* de quatro canais **241** 42
~ de câmara **242** 36
~ de entrada de bilhetes **197** 27
~ de parada (*Pt.* paragem) cilindros de **165** 39
~ de passaportes **233** 42
~ de produção, sala de **238** 17
~ deslizante **238** 47
~ de transmissão, volante de **212** 67
~ digital **242** 35
~ do forno, caixa de **179** 33
~ do trem (*Pt.* do comboio), sistema indutivo de **211** 7; **212** 14
~ dos alternadores, painel de **153** 1
~ elétrico, caixa de **168** 58
~ elétrico, painel de **168** 25
~ manual **195** 8
~ remoto **26** 7; **112** 53; **288** 66
~ remoto, painel de **157** 14
~ remoto, rádio de **288** 87
~ suspenso e articulado, painel de **177** 6
~ traseiro **197** 8

eletroímã (*Pt.* eletroíman) **212** 38; **237** 47

elétron (*Pt.* eletrão) **1** 3 17, 27 32

~, feixe de **240** 16

~ livre **1** 25

eletrotipia, instalação de **178** 1-6

eletrótomo **22** 38

elevação, cilindro de **181** 63

~, êmbolo de **255** 51

~, mecanismo de **255** 67

~, motor de **150** 22

~, plataforma de **173** 40

elevador **64** 7; **170** 36; **271** 45; **288** 42; **316** 33

~, cabine do **271** 46

~, caixa do **271** 51

~, correia de **64** 95

~, poço de **146** 20

~ de alcatruzes **226** 43

~ de caçambas **200** 49; **201** 21

~ de capim **64** 90

~ de porão **226** 23

elevon, elementos móveis do **235** 33

~, estrutura do **235** 34

elipse **347** 22

~, focos da **347** 25

elipsóide de revolução **347** 42

élitro **81** 8; **82** 10; **358** 36

elmo **254** 4, 7-9; **329** 39-42

~ aberto **254** 9

elo **36** 39

elódea canadense **378** 56

embaladeira **47** 16

embaladora *Usina de Leite* **76** 36

~ automática **74** 46

embalados **96** 25

embalagem, material de **98** 46-49

~ descartável **93** 28

embarcação chinesa **353** 32

embarque, ala de **233** 12

~, escada de **221** 98

~, plataforma de **194** 39

~, terminal de **233** 13

embasamento **37** 17; **123** 3

~ de pedras **37** 85

emberizas **361** 6-7

embira **54** 35

emblema do fabricante **191** 12

embocador **293** 93

embocadura **13** 1; **323** 36; **324** 33, 72

~ com palheta dupla **323** 29

emboço **118** 83-91

~ branco **338** 42

embreagem (*Pt.* embraiagem) **188** 32; **212** 82

~, freio da **177** 55

~, pedal da **190** 77; **191** 44, 96 **192** 28

~ do volante **65** 39

~ hidráulica **65** 37

~ monodisco **190** 71

~ motriz **177** 54

~ principal **65** 39

~ seca multidisco **190** 78

embrechado **336** 13

embrião **370** 86; **382** 21; **384** 22

embrulhos, seção de **271** 14

embutideira **108** 18

ementa **266** 21, 62

emergência, corda de manobra do gomo de **288** 73

~, gomo de **288** 72

~, luz da saída de **312** 6

~, saída de **307** 33; **312** 7

eminência de articulação **19** 58

~ frontal **16** 4

~ tenar **19** 75

emissão, data de **250** 14

~, praça de **250** 13

emissor **224** 61

emitente **250** 19

empalhador **136** 33

empanque ou vedação, caixa de **223** 64

empastagem **92** 43

empena **37** 15; **38** 12; **121** 5; **122** 25

empenagem **305** 61

~, tipos de **229** 23-36

~ dupla de avião **229** 34

~ horizontal **230** 61

~ normal **229** 23

~ vertical **230** 58

empilhadeira **93** 23; **159** 18; **226** 4

~ de bordo **226** 15

~ de garfo **206** 16; **225** 44; **226** 8

empilhadores **162** 20

empilhamento de tábuas **157** 25

empino **71** 4

empório **98** 1-87

empregada de bar **267** 63; **317** 2; **318** 4

empregado de bar **266** 8; **267** 62

emprego, anúncio de **342** 70

empreiteiro **118** 47

empresário **294** 45

empréstimo, ficha de **262** 25

~, serviço de **262** 18

~ para fins pessoais **250** 4

empunhadura **296** 40-46; **301** 6

~, tipos de **296** 40-46

~ cruzada **296** 43

~ cubital **296** 44

~ dorsal **296** 40

~ em suspensão cubital **296** 46

~ em suspensão por fora **296** 45

~ mista **296** 42

~ palmar **296** 41

empuxo, engaste inferior do **235** 6

~, engaste superior do **235** 5

~, estrutura de **234** 21

emulsão, tubo de **192** 10

~ de cola **128** 28

encabrestadura **120** 41

encadernação **183**; **184**; **185**

~, máquinas de **185** 1-35

~ automática, máquinas de **184** 1-23

~ manual **183** 1-35

~ sem costura **249** 61

encadernador **183** 2

encadernadora térmica **249** 61

encaixe **122** 51; **175** 48; **287** 31

~, registro (*Pt.* registo) de **322** 51

~ a meia-madeira **121** 86

~ baioneta **127** 65

~ da lingueta, amortecedor do **166** 45

~ de acoplamento **6** 47

~ do raio, ressalto de **187** 29

~ em forquilha **121** 85

~ e fixação lateral por cola **185** 28

~ guia **117** 36

~ macho-fêmea **121** 84

~ oco, machado de **328** 23

~ simples **121** 84

encanador **125**

~ (bombeiro hidráulico) **126**

~ civil **126** 1

~ funileiro **125** 17

encanamento de água **198** 22; **261** 4

~ de gás **198** 21

~ duplo, sistema de **38** 80

encenador **316** 40, 42, 44

enchente, leito de **216** 41

enchimento **71** 41; **153** 38, 45

enciclopédias **42** 18; **262** 17

encomenda **236** 3

~ pequena **236** 6

~, balcão de **236** 1

encontro *Pontes* **215** 27, 29, 45

encordoamento **293** 31; **298** 54

encosto **207** 66

~, volante de **172** 74

~ reclinável **191** 35

encrespamento **170** 59

endentado **174** 30

endereçamento, código de **236** 43

endereço **236** 42

~, reprodução do **236** 41

endívia **57** 39

endocarpo **58** 36, 59

endométrio **20** 80

endossado **250** 26

endossador **250** 27

endosso **250** 25

energia **1** 55

energia, interruptor da rede de **195** 11

~, regulagem de **155** 46

~, sistema de geração de **6** 6, 8

~, transformador de **152** 30

~ das marés, usina de **155** 37

~ dos ventos **155** 42

~ elétrica **155** 21

~ elétrica, usina geradora de **152**; **153**

~ eólia **155** 42

~ nuclear **154**

~ nuclear, central de **154** 19

~ solar **155** 7

enfardadeira **63** 35

enfeite **35** 4

~ de mesa **45** 19

~ de pernas **35** 6

enfermaria **228** 21

enfermeira **22** 19

enflechamento positivo acentuado **229** 21

~ positivo leve **229** 20

enformadora **97** 57

~ *Usina de Leite* **76** 35

~ e embaladora de manteiga **76** 32

enforna **162** 13

~, nichos de **162** 2

enfornadeira **162** 13

engarrafadora adega **79** 9

enfranque **100** 68

engate **64** 60; **65** 19; **208** 16; **210** 2; **214** 18

~, alça de **152** 48

~, câmara de **144** 26

~, encaixe de **121** 87

~ de força **65** 24-29

~ dianteiro, acoplamento do **65** 50

~ oblíquo, encaixe de **121** 88

~ rápido **65** 86

engastamento **145** 26

engenharia fluvial **216**

~ hidráulica **217**

engomadeira **165** 52

engradado **93** 24; **206** 5

~ *Usina de Leite* **76** 30

engrenagem **56** 20; **64** 50; **143** 82-96; **217** 48

~ *Irrig.* **67** 21

~ *Moinho* **91** 11

engrenagens *Relógios* **110** 11

~, caixa de **164** 33; **168** 10, 32

~, dentes helicoidais de **143** 90

~, eixo de **190** 57

~, orifício da **143** 86

~ com correia de transmissão **109** 21

~ cônica **91** 25

~ de comando, caixa de **164** 39

~ de força hidráulica **65** 41

~ de mudança **10** 14

~ de múltipla redução **64** 71

~ de redução **232** 59

~ de tomada de força **65** 38

~ diferencial **65** 32

~ epicíclica **143** 94

~ helicoidal **192** 34, 36, 43

~ planetária plana **143** 94

~ sector **192** 57

engrenamento porca/fuso **149** 19

engrossador **172** 24, 42

enguia abissal **369** 2

~ de água-doce **364** 17

enlatados **98** 15-20

enquadramento, guia com controle de **312** 29

~, nódulo de **240** 9

enrocamento **216** 51

enroladeira **56** 26; **173** 28

enrolador **148** 72; **165** 9

enrolamento automático, guia do **165** 18

~ do fio na carretilha **104** 16

~ primário **153** 15

~ secundário **153** 16

ensacamento, dispositivo de **92** 39

ensaio **315** 21-27

enseada **13** 7

ensimagem **162** 53

ensino elementar **260**

~ médio **261**

entabuamento **334** 52

entabuamento **62** 25; **285** 50-57

~ interno **285** 57

entalhador **339** 28

entalhe **13** 30; **84** 28; **87** 70; **175** 47

~ em laca **337** 6

enterro **331** 33-41

entintadores, rolos **181** 61

entintamento **181** 7

entrada **41** 1-29; **77** 48; **99** 4; **233** 36; **268** 13

~ *Tecel.* **165** 41

~, arco de **278** 39

~, caixa de **173** 13

~, patamar de **123** 23

~ de água **126** 18

~ de água na turbina **155** 40

~ de água, encanamento de **92** 48

~ de ar **137** 6; **209** 11

~ de visita dos cabos **198** 17

~ do tanque **38** 67

~ e saída **307** 19

~ fortificada **329** 22

~ lateral **331** 15

~ principal **319** 6

~ -saída, dispositivo de *Telef. etc.* **237** 59

~ social **41** 25

~ para fontes sonoras **117** 27

entrechat **314** 22

~ quatre **314** 22

entrega, mesa de *Encad.* **185** 23

entrelaçamento, pontos de **171** 28

~ da cabeça, ponto de **171** 34

~ do pé, ponto de **171** 35

entrelinhas **174** 8; **175** 5

entremalha **171** 38

entreposto **225** 7

~ de frutas **225** 52

entretela *Encad.* **183** 33; **185** 20

~ adesiva passada a ferro **103** 27

~, rolo de **185** 19

entroncamento **203** 46, 47, 48

entulheira **144** 37

entulho **11** 47; **118** 78; **158** 4

envasamento, bancada para **55** 12

envelope eleitoral **263** 21

envergadura *Aeronaves* **229** 2

envoltório do recipiente de xampu **50** 79

enxada **66** 1, 24

~, cabo da **66** 2

~ para esterco **66** 8

enxadinha com sacho **56** 7

enxame **77** 53

enxárcia **219** 16

enxergão **43** 4-6

enxertia 54 30-39
enxerto 54 37
enxofre 351 23
epeira 358 45
epicentro 11 33
~, área do 11 38
epidídimo 60 73
epigástrio 16 35
epiglote 17 51
epístilo 334 18
epitáfio 331 14
equação 345 9
~ igual 345 5
~ simples 345 4
equador 14 1
~ celeste 3 3
equalizador 238 48; 311 19
equilíbrio, trave de 297 2; 322 39
~ sobre os ombros com o corpo estendido 295 29
equilibrista 307 40, 48
~, número de 307 44
~, vara de 307 42
equino 334 21
equinócios 3 6-7
equinoderme 369 3, 17, 18, 19
~ luminescente 369 11
equinope 53 14
equióstoma 369 13
equipamento, armário de 212 35
~, furgão de 270 53
~, garagem e depósito do 270
~ agrícola 64, 65
~ auxiliar 296 12-21;; 297 7-14
~ de alpinismo 300 31-57
~ de close-up 115 81-98
~ de combate a incêndio, prédio de 233 8
~ de didática e informática 242
~ de macrofotografia 115 81-98
~ demonstração e ensino 242 45-84
~ de montanhismo na neve 300 31-57
~ de montanhismo no gelo 300 31-57
~ de rádio 197 28
~ de segurança, parte do 316 18
~ de sobrevivência 6 20
~ de teste 195 17
~ didático 242 45-84
~ eletrônico 257 11, 18
~ eletrônico, consoles de 235 22
~ estéreo 42 9
~ magnético 310 58
~ portátil 6 20
equipo do soro 25 11; 26 9
~ para medicamentos 25 14
equisseto 376 18
equitação 71 1-6
ereto 295 7
ergometria 23 26-31
ericácea 53 12
Erídamo 3 12
erióforo 377 18
Erlenmeyer, frasco de 173 2; 350 39
erosão eólica 13 42
erros, indicadores de 244 7
erupção 7 21
erva-de-santa maria 61 25
erva-dos-calos 377 9
erva-férrea 376 16
erva-mate 382 11
erva-moura 379 5
ervas silvestres 61
ervilha 57 1, 7
~ comum 69 18
esbarro tecel. 166 44
~, lingueta do 166 43
esboço a creiom (a giz) 338 4
~, bloco de 338 35
esborralhador 38 42
escabelo 106 19; 207 57
escada 6 35; 37 72; 38 4, 15; 47 5; 52 8; 118 86; 122 63; 158

35; 217 8; 211 43; 221 91, 123; 258 24; 270 1-46
~, construção de 123
~, janela da 123 65
~ abobadada 5 20
~ com pilar central 123 77
~ com vão aberto 123 76
~ com viga invertida 123 75
~ de abrir 126 2
~ de acesso ao nível inferior 235 28
~ de madeira 38 25
~ de pedreiro 118 42
~ de pintor 128 52; 129 5
~ dobradiça 129 5
~ em curva 123 75
~ em espiral 123 76
~ extensível 270 14
~ externa 118 4; 333 33
~ maciça 123 16
~ Magyrus 270 10
~ Magyrus, operador da 270 13
~ escada mecânica 270 10
~ orientável montada sobre rodas 270 9
~ para desova 89 93
~ portátil 50 35
~ rolante 271 22
~ vertical 296 21
escadote 50 35
escala 2 4; 114 58; 320 45-49; 349 35
~ angular 313 14
~ cromática 320 49
~ de distância 115 4
~ de energia 1 15
~ de hora 10 17
~ de milímetros 10 3
~ do diafragma 115 56
~ em milibares 10 3
~ graduada 149 63; 249 12
~ gráfica 14 29
~ milimetrada luminosa 185 6
~ móvel 349 23
~ vertical 27 3
escalada 270 1-46; 300 2-13
~ em gelo e neve 300 14-21
~ em rochas, técnica de 300 2-13
escalador de geleiras 300 15
~ de montanhas nevadas 300 15
escaler 223 19; 259 35
~ convés do 223 19-21
escalpo 352 15
escama 364 11; 372 42
escanção 329 69
escandente 52 5
escanteio, cobrança de 291 41
escapamento 242 58
~, silencioso do 212 42, 48
~, tubo de 212 69
~, vapor de 210 23
escape 242 58
~, tubo de 191 51; 210 25
~, válvula de 153 29
escápula 16 23
escarcela 329 49
escareador 135 17
escargot 357 27
escariador 109 8
~ de cotovelo 125 9
escarificador 56 13; 200 20
escarola 57 40
escarpa 12 43
escarpim 101 29; 355 42
~ de pano 101 54
escarradeira 23 25
escavação 118 69-82
escavadeira 118 81; 159 3; 199 16; 200 1
~ universal 158 13
escavador 118 76
escoamento 89 8; 91 44
~, canal de 147 35
~, galeria de 269 23

~, posição de 147 58
~, tampão de 284 36
~, torneira de 178 34
~, tubulação de 126 23
~ da água, canalização de 155 23
~ da água da turbina 155 41
~ de óleo, bujão de 190 24
escola, figura de 289 7
~ de ensino médio 261 1-45
~ primária 260
~ secundária 261
~ superior 262 1-25
escólex 81 36
escolhos 13 25
escopo 340 7
~ curvo 339 17
~ de colher 339 18
escora 119 13; 215 3
~, mancal de 259 60
~ da forma 119 59
~ de madeira 119 17
~ diagonal 118 88; 119 51
~ tubular 119 86
escorcioneira 57 35
escória 160 9
~, colete de 147 10
~, pista coberta de 298 6
~, saída de 148 12
~, vertedouro de 147 9
Escorpião 3 38; 4 60
~ 358 40
escorredor 39 33
escorrega 273 24
escorregador 273 24
escota 219 68
~, barra da 284 27
~, punho da 284 41
~, viajante da 284 27
escoteira 284 29
escoteiro 278 11
~, acampamento de 278 8-11
escotilha 222 64-65; 231 29
~, braçola da 222 64
~, escada de 223 24
~, tampa da 222 65
~ de carga 226 14
~ de ingresso/saída 6 38
~ de visita 235 52
~ dianteira de observação 235 25
~ do topo 6 45
~ principal 259 86
~ superior 6 45
~ superiores de observação 235 24
escova 38 32; 50 53; 70 28; 71 55; 260 59; 340 11
~ aspiradora 50 57
~ de aço 87 62; 134 24
~ de arame 38 35; 141 26
~ de árvore 56 23
~ de cabelo 28 7
~ de calçado 50 41
~ de cerdas duras 105 16
~ de chão 50 56
~ de cozinha 50 51
~ de crina 100 12
~ de dentes elétrica 49 29
~ de desembaraçar 105 2
~ de enrolar 105 13
~ de metal, 324 53
~ de pescoço 105 10; 106 27
~ de polir 108 44
~ de roupa 50 44; 104 31
~ de sapato 50 43
~ de tapete 50 45
~ desmontável 49 30
~ metálica cilíndrica 199 42
~ para assentar 128 40
~ para graxa 50 42
~ para limpar tipos de máquina de escrever 247 7
~ para polimento 100 11
~ radial 105 13
~ redonda 105 13
~ rotativa 168 46

~ seca 128 49
escovão 129 27
escovém 222 76; 227 11; 258 54
escrita 341 1-20; 342
~, instrumentos antigos de 341 21-26
~ alemã antiga 342 3
~ anagliptográfica 342 15
~ árabe 341 2
~ armênia 341 3
~ chinesa 341 5
~ cuneiforme 341 8
~ dravídica 341 11
~ fenícia 341 14
~ georgiana 341 4
~ gótica 342 1
~ grega 341 15
~ hebraica 341 7
~ ideográfica 341 1
~ japonesa 341 6
~ pictórica 341 1
~ rúnica 341 19
~ russa 341 20
~ siamesa 341 10
~ tibetana 341 12
~ uncial 341 17
escritório 144 18; 146 14; 217 24; 225 53; 245; 246; 247; 248; 249; 271 24; 310 4
~, armário de 248 12
~, auxiliar de 248 7
~, cadeira giratória de 248 25
~, material de 247 1-44
~ da obra 118 48
~ de planta flexível 248 1-48
Escritura Sagrada 330 11
Escrituras 330 11
escrivaninha 46 22; 246 2
~ com portas ou gaveteiras, corpo de 248 37
escroto 20 71
escudeiro 329 68
escudo 218 17; 252 23; 254 5; 354 10
~, os seis cantões do 254 18-23
~ de proteção 264 20
~ redondo 329 57
~ retangular 329 56
~ rochoso 13 70
~ torácico 358 29
~ torácico Praga das Florest. 82 4
~ vulcânico 11 13
escultor 339 1
~ em argila 339 6
escultura 328 7; 339 32
~, oficina de 339 1-38
~ moderna 272 64
escumadeira 96 43
escumador 148 17
escuna 220 18
~ com gáveas 220 20
~ com vela de joanete 220 11-13; 220 19
~ de quatro mastros 220 28
escutelo 82 5; 358 30
esfenóide 17 38
esfera 347 41
~, dentes da 249 31
~, rolamento de 443 69; 187 56
~ celeste 4 23
~ de metal ou de pedra 352 32
~ de rolamento, anel de 187 68
~ intercambiável 249 28
~ lisa 36 82
esferográfica 47 26
esfigmomanômetro 23 33
esfíncter Apic. 77 17
~ anal 20 63
esfinge 327 20
~ do pinheiro 82 27
~ egípcia 333 11
~ -cabeça-de-defunto 365 9
~ -da morte 358 55
~ -de caveira 358 55
esfingídeo 82 27

francos 252 15, 16, 17, 18
franga cevada 98 7; 99 58
frango 74 9; 96 24
~ de água 359 20
~ de corte 74 12
~ de corte, criação de 74 11-17
~ de leite 98 6
franja 34 36
franquia, balcão de 236 15
~ postal, máquina de 22 24
frasco cônico 350 39
~ de lavagem 261 32
~ de três gargalos 350 57
~ para filtragem a vácuo 350 40
~ para primeiro revelador 116 10
~ volumétrico 350 28
fractocumulus 8 12
fractostratus 8 11
frato-cúmulo 8 12
frato-estrato 8 11
fratura 11 52; 21 10-11
frechal 120 40, 49; 121 47
Frederico, o Grande, o táler de 252 6
Frederico I Barba-Roxa 252 4
Free shops 233 52
freguês 98 43; 99 2; 111 2; 266 25; 267 55; 271 55
~ da casa 266 40
freguesa 99 18; 271 16
freio 71 7-13, 52; 186 16; 289 12; 301 56
~, alavanca de 56 38; 166 62
~, biela do 187 66
~, cabos do 188 37 189 12
~, capa do 187 70
~, cinta do 166 61
~, cone do 187 71
~, contrapeso do 143 103
~, correia do 143 105
~, disco do 192 48
~, eixo do 143 99
~, eletroímã de 143 102
~, estribo do 192 49
~, flape de 256 12
~, lona do 138 13; 192 52
~, pedal do 56 40; 179 12, 30; 191 45, 95; 257 10
~, peso do 166 63
~, polia do 143 98
~, revestimento do 143 106
~, sapata do 138 12; 143 100; 186 16; 189 33; 192 51
~, superfície de 229 44
~, tambor do 138 11, 20
~, tubulação de 192 53
~ a disco 190 74; 191 17-18; 192 48-55; 208 4
~ aerodinâmico, 229 44; 256 12
~ antiderrapante, interruptor do 211 33
~ auxiliar 212 10
~ auxiliar, válvula do 211 23
~ contrapedal 187 63
~ da roda Moinho 91 8
~ de aro 187 5
~ de emergência 214 3
~ de emergência, válvula do 210 57
~ de mão 187 5; 212 33
~ de mão, alavanca do 188 33; 191 93
~ de mão, luz de controle do 191 72
~ de mão, tambor do 192 50
~ de mão, volante do 212 64, 80
~ de pé 188 52
~ de tambor dianteiro 189 11
~ de tambor traseiro 189 13
~ dianteiro 187 5
~ dianteiro a disco 189 32
~ dinamométrico 143 97-107
~ do maquinista, válvula do 210 53
~ do molinete 89 62

~ harmônico 326 32
~ hidráulico 212 44
freiras 331 50
freixo 371 38
frenagem, cabo de 259 16
~, cilindro de 138 18
~, compartimento do pára-que-das de 257 24
~, mecanismo de 168 19
frente, elmo de 254 9
~, progressão para 295 43
~ de ar 9 25-29
~ fria 8 13; 9 27
~ oclusa 9 25
~ quente 8 5; 9 26
~ -única 31 64
frequência, faixas de 309 22
~ intermediária, módulo am-plificador de 240 4
~ média 241 16
~ piloto, cabo de 313 29
~ piloto, gerador de 313 30
fresa 142 41; 175 51
~ do nó 132 53
fresadora, mesa da 150 33
~ horizontal 150 25
~ universal 150 32
frete, caminhão de 206 15
fricção, placas de 192 49
~, roda de 322 26
frigana 358 12
frigideira 40 4, 41
frigorífico 39 2; 46 33; 317 10
Fringilla coelebs 360 10
fringilídeo 360 1; 361 6
frios 96 14
~, máquina de cortar 40 38
frisa, ornamento de 334 16
~ babilônica 333 19
~ de saltos 100 4
~ de solas 100 5
friso 128 29
~ metálico 303 11
frivolité 102 19
~, naveta de 102 20
fronha 43 12
frontal 17 30; 330 20
~ da objetiva 115 7
frontão 334 3; 335 36
~ em arco abatido 336 5
fronte 16 4-5
frota de caminhões (Pt. ca-miões) 206 25
fruteira 45 40
fruta de caroço 370 99
frutas, apanhador de 56 22
~, barraca de 308 53
~, cesta de 266 57
~, legumes e verduras, balcão de 99 80
~, suco de 98 18; 266 58
~ de climas quentes (tropicais, subtropicais e mediterrâneas) 384
~ em conserva 98 16
fruto 61 11, 20, 23; 370 91-102; 371 4, 19, 28, 45, 69; 372 2, 53, 64, 67; 373 12, 18, 22, 27, 29, 32; 374 4, 19, 25, 29, 31, 34; 375 4, 7, 13, 17, 24, 35, 37, 47; 376 3, 6, 14; 378 38, 42; 382 5, 10, 15, 24, 39; 383 14, 18, 21, 28, 32, 40, 52, 59; 384 19, 26, 39, 45
~, cacho de 384 8
~ alado 372 9
~ com caroço exposto 374 12
~ composto 370 100, 101
~ com sementes 382 5
~ com tufo no papo 378 11
~ deiscente 370 91-96
~ deiscente aberto 375 27
~ drupáceo 59
~ indeiscente 370 97-102
~ maduro 371 61; 382 33, 44
~ múltiplo 58 21, 28

~ seco 59, 59 37-51
~ seco indeiscente 375 43
~ verde 378 31
fúcsia 53 3
fueiro 85 30, 47; 213 6
~ lateral 206 24
fuga, bordo de 284 45; 287 37
fuinha 367 14
fulão 168 1
fular 32 40; 33 65
fuligem 38 34
fulminante 306 49
fulonagem inferior, cilindro de 168 6
~ superior, cilindro de 168 3
fumaça, aba para saída da 352 9
~, aspiração de 142 13
~, caixa de 38 40
~, extrator de 255 59, 89
~, reservatórios de 255 83
~, saída de 38 81; 353 21
~, tubo de 210 8
fumeiro 96 48; 152 12; 155 25
fumigação 77 59
fumigador a vácuo 83 11
fumo 107; 382 43; ver tb. fumaça
~, bolsa de 107 43
~, pacote de 107 25
~, amarinheira 107 25
~ caporal 107 25
~ crioulo 107 18
~ de corda 107 18
~ de rolo 107 19
~ fino 107 25
~ navy-cut 107 25
funâmbulo 307 40
função, teclas de 247 17
funcho 380 6
funcionamento, indicadores de 244 11
funções respiratórias 23 31
fundação 123 2; 145 2
~, pilastra da 5 28
~ da torre 214 81
~ sobre estacas 216 8
fundente 141 18
fundição 148
~, boca de 178 17
~, forno de 178 19
~, mecanismo de 174 25
fundidor 148 7
fundidos, tanque dissolvedor de 172 37
fundista 298 5
fundo, descarga de 269 34
~, linha de 293 3
~, válvula do 38 49
~ móvel 62 24
~ redondo em estrela 136 19
~ sólido do conversor 147 47
~ trançado 136 20
funeral 331 33-41
fungão 68 4
fungo 80 20
~ venenoso 379 10-13
funicular 214 12
~, vagão do 214 13
funil 350 16
~ Fotogr. 116 12
~ de carga Moinho 91 13
~ de filtragem 349 11
~ receptor 147 5
~ separador 349 3
funcionamento, teclas de 243 48
funcionário 236 16
furacão 308 46
furadeira 135 22
~, suporte da 134 54
~ de impacto 134 43
~ elétrica 120 21; 134 16, 50-55
~ elétrica suspensa 108 6
~ radial 150 18
~ tarugadora 133 6
furador 100 45; 102 12; 136 35; 174 17
~ de cabo 100 46

~ de papel 22 28
~ rotativo 100 44
fura-neve 60 1
furão 86 24
~, caça com 86 23
furgão 194 7
furgoneta 194 7
furna calcárea 13 79
furo 324 34
~ Moinho 91 19
~ de vela, Fabr. vidro 162 25
fusa 320 18
fusain 338 16
fusão 148 1-12
~, câmara de 170 30
~, forno de 162 49
~, zona de 162 3, 14
~ contínua 148 24-29
fuselagem 230 54; 232 2, 9; 288 26
~, amarração da célula da 235 4
~, ponta da 235 20
~, tanques da 257 31
fusível, caixa de 41 19; 166 23
~ diazed 127 21
~ de cartucho 127 36
~ de rosca 127 35
~ de segurança 127 19
fuso 149 32; 164 51
~, freio do 164 49
~, gorne do 164 48
~, haste do 164 46
~, porca de sustentação do 164 50
~ de filatório a anel 164 45
fusos Fiação etc. 164 43
~, acionamento dos 164 31
fuste 333 27
futebol 291 17
~, bola de 273 12; 292 27
~, campo de 291 1-16
~, amador, jogo de 273 10
~ americano 292 22
~ americano, jogador de 292 23
fuzil 94 16
~ de caça 86 4
~ -metralhadora G3-A3 255 16

G

gabarito (Pt. gabari) 134 42; 151 70, 71; 200 34, 44
~ montado no aparelho '11 26
~ para roscas 142 36
gabinete 39 9
~ de canto 39 27
gadanho 66 5, 20
gado 62 45; 73 1-2
~, criação de 75
~ de abate 94 2
~ de corte 94 2
gafanhoto 358 8
~ artificial 89 68
gailárdia 60 19
gaio 361 1
gaiola 144 23; 165 25
~ em bateria 74 20
~ em bateria, sistema de 74 18
~ inferior 74 22
~ para transporte Apic. 77 44
gaita de boca 324 35
~ de foles 322 8
gaivota 359 14
galanto 60 1
galão 129 16
~ de gasolina 84 36
~ de óleo 84 35
~ florido 30 28
galáxia 3 35
galé 174 12, 27
~ com tipos separados 174 44
galena 351 14
~, rádio de 309 23
galera 218 44-50

girassol **51** 35; **52** 7; **69** 20
~, óleo de **98** 24
~ -do-mato **376** 7
giro com pivô **302** 6
~ gigante **296** 60
giródino **232** 29
giroscópio direcional **230** 1
giz **48** 15; **338** 5; **340** 26
~ branco **260** 32
~ de alfaiate **104** 24
~ pastel **338** 19
gladíolo **51** 28; **60** 11
glande **371** 4
~ *Jogos* **276** 42
~ peniana **20** 69
glândula bulbo-retal **20** 75
~ parótida **19** 9
~ prostética **20** 76
~ supra-renal **20** 29
~ tireóide **20** 1
glebas cultivadoras **63** 17
globo **42** 13
~ de luz **106** 8
~ ocular **19** 45
gloxínia **53** 7
gluma **68** 11
glúteo máximo **18** 60
goiva **132** 9; **135** 15; **339** 17
~ com ângulo **339** 18
~ em U **340** 6
~ em V **340** 9
gol **273** 11; **282** 46; **291** 35; **292**
7; **302** 37
~, arco do **273** 11
gola **33** 58; **88** 27; **93** 31; **329** 42
~ à marinheira **30** 5
~ batida **31** 69
~ chemisier **31** 23
~ chinesa **30** 43
~ de babado **31** 46
~ de padre **30** 43
~ de pele **30** 63
~ de tricô **33** 31
~ frisada **355** 52
~ Mao **30** 43
~ rulê **30** 3
~ rulê, blusa de **30** 2
goleiro **273** 14; **282** 47; **291** 10;
292 8; **302** 36
~, luvas do **291** 19
goles **254** 27
golfe **293** 79-93
~, bola de **293** 89
~, campo de **293** 79-82
~, caminho de **293** 85
~, jogador dando uma tacada
293 83
~, sacola de **293** 85
golfinho **367** 23
golpe curto de baixo para cima
299 32
~ de ponta, **294** 27
~ ilegal **299** 34
~ sujo **299** 34
goma, solução de **340** 49
gomil **309** 66
gomo **54** 23, 26
gôndola **99** 23; **213** 8; **214** 20;
288 64
gongo **299** 46
goniômetro de aplicação **351** 27
~ refletor **351** 28
gordura de coco **98** 23
~ vegetal **98** 23
gorgulho **80** 10, 49
~, buraco do **80** 50
~ de cereal **81** 16
~ do trigo **81** 26
gorila **368** 16
gorjal **329** 43
gorjeira **329** 43
gorro **28** 26; **35** 9, 10
~ com borla **35** 39
~ com copa de couro **35** 19
~ de astracã **35** 34
~ de esqui **301** 10
~ de fio de algodão **35** 9

~ de lã **35** 26
~ de lã grossa **35** 9
~ de malha **35** 10
~ de pele de carneiro **353** 23
~ de pêlo de raposa **35** 19
~ de vison **35** 20
~ estilo russo **35** 19
~ tipo touca **35** 9
gota **162** 40
grade **78** 9; **99** 5; **141** 14; **221**
121; **269** 11
~, barras da **272** 34
~ arado **63** 41; **65** 82
~ de arame **339** 35
~ de aspiração **100** 13
~ de escaldar **96** 45
~ dupla *Pecuária* **75** 12
~ isolante de calor **188** 16
~ levadiça **329** 24
~ oscilante **64** 11
~ para frituras **96** 45
~ para a rainha *Apic.* **77** 47
gradiente da reta **347** 12
gradim **339** 13
graduação **260** 39
~, escala de **157** 10
gráfico de barras **151** 12
~ estatístico **248** 36
grafite **1** 54; **151** 46
~, cadinho de **108** 10
~, ponta de **151** 55, 62
gralha **86** 50
~ calva **361** 2
~ européia **360** 6
grama, moita de **375** 44
~, saliência na **300** 4
~, tufo de **375** 44
gramado **37** 46; **51** 33; **272** 36;
274 12
gramatura, balança de **173** 9
gramíneas **68** 1-37; **136** 26
gramofone **309** 31
~, caixa do **309** 35
grampeador **22** 25; **247** 4
~, placa do **247** 5
grampo **2** 43; **40** 20; **120** 66
~, correias de fixação de **300** 51
~, fixação por cabo **300** 52
~, magazine de **247** 6
~ da calha **122** 31
~ de aço **303** 24
~ de cabelo **102** 29; **301** 69
~ de direção **303** 24
~ de ferro **119** 58; **300** 48
~ de ferro de dez pontas **300** 48
~ de ferro de doze pontas **300**
48
~ de frenagem **303** 24
~ invisível **102** 29
~ leve de ferro **300** 48
granada **351** 7
granalha, tubo de entrada de
148 38
grande *Roleta* **275** 19
~, afastamento ântero-posterior **295** 14
~, afastamento frontal **295** 16
~ angular *Fotogr.* **115** 45; **117**
48
~ área **291** 4
~ dorsal **18** 59
~ redondo **18** 55
granéis **174** 9, 11
~, chata de **226** 35
~, movimentação de **226** 29
graneleiro **225** 67
~ experimental **220** 9
granito **302** 42
granizo **9** 35
grão de arroz **68** 30
~ -de-bico **69** 19
~ de milho **68** 37
grãos **63** 12; **68** 1-37
gratícula geográfica **14** 1-7
gravação **36** 41
~, amplificador de **311** 5, 11
~, botão de **117** 83

~, cabeça de **117** 33
~, cabeçotes de **311** 25
~, cabine de **238** 16; **310** 54
~, cilindro de **182** 10
~, cuba de **182** 16
~, equipamento de **311** 23
~ indicadores de **311** 14
~, indicadores do nível de **241**
35-36, 61 **243** 12
~, medidor do nível de **242** 14
~, mesa de **175** 52
~, nível de **311** 14
~, sala de **238** 25
~ (áudio ou vídeo), seletor de
nível de **243** 15
~, sistema de **177** 66
~, tanque de **178** 24
~ com gravador de fita **117** 70
~ de videocassete, esquema das
pistas de **243** 28
~ e reprodução sonoras de **238** 58
~ e reprodução sonoras em fita
magnética **238** 55
~ inteririça, ajuste para **177** 53
~ sonora **310** 58
~ sonora, câmara de **310** 60
gravador **261** 41; **309** 37; **318** 17
~, botões de pressão do **241** 3
~, torno de mão de **108** 34
~ com acionamento controlado
por quartzo **310** 24
~ com punções **175** 32
~ de duas pistas **242** 12
~ de minicassete **117** 73
~ de quatro pistas **242** 13
~ de rolo duas ou quatro pistas
241 56
~ de talha doce **340** 44 ◥
~ de videocassetes **243** 7
~ e toca-fitas **238** 4
~ portátil **310** 24
~ portátil de videoteipe **243** 4
gravadora **178** 23; **182** 15
~ geminada **178** 30
gravata **32** 41
~ *Constr. Civil* **119** 65
~ -borboleta **32** 47; **33** 11, 16
graves, cavalete de **325** 13
~, cordas de **325** 12
gravetos, feixes de **274** 2
gravidade, abastecimento por
257 32
gravura **338** 41
~, contorno de **178** 45
~ à água-forte **340** 55
~, em madeira, tintas para **260**
83
~ em offset **182**
~ impressa, cilindro de **182** 17
graxa, aplicador de **301** 23
~, latinha de **50** 39
~, tubo de **50** 43
~ para esqui **301** 21
graxeira **143** 81
Greenwich, meridiano de **14** 5
grega **334** 43
grego **355** 3
grelha **40** 31; **129** 12; **139** 1; **163**
26; **308** 33
~ basculante **210** 5
~ basculante, haste da **210** 40
~ de alimentação contínua **199**
34
~ do duplo fundo **222** 60
~ mecanizada **152** 3
greva **329** 54
grifo **327** 11
~, garras de **327** 13
grilo doméstico **81** 7
grinalda **254** 2; **332** 19
grosa **100** 49; **134** 6, 8; **260** 55
groselha **52** 19; **58** 9, 12
~, cacho da **58** 11
~ negra **52** 19
groselheira **58** 1, 10
~, flor da **58** 6
~, ramo de **58** 2, 14

grotesco **342** 7
grua **3** 42
~ carregadora **85** 44
grude **128** 4
grumete **221** 112
grupeto **321** 21
grupo estofado **42** 21-26
~ impressor **182** 26
~ motor **145** 12
gruta **15** 85; **272** 1
~ calcárea **13** 79
guache **338** 17
guampas **88** 5-11, 29-31, 41
guanaco **366** 30
guarda **43** 6; **263** 10
~ -camping **278** 2
~ -campo **63** 13
~ -cancela **202** 42
~ -cancela, cabine do **202** 43
~ -chuva **41** 15; **205** 12
~ -chuva dobrável **41** 12
~ -corrente **187** 37
~ -ferroviário **205** 20
~ -fogo **309** 8
~ -lama **187** 13, 43
~ -lâmina **302** 25
~ -mão **294** 38, 42
~ -mato **87** 10
~ -neve **38** 8
~ -neve, suporte do **122** 16
~ -pó **33** 56; **106** 2; **271** 30
~ -redes *ver* goleiro
~ -roupa **43** 1
~ -roupa, porta do **46** 2
~ -roupa, projeto de **315** 39
~ -saia **104** 14
~ -sol **37** 48; **268** 61; **272** 58; **337**
22
~ -vento **354** 35
~ -vidas **282** 15
~ -volumes **204** 21; **233** 39
guardadora **104** 14
guardanapo **45** 9; **266** 47 **267** 48
guardim **219** 70; **284** 21
guarita **15** 3; **329** 28, 35
guarnição **181** 40
~ de mesa **44** 22
gueixa **353** 39
guelra **364** 3
guerra, machado de **352** 16
~, navios de **258**; **259**
~, pintura de **352** 13
~, troféu de **352** 15
~ masai **354** 8
guia **64** 1; **148** 52; **157** 5; **272** 25;
300 25
~ *Viaturas etc.* **186** 46
~, acessórios de **141** 19
~, ajuste da **132** 66
~, fenda de **322** 41
~, lança da **255** 95
~ da linha **89** 60
~ de costura **183** 12
~ de fita **132** 65
~ de frente **132** 65
~ do cabo **201** 7
~ ferroviário de bolso **204** 42;
205 45
~ ferroviário oficial **204** 50
~ -fio *Malhar.* **167** 64
~ -fio **100** 30; **167** 3, 54; **169** 16
~ -fio, suporte de **167** 2
~ -fita **243** 22
~ -fita na alimentação **164** 15
~ -linha transparente **249** 19
~ -tecido cilindro do **168** 5
~ telefônico **237** 5
~ transversal **174** 48
guiador *ver* guidão
guichê **204** 35; **236** 30
~, abertura do **204** 38
~ de venda antecipada **271** 26
guidão **187** 2; **188** 45
~, acessórios do **188** 30-35
~, eixo do **187** 10
~, empunhadura do **187** 3
~ alto **188** 56

~ alto **188** 11
~ alto duplo **188** 57
~ regulável **188** 3
guiderope **288** 69
Guilherme **132** 25
guilhochê **252** 38
guilhotina automática **185** 1
guinada **230** 69
guincho **85** 38, 46; **90** 27; **118** 91; **145** 11; **221** 27, 104; **222** 14
~, cabine de **217** 71
~, plataforma do **217** 73
~, reboque a **287** 5
~ a motor **287** 6
guindaste **47** 39; **85** 28, 44; **147** 41; **270** 48
~, carris de **222** 24
~, estrutura do **226** 53
~, lança do **221** 26; **226** 24, 49
~, motor do **157** 28
~, trilhos de **222** 24
~ de cais **222** 34
~ de carreira **222** 23
~ de convés **221** 5; **221** 61; **259** 10
~ de obra-grua **119** 31
~ de pórtico **206** 55
~ de torre **222** 23
~ de torre giratória **119** 31
~ de três pernas **222** 6
~ flutuante **225** 10; **226** 31, 48
~ giratório **146** 3
~ -martelo **222** 7
~ para cargas pesadas **221** 25, 62
~ -reboque **270** 47
~ tipo pórtico **222** 25
~ *transtainer* **226** 2
~ voador **232** 16
guindasteiro, cabine do **222** 16
guirlanda **306** 5; **335** 54
guitarra **318** 8; **324** 12
~ de *jazz* **324** 73
guitarrista **318** 9
guizos do trenó **304** 26
Gulf Stream **14** 30
gurupés **218** 20; **219** 1
gusano **358** 19
guta-percha **383** 37

H

habitação **37**
~ do animal **356** 10
~ flutuante **353** 31
~ lacustre **328** 15
habitat natural **356** 14
hábito **331** 55
hachura com traços **340** 54
hall *ver* átrio
Hallstatt, período **328** 21-40
halogênio, lâmpada de **177** 31
halterofilismo **299** 1-5
halterofilista **299** 2
hálux **19** 52
Hamnur catharticus **380** 13
hangar **62** 15; **287** 14
hanks, contador de **163** 61
harmônica **324** 35
harmônio **325** 43
~, caixa do **325** 47
~, teclado do **325** 48
harpa **323** 60
harpia **254** 35; **327** 55
haste **23** 10; **39** 23; **66** 16; **111** 13; **140** 33; **143** 15, 53; **149** 66; **305** 64; **320** 4; **322** 50; **350** 7
~ da flor **370** 52
~ de apoio **50** 37
~ de comando **113** 34
~ de êmbolo **210** 33
~ de flor **59** 4
~ do anel da *zoom* **117** 54
~ do fuso, rolamento da **164** 47
~ floral **383** 7
~ herbácea **384** 30

~ piloto **117** 59
~ polida **145** 27
~ porta-fresa **175** 60
~ quadrada **145** 14
~ suporte **200** 27
hastilhas **222** 59
havaiana **306** 16
Heaviside-Kennelly, camadas de **7** 27
heliântemo **377** 20
hélice **155** 45; **221** 44; **222** 72; **228** 26; **230** 32; **286** 64; **288** 36
~, alavanca de reversão do passo da **224** 19
~, carena da **227** 21
~, eixo da **223** 65; **232** 60; **259** 59
~, fuso da **230** 33
~, indicador do passo das pás de **224** 20
~, moldura de proteção da **258** 74
~, proteção da **258** 40, 63
~ antibinária **256** 20
~ carenada **227** 20
~ contragiratória de cauda **232** 28
~ da batedeira **79** 6
~ de pás orientáveis **155** 39
~ de proa **228** 33
~ de três lâminas **223** 62
~ dupla, misturador de **159** 10
hélicon **323** 44
helicóptero **232** 11-25
~, convés de pouso de **228** 15
~, hangar do **221** 52; **259** 38
~ de controle do trânsito **264** 1
~ de salvamento **221** 20
~ de transporte **232** 21
~ leve **232** 11
~ leve de resgate **256** 18
~ leve de transporte **256** 18
hélio, núcleo de **1** 30-31
~ comprimido, cilindros de **234** 14
~ comprimido, tanques de **234** 43, 50
heliogravura **182**
heliostato **5** 29
heliozoário **357** 7
heliporto **146** 7; **221** 19; **228** 15; **259** 39, 53
hematita **108** 48
hemipirâmide **351** 24
hemisfério norte **3** 1-35
~ sul **3** 36-48
hemorragias, estancamento de **21** 14-17
hemossedimentação **23** 42
hemostasia, medidas para **21** 14-17
hera **375** 18
~ terrestre **377** 3
heráldica **254** 1-36
hércules **308** 27
herma **334** 35
hévea **383** 33
hexaedro **351** 2
hexágono **351** 15
hexoctaedro **351** 13
hidno **381** 24
~ sinuoso **381** 31
Hidra **3** 16
hidralmânia **369** 9
hidrante **270** 25
~, chave de manobra do **270** 27
hidroavião **232** 1
~ monomotor **232** 5
hidrofone **224** 64
hidrogênio, entrada de **170** 15
~, ligação de **349** 12
~, tanques de **6** 6
~ líquido, abastecimento principal de **235** 35

~ líquido, bomba de **235** 41
~ líquido, tanque de **234** 26, 42; **235** 54
~ líquido, tanques descartáveis de **235** 46
~ líquido, tubulação de alimentação de **235** 50
~ líquido, tubulação de sucção de **234** 23
hidromassagem **281** 33
~, esquema da banheira de **281** 35
~ quente, banheira de **281** 31
hidrômetro **269** 53
~, mostrador do **269** 58
hidropatia com cassino, clínica de **274** 8
hidroplano **232** 1
hidrosfera **11** 2
hidroterapia, pavilhão de **274** 1
hidroxilamina, entrada de **170** 21
hiena rajada **368** 1
hieróglifos do antigo Egito **341** 1
hífen **175** 13; **342** 28
higiafone **204** 38
higiene, artigos de **99** 35
hignófrafo **10** 8, 50
higrômetro **151** 39; **179** 28; **281** 23
himácio **355** 6
himenópteros **358** 21-23
hinário **330** 30
hipérbole **347** 26
~ de posição **224** 43, 44
hiperbolóide básico **224** 42
hipersustentador duplo tipo Fowler **229** 40
~, sistema de **229** 37
hipismo **289**
hipocampo **327** 44; **364** 19
hipocentauro **327** 52
hipocentro **11** 32
hipódromo **308** 59
hipófise cerebral **17** 43, **18** 22
hipogástrio **16** 37
hipógrifo **327** 26
hipopótamo **366** 31
hipotenusa **346** 32
hipotraquélio **334** 22
hipsográfica, curva **11** 6-12
hissope **332** 54
hissopo **374** 5
hodômetro **187** 33; **191** 74
~ parcial, interruptor da luz interna do **191** 77
Holandês Voador **284** 49
holoedro **351** 2
holofote **258** 28; **307** 3
holotúria **369** 18
homem **16**; **17**; **18**; **19**; **20**
~, corpo de **327** 53
~, parasitas do **81** 31-42
~, tronco de **254** 11
~ de negócios **209** 29
~ de neve **304** 13
~ do campo **63** 5
~ forte **308** 27
~ inconsciente **270** 24
~ lendo jornal **265** 24
~ morto, dispositivo de **211** 21
~ moto, dispositivo de **212** 13
~ passeando **272** 26
~ sanduíche **308** 49
~ sobre pernas de pau **308** 49
homogeneização, silos de **160** 5
homogeneizador *Usina de Leite* **76** 12
homóptero **358** 3
hóquei, bola de **292** 14
~, calçado de **292** 10
~, jogador de **292** 15
~, jogo de **292** 6
~, taco de **292** 13
~ sobre o gelo **302** 29-37

~ sobre o gelo, jogador de **302** 29
~ sobre o gelo, patim de **302** 23
~ sobre o gelo, taco de **302** 30
horário **210** 52
horas e minutos, coroa de **110** 3
horizonte artificial **230** 3
horta **52** 1-32; **55** 1-51
hortaliças **57**
~ folhosas **57** 28-34
~ para saladas **57** 36-40
hortelã-pimenta **380** 3
hortelão **52** 24
hortênsia **51** 11
horticultor **55** 20
horticultura **55**
hortulana **361** 7
hóspede **267** 14
~, livro de registro (*Pt.* registo) de **267** 8
hospital **25**
~ do porto **225** 26
hóstia **328** 38, 35
~ consagrada **331** 48; **332** 35, 48
hotel **267**
~, bar do **267** 51
~, conta do **267** 11
~, quarto de **267** 27-28
~, quarto de casal com banheiro **267** 27-28
~, restaurante do **267** 20
~, saguão (*Pt.* sala de espera) do **267** 18-26
hulha, depósito de **144** 41
~, pista coberta de **298** 6
~, veio de **144** 50
humedecedor **247** 31
humidificador **79** 22
humor vítreo **19** 46

I

ião *ver* íon
iate de cruzeiro **284** 60; **286** 5
iatismo **284**; **285**
~ no gelo **302** 44-46
içamento, cabo de **221** 102
~, corda para **120** 37
icosaedro **351** 11
icositetraedro **351** 12
Idade da Pedra, ídolo da **328** 8
~ da Pedra Lascada **328** 1-9
~ da Pedra Polida **328** 10-20
~ do Bronze **328** 21-40
~ do Ferro **328** 21-40
identidade, sinal de **345** 16
ídolo **328** 20
igarapé **13** 8
iglu **353** 4
~ inflável **278** 58
ignição, acessório de **195** 13
~, distribuidor de **190** 27
~, vela de **190** 35
~ e partida, chave de **191** 75
~ por vela **190** 1
igreja **15** 64; **330**; **331** 1; **332**
~, agulha da **331** 6
~, cemitério de **331** 21-41
~, flecha da **331** 6
~, janela da **330** 14
~, portada de **335** 24
~, pórtico da **331** 16
~, relógio da **331** 7
~, telhado da **331** 11
~ barroca **336** 1
~ católica romana **330** 31-62
~ com agulha **15** 107
~ com torres **15** 53
~ gótica **335** 22
~ protestante **330** 1-30
~ renascentista **335** 42
~ românica **335** 1-13
~ sem torre **15** 61

~ luminoso 268 45
leucita 351 12
levantador de grãos 64 2
levantamento Cartogr. 14 46-62
~, alavancas de controle 64 59
~, braços de 255 76
~ altimétrico 14 48
~ da porta, mecanismo de 139 55
~ geodésico 14 46-62
~ topográfico 14 46-62
lhama 366 28
~ selvagem 366 30
liana 52 5
libélula 358 3
líber 370 9, 10
líbero 291 11
Libra 3 19; 4 59
libra esterlina 252 37
libré 186 21
liça 329 31
licença 246 26
licenciamento, placa de 189 8
licenídeo 365 6
liço, olhal do 166 28
~, puxador de Tecel. 166 54
~ de metal 166 27
licopérdon oval 381 19
~ redondo 381 20
licopódio 377 12
licor 98 58
~, copos de 317 7
licoreiro 45 48
liga 32 6; 318 28
~ metálica, alimentador automático de 174 40
~ metálica, lingotes de 174 26
~ leve, revestimento de 235 11
~ leve totalmente reforçada 235 11
ligação, botão de 237 18
~, disco de 246 14
~, dispositivo para 287 31
~, elemento de 248 48
~, teclas de 246 15
~ automática, sistema de 237 25
~ dos cabos, painel de 239 3
~ em delta 153 21
~ em estrela 153 20
~ em triângulo 153 21
~ hidráulica 179 5
~ interna 245 14
~ telefônica com central de dados 242 20
liga-desliga, dispositivo 269 47
ligadura 321 24
ligamento 171 1-29
~ duplo 171 9
~ em panamá 171 11
~ falciforme 20 34
~ reps 171 13
ligue 64 11
lígula 68 22; 370 84
liliácea 53 13
lima 132 2; 134 9; 140 8, 16
~, cabo da 108 50
~, corte da 140 28
~ arredondada 140 29
~ chata 140 27
~ de precisão 140 8
~ grossa 100 49; 140 8
~ plana 108 49
~ redonda 108 47
limadora mecânica 140 15
limão-de-cheiro 306 51
limatão 140 29
limbo 224 2; 370 28, 85
~ da folha 68 20
limícolas 359 19-21
limitador Aeronaves 231 8
~ Encad. 185 11
limoeiro 384 23
limpador de beterrabas 64 89
~ de pára-brisa 197 32
~ de tubo 107 46
limpa-neve 213 17

limpa-trilhos 210 34
limpeza, máquina de 92 36
~, orifício de 269 51
~, pincel de 247 10
~, poço de 38 45
~, tanque de 178 1
~ urbana 199
limusine 193 1
linária comum 376 26
lince 368 8
linear 370 31
linfonodo 19 10
linga 214 54
~ de descida 300 28
lingerie 32 1-15; 271 56
lingote 148 48; 174 8
~, vagoneta transportadora de 148 49
~ de gusa, solidificação de 148 25
~ plano 143 10
lingoteira 147 32, 37
língua 17 52; 19 25; 77 9; 88 2; 327 5, 6
~ -de-boi 376 10
~ de gato 98 84
lingueta 45 55; 100 65; 101 32; 110 34; 140 39; 326 19
~, encaixe da 166 44
~, pino guia da 140 41
~, roda da 110 35
~ de espuma de borracha 291 24
~ de mola 140 37
~ do contramartelo 325 30
linguiças 96 6-11; 98 4; 99 54
linha 122 89; 175 4; 202 1-38; 320 43; 346 1-23
~, fiscal de 293 69
~, guia da 89 60
~, modelo controlado por 288 89
~, auxiliar de 15 23
~, chumbada e iscada 84 36
~ de água 258 27
~ da cabeça 19 73
~ da vida 19 72
~ de base 122 81
~ de costura 103 12
~ de expansão 1 61
~ de fé 224 48
~ de frente, jogador de 293 63
~ de fundo 291 7
~ de fundo, juiz da 293 26
~ de mira, olhal da 305 41
~ de partida e chegada 286 30
~ de pesca 89 63
~ de transmissão, torre de 152 36
~ do anzol 89 78
~ do coração 19 74
~ equinocial 3 3
~ férrea 15 22; 202; 203; 205 59-61
~ interna 245 17, 20; 246 10
~ lateral 291 9; 292 17; 293 55
~ média 294 4
~ média, juiz da 293 25
~ para sutura, cilindro de 22 61
~ principal 15 21; 203 45
~ reta 346 2, 3
~ secundária do espinhez 90 29
~ -tronco 198 16; 237 24
~ tronco à frente 203 49, 50
~ única, sistema de controle por 288 90
linhas batimétricas 15 11
~ -blocos fundidas 174 19
~ da mão 19 72-74
~ de pressão atmosférica 9 1
~ externas 237 18
linho 383 6
~, cabeção de 355 56
~, fardo de 206 11
~, forro de 355 57
linotipo 174 19
~, matriz de 174 29

liquidificador 40 46
líquido, indicador do nível de 316 57
~, volume de 350 21
~ corretivo 247 13
líquido de limpeza 111 32
~ lubrificante 162 53
~ para descolar papel de parede 128 1
~ refrigerante, coletor de 92 7
~ refrigerante, tubo alimentador de 138 26
Lira 3 22
~ 252 20, 21; 254 34; 322 15
lírio branco 60 12
~ -do-vale 377 2
~ martagão 377 4
liso 370 43
lista de preços 96 19; 98 73
~ telefônica 236 12; 237 5
~ telefônica, números que não constam na 237 33
listel 334 19, 57
litode 369 16
litografia 340 25-26
litógrafo trabalhando a pedra 340 45
litorina 208 13
litosfera 11 1
livramento, início de 299 8
livraria 204 26; 268 37
livro 46 8; 185 36
~, dorso do 183 14
~, lombada do 183 1
~, mostruário de 330 56
~, prateleira de aço de 262 12
~ aberto 185 52
~ antigo 309 55
~ costurado e colado 183 32
~ de chamada 260 23
~ de leitura 260 16
~ escolar 47 25
~ infantil 47 17; 48 23
lixa 107 24; 128 14; 129 25; 134 25; 135 25
~, bloco de 128 13; 129 26
lixadeira 134 53
~ de correia única 133 30
~ mecânica 129 30; 133 12
lixamento 129 28
lixamento, mesa de 133 35
~ de molduras, suporte de 133 34
~ mecânico, correia de 133 14
lixeira 96 46
lixívia, bomba de 172 33
~, preaquecedor da 172 8
~ branca, tanque de armazenagem da 172 46
~ de cozimento 172 46
~ forte, bomba de 172 34
~ fraca, concentrador de 172 44
~, fraca, tanque de armazenagem da 172 42
~ negra, filtro da 172 28
~ negra, tanque de armazenamento de 172 29
~ verde, preaquecedor de 172 43
~ verde não-clarificada 172 41
lixiviação do zechstein, resíduos de 154 62
lixo 199 17; 268 22
~, lata de 37 63; 96 46
~ compactado 199 22
~ em decomposição 199 22
lobo 367 13
~ convexo 13 57
lóbulo 17 57
~ do fígado 20 35
~ superior 20 7
locação de carros 233 33
local noturno 318 1-33
loção após a barba 49 38
locomotiva, planta da 211 10-18
~ articulada Garratt 210 64
~ a vapor 210 1-69
~ de alta velocidade 205 35

~ de condensação 210 69
~ de manobras 206 43
~ diesel 212 1-84
~ diesel de bitola estreita 200 24
~ diesel de manobra 212 68
~ diesel hidráulica 212 1, 24, 47; 213 1
~ diesel monomotor 208 1
~ elétrica 205 35; 211 1; 214 4
~ expressa 210 38
~ rebocadora 216 29
~ sem fornalha 210 68
~ -tênder 210 65
locutor 238 21
loden 30 64
lofobrânquias 364 19
loja 111 1-19
~, fachada da 268 42
~, letreiro da 268 39
~ de acessórios 196 24
lojinha de brinquedo 47 27
lombada 185 41
lombarda 57 33
lombo 95 3
~ caça 88 18, 35
~ cavalo 72 30
~ de vaca, pedaço de 96 4
~ de vitela 95 7
lombriga 81 31
lona 297 11
~, capota de 255 98
~, casco de 283 58
~, estaca da 307 13
longarina 230 45, 47, 57; 285 55; 303 5
~ central 235 9
~ diagonal 287 33
~ dupla 235 1
~ dos lances 123 44
~ dupla, asa de 257 27
~ em caixão 287 30
~ junto a parede 123 45
~ lateral 235 3
~ lateral não estanque 222 52
~ principal 287 30
~ principal 214 67
~ secundária 287 33
~ tripla, cauda de 257 20
~ tubular 119 48
longicórneo 358 38
longitude 14 4, 7
longitudinal 222 50
lontra 367 17
~ -do-mar 367 17
looping 288 1
Lophocaly × phillipensis 367 7
loriga 329 63
loro 71 42
losango 346 35
loteria, barraca de 308 44
louça, cacos de 260 61
lousa 309 72
Lua 4 1-9, 31, 45
~ cheia 4 5
~ nova 4 2
lubrificação sob pressão, sistema de 192 16-27
lubrificador 187 65
lucarna 329 11
lucerna 329 11; 336 4
lúcio 345 7; 364 16
ludo 47 19
lugares, indicador de 315 12
luís de ouro de Luís XIV 252 5
lulu de Pomerânia 70 20
luminária 39 39; 44 12; 267 4; 268 6
~ de mesa 246 11
~ suspensa 268 49
luminosidade, regulagem de 240 33
luneta 224 8
~ de observação 113 38 351 31
~ meridiana 113 29
~ -lupa 113 38

~ bosquímana **354** 34
~ de Basiléia **355** 35
~ de Nuremberg **355** 38
~ grega **355** 1
~ "herero" **354** 25
~ índia **352** 10
~ obesa **308** 21
~ -polícia **264** 37
~ romana **355** 7
~ se bronzeando **281** 12
multímetro **242** 73
multiplicação **344** 25
~ das plantas **54**
~ por bulbilhos **54** 27
~ por mergulhia **54** 10
múmia **352** 21
munhão **143** 63
munhequeira **296** 64
munição **87** 19, 54; **305** 34-39
~, cofre de **259** 19
mural **338** 40
muralha **329** 15; **334** 6
~, torre da **329** 14
murça **140** 8
muriçoca **358** 16
muro **15** 95; **281** 17; **289** 8
~ ciclópico **269** 37
~ de jardim **37** 37
~ de proteção **356** 4
~ lateral **216** 35; **217** 80
murta **53** 11
~ do brejo **373** 33
musaranho **366** 7
muschelkalk inferior **154** 60
~ intermediário **154** 59
~ superior **154** 58
musculatura **18** 34-64
músculo contrátil *Apic.* **77** 17
~ de perna **95** 14
~ de expressão facial **19** 6
~ do pé **18** 49
~ do pescoço **18** 51; **19** 12
~ espernodidomastóideo **18** 34; **19** 1
~ intra-espinhal **18** 53
~ longo de fíbula **18** 64
~ masseter **19** 7
~ oblíquo externo **18** 43
~ occipital **19** 2
~ occipitofrontal **19** 4
~ ocular **19** 44
~ orbicular **19** 8
~ reto **18** 44
~ temporal **19** 3
~ tenar **18** 41
musgo **13** 20
~ político **377** 17
~ **música, estúdio de gravação de 310** 14
~, ritmo de **318** 27-32
~ automática, caixa de **309** 14
musical automático **308** 38
músico popular **306** 3
mustang **352** 4
mustelídeos **367** 14-17
mútulo **334** 13, 17

N

nácar **357** 34
nacele do turborreator **231** 26
naco de fumo **107** 19
nadadeira, caudal **367** 29
~ em forquilha **367** 29
nadadeira **279** 18; **280** 41; **367** 28
nádegas **16** 40
~, sentado sobre as **295** 9, 10, 12, 13
nadir **4** 13
nado borboleta **282** 34
~ *crawl* **282** 37
~ de costas **282** 36
~ de peito **282** 33
~ golfinho **282** 35
náiade **327** 23
náilon **101** 4

~, sola de **291** 30
naipes **276** 38-45
~ alemães **276** 42-45
namorados, casal de **272** 72
nanquim, cartucho de **151** 36, 68
narceja **88** 83; **359** 19
narciso **60** 3
~ branco **60** 4
narguilé **107** 42
narina *Cavalo* **72** 7
nariz **16** 10; **70** 4; **123** 20
~ *Instrumentos musicais* **325** 31
~ articulado *Aeronaves* **231** 16
~ postiço **306** 46
~ reforçado *Astron.* **235** 20
nasal **17** 41
nascente **12** 26; **15** 82
~ artesiana **12** 26
~ cárstica **13** 74
~ em vertente **12** 38
nata *ver* creme
natação **282**
~, aula de **282** 16-20
~, bóia de **282** 19
~, estilos de **282** 33-39
~, instrutor de **282** 16
~ debaixo de água **280** 41
~ subaquática **279** 7-27; **282** 38
natureza-morta **338** 27
naufrágio, restos de **224** 84, 85
navalha, cabo da **106** 39
~ aberta **106** 38
~ de desbastar **106** 41
~ helicoidal **168** 44
~ reta **106** 38
navalhadeira **168** 42
nave **330** 27; **334** 62; **335** 1
~ espacial *Orbiter* **235** 1-45
~ lateral **334** 63; **335** 2
navegação **224**
~, balizamento de canal de **224** 68-83
~, canal de **216** 21
~, casa de **223** 18
~, indicadores de águas rasas de **224** 97
~, luz de **221** 51; **257** 36; **286** 9-14
~, luz lateral de **258** 15, 56
~, luz vermelha de **288** 31
~, painel de luzes de **224** 29
~, ponte de **223** 4-11
~, rádio e equipamento de **288** 13
~, sala de **223** 14; **228** 22
~, sistema Decca **224** 39
navegador **224** 37
naveta de filé **102** 26
navette **46** 55
navio, copa de **223** 43
~, partes estruturais do **222** 44-61
~, rebocador do **222** 42
~ tipos de navio **221**
~ a motor **223**
~ a vela, evolução do **220** 35-37
~ a vela de três mastros **220** 24-27
~ cargueiro **221** 23
~ celeste **3** 45
~ cisterna **225** 13
~ *container* **225** 45; **226** 5
~ *container*, carregamento de **226** 2
~ *container*, ponte rolante do **225** 46
~ contentor **221** 21; **225** 45, 46; **226** 2, 5
~ costeiro **221** 99
~ danificado **228** 10
~ de cabotagem **221** 99
~ de cruzeiro **221** 15
~ de estação oceânica **9** 7
~ de guerra romano **218** 9-12
~ de linha **218** 51-60
~ de passageiros **221** 82; **225** 32

~ de quatro mastros **220** 28-31, 29
~ em construção **222** 30
~ encalhado **227** 2; **228** 10
~ encalhado, salvamento de **227** 1
~ escola **258** 95
~ fábrica **90** 11; **221** 86
~ farol **221** 47; **224** 81
~ graneleiro **225** 67; **226** 30
~ histórico, tipo de **218**
~ meteorológico **9** 7
~ misto **221** 96; **223** 1-71
~ piloto **221** 95
~ porta-*containers* **221** 21; **226** 5
~ *Preussen* **220** 35
~ socorro **221** 18
~ tanque **221** 35; **258** 97
~ tanque, para gás liquefeito **221** 35
~ ténder **258** 92
nebulização, pistola de **83** 18
nebulizador **83** 2
~, jato do **83** 8
nectar, glândula do **59** 18
nectário **59** 18
negligé **32** 20
negra **354** 22
negrito **175** 2
~ condensado **175** 10
~ extra **175** 9
negro **254** 26; **354** 13
~, cabana de **354** 21
nematódios **80** 51
nenúfar **51** 18; **272** 56
~ branco **378** 14
néon, letreiro em **268** 16
neoprene, roupa de mergulho de **279** 9
nereida **327** 23
nervação **370** 29
nervo auditivo **17** 64
nervo ciático **18** 30
~ central anterior **18** 31
~ femoral **18** 31
~ óptico **19** 51
~ óptico *Apic.* **77** 24
~ óptico, fibra de *Apic.* **77** 23
~ peroneal **18** 33
~ poplíteo medial **18** 32
~ radial **18** 28
~ radial da mão **19** 69
~ ulnar **18** 29
~ ulnar da mão **19** 70
nervos **19** 33
~ torácicos **18** 26
nervura **123** 36; **358** 34
~ *Aeronaves* **230** 46
~ de reforço **200** 9
~ falsa **287** 36
~ principal **235** 10; **287** 35; **370** 30
~ totalmente fresada **235** 10
Netuno **4** 51
neumas **320** 1
~ neuróptero **358** 12
neutro **127** 13
nêutron (*Pt.* neutrão) **1** 30
~ absorvido **1** 53
~ desintegrador do núcleo **1** 42
~ liberado **1** 39, 45, 52
nevada **304** 4
neve **9** 34
~, alude de **304** 1
~, bloco de **353** 5
~, campos de **12** 48
~, cornija de **300** 20
~, deslizamento de **304** 1
~, monte de **304** 5
~, polainas de **300** 55
~, ponte de **300** 24
~, saliência na **300** 4
~, trator de **304** 8
~, semi-derretida **304** 30
nevoeiro **9** 31
~, alerta para **223** 3
~ alto **8** 4

nicho **217** 70; **331** 60
~ da escrivaninha **46** 21
nidificação, cavidade de **359** 29
nigela-dos-trigos **61** 6
nimbo-estrato **8** 10
nimbostratus **8** 10
nimitz ICVN 68" **259** 1
ninfa **272** 2; **327** 23; **358** 20
~ artificial **89** 66
ninféia **51** 18; **272** 56
ninho, entrada do **359** 28
~ de pega **223** 38
nitrogênio, tanque de tetróxido de **234** 59
nível **13** 77; **14** 48
~, indicador de **316** 57
~ acionado a motor **112** 69
~ a jusante **217** 17
~ a montante **217** 25
~ compensador **112** 69
~ constante, cuba de **192** 14
~ constante, reservatório de **192** 14
~ de água, indicador de **210** 45; **349** 16
~ de áudio, controle de **117** 16
~ de bolha de ar **118** 55; **126** 79
~ de combustível, luz de controle do **191** 71
~ de sintonia, indicadores do **241** 54
~ do óleo, cano do **38** 53
~ do óleo, indicador do **38** 54; **153** 11
~ do óleo, vareta medidora de **190** 47
~ energético do elétron (*Pt.* elétrão) **1** 27
~ mais baixo do canal **217** 29
~ mais elevado do canal **217** 37
~ médio do mar **146** 39
~ zero **7** 6, 20
nivelador universal de tonalidade **238** 48
nivelamento, pá de **255** 94
~, parede de **122** 39
~ geométrico **14** 46
nó **31** 47; **32** 42; **102** 23; **122** 68; **383** 63
~, cortador do buraco do **132** 53
~ corrediço, arremesso com **352** 5
~ da madeira, orifício do **132** 52
~ do dedo **19** 82
nobre espanhol do século XVI **306** 26
nocaute, perdedor por **299** 40
noctuídeo **80** 42; **82** 46; **365** 8
nogueira **59** 37-43
~, folha da **59** 40
~ em flor **59** 37
noiva **332** 15
~, buquê de **332** 18
~, véu de **332** 20
noivo **332** 16
noivos, casal de **332** 15-16
nômades da Ásia Ocidental e Central **353** 19
nome, placa com o **285** 46
nônio **224** 5
nonplusultra **175** 19
normógrafo **151** 69
norte, ponte **4** 16
nós *Met* etc. **9** 12
~, separador de **172** 54
nota **320** 3-7
~ ao consumidor **98** 44
~ fiscal **206** 30; **271** 7
~ musical **320** 3-7
notas **252**
~, compartimentos para **271** 6
~, valores das **320** 12-19
notação medieval **320** 1-2
~ mensural **320** 2

~ luminoso **2** 34
posições *Esgrima* **294** 46
positivo dorsal **326** 5
pós-sincronização, estúdio de **311** 37-41
poste **291** 37; **298** 33
~ com luminária **198** 18
~ de luz **37** 62
~ de portão **301** 30
~ de rua **37** 62
postigo **38** 14; **91** 4 **218** 60
~ do chassi (*Pt.* chassis) **114** 64
postilhão **186** 40
posto aduaneiro **225** 4
~ de auto-serviço **195** 1-29
~ de primeiros socorros **308** 61
~ de gasolina **196**
~ de serviço **196** 1-29
~ de observação *Caçada* **86** 9
~ salva-vidas **280** 46
postura de ovos **80** 2, 30
potassa, veio de **154** 65
pote fechado **162** 46
potência, elevação a uma **345** 1
potenciação **345** 1
potenciômetro de cursor **238** 47
potril **319** 15
potro **73** 2
poupa **359** 25, 26
poupança, cadernetas de **250** 4
pouso, convés de **259** 2, 12
~, luzes de **257** 37
~, patins de **256** 21
~, trem de **256** 26
povoado **15** 105
praça forte **329** 31
pradaria **13** 13
prado **13** 13; **62** 44; **63** 22
~, flores do **375; 376**
pragana **68** 12
pragas, combate às **83**
~ das culturas **80**
~ das florestas **82**
~ destruidores **80**
~ do campo **80** 37-55
~ dos vinhedos **80** 20-27
praia **13** 35-44; **281** 2
~, barraca de **280** 45
~, conjunto de **280** 19
~, guarda de **280** 34
~, saída de **280** 21
~ elevado **11** 54
~ fóssil **11** 54
prancha **55** 22; **119** 16; **157** 34
~, quilha da **279** 3
~ a vela **284** 5
~ de madeira **120** 10
~ de vôo *Apic.* **77** 49
~ dorsal **296** 56
prancheta **120** 91; **151** 1
~, ajuste da **151** 5
~ sem aparar **120** 94
pranchões **157** 34
~, corredor de **118** 79
prata **254** 25
~, balança de precisão para **108** 35
~, fio de **108** 3
~, moeda céltica de **328** 37
prateiro **108**
prateleira **39** 3; **44** 19; **46** 5; **74** 42; **98** 14; **104** 8; **271** 27
~, artigos expostos na **271** 67
~ com alimentos **207** 83
~ de chaminé **267** 24
~ de livros **42** 3
~ giratória **39** 28
~ para bagagem leve **208** 28
~ para cartões **195** 14
~ para fichas **195** 14
~ para material **100** 36
pratinho para níqueis **265** 3
pratos **207** 84; **323** 50; **324** 50, 51
~ *Cinema* **117** 99
~, pilha de **266** 11

~, secador de **39** 33
~, suporte do **324** 52
~ com acompanhamento **266** 17
~ com som pós-sincronizado **117** 101
~ de carne com guarnição **266** 55
~ de sobremesa **39** 34; **45** 34
~ de sopa **44** 6; **45** 5
~ fundo **44** 6; **45** 5
~ giratório **178** 26; **241** 20; **311** 44
~ motor **135** 9
~ para trilha (*Pt.* para pista) sonora original **117** 100
~ quente **266** 67
~ raso **39** 42; **44** 7; **45** 4
~ térmico **28** 28
preaquecedor **212** 41
preaquecimento, plugue de **190** 55, 66
~, vela de **190** 55
precipitação **8** 18
~, área de **9** 30
~, tipo de **8** 18-19
~ eletrostática **160** 7
~ intermitente **8** 19
precipitador eletrostático **152** 13; **156** 20; **172** 39
precisão, salto de **288** 55
~, torno de **138** 20
preço, etiqueta de **96** 6
~, preço, lista de **98** 73
~, tabuleta de **271** 19
~ do litro **196** 6
predador **86** 22
prédio público **15** 54
pré-exibição, monitor de **238** 60
prega do cotovelo **16** 44
~ glútea **16** 42
~ lateral enviesada **30** 52
~ nasolabial **16** 11
pregão, bolsa do **251** 1
prego **134** 39; **143** 51
~, cabeça do **143** 52
~ de cabeça chata **143** 55
~ de ferro **121** 95
~ de ferro galvanizado **122** 74
~ de telhado de ardósia **122** 74
~ rebitado **285** 52
preguiça **366** 11
pré-história **328**
prêmio **86** 43; **308** 48
pré-molares **19** 18
prendedor **37** 31; **126** 56; **133** 9; **350** 33
~ automático **157** 65
prensa **133** 51; **173** 19, 20; **184** 13
~, cabeçote da **183** 21
~, pistão da **133** 52
~, platina inferior da **178** 9
~ alisadora **173** 21
~ com quadro **340** 29
~ de colocação de vidro com aro **109** 29
~ de junta **124** 7
~ de livro **183** 4
~ de palha **63** 35
~ de solas **100** 14, 15
~ de talha doce **340** 36
~ de uvas **79** 21
~ hidráulica, sala de **316** 50
~ hidráulica de forjar **139** 35
~ hidráulica de moldar **178** 7
~ litográfica **340** 60
~ manual **340** 29
~ *offset* **173** 21
~ para confecção de fardos **169** 33
~ para curvar tubos **125** 28; **126** 82
~ pneumática **179** 13
~ rápida de compensado **133** 49
~ vertical **183** 20
prensagem **162** 33
preparação **314** 23

~ das superfícies **128** 1-17
"preparar" **305** 72
prepúcio **20** 70
pré-refinador **172** 82
presbitério **331** 20
presa **88** 54; **366** 22; **367** 22
pré-secadores **165** 50
presentes, cesta de **306** 11
presidente **263** 1
~ da mesa **263** 28
presilha **32** 31
~ da calha **122** 32
~ para a alça **115** 9
pressão *Astron.* **235** 54
~, abastecimento por **257** 33
pressão, alavanca de **163** 16
~, ante para antenor de **235** 19
~, aparelho de **23** 33
~, arruela (anilha) de **143** 34; **190** 56
~, bomba de alta **235** 41, 42
~, bomba hidráulica de **178** 11
~, casco de **258** 66
~, casco resistente a **259** 55
~, cilindro aquecido de **168** 41
~, conduto de vapor de alta **259** 63
~, controle de *Encad.* **185** 5
~, indicador de **25** 55
~, pesos de **168** 2
~, regulada de **340** 38
~, regulagem de **181** 16, 32; **249** 53
~, tanque de **316** 55
~, torneira de **126** 34
~, tubulação de alimentação sob **235** 57
~, tubulação de tomada de **349** 21
~ atmosférica **9** 4
~ barométrica **9** 4
~ do combustível, indicador de **230** 19
~ do combustível, regulador de **190** 17
~ do óleo, indicador da **157** 7; **230** 20
~ do óleo, luz de controle da **191** 73
~ do óleo, válvula limitadora da **190** 67
~ do reator, vaso de **154** 22
~ e tensão do fio, mecanismo de **165** 13
~ média, cilindro de **153** 24
~ sangüínea **23** 32
pressurização, antepara de **231** 32
prestante **326** 31-33
presto **321** 28
presunto **95** 51
~ com osso **96** 1; **99** 52
preto **343** 13
~ *Roleta* **275** 21
pretzel **97** 44
primário, terminal do **152** 43
primatas **368** 12-16
primavera **376** 8
primeira bailarina **314** 27
~ base **292** 46
~ bordada **285** 19
~ primeira oitava **321** 44
~ página **342** 38
~ posição **314** 1
primeiro árbitro **293** 67
~ bailarino **314** 28
~ prêmio **306** 11
primeiros socorros **21**
~, estojo de **21** 4
~, sala de **204** 44
prímula **376** 8
~ aurícula **378** 8
primulácea **53** 5
princesa germânica **355** 20
princípio da exclusão **1** 7
~ de Pauli **1** 7
prisioneiro *Perfis, parafusos, etc.* **143** 22
prisma **177** 38

~ de divisão óptica **240** 35
~ hexagonal **351** 21
~ quadrangular **347** 34
~ triangular **347** 37
prismas de desvio **112** 13
~ de divisão **112** 13
privada **49** 12
proa **221** 108; **222** 74-79; **258** 3
~, âncora de **258** 39
~, castelo de **218** 10, 19; **221** 13; **223** 48
~, coberta de **284** 10
~, compartimento de lastro da **259** 80
~, controle do leme de **224** 23
~, convés de **223** 47
~, corte da **286** 33
~, estai do sobrejoanete de **219** 13
~, figura de **218** 16
~, joante da **219** 4
~, leme de mergulho de **259** 96
~, luz de **223** 40
~, onda de **223** 81
~, plataforma de combate da **218** 49
~, porões de **223** 75
~, portas da **221** 30
~, pranchão de desembarque pela **258** 90
~, remador de **283** 13
~, roda da **221** 83
~, seção (*Pt.* secção) da **286** 36, 40
~ blindada **259** 9
~ bulbosa **222** 74
~ em colher **285** 30
~ reta **285** 40
probóscide **358** 56
proboscídeo **366** 20
procedência ou outra legenda, espaço para **252** 10
procelária **359** 12
processador central **244** 6
processamento, instalações de *Usina de leite* **76** 12-48
~ central, unidade de **176** 29
~ do carvão, unidade de **144** 5
~ e lavagem, bancada de **207** 28
processo float **162** 12
~ prensado/soprado **162** 30
~ viscose **169** 1-34
Príon **3** 15
procissão **331** 42-50
~, acompanhantes da **331** 51
~ religiosa **331** 42-50
proclamação **263** 14
produção, diretor de **238** 22; **310** 26
~, linha de **173** 13-28
~ de vácuo, equipamento de **145** 51
produto **271** 10
~ agrícola **68**, 1-47
~ de lavagem, regeneração do **156** 37
~ em promoção **96** 20
~ leve, destilação de **145** 39
~ novo, demonstrador de **271** 63
~ para limpeza de calçados **50** 39-43
~ pesado, destilação de **145** 40
~ químico, frascos de **261** 23
~ remarcado **96** 20
~ semi-acabado **148** 66-68
proeminência laríngea **19** 13
professor **260** 21
~, carteira do **260** 22
~, faixa do **261** 44
professora **48** 1
profissional **299** 25
profundidade, *aileron* de **257** 39
~, ajuste de **157** 45
~, bomba de **258** 34
~, escala de **224** 66
~, haste de **149** 68

~, ponte giratória de **215** 63
trem **207-214**
~ atraso do **204** 12
~ de apoio **194** 32
~ de aterragem **6** 31; **235** 31
~ de estiragem, cilindros do **164** 22
~ de polias **214** 36, 53
~ de pouso **230** 41; **231** 23, 24, 28; **232** 10; **235** 30; **257** 3, 40; **288** 33
~ desbastador **148** 70
- elétrico **197**
~ elétrico rápido **211** 60
~ expresso, compartimento de **207** 43
~ expresso interurbano europeu **205** 34; **209** 1-22
~ fantasma **308** 5
~ laminador **148** 46-75
~ laminador contínuo **148** 66-75
~ laminador desbastador **148** 50
~ suburbano **205** 25; **208** 1-12
trema **342** 34
tremoços **69** 17
tremoços-de-cheiro **51** 23
tremonha **64** 96; **157** 55
~ alimentadora **163** 31, 33
~ basculante receptora **147** 65
~ de alimentação **200** 45
tremor tectônico **11** 32-38
~ vulcânico **11** 32-38
trenó a vela **302** 44
~ de cavalo **304** 25
~ de corrida **303** 19-21
~ de empurrar **304** 29
~ de impulso **304** 29
~ de mão **304** 29
~ de passageiro **353** 18
~ de pouso **232** 15
~ duplo **303** 19-21
~ esqui **304** 16
~ Nansen **303** 18
~ polar **303** 18
~ puxado por cães **353** 3
trenzinho de madeira **47** 37; **48** 29; **273** 27
trepadeira **52** 5; **53** 2; **57** 8; **61** 26
~ escandente **51** 5
trepa-trepa **273** 17, 47
três *Esportes de inverno* **302** 13
~ cabos singelos **127** 44
~ duplo **302** 14
~ invertido **302** 17
tresquiáltera **321** 23
trevo branco **69** 2
~ híbrido **69** 3
~ da Holanda **69** 2
~ de quatro folhas **69** 5
~ roxo **69** 4
~ vermelho **69** 1
triagem **74** 38
~, desvio de **206** 47
~, máquina de primeira **236** 36
~, mesa de **64** 81
~, pátio de **206** 42
~, rampa de **206** 46
triângulo **202** 13; **323** 49; **346** 26-32
~, símbolo do **345** 24
~ acutângulo **346** 28
~ de cerâmica **350** 17
~ equilátero **346** 26
~ isósceles **346** 27
~ obtusângulo **346** 30
~ retângulo **346** 32
triângulo Austral **3** 40
tribulé **108** 26
tribuna **263** 6
tricéfalo, corpo de cão **327** 30
tríceps maquial **18** 38
tricô **33** 31; **167** 48; **171** 37, 40
~, modelo de **101** 43
tricoloma **381** 29
tricolor (França) **253** 16
tridente **55** 21

trifório **335** 33
tríglifo **334** 15
trigo **68** 1-37, 23
~, farinha de **99** 63
~, gorgulho do **81** 26
~, traça do **81** 29
trijato de transporte de médio curso **231** 12
trilha **63** 18; **84** 3; **86** 16; **301** 44
~, indicador de **65** 81
trilhas sonoras, mixagem de **311** 34-36
~ sonoras simétricas **312** 45
trilho **2** 37; **44** 15; **75** 16; **133** 41; **202** 1; **205** 59; **214** 10; **283** 4
~, arma do **202** 3
~, boleto do **202** 2
~, junta do **202** 11
~, patim do **202** 4
~ de ajuste do foco **115** 86
~ de guia **201** 15
~ de ligação **202** 26
~ de retorno **214** 22
~ do carro *Malhar.* **167** 45
~ do soprador, suporte do **165** 6
~ para acessórios *Fotogr.* **115** 20
~ porta-bobinas **164** 42
~ prismático **175** 54
~ retardador **206** 48
~ triangular **242** 80
trilho-guia **214** 56; **271** 54
trimarã **278** 16
trimetálica, chapa **179** 9
trinado **321** 18
trincha **129** 17; **338** 9
~ de cola **128** 27
trinchante **45** 69; **96** 35
trinchete **137** 32
trincho **128** 41
trinco **50** 25; **140** 37; **191** 75; **203** 57
trioctaedro **351** 10
tripa de carneiro, corda de **324** 6, 14
tripé **114** 42; **173** 6; **295** 26; **349** 15; **350** 14
~, perna do **114** 43
~ com norso **126** 11
~ de madeira **313** 13
~ de mesa **115** 99
~ para muda **63** 30
triplano **229** 6
tripulação, compartimento da **6** 41
~, túnel de entrada do **235** 71
tripulante, cabine individual de **228** 32
trirreme **218** 9-12
tritão **327** 23, 40
~ de crista **364** 20
trituração e secagem, moinho de **160** 4
trocador **28** 4
~ auxiliar de calor **212** 43
~ de calor **207** 6; **209** 15
troco, gaveta de **236** 23
~, máquina de **236** 18
troço *ver* contrapino
troféu **352** 30
troglodita **361** 12
tróica **186** 45
trólei, operador do **205** 30
tróleibus (*Pt.* troleicarro) **194** 40
~, reboque do **194** 44
trolha **118** 56
tromba **366** 21
trombeta *ver* trompete
trombone **326** 17-22
~ de vara **323** 46
trompa **186** 41; **323** 41
~ de água **23** 49
~ de bronze **322** 1
~ de caça **87** 60
~ de Eustáquio **17** 65

~ de Falópio **20** 81
~ de guerra de marfim **354** 39
trompete **318** 6, 7; **323** 43
~ baixo **323** 43
~ de *jazz* **324** 65
~ de pistons **324** 65
trompetista **318** 7
tronco **16** 22-41; **84** 15, 16, 19; **370** 2
~, flexão lateral do **295** 32
~ bruto **120** 83
~ de cone **347** 45
~ faceado **120** 88
~ para frente, flexão do **295** 33
~ para trás, flexão do **295** 34
~ serrado **157** 33
trono **284**7
tropa, caminho de **12** 46
trópico de Cáncer **3** 4
trópicos **14** 10
tropeolácea **53** 4
tropopansa **7** 9
troposfera **7** 1
tróquilo **334** 29
trote **72** 4
~, corrida de **289** 23-40
~, pista de **289** 23
trovador **329** 70
trub, remoção do **93** 1-5
~ quente, separação do **93** 2
trufa **381** 9-11
truque **65** 14-19; **152** 41; **207** 4; **208** 4;**212** 2; **213** 11, 13
~ da grua **119** 32
~ motor da cauda **197** 9
~ reboque **197** 10
truta **89** 16
~, criação de **89** 14
~, tanque de criação de **89** 6
~ castanha **364** 15
~ de lago **364** 16
~ de riacho de montanha **364** 15
tsunami **11** 53
tuba baixo **323** 44
~ contrabaixo **323** 44
~ uterina **20** 81
tubarão-azul **364** 1
tubeira **232** 55; **234** 35; **235** 37
~ giratória **235** 64
~, tanque de combustível da **235** 45
túbera **381** 9
tubérculo **68** 38-45
~ de batata **68** 40
tubete **164** 52; **166** 30
~, prendedor de molas do **166** 33
tubo **25** 13; **50** 70; **83** 31; **113** 31-39; **187** 60; **322** 4; **326** 16
~, blindagem do **255** 72
~, corpo do **326** 29
~, passagem de ar do **326** 24
~, seção (*Pt.* secção) central do **113** 9
~, tampa do **260** 52
~ alimentador **96** 50
~ a vácuo **74** 50
~ Cassegrain **5** 4
~ catódio **240** 3
~ com diagramas **10** 27
~ com iluminação **112** 38
~ corrugado **26** 2
~ de aspersão **83** 29
~ de aspiração **199** 43
~ de cloreto de cálcio **350** 43
~ de cola **260** 51
~ de conexão **25** 20, 56
~ de cor **240** 36
~ de descolorante **105** 3
~ de ensaio **350** 30, 34
~ de extensão **115** 81
~ de extração **145** 13
~ de fixação **357** 23
~ de fornecimento **126** 96
~ de gás **83** 35
~ de imagem **26** 17; **240** 3; **242** 39

~ de leite **75** 27
~ de observação **113** 8
~ de queda **37** 14
~ de ração **74** 15
~ de raios catódicos **242** 40
~ de raio X **27** 7
~ de resina sintética **130** 26
~ de saída **226** 34
~ de segurança **349** 7
~ de sucção **10** 37; **226** 32
~ distribuidor **126** 8
~ do aspirador **50** 64
~ do contador **2** 21
~ em U **349** 2
~ em Y **350** 56
~ fluorescente **127** 61
~ gastrointestinal *Apic.* **77** 15-19
~ giratório **64** 37
~ injetor **147** 68
~ lança-torpedo **258** 78; **259** 79
~ lança-torpedos anti-submarino **258** 33
~ modulante **322** 10
~ oscilante **172** 10
~ padrão **119** 47
~ para resíduos maiores **50** 85
~ pitó **256** 11; **257** 1
~ porta-vento **147** 53
~ recurvado **284** 37
~ respiratório **27** 37
~ telescópico **65** 77
~ vertical **234** 25
tubulação **83** 14; **145** 20
~, bocais da **256** 13
~, sapata da **269** 61
~, suporte de **146** 4
~ a vácuo **75** 29
~ de águas servidas **199** 26
~ de alimentação de espuma **83** 10
~ de ar **75** 28
~ de tomada de pressão **349** 21
~ dupla, sistema de **126** 22
~ extratora de pó **133** 40
~ forçada **217** 41
~ individual **126** 7
~ móvel **142** 15
~ secundária **232** 44
tucano **363** 6
Tudor, arco **336** 37
tufo **73** 7; **88** 78
~, depósito de **11** 26
~ vulcânico **11** 19
tuia **372** 39
tulipa para champanha **45** 85
tulipeiro **374** 1
~ da Virgínia **374** 1
tumba **331** 23
~, reentrância da **331** 60
~ megalítica **328** 16
túmulo **328** 16; **331** 24
~ indiano em abóbada **337** 21
~ real **333** 1
~ rupestre **333** 38
tundra, clima da **9** 57
túnel **15** 70; **214** 6
~ de acesso ao terminal de bagagem **233** 6
~ de entrada **353** 6
túnica **30** 29, 45; **31** 35; **221** 115; **355** 12
~ de linho **355** 5
~ longa **355** 19
turbante **31**; **353** 46
~ tipo camponesa **35** 11
turbilhões no combustível de **234** 11
turbina **67** 20; **168** 14; **209** 18, 24; **232** 17, 40, 47
~, chaminé da **146** 5
~, transmissão da **209** 10
~ a gás **231** 33
~ a gás, controle da **209** 16-17
~ a vapor **152** 23; **153** 23-30; **154** 14, 46, 52

~ de alta pressão 232 53; 259 62
~ de baixa pressão 232 54; 259 62
~ reversível 155 39
~ rotativa, bomba de 259 57
turboélice 232 30; 256 16
turbofan dianteiro 232 33
~ traseiro 232 42
turbogerador 154 33
turbojato 231 26
turbomotor 232 24
turbopropulsor 231 4; 232 51
turbo-reator 257 15
turco 221 101; 223 20; 258 13, 83, 88
~ móvel 222 21
turdídeo 360 3; 361 13-17
turfa 55 31
~, fardo de 206 10
turfe 289 50
turfeira 13 14-24
~ de amieiros 13 18
turfeiras 377
turíbulo 332 38
~, corrente do 332 39
~, receptáculo (Pt. recetáculo) do 332 41
~, tampa do 332 40
turismo, centro de 204 28
~, guia de 272 27
~, vapor de 225 29
turistas, grupo de 272 28
tussilagem 380 8
tutor 52 31
~ Vinic. 78 8
tutti, pedal de introdução dos 326 49
tutu 314 29

U

uapiti 367 2
ubá 352 19
úbere 75 18
uberschlag 297 25
uirapuru 361 12
uísque, copo de 267 57
~, garrafa de 42 31
ulna 17 14
último colocado 289 53
~ degrau 123 19
umbela 370 72; 378 40; 383 65
Umbellula encrinus 369 14
umbigo 16 34
um com patrão Remo e Canoagem 283 18
umbrela 357 15
umedecedor 247 31
umedecimento, sistema de 180 39
úmero 17 12
umidade, excesso de 169 23
~, isolamento da 123 4
umidificador 79 22
ungulados 366 25-31; 367 1-10
unha 19 57, 80
unha-de-cavalo 380 8
união mista 126 42
unicórnio 254 16; 327 7
unidade 344 3
~ aritmética 244 6
~ central de controle 25 1
~ cirúrgica 26 1-54
~ de assistência 249
~ de betão asfáltico 200 48
~ de controle Optometr. 111 29
~ de dessalinização 146 25
~ de terapia intensiva 25 1-30
~ impressora 180 41, 80
~ motriz 177 56
~ móvel de monitorização 25 24
~ pré-aquecedora 185 30
~ pulverizadora 83 58
~ separadora 199 31

~ turbogeradora 153 23-30
uniforme 264 7
Union Jack 253 15
uniseletor a motor 237 42
uníssono 321 6
universidade 262
Urano 4 50
urdideira 165 22
~, armação da 165 27
urdume 165 43; 166 39
~, carretel de 165 29, 42; 166 48
~, fio de 166 39; 171 1-29
~, rolo de 167 24
~ engomado, carretel de 165 56
ureter 20 32
uretra 20 68
uretroscópio 23 20
urna 263 29; 331 31
~, fenda da 263 30
~ antropomorfa 328 38
~ cinerária 328 38
~ com relevos 328 38
~ de gargalo cilíndrico 328 40
~ doméstica 328 38
urodelos 364 20-22
urodelo aquático 364 20
~ terrestre 364 22
urografia, chapas para 27 14
Ursa Maior 3 29
~ Menor 3 34
ursinho 28 46
~ de balanço 48 30
urso 368 9
~ branco 368 11
~ marinho 367 19
~ pardo 368 10
~ polar 368 11
urtiga 61 33
urze 15 5; 377 19
usina aerogeradora 155 42
~ de concreto asfáltico 200 48
~ de leite 76 1-48
~ siderúrgica 147
~ solar 155 28
usuário 237 2; 262 24
utensílios de jardinagem 56
~ de uso caseiro 50
útero 20 79
U.T.I. 25 1-30
utilitário 193 15; 194 9; 195 47
uva 80 21
~, cachos de 99 89
uva-de-urso 377 15
uva-espim 52 19
úvula 19 22

V

vaca 73 1
~, carne de 95 14-37
~ leiteira 62 34; 75 17
vaca-marinha 367 20
vácuo 23 49; 240 21
~, bomba de 172 40
~, caixa de 173 15
~, câmara de 159 12
~, prensa de 161 7; 179 13
~, rolo de 173 16
vacúolo contrátil 357 5
~ excretório 357 5
vaga, número da 278 42
vagão aberto 213 8
~ aberto de descarga automática 213 24
~ basculante 119 28
~ de compartimentos basculantes 213 37
~ de descarga pneumática 213 18
~ de dois andares 213 35
~ de grande capacidade 213 28
~ de plataforma rebaixada 213 33
~ de teto articulado 213 26
~ fechado 213 14

~ frigorífico 213 39
~ jaula 307 62
~ plataforma 206 21, 24; 213 5, 11
~ prancha 206 21; 213 5
~ tanque 213 1
vagem 57 6; 69 8, 16; 370 92, 93; 382 48; 384 46
~ com grãos 57 11
~ madura 383 4
~ verde 374 22
vagina 20 86
vagoneta 157 16; 158 14; 159 4; 199 38; 200 25
~ basculantes 144 45
~ para transporte 144 39
vala 63 3; 118 75; 329 33, 37
~ de arrebentação 13 34
~ de dreno 200 61
Valais, arco de saltério do 322 34
vale 13 52-56
~, fundo do 13 67; 215 60
~, templo do 333 8
~ de sindinal 13 56
~ em cocho 13 55
~ em U 13 55
~ em V 13 53, 54
~ fluvial 13 57-70
~ morto 13 75
~ postal 236 25
~ seco 13 75
valeriana 380 5
valeta 282 22
valise do médico 22 33
valor 250 18
~ nominal 252 32
valores, 251 11-19
~, corretor de 251 4
~, gaveta de 236 22
~, mercado de 251 2
~ mobiliários, bolsa de transações com 251 1-10
valuma 284 45
~, bolso da 284 43
válvula 40 22; 187 31; 288 77, 291 18; 326 10
~, boca de saída da 217 56
~, calo da 288 78
~, casa de 217 63
~, corpo da 217 54
~, gaveta da 217 55
~, manivela de acionamento da 217 53
~, tampa da 187 32
~ aórtica 20 49
~ atrioventricular direita 20 46
~ atrioventricular esquerdo 20 47
~ bicúspide 20 47
~ da artéria pulmonar 20 50
~ de abrir e fechar 279 22
~ de admissão 242 52
~ de bloqueio 217 53-56
~ de descarga 126 37
~ de distribuição haste da 210 30
~ de escapamento 242 53
~ de fechamento 38 73
~ de gaveta 217 53-56
~ de oxigênio 25 23
~ de purificação 6 25
~ de recalque 67 9
~ de segurança 210 3
~ do apito, alavanca da 210 51
~ do coração 20 46-47
~ interruptora 141 7
~ mitral 20 47
~ piloto 153 52
~ redutora de pressão 141 5
~ reguladora 38 75
~ solenóide 139 23
~ tampão 147 31
~ tricúspide 20 46
"vamp" fantasiada 306 32
vanessa 365 5
vão 37 26; 132 35

~ da escada 120 46
~ da janela 118 10
~ livre 215 13
vapor, aspersor de 131 2
~, câmara de 210 31
~, circuito de 154 51
~, coletor de 210 21
~, domo do 210 12
~, ferro de 131 3
~, gerador de 154 9, 26, 44
~, gerador de turbina a 259 58
~, injetor de 210 41
~, linha primária de 154 31
~, tubos de 210 17
~, tubulação de 154 11; 172 64
~, válvula reguladora do 210 13
~ de água, condensado do 154 51
~ de passeio 221 101-128
vaporização, ranhuras de 50 14
vaporizador de fluotano 26 26
vaqueiro 306 31; 319 36
~, chapéu de 319 37
~, lenço de 319 38
vaquinha 80 39
vara 298 28; 323 47
~, salto com 298 28-36
~ de fibra 89 57
varais 186 30
varal 38 23
varanda 37 18, 73
varano do deserto 364 31
varão 149 33
~, armas do 254 10
~ guia do trem de estiragem 164 21
varejeira azul 358 18
varejista 98 41
varejo, venda a 98 1-87
vareta 87 61; 136 6; 323 14
~ da urdidura 136 25
~ de metal 339 24
varetas 326 9
~ amarradas em cruz 136 21
~ de controle, acionamento das 154 23
variação de tensão, comutador de 153 13
~ de velocidade, engrenagem de 163 29
variável de integração 345 14
variômetro 230 14
varredor 199 5; 268 20
varredora mecânica 199 39
várzea 13 62
várzea 13 62
vasa 226 47
vasador 100 45
~ de cabo 100 46
~ rotativo 100 44
vasilha 10 46; 89 4
~ com descolorante 105 1
~ decorada com espirais 328 13
vasilhame 96 51; 162 29, 37
vaso 328 11
~ de flor 309 2
~ de planta 44 25
~ funerário 328 34
~ grego 334 37
~ medular 370 14
~ para flores 54 8
~ pintado a mão 161 18
~ sanitário 49 12
vasos sanguíneos 19 33
~ sanguíneos, ligadura de 21 14-17
vassoura 38 36; 50 46; 51 3; 56 3; 62 5; 199 6; 237 44; 268 21; 272 67
~, cabo de 38 37
~ apontando para cima 224 100
~ circular 199 40
~ de alimentação 199 44
~ invertida Navegação 224 99
vasto lateral 18 46
~ medial 18 46
vau 283 46

~ real **284** 13
vazador **108** 19, 30-31; **125** 13; **148** 8
vazamento, bacia de **147** 34
~, bica de **148** 3
~, bico de **147** 43
~, coletor de **190** 53
~, equipe (*Pt.* equipa) de **148** 13
~, mesa de **148** 24
~, posição de **147** 58
~, vara de **148** 9
veado **88** 1-27
~ jovem **88** 1
vedação, máquina de **76** 24
~ de borracha **207** 8
~ hidráulica **190** 69
vedador **40** 26
veda-fagulhas **210** 24
Vega **3** 22
vegetal, camada de tecido da **370** 10
~, turfeira de **13** 17
veia cava inferior **18** 15; **20** 57
~ cava superior **18** 9; **20** 53
~ externa **72** 28
~ frontal **18** 6
~ ilíaca **18** 18
~ jugular **18** 2
~ porta do fígado **20** 39
~ pulmonar **18** 12; **20** 56
~ subclávia **18** 8
~ temporal **18** 4
veículo articulado **194** 28
~ blindado de aterro Standard **255** 93
~ blindado para transporte de pessoal **255** 91
~ coletivo **194**
~ de coleta de lixo **199** 1
~ de duas rodas **188**
~ de manutenção **233** 22
~ de múltiplas aplicações **255** 96
~ de passageiros **191** 1-56
~ de passeio **195** 34
~ de serviço **233** 22
~ em reparo **195** 47
~ ferroviário **207**; **208**; **209**; **210**; **211**; **212**; **213**
veio **144** 29
~ de madeira **107** 41
vela **283** 62; **284** 2; **285**
~, bandeando a **285** 26
~, formatos de **220** 1-5
~, mastro da **219** 4
~, perda de distância no bandeamento da **285** 28
~, posição da **295** 29
~, prancha da **284** 1-9
~, saia da **218** 34
~ ao terço **220** 4
~ de cera **77** 66; **260** 76
~ de esteira **353** 33
~ de ignição **242** 48
~ de joanete **218** 38
~ de joanete, mastro principal da **219** 7
~ de joanete, verga da **218** 39
~ de mão **302** 28
~ de ré **218** 28
~ de ré, botaló da **219** 44
~ do joanete de proa, velacho inferior da **219** 33
~ do joanete de proa, velacho superior da **219** 34
~ do joanete de proa, verga inferior da **219** 35
~ do joanete de proa, verga superior da **219** 36
~ do joanete principal, verga inferior da **219** 41
~ do joanete principal, verga superior da **219** 42
~ do mastaréu de ré **218** 54
~ do mastaréu dianteiro **218** 52
~ do mastaréu principal **218** 53

~ enfunadas **285** 4
~ fantasia **260** 76
~ grande **284** 46; **285** 2
~ grivando **285** 8
~ latina **218** 29; **220** 3
~ longitudinal **219** 20-31
~ mestra **218** 33; **219** 61; **220** 11
~ panda **285** 4
~ quadrada **218** 33; **219** 55-66
~ retangular colhida **218** 21
~ retangular ferrada **218** 21
~ seca **220** 26
~ triangular **218** 29
~ votiva **330** 53
velacho, cordame do mastaréu do **219** 17
~, mastaréu do **219** 3
~, vaus do mastaréu do **219** 51
~ inferior **219** 56
~ superior **219** 57
velame **288** 38
veleiro **284** 10-48
~, classes de **284** 49-65
~, popa de **285** 42
~, tipos de cascos de **285** 29-41
~, tipos de popa de **285** 42-49
~ de quilha para competição **285** 35
~ de quilha para cruzeiros **285** 29-34
~ com mastro de mezena **220** 9-10
~ de dois mastros **220** 11-17
~ de grande porte **219**; **220**
~ de mastro único **220** 6-8
~ de três mastros **220** 18-27
velo passado a ferro **103** 27
velocidade, alavanca do seletor de **241** 29
~, alavanca seletora de **149** 5
~, bola de treino de **299** 22
~, caixa de **149** 2
~, controlador de **290** 11
~, controle de **179** 29
~, instrumento indicador de **224** 54
~, mecanismo de redução de **259** 61
~, motocicleta do controlador de **290** 12
~, perda de **287** 38
~ de ascenção, indicador de **230** 14
~ de rotação do eixo, controle de **150** 35
~ de subida, controle da **279** 17
~ do fuso, controlador de **164** 38
~ do navio, indicador de **224** 22
~ do obturador, controle de **114** 35
~ do vento **9** 10
~ do vento, indicador da **10** 29
~ vertical, indicador de **230** 14
velocímetro **187** 33; **188** 19; **188** 34; **189** 40; **191** 38, 74; **197** 31; **211** 35; **212** 9
~, mecanismo de **192** 38
velocípede **273** 9
velocista **298** 5
velódromo **290** 1
vencedor **299** 39
~, número do **289** 38
~, pule do **289** 39
vencimento, data de **250** 16
vendas, balcão de **271** 42, 61
~, curva de **248** 46
vendedor **98** 13; **308** 17; **309** 29
~ ambulante **308** 51
vendedora **97** 1; **98** 31; **99** 17; **271** 18
vendeiro **98** 41
veneno, bolsa de **77** 13
~, glândula de **77** 14
veneziana **25** 9; **91** 4
venta **367** 26
ventarola **353** 42

ventilação **49** 20; **55** 10-11
~, aberturas de **213** 16, 30
~, aletas de **304** 12
~, botão de controle da **26** 27
~, câmara de **144** 38
~, cano de **38** 51
~, chaminé de **92** 14
~, fendas de **50** 30
~, grades de **258** 43
~, interruptor da **191** 83
~, janela de **55** 10
~, poço de **144** 21
~, sistema de 6 **26**; **154** 81; **356** 17
~ automática, sistema de **191** 30
~ de teto **278** 56
~ forçada, botão de regulagem da **191** 81
~ superior **55** 11
ventilador **65** 52; **74** 10, 17, 29; **83** 49; **131** 10; **165** 4, 23; **190** 7; **191** 48; **211** 11; **221** 41; **232** 34, 43; **312** 34
~, abertura do *Tecel.* **165** 5
~, acionamento do **212** 62
~, capuz do **223** 41
~, embreagem (*Pt.* embraiagem) hidráulica do **190** 8
~, galeria do **144** 22
~, motor do **74** 35
~ de desinfeção **83** 53
~ de parede **266** 15
~ e acionamento elétrico, interruptores do **326** 47
vento, abrigo contra o **280** 35
~, bordada a favor do **285** 23
~, direção do **285** 6
~, velejando a favor do **285** 1
~, velocidade e direção do **285** 1-13
~ favorável, velejando com **285** 12
~ largo **285** 13
~ pelo través, velejando com o **285** 11
~ ocasionado por variação de temperatura **287** 21
~ polar, zonas de **9** 51
~ primário, insuflador de **160** 11
ventoinha **38** 58; **155** 14; **179** 22; **192** 62; **199** 35, 46; **232** 34
~ de aspiração **199** 32
~ de baixa tensão **199** 33
~ para a grelha **199** 33
ventosa **81** 37; **357** 21; **364** 26
ventrículo **201** 51
venturi **190** 15; **192** 8
Vênus **4** 44; **328** 8
verbasco **376** 9
verde **254** 29; **343** 8
verdelhão **361** 6
vereda **15** 112; **84** 1
verga **37** 25; **219** 32; **120** 57
~, estribo da **219** 46
~ de janela **118** 9
~ principal **218** 37; **219** 38
~ seca **220** 25
vergalhão **119** 23, 80; **123** 37; **143** 8
~ de espera **119** 71
~ estriado **119** 82
~ quadrado de ferro **143** 9
vergueiro do pano **221** 118
verme **80** 51; **357** 20-26
~ da beterraba **80** 51
~ dotado de cerdas **357** 22
vermelho **254** 27; **343** 1
~ *Roleta* **275** 24
vermute **98** 62
vernié **85** 10; **224** 5; *ver tb.* vernier
vernier **140** 52, 55; **149** 69
~ de profundidade **140** 54
verniz **338** 12
~ protetor **128** 32

verônica **375** 22
verruma de colher **135** 16
~ de meia-cana **135** 16
versal **175** 11
versalete **175** 14
vértebra cervical **17** 2
~ coccígea **20** 60
~ dorsal **17** 3
~ lombar **17** 4
~ torácica **17** 3
vertedouro **217** 60
vertente **12** 37; **13** 58
~, vôo (*Pt.* voo) em **287** 27
vértice **16** 1; **347** 28, 33
vesícula biliar **20** 11, 36
~ seminal **20** 77
vespa **82** 35
~ da galha **82** 33
veste **30** 8
~ canônica **332** 4
~ sacerdotal **330** 22
vestiário **48** 34; **207** 70; **281** 3; **315** 5; **318** 1
~, encarregada do **315** 6
~, saguão do **315** 5-11
~, senha do **315** 7
vestíbulo **5** 25; **41** 1-29; **207** 21; **250** 1-11; **267** 1-26; **315** 12-13
vestidinho **29** 13
vestido **29** 36
~ arregaçado **355** 36
~ caseiro **31** 36
~ chemisier **30** 10
~ de alças **31** 8
~ de anquinhas **355** 83
~ de malha **24** 28
~ de manga japonesa **31** 17
~ de noite **30** 53
~ de verão **31** 9
~ estilo camponesa **30** 27; **31** 26
~ modelo **103** 5
~ pronto-para-usar **271** 29
~ traspassado **30** 25
vestuário através dos tempos **355**
~ escolar **29** 31-47
~ feminino **30**; **31**
~ masculino **33**
vetor de empuxo **235** 43
véu **77** 58; **381** 5
~ palatino **19** 21
VHF **230** 65
via **202** 1-38
~ expressa urbana **225** 54
~ férrea marginal **216** 30
~ navegável **217**
~ permanente **205** 59-61
~ Sacra, estação da **330** 54
viaduto **15** 22; **215** 59; **268** 48
~ sobre ferrovia **15** 40
viagens, agência de **271** 24
~ aéreas **267** 15
viajante **164** 51, 55
Via Láctea **3** 35
víbora **364** 40-41
vibrador, mangote de **119** 89
~ de concreto **119** 88
~ de imersão **119** 88
vibrafone **324** 75
vibro-acabadora de concreto hidráulico **201** 1, **201** 10
~ para concreto asfáltico **200** 43
vibrógrafo **109** 25
videira **78** 2-9
~ silvestre **51** 5
~ virgem **51** 5; **374** 16
vidente **308** 36
vídeo, cabeça do **243** 26, 36
~, cabine de controle de **239** 10
~, controlador(a) de **239** 11
~, informações por **248** 44
~, movimento da cabeça da **243** 30
~, pista de **243** 31
~, tela de **236** 40
videocassete **242** 18; **243** 5-36
videocodificadora **236** 39

Index

Ordering
In this index the entries are ordered as follows:
1. Entries consisting of single words, e.g.: 'hair'.
2. Entries consisting of noun + adjective. Within this category the adjectives are entered alphabetically, e.g. 'hair, bobbed' is followed by 'hair, closely-cropped'.
   Where adjective and noun are regarded as elements of a single lexical item, they are not inverted, e.g.: 'blue spruce', not 'spruce, blue'.
3. Entries consisting of other phrases, e.g. 'hair curler', 'ham on the bone', are alphabetized as headwords.
Where a whole phrase makes the meaning or use of a headword highly specific, the whole phrase is entered alphabetically. For example 'ham on the bone' follows 'hammock'.

References
The numbers in bold type refer to the sections in which the word may be found, and those in normal type refer to the items named in the pictures. Homonyms, and in some cases uses of the same word in different fields, are distinguished by section headings (in italics), some of which are abbreviated, to help to identify at a glance the field required. In most cases the full form referred to by the abbreviations will be obvious. Those which are not are explained in the following list:

Agr.	Agriculture/Agricultural	*Hydr. Eng.*	Hydraulic Engineering
Alp. Plants	Alpine Plants	*Impl.*	Implements
Art. Studio	Artist's Studio	*Inf. Tech.*	Information Technology
Bldg.	Building	*Intern. Combust. Eng.*	Internal Combustion Engine
Carp.	Carpenter	*Moon L.*	Moon Landing
Cement Wks.	Cement Works	*Music Not.*	Musical Notation
Cost.	Costumes	*Overh. Irrign.*	Overhead Irrigation
Cyc.	Cycle	*Platem.*	Platemaking
Decid.	Deciduous	*Plant Propagn.*	Propagation of Plants
D.I.Y.	Do-it-yourself	*Rm.*	Room
Dom. Anim.	Domestic Animals	*Sp.*	Sports
Equest.	Equestrian Sport	*Text.*	Textile[s]
Gdn.	Garden	*Veg.*	Vegetable[s]

G

Z